上海市级专志

华山医院志

上海市地方志编纂委员会 编

上海科学技术文献出版社

1
2 | 3

1. 1907年医院创始人沈敦和
2. 1907年奏折主稿及上奏人吕海寰
3. 1907年奏折主稿人之一盛宣怀

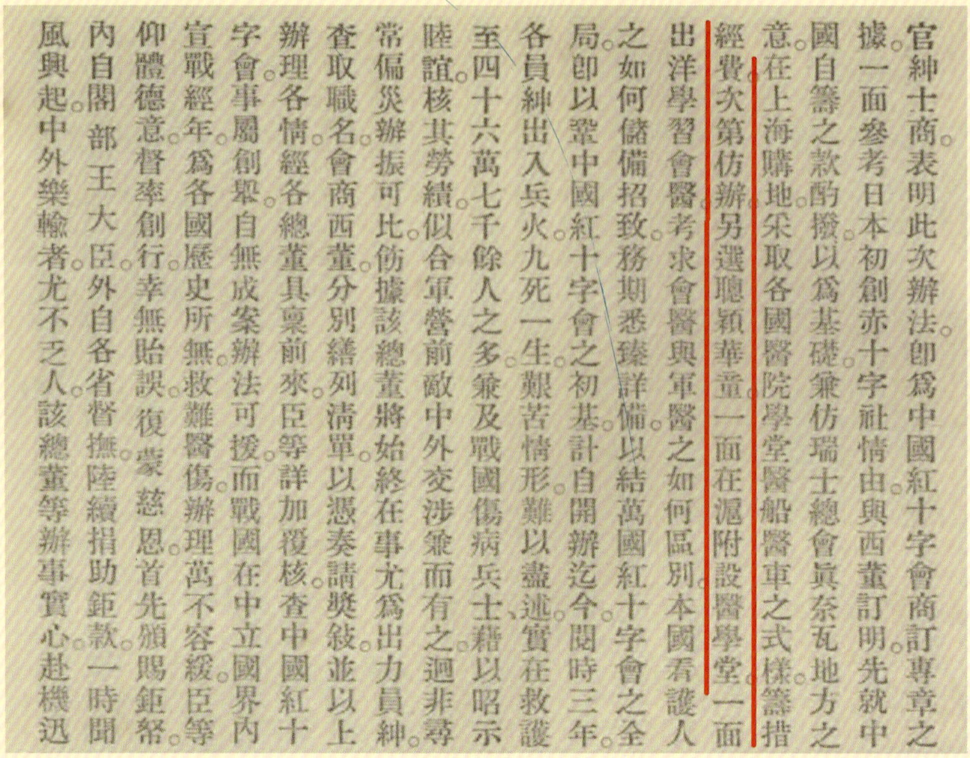
官紳士商表明此次辦法卽爲中國紅十字會商訂專章之據一面參考日本初創赤十字社情由與西董訂明先就中國自籌之款酌撥以爲基礎兼仿瑞士總會眞奈瓦地方之意在上海購地采取各國醫院學堂醫船醫車之式樣籌措經費次第仿辦另選聰穎華童一面在滬附設醫學堂一面出洋學習會醫考求會醫與軍醫之如何區別本國看護人之如何儲備招致務期悉臻詳備以結萬國紅十字會之全局卽以鞏中國紅十字會之初基計自開辦迄今閱時三年各員紳出入兵火九死一生艱苦情形難以盡述實在救護至四十六萬七千餘人之多兼及戰國傷病兵士藉以昭示睦誼核其勞績似合軍營前敵中外交涉兼而有之迥非尋常偏災辦振可比仿據該總董將始終在事尤爲出力員紳查取職名會商西董分別繕列清單以憑奏請獎敍並以上辦理各情經各總董具稟前來臣等詳加覆核查中國紅十字會事屬創舉自無成案辦法可援而戰國在中立國界內宣戰經年爲各國歷史所無救難醫傷辦理萬不容緩臣等仰體德意督率創行幸無貽誤復蒙慈恩首先頒賜鉅帑內自閣部王大臣外自各省督撫陸續捐助鉅款一時聞風興起中外樂輸者尤不乏人該總董等辦事實心赴機迅

申報
大清光緒三十四年八月初三日
西歷一千九百八年八月廿九號禮拜六
烟台商務總會廣告
中國紅十字會招考醫學生廣告
易商公司廣告
春光社電戲公司廣告
通州大生紗廠 崇明大生分廠 開股東常會廣告

申報
大清光緒三十四年九月初六日
西歷一千九百八年九月三十號禮拜三
招尋女孩
中國紅十字會考取醫學生
津浦鐵路南段總局招商投標告白
中國品物陳列所重陽往節曲會廣告
上海仁濟善堂經收句容保嬰堂捐款特誌
恕不訃告

1
2 | 3

1. 1907年7月21日（光绪三十三年六月十二日），吕海寰在《奏为上海创设红十字会沥陈办理情形及善后持久事宜》中提出意在沪购地创办医学堂
2. 1908年8月29日，《申报》刊登中国红十字会招考医学生广告
3. 1908年9月30日，《申报》刊登中国红十字会考取医学生名单（首批）

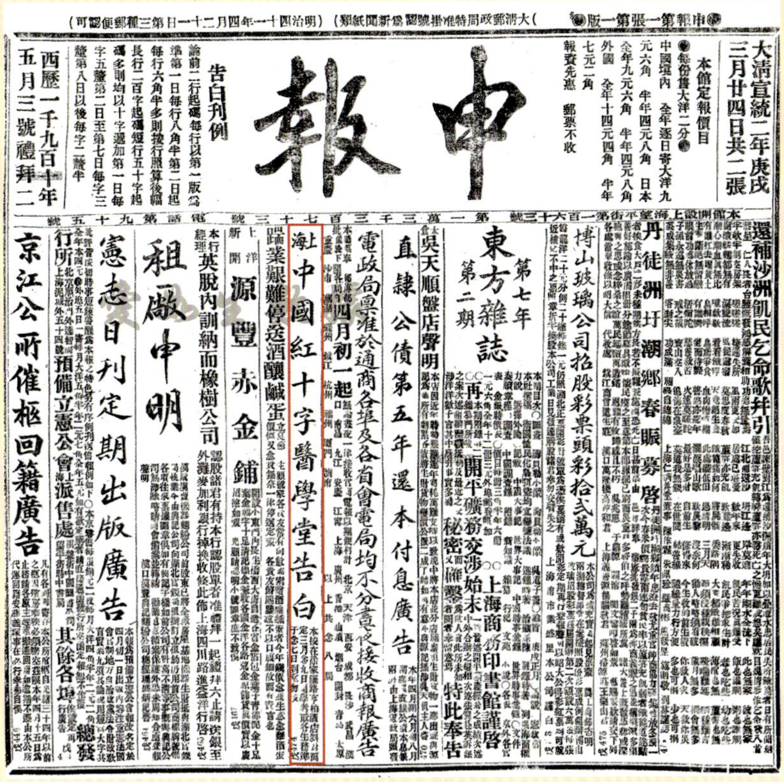

申報

大清宣統二年庚戌三月廿四日共二張

西歷一千九百十年五月三號禮拜二

告白刊例

本館定報價目

還補沙洲飢民乞命歌并引

丹徒洲圩潮鄉春賑募啓

博山玻璃公司招股彩票頭彩拾弍萬元

東方雜誌 第七年第二期

吳天順盤店聲明

直隸公債第五年還本付息廣告

電政局與淮於通商各埠及各省會電局均不分晝夜接收商報廣告

上海中國紅十字醫學堂告白

新開源豐赤金舖

照常葉銀雞停送酒釀鹹蛋

本行英脫內訓納而橡樹公司

租廠申明

憲志日刊定期出版廣告

京江公所催柩回籍廣告

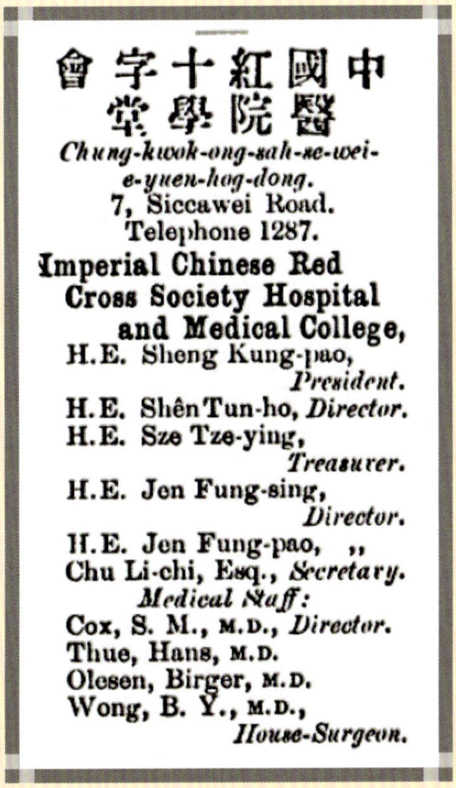

中國紅十字會醫院學堂

Chung-kwok-ong-sah-ze-wei-e-yuen-hog-dong.

7, Siccawei Road.

Telephone 1287.

Imperial Chinese Red Cross Society Hospital and Medical College,

H.E. Sheng Kung-pao, *President.*

H.E. Shên Tun-ho, *Director.*

H.E. Sze Tze-ying, *Treasurer.*

H.E. Jen Fung-sing, *Director.*

H.E. Jen Fung-pao, ,,

Chu Li-chi, Esq., *Secretary.*

Medical Staff:

Cox, S. M., M.D., *Director.*

Thue, Hans, M.D.

Olesen, Birger, M.D.

Wong, B. Y., M.D., *House-Surgeon.*

1/2

1. 1910年5月3日，《申报》刊登中国红十字会医学堂开学公告

2. 1910年7月，医院学堂信息刊登于《字林西报行名录》

紅會追悼峨利生誌盛

初二下午四點二刻鐘本埠紅十字會理事總長沈仲禮君議長英按察司蘇瑪利君暨中西會員四百餘人在圓明園路友寧禮拜堂開峨利生追悼大會中懸峨君肖像及輓聯花圈等旋由沈君主席報告開會宗旨畧謂峨君在本會總醫院二年成績卓著此次赴漢傷兵過多日夜拯治不遑寢食因之積勞病斃良深惋惜除向駐滬丹國領事致唁外並電丹國外務部道慰諸君冒雨蒞會咸表哀思而峨利生捨身救人之盛德尤爲不可及云云茲將開會秩序單如下（一）楊君音樂（二）陶文德博士祈禱（三）全堂哀歌（四）秉白克牧師祈禱（五）亨司德夫人李女士哀曲（六）沈君哀詞（七）梅合君音樂（八）柯師醫生演說（九）王培元醫生演說（十）楊君音樂

1
2
3
4

1. 1911年10月25日，医院内科医师柯师带领峨利生、王培元等30余人组建救护医疗队赴武汉开设临时医院救治伤员（前排左六为柯师，前排右五为沈敦和）
2. 1911年12月21日，《申报》报道红十字会举办峨利生追悼会
3. 1911年，红十字救护医疗队在汉口江面上参与救援及打捞遗体
4. 1911年，红十字救护医疗队在汉口抢救伤兵

1913年，早期的中国红十字会救护车

1. 1913年，二次革命爆发后，医院医师王培元率队乘“大通”号前往南京援救难民
2. 1914年，医院派出医生和医学生参与红十字救护队前往烟台、青岛等地救护战乱灾民

1916年，罗氏驻华医社负责人顾临（左九）、院长胡恒德（左十）与医院员工合影

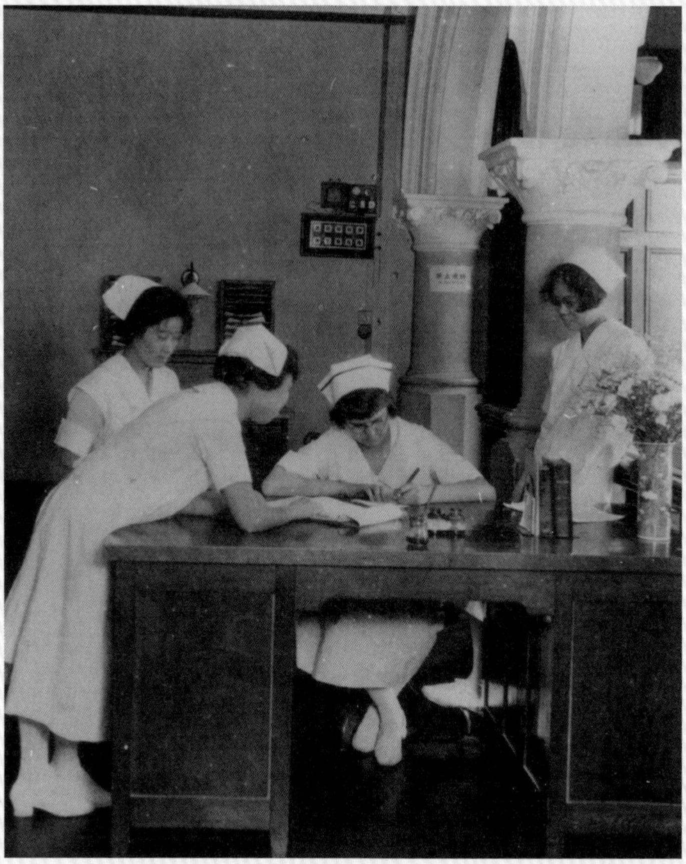

1
2

1. 1916年，医院护士日常工作
2. 1916年，医院医护人员合影

1
2

1. 1916年，患者在医院楼前草坪上小憩
2. 1916年，医院医护人员集体出操

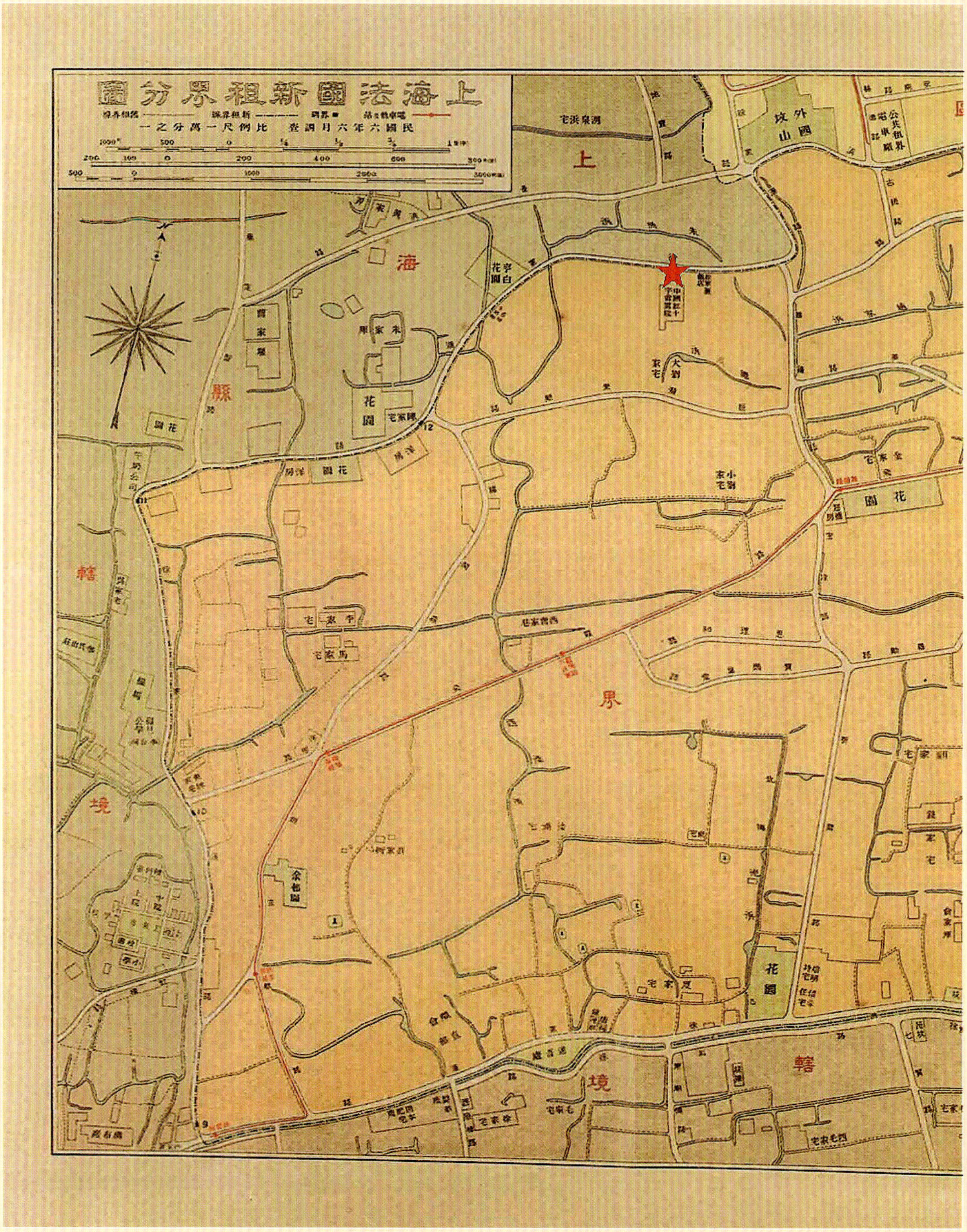

1917年，上海法国新租界分图中的医院（★所在之处）

1. 1918年，医院住院医师与护士合影
2. 1918年，上海哈佛医学校毕业生合影

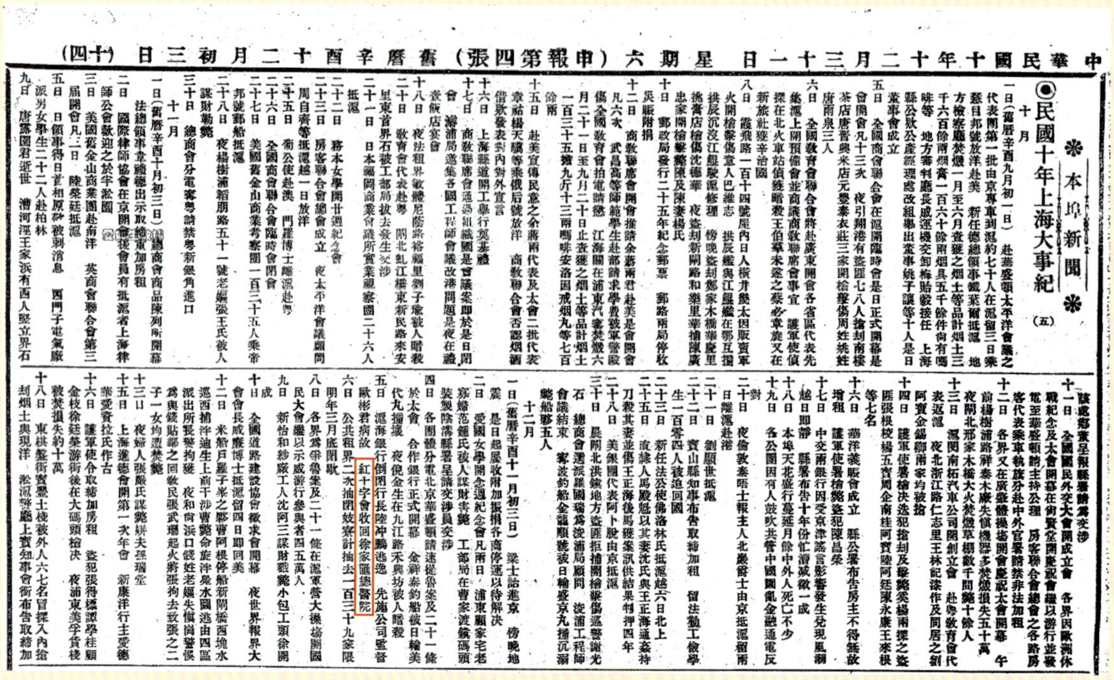
中華民國十年十二月三十一日 星期六 （申報第四張） 舊曆辛酉十二月初三日 （十四）

本埠新聞

民國十年上海大事紀（五）

紅十字會收回徐家匯總醫院

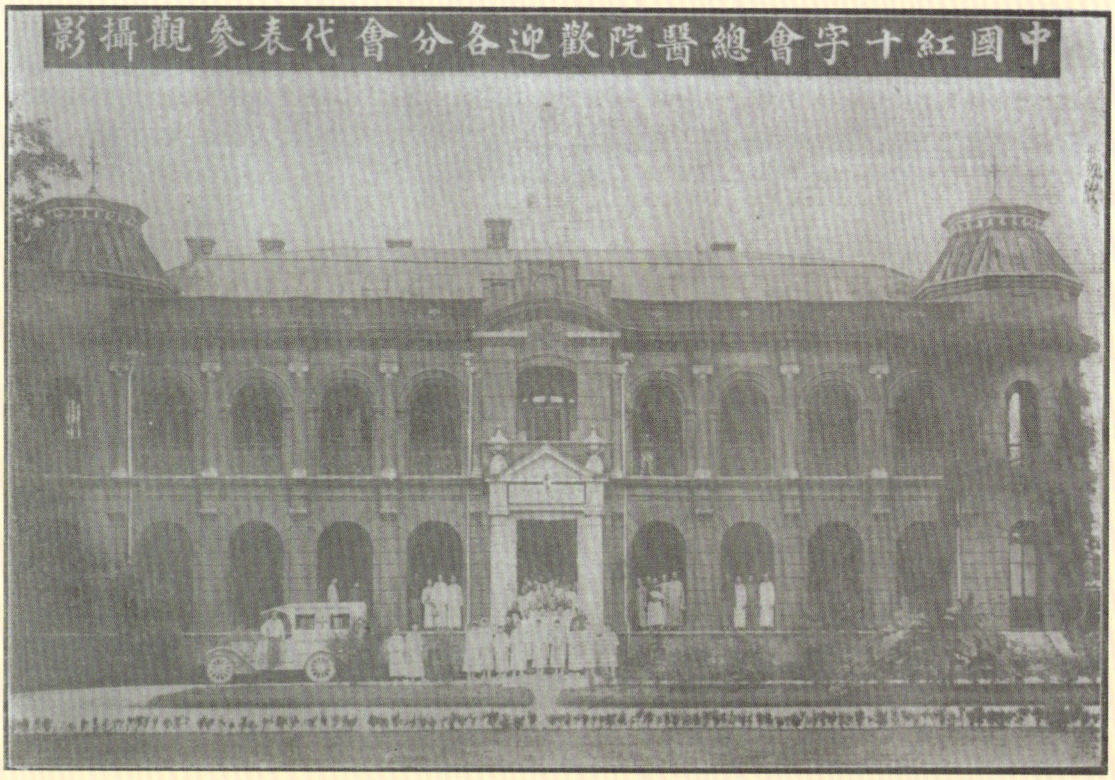

1. 1921年12月5日，《申报》报道红十字会收回徐家汇总医院自办
2. 1922年，中国红十字会分会代表到院参观

1
2

1. 1922年，医院职工与学生合影
2. 1922年，医院护理课学生合影（前排左四为伍哲英）

△紅會組救護隊往救　中國紅會總辦事處自得日本震災消息後、即籌議救濟、現决定由本埠中國紅十字會總辦事處理事長莊得之·醫務長牛惠霖·率領男女醫生各五人、男女看護生二十人、會計庶務隊役若干人、攜帶藥品病床帳棚、一切需用品、數十大箱、於「星期六」乘皇后丸駛放長崎、登陸換乘汽車、直達東京從事拯救云、

1
2

1. 1923年9月1日，日本关东大地震，中国红十字会组织医疗救护队，由牛惠霖率队赴东京参加救护，开创中国向海外派遣援助救护队的先河（前排左三为院长牛惠霖）
2. 1923年9月6日，《申报》报道中国红十字会决定由牛惠霖率队赴日救援

1/2

1. 1923年，日本载仁亲王接见中国红十字会救护医队（前排左三为院长牛惠霖）
2. 1923年，日本赤十字社欢送中国红十字会救援队返国（前排左五为院长牛惠霖）

日本赤十字社社長之謝函

▲致謝中國紅十字會

昨日本埠紅十字會總辦事處、接到日本赤十字社社長平山成信公爵函云、敬啓者、前承貴會派遣救濟日災醫隊、當於十月二日奉函申謝、自醫務長牛惠霖君及隊員諸君在東銳意盡瘁於罹災患者之救護、與本社事業上以多大之補助、此節即敝社總裁載仁親王殿下所深爲嘉尚、又承惠賜各種物資幷金幣四千元、尤勝感荷、茲謹表深厚之謝意如上、再牛君等業已回滬、乞代爲致候、敬具、大正十二年十月八日、日本赤十字社社長平山成信、

人民日报

友谊之花

关东大地震中的中国救护队

吴纪椿　李咏霓

1923年9月1日，日本人口最密集、经济最发达的关东平原发生了强烈的大地震。火灾和海啸，酿成了难以想象的惨劫。使四百多万人受灾，15万人罹难，物质损失达55亿金日元。随着岁月的流逝，可怕的历史阴影在人们心头逐渐淡漠了。今天的日本青年，除了知道每年9月1日这个法定的"防灾日"外，也许很少知道在这场震惊世界的关东大地震中，与日本一衣带水的邻邦中国的人民所表现的人道主义精神。这是近代史上中日两国人民友好情谊中令人难忘的一页。

《日本红十字会年表》载：9月14日，北京中国红十字会代表汤尔和等三人，红十字会理事长庄[?]和医务长率领的26名救护队来到日本。据当时参加救护队的刘美锡女医生生前回忆，关东大地震发生后，日本红十字会向各国红十字会呼救。北京中国红十字会立即响应，而由上海红十字会医院（现华山医院）从事筹备工作。赴日救护队由该院牛惠霖院长亲自率领。他通知实习医生刘美锡随同前往。当时刘美锡还没有结婚，一无牵挂，又不容辞，就毅然成行了。她是队里唯一的女医生。救护队所乘的船只从上海开往横滨时，美国救护队也转道菲律宾，在差不多的时间到达。

面对怵目惊心的灾情，救护队工作困难万端。日本政府只拨给东京红十字会对面的一间房屋作为中国医生的诊所。幸好中国救护队除医生外，还配备了男女护士、事务员、炊事员、工友和翻译，一切供给都自行解决。在7.9—8.2震级的受灾地区，木造房屋几乎全部被毁。东京和横滨两大城市由震灾引起的大火，危害尤烈。仅东京一市，居民被压死二千人，烧死五万多人。当地一个规模巨大的被服厂就被烧死三万八千人。劫后余生的灾民，流离失所，啼饥号寒。而仍在母亲怀中嗷嗷待哺的婴儿，仍然一个个不择时机地降生到这片瓦砾焦土上。产科医生刘美锡肩挑着两副担子：又救灾民又接生。她不辞辛劳，夜以继日，聆听着新生命的第一声啼哭，以自己温暖的双手，把这些在灾难中诞生的婴儿接到人间。时至今日，在美丽的日本国土上，还可能有这么一些年近花甲的公民，在他们的身上曾倾注过这位年青的中国姑娘赤诚的爱。当时，得救的母子，还从中国医生手中接过面粉和服装。在苦难的日子里，这些婴孩的母亲，只能用朴拙如诉的语言和深情的目光，表达一颗颗感激的心。

二十年代，中国西医尚在草创阶段。赴日救护队中的有些医生，在上海已颇负盛名。当时，进口西药费用昂贵，而关东大地震中以牛惠霖为队长的赴日救护队，免费为灾民医疗、给药，确实难能可贵。对于中国救护队的工作，日本大正15年内务省发行的《大正震灾志》中留下了这样的记录："中国为最近之邻邦，具有同类文字，国际关系也颇密切。彼对我们遭受之灾害，不认为是旁人之事，给予我们最大的同情。"日本红十字总会会长接见了救护队的六名中国医生，并共进茶点。他在表示感谢和慰勉后，邀请中国医生加入日本红十字会，这在当时日本医务界是一种崇高荣誉。还邀他们一起合影留念（左图），赠给每人影集一册和日本红十字会纪念勋章一枚。四十多年了，刘美锡医生一直把这本影集、那枚勋章和会长的[illegible]请帖珍藏着，并把它们作为中日两国人民友谊的珍贵遗产，遗留给她的孩子。

关东大地震中的中国救护队以自己的感人行动，写下了我们两国人民友谊长河中令人怀念的篇章。在中日友谊有了极大发展的今天，重温这难忘的一页，将使我们两国人民的心感到更加亲近和温暖。

1/2

1. 1923年10月18日，《申报》报道日本赤十字社致中国红十字会感谢函

2. 1981年2月9日，《人民日报》刊登《关东大地震中的中国救护队》

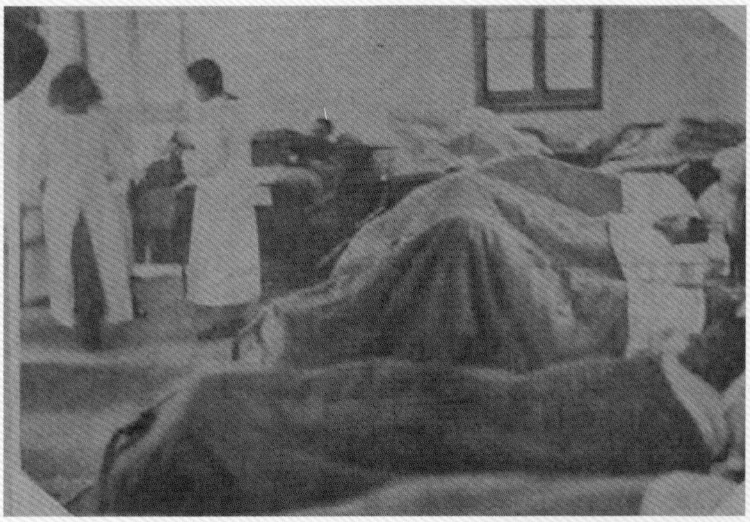

1
2
3

1. 1932年，《中国摄影学会画报》报道医院作为红十字后方医院之一开展伤兵救护工作
2. 1932年，《中华（上海）》报道医院仅有的一辆救护车在淞沪抗战期间被敌机炸毁
3. 1932年，《战地摄影》报道医院师生员工在淞沪抗战期间参与战地救护工作，运送伤员至后方医院

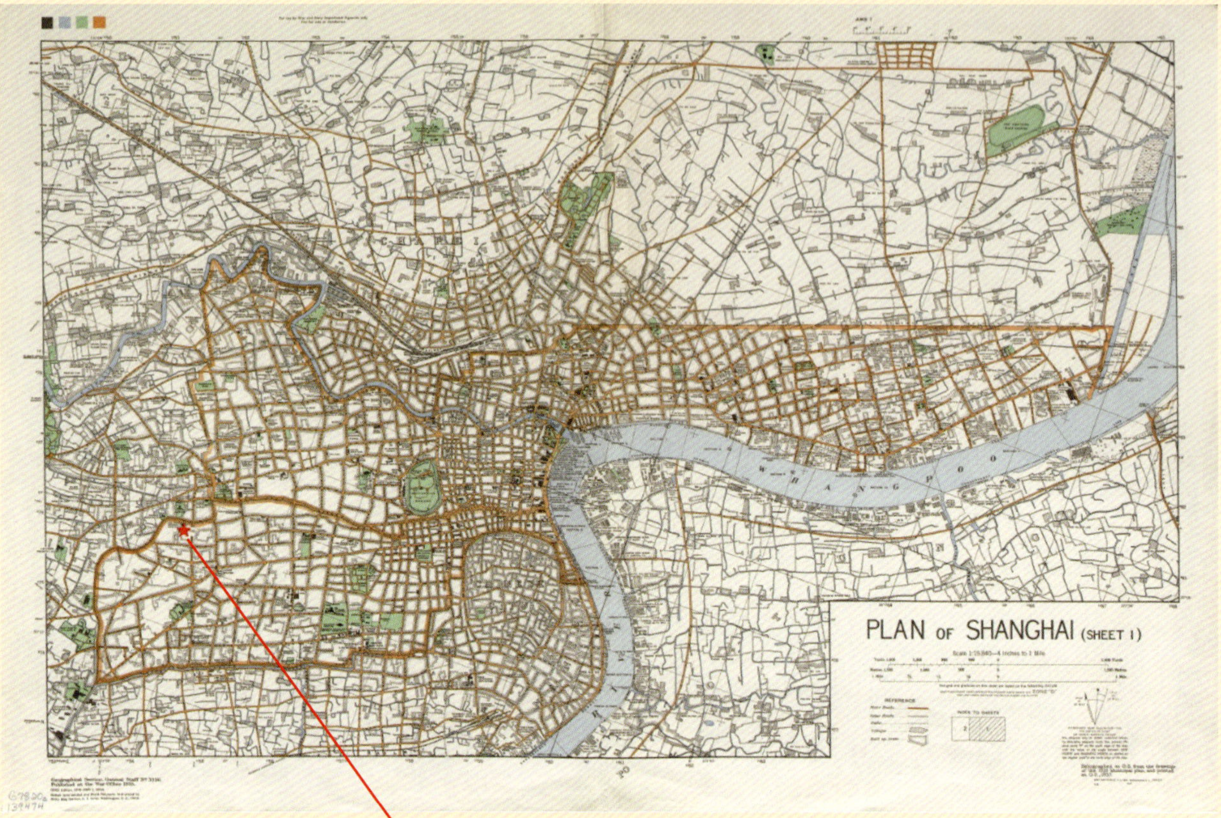

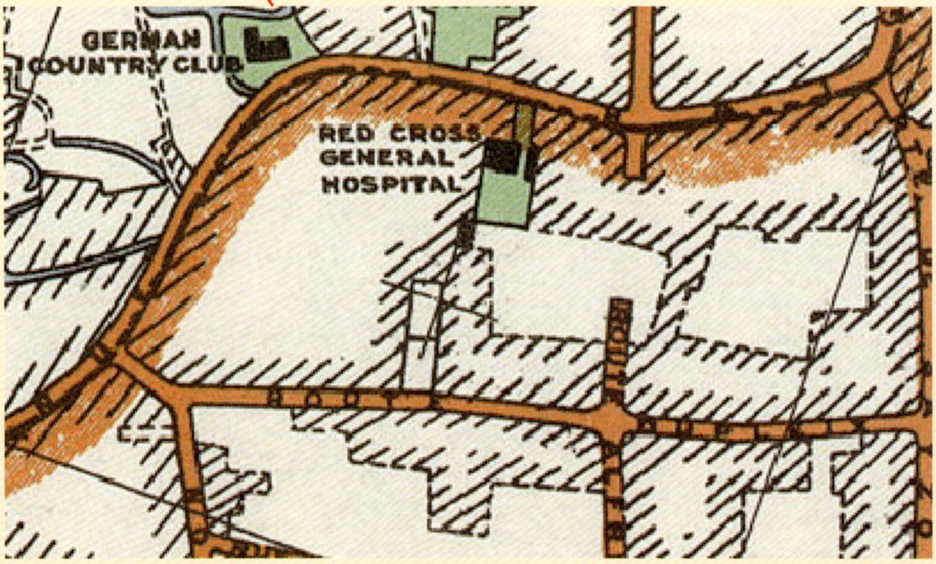

1. 20世纪30年代上海地图中的医院（★所在之处）
2. 20世纪30年代上海地图中的医院（放大）

1937年，“八·一三”淞沪会战爆发后，医院成为国立上海医学院临时校舍

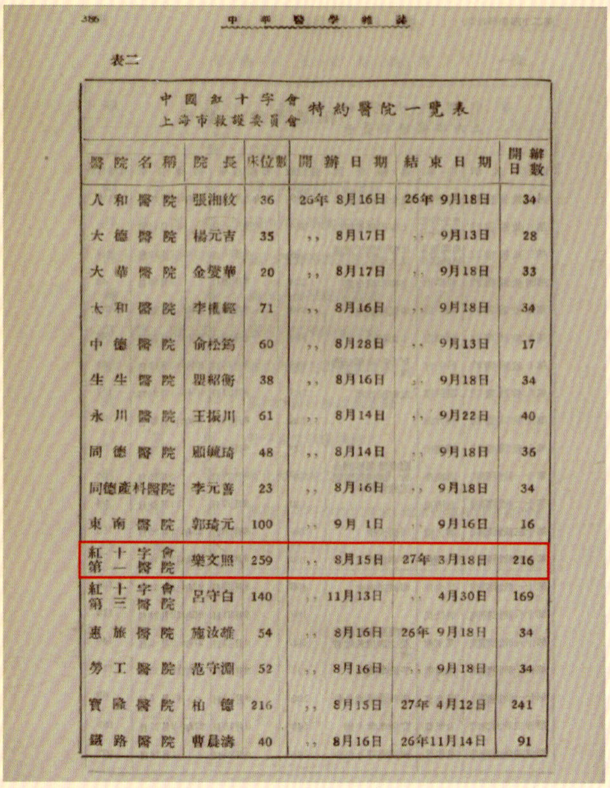
386 中華醫學雜誌

表二

中國紅十字會上海市救護委員會特約醫院一覽表

醫院名稱	院長	床位數	開辦日期	結束日期	開辦日數
人和醫院	張湘紋	36	26年 8月16日	26年 9月18日	34
大德醫院	楊元吉	35	,, 8月17日	,, 9月13日	28
大華醫院	金燮華	20	,, 8月17日	,, 9月18日	33
太和醫院	李權經	71	,, 8月16日	,, 9月18日	34
中德醫院	俞松筠	60	,, 8月28日	,, 9月13日	17
生生醫院	瞿紹衡	38	,, 8月16日	,, 9月18日	34
永川醫院	王振川	61	,, 8月14日	,, 9月22日	40
同德醫院	顧毓琦	48	,, 8月14日	,, 9月18日	36
同德產科醫院	李元善	23	,, 8月16日	,, 9月18日	34
東南醫院	郭琦元	100	,, 9月 1日	,, 9月16日	16
紅十字會第一醫院	樂文照	259	,, 8月15日	27年 3月18日	216
紅十字會第三醫院	呂守白	140	,, 11月13日	,, 4月30日	169
惠旅醫院	施汝雄	54	,, 8月16日	26年 9月18日	34
勞工醫院	范守淵	52	,, 8月16日	,, 9月18日	34
寶隆醫院	柏德	216	,, 8月15日	27年 4月12日	241
鐵路醫院	曹晨濤	40	,, 8月16日	26年11月14日	91

394 中華醫學雜誌

表九

中國紅十字會上海市救護委員會特約醫院傷兵住院統計表

醫院名稱	傷兵住院日數	平均每日住院人數	備註
人和醫院	902	27	
大德醫院	874	31	
大華醫院	119	4	
太和醫院	1,645	48	
中德醫院	874	51	
生生醫院	717	21	
永川醫院	1,467	37	
同德醫院	1,274	35	
同德產科醫院	627	18	
東南醫院	1,021	64	
紅十字會第一醫院	30,562	141	
紅十字會第三醫院	7,366	44	
惠旅醫院	1,196	35	
勞工醫院	1,259	37	
寶隆醫院	16,256	67	
鐵路醫院	2,043	22	

1/2

1. 1937年，“八·一三”淞沪会战期间，医院成为上海市救护委员会特约医院之一
2. 1937年，“八·一三”淞沪会战期间，医院伤兵住院日数和平均每日住院人数统计表

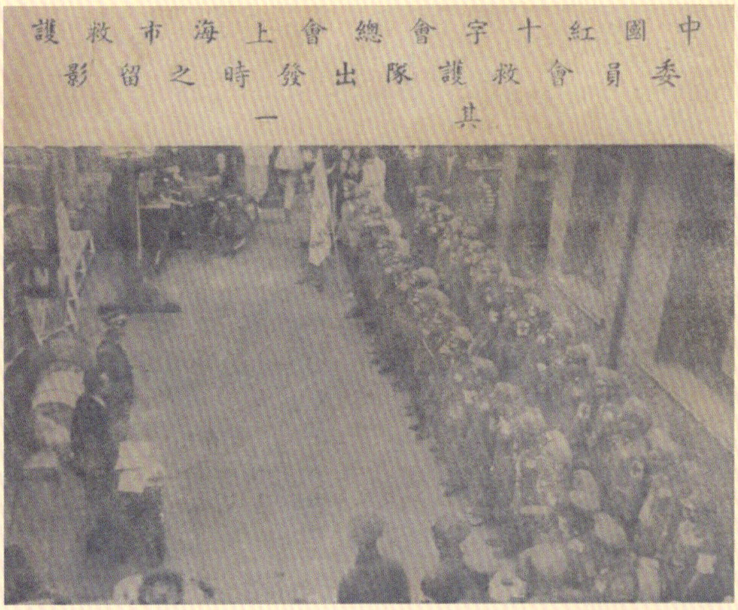

1
2
3

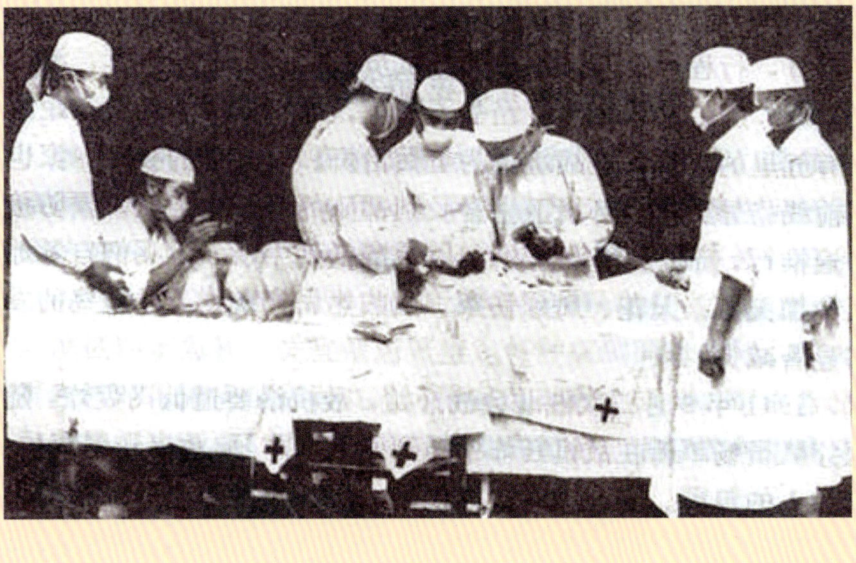

1~2. 1938年，红十字会救护队赴前线出发时合影
3. 1938年，医院参与抗战救援，在陕西及陕甘宁边区进行医疗服务

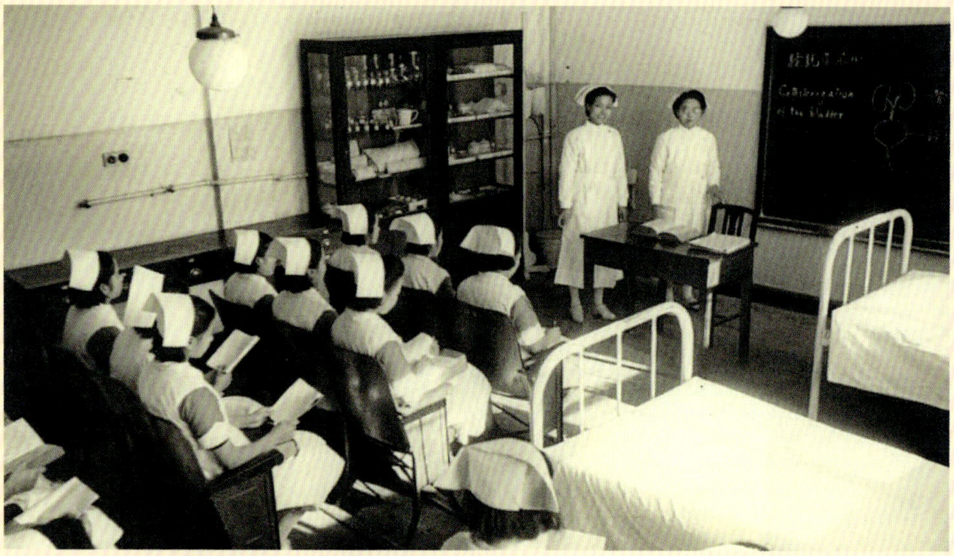

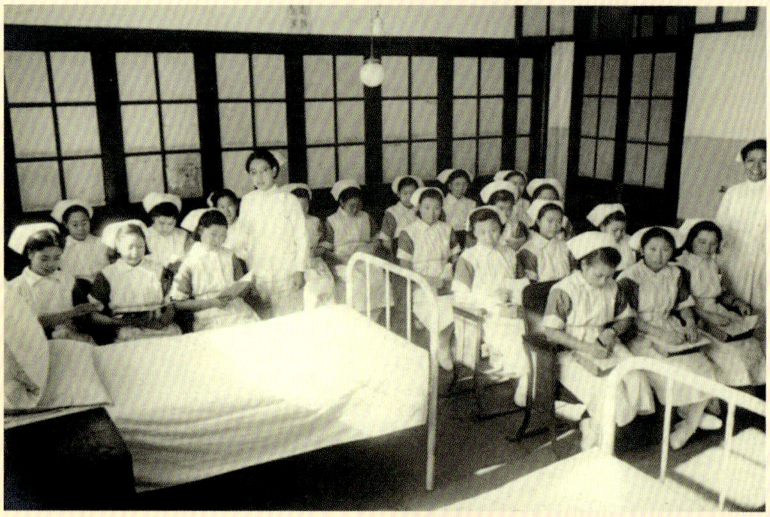

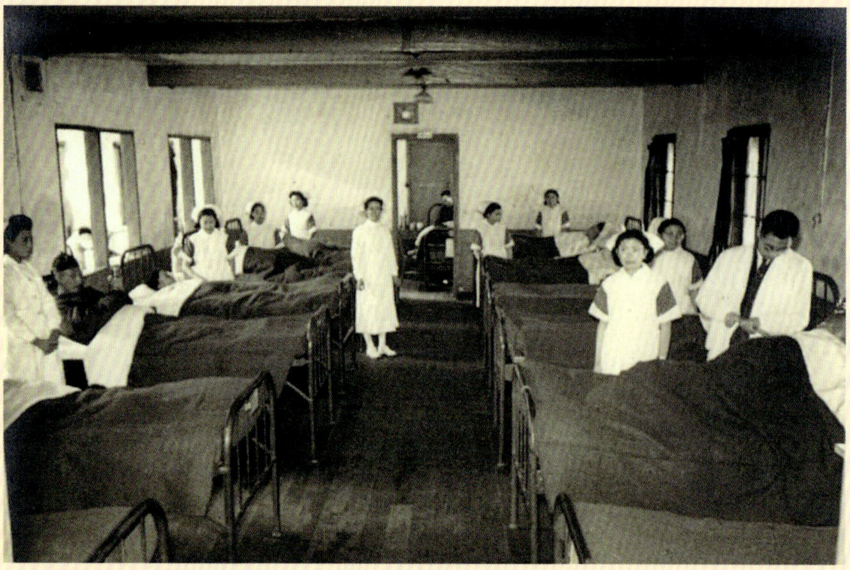

1
2
3

1~2. 1940年，中国红十字会第一医院附设高级护士职业学校课堂教学
3. 1940年，中国红十字会第一医院附设高级护士职业学校学生实习中

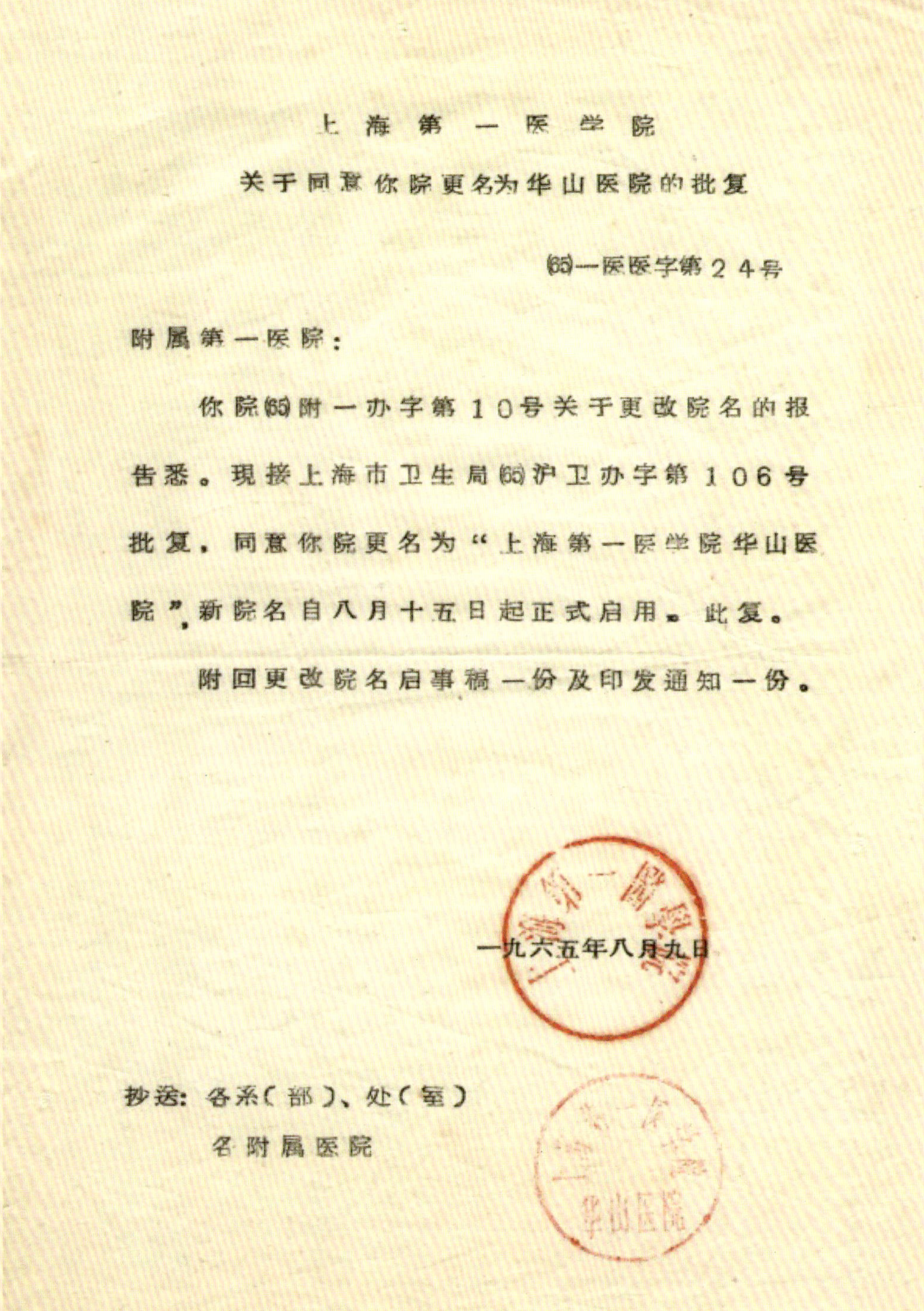
上海第一医学院

关于同意你院更名为华山医院的批复

(65)一医医字第24号

附属第一医院：

你院(65)附一办字第10号关于更改院名的报告悉。现接上海市卫生局(65)沪卫办字第106号批复，同意你院更名为“上海第一医学院华山医院”。新院名自八月十五日起正式启用。此复。

附回更改院名启事稿一份及印发通知一份。

一九六五年八月九日

抄送：各系（部）、处（室）
各附属医院

1965年8月9日，更名为上海第一医学院华山医院

1
2

1. 1992年底，在上海市第一批5所三级医院等级评审中，医院以最高分获评三级甲等医院
2. 1993年12月1日，医院被认定为三级甲等医院

解放日报

JIEFANG DAILY

输出技术办医院 引进设备添实力 医疗服务分层次

华山医院走自我发展之路

卫生部肯定“华山之路”并推广经验

本报讯 上海医科大学附属华山医院把医疗技术输出与引进并举，开展分层次医疗服务，走出了一条自我完善自我发展的新路，赢得了良好的经济效益与社会效益。卫生部肯定了华山医院的经验，并希望有更多的医院走“华山之路”。

80多年历史的华山医院，是一所拥有雄厚的医疗、教学、科研力量的三级综合性医院，一批特色专科在海内外享有很高声誉。然而，现有的医疗设施难以承受每年100万人次患者的求诊重任，也限制了医疗业务的进一步拓展。为此，华山医院制订了“中心开花，四方辐射”的发展计划，通过租赁、购买、联办等途径，相继开办了皮肤、神经外科、神经内科、手外科、内科等10多所专科医院，输出技术，分流病员。在技术输出的同时，华山医院近年来引进了700多万美元的外资，创办了国内第一家伽玛刀医院、眼科中心和外宾病房以及6家与医疗卫生相关的中外合资产业，并积极引进人才。心脏内科在牡丹江心血管医院著名心血管专家刘晓程教授指导下，已为多例患者做了冠状动脉搭桥、扩张、融栓等手术，取得令人满意的疗效。

针对不同层次病人的需求，华山医院在保证普通医疗服务的基础上，开展了分层次医疗服务。他们成立了全部由副主任医师职称以上的专家主持的疑难杂症会诊中心，开设10多个舒适、安静、优雅的诊室，专家每周6天轮流挂牌应诊；外宾病房的临床医师全部由专家担任，医务人员大多能用英语同外宾会话，护士微笑服务，床位供不应求。

“华山之路”带来了新的活力。去年，这家医院的业务收入与包干结余比上一年分别增长了5%和67%，病家对医疗服务的满意率达到90%以上。

（记者 费智平）

在今日各版上

中日关系进入新的发展时期……………………一版

松江县经济技术开发区加快招商……………………二版

华东农村掀起春耕高潮…五版

16名申花队员通过体能测

1/2

1. 1994年3月21日，《解放日报》头版头条报道“华山之路”的成功经验
2. 2007年5月18日，百年院庆大会

1
2

1. 2007年5月18日，百年院庆文艺晚会
2. 2007年5月19日，百年院庆国际医学高峰论坛

1
2
3

1. 2008年，医院成为北京奥运会定点医院
2. 2008年10月，医院荣获参与北京奥运会、残奥会贡献奖
3. 2009年4月，医院荣获全国五一劳动奖状

1/2

1. 2010年，医院成为中国2010年世博会世博村医院服务定点医院
2. 2010年12月，医院荣获服务“中国2010上海世博会”优秀组织奖

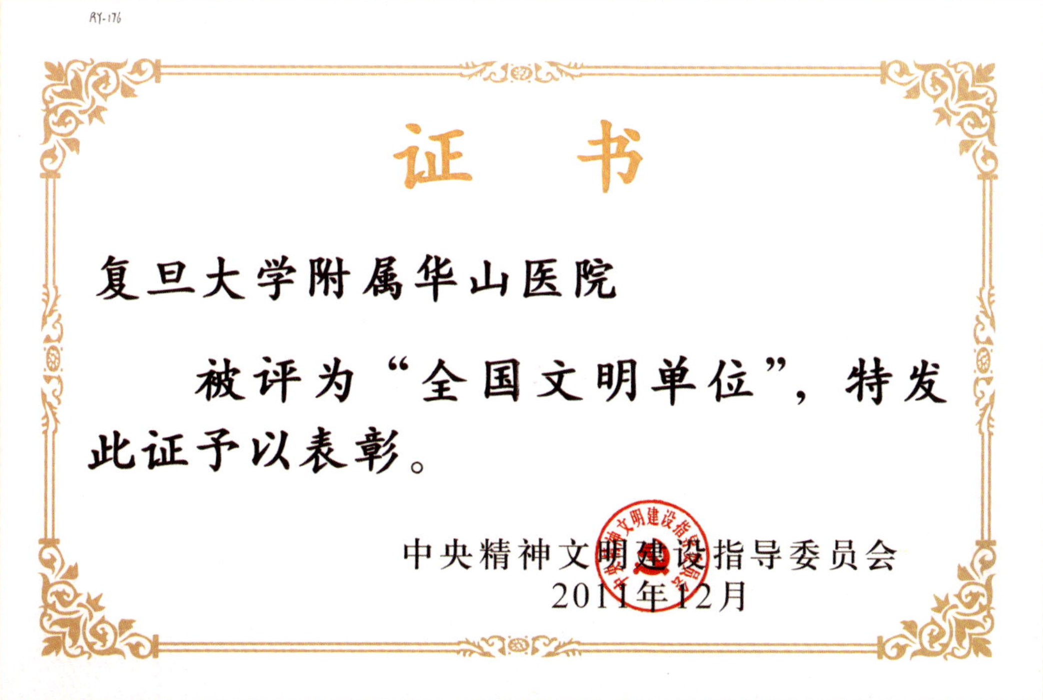

1/2

1. 2011年1月，医院荣获红十字参与服务世博先进集体
2. 2011年12月，医院被评为全国文明单位

1
2
3

1. 2012年6月，医院与上海歌剧院签约文化共建
2. 2013年3月，医院与上海交响乐团签约文化共建
3. 2014年1月，医院与中航工业西飞公司共建签约

1
2
3

1. 2016年4月，华山-五院-闵行医疗联合体合作签约
2. 2016年5月，华山-浦东医院医疗联合体成立。图为上海市浦东医院
3. 2016年6月，静安区医疗联合体第二轮签约

1
2

1. 2016年8月，医院与海口市人民医院结为友好合作医院
2. 2016年9月，医院与福建医科大学附属第一医院合作共建启动

1
2 | 3

1. 中国科学院院士：沈自尹
2. 中国工程院院士：顾玉东
3. 中国工程院院士：周良辅

1. 一级教授：颜福庆（1882—1970）
2. 一级教授：任廷桂（1894—1968）
3. 一级教授：吴绍青（1895—1980）

1
2 3

1. 一级教授：乐文照（1896—1979）
2. 一级教授：应元岳（1896—1991）
3. 一级教授：杨国亮（1899—2005）

1
2 | 3

1. 一级教授：黄家驷（1906—1984）
2. 一级教授：钱　惪（1906—2006）
3. 一级教授：林兆耆（1907—1992）

1
2 | 3

1. 二级教授：朱恒璧（1890—1987）
2. 二级教授：李鸿儒（1906—1997）
3. 二级教授：崔之义（1908—1975）

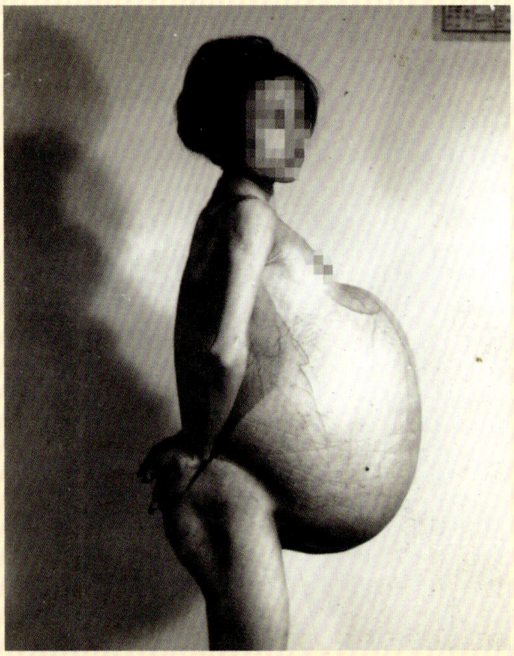

1
2
3

1~2. 1950年，钱悳投身防治血吸虫工作
2. 1950年，血吸虫病患者

1/2

1. 1951年，上海市抗美援朝志愿医疗手术队第二大队副队长钱悳
2. 1951年，上海市抗美援朝医疗队队员救护伤兵

1
2

1. 1951年8月1日，上海市抗美援朝医疗手术队药剂组合影

2. 1952年，抗美援朝十一大队与第二陆军医院医护人员合影

1962年1月12日，邓学稼（第二排左三）参加国家保健局医疗小组赴印尼，为印尼总统苏加诺（第一排左六）治疗肾结石

1/2

1~2. 1965—1972年，医院先后有4名医生参与赴索马里医疗队

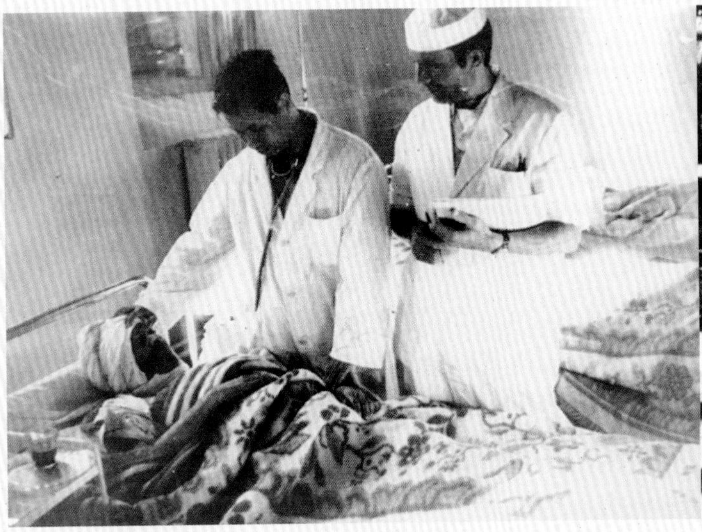

1 2
3 4
5

1~2. 1972年4月，医院3名医生随上海医疗队赴阿尔及利亚，开展为期两年半的医疗支援

3~5. 1974—1983年，医院共有18名医生远赴多哥提供人道主义医疗支援

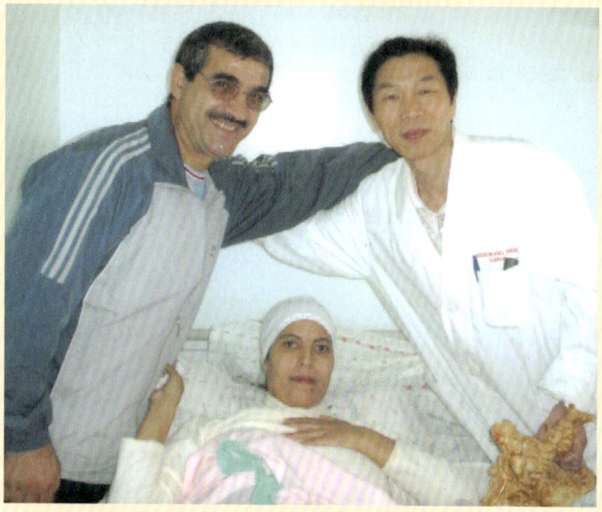

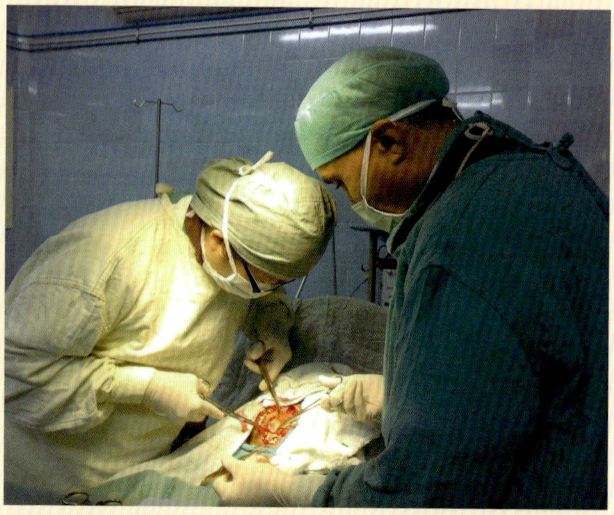

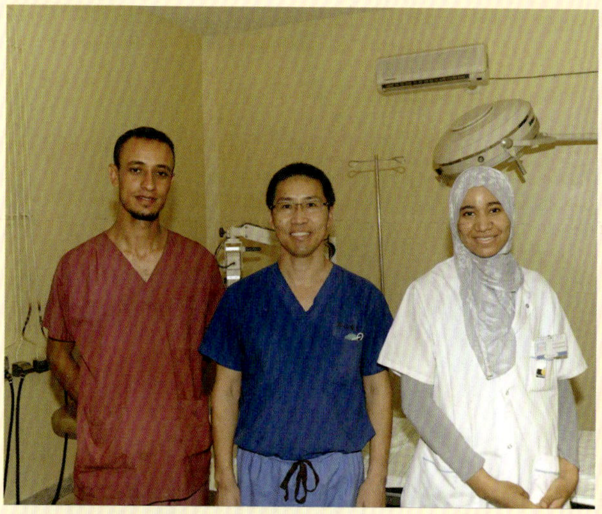

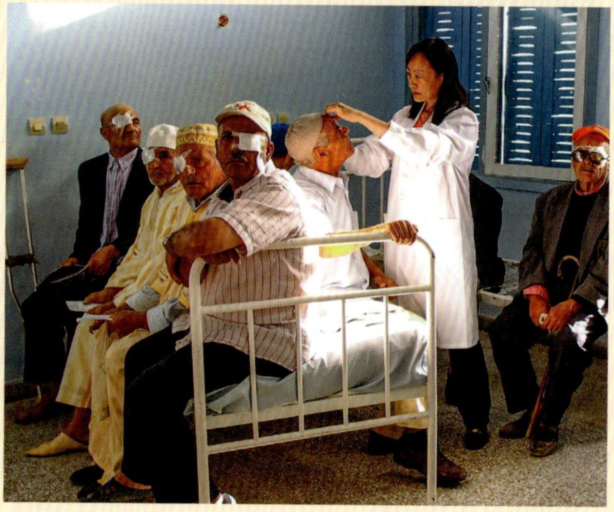

1	2
3	4
5	6

1~6. 1975—2016年，医院先后选拔12人前往支援摩洛哥

1
2
3

1. 1976年7月，华山医疗队赴唐山抗震救灾
2. 1976年8—9月，华山医疗队参与筹建玉田临时医队
3. 1977年6月，驻玉田上海医疗队合影

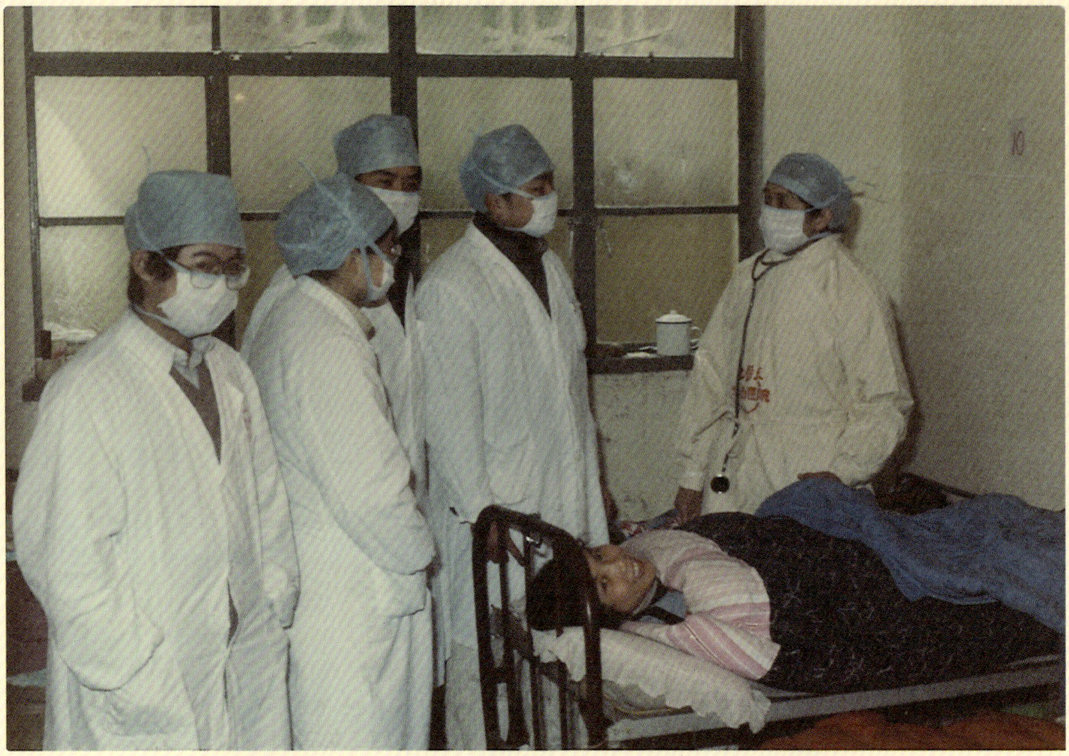

1
2

1. 1988年3月，上海甲肝流行，医院共收治肝炎住院患者1500多人，抢救重症肝炎80余例
2. 1988年3月，上海甲肝流行期间的临时病房

1
2
3

1. 1998年8月，医院抗洪救灾医疗队赴江西九江
2. 1998年9月，医院组织人员赴湖南抗洪救灾
3. 1998年，医院内分泌科李益明（披红绸带者）作为首批“上海青年志愿者赴滇服务接力计划”志愿者前往文山州广南县中医院支援。至2016年，医院先后选派15名青年志愿者赴对口州市开展志愿服务接力工作

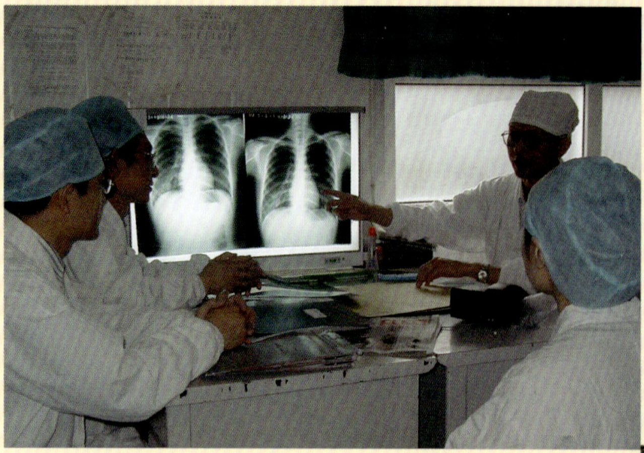

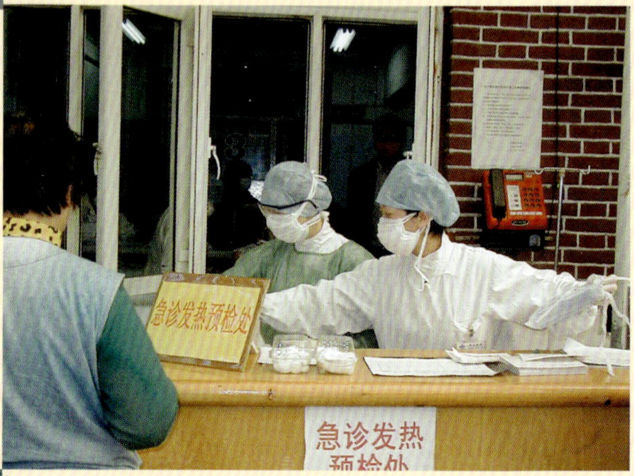

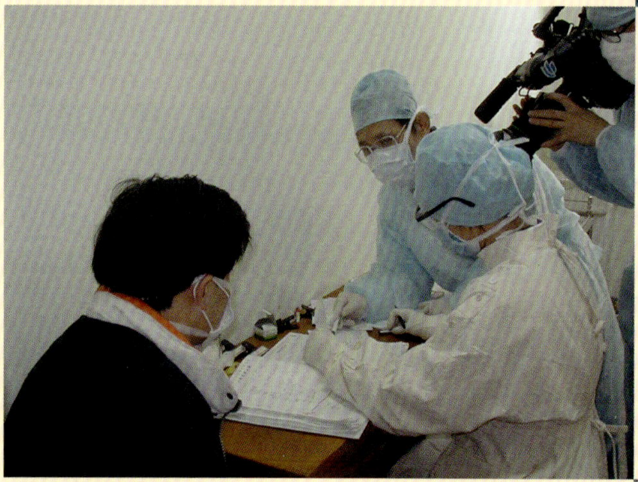

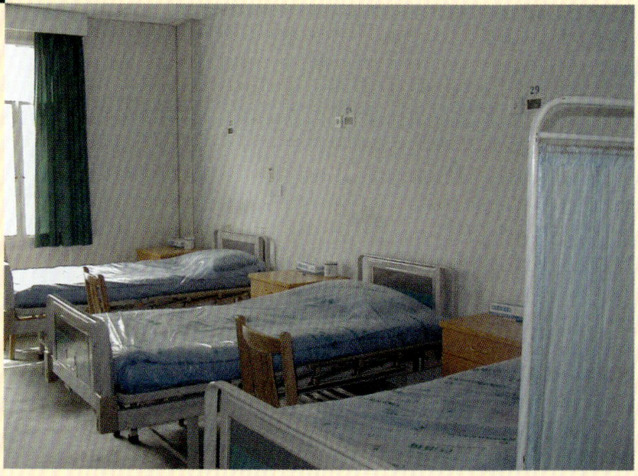

1
2
3
4

1. 2003年4—6月，医院专家讨论“非典”病例
2. 2003年4—6月，医院“非典”时期的发热预检处
3. 2003年4—6月，医院“非典”时期的发热门诊
4. 2003年4—6月，医院的“非典”病房

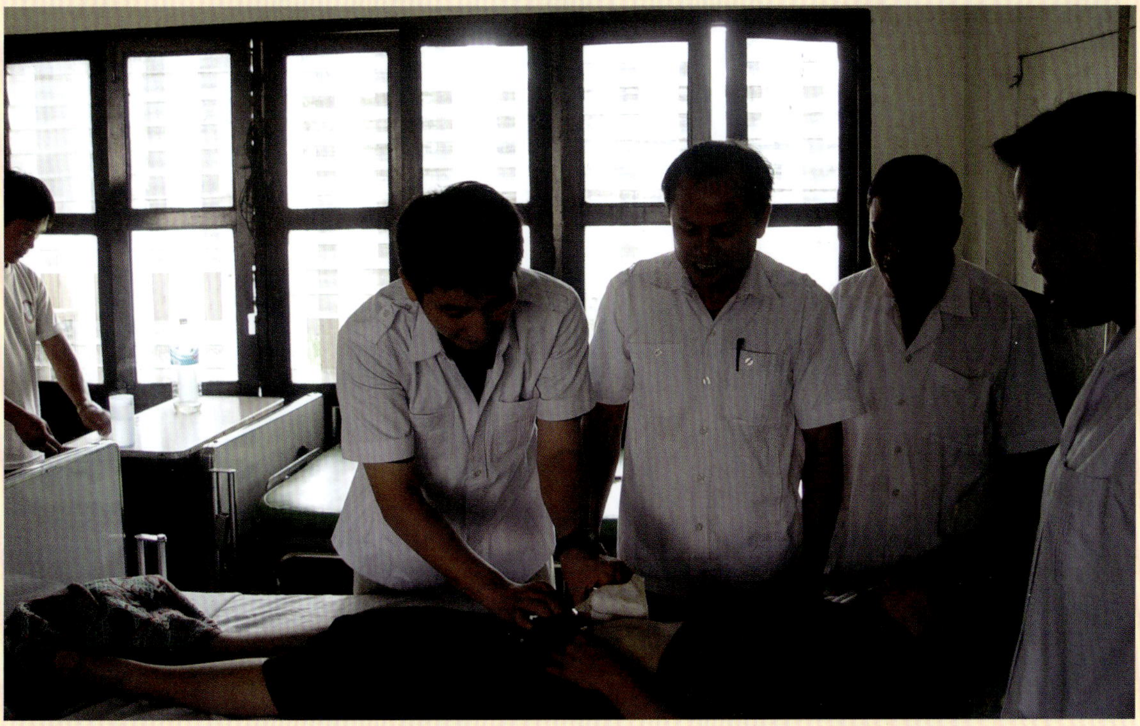

1/2

1. 2006年，医院普外科殷保兵（右一）成为第六批中国青年志愿者赴老挝服务队队员并担任副队长
2. 殷保兵（右四）在老挝当地开展医疗服务

1
2

1. 2008年5月14日，中国红十字会紧急救援队第一批出征四川省汶川县
2. 2008年汶川特大地震后，医院救援队员徒步进入重灾区，成为上海第一支深入前线的医疗队

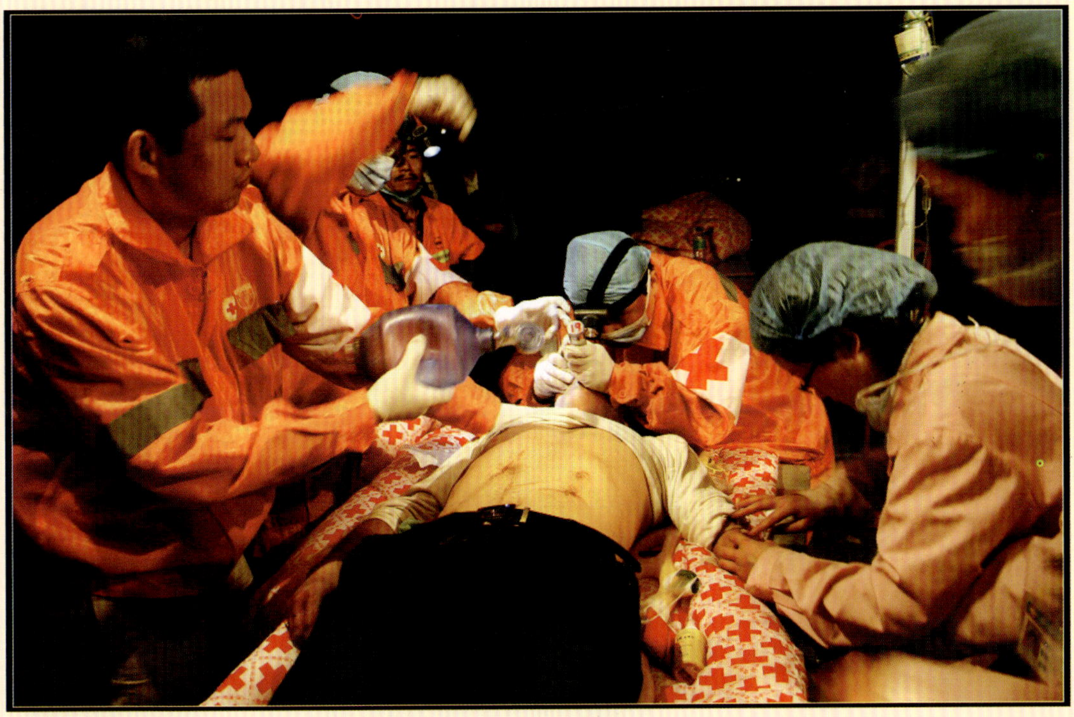

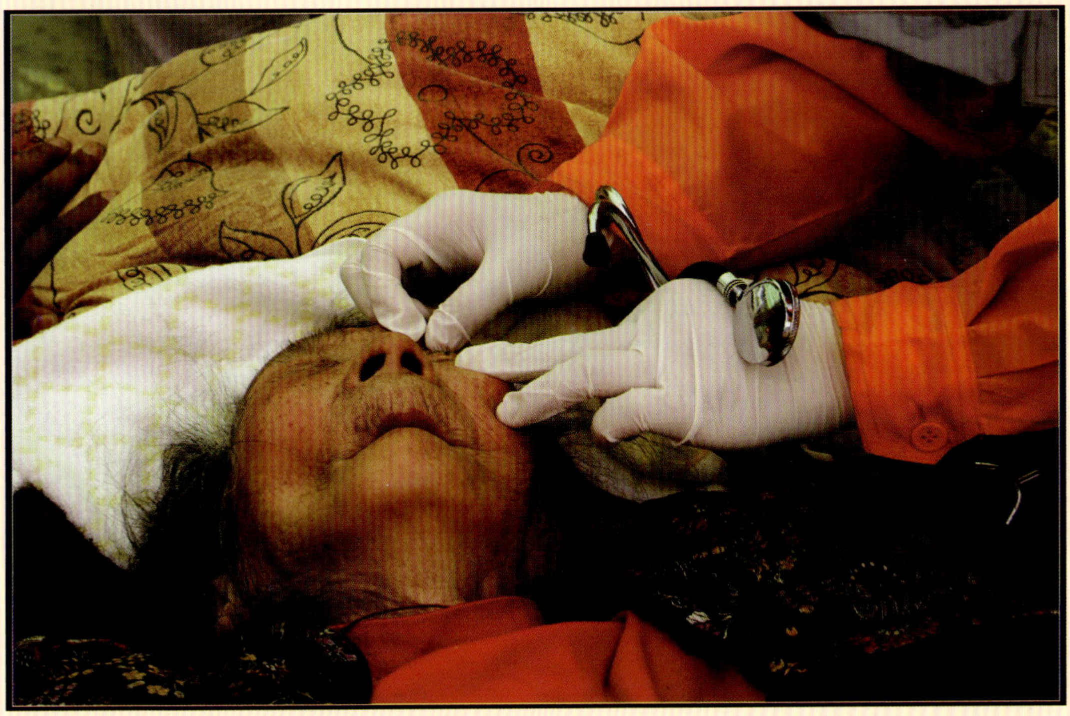

1
2

1. 2008年汶川特大地震后，医院紧急救援队成功救治呼吸停止伤员
2. 2008年汶川特大地震后，医院紧急救援队救治104岁昏迷老人

授予 复旦大学附属华山医院中德红十字会野战医院

全国抗震救灾英雄集体

中共中央 国务院 中央军委

2008年10月

1
2
3

1~2. 2008年汶川特大地震后，中德红十字会野战医院全景
3. 2008年汶川特大地震后，中德红十字会野战医院荣获全国抗震救灾英雄集体称号

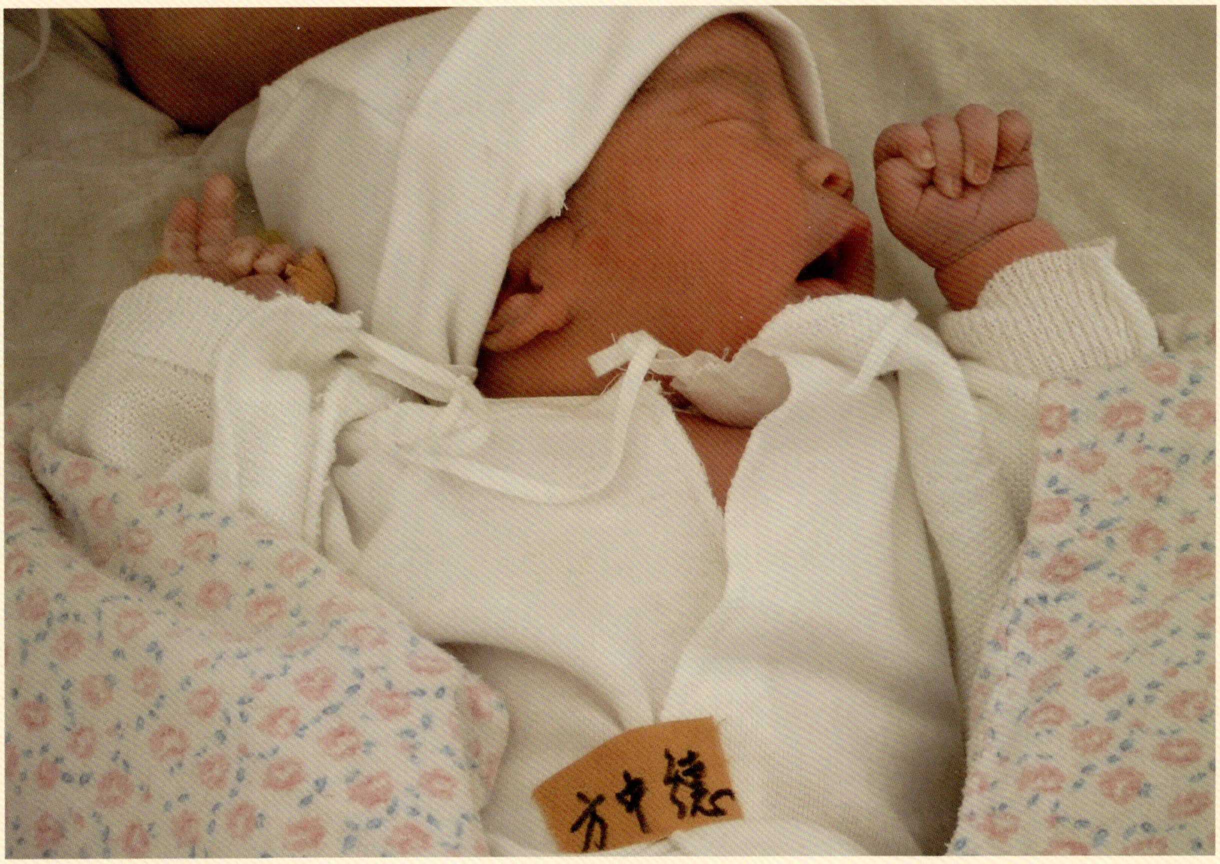

1
2

1. 2008年5月31日，在中德红十字会野战医院诞生的第一名婴儿——方中德
2. 2008年，都江堰医务人员和市民送来横幅“上海华山医院——都江堰人民需要你”

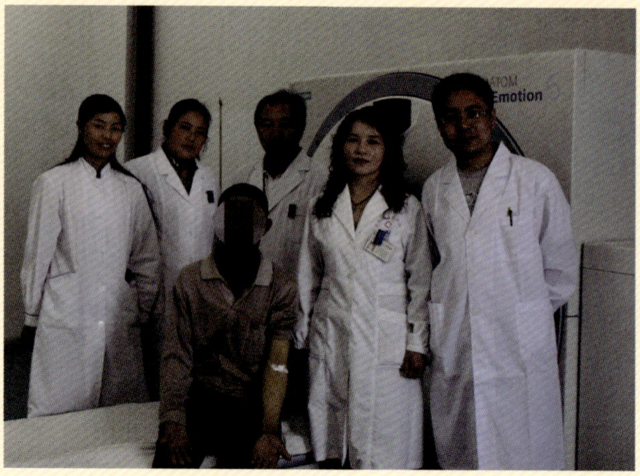

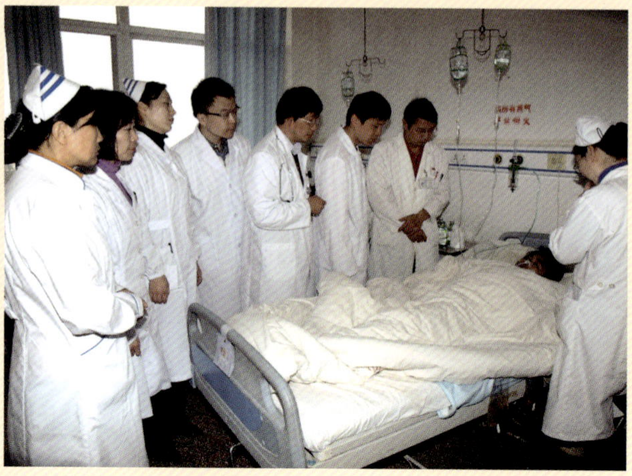

1 | 2
3

1~3. 2010—2013年，医院先后派驻6批总计32人，对口支援云南嵩明县人民医院

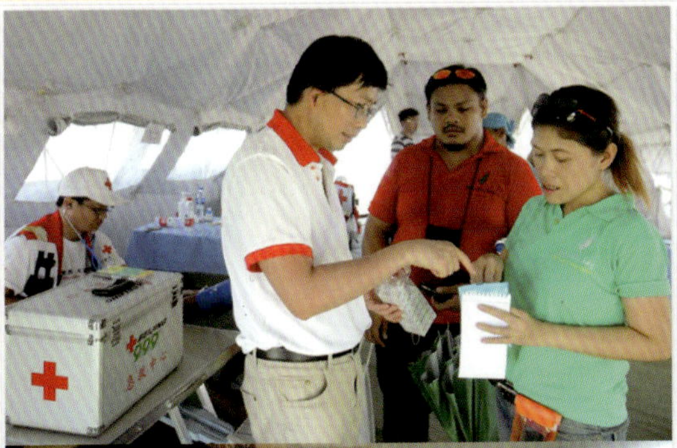

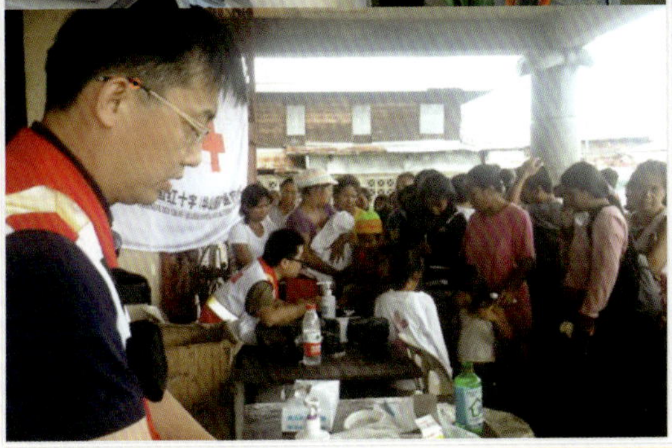

	1	
	2	3
	4	5

1. 2013年11月22日，医院派出7名队员参与中国红十字国际救援队，赴菲律宾“海燕”台风重灾区开展医疗救援

2~5. 2013年11月，医院红十字医疗救援队在“海燕”台风重灾区开展工作

1	2
3	4
5	

1~4. 2013—2016年，医院先后派驻6批总计32人，对口支援云南省腾冲市人民医院

5. 2014年，医院专家赴甘肃省人民医院开展大型公益服务，双方签约合作共建服务国家战略

1
2

1~2. 2014年，医院首例器官捐献者管莹荣获第四届感动上海年度人物特别奖，右三和右四为管莹父母

1
2
3
4

1~4. 2015年，医院派出感染科专家参与援非抗击埃博拉疫情

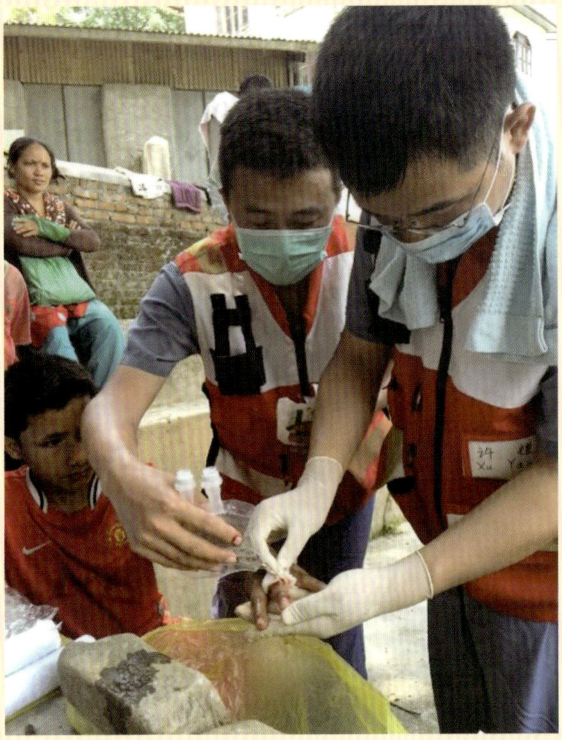

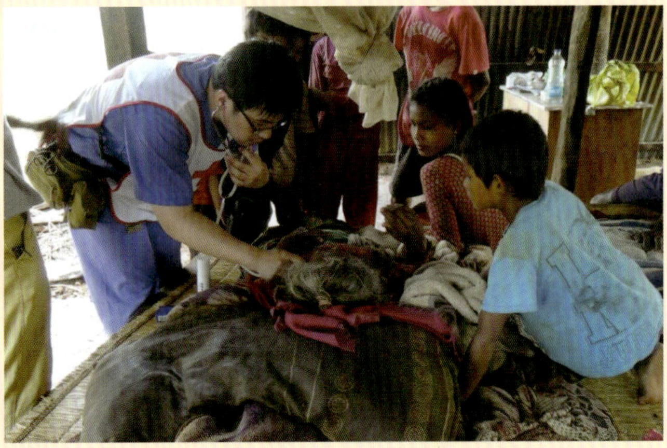

1
2
3
4

1~4. 2015年，医院派出2批红十字医疗救援队在尼泊尔开展工作

1
2
3

1. 2015年，医院参加国家巡回医疗队赴云南迪庆开展巡回医疗工作
2~3. 2016年5月20日，北院与云南省文山州丘北县人民医院签订对口帮扶协议

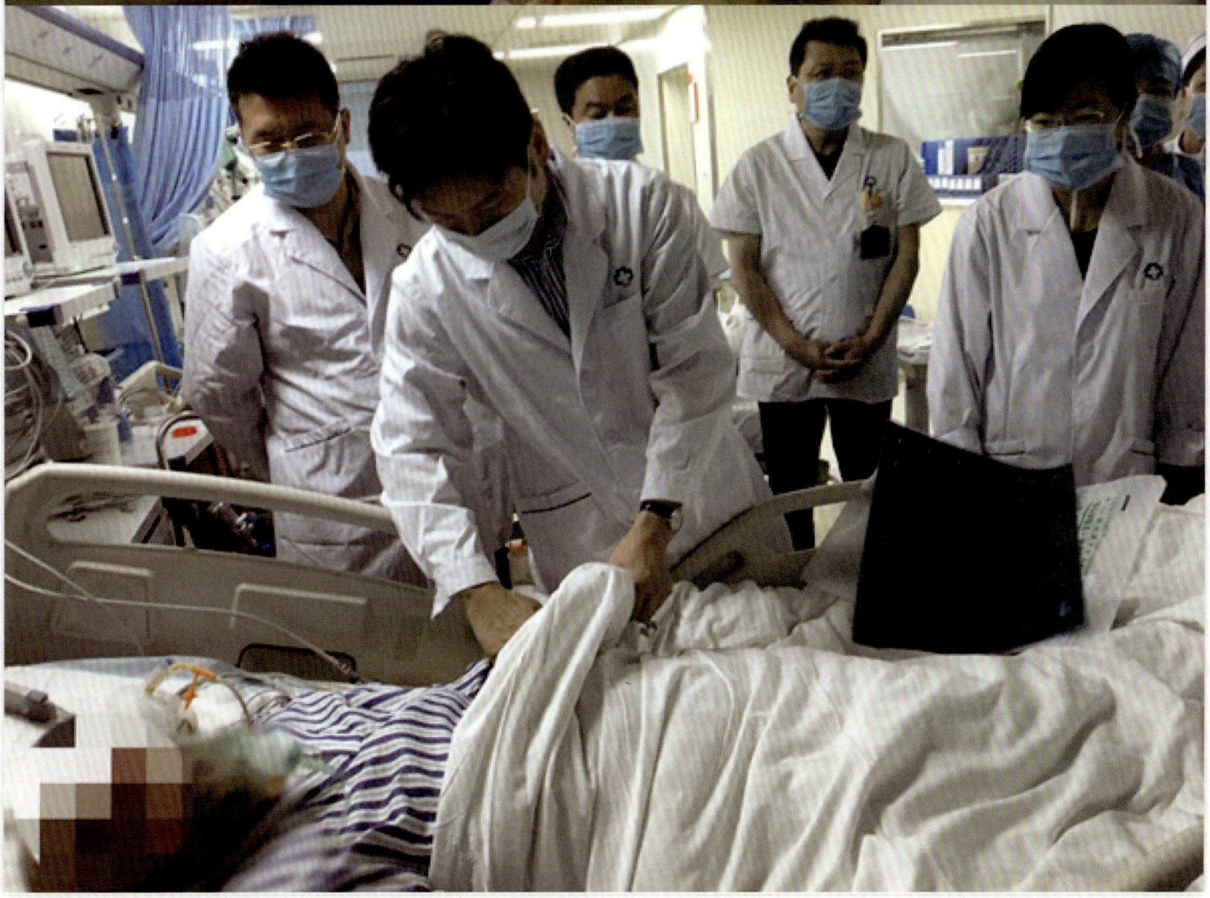

1~2. 2016年6月24—27日，上海电视台报道中国红十字（华山）医院救援队紧急奔赴江苏盐城市开展救援工作

1
2

1. 2016年7月5日，医院首批援藏医疗队赴洛隆县人民医院开展医疗支援服务
2. 2016年，医院参加国家巡回医疗队赴江西赣州开展巡回医疗工作

1
2

1. 1910年，中国红十字会总医院暨医学堂大门
2. 1910年，中国红十字会总医院暨医学堂全貌

1
2

1. 1922年，医院主楼
2. 1922年，医院普通病房楼

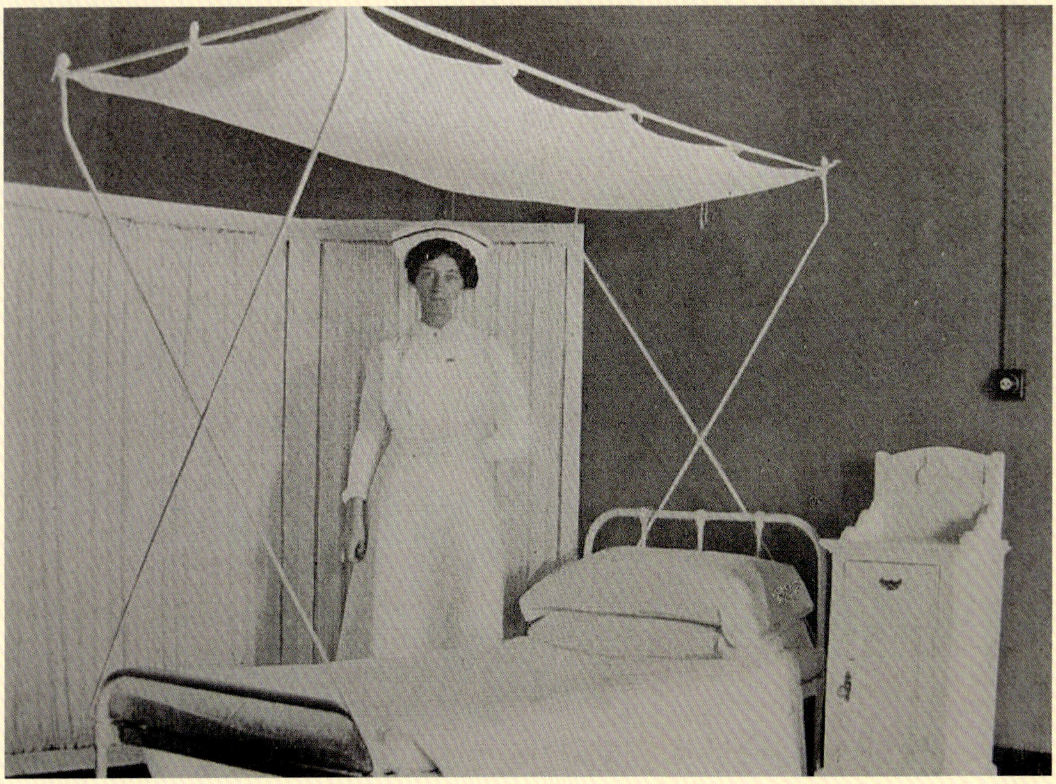

1
2

1. 1922年，医院护士宿舍楼
2. 1922年，医院头等病房

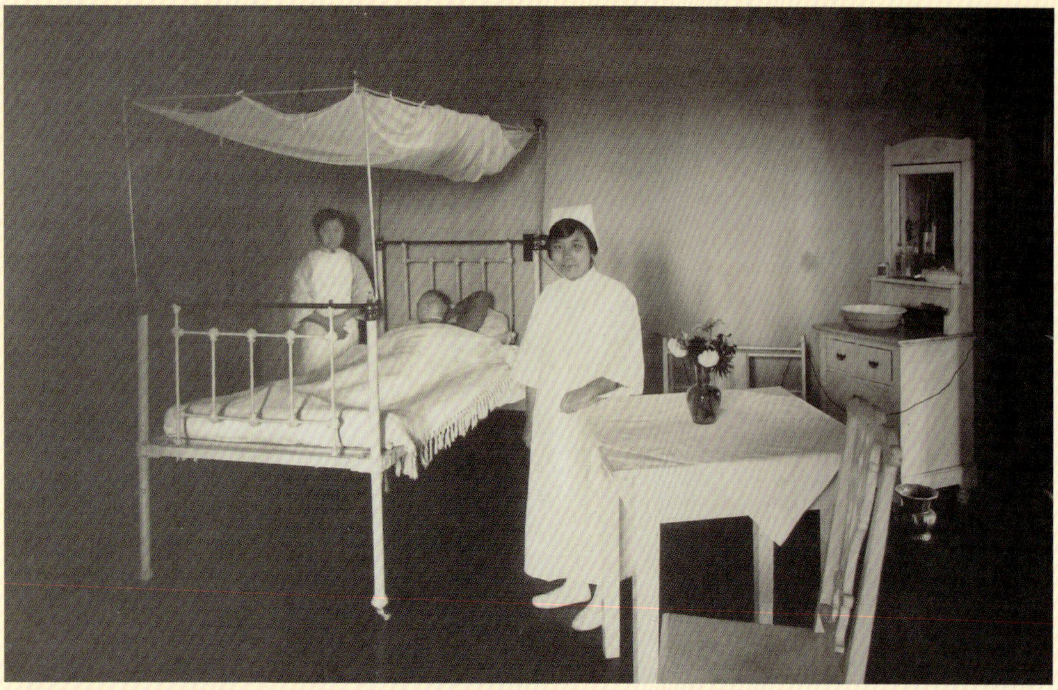

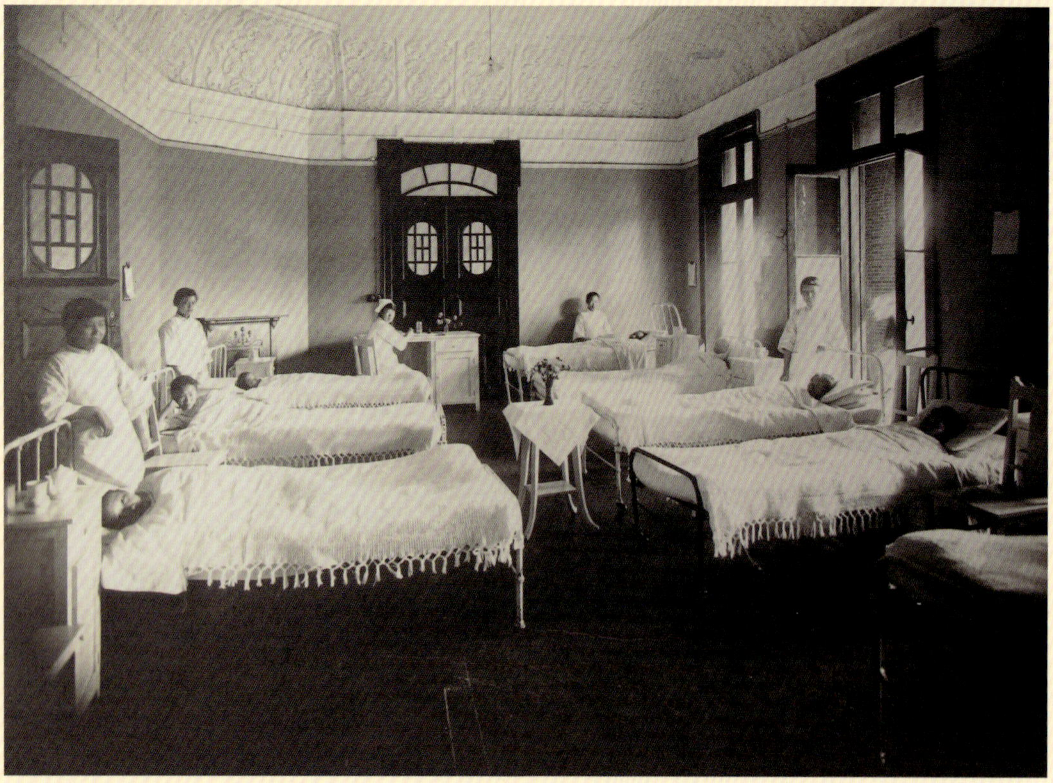

1
2

1. 1922年，医院单人病房
2. 1922年，医院多人病房

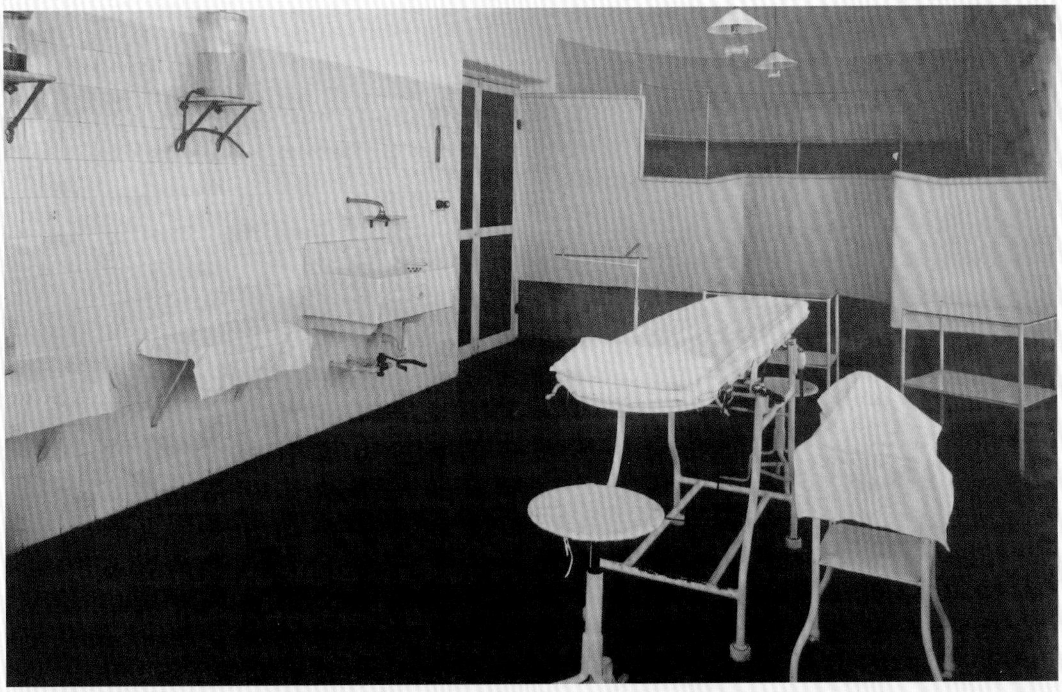

1
2

1. 1922年，医院主手术室
2. 1922年，医院刷手间

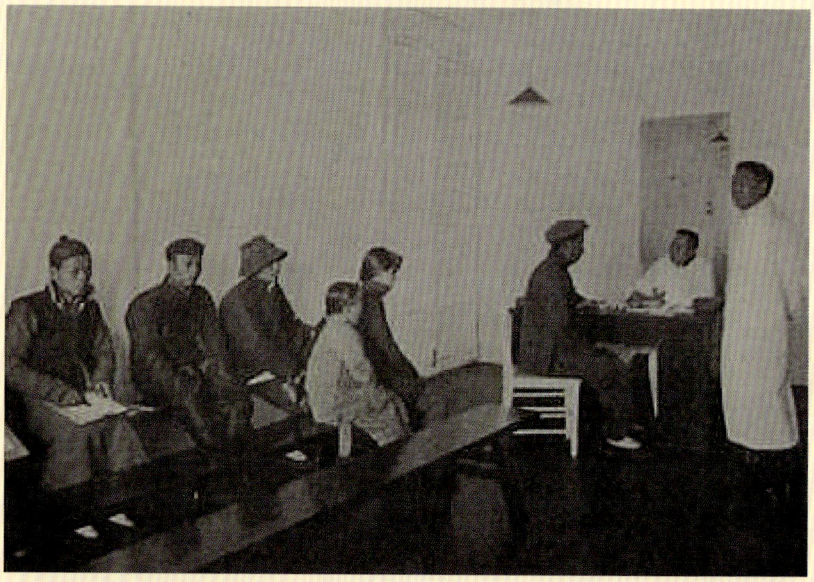

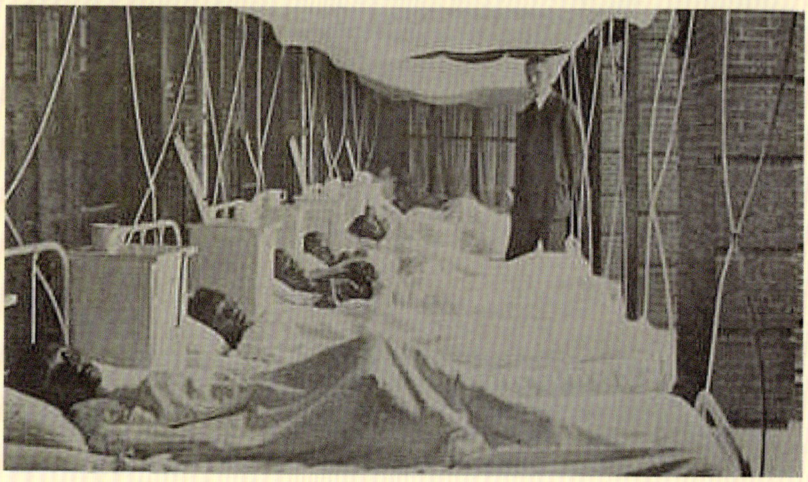

1
2
3

1. 1922年，医院药房
2. 1922年，医院患者候诊场景
3. 1922年，医院走廊上的卧床患者

1 2
3 4

1. 1950年，中国红十字会第一医院大门
2. 1950年，中国红十字会第一医院病房外景
3. 1950年，中国红十字会第一医院医师宿舍
4. 1950年，中国红十字会第一医院门诊室

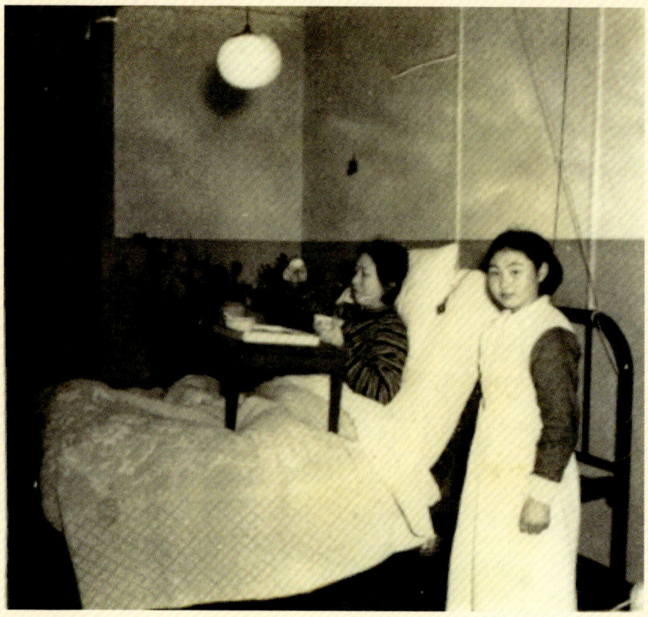

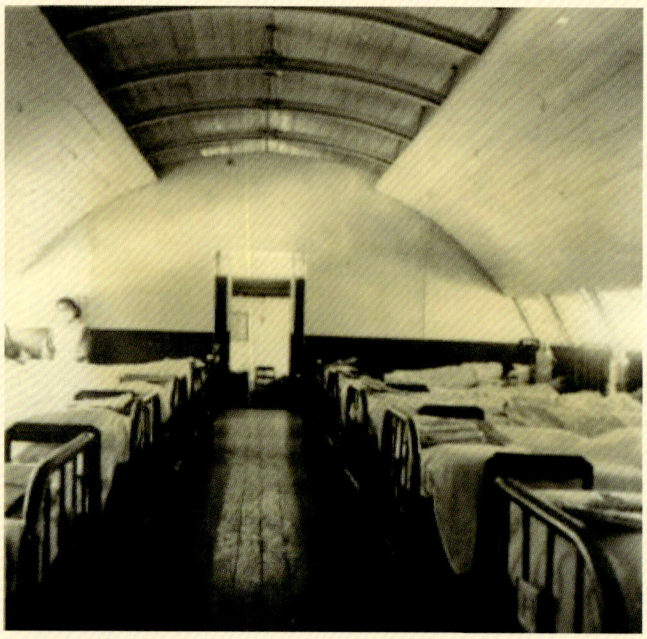

1
2
3

1. 1950年，中国红十字会第一医院头等病房
2. 1950年，中国红十字会第一医院二等病房
3. 1950年，中国红十字会第一医院三等病房

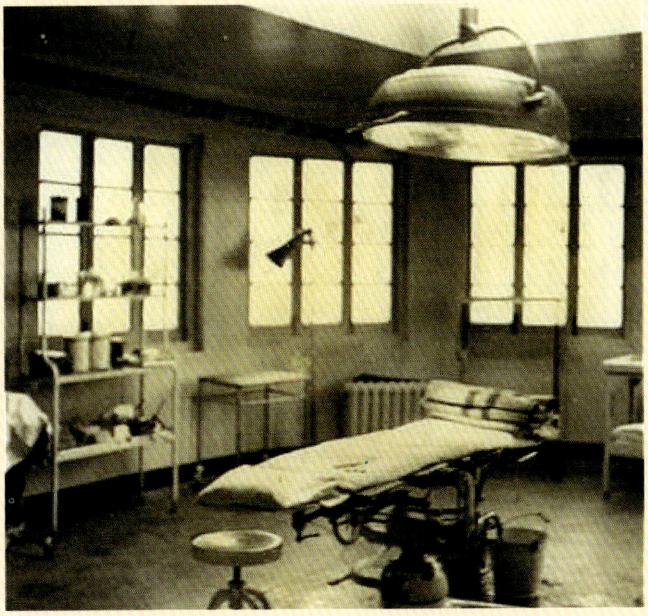

1
2
3

1. 1950年，中国红十字会第一医院手术室
2. 1950年，中国红十字会第一医院手术室看台
3. 1950年，中国红十字会第一医院洗手池

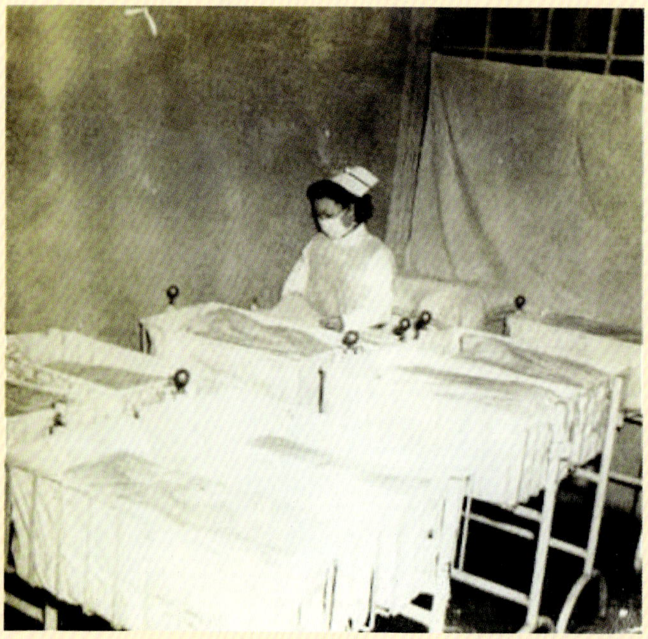

1
2
3

1. 1950年，中国红十字会第一医院护士室
2. 1950年，中国红十字会第一医院待产室
3. 1950年，中国红十字会第一医院婴儿室

1 | 2
3 | 4

1. 1950年，中国红十字会第一医院挂号处
2. 1950年，中国红十字会第一医院候诊处
3. 1950年，中国红十字会第一医院敷料处
4. 1950年，中国红十字会第一医院配方处

1 | 2
3 | 4

1. 1950年，中国红十字会第一医院诊察室
2. 1950年，中国红十字会第一医院理疗室
3. 1950年，中国红十字会第一医院化验室
4. 1950年，中国红十字会第一医院病史室

1 | 2
3 | 4

1. 1950年，中国红十字会第一医院院长室
2. 1950年，中国红十字会第一医院阅览室
3. 1950年，中国红十字会第一医院会计科
4. 1950年，中国红十字会第一医院社会科

1
2

1. 1955年，上海第一医学院附属第一医院大门
2. 1960年，上海第一医学院附属第一医院门诊大门

1/2

1. 1960年，上海第一医学院附属第一医院门诊部
2. 1960年，上海第一医学院附属第一医院一病室

1
2

1. 1960年，上海第一医学院附属第一医院二病室
2. 1960年，上海第一医学院附属第一医院三病室

1
—
2

1. 1960年，上海第一医学院附属第一医院四、五病室
2. 1960年，上海第一医学院附属第一医院六、七病室

1
2

1. 1960年，上海第一医学院附属第一医院八病室
2. 1960年，上海第一医学院附属第一医院九病室

1/2

1. 1960年，上海第一医学院附属第一医院十病室
2. 1960年，上海第一医学院附属第一医院十一病室

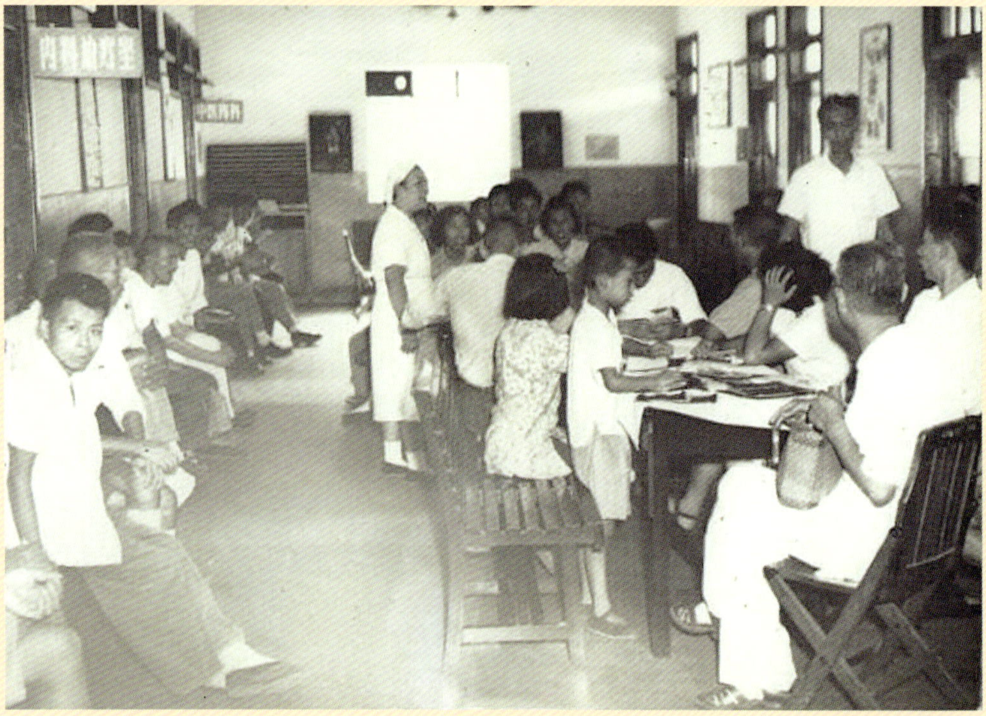

1
2

1. 1960年，上海第一医学院附属第一医院挂号处
2. 1960年，上海第一医学院附属第一医院候诊处

1
2
3

1. 1960年，上海第一医学院附属第一医院化验室
2. 1960年，医院周家花园冬景
3. 1960年，医院周家花园夏景

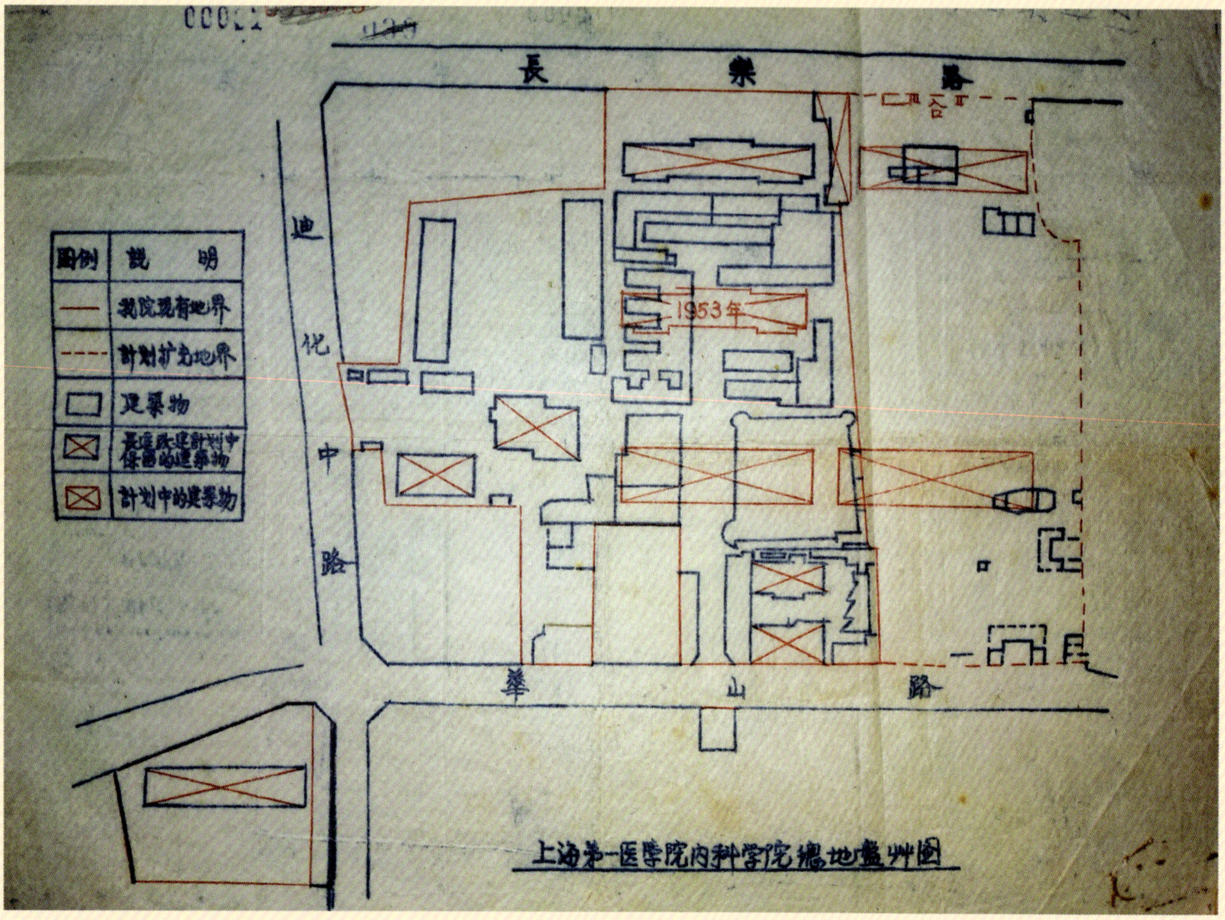

1952年，上海第一医学院内科学院总地盘图

1
2

1~2. 1964年，上海第一医学院附属第一医院全貌

1 | 2

1. 1966年，3号楼（医技、病房）建成
2. 1988年，2号楼（病房）落成

1
2

1. 1980年，上海第一医学院华山医院大门
2. 1985年，上海第一医学院华山医院门诊部

1
2

1. 1990年，上海医科大学附属华山医院大门
2. 1995年，中国红十字会华山医院大门

1
2
3

1. 1995年，中国红十字会华山医院1号楼
2. 1995年，中国红十字会华山医院4号楼
3. 1995年，中国红十字会华山医院5号楼

1
2

1. 1995年，中国红十字会华山医院12号楼
2. 1998年，0号楼（药库、病房、实验室、办公）建成

1
2

1. 1998年，6号楼（病房、手术室、ICU）开工典礼
2. 2000年，6号楼（病房、手术室、ICU）建成

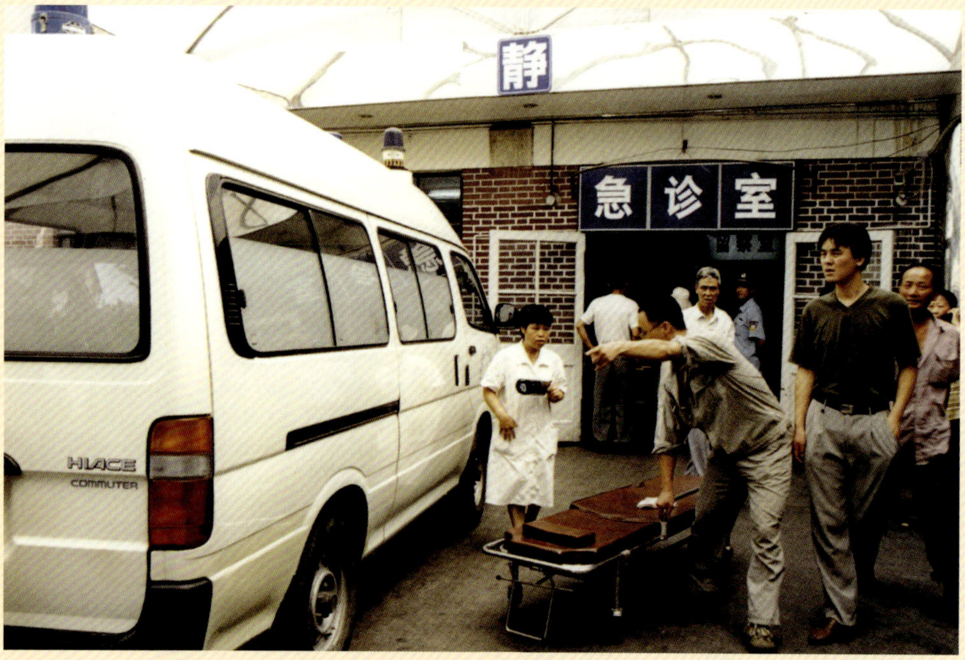

1
2

1. 2000年，医院门诊
2. 2000年，医院急诊室

1
2

1. 2002年，1号楼（门急诊、办公）开工典礼
2. 2004年，1号楼（门急诊、办公）投入使用

1
2

1. 2010年，5号楼（传染病楼）建成
2. 2016年，2号楼（病房）外景

1
2

1. 2016年，3号楼（医技、病房）外景
2. 2016年，7号楼（变电站）外景

1
2

1. 2016年，8号楼（科教）外景
2. 2016年，9号楼（食堂、办公）外景

1
2

1. 2016年，10号楼（红会老楼）外景
2. 2016年，11号楼（外科病理）外景

1/2

1. 2016年，12号楼（工会活动中心、碎石中心）外景
2. 2016年，14号楼（医技）外景

1
2

1. 2016年，15号楼（病史室）外景
2. 2016年，花园大厅（会议室）

1
2

1. 2016年，花园小厅（会议室）
2. 2016年，花园船舫（会议室）

1
2

1. 2016年，花园大道
2. 2016年，医院停机坪

1
2

1~2. 2016年，医院空中急救通道

1
2

1. 2016年，华山医院航拍图
2. 2016年，华山医院全景

1
2
3

1. 2006年，华山医院东院（上海国际医院）开业
2. 2012年，华山医院北院开业
3. 2016年，华山医院临床医学中心（西院）主体工程结构封顶

上海市地方志编纂委员会

上海市地方志编纂委员会

（2007.8—2018.6）

《上海市级专志·华山医院志》编纂委员会

（2020年）

《上海市级专志·华山医院志》编纂委员会

（2018—2019年）

陈　彤　陈明泉　陈晓峰　陈勤奋　陈　靖　陈　澍　林　怡
林建华　金少津　周良辅　郑敏华　赵守亮　赵　曜　郝传明
钟明康　钦伦秀　施海明　施慎逊　姜昊文　姜建元　宫　晔
姚　萍　姚琪远　秦茜淼　贾明昊　夏　云　夏　荣　顾玉东
顾静文　徐启武　徐金华　高继明　唐　峰　黄　虹　龚　燕
梁晓华　董竞成　董　强　蒋　红　傅德良　管一晖　管德坤
潘　力　穆雄铮　戴润明

《上海市级专志·华山医院志》编纂委员会

（2017—2018 年）

主　任　丁　强　顾小萍

副主任　邵建华　马　昕　毛　颖　靳建平　徐文东　邹和建　耿道颖
周海平

委　员　（以姓氏笔画为序）

万伟国　山　缨　王志良　王英伟　王明贵　王晋伦　王惠英
方祖军　卢　清　吕　元　向　阳　刘兴党　刘　杨　刘　杰
刘景芳　许震生　孙小丰　孙广滨　孙　毅　苏家春　李圣青
李光辉　李益明　杨　帆　吴　毅　沈周俊　张文宏　张　玉
张　军　陈世益　陈　彤　陈晓峰　陈勤奋　陈　靖　陈　澍
林　怡　林建华　金少津　周良辅　郑敏华　赵守亮　赵　曜
郝传明　钟明康　钦伦秀　施海明　施慎逊　姜昊文　姜建元
宫　晔　姚　萍　姚琪远　秦茜淼　贾明昊　夏　云　夏　荣
顾玉东　顾静文　徐启武　徐金华　高继明　唐　峰　黄　虹
戚　琴　梁晓华　董竞成　董　强　蒋　红　傅德良　管一晖
管德坤　潘　力　穆雄铮

《上海市级专志 · 华山医院志》编纂委员会

（2010—2017 年）

主　任　丁　强　顾小萍

副主任　邵建华

委　员　（以姓氏笔画为序）

马　昕　王中一　王　兵　王晋伦　吕　元　伍　蓉　李益明
李趣翎　邹和建　汪志明　张佳文　陈一平　林建华　夏　云
钱　飚　徐文东　黄　虹　戚　琴　蒋　红　谢利宁　靳建平

《上海市级专志 · 华山医院志》编纂委员会办公室

（2017—2021 年）

主　任　管德坤　王晋伦

副主任　陈勤奋　唐　弘

成　员　（以姓氏笔画为序）

王裕生　卢　霏　朱丽莉　孙自学　吴劼珉　沈芳芳　张传政
张沛骅　张　蔷　陆凤艳　陈　熠　邵妍芬　周轶群　姚晶珊
徐　畅　黄思敏　葛安安　傅媛媛　潘懿敏

《上海市级专志 · 华山医院志》编纂委员会办公室

（2010—2017 年）

主　任　靳建平

副主任　周幸媛　叶　勤

成　员　（以姓氏笔画为序）

王屹骏　朱小倩　朱佳祎　朱春艳　刘　燕　吴冬梅　邹玉蓉
张雪佳　陈斯洁　陈勤奋　赵　勇　柯颖达　唐　弘　黄思敏
黄　蔚　盛文佳　崔书正　薛文娟

《上海市级专志·华山医院志》评议专家

组　长　莫建备

成　员　（以姓氏笔画为序）

叶供发　朱延军　杨秋蒙　吴岳军　何惠明　邵志民　欧剑锋

周　律　赵列宾　徐美琴

《上海市级专志·华山医院志》审定专家

组　长　刘　建

成　员　（以姓氏笔画为序）

许善华　杨　震　吴　越　罗诚祖　俞　军　徐　军　高　晞

蔡　伟

《上海市级专志·华山医院志》验收单位和人员

验收单位　上海市地方志办公室

验收人员　洪民荣　姜复生　王继杰　过文瀚　黄晓明

业务编辑　肖春燕　赵明明

序　　言

华山奇崛天地间，俯仰之中逾百年。

1907 年，沈敦和先生开始着手筹建“中国红十字会总医院暨医学堂”，由此开启华山医院跨越百年的历程。从那时起，这所只有十四亩地、两所洋房、五十张病床的医院踏上追寻光荣与梦想的风雨之路。此后，虽几经战火洗礼、时局更迭、历史变迁，医院数易其名，但一代代华山人始终秉持“大医精诚、追求卓越”的精神，践行“厚德、仁术、创新、奉献”的院训，不忘“人道博爱、救死扶伤”的使命，勇敢迎接各种挑战，终使医院成就为一所享誉海内外的著名医院。

《华山医院志》根据《上海市第二轮新编地方志书编纂规划》相关要求，力求全面、真实、准确、客观、公正地反映医院的历史与现状，篇幅内容涵盖组织机构、临床医技科室、医护管理、医学科研、医学教育、党群工作、综合管理、后勤与治安、社会服务、人物等十个方面。志书不但以时间为线索，尽可能完整地展现医院从无到有、从弱到强的历史变迁，并用数字全方位地反映医院在各领域取得的成就，特别是对医院建设历程中突出的历史事件、人物以及重大成果着力进行描述。

栉风沐雨超越百十载，华山，之所以成为今日之华山，除了能力，更是文化。本志以弘扬历史为切入点，拓展医院文化的外延和内涵，力图凝练医院的品牌与特色。从讲仁术、重医德，讲创新、重科研，到救死扶伤的奉献精神、争创一流的拼搏精神、恪尽职守的敬业精神、与时俱进的创新精神，这些华山人的精神风貌是医院文化的浓缩与精华，更是华山打造中国最具影响力的国际化优质医院的原动力。

盛世修志，资政育人，弘扬文化。前人之业绩，应当书之于志，传于后世。编纂和出版《华山医院志》，不仅是为了回顾医院的发展轨迹，梳理成功的经验，更是为了传承华山人在这不凡历程中凝聚起来的精神，明确医院文化发展的方向，从而开启一个新的起点，再创新时代的事业与辉煌。

毛　颖

华山医院院长

2021 年 9 月

凡　例

一、本志以马克思列宁主义、毛泽东思想、邓小平理论、“三个代表”重要思想、科学发展观、习近平新时代中国特色社会主义思想理论为指导，坚持实事求是、依法修志的原则，运用现代科学理论和方法，力求全面、真实、准确、客观、公正地反映华山医院的历史与现状。

二、本志以华山医院为记述范围，上限始于1907年医院创设，下限止于2016年，重点记述中华人民共和国成立以来，尤其是中共十一届三中全会以来的改革发展进程。个别内容，为体现完整性酌情延伸。

三、本志由述、记、志、传、图、照、表等形式组成，以志为主，图照辅之，表随文设置，卷首列序言、凡例、总述、大事记，卷末附编后记。全志共设十篇，横排门类，以类系事，结构分篇、章、节、目四个层次。

四、本志文体，除引用古籍原文外，均采用现代文语体、记述体。

五、本志纪年，大事记采用历史纪年括住公元纪年，各篇章正文采用公元纪年。志中所述各个时期的机构、职务，均沿用当时的称谓。

六、本志“大事记”记述以编年体为主，辅以记事本末体，入选人物和事件均以其对医院发展的贡献和重要性为标准。

七、本志各篇多次使用同一名称时，首次用全称，其后用简称。在不影响理解的情况下，本志中“医院”通常特指“中国红十字会总医院暨医学堂”（1910—1932年）、“国立中央大学医学院第一实习医院”（1928—1952年）、“中国红十字会第一医院”（1932—1952年）、“上海医学院内科学院”（1952年）、“上海第一医学院内科学院”（1952—1955年）、“上海第一医学院内科医院”（1955年）、“上海第一医学院附属第一医院”（1955—1965年）、“上海第一医学院华山医院”（1965—1985年）、“上海医科大学附属华山医院”（1985—2000年）、“中国红十字会华山医院”（1991—2016年）、“复旦大学医学院附属华山医院”（2000—2001年）、“复旦大学附属华山医院”（2001—2016年）。

八、本志“人物”篇中，立传人物，以卒年排序；简介人物，以生年排序。生卒年不详者排在最后。

九、志书资料来源主要取自档案、文件、专著、报纸、期刊、历史文献以及实物和调查材料。本书稿件均由各科室负责人或有关人员撰写，并负责核实史料。此外，有关部门和个人提供的书面或口碑资料，经考证核实后采用，不再一一注明出处。

十、本志中著作名称、论文题目、科研项目名称等均以发表时为准。

十一、本志标题格式、标点符号使用、数字书写、计量单位名称、引文注释、图表处理，均参照《〈上海市志(1978—2010)〉编纂行文规范》的规定执行。

目　录

CONTENTS

总述

复旦大学附属华山医院前身为“中国红十字会总医院暨医学堂”，创建于1907年。1932年，更名为中国红十字会第一医院。1952年，因全国性院系调整，医院改组为专科医院，更名为上海医学院内科学院。1955年4月，更名为上海第一医学院内科医院，是年8月，医院恢复外科建制，更名为上海第一医学院附属第一医院。1965年，更名为上海第一医学院华山医院。1991年，医院正式恢复中国红十字会华山医院的第二冠名。随着上海第一医学院名称更迭，医院名称分别于1985年、2000年、2001年相应变更为上海医科大学附属华山医院、复旦大学医学院附属华山医院及复旦大学附属华山医院。

医院是国家卫生健康委委属医院、复旦大学附属教学医院和中国红十字会冠名医院，1992年首批通过国家三级甲等医院评审，为全国文明单位，是国内最著名、最具国际化特色的医教研中心之一，也是全国首家通过JCI认证的委属公立医院，享誉海内外。

一

（一）建院伊始，艰苦创业（1907—1912年）

1862年11月，由红十字运动之父亨利·杜南（Henry Dunant，1828—1910）撰写的《索尔弗利诺回忆录》在日内瓦出版后，引起轰动，以人道之光驱散战争阴霾、减轻战争的恐怖成为世界上众多国家的共识，国际红十字运动由此萌芽、蔚为壮观。

19世纪末20世纪初，中国积贫积弱，战火纷飞、生灵涂炭，伤难者日众，国内不少有识之士开始红十字思潮的启蒙宣传。上海因独特的地缘因素，开风气之先，成为红十字进入中国的“窗口”。上海发达的传媒业为红十字的“登陆”提供可能性和必要的土壤，一批接受新思潮的上海绅商将传统善会与红十字会相嫁接，积极开展实践活动。

中国红十字会的诞生得自日俄战争的催生。1904年日俄战争爆发后，战火殃及中国东北三省，面对伤兵满地、饿殍遍野的景象，以沈敦和为代表的上海慈善家动议在中国设立红十字会（由中、英、法、德、美五国代表合办红会）并筹集资金，组织救援。1904年3月10日，上海万国红十字支会（后更名为上海万国红十字会）成立，标志着中国红十字会的诞生。

1907年7月21日，由工部尚书吕海寰、工部左侍郎盛宣怀代表上海万国红十字会中方组织者上奏清廷的奏折获得批准，这份名为《沥陈创办红十字会情形并请立案奖叙折》的奏折中提及：“在上海购地，采取各国医院学堂医船医车之式样，筹措经费，次第仿办。另选聪颖华童，一面在沪附设医学堂，一面出洋学习会医，考求会医与军医之如何区别，本国看护人之如何储备招致，务期悉臻详备，以结万国红十字会之全局，即以巩中国红十字会之初基。”此处所述的“在上海购地，采取各国医院学堂医船医车之式样，筹措经费，次第仿办”即今日华山医院之缘起。由此奏折可见，建立医学堂等举措是中国红十字会从上海万国红十字会中“脱胎”、走上自我发展之路的基础，是中国红十字事业具有里程碑意义的事件。

1908年8月29日起至9月，中国红十字会连续在《申报》刊登广告，面向社会招收医学生。广告称："中国红十字会先以培植医员为入手基础，因医院、校舍尚未造竣，暂付科学完备、程度最高之同济德文医学堂授课。"并于9月30日公示考取医学生名单。由此可见，此时中国红十字总医院暨医学堂的建制已基本完备。

1909年，由沈敦和经手，在上海徐家汇路（1921年更名为海格路，1943年更名为华山路）购地14亩（9 333平方米），设计"建造高大洋房一所"，作为中国红十字会总医院。1910年春医院落成，落成之初的医院仅有病床50张，设内、外两科，但"其间冷热水管、割症室、诊病室、爱克司电光房、配药室、储药所、化学所、养病室、浴室、殡殓所"，设备之"精美，为沪之冠"。医院聘任西医柯师（英籍）负责管理，英、美等国医师担任医疗与教学，并由柯师兼任内科医师，解剖专家峨利生（丹麦籍）为外科医师，血液学专家亨司德为血液检验医生，克立天生女士为看护妇（护士），王培元为驻院医师。1910年初开始招考精通英语、具有中学毕业文凭的五年制医学生20人，为国家培养造就较早的一批现代医学人才。为秉承红十字精神，当时，"诊病给药只收号金，病重者留院治疗，酌量收费，贫者则免，只收膳费，极贫者膳费亦免"。1910年夏天，安徽北部发生水灾并引发瘟疫，医院派出由医师和医学生组成的4支医疗队前往救助灾民。这是建院后实施的首次大规模救死扶伤行动。

1911年辛亥革命推翻清王朝后，"大清红十字会"改名"中国红十字会"。10月14日，"中国红十字会总医院暨医学堂"正式开业。中国红十字会和中国红十字会总医院的创始人沈敦和先生亲自担任医院总理（院长）。

时值辛亥革命爆发，在柯师带领下，王培元、杨智生、峨利生、班纳德等医师及男女护士30余人赴武汉战地开设临时医院，救治伤员。年仅25岁的医师兼解剖教员峨利生在救治伤员过程中，劳累过度，染病身亡。为此，中国红十字会在汉口为其立碑颂节。

从1907年开始筹建到1911年正式开业，医院跨出百年征程的第一步。从此，在红十字会的人道救援史和人类的医学发展史上，留下华山人坚韧不拔、顽强奋斗的足迹。

1912年9月30日，中国红十字会在上海召开第一次会员大会，沈敦和先生被推选为副会长兼常议会会长，显示总医院在红会中的地位和实力。

（二）合作办院，声名远扬（1913—1920年）

在创建早期，由于陆续购置设备等而财力不足，医院抓住合作办院的机会。1913年，美国在华哈佛医学校（1912年始设于上海湖广路及西华德路处）欲在上海办学，但找不到合适的校址，便与医院商谈，决定合作办学，签约5年，由美国人胡恒德（Henry S. Houghton）担任院长。由此，医院设备和人员倍增，声名远播。但1916年，哈佛医学校因故停办。由于合同尚未满期，除中途辍学者及卒业者蒋士焘、王耀、朱恒璧、曹晨涛之外，部分学生由美国罗氏医社出资，分遣留学，并选送优等生祝隆德、吴旭丹、林文秉、金涛、乐文照、胡正祥、戚寿南、戚希南留学美国哈佛大学；另送部分学生赴北京协和医学院、福州医学院和圣约翰大学继续就读。医院的各项事务由博医会临时代管，胡恒德仍为院长。

1918年，与哈佛医学校合约到期，医院又与安息日会签约，合办3年，由兰迪司任院长。

两次合作办院的尝试提高了医院的医疗、教学水平，增强了医院的综合实力，也为医院的发展打下基础。

同时，医院一贯秉承"人道、博爱、奉献"的红十字精神，在第一次世界大战爆发后，派出医疗救护队前往青岛等地开设临时医院，救助战乱灾民达数千人。

(三) 收回自办，闻名遐迩(1921—1927年)

1921年，与安息日会合同到期，兰迪司递交辞函。于是红十字会召集沪上名医周仲衡、徐逸洲、古恩康、陆锦文、牛惠霖、牛惠生、萧智吉、刁信德、黄琼仙、俞凤宾诸同仁组织医务团，收回自办，并推举牛惠霖为院长进行整顿，以图扩充。此时，医院共有病床100张，分设内、外、儿、妇产等科。红十字会理事庄得之、院长牛惠霖、总护士长伍哲英共同创办中国红十字会总医院护士学校，伍哲英担任校长兼护理主任，此为上海第一所由中国人自办的护士学校。

收回自办后的第一年，医院各方面业绩卓然，除日常医疗外，还担负防疫、救灾等工作。此时，在上海出席中国红十字会第二次会员大会的代表参观医院后，大为赞叹。总医院护士学校也开始招考新生，并聘请欧美医师、教授执教内、外、妇、儿及临床护理等学科，学制3年。

1923年，随着患者不断增多，医院陆续新建病房，并添置医疗设备。

1923年9月1日，日本关东大地震，灾情严重，中国红十字会组织首支赴海外医疗救护队，由院长牛惠霖率队。这是当时赴日本唯一的外国医疗救护队。医院不仅救援工作出色，还赠送日本红十字会药品23大箱和金币(当时货币)4 000元。

1924年，江浙军阀混战，医院组织救护总队，收治伤兵百余人，日夜手术，上海圣约翰大学医学院学生来院实习和协助。战争结束时，还有约半数伤员继续留院治疗。

1925年，护士学校校长伍哲英代表中华护士学会出席在芬兰召开的国际护士会议，此乃中国护士首次参加国际护士会议。

1927年，医院创建20周年之时，已初具规模。是年，牛惠霖辞职，由刁信德担任院长。

(四) 隶属上医，扩大规模(1928—1948年)

1928年8月1日，国立中央大学与中国红十字会商定，将医院列为创建不久的国立中央大学医学院(上海医学院前身)的实习医院，并由医学院院长颜福庆先生兼任医院院长。医院发展呈现良好的势头，门诊由每日100余人次增加至约300人次，病床也倍增至300张。

医院建立住院医师培训制，规定为期3年，在此期间，不准结婚，除星期日和国定假期外，每周只有一个下午和一个晚上休息，其余均为工作时间。住院医师住在医院内，不得外出，自己负责的病房夜间有事呼唤，必须及时进行处理，并规定都要轮流参加急诊值班，各种疾病都要看，以培养、锻炼较强的独立工作能力。

医院对住院医师以上人员，严格实行一年一度的聘任制和淘汰制，选聘最优秀者，淘汰不合格者，并遵循院长颜福庆倡导的“公医制”，认为医师的职责是“为人群服务，为人群减除痛苦，关心人群健康”；提倡和规定医院专职医务人员不得在外兼职或开业行医，只有极少数一时有困难而学有专长，兼职有利于提高教学和医疗质量者例外。

1929年，伍哲英再次代表中华护士学会出席加拿大国际护士大会，护士学校校长由林斯馨女士代理。是年，医院皮肤科创立，匈牙利籍犹太裔医师罗爱思(Frederick Reiss)任主任。1947年起由中国现代皮肤病学主要奠基人、国家一级教授杨国亮担任主任，他为医院皮肤科的发展做出重要贡献。

1930年7月，医院制定《中国红十字会总医院章程》，明确医院是以“诊治疾病、救护伤兵、宣传卫生、促进医学教育”为宗旨；医院的工役不得收取患者给的酬赏。同时，制定《中国红十字会总医院护士学校章程》，以“教授护理学及技能借以造就高等护士”为宗旨。此时伍哲英辞去护士学校校长职务，由护士学校毕业生殷粹和担任，后又改为高镜朗兼任。

1932年1月28日，日军侵沪，师生员工踊跃参加前线和后方医院的医疗救护工作，医院仅有的一辆救护车在去真如途中被敌机炸毁；学生陈化东在闸北前线抢救伤兵时右臂中弹受伤。

6月，由于医学院吴淞校舍遭敌炮毁，医学院购得医院西邻空地约2亩（1 333平方米），兴建临时校舍2幢。10月，临时校舍落成，各级学生迁入，维持教学。医院更名为“中国红十字会第一医院”，进一步明确以“诊治疾病、救护伤兵、宣传卫生并促进医学教育”为宗旨。

由于业务量的增加，医疗用房不敷，志成学会及广东同乡会分别捐建第七、八病房计658平方米，并租赁融合坊和融安坊部分房屋与宿舍为门诊部。1933年1月，中国红十字会拨款2万元（当时货币），翻修医院护士学校校舍，将其扩大为4层楼房，护士学校新校舍是年落成启用。1935年，医院又租赁迪化北路（今乌鲁木齐北路）498弄地丰里37号及41号房屋为职工宿舍，医院规模逐渐扩大。1937年，从医院分出部分医护人员组建中山医院内科、外科、妇产科、儿科、泌尿科、眼科、耳鼻喉科等。

1936年，刘崇恩代理院长。

抗日战争全面爆发后，自“八一三”淞沪战争开始至上海沦陷，医学院地处战争前线，枫林桥校舍被日寇侵占。为避免战火，医学院又重新迁回医院原临时校舍维持教学。时值国难当头，师生员工同仇敌忾，医院和学校患难与共，在极其艰难困苦的环境下，坚持工作，并大力投入救护和收治受伤军民的工作；同时组织红十字会第一救护队，在纪长庚、邵幼善、黄家驷3位队长的率领下，分赴南京、无锡等地，在前线进行流动手术。枫林桥校舍被改作临时伤兵医院，枫林桥护士宿舍成为伤兵分发站，医院在战时被定为特约医院，救治收容伤员。

1938年，乐文照代理院长。

1939年夏至1942年6月，医学院大部分师生员工先内迁昆明，后到重庆，医院少数留沪师生在极端困难的情况下，仍坚持教学和医疗工作。1944年，医院病床增至360张，职工300余人。1947年，医院新建病史图书室284平方米，保存医院最宝贵的财富——住院病史和图书期刊以及医疗质量统计报表等。

这一时期医院地下党工作也如星星之火一般开展起来。1936年，医院收发处接受中共地下党委托，秘密收转在法国巴黎出版的党报《救国时报》。1937—1938年初，继吴之理、章映芬参加新四军之后，在中共地下党的秘密活动及其影响下，沈孟先（沈复生）、王书圣（林平）、朱持平等经常聚在一起，组织学习马列著作，谈论时事。在进步思想的熏陶下，又促使一些有志青年先后奔向革命队伍，朱持平、张力以及几位护士参加了新四军。

1945年，随着上海中共地下组织的发展壮大，医院成立职工和医护两个党支部。沈孟先任职工支部书记，朱凤腾任医护支部书记。1946年，医院党支部根据来沪的新四军军部卫生部部长沈其震的要求，决定支部的2名地下党员——内科医师聂崇铭（曾改名方春望）、皮肤科医师王士良（曾改名黄志尚），以及外科医师胡鸿慈（曾改名陶煦），带上家属共7人，转移到山东解放区支援创建白求恩医学院。

1946年，朱恒璧任院长。

1947年，为壮大革命力量，由沈孟先联络其他同志共同发起成立“上海医药界联谊会”。后来，又在院成立“职工同仁联谊会”，将全院100多名职工（占全院1/3）吸收入会，紧密团结在党的周围，与反动当局开展多次有组织的政治、经济、思想斗争，并同院外许多单位取得联系，配合行动。党组织还派徐在贵护送陈文、李果、孙铮、赵青等同志赴解放区参加解放军，同时又动员本院40多名积极分子加入党的外围组织“益友社”。

1948年，地下党支部发动部分积极分子声援工人、学生运动，并在医院同仁和院方的支持下，援助保护在工人运动中被反动派打伤住院的工人何宇珍，使其免遭伪警察局的引渡迫害。吴桂明等回到家乡，向当地农民开展宣传活动，举办文化学习班，并开设免费为农民防治疟疾等常见病的卫生室。职工支部书记沈孟先在与反动派斗争中被捕，数月后被营救出狱，赴解放区。沈孟先离开医院后，地下党支部在徐在贵的领导下，继续坚持斗争，并派部分人员分别支援国立山东医学院（现青岛大学医学院）和大连医学院（现大连医科大学）建设。

医院自1928年成为上海医学院的实习医院后，逐步建立各项规章制度，开辟分科门诊。随着学生进院实习，教学秩序日趋正规，医疗水平及行政管理水平均有所提高，医院遂成为当时国内颇具影响的教学医院、临床实习的主要基地和培养医学人才的摇篮。这时，医院已经拥有一支师资雄厚的队伍和一大批技术骨干，教授、副教授及高年资医师大都经过出国留学深造，其中不乏一代名医。一所教学医院，在当时即能拥有这样一支实力雄厚的高级医师队伍，实属不易。

二

（一）获得新生，蓬勃发展（1949—1965年）

1949年，解放战争的枪声打到上海，国民党士兵强占上海医学院。医学院被迫宣布停课，把贵重仪器设备和文件账册等转移到医院。在解放上海的战役中，医院完成约百名解放军伤病员的外科治疗任务。

医院在风风雨雨中走过42年的历程，迎来中华人民共和国的成立。上海解放后，医院由上海市军管会派员接管，行政上接受华东军政委员会卫生部领导，党支部属静安区党委领导。1950年12月，明确医院直接隶属于上海医学院领导，医院党支部也由医学院党委直接领导。李存仁、邢明、骆德三先后任支部书记。上海解放后，随着人民生活水平不断提高，医院业务日益发展，当时全院职工343人，病床380张，占地14亩（9 333平方米），建筑面积23 870余平方米，年门诊量近10万人次。

1949年，王霖生任院长，在其生病期间，崔之义代理院长。

中华人民共和国成立后，在中国共产党和人民政府的领导下，全院员工工作热情空前高涨。因国家对广大职工群众实行公费医疗的劳保制度，就诊患者日益增加。医院贯彻全国卫生工作会议精神，根据“面向工农兵，预防为主，团结中西医，卫生工作与群众运动相结合”的方针，明确卫生工作要解决三个根本问题：① 卫生工作的立场问题，即为人民服务，首先是为工农兵服务的立场；② 卫生工作方针问题，即预防为主的方针；③ 卫生力量的团结问题，特别是新老干部团结和中西医的团结。

1950年，在贯彻卫生工作方针过程中，上海大规模血防工作拉开序幕。医院组织医护人员参加沪郊和嘉兴医疗队，为南下泅渡训练而感染急性日本血吸虫病的解放军战士突击治疗血吸虫病。担任上海市血吸虫病防治大队医疗顾问的医院院长钱悳带领广大医护人员经常下乡防治血吸虫病和到工厂防治职业病，因事迹突出而荣立二等功，并被评为全国劳动模范，成为中国医学界最早的劳模之一，受到毛泽东、朱德、周恩来等党和国家领导人的接见。

1951年1月，医院数十名医护人员作为上海市第一批抗美援朝志愿医疗手术队的成员，出发奔赴前线，黄家驷担任全市总队长。4月，医院又派出7名医务人员赴朝鲜参加志愿军的医疗工作。1952年3月，医院再次派遣第三批手术医疗队参加抗美援朝医疗救援。在组织赴前线救援的同时，院内也开展爱国主义和国际主义教育，提高全院员工的思想觉悟。

发展中医的政策是中国卫生事业的重要组成部分，1954年底，医院聘请中医师姜春华以及盛梦仙、苏读贤、向众苏等，率先成立中医部，姜春华任主任，并开设中医门诊和病房。抽调高年资医师参加"西医学中医"学习班，同时成立中医教研室，编写中医药教材，在医学院授中医课，并派沈自尹跟随姜春华学习中医，掌握中西医二套本领，开国内之先河。1959年，老中医姜春华、西学中的沈自尹共同开创的"肾本质"研究获得卫生部"发扬祖国医学遗产"金质奖章和奖状。

随着医院的发展，一些特色专科，如神经内科、神经外科、传染病科、检验科开始建立起来，科研工作也有新起色。其中，1953年，在外科专家沈克非指导下，史玉泉等创建的神经外科是中国南方建立最早的神经外科。以戴自英、史玉泉等为代表的专家在医院良好的学术氛围感召下，勇于攀登医学高峰，不断提出新的理论和治疗方法，填补国内空白。1951年，戴自英主持创建上海市第一个血库。1952年，林兆耆主编的《实用内科学》和戴自英编著的《实用抗生素学》首次出版。这是国内内科领域和临床抗生素领域具有深远影响的权威巨著，经过多年的不断充实修改，至今仍在出版。1957年，杨国亮、张沅昌分别主编的《皮肤性病学》和《神经病学》出版。1956年，钱悳、杨国亮被评为一级教授。

由于医院长期以来院舍狭小，无法适应与日俱增的医疗需求，1951年，军代表李存仁征得政府及有关部门同意，扩充本院周边房屋作为病房、行政办公及礼堂。后又租赁乌鲁木齐中路38号楼作为医技用房。1954年，院舍进行全面调整修理，增加示教室，扩充检验科，成立中心供应室，修建营养室，在门诊部楼上扩建50张病床的皮肤科病房，医院大门改由乌鲁木齐中路12号出入，环境有较大改观。次年又租赁西邻周家花园，占地20余亩(13 332平方米)，园内亭榭错落、花木扶疏，为患者提供赏心悦目，健身、散步和小憩的幽雅环境。医院面积较1949年前增加近4倍，为后来的病房扩建创造了条件。

1952年，医院改为专科医院，更名为"上海医学院内科学院"，胡田成任党支部书记。1953年，钱悳任院长。医院设普内科、肺科、神经精神科(包括神经外科)和皮肤科；新建门诊部(原华山路1号)，扩建精神科病房。是年，全院病床增至447张，职工总数为449人，年门诊工作量达24.7万余人次。

经过调整，医院的眼科、耳鼻喉科与中山医院的眼科、耳鼻喉科合并，在犹太医院旧址(现汾阳路83号)组建上海医学院附属眼耳鼻喉科医院。医院的妇产科与中山医院的妇产科及西门妇孺医院妇产科合并，组成妇产科学院。医院的儿科与中山医院的儿科及西门妇孺医院(分院)儿科合并，组成儿科学院。

1955年，根据校本部建系和调整教学体制的需要，医院又重新恢复外科建制，再次更名，改为"上海第一医学院附属第一医院"，成为有重点特色的综合医院。全院病床500张，年门诊量达25.5万余人次。

在此期间，医院派出多名骨干，支援百废待兴的中国其他地区的医院和医学院建设。1951年，医院调出一批人员支援华东医院的创建。1955年6月，医院派出汪无级、钱戌春、汪师贞等赴新疆筹建新疆医学院。是年10月，上海医学院成立以颜福庆为主任委员的重庆医学院筹备委员会，开始筹建重庆医学院。1958 年 9 月，重庆医学院筹备事宜大体完成，钱悳全家迁渝，担任重庆医学院副院长，主持业务工作。随同赴渝的还有刘约翰等数十名专家和医技骨干(占医院医务人员 1/3)。

钱悳赴渝后，由李鸿儒接任医院院长。1958 年，医院成立党总支，林平任党总支书记。1959 年，王彤任党总支书记。其间，医院派出大批医务人员下厂、下乡、下地段防病治病，帮助农村和街道建立医疗卫生保健网。之后，加强对工厂保健站(医务室)的业务辅导和对工厂防病工作的指导。医务人员走向工厂、农村、街道，和当地卫生部门密切合作，在除害灭病方面取得卓越的成绩。

1959 年，王彤任党总支书记。

1955 年，医院由内科学院改为第一医院后，恢复外科建制，并进行教学改革试点。至 1960 年，医院设有内科、外科、神经内科、神经外科、皮肤科、骨科、泌尿科、中医科、传染病科、口腔科、胸外科等共 11 个临床科室，同时成立急症病室、脑电图室、内科实验室、皮肤科霉菌室、病理室和动物实验室。在李鸿儒的指导下，杨东岳等人创建手外科，为医院显微外科的发展奠定坚实的基础。医院又相继创建体疗室(现物理康复与运动医学科的前身)、皮肤生理室(国内第一个)。1960 年，职工人数达 650 人，医院被评为上海市先进单位。1962 年，医院妇产科和小儿科被撤销，分别并入妇产科医院和儿科医院。为规范办学，1963 年，医院护校撤销，并入中山医院护士学校。

1963 年，戴自英主持建立国内首个抗生素临床研究室。1964 年，国内最早的中西医结合科研基地——脏象研究室成立。蒋大介成功研制国内第一台立体定向仪。史玉泉受卫生部派遣，出席在阿拉伯联合酋长国召开的首届亚非医学会议。是年，医院开工兴建 7 层病房大楼(现 3 号楼)，以满足日益增多的患者需求。1965 年，陈公白和唐镇生等成功地完成国内首例针刺麻醉下的颅脑手术。

为贯彻毛泽东关于“把卫生工作的重点放到农村去”的指示精神，1965 年，全院 20%以上的干部和医护人员下乡下厂，先后组织 6 个卫生工作队，参加上海金山、青浦，浙江嘉兴，江西宜春等农村卫生工作，为农民服务。此时年门诊量达 46 万余人次，病床已扩至 600 张，职工 650 人。

1965 年，医院更名为“上海第一医学院华山医院”。从此，“华山医院”这个名称历经风雨，沿用至今。

中华人民共和国成立后至“文化大革命”前夕的 17 年，是医院重获新生后蓬勃发展的一个重要时期。医院通过陆续研制成功或购入新的医疗设备，大大提高诊疗质量，床位数与门诊量逐年增长，不断满足人民群众的医疗需求。新专科与教研组的创建调整，使医院的科室设置更趋合理完善，提高了临床医疗、教学、科研实力，科研工作也取得多项成果，并且有不少为国内首创。作为上海医学院的教学医院，编著出版多本权威著作和教科书。

建院半个多世纪，医院已经跻身国内著名医院行列，赢得患者与同行的广泛认可。

(二) 历经动乱，稳定调整(1966—1983 年)

正当全体华山人以极大的热情投入工作时，“文化大革命”开始。从 1966 年开始的十年“文化大革命”对医院的正常工作造成极大的冲击。许多临床科室被合并，不少研究室、实验室被关闭，正常的工作秩序被打乱，合理的规章制度被取消，医疗、教学、科研工作受到极大的破坏，造成政治、思想、组织上的大混乱。1970 年，俞茂华任党总支书记。1975 年，医院成立分党委，俞茂华任书记。

尽管大多数干部和医务人员身处逆境，但仍坚守岗位，防病治病，不忘为人民服务的宗旨，并在困难的环境中坚持医学科研的探索和创新，不断为祖国的医学事业做出贡献。1966 年，手外科杨东岳与中山医院合作，成功实施世界首例第二足趾游离移植再造拇指术，开创手外科领域应用显微外科技术进行肢体再造与功能重建的先河。1973 年，口腔科张孟殷与手外科杨东岳合作，成功进行游离腹股沟皮瓣转移修复面颊部手术后缺损，与国外同期首创下腹部皮瓣游离移植整复面颊部术后缺损。是年，陈公白作为中华人民共和国成立后第一次参加国际外科学会的中国医学代表团成员，在巴塞罗那召开的第二十五届年会上作“针刺麻醉”学术报告，并被国际外科学会接纳为第一批中国会员之一。1976 年，史玉泉成功研制出国内首台手术显微镜和相关显微外科器械，并成立显微神经外科实验室。戴瑞鸿首先在国内报道“冠心病的血液流变学异常和急性心肌梗死的动态变化”，阐明“血瘀”的本质。

“文化大革命”期间，医院先后派出 22 批医疗队到安徽、云南、贵州、江西、西藏等地区，为广大农民防病治病，培训医疗卫生人员。同期，还先后派出 7 批 11 人参加援外医疗队，远赴索马里、多哥和阿尔及利亚。尤其是 1976 年 7 月 28 日，河北唐山发生大地震，当天下午医院就派出数十名医护人员，分 3 批组成抗震救灾医疗队，由朱锡琪带队奔赴灾区，积极投入医疗救援工作，时间长达两年之久，为抗震救灾做出贡献，受到当地人民群众好评。

“文化大革命”结束后，全院职工在继续做好本职工作的同时，迅速投入拨乱反正、纠正冤假错案工作，对受迫害的干部和知识分子进行平反昭雪，推倒一切诬陷不实之词，弥补十年浩劫造成的损失，为新时期医院的蓬勃发展打下基础。

1977 年，“工宣队”撤离，由林平主持院党委工作。1978 年，恢复院长制，李鸿儒复出任院长。重新组建中共华山医院委员会，林平任党委书记。1979 年，医院领导班子又作调整，由袁美英任党委书记。医院形成每周一次的院长书记联席会和科主任会议制度，请院工会主席列席院长书记联席会，及时通报医院的各项工作。

在党委领导下，医、教、研各项工作逐步恢复正常，各项规章制度逐步恢复、修订和完善，全院职工精神振奋，工作有新起色。医院开设专科、专病门诊，医疗质量日益提高。1979 年医院引进国内第一台头颅 CT 机等医疗设备，使临床和科研工作不断提高。教学大楼（现 8 号楼）竣工落成，就诊患者人数节节攀升，医院规模有所扩大。1982 年，全年门急诊量达 73 万余人次，病床扩至 700 张，全院职工 1 327 人。研究室、实验室相继恢复，除已经拥有上海第一医学院抗生素、中医脏象、显微外科、运动医学、糖尿病、核医学 6 个研究室外，还成立上海第一医学院神经病学研究所和上海第一医学院皮肤病学研究所。科研工作屡创佳绩，科研成果多次获奖，创新的研究成果填补多项国际、国内空白。1977 年，在邱传禄、林善锬等的配合下，泌尿外科沈家立、陈炳龙成功施行同种异体尸体肾移植术，创造国内同期肾移植手术患者存活时间最长的纪录。1979 年，沈自尹首次在国际上证实肾阳虚证有特定的物质基础，这一成果获全国医学卫生科学大会重大科技成果奖。1980 年，戴自英主持的“头孢硫脒的实验室和临床研究”获卫生部重大科研成果甲等奖。1978 年国家恢复研究生招生制度的第一年，医院招收 43 名硕士研究生。1980 年，杨国亮被美国皮肤病学会吸收为荣誉会员，成为该会带有金色印章会员证的第一位外国人。1982 年，上海第一医学院神经病学研究所（现复旦大学神经病学研究所）被世界卫生组织确定为世界卫生组织神经科学研究与培训合作中心。

医院在上海市卫生系统率先建立职工代表大会制度，医院的重大方针、政策都由职工代表大会表决通过，推进医院的民主管理，并进一步从政治、思想上拨乱反正，调动全院职工的积极性。院工会于 1983 年首次获得“全国模范职工之家”的称号。

1978 年，陈公白参加卫生部部长钱信忠率领的中国卫生代表团，访问英国、联邦德国和瑞士，考察国际上医院的现代化发展情况，回国后广为传达，以期推动医疗卫生系统的改革和开放，并积极酝酿在医院率先推行。

三

（一）积极探索，锐意改革（1984—1994 年）

1984 年 10 月，党委改选，袁美英任党委书记，同时成立纪律检查委员会。医院实行院长负责制，调整院领导班子，由陈公白任院长。实行院长秘书制、干部聘任制、任期制和考核制。新班子组成后，医院被指定为卫生部、市教卫系统和上海第一医学院的改革开放试点单位，从此，改革开始起步。医院制定改革方案，确定改革宗旨：在保证人民群众基本医疗需求的前提下，最大限度地满足不同层次的医疗需要。为达此目标，要求做到四个一流，即一流管理、一流质量、一流人才、一流服务。医院率先在医疗、教学、科研、人事、财务等方面进行改革探索，提出“中心开花、四方辐射，强项输出、弱项引进”的改革新思路。所谓中心开花，即在医院内发展高、精、尖项目，开展重点专科的医学研究，出成果，出人才，使医院整体医、教、研水平迈上新台阶。所谓四方辐射，即由医院知名度较高的科室（强项）与兄弟医院合作，在院外开设各种医疗联合体或分院，以缓解看病难、住院难矛盾。后勤工作逐步实行合同制，车队、职工食堂进行承包，医院成立劳动服务公司，实行浮动岗位津贴等，并通过抓精神文明建设，增强职工凝聚力，提高医疗质量和服务态度。

“强项输出，弱项引进”“多层次医疗服务”等多项医疗卫生系统改革的成功经验，使医院创出一条自我发展、自我完善的“华山之路”。医院的改革开放经验——《华山之路》被多次在报纸、电台、电视台中报道，并作为“较好地反映全市各系统开创改革新局面的典型事迹和基本经验”，载入《上海市改革开放风云录》这一史册。

1985 年，由于上海第一医学院更名为上海医科大学，医院随之更名为上海医科大学附属华山医院。根据国务院批转卫生部《关于卫生工作改革若干政策问题的报告》中指出的“卫生工作改革的目的是调动各方面的积极性，改善服务态度，提高服务质量和管理水平，有利于防病治病、便民利民”的精神，医院在院内开始试行“三定一创”（定编、定量、定质，创社会效益和经济效益），在院外开展与基层医院挂钩、协作开设联合病房，为解决当时的看病难和住院难起到良好的作用。同时，通过综合目标管理责任制，把职工奖金与部门效益及个人表现结合起来，打破干好干坏一个样的平均主义，实行多劳多得的分配原则，采取奖金浮动、拉开差距、奖优惩劣、奖勤罚懒等措施，并创建每年“评选优秀华山人”的制度，调动职工的积极性。医院进行人事制度改革，对职工实行聘任合同制。医院恢复住院医师制度，从 1982 届医师起，规定住院期 3 年，以规范住院医师的培养。

在坚持改革开放的同时，文明医院的建设被提到重要的议事日程。经过全院职工的共同努力，1985 年底，医院被评为首届上海市文明单位，此后，医院屡屡获此殊荣。1986 年，医院被卫生部评为全国卫生系统先进集体。

本着对内搞活、对外开放的改革精神，医院积极引进外资、设备和技术，扩大国际交往与合作，开展学术交流，先后与美国凯特林医学中心、日本北里大学医院和法国图卢兹朗戈医学院结为友好医院。1986 年，袁美英、张永信、刘俊、谢毅、徐伟民首次赴美国凯特林医学中心考察医院管理，同时首批派遣 1 名医师、2 名护士赴日本北里大学学习急诊医学。法国国会议员、图卢兹朗戈医学院院长塞盖拉等 3 人也应邀到院访问。

医院的科研工作继续取得新进展。1985年成立上海医科大学中西医结合研究所和抗生素研究所。抗生素研究所在1988年被确定为国家细菌耐药性监测中心和国家抗感染新药试验研究中心,以及世界卫生组织亚太地区细菌耐药监测点之一。医院的多项科研成果分别获得国家发明三等奖,国家科技进步奖二等奖,卫生部科技进步奖一等奖、二等奖。

1987年,医院建院80周年,成功举办80周年院庆活动。是年,医院被升格为副局级,院长陈公白调离医院,由陈星荣主持医院工作。

经过三年的改革,医院业务收入大幅上升,职工待遇有所改善,医疗服务规模扩大,医教研工作量明显增加。在教学、科研改革方面,拟定教学工作超额酬金、科技成果奖及科技服务费提成等奖励制度。

1988年,党委改选,袁美英任党委书记,陈星荣任院长。医院改编办事机构,党委办公室、院长办公室、护理部、门急诊部、医教、人事、总务、财务由科室扩编为处。医院开展优质服务,整顿联合病房,完善管理制度,保证医疗质量。

为加强内在质量管理,医院成立质量检查小组,由一位分管医疗质量的副院长负责。医院进行全院主治医师查房评比,提高查房质量;组织急救知识讲座,以提高低年级进修医师的业务水平;加强病史质量管理,由医教处定期组织检查,同时聘请三位教授进行抽查,结合存在的问题组织专题讲座并编写《病史书写手册》,使医院病史质量在上医大各附属医院评比中名列前茅;为临床合理用药,组织编写《药物手册》和《抗生素应用指南》;为提高护理质量,制定护理标准及考核评分标准,定期组织质量检查。通过以上措施,医疗质量比上年度进一步提高,在上医大文明医院检查评比中,获总分第一名。

1988年,20层新病房大楼竣工。此为国内首家由医院自筹资金在病房安装病房管线组合槽,配备铝合金窗、空调和独立卫生间,具有较好设施的最高层病房楼。医院还采取有偿占用大型仪器设备的办法,购置MRI、850 Ma遥控X线机、ECT、激光手术刀、彩色心脏多普勒、颅内多普勒等医疗设备,诊疗水平大大提高,增强医院的竞争优势。

医院还在开展多层次医疗服务上进行积极探索。医院开设专家门诊,全年共诊治疑难病例2.8万多人次。同时,医院成立上海市第一家沪港合作外宾华侨病房——上海华山环宇保健医疗中心,并于1990年对外营业,卫生部副部长胡熙明、市委副书记陈至立等领导以及各国驻沪总领事馆的领事人员应邀参加开业典礼。

为顺应医疗形势的发展,1988年,医院大内科各专业组改制为7个专科,即心血管科、消化科、呼吸科、肾病科、血液科、内分泌科和职业病科。

医院出色完成重大突发事件抢救多起,获市卫生系统突发事件抢救工作先进集体称号。特别是1988年3月24日,南翔附近2列火车相撞,医院组织医疗小分队赴现场参加抢救,同时收治4名重危日本伤员,其中3名转危为安送回日本,受到市政府表彰。在1988年上海“甲肝”流行期间,医院积极参与救治,在院内开设肝炎病床300张,院外隔离点开设病床300张,劳保单位隔离病床1 700张,共收治肝炎住院患者1 500多人,抢救重症肝炎80余例,抢救成功率83%。

1989年,医院开展技术转让和科技服务,使科技成果发挥其经济和社会效益,全年应用科技成果21项,签订合同55份,直接经济效益达53万元。

是年,医院在医疗、教学和科研等方面成果丰硕。传染科、神经外科及心血管科被列为国家教委重点学科。顾玉东被评为上海市科技精英和全国先进工作者。心内科孙贻平荣获上海市卫生系统第一届“银蛇奖”。至2016年,医院又有17名医护人员荣获第三至十六届“银蛇奖”,其中神经外科潘力荣获第四届“银蛇奖”一等奖，其导师陈星荣获特别荣誉奖；赵曜获第十三届“银蛇奖”一等奖，其导师周良辅获特别荣誉奖，并获上海科技功臣荣誉。以顾玉东“臂丛神经根性撕脱伤的诊治”为代表的一大批科研成果获得国家科技进步奖二等奖、卫生部科技进步奖一等奖和上海市科技进步奖一等奖等多项奖项。同时，新成立上海医科大学手外科研究所、医学影像华山分中心、血液病研究室等校级、院级临床研究机构。

1990 年起，为争创三级甲等医院，医院开展“振兴华山，争为医院上等级作表率”活动，专门成立医院上等级筹备委员会，下设医疗护理质量、药事管理、病案管理、院内感染控制等四个管理委员会，强化管理制度。为使医院工作正常而有序地运转，按标准化管理要求，健全各项规章制度，完成各类人员职责、诊疗操作常规和各项工作制度的修订工作并贯彻执行。1992 年底，在全市第一批 5 所三级医院等级评审中，医院以最高分被评为三级甲等医院，1993 年获三级甲等医院证书。

为健全信息管理，医院成立信息管理科，建立健全业务技术档案和信息管理，完成计算机房建设工程，举办 5 期计算机知识普及班。

为加强科研工作，增加科研经费，在院内进行科研投标，推动科研工作的开展。1991 年，全院获得各类科研课题 30 项，获国家自然科学基金及省部级科研经费 115.5 万元，科研成果分别获得部级奖 5 项、市级奖 2 项、局级奖 2 项。在各种学术刊物上发表论文 262 篇。其中，麻醉科与神经外科合作的“针刺镇痛机制的揭示及针麻在临床的应用”和抗生素研究所的“抗生素更新换代新品种——新抗生素临床药理研究”获国家“七五”攻关成果奖。放射科在国内最先引进数字摄影 X 线机。医院在国内率先采用立体定向激光手术切除丘脑等深部肿瘤获得成功，此项技术达国际先进水平。杨国亮、李鸿儒、戴自英获首批政府特殊津贴。

由于历史的原因，曾是最早的中国红十字会总医院的华山医院多次更名。1991 年，中国红十字会秘书长韩长林来院宣布医院正式恢复第二冠名为“中国红十字会华山医院”，上海市副市长谢丽娟等领导出席“中国红十字会华山医院”命名大会和揭牌仪式。

医院恢复为“中国红十字会华山医院”后，成立红十字会理事会，由院长陈星荣担任首任会长。泰国红十字会会长诗琳通公主一行、韩国红十字会副会长金荣祯女士一行，应中国红十字总会的邀请，分别来医院访问交流。1992 年，医院被中国红十字会总会评为先进集体。

1992 年，安徽等地遭受洪灾，为支援灾区，全院职工踊跃捐款捐物，共捐得人民币 10 万余元，美金 1 000 元，港币 3 000 元，衣物 3 855 件，为全市医务系统之首。医院派出 2 支医疗队赴安徽为灾民防病治病，支援药品价值人民币 2.5 万元，医疗器械价值 2 万元，被中国红十字会授予“抗灾情深，无私奉献”银盾以示表彰，并荣获市卫生系统救灾防病先进集体称号。医院红十字会积极开展社会福利工作，为患者及社会献爱心。1993 年，接受台胞捐款 48 万元，募捐 2 004 元，为 60 余名患者减免医药费 48 万元；组织慰问街道孤老、孤儿，向老年护理院、市工读学校赠送医疗器械和药品，弘扬红十字精神，扩大医院影响。

医院继续进行对外学术交流和互访活动，树立华山品牌。1992 年，应台湾医院行政协会邀请，戴瑞鸿和谢毅作为大陆首批考察医院管理的代表团成员赴台访问。医院还与日本爱媛县大学医学院附属病院建立友好医院关系。

1992 年，顾玉东被评为上海市十大标兵，为全市卫生系统唯一的一名，同时获光华科技基金奖一等奖。

1993 年 10 月，医院党委改选，张永信任党委书记。医院开设分层次医疗服务项目，建立肾病透析中心、性病门诊、中外合作眼科诊疗所。卫生部副部长孙隆椿、殷大奎和上海市副市长谢丽娟分别来医院了解、指导医院改革。

1993年，神经外科被列为卫生部临床重点学科，上海市手外科研究所、卫生部手功能重建重点实验室、上海医科大学华山脑病中心先后成立；医院引进上海首台伽马刀，成立中美合作上海伽玛医院；中美合资华山眼科中心开诊。

1994年12月，医院与浦东社会发展局、金桥出口加工区正式签订协议，在金桥G3地块建立医院(浦东)分院，副市长谢丽娟等领导参加签字仪式。

医院建立中心重症监护病房(ICU)，成为抢救危重患者的重要阵地。外宾病房以精湛的医术和优良的服务，受到国际友人赞誉。1994年4月，美国、日本、印度、德国、澳大利亚、新西兰、加拿大和英国8国驻沪领事馆专程向医院外宾病房赠送铜牌，以感谢医院医护人员的优质服务。

医院把人才培养列为重点工程，实施政策倾斜，挽留博士生导师及承担科研课题的高级人才不离院，对全院中青年医师进行医疗、教学、科研全面评估，从中选出德才兼优的苗子作为学科梯队接班人，为这些后起之秀创造和改善工作、学习条件，优化科研环境，鼓励他们早日成才。在上海医科大学梯队候选人擂台赛中，医院有9人入围，居全市医院之首。与此同时，重点加强特色学科和学术队伍建设，保障特色科室的设备引进，并积极打造特色学科平台。

医院强化教学工作，重点抓主治医师的培养，通过查房评比，评出标兵10名。医院投资20万元，增添电化教育设施，完善计算机辅助教育系统，使毕业生持有医学、外文、计算机三证，以适应现代化建设的需要。

1993年12月，以顾玉东为第一发明人的“健侧颈7神经根移位治疗臂丛神经根性撕脱伤”科研成果获国家发明二等奖。1994年，顾玉东当选为中国工程院院士，并荣获上海市医学荣誉奖和上海市高教精英称号。1997年，沈自尹当选为中国科学院院士。

(二) 稳步发展，开拓创新(1995—2006年)

1995年，院行政领导班子调整，张元芳由中山医院调任医院院长。医院通过充分的调查研究及讨论，确定以提高医疗质量、改善医疗环境、强化科室管理为中心的医院总体发展规划，并逐步启动。为加强院科二级管理，医院调整临床科室领导班子，让年轻的梯队人才走向科室、教研室领导岗位。医院继续加强梯队建设，把人才梯队培养列为重点工程，大部分科室的人才梯队得以形成，人才断层问题初步得到改善。卫生部副部长殷大奎来医院听取工作汇报，肯定医院的改革成就，提出医院应以社会效益为最高准则。

医院相继开通行政管理信息系统及病房管理信息系统，使医院医疗、教学、科研管理初步实现计算机化。

为尊重知识和人才，经过长期酝酿，1995年，医院在沪首推终身教授制度，杨国亮、李鸿儒、戴自英、史玉泉、邱传禄、徐肇玥、丁训杰、施守义、张延龄、朱禧星10位为医院学科建设做出杰出贡献的教授被聘为医院首批终身教授，在医学界引起良好反响。此后又陆续聘任秦震、戴瑞鸿、陈星荣、邬祥惠、林善锬、林果为、吕传真、翁心华、范维琥、林祥通、张婴元11位专家为终身教授。

医院从凝聚力工程建设入手，多方位改善职工工作生活条件。开设高知餐厅，利用房屋购买基金解决职工住房困难问题。召开第六届四次职代会，通过《华山医院职工房改方案》。

在开展文明达标活动的基础上，加强医疗、教学、科研工作力度，开展双休日义务门诊活动，专家教授坐堂，吸引大批患者。外宾病房成功抢救心肌梗死、严重颅脑外伤、复合伤、哮喘持续状态、肾衰竭、急性肠穿孔等危重患者，取得良好的社会效益，受到国际友人的称赞。

1995年，手外科被批准为上海市领先学科。眼科中心在国内首先开展白内障超声乳化及青光眼导管植入术。

医院举办国际性学术讲座，并与中国澳门仁伯爵医院、镜湖医院，日本北里大学医院签订友好协议，派员互访，加强国际交流。

医院圆满完成重大突发事件抢救3起，其中氯气中毒患者44人次，全部抢救成功。院红十字会继续深入宣传贯彻《红十字法》，履行红十字职责，争取到社会捐款24万元，利用捐款为32名经济特困患者减免医药费，为经济困难职工解困拨款1.3万元，同时向贫困地区、希望工程、灾区捐款捐物。

1996年，医院成立院文明建设办公室，调整文明建设领导小组，以加强医院两个文明建设工作。为响应上海市委宣传部和市教卫党委的号召，医院开展“向中国工程院院士、全国白求恩奖章获得者顾玉东同志学习，做人民的好医生”的活动。周良辅荣获全国五一劳动奖章。顾玉东被评为1996年度上海市科技功臣。

为加强管理，医院实行行政查房制，院领导深入病房、科室现场办公；实行综合目标管理制，对科室进行全方位考核；推出“急诊全部由本院医师当班”的新举措，以保证急诊医疗质量；强化病史质量考核制，提高甲级病史率；以十大窗口规范服务为主线，全面规范医、护、工、技各类人员的职责行为，促进服务达标；一切从方便患者出发，整改门急诊医疗、护理、药房、检验、B超等窗口某些不合理的服务流程。

医疗上，以抓“缩短平均住院日”为突破口，完善医疗质量目标管理方案，把各项医疗指标落实到科室、病房，使“总量控制，结构调整”的政策继续得以贯彻，医护质量进一步提高，平均住院日比1995年下降2天。认真完成医疗保险出台前后的各项工作，成立院医保工作领导小组及工作班子，严格执行医保各项制度，做到合理用药、合理检查，及时调整解决医保政策推行中出现的问题，保证医保制度的平稳实施。护理部加强质量监控力度。中外合作高等病房开始收治患者，满足多层次医疗服务需求。

医院继续贯彻“科技兴院”的方针，教学、科研水平均有提高，出版各类教材、讲义、试题和教学软件等，各项科研中标课题、中标科研基金及科研成果奖均有所增加。上海医科大学糖尿病防治中心和上海医科大学泌尿外科研究所成立。血液科成功施行国内首例非血缘外周造血干细胞移植术。医院不断开发计算机辅助教学项目，在国内达领先水平，建立配备50台电脑的计算机辅助教学室，并完成院内联网和上海市联网。

医院逐步落实发展规划，加快医院改造，努力改善就医条件，完成5 000 kVA变电所新建工程，初步实现病区、门急诊室和部分办公室的空调化；完成门诊部西侧2 000平方米皮肤科用房的扩建与装修，顺利实现皮肤科门诊搬迁回院，同时改善干部门诊及急救病房的条件，基本实现信息管理的科学化、现代化，提高管理效率。

医院职工福利得到很大改善，自1995年以来，累计解决困难职工住房104户，职工队伍凝聚力进一步增强。

谢毅、吴桂明受全体华山人的委托，前往重庆参加重庆医科大学40周年校庆，其间看望和慰问钱悳、左景鉴等老一代华山人。

医院认真履行红十字职责。云南丽江发生地震后，全院职工捐款42 270元，捐衣物4 179件。为市“爱心一日捐”“人道救助基金”捐款60 677元。医院全力抢救被劫车歹徒刺伤的武警参谋宋元俊，受到社会好评。医院组织各科专家为教师、民警、劳模、困难企业职工等义务体检及医疗咨询。

1997年，医院建院90周年，中共中央总书记江泽民、国务院总理李鹏，以及上海市委市政府、卫生部、中国红十字总会等领导分别为医院院庆题词。江泽民的题词是“发展医学科学技术，提高人民健康水平”。上海市副市长左焕琛、中国红十字总会副会长孙柏秋等250名中外来宾参加庆祝大会。90周年院庆义务医疗咨询活动在陈毅广场举行，顾玉东、史玉泉、张延龄、朱禧星、戴瑞鸿、秦启贤、周良辅等多位知名专家为市民进行义诊。

1997年，全国人大常委会副委员长吴阶平专程来医院视察，并对医院发展给予高度评价。卫生部部长陈敏章来医院听取院总体规划及改建设想的汇报。

顾玉东作为上海市卫生界的唯一代表出席中国共产党第十五次代表大会。

医院鼓励青年医务人员立足岗位成才，采取“早选拔、早培养、早压担”的方式，为青年医师的成长创造条件。同时，成立督导组，通过“以老带青”，促进科室的人才培养，使一批德才兼备的年轻人脱颖而出。经卫生局组织，全市擂台选拔及专家评比，医院有5名青年专家首批入选“上海市卫生系统百名跨世纪优秀学科带头人培养计划”。1998年，又有6名青年专家列入第二批百人培养计划名单，所占人数为全市第一。上海市青年医学专家联谊会正式成立，徐建光当选为首任会长。

医院重视精神文明建设，提倡“走出去”，积极参与社会以及社区精神文明共建，提高职工素质，塑造医院形象，弘扬红十字“人道、奉献、博爱”精神，主动服务社会。陈一平和田箐赴西藏参加拉萨市传染病院建设。医院在上海市率先实行医疗帮困卡制，出资50万元，通过市总工会为上海市特困职工实行医疗帮困，受到市领导好评。同时组织40名专家教授赴困难国有大企业——海鸥照相机总厂进行大型医疗咨询活动，副市长冯国勤前来看望义诊专家教授及职工，高度赞扬医院这一义举。院长张元芳赴东方电台“792为您解忧”热线，代表院红十字会为特困家庭人员刘建刚送上1万元，以帮助他的孩子治病及上学。医院30余名副高职以上专家教授赴金山区朱泾镇卫生院参加市卫生局组织的“千名医务人员送医下乡”活动。黄煌渊、洪震赴江西省兴国县考察工作，并拟定医院扶贫工作方案，决定从人才培训、设立远程会诊、接受转诊患者、捐赠医疗设备等方面给予兴国县支持，成立上海华山-江西兴国友谊医院，签订两院友好协议，并首批派遣4位专家前往兴国县医院进行医疗技术扶贫工作。因掩护战友而身负重伤的解放军驻大连某部教导员朱春权转入医院，经过医院专家精心治疗，昏迷227天后苏醒。东方电视台等媒体报道后，在社会上产生良好反响。大连市委书记和朱春权所在部队领导专程来医院表示感谢。

1998年，长江流域遭遇百年不遇的特大洪灾，医院受中国红十字总会委派，在全市率先派出医疗队赴江西九江为灾民进行防病治病，继而又派出第二支赴湖南安乡的救灾医疗队，为灾区人民送去党和政府的关怀。同时，医院掀起募捐热潮，短短3天募捐人民币15万元送至红十字会。医院作为红十字医院，尤其重视把弘扬红十字精神与文明建设的目标紧密结合起来，利用自身资源，积极服务社会。医院与市总工会联合举行向徐虎等10位劳模赠送“医疗保健金卡”活动。为纪念“5・8”世界红十字日50周年，医院向南汇县新生村“老年之家”赠送家具、物品并捐款5 000元，市红十字会副会长邵浩奇及县红十字会领导出席捐赠仪式。5月8日当天，医院举行大型义诊活动，门诊患者一律免收挂号费、诊疗费，共诊治患者3 114人次，各新闻单位对此进行报道，上海市红十字会副会长袁惠章和邵浩奇看望参加义诊的医务人员，此后每年5月8日定为医院义诊日。医院支援江西兴国县人民医院的“远程医疗会诊系统”正式开通。20位专家到军民共建单位86515部队开展义诊活动。在这种精神的感召下，医院的广大青年医师积极响应党的号召，主动报名参加援疆、援滇医疗活动。血液科谢彦晖赴新疆阿克苏地区医院工作3年。医院首位赴滇扶贫青年志愿者内分泌科李益明赴云南开展医疗服务。

由于历史的原因，医院布局不尽合理，阻碍医院的进一步发展。为改变这一状况，医院制订建设总体规划，得到卫生部领导的肯定。1998 年 11 月，由卫生部批准的医院病房综合楼工程开工。

但是，医院总体改造还是面临着许多困难。1999 年 2 月，中共中央总书记江泽民、国务院副总理李岚清等中央领导先后对此做专门批示。江泽民批示"对于像上海华山、北京协和这样历史悠久、医学力量比较雄厚的医院给予适当支持"。卫生部副部长彭玉等一行 5 人专程来医院考察新建病房综合楼事宜，并传达江总书记指示。随后，卫生部副部长曹荣桂到医院视察工作。国家计委投资司公共事业投资处处长纪国刚等为落实江总书记的指示也专程来医院调研。

1999 年 11 月，医院成立 PET 中心，引进上海首台具有国际先进水平的正电子发射计算机断层显像仪(PET)。手外科成功实施世界首例锁骨前全长膈神经移位术(左侧)。

1999 年，顾玉东荣获全国五一劳动奖章。

2000 年，复旦大学和上海医科大学两校合并，医院更名为复旦大学附属华山医院，医院的发展迈入一个崭新阶段。医院开始全面进行全员聘用合同制改革。医院召开第七届二次职代会，通过《华山医院全员聘用合同制实施细则》和《职工住房补贴实施方案》。

神经外科是医院的特色学科，其学术水平、医疗质量堪称国内一流。但由于受体制和机制的束缚，其业务发展、队伍建设和管理水平都不能得到充分的施展和提高。以特色学科为品牌、以经营管理为纽带，成立上海市华山神经外科(集团)医院(国内第一家)和神经外科(集团)研究所，为推动神经外科的发展开辟广阔的空间。

2001 年 3 月，医院党委改选，张永信任党委书记。

2001 年 7 月，上海房屋土地管理局职工医院并入医院，医院江苏路分部正式挂牌。经上海市卫生局批准，医院与上海市闸北区彭浦永和地段医院合作，永和地段医院更名为复旦大学附属华山医院永和分院。医院台州分院也在浙江省台州市立医院正式挂牌成立。

2001 年 9 月，根据医院总体规划建造的病房综合大楼(现 6 号楼)正式启用，现代化设施得到国内外专家的好评。为管理好这幢大楼，同时也为探索一条医院后勤社会化改革的新路，医院通过招标的方式引进社会物业参与管理，对医院后勤改革起到积极的示范和促进作用。

科教工作取得新进展。医院神经外科、手外科、中西医结合临床、泌尿外科、神经病学科、传染病学科、肾病科、心血管科、影像医学与核医学科和普外科 10 个学科被评为国家教育部重点学科，为全国上榜学科最多的医院之一，充分展现医院的综合学科实力和水平。神经外科被评为上海市首批临床医学中心。另外，在专家论证的基础上，经复旦大学二次校长办公会议审核研究，正式确定复旦大学"985"工程医学学科建设项目。医院列入"985"工程医学建设项目的有① "重中之重"建设项目：神经病学(含神经内科、神经外科、放射科)；② 重点学科建设项目：手外科、中西医结合临床；③ 扶植学科建设项目：肾脏内科。获重点学科建设经费合计 850 万元。医院泌尿外科王翔参与完成世界上首次大鼠卵巢在液氮中深低温冷冻保存(−196℃)及冻融后带血管蒂移植的研究论文，发表于 *Nature*(《自然》)杂志。2001 年，医院首次争取到 3 项国家"十五"攻关牵头项目，填补医院空白。

慈善公益在医院蔚然成风。"蓝天下的至爱"——上海市慈善基金会组织的爱心大放送募捐活动在医院举行，医院募捐总额达 106 567 元。中国红十字总会发来致谢函，对医院在组织医疗救护队赴印度救灾的筹备工作中所表现的人道主义精神和较强的应急能力以及付出的辛勤劳动和奉献精神予以表扬，并致以真诚的谢意。市红十字医院工作研讨会在医院举行，市红十字会领导对医院红十字会工作表示满意。世界红十字日，医院进行募捐活动，共募集资金 2 万元，并把当天门诊挂号费捐赠给红十字会作为院红十字基金。

医院出色完成亚太经济合作组织（APEC）会议医疗保健指挥中心的后勤保障工作，市卫生局局长刘俊、副局长韩慰军及干保、医政、外事处处长等来院，感谢医院为 APEC 医疗服务工作所做的贡献。

2002 年，医院与哈佛大学医学院签署合作协议，成为“哈佛医学国际联合医院”，双方共同成立“华山-哈佛医学国际发展基金”，医院与哈佛医学院正式恢复由来已久的长期合作关系，同时建立“请进来，送出去”的人才培养交流机制。

医院门急诊环境和硬件设施长期落后，影响医院发展与形象。为改变这种严重不适应医院现代化建设进程的局面，根据医院总体规划，医院开工建设一幢现代化的门急诊大楼。

医院集中力量发展特色学科，并通过相互协作加速发展。手外科被评为上海市第二批临床医学中心。手外科、神经外科、骨科、普外科、泌尿外科、肾脏内科、神经病学科、心内科被列入“十五”期间“211”工程学科建设规划。中西医结合临床、传染病学、影像医学与核医学为“985”建设专项。

为加强青年人才的培养，提高住院医师的整体素质，医院恢复总住院医师制度。

2003 年，医院作为“非典”防治监测点和次选定点医院，将抗击“非典”作为医疗工作的重中之重。翁心华担任上海防治“非典”专家组组长。医院按照上级部门的要求，迅速建立完善的“非典”防治组织体系，制定“非典”防治的各项应急预案，组织各类医护人员进行“非典”防治的培训工作，传染病、抗生素研究所数名专家参加全市“非典”危重患者的抢救会诊工作，为上海赢得抗“非典”工作胜利做出贡献。医院发热门诊共接受患者 7 298 人次，其中 81 名患者被实施留院隔离观察，18 名患者被疾病控制中心列为疑似患者转院治疗。医院在第一时刻隔离上海市唯一一例最后确诊为“非典”的外籍人士。

在建造门急诊大楼的同时，市府实事工程——老门急诊改造工程的建设也在有条不紊地进行。医院边施工边看病，硬件不足软件补，全院职工团结一心，从提高医疗质量、改善服务态度入手，不断推出新措施，方便患者，尽可能地满足患者的需求。副市长杨晓渡等市领导及卫生局有关领导一行来医院考察情况，对医院急诊室的改造工作给予高度评价。

同时，医院与哈佛医学国际的合作进一步深入，分别由教授拉布金（Rabkin）来院主讲医院管理论坛、消化病学教授格林伯格（Greenberg）作“消化病学领域的国际进展”学术报告、心胸外科专家斯坦利・谭（Stanley Tam）一行来医院进行规范的心胸外科手术示教。

人才立院，学科兴院，医院医疗、教学、科研各项工作都有建树，稳步发展。医院以优异成绩顺利通过教育部七年制医学教育评估。2003 年，引进亚太地区首台 Biograph Sensation 16 PET/CT。

2003 年底，医院行政班子换届，徐建光任院长。2004 年 11 月，冯晓源任院党委书记。新班子组成后，认真学习和研究党中央“树立科学发展观”的精神，结合本院的实际情况，将医院的战略目标确定为“国际化精品医院”，在医、教、研、基础建设等各个领域进行一系列大刀阔斧的改革。医院提倡“厉行节约、勤俭治院”，在各临床和医技部门推行全成本核算，开展主诊医师负责制，对规范医疗行为、提高医疗效率、促进医疗业务快速发展起到很大的作用。医院利用建设门急诊大楼的契机，对具有百年历史的红会老楼进行重新修缮，使之成为医院历史文化的重要载体。医院再次被评为全国卫生系统先进集体。

国际交流与合作不断扩大。医院成功举办“2004 年上海国际临床医学论坛”。全国人大常委会副委员长韩启德，卫生部副部长王陇德，上海市副市长杨晓渡，上海市政协副主席、复旦大学校长王生洪等中央以及上海市的领导出席本届论坛的开幕式并讲话。《新英格兰医学杂志》主编、哈佛医学院内科教授杰弗里·德拉赞(Jeffrey M. Drazen)作题为"如何在《新英格兰医学杂志》发表文章"的专题演讲。医院与哈佛医学院附属医院——美国麻省总医院(全美综合医疗实力排名前三)正式签署协议,缔结为姐妹医院。10 月 28 日,华山-哈佛医学国际联合医院正式揭牌,医院成为哈佛医学院在国际上的第十五家联合医院。由此开始全面推进医院各层面与国际接轨的进程,通过国际化战略打造国际品牌。

2004 年 10 月,医院新门急诊大楼正式投入使用,成为国内首家拥有航道的医疗救护直升机坪的医院,副市长杨晓渡、市政协副主席左焕琛等分别在启用仪式上致辞。新门急诊大楼的落成大大改善医院的就医环境。

医院作为 F1 中国大奖赛医疗保障唯一指定医院,建立一整套严密的、符合规范的医疗保障体系,出色地完成大赛的保障任务,赢得 F1 国际医务官的高度评价。

医院作为医学院最早的一所教学医院,为全国各地培养和输送一大批专家、教授,其中不少已成为闻名国内外的医学家和医疗机构的领导。至 2004 年,医院有 10 个博士点 20 个专业,19 个硕士点 33 个专业,承担学校的各项教学任务。科研工作取得重大进展,获国家自然科学基金项目 19 项。由顾玉东、徐建光领衔的"周围神经创伤和显微外科"项目申报上海市科委交叉学科创新团队专项成功,获科研经费 800 万元。2004 年,获得国家科技进步奖 2 项,上海市科技进步奖 3 项,中华医学科技奖 2 项等。在国内外杂志发表论文近 800 篇,其中 SCI 论文 36 篇。医院终身教授林善锬被国际肾脏学会任命为临床实践指南委员会委员,成为全球 5 位负责人之一。

医院新增复旦大学功能神经外科中心、复旦大学脊柱外科中心、复旦大学肾脏病研究所、复旦-牛津脑功能磁共振(fMRI)研究所、复旦大学运动医学中心、复旦大学癫痫诊治中心。

医院积极参与社会公益活动,取得良好社会效益。纪念中国红十字会成立 100 周年暨第五十七届世界红十字日,医院派出 20 余名专家参加纪念"5·8"世界红十字日暨"庆百年　博爱行"大型义诊活动。医院青年医学专家赴江西兴国革命老区开展"送医送药送知识"活动。

2005 年,医院贯彻落实卫生部医院管理年工作会议精神,全面树立和落实科学发展观,切实转变服务理念,将医疗质量管理作为全年医院工作的重点。加强对职能部门管理,强化医疗考核的预警制度,全面推行和完善主诊医师负责制,完善报告制度和纠纷处理工作网络,进一步落实医疗安全奖惩细则,强化医务人员的医疗安全意识教育,加强药品规范化管理。医院聘请上海市医学会会长刘俊担任医院改革与发展咨询委员会中方主任,聘请美国哈佛大学医院管理专家拉布金担任医院改革与发展咨询委员会外方主任。医院发展势头良好,年门急诊量首次突破 200 万人次。全国人大常委会副委员长韩启德专程来院调研,卫生部副部长马晓伟也莅临医院视察指导开展"医院管理年"工作。

医院作为许多重大活动的唯一指定保障单位,圆满完成上海国际艺术节、V8 国际超级房车赛 2005 中国大奖赛、国际田联黄金大奖赛等医疗保障任务,赢得社会广泛赞许。

上海市神经外科急救中心在医院成立,该中心是市公共卫生体系——医疗救治系统建设的重要组成部分。上海市副市长杨晓渡,市政协副主席、复旦大学校长王生洪在揭牌仪式上分别代表市政府和复旦大学向中心的成立表示祝贺。2005 年,新增复旦大学神经康复中心,复旦大学胰腺病研究所,复旦大学风湿、免疫、过敏性疾病研究中心。医院 PET 中心诊检病例首次逾万例。

医院科教工作取得新突破。王明贵获得科技部国家重点基础研究发展计划("973"计划)项目"人类重要传染病病原体耐药机制的基础研究"首席科学家称号。全年共获国家自然科学基金 18

项,发表 SCI 论文 54 篇。顾玉东、徐建光等荣获 2004 年度中华医学科技奖一等奖,周良辅、毛颖等荣获中华医学科技奖三等奖。这两项成果同时荣获上海市科技进步奖一等奖。

为贯彻落实卫生部《关于开展 2005 年度部属(管)医院支援西部地区农村卫生项目》的文件精神,医院选派 3 名医师参加复旦大学支援西部医疗队,分赴贵州和广西进行医疗卫生服务。同时选派 2 名医师赴云南进行志愿医疗服务。另有 1 名医师赴新疆阿克苏支援 3 年。

5 月 8 日世界红十字日,医院捐出十多万元,为 20 名贫困白内障患者施行复明手术。

应邀前来参加复旦百年校庆活动的美国耶鲁大学医学院院长罗伯特·阿尔珀恩(Robert J. Alpern)莅临医院参观访问。美国中华医学基金会(CMB)主席罗伊·施瓦茨(Roy Schwarz)、新任董事会主席玛丽·布朗·布洛克(Mary Brown Bullock)莅临医院交流访问。医院与奥地利维也纳医科大学签署友好合作备忘录。

2006 年,医院工作重点为巩固和深化医院管理年活动、治理商业贿赂、启动百年院庆各项筹备工作。在医院第八届职代会第二次会议上通过的华山医院"十一五"规划方案,从医院发展和科室建设等方面,为未来发展勾画美好蓝图。是年,医院顺利通过卫生部的医院管理年活动督导检查。

医疗工作方面,加强医疗质量管理,重点开展"临床医院管理评价标准"的试点工作,启动美国医疗机构评审联合委员会(JCAHO)标准的筹备工作。医院成立国际联合委员会(Joint Commission International,JCI)医院认证工作小组和综合目标管理小组,提高医疗安全意识,规范医疗行为,对医师进行职业素质培训,提高服务水平,进一步推进和完善主诊医师负责制。医院检验医学中心成为中国内地首家获得美国病理学院(CAP)认可的医院检验中心。2006 年,医院出色完成包括上海合作组织五国首脑峰会在内的各项医疗保障工作。医院设立"资深教授"制度,首批聘任王文健、张元芳、张永信、陈衔城、周范民、范维琥、俞茂华、徐启武、倪泉兴、黄煌渊、谢毅和蔡端为资深教授。全年门急诊量创历史新高,超过 209 万人次。

科教工作方面,医院共获得 2006 年度国家自然科学基金资助 22 项,创历年之最。作为牵头单位承担"十一五"支撑计划 1 项,参与"十一五"支撑项目 7 项。发表 SCI 论文 62 篇。22 个专业学科顺利通过卫生部组织的专科医师培训试点基地评审。中心实验室建设基本完成。由顾玉东院士、徐建光等负责的"全长膈神经移位与颈 7 移位治疗臂丛根性撕脱伤"获国家科技进步奖二等奖。复旦大学神经肿瘤中心、复旦大学产瘫诊治与研究中心、复旦大学睡眠障碍诊治中心成立。

加快医院信息化建设步伐,完成 HIS 系统的升级,保证信息安全。医院办公自动化(OA)系统正式投入使用,提高行政办公效率。

医院精神文明建设和文化建设重塑新篇章。医院顺利通过上海市文明单位的评审。职工读书会成立。治理商业贿赂卓有成效。百年院庆各项筹备工作有序进行:院庆专题网站开通;新的院徽经征集后确定;院庆纪念明信片推出;电视专题片完成拍摄;院史陈列馆初步竣工;院庆画册和院史考证整理工作也逐步开展。

在全国红十字卫生救护工作会议上,医院被授予"中国红十字会紧急救援队"称号。世界红十字日,医院捐款 5 万元人民币。骨科鲍根喜和外科殷保兵参加中国援外医疗队分赴摩洛哥与老挝开展志愿医疗服务,2006 年 11 月 20 日,中共中央总书记胡锦涛亲切看望包括殷保兵在内的中国青年志愿者赴老挝服务队。奥运冠军刘翔和他的教练孙海平向医院捐款,为特困老人施行复明手术,医院向刘翔师徒颁发"华山医院名誉职工"证书,收到良好社会效益。

2006 年 4 月 28 日,医院浦东分院正式开业。中共上海市委常委、浦东新区区委书记杜家毫,市人大常委会副主任朱晓明,市政协副主席左焕琛,卫生部规划财务司司长赵自林等出席开业典礼。

浦东分院占地45.09亩(3万平方米),是一所按照国际标准建造的现代化医院,开设床位200余张,设置内科、外科、神经内外科、骨科、手外科、皮肤科、肿瘤科、放疗科、中西医结合科等科室,充分体现医院的学科特色。8月18日,浦东分院体检中心正式投入使用。

2006年,上海市宝山区卫生局与医院签订协议,委托医院管理上海市宝山区仁和医院,该院挂牌成为医院宝山分院。

(三)因应改革,精益求精(2007—2016年)

这一时期,医院在全面深化新一轮医药卫生体制改革的大潮中,坚持社会主义办院方向,在全国公立医院改革步伐明显加快、管理体制机制持续升级的背景下,强调整章建制,推动精细管理。

传承百年历史,凝聚办医理念 2007年,是医院建院100周年。医院编写和出版《华山医院百年纪事》,回顾百年历程,并组织百年院庆系列活动,包括全院130名副高以上专家在陈毅广场义诊,联合上海医学会、哈佛医学国际共同举办“华山国际医学高峰论坛”。是年5月18日,举行建院100周年庆典大会和文艺晚会。全国人大常委会副委员长韩启德、卫生部部长高强、中共上海市委书记习近平发来贺信(词)。全国人大常委会副委员长、中国红十字会总会会长彭珮云,中共上海市委副书记、市长韩正,上海市人大常委会主任龚学平,中共上海市委副书记殷一璀,卫生部副部长马晓伟,中国红十字会党组书记、常务副会长江亦曼,上海市人民政府副市长杨定华,上海市政协副主席、复旦大学校长王生洪,上海市政协副主席、上海市红十字会会长谢丽娟,上海市政协副主席左焕琛,复旦大学党委书记秦绍德以及美国哈佛医学院附属麻省总医院院长彼得·斯莱文(Peter Slavin)等领导和国内外来宾出席庆典仪式。

从回顾百年历史出发,汲取力量,凝聚精神。这一时期,医院深入开展学习实践科学发展观、创先争优、党的群众路线教育实践活动、社会主义核心价值观的学习教育等,以学习调研、推动思想解放为基础,以破解发展难题、实现新的创业为重点,以人性化关怀、让人民群众满意为目标,深入查摆并整改问题,坚持正确的办医方向。自觉贯彻执行“三重一大”制度,努力提高科学民主决策水平;团结院内外各方力量,充分发挥群团组织作用,加强精神文明建设,持续深化医院各项改革、促进内涵建设,医院建设与发展形成强大合力。

2007—2016年,医院先后获得全国五一劳动奖状、全国精神文明建设先进集体、全国医院文化建设先进单位等荣誉。截至2016年末,连续16次获得上海市文明单位称号。

严把质量安全,提升服务水平 2007年11月,医院首次宣布申请医院国际管理标准JCI认证,成立专职部门、完善组织架构,组织开展学习JCI理念和检查方法的培训。将JCI核心内容“医疗质量,患者安全”与医院内涵质量建设融为一体,成立全院质量改进与安全委员会,建立覆盖全院的质量管理体系。2010年,医院以98.18分的高分通过JCI认证,成为中国内地第一家通过JCI认证的部属公立医院。是年10月,为促进JCI工作的持续改进与理念传播,医院举行JCI国际高峰论坛,来自全国各大医院的院长及医院管理专家300余人与会。2013年1月、2016年1月,医院先后两次通过JCI复评审,成为国内首家3次通过JCI评审的大型公立医院。

以JCI评审为新起点,深入开展医疗质量万里行、“三好一满意”、改善医疗服务行动计划等,管理关口前移,进一步推进落实“患者安全目标”,切实加强各临床专业的医疗、护理安全管理并持续改进。医院在2011年上海市三级甲等综合医院复评审、2013年国家卫生计生委全国部分三级甲等医院质量安全情况年度评价、2016年国家卫生计生委大型公立医院巡查中获得好评。2011年,在卫生部医管司进行的全国大型公立医院巡查患者满意度测评中荣获第一。为配合质量与安全，2008年成立独立的医院感染管理科。先后推进基础设施改进，包括急诊部全面改建、外科病理室改造、门急诊楼地下一层配置中心改造、2号楼和江苏路分部电梯更新改造、职工食堂二楼改造装修、门急诊楼地下一层中药房改建、污水处理池改造等。

结合上海申康医院发展中心的绩效考核体系，出台措施大力提升三四级手术、三四级病种等疑难重症比例，医院疑难重症接诊比例在上海领先。注重新技术、新项目开展，推进多学科联合诊疗，促进人员、硬件、设备、布局的进一步梳理与整合，鼓励科室发展学科特色。期间医院获得国家卫健委国家临床重点专科建设项目20个，居上海前茅；医院被授予国家脑卒中筛查与防治基地、上海市脑卒中预防与救治中心；成立健康管理中心，对特需门诊资源与体检资源有机整合；启动器官获取组织(Organ Procurement Organizations，OPO)工作，第一例器官捐献案例经媒体报道，取得良好社会效应，并荣获"2014年十大感动上海人物"；PET中心顺利通过国家食品药品监督管理局(SFDA)的评审，成为全国首家获药品生产质量管理规范(GMP)认证的PET中心。

持续提升服务能力，通过多种预约方式全面开展预约挂号，专家门诊号源全部开放预约，实行短信提醒、陪伴服务，有效缓解门诊"三长一短"现象，提高门诊整体运行效率。利用新兴技术，推进"互联网+医疗"服务模式，包括网上会诊服务、精准预约以及"轻问诊"远程医疗服务等。医疗影响力持续远播，2007年意大利驻沪总领馆授予医院国际医疗中心"指定医疗机构"铜牌。2011年南非驻沪总领馆授予医院国际医疗中心"指定医疗机构"铜牌。

切实承担公共卫生防控任务，2009年做好甲型H1N1流感疫情防控工作，确诊上海第一例医疗机构确诊的输入性病例。及时发现、诊断、救治甲型H1N1流感患者，提高救治成功率，降低病死率，维护患者身体健康和生命安全。

至2016年，医院全年门急诊总人数达到3 504 490人次，住院70 033人次，手术48 672台，全院平均住院日为7.35天，床位使用率102.96%。

广泛服务社会，坚持公益属性 2007年，医院被授予市政府实事项目定点医院，为数十名贫困白内障老人成功实施免费复明手术。公益服务在这一时期一以贯之、发扬光大。

2007年初，医院成立中国红十字会紧急救援队，是中国红十字会直属医院中唯一的一支紧急救援队。2007年5月，由全国人大常委会副委员长、中国红十字会会长彭珮云授旗。2008年，紧急救援队在"5·12"汶川抗震救灾中，继承发扬"敢为人先，甘于奉献"的光荣传统，经中国红十字会总会委派在第一时间派出紧急救援队，并奉命在都江堰组建中德红十字野战医院。全院14批共157名医疗队员救治8万多名伤病员，救治范围涵盖成都、绵阳、德阳、北川、安县、绵竹、都江堰等7个市县，是上海乃至全国应急反应最快、救援人员最多、承担任务最重、救治范围最广的医院之一，荣获由中共中央、国务院、中央军委颁发的"抗震救灾英雄集体"荣誉称号。2013年，派出专家参与四川雅安地震医疗救援。是年11月，派出7名医务人员加入中国红十字国际救援队赴菲律宾台风"海燕"重灾区，圆满完成救灾任务，这也是中华人民共和国成立后的第一次国际红十字医疗救援。2014年，派出专家参与昆明暴力恐怖事件、昆山爆炸、云南鲁甸地震、东海大桥车祸的伤员救治。2015年，根据外交部和中国红十字会总会统一部署，先后派出2批共11名医务人员奔赴尼泊尔灾区开展救援，并在灾区建立中国红十字会国际救援队野战医院。

承担国家紧急医学救援队、红十字国家医疗救援队建设任务，强化救援队能力建设及演练。2009年、2013年、2014年先后承办3次国家级中国红十字救援队ERU培训班及演练。2014年实现2支国家级救援队的联合演练，并建章立制，夯实救援软、硬实力。

坚持平战结合磨砺救援能力，顺利完成2008年北京奥运会上海赛区唯一指定保障医院、2010年上海世博会医疗工作；做好历届上海举办的国际田联黄金大奖赛、F1中国大奖赛、MotoGP、A1赛车、短道速滑世界锦标赛、国际自行车联盟女子公路世界杯、WEC国际汽联世界耐力锦标赛、中国房车锦标赛、中国杯世界花样滑冰大奖赛、国际滑联上海超级杯、上海环球马术冠军赛等大型赛事的医疗保障；圆满完成亚信峰会、全球健康促进大会、G20峰会、中非减贫论坛及东盟+3村官交流项目、第三届世界互联网大会智慧法院暨网络分论坛等重大活动医疗保障工作。组织年轻医师随中国海警船参与"保钓"工作；完成美国、德国、比利时、尼日利亚、澳大利亚、新西兰、印尼等多国元首来沪的医疗保障任务。

深入开展对口支援、国际援医。根据上级部署，派出医疗队援滇、援疆、援藏、援赣、援摩(摩洛哥)，医院获2012—2013年度上海市对口支援与合作交流工作先进集体称号。感染科陈明泉赴西非(塞拉利昂)支援埃博拉防控工作，获国家防控先进个人称号，受到国务院副总理刘延东接见。以医疗合作为载体对陕西、甘肃、海南等省份医疗机构开展支援，组织各类帮扶工作。

传承红十字医院特色，开展造血干细胞采集捐献工作。2008年，药剂科员工郭燕萍与一名白血病患者配对成功，实现第一例员工捐献造血干细胞。2008年，完成上海首例向国外(韩国)捐献造血干细胞。2009年，完成上海首例向中国台湾地区捐献造血干细胞。广泛开展造血干细胞血样采集，2016年，在医院举行中国造血干细胞捐献者资料库口腔拭子采集入库仪式，106份员工口腔拭子标本成功入库，成为上海最早开展以口腔黏膜拭子采集方式入库的医疗机构。

对标国际先进，谋求学科进步　进一步加强国际战略合作与学术交流。保持与多家世界顶级医学院校合作关系，包括哈佛医学院、哈佛公共卫生学院、麻省总医院、贝斯以色列女执事医学中心、凯特琳医疗中心、塔福兹大学口腔学院、北里大学医院、剑桥大学医院、美国威斯康星大学、澳大利亚皇家墨尔本医院的实质性合作。合作领域包括接受遴选中青年医疗、护理骨干赴当地进修学习；共同开展临床研究项目；选派外方科主任来华交流访问，进行学术指导；联合举办医学高峰论坛、学科层面的学术会议。其间，新建与英国剑桥大学医院、伯明翰大学医院及美国梅奥医学中心的合作关系，开拓卫生部国际应急管理医院委员会的培训项目，并派员参加国家卫健委赴德国、意大利和奥地利学习项目。

以科研项目申报、平台打造、人才计划为抓手，推进学科建设与人才培养。在重大重点项目上有较大突破，包括科技部"973"首席项目、科技部重大新药创制专项、科技部艾滋病和病毒性肝炎等重大传染病防治课题、国家杰出青年科学基金、卫生部公益性行业重点基金等。2008年起，推出覆盖不同层级人员的医院优秀人才培养奖励计划。2008年，医院药物临床试验机构通过国家食品和药品监督管理局的资格认证，医院伦理审查委员会通过世界卫生组织伦理审查委员会能力发展启动战略认证(WHO/SIDCER)，并成为世卫组织在中国设立的第一家世界卫生组织热带病培训研究特别规划署药物临床试验质量管理规范(WHO/TDR GCP)研究伦理培训中心。2009年，神经外科周良辅当选为中国工程院院士。2015年，神经外科朱剑虹参与的"提出并证实极体移植可有效阻断线粒体遗传病的传递"入选科技部2014年度中国科学十大进展。2016年，由医院牵头申报的国家老年疾病临床医学研究中心获科技部等四部委正式批复，入选第三批国家临床医学研究中心，成为复旦大学第一个国家临床医学研究中心。2016年，医院被国家卫健委批准为首批国家干细胞临床研究机构。是年，耿道颖、董强、顾宇翔等领衔的课题组获得国家科技进步奖二等奖。2007—2016年期间，医院共获得国家教育部重点学科10个，包括神经外科、手外科、神经病学、传染病学、中西医结合临床、泌尿外科、肾病科、心血管科、影像医学和核医学、普外科；国家临床重点专科建设项目20个,包括骨科、护理专科、检验科、重点实验室(手外科)、重点实验室(抗生素)、内分泌科、神经外科、手外科、神经内科、中医专业(肺病)、皮肤科、泌尿外科、肾病科、外科、消化科、肿瘤科、感染科、康复医学科、运动医学科、医学影像科;上海市临床质控中心7个,包括临床药事、神经内科、皮肤科、激光治疗、核医学、职业病诊断、神经外科。

承担复旦大学课堂教学、临床教学和考务工作,加大教师队伍培养,营造"人人爱教"氛围。2011年,新增复旦大学首批全英文教学临床医学专业留学生项目(MBBS)授课,开始接收来自澳大利亚及奥地利的海外交流生。广泛组织举办国家级继续教育学习班、各类国内外学术论坛,提升学科影响力。2013年,骨科与梅奥医学中心合作的脊柱应用解剖学习班经美国继续医学教育认证委员和中华医学会认可,可同时获得中华医学会与美国继续教育认证委员会(ACCME)颁发的Ⅰ类学分,成为国内首个跨国中美联合长期培训班。

优化管理能力,升级综合保障 2008年5月,丁强任医院院长。是年7月,顾小萍任医院党委书记。2011年6月,医院召开中共复旦大学附属华山医院第一次代表大会,选举产生丁强、马昕、邹和建、汪志明、邵建华、耿道颖、顾小萍、顾玉东、钱飚等9人组成第四届党委会,顾小萍任党委书记。

2009年,卫生部与上海市政府签约共建共管在沪卫生部管理医院,医院管理体制发生重大变化。顺应体制机制变革与新一轮医药卫生体制改革的要求,医院持续推进管理的精细化。以医院管理年、医疗质量万里行、JCI评审、大型医院巡查等为抓手,持续完善制度、梳理流程。加强院内沟通,深化院科两级管理体系,推动医院综合目标考核与绩效分配机制改革;推进依托于信息化的精细化管理,简化工作流程,提高管理效能。2008年,医院神经外科(上海诞生的全球最大神经外科诊疗中心)入选改革开放30周年"健康上海"十大卫生成果。2009年,医院首批纳入上海市医保预付制改革。其间,医院各项管理工作先后接受卫生部党组书记、副部长高强,全国人大常委会副委员长、中国红十字会会长华建敏,卫生部党组书记张茅,国务院参事张鹤镛,全国政协副主席、民革中央常委主席齐续春,国家卫计委副主任王国强,全国人大常委会副委员长、中国红十字会会长陈竺,国家人力资源社会保障部副部长、国家外国专家局局长张建国等的专项调研。

医院始终以安全运营为中心,以提高服务保障水平和运行效率(节支节能)为基本点,逐步提升医院的综合保障水平,实现安全生产"零事故"。推进节能工作,2015年获评国家节约型公共机构示范单位。其间,放射科DSA室改扩建、综合楼术中磁共振、感染楼相继投用。大力推动信息化建设,完善信息系统临床应用,推进服务临床的管理系统建设,实现电子病历和电子医嘱全院的推广和使用;实现医院无线网络全覆盖;建立远程会诊医疗中心。

扩大医院格局,筑梦华山未来 推进区域卫生均衡发展,助力形成社区首诊、梯度就诊、双向转诊的就医模式。2008年,医院以委托管理形式共建南汇区中心医院。2010年,作为市政府"5+3+1"医疗资源布局调整项目之一的北院项目在宝山区顾村镇开工,中共中央政治局委员、上海市委书记俞正声,市委副书记、市长韩正发来贺信,副市长沈晓明等出席奠基仪式。2010年,经卫生部审批,东院挂牌上海国际医院,成为上海首家公立涉外国际医院,并逐步成为医院各个学科的执业平台。2010年,托管静安区中心医院,开启华山-静安医疗联合体建设。2012年9月,位于上海新虹桥国际医学中心的西院(临床医学中心)举行奠基仪式,全国人大常委会副委员长桑国卫、市政府副秘书长翁铁慧、中国人民解放军原副总参谋长上将熊光楷等以及国家发改委、卫生部、市政府、闵行区、复旦大学、市卫生局领导出席。是年12月,北院开业试运营。总规划用地172亩(11.47万平方米),总建筑面积7.2万平方米,核定床位600张,编制职工800名,开设内、外、妇、儿、中医等35个临床和医技科室;定位为公立医院改革试点医院,率先完成药品价格调整,加入取消药品加成政策改革试点行列，并先后加盟复旦儿科医联体、妇产科医联体。

2016 年，医院门急诊量约 340 万人次，出院人次数达到 6.8 万。医院获得国家自然科学基金 80 项。医院成功申请获得老年疾病国家临床医学研究中心、上海市脑库计划等重大、重点平台和项目，并成为首批国家卫计委干细胞临床研究单位。

从 1907 年初创至 2016 年末，医院走过漫长、艰辛而又辉煌的 110 年历程。作为在国内具有重大影响力的大型综合性三甲医院，始终遵循服务社会和人民健康的宗旨，不遗余力地提高医疗质量和服务水平，坚持以患者为中心、以质量为抓手，精心呵护人民的健康，医院综合实力始终保持在全国医疗机构第一阵营。

面对新时代的发展征程，医院正以昂扬的精神状态、更加矫健的步伐，朝着建设成为中国最具影响力的国际化优质医院的目标而努力奋斗！

大事记

清光绪三十年(1904)

3月10日　中、英、法、德、美五国代表会集于上海英租界公共工部局议事,同意在中国设立红十字会的提议及合办红会的设想,宣告上海万国红十字支会(后在3月17日定名为上海万国红十字会)成立。社会活动家、慈善家沈敦和与会,并被推举成为中方办事董事。

3月29日　由驻沪商约大臣吕海寰领衔,工部左侍郎盛宣怀、会办电政大臣吴重熹,与上海名流沈敦和、施则敬、任锡汾等联名的"拨助捐款"通电发向全国各省将军、督抚、海关,确认上海万国红十字会为清政府承认之合法社团。

4月　上海万国红十字会开始着手日俄之战的救护工作。

清光绪三十三年(1907)

7月21日　由吕海寰、盛宣怀联衔《沥陈创办红十字会情形并请立案奖叙折》上达清政府,其中提到拟在上海设立中国红十字会,同时计划在上海购地建造医院与学堂以立基础,获得清政府批准,遂委托中方总董沈敦和着手进行医院和医学堂的筹资及规划事宜。

清光绪三十四年(1908)

8—9月　中国红十字会连续在《申报》刊登《中国红十字会招考医学生》广告,面向社会招考医学生,计划第一期额定招生人数10人。

9月30日　初试12名学生,分别为曹民、邵树华、邵骥、朱恪臣、马廉、包拯祍、钱泰堃、华寿眉、蔡雍周、邱仁高、陈鲁珍、朱寿田,在体检后留下10名合格者。由于医院和医学堂尚未建成,招收来的学生都借读在同济德文医学堂(同济大学前身)。

清宣统元年(1909)

是年　沈敦和等用救助东北日俄战争余款,购置上海徐家汇路(1921年更名为海格路,1943年更名为华山路)7号土地14亩(9 333平方米)作为院址,动工建造医院和医学堂。

清宣统二年(1910)

1月　吕海寰领衔、吴重熹联衔会奏《酌拟中国红十字会试办章程请旨立案折》,将"购置地亩建造医院学堂"列为设立红十字会之基础,红十字会办事处设在医院,"设立中国红十字会总会医院学堂”列入其章程第一条。

2月10日　中国红十字会就医学生教育、医院外科手术和医院营运等工作事宜与外籍医生柯师(Stafford M. Cox)、亨司德(Hans Thue)、峨利生(Brigir Olesen)签订协议。

2月23日、3月5日、3月9日　中国红十字会连续在《申报》刊登《上海中国红十字会创办医学堂招生》,明确学额20名,精通英文,年龄20岁以内,学制5年,且由柯师、亨司德、峨利生3人授课。

3月　医院和医学堂竣工落成,为建筑洋房两所。沈敦和任院长,医院聘请西医柯师为内科医生,主持医院事务。解剖专家峨利生为外科医生,血液学专家亨司德为血液检验医生,克立天生女士为看护妇(护士),王培元为住院医生。医院有冷热水管、割症室、诊病室、爱克司电光室、配药室、储药所、化学所、养疴室、浴室、殡殓所,医学堂有学生讲堂、寄宿所、膳堂,设备一应俱全。

5月3日　医学堂开学。

是年　安徽北部发生水灾并引发瘟疫,医院派出医生和医学生组成的医疗队前往救助灾民。这是医院建成后实施的首次大规模救死扶伤行动。

清宣统三年(1911)

1—3月　清红十字会医学堂继续在《申报》刊登招生公告,招募学生。

10月14日　沈敦和筹资建造的“中国红十字会总医院暨医学堂”开业,医院分设内、外两科,病床50张。

10月　辛亥革命爆发。10月25日,中国红十字会总医院医师柯师作为领队,会同王培元、杨智生、峨利生、班纳德等中外医生及男女看护30余人分编为甲乙丙三支战地救护队,赴武汉战地开设临时医院,救治伤员。年仅25岁的医生兼解剖教员峨利生在救治伤员过程中,劳累过度,染病不治身亡。中国红十字会在汉口为其立碑颂节。

民国元年(1912)

10月30日　中国红十字会在医院召开恳亲会,并参观医院学堂,发起慈善募捐事宜。

民国二年(1913)

5月1日　与美国在华哈佛医学校(1912年始设于上海湖广路及西华德路处)合作办学,签约5年,美国人胡恒德(Henry S. Houghton)任院长,沈敦和任副院长。

民国三年(1914)

是年　医院派出医疗救护队前往青岛等地救护战乱灾民,并在当地开设临时医院,救助灾民达数千人。

民国四年(1915)

是年　合作办学后,学生人数成倍增加,遂在医院添筑学生宿舍,上下楼共20余室。

民国五年(1916)

6月30日　哈佛医学校停办,医院的各项事务由罗氏驻华医社(China Medical Board,CMB;罗氏医社属美国洛克菲勒基金会在华管理机构)临时代管,美国人胡恒德仍为院长。

民国六年(1917)

是年　医院设立护士培训部。

民国七年(1918)

6月30日　与哈佛合同到期,罗氏医社不再续约,与哈佛医学校合办终止。

11月6日　与基督复临安息日会(Seventh-day Adventist,简称安息日会)签约合办3年,传教士兰迪司(C. C. Landis)任院长,其间医院兼有疗养功能,作为上海疗养院附设之地。

民国九年(1920)

是年　伍哲英任医院总护士长。

民国十年(1921)

12月5日　与安息日会合同期满,红十字会决定将医院收回自办,组织医学团,推举牛惠霖为院长并进行整顿,以图发展。

是年　红十字会理事庄得之、院长牛惠霖、总护士长伍哲英共同创办中国红十字会总医院护士学校,伍哲英担任校长兼护理主任,此为上海第一所由中国人自办的护士学校。

民国十一年(1922)

6月　中国红十字会总医院护士学校首期招生23人,以后每年春、秋两季招考新生,学制3年,聘请欧美医生教授内科、外科、妇科、儿科及临床护理等学科。

是年　中国红十字会分会代表来院参观。

民国十二年(1923)

9月1日　日本发生大地震,灾情严重。中国红十字会组织首支赴海外医疗救护队,院长牛惠霖率队,赴东京参加救护,并赠送日本红十字社药品23大箱和金币(当时货币)4 000元。这是当时在日本唯一的外国医疗救护队。

是年　由于患者不断增多,医院新建病房,并添置医疗设备。

民国十三年(1924)

是年　江浙军阀混战,医院组织救护总队,日夜手术,收治伤兵百余人。

民国十四年(1925)

是年　伍哲英代表中华护士学会出席在芬兰召开的国际护士会议,这是中国护士首次参加国际护士会议。

是年　王培元任副院长。

民国十五年(1926)

2月18日　中华医学会全体会员来院参观。

2月26日　中国红十字会总医院护士女校举行第一届毕业典礼,毕业者有王荣美、马欢贞、盛凤英、金乃恩、项克庄、鲍先启、桑美元、梁马利8人。

民国十六年(1927)

是年　牛惠霖辞去院长职务,刁信德任院长,张逢怡任副院长。

民国十七年(1928)

8月1日　国立中央大学商得中国红十字总会同意,将医院列为国立中央大学医学院(上海医学院前身)的实习医院,以教学育人与临床实习为主,以期培养更多医学人才。医学院院长颜福庆兼任医院院长。

8月　医学院停办苏州的江苏妇女医院,全部设备并入医院。

民国十八年(1929)

是年　伍哲英代表中华护士学会出席加拿大国际护士大会,护士学校校长由林斯馨代理。

是年　创立皮肤科。

民国十九年(1930)

是年　制定《中国红十字会总医院章程》，明确医院以“诊治疾病、救护伤兵，宣传卫生、促进医学教育”为宗旨。制定《中国红十字会总医院护士学校章程》，以“教授护理学及技能，借以造就高等护士”为宗旨。

是年　伍哲英辞去护士学校校长职务，护士学校毕业生殷粹和接任。

民国二十年(1931)

是年　刘崇恩任副院长。

民国二十一年(1932)

1月28日　“一·二八”日军侵沪，国立上海医学院吴淞校舍毁于日军炮火攻击，部分仪器、设备、图书、标本等被抢运至医院。

2月　医院成为淞沪抗战期间国立中央大学医学院后方第一医院，师生员工踊跃参加前线和后方医院的医疗救护工作。

6月1日　国立上海医学院在医院西首海格路购地2亩(1 333平方米)，兴建临时校舍2幢。

9月　医院由“中国红十字会总医院”改称“中国红十字会第一医院”。

是年　志成学会及广东同乡会分别捐建第七、八病房计658平方米，并租赁融合坊和融安坊部分房屋为宿舍与门诊部。

民国二十二年(1933)

1月　中国红十字会拨款翻修护士学校校舍，扩大为4层楼房。

4月30日　护士学校新校舍落成启用。

民国二十三年(1934)

8月　医院与国立上海医学院续订合办第一实习医院的合同。

是年　应元岳任副院长。

民国二十四年(1935)

是年　租赁迪化北路(今乌鲁木齐北路)498弄地丰里37号及41号房屋为宿舍。

是年　乐文照任副院长。

民国二十五年(1936)

是年　医院收发处接受中共地下党委托,秘密收转在法国巴黎出版的党报《救国时报》。

是年　刘崇恩任代理院长。

民国二十六年(1937)

2月　从医院分出部分医护人员组建中山医院内科、外科、妇产科、儿科、泌尿科、眼科、耳鼻喉科等。

8月13日　淞沪抗战爆发,国立上海医学院枫林桥校舍被日寇侵占,遂又重新迁回医院原临时校舍维持教学。8月15日,医院被定为战时特约医院,救治收容伤员,并组成红十字会第一救护队,在前线进行流动手术。该医院于次年3月18日结束。

是年　医院建立精神科与神经科,统称为神经精神科。

民国二十七年(1938)

是年　乐文照任代理院长。

是年　中国红十字会救护总队在陕甘宁边区展开医疗服务。

民国二十八年(1939)

6月　国立上海医学院大部分师生员工内迁昆明,后到重庆,医院少数留沪师生在极端困难的情况下坚持教学和医疗工作。

民国三十一年(1942)

是年　王霖生任副院长。

民国三十三年(1944)

是年　医院作为国立上海医学院的教学医院继续留沪。

民国三十四年(1945)

5月　医院成立职工和医护两个党支部。沈孟先任职工支部书记,朱凤腾任医护支部书记。

9月　朱恒璧携王鹏万自重庆返回上海"接收院产,筹备复员"。

民国三十五年(1946)

是年　朱恒璧兼任医院院长，并于9月16日签发布告：“红十字会第一医院在筹备期间所有院务交由王霖生医师负责处理，王医师不在时由刘成义医师负责”。

是年　中共地下党员内科医师聂崇铭(曾改名方春望)、皮肤科医师王士良(曾改名黄志尚)，以及外科医师胡鸿慈(曾改名陶煦)，转移到山东解放区支援创建白求恩医学院。

是年　内科医生薛邦祺把国外输液处方带回国内在药剂室生产，医院遂成为全国较早自创输液的医院之一。

民国三十六年(1947)

是年　沈孟先发起成立“职工同仁联谊会”，将全院100多名职工(占全院1/3)吸收入会，团结在党的周围，并动员医院40多名积极分子加入党的外围组织“益友社”。

是年　王霖生任院长(代理)，殷绥和任副院长。

是年　医院新建284平方米的病史图书室。

民国三十七年(1948)

2月　中共地下党支部发动部分积极分子声援工人、学生推翻国民党反动政府运动，援助和保护受伤住院治疗的工人何宇珍。

4月　共产党员吴桂明在市郊创建“连桥农村托儿所”，并当选为总干事。“托儿所”白天收托幼儿，晚上向当地农民开展宣传活动，补习文化、医治疟疾。

7月　沈孟先在与反动派斗争中被捕，11月被营救出狱后赴解放区。徐在贵担任职工党支部负责人。

是月　薛邦祺、左景鉴任副院长。

是年　部分人员分别支援国立山东医学院(现青岛大学医学院)和大连医学院(现大连医科大学)建设。

1949年

2月26日　王霖生任院长。在王霖生生病期间，由崔之义代理院长。

5月　解放上海战役打响，国民党士兵强占医学院，医学院宣布停课，贵重仪器设备和文件账册等转移到医院。医院完成约百名解放军伤病员的外科治疗任务。

5月27日　上海解放，医院回到人民怀抱。

7月9日　上海市军事管制委员会(简称“军管会”)派军事代表崔义田接管上海医学院及其附属机构。

是日　医院建立党支部(属中共静安区委领导)，李存仁任支部书记，吴桂明任支部副书记。

8月　军管会批准成立上海医学院及其教学医院建立临时管理委员会(简称“临管会”)，并任命主任委员、副主任委员各1人，委员17人，由临管会负责医院的一切业务、行政及管理工作。

9月　上海医学院将肺病中心诊疗所并入医院。

1950年

1月　上海大规模血吸虫病防治工作拉开序幕，医院组织医护人员参加沪郊和嘉兴医疗队，为解放军突击治疗血吸虫病。钱悳任上海市血吸虫病防治大队医疗顾问。

4月　因钱悳事迹突出，荣立二等功，并被评为全国劳模，成为中国医学界最早的劳模之一。

5月27日　接上海市军管会和华东军政委员会指示，医院划归华东军政委员会卫生部领导，军事代表及工作组随即撤销。

12月12日　医院召开全体主治医生和护士会议，座谈抗美援朝的重大意义，全院医师、护士纷纷报名参加医疗队。

12月20日　神经外科医生史玉泉在中山医院任外科主治医师时，参加由沈克非主刀的新中国首例开颅脑肿瘤切除术。术后第二天，上海《新闻报》头版作报道。

是年　医院成立新民主主义青年团。

是年　神经病学专家张沅昌创建神经内科。

是年　内科医生钟学礼创建内分泌学组。

是年　医院建立检验科。

1951年

1月25日　医院数十名医护人员作为上海市第一批抗美援朝志愿医疗手术队的成员，出发奔赴前线。

4月　医院又派出7名医务人员赴朝鲜参加志愿军的医疗工作。

7月27日　医院派出第二批医务人员赴朝鲜参加志愿军的医疗工作。

7月　邢明任副院长。

8月　医院调出一批人员支援华东医院的创建。

12月　华东卫生部对上海医学院领导班子进行调整，并规定医院直接隶属上海医学院领导。上医临管会结束。

是年　扩充医院东邻“融圃”(原1号楼及12号楼)及其南边东西二排平房(汪伪时期的税务学校)作为病房、行政办公及礼堂。后又租赁乌鲁木齐中路38号楼作为医技用房，改善院舍长期狭小的局面。

是年　戴自英主持创建上海市第一个血库。

是年　史玉泉研制成功国际上公认的脑内有效止血剂——明胶海绵。

1952年

1月3日　医院改名为上海医学院内科学院，胡田成任副院长兼党支部书记。

1月　医院的眼科、耳鼻喉科与中山医院的眼科、耳鼻喉科合并，在犹太医院旧址（汾阳路83号）组建上海医学院附属眼耳鼻喉科医院。

是月　西门妇孺医院妇产科与医院的妇产科和中山医院的妇产科合并组成妇产科学院。

2月　6名内科医师参加青浦血吸虫防治工作。

3月17日　医院派遣第三批手术医疗队参加抗美援朝。

3月　钱悳、林兆耆、胡田成任副院长。

5月　西门妇孺医院分院（儿科）与医院的儿科和中山医院的儿科合并组成儿科学院。

8月　成立中心消毒供应室。

10月8日　医院更名为上海第一医学院内科学院。

10月20日　位于华山路430号的门诊部新楼落成。

10月27日　明确医院党支部由医学院党委直接领导，胡田成担任支部书记，党员为22人。

是年　林兆耆主编的《实用内科学》和戴自英编著的《实用抗生素学》首次出版。这两部著作经过不断充实修改，后又多次出版。

是年　在外科专家沈克非的指导下，史玉泉等医师创建医院神经外科。

是年　神经精神病学教研组成立，下设神经内科、神经外科、精神科。

是年　秦启贤创建医学真菌室。

1953年

1月　钱悳任院长。

4月5日　医院派遣第五批医疗队赴朝鲜支援医疗工作。

1954年

3月　推行病室负责制，并在此基础上重点学习和试行保护性医疗制度。

8月　完成门诊部扩建工程。

12月　医院聘请中医师姜春华，率先成立中医部（现中医科），并开设中医门诊和病房。

是年　对院舍进行全面调整修理，增加示教室，扩充检验科，成立中心供应室，修建营养室，在门诊部楼上扩建50张病床的皮肤科病房。医院大门改由乌鲁木齐中路12号出入，医院环境为之一新。

是年　内科医生吴茂娥负责筹建血液组。

1955年

4月13日　上海医学院内科学院改为上海第一医学院内科医院。

5月4日　内科医院改为综合性医院。

6月　神经科医生汪无级受命赴新疆筹建新疆医学院。

8月1日　医院更名为上海第一医学院附属第一医院。

10月27日　上海医学院成立以颜福庆为主任委员的重庆医学院筹备委员会，开始重庆医学院的筹建工作。

是年　医院成立急症病室。

是年　沈家立从中山医院调来负责创建泌尿外科。

是年　史玉泉在国内首次提出肺吸虫成虫能在宿主体内移行的理论，推翻虫卵沉积学说，并在国内率先开展脑肺吸虫病的手术治疗。

是年　史玉泉在国内率先开展大脑半球切除术治疗婴儿脑性癫痫。

是年　租赁占地13 332平方米的西邻周家花园。

1956年

9月　神经病与精神医学教研组分开，分为神经病学教研组与精神医学教研组。

是月　李鸿儒、戴自英任副院长。

12月　吴桂明主持党支部工作。

是月　钱悳、杨国亮被评为国家一级教授。

是年　戴自英负责创建传染病教研室及传染病科。

是年　汪敏刚从美国归来创建呼吸组，在国内率先建立防治支气管哮喘的临床机构。

是年　临床外科成立动物实验室。

是年　临床内科与传染病科合作成立内科研究室。

是年　中山医院的口腔科迁至医院，李学祥负责口腔科医疗、教学、科研工作。

是年　史玉泉率先在国内开展运用丝线套结法进行颅内动脉瘤的开颅直接手术。

1957年

3月　杨国亮和张沅昌分别主编的全国高等医学院校统编教材《皮肤性病学》和《神经病学》出版。

是月　林平任副院长。

4月　李鸿儒任院长，林平负责党支部工作。

6月　杨国亮作为中国代表团团长参加在瑞典斯德哥尔摩召开的国际皮肤病大会，并在会上作题为“氯硫二苯职业性皮炎”的主题报告。

12月10日　医院接待卫生部首席顾问、苏联专家柯切尔金访问。

是年　医院建立体疗室（现物理康复与运动医学科的前身）。

1958年

2月　医院成立党总支，林平任党总支书记，吴桂明任副书记。

8月　医院派出大批医务人员下工厂、农村、街道防病治病，帮助农村和街道建立医疗卫生保健网。

9月29日　医院分别成立内科和外科教研组。

9月　重庆医学院筹备事宜大体完成，钱悳全家迁渝，担任重庆医学院副院长，主持业务工作。随后医院抽调刘约翰等数十名专家和医技骨干(占医院医务人员 1/3)赴渝,支援重庆医学院建设。

1959 年

2 月　中医科姜春华与沈自尹共同开创的“肾本质”研究被卫生部授予“发扬祖国医学遗产”金质奖章和奖状。

10 月 26 日　医院开辟脑外伤病室,组织抢救小组。

11 月 16 日　医院成立儿科、妇产科 2 个病室。

12 月　邱传禄、沈家欢和邓守真创建同位素室(核医学科前身),隶属于内科。

是月　王彤任党总支书记兼副院长,吴桂明、潘自浦任副书记。

是年　潘永辉和邬祥惠在国内率先创建超声诊断科,不仅在国内最先使用术中 A 型超声引导颅脑手术,而且参与国内超声仪器的研制。

1960 年

5 月　医院被评为上海市先进单位。

是年　在李鸿儒指导下,杨东岳等医师创建手外科,为医院显微外科的发展奠定基础。

是年　丁训杰和丁钺创建内科职业病组。

是年　创建外科病理室(现病理科的前身)。

是年　刘承煌建立国内第一个皮肤生理室。

是年　史玉泉在国内率先开展三叉神经痛的手术治疗。

1961 年

4 月　陈公白等改进超声波仪器,应用超声波直接探测颅内,切除大脑深部畸胎瘤,在国内首次取得成功。

5 月　林平兼任党总支副书记。

1962 年

1 月 12 日　邓学稼参加卫生部派出的医疗组赴印度尼西亚工作(为苏加诺总统治疗肾结石症),为期 4 个月。

5 月 17 日　经党员大会选举产生院党总支委员会,王彤继续任党总支书记,林平、吴桂明、潘自浦任副书记。

10 月　邱传禄在国内最先开展腹膜透析,为终末期肾衰竭患者带来生的希望。

是年　邱传禄创建肾脏病专业组,同时指导林善锬在全国肾脏病领域首先开展肾穿刺,为肾脏病的临床诊治工作提供最直接的病理依据。

是年　戴瑞鸿创建心血管专业组。

是年　范振华编写的《运动医学》讲义被卫生部指定为全国医学院校通用教材。

是年　医院妇产科和小儿科撤销，分别并入妇产科医院和儿科医院。

1963 年

8 月　医院护校撤销，并入中山医院护士学校。

10 月　戴自英在国内首先建立抗生素临床研究室。

是月　超声医学科发表中国最早的术中超声文献——《颅内肿瘤的超声探测》。

是年　药剂科对注射液的配伍变化进行研究，在全国首先发表 24 种注射液的配伍变化表。

1964 年

10 月 2 日　史玉泉受卫生部派遣，出席在阿拉伯联合酋长国召开的首届亚非医学会议。

是年　王彤调至"四清"工作队，林平主持医院党总支工作。

是年　开工兴建 7 层病房大楼(现 3 号楼)。

是年　创建消化组。

是年　成立皮肤病学研究室。

是年　卫生部批准医院成立国内最早的中西医结合科研基地——脏象研究室。

是年　蒋大介研制成功国内第一台立体定向仪，该仪器一直使用近 20 年，才被精确定位的立体定向仪 CT 和 MRI 所取代。

1965 年

8 月 15 日　医院更名为上海第一医学院华山医院。

12 月　胡兆祥、吴桂明任副院长。

是年　卫生部批准成立神经病学研究室。

是年　抗生素研究室在国内首次完成"国产苯甲异噁唑青霉素(苯唑西林)的临床药理研究和临床试验"课题，获国家科委科研成果奖。

是年　蒋大介、陈公白主编的国内早期最具代表性和权威的神经外科手术学专著《神经外科手术学》出版。

是年　陈公白、唐镇生等成功地进行国内首例针刺麻醉下颅脑手术。

1966 年

2 月 13 日　手外科杨东岳成功实施世界首例第二足趾游离移植再造拇指术，开创手外科领域应用显微外科技术进行肢体再造与功能重建的先河。

4 月 26 日　林平任党总支书记。

7 月　7 层病房大楼(现 3 号楼)落成。

1968 年

7 月 29 日　经上海市革命委员会组织组批复，医院革命委员会成立，朱锡琪、黄孟仙、孙仰龙为召集人。

10 月 11 日　工宣队、军宣队进驻医院。

1970 年

1 月　俞茂华任党总支书记，苏德和任副书记(军宣队)。

8 月 6 日　手外科顾玉东完成世界首例膈神经移位治疗臂丛神经根性撕脱伤。

1973 年

3 月 21 日　口腔科张孟殷与手外科杨东岳合作，成功进行游离腹股沟皮瓣转移修复面颊部手术后缺损，与国外同期首创下腹部皮瓣游离移植整复面颊部术后缺损。

4 月　俞茂华继续担任党总支书记，倪斯美、于留生(工宣队)为副书记。

11 月　王彤任党总支副书记。

12 月　魏衍泽调至医院重建眼科。

1975 年

7 月 28 日　医院成立分党委，俞茂华任书记，王彤、陈根生(工宣队)任副书记。

是年　周世恒主持重建耳鼻咽喉科。

1976 年

7 月 28 日　河北唐山发生地震，医院派出数十名医护人员(分 3 批)，组成抗震救灾医疗队，奔赴灾区，积极投入抢救工作，时间长达 2 年之久。

是年　医院兴建教学大楼(现 8 号楼)。

是年　史玉泉研制成功国内首台手术显微镜和相关显微外科器械，并成立显微神经外科实验室。

是年　戴瑞鸿首先在国内报告“冠心病的血液流变学异常和急性心肌梗死的动态变化”，阐明“血瘀”的本质。

1977 年

5 月　工宣队、军宣队撤离，林平主持院党委工作。

6 月 2 日　医院参与抢救上海炼油厂 42 名烧伤患者。

9月26日　在邱传禄、林善锬等的配合下，泌尿外科沈家立、陈炳龙成功施行国内首例同种异体尸体肾移植术。

1978年

3月　医院有18项科研成果获全国科学大会科技成果奖。

6月　医院有7项科研成果获全国医药卫生科学大会科技成果奖。

8月8日　重新组建中共华山医院委员会，林平任党委书记。

8月　恢复院长制，李鸿儒任院长，戴自英、吴桂明、邱传禄、彭玉德任副院长。

11月　高敏、彭玉德(兼)任党委副书记。

是年　国家恢复研究生招生制度，医院招收硕士研究生43名。

是年　手外科完成国内首例游离胸大肌皮瓣移植术。

1979年

9月　陈公白任副院长。

是月　杨国亮被卫生部推荐为世界卫生组织(WHO)专家咨询委员。

10月　卫生部批准成立中国第一个神经病学研究所——上海第一医学院神经病学研究所。

是月　卫生部批准成立上海第一医学院皮肤病学研究所。

12月　袁美英任党委书记，林平任顾问。

是年　教学大楼(现8号楼)竣工落成，建筑面积3 775.7平方米。

是年　重新恢复护理部(“文化大革命”中被取消)。

是年　医院引进国内第一台头颅CT机。

是年　医院检验科与上海医用分析仪器厂合作，试制成功国产SF－6型自动分析仪，并率先在国内使用国产自动生化分析仪开展生化检验工作。

1980年

1月25日　医院在上海市卫生系统率先建立职工代表大会制度，成立第一届职工代表大会，推进民主管理。

7月13日　杨国亮被美国皮肤病学会吸收为荣誉会员，成为该会的第一位外籍会员。

是年　血液科在国内率先开展自身骨髓移植治疗急性白血病及晚期淋巴瘤，其中晚期淋巴瘤7年无病生存率达到70%，居国内领先水平。

是年　手外科等首创静脉蒂动脉化游离腓肠神经移植治疗长段神经缺损。

是年　史玉泉成功研制国内首台颅压监护仪。

1981年

9月29日　谢震任党委副书记、副院长。

是年　戴瑞鸿成功研制出麝香保心丸。

是年　陈根芳等“华山200型硫酸钡干燥混悬剂的新工艺、新配方”获国家发明奖三等奖。

1982年

2月23日　上海第一医学院神经病学研究所(现复旦大学神经病学研究所)被世界卫生组织命名为“世界卫生组织神经科学研究与培训合作中心”。

3月　外科运用中西医结合方法，成功研制“利胆冲剂”。

4月21日　王者宛任副院长。

1983年

是年　医院工会首次获全国模范职工之家的称号。

是年　徐肇玥荣获全国卫生系统劳动模范称号。

1984年

9月　抗生素临床药理实验室被卫生部批准为国内第一批抗感染药临床药理基地和抗感染药临床药理重点实验室。

10月　陈公白任院长，陈星荣、刘俊、谢毅任副院长，袁美英任党委书记，张永信任副书记，张本初任纪委书记。

是年　医院被确定为市教卫系统和上海第一医学院的改革试点单位，从此，改革起步。医院率先在医疗、教学、科研、人事、财务等方面进行改革探索，走出一条自我发展、自我完善的“华山之路”。

是年　同位素室更名为核医学科。

是年　医院成立手外科。

是年　成立临床流行病组。

是年　成立运动医学与康复医学科。

1985年

3月　美国凯特琳医学中心院长韦勒偕夫人应邀来访，凯特琳医学中心与医院结为友好医院。

4月26日　上海医科大学中西医结合研究所成立。

5月　医院更名为上海医科大学附属华山医院。

是月　刘俊调任上海医科大学副校长，增补徐伟民为副院长。

6月1日　医院成功组织抢救化工研究院18位严重氨中毒患者。

6月　在院内开始试行“三定一创”(定编、定量、定质，创社会效益和经济效益)；在院外开展与基层医院挂钩，协作开设联合病房，解决患者的“看病难、看病贵”问题。

是月　医院恢复住院医师制，住院期暂定3年。

8月6日　上海医科大学抗生素研究所成立。该研究所在1988年被确定为国家细菌耐药性监测中心和国家抗感染新药试验研究中心，以及世界卫生组织亚太地区细菌耐药监测点之一。

9月　医院20层病房大楼(现2号楼)破土动工。

10月　医院成功抢救26名48路公共汽车车祸的伤员。

11月　职业病组更名为职业病科。

是年　医院被评为首届上海市文明单位。

是年　医院与日本北里大学医院结为友好医院。

是年　徐肇玥等“晚期与慢性血吸虫病患者吡喹酮药物代谢动力学的临床研究”“现场慢性血吸虫病吡喹酮治疗最佳剂量疗法的研究”获国家科技进步奖二等奖。

1986年

1月10日　袁美英、张永信、刘俊、谢毅、徐伟民首次赴美国凯特琳医学中心考察医院管理。同时医院派遣首批1名医生、2名护士赴日本北里大学学习急诊医学。

5月24日　医院与法国图卢兹朗戈医学院签署建立友好医院协议，并就建立中法友好医学中心签署意向书。

8月26日　顾玉东对臂丛根性撕脱伤患侧又无有效的供区神经，首创利用健侧颈7神经根移位治疗。

10月24日　医院成功组织抢救火车翻车伤员。

11月12日　法国国会议员、图卢兹朗戈医学院院长塞盖拉等3人到院访问。

11月24日　京、津、沪卫生工作协作交流会在医院举行，卫生部副部长陈敏章、上海市副市长谢丽娟等出席会议，医院汇报改革相关情况。

12月　医院被卫生部评为全国卫生文明先进集体，并连续3年获此殊荣。

是年　成立血液学研究室。

是年　医院引进全身CT机。

是年　周良辅获卫生部和中国医学论坛报首届“杰出外科医生奖”称号。

1987年

1月　顾玉东作为第一发明人完成的“静脉蒂动脉化游离腓肠神经移植”获得国家发明三等奖。

2月25日　医院由陈星荣主持工作，黄煌渊任副院长。

4月18日　发生一起火车机头撞公共汽车的恶性交通事故，造成一辆63路公交车严重毁坏、44人伤亡，医院组织抢救受伤患者。

5月11日　中共卫生部党组批准同意医院升格为副局级。

7月　顾玉东等“足趾移植术中的血管变异及其处理”获国家科技进步奖二等奖。

12月10日　医院组织抢救在陆家嘴轮渡码头因拥堵事故而受伤的乘客。

是年　举行纪念医院创建80周年院庆活动。

是年　邱传禄被推选为第二届中华医学会肾脏病学分会主任委员。

1988 年

1 月 8 日　上海市第一家沪港合作外宾病房——上海华山环宇保健医疗中心成立。

3 月 24 日　南翔附近发生 2 列火车相撞事故，医院组织医疗小分队赴现场参加抢救，同时收治 4 名重危日本伤员，其中 3 名伤者经治疗转危为安送回日本，受到市政府表彰。

3 月　上海甲肝流行，医院参与救治，共收治肝炎住院患者 1 500 多人，抢救重症肝炎 80 余例。

7 月　袁美英、张本初分别担任院党委书记和纪委书记，陈星荣任院长，戴瑞鸿、谢毅、黄煌渊、徐伟民任副院长。

是月　20 层病房大楼（现 2 号楼）竣工，高 81 米，为国内首家医院自筹资金在病房安装病房管线组合槽、铝合金窗、空调和独立卫生间，具有较好设施的最高层医院。

10 月　大内科各专业组改制为专科。

是年　医院采取有偿占用大型仪器设备的办法，购置 MRI、850Ma 遥控 X 线机、ECT、激光手术刀、彩色心脏多普勒、颅内多普勒等设备。

是年　护理部薛玲娣荣获全国模范护士称号。

1989 年

1 月 9 日　成立热带病、血液病、肾病、泌尿外科、临床药理、遗传性皮肤、临床皮肤病、皮肤生理细胞生物 8 个研究室，以及性病防治研究中心和上海医科大学医学影像华山分中心。

2 月 27 日　成立上海医科大学手外科研究所，由医院管理。

5 月 4 日　卫生部副部长曹泽毅在上海市副市长谢丽娟的陪同下到院参观新建的病房大楼。

6 月 26 日　医院成功抢救在松江县境内发生的 364 次列车车厢爆炸事故中的伤员。

8 月 15 日　医院成功抢救在虹桥机场附近客机失事中的伤员。

10 月 16 日　医院举行 20 层病房大楼落成典礼，卫生部副部长何界生、上海市副市长谢丽娟等领导出席。

12 月 29 日　上海市市长朱镕基到院慰问。

是年　成立颌面外科。

是年　传染科、神经外科及心血管科被列为国家教委重点学科。

是年　顾玉东等完成的"臂丛神经根性撕脱伤的诊治"获卫生部科技进步奖一等奖。

是年　江澄川主持的"针刺麻醉在前颅窝手术中的研究与应用"获国家中医药管理局中医药科技进步奖一等奖与上海市科技进步奖一等奖。

是年　陈星荣主编的中国第一本《介入放射学》专著出版。

是年　林祥通被推选为第三届中华医学会核医学分会主任委员。

是年　顾玉东荣获全国劳动模范称号。

1990 年

1 月 12 日　成立护理教研室。

3月13日　成立胸外科。

4月19日　神经外科在国内率先采用立体定向激光手术去除丘脑等深部肿瘤，获得成功。此项技术达国际先进水平。

7月10日　上海市副市长谢丽娟等领导到院慰问门急诊战高温医务人员。

10月21日　卫生部副部长孙隆椿到院调研。

11月7日　华山环宇保健医疗中心对外营业，卫生部副部长胡熙明、中共上海市委副书记陈至立等领导以及各国驻沪总领事馆人员应邀参加开业典礼。

11月12日　上海医科大学肾脏研究中心在医院成立。

12月　顾玉东等的“臂丛神经根性撕脱伤的诊治”获国家科技进步奖二等奖。

是年　成立由院长、专家、行政职能部门负责人组成的医院上等级筹备委员会，为医院上等级创造条件。

是年　放射科在国内最先引进数字摄影X线机(DR，SFX-30)。

是年　周良辅等“难治性颅内动脉瘤的外科治疗”获国家科技进步奖三等奖。

1991年

5月18日　全国总工会主席倪志福到院开展调研。

5月29日　中国红十字会秘书长韩长林到院宣布医院恢复第二冠名为“中国红十字会华山医院”。7月2日，医院举行“中国红十字会华山医院”命名大会和揭牌仪式，上海市副市长谢丽娟等领导出席。

8—9月　医院派出2支医疗队赴安徽山区为群众防病治病，支援药品价值人民币2.5万元，医疗器械价值2万元，荣获上海市卫生系统救灾防病先进集体称号。

11月　中国红十字会授予医院“抗灾情深，无私奉献”银盾奖牌以示表彰。

是年　麻醉科与神经外科合作的“针刺镇痛机制的揭示及针麻在临床的应用”和抗生素研究所的“抗生素更新换代新品种——新抗生素临床药理研究”获国家“七五”攻关成果奖。

1992年

5月24日　戴瑞鸿被美国心脏学院授予院士称号，成为该学院在中国的第六位院士。

9月21日　应中国红十字总会邀请，韩国红十字会副会长金荣祯一行到院参观访问。

10月9日　医院红十字会理事会成立，院长陈星荣担任首任会长。

11月22日　应中国台湾医院行政协会邀请，戴瑞鸿和谢毅作为大陆首批考察医院管理的代表团成员赴台访问。

12月8日　为缓解患者看病难的矛盾，医院开设疑难杂症诊疗中心。

12月25日　成立“华山临床医学院”。

12月29日　在全市第一批5所三级医院等级评审中，医院以最高分通过卫生部组织的三级甲等医院评审，次年，获“三级甲等”医院证书。

12月　医院被中国红十字会总会评为先进集体。

是年　外科病理室、神经病理室和皮肤病理室合并成立病理科。

是年　医院被卫生部评为全国卫生系统先进集体。

是年　医院被评为1990—1992年上海市红十字会先进集体。

是年　医院与日本爱媛县大学医学院附属医院建立友好医院关系。

是年　血液科成功完成国内首例非血缘脐带血移植治疗1例成人慢性粒细胞性白血病加速期患者。

是年　蒋知节主持的“舒康贴膏的研制与应用”获国家中医药管理局科技进步奖一等奖。

是年　许绍芬等主持的“药物加强针刺镇痛效应的研究”获国家中医药管理局科技进步奖一等奖。

1993年

2月12日　上海市副市长谢丽娟到医院了解医院改革发展情况。

6月8日　卫生部副部长孙隆椿到医院了解、指导医院改革。

6月10日　上海市手外科研究所在医院成立。

8月11日　卫生部副部长殷大奎到院开展调研工作。

10月12日　上海医科大学华山脑病中心在医院成立。

10月　张永信任党委书记，洪震任副书记，李趣翎任纪委书记。

11月20日　医院引进上海首台伽马刀，成立中美合作上海伽玛医院。

12月2日　徐跃成、蔡定芳被评为全国首届中青年医学科技之星。

12月　顾玉东作为第一发明人的“健侧颈7神经根移位治疗臂丛神经根性撕脱伤”获国家发明二等奖。

是年　卫生部手功能重建重点实验室在医院建立。

是年　神经外科被列为卫生部临床重点学科。

1994年

4月14日　美国、日本、印度、德国、澳大利亚、新西兰、加拿大和英国8国驻沪领事馆向医院外宾病房赠送铜牌，以感谢医院医护人员的优质服务。

10月19日　卫生部“211”工程部门预审检查团对医院进行检查，卫生部副部长张文康对医院的改革发展工作给予高度评价。

12月29日　医院与浦东社会发展局、金桥出口加工区签署协议，在金桥G3地块建立华山医院(浦东)分院，上海市副市长谢丽娟等领导参加签字仪式。

12月　顾玉东当选为中国工程院院士。

是年　医院建立中心重症监护病房(ICU)。

是年　朱禧星被推选为第二届中华医学会糖尿病学分会主任委员。

1995年

3月20日　张元芳任医院院长，黄煌渊、谢毅、徐伟民任副院长。

5月26日 医院与中国澳门仁伯爵医院就双方合作交流签署协议。

6月 医院在沪首创终身教授制度，聘任为医院学科建设和人才培养做出杰出贡献的杨国亮、李鸿儒、戴自英、史玉泉、邱传禄、徐肇玥、丁训杰、施守义、张延龄、朱禧星为首批终身教授。

7月25日 卫生部副部长殷大奎到院听取工作汇报，肯定医院的改革成就，提出医院应以社会效益为最高准则。

7月 医院实行每周40小时工作制（双休制）。

8月12日 世界卫生组织（WHO）副总干事胡庆澧到院介绍世界卫生组织情况。

10月20日 与中国澳门镜湖医院签署《友好合作备忘录》。

10月20—23日 医院第六届四次职工代表大会召开，通过《华山医院职工房改方案》。

10月28日 日本北里大学医院院长大和田隆一行6人访问医院，并与医院签署学术交流协议书及实施细则。

12月6日 浦东分院奠基典礼举行，上海市副市长、浦东新区管委会主任赵启正等领导出席典礼。

12月 周良辅主持的“前颅底肿瘤显微外科手术入路的研究”获国家科技进步奖三等奖。

是年 手外科被列为上海市领先学科。

是年 顾玉东再次当选为全国劳动模范并荣获全国教育系统劳动模范。

是年 周良辅荣获全国卫生系统劳动模范称号。

1996年

3月9日 上海医科大学糖尿病防治中心在医院成立。

3月12日 上海医科大学泌尿外科研究所在医院成立。

4月11日 医院全力组织抢救勇斗歹徒负伤的上海市武警总队参谋宋元俊，受到社会各界好评。

7月12日 秦震、戴瑞鸿被聘为医院终身教授。

10月7日 血液科成功完成全国首例非血缘外周造血干细胞移植术。

10月23—26日 医院原副院长谢毅、吴桂明受全院职工的委托，参加重庆医科大学40周年校庆，期间看望和慰问钱悳、左景鉴等老一辈支援重庆医学院建设的华山医务人员。

11月7日 瑞典首相佩尔松夫人率瑞典卫生代表团访问医院。

12月6日 医院血液透析中心成立。

12月 顾玉东等开展的“游离移植皮瓣修复的研究及临床”成果获国家科技进步奖二等奖。

是年 戴自英主编的《实用内科学》获卫生部科技进步奖一等奖。

是年 医院在职业病科的基础上，成立风湿科，职业病科更名为风湿免疫科、职业医学科。

是年 周良辅荣获全国五一劳动奖章。

是年 顾玉东获卫生部授予的白求恩奖章，并被评为1996年度上海市科技功臣。

1997年

1月5日 医院开展“学习顾玉东，病人在心中”大型义诊活动，上百名副高职以上医师参加义诊。

1月　医院在上海市率先推出医疗帮困卡，出资50万元通过市总工会为上海市特困职工实行医疗帮困，为市政府送温暖工程做贡献，受到社会好评。

是月　陈亮被评为卫生部有突出贡献中青年专家。

2月1日　医院组织40名专家赴困难国有大企业——海鸥照相机总厂进行医疗咨询活动，上海市副市长冯国勤前来看望义诊专家及职工。

2月9日　卫生部部长陈敏章到院听取“医院总体规划及改建设想”汇报。

3月24日　洪震调任副院长，徐建光任党委副书记。

4月　上海华山-江西兴国友谊医院成立揭牌，并签署两院友好协议。

7月　上海医科大学卫生部属临床药理基地在医院成立。

8月15日　《华山医院通讯》创刊。

8月　徐建光被评为全国卫生系统十大杰出青年岗位能手。

10月7日　陈星荣被聘为医院终身教授。

10月9日　为纪念医院创建90周年，医院在大礼堂举行庆祝大会。中共中央总书记江泽民、国务院总理李鹏等党和国家领导人，以及中共上海市委、上海市政府、卫生部、中国红十字总会等领导分别为院庆题词。江泽民的题词是“发展医学科学技术，提高人民健康水平”。上海市副市长左焕琛、中国红十字总会副会长孙柏秋等领导出席大会。

10月27日　因掩护战友而身负重伤的解放军驻大连某部指导员朱春权9月19日转入医院，经过医院专家精心治疗，昏迷227天后苏醒。大连市委书记和朱春权所在部队领导专程到院表示感谢。

12月5日　沈自尹当选为中国科学院院士。

12月18日　上海市青年医学专家联谊会成立，徐建光当选为首任会长。

12月　全国人大常委会副委员长吴阶平到院调研。

是年　顾玉东作为上海市卫生界唯一代表出席中国共产党第十五次全国代表大会。

是年　林果为被推选为第二届中华医学会临床流行病学分会主任委员。

1998年

3月　神经外科周良辅任第九届全国政协委员。

4月23日　医院与市总工会联合举行向10位劳模徐虎、马桂宁、李斌、施柏兴、李龙龄、朱志豪、郏芬芬、张耿耿、黄静华、包起帆赠送“医疗保健金卡”。

6月12日　医院举行“杨国亮教授百岁华诞”庆祝活动。

8月　中国长江流域遭遇百年一遇的特大洪灾，医院受中国红十字总会委派，组织上海市第一支赴江西九江抗洪救灾医疗队，继而又派出第二支赴湖南安乡的救灾医疗队，为灾区人民送去党和政府的关怀。同时，全院掀起募捐热潮，短短3天募捐人民币15万元送至上海市红十字会。

11月10日　经卫生部批准，医院病房综合楼(现6号楼)开工。

12月23日　上海市药品不良反应监察中心在医院挂牌成立。

12月　顾玉东等开展的“移(再)植组织内血管肌肉形态与组织改变与影响因素的基础研究”项目获国家科技进步奖二等奖。

是年　戴自英等编著的《实用内科学》获国家科技进步奖二等奖。

是年　林善锬被推选为第五届中华医学会肾脏病学分会主任委员。

是年　医院被评为1996—1998年上海市红十字会先进集体。

1999年

2月　中共中央总书记江泽民对医院总体改建方案做批示："对于像上海华山、北京协和这样历史悠久、医学力量比较雄厚的医院给予适当支持"。

3月10日　上海首台具有国际先进水平的正电子发射计算机断层显像仪(PET)在医院投入试运行。

3月15日　徐建光、顾勇任副院长，王佩敏任党委副书记。

3月18日　卫生部副部长彭玉一行5人到院考察新建病房综合楼事宜，并传达中共中央总书记江泽民批示精神。

9月9日　卫生部副部长曹荣桂到院调研。

9月29日　胰腺癌诊治中心在医院成立。

9月　医院护理部主任戴宝珍调任上海医科大学护理学院院长。

11月16日　医院神经外科与中国神经外科专业委员会成功主办上海国际神经外科大会。

11月26日　医院PET中心成立。

12月9日　丽晶大酒店发生煤气爆炸事故，造成大量人员伤亡，59名伤员被送入医院，医院组织100余名医护人员参与抢救。

是年　手外科成功实施世界首例锁骨前全长膈神经移位(左侧)手术。

是年　顾玉东荣获全国五一劳动奖章。

是年　泌尿外科丁强荣获全国卫生系统青年岗位能手。

2000年

2月　运动医学科成立，在全市综合性大医院中首开先河。

3月31日　以学科为纽带组建上海市华山神经外科(集团)医院和神经外科(集团)研究所，为推动神经外科发展开辟空间。张元芳兼任(集团)医院院长。

4月24日　冯晓源任副院长。

5月23日　复旦大学和上海医科大学两校合并，医院更名为复旦大学医学院附属华山医院。

7月　毛颖、王欢、马骥入选上海市医苑新星培养计划。

11月　医院进行全员聘用合同制改革。

12月　医院第七届二次职代会召开，通过《华山医院全员聘用合同制实施细则》和《职工住房补贴实施方案》。

是年　顾玉东被推选为第三届中华医学会手外科学分会主任委员。

是年　医院被卫生部评为全国卫生文化建设先进单位。

是年　周良辅主持的"颅底缺损重建的基础及临床研究"获教育部科技进步奖一等奖。

2001 年

1月1日 《上海市城镇职工基本医疗保险办法》实施第一天，市、区医保局领导到院调研运行情况。

1月6日 “蓝天下的至爱”——上海市慈善基金会组织的爱心大放送募捐活动在医院举行。

2月19日 医院更名为复旦大学附属华山医院。

3月 张永信任党委书记，王佩敏任副书记，李趣翎任纪委书记。

5月 在专家论证基础上，经复旦两次校长办公会议审核研究确定复旦大学“985”工程医学学科建设项目，医院列入“985”工程医学建设项目的有① “重中之重”建设项目：神经病学（含神经内科、神经外科、放射科）；② 重点学科建设项目：手外科、中西医结合临床；③ 扶植学科建设项目：肾脏内科。获重点学科建设经费合计850万元。

6月17日 医院成功实施世界首例成人神经干细胞自体移植。

7月10日 上海市房屋土地管理局职工医院并入华山医院，复旦大学附属华山医院江苏路分部挂牌。

7月17日 中国船舶工业总公司所属沪东船厂发生重大人员伤亡事故，医院神经外科陈衍城、抗生素研究所吴菊芳等赶赴东方医院参加抢救工作。

7月18日 上海市副市长杨晓渡到院指导工作。

7月20日 神经外科被评为上海市首批临床医学中心。

8月20日 林善锬、林果为被聘为医院终身教授。

9月8日 病房综合大楼（现6号楼）启用。

9月13日 经上海市卫生局批准，医院与上海市闸北区永和地段医院合作，永和地段医院更名为复旦大学附属华山医院永和分院。

10月21日 医院出色完成亚太经济合作组织（APEC）会议的医疗保障工作。

10月 医院神经外科、手外科、中西医结合临床、泌尿外科、神经病学科、传染病学科、肾病科、心血管科、影像医学与核医学科、普外科等10个学科被评为教育部重点学科，是全国上榜学科最多的医院之一。

12月19日 华山医院台州分院在浙江省台州市立医院挂牌成立。

是年 泌尿外科王翔参与完成世界上首次大鼠卵巢在液氮中深低温冷冻保存（−196℃）及冻融后带血管蒂移植。

是年 医院首次争取到3项国家“十五”攻关带头项目，填补医院空白。

2002 年

1月24日 医院与哈佛大学医学院签署合作协议，双方共同成立“华山-哈佛医学国际发展基金”，医院与哈佛医学院恢复渊源已久的合作关系。

2月4日 吕元任副院长。

2月6日 手外科被评为上海市第二批临床医学中心。

3月19日 卫生部副部长朱庆生一行到院调研。

4月13日　上海市副市长杨晓渡到院开展“改善服务态度、提高医疗质量”的专题调研。

5月20日　国际救援中心(SOS)与华山医院环宇保健医疗中心合作授牌仪式举行。

7月25日　新门急诊大楼(现1号楼)开工,上海市委常委、市委秘书长范德官,副市长杨晓渡等领导出席开工仪式。

9月7日　卫生部部长张文康到院调研。

10月11日　复旦大学器官移植研究所在医院成立。

是年　医院手外科、神经外科、骨科、普外科、泌尿外科、肾脏内科、神经病学科、心内科被列入“十五”期间“211”工程学科建设规划。中西医结合临床、传染病学、影像医学与核医学被列为“985”建设专项。

是年　邬祥惠被聘为医院终身教授。

是年　翁心华被推选为第七届中华医学会感染病学分会主任委员。

2003年

1月1日　上海市红十字会主办的“红十字关爱就在您身边”元旦慰问活动在医院举行。

1月23日　神经外科周良辅连任第十届全国政协委员。

4—6月　医院被定为“非典”防治监测点和次选定点医院。翁心华担任上海防治“非典”专家组组长。

8月　日本超声波学会会长伊东纮一和棚桥善克到院进行学术交流。

是月　医院新建的制剂室顺利通过上海市药监局验收并投入使用。

是月　神经外科青年医师组获2001—2002年度全国青年文明号。

10月21日　复旦大学内分泌糖尿病研究所在医院成立。

10月27日　医院引进亚太地区首台Biograph Sensation 16 PET/CT并投入使用。

11月8—15日　哈佛医学院心胸外科专家斯坦利·谭(Stanley Tam)一行到院进行规范的心胸外科手术示教。

11月16日　上海市副市长杨晓渡及市卫生局有关领导一行到院考察市政府实事工程——门急诊改造工程的建设情况。

11月18—21日　医院顺利通过教育部七年制医学教育评估。

11月　医院被中共中央组织部评为干部人事档案工作目标管理一级单位。

12月1日　器官移植科成立。

12月24日　徐建光任院长,丁强、冯晓源、吕元、邹和建、洪震、顾勇任副院长。

2004年

1月　医院对具有百年历史的红会老楼进行重新修缮,使之成为医院历史文化的象征。

4月14日　中国红十字总会党组书记江亦曼等一行到院参观考察,对医院长期以来积极弘扬红十字会精神,主动参与社会救助的义举给予高度评价,并慰问正在医院进行造血干细胞捐献的第100位志愿者。

4月　医院肝病中心成立。

5月6日　为纪念中国红十字会成立一百周年暨第五十七届世界红十字日，医院派出二十余名专家参加纪念“5·8”世界红十字日暨“庆百年博爱行”大型义诊活动。

5月7—9日　医院成功举办“2004年上海国际临床医学论坛”。全国人大常委会副委员长韩启德，卫生部副部长王陇德，上海市副市长杨晓渡，上海市政协副主席、复旦大学校长王生洪等领导出席论坛开幕式并讲话。

5月8日　《新英格兰医学杂志》主编、哈佛医学院内科杰弗里·M. 德拉赞（Jeffrey M. Drazen）受医院邀请，为医务人员作题为“如何在《新英格兰医学杂志》发表文章”的专题演讲。

5月21日　徐建光被推选为中华医学会手外科学会主任委员。

6月　复旦大学功能神经外科中心在医院成立。

是月　复旦大学脊柱外科中心在医院成立。

7月8日　医院与哈佛医学院附属医院——美国麻省总医院（全美综合医疗实力排名前三）签署协议，缔结为姐妹医院。

7月12日　复旦大学肾脏病研究所在医院成立。

9月7日　复旦-牛津脑功能磁共振（fMRI）研究所在医院成立。

9月16日　卫生部副部长朱庆生一行到院调研指导。

9月24—26日　医院作为F1中国大奖赛医疗保障的唯一指定医院，建立一整套严密的、符合规范的医疗保障体系，圆满完成大赛的保障任务。

9月　复旦大学运动医学中心在医院成立。

是月　复旦大学癫痫诊治中心在医院成立。

10月28日　新门急诊大楼（现1号楼）投入使用，使医院成为国内首家拥有航道的医疗救护直升机坪的医院。上海市副市长杨晓渡、市政协副主席左焕琛到会祝贺。

是日　华山-哈佛医学国际联合医院揭牌，医院成为哈佛医学国际在全球的第十五家联合医院。

11月19日　冯晓源任党委书记。

12月10日　医院获上海市卫生系统“五‘十佳’”评选活动优秀组织奖。

是年　吕传真、翁心华、林祥通被聘为医院终身教授。

是年　林善锬被国际肾脏学会任命为临床实践指南委员会委员，成为全球5位负责人之一。

是年　顾玉东、徐建光主持的“全长膈神经移位与颈7移位治疗臂丛根性撕脱伤”获教育部科技进步奖一等奖、上海市科技进步奖一等奖、中华医学科技奖一等奖。

是年　周良辅主持的“中枢神经系统海绵状血管瘤的基础与临床研究”获上海市科技进步奖一等奖。

2005年

1月10日　东南亚发生海啸，医院根据中国红十字总会要求，迅速组建一支15位专家组成的救援医疗队。

1月　聘请上海市医学会会长刘俊担任医院改革与发展咨询委员会中方主任。

2月3日　上海市神经外科急救中心（挂靠华山医院）在医院成立，该中心是上海市公共卫生体系、医疗救治系统建设的重要组成部分。上海市副市长杨晓渡，市政协副主席、复旦大学校长王生洪在揭牌仪式上分别代表市政府和复旦大学向中心的成立表示祝贺。

2月24日 上海市政协主席蒋以任，副主席王生洪、左焕琛、王荣华等一行到院调研指导。

2月 医院与黑龙江省绥化市第一医院缔结为友好医院。

是月 上海医学院学生陈莉成功捐献造血干细胞，成为骨髓库建库以来年龄最小的捐献者。

3月5日 美国中华医学基金会(CMB)主席罗伊・施瓦茨(Roy Schwarz)、新任董事会主席玛丽・布洛克(Mary Brown Bullock)到院交流访问。

4月17日 因右侧额颞顶薄层硬膜下血肿入院的比利时驻沪总领事马克・穆励(Marc Mullie)经医院救治，康复出院。

4月 复旦大学神经康复中心在医院成立。

5月30日 医院捐出10多万元，为17位贫困白内障患者施行复明手术。

6月8日 医院作为V8国际超级房车赛2005中国大奖赛的医疗保障单位，圆满完成医疗保障工作。

6月22日 复旦大学胰腺病研究所在医院成立。

6月 上海市红十字会首例向境外(中国香港)捐献造血干细胞仪式在医院举行。

7月11日 医院青年志愿者服务队成立。

7月 王明贵获科技部国家重点基础研究发展计划("973"计划)项目"人类重要传染病病原体耐药机制的基础研究"首席科学家称号。

是月 复旦大学风湿、免疫、过敏性疾病研究中心在医院成立。

8月18日 卫生部副部长马晓伟到院指导开展"医院管理年"工作。

8月30日 《华山医院通讯》出版满百期，更名为《华山医院报》。

9月13日 芬兰国家科技局专家代表团到院交流访问。

9月19日 医院与奥地利维也纳医科大学签署友好合作备忘录。

9月22日 美国耶鲁大学医学院院长罗伯特・J. 阿尔珀恩(Robert J. Alpern)到院参观访问。

10月5日 医院召开保持共产党员先进性教育活动动员大会，并开展一系列共产党员先进性教育活动。

10月17日 医院聘任美国哈佛大学医院管理专家米切尔・T. 拉布金(Mitchell T. Rabkin)为"医院改革与发展咨询委员会"外方主任。

11月20日 全国人大常委会副委员长韩启德到院调研。

12月4日 PET中心诊检病例首次逾万例。

12月28日 华山医院浦东分院落成。

是年 医院门急诊量首次突破200万人次。

是年 吕传真主持的"重症肌无力发病机制的系列研究"获教育部科技进步奖一等奖。

是年 沈自尹主持的"肾本质理论研究及临床应用"获中国中西医结合学会科学技术奖一等奖。

是年 王申生主持的"加强临床医学技能培训的新举措——医学教学资料库和多媒体网络考试系统的研制和应用"项目获高等教育国家级教学成果二等奖。

是年 神经外科季耀东被评为全国劳动模范。

2006年

1月4日 医院召开保持共产党员先进性教育活动总结大会。

1月12日　医院召开第八届职代会第二次会议，会上对《华山医院"十一五"规划方案》进行认真讨论，并从医院发展和科室建设等方面对该规划提出一系列切实可行的意见和建议。

1月　医院检验医学中心成为中国首家获得美国病理学院(CAP)认证的医院检验中心。

是月　顾玉东、徐建光等负责的"全长膈神经移位与颈7移位治疗臂丛根性撕脱伤"获2005年度国家科技进步奖二等奖。

3月30日　医院与曲阳医院签署华山-曲阳肾病血透业务合作协议。

3月　全国第400例非血缘外周造血干细胞捐献者在医院成功进行造血干细胞采集。

4月28日　华山医院浦东分院开业。中共上海市委常委、浦东新区区委书记杜家毫，市人大常委会副主任朱晓明，市政协副主席左焕琛，卫生部规划财务司司长赵自林等领导出席开业典礼。

5月28日　医院与美国塔夫茨大学牙科学院签署合作协议。

5月　复旦大学神经肿瘤中心在医院成立。

6月13—16日　医院出色完成上海合作组织峰会医疗保障工作。

6月　复旦大学产瘫诊治与研究中心在医院成立。

7月　设立资深教授制度，首批受聘为资深教授的有王文健、张元芳、陈衔城、张永信、周范民、范维琥、俞茂华、倪泉兴、徐启武、谢毅、黄煌渊和蔡端。

8月17日　医院举行医务人员造血干细胞捐献血样采集活动，200名职工踊跃报名加入捐献者行列。

9月1日　在原检验医学中心血库的基础上成立输血科。

9月8日　在全国红十字卫生救护工作会议上，医院被授予"中国红十字会紧急救援队"称号。

10月18日　上海市宝山区卫生局与医院签署协议，委托医院管理上海市宝山区仁和医院。12月8日，该院挂牌更名为华山医院宝山分院。

10月　医院成立国际联合委员会(JCI)医院认证工作小组和综合目标管理小组。

11月10日　百年院庆系列活动之一的2006年亚洲神经外科学术论坛召开，周良辅任大会主席。300位国内外神经外科专家参会，多位国际神经外科界知名学者作专题讲座。

11月20日　中共中央总书记胡锦涛亲切看望并接见包括医院外科殷保兵在内的中国青年志愿者赴老挝服务队队员。

12月5日　医院顺利通过卫生部组织的专科培训试点基地评审。

12月21日　通过向社会征集的方式确定医院新院徽。

12月25日　奥运冠军刘翔和他的教练孙海平向医院捐款，为特困老人施行复明手术。医院向刘翔师徒颁发"华山医院名誉职工"证书。

12月　医院院史陈列室竣工。

是年　朱剑虹撰写的 Tracking Neural Stem Cells in Patients with Brain Trauma 在《新英格兰医学杂志》(*The New England Journal of Medicine*)上发表。该杂志的影响因子为44.016。

是年　丁玎撰写的题为 Premature Mortality in People with Epilepsy in Rural China: A Prospective Study 的论文在《柳叶刀神经学》(*LANCET Neurology*)上发表。该杂志的影响因子为12.167。

是年　王晓梅撰写的题为 Evidence for Stroke-induced Neurogenesis in the Human Brain 的论文在《美国科学院院报》(*PNAS*)上发表。该杂志的影响因子为10.231。

2007 年

1 月 9 日　徐建光被评为 2005—2006 年度卫生部有突出贡献中青年专家。

是日　法国蒙彼利埃大学副校长伯纳德・杜亨、麦克・比亚德到访医院。

1 月 10 日　中国红十字会华山医院紧急救援队成立。中国红十字总会党组书记、常务副会长江亦曼，副会长苏菊香、郭长江，秘书长王海京，上海市红十字会常务副会长熊仿杰等领导出席成立仪式并讲话。

1 月 17 日　复旦大学举行第四届“校长奖”表彰大会，医院门急诊楼项目建设集体获“校长奖”。

1 月 19 日　复旦大学与法国蒙彼利埃大学合作意向书签字仪式暨挂靠医院的复旦大学睡眠障碍诊治中心揭牌仪式隆重举行。复旦大学副校长陈晓漫、法国蒙彼利埃大学伯纳德・杜亨副校长、中国科学院院士俞梦孙等出席。

2 月 4 日　医院参加 2007 年“蓝天下的至爱——爱心全天大放送”系列慈善活动。院长徐建光、前任院长陈星荣、中国工程院院士顾玉东等接受现场采访，神经外科慈善手术也于当日举行并同步直播。

2 月 5 日　泰国军医护理学院代表团到院参观交流。

2 月 8 日　院长徐建光和国际联合委员会（JCI）国际部主任詹姆斯・基林斯沃思（James Killingsworth）签署《华山医院与国际联合委员会合作项目协议书》。

3 月 20 日　上海市干部保健局局长韩慰军等领导到院召开干部保健工作现场办公会议。

3 月 23 日　为庆贺中国科学院院士沈自尹 80 寿辰，医院举行学术报告会和庆祝晚宴。中共上海市委常委、市委秘书长范德官，市政协副主席、复旦大学校长王生洪等领导参加庆祝活动。

3 月 31 日　医院百年院庆百名专家大型义诊活动在外滩陈毅广场隆重举行，全院 130 多名副高职以上专家参加义诊活动，义诊患者 4 000 余人。

4 月 7 日　作为“2007 年市政府实事项目定点医院”，院党委书记冯晓源出席上海市政府为民办实事项目——“为 3 000 名白内障贫困患者免费实施复明手术”启动仪式。

4 月 12 日　英国曼彻斯特大学护理、助产和社会工作学院院长凯伦・卢克（Karen Luker）和主任约翰・普莱尔（John Playle）到访医院。

4 月 12—14 日　为纪念华山-兴国友谊医院成立 10 周年，院领导及 20 多名专家赴江西兴国县人民医院开展“送医送药”义诊活动。

4 月 18 日　卫生部牵头组成的评估组对医院手功能重建和抗生素临床药理两个卫生部重点实验室进行检查评估。

4 月 26 日　“中国造血干细胞捐献者资料库上海市分库第 100 例造血干细胞捐献仪式”在医院举行。上海市政协副主席、市红十字会谢丽娟会长，共青团上海市委书记马春雷等领导出席仪式并讲话。

4 月 28 日　医院外宾门诊新址启用典礼举行，美国驻上海总领事贾勒特（Jarrett）等出席仪式。

5 月 5 日　卫生部办公厅主任尹力到医院本部和东院参观指导工作。

5 月 11 日　医院总务处获国际权威认证机构——SGS 通标公司颁发的 ISO9001：2000 质量管理体系认证证书。

5 月 15 日　院长徐建光与意大利 Santa Maria Della Misericordia 医院院长保罗・布法蒂

(Paolo Buffatti)签署科研合作交流备忘录。

5 月 16 日　医院隆重举行神经外科终身教授史玉泉九十华诞庆祝活动。上海市政协副主席左焕琛、中国工程院院士王忠诚、中华医学会神经外科学会主任委员赵继宗等出席。

5 月 18 日　医院举办纪念医院创建 100 周年庆典大会、文艺晚会。全国人大常委会副委员长韩启德、卫生部部长高强、中共上海市委书记习近平发来贺信或贺词。全国人大常委会副委员长，中国红十字会总会会长彭珮云，中共上海市委副书记、市长韩正，上海市人大常委会主任龚学平，中共上海市委副书记殷一璀，卫生部副部长马晓伟，中国红十字会党组书记、常务副会长江亦曼，上海市人民政府副市长杨定华，上海市政协副主席、复旦大学校长王生洪，上海市政协副主席、上海市红十字会会长谢丽娟，上海市政协副主席左焕琛，复旦大学党委书记秦绍德以及美国哈佛医学院附属麻省总医院院长彼得・斯莱文(Peter Slavin)等领导和国内外来宾出席庆典仪式。

是日　复旦大学附属华山医院华山(国际)应用解剖与培训中心(P. A. R. T. I)成立揭牌典礼在浦东分院举行。

5 月 19 日　为庆祝建院 100 周年，医院联合上海市医学会和哈佛医学国际，成功举办“华山国际医学高峰论坛”。

5 月 22 日　卫生部原副部长朱庆生到院指导工作。

5 月 24 日　美国耶鲁大学医学院罗伯特・M. 罗尔博(Robert M. Rohrbaugh)等一行访问医院。

5 月 25 日　风湿病专家、美国国立卫生研究院(NIH)彼得・力普斯基，加州大学洛杉矶分校(UCLA)的倍富瑞・汉等到院访问。

6 月 4 日　复旦大学党委宣传部、文明办主办的市、校两级文明单位表彰会召开，医院获上海市文明单位称号。

6 月 6 日　美国宾州盖辛格医学中心病理和实验医学系病理研究室主任林凡应邀到院做学术报告。

6 月 11 日　医院骨科主办的国际脊柱学会(AO Spine)腰椎退变性疾病国际研讨会成功举行。

6 月 12 日　复旦大学手外科研究所和上海中医药大学针灸推拿学院共建的手外科手功能康复科研教学基地在医院揭牌成立。

6 月 13 日　来自瑞典于默奥大学的首批外籍医学生到院交流学习。

7 月 2 日　2007 年上海国际颈动脉硬化狭窄治疗论坛在医院召开。中国科学院院士汪忠镐，欧洲血管外科主席、德国纽伦堡大学教授赖特尔(Raithel)，美国加州大学血管外科主任拉普(Rapp)等专家出席论坛。

7 月 9 日　设立医务二处(现干部保健处)。

7 月 10 日　医院与华医淀山湖疗养院投资方签署合作协议，托管该疗养院。

8 月 11 日　医院举行首次 JCI 国际医院评审标准培训。

8 月 22 日　国际肾脏病学会主席埃伯哈德・里兹(Eberhard Ritz)应邀到院出席肾脏病论坛并作主旨演讲。

是日　国际关节镜-膝关节外科-骨科运动医学学会(ISAKOS)常务副主席米歇尔・C. 约翰逊(Michele C. Johnson)等一行到访医院。

8 月 24 日　经院党委投票选举，校党委审批通过，增补丁强和邹和建为中共复旦大学附属华山医院党委委员。

8月26日　东院举行中华脊柱教育中心——华山(国际)脊柱应用解剖研究与培训基地揭牌仪式，中华医学会骨科分会主任委员邱贵兴等出席。

8月28日　2007年全国神经外科新技术新进展高级学习班暨“华山医院虚拟现实技术(VR)临床培训中心”成立揭牌仪式在医院举行。

9月4日　在医院举行与美国凯特琳医疗集团交流会暨合作备忘录签署仪式。

9月5日　国家卫生部党组书记、副部长高强一行到院调研，并召开由上海市卫生局、沪上各大医院负责人参加的座谈会。

9月7日　原卫生部医政司司长于宗河带领卫生部“医院管理年”督查工作组对医院管理年工作进行全面督察。

9月10日　国际足联(FIFA)女足世界杯在上海开幕，医院作为定点医疗保障单位为各国官员及运动员提供医疗服务保障。

9月11日　中国红十字会总会应急办公室主任王平等到院考察红十字紧急救援队的建设工作。

9月21日　医院干部大会上，复旦大学党委副书记王小林代表复旦大学党委宣布丁强主持医院行政工作，校党委书记秦绍德出席会议并讲话。

9月22日　美国哈佛大学医学院附属麻省总医院精神科主任杰罗尔德・罗森鲍姆(Jerrold F. Rosenbaum)等一行到访医院。

9月25日　丹麦中央大区发展部国际关系处处长倪瑞安(Niels Erik Andersen)等到访医院。

9月26日　法国国家卫生医疗研究院(INSERM)专家米歇尔・普切特(Michel Puceat)等到访医院。

9月28日　日本京都大学附属北野医院院长成宫周(Shuh Narumiya)等一行到访医院。

10月2—11日　第十二届世界夏季特殊奥林匹克运动会在上海举行，医院作为定点医疗保障单位为各国官员及运动员提供医疗保障服务。

10月8日　比利时布鲁塞尔自由大学伊拉斯谟(Erasme)医院输血科主任米歇尔(Michelle)博士到访医院并进行学术交流。

10月11日　美国史带公司董事长兼首席执行官莫里斯・格林伯格(Maurice Greenberg)等一行到访医院。

10月17日　中国台湾青年商会总会会长许又铭到访医院。

10月18日　中国香港医学界人士上海访问团一行25人在中国香港行政会议成员梁智鸿的带领下到访医院。

10月24—27日　医院承办的第七届全国感染性疾病与抗微生物化疗学术会议在上海光大会展中心成功举行。

10月25日　意大利驻沪总领事馆授予医院国际医疗中心“意大利驻沪总领事馆指定的医疗机构”铜牌。

10月26日　上海警备区司令员江勤宏到院调研。

11月2日　韩国国立济州大学医院代表团副院长KwangSig Kim一行到访医院。

11月5日　美国《新英格兰医学杂志》主编杰弗里・M. 德拉赞(Jeffrey M. Drazen)，《中华医学杂志》(英文版)总编、前《中华医学论坛报》总编照日格图应邀到院进行学术交流。

11月20日　教育部线福华等专家对医院本科教学工作水平进行评估。

11 月 21 日　在全国综合医院中医药工作会议上，医院被授予全国综合医院中医药工作示范单位称号。

是日　卫生部副部长、北京协和医院院长刘谦到院参观指导。

是日　西班牙卡斯提亚—拉曼查大区政府卫生厅总监罗伯特・沙布里多・贝尔姆德斯等一行到访医院。

11 月 22 日　卫生部副部长王国强到东院调研。

11 月 30 日　医院隆重举行 JCI 国际医院标准评审准备工作新闻发布会。美国 JCI 国际部总监詹姆斯・基林斯沃思(James Killingsworth)，JCI 评审专家伊冯・P. 伯迪克(Yvonne P. Burdick)、Jilan Liu、雪莉・诺亚(Shirley Noah)等出席发布会。

12 月 4 日　中国澳门特别行政区政府卫生局副局长李展润等一行到院参观访问。

12 月 12 日　世界卫生组织/热带病研究部(WHO/TDR)属下的发展伦理审查能力战略行动(SIDCER)代表人联合亚太地区伦理委员会论坛(FERCAP)，在医院建立国内首家临床试验质量管理规范(GCP)和研究伦理培训中心。

是日　英国剑桥大学医院首席执行官盖瑞斯・古蒂尔(Gareth Goodier)访问医院。

12 月 18 日　医院中心实验室启用。

12 月 21 日　哈佛大学医学院教授马晶访问医院并做学术讲座。

是年　周良辅主持的“中枢神经系统血管母细胞瘤的基础和临床研究”获上海市科技进步奖一等奖。

2008 年

1 月 8 日　手外科主任顾玉东、眼科主任叶纹当选为上海市第十三届人大代表。

1 月 14—15 日　检验医学科顺利通过美国病理学会(CAP)总部检查团的复审。

1 月 18 日　医院在延安饭店举行复旦大学附属华山医院“治未病中心”揭牌仪式。

1 月 21 日　医院揭牌成为上海唯一一家北京 2008 年奥林匹克运动会定点医院。

1 月 28 日—2 月 1 日　美国弗吉尼亚联邦大学遗传学专家肯尼思・S. 肯德勒(Kenneth S. Kendler)访问医院精神科，并就“单相抑郁症国际合作研究”展开为期一周的培训。

1 月 30 日　各国驻上海总领事夫人访问团一行 20 余人到院访问。

2 月 22 日　上海市红十字会首例向国外(韩国)捐献造血干细胞采集在医院成功进行。上海市红十字会会长谢丽娟、中国造血干细胞捐献者资料库管理中心主任洪俊岭、上海市红十字会常务副会长熊仿杰、韩国骨髓移植中心代表罗正花、共青团上海市委副书记李跃旗等出席交接仪式。

2 月 28 日　英国驻上海总领事艾琳到访医院。

3 月 1 日　日本北野医院基金会董事高月清(Takatsuki Kiyoshi)等一行到访医院。

3 月 5 日　神经外科周良辅连任第十一届全国政协委员。

3 月 10—13 日　药剂科郭燕萍完成首例院内员工造血干细胞捐献。

3 月 18 日　丹麦中部大区主席本特・哈森等一行到访医院。

3 月 26 日　英国卫生部国际司司长斯图尔特・斯莫利(Stuart E. Smalley)等一行 5 人在上海市卫生局局长、医院院长徐建光的陪同下访问东院。

3 月 28 日　美国凯特琳医疗中心医疗副院长格雷戈里・怀斯(Gregory Wise)及质量管理副院

长莉兹·怀斯(Liz Wise)夫妇来访医院并应邀作JCI工作培训报告。

4月3日　JCI总裁、首席执行官凯伦·廷曼斯,JCI首席医务官大卫·杰默韦奇等一行在上海市干部保健局局长韩慰军的陪同下到访医院。

4月7—9日　医院手外科与意大利罗维戈市 Santa Maria Della Misericordia 医院神经外科共同主办的第一届中欧臂丛专题大会在意大利威尼斯召开。意大利卫生部国际交流司高级官员等应邀出席开幕式。

4月11日　医院国际医疗中心主办的首届“高端医疗服务与建设”国际研讨会召开。

4月17日　美国克瑞顿大学心脏中心的外国专家团到访医院。

4月22日　医院运动医学科被国际关节镜-膝关节外科-骨科运动医学协会(ISAKOS)命名为“ISAKOS关节镜与运动创伤教育培训中心”。

4月27日　医院手外科集体获2008年全国五一劳动奖状。

5月2—4日　医院为世界摩托车大奖赛(MOTO GP)上海站提供医疗保障。

5月8日　丁强任医院院长。

5月9日　医院成功举办“华山·哈佛医学日”活动。哈佛大学、哈佛医学院、麻省总医院专家应邀到访并作专题报告。

5月13日　医院获中国红十字总会“红十字与奥运同行——救护演练”活动风采奖。

5月14日—8月26日　5月12日,四川汶川地区发生8级特大地震,医院第一时间组织救援,先后派遣14批医疗队共计157名医务人员奔赴灾区,救治范围涵盖7个市县,救治病员8万多名,成为上海市赴灾区参加救援人员最多、承担任务最重、救治范围最广的医疗机构之一。10月8日,全国抗震救灾总结表彰大会在人民大会堂召开,华山医院中德红十字会野战医院获由中共中央、国务院、中央军委颁发的“全国抗震救灾英雄集体”称号。

5月20—21日　医院为北京奥林匹克运动会圣火在上海传递活动提供医疗保障。

6月19日　百特医疗(百特国际有限公司)全球副总裁约翰·格雷什(John Greisch)等到访医院。

7月3日　顾小萍任院党委书记。

7月21日　吕元、邹和建、汪志明、邵建华等任医院副院长。

7月25日—8月25日　医院作为北京奥运会上海赛区唯一定点医院,为各国官员及运动员等54人次提供医疗保障。

7月28日　医院举行传染病大楼(现5号楼)建设工程开工仪式。

8月22日　静安区人大常委会党组书记、主任姜耀中等一行到院调研“迎奥运、迎世博,争创全国文明城区”的工作。

8月31日　医院特邀美国加州大学骨科主任、北美关节镜学会(AANA)前主席、美国骨科运动医学学会(AOSSM)多个委员会的现任主席詹姆斯·塔斯托(James P. Tasto)到院为运动员刘翔进行检查会诊。

8月31日—9月7日　医院精神医学科主任施慎逊主持的中国人遗传数据国际联盟(CONVERGE)研究启动及培训会举行。中国残联副主席张明园及牛津大学、美国弗吉尼亚联邦大学专家等出席会议。

9月24日　匈牙利科学院院士、医学会会长拉斯洛·维克赛等一行到院访问。

9月25日　美国密歇根大学医学院肾内科主任大卫·休姆斯(David Humes)到访医院并被授

予荣誉教授。

10月2—11日 院长丁强一行访美，与医院战略合作伙伴美国麻省总医院院长彼得·斯莱文(Peter Slavin)就进一步合作达成共识。参加第六届21世纪中美医学论坛，参观全美国排名第一的约翰斯·霍普金斯医院，以及洛杉矶的仁和医院集团、罗马琳达大学医院的质子治疗中心等。

10月9日 医院获由上海市委、市政府颁发的“参与北京奥运会、残奥会贡献奖”。

10月15日 医院举行数字化血液净化中心建成庆典仪式。

10月16日 院长丁强与日本北里大学医院院长藤井清孝续签双方合作协议。

10月20日 意大利罗维戈Santa Maria della Misericordia医院院长阿德里亚诺·马可隆戈(Adriano Marcolongo)等一行到访医院。

11月7日 “华山北院”项目入选市政府2009年“5+3”重大发展项目。

11月12日 日本川崎学园副理事长川崎诚治一行到访医院。

11月14日 医院PET中心成立10周年庆典暨HD PET/CT开机仪式隆重举行。

是日 上海市卫生局局长、医院原院长徐建光获中国医院协会颁发的2007—2008年度全国优秀院长奖状。

11月17日 上海市红十字会第130例造血干细胞捐献者在医院接受采集。共青团上海市委书记潘敏，上海市红十字会党组书记、第一副会长马强，上海市红会副会长李明磊等领导慰问干细胞捐献者并向其颁发荣誉证书。

11月19日 JCI副总裁安(Ann)、JCI国际总监詹姆斯(James)和JCI亚太地区主席保罗(Paul)等一行到访医院。

11月24日 中国红十字总会主办的“中国红十字会组织建设工作会暨十佳百优千星表彰会”在郑州举行，医院获“优秀冠名红十字(会)医疗机构”荣誉称号。

11月24—26日 亚太地区伦理委员会论坛(FERCAP)年会在泰国曼谷举行。医院伦理委员会通过WHO/TDR SIDCER(发展伦理审查能力战略启动)认证，并被授予认证铭牌。

11月30日 医院与上海市卫生局等联合主办的2008上海医学发展——现代服务业与国际化医疗论坛在东院举行。上海市政协副主席蔡威、上海市卫生局局长徐建光、卫生部医政司副司长赵明钢等到会致辞。

12月1日 以朝鲜教育省副局长吴文爱为团长，朝鲜各医科大学校长为成员的朝鲜教育代表团一行到访医院。

12月17日 神经外科毛颖被评为2007—2008年度卫生部有突出贡献中青年专家。

12月24日 医院与南汇区卫生局签署协议，合作共建南汇区中心医院。

是年 周良辅主持的“难治性中枢神经系统海绵状血管瘤的外科治疗新技术”获教育部科技进步奖一等奖。

2009年

1月18日 上海市政协主席冯国勤，市委常委、浦东新区区委书记徐麟，上海市副市长赵雯，市政协副主席朱晓明等领导到院慰问干部病房的老同志。

2月9日 在马来西亚吉隆坡举行的“亚足联医务官培训会议”上，运动医学科主任陈世益当选为亚足联医务委员会委员。

2月12日　院长丁强和宝山区卫生局局长李士华签署合作协议，宝山区政府与医院合作成立“华山医疗宝山区社区卫生服务集团”。

2月16日　医院获“全国无烟医院”称号。

2月21日　医院举行“庆祝戴瑞鸿教授80华诞暨行医执教55周年”庆典。上海市卫生局局长徐建光、医院党委书记顾小萍等出席。

3月2日　作为市政府“5+3”重点发展项目之一的华山医院北院项目举行奠基仪式。上海市副市长沈晓明，市政府副秘书长翁铁慧，宝山区区委书记吕民元、区长斯福民，复旦大学副校长桂永浩以及医院院长丁强、党委书记顾小萍等出席仪式。

3月10日　丹麦奥胡斯州医院参观团一行5人到访医院。

3月11日　卫生部与上海市政府共建共管在沪卫生部管理医院签约仪式在京举行。中共中央政治局委员、中共上海市委书记俞正声，上海市市长韩正、副市长沈晓明，以及卫生部部长陈竺、党组书记张茅、副部长陈啸宏等出席签约仪式。国务院副秘书长毕井泉受中共中央政治局常委、国务院副总理李克强委托出席仪式。院长丁强代表医院出席仪式。

3月19日　复旦大学附属华山医院射波刀治疗中心开业典礼在东院举行，上海市卫生局局长徐建光、医院领导以及部分科室主任出席。

4月2日　中国台湾华人医务管理交流学会一行70余人在团长蓝忠孚、领队张焕祯的带领下到访医院。

4月27日　医院获全国五一劳动奖状。

是日　医院工会举行职工技能风采展示活动启动仪式暨急救操作技能比赛。

4月29日　为预防和控制人感染猪流感疫情的暴发，医院举行紧急动员大会，部署相关工作并启动《华山医院预防和控制人感染猪流感工作应急预案》。

5月4日　院长丁强及相关职能部门负责人对医院甲型H1N1流感防控工作进行专题巡查。

5月8日　2008年“5·12”地震中医院救助的北川女孩蒋瑀琪到院复诊，并接受医院捐款。

5月10日　皮肤科为庆祝建科80周年，联合上海市医学会在南京东路世纪广场举办大型义诊活动。5月15日，举行80周年庆典暨科技论文报告会，上海市卫生局局长徐建光、安徽医科大学校长张学军、复旦大学上海医学院院长冯晓源、皮肤科学界的专家以及医院党政领导等应邀出席。

5月11日　医院承建的中德红十字会野战医院护理组获全国卫生系统护理专业巾帼文明岗称号。

是日　医院召开全体党员领导干部和中层干部会议，党委书记顾小萍作学习实践科学发展观第二阶段工作动员与部署。

5月26—27日　医院为新加坡内阁资政李光耀访问上海提供医疗保障。

6月1日　上海市第140例造血干细胞采集在医院进行，上海市红十字会副会长李明磊等领导到院看望捐献者，并向其颁发证书和奖章。

6月6日　第五届复旦大学肾脏病研究所国际论坛暨林善锬教授从医执教50周年学术庆典活动举行。

6月17日　美国旧金山大学副教务长萨尔瓦多·D.阿塞韦斯(Salvador D. Aceves)到院交流访问。

是日　医院普外科牵头的“复旦大学附属华山医院胃肠肿瘤诊治多学科协作中心”成立。

6月29日　西班牙巴利阿里群岛医生工会代表团一行来访。

7月4日　以原中国医学科学院院长巴德年为组长，科技部、国家发改委和财政部三部委组成的国家科技重大专项督查调研组一行13人到院调研。

7月6日　经院务会讨论决定，同意聘请中国香港微生物与感染学会副主席、荣誉副教授任永昌，美国范德堡大学汤一苇为医院感染科客座教授。同意聘请英国法兰查(Frenchay)医院布里斯托尔皇家医院朱宁文为医院皮肤科客座教授。

7月14日　韩国建阳大学校长金禧洙一行到访医院。

7月22日　卫生部规划财务司司长赵自林带队的卫生部"小金库"专项治理和财务重点检查小组到院检查。

8月30日　医院向香格里拉人民医院捐赠医疗设备仪式暨华山医院神经外科党支部-迪庆香格里拉人民医院党支部友好支部缔结协议签字仪式在香格里拉人民医院举行。

9月10日　中国红十字会主办，医院承办的"中德红十字会野战医院"灾害应急演练在医院花园举行。中国红十字会副会长苏菊香、中国红十字会赈济救护部部长王平、上海市红十字会党组副书记熊仿杰、德国红十字会专家以及医院领导等观摩。

9月21日　复旦大学附属华山医院分子与转化医学研究所成立。

10月12日　韩国首尔大学附属医院院长成相哲一行到访医院。

10月15日　卫生部2009年"医疗质量万里行"活动督导组到医院检查。

10月16日　医院国际医疗中心成立二十周年庆典活动在金茂大厦君悦酒店举行，美、德等国驻沪总领事，上海市卫生局局长徐建光以及沪上各涉外医疗机构负责人等领导出席。

10月25日　医院举办"华山论见——临床骨科专科医师培训模式的探讨"研讨会。

10月26日　哈佛大学麻省总医院医生组织主席兼首席执行官大卫·托奇亚纳(David Torchiana)和高级副院长兼护理部主任珍妮特·艾夫斯·埃里克森(Jeanette Ives Erickson)一行到访医院。

10月27—29日　医院副院长邵建华作为3名特邀代表之一，参加在北京召开的中国红十字会第九次全国会员代表大会。

11月4—7日　在第十三届中华医学会糖尿病学年会上，钟学礼获"永久成果纪念奖"，朱禧星荣获"终身成就奖"。

11月6日　医院被上海市干保局指定为美国总统奥巴马上海之行的医疗保障定点单位。11月11日，美国白宫医疗团队到院查看奥巴马到沪期间的医疗保障准备工作，并予肯定。15—18日，医院为美国总统奥巴马访华(上海站)提供医疗保障。

11月16—20日　日本北里大学医院代表团一行应邀到访医院。院长助理、消化科涉谷明隆作学术讲座。

11月18日　华山医院北院开工仪式在宝山区顾村镇举行，中共中央政治局委员、上海市委书记俞正声，市委副书记、市长韩正发来贺信，上海市副市长沈晓明，中共宝山区委副书记、区长斯福民，市卫生局局长徐建光，复旦大学常务副校长王卫平等出席仪式并讲话。

11月20日　医院举办"全国胃肠肿瘤综合治疗学习班暨腹腔镜手术高峰论坛"。

11月24日　上海市红十字会首例向中国台湾捐赠造血干细胞交接仪式在院举行。团市委书记潘敏，上海市红十字会党组书记、常务副会长马强，副会长李明磊，捐赠者母校——二工大党委副书记李世平等出席仪式。

是日　西藏日喀则地区人民医院院长索朗等一行到访医院。

11月26日　新加坡卫生部代表团一行到访医院，复旦大学党委副书记、纪委书记刘建中以及医院领导等出席会谈。

11月　医院举行首届“医院感染管理宣传周”及“医院感染防治现状及进展学习班”。

12月2日　神经外科主任周良辅当选为中国工程院院士。

12月4日　医院举行“皮肤科专家团队新泾社区基地”揭牌仪式。

12月9日　清华大学医学院党委书记王志华等一行3人到访医院。

12月14日　医院和微软公司签署《医院信息化规划与发展合作意向书》，院长丁强以及微软医疗部全球副总裁史蒂夫・希汉达出席签约仪式。

12月18日　“优质医疗服务宝山——华山百名专家、博士下社区启动仪式”在院举行。上海市卫生局局长徐建光等出席仪式。

12月23日　周良辅团队的研究成果“建立外科新技术治疗颅内难治部位的病变”获国家科技进步奖二等奖。

12月24日　南汇分院举行成立一周年义诊活动，22名专家参加此次活动。

是年　后勤保障部通过SGS通标公司ISO9001：2008改版认证。

是年　周良辅主持的“神经导航外科的创新与应用”获中华医学科技奖一等奖。

2010年

1月11日　医院举行静脉药物配置中心揭牌仪式。

1月14日　医院召开与静安区中心医院纵向整合会议，静安区区委副书记郑健麟、副区长朱成钢等出席会议。

是日　中国台湾长庚医疗体系代表团行政中心副主任王瑞慧等一行到访医院。

2月22日　聘任范维琥为医院终身教授。

3月19日　医院与中国科学院苏州生物医学工程技术研究所、中国科学院高能物理研究所、中国科学院近代物理研究所合作建立核医学工程技术联合实验室签约仪式在苏州举行。中科院副院长施尔畏、江苏省副省长何权、苏州市委书记阎立等参加签约仪式。

4月2日　医院举行JCI认证授证、东院挂牌“上海国际医院”以及世博会医疗服务定点医院授牌仪式。上海市副市长沈晓明，市政协副主席、世博会执委会副主任周汉民，复旦大学校长杨玉良，上海市卫生局、复旦大学领导等以及JCI副总裁保罗・范・奥斯滕伯格(Paul Van Ostenberg)等出席仪式。1月25—29日，医院以高分通过美国JCI评审。

4月9日　中华医学会骨科分会主任委员邱贵兴等为“中华医学会骨科分会足踝外科医师培训中心”揭牌，标志着又一项中华医学会的临床教育中心落户医院。

4月14日　国家卫生部副部长陈啸宏、卫生部监督局副巡视员陈锐等一行，在上海市卫生局局长徐建光及医院领导的陪同下调研医院世博医疗保障工作。

4月17日　医院静安分院揭牌仪式在静安区中心医院举行，上海市卫生局局长徐建光，静安区区委书记龚德庆、区长张仁良、副区长朱成钢，复旦大学党委副书记、纪委书记刘建中等出席揭牌仪式。

4月26日　医院举行“远东-华山PET/CT所有权转让仪式”。

5月7日　全国人大常委会副委员长、中国红十字会会长华建敏，中国红十字会党组书记、常务副会长王伟，中国红十字会副会长王海京等一行，在上海市人大常委会副主任杨定华，上海市红十字会党组书记、常务副会长马强，上海市红十字会副会长李明磊的陪同下到院调研红会工作。

5月17日　比利时政府弗拉芒社会福利、公共卫生和家庭部长 Jo Vandeurzen 在中国红十字会副会长郝林娜的陪同下到访医院。同行的还有比利时医院管理局局长 Peter Degadt、医疗技术创新中心主任约翰·海林斯(Johan Hellings)、比利时世博事务政府总代表利奥·德尔克罗瓦(Leo Delcroix)、欧盟馆馆长米里亚姆·考普斯(Myriam Cops)以及上海市红十字会常务副会长马强等。

5月28日　飞利浦电子公司总裁兼执行官柯慈雷等一行到访医院。

是日　美国波士顿库利学院护理学系30余名师生到访医院。

6月16日　西班牙、意大利等5个国家的11名媒体记者组成的采访团在诺华公司全球媒体关系总监的陪同下到访医院。

6月18日　医院内分泌科建科60周年及朱禧星终身教授80华诞庆典举行。上海市卫生局局长徐建光，中华医学会副会长、上海市医学会会长刘俊，中国工程院院士项坤三等领导和专家出席庆典活动。

是日　泰国驻华大使密秉尚一行12人到访医院。

6月19日　医院神经内科举行建科60周年庆典。上海市卫生局局长徐建光、复旦大学常务副校长王卫平、上海市科学技术委员会副巡视员施强华、复旦大学上海医学院院长冯晓源等出席并讲话。

6月26日　华山神经外科(集团)医院成立10周年庆典在国际会议中心举行，上海市卫生局党委书记王龙兴、上海市医学会副会长颜世洁以及国内外知名的神经外科专家等出席庆典仪式。

是日　医院核医学科和上海市核医学质量控制中心共同主办的“中美核医学高峰论坛”在院举办。

7月3日　医院原院长陈星荣终身教授八十华诞庆典举行。中华医学会副会长、上海市医学会会长刘俊，中华医学会副会长、天坛医院原院长戴建平等出席。

7月8日　北京市卫生局党组书记、局长方来英一行在上海市卫生局副局长李卫平的陪同下到访医院。

是日　新疆喀什地区第二人民医院院长张军一行到访医院。

7月22日　泰国公主玛哈扎克里·诗琳通及其代表团成员一行40余人到访医院。诗琳通公主对医院深厚的红十字历史及广泛深入的志愿活动表示赞赏与钦佩。

7月28日　医院传染病大楼(现5号楼)启用。

7月30日　上海市红十字会举行2010年上海世博会红十字服务站医务人员交接仪式暨第五批 AED 培训。医院领导及医院参与上海世博会红十字服务站工作的队员出席会议并发言。

7月　启动住院医生规范化培训轮转培养工作。

8月10日　澳大利亚悉尼麦考瑞大学医学院院长、大学附属医院院长、神经外科专家迈克尔·摩根(Michael Morgan)到访医院。

8月17日　卫生部党校副校长吴庆义率新疆卫生管理干部代表团到访医院。

9月2日　卫生部党组书记张茅一行在上海市卫生局局长徐建光的陪同下到院调研。

9月8日　美国驻中国大使馆新任医疗官梅丽莎·A. 考克斯(Melissa A. Cox)在美国驻沪领事馆医疗官苏珊·海因(Susan Hine)的陪同下访问医院国际医疗中心。

9月9日　国务院参事张鹤镛等一行到院就住院医师培养问题进行调研。

9月20日　哈尔滨市卫生局党委书记、局长慕莹带队，卫生局相关领导及哈尔滨市各大医院院长组成的考察团一行到访医院。

9月25日　医院举行造血干细胞捐献者血样采集仪式，医院近80名青年志愿者接受血样采集。上海市红十字会党组书记、常务副会长马强，上海市红十字会副会长李明磊等出席仪式并讲话。

9月27日　美国梅奥医学中心副院长、继续医学教育学院院长理查德·伯格应邀到访，探讨双方建立长期战略合作的意向。

9月29日　美国加州大学药学院院长帕尔默·泰勒(Palmer Taylor)、副院长格雷斯·郭(Grace M. Kuo)等一行4人到访医院。

10月11日　英国西方公基金(WPA)首席执行官朱利安·斯坦顿(Julian Stainton)以及英国主流媒体《泰晤士报》记者等组成的代表团到访医院。

10月14日　卫生部规划财务司司长李斌等在上海市卫生局副巡视员王磐石等陪同下到院调研。

10月14—15日　医院主办的JCI国际高峰论坛暨华山医院JCI评审经验交流会在上海宾馆举行。卫生部医疗服务监管司评价处处长刘勇，中华医学会副会长、上海市医学会会长刘俊，上海市卫生局副局长李卫平，上海申康医院发展中心副主任高解春，国际联合委员会(JCI)与联合委员会资源部(JCR)咨询和教育服务部副总裁安妮·鲁尼(Anne Rooney)、JCI亚太地区主席保罗·张(Paul Chang)，以及全国各大医院的院长、医院管理专家共300余人出席论坛。

10月17日　医院消化科参与主办的"复旦大学消化疾病研究所揭牌仪式暨消化疾病高峰论坛"在上海宾馆举行。上海市卫生局党委副书记黄红、复旦大学副校长金力、复旦大学上海医学院党委书记程刚、中国科学院院士贺林等出席。

10月18日　美国麻省总医院珍妮特·艾夫斯·埃里克森(Jeanette Ives Erickson)等6位护理专家到访医院。

10月19—20日　医院主办的JCI标准下的优质护理服务示范医院的创建暨围手术期护理安全国际会议在院举行。上海市卫生局局长徐建光、上海市护理学会理事理事长会翁素贞、《中华护理杂志》总编辑刘苏君以及美国麻省总医院副院长珍妮特·艾夫斯·埃里克森(Jeanette Ives Erickson)等出席。

10月22日　医院为林果为终身教授举行行医执教50周年庆典。

10月26日　奥地利维也纳医科大学校长沃尔夫冈·舒茨(Wolfgang Shuetz)等到访医院。

10月28日　医院举行宝山分院建院10周年庆典。

10月29日　美国驻沪领事馆前总领事滕祖龙(Jerome C. Ogden)及其夫人到院国际医疗中心访问。

是日　续聘蔡端、王文健和郑志忠为医院资深教授；聘任胡仁明、胡永善为医院资深教授。

11月8—9日　卫生部2010年大型医院巡查督导组专家到院督查。12月20—21日，卫生部2010年大型医院巡查督导组到院进行第二阶段巡查。

11月14日　卫生部副部长尹力一行在上海市卫生局局长徐建光、党委副书记黄红的陪同下，赴东院看望正在拍摄的电视剧《心术》摄制组和为其提供支持的医院员工们。

11月15日　医院静安分院(静安区中心医院)全力抢救胶州路火灾伤员。中共中央政治局委员、上海市委书记俞正声前来慰问火灾伤病员。副市长沈晓明、上海市卫生局局长徐建光、静安区副区长朱成钢等领导前往医院静安分院（静安区中心医院），慰问参与抢救伤员的全体医务人员。市政府副秘书长翁铁慧到院重症监护病房看望重大火灾中受伤的患者。

11 月 18 日　医院国际医疗中心参与主办的上海市医疗旅游发展研讨会在院举行，全球医疗旅游协会主席乔纳森·爱德海特（Jonathan Edelheit）等出席研讨会。

11 月 22 日　上海医学伦理学会和医院共同主办的“2010 年生物医学研究伦理问题高峰论坛暨上海市医学伦理学会年会”举行。

11 月 23 日　上海市文明办、教卫党委文明办、卫生局宣传处等领导组成的检查考核组到院指导文明单位创建工作。

11 月 29 日　沈自尹团队的研究成果“肾虚证神经内分泌学的基础与临床研究”获国家科技进步奖二等奖。

12 月 4—13 日　医院领导带队，中高级行政管理人员组成的考察团一行 14 人赴中国台湾交流学习。考察团分别在长庚医疗集团、佛教慈济综合医院、振兴医院、台大医院、台北荣民总医院等医疗机构参观交流，并在医院医疗质量流程建设、人力资源管理、财务绩效管理、文化建设等方面进行专题课程培训。

是年　王明贵主持的“细菌对喹诺酮类的质粒介导耐药机制及其耐药性的防治策略”获教育部科技进步奖一等奖。

是年　神经外科周良辅荣获全国劳动模范称号。

2011 年

1 月 8 日　医院与静安分院联合主办的“医疗联合体发展方向研讨会”召开。上海市卫生局局长徐建光、副局长肖泽萍等出席。

1 月 20 日　中共中央政治局委员、上海市委书记俞正声到院慰问。

1 月　老年科青年医护组获 2009—2010 年度全国青年文明号。

是月　复旦大学医学管理研究所发布“2009 年度中国最佳医院综合排行榜”，医院位列全国第六。在专科声誉排行榜中，放射科、皮肤科、神经内科位列全国第一；神经外科位列全国第二；感染科位列全国第三。

2 月 8 日　全国政协原副主席徐匡迪到院慰问。

2 月 10 日　原中共中央总书记、国家主席江泽民到院慰问。

2 月 11 日　国家人力资源和社会保障部医疗保险司副司长李忠一行到院调研。

2 月 27 日　从全国医院第三方评价与服务质量持续改进工作汇报会上获悉，医院在全国 41 家大型三级甲等医院住院患者体验与满意度调查中名列第一。

3 月 7 日　医院揭牌成为全市首批志愿者服务基地。

3 月 15 日　一名面颈部钢筋贯穿伤患者被送至医院就诊，医务处紧急协调耳鼻咽喉头颈外科、颌面外科、血管科、神经外科等相关科室进行全院会诊，成功挽救患者生命。

3 月 17 日　医院与上海市（红十字）血液中心党委签署党建共建协议。

3 月 24 日　在“2011 年上海市卫生系统精神文明和政风行风建设大会”上，医院获 2009—2010 年度上海市卫生系统文明单位称号，院红会老楼成为首批市卫生系统职业道德基地。

3 月 30 日　在 2011 年上海卫生新闻宣传工作会议上，《华山医院报》在全市 120 家单位院报刊评选中，获第二届上海市卫生系统优秀院报刊称号。

4月13日　国际汽联医疗代表皮耶特(Piette)到院调研医疗救援准备工作，为即将举办的新赛季F1上海站做准备。

是日　医院作为2009—2010年度上海市教卫党委系统文明单位，在市教卫党委系统精神文明建设工作会议上作经验交流发言。

4月18日　国务院医改办、财政部领导一行在上海市卫生局副局长肖泽萍等陪同下到院调研。

4月20日　香港中文大学教授、原中国香港医院管理局行政总裁何兆炜，上海交通大学公共卫生学院执行院长马进和香港中文大学刘愫组成的卫生部公立医院改革培训专家组，在上海市卫生局发展研究中心主任、复旦大学胡善联的陪同下到院调研。

5月7日　华山医院北院举行结构封顶仪式。宝山区区长斯福民、申康医院发展中心副主任诸葛立荣、中建八局副总经理高洪彦等出席仪式并讲话。

5月31日　南非驻沪总领事馆指定医疗机构授牌仪式在医院国际医疗中心举行。南非驻沪总领事馆领事库玛勒及其夫人等应邀出席。

6月15日　中共复旦大学附属华山医院委员会第一次代表大会胜利闭幕。大会选举产生新一届党委会和纪委会，通过关于第三届党委和纪委工作报告的决议。

7月24日　接上级部门派遣，神经外科胡锦赴温州救治“7·23”甬温线特别重大铁路交通事故的伤员。

7月28日　卫生部派遣专家之一、医院手外科劳杰主刀为“7·23”动车追尾事故中最后获救的“小伊伊”(项炜伊)进行第二次手术并获成功。

8月26日—9月2日　纪念西藏和平解放60周年，由复旦大学附属华山医院、上海中医药大学附属曙光医院、上海广播电视台联合举办的“情系藏区，点亮光明”2011送医进藏大型志愿者活动在西藏日喀则地区进行，向日喀则地区人民医院赠送白内障人工晶体和药品，并提供医疗咨询服务。

9月7—9日　卫生部医政司医政处处长焦雅辉带领专家团队，到院进行为期3天的抗菌药物临床应用专项督导检查。

9月8日　医院举行庆祝江苏路分部成立10周年大会。

9月16日　院领导赴美出席麻省总医院建院200周年庆典，并与该院签署新一轮五年计划。

9月20日　医院与剑桥大学医院签署合作备忘录。

9月28日　医院党委和上海市(红十字)血液中心党委共同拍摄制作的国内首部无偿献血科普宣教片《从血管到血管》的光盘首发仪式在上海市血液中心举行。

10月10日　上海市卫生局、崇明县政府、华山医院、上海中瀛企业集团在市政府贵宾厅举行上海览海华山医疗中心项目签约暨揭牌仪式。

10月17日　美国强生公司全球董事会主席比尔·威尔登(Bill Weldon)等一行10人到访医院。

10月29日　在“世界银屑病日”上，世界卫生组织(WHO)上海健康教育与健康促进合作中心通过与医院皮肤科合作，成立“世界卫生组织(WHO)上海健康教育与健康促进合作中心皮肤病健康教育基地”。

11月1日　医院与云南省保山市腾冲县人民政府签署对口支援意向协议。

11月11日　上海市卫生局、复旦大学附属华山医院、南加州华人医学会(CMASC)和中国香港北美医学会联合举办的"2011 年中美全科医师联合教育项目论坛"举行，上海市卫生局局长徐建光出席会议并讲话。

11 月 19 日　复旦大学医学管理研究所发布"2010 年度中国最佳医院综合排行榜"，医院位列全国第五。在专科声誉排行榜中，感染科、放射科、神经内科、皮肤科位列全国第一；神经外科位列全国第二；肾病科位列全国第六。

11 月 23 日　华山脑胶质瘤中心揭牌。

12 月 8 日　医院伦理审查委员会以优异成绩通过 WHO/SIDCER 三年复核认证。

12 月 27 日　PET 中心黄喆慜成功捐献造血干细胞。

12 月 29 日　医院被授予全国文明单位称号。

12 月 31 日　医院新的门户网站投入使用。

是年　董竞成主持的"补肾益气法与宣肺法治疗哮喘的研究"获中国中西医结合学会科学技术奖一等奖。

是年　神经外科赵曜荣获全国卫生系统青年岗位能手称号。

2012 年

2 月 9 日　首次市级志愿者服务基地片区组长会议在院召开，医院担任 2012 年市级志愿者服务基地联谊会会长单位。

2 月 14 日　哈佛大学医学院贝斯以色列迪康医院(BIDMC)原院长拉布金(Rabkin)、哈佛医学院副院长兼美国总统科学首席顾问约翰・哈兰卡(John Halamka)、哈佛医学院芒廷・奥本(Mount Auburn)医院院长珍妮特・克劳夫(Jeanette Clough)等一行 6 人到访医院。

是日　医院与上海市医院协会共同主办的"公立医院改革与医院管理高层论坛"在上海国际会议中心举行。上海市卫生局局长徐建光、上海市医院协会会长陈志荣等出席会议。

3 月 7 日　医院通过 2011 年举行的三级甲等医院复评审，成为复评后首批被认定的三级甲等综合医院。

3 月 30 日　周良辅荣膺 2011 年度上海市科技功臣。

4 月 9 日　医院与宝山区卫生局签署宝山分院第二轮托管协议。

4 月 11 日　中国红十字会赈济救护部副部长杨绪生等到沪专题调研医院救援队建设情况。

4 月 14 日　医院肾病科举行建科 50 周年庆典。

5 月 7 日　医院举办"洒向人间都是爱"红十字大型主题活动，为 19 名贫困老人进行免费白内障手术，并有 70 余名职工进行造血干细胞的血样采集。上海市红十字会常务副会长马强、静安区政协主席郑健麟、上海市文明办副主任朱响应以及上海市卫生局副局长肖泽萍等出席。

5 月 10 日　医院直升机运送并救治在 2012 年国际自行车联盟女子公路世界杯赛中受伤的俄罗斯运动员。

5 月 11 日　院长丁强随上海市副市长沈晓明带领的援建队伍来到新疆乌鲁木齐市，与喀什地区第二人民医院签署援建神经系统疾病诊治中心第一轮三年行动计划协议。

是日　在上海市庆祝"5・12"国际护士节暨表彰大会上，医院获上海市优质护理服务先进单位称号。

6 月 9 日　医院与呼浩特市第一医院签署合作协议，挂牌成立上海市华山神经外科(集团)医院与呼和浩特市第一医院临床协作部。内蒙古自治区政协主席任亚平、副主席杨成旺，复旦大学副校长金力，市卫生局党委副书记、纪委书记邬惊雷等出席签约挂牌仪式。

6月13日　第九个世界献血者日庆典暨2010—2011年度上海市无偿献血表彰大会召开，医院荣登上海市无偿献血英雄榜。

6月14日　医院作为发起方之一的上海伽玛医院与相关各合作方签署新一轮的15年合作协议。

6月21日　医院与英国伯明翰大学签署合作备忘录。

6月22日　中国工程院院长周济在复旦大学党委书记朱之文、校长杨玉良的陪同下，到院看望并慰问医院中国工程院院士顾玉东与周良辅。

6月23日　医院与江苏省溧阳市卫生局签署战略合作协议，对溧阳市人民医院进行协作帮扶。

7月7日　华山抗感染高峰论坛暨医院感染科翁心华终身教授从医执教50周年庆典举行。

7月25日　院领导赴美对凯特琳医疗集团(KHN)进行友好访问，并签署新的五年合作备忘录。

8月7日　刘翔在奥运会110米栏预赛中受伤，中国代表团安排医疗官、运动医学科主任陈世益具体协调其在英国的手术治疗，并负责刘翔回国后的康复治疗工作。

8月14日　医院PET中心顺利通过国家食品药品监督管理局(SFDA)的评审，成为全国首家获得GMP认证的PET中心。

8月20日　伦敦奥运会帆船项目金牌得主徐莉佳专程到院送锦旗，致谢手外科等医疗团队在年初为其成功手术和康复治疗，使其重返赛场并夺金。

8月25日　医院23个品牌学科的50位知名专家在即将投入运营的华山北院举行义诊。

8月31日　上海市副市长沈晓明率市相关委办局、医学院等负责人前往位于宝山顾村地区的华山医院北院调研，了解工程最后阶段的进展情况。

9月7日　医院党委与金山医院党委城乡党组织结对帮扶，在新建的金山医院签约。市教卫党委副书记杜慧芳，市卫生局副局长瞿介明，金山区委副书记祝学军，区委常委、组织部长陈正安，副区长贾炜以及两院领导等出席签约仪式。

是日　院工会在江苏泰州举行"第九届职工代表素质培训"活动，上海市总工会民主管理部周永宝副部长等领导出席活动。

9月8日　医院红十字应急救援队在京顺利完成应急救援演练，并受到全国人大常委会副委员长、中国红十字会会长华建敏，中国红十字会特别顾问彭珮云等领导的亲切接见。

9月20日　位于上海新虹桥国际医学中心的复旦大学附属华山医院西院(临床医学中心项目)举行奠基仪式。全国人大常委会副委员长桑国卫，中国人民解放军原副总参谋长熊光楷，国家发改委、卫生部、上海市政府、闵行区、复旦大学、市卫生局领导以及医院党政领导、中层干部等出席仪式。

9月21日　医院神经外科迎来创建60周年华诞。中国人民解放军原副总参谋长熊光楷，中国工程院院士王正国、顾玉东、周良辅、闻玉梅、顾建人、王威琪、杨胜利，上海市卫生局局长徐建光，复旦大学副校长桂永浩等领导以及2 000多位国内外神经外科学界友人参会。

10月23日　复旦大学生命科学学院-华山医院联合研究院成立暨共建签约仪式在院举行。复旦大学副校长金力、桂永浩以及相关学院和医院领导出席签约仪式。

10 月 26 日　医院主办的“华山-麻省总医院高峰论坛”在医院举行。美国麻省总医院院长彼得·斯莱文(Peter Slavin)等专家齐聚医院，共同探讨医院发展的经验与设想。医院领导，相关职能部门、临床科室的负责人及曾赴哈佛、麻省总医院学习交流的医护人员等 200 余人参与论坛。

11 月 10 日　医院党政领导率领 19 名管理及临床专家赴汶川地震后新建的都江堰市医疗中心参加“华山医院日”活动，并举行现场诊疗、管理业务讲座、查房以及病例讨论。

11 月 24 日　复旦大学医学管理研究所发布“2011 年度中国最佳医院综合排行榜”，医院位列全国第七。在专科声誉排行榜中，感染科、皮肤科位列全国第一；放射科、神经内科、神经外科位列全国第二；肾病科位列全国第六。

12 月 17 日　马昕、毛颖、靳建平、徐文东任医院副院长，原副院长邹和建增补任医院党委副书记兼纪委书记、纪委委员，汪志明和邵建华继任副院长。

12 月 18 日　复旦大学附属华山医院北院举行开业典礼。上海市人大常委会副主任钟燕群，上海市副市长沈晓明，上海市政府副秘书长翁铁慧，宝山区委书记斯福民，宝山区区长汪泓，上海市卫生局局长徐建光，上海申康医院发展中心主任陈建平，医院党政领导、中层干部等 350 余人以及数百名宝山区居民参加开业仪式。

是年　耿道颖主持的“脑重大疾病的 CT、MR 诊断体系的建立及创新性临床应用”获教育部科技进步奖一等奖。

2013 年

1 月 5 日　华山北院加入新一轮医药卫生体制改革取消药品加成政策改革试点。

1 月 7—12 日　医院通过 JCI 审查官员为期 6 天的复评审，并成为全球首家获得 JCI 教学医院认证的医院。

1 月 14 日　医院召开人体器官捐献工作启动仪式，开展人体器官捐献工作，落实 2012 年 12 月上海市卫生局与上海市红十字会在沪启动人体器官捐献的工作要求。

3 月 14 日　医院签约成为上海市世界三大赛(奥运会、世锦赛、世界杯)奥运项目冠军医疗保障唯一定点医院。

4 月 14—29 日　医院派出曹同瓦、倪洁、朱柠、张津津赴上海市公共卫生中心投身上海市人感染 H7N9 禽流感防治工作。

4 月 21 日　神经外科胡锦、感染科陈澍、抗生素研究所杨帆赴四川雅安进行震后医疗救援，全院职工捐款 15 余万元。

5 月 4 日　中国脑卒中大会“华山论坛”在北京举行。

5 月 17 日　上海市垂体瘤研究中心在医院成立。

6 月 7 日　美国骨科运动医学学会(AOSSM)专家团到访医院。

6 月　上海市专科医师规范化培训在医院启动先行试点。

7 月 10 日　医院与澳洲墨尔本健康(皇家墨尔本医院)签署合作备忘录。

7 月 15 日　医院普外科完成国内首例 3D 腹腔镜减重手术。

8 月 2 日　医院被国家卫生计生委、上海市卫生计生委分别授予“国家脑卒中筛查与防治基地”和“上海市脑卒中预防与救治中心”。

8 月 7 日　医院药物临床试验机构获 CNAS 检测实验室 ISO17025 资格认证。

8月20日　医院与美国病理学会(CAP)合作成立CAP在海外的首家培训中心。

8月21日　复旦大学抗生素研究所50周年暨汪复教授从医执教60周年庆典举行。

9月8日　医院援建的上海市神经外科临床医学中心喀什分中心暨华山神经外科(集团)医院喀什地区第二人民医院分院挂牌。

9月14—17日　医院完成国家卫生计生委组织的"全国部分三级甲等医院2012年度质量安全情况年度评价"。

9月26—29日　医院为国际滑联短道速滑世界杯提供医疗保障。

10月11日　医院红十字紧急救援队接受中国红十字会授旗,成为3支国家级红十字救援队之一。

10月20—26日　受中国红十字会委托,医院承办"2013年中国红十字医疗救援队培训及演练"。

10月30日—11月2日　医院骨科与梅奥医疗中心合办的第八届梅奥国际脊柱论坛举行,该论坛获得美国继续医学教育认证委员会(ACCME)认可,可颁发Ⅰ类学分及证书。

11月13日　医院与腾冲县人民医院签署对口支援协议书。

是日　医院南丁格尔志愿者服务队完成上海红十字会救灾备灾任务。

11月22日—12月6日　医院派出7名队员参与中国红十字国际救援队启程赴菲律宾"海燕"台风重灾区开展医疗救援。

11月23日　复旦大学医学管理研究所发布"2012年度中国最佳医院综合排行榜",医院位列全国第六。在专科声誉排行榜中,感染科、放射科、皮肤科位列全国第一;神经外科位列全国第二;神经内科、康复科位列全国第三;肾病科位列全国第八;骨科位列全国第九。

是年　耿道颖主持的"基于影像学新技术的脑血管病早期诊疗、预后评估体系的建立与创新性临床应用"获上海市科技进步奖一等奖。

是年　孙成彦荣获全国五一劳动奖章。

2014年

1月7日　上海市副市长翁铁慧一行就医疗联合体相关情况到院调研慰问。

2月7日　医院普外科肝胆外科病房启用。

2月13日　各省、市卫计委考察团一行30余人到访医院考察住院医师规范化培训工作。

3月2日　手外科杨剑云、重症医学科楼浩明赴昆明紧急支援"3·1"暴力恐怖事件伤员救治。

4月13日　医院与湖南省株洲市中心医院签约共建株洲市脑血管中心。

4月16日　国际原子能机构人类健康及核医学应用部主任Rethy Kieth Chhem到访医院。

5月29日　医院赴滇医疗队获"上海市对口支援与合作交流工作"先进集体称号。

5月29—30日　医院国家紧急救援队与红十字医疗救援队完成联合演练。

6月4日　美国凯特琳医疗集团首席执行官(CEO)一行到访医院,双方期待在医疗、护理等方面继续开展交流,在管理、教育等方面开展新的合作。

6月6日　复旦大学肿瘤转移研究所成立,主要依托医院与复旦大学生物医学研究院、联合多家医疗机构共享平台。

6月6—8日　医院定点保障环球马术冠军赛场。

6月23日　国家卫计委规划司、项目资金监管中心专家组成的督查组开展对医院临床医学中心(西院)基建工程的督导检查。

6月25日　医院临床医学中心项目(西院)开工。

7月4日　院长丁强和党委书记顾小萍率医院专家组赴甘肃省人民医院开展大型公益服务,并签订为期2年的合作共建协议,贯彻服务国家战略。

7月15—20日　医院医疗保障团队圆满完成第十九届国际泳联跳水世界杯医疗保障任务。

8月2日　重症医学科曹同瓦、赵峰赴昆山救援爆燃伤员。

8月7日　神经外科胡锦赴云南灾区参与危重伤员救援工作。

8月27日—9月1日　医院承办2014年中国红十字医疗救援队及演练,涵盖武警总医院、北京市999急救中心、中山医院、第一人民医院和华山医院五家医院,70余名队员参与。

8月29日　阿根廷卫生部部长胡安·路易斯·曼苏尔(Juan Luis Manzur)一行10人到访医院。

9月17日　医院首例器官捐献者管莹荣获第四届感动上海年度人物特别奖。

11月1日　复旦大学医学管理研究所发布"2013年度中国最佳医院综合排行榜",医院位列全国第六。在专科声誉排行榜中,感染科、放射科、皮肤科位列全国第一;神经内科、康复科、神经外科位列全国第二;肾病科位列全国第八;骨科位列全国第十。

11月1—2日　医院保障2014年国际汽联世界耐力锦标赛医疗工作。

11月3日　东海大桥一辆大巴侧翻,警用直升机送2名伤员来医院急救。

11月5日　医院与美国华盛顿大学医学院签署双方新一轮合作协议。

11月21日　副院长邵建华率医院代表团访问美国凯特琳医疗集团,参加凯特琳医疗中心成立50周年庆典,并就住院医生、专科医生培训及护理专业人才培养等商讨合作事宜。

12月12日　朱剑虹主持的"脑组织修复重建和细胞示踪技术及转化应用"获国家科技进步奖二等奖。

是年　冯晓源主持的"影像学对脑胶质瘤诊断和治疗的指导与创新应用"获教育部科技进步奖一等奖。

2015年

1月5日　医院"感动华山·天使礼赞"颁奖典礼举行。上海市文明办副主任宋慧,上海市卫计委党委书记黄红,上海市红十字会党组书记高解春,复旦大学副校长、上海医学院院长桂永浩,复旦大学党委副书记刘承功,静安区副区长夏以群等领导出席。

1月27日　作为中国援助塞拉利昂防控埃博拉出血热第三批公共卫生师资培训队专家之一,陈明泉前往塞拉利昂首都弗里敦进行援非工作,接替卢洪洲继续援非抗击埃博拉疫情任务。卢洪洲当选为《中国新闻周刊》"2014年度科技人物"。

2月4日　国家卫计委医政医管局副局长周军率队,北京部分医院专家领导、上海市卫计委专家及复旦大学医管处组成的安全生产督导检查组来医院调研安全生产工作。

2月10日　国家科技部组织、遴选的"2014年度中国科学十大进展"揭晓,朱剑虹参与的"提出并证实极体移植可有效阻断线粒体遗传病的传递"入选。

3月25—28日　医院医疗保障团队圆满完成2015年花滑世锦赛医疗保障任务。

3月27日　中国澳门镜湖医院院长马学章率中国香港医务行政学院参访团一行21人到院访问交流。

4月25日　“奔跑吧，华山！”首届职工乐跑大赛在顾村公园举行。

4月30日—5月30日　医院陆续派出2批红十字国际医疗救援队启程奔赴尼泊尔地震灾区。

5月7日　美国哈佛医学院麻省总医院激光中心主任、2017年美国激光医学外科学会候任主席马修·阿夫拉姆(Mathew Avram)一行应邀到访医院。

5月8日　基地学员袁杰成功捐献造血干细胞。医院同时获上海市“造血干细胞捐献工作特别支持奖”。

5月10日　医院运动医学科主任陈世益在亚太膝关节、关节镜及运动医学学会(APKASS)峰会上接受主席勋章，将从2016年起担任APKASS第三任主席。

5月15日　医院临床医学中心(西院)“工程和能耗监管系统建设项目”顺利通过国家卫计委检查。

5月21日　全国政协副主席、民革中央常务副主席齐续春带队的民革中央调研组到院调研座谈。

6月4日　美国凯特琳医疗集团首席执行官弗雷德·曼彻尔(Fred Manchur)一行到访医院。

6月25日　国家卫计委副主任王国强率队到院调研“上海市脑卒中预防与救治服务体系”建设工作情况。

6月26日　美国约翰斯·霍普金斯医院病理系主任拉尔夫·H. 赫鲁班(Ralph H. Hruban)到访医院。

8月22日　医院先后派出朱利平、胡锦、吴军发赴津救治爆炸伤员，执行天津港“8·12”特别重大火灾爆炸事故伤员医疗任务。

8月24日　哈佛医学院负责全球继续教育的副院长Ajay K. Singh等到院访问并探讨开展合作项目。

9月1日　德国波恩大学附属医院耳鼻咽喉科教授博茨(Bootz)应邀到访医院并进行学术交流。

9月9日　神经外科主任周良辅获世界神经外科学会联盟荣誉奖章。

10月22日　医院通过创建节约型公共机构示范单位考评，成为国家节约型公共机构示范单位。

10月23日　哈佛医学院教授约翰·D. 哈兰卡(John D. Halamka)一行4人到院参观交流。

10月28日　医院接受复旦大学纪委党风廉政建设责任制落实专项检查。

11月1日　麻省总医院(MGH)护理管理代表团一行4人到访医院，开展为期一周的MGH-华山护理交流活动。

11月5日　美国特种外科医院足踝外科教授约翰·G. 肯尼迪(John G. Kennedy)到访医院。

11月13日　医院获全国医院文化建设先进单位称号。

11月15日　复旦大学医学管理研究所发布“2014年度中国最佳医院综合排行榜”，医院位列全国第七。在专科声誉排行榜中，感染科、皮肤科位列全国第一；神经内科、神经外科位列全国第二；放射科、康复医学科位列全国第三；检验医学科位列全国第六；核医学科、肾病科位列全国第八。

11月16日　医院召开全体中层干部大会，就学习贯彻十八届五中全会会议精神，以及进一步落实“三严三实”专题教育开展学习。

是日　中国台湾领航大健康考察团到访医院。

11月23日　医院App上线。提供医院介绍、专家介绍、门诊预约、挂号、候诊提醒、报告信息查询、就诊服务评价等最贴近患者需要的功能，使患者能感受更方便快捷的就医体验。

11月24日　“复旦大学附属医院发展行动计划（2016—2020）”签约仪式举行，院长丁强与复旦大学校长许宁生共同在行动计划上签字。

11月26日　英国研究理事会（RCUK）专家组乔纳森·皮尔塞德（Jonathan Pearced）一行20余人到访医院。

11月27日　医院接受国家卫计委2015年城乡医院对口支援自查复核和改善医疗服务督查。

11月30日　JCI总裁兼首席执行官保拉·威尔森（Paula Wilson）一行到访医院。

12月3日　感染科青年医护团队获2013—2014年度全国青年文明号。

12月15日　青岛市卫计委代表团到访医院学习考察“脑卒中预防与救治服务体系”建设工作。

12月16日　耿道颖、董强、顾宇翔等领衔完成的“中枢神经系统重大疾病CT/MRI关键技术的创新与临床应用”成果获国家科技进步奖二等奖。

是年　毛颖主持的“个体化脑血管重建治疗复杂脑血管病的临床研究和应用”获教育部科技进步奖一等奖。

是年　毛颖领衔项目“外科术式改变脑血流的基础与临床研究”获上海市科技进步奖一等奖。

2016年

1月18—23日　医院接受JCI评审专家组的第二次复评审并高分通过，成为国内首家3次通过JCI评审的大型公立医院。

3月3日　医院专家团赴金山医院开展医疗共建活动。

3月4—6日　医院医疗队完成国际滑联上海超级杯赛医疗保障任务。

3月5日　普外科副主任姚琪远当选为国际腹壁与造口外科联盟主席。

3月13—15日　国家自然科学基金委员会中德科学中心与医院共同主办的中德PET/MR脑功能显像研讨会暨国家级继续教育项目“神经精神系统疾病PET应用研究进展学习班”在医院举行。医院与慕尼黑工业大学右岸医院签署合作备忘录，中华医学会核医学分会授予医院PET中心成为“中德脑功能分子影像研究及临床转化基地”。

4月6日　医院通过上海市住院医师/专科医师规范化培训督导。

4月13日　医院再次通过国际汽联F1赛事医疗保障定点医院资格审定。

4月15日　澳大利亚新南威尔士州纽卡斯尔大学亨特（Hunter）医学研究中心所长迈克尔·尼尔森（Michael Nilsson）一行到访医院，商讨携手打造上海远程卒中平台事宜。

4月16日　F1中国大奖赛组委会竞赛部和中汽摩联医务委员会主办，医院承办的F1中国大奖赛医疗保障12年回顾表彰大会举行。

4月19日　上海市卫生计生系统医疗管理与精神文明、政风行风建设工作会议召开，“感动华山，天使礼赞”案例获“院训院风带动医德医风”优秀案例，“慢病相对时空”项目入选首批“医疗服务品牌”。

4月20日　ISS集团全球首席执行官杰夫·格拉芬霍斯特（Jeff Gravenhorst）一行5人到访医院。

4月22日　医院与第五人民医院及闵行区卫计委签署合作框架协议，华山-五院-闵行医疗联合体启动。

5月5日　悉尼大学医学院副院长柯斯蒂·福斯特(Kirsty Foster)一行3人到访医院。

5月11日　国际应急管理学会医学委员会(TEMC)与医院签署战略合作协议。

5月14—15日　医院药物临床试验机构顺利通过2016年中国合格评定国家认可委员会(CNAS)复评审现场检查。

5月25日　国务院办公厅秘书局处长刘征、副处长蔡惊雷一行到东院调研高端医疗服务。

是日　微软全球副总裁托尼·汤恩斯-惠特利(Toni Townes-Whitley)一行到访医院。

5月26日　荷兰国家癫痫中心董事长让·威廉·巴泽利(Jean Willem Barzely)和国际联络部负责人卡罗琳·莫顿(Caroline Morton)到访医院。

5月27日　欧洲运动创伤、膝关节、关节镜学会(ESSKA)4位旅行学者到院进行学术交流与友好访问。

5月31日　美国凯特琳医疗集团首席执行官夫妇与其他代表到访医院，华山医院国际医疗中心与美国凯特琳医疗中心缔结友好关系25周年揭牌仪式举行。

6月2日　复旦大学附属华山医院临床医学中心(西院)结构封顶。

6月23日　医院与静安区人民政府举行医疗联合体新一轮合作签约仪式。

是日　受中国红十字总会委托，医院殷保兵、张权、曹晓运和金嘉琳4位专家赴盐城龙卷风灾区救援。

7月7日　中国肺癌防治联盟复旦大学附属华山医院肺结节诊治分中心在医院成立并揭牌。

7月8日　医院与海口市卫生局、海口市人民医院签署合作协议。8月26日，医院与海口市人民医院缔结为“友好合作医院”揭牌仪式在海口市人民医院举行。

7月9日　上海市中西医结合学会胰腺疾病专业委员会成立大会在医院举行，傅德良当选为首届主任委员。

7月16日　全国人大常委会副委员长、中国红十字会会长陈竺一行到院调研。

7月19—29日　国家卫生计生委对医院开展大型医院巡查。

7月27日　医院通过国家卫计委和中国医师协会住院医师规范化培训现场评估。

7月29日　医院获得国家卫生计生委“关于复旦大学附属华山医院病房综合楼改扩建工程项目建议书”的批复。

7月31日　德国图宾根大学泌尿外科主任阿努夫·斯坦兹尔(Arnulf Stenzl)到访医院。

7月　医院获科技部、国家卫生计生委等批准成为国家老年疾病临床医学研究中心。

8月29日　抗生素研究所陈轶坚成功捐献造血干细胞。

9月2日　中国造血干细胞捐献者资料库口腔拭子采集入库暨造血干细胞捐献者陈轶坚表彰仪式在医院举行，共有106人登记入库。

9月6—11日　受中国红十字会总会委托，医院承办的2016年中国红十字医疗救援队培训及演练在沪举办。

9月7日　“达芬奇手术机器人中国泌尿外科临床手术教学示范中心”在医院成立。

9月24日　复旦大学中西医结合研究院在医院成立，上海医学院院长桂永浩与医院院长丁强共同为研究院揭牌。同时研究院牵头成立“研究型大学中西医结合团队联盟”。

9月29日　医院举办“感动华山·大爱无疆”百年公益回顾展演。

9月30日　复旦大学校长许宁生一行到院调研“双一流”建设。

10月13日　国家人力资源社会保障部副部长、国家外国专家局局长张建国率领的国家外国专家局领导一行10人到院调研。

10月15日　“2016中国医院EAP高峰论坛”在医院举办。

10月18日　芬兰家庭事务和社会服务部部长尤哈·莱霍拉一行20余人到访医院。

是日　医院感染科重症单元启用。

10月25日　中航工业西飞公司及西飞医院领导一行15人到访医院。

11月3日　国家卫生计生委专家组到院督查指导血液安全技术。

11月4日　美国梅奥医学中心代表团到访医院，商讨国际合作项目等内容。

11月11日　医院射波刀治疗中心举行启用第五代射波刀暨射波刀放射神经外科国际研讨会。

11月13日　复旦大学医学管理研究所发布“2015年度中国最佳医院综合排行榜”，医院位列全国第八。在专科声誉排行榜中，感染科、皮肤科位列全国第一；神经内科、神经外科、康复医学科位列全国第二；放射科位列全国第三；检验医学科位列全国第七；核医学科位列全国第九；肾病科位列全国第十。

11月22日　日本厚生劳动省副大臣古屋范子率代表团到访医院。

是日　国家卫计委规划信息司司长侯岩、基装处处长李军一行到院，就病房综合楼改扩建工程进行指导考察。

12月9—10日　医院党委书记顾小萍一行13人，前往地处陕西阎良航空城的西飞医院，开展帮扶共建暨大型义诊活动。

12月12日　复旦大学附属华山医院肝病中心揭牌仪式举行。

12月13日　医院与上海市老干部大学签约合作。

是年　吴劲松主持的“基于多模态脑功能定位的脑肿瘤精准手术与放射治疗”获上海市科技进步奖一等奖。

第一篇
组织机构

概　述

医院创设于1907年，由沈敦和负责筹资建设，1909年购地，1910年竣工，1911年医院开业。为加强师资力量，1913年与哈佛医学校合作办院，1916年哈佛医学校停办，各项事务由罗氏驻华医社临时代管，1918年与安息日会签约合办，1921年合同到期后收回自办。1928年成为国立中央大学医学院实习医院后，医院管理体系逐渐步入正轨。1949年上海解放，医院由上海市军管会接管。上海解放初期至20世纪60年代，院办公室负责管理行政、医教研、护理等工作。“文化大革命”期间，原有管理体系为革命委员会所取代，医院正常工作秩序被打乱。1978年后，恢复院长制，重组党委。1984年，医院改革试点，在医疗、教学、科研、人事、财务等方面进行改革探索。1988年，改编办事机构，护理、门急诊、医教、人事、总务、财务等由科扩编为处。进入21世纪后，为顺应医院发展需要，先后成立质量管理办公室、审计室、拓展办公室、绩效管理与考核办公室等。至2016年，医院共有25个行政职能部门，保障日常管理工作有序进行。

医院党组织经历党支部、党总支到党委的更迭。1945年，医院成立职工和医护2个党支部。1949年，建立中共华山医院支部委员会。1958年，成立中共华山医院总支委员会。1975年，医院成立中共华山医院委员会。1984年，医院成立纪律检查委员会。至2016年，医院分别设立有党委办公室(1979年)、退管会(1986年)、宣传科(1992年)、纪检监察科(1994年)、精神文明办公室(1994年)、医务社工部(2011年)6个党委职能部门。

1987年5月，医院升为副局级单位，党、政部门各司其职，协同运作，稳步推进医院发展；工、青、妇等群众组织及各民主党派和群众团体逐渐壮大，并发挥积极作用。

第一章　行政管理体制

第一节　发 展 沿 革

一、创建与初办

1907 年 7 月 21 日，清政府批准中国红十字会会长吕海寰等人计划在上海创办国人自己的医院和医学堂的奏折，并委托红十字会发起人之一、中方总董沈敦和着手进行医院和医学堂的筹资及规划事宜。1909 年，沈敦和筹银 536 400 两，购置徐家汇路(1921 年改名为海格路，1943 年改名为华山路)7 号土地 14 亩(9 333 平方米)，开始动工建造医院和医学堂。1910 年 3 月，医院与医学堂竣工落成，共有两栋砖墙小楼，并配备冷热水管、割症室、诊病室、爱克司电光室、配药室、储药所、化学所、养病室、浴室、殡殓所，医学堂有学生讲堂、寄宿所、膳堂，设备一应俱全，沈敦和任院长。1911 年 10 月 14 日，医院开业，名称为中国红十字会总医院暨医学堂，英文名为 Imperial Chinese Red Cross Society Hospital and Medical College。1921 年，医院与哈佛医学校合办，保留中国红十字会总医院名称，英文名为 Red Cross General Hospital, Shanghai。开办期间聘任外籍医生柯师(Staffored M. Cox)、亨司德(Hans Thue)、峨利生(Brigir Olesen)负责医疗与教学管理。

1911 年 5 月，哈佛大学准备在上海建医学校，希望招收中国学生传播西医科学，培训中国教师传授医学，开展疾病研究。1912 年下半年，哈佛医学校开始与中国红十字会接触，红十字会委托美籍董事福开森(John C. Ferguson)代表谈判。为依托哈佛的师资资源与教学经验实现育人计划，1913 年 5 月 1 日，双方签署合作协议，医院归在红十字会名下，医学堂则由哈佛管理，用于医院的建筑称为“中国红十字会总医院”，用于教学与住宿的建筑物称为“哈佛医学校”，门口悬挂两块牌子，医院由美国热带病学教授胡恒德任院长，沈敦和为副院长。自此，红十字会保留“红十字会总医院”的名称和沈敦和副院长职位，医院管理权和财政权归哈佛医学校所有。

1916 年 6 月 30 日，由于罗氏驻华医社的介入，哈佛医学校因故停办，医院的各项事务由罗氏医社临时代管，承诺遵守哈佛与红十字会的合约，资助红十字会总医院，拥有营运管理医院并使用医院设备的权力，胡恒德仍为院长。1918 年 6 月，医院与哈佛合同到期；11 月 6 日，与安息日会签约合办 3 年，由兰迪司任院长。

1921 年，与安息日会合约到期，兰迪司递交辞呈，中国红十字会决定收回自办。同年 12 月 5 日，中国红十字会发布公告，将医院收回，并交由红十字会医学团牛惠霖等接管，由王培元前往点收资产设备，并于 1922 年 1 月重新开业，以期扩大医院规模。1921 年，医院开办附设红十字会护士学校，并于 1922 年 6 月招收学生，首期招生十余人，以后每年春、秋两季招考新生，学制 3 年，聘请欧美医生担任内科、外科、妇科、儿科及临床护理等学科的教授。

1928 年 8 月 1 日，国立中央大学医学院(现复旦大学上海医学院，简称上海医学院)与中国红十字会商定合作关系后，将医院作为医学院第一实习医院，由医学院院长颜福庆兼任医院院长，成为医学院的教学医院。医院兼具教学与红十字救助双重功能，并实行住院医师培训制。

1932年淞沪战起，在“一·二八”事变中，上海医学院吴淞校舍遭敌炮毁，遂在医院西邻空地兴建临时校舍2栋，维持教学。医院也略有扩建，改名“中国红十字会第一医院”，并翻修附属护士学校校舍。1937年，从医院分出部分医护人员组建中山医院各科室，医院的业务重心一度转移至中山医院。1939—1942年，上海医学院大部分师生员工内迁昆明、重庆，医院少数留沪师生依旧坚持医疗与教学工作。

表1-1-1 1910—1949年历任院长、副院长任职情况表

任职时间	院长	任职时间	副院长
1910—1913	沈敦和	1910—1913	柯师
1913—1918	胡恒德	1913—1920	沈敦和
1918—1921	兰迪司	1925—不详	王培元
1921—1927	牛惠霖	1927—不详	张逢怡
1927—1928	刁信德	1931—1938	刘崇恩
1928—1938	颜福庆	1934—1937	应元岳
1936—1938	刘崇恩(代理)	1935	乐文照
1938—1945	乐文照(代理)	1942—1949	王霖生
1946—1949	朱恒璧	1947—1949	殷绥和
1947—1949	王霖生(代理)		

说明：因历史资料有限，1949年前副院长任职时间记载不完全。

二、征用与整顿

随着上海中共地下组织的发展壮大，1945年5月，医院成立职工和医护2个党支部，沈孟先任职工支部书记，朱凤腾任医护支部书记。1949年7月9日，医院建立中共华山医院支部委员会，属静安区党委领导。是日，上海市军事管制委员会派军代表崔义田接管上海医学院及其附属机构。同年8月，军管会批准成立上海医学院及其教学医院临时管理委员会(简称临管会)，并任命主任委员、副主任委员各1人，委员17人，由临管会负责医院的一切业务、行政及管理工作。临管会下设医学教育、医院业务、人事管理、房屋管理、财务管理5个委员会，分管各项业务。1950年5月27日，根据上海市军管会和华东军政委员会指示，医院划归华东军政委员会卫生部领导，军事代表及工作组随即撤销。

1951年12月，华东卫生部对上海医学院领导班子进行调整，并规定医院直接隶属上海医学院领导，医院党支部也由医学院党委直接领导。上医临管会工作结束。1952年，全国高等学校进行大规模的院系调整，上海医学院管理体制进行变革，建立专科性学院。同年1月3日，医院改为专科医院，更名为上海医学院内科学院。1955年4月13日，医院更名为上海医学院内科医院，5月4日，医院重新恢复外科建制，改为综合性医院，并根据教学需要及照顾患者诊疗方便，自8月1日起，更名为上海第一医学院附属第一医院。1958年2月，医院党支部升格为党总支，主要负责政治思想领导，行政业务由院长负责。医院领导体制转为院长负责制。

1960年10月，中共中央批转《中华人民共和国教育部关于全国重点高等学校暂行管理办法》

(简称《管理办法》)规定：全国重点高等学校的领导和管理，由教育部、中央各主管部门与地方分工负责，实行双重领导或三重领导，上下结合，各负专责。1961年9月4日，中央卫生部下发《关于上海第一医学院领导关系与领导工作的通知》，进一步明确医学院的领导与管理要按照《管理办法》进行。该通知规定：(1) 医学院的政治思想工作、党的领导关系由中共上海市委领导。有关行政业务的领导与管理由卫生部负责主管。(2) 医学院由卫生部、教育部、上海市共同领导。行政业务工作的领导与管理由卫生部与上海市高教局分工负责。(3) 医学院的附属医院，按上述分工随同医学院统一归口管理。1961年9月15日，医学院贯彻中共中央《中华人民共和国教育部直属高等学校暂行工作条例》(简称“高校60条”)，并于1962年3月实行党委领导下的以院长为首的院务委员会负责制。

其间，由于院名“上海第一医学院附属第一医院”字数较多，患者记忆不便，经常被弄错，为便于患者称呼方便，医院在1958—1965年间对院名进行多次讨论，最终决定以医院所在路名为标识(医院所在路名最早为徐家汇路，1921年改名海格路，1943年改名为华山路)。1965年8月15日，医院更名为上海第一医学院华山医院。

1966年起的十年“文化大革命”，医院领导体制受到破坏，“造反派”夺权，导致医院党组织瘫痪，许多临床科室被合并，研究室、实验室被关闭，医疗、教学、科研工作受到极大破坏，造成政治、思想、组织上的大混乱。1968年10月11日，“工宣队”“军宣队”进驻医院，实行领导。1973年7月25日，医院充实调整“革命委员会”，俞茂华任主任。1975年，医院成立党委，俞茂华任党委书记，同时调整新的领导班子。1977年5月，“工宣队”“军宣队”撤离，由林平主持医院党委工作。1978年8月，医院恢复院长负责制，李鸿儒复出任院长。医院重新组建中共华山医院委员会，林平任党委书记。1979年，医院领导班子又作调整，由袁美英任党委书记、林平任顾问，参加党委工作。医院实行党委领导下的院长负责制，形成每周一次院长书记联席会议和科主任会议制度，请院工会主席列席院长书记联席会，及时通报医院的各项工作。

表1-1-2　1949—1984年历任院长、副院长任职情况表

任职时间	院　长	任职时间	副院长
1949—1950	王霖生	1948—1952	左景鉴
1949—1952	崔之义(代理)	1948—1952	薛邦祺
1953—1957	钱　悳	1951	邢　明
1957—1966	李鸿儒	1952	钱　悳
1978—1984	李鸿儒	1952—1955	林兆耆
		1952—1956	胡田成
		1956—1957	李鸿儒
		1956—1966	戴自英
		1957—1966	林　平
		1959—1964	王　彤
		1965—1966	胡兆祥
		1965—1966	吴桂明

（续表）

任职时间	院　　长	任职时间	副院长
		1978—1980	彭玉德
		1978—1984	戴自英
		1978—1984	吴桂明
		1978—1984	邱传禄
		1979—1984	陈公白
		1981—1984	谢　震
		1982—1984	王者宛

三、改革与发展

1984年，党委改选，袁美英任党委书记，张永信任副书记，并成立纪律检查委员会，张本初任纪委书记。同年，调整院领导班子，陈公白任院长。新的领导班子组成后，实行院长负责制；在机构设置上，简政放权，减少层次，提高效率要求，实行院长秘书制，同时实行干部任期制与干部考核制；在医院管理上，落实各项岗位责任制，采取层层负责、条条检查的办法，以促进多出成果、多出人才。同时，医院被指确定为市教卫系统和上海第一医学院的改革开放试点单位。1987年5月11日，医院升格为副局级。1991年，中国红十字会秘书长韩长林宣布医院正式恢复为中国红十字会华山医院。1992年，医院被卫生部确定为全国卫生改革试点单位。1993年，上海医科大学党委常委会决定华山等6所附属医院实行院长负责制。2000年，复旦大学与上海医科大学合并，医院更名为复旦

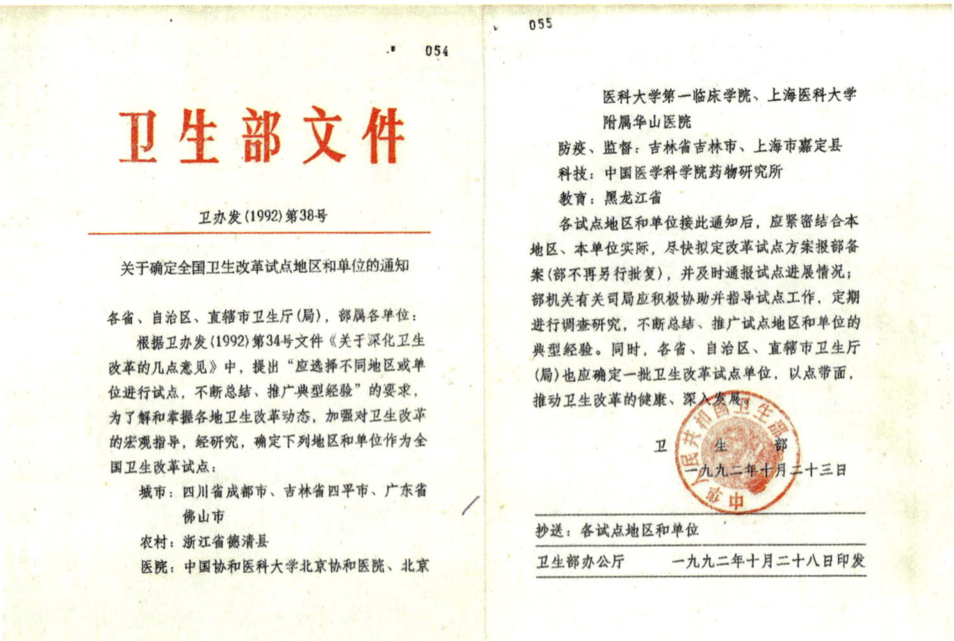

054

卫生部文件

卫办发(1992)第38号

关于确定全国卫生改革试点地区和单位的通知

各省、自治区、直辖市卫生厅(局)，部属各单位：

根据卫办发(1992)第34号文件《关于深化卫生改革的几点意见》中，提出“应选择不同地区或单位进行试点，不断总结、推广典型经验”的要求，为了解和掌握各地卫生改革动态，加强对卫生改革的宏观指导，经研究，确定下列地区和单位作为全国卫生改革试点：

城市：四川省成都市、吉林省四平市、广东省佛山市

农村：浙江省德清县

医院：中国协和医科大学北京协和医院、北京

055

医科大学第一临床学院、上海医科大学附属华山医院

防疫、监督：吉林省吉林市、上海市嘉定县

科技：中国医学科学院药物研究所

教育：黑龙江省

各试点地区和单位接此通知后，应紧密结合本地区、本单位实际，尽快拟定改革试点方案报部备案(部不再另行批复)，并及时通报试点进展情况；部机关有关司局应积极协助并指导试点工作，定期进行调查研究，不断总结、推广试点地区和单位的典型经验。同时，各省、自治区、直辖市卫生厅(局)也应确定一批卫生改革试点单位，以点带面，推动卫生改革的健康、深入发展。

卫　生　部

一九九二年十月二十三日

抄送：各试点地区和单位

卫生部办公厅　　一九九二年十月二十八日印发

图1-1-1　1992年，医院被卫生部确定为全国卫生改革试点单位

大学医学院附属华山医院。2001年，医院更名为复旦大学附属华山医院，并沿用至今。

1984—2016年，医院一直实行院长负责制的管理体制。院长负责医院的行政管理，对外代表医院，对内主持医院日常行政业务工作，对医疗、教学、科研和行政管理工作实行集中统一领导和全面负责。副院长协助院长分管、协管部分工作。院党委发挥监督保证的政治核心作用，加强班子和干部队伍建设，加强对群众组织和各民主党派的领导，发挥职工代表大会在医院民主管理和民主监督中的作用，全力支持院长在职权范围内开展工作。

至2016年，医院上级主管部门由国家卫生计生委、复旦大学组成，上海市卫生计生委作为上海市政府的组成部门对医院实行行业管理，会定期对医院进行监督检查。医院作为国家卫生计生委的委属医院，资产归属于国家卫生计生委所有，国家卫生计生委对医院预算和资源进行审批与提供，并对医院管理进行考核、评价、监督；上海市卫生计生委对全市各家医院的医疗服务项目开设、各项医疗服务的价格、医疗新技术运用、大型医用设备配置、医疗卫生从业人员服务项目的范围等实施许可准入和监督执法，从政府角度实行行业管理。作为复旦大学的附属医院，学校对各附属医院实行管理、监督，复旦大学医院管理处在学校的领导下对医院的医疗质量等相关工作进行监督管理。

表1-1-3　1984—2016年历任院长、副院长任职情况表

任职时间	院长、副院长(主持工作)	任职时间	副院长
1984—1987	陈公白	1984—1987	陈星荣
1987—1988	陈星荣(副院长，主持工作)	1984—1988	刘　俊
1988—1995	陈星荣	1984—2002	谢　毅
1995—2003	张元芳	1985—1996	徐伟民
2003—2007	徐建光	1987—2002	黄煌渊
2007—2008	丁　强(副院长，主持工作)	1988—1995	戴瑞鸿
2008—	丁　强	1997—2008	洪　震
		1999—2003	徐建光
		1999—2008	顾　勇
		2000—2007	冯晓源
		2002—2012	吕　元
		2003—2007	丁　强
		2003—2012	邹和建
		2006—2012	黄峰平
		2008—2016	汪志明
		2008—	邵建华
		2012—	马　昕
		2012—	毛　颖
		2012—	靳建平
		2012—	徐文东

第二节　行政职能部门

一、行政管理架构

建院初期，医院采用中西合璧的董事会管理模式，并先后与哈佛医学校、安息日会合作办院，1921年合同到期后收回自办，同年创办中国红十字会总医院护士学校。

1949年上海解放，医院由上海市军管会派员接管，行政上接受华东军政委员会卫生部领导。在军代表、院长领导下，设立医务室，任命医务主任负责临床各科室；设立护士部，任命护士主任负责护士部与护士学校的医疗护理与教学工作；同时设有会计处、文书处、事务处、病史管理处、社会服务科等部门，另有两名人事干部专门负责人事工作。1951年，事务处更名为总务科，下设技工组、采购组、事务组。1952年，营养室由原来的护理部划出归总务科管理。1954年，上海医科大学院、系调整，原院长办公室改为院办公室，职能为医院行政、医教研、护理管理。同时，医院建立人事科，设立综合门诊部及其门诊办公室，并在会计室基础上成立会计科。1955年，社会服务科改名为下厂组。1956年，医院撤销医务室。1960年，护士部更名为护理部。

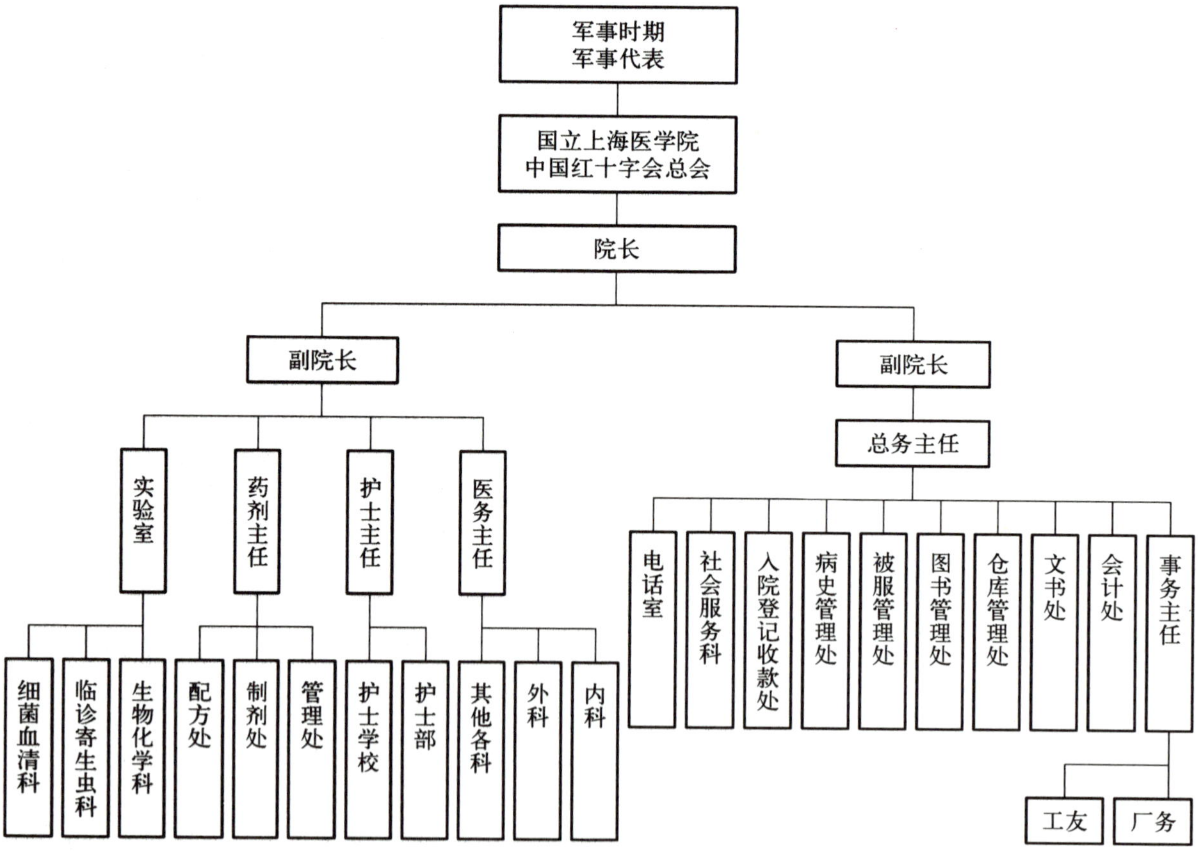

图1-1-2　1950年医院组织架构图

"文化大革命"期间，"工宣队""军宣队"进驻医院，原有管理体系为革命委员会所取代，医院成立抓革命促生产办公室，后改为革委会办公室，同时建立组织组、政工组、业务组、防保组等管理行政以及医、教、研工作，护士也划归各临床科室，取消护理部。医院正常工作一度陷入停顿。1976年，“文化大革命”结束后，医院拨乱反正，稳定调整，恢复院长办公室，职能为行政管理。同年，医院成立基建科，材料科更名为设备科。1978年，防保组由门诊部领导，更名为防保科。1979年，上海医科大学恢复建立医院各级组织机构，医院人事科更名为人保科，会计科更名为财务科，并恢复医务科、护理部等部门。

1984年，医院改革试点，精简机构，各项管理工作实行院长秘书制，内设医疗秘书、科教秘书、后勤秘书、外事秘书、院长助理，秘书与助理在分管院长的领导下负责医院行政以及医、教、研工作。同年，医院成立综合档案室，为科级建制，并将人事和保卫工作分开，分别建立人事科和保卫科。1987年，医院提升为副局级。1988年，医院改编办事机构，院长办公室、护理、医教、财务等由科扩编为处，人事科和保卫科两科合并建立为人事保卫处，在总务科基础上成立总务处，下设总务科、设备科、基建科、营养室、职工食堂。自此院长办公室、门诊部、护理部、医务处、科教处、人事保卫处、财务处、总务处均为副处级建制。1989年，门诊部更名为门急诊部，下设门诊科、急诊科、防保科。1990年，医院成立审计室与感染控制办公室。同年，总机、锅炉、修理从总务科划分出来，成立动力维修科，成为总务处下辖科室。1991年，综合信息科成立。1992年，医院将原医教处拆分为医务处和科教处，原人事保卫处拆分为人事处和保卫处，并在保卫处设立综合治理办公室。同年，为理顺教学体制，原上海医科大学成立华山临床医学院，并设教育处负责教学管理等工作。1994年，根据上海市保健委员会及上海市卫生局干部保健处的要求，医院于医务处内设立干部保健科。1998年，国务院发布《关于建立城镇职工基本医疗保险制度的决定》，医院于1999年成立医保办公室，宣传督查相关国家政策。

进入21世纪后，为顺应时代发展，落实卫生改革总要求，医院于2001年在医务处设立质控科，同年，在原综合信息科基础上设立信息科，业务从原有基于个人计算机和数据统计业务维护向网络化服务拓展。2003年，科教处更名为科研处。2005年，门诊部成为独立行政部门，协调管理门诊日常工作；医院在与哈佛合作交流逐步推进的基础上设立对外交流办。同年，因复旦大学撤销临床医学院，华山临床医学院教育处更名为华山医院教育处；信息科则改组成为信息中心，全院信息系统建设启动。2006年，医院根据卫生部第51号部长令要求，重新设立审计室为独立部门。同年，成立医院质量控制管理办公室，2007年更名为质量管理办公室，总体协调质量与安全管理工作。2007年，根据上海市干部保健局“老年病科床位100张以上的干保定点医院必须成立医务二处”的文件要求，经院务会议讨论，设立医务二处，隶属于医务处管理。2008年，为加强对外医疗合作，设立拓展办公室，同时在质量管理办公室附设JCI办公室，负责协调医院认证工作。同年，人事处更名为人力资源部，财务处更名为财务资产管理部，总务处更名为后勤保障部，医院感染管理科成为独立行政部门。2010年，因医院国际合作交流日益频繁，对外交流办更名为国际合作交流办。同年，绩效管理与考核办公室成立，负责成本核算与绩效管理工作。2013年，经院务会议讨论，设立医务二处（干部保健处）。2015年，特需医疗部、总院体检部、东院体检部和乳腺体检队整合成为健康管理中心。2016年，成立企业管理办公室，调查管理下属及关联企业的工商、经营情况。至2016年，医院共有25个行政职能部门，保障日常管理工作有序进行。

二、行政职能部门

【院长办公室】

院长办公室是在分管院长领导下，负责处理医院行政日常工作。1954年后上海医科大学院、系调整，原院长办公室改为院办公室，职能为医院行政、医教研、护理管理。1966年“文化大革命”

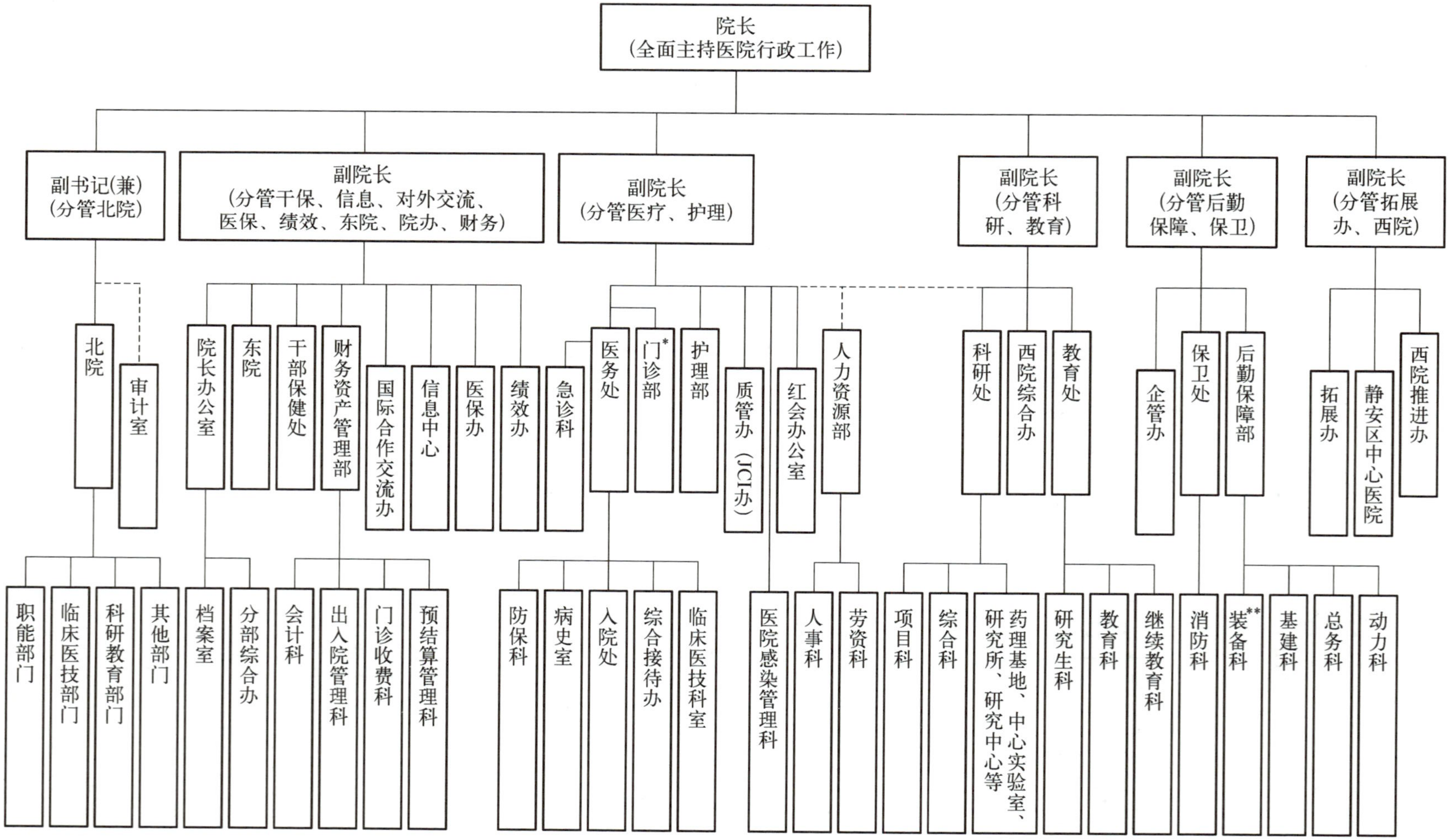

说明：虚线表示协管。
*：门诊部由医务处管理。
**：装备科职能中的耗材管理由分管医疗副院长负责。

图1-1-3　2016年医院行政管理架构图

开始，医院成立抓革命促生产办公室代替院办公室，后又改为革委会办公室，职能为医院行政管理。1976 年“文化大革命”结束后，医院恢复院长办公室，职能依旧为医院行政管理。1984 年，医院改革，精简机构，实行秘书制。1987 年，医院整体提升为副局级，院长办公室由科扩编为处。1988 年，院长办公室改为院办公室，其职能为医院行政管理，同时取消内设的秘书。1994 年，院办公室改为院长办公室。2016 年，部门有在职人员 8 人，其中主任 1 人，副主任 2 人，主任助理 1 人，科员 4 人。

院长办公室服务医院各部门及全体员工，有关政府部门、上级单位、协作单位等相关人员，来访者，患者及其家属；负责医院各种日常行政性事务，并协调其他部门完成需要相互配合完成的各项事宜；负责医院中外来宾的接待工作；负责医院行政性事务的对外联系、交流与合作，向外界提供医院相关信息；负责配合医院品牌拓展、形象策划，组织医院大型活动；负责撰写医院总结、计划及编撰《医院年鉴》等；负责医院红十字工作；负责统筹安排会议；分管档案室、分部综合办。

表 1-1-4　1959—2016 年院长办公室历任负责人情况表

任职时间	负责人
1959—1965	王宝兴(副主任，主持工作)
1965—1966	陈湘英(副主任，主持工作)
1979—1984	张本初
1984—1988	李丽华(副主任，主持工作)
1988—1994	李丽华
1991—1993	洪　震(副主任，主持工作)
1994—1995	孙寅宛(副主任，主持工作)
1995—2001	孙寅宛
2001—2010	邵建华
2010—	靳建平

说明：李丽华于 1991 年负责医院等级评审工作，未撤销主任职务。

【人力资源部】

1949 年 7 月，医院由上海市军事管制委员会接管，上海解放初期没有建立人事科机构，由 2 名人事干部负责医院人事工作。1950 年后，医院建立人事科，建科初期由王新华担任人事科科长。之后，牟起厚、吴桂明、鲍友彬、杨梅秋先后担任人事科科长。1965 年，安素维任人事科科长。“文化大革命”期间，医院人事工作受到严重冲击，当时医院成立组织组和政工组，人事科工作一度停顿。十一届三中全会后，拨乱反正。1979 年，上海医科大学恢复和建立医院各级组织机构，医院人事科改为人保科，由陈志强任人保科科长，王松岐、陈柏庭任人保科副科长。1984 年，医院进行改革试点工作，将人事和保卫工作分开，分别建立人事科和保卫科，由李祖熙任人事科科长，戚琴任人事科副科长；陈柏庭任保卫科科长，王启明任保卫科副科长。由于 1987 年医院建制由处级单位升格为副局级单位，1988 年，医院将人事科和保卫科两科合并建立人事保卫处，由李祖熙任人事保卫处处长，陈柏庭和戚琴任人事保卫处副处长。1992 年 10 月，根据医院上等级评审要求，人事保卫处分设为人事处和保卫处，当时由李祖熙任人事处处长，戚琴任人事处副处长。20 世纪 90 年代中期，人事处下设人事科和劳资科。2001 年 2 月，由戚琴任人事处处长，钱飚任人事处副处长。2008 年 9 月，人事处更名为人力资源部，由钱飚任主任。2009年起，由夏云任人力资源部主任。2010年起，人力资源部设主任助理一职(副科级)。2013年黄雪飞任人力资源部副主任。2016年，部门有在职人员7人，其中主任1人，副主任1人，人事科副科长1人，劳资科副科长1人，专职档案管理员1人，科员2人。

人力资源部是医院贯彻执行人才建设和人事政策的职能部门，负责组织实施和具体落实医院人事相关工作，结合医院实际，以打造“国际化精品医院”为总目标，满足医院服务对象的各项需求，制定和实施医院各项人事规章制度。根据医院的发展目标和需要，进行有效的人力资源规划、开发、利用和管理。具体负责全员岗位设置、人员聘用、岗位聘任、人员调配、人才引进、人才培养与人才推优、职称评定、人员考核、考勤管理、薪酬福利管理、人事统计及人员档案管理等各项工作。

表1-1-5　1950—2016年人力资源部历任负责人情况表

任职时间	负责人
1950—1954	王新华
1954—1956	牟起厚
1956—1959	吴桂明
1959—1961	鲍友彬
1961—1963	吴桂明
1963—1965	杨梅秋
1965—1979	安素维
1979—1984	陈志强
1984—1995	李祖熙
1995—2005	戚　琴
2005—2009	钱　飚
2009—	夏　云

【财务资产管理部】

财务资产管理部前身为医院建院时成立的会计室，20世纪50年代中期在会计室基础上成立会计科，1979年更名为财务科。1988年，财务科扩建为处级建制，提升为财务处。2008年9月，更名为财务资产管理部。

财务资产管理部全面负责医院的财务核算和管理工作，主要负责会计日常核算，预决算编报与分析，货币资金安全，财政拨款资金的规范使用和执行进度督导，资产监管，成本管理，会计档案依法装订、保管、销毁，职工薪资的计算与及时准确发放，基本建设项目的会计核算和财务管理，科研、教育及其他各类项目资金的财务管理，物价管理，医保结算管理，税收管理，窗口收款结算等工作。

表1-1-6　1951—2016年财务资产管理部历任负责人情况表

任职时间	负责人
1951—1956	孙惠康(副主任，主持工作)
1956—1984	孙惠康

（续表）

任职时间	负责人
1984—2006	许惠娟
2006—2007	陈一平（副处长，主持工作）
2007—	陈一平

【医务处】

1949年前，医院的医疗与教学工作由医疗教育小组统一负责。20世纪50年代初期，医院设立医务室，并任命医务主任负责内科、外科及其他各科的医务工作。1956年，医院撤销医务室，随后医院的机关事务统一由院办管理。在分管副院长的领导下，院办公室主任协调医疗、护理、教育等诸项工作，具体的医疗事务由从临床科室抽调的医疗秘书负责管理。从临床医师中抽调医疗秘书至机关轮转，此种情况持续到1966年。

"文化大革命"开始后，医院成立革委会，所有机关行政、党务事宜均由革委会办公室管理，原来的机关人员均下放到医院的业务部门工作。

至"文革"后期，全国开展"抓革命，促生产"活动，医院成立业务组，业务组形成现在医务处的前身。业务组具体负责医院的医疗、护理、防保、科研、教学等业务。1979年改为医务科，护理、防保工作也建立起独立的部门分管。

1984年，医院改革试点，精简机构，医院对行政机关建制进行调整，撤销医务科，医疗业务工作建立起分管副院长、院长助理、医疗秘书的管理层级，具体医疗业务工作由院长助理和医疗秘书负责，管理的事务有医疗质量管理、组织医疗队、院内外会诊、医疗纠纷接待、信访等工作。

1988年9月，成立医教处，为副处级建制，下分医疗组及科教组，并设专人负责医疗接待工作。1992年，医院为上等级需要，将医教处分为医务处与科教处，医务处正式成立，直属分管医疗院长领导。2016年，医务处在职人员共计17人，下辖科室分别为防保科、病案图书室、入院处、综合接待办及分管所有临床医技科室。

表1-1-7　1952—2016年医务处历任负责人情况表

任职时间	负责人
1952—1956	钱　惪
1956—1959	—
1959—1965	王宝兴
1966—1973	葛俊如
1973—1978	杨林松
1978—1984	王者宛
1984—1986	陶国治（医疗秘书，负责医疗工作）
1986—1988	谈康英（医疗秘书，负责医疗工作）
1988—1994	朱文炳
1994—2005	谈康英

（续表）

任职时间	负责人
2005—2009	汪志明
2010—2013	马　昕
2013—	王惠英

【干部保健处】

1994 年 2 月，根据上海市保健委员会及上海市卫生局干部保健处的要求，医院医务处内设立干部保健科，分管干部保健工作，负责协调干保医疗与全院有关科室的横向联系，贯彻实施、落实、反馈、督导各项干保工作。2007 年 7 月，根据上海市干部保健局有关文件要求老年病科床位 100 张以上的干保定点医院应设立相应处级部门，为加强干部保健工作的管理，医院将干部保健科从科级部门升格为处级，作为医务二处，隶属于医务处管理。2013 年 7 月，医务二处从医务处独立，形成干部保健处。

表 1-1-8　1994—2016 年干部保健处历任负责人情况表

任职时间	负责人
1994—2013	袁素艳
2013—	金少津

【门诊部】

1949 年前，医院的门诊管理工作由各临床科室主任负责。1952 年，医院更名为上海医学院内科学院，扩建医院门诊。1954 年，在医院原有门诊部的基础上，扩增为上海第一医学院综合门诊部，由医院领导管理，设主任 1 人、副主任 2 人，下设秘书、干事和办事员等若干人，组成综合门诊办公室。

1955 年，因综合门诊部作用不大，故撤销，恢复医院原有的门诊部。“文化大革命”期间，由革委会统一管理门急诊工作。1978 年，门诊部恢复工作，同时防保组改由门诊部领导，后改名防保科。1988 年，门诊部升为副处级建制。1989 年，门诊部更名为门急诊部，下设门诊科、急诊科与防保科。1992 年，开设特需医疗部及体检中心，提供高端医疗及体检服务，后于 2000 年从门急诊部独立出去，是健康管理中心的前身。2004 年，门急诊部成立客服服务中心，整合咨询、导医、预约、取报告及接待等功能，2005 年更名为便民服务中心。

2005 年，门急诊部分开建制，门诊部形成独立行政部门，主要负责医院门诊的日常医疗业务及管理工作。至 2016 年，门诊部下设挂号处、便民服务中心、门诊办公室等部门。

表 1-1-9　1954—2016 年门诊部历任负责人情况表

任职时间	负责人
1954—1956	胡田成
1956—1960	朱忍秋(负责工作)
1960—1965	秦启贤

（续表）

任职时间	负责人
1965—1968	严　华(负责工作)
1968—1971	陈素明　顾祖义(负责工作)
1971—1978	王者宛
1979—1984	沈国光　夏馥梅(副主任,主持工作)
1984—1988	李长恒
1988—2000	沈国光
2000—2005	曹同瓦
2005—2013	朱会耕
2013—	王　兵(副主任,主持工作)

【护理部】

1911 年,医院成立之初,护理管理部门隶属医疗教育小组,分管医院护理管理工作,医院配备护理人员参与医院的医疗工作。1921 年,医院附设护士学校。1922 年开始招生,当时的建制,护校校长兼任护理部主任(当时称护士长)。20 世纪 50 年代初期,医院设立护士部,任命护士主任负责护士部与护士学校的医疗护理及教学工作,1960 年更名为护理部。1966—1978 年,由于"文化大革命",所有护士都划归到各科室,取消护理部。1979 年,恢复护理部部门。2016 年,设主任 1 人,副主任 3 人,主任助理 4 人,科护士长 6 人,护士长 91 人。

护理部在医院领导下,实行护理部主任、科护士长、护士长三级管理。护理部坚持以"遵循医院宗旨,以患者为中心,全面提高临床护理质量和护患双方满意度"为目标。重点突出专科护理质量和基础护理质量管理,从细节入手抓好临床护理质量管理和护理服务。

表 1-1-10　1921—2016 年护理部历任负责人情况表

任职时间	负责人
1921—1930	伍哲英
1930—1935	殷粹和　汤竟群
1935—1937	卢祺英
1937—1940	潘景芝
1940—1947	陈秀云
1947—1965	过文瑚
1965—1966	朱淑贤
1979—1985	黄佩珍
1985—1999	戴宝珍
1999—2005	吕海燕
2005—	蒋　红

【教育处】

教育处是医院的教育教学管理部门，其前身是华山临床医学院教育处。1992 年 12 月，为理顺教学体制，上海医科大学成立华山临床医学院和中山临床医学院，原医学系建制撤销。华山临床医学院由华山医院、上海市华东医院、上海市第一妇婴保健院和上海市儿童医院组成，设内科学、外科学、妇产科学、儿科学、神经病学、精神医学、传染病学、口腔医学、皮肤病学、骨科学、运动医学、中医学、诊断学、影像诊断学、麻醉学和护理学等 16 个教研室，并配有电化教室和计算机辅助教学室。2000 年，继续教育工作从医院科教处分离，并入华山临床医学院教育处。2003 年 12 月，研究生教育工作从医院科教处分离，并入华山临床医学院教育处。2005 年，复旦大学撤销临床医学院，华山临床医学院教育处更名为华山医院教育处，下设四个科室：本科教学办公室、研究生科、继续教育科和本科学生工作组。2010 年，随着上海市住院医师规范化培训制度的出台，经医院领导审批，教育处增设继续教育二科。2013 年，教育处下设三个科室：本科生科、研究生科和毕业后教育科。另有党委领导下学生工作党总支。

表 1-1-11　1992—2016 年教育处历任负责人情况表

任职时间	负责人
1992—2000	王申生
2000—2005	邹和建
2005—2013	李益明
2013—	姜昊文

【科研处】

科研处是负责医院科学研究管理的部门。20 世纪 50 年代，医院科研管理工作归属于院长办公室（简称院办），当时院办工作包揽医院除后勤工作外的医疗、教学、科研及其他日常事务。当时的院办负责人为王宝兴，另由各科室主治医生协助院办秘书做好医、教、研各项工作。“文化大革命”期间，医院成立业务组，分管医、教、研工作，组长为吴引珍。20 世纪 70 年代，医院医、教、研工作统一设医务科管理，科长由副院长王者宛兼任。1984 年，医院医、教、研管理工作改为院长秘书制，科教秘书由王佩珍担任。1988 年，医院成立医教处，下设医疗组及科教组。1992 年，医院将医教处拆分为医务处和科教处，首任科教处处长为王佩珍。2003 年，科教处更名为科研处，由伍蓉负责处室管理工作，李益明任副处长。2012 年，伍蓉调任至复旦大学上海医学院，由姜昊文担任一年代理处长。2013 年，陈靖任科研处处长，陈向军任副处长。

表 1-1-12　1992—2016 年科研处历任负责人情况表

任职时间	负责人
1992—1994	王佩珍（副处长，主持工作）
1994—2003	王佩珍
2003—2012	伍　蓉
2012—2013	姜昊文（代理处长）
2013—	陈　靖

【后勤保障部】

1951年9月前，后勤部门称为事务处；1951年9月事务处更名为总务科，分为技工组、采购组、事务组，负责管理修理、工人、环境卫生、失物招领、宿舍、家具等后勤保障服务。

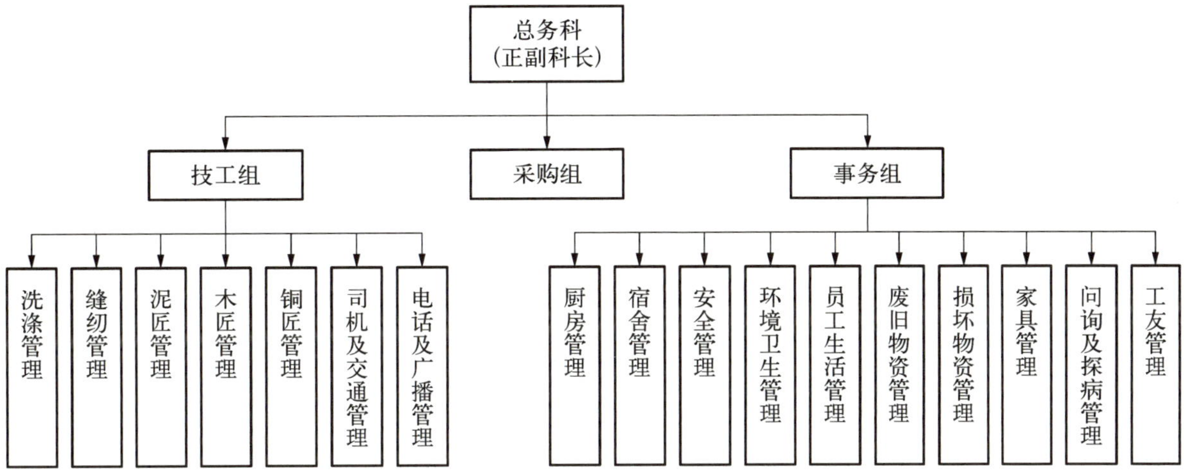

图1-1-4 1951年总务科组织架构图

1952年，营养室从原来的护理部划出，归总务科管理。1968年，医院将修理组从总务科内划出，并于1976年成立基建科，先后新建食堂、教育楼、病房大楼。1976年，材料科更名为设备科。1984年前的负责人是吴桂明。1984年，医院实行秘书制，设立后勤秘书，在分管院长领导下管理后勤工作。1988年8月成立总务处，为副处级建制，下设总务科、设备科、基建科、营养室、职工食堂。1990年7月，医院把总机、锅炉、修理从总务科划出，成立动力维修科，总务处下设总务科、设备科、基建科、动力维修科和营养室。1991年底，总务处开设洗衣房、进修医生招待所等。1992年，总务处设有人员263人，大中专以上文化程度16人；18人有技术职称，其中主任护师1人，经济师4人，助理研究员2人，工程师1人，实习研究员4人，技师2人，助理工程师1人，技术员2人，会计1人。1999年，营养室从总务处分出，在管理体制上由后勤科室改编为临床医技科室。2008年9月，总务处更名为后勤保障部，下设总务科、基建科、动力维修科、装备科及分部总务科。截至2016年，后勤保障部在册人员99人，其中本科及以上文化程度47人。

表1-1-13 1984—2016年后勤保障部历任负责人情况表

任职时间	负责人
1984—1988	汪长华(后勤秘书，负责后勤工作)
1988—1994	叶贞义(副处长，主持工作)
1994—2001	叶贞义
2001—2008	黄亚忠
2008—2012	王中一
2013—	朱会耕
2014—	卢　清(副主任，主持工作)

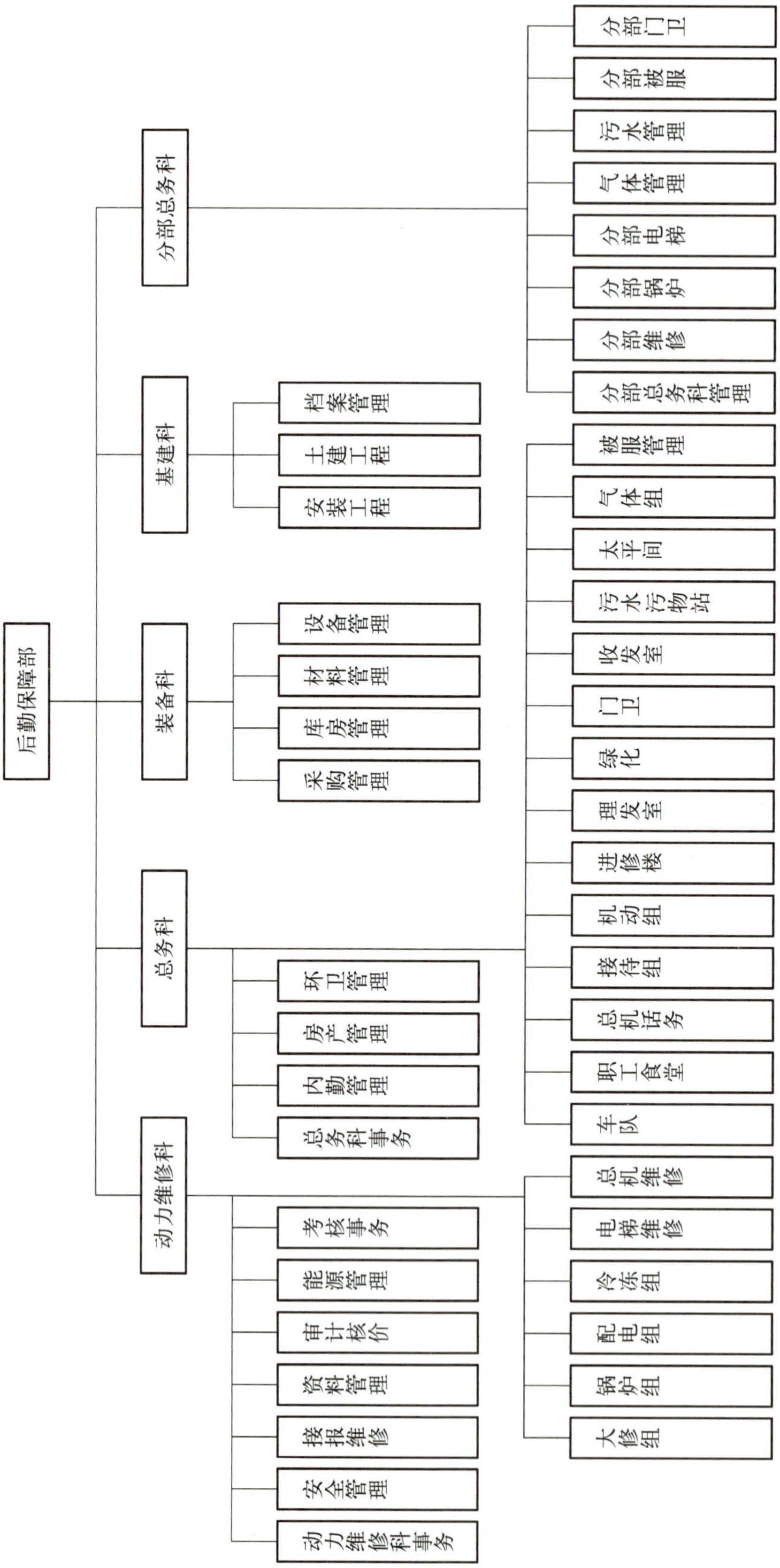

图1-1-5　2016年后勤保障部组织架构图

后勤保障部是医院服务保障体系的组成部分之一，负责全院基本建设、绿化、保洁、医疗废弃物和污水处理、医用气体管理、职工餐饮、公共设施设备日常运行管理、零星维修及急抢修、医疗设备耗材与办公用品采购及维修、相关外委物业监管等后勤保障工作。

【保卫处】

1979 年，上海医科大学恢复并建立医院各级组织机构，医院人事科改为人保科，由陈志强担任人保科科长，陈柏庭、王松岐担任人保科副科长。1984 年，医院进行改革试点工作，将人事和保卫工作分开，分别建立人事科和保卫科，陈柏庭担任保卫科科长，王启明担任保卫科副科长。由于医院建制由处级单位升格为副局级单位，1988 年，医院将人事科和保卫科两科合并建立人事保卫处，由李祖熙担任人事保卫处处长，陈柏庭和戚琴担任人事保卫处副处长。1992 年 10 月，根据医院上级评审要求，人事保卫处分设为人事处和保卫处。同年综合治理办公室设在保卫处，保卫处处领导职数限 1 人；陈柏庭任保卫处副处长，1993 年任保卫处处长。1994 年，医院任命张佳文为保卫处保卫科科长，王启明为保卫处消防科科长。1996 年，张佳文任保卫处副处长，2011 年任保卫处处长。

2007 年 6 月，根据《中华人民共和国国防法》《民兵工作条例》等有关“企事业单位设立人民武装部和配备专职武装干部”的精神，任命冯晓源兼任医院人民武装部第一部长，丁强任医院人民武装部部长，张佳文兼任医院人民武装部副部长，蒋正飞兼任医院人民武装部干事，人武工作由医院党委书记冯晓源分管。自 2013 年起，保卫处设处长助理一职（副科级），由贾明昊担任。2016 年 2 月，富学斌任保卫处消防科副科长。保卫处原办公地点位于原 1 号楼老红楼，几经搬迁后，办公地点为 9 号楼 2 楼。2016 年，保卫处有在职人员 7 人，其中处长 1 人，处长助理 1 人，消防科副科长 1 人，科员 4 人。

表 1-1-14　1979—2016 年保卫处历任负责人情况表

任职时间	负责人
1979—1984	陈柏庭（副科长，负责保卫工作）
1984—1988	陈柏庭
1988—1992	陈柏庭（副处长，负责保卫工作）
1992—1993	陈柏庭（副处长，主持工作）
1993—1996	陈柏庭
1996—2011	张佳文（副处长，主持工作）
2011—	张佳文

【审计室】

1988 年 9 月，医院根据《卫生部关于直属单位内部审计工作的暂行规定》第三条的要求“部属单位设立与本单位财务机构平行的审计机构或职级相应的审计人员”，申请成立审计室。1990 年 1 月，获上海医科大学批准，医院成立审计室，任命孙惠康为负责人。其间，审计工作始终由财务处人员兼职管理。2006 年，医院根据卫生部要求重新设立审计室为独立部门，并设专人负责。2016 年，有工作人员 3 人。

审计室在医院主要负责人领导下，依照国家审计法及《审计署关于内部审计工作的规定》《卫生系统内部审计工作规定》，对本单位及所属单位的财务收支、经济活动的真实性、合法性进行独立监督审核。2012 年，审计室荣获卫生部内部审计工作先进集体。

表 1-1-15　1990—2016 年审计室历任负责人情况表

任职时间	负责人
1990—1994	孙惠康
1994—1996	陈一平(副主任，兼职)
1996—2001	褚　玮(副主任，兼职)
2001—2006	何卫真
2007—	葛诗华
2014—	孙　毅(副主任，主持工作)

【信息中心】

医院信息中心于 1991 年 7 月 11 日正式成立，初创时名为综合信息科，徐凤珍担任首任科长。2001 年，在原综合信息科的基础上，成立新的信息科，业务从基于个人计算机和数据统计业务维护向网络化服务拓展。2005 年，信息科正式改组为信息中心，由黄虹担任副主任(主持工作)。自此医院正式在全院范围内启动基于网络和数据服务的各类医院信息系统建设。2011 年，黄虹出任信息中心主任，次年开始规划实施全院临床数据中心建设。2016 年，信息中心有员工 14 人，承担 HIS、LIS、RIS、PACS、电子病历、临床数据中心(CDR)等几十套系统的日常运维管理任务，业务覆盖医疗卫生信息化规划、建设、研究。

表 1-1-16　1991—2016 年信息中心历任负责人情况表

任职时间	负责人
1991—2004	徐凤珍
2005—2011	黄　虹(副主任，主持工作)
2011—	黄　虹

【医保办公室】

1999 年，医院成立医保办公室，由分管院长直接领导。随着上级部门对医保管理工作的不断重视，工作范围从简单的医保政策宣传和督查扩展到建立医保统计、反馈和控制系统，实现实时监管和前馈控制等。2007—2008 年，连续两年获上海市少儿医保管理先进单位。2014 年，获全国医院医疗保险服务规范示范岗位。

表 1-1-17　1999—2016 年医保办公室历任负责人情况表

任职时间	负责人
1999—2005	徐建光
2005—2009	顾建英

（续表）

任职时间	负责人
2009—2013	王　兵
2013—	陈　澍

【国际合作交流办】

2001年10月27日，医院与哈佛医学国际（Harvard Medical International）在上海举行会谈并达成合作意向书，开展为期5年的战略合作，“贯穿始终的宗旨是支持华山医院的持续发展，使之成为中国在临床医学和医疗培训方面的一个有卓越表现的中心”。2005年，医院成立对外交流办，专门负责与哈佛的合作交流项目，逐渐扩大到推动医院的国际合作交流发展，并于2010年正式更名为国际合作交流办，纳入医院编制。国际合作交流办直接向医院分管国际交流的副院长汇报，重大事情在院务会上讨论决定。日常工作与院长办公室、人力资源部及各职能部门合作办事。

国际合作交流办协助医院领导，负责推动国际合作交流；建立国际合作平台，拓宽渠道，加强国际化人才培养；引入国际项目与专家团队，促进医院临床专科建设；拓展国际合作空间，占据医院发展的战略高地；遵循国际标准，赢得国际认可，扩大医院的国际影响力。

表1-1-18　2010—2016年国际合作交流办负责人情况表

任职时间	负责人
2010—	林建华

【绩效管理与考核办公室】

2010年8月2日，医院成立绩效管理与考核办公室（简称绩效办），由财务处副处长姚萍兼任主任，分管领导为医院行政副院长。2011年1月，结合医院“十二五”目标，绩效办将医院整体目标进行拆解，分解到各个科室；通过科室访谈等形式，制定各科室“十二五”绩效指标；建立综合目标考核机制，并推出《综合目标管理考核试行方案》。2013年3月，结合医院发展需要，新增环境安全节能等考核，对各临床科室与职能部门的发展综合目标考核更全面。2015年11月，医院启动“十三五”规划的制定工作，绩效办通过科室访谈等形式，制定各科室“十三五”绩效指标。2016年11月，加强绩效管理，新增及修订绩效考核和分配制度、院科两级分配指导原则，各科室落实二级分配方案修订，开启新一轮绩效改革。

表1-1-19　2010—2016年绩效管理与考核办公室负责人情况表

任职时间	负责人
2010—	姚　萍

【质量管理办公室】

2001年，医务处设立质控科。2006年，成立医院质量控制管理办公室，直属领导为医疗分管院长。2007年，更名为质量管理办公室。2008年，附设JCI办公室，负责协调全院的认证工作。作为全院质量安全管理委员会的常设机构，总体协调全院质量与安全管理工作，监督各管理委员会的工作。2010、2011、2016 年，分别举办 3 次"JCI 国际高峰论坛"。

表 1-1-20　2001—2016 年质量管理办公室历任负责人情况表

任职时间	负责人
2001—2005	汪志明(兼职)
2005—2007	吕海燕
2007—2013	章祖成
2013—	王惠英(兼职)　胡祖鹏(副主任，主持工作)

【医院感染管理科】

医院感染管理团队组建于 1980 年代后期，为国内最早成立感染管理团队的医院之一。1990 年代早期成立医院感染控制办公室，2008 年成立独立的医院感染管理科，由医疗分管院长直接领导，全面负责医院感染管理与监控工作，并设立医院感染管理三级网络：医院感染管理委员会—医院感染管理科—各科室医院感染管理小组。主要是在医院感染管理委员会的领导下，负责医院感染管理日常工作，对医院感染发生状况进行调查、统计分析，并向医院感染管理委员会或者医疗分管院长报告，向全院反馈。对医院感染及其相关危险因素进行监测、分析和反馈，针对问题提出控制措施并指导实施；对医院的清洁、消毒灭菌与隔离、无菌操作技术、医疗废物管理等工作提供指导；对医院感染暴发事件进行报告及调查分析，提出控制措施并配合职能科室协调、组织有关部门进行处理；对医务人员进行预防和控制医院感染的培训工作等。

表 1-1-21　2008—2016 年医院感染管理科历任负责人情况表

任职时间	负责人
2008—2011	李光辉(副主任，主持工作)
2011—	李光辉

【拓展办公室】

2008 年，医院成立拓展办公室，配备专职人员，全面负责对外医疗合作项目的管理工作，隶属拓展副院长领导。同年 10 月，成立拓展工作领导小组和工作小组。2016 年，拓展办公室有主任 1 人，工作人员 3 人。办公室主要负责医院与合作医院之间的沟通联络，合作协议的管理与维护，新签订合作协议的审核与上报，协助其他职能科室管理对外合作医院的派驻人员及财务事宜等；同时配合华山临床医学中心的筹建工作。

2008 年 12 月，与浦东新区卫计委正式签署合作协议，以委托管理的形式共建南汇区中心医院，冠名"复旦大学附属华山医院南汇分院"。2009 年 2 月，与原宝山区卫生局及下辖的二医院级、一级卫生服务中心签订合作协议，成立华山医疗宝山社区卫生服务集团。2010 年 4 月，与静安区人民政府签订合作协议书，以委托管理形式与静安区中心医院合作，冠名"复旦大学附属华山医院静安分院"。2008 年起，配合华山北院项目及华山临床医学中心项目的筹建工作。2010—2016 年，相继与全国各地医院及单位签订合作协议。

表 1-1-22　2010—2016 年拓展办公室与各单位签订合作意向情况表

年份	签订合作意向的单位
2010	宁波市第一医院、宁波市第六医院、江苏省苏北人民医院、上海市闵行区中医医院、无锡市第四人民医院、上海市静安区中心医院神外集团医院、上海市闸北区永和地段医院(永和分院)
2011	合肥市滨湖医院、南京明基医院、杭州富春江曜阳国际老年公寓、上海市卫生局、崇明县政府、中瀛集团、杨浦老年医院、天山中医院、金山医院、南汇中心医院、台州市立医院、宁波镇海二院
2012	呼和浩特市第一人民医院、溧阳市卫生局、闵行区中医医院、宝山卫生局、静安区中心医院、普陀人民医院
2013	福建省莆田市第一医院、徐州市中心医院、静安区中心医院、神经外科静安分院
2014	中航工业西安飞机工业(集团)有限责任公司、甘肃省人民医院、湖南省株洲市中心医院、上海市第一康复医院、儿科医院、普陀人民医院
2015	苏北人民医院、闵行区卫生计生委、复旦大学附属儿科医院的手外科产瘫中心、呼和浩特市第一医院、台州市立医院
2016	浙江省奉化市卫计委、上海市第五人民医院、闵行区卫计委、上海市浦东医院、吉林省四平市肿瘤医院、海口市卫生局、海口人民医院、福建医科大学附属第一医院、深圳市人民医院、重庆医科大学附属第一医院、复旦大学附属儿科医院的手外科产瘫中心、静安区中心医院、上海市第一康复医院签订续约协议、呼和浩特市第一医院、甘肃省人民医院

表 1-1-23　2008—2016 年拓展办公室历任负责人情况表

任职时间	负责人
2008—2013	徐文东
2013—	赵　曜

【企业管理办公室】

2016 年 3 月，医院企业管理办公室(企管办)成立，由财务资产管理部副主任韩怡、院长办公室主任助理唐弘兼任副主任，分管领导为后勤副院长。同年，完成下属及关联企业全面的基本工商及经营情况调查。

表 1-1-24　2016 年企业管理办公室负责人情况表

任职时间	负责人
2016—	韩　怡(副主任，兼职)　唐　弘(副主任，兼职)

【江苏路分部综合办】

江苏路分部综合办隶属医院院办、党办，2001 年 7 月 10 日起正常运作。科室服务于分部全体员工和总部相关科室的员工、分部的患者及家属、有关政府部门工作人员、外单位相关人员；主要完成医院江苏路分部内各种日常行政性事务，督促在分部贯彻落实医院领导的指示精神；接待各级各项检查；协调科室部门关系；协助职能部门管理；保障安全生产环境；应对处理紧急状况。

表 1-1-25　2001—2016 年江苏路分部综合办历任负责人情况表

任职时间	负责人
2001—2005	陆昌宜
2005—2009	俞佩芸
2009—2011	黄　敏(副主任,主持工作)
2011—	邹　强(兼职)　施美丽(副主任,主持工作)

【档案室】

医院档案工作始于 1979 年,当时的工作仅为收集文书档案与科技档案,统一管理,由设在院长办公室的机要打字员兼任档案员。1982 年,配备一名专职档案员。1984 年 10 月,医院体制改革,医院成立综合档案室,为科级建制,隶属党委办公室管理。当时档案室只有一间 20 平方米的办公室,库房与办公均在一处。医院升格为副局级建制后,1988 年,档案室划归院办公室管理。1989 年,根据卫生部对档案工作的具体要求,档案室增加一间 16 平方米的办公用房,从而实现库房与办公室分开,并先后配备复印机、空调机、温湿度记录仪等设备。几经搬迁,新办公室于 2005 年迁址华山花园,设有办公用房 1 间,库房 2 间,总建筑面积为 85.5 平方米。限于医院用地有限、办公面积较小等客观因素,医院的设备、基建、财务等档案分别保管在各自部门库房中,档案室采取统一业务管理、档案分散保管的管理模式。2016 年,档案室有专职档案员 3 人,兼职档案员 22 人,建立以分管领导统管、档案室具体负责、各部门档案网络兼职人员共同协作的三级档案管理网络,并接受复旦大学档案馆的业务指导。

表 1-1-26　1984—2016 年档案室历任负责人情况表

任职时间	负责人
1984—1988	袁文华(副主任,主持工作)
1988—1991	袁文华
1991—1992	刘晓风(副主任,主持工作)
1992—	周幸媛

【病案图书室】

病案图书室始建于 1947 年,至 2016 年共收藏各种形式的病案超过 120 万份。病案图书室几经搬迁,2006 年迁址于华山花园,面积约 300 平方米。病案图书室归属医务处领导。随着病案、图书工作量的不断增加,工作人员从建室初期 1～2 人已增加至 2016 年的 12 人。工作范围从单一的收集、保管病案,扩展到医疗数据统计分析、上报;病案调取、借阅、浏览;病案信息分析、利用;病史书写质量管理,以及图书、期刊、阅览资源管理等。2011 年获中国图书馆学会医院图书馆委员会颁发的 2008—2011 年医院图书馆先进集体。2014 年获复旦大学医学图书馆联盟创新服务奖。

表 1-1-27　1956—2016 年病案图书室历任负责人情况表

任职时间	负责人
1956—1984	虞鸣皋
1984—1988	葛俊如
1988—2016	张幼华(副主任,主持工作)
2016—	李　芸

【防保科】

防保科自上海解放初期建立,当时命名为社会服务科,吴荣珍任负责人。1955 年改名为下厂组,由院部领导,吴荣珍继续担任负责人。"文化大革命"期间更名为防保组,为医务科下属的一个组,沈国光任组长。1978 年,防保组改由门诊部领导。后来,为适应国家疾病预防控制工作的需要,防保组工作增加与疾控中心相关的内容,改名为防保科,沈国光任科长,夏馥梅任副科长。1999 年 7 月,王晋伦担任防保科副科长。2001 年 12 月,罗伟萍担任防保科科长。2010 年起,周萍任副科长,负责防保科工作,2011 年起担任主任。至 2016 年,防保科主要负责员工保健与卫生防疫工作,隶属医务处领导。防保科主要负责职业防护、员工体检、传染病相关工作、无偿献血工作管理及爱卫工作。2010—2016 年,连续 7 年获上海市社区、企事业单位献血工作考核优秀集体。

表 1-1-28　1978—2016 年防保科历任负责人情况表

任职时间	负责人
1978—1999	沈国光
1999—2001	王晋伦(副科长,主持工作)
2001—2010	罗伟萍
2010—2011	周　萍(副科长,主持工作)
2011—	周　萍

【健康管理中心】

健康管理中心的前身是医院体检部,创立于 1992 年 12 月 14 日,并于 2000 年从门急诊部独立出去,其中特需医疗服务是全国首创。2015 年 7 月,医院将特需医疗部、总院体检部、东院体检部和乳腺体检队整合成立一个新部门,更名为健康管理中心。2016 年,健康管理中心设有主任 1 人,办公室主任 1 人,主任助理 4 人,医疗组长、财务组长、设备组长各 1 人。

健康管理中心依托医院的医疗资源,为广大客户提供医疗及体检服务。特需医疗部设有特需专家门诊和多学科协作联合(MDT)门诊。特需专家门诊集全院 20 多个临床、医技科室和院士、终身教授等 170 余位资深专家出诊,每年服务患者约 17 万人次。多学科协作联合(MDT)门诊有垂体瘤 MDT、神经肿瘤 MDT、痉挛疾病 MDT、神经系统自身免疫及感染性疾病 MDT 等 14 个团队,70 余位专家参与其中,2016 年服务患者约 450 人次。总院和东院体检部是专业的健康管理机构,体检部由临床经验丰富的专家团队根据客户的健康危险因素,制定适宜的、个性化的体检套餐,由专职人员安排陪同，高级职称医师负责体检。检验项目按照美国病理学家协会（CAP）标准，确保体检结果科学、权威、准确，并为客户提供检后一对一的报告解读及健康管理，多次荣获上海市健康体检质控督查优秀单位，是中国医师协会和上海市健康教育协会认可的健康教育基地。乳腺体检队是一支流动的乳腺疾病普查队，每年经普查发现的乳腺癌患者 60 余例，并呈逐年上升趋势，其中 90％均为早期。

1992 年中心成立初期，连续三年为全国劳模杨怀远、杨富珍、李斌、徐虎、朱志豪等 80 余名全市各界全国劳模免费义务体检，连续 15 年在教师节为所在静安寺街道的优秀教师免费义务体检。2015—2016 年，连续两年在总院体检部开设专场免费为上海的全国道德模范及提名奖获奖者、市志愿服务优秀个人和团队代表进行健康体检。2016 年 5 月，医院成为全国首家尝试将医疗体检支付放入手机支付宝“城市服务”的医院。

表 1－1－29　1992—2016 年健康管理中心历任负责人情况表

任职时间	负责人
1992—2014	沈国光
2014—2015	王　兵
2015—	许震生

第二章　医院党组织

第一节　党的委员会

医院党组织经历由支部—总支—上级直接任命党委会成员—党代会选举产生党委会成员等过程。党员大会或党员代表大会制度是党的基层组织一项重要的组织制度，是党委发挥领导核心作用的重要渠道，是保证党内政治生活正常化的基本要求，是尊重党员主体地位的具体体现和实现党内民主的重要形式。召开党员大会或党员代表大会进行换届选举是党员政治生活中的一件大事。召开党员大会或党员代表大会，是为了全面总结上届党员大会或党员代表大会以来的工作，研究确定当前和今后一个时期的奋斗目标和主要任务，严格选举程序，选举产生新一届党委和纪委领导班子。

一、党支部时期（1945—1958年）

1945年5月，医院成立职工和医护2个党支部，沈孟先任职工支部书记，朱凤腾任医护支部书记。1949年7月，医院建立中共华山医院支部委员会，属静安区党委领导，李存仁、邢明、骆德三先后任支部书记，吴桂明任支部副书记。1952年，医院更名为上海医学院内科学院，胡田成任支部书记。

表1-2-1　1945—1958年党支部时期历任书记、副书记情况表

任职时间	书　记	任职时间	副书记
1945—1948	沈孟先(职工支部)	1949—1958	吴桂明
1948—1949	徐在贵(职工支部负责人)		
1949—1951	李存仁		
1951	邢　明		
1951	骆德三		
1952—1956	胡田成		
1956—1957	吴桂明(主持支部工作)		
1957—1958	林　平(主持工作)		

二、党总支时期（1958—1975年）

1958年2月，由于医院党员数超过50名，医院成立中共华山医院总支委员会，林平、王彤先后任党总支书记，吴桂明、潘自浦、杨美秋任总支副书记，朱锡琪、陈公白、王宝兴、方云莪任总支委员。1964年，王彤奉调搞“四清”工作。1964—1966年“文化大革命”初，医院党组织按党员所在科室编支部。一个科室党员较少，则几个科室的党员合编一个支部。1967—1969年“文化大革命”期间，党组织瘫痪。1969年5月，学校“整党建党核心小组”建立。1969年12月，医院党员陆续恢复组织生活。1970年8月，院核心小组讨论决定建立中共华山医院总支委员会，俞茂华任总支书记，苏德和任总支副书记，苏德和、于留生、谢宝良、俞茂华、朱锡琪、孙仰龙、陈柏庭任总支委员。

表 1-2-2　1958—1975 年党总支时期历任书记、副书记情况表

任职时间	书　记	任职时间	副书记
1958—1959	林　平	1958—1965	吴桂明
1959—1966	王　彤	1959—1962	潘自浦
1966	林　平	1961—1966	林　平
1970—1975	俞茂华	1964	杨梅秋
		1970—1971	苏德和(军宣队)
		1973	倪斯美
		1973—1975	于留生(工宣队)
		1973—1975	王　彤

三、党委时期(1975 年后)

1975 年，医院成立党委，俞茂华任党委书记。1977 年，工宣队撤离，林平主持院党委工作。1978 年，医院恢复院长制，并重新组建中共华山医院委员会，林平任党委书记，高敏、彭玉德任副书记。1979 年 9 月，医院召开全体党员大会，选举产生医院纪律检查小组。1980 年，医院领导班子调整，袁美英任党委书记，林平任顾问，陈公白任副院长并参加党委工作。1984 年，医院调整领导机构，袁美英、张永信、陈公白、张本初等 4 人组成党委会，袁美英任党委书记，张永信任副书记。1985 年 5 月，医院更名为上海医科大学附属华山医院，党的关系隶属中共上海医科大学委员会。

1988 年 10 月，医院升格为副局级单位后第一次召开党员大会，选举产生陈星荣、袁美英、黄爱玉、孙涛、张本初、黄煌渊、戴宝珍等 7 人组成第一届党委会，袁美英任党委书记。大会通过袁美英代表上届党委做工作报告：上届党委成立四年来，坚持党政逐步分开，实行院长负责制，党委坚持以积极的态度鼓励干部和群众把改革深入进行下去。大会确定当前和下一阶段的党委工作目标，要加快医院改革的步伐，继续坚持党政分开，加强党的自身建设，落实对党员的监督管理制度，提高干部素质，加强政治思想工作，切实发挥好党委的监督保证作用。

1993 年 10 月，医院召开党员大会，选举产生谢毅、张永信、陈星荣、黄爱玉、黄煌渊、戴宝珍、洪震等 7 人组成第二届党委会，张永信任党委书记，洪震任副书记。大会通过袁美英代表上届党委做工作报告：改革开放以来，医院实行的是院长负责制，院长实施行政业务管理和经营指挥权。上届党委成立五年以来，立场坚定地带领党员和广大群众，坚持党的原则，坚守工作岗位，同各种错误思潮做斗争，维护党的团结稳定。大会确定当前和下一阶段的党委工作目标，继续发挥监督保证党的政治核心作用，党政分工不分家，互相配合、互相支持、互相帮助，促进医教研、行政管理、开发等各方面工作取得突破性的成绩。

2000 年 5 月，复旦大学和上海医科大学两校合并，医院更名为复旦大学医学院附属华山医院，党的关系隶属中共复旦大学委员会。2001 年 2 月，医院更名为复旦大学附属华山医院，党的关系隶属中共复旦大学委员会。2001 年 3 月，医院召开党员大会，选举产生王佩敏、冯晓源、朱新、李趣翎、张元芳、张永信、顾勇、顾玉东、徐建光等 9 人组成第三届党委会，张永信任党委书记，王佩敏任副书记。2004 年 11 月，上海市委任命冯晓源为党委书记。2008 年 5 月，上海市委任命顾小萍为党委书记。

2011 年 6 月，医院召开中共复旦大学附属华山医院第一次代表大会，选举产生丁强、马昕、邹和建、汪志明、邵建华、耿道颖、顾小萍、顾玉东、钱飚等 9 人组成第四届党委会，顾小萍任党委书记，耿道颖、钱飚任副书记。大会通过党委书记顾小萍代表上届党委做的工作报告：上届党委紧紧围绕医院的发展目标和主要任务，加强基层党组织建设，不断增强各级党组织的创造力、凝聚力和战斗力；不断完善保持共产党员先进性的长效机制，充分发挥共产党员的先锋模范作用，为医院的改革与发展提供强大的政治、思想和组织保证。大会确定当前和下一阶段的党委工作目标，必须全面贯彻党的路线、方针和政策，自觉实践科学发展观，不断加强和改进党的思想建设、组织建设、作风建设和廉政建设，实现医院的发展关键在于进一步加强党的建设，提高党的执政能力和领导医院发展的能力。2012 年 12 月，医院党政领导班子调整，顾小萍任党委书记，邹和建、耿道颖任副书记。

表 1-2-3　1975—2016 年党委时期历任书记、副书记情况表

任职时间	书　记	任职时间	副书记
1975—1977	俞茂华	1975—1977	王　彤
1977—1978	林　平（主持工作）	1975—1977	陈根生（工宣队）
1978—1980	林　平	1978—1980	彭玉德
1980—1993	袁美英	1978—1981	高　敏
1993—2004	张永信	1981—1984	谢　震
2004—2008	冯晓源	1984—1988 1990—1993	张永信
2008—	顾小萍	1993—1997	洪　震
		1997—1999	徐建光
		1999—2009	王佩敏
		2009—2012	钱　飚
		2011—	耿道颖
		2012—	邹和建

第二节　纪律检查委员会

1976 年 10 月，经中共上海第一医学院委员会同意，由陈志强、陈星荣、李丽华、李长恒、孙涛组成华山医院纪律检查组，陈志强任组长；1984 年，中共上海第一医学院委员会批准张本初任第一任纪委书记。1985 年 5 月，中共上海第一医学院委员会同意通过由张本初、方秀丽、黄开莲、瞿治平、黄煌渊组成医院纪律检查委员会，张本初任纪委书记。1985 年 8 月，增补李趣翎为纪委委员。1988 年 11 月，中共上海医科大学委员会同意通过由张本初、李趣翎、乐竹琴、陈柏庭、黄开莲组成医院纪律检查委员会，张本初任纪委书记；1993 年 11 月，中共上海医科大学委员会同意通过由李趣翎、孙涛、陈柏庭、李丽华、乐竹琴组成医院纪律检查委员会，李趣翎任纪委书记；2001 年 3 月，中共复旦大学委员会通过由李趣翎、吴波水、张美娥、倪泉兴、徐三荣组成的第三届纪律检查委员会，李趣翎任纪委书记；2011 年 6 月，中共复旦大学委员会同意通过由钱飚、向阳、郑敏华、顾宇翔、靳建平组成医院纪律检查委员会，钱飚兼任纪委书记。2012 年 12 月，医院领导班子换届，邹和建任纪委书记；

2015年1月，增补高继明任纪委副书记。

表1-2-4 1984—2016年历任纪委书记、副书记情况表

任职时间	纪委书记	任职时间	纪委副书记
1984—1990	张本初	2015—	高继明
1993—2011	李趣翎		
2011—2012	钱　飚		
2012—	邹和建		

表1-2-5 1976—2016年纪律检查委员会委员情况表

年份	党委名称	纪律检查委员会委员
1976	中共上海第一医学院委员会	陈志强　陈星荣　李丽华　李长恒　孙　涛
1985	中共上海第一医学院委员会	张本初　方秀丽　黄开莲　瞿治平　黄煌渊　李趣翎(增补)
1988	中共上海医科大学委员会	张本初　李趣翎　乐竹琴　陈柏庭　黄开莲
1993	中共上海医科大学委员会	李趣翎　孙　涛　陈柏庭　李丽华　乐竹琴
2001	中共复旦大学委员会	李趣翎　吴波水　张美娥　倪泉兴　徐三荣
2011	中共复旦大学委员会	钱　飚　向　阳　郑敏华　顾宇翔　靳建平
2012	中共复旦大学委员会	邹和建　向　阳　郑敏华　顾宇翔　靳建平

第三节　基层党组织与党员

抗战期间，医院职工在中共地下党的秘密活动及其影响下，一些有志青年先后参加新四军。1945年抗战结束后，随着上海的中共地下组织的发展壮大，医院成立职工和医护2个党支部，职工支部的党员有沈孟先、徐在贵、谭镜清、沈承和、罗忾、乔炳立、封玉伟等，医护支部的党员有袁莲渠、沈莹珠、钱玉君、周竹青、黄霞轩、王赞舜、蒋兴权、袁耀萼等。

1958年，医院党员数超过50名，成立党总支部，下设医护、行政、后勤3个支部。1958年2月至1966年"文化大革命"前夕，医院扩展到8个党支部，包括内科党支部、外科党支部、神经科党支部、皮肤科党支部、门诊党支部、后勤党支部、机关党支部、教工党支部。

1970年，建立中共华山医院总支委员会时，医院共有7个党支部：皮肤科党支部、门技系统党支部、后勤系统党支部、神放党支部、内科党支部、外科党支部、医科大学试点班党支部。

1979年，医院召开党员大会时，医院有党支部15个：神经五官科党支部、皮肤科党支部、伤骨科党支部、医技党支部、机关党支部、后勤党支部、外科党支部、传染病科党支部、中医科党支部、门急诊党支部、内科党支部、教工党支部、七六届二班党支部、七六届四班党支部、七六届六班党支部。共有正式党员156人。

1988年，医院召开党员大会时，医院有党支部15个：内科党支部、传染科党支部、中医科党支部、外科党支部、骨科党支部、神经科党支部、皮肤科党支部、口五党支部、门急诊党支部、后勤党支部、护理党支部、药化党支部、放同党支部、机关党支部、离退休党支部。共有党员260人，其中预备党员9人，正式党员251人。

1993 年，医院召开党员大会时，医院共有党员 347 人，其中正式党员 334 人，预备党员 13 人。

2011 年，医院召开党员代表大会时，医院有党总支 1 个：学生党总支；党支部 35 个：中医党支部、药化党支部、外一党支部、外二党支部、同超党支部、手外科党支部、神外党支部、神内党支部、皮肤党支部、内科党支部、门急诊党支部、高干党支部、口五党支部、机关一党支部、机关二党支部、护理党支部、后勤党支部、骨科党支部、公司一党支部、公司二党支部、感染党支部、伽马刀党支部、放射党支部、东院党支部、财务党支部、离休党支部、退休党支部、研究生新生党支部、研究生内科党支部、研究生外科党支部、研究生综合党支部、基地党支部、2005～2006 级本科党支部、2006～2007 级本科党支部、2004 级本科党支部。共有中共党员（含离退休）1 049 人，其中在职党员 631 人，离退休党员 214 人，学生党员 204 人。

2016 年，医院有分党委 1 个：北院分党委；党总支 2 个：学生党总支、护理党总支；党支部 46 个：一党支部、外二党支部、麻醉科党支部、内一党支部、内二党支部、感染党支部、中医党支部、门急诊党支部、皮肤科党支部、药化党支部、神内党支部、神外党支部、手外科党支部、骨科党支部、口五党支部、老年科党支部、放射党支部、同超党支部、伽马党支部、护理老年党支部、护理内科党支部、护理外科党支部、护理综合党支部、机关一党支部、机关二党支部、财务党支部、后勤党支部、公司党支部、国际医疗中心党支部、东院党支部、离休党支部、退休党支部、北院内科党支部、北院外科党支部、北院医技党支部、北院护理党支部、北院机关党支部、基地内科党支部、基地外科党支部、基地综合党支部、研究生内硕党支部、研究生内博党支部、研究生外硕党支部、研究生外博党支部、研究生综合党支部、本科生党支部。有党员（含离退休）1 235 人，其中，卫生技术人员 891 人（医生 647 人、护士 244 人），管理人员 156 人，工勤技能人员 71 人。

表 1-2-6　2007—2016 年发展党员情况表

年　份	发展党员人数		转 正 人 数	
	职　工	学　生	职　工	学　生
2007	16	13	22	17
2008	17	26	24	24
2009	29	15	22	14
2010	18	17	40	19
2011	47	19	33	23
2012	37	12	41	23
2013	24	1	45	16
2014	23	2	23	33
2015	19	2	31	7
2016	21	8	20	13

第四节　党委组成部门

一、党委部门设置

中共复旦附属华山医院党组织是宣传和执行党的路线、方针、政策，执行党的决议，发挥党组织

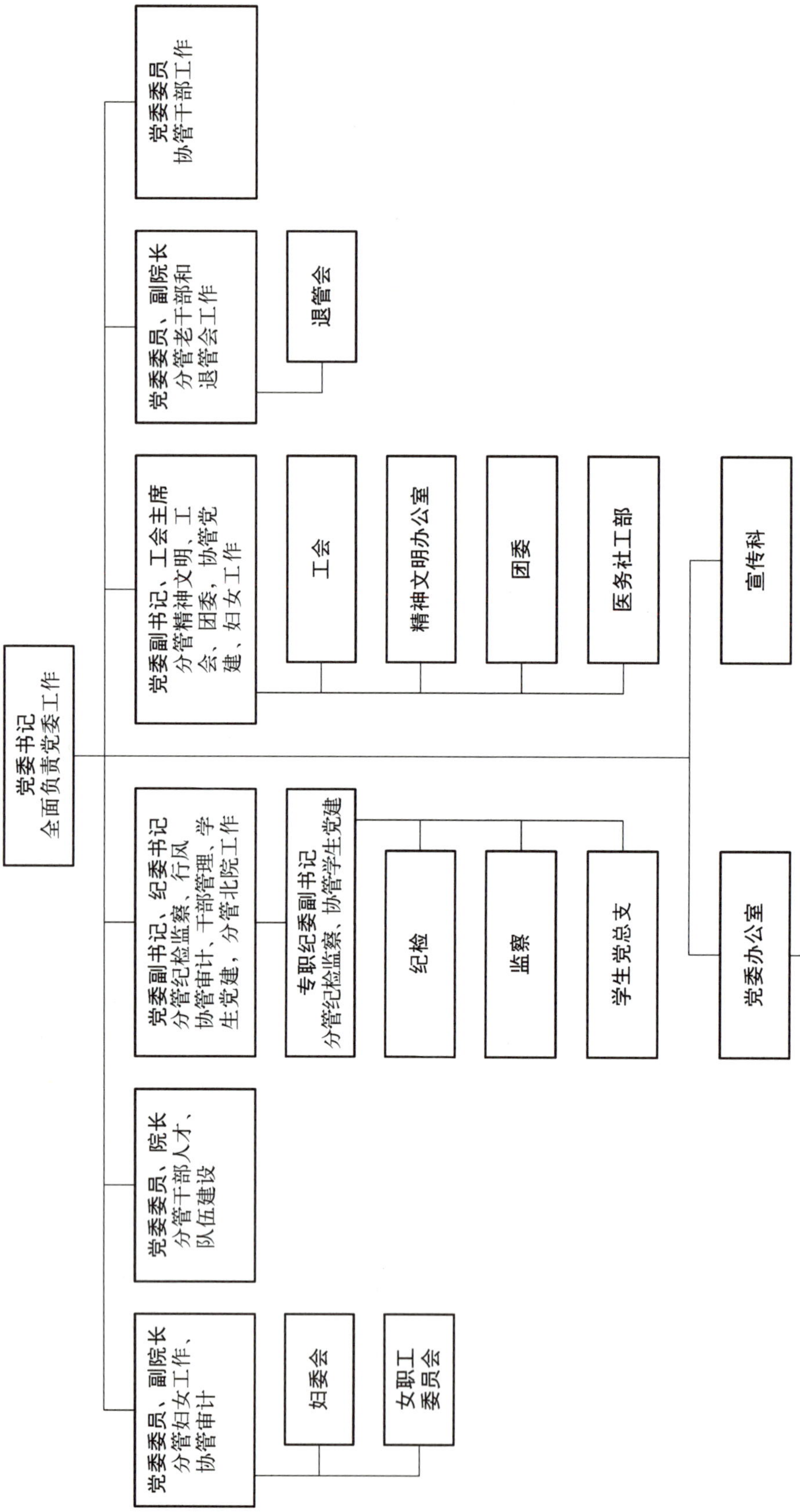

图 1-2-1　2016 年中共复旦大学附属华山医院委员会管理架构图

的战斗堡垒作用和党员的先锋模范作用，支持和协助医院行政负责人完成医院各项工作的组织。自 1945 年起，医院党组织历经党支部、党总支到党委的更迭，在此过程中，医院分别设立有党委办公室（1979 年成立）、纪检监察科（1994 年成立）、宣传科（1992 年成立）、精神文明办公室（1996 年成立）、医务社工部（2011 年成立）、退管会（1986 年成立）6 个党委职能部门。

二、党委组成部门

【党委办公室】

随着医院从党支部到党总支，再到建立党委的过程，党委办公室作为党委领导下的综合办事部门，从医院党总支的办公室，到政工组的办事部门等不断沿革，直到 1979 年正式建立党委办公室。1988 年，随着医院医疗服务规模扩大，医、教、研、管理工作量增加，医院改编办事机构，党委办公室由科扩编为处。党委办公室主要承担贯彻执行党委决议，起草党委的各种文件，审核统计报表；帮助党委做好党的方针政策的宣传工作，组织党员、干部、职工的政治学习和经常性的思想政治工作；根据需要，进行一定的调查研究工作，反馈信息，督促检查，发挥好保证监督作用；帮助党委做好党的思想建设和组织建设等党务工作，关心工、青、妇群众组织，发挥协调作用；配合行政，抓好职业道德教育和精神文明建设。

表 1-2-7　1979—2016 年党委办公室历任负责人情况表

任职时间	负　责　人
1979—1984	安素维
1984—1990	方云蕤
1990—1993	王绥芳（副主任，主持工作）
1993—1995	关　湧（副主任，主持工作）
1995—1996	关　湧
1997—2005	吴波水
2005—2011	戚　琴
2011—	王晋伦

【纪检监察科】

1984 年，医院成立纪律检查委员会。1994 年，医院成立监察室，后更名为纪检监察科。纪检监察科制定医院廉政建设具体的工作计划，相关的规定、制度和实施办法。在上级纪委和院党委的领导下，发挥监督执纪问责的作用，对党风廉政建设责任制的执行情况进行定期督查。协助党委进行党风调研，征询员工对党风廉政方面的意见。协助行政进行院风调研，征询患者对专项治理方面的意见。配合党委对科级及科级以上干部进行党风廉政情况考核，对党员干部进行党风廉政警示教育。配合院长管理医院审计事务，做好对有关业务管理工作的执法监督，协调有关部门开展纠正部门和行业不正之风的工作。受理纪检（监察）信访，查处违法违纪案件，及时上报和反馈结果。接待上级部门和外院的调研、考察、检查、督查。协助上级纪委、公、检、法等执法部门查办案件。组织制定每年纪检（监察）工作的计划，总结、调研汇报等。定期召开纪委工作会议，负责指导支部纪检工作和支部纪检委员的纪检业务培训，加强纪检监察干部队伍建设。完成党政领导交办的其他工作。2004年，医院纪检监察科获全国卫生系统纪监先进集体。

表1-2-8　1994—2016年纪检监察科历任负责人情况表

任职时间	负责人
1994—1997	李丽华
2010—2014	郑敏华（副科长，主持工作）
2014—	郑敏华

【宣传科】

1992年，经上海医科大学党委同意，医院党委下设宣传科。1996年7月，宣传科从党委办公室独立。宣传科主要职能包括对内宣传及对外宣传两部分，对内营造和谐、卓越的医院文化，对外打造强势的医院、学科及专家品牌。配合党委承担党的路线、方针、政策的宣传工作；参与医院文化建设和精神文明创建工作；负责对内对外的新闻宣传工作；负责医院院报编辑出版工作；负责医院网站新闻维护工作；负责医院新媒体平台建设及新闻维护工作。

表1-2-9　1992—2016年宣传科历任负责人情况表

任职时间	负责人
1992—1996	关　湧
1996—2014	戴润明
2014—	陈勤奋

【精神文明办公室】

1994年，应上海市卫生局要求，创建和谐医院，协调医患关系，医院党委调整院文明领导小组，由党委书记任组长，党委委员、医疗副院长任副组长。1996年，医院成立院文明办公室，抽调专职干部督促协调文明医院建设。1999年起，分别由党委副书记王佩敏、钱飚、耿道颖分管精神文明工作。精神文明办公室负责制定院精神文明建设年度计划；按照院精神文明建设的决定和要求向基层部门布置工作；定期开展全院性的自查、互查，及时与基层部门一起落实改进措施；定期抽查基层部门服务态度和服务质量并及时反馈；定期听取监督员、员工、患者的意见及建议，通报、整改、分析讲评，并与奖惩挂钩。组织院内外学习，及时交流和推广先进经验，积极组织申报区、局、市各项评优及文明单位；做好职工医德档案的管理和维护工作；做好与辖区政府部门和主管上级部门的联系与沟通；做好来电来访人员的接待、登记、处置工作。

表1-2-10　1996—2016年精神文明办公室历任负责人情况表

任职时间	负责人
1996—2001	吴波水（兼职）
2001—2010	何剑英（副主任，主持工作）
2010—2012	何剑英

（续表）

任职时间	负责人
2012—2016	林　怡(副主任,主持工作)
2016—	林　怡

【医务社工部】

2011 年,应上海市卫生计生委要求,医院大力推进医务社工和医院志愿者队伍建设,同年 3 月,医院成为首批“上海市志愿者服务基地”,整合院内外志愿服务资源,成立医务社工部及华馨家园志愿服务基地,由专职人员负责开展工作。医务社工部秉承医院“以患者为中心”的宗旨,致力于减轻患者治疗期间的痛苦,提升其对于治疗以及生活的满意度。开展服务项目包括个案工作、小组工作、社区健康宣教、志愿者管理、大型公益慈善活动和社会工作研究等。

表 1-2-11　2012—2016 年医务社工部负责人情况表

任职时间	负责人
2012—	林　怡

【退管会】

1986 年 3 月 28 日,医院离退休管理委员会成立。退休职工管理委员会设主任 1 人,副主任 3 人,委员 9 人;下设退管会办公室,块组长 1～18 组。1987 年,退管会组建“华山服务社”。1989 年,《华山老年园地》由退管会创刊。1986 年退管会成立之时,医院有离退休人员 233 人,至 2016 年底,离退休人员达 1 173 人。退管会以“管理、服务、学习、稳定”为主线,“老有所养、老有所医、老有所学、老有所为、老有所乐”为指南,突出服务重点,让广大离退休职工“知足常乐、助人为乐、自得其乐”。1986—2015 年,共获 13 次上海市卫生系统退管工作先进集体荣誉称号;2010 年获 2006—2010 年上海市卫生系统模范管理单位称号。

表 1-2-12　1986—2016 年退管会历任负责人情况表

任职时间	负责人
1986—2001	张永信(兼职)　吴桂明(副主任,主持工作)
2001—2008	冯晓源(兼职)　陈留英(副主任,主持工作)
2008—2011	邹和建(兼职)　陈留英(副主任,主持工作)
2011—2013	汪志明(兼职)　戚　琴(副主任,主持工作)
2013—	马　昕(兼职)　戚　琴(副主任,主持工作)

第三章　民主党派、统战团体与群众组织

第一节　民主党派与统战团体

一、民主党派

至2016年，医院有中国国民党革命委员会、中国民主同盟、中国民主建国会、中国民主促进会、中国农工民主党、中国致公党、九三学社、台湾民主自治同盟8个民主党派，共计成员160人，在中国共产党领导下参政议政，发挥长期共存、互相监督，肝胆相照、荣辱与共的作用。

【中国国民党革命委员会】

至2016年，中国国民党革命委员会在医院共有成员10人。吕元为民革中央委员、民革上海市委会副主委、民革复旦大学委员会主委、上海市政协委员；李益明为民革上海市委会委员、民革复旦大学委员会副主委、静安区政协委员；华逢春为民革复旦大学委员会委员。

【中国民主同盟】

至2016年，中国民主同盟在医院设有支部1个，共有成员12人。王思群为民盟复旦大学枫林校区分委会委员、民盟华山医院委员会主委。

【中国民主建国会】

至2016年，中国民主建国会在医院共有成员9人。孙小丰为民建复旦大学委员会副主委；严文洪为民建复旦大学委员会枫林总支部委员；石志芸为民建华山医院委员会主委。

【中国民主促进会】

至2016年，中国民主促进会在医院设有支部1个，共有成员51人。胡祖鹏为民进枫林总支部委员会委员、医院委员会主委、静安区委员会委员、静安区政协委员；陈宗祐为民进复旦大学委员会委员、枫林总支部委员会主委；王亮为民进复旦大学委员会委员、民进华山医院委员会副主委。

【中国农工民主党】

至2016年，中国农工民主党在医院设有支部1个，共有成员37人。姜建元为农工党复旦大学枫林分委会副主委、农工党华山医院委员会主委；陈彤为农工党复旦大学委员会委员；张荣为农工党复旦大学枫林分委会委员、农工党华山医院委员会副主委。

【中国致公党】

至2016年，中国致公党在医院共有成员6人。张继明为致公党复旦大学委员会委员、致公党复旦大学枫林分委会副主委。

【九三学社】

至2016年，九三学社在医院设有支部1个，共有成员33人。王明贵为九三学社复旦大学委员会委员；赵霞为九三学社上海市委医疗卫生委员会委员、复旦大学委员会委员；朱会耕为九三学社上海市委医疗卫生委员会委员、复旦大学枫林分委会委员、华山医院委员会副主委；孙红英为九三学社上海市委医疗卫生委员会委员、复旦大学枫林分委会副主委、华山医院委员会主委；陈世益为九三学社上海市委医疗卫生委员会委员、华山医院委员会委员。

【台湾民主自治同盟】

至2016年，台湾民主自治同盟在医院共有成员2人。1997—2003年，余碧娥为台盟上海市委委员；1996—2002年，潘孝彰为台盟上海市副主委。

二、统战团体

医院在复旦大学领导下，建立各类统战团体，团结少数民族、归侨侨眷、留学人员、无党派青年知识分子等统战对象，巩固和发展最广泛的统一战线。至2016年，医院共有归侨侨眷联络组（简称“侨联”）成员20人；中青年知识分子联谊会（简称“知联会”）成员9人；少数民族联合会（简称“民族联”）成员63人；欧美同学会，亦称“中国留学人员联谊会”，成员58人。

第二节 群众组织

一、工会

1949年前，医院有“红会同仁联谊会”，1946年在医院地下党支部书记沈孟先和徐在贵2位同志领导下成立。1949年6月，在军代表和上海市医务工会领导下，以“红会同仁联谊会”为基础，筹建并成立医院第一届工会。至2016年，工会已历经19届，下设32个部门工会，共有会员4 100余人，做到全覆盖。

表1-3-1 1949—2016年历届工会主席、副主席、经审委主任情况表

工会届次	工会主席	工会副主席	经审委届次	经审委主任
第一届	黄家驷			
第二届	吴学愚			
第三届	王鸣岐			
第四届	史玉泉			
第五届	刘裕昆			
第六届	王宝兴			
第七届	—			
第八届	—			
第九届	—			

（续表）

工会届次	工会主席	工会副主席	经审委届次	经审委主任
第十届	—			
第十一届(1979—1982)	吴桂明	王德昭　孙惠康　吴美凤		
第十二届(1982—1985)	孙惠康	王德昭　吴美凤　杨德泰		
第十三届(1985—1989)	徐伟民	邬祥惠　林红英　吴波水		
第十四届(1989—1991)	邬祥惠	胡玉华　王德昭		
第十五届(1991—1994)	邬祥惠	胡玉华　陈剑华	第一届	潘仁年
第十六届(1994—1999)	洪　震	胡玉华　邬祥惠	第二届	陈一平
第十七届(1999—2005)	王佩敏	胡玉华　吕　元	第三届	陈一平
第十八届(2005—2012)	王佩敏(2005—2009) 钱　飚(2009—2012)	王晋伦　吕　元　徐三荣 黄峰平　程　云	第四届	陈一平
第十九届(2012—　)	耿道颖	苏家春　吕　元　蒋　红 黄峰平(2014年免去)	第五届	陈一平

说明：因历史资料有限，第一届至第十届具体年份无法查考。

二、妇女工作委员会

妇女工作委员会是医院党委领导下的妇女群众组织。1984年12月6日，医院妇委会和医院工会女职工委员会成立，实行“一套班子，两块牌子”运行机制。在院党委的领导下，根据复旦和医务工会妇女组织的要求，围绕中心，服务大局，以特色品牌为抓手，以建设“妇女之家”为目标，激励女职工岗位成才、岗位建功，引导、凝聚和推动全院女职工发挥才智，为医院改革和发展做出贡献。

表1-3-2　1984—2016年妇委会历任主任、副主任情况表

任职时间	主　任	副　主　任
1984—1985	袁美英	陈志强
1985—1995	袁美英	胡玉华
1995—2000	贺凤凤	胡玉华
2000—2005	王佩敏	胡玉华　耿道颖　俞茂华
2005—2009	王佩敏	王晋伦　耿道颖　程　云(2008年离职)
2009—2012	耿道颖	王晋伦
2012—	邵建华	王晋伦　陈勤奋

三、共产主义青年团

1950年初，医院团组织支部成立，当时团组织称“新民主主义青年团”。1952年，医院成立团支部。1957年5月，中国新民主主义青年团“三大”召开，团组织名称改为“中国共产主义青年团”，当时医院拥有140多名团员。医院团支部至1958年为团总支。1966年“文化大革命”后，团组织活动中断。1969年5月，由工宣队、军宣队、革委会代表组成全团领导小组，领导小组包括林建华和工宣队、军宣队代表。同年9月恢复团组织生活，但各级组织并未建立，由工、军、革指定临时召集人。1970年10月，重新成立医院团总支。1975年10月，医院建立第一届团委。至2016年，共青团复旦大学附属华山医院委员会已历经10届，下设33个团支部，共有35周岁及以下团员青年1 600余人，28周岁及以下团员近800人。

表1-3-3　1950—1973年团总支历任书记、副书记、委员情况表

任职时间	书　记	副书记	委　员
1950年	汪无极　曾　毅*	—	—
1964年1月	方云蕤	林建华	胡麦赛　徐玲娣　陈星荣　王祖娴　邓守真　李丽华　周翠娟
1964年10月	方秀丽	林育奇	徐玲娣　陈星荣　王祖娴　邓守真　李丽华　周翠娟
1970年	方秀丽	刘　俊　刘永昌	徐伟民　徐梅玲　李继峰　徐梨花　胡玉华**　俞永林
1973年	胡玉华	刘　俊	徐梨花　朱　新　徐伟民　颜文亮　吴冬妹　陈响中　张　适　朱洁云

说明：* 曾毅担任书记时间较短。
** 胡玉华1971年增补。

表1-3-4　1975—2016年历届团委书记、副书记、委员情况表

届　次	书　记	副书记	委　员	备　注
第一届	胡玉华	朱　新	张美娥　徐兆麟　黄思冬　徐伟民　颜文亮　潘仁年　张　适　顾国柱　康巧珍	1975年成立
第二届	胡玉华	朱　新	张美娥　黄思东　戴润明　肖保国　俞志谦　包国庆	1979年成立
第三届	吴波水	肖保国　王志军	王　仪　黄思冬　郭自伟　俞志谦　章强强　刘伟萍	1983年成立
第四届	刘均立	吴培君　谢利宁	林怡新　章强强　张　汛　孙　冰	1985年成立
第五届	吴培君	谢利宁	徐建光　董　安　郑利民　毛仁玲　王晋伦　徐　申　程　云	1986年成立
第六届	谢利宁	徐建光　王晋伦	董　安　谢世勤　邬剑华　宦　群　范　麟　张惠清	1989年成立，宦群出国，增补梁虹为委员，后又增补吴文辉为副书记
第七届	吴文辉	谢世勤　郭　玟	李中东　万伟国　李云霞　靳建平　谢利宁　马　昕	1994年成立，谢世勤出国，增补靳建平、马昕为副书记；2000年增补顾宇翔为副书记，傅镁为专职副书记
第八届	顾宇翔	傅　镁(专职)　刘　军　吴文育	殷保兵　赖雁妮　王新宇　叶信予　庄晓燕	2001年成立

（续表）

届　次	书　记	副书记	委　员	备　注
第九届	顾宇翔	傅　镁（专职） 刘　军　赖雁妮	王新宇　陈国梁　施　华　施琦赟 秦越萃　黄　蔚　董　怡	2005年成立，2010年增补沈芳芳为团委副书记（专职），刘维薇　杨柳为委员
第十届	朱　巍	沈芳芳（专职） 唐　弘　刘维薇 施　华	叶　婷　朱　磊　杜　娟　李　剑 李群益　张　烁　徐　可　蒋　苏	刘维薇辞职，2013年增补杜娟为副书记，张军为委员

第二篇

临床医技科室

概　述

1911 年，医院开业之初，只设内、外二科。医院延聘西医柯师(Stafford M. Cox)为内科医生，解剖专家峨利生(Brigir Olesen)为外科医生，血液学专家亨司德(Hans Thue)为血液检查医生，克立天生女士为看护妇(护士)，王培元为驻院医师，开展各项医疗工作。

1928 年，医院成为第一实习医院后，医师专任制度逐步建立完善，分别安排内科乐文照，外科任廷桂，皮肤科罗爱思(Frederick Reiss)，妇产科孙克基，儿科高镜朗、富文寿等担任各科主任；同时，药剂科金鳌、放射科钱慕韩、检验科汤飞凡等主持或领导相关医技科室的日常工作。至 1949 年，医院有病床 380 张，门诊数年逾 10 万人次，享有较高声誉。

1949 年上海解放，医院由上海市军管会接管。1952 年，全国性院系调整，医院改为内科医院，设普通内科、肺科、神经精神科(包括神经外科)和皮肤科。1954 年，医院增设中医门诊及病房。1955 年，医院由内科学院改为第一医院后，恢复外科建制，并进行教学改革试点。至 1960 年，医院设内科、外科、神经内科、神经外科、皮肤科、骨科、泌尿科、中医科、传染病科、口腔科、胸外科等 11 个临床科室，同时成立急症病室、脑电图室、内科实验室、皮肤科霉菌室、病理室和动物实验室等。20 世纪 50 至 80 年代，医院学科建设稳步发展，体疗室、手外科、职业医学科等相继创建。1988 年，为顺应医疗形势的发展，医院大内科各专业组改制为心血管科、消化科、呼吸科、肾病科、血液科、内分泌科、老年科等。20 世纪 90 年代初，胸心外科、重症医学科等陆续设立。进入 21 世纪后，肿瘤科、整形外科、胰腺外科等正式成立，医院各学科蓬勃发展至一个全新时代。

至 2016 年，医院共有 47 个临床医技科室，其中包括 10 个教育部国家重点学科：神经外科、手外科、神经病学、传染病及抗生素学、中西医结合临床、泌尿外科、肾病科、心血管科、影像医学与核医学、普外科；20 个卫生部国家临床重点专科：骨科、护理专科、检验科、重点实验室(手外科)、重点实验室(抗生素)、内分泌科、神经外科、手外科、神经内科、中医专业(肺病)、皮肤科、泌尿外科、肾病科、外科、消化科、肿瘤科、感染科、康复医学科、运动医学科、医学影像科，体现医院各学科全面发展的综合实力。

第一章　临床科室

第一节　内　　科

一、沿革

内科设立于1911年，是医院建院之初设立的最早科室（当时仅设内、外两科）之一。由柯师兼任内科医师，并聘请英、美等国医师担任医疗与教学。1928年，医院成为中央大学医学院（后改为上海医学院）的实习医院，聘请著名专家乐文照担任内科主任。1932年，内科下设有小儿科、神经科、梅毒科、皮肤科、肺痨科、心肾糖尿病科等。

1952年，全国大学院系调整，医院改为上海第一医学院内科学院，普内科主任由副院长林兆耆担任，院长钱悳任副主任。下设5个专业组，分别是传染病寄生虫病组：钱悳、刘约翰、戴自英、徐肇玥等；消化病组：林兆耆、李宗明、朱无难、王赞舜等；心血管病组：朱益栋、陈悦书、吴茂娥、唐静仪等；内分泌病组：钟学礼、邱传禄、朱宝荣等；中毒组：郑伟如等。

1956年，内科医院分成华山医院内科和中山医院内科两部分。内科主任由钟学礼担任，邱传禄、朱宝荣任副主任。下设3个专业组，分别是内分泌病组：钟学礼（正）、邱传禄（副）；血液组：丁训杰；中毒组：丁训杰。1958年，院长钱悳率数十名医疗骨干赴渝筹办重庆医学院。

1964年，增林果为任副主任。1965年，增沙松林任副主任。各专业组相继创立，分别是内分泌病组：钟学礼、邱传禄；血液组：丁训杰；中毒组：丁训杰；心脏组：戴瑞鸿；肾病组：邱传禄；消化组：朱宝荣；呼吸组：汪敏刚；同位素室：林祥通；干部保健组：徐肇玥。

“文化大革命”期间，许多临床科室被合并。为配合医学院搞教学改革，提倡内外合作，成立由外科和内科共同组成的体液代谢教研组，钟学礼任主任。十年间，医院先后派出22批医疗队，包括诸多内科医师在内，到安徽、云南、江西、西藏等贫困地区以及上海市郊县为广大农民防病治病、培训医疗卫生人员。1972年，同位素室从内科独立出去。

1976年，十年混乱局面结束，医疗、教学、科研各项工作逐步恢复正常。1977—1986年，内科仍由钟学礼任主任，邱传禄、朱宝荣、林果为、沙松林任副主任。1984年，内科成立临床流行病组，林果为任组长。

1986—1989年，丁训杰任内科主任，副主任由林果为、沙松林、戴瑞鸿担任。1988年，内科各专业组改制为专科，分别是心血管科：主任戴瑞鸿；消化科：主任陆玮；呼吸科：副主任朱惠如；肾病科：主任林善锬；血液科：主任丁训杰；内分泌科：主任朱禧星；职业病科：主任丁钺。

1989—1992年，戴瑞鸿任内科主任，林善锬、林果为、范维琥任内科副主任。

1992—1995年，林善锬任内科主任，卢珊、范维琥担任副主任。卢珊出国后，由林果为任副主任，兼诊断学教研室主任，负责诊断学的教学工作；后又增陆玮为内科副主任。

1995年，林庚金任主任，范维琥、俞茂华、顾勇任副主任。

2001年，林庚金退休，由顾勇任内科教研室主任，范维琥、俞茂华、徐三荣、张斯为任副主任，俞茂华兼任诊断学教研室主任。后因俞茂华调至老年科任主任，诊断学的教学由徐三荣负责。

2005年10月，心血管科、血液科、内分泌科、肾脏科、消化科、呼吸科、风湿职业病科、肿瘤科8个专科重新合并，成立大内科，施海明任主任。制定《大内科章程》，明确大内科的办科宗旨是服务于各专科，从医、教、研各方面协助各专科共同发展。大内科的定位是一个服务性的管理部门。设立核心领导小组，由内科主任、内科党支部书记、内科科护士长三人组成；常务领导小组，由核心小组及各专科主任组成；资深专家组，由内科终身教授、资深教授组成。另设立分管医疗、教学、业务学习和科研的主任助理各1名。

表2-1-1　1911—2016年内科历任主任情况表

任职时间	主　任
1911—1914	柯　师(负责工作)
1914—1928	—
1928—1952	乐文照
1952—1956	林兆耆
1956—1986	钟学礼
1986—1989	丁训杰
1989—1992	戴瑞鸿
1992—1995	林善锬
1995—2001	林庚金
2001—2005	顾　勇
2005—	施海明

二、医疗

大内科下设各个专科，专科的医疗工作由各专科自行安排，大内科主要负责门急诊的医疗工作和未分科住院医师的培养，医学系实习医师以及研究生在读期间的临床技能培养也由内科负责。1932年，内科门诊约为19 000人次，急诊约为800人次，收治患者以伤寒、肺炎、疟疾、痢疾、肠胃疾病、鸦片中毒者居多。1949年，内科有医师18人，床位80余张，年门诊量超过25 000人次。2016年，普内科年门诊量145 401人次、年急诊量86 088人次。

三、科研

1928年，医院成为国立中央大学医学院实习医院后，科研工作逐渐起步。乐文照等《孛来忒氏病之分类与预后》发表于1936年《中华医学杂志》(上海)，《陪拉格之菸草素酸治疗》《大叶肺炎治疗之片面观》《近数年来传染病学之进展》等发表于1940年代《国立上海医学院季刊》。同时科室编写《伤寒、虎列拉之讨论》《消化不良、胃炎及消化性溃疡》《阿米巴痢疾，杆菌痢疾，斯泼卢，姜片虫病，肺蛭病及化学物中毒》等内科教学课本。

1976年"文化大革命"结束后，内科各专业组科研工作蓬勃发展。丁训杰等"有机磷酸酯解毒剂的研究”获 1977 年上海市重大科技成果奖；诸君龙等“气管炎菌苗”获 1978 年全国医药卫生科学大会奖；钟学礼等“糖尿病神经病变的早期诊断和早期治疗”获 1982 年卫生部科技进步奖二等奖；戴瑞鸿等“麝香保心丸研制及临床应用”获 1983 年上海市重大科技成果奖；丁钺等“骨髓细胞 4℃保存的实验研究及应用”获 1985 年上海市卫生局科技成果一等奖。同时，科室参与《内科学》《实用内科学》《内科鉴别诊断学》等著作的编写工作。

1988 年，医院内科各专业组改制为专科，此后相关科研工作详见各专科介绍。

四、教育

由于医疗和科研主要由各专科负责，大内科的工作重点转移到教学上，执行教研室的功能。每年担任临床医学、预防医学、药理、法医、专升本学生的“内科学”“诊断学”课程的教学和临床示教任务，并对进修医师进行在职教学，举办“内科学新技术、新理论学习班”。该学习班已被卫生部认可，1996 年起作为国家级继续教育基地。1995 年，由戴瑞鸿、林果为主编的教材《内科学新理论与新技术》出版。1996 年，林果为主编的《内科诊断学基础》(上、下)出版。2003 年，林果为主编的《新编诊断学基础》出版。

2002 年，医院和中山医院临床医学院的内科教研室合并，成立复旦大学内科学系和临床诊断学系，顾勇和徐三荣分别担任两系副主任。大内科重视临床医师的临床技能培训，长期举办形式多样、内容丰富的内科业务学习。

第二节 普外科

一、沿革

外科创立于 1911 年，是建院之初设立的最早科室(当时仅设内、外两科)之一。1932 年，任廷桂任外科第一任主任。1937 年 2 月中山医院成立，外科迁往中山医院，“八·一三”事变后迁回医院，并成立外科教学基地。1945 年，外科主任为黄家驷。1949 年，普外科拥有床位 23 张，医师 17 人。1950 年，崔之义任主任。1952 年因全国大学院系调整，医院撤销外科，更名为上海第一医学院内科学院。1955 年秋，改名为上海第一医学院附属第一医院，重设外科，包括普外科、骨科、泌尿科和胸外科。大外科主任为李鸿儒、史玉泉，普外科主任为陈化东。1950 年代派出左景鉴、朱真卿组建重庆医学院。1965 年，成立外科教研室，主任为陈化东，神经外科和骨科另成立各自的教研室。当时普外科总床位近 100 张。1974 年，中山医院薛光华调任医院普外科副主任，1981 年任主任。同年，张延龄、王德昭任副主任。1984 年，吴树强任外科主任，潘咸芒、徐行化任副主任。1987 年改由乐竹琴担任副主任。1996 年增补蔡端、倪泉兴任副主任，分别负责外科教研和医疗工作。1997 年，倪泉兴任主任，蔡端任副主任。1984—1997 年，外科教研室主任分别由张延龄、王德昭、吴树强、张元芳担任。1998 年起，由倪泉兴任外科教研室主任，先后由蔡端、姚亚其、邹强、丁强任外科教研室副主任。1999 年增补邹强、2000 年增补陈宗祐、2002 年增补张群华为副主任。2006 年起，陈宗祐任外科主任，副主任为邹强、张群华、傅德良、余波。2014 年，由中山医院引进钦伦秀任外科主任，副主任为陈宗佑、邹强、姚琪远、黄广建、杜建军和余波。

2012 年，科室获得国家临床重点专科建设项目，2016 年通过验收。科室为国家级重点建设学科(外科学)、国务院首批博士生培养点、"211"工程与"985"重点建设学科(外科学)和卫生部临床重点专科(普外)。

至2016年,科室有医务人员93人,其中终身教授1人、资深教授1人、教授(主任医师)21人、副教授(副主任医师)23人。开放床位数295张。

表2-1-2 1932—2016年普外科历任主任情况表

任职时间	主任
1932—1945	任廷桂
1945—1950	黄家驷
1950—1955	崔之义
1955—1980	陈化东
1981—1984	薛光华
1984—1997	吴树强
1997—2006	倪泉兴
2006—2014	陈宗祐
2014—	钦伦秀

二、医疗

【基本情况】

至2016年,科室分肝胆外科、胃肠外科、甲乳外科、微创代谢疝外科和血管外科等五大专科。设有复旦大学肿瘤转移研究所、复旦大学器官移植研究所、华山东方乳房专科医院、复旦大学疝病诊治中心、华山肝病诊治中心。2016年,普外科年门诊患者18万余人次,年急诊约1.1万人次,年住院患者1.2万余人,年住院手术1万余例,其中Ⅲ～Ⅳ级手术占七成。科室积累了丰富的临床经验并制定一套完整、规范的诊断程序和治疗方案,收治病种齐全,患者来源广泛,医疗服务立足上海,面向全国乃至国际。

【医疗特色】

至2016年,科室秉持"微创"(肝胆、胃肠、腹壁疝、甲状腺等疾病以腔镜为主的微创外科治疗,肿瘤消融和血管介入治疗,减重代谢外科)与"巨创"(肝移植、低位复发直肠癌联合根治、进展期胃癌综合治疗、乳腺癌根治+Ⅰ期再造等)双轮驱动理念,带动五大专科(肝胆、胃肠、血管、甲乳、疝与减重)发展特色,齐头并进。

肝胆外科 临床特色:① 肝脏肿瘤(包括原发性和转移性肝癌)的外科手术治疗(每年手术治疗近千例),并大力开展腹腔镜及达芬奇机器人肝脏肿瘤根治术,达国内领先水平。② 肝脏移植(包括肝肿瘤、晚期肝病、代谢性肝病、儿童肝移植等)每年约150例,居全国第六、上海第二。③ 肝脏肿瘤氩氦刀、射频等局部消融治疗。④ 胆道系统肿瘤(包括肝门部胆管癌、胆囊癌等)以外科为主的综合治疗。⑤ 肝胆系统良性肿瘤(包括血管瘤、腺瘤、血管平滑肌脂肪瘤、囊腺瘤等)的外科治疗。⑥ 胆道系统(胆囊及肝内外胆管)结石的外科治疗,发展胆总管结石的三镜联合治疗。⑦ 肝硬化门脉高压的外科治疗。⑧ 腹腔镜与内窥镜下肝胆系统微创手术治疗,为肝胆疾病提供全方位的治疗手段,并积累丰富的临床经验。

至2016年,依托复旦大学的雄厚资源和医院的优势平台,发挥多学科协作、联合攻关的优良传统,联合感染科、介入科、化疗科、放疗科、病理科等多学科团队,成立华山医院肝病中心。肝胆外科已成功开展包括尾状叶肿瘤在内所有肝肿瘤的腹腔镜肝切除术,腹腔镜比例已超过30%,年接近200例左右,均居全国前三(2015、2016年),并成功开展多例活体供肝获取和胰十二指肠切除等高难度手术。达芬奇机器人手术的开展、射频消融技术等的完善,也为肝脏肿瘤的微创治疗提供新途径。胆道专业组ERCP操作从零突破,完成近300例,占全院的2/3,积极带动医院胆道外科质与量的提升。肝移植手术量位列上海市第二,全国第六(2015、2016年)。其中重肝移植、儿童肝移植的比例逐年提升,开展全腹腔镜下供肝切取(微创)——小儿亲体肝移植(巨创),术后恢复快、疗效好。

胃肠外科　胃癌外科综合治疗:① 为国内率先开展在全腹腔镜下胃癌根治术的单位之一,并在全腹腔镜下胃癌根治术后消化道重建手术方面,有系列创新,包括"TLPG+双通道食管空肠腔内吻合""TLTG SPLT 食管空肠腔内吻合" "TLDG SPLT B1 式残胃十二指肠腔内吻合"等技术,创新性开展达芬奇机器人辅助超低位直肠前切除(ISR)等术式,获得国内外的专业认可与好评。至2016年,腹腔镜下胃癌手术比例占57.4%,手术质量和疗效均国内领先。② 在提高精准外科方面有多项创新和探索。系统开展胃癌淋巴化疗——引流区域淋巴结显像;淋巴清扫前载体携带化疗药物淋巴系统化疗,达到国内先进水平。开创性应用"胃癌阻断技术",显著降低术中医源性播散风险,发明的阻断夹已申请专利;规范胃癌根治术是国内较早开展脾门淋巴结清扫的单位之一。③ 在进展期胃癌制定多学科协助诊治方面有特色,联合多脏器扩大切除手术,延长这一部分患者的生存时间,提高其生存质量。

结直肠癌:① 以腔镜和机器人辅助肠癌根治性手术为特色,腹腔镜肠癌手术比例达83.8%。② 复杂复发直肠癌扩大切除、全盆腔清扫术是另一特色,采用多学科联合、多入路(经腹、经会阴、经骶)解剖、多模态融合图像分析等技术,将平均手术时间从国际上的2天减为12~14小时。同时,通过术中神经功能监测技术的运用,提高手术精确性,减少手术并发症,提高患者的生存质量。③ 开展结直肠癌直肠全系膜切除术(TME)、全结肠系膜切除(CME)等规范术式,开展腹腔镜和开放手术的超低位保肛手术,既保证手术根治的彻底性,又改善患者术后的生存生活质量。④ 成立胃肠肿瘤多学科综合诊治协作组(MDT),集中多学科的优势,进一步提高疗效。

胃肠外科大肠癌及胃癌年手术量各逾500例,腹腔镜肠癌手术比例90%左右,腹腔镜胃癌手术比例达70%左右。医院开展胃肠肿瘤诊治MDT、复杂复发直肠癌患者行扩大切除和全盆腔清扫术,为既往放弃手术的局部复发患者带来福音,另外开展进展期胃癌联合多脏器扩大手术;提出胃癌及其他消化道肿瘤伴腹膜播散的IP+IV双通道治疗,进一步提高进展期肿瘤患者的生存时间。

乳腺及甲状腺外科　1985年成立普外科甲乳组,2001年兼并原上房医院,成立华山东方乳房专科医院。

甲状腺与甲状腺旁腺外科:① 联合传统影像诊断技术和超声引导下穿刺细胞学检查技术,甲状腺肿瘤的诊断水平达国际先进水平。② 在甲状腺疾病的规范化治疗、喉返神经监测与保护、淋巴结示踪、甲状旁腺保护等方面形成自己特色。③ 以腔镜甲状腺手术为代表的微创外科手术达国内先进水平。④ 肾性继发性甲状旁腺功能亢进的外科治疗(甲状旁腺全切除加自体移植术)在国内居领先地位。

术前联合超声科、病理科,推动甲状腺肿瘤超声诊断 TI－RADs 分类及甲状腺肿瘤细针穿刺诊断,优化并标准化甲状腺肿瘤的术前诊断;大力开展腔镜甲状腺手术(包括良性甲状腺手术及甲状腺癌根治术),术中手术精细化,提倡喉返神经电生理监测、甲状旁腺术中保护、淋巴示踪等新技术,减少手术并发症,提高患者的生存质量;术前联合内分泌科等相关科室,开设甲状腺及甲状旁腺多学科 MDT 门诊。

乳腺外科:① 早期诊断:全数字钼靶摄片、高频彩超、核磁共振、乳管镜、前哨淋巴结探测及麦默通(Mammotome)活检系统等设备完善。检出大量的早期乳腺肿瘤包括临床所不能扪及的隐匿性乳腺癌,尤其是癌前期病变,居国内领先地位。② 微创技术:超声引导下的乳腺纤维腺瘤麦默通微创旋切术、乳腺癌保乳术、乳腺肿瘤整形术、腔镜下乳房切除术等操作运用自如。③ 巨创方面大力开展乳腺癌根治手术和一期乳房重建,已常规开展带蒂腹直肌肌皮瓣、背阔肌肌皮瓣及假体等乳房重建术式,是上海乳腺外科中少数可独立开展这些术式的单位之一。每年完成各类乳房肿瘤整形及重建手术约 150 例,占全部乳腺癌手术的 15%。重点开展游离腹壁下动脉穿支皮瓣乳房重建术这一乳房重建手术领域的巅峰级术式。④ 在各种乳腺良性疾病如乳腺增生症、乳腺炎、乳头溢液的诊治及乳管镜等方面积累丰富经验。

全面推动乳房肿块穿刺活检、良性肿块微创旋切,优化先进的乳腺癌手术理念:“保乳”及“保腋窝”(前哨淋巴结活检)手术占全年乳腺癌 10%左右;大力开展乳腺癌根治手术联合一期乳房重建术,已常规开展游离腹壁下穿支动脉皮瓣、带蒂腹直肌肌皮瓣、背阔肌肌皮瓣、假体等乳房重建术式及各种整形保乳术(Oncoplastic),每年完成的各类乳房肿瘤整形及重建手术约占全年乳腺癌手术的 10%左右。

微创、减重与疝外科　疝与腹壁外科:自 2000 年以来,在国内率先开展腹腔镜腹股沟疝、切口疝、造口旁疝及食管裂孔疝修补术,胃食管反流性疾病(GERD)的胃底折叠手术等,尤其是针对各类复发疝、手术后补片感染等疑难病例的治疗更是积累丰富经验。在国内较早地将日间手术理念应用于腹股沟疝治疗中,在国际上首创腹腔镜下造口重做造口旁疝补片修补(Lap－re－Do)技术。2015 年腹壁微创治疗新进展学习班在江苏海门市人民医院举办,吸引 200 余名海门、南通、启东等地的医务人员前来参会。姚琪远当选为亚太疝学会(APHS)的执行委员会主席。

减重与代谢外科:2009 年医院团队在美国麻省总医院(MGH)学习减重及代谢手术技术和围手术期管理,归国后建立包括微创外科、内分泌科、麻醉科、复旦大学睡眠中心、心理科、营养科、运动康复科、消化科、心血管科、呼吸科、泌尿科、整形科及护理等多学科组成的减重及代谢外科团队,开展腹腔镜下减重及代谢外科手术,取得较为理想的效果。考虑到亚洲人群胃癌高发的因素,基于对胃肠转流手术的缺陷研究,积极倡导并采用袖状胃切除的术式作为主要治疗手段。对那些伴有胃食管反流的肥胖患者,或不想切除胃的患者,在国内率先采用胃底加大弯折叠的术式进行类似袖状胃切除的手术,手术效果理想,不仅节约费用、降低手术风险,而且手术可逆,深受患者欢迎。减重代谢手术量每年大幅增长,同时每年举办减重代谢外科国家级学习班。

减重代谢手术及疝外科发展迅猛,专业特色手术量共近 800 例,疝手术包括造口疝、切口疝、食管裂孔疝、复发疝等手术量近年的年增长率均大于 10%,减重代谢外科年手术增长量大于 30%。

血管外科　血管外科由外科专家薛光华创建于 20 世纪 80 年代,是国内最早开展血管外科手术的医院之一。科室以外科治疗主髂动脉硬化闭塞症、布加综合征、门脉高压症、颈动脉体瘤等专科疾病而闻名国内，是国内最早开展静脉移植手术的单位之一。经过近 30 年的努力和积淀，始终走在专业领域的最前沿。在余波的引领下，科室常规开展颈动脉内膜剥脱术、颈动脉支架成形术、下肢动脉硬化闭塞症血管旁路移植及腔内微创治疗、主动脉疾病的开放手术及微创腔内隔绝术、高位复杂内瘘的建立、血透通路外科修复与腔内治疗等手术。将颈动脉硬化狭窄外科治疗、下肢动脉闭塞性疾病腔内治疗、腹主动脉瘤腔内治疗、下肢深静脉血栓的综合治疗、终末期肾病血管透析通路动静脉内瘘的建立与修复作为学科特色，连续 14 年主办国家级医学继续教育项目“颈动脉硬化狭窄外科治疗学习班”，在国内培养大批专业人才。同时利用新技术开展下肢 CTO 病变的腔内治疗，成功进行足部小血管的血管重建，使糖尿病足的治愈成为可能，提高救肢率。与医院肾病科血透通路中心合作开展终末期肾病患者复杂血透通路的建立、修复以及微创介入治疗，在国内较早应用血管通路球扩技术干预失功透析通路，进一步提高透析质量，延长患者的血管透析通路的使用寿命。

颈动脉外科一直是血管外科的传统特色，致力于颈动脉狭窄规范治疗在国内的推广与质控。在“颈动脉 sspc 评分系统在外科干预颈动脉硬化狭窄诊治中的应用——多中心双向队列研究项目”中作为牵头单位，促进项目 2015 年在国家脑防委的立项及正式启动。主动脉方面是血管组增长与进步最显著的领域，腔内治疗年手术增长率大于 100%，并开展多项新的治疗技术，包括经皮主动脉疾病全腔内修复术技术和复杂胸主动脉疾病激光原位开窗重建弓上分支动脉技术，使主动脉疾病治疗水平大大提升。

三、科研

【科研特色】

1981 年建立外科实验室，主要从事胆石成因学说和防治研究。相继发现三种胆石成因相关核糖蛋白，该研究在国内处于领先地位。同时还开展绞窄性肠梗阻机制、肝硬化腹水转流等课题研究。

近几年来科研方面以肝胆、胃肠和乳腺甲状腺肿瘤等传统优势领域为重点，代谢、疝与血管外科并重。以肿瘤转移研究所为基础、“985”科技创新平台为支撑，优化整合，逐步建成国家级肿瘤转移研究基地（重点实验室）与临床转化中心，创建肿瘤转移精准防治临床研究院，领导肿瘤转移研究的发展方向。

肝胆外科组　肝胆外科组确立“巨创”（肝移植）和“微创”（腹腔镜）两条腿走路的发展方向。已开展腹腔镜下包括尾状叶在内的肝脏肿瘤切除术，且成功进行腹腔镜下活体供肝获取；同时也开展同种异体肝移植、活体肝移植，为广大肝脏肿瘤、终末期肝硬化、先天性代谢疾病、急性或亚急性肝功能衰竭的患者带来福音，手术量居上海第二位。与感染科和消化科等联合成立“华山肝病中心”，打造肝病诊疗全系统服务平台，并在肝胆肿瘤的精准外科治疗、术后转移复发的精准防治、抗转移新策略的研发等方面建立特色。相关成果发表在 *Cancer Cell*，*Cell Metabolism*，*Hepatology* 等杂志上，成为“上海高水平地方高校创新团队（癌转移机制与原创生物药研发）”。

胃肠外科组　针对胃结肠恶性肿瘤的综合治疗，开展更多的结肠良、恶性肿瘤的腹腔镜手术，胃癌的腹腔镜根治手术等。与院内消化科、病理科、放射科、肿瘤科和肿瘤医院放疗科共同合作，成立复旦大学附属华山医院胃肠肿瘤诊治多学科协作中心（MDT），对于进展期胃肠肿瘤进行多学科协助诊治，提高患者的生存质量。与血管外科组、泌尿外科、骨科、神经外科、整形外科、妇产科、麻醉科合作，开展局部复发直肠癌多学科手术切除，以提高患者生存率。

乳房甲状腺外科组 乳腺癌的早期诊断和治疗继续保持在上海乃至国内的学科领先优势，在乳房隐匿性病灶的B超引导穿刺定位及钼靶引导下钙化灶立体定位穿刺技术方面属国内领先；开展乳腺癌微创保乳和巨创乳腺癌术后一期重建，提高乳腺癌综合诊治水平。对肾衰的甲旁亢患者提出甲状旁腺切除＋自体前臂移植这一手术方法。

微创代谢疝外科组 继续保持常见腹壁疝微创治疗手术数的高增长，在造口旁疝及食管裂孔疝的微创手术方面，经过多年研究，在国际上首创微创治疗造口疝的新手术技术——造口重做的腹腔镜补片修补术。由于腹壁疝修补材料仍然存在组织相容性欠佳及费用昂贵等缺点，故将来仍将研究新型修补材料作为基础科研方向之一。同时进一步开展代谢外科、减肥手术，并深入研究该领域代谢机制。

血管外科组 颈动脉外科是专科特色，在国内首次将软性光纤内窥镜引入颈动脉及下肢动脉手术和介入治疗中，辅助血管腔内及外科手术治疗，大大提高诊治疾病的先进性、准确性和安全性。在颈动脉支架中采用近端脑保护装置，手术的安全性大大提高。将进一步探讨颈动脉狭窄性疾病、颈动脉扩张性疾病治疗领域里的前沿热点问题。

【人才培养与引进】

2013年起，通过引进肝胆外科钦伦秀团队和王正昕团队、胃肠专科杜建军团队，加强普外科肝胆、胃肠两大传统领域的临床实力与业界影响力，并充实普外科核心管理团队。另一方面，科室通过进一步内部挖掘潜力，重点培养以陈进宏、项建斌、王红鹰、陈浩、史伟浩等为代表的一批中青年骨干，共同参与科室的决策决议与规划建设。同时搭建并给予更多的对外交流机会、实验平台，推动鼓励临床、科研等各方面能力突出的青年才俊赴国外进修学习及课题与奖项申请，全面提升医院外科的综合品牌形象和影响力。截至2016年，科室有长江学者、"973"首席科学家、国家杰出青年基金获得者1人，上海市青年启明星计划1项，上海市扬帆计划2人，中国普通外科青年攀登学者计划1人。

表2-1-3 2010—2016年普外科派遣出国进修人员情况表

时间	进修院校	进修方向	进修人员
2010年9—12月	美国梅奥医学中心	LRRC多学科治疗	项建斌
2011年8—10月	美国克利夫兰医学中心	肝胆手术新进展	陈进宏
2011年8—10月	美国克利夫兰医学中心	胃肠肿瘤MDT	唐一帆
2011年10—12月	美国梅奥医学中心	肝胆微创治疗	向阳
2014年8—10月	美国克利夫兰医学中心	胃肠肿瘤治疗	蒿汉坤
2014年8—10月	美国克利夫兰医学中心	结直肠肿瘤治疗	顾晓东
2015年10月—2016年1月	日本大阪府德洲会病院	消化道与腹膜肿瘤	郭峰华

【科研成果】

承担国家传染病重大科技专项——肝癌项目，国家重大研发计划子课题；国家自然科学基金重点项目、重大研究计划项目和国际(地区)合作与交流项目；国家自然科学基金面上和青年项目20

余项。至 2016 年，发表 SCI 论文约 50 篇，其中包括 *Cancer Cell*（IF>23），*Hepatology*（IF>10）等 SCI 一区论文。医学著作方面，至 2016 年，钦伦秀主译《癌转移：生物学基础及临床》；主编《外科微创手术基础与临床应用进展》；参与《实用外科学》的编写，钦伦秀担任副主编；参与《现代外科学》的编写，张延龄担副主编。杨鑫获上海市优秀博士论文奖。医学专利方面，获医学专利多项，包括黄广建等"术中肿瘤阻断技术"、"一种具有高比饱和磁化强度的铁钴合金纳米颗粒的连续化制备方法"（CN 102228993 A，2013 年）；洪军等"腹腔镜可测量操作器械"（ZL201520958935，2015 年）。

四、教学

普外科作为复旦大学上海医学院（筹）外科学系所在单位，承担大量的临床教学与基础医学教学工作，在完成本科生大课、临床示教和动物实验等教学任务的基础上，还开设研究生理论选修课程，培养博士和硕士研究生近百名，并承担外科基地学员的临床培训工作。每周安排主治医师给实习同学小讲课，每两周安排主任医师给进修医生讲课。每三个月安排新同学在手术室讲解无菌术和无菌概念及操作。配合床旁教学课程开展 PBL（以问题为中心的学习）的教学方法。主编《现代外科学》《实用外科学》等专著，主导并参与《实用外科学》（第四版）的编写工作。主译《肿瘤转移——生物学基础与治疗》。已完成并出版《外科临床手册》《乳腺外科学》《外科实习手册》《考研精要（外科学）》等辅助教材。获得校级教学改革基金 3 项，获得中华医学会医学教育分会、中国高等教育学会医学教育专业委员会医学教育研究课题 1 项。为加强对住院医师的培养，外科定期对住院医师和研究生进行临床综合能力考评，进一步规范住院医师的临床思维及操作常规。

2012—2016 年，举办的国家级继续医学教育项目有"肝胆疾病外科治疗进展研讨班""肝胆疾病微创外科治疗高级培训班""胃肠肿瘤腹腔镜手术及其应用解剖""腹腔镜消化道疾病手术及重建高级培训班""腹壁疝微创治疗新进展学习班""减重与代谢外科研讨会""胰腺癌诊治新技术新进展学习班""多学科诊治胰腺囊性肿瘤及其决策分析""颈动脉硬化狭窄外科治疗及进展学习班"。此外，成功设立复旦"外科微创技术"课程，"华山-柯惠临床技能培训学校"等延续性微创手术技术培训课程。

截至 2016 年，科室有终身教授 1 人、资深教授 1 人、教授（主任医师）21 人、副教授（副主任医师）23 人，博士研究生导师 13 人、硕士研究生导师 11 人，在读博士硕士研究生 40 人。每年科室接收全国各地进修医师 20 余人，通过参与临床工作及讲座传授外科的新理论和新操作，提高他们的业务水平。

五、其他

2008 年，汪志明等参加汶川大地震灾害医疗紧急救援。2008—2010 年，何勍作为复旦大学援助摩洛哥医疗队成员，赴摩洛哥塞达特执行援摩医疗服务工作。2013 年，陈浩参加菲律宾"海燕"海啸灾害医疗紧急救援。2015 年，王昕海作为上海市首批"组团式"援藏医疗人才，赴西藏日喀则执行医疗支援任务。2015—2017 年，周坚作为复旦大学援助摩洛哥医疗队成员，赴摩洛哥塞达特执行援摩医疗服务工作。2016 年，殷保兵参加江苏盐城龙卷风灾害医疗紧急救援。

第三节　皮 肤 科

一、沿革

皮肤科创立于1929年，匈牙利犹太籍医师罗爱思(Frederick Reiss)任首位皮肤科主任。1932年，杨国亮开始参加皮肤科工作。1937—1947年，潘继盛、蒋以楷、秦启贤及钱成春等相继来科。1947年，杨国亮从美国留学深造回国，担任皮肤科主任，主持皮肤科医、教、研各项工作近40年。1953年，开设有53张床位的皮肤科病房。

图2-1-1　皮肤病学家、国家一级教授杨国亮(中坐者)与同事交谈

20世纪50年代初，经中央卫生部审批，原上海第一医学院创办首届皮肤性病学专业班(学制4年)培养50名高级皮肤科专业人才。其中康克非、王侠生等8名优秀毕业生于1957年进科工作，进一步壮大学科专业队伍，增强师资力量。1964年，皮肤病学研究室成立。皮肤科医师人数由1949年前的3～4名增至25名，并成为医院的特色专科，在国内享有声誉。1978年，经中央卫生部批准，上海第一医学院皮肤病学研究所成立，杨国亮担任所长，秦启贤、施守义、刘承煌、李树莱、李长恒等任副所长。1981年成为教育部首批博士学位授予点。

1984年起，杨国亮因年事已高，退居二线，由康克非任皮肤科主任，王侠生和方丽任皮肤科副主任，康克非、王侠生分别兼任皮肤病学研究所正、副所长。1991年，王侠生任科主任及皮肤病学研究所所长，增补廖康煌任副主任及皮肤病学研究所副所长。1995年，方丽任科主任，增补翁孟武和傅雯雯任副主任。

2000年起，廖康煌和翁孟武分别任皮肤病学研究所正、副所长。翁孟武任上海医科大学医疗系皮肤性病学教研组主任，廖康煌和徐金华任副主任。2001年起，郑志忠担任皮肤科主任，傅雯雯、徐金华、项蕾红任副主任。2002 年复旦大学皮肤性病学系成立，翁孟武任主任。2008 年起，徐金华担任皮肤科主任，傅雯雯、项蕾红担任副主任。2011 年增补杨勤萍任副主任。2015 年吴文育任副主任。

2010 年起，科室相继成为复旦大学“211”工程新学科增长点项目、上海市激光治疗质量控制中心、上海市住院医师规范化培训基地。2012 年起，科室成为上海市皮肤性病学临床专业质量控制中心挂靠单位、卫生部临床重点专科。2013 年，成为上海市重中之重临床重点学科。2014 年，成为上海市专科医师培训基地。

表 2-1-4　1929—2016 年皮肤科历任主任情况表

任职时间	主　任
1929—1947	罗爱思
1947—1984	杨国亮
1984—1991	康克非
1991—1995	王侠生
1995—2001	方　丽
2001—2007	郑志忠
2008—	徐金华

二、医疗

【基本情况】

皮肤科在国内外享有较高的声誉，疑难、危重病例诊治能力强。门诊就诊人数逐年上升，年门急诊总量曾突破 160 万人次。日就诊人数均逾 3 000 名，每逢夏季，更是高达 4 000～5 000 人次，其中约 60%的患者来自外省市，港澳台地区及其他国家来诊者亦与日俱增。病例数之多、病种之广在国内首屈一指，在国际上亦属罕见。

1929 年建科以来，科室先后研制许多治疗各种常见皮肤病的中成药，研制并不断改进各种治疗皮肤病的外用制剂，取得很好的疗效，深受全国各地患者的欢迎。数十年来坚持每周一次的全科医师疑难病例讨论。为提高医疗质量，配合各研究室、组的科研工作，先后开设银屑病、特应性皮炎、白癜风、光敏性皮肤病、红斑狼疮、自身免疫性疱病等 15 种专病门诊，收集大量病例资料，为临床研究和不断探索新的治疗方法提供平台。

2007—2016 年，皮肤科的医疗水平快速发展，年门急诊总量维持在 150 万人次。皮肤科病房设床位 43 张，平均年收治患者数 2 000～2 400 人次。为适应疑难重症皮肤病诊治需要，2016 年改建层流重症皮肤病病房，设 6 张床位，进一步提高危重患者抢救成功率。皮肤外科和激光美容取得长足发展，皮肤科激光中心不断扩展业务范围，提高治疗水平，激光中心业务收入以年平均 8.8%速度递增，年平均治疗 2 万人次以上。皮肤外科的手术量也不断攀升，2016 年达 11 000 余台，手术量位列国内三甲之首。皮肤科性病门诊、真菌室、病理室、光疗室和白癜风治疗室的业务量逐年增长。

【医疗特色】

为配合临床和科研需要，皮肤科设有皮肤真菌室、皮肤病理室、皮肤免疫学实验室等十余个辅助科室。

皮肤真菌研究室 由秦启贤创建，是中国医学真菌保藏中心、卫生部皮肤真菌专业实验室，保存真菌多达200余种，为国内首位；年镜检及真菌培养标本居全国首位。20世纪60年代初建立的皮肤科免疫室，是国内成立较早的实验室之一。主要开展以结缔组织病、遗传过敏性皮炎和自身免疫性大疱病为主的临床和实验研究。制备BA－ELISA方法测定ds－DNA抗体和IgE的试剂盒，并供应其他实验室应用。皮肤病理室是中华医学会皮肤科分会皮肤病理学中心组成员，年活检标本数达10 000例以上，并接受上海市疑难皮肤病理会诊。

变态反应实验室和专病门诊 20世纪90年代初，开设变态反应实验室和专病门诊。变应原检测主要包括：皮肤点刺试验，食入性和吸入性特异性IgE抗体检测、食物不耐受特异性IgG抗体检测，光敏试验、斑贴试验和光斑贴试验。变态反应实验室和专病门诊已进行点刺试验约5万余次，食入性和吸入性特异性IgE抗体检测、食物不耐受特异性IgG抗体检测约6万余次，光敏测试1万余次，斑贴测试3 000余次，光斑贴测试6 000余次，为变态反应性皮肤病的临床诊治提供可靠依据。

白癜风治疗室 建立于1990年，治疗室自行设计研制皮肤分离仪，先后开展负压吸疱自体表皮移植、自体黑素细胞移植、异体黑素细胞移植以及组织工程皮肤移植治疗白癜风。其中，负压吸疱自体表皮移植和异体黑素细胞移植治疗白癜风为国内首创。自体表皮移植治疗患者5万余人次，移植皮片达数十万片，有效率为96%。2012年开始，皮肤科针对大面积、特殊部位难治疗的白癜风患者开展自体组织工程皮肤移植治疗技术。该技术的开展填补国内白癜风外科治疗的空白，于2015年获上海市第三类新技术准入，并临床推广。该技术有效率90%，患者满意度高。

皮肤科光疗室 建立于20世纪90年代，协作设计制造多种国产新型光疗仪器用于治疗多种皮肤慢性疾病，同时开展光敏性疾病患者的最小红斑量测定，是国内最早以荧光灯管开始此项治疗的医疗机构，并一直处于领先水平。

性病门诊实验室 除开展各项性传播疾病（STD）相关检查外，还开展阴道镜检查和尖锐湿疣激光手术治疗，全年患者2万人次。性病门诊业务量以平均每年10%的速度增长。

皮肤外科 成立于20世纪80年代，30多年来已经累计手术3万例以上，病种繁多。常规开展的手术项目包括：色素痣、皮脂囊肿、纤维瘤、疣状痣、皮脂腺痣等良性肿瘤切除术，皮肤恶性肿瘤切除术，皮瓣成形以及植皮术修复皮肤缺损；此外还积极开展毛发移植、瘢痕疙瘩的综合治疗、恶性黑素瘤的综合治疗、大面积白癜风自体组织工程皮肤移植以及注射美容等高精尖的复杂项目。皮肤外科自2011年起开展毛发移植项目，采用国际先进的FUT、FUE技术，适应证包括：① 雄激素源性秃发（脂溢性秃发）；② 瘢痕性秃发（各种手术、烧伤等原因造成的秃发）；③ 头皮稳定期白癜风等。截至2016年，平均月手术量近20例，手术成功率达到100%，位居上海首位。

皮肤科激光中心 1974年成立皮肤科激光中心。经过40多年的努力，激光治疗室已经发展为集激光治疗美容、注射美容及科研教学为一体的大型激光注射治疗综合美容治疗中心，至2016年拥有紫翠玉激光、皮秒激光、红宝石激光、脉冲染料激光、超脉冲/常规二氧化碳激光、铒激光、多种半导体激光、多种点阵激光、私密激光、强脉冲光、近红外光、准分子激光、射频等多种当前最为尖端的治疗及美容设备，涵盖所有的皮肤治疗及美容项目。激光治疗项目包括：色素增生性皮肤病、血管增生性皮肤病、脱毛、光子嫩肤、重症痤疮、皮肤老化、皱纹、皮肤松弛、皮肤增生性疾病、各类瘢痕、腋臭、多汗症、白癜风等。同时激光中心还向与激光美容密切相关的微整形领域大力拓展，开展肉毒素及填充剂注射美容项目，以去除各类皱纹、改善面部轮廓（如注射隆鼻、隆下颌、丰唇、丰颞等）。在色素增生性皮肤病、血管增生性皮肤病、皮肤年轻化、瘢痕、皱纹等领域积累丰富的临床治疗经验。激光中心医疗质量和患者满意度也居全市医院前列。自 2010 年起，医院成为上海市卫计委激光治疗质量控制中心的挂靠单位，由激光中心承担全市所有二级以上公立医院及部分民营医院的各个专科的激光治疗督查工作。

三、科研

【科研特色】

皮肤科致力于建设集临床优质医疗服务、临床先进诊疗技术和符合国际 JCI 标准的临床医疗质量管理于一体的国家级临床重点专科，努力将皮肤科打造成为国内皮肤科专业的疑难病诊疗中心。皮肤科专业构成如下：皮肤病理、皮肤真菌、皮肤外科、皮肤激光美容、皮肤性病、皮肤免疫、皮肤变态反应。

在国家卫计委重点专科建设项目的支持下，在巩固和发展现有的皮肤科各项技术和各专病门诊诊疗特色的基础上，完成以下项目建设。

临床诊疗新技术的开展与应用

体外自体表皮扩增技术治疗白癜风：白癜风是获得性的色素脱失性疾病，临床上较为常见。白癜风极易累及面颈、肢端等暴露部位，对患者外貌的损害较大，严重影响患者的生活质量。白癜风的传统治疗方法很多，有局限性，尤其是对于皮损面积较大，或者发生在颧部、颌面等不平整部位的患者。针对这一难题，2012 年皮肤科从日本引进该项技术，率先在国内开展体外自体表皮扩增技术治疗稳定期白癜风患者的应用研究。2012 年 11 月开展改良后体外自体表皮扩增技术治疗白癜风临床应用，该技术于 2015 年 8 月获得上海市三类医疗新技术，开始临床推广应用。截至 2016 年 10 月，临床收治患者 249 例，其中术后随访满 2 个月的共 240 名患者，其中手术部位完全复色 105 例，痊愈率达 43.75%，总有效率 90%。

皮肤共聚焦激光扫描显微镜技术临床应用：反射式激光共聚焦显微镜（RCM）在临床的应用成为研究热点。其主要优点有无创性、可实时动态地进行监测、成像迅速且数据易于存储和输出。临床上主要用于皮肤肿瘤的诊断及鉴别诊断，区分色素或非色素性皮损的功能，术前皮损手术边界的辅助确定和术后的随访。

疑难罕见病诊疗合作综合平台建设

免疫相关性皮肤病多学科诊治平台：在复旦大学“211”工程三期医科建设项目、卫生部重点专科项目的支持下，皮肤科联合风湿科、肾病科、神经内科等多个临床学科和复旦大学上海医学院免疫学系、复旦大学生命科学学院，针对系统性红斑狼疮等免疫相关性疾病的发病机制、特异性诊断和个体化治疗建立多学科诊治平台，取得高水平研究成果。徐金华教授课题组“系统性红斑狼疮免疫治疗新策略”获 2014 年上海医学科技奖一等奖。

疑难罕见皮肤病诊治中心建设：建设数字化皮肤病理切片系统。应用数字化皮肤切片系统，协助完成皮肤科病理室日常常规病理切片的诊断；保存外院典型或疑难会诊切片，为会诊提供强有力的备份依据；初步建立医院典型或疑难病例的病理切片库，并逐渐应用于皮肤科临床教学和对外交流中。

慢性复发性皮肤病的管理

银屑病：通过银屑病专病门诊病历临床数据库系统，建立银屑病生物样本库，并开展银屑病患者健康教育讲座，帮助患者树立健康意识，掌握健康知识，建立健康行为，造福社会。与中南大学湘雅医院陈翔课题组合作，开展氨甲蝶呤（MTX）治疗银屑病药物基因组学研究；针对脓疱型银屑病易感基因的测定发现 5q33.1 和 17q25.3 为脓疱型银屑病新的易感位点。脓疱型银屑病患者外周血 Treg 细胞表面胞外酶 CD39/CD73 表达降低，其胞外腺苷生成减少，通过 A2AR 传导的信号减弱，同时 Treg 细胞表面 A2AR 表达减少，增加 Teff 细胞的活性，促进脓疱形成。

社区儿童特应性皮炎健康教育干预研究：通过对上海市长宁区新泾地区 0～6 岁儿童特应性皮炎患病率调查，分析社区特应性皮炎患儿的皮肤水分屏障功能，对儿童特应性皮炎患者进行社区健康教育干预研究。课题组发现，基于社区以讲座形式、辅以宣教手册开展的健康教育干预，能更有效地改善特应性皮炎患者的疾病情况、屏障功能和生活质量，提示将健康教育宣教等非药物治疗手段加入特应性皮炎（AD）患者的常规治疗中，可进一步完善社区的干预模式并加以推广。

分子检测技术的临床应用

药疹易感基因研究：骆肖群课题组回顾分析皮肤科近五年收治的 922 例确诊药疹患者的临床资料发现，住院药疹及重症药疹的比例均呈逐年上升趋势；抗癫痫药、别嘌呤醇、中药及中成药为最常见引起药疹的致敏药物。在此基础上采集中国汉族人群药疹易感基因研究样本，发现 *HLA－B＊58：01*、*HLA－B＊13：01*、*HLA－B＊59：01* 等位基因分别与别嘌呤醇、柳氮磺胺吡啶及醋甲唑胺所致药疹密切相关。相关研究成果已发表 SCI 论文 4 篇并申请发明专利（专利号/申请号分别为 201210189509.6、201310627036.8、201410064918.2）。

遗传性皮肤综合征的分子诊断——汗孔角化症遗传变异分析：汗孔角化症（Porokeratosis，PK）是一组少见的遗传性皮肤角化异常疾病，具有遗传异质性。张正华课题组通过对汗孔角化症在甲羟戊酸通路上的遗传变异分析，发现新的致病基因（*MVK*，*MVD*，*PMVK*，*FDPS*），并通过研究皮损和邻近外观正常皮肤的等位基因不平衡表达，发现野生型等位基因的功能失活是致病的主要原因，首次在该疾病中发现基因转换和 RNA 编辑等罕见基因变异现象。

【人才培养与引进】

2013 年，皮肤科引进"国家 QR 计划"项目获得者朱宁文。徐金华，2013 年入选上海市优秀学科带头人计划，2013 年获全国艾滋病防治工作先进个人荣誉称号和上海市第二届"仁心医者"杰出专科医师奖，2014 年入选上海市领军人才计划。另外，至 2016 年，科室选派吴文育前往加拿大英属哥伦比亚大学的北美毛发移植中心专项学习，陈连军和姜敏前往美国宾夕法尼亚大学学习，张成锋和秦海红赴奥地利维也纳医科大学培训学习，栾菁赴美国威斯康星大学进修皮肤外科，卢忠赴美国哈佛大学医学院附属麻省总医院进修学习，颜克香前往奥地利维也纳医科大学进修学习，吴金峰赴香港大学进修学习。

【科研成果】

截至 2016 年，皮肤科有科研课题 77 项，其中国家自然科学基金 51 项、教育部项目 4 项、科技部项目 1 项。主编各种教材 6 部、专业参考书 13 部、工具书 10 部、科普读物 10 部，其中《现代皮肤病学》(第二版)获卫生部科技杰出著作三等奖。获得授权专利 4 项，申请专利 5 项。

皮肤科获得多个科研项目，其中科技部“863”重大项目 1 项、卫生部重点专科建设项目 1 项、国家自然科学基金 34 项等，经费达 3 000 多万元。“皮肤性病学”课程获得 2015 年上海市教委重点课程项目。2011 年，章强强获上海医学科技奖三等奖。2014 年，朱宁文获国家“863”重大专项基金。2015 年，徐金华带领团队以“系统性红斑狼疮免疫治疗新策略”获上海医学科技奖一等奖，2016 年获上海市科技进步奖三等奖。

【学术任职】

1954 年，中华医学会上海分会皮肤性病学会成立，杨国亮任主任委员。1966 年，杨国亮当选为中华医学会皮肤性病学分会副主任委员。1996 年在阿联酋召开的第四届亚洲皮肤科会议上，王侠生当选为学会理事会理事。1998 年，廖康煌当选为中华医学会皮肤性病学分会副主任委员。2003 年，以郑志忠为主任委员的上海医学会皮肤性病学会受总会委托，在上海成功举办第十届中华医学会皮肤科全国年会。2005 年，郑志忠被选举为首届中国医师协会皮肤科医师分会会长。同时以郑志忠为主委的上海医学会皮肤性病学会在上海成功地举办首届上海、香港、澳门、台湾地区皮肤科高层学术论坛。2006 年，郑志忠当选为中华医学会皮肤性病学分会副主任委员。2014 年，徐金华当选为中华医学会皮肤性病学分会副主任委员、中国医师协会皮肤科医师分会副会长、中国中西医结合学会皮肤性病专业委员会副主任委员、上海市医师协会皮肤科医师分会会长、上海医学会皮肤性病学分会名誉主任委员。

【国际交流】

2014 年 5 月，举办首届皮肤病学研究杂志-华山皮肤科学高峰论坛；2015 年 8 月，主办第七届亚洲色素病会议；2016 年 9 月，举办第三届国际痤疮会议；2009—2016 年，连续八年主办国际皮肤免疫学论坛。

四、教学

【基本情况】

皮肤科有悠久的历史，在教学工作方面形成自己的特色，自编各种教材。1933 年，杨国亮编写第一本皮肤病学教科书，此后又不断编写出多部具有影响力的教材；承担复旦大学上海医学院皮肤与性病学系各项教学任务，包括医学专业五年制、七年制、八年制，卫生管理、预防、法医、护理等专业的教学任务，完成本科生的实习带教和示教。至 2016 年每年带教各类学生近 300 人。

1952 年起，皮肤科开始为全国各级医疗单位培养皮肤科专业人员，成为全国皮肤科医师主要培训基地，每年接收 60 名来自全国各地的皮肤科医师及技师进修(一年制临床进修班及个别进修)。此外，还有专业进修(包括病理、真菌、免疫、理疗、护理)，迄今来科进修者累计已达 2 000 名以上，其中很多人已成为兄弟院校、省市医疗单位皮肤科的骨干力量。

1998 年起，每年举办皮肤病国家级继续教育学习班，至 2016 年每年举办 8 个亚专科学习班，包括“真菌病诊断及检测技术新进展”“皮肤组织病理新进展”“皮肤病与性病新进展”“性病艾滋病临床诊治进展”“现代激光医学技术在皮肤科应用的新进展”“色素异常性皮肤病诊疗新进展”“皮肤外科暨毛发移植的新进展”“皮肤病诊疗进展和健康教育护理”等国家级学习班，每年有 600 多人次参加。

2003 年，建立皮肤科住院医师的培养和考核制度，组织上海市规范化培训皮肤病学临床技能考试，是首批国家皮肤病学住院医师培训基地之一，每年培训住院医师十余人。皮肤科所有住培学员参加每月一次的住院医师学习讲座，每周两次的皮肤科系统课程学习；参加每月两次的科室业务学习及每季度一次的上海市组织的疑难病例讨论会。作为上海市住院医师规范化培训的结业综合考核考点，积极配合上海市卫计委做好各项考务工作，按要求保质量地完成各站考核任务。承担其他基地的学员在皮肤科的轮转和考评工作。皮肤科参与讨论修订《华山医院皮肤性病科专科医师规范化培训细则》《上海市皮肤性病科专科医师规范化培训年度考核方案(试行)》，同时建立题库，并顺利组织相关考核。

至 2016 年，科室培养研究生 300 余人，其中包括来自加拿大、新西兰、韩国、巴基斯坦、毛里求斯以及中国港澳台地区的研究生，培养进修医生累计 2 000 多人。

【教学成果】

《皮肤病性病学》高等院校教材及“皮肤病性病大课多媒体课件”获复旦大学教学成果三等奖与 2004 年上海市教学成果二等奖。徐金华负责的“皮肤性病学”获得 2015 年度上海市教委重点课程项目。2016 年，徐金华负责的留学生临床医学本科班(MBBS)皮肤病学课程(Dermatology)获得复旦大学精品课程项目。徐金华负责的“皮肤科多媒体题库建设”2009 年获校级教学课题，并在 2012 年本科生考核中率先应用多媒体题目。徐金华的“病案导入式教学法与信息在皮肤病本科教学中的应用”获 2016 年复旦大学本科重点教学改革项目。

五、其他

皮肤科获得 2006—2008 年上海市卫生系统先进集体、2007—2008 年度上海市卫生系统文明班组、2009 年度上海市卫生系统工人先锋号。2010—2016 年，连续 7 年在复旦大学医院管理研究所发布的“中国最佳专科声誉排行榜”上位列皮肤科全国第一名。

至 2016 年，皮肤科年轻医务工作者连续 10 年参与金山张堰的义诊，该主题义诊服务成为上海市卫生计生行业十大青年公益项目。皮肤科于 2014 年获得复旦大学青年文明号，2016 年获得上海市青年文明号及上海市青年文明号示范集体称号。

第四节　骨　　科

一、沿革

骨科于 20 世纪 30 年代由任廷桂及医院前任院长李鸿儒创建。至 1949 年，医院骨科床位十余张，在全国具有一定的影响。1951 年，成立骨科教研组，1952 年，教研组与中山医院合并成立骨科教研组，床位 90 张。1955 年再次调整后回医院，床位 62 张，同时培养出一大批高级骨科专业人才，如顾玉东(手外科主任)、杨东岳(手外科创始人)、吴祖尧(支持重庆医学院)、乔若愚(支持新疆医学院)、郭汾(调任曙光医院)、汤邦君(调任上海市第八人民医院)、周公南、蒋知节、刘世杰、张志玉等。

1958 年起，李鸿儒带领周公南、刘世杰相继开展脊柱疾病的诊治。1960 年，在李鸿儒的支持下，杨东岳和顾玉东创建医院手外科及显微外科。1967年，在国内首次开展人工颈椎置换术并获得卫生部甲级科技成果奖，20世纪70年代开展颈椎前路手术和脊柱骨折前路减压术，80年代开展脊柱侧弯矫形术。1978年，恢复骨科教研室，床位44张。1981年，在李鸿儒的支持与指导下，蒋知节创建足外科组。1982年，李鸿儒支持黄煌渊开展关节镜技术，成为当时国内最早开展关节镜技术的少数几家医院之一。至2016年，骨科专业组进一步细化，分为脊柱外科、关节骨病、创伤骨科、足踝外科等亚专业组。李鸿儒是医院骨科创始人之一，此后在历任主任蒋知节、张志玉、黄煌渊的带领下取得可喜的成绩。2006年，骨科主任为姜建元。2010年，骨科入选卫生部临床重点学科。2016年12月，姜建元当选为上海市医学会骨科专科分会第十届委员会主任委员，使骨科在上海乃至全国的学术地位和影响力进一步得到提升。

表2-1-5 1932—2016年骨科历任主任情况表

任职时间	主任
1932—1938	任廷桂
1945—1984	李鸿儒
1984—1992	蒋知节
1992—1999	张志玉
1999—2006	黄煌渊
2006—	姜建元

二、医疗

【基本情况】

骨科作为卫生部临床重点学科，技术力量雄厚，拥有多种先进的医疗设备，具有突出的专科特色和优势，尤其在脊柱退变性疾病诊治及足踝畸形矫形治疗方面处于国内领先地位。科室逐步引进先进的手术设备，如椎间孔镜手术系统、O臂机、术中导航系统、术中肌电监护、超声骨刀、3D打印等，成功开展和完成多项高难度手术。截至2016年，骨科共拥有专家团队34人，其中主任医师8人、副主任医师9人，高级职称比例达50%。科室设3个病区（12病区、13病区以及北院9病区），核定床位97张（总院62张、北院35张）。年门诊量近10万，年手术量4 000余台，其中Ⅲ、Ⅳ级手术比例超过70%。2012年12月，随着华山医院北院的开业，骨科积极配合，选派6名不同职称的医师先期前往北院开展医疗工作。在克服医院运行初期的诸多困难后，逐步有序地进行临床工作。截至2016年，北院骨科全年门诊量近30 000人次，住院人数近1 000人次，手术量近800台。

【医疗特色】

脊柱专业组 医院脊柱外科于1958年开展脊柱结核前入路病灶清除术，1967年，在国内首次开展人工颈椎置换术获得国家科技进步奖与卫生部甲级科技成果奖。1970年起，开展颈椎前路手术和脊柱骨折的前路减压术。自20世纪80年代开展脊柱侧弯矫形术以来，各类脊柱手术相继开展，高颈位、下颈椎的前后路手术，经胸前路或胸椎的后外侧入路手术，腰骶椎的前后路以及各种脊柱肿瘤的切除和内固定融合术都熟练掌握并应用于临床。肿瘤患者术前DSA栓塞技术、术中肌电监护技术的应用，大大提高手术的安全性。2004 年初，骨科引进导航仪和三维立体定位成像系统，成为上海骨科界首家拥有该设备的科室，为脊柱微创手术提供技术保障。2014 年，脊柱专业组率先引进椎间孔镜手术系统，并积极开展以 Thessys 技术为核心的各类椎间孔镜手术，不仅减少患者的手术创伤，也有效地将住院天数缩短 4～7 天；同年开展的经皮斜行入路融合术（OLIF 技术），通过微创技术有效解决腰椎不稳患者原有治疗创伤大、术后并发症多的缺陷；2015 年，通过应用有限暴露技术及双皮质骨螺钉，进一步减少改良 TLIF 技术的创伤，单节段腰椎融合手术术中平均出血量低于 200 ml；同时，骨水泥螺钉的应用有效降低高龄骨质疏松患者术后内植物并发症的出现概率；而颈前路双插片融合器及 Zero－P 融合器的应用也进一步降低颈前路融合术术后颈部不适的出现概率。2015 年，由脊柱专业组参与设计的“符合国人解剖结构的 Hallis 椎间融合器”投入临床应用。2016 年，科室引进 O 形臂导航系统及 64 道联术中神经电生理监测仪，为脊柱外科手术保驾护航，进一步有效降低脊柱手术术中神经损伤的发生率。

关节骨病专业组 1977 年，杨东岳、蔡知节、黄煌渊完成在国内外首例带血管神经的异体全膝关节移植术治疗一例复杂膝关节病患者，获得较满意的近期效果，在国内外引起高度关注，英国《泰晤士报》及《亚洲周刊》均在头条及封面给予报道。该项目获上海市科技成果奖。20 世纪 80 年代起开展人工髋膝关节置换术治疗股骨颈骨折、髋关节骨关节炎、髋关节发育不良、关节周围肿瘤及膝关节骨关节病等病种。2001 年开始，采用微创单切口、微创双切口、OCM 入路等微创入路行髋关节置换手术近 150 例，结合围手术期镇痛疗法，使患者可以早期负重行走。2014 年，率先在华东地区开展第一台 SuperPath 入路下的微创髋关节置换术，基于该技术，关节组专家将快速康复的理念有效融入关节置换术后的康复训练中；同期引入的膝关节单髁置换、Legion 假体全膝关节置换等新器械也在不同程度上提高骨科关节置换手术的全面性。截至 2016 年，年关节置换近 300 例，涉及髋、膝、肩、肘等关节。另外，针对年轻患者早期股骨头坏死开展改良髓芯减压植骨手术，在降低医疗费用的同时提高保头的成功率。微创技术方面，20 世纪 80 年代初由黄煌渊率先开展膝关节镜手术，是全国最早开展膝关节镜手术的医院之一。科室开展镜下半月板损伤的诊断和成形术、交叉韧带重建术、关节软骨成形术、微骨折术、滑膜切除术、关节内游离体摘除术、镜下膝关节多韧带损伤修补和重建术等技术。

足踝专业组 于 20 世纪 80 年代成立，经蒋知节、顾湘杰等的辛苦努力，确立在国内外领先地位。临床主要致力于踇外翻手术与改良、先天性畸形的矫正、足踝部创伤的诊疗。在国内首次引入“跖骨头平面足横弓”的概念；对于跖骨头下籽骨、下胫腓联合分离进行临床与生物力学观察；在国内首次建立足部有限元模型，进行踇外翻足与胫后肌腱功能不全之间力学分析。作为骨科的优势专科，2007—2016 年，开展多项治疗踇趾外翻畸形的手术方式，同时在马蹄足、高弓足等足部畸形矫形领域也开展多项新技术。足踝外科在临床工作中不断总结创新，先后获得两项实用新型发明专利：人体足部籽骨负重切线位辅助检查装置和骨科人体足部模拟负重检查装置。前者可在 X 线摄片时辅助将站立位的足部置于特殊的姿势，进而为评估和诊断籽骨创伤或脱位提供更加科学的依据，减少误诊、漏诊等情况；后者可实现模拟足部负重情况下的 CT 或 MRI 扫描，从而为足部畸形的诊断与评估提供更加科学的依据。

创伤骨科专业 创伤骨科一直是骨科重点支持和发展的对象，骨折的切开和闭合手术、微创手术，各种固定材料（如普通钢板、重建钢板、解剖钢板、LISS 钢板、各种交锁髓内钉、外固定支架）和填充材料（各种同种异体骨、人工骨、骨水泥）均已被熟练掌握和常规应用。在国内，首次提出专项研究“合并脑外伤患者的骨折愈合加速机制的研究”，并取得上海市启明星计划的支持。另外在创伤基础研究骨缺损领域获得两项国家自然科学基金的资助。创伤专业组依据丰富的临床手术经验所研发的“用于股骨颈骨折的内固定装置”易于植入体内，内框架结构更利于力学稳定性，且具有更好的抗骨折扭转和位移作用。

三、科研

【学科建设】

至2016年，医院骨科分为脊柱外科、关节骨病外科、足踝外科和创伤骨科4个亚专业组，各自形成明确的学科发展方向。

脊柱外科　脊柱外科科研立足于脊柱应用解剖学研究，以临床实际问题为切入点，以脊柱退变性疾病为主要研究载体。脊柱外科在平山病发病机制与临床病情量化评估、椎间盘退变发生机制与干预、特发性脊柱侧凸发病机制及动物模型的建立等多个方面进行广泛的探索性研究，取得显著的研究成绩。主要研究方向包括“脊柱各部位解剖和临床实践应用”“脊柱各种内固定材料及生物力学”“脊柱退变性疾病研究”“导航在骨科脊柱关节创伤的应用”。截至2016年，骨科与美国梅奥医学中心、丹佛脊柱外科中心、麻省总医院、加州大学洛杉矶分校、明尼苏达州双城脊柱外科中心，澳大利亚弗林德医学中心，日本国立成育医疗研究中心等国际一流院校建立长期而稳定的科研合作关系。

关节骨病外科　关机骨病外科研究工作主要集中于骨关节炎发病的基因学及分子生物学研究，创新性研究钽棒、蚕丝蛋白棒植入对早期股骨头坏死的治疗效果，相关研究成果属国际先进水平。获得国家自然科学基金2项、上海市科委重点科技支撑计划2项，以及其他多个基金项目资助。“中国人骨质疏松症的易感基因SNPs的研究”获“863”攻关计划项目子课题资助。截至2016年，累计发表SCI论文十余篇，在国内各类期刊发表论文60余篇，获得发明专利授权1项，实用新型专利授权1项。

足踝外科　足踝外科一直以来专注于足踝解剖与生物力学研究，与哈佛大学麻省总医院、梅奥医学中心、索尔福德大学、上海交通大学等均有紧密科研合作，开发国际先进的“四维六自由度步态模拟系统”及“足踝部双平面动态透视运动分析系统”，相关成果已发表于国际权威《生物力学杂志》，获得国家自然科学基金5项、上海市自然科学基金2项、上海市优秀学术带头人计划1项。同时该学科也进行足踝手术技术改良及相关内固定、假体改良设计，并获得发明专利授权1项，新型实用专利授权6项。

创伤骨科　于20世纪60—90年代进行二刃钉、V形钉、国产梅花钉、硅胶内固定等研发及临床应用推广，克服当时内固定材料缺乏的困难，研究方向包括骨折愈合机制、骨折内固定方法及隐匿性骨折的早期诊断、复杂骨折的分型等。主要研究方向为合并脑外伤患者的骨折愈合加速机制、生物玻璃对活性蛋白的缓释及其对骨缺损修复的影响、骨质疏松性骨折的发生机制及促进愈合研究、肘关节复杂骨折的损伤机制及救治。

【人才培养】

科室注重人才方面的培养，与美国麻省总医院签署相互合作协议，并与美国丹佛脊柱外科中心、加州大学洛杉矶分校、明尼苏达州双城脊柱外科中心，澳大利亚弗林德医学中心，日本国立成育医疗研究中心、富士虎门骨科医院，香港大学玛丽医院等知名医院和研究机构有着临床医学技术和科研交流。科室多位医疗骨干、年轻医生到上述医院和中心进行临床与学术培训，1 人作为美国哈佛大学麻省总医院访问学者，3 人作为美国梅奥医学中心访问学者，12 人作为日本静冈虎门整形外科医院访问学者，前往其他国际医学中心、医院短期培训项目有 25 人次，通过将国际最新的医疗理念运用到临床实际工作中，提高骨科临床诊疗和基础研究的水平。同时科室有上海市优秀学术带头人计划 1 人，美国梅奥医学中心联合科研博士培养 3 人，上海市青年医师培养计划资助 2 人，医院优秀人才培养计划华菁奖 2 人，医院优秀人才培养计划华秀奖 2 人。

【科研成果】

科室自 2007—2016 年共获得各类科研基金 32 项。其中国家自然科学基金项目（面上、青年）14 项，上海市科委（重大、面上）项目 10 项，局级和上海卫计委课题 6 项，校级和院级课题 2 项。2014 年，马昕等“踇外翻三维畸形及生物力学及其在临床个性化治疗中的应用”荣获上海医学科技奖二等奖。2016 年，姜建元等“基于国人解剖学研究的腰椎退变性疾病诊疗关键技术优化与推广应用”荣获上海医学科技奖一等奖。医学著作方面，2007 年，科室姜建元、马昕、吕飞舟、黄煌渊所著的《脊柱应用解剖图谱》荣获国家新闻出版总署第一届“三个一百”原创图书出版工程。医学专利方面，科室拥有发明专利授权 2 项，实用新型专利授权 10 项，外观设计专利授权 1 项。论文方面，截至 2016 年底，科室共发表 SCI 论文 84 篇，多篇论文于 *Spine*、*European Spine Journal*、*Rsc Advances*、*The American Journal of Sports Medicine*、*International Orthopaedics* 及 *Gait&Posture* 等国际权威骨科生物力学杂志上发表，发表国内核心及权威期刊论文共 76 篇。

【国际交流】

2011 年起，骨科与美国梅奥医学中心多次合作举办“华山-梅奥肩肘论坛”，为全国的骨科医生提供对外交流学习的平台。2013 年，科室与美国梅奥医学中心共同主办的第十九届全国脊柱应用

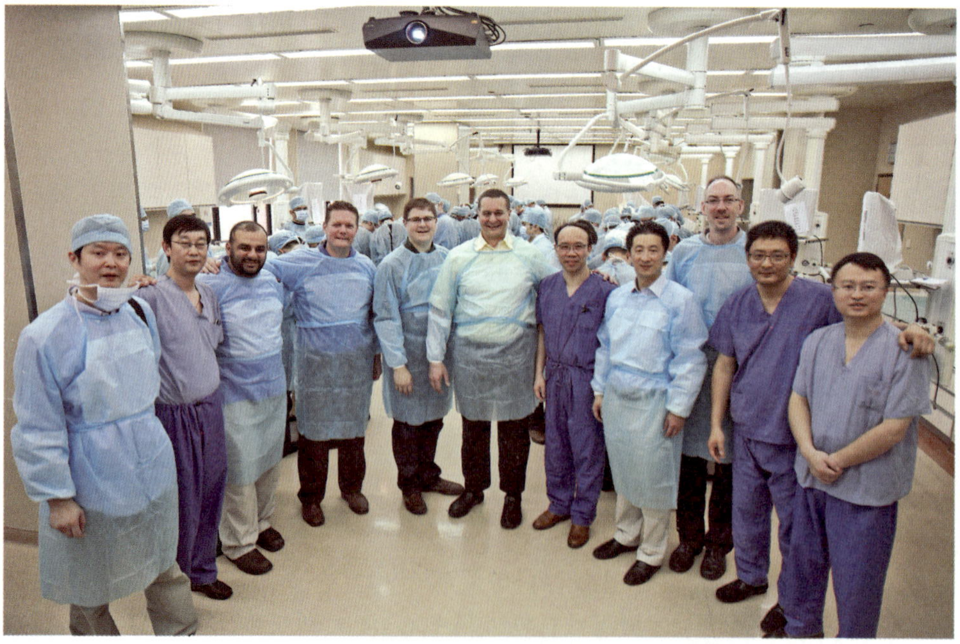

图 2-1-2　2013 年，第八届梅奥国际脊柱论坛手术技术操作示范现场

解剖及手术技术学习班暨第八届梅奥国际脊柱课程，是梅奥医学中心首次与中国医疗机构合作举办的骨科医师培训班。2014年，骨科首次承办在业界有着影响力的第六届中国国际腰椎外科学术会议。

四、教学

【基本情况】

骨科拥有比较成熟的教学体系和良好的教学氛围。在教学硬件方面，拥有示教室、教学/交班用投影仪等设施，以及进口脊柱内镜、关节镜、C形臂、O形臂透视、Jackson全碳纤维脊柱手术床、手术导航系统等先进临床教学设备，同时依托华山(国际)应用解剖研究与培训中心(PARTI)，开展大量继续教育临床培训工作。软件方面，科室拥有高级职称医师17人(正高职称8人、副高职称9人)，其中博士研究生导师4人，硕士研究生导师4人。长期承担大量的教学工作，包括医学本科生教学、研究生培养，进修生、住培/专培生培训等，培养优秀的研究型和临床型骨科人才。骨科学科带头人为姜建元，设教学副主任1人，配备教学秘书及教学干事辅助，分4个亚专业组开展各项教学工作。

【教学实践】

常规承担本科生、研究生、进修生教学，并配合上海市卫计委的住院医师和专科医师规范化培训方案，承担大量医师规范化培训工作。

本科生教学　科室承担复旦大学医学院临床五年制、八年制本科和MBBS班等理论和临床教学工作。倡导合理安排实习轮转、理论实践结合、教学考核结合的方法，启发并调动学员的积极性。

研究生教学　至2016年，骨科有研究生导师8人(博士研究生导师4人、硕士研究生导师4人)，分布于脊柱、关节、创伤和足踝各亚专业。历年培养博士、硕士研究生计80余人(其中2010—2016年培养研究生42人，含博士研究生20人、硕士研究生22人)。在研究生培养方面，注重科研能力培养的同时，并重临床能力和教学能力培训。研究生导师姜建元获得2016年上海青年医师优秀导师称号。

住院和专科医师规范化培训　配合上海市卫计委和医院教育处要求，骨科自2010年起就开始承担外科住院医生规范化培训工作；2013年起开始承担骨科专科医师规范化培训工作。同时，作为中国医师协会骨科分会(CAOS)的重要成员科室，开展全国骨科医师规范化培训的相关工作。2013年以来，已培养骨科专科医师2人，在培阶段专科医师4人。

中国医师协会骨科专委会(CAOS)教学工作　由姜建元担任CAOS常务委员、CAOS胸腰椎专委会主任委员，同时担任中国医师协会住院医师规范化培训骨科专委会副主任委员及教程编写组组长。吕飞舟、马昕、马晓生、王旭等均在CAOS相应的专业组担任重要学术职务，对推动与活跃业内学术交流及继续教育做出贡献。姜建元曾获2015年度CAOS优秀工作者称号。姜建元、马晓生和陈飞雁3人获2016年度CAOS先进工作者称号。2016年，姜建元携科内其他专家们认真组织全国骨科同道，编写中国骨科住院医师规培教程并录制教学视频，对推动全国骨科住院医师规范化培训工作具有积极的作用。

进修医师教学　骨科长期接收来自全国各地的进修医生。进入21世纪以后逐渐形成以创伤骨科为基础，脊柱外科、足踝外科以及关节外科为特色的亚专科齐头并进的格局，吸引来自全国各地的骨科医生报名进修。进修医生数目从每年10人左右增加到每年30人，2007—2016年，共接收培养进修医生208人。多数在医院进修过的骨科的医生已成为当地医院的骨干医生，并与骨科保持良好的业务协作关系。

国家级继续教育学习班 骨科在注重自身发展的同时，努力为全国骨科临床医师打造一个医学继续教育的平台。2004年起，坚持开展国家级应用解剖继续教育学习班。在学校及院领导的支持和帮助下，骨科先后成立复旦大学脊柱外科中心、华山(国际)应用解剖研究与培训中心(PARTI)。课程内容涵盖脊柱、创伤、关节、足踝等各亚专科领域。

骨科先后与国际知名医疗机构建立长期而稳定的继续教育合作项目。特别是与美国梅奥医学中心合作，举办面向中美骨科医师的“华山-梅奥脊柱论坛”“华山-梅奥肩肘论坛”等培训项目。其中，“华山-梅奥脊柱论坛”更是成为首个跨国中美联合长期培训项目，得到美国继续医学教育认证委员会(ACCME)认可，参加课程培训的国内学员除获得国家级医学继续教育学分外，同时可获得ACCME在国内首家颁发的培训证书与医学继续教育学分。另外，脊柱专科还与中美两大骨科医师协会NASS和CAOS合作进行联合培训项目，受到国内外权威学术组织的高度认可。

骨科的应用解剖学习班系列课程每年举办近20期，招收学员数量每年约450人次。截至2016年底，“华山骨科应用解剖系列培训课程”已开办整整12年，举办国家级学习班(62期)和商业型学习班(65期)共计127期，培训全国各地学员5 200余人。十几年的努力与探索，使华山骨科临床专科培训模式得到业界同行的广泛认可。在“华山骨科应用解剖系列培训课程”开办10周年的纪念活动中，全国政协副主席、中国科学技术协会主席韩启德对骨科在医学继续教育事业中所获得的成绩给予高度的评价。

五、其他

【医疗救援】

2008年5月，汶川地震发生后，吕飞舟和黄钢勇率先奔赴四川抗震救灾；之后王思群、张权、王世龙、张秉文、黄加张等相继前往灾区进行救援工作。2010年11月，骨科全力参与抢救胶州路火灾伤员。2011年11月，东海大桥发生大巴侧翻事故，马晓生、夏新雷组织对伤势最重的大巴司机进行及时的诊治。2015年4月，骨科许耀医生积极参加首批赴尼泊尔国际医疗救援队，执行地震医疗救援任务。

【援边援外】

2009—2010年，王立勋、陈飞雁先后参加部属医院支援西部地区农村工作医疗队，均获得优秀医疗队员称号。2011年，章晔担任中国援摩医疗队队长，带领其余2名医生奔赴摩洛哥开展为期2年的医疗支援服务工作。2013年，黄钢勇参加医院第八批援滇医疗队，前往云南省腾冲县人民医院开展为期半年的对口医疗支援活动。2015年9月，马天文顺利完成为期半年的腾冲对口医疗支援工作。

【医疗保障】

骨科积极参与各项重大社会事件的医疗保障，如上海田径黄金大奖赛、F1世界方程式赛车上海站比赛、美国总统奥巴马访华(上海站)、世博会医疗保障工作等。2008年,中国第一次举办奥运会,马昕、吕飞舟连续在比赛现场做医疗保障任务。2010年,骨科参与世博会的医疗保障工作。2012年,在国际自行车联盟女子公路世界杯赛受伤的俄罗斯运动员经直升机运送医院由骨科医师进行及时诊治。2013年,石晶晟代表医院参加中国海警编队钓鱼岛海域的常态巡航。2014年,奥运短道速滑运动员王濛在医院完成右踝骨折手术。

【社会公益】

骨科积极开展及参与各类义诊和科普项目。2010年参与“关爱骨骼健康,拥抱和谐生活——中华医学会骨科学分会大型义诊科普活动”;同年10月赴云南昆明市嵩明县举行义诊,并在嵩明县人民医院举行捐赠活动;2011年参与“情系藏区,点亮光明”送医进藏大型志愿者义诊活动和上海电视台《新闻坊》栏目组织的大型公益义诊活动;2012年参与大型科普教育及义诊活动“骨关节炎、类风湿关节炎等关节疾病的防治”;2013年在卫计委“服务百姓健康活动”的号召下,医疗队赴云南猴桥口岸进行大型义诊活动;2013年参与红十字会主办的“老年医院健康咨询活动”;2015年7月,华山医院巡回医疗队赴云南迪庆(藏区)地区开展为期一个月的巡回医疗工作;2015年8月,参加由中华医学会骨科学分会主办的“西藏情,骨科行”骨科专家赴藏义诊暨学术交流活动;2015年8月,随医院专家团一行,前往甘肃省人民医院开展“服务国家战略,造福西部百姓”大型公益活动。

【科室荣誉】

2015年,骨科青年医护团队获得复旦大学青年文明号。

第五节　眼　　科

一、沿革

眼科创始于20世纪30年代,当时由周诚浒、林和鸣负责沙眼门诊的工作。1952年,因全国大学院系调整,医院眼科与中山医院眼科合并,另选新址组建上海第一医学院附属眼耳鼻喉科医院。1973年12月,医院重建眼科,当时仅设门诊,魏衍泽任眼科副主任,负责重建工作。1976年,开设眼科病房,在14病房设置病床7张,魏衍泽任眼科副主任并主持工作。1985年,朱复润从上海第一医学院附属眼耳鼻喉科医院调入,任眼科副主任并主持工作,1992—1993年任眼科主任。眼科病房搬迁到7病房,床位扩展到11张。1993年,医院与美籍华人郑磊合作创办中美合作华山眼病中心,郑磊担任眼病中心外方经理,负责经营;孙惠康任中方经理,负责财务;朱复润任中心主任,负责医疗;先后担任中方经理的还有李祖熙和陈正威。2012年,医院与外方的合作到期,眼病中心停业。1994年,李秋华任眼科副主任并主持工作。眼科病房搬迁到38病房,床位扩展到16张。2003年,从瑞金医院引进叶纹任眼科主任,李秋华任眼科副主任。2010年起,陆肇曾任眼科副主任。眼科病房仍在38病房,床位16张。2013年,北院眼科建立,叶纹兼任主任,王庆平任执行主任。2015年,从上海交通大学附属第九人民医院引进王志良任眼科主任,陆肇曾任眼科副主任。眼科在38病房设置床位16张。

至2016年,眼科有医师19人,其中主任医师4人、副主任医师9人。

表 2-1-6 1973—2016 年眼科历任主任情况表

任职时间	主任
1973—1984	魏衍泽(副主任,主持工作)
1985—1993	朱复润(副主任,主持工作)
1994—2003	李秋华(副主任,主持工作)
2003—2015	叶 纹
2015—	王志良

二、医疗

【基本情况】

1976 年,眼科开展白内障摘除、青光眼等内眼手术,开展斜视、眼睑整形等外眼手术,并与神经外科杨德泰、蒋大介合作开展开颅经眶顶摘除眼眶肿瘤的手术。1985 年起,健全眼科全天门诊制度,包括门诊手术。开展晶体和玻璃体切割手术、外路视网膜脱离复位手术、白内障囊内摘除手术、白内障囊外摘除和人工晶体植入手术、青光眼小梁切除手术、睫状体冷冻手术、角膜移植手术、提上睑肌缩短手术及斜视、眼睑等眼外手术。

1993 年,创办中美合作华山眼病中心,中心从美国引进当时先进的超声乳化设备,率先在国内开展白内障超声乳化摘除手术,也开展放射状角膜切开治疗近视眼,并开展难治性青光眼的治疗等,之后逐步开展玻璃体视网膜手术和眼底激光治疗等。多年参与残联和民政部门的慈善白内障复明手术。眼病中心于 2012 年停业。

1994 年,开展当时较为先进的白内障超声乳化联合人工晶体植入术;开展复杂的白内障手术、青光眼白内障联合术;开展角膜移植术、非穿透性青光眼手术;继续开展视网膜剥离复位手术和玻璃体切割手术;开展眶内肿瘤摘除和眶外皮肤整形术及开展视网膜疾病的激光治疗等工作。

2004 年,眼科以"逐步细化专业、形成专业特长、确定专人专项、鼓励医生的专科发展"为工作重心,手术及门诊量稳步增长,其中复杂手术比例逐渐增多;眼科开始逐步完善各个亚专科的建设,并注重亚专业发展的梯队建设,形成玻璃体视网膜病、神经眼科与眼眶病、白内障、青光眼、眼屈光、眼整形、眼表和泪道疾病等的亚专科布局。最早在上海眼科界开设神经眼科亚专科,开展神经眼科的疾病诊治。在继续发展青光眼、白内障诊治的基础上,健全并发展各类眼科手术:引进准分子激光,开展角膜屈光手术;开展眼底激光和泪道激光;发展眼眶手术和美容整形手术;开展复杂玻璃体视网膜手术,包括糖尿病性视网膜病变的玻璃体视网膜手术;并重新开展角膜移植手术。

2014 年,眼科与医院器官捐献小组密切协作,重新开展角膜移植手术,完成 12 例角膜移植手术,并在 2016 年成功通过上海医学会对眼科开展角膜移植技术的评估(Ⅱ类医疗技术)。2015 年,在眼科各个亚专科的基础上,进一步拓展玻璃体视网膜手术,开展黄斑前膜、视网膜劈裂等复杂的玻璃体视网膜的手术。大力开展疑难复杂的眼科手术,在业务和工作量上有更大的提高,2016 年,玻璃体视网膜手术量在上海市级医院排行中列第六位,白内障超声乳化手术量在上海市级医院排行中列第九位。2016 年,门急诊 58 796 人次,收住院患者 2 593 人次,病房手术 2 489 台,门诊小手术 1 205 台，激光近视矫正术 190 台，眼科激光治疗 1 703 人次，玻璃体视网膜手术（Ⅳ级手术）559 台，白内障手术 1 506 台。

【医疗特色】

自 20 世纪 90 年代初期引入显微手术，并开展白内障超声乳化及人工晶体植入术。进入 21 世纪后，陆续开展准分子激光治疗近视手术以及玻璃体视网膜手术。除上述手术以外，眼科还开展青光眼小梁切除术和非穿透性小梁切除术、青光眼引流物植入术、眼眶肿瘤摘除术和整形术、眼底病诊断和激光治疗眼底病、泪道激光、眼干燥症的诊断及治疗等。依托神经科的力量开展神经眼科的临床及科研工作，形成玻璃体视网膜病、神经眼科与眼眶病、白内障、青光眼、眼屈光、眼整形、眼表和泪道疾病等的亚专科布局。

三、科研

【科研特色】

在三级甲等医院眼科的基础上，成为上海较为领先的，以玻璃体视网膜疾病和神经眼科为特色，辅以其他各亚专科的综合性医院的眼科。

眼科基本学科专业由玻璃体视网膜病、神经眼科与眼眶病、白内障、青光眼、眼屈光、眼整形、眼表泪道组成。其中以玻璃体视网膜病、神经眼科与眼眶病为重点学科。玻璃体视网膜病方面，引进王志良担任学科带头人，王庆平、沈旭中、张瑜为骨干，大力发展玻璃体视网膜疾病等眼底病的诊断、治疗及其相关的临床和基础科研。神经眼科与眼眶病方面，由陆肇曾担任学科带头人，孙莉、肖以钦为骨干，依托医院神经科的力量开展神经眼科的临床及科研工作。另外白内障专业以叶纹为学科带头人，科室副高及高年资主治以上医生为骨干；青光眼专业以张宇燕为学科带头人，陆肇曾为骨干；眼屈光专业以徐康为学科带头人，肖以钦为骨干；眼整形专业以刘岩为学科带头人，翁欢为骨干；眼表泪道以陈丹为学科带头人，肖位保为骨干，对各亚专科的医生进行知识和技术的更新，选送年轻的医生到国内国外领先的医院或中心做专题进修和培养。

至 2016 年，眼科有两位外籍客座教授，美国波士顿大学医学中心眼科的教授宫海燕和美国北得克萨斯大学眼科研究中心的教授彭玉豪，每年到院访问交流和讲课 1～2 次。陆肇曾和张宇燕分别前往美国波士顿大学医学中心眼科担任访问学者 1 年。

【科研成果】

至 2016 年，科室获得上海市科委和经委的多项科研课题，包括市科委的重大课题。2006 年，眼科建立眼球灌注实验室。2009 年，申请到国家自然科学基金 3 项，开展国际多学科合作项目 1 项，并在 *Exp Eye Res*、*IOVS* 等国际著名眼科杂志上发表高质量的科研论文 20 余篇。眼科的其他医生和研究生也多次参加美国视觉与眼科学研究协会（ARVO）年会和美国眼科学会（AAO）年会，进行学术和论文的交流。2012 年，科室派遣张宇燕和孙莉参加欧洲白内障和屈光年会及 AAO 年会。2013 年，科室派出 4 名医生参加国际眼科年会。2014 年，选派张宇燕赴德国临床交流；选派青年医生参与 2014 年亚非眼科大会并发言，美国 ARVO 年会展板交流并发言等。2015 年，派科内医生参加 AAO 年会。

四、教学

眼科承担复旦大学上海医学院部分本科生和研究生的授课和带教任务。2001 年，眼科建立硕士点，开始培养硕士研究生。2003 年，建立博士点。2016 年，眼科有博士研究生导师 2 人，硕士研究生导师 3 人。已经和正在培养博士研究生 14 人，硕士研究生 38 人。科室参与编写研究生教材《显微外科基础与操作》。

2013 年，成为上海住院医师规范化培训眼科基地，已经和正在培养基地生 17 人。为促进学科建设，提高科室竞争力，科室与中科院、法国和美国的相关机构合作，每年选送青年医师接受再培训。

2014—2016 年，连续 3 年成功举办国家级神经眼科继续教育学习班，同行反馈积极。

五、其他

2009—2010 年，眼科派出肖位保加入摩洛哥医疗队参与援非医疗工作。

2011 年，张宇燕获得上海市浦江人才计划。

2014 年，肖以钦到云南腾冲参与援滇医疗工作。

第六节　精 神 医 学 科

一、沿革

1937 年，精神科同神经科一起建立，早年称神经精神科，最先的业务领导是外国人，后来由粟宗华（上海医学院第二届毕业生）任科主任。1952 年，神经精神病学教研组成立，张沅昌任主任，夏镇夷任副主任，下设神经内科、神经外科、精神科。1956 年，神经精神科分科，精神科主任为夏镇夷。

早年神经精神科医师有张沅昌、夏镇夷、朱汉英（后调山东）等。中华人民共和国成立初期参加精神科工作的有张逢春、纪明、贾谊诚（1954 年调离）、史鸿璋、田寿彰（后调重庆医学院）、凌永和（后调重庆医学院）、胡浴桓（后调新疆石河子）。1954 年，进入医院精神科的医师有王善澄、徐韬园、徐声汉、张永芳（后调重庆）。1957 年，进入医院精神科的医师有张良栋、王希达、周惠章（后调重庆医学院）、袁廷干（后调重庆医学院）。同年精神科有 2 个病区，病床 110 张（男∶女＝2∶1），医师、护士、护工 60 人左右，在综合性医院的精神科中处于领先地位。

1958 年，上海市政府将全市精神科集中，新建上海市精神病防治院（现上海市精神卫生中心）。精神科全体医师，包括吴子新、李娟英、范广月、张璐珊、曹维英、张凤娟、邱克如、朱蕴玖、张爱雯、倪玲等护士，以及护工、患者，连同图书资料等搬入上海市精神病防治院，精神科自此撤销。上海市精神病防治院建院时包括上海第一医学院（现复旦大学医学院）、上海第二医学院（现上海交通大学医学院）及铁道医学院（现同济大学医学院）精神科医师和教师。建院初期处于“大跃进”运动时期，医、教、研工作打统仗，不分彼此。

1977 年，恢复高考后入院的精神科医师有江开达、施慎逊、季建林、胡琦、陈麒、金怡、华强、陈佩俊、夏梅兰、王伟琪、沈文英、徐一峰、刘枫、许杰、汤佩华、胡冰、王颖林、李华芳、吴彦、诸索宇、王志阳、徐勇、凌政等，均属于上海医科大学医学系精神医学教研室。1992年，上海医科大学成立华山及中山两个临床医学院，徐韬园、江开达、施慎逊、徐一峰、沈文英、李华芳、吴彦、诸索宇、王志阳转入医院编制，成立华山临床医学院精神医学教研室，恢复精神医学科。截至2016年，精神医学科在编职工有施慎逊、王立伟、邵春红、诸索宇、王志阳、苏亮、蔡亦蕴。主任为施慎逊，副主任为王立伟、邵春红。

表2-1-7　1956—2016年精神医学科历任主任情况表

任职时间	主　任
1956—1985	夏镇夷
1985—1995	徐韬园
1995—1999	顾牛范
1999—2002	王祖承
2002—	施慎逊

二、医疗

【基本情况】

1958年，上海市精神病防治院成立后，粟宗华担任院长，夏镇夷负责业务工作（医务科主任）。当时，全院分三个病区，其中二、三病区主任是纪明和徐韬园。

1958年，上海市精神病防治院组织大规模的上海市精神病普查工作，在普查的基础上，逐步发展和建立起社区精神卫生服务网络，并形成"上海模式"的三级精神病防治疗网，在国内推广，在国外得到赞扬，获卫生部和上海市政府的嘉奖。1978年，夏镇夷因此项工作被全国科学大会授予先进个人称号和重大贡献奖。

20世纪60年代初期，纪明开创精神疾病生化研究工作，史鸿璋开展老年精神疾病研究工作，徐韬园主持儿童精神科工作，徐声汉、张良栋在中西结合治疗精神疾病方面贡献良多，在全国有一定影响。

在临床上，重视注意积累和总结临床经验。20世纪40年代，夏镇夷总结精神分裂症的胰岛素治疗和全身麻痹性精神病的临床特点；50年代，注意到红斑狼疮、肝脑病变、席汉氏病、一氧化碳中毒等躯体疾病引起的精神异常；60年代，发现抑郁症的诊断在中国被忽视，引导同道们对抑郁症单双相问题的重视；70年代，关注精神药物引起的神经-精神不良反应，如药源性抑郁、迟发性运动障碍和恶性症状群等；80年代，提出在中国开展老年精神医学工作的重要性。但由于历史原因，精神医学科的绝大部分医师仍在上海市精神卫生中心参加精神科临床工作，兼病区科室主任、病房主治医师等职位。只有1名副主任医师长期在医院本部工作，其他医生每周1～2次在医院参加门诊。

1995年，科室设立心理咨询专家门诊。2004年11月，周一至周五开设半天心理咨询普通门诊。2010年在每周五个半天的基础上，增加3个下午门诊。2011年实行每周5天门诊（周一下午除外）。2008年增加特需专家门诊。门诊影响辐射全国，患者主要来自浙江、江苏、安徽、江西等省市。就诊患者人数逐步增加,稳固发展。从2007年(5 443人次)起不断上升,2012—2016年年门诊最高量接近2万人次。

【医疗特色】

科室主要以心理咨询和各种精神障碍/心理障碍的诊断和治疗为主。常见的精神障碍包括抑郁障碍(包括产后抑郁症)、焦虑障碍(包括广泛性焦虑障碍、惊恐障碍、社交焦虑症)、创伤和应激相关障碍、强迫症相关障碍、精神分裂症及相关精神病性障碍、双相障碍、躯体形式障碍、分离性障碍、转换性障碍、进食障碍、睡眠障碍、性功能障碍、性心理障碍、人格障碍、神经发育障碍、器质性精神障碍等。

三、科研

【基本情况】

20世纪60年代初,夏镇夷、纪明等主持建立国内第一个精神病研究室,开展生化和遗传研究;70年代末,发展脑诱发电位研究;1981年,建立上海市精神卫生研究所,夏镇夷担任第一任所长;1982年,该所被世界卫生组织命名为精神卫生研究和培训合作中心,夏镇夷兼任合作中心第一任主任。

1993年10月—1994年3月,华山临床医学院精神医学教研室参加中国精神疾病分类和诊断标准(CCMD-2-R)的现场测试研究。1995—2000年,参加《中国精神障碍分类与诊断标准》(第3版)(CCMD-3)前瞻性现场测试和CCMD-3编写工作,施慎逊担任副组长之一。

1979年,夏镇夷以团长身份率领第一个中国精神病学专家代表团访问美国,为以后对外交流和人才输送架起桥梁。2001年,华山临床医学院精神医学教研室与上海市医学会精神医学专业委员会、上海市精神卫生中心联合举办国际学术交流,促进上海与美国专家的专业学术交流。2004年,接待美国妇女精神医学主席访华。

1995年,夏镇夷在80诞辰时,捐献其多年积蓄,在上海市精神卫生中心成立"夏镇夷精神医学基金",用于奖励在精神医学事业发展上有优秀成绩的研究生、研修生。邵春红读博期间曾获得2002—2003年度"夏镇夷奖学金"。

【科研成果】

2000、2003、2005年,培养的博士研究生的学术论文均获《中华精神科杂志》优秀论文一等奖。2004年毕业的博士生邵春红被评为复旦大学优秀博士生,2005年毕业的博士生崔东红被评为复旦大学优秀博士生,2006年毕业的博士生彭代辉被评为上海市优秀博士生。2016年,邵春红被中国医师协会精神科分会选中作为全国首批20名精神科医生参加与杜克大学的MEDNIVA项目,并成功入选医院与哈佛大学联合主办的"中国医院领导力与临床学者科研培训"(CLIMB-CSRT)项目学习。

2006年,江开达、邵春红的"线索诱导海洛因依赖者心理渴求的分子遗传及功能脑影像学研究"获中华医学科技奖三等奖。2007年5月在上海举行英国、美国、中国专家抑郁症研究学术交流;7月,科室课题组7人在美国弗吉尼亚联邦大学(VCU)接受规范访谈培训。2008年作为4个课题组负责人(PI)之一,施慎逊与英国牛津大学教授弗林特(Flint)、美国弗吉尼亚公共卫生大学教授肯德勒(Kendler),共同合作中国女性抑郁症国际项目,申请到牛津大学惠尔康基金(Wellcome

Trust)150 万元资助。2011 年后先后发表 13 篇英文文章，发表在 *Journal of Affective Disorders*、*Psychological Medicine*、*Depression and Anxiety*、*PLoS one* 等杂志上。2011 年 8 月 1 日，*Nature* 新闻版刊登科室课题研究的信息。2007—2016 年，科室在国内外专业杂志上发表学术论文 171 篇，其中中文 149 篇、SCI 论文 22 篇。

2015 年 7 月，科室苏亮获批的专利“一种头戴式精神分裂症辅助诊断装置”获得第五期上海市医务职工科技创新“星光计划”三等奖，2016 年获第二十八届上海市优秀发明(卫生计生系统)铜奖。

表 2-1-8　2006—2016 年精神医学科获得资助课题(市级以上)情况表

年份	课题名称	课题来源	申请单位(申请人)
2006	雌激素受体与抑郁症的动物研究	教育部博士点	施慎逊
2007	创伤后应激障碍	科技部“十一五”支撑项目	中南大学牵头
2007	社区孕产妇干预机制研究	科技部“十一五”支撑项目	复旦大学公共卫生管理学院牵头
2007	社区更年期妇女卫生研究	科技部“十一五”支撑项目	复旦大学附属妇产科医院牵头
2007	焦虑障碍早期识别和治疗	上海市重大科技专项项目	同济大学同济医院牵头
2009	老年抑郁症的 PET 研究	上海市卫生局科研课题	苏　亮
2009	认知心理干预对高危孕妇产后抑郁的影响课题	上海市卫生局科研课题	施慎逊　蔡亦蕴
2011	中重度颅脑创伤是否伴发抑郁对认知控制影响的功能磁共振研究	上海市卫生局科研课题	邵春红
2011	慢性温和应激诱发抑郁的多巴胺系统 miRNA 调节机制	上海市科委自然科学基金	沈一峰
2012	伴发抑郁海洛因依赖者执行反应抑制任务及静息态功能磁共振研究	国家自然科学基金青年课题	邵春红
2014	电休克治疗对抑郁症海马磁共振波谱及认知功能影响的相关研究	上海市重性精神病重点实验室开放科研项目基金	苏　亮
2016	微电流刺激仪对伴及不伴情绪症状失眠患者的影响	上海市科委产学研医课题	邵春红

表 2-1-9　2003—2015 年精神医学科获奖论文情况表

年份	论文名称	奖项名称	获奖者(主要作者)
2003	线索诱发海洛因依赖者戒断期心理渴求的功能磁共振成像研究	全国精神科年会优秀论文二等奖	邵春红
2007	母亲孕期集体心理干预对婴儿气质影响	上海市医学会精神医学专科分会年会和全国精神病学年会优秀论文奖	施慎逊　杨　杰等
2007	上海市孕产妇焦虑、抑郁症状发生率及相关危险因素	《中国心理卫生杂志》2007—2008 年优秀论文杨森奖三等奖	施慎逊
2009	雌二醇对大鼠在强迫游泳实验中行为与色氨酸羟化酶的影响	全国焦虑障碍学术会议优秀论文奖	杨福中
2009	雌二醇与氟西汀对大鼠在强迫游泳实验中行为和 5-羟色胺神经递质的影响	2009 年上海市医学会精神医学学术年会优秀论文奖	杨福中

（续表）

年份	论文名称	奖项名称	获奖者(主要作者)
2011	文拉法辛与舍曲林治疗躯体形式障碍门诊病例对照研究	上海-大西洋精神药物优秀论文优等奖	王志阳　施慎逊　王立伟
2011	女性单相抑郁症研究：2 000 例临床资料系列分析	中华医学会精神病学分会年会优秀论文奖	施慎逊
2012	躯体形式障碍患者脑糖代谢变化的 PET 显像研究	中华医学会精神病学分会年会优秀论文奖	孙达亮
2012	静息状态下焦虑症与抑郁症患者低频振幅差异研究	第四届全国焦虑障碍学术年会优秀论文奖	邵春红
2012	精神分裂症患者感觉门控 P50 的对照研究及其系统评价	第十六届全国心理学会年会优秀论文奖	苏　亮
2012	奥氮平、利培酮和喹硫平对 MK－801 精神分裂症模型大鼠认知和海马小清蛋白阳性中间神经元的影响	上海市医学会精神医学分会学术年会优秀论文二等奖	韩　岱
2012	额叶脑膜瘤患者淡漠症状与肿瘤位置、大小，脑水肿及认知功能损害的关系	上海市医学会精神医学分会学术年会优秀论文二等奖	彭毅华
2013	抑郁症共病焦虑障碍一年随访研究	2013 年度《中华精神科杂志》优秀论文一等奖	施慎逊
2013	躯体化障碍和未分化型躯体形式障碍患者脑葡萄糖代谢改变 PET 现象研究	中国神经科学委员会精神医学年会优秀壁报奖	孙达亮　施慎逊
2013	Changes of resting-state functional connectivity in remitted patients with panic disorder	上海市医学会精神医学分会学术年会优秀论文二等奖及最佳风采奖	邵春红　施慎逊
2014	孕期束缚应激对子代大鼠下丘脑 *CRH* 基因启动子区甲基化水平的影响	全国焦虑障碍学术会议优秀论文奖	徐　理
2015	母亲情绪问题对 5～6 岁儿童进食睡眠行为的影响	中华医学会精神医学分会全国学术年会优秀壁报奖	朱大倩

【学术任职】

2010—2016 年，施慎逊担任两届上海市医学会行为医学分会主任委员；2010 年起，担任上海市医学会精神医学分会顾问；2015 年起，任上海市医师协会精神科医师分会副会长，中华医学会精神医学分会第四至五届副主任委员、第六届候任主任委员、第七届主任委员。王立伟蝉联海峡两岸医药卫生交流协会精神卫生和精神病学专家委员会副主任委员。海峡两岸医药卫生交流协会理事(一级协会)，《上海精神医学》(英文版)常务副主编兼编辑部主任。

四、教学

【基本情况】

1993 年，成立华山临床医学院精神医学教研室，同时恢复精神医学临床科室。承担复旦大学医学院本科生和研究生“精神医学”“医学心理学”的大课授课和实习带教工作。在教学和人才培养方面，早年在夏镇夷领导下，精神医学教研室与上海精神卫生中心一起举办多届专业训练班、讲习班和师资班。许多学生已成为上海和全国各地精神科医疗、教学或科研工作的骨干和学科带头人。

本科生教学　2007—2016 年，每年承担“精神医学”授课 24～72 学时，示教 144～288 学时，带教实习医生 119～197 人。2011 年，增加复旦大学医学院研究生班“心身疾病”36 学时，中山医院青浦分院在职研究生班“医学心理学”24 学时和安徽芜湖医院医生“医学心理学”24 学时授课。2012 年增加临床医学专业八年制康复医学专业“康复心理”8 学时，留学生英语班“医学心理学”20 学时、“精神医学”20 学时的授课任务。

同时，科室在上海市精神卫生中心参加临床医疗、教学和科研工作，参加全国进修医师班的授课和带教，以及住院医生的培养工作。2010 年起带教全科医生 10 人，神经科医生轮转 10 人。基地培训 2～11 人，进修医生 4～12 人，研究生轮转 3 人。

研究生教学　精神医学科是全国第一批精神医学、精神卫生学的硕士研究生和博士研究生点以及医学心理学硕士研究生点。2007—2016 年，已培养研究生 38 人，其中硕士 16 人、博士 22 人。另外接收国外研究生实习 1 人，出国联合培养博士 1 人(丛恩朝)，培养博士后 1 人(黄志强)。

继续教育　2007—2016 年，科室医师参加上海市精神卫生中心全国精神科进修班医生的带教和教学工作，华师大心理学系学生实习带教，以及上海市精神科住院医师基地规范化培训。参加多项国家级和地方级的继续教育项目授课，如“焦虑障碍诊治进展”“难治性抑郁症学习班”“卫生部‘686’项目继续教育班”“双相障碍”“围产期精神障碍”“焦虑障碍防治指南解读”等。

【教学成果】

夏镇夷和徐韬园两位教授长期担任中国高等院校精神医学教材的主编，科室青年参加五年制、八年制教材《精神医学》和《神经病学与精神医学多选题》《医学心理学和精神医学多选题》的编写工作。2007 年，“适应 21 世纪长学制医学生培养的医学心理学与精神医学教材改革与创新”获得复旦大学教学成果奖三等奖。2010 年，“标准化病人在精神病学教学中的应用”获复旦大学教学成果奖一等奖。2016 年，蔡亦蕴被评为上海市住院医师规范化培训优秀带教老师。

2006—2016 年，科室同仁积极参加教材、专著和科普著作编写。

表 2-1-10　2006—2015 年精神医学科主编、参编教材与著作情况表

年份	著作名称	教材名称	编写方式	编写人员
2006	精神药理学(第一版)		主编 参编	江开达 邵春红
2007	实用精神科护理		参编	科室
2007	名医会诊焦虑症		副主编	施慎逊
2008	研究生精神医学教材		参编	科室
2008	精神医学	复旦大学教材	参编	科室
2008	上海全国进修医生精神医学教材		参编	科室
2009	精神病学	卫生部“十一五”规划教材、全国高等学校医学研究生规划教材	参编	科室

（续表）

年份	著 作 名 称	教 材 名 称	编写方式	编写人员
2009	社区精神病学	卫生部“十一五”规划教材、全国高等学校医学研究生规划教材	参编	科室
2009	实用内科学(第十三版)	卫生部“十一五”规划教材、全国高等学校医学研究生规划教材	参编	科室
2009	精神病学新进展	卫生部“十一五”规划教材、全国高等学校医学研究生规划教材	参编	科室
2009	精神医学(第二版)	普通高等教育“十一五”国家级规划教材	参编	科室
2010	中国精神疾病防治指南(实用版)		参编	科室
2010	创伤后应激障碍防治指南		参编	科室
2010	精神病学(第二版)	普通高等教育“十一五”国家级规划教材、卫生部“十一五”规划教材、全国高等学校教材供八年制及七年制临床医学等专业用书	参编	科室
2010	*The American Psychiatric Publishing Textbook of Psychiatry*	精神病学教科书	部分章节翻译审校	科室
2010	焦虑障碍防治指南		副主编	施慎逊
2011	神经功能影像学		参编	科室
2011	精神病学	上海市“精品课程”教材	参编	科室
2011	精神药物临床研究常用量表		副主编	王志阳 沈一峰
2011	精神药理学(第二版)		主编 参编	江开达 邵春红
2012	医学心理学		副主编	施慎逊
2012	精神药物的临床应用		副主编	沈一峰
2012	双相障碍		副主编	王立伟
2013	心身医学		参编	施慎逊
2014	女性精神障碍		主编	施慎逊
2015	中国精神分裂症防治指南(第二版修订)		主编	施慎逊
2015	精神病学	全国高等教育医学数字化规划教材(国家医学电子书包)	副主编	施慎逊
2015	精神医学(第三版)	“十二五”普通高等教育本科国家级规划教材、国家卫生和计划生育委员会“十二五”规划教材、全国高等医药教材建设研究会“十二五”规划教材、全国高等学校教材供八年制及七年制临床医学等专业用	参编	科室

第七节　耳鼻咽喉头颈外科

一、沿革

1946 年，吴学愚主持创建医院耳鼻咽喉科，同期参加工作的还有骆兆平、程锦元、周世恒等医生。王鹏万每周到耳鼻喉科指导工作，开展气管、食管异物等疾病的治疗。至上海解放前夕，逐步开展对喉癌的临床治疗。1952 年，红十字会第一医院和中山医院的耳鼻咽喉科和眼科合并，建立上海第一医学院附属眼耳鼻咽喉科医院，为专科性教学医院，胡懋廉任院长兼耳鼻咽喉科主任，王鹏万、吴学愚分任副主任。

1975 年，周世恒主持重建医院耳鼻咽喉科，任主任兼耳鼻咽喉科教研组副主任，初期进行门诊工作。1977 年，开设病房，进行常规手术。1988 年与 1990 年，谭德昌与董人禾分别担任主任。2000 年，颌面外科 3 名医生加入，科室更名为耳鼻咽喉头颈外科，董人禾任主任，严文洪任副主任。2002 年，由赵霞任耳鼻咽喉头颈外科主任。2014 年，引进孙广滨为科室副主任，并于 2016 年开始担任主任。

表 2-1-11　1975—2016 年耳鼻咽喉头颈外科历任主任情况表

任职时间	主　任
1975—1988	周世恒
1988—1990	谭德昌
1990—2002	董人禾
2002—2016	赵　霞
2016—	孙广滨

二、医疗

【基本情况】

1975 年，因医疗业务发展需要，由周世恒主持重建医院耳鼻咽喉科，初期开展耳鼻咽喉科门诊工作。1977 年，开设耳鼻咽喉科病房，开展耳鼻咽喉科常规手术。周世恒注重临床工作，在解决专业疑难杂症方面有丰富的经验，在国内较早开展脑脊液鼻漏的诊治工作，并擅长喉癌的各种类型切除术。1988 年，谭德昌任耳鼻咽喉科主任，开展耳科显微手术，并配合神经外科，开展经鼻腔行垂体瘤手术。1990 年，董人禾任耳鼻咽喉科主任，逐步开展鼓室成形术、面神经减压术、颞内段面神经梳理术、人工听骨手术等各项医疗业务，并与神经外科合作开展经颅内面神经血管减压术，与伽马刀医院合作在国内率先开展用伽马刀治疗放疗后残留或复发的鼻咽癌等手术和技术；先后开展内淋巴囊减压术治疗梅尼埃病，颞内段面神经部分减压梳理术治疗半面痉挛，面神经舌下神经吻合术治疗外伤性面瘫。

2000 年，科室更名为耳鼻咽喉头颈外科，开始进行涎腺等各种头颈肿瘤手术及头颈部晚期恶性肿瘤切除后的各种修复重建工作以及颈部及面中部外伤的治疗。2002 年，赵霞任耳鼻咽喉头颈外科主任。为注重科室医教研工作的平衡发展，并着力培养各学科组年轻医生，推进专科学组建设，特设立专病门诊。头颈肿瘤亚专业组与医院神经外科合作，开展鼻-前颅底手术及耳-侧颅底手术，各种皮瓣在头颈肿瘤术后修复中的应用日趋成熟。2011年起，耳科亚专业组重新开展人工听骨手术、鼻科亚专业组开展变应性鼻炎的综合治疗、咽喉嗓音亚专科组开展声带微瓣等嗓音外科手术及喉肿瘤的激光手术。2014年，引进孙广滨为科室副主任，在早期喉癌外科治疗、嗓音言语疾病的临床及基础研究上有所突破。2016年，孙广滨任耳鼻咽喉头颈外科主任，全面开展咽喉部CO_2激光及喉显微微创手术，并在国内较早地开展喉肌电图检查项目。

截至2016年，科室床位维持在18张，门诊年就诊人次较最初增长近50%，病房年手术人次较最初增长超过100%，急诊年就诊人次基本持平。经过多年发展，科室人员逐步形成耳科学组、鼻科学组、咽喉嗓音学组、头颈肿瘤学组，设立各自专病门诊。建立首个医院睡眠监测室，进行阻塞性睡眠呼吸暂停综合征的综合诊治及临床研究；开展激光喉肿瘤手术，低温等离子扁桃体手术，声门闭合不全的声带脂肪注射填充，双侧声带麻痹单侧杓状软骨激光切除术；完善鼻窦炎及变应性鼻炎的规范化诊治，新开展鼻腔泪囊吻合术；促进头颈肿瘤多学科合作，使各种皮瓣在头颈肿瘤术后修复中的应用日趋成熟；重新开展人工听骨手术；新开展内淋巴囊减压术；与神经外科合作，开展耳鼻-颅底交界区肿瘤手术方面的工作。开展前庭功能、嗓音功能、喉肌电图、动态喉镜、电子喉镜、脑干电位等功能检查和评估。医疗业务拓展方面，完成华山北院耳鼻咽喉头颈外科的建设并开展常规门诊和病房工作；完成东院耳鼻咽喉头颈外科门诊的建设。

【医疗特色】

至2016年，科室历经数十年的发展，逐步夯实传统耳鼻咽喉科业务，强调与院内强大的兄弟科室合作，逐渐形成有别于专科医院的医疗特色。

科室针对咽喉部良恶性肿瘤的激光手术从无到有、从少到多，并得益于手术器械的改良，手术涉猎范围越来越广，发展迅速，尤其是对前联合癌的处理有独到之处，使患者一定程度上避免开放性手术，保留喉功能，带来良好的社会效益，且该项目的临床及基础研究获得上海市科技进步奖三等奖1项。重新开展人工听骨手术，新开展内淋巴囊减压术，并筹备开展人工耳蜗植入手术事宜；同时，耳科学组与神经外科合作，开展耳-侧颅底肿瘤切除手术。头颈肿瘤切除及修复手术为科室近期优势项目，可以利用胸大肌皮瓣、颏下瓣、胸锁乳突肌皮瓣及随意皮瓣等来修复头颈部肿瘤切除术后缺损；与此同时，与胸心外科合作，对晚期下咽癌累及颈段食管患者进行根治手术后，利用管状胃上提、胃咽吻合术，来修复下咽和食管；与手外科合作，利用前臂皮瓣、背阔肌皮瓣等血管化游离皮瓣，对头颈部恶性肿瘤切除术后巨大缺损进行修复，科室已掌握游离前臂皮瓣的临床应用手术技巧。另外，与感染科、抗生素研究所、胸心外科等科室合作，成功救治多例严重深部多间隙感染的患者。

截至2016年，已开展常规专科检查项目，包括耳鼻咽喉电子内镜检查、纯音听阈测定、声导抗测听、镫骨肌声反射测定、前庭功能检测；并在近年逐步开展某些特色项目如高频听阈测定、耳鸣检查、动态喉镜、嗓音分析及喉肌电图检查等。已开设的专病门诊包括头颈肿瘤、嗓音疾病、变应性鼻炎、耳聋、面神经疾病、阻塞性睡眠呼吸暂停等。

三、科研

【科研成果】

在生物材料开发及应用方面、变应性鼻炎诊治及发病机制方面、内耳损伤及保护方面、手术器械的改良方面，科室获国家自然科学基金 4 项、上海科委重点及专项基金 1 项、上海教委科研基金 1 项、上海科委及卫生局课题多项，并参与完成国家“863”计划 1 项。1996—2016 年获市级以上奖项课题 7 项。1996—2015 年，主编、参编医学著作 19 部。2005—2016，申请、获得授权医学专利 19 项，其中国家发明专利 4 项(3 项已授权)。申请的专利中有 2 项获奖。在学术交流上，组织有国外专家参加的学术研讨会 2 次，国外专科年会发言 2 次。

表 2-1-12　1996—2016 年耳鼻咽喉头颈外科获奖课题(市级以上)情况表

年份	课题名称	奖项名称	负责人
1996	压电陶瓷薄片豚鼠耳蜗植入的实验研究	军队科技进步成果奖三等奖	鲁　飞　董人禾
2003	压电型人工耳蜗的探索	上海医学科技奖二等奖	董人禾　鲁　飞
2007	电子喉镜下检查及微创治疗	浙江省医疗科技创新三等奖	孙广滨
2007	软管喉镜下喉部良性病变微创治疗	浙江省医疗科技创新三等奖	孙广滨
2008	激光治疗喉部病变的临床与基础研究	浙江省医疗科技创新二等奖	孙广滨
2011	激光治疗早期喉癌及癌前病变的应用技术研究	上海医学科技奖三等奖	孙广滨
2016	喉部前联合病变的外科技术研究及临床应用	上海市科技进步奖三等奖	孙广滨　赵　霞　崔西栋

表 2-1-13　1996—2015 年耳鼻咽喉头颈外科学主编、参编著作情况表

年份	著作名称	出版社	编写方式	编写人员
1996	耳鼻咽喉科医师进修必读	人民军医出版社	编委	董人禾
1998	急诊抢救手册	金盾出版社	编委	董人禾
2000	耳鼻咽喉科全书喉科学(第二版)	上海科学技术出版社	参编	赵　霞
2001	现代耳鼻咽喉科学	人民军医出版社	副主编	董人禾
2002	电子喉镜和纤维喉镜诊断治疗学	第二军医大学出版社	参编	孙广滨
2003	内镜微创技术护理学	人民军医出版社	参编	孙广滨
2003	患了耳鸣耳聋怎么办	上海科学技术文献出版社	主编	董人禾
			参编	鲁　飞
2003	实用外科学(第二版)	人民卫生出版社	参编	严文洪
2006	嗓音外科学	世界图书出版公司	参编	孙广滨
2010	内耳科学	中国科学技术出版社	主编	亓卫东
2010	显微外科基本理论与实践(第二版)	复旦大学出版社	参编	严文洪　赵　霞
2011	现代肿瘤学(第三版)	复旦大学出版社	参编	严文洪
2012	Ballenger 耳鼻咽喉头颈外科学(第十七版)	人民卫生出版社	参译	孙广滨　赵　霞
2014	眼耳鼻喉科常见疾病诊疗	科学技术文献出版社	主编	孙广滨
2015	西氏内科学(第二十三版)	世界图书出版公司	副主译	赵　霞
			参译	严文洪

表 2-1-14 耳鼻咽喉头颈外科获得专利情况表

授权(ZL)或公开号	专利名称	专利类型	申请人	申请人排名
ZL-2005-1-0027464.2	一种丝素蛋白涂层钛网及其制备方法和应用	国家发明专利	赵　霞	第一
ZL-2007-20075282.7	可视喉镜手术器械	实用新型专利	赵　霞	第一
ZL-2008-2-0170377.1	带封堵器的气管套管	实用新型专利	孙广滨	第二
ZL-2010-2-0654035.4	可微调上弯喉镜手术器械	实用新型专利	赵　霞	第一
ZL-2010-2-0188331.X	一种便携式监护及生命支持设备托架	实用新型专利	赵　霞	导师
ZL-2011-2-0372101.3	一种上颌保护垫	实用新型专利	赵　霞	导师
ZL-2011-2-0381016.3	监视器可视支撑喉镜	实用新型专利	孙广滨	第一
ZL-2011-2-0406779.9	颈部冰袋	实用新型专利	孙广滨	第二
201210223511.0	呼吸道上皮-多孔丝素蛋白复合物及其制备方法和应用	国家发明专利	陈仲春	第一
201210538985.4	一种用于小 RNA 转染的重组融合蛋白及其制备方法	国家发明专利	亓卫东	第一
201310064405.7	细菌生物膜相关性鼻窦炎动物模型的造模方法	国家发明专利	赵　霞	导师
CN201464210U	中小病理专用纱布	实用新型专利	高海河	第一
CN201743830U	一次性外耳道冲洗器	实用新型专利	高海河	第一
ZL02247982.1	一种滚轴式面神经梳理刀	实用新型专利	鲁　飞	第一
ZL02295377.9	一种新型双刃微波凝固切割刀	实用新型专利	鲁　飞	第一
ZL-03-2-29230.9	硬管内窥镜隔离装置	实用新型专利	孙广滨	第一
ZL-03-2-30218.5	硬管内窥镜双管隔离套	实用新型专利	孙广滨	第一
ZL-03-2-30564.8	软管内窥镜三管隔离套	实用新型专利	孙广滨	第一
ZL-04-2-0020225.5	激光光纤把持器	实用新型专利	孙广滨	第一

表 2-1-15 2009—2011 年耳鼻咽喉头颈外科专利获奖情况表

年份	项目名称	奖项名称	颁奖机构	申请人	申请人排名
2009	一种丝素蛋白涂层钛网制备及在家兔气管重建中的应用	第十八届全国发明展览会金奖	中国发明协会	赵　霞	第一
2011	一次性外耳道冲洗器	第二十届全国发明展览会铜奖	中国发明协会	高海河	第一

【国际交流】

2015 年，成功举办第二届耳鼻咽喉头颈外科及颅底外科国际论坛。同年，科室派遣蔺林至德国波恩大学临床医学院耳鼻咽喉科，作为访问学者交流 3 个月。2016 年，科室亓卫东去纽约州立大学耳聋及听力研究中心观察学习一年，并与该中心保持长期科研合作关系，共同申请国内多项科研基金，研究方向主要是内耳损伤及保护，并发表多篇 SCI 文章。

四、教学

1984 年，科室成为硕士点，周世恒任硕士研究生导师。1992 年开始本科生教学。2002 年，科室成为博士点，董人禾任博士研究生导师，开始招收博士生。截至 2016 年，科室有硕士研究生导师 2 人，博士研究生导师 2 人，每年常规招收硕士生和博士生，科室已培养博士研究生 6 人，硕士研究生 14 人。每年培养进修医生 1～2 人。同时科室有授课教授 2 人、授课助教 1 人，参与五年制和八年制医学本科生的教学工作。2011 年，科室申报上海市住院医生规范化培训基地，2012 年正式开始招生，每年招收 2～4 人。对于住院医生的教学，强调理论联系实际，注重临床逻辑思维的培养，讲课采取 PBL 形式，实现规培学员从学生到医生的转变。2015 年开始，每年举办国家继续教育项目“嗓音疾病诊治及康复治疗新进展”。每年授课内容及操作均有更新和拓展，学员来自全国各地，提高了科室在国内的知名度。

第八节　口 腔 科

一、沿革

口腔科原名牙科，1947 年创建于上海医学院附属中山医院，由席应中和李学祥负责筹办，当时只设立门诊并接受各科住院患者的会诊工作。门诊设备简陋，只有两把军用椅及一套综合治疗台。1949 年后，卫生局增派 3 名住院医师并添置一部牙科升降椅，开展一般技术和补牙工作。1954 年，上海第一医学院成立口腔系，中山医院牙科改名口腔科，由李学祥代理科主任，1955 年张锡泽任口腔科主任。1956 年进行医疗体制改革，将中山医院口腔科划归临床外科教研组领导，并随组迁至医院，李学祥负责口腔科医教研工作。20 世纪 50 年代末，口腔科病床增至 8 张。1960 年，口腔科门诊增配 2 台牙科椅及综合治疗台，增加住院医师 2 人，开设病床 4 张，开始接受住院患者。1965 年，成立口腔科教研组，由李学祥任教研组主任。1978 年，设立专病门诊，包括牙体牙髓病、牙周病、口腔黏膜病中西医结合、颌面外科等。口腔科门诊能够解决口腔科多发病、常见病，在口腔黏膜病、牙周病等方面开展大量的研究工作。

1985 年，高月芬任口腔科主任，引进 9 台口腔综合治疗台。1989 年，随着口腔科工作的开展，收治的病种不断扩大，与其他学科的联系也更加密切，为了学科的进一步发展和人才培养的需要，经上海医科大学和医院的批准，成立颌面外科，由张孟殷担任主任，黄爱玉担任副主任，床位为 20 张。1994 年，黄爱玉任口腔颌面外科主任。1999 年床位调整为 10 张，由余卫星负责。

表 2-1-16　1956—2016 年口腔科历任主任情况表

任职时间	主　任
1956—1985	李学祥
1985—1996	高月芬
1996—2013	俞立英
2013—	赵守亮

1996 年，俞立英任口腔科主任。2012 年，由于学科发展的需要，医院决定将颌面外科并入口腔科。原颌面外科主任余卫星任口腔科副主任，主管颌面外科的工作。2013 年，医院引进赵守亮任口腔科主任。

二、医疗

【基本情况】

20 世纪 50 年代末，与其他科室密切协作，开展唇腭裂修补、保留面神经的腮腺切除、颌面部巨大肿瘤摘除术、晚期面神经麻痹筋膜悬吊术、鼻成形术、走马疳后遗症整复、颞颌关节成形术、颌面部畸形缺损的管状皮瓣整形术等。

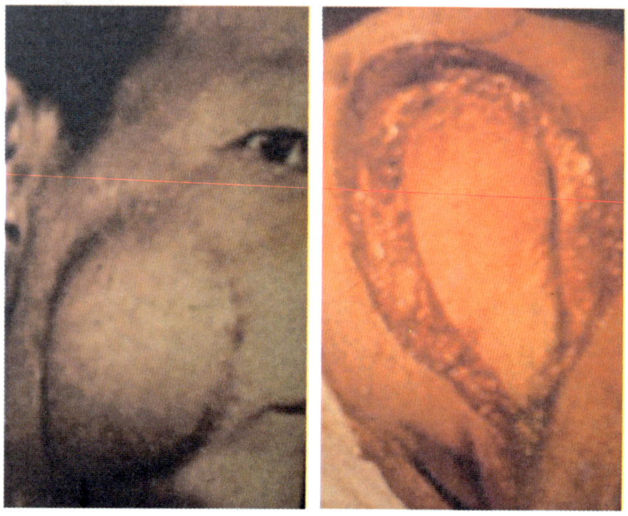

图 2-1-3　1973 年，口腔科与手外科合作，首创下腹部皮瓣游离移植整复面颊部术后缺损

20 世纪 70 年代开始，中国口腔颌面外科广泛应用游离皮瓣修复缺损技术，不仅在数量上，而且在成功率方面均居世界前列。1973 年 3 月 21 日，口腔科张孟殷与手外科杨东岳等，应用吻合微小血管技术，将腹股沟皮瓣游离移植，用于修复因肿瘤广泛切除所造成的面部软组织缺损，这是在临床上应用游离皮瓣移植成功的国内第一个病例，并开创口腔颌面外科应用游离皮瓣修复缺损的世界先例。

20 世纪 80 年代，开展一系列新的工作，如口腔颌面部晚期肿瘤的计划性多学科综合治疗、颅底肿瘤手术和口腔颌面部手术后缺损的立刻整复等，均为国内先进水平。

2000 年起，俞立英开展"后牙纵折粘结再植术的临床和实验研究"，成功保存纵折的患牙，恢复患者的咀嚼功能，节约患者的医疗费用和就诊时间，研究水平达到国内领先、国际先进。俞立英任口腔科主任期间进一步扩大口腔科的科室规模，并建立 VIP 诊室，提高整个科室的医疗和服务水平，同时鼓励医务人员提升自身素质，逐步使具有硕士研究生学历的医生达到 90%以上，并将口腔科的科室划分进一步细化，在保证综合科室特色的基础上，开展高质量的特色专科服务。

2013 年起，赵守亮制订口腔科精细化发展的计划，逐步建立牙体牙髓、口腔修复、口腔种植、口腔正畸、口腔黏膜、齿槽外科及颌面外科等专科门诊，并同时引入新设备，学习新技术，着力提高医生在其专业领域的医疗水平，促进治疗效果的提升，对一些复杂疑难病例的诊治取得良好成效。临床上，引进根管显微镜等先进设备，在牙体牙髓、黏膜病等治疗项目中形成并保留特色。同时，种植牙治疗发展迅速，带动其他专科发展。

【医疗特色】

后牙纵折粘结再植术　在后牙纵折广泛开展以前，通常采用拔除折裂牙，之后再行修复的方法，这不仅增加患者的痛苦和经济负担，而且患者的口腔功能也受到一定影响，并有可能引起一系列并发症。医院口腔科应用的后牙纵折粘结再植术综合口腔各科的技术与成果，将临床与实验相结合，取得满意的效果，有效率达90%以上，其水平达到国内领先，部分国际先进，为保存纵折后牙提供行之有效的治疗方法。

口腔黏膜专科　口腔黏膜病可以是单独发生在口腔的一种疾病，也可以是全身疾病在口腔中的表现，病因复杂而且治疗困难、病程持久，给患者的生活工作带来极大的不便，甚至带来精神上的负担。口腔科通过中西医结合的方式，对口腔黏膜病进行诊断治疗，并开展大量的研究工作，提高诊疗水平，改善患者的生活质量，为广大黏膜病患者带来福音。

口腔牙体牙髓专科　牙髓炎、根尖周炎、牙体折裂损伤等都需要完善的根管治疗。但由于根管系统的复杂变异，许多疑难的病例得不到稳定的疗效。口腔科借助锥束CT和根管显微镜等先进仪器的帮助，运用成熟先进的根管技术，在根管专家带领下，稳步提高复杂疑难病例的诊治成功率，解除患者的痛苦，并为其他口腔问题的治疗提供基础。

三、科研

【科研特色】

在口腔医学专科化的背景下，为将口腔医学下的二级学科发展壮大，提高各专科的科研水平，以临床二级学科划分的牙体牙髓、口腔修复、口腔种植、口腔正畸、口腔黏膜、齿槽外科及颌面外科等专科在科研上互相借鉴，共同合作，在细胞分子水平、基因遗传等多层面进行广泛和深入的研究。其中，以口腔黏膜专科和牙体牙髓专科的研究基础最为扎实，且取得一定成果，成为口腔科中的重点专科。

【人才培养和引进】

2003年，医院聘请美国塔夫茨牙科医学院忻尚俊为口腔科顾问，引入国外的先进技术和科学理念，促成医院与美国塔夫茨牙科医学院的交流合作。2006年11月—2007年1月，俞立英、孙红英和蔡意达应美国塔夫茨牙科学院的邀请，赴美作为期3个月的学术访问。美国塔夫茨牙科学院授予俞立英和孙红英为该校客座教授，蔡意达为客座助理教授的称号。2013年，医院引进赵守亮担任口腔科主任。其后，陆续引进专职科研研究员1人、博士生3人，进一步加强口腔科的科研实力。

【科研成果】

至2016年，申请省部级课题、校级和院级课题数十项，发表文章近百篇，其中SCI论文30余篇，中文核心期刊收录50余篇。2014年，孙红英的课题“三羧酸循环代谢物失衡在口腔扁平苔藓炎症转化中的作用”申请到国家自然科学基金。2015年，赵守亮的课题“NOTCH信号通路在施万细胞向成牙本质细胞分化过程中的调控作用”申请到国家自然科学基金。

四、教学

2004年，科室在原有的口腔医学科研硕士点的基础上，成功申请到口腔临床医学硕士点，进行临床型口腔医学硕士研究生的教育与培养工作。2014年，联合中山医院申请复旦大学上海医学院口腔医学博士点，成功获批。科室承担复旦大学医学本科生、七年制研究生、口腔硕士研究生和进修医生的教学培养工作。每年带教104学时，其中带教七年制研究生36学时，示教24学时。自

2013年起，口腔科自编英语教材，承担复旦大学临床医学专业留学生的全英语教学。截至2016年，口腔医学博士点1个，博士研究生导师2人，硕士研究导师1人，招收研究生100余人，共接收和培养各地进修医师20余人。在继续教育方面，举办国家级继续教育项目“牙周病治疗新进展学习班”，全国各地近百位医师参加。2005年，承办上海口腔医学年会。2006年5月，与美国塔夫茨牙科学院合作共同举办第一届“华山-塔夫茨口腔国际论坛”，200余位中外学者参加，同时签署合作备忘录，为进一步进行国内外交流培养口腔医学人才提供机会。2008年9月，由俞立英主编，口腔科多位医生参编的《临床口腔医学——新进展、新技术、新理论》一书出版。

五、颌面外科

医院颌面外科由口腔科发展而来，初始设立床位4张。

1989年，经上海医科大学和医院的批准，成立颌面外科，由张孟殷担任主任，黄爱玉任副主任，床位为20张。1994年，黄爱玉任科主任。1999年床位调整为10张，由余卫星任科主任。

表2-1-17 1989—2012年颌面外科历任主任情况表

任职时间	主　任
1989—1994	张孟殷
1994—1999	黄爱玉
1999—2012	余卫星

建科初期，主要开展牙槽、颌骨外科手术。收治病种多为颌骨炎症、间隙感染、牙源性良性肿瘤、颌骨骨折等，能单独施行颌骨切除、死骨摘除、囊肿和良性肿瘤切除、颌骨骨折固定术。后逐渐开展口腔癌的手术治疗，并与肿瘤外科协作在国内较早进行颈淋巴结清扫术和颌颈联合根治术。1973年，成功地进行游离腹股沟皮瓣转移修复颊癌手术后缺损，为国内第一例血管化游离组织瓣移植，具有国际先进水平。

20世纪50年代末，与其他科室密切协作，开展一些颌面整形手术，如唇腭裂修补、保留面神经的腮腺切除、晚期面神经麻痹筋膜悬吊术、鼻成形术、走马疳后遗症整复、颞颌关节成形术、颌面部畸形缺损的管状皮瓣整形术等。80年代开展一系列新的工作，如口腔颌面部晚期肿瘤的计划性多学科综合治疗、颅底肿瘤手术和口腔颌面部手术后缺损的立刻整复等，均为国内先进水平。90年代中期在国内较早开展隐蔽切口入路、微型钛板坚强内固定治疗颌面骨骨折。

颌面外科还担负一定的科研和教学工作，历年来发表论文数十篇，科研成果曾获卫生部嘉奖。培养硕士研究生16人，进修医师数十人。

2012年颌面外科并入口腔科。

第九节　内 分 泌 科

一、沿革

1950年，内分泌学专家钟学礼创建医院内科内分泌学组，成为国内最早致力于内分泌疾病诊治和研究工作的学组之一。1978 年，在内分泌学组的基础上正式建立内分泌科，由钟学礼和朱禧星相继担任科主任。内分泌科为国内首次报道嗜铬细胞瘤、席汉氏综合征的科室，于国内首先提出“糖尿病心脏病”的概念，并进行持久深入的研究；是全国第一次糖尿病流行病调查的牵头单位(14个省市、30 万人)，填补国内空白，也为中国糖尿病流行病学和防治提供重要的数据。60 年代初，受卫生部委托，钟学礼教授组织主办全国内分泌培训班，培养大批内分泌专业技术骨干，为国内内分泌领域的快速发展打下坚实基础。80 年代末，钟学礼参加由卫生部领导的访法医学代表团，并代表中国与法方签署中法合作研究中医中药治疗糖尿病的协议书，参与和组织国内第一个多中心、随机、双盲、安慰剂对照的临床研究。1995 年起，俞茂华、程梅芬、刘红、史虹莉和胡仁明等相继担任科主任。2016 年时，主任为李益明，副主任为周丽诺和叶红英。

1980 年，内分泌科在国内首先设立糖尿病研究室，着重开展糖尿病及其慢性并发症的发病机制研究和防治工作，曾多次获卫生部及教育部奖项。1996 年，成立上海医科大学糖尿病防治研究中心，由朱禧星担任中心主任，这是国内第一个以多学科合作为基础的糖尿病防治研究中心，开展糖尿病的综合防治工作。2003 年 10 月，成立复旦大学内分泌糖尿病研究所，由胡仁明任所长，同时聘请美国哈佛大学糖尿病中心常务副主任乔治・金(George L. King)以及加州大学洛杉矶分校副校长什洛莫・梅尔梅德(Shlomo Melmed)任复旦大学名誉教授及复旦大学内分泌糖尿病研究所名誉所长，为内分泌科的科学研究工作得以与世界先进水平接轨打下基础。

表 2-1-18　1978—2016 年内分泌科历任主任情况表

任职时间	主　任
1978—1988	钟学礼
1988—1995	朱禧星
1995—1996	俞茂华
1996—1997	程梅芬
1997—1999	刘　红(副主任，主持工作)
2000—2002	史虹莉(副主任，主持工作)
2002—2011	胡仁明
2011—	李益明

二、医疗

【基本情况】

内分泌科为国家卫生部临床重点专科，复旦大学内分泌糖尿病研究所依托科室。科室坚持以“特色立科，创新兴科，人才强科”的发展战略，着重于亚专科建设，已形成特色项目鲜明的格局，其中神经内分泌疾病(李益明和叶红英领衔)和糖尿病慢性并发症(胡仁明和周丽诺领衔)两大特色发展方向已具有较大影响力。神经内分泌亚专科和神经外科、神经放射外科、影像医学科、神经病理科等相关科室全方位密切合作，并牵头联合上述科室开设下丘脑-垂体-内分泌疾病的联合门诊(MDT 门诊)，形成与国际一流医疗中心接轨的多学科合作一体化诊疗模式。科室每年接诊下丘脑-垂体神经内分泌相关疾病患者约2万人次。糖尿病慢性并发症亚专科积极探索和建立糖尿病慢性并发症的筛查、诊断新技术，居于全国领先行列。科室牵头制定糖尿病慢性并发症诊治共识。在静安区成功构建医联体框架下的糖尿病慢病管理模式，真正实现糖尿病防治“关口前移、重心下移”，经过逐年随访，糖尿病患者的代谢指标达标率显著提高，受到上海市卫计委高度评价和肯定，并在上海试点推广。

内分泌科重视医疗质量管理，基于JCI评审的要求，进一步健全和完善各项核心制度，不断规范医疗行为，提高医疗质量。加强亚专科建设，逐步建立糖尿病大血管病变、糖尿病神经病变、糖尿病肾脏病变、院内血糖管理、神经内分泌、甲状腺疾病、肾上腺疾病和骨质疏松等亚专科方向。优化专病门诊，在国内较早开展垂体病MDT门诊。为满足患者需求，逐渐开设糖尿病神经病变、糖尿病肾脏病变、甲状(旁)腺MDT门诊，不断改善门诊病史质量，改进各种措施提高门诊患者满意度，降低均次费用和药占比。重视疑难病例的诊断治疗，坚持每周一次的疑难病例讨论，适时应用影像学及分子生物学等新技术，提高疑难杂症的诊疗水平，尤其是在下丘脑、水电解质平衡失调、肥胖、继发性高血压和单基因内分泌疾病方面积累丰富的经验。同时加强院感防控，不断改进诊疗质量，患者满意度较高。重视患者健康教育，作为中华医学会糖尿病分会(CDS)糖尿病教育医院认证单位，每周开设患者健康教育。自创的糖尿病电视连续剧宣教片《抗糖路上爱相伴》获上海市科技进步奖二等奖和中华医学科技奖医学科普奖。

【医疗工作】

首次报道国内原发性肾上腺皮质功能减退(艾迪生病)的诊断和治疗；首次建立国内血浆胰岛素放射免疫测定方法，在国内率先提出“糖尿病心肌病变”，并在临床上关注该病的诊治；率先在国内牵头组织14个省市30万人口糖尿病流行病学调查，为国内糖尿病的防治工作提供第一手资料；在国际上首次报道线粒体DNA3421A位点突变所致的糖尿病家系；建立和完善遗传性单基因内分泌代谢病诊断诊断平台：可进行21-羟化酶、17-羟化酶、甲状腺激素受体β亚基，*AVP-NPII*、*AVPR2*、*AQP2*、*GNAS*、*MEN1*、*PGDH*基因突变检测；开展双侧岩下窦采血联合DDAVP兴奋试验、肾上腺静脉采血(AVS)、糖尿病肾病诊断决策树、采用25U ACTH全长肽摸索等效的小剂量ACTH兴奋试验和下丘脑占位穿刺等新技术，达到国内领先水平；强化三级医院职责，加强糖尿病防治网络的建设，在上海市静安区成功构建区域医联体框架下糖尿病综合防控体系，形成三级联动，全面提高二级和社区卫生服务中心的互动，社区糖尿病患者代谢指标全面达标率显著提高；胡仁明在国际上首次提出“代谢性炎症综合征”这一创新性概念，从临床到基础展开完整、详尽的研究，这一概念的确立与提出为防治相关疾病提供有力的依据和指导。2016年10月28日，由医院牵头，组织全国14家医院启动“整合糖尿病并发症和伴发症调查及干预”项目，预期研究结果将揭秘中国糖尿病防治真实状态及达标率低的原因，提出糖尿病防治新方法。

【医疗特色】

内分泌科在糖尿病慢性并发症和神经内分泌疾病的诊治与机制研究方面具有明显的优势，并已形成特色。

1980年，内分泌科在国内首先设立糖尿病研究室，建立多项糖尿病及内分泌有关的诊断检测方法，并在国内首先提出“糖尿病心脏病”的概念，较早进行糖尿病心肌病和心脏植物神经病变、肾脏病变和神经病变等的临床研究。1979—1980年，在钟学礼、朱禧星和沙松林主持下，首次在国内牵头组织全国 14 个省市 30 万人口糖尿病流行病学调查，为糖尿病防治工作提供第一手资料。2003 年起开始上海中心城区糖尿病慢性并发症的调查研究，并逐步建立糖尿病慢性并发症相关的系列临床检测项目，包括踝肱比值（ABI）、心脏植物神经功能检测、定量震动阈值检查、免散瞳眼底摄片等。2011 年起，在静安区成功构建区域医联体框架下糖尿病综合防控体系，纳入患者不断增加，全面达标率显著提高，成效显著。

内分泌科与神经外科、放射科、伽玛医院密切合作，探索和制定垂体瘤综合治疗（药物、手术、伽马刀）方案，在国内较早成立垂体 MDT 门诊，通过发挥多学科优势解决大量疑难垂体疾病的诊治，并参与全国垂体瘤（库欣综合征、肢端肥大症、高泌乳素血症）诊治共识的制定，同时牵头制定垂体前叶功能减退的诊疗共识。

三、科研

【科研特色】

内分泌专业自成立以来，一直致力于两个专业方向的建设与发展：糖尿病与神经内分泌疾病。2006—2016 年，内分泌科继续在糖尿病及其并发症的发病机制上展开临床与基础研究，包括胰岛细胞的保护、糖尿病肾病、糖尿病神经病变、糖尿病心血管病变、肥胖等。同时借助医院神经外科的强大影响力，内分泌科与神经外科开展学科合作，在神经内分泌疾病的诊疗、研究方面取得诸多进展，包括库欣综合征、肢端肥大症、泌乳素瘤、垂体瘤术后功能减退的替代治疗等。除此之外，为快速推进学科发展，提升内分泌科在国内外的影响力，科室进行亚专业方向的设置，包括神经内分泌专业组、糖尿病心血管病变专业组、糖尿病肾病专业组、糖尿病神经病变专业组、肥胖专业组、血糖管理专业组、甲状腺专业组、骨质疏松专业组、肾上腺专业组。

2011 年，内分泌科入选国家卫计委临床重点专科。基于此，科室进行以下几方面的发展。首先是利用专科经费加强对科室人员的培养，并鼓励科室人员参加相关国际会议，加强与国际同行的学术交流。其次，建立临床遗传性疾病的分子诊断平台，更新相关仪器，已经建立内分泌遗传性疾病的分子诊断体系。最后，建立院内血糖管理的标准流程，为临床合理、规范的血糖管理提供基础。

【人才培养与引进】

内分泌科重视外部高端人才的引进，先后聘请加州大学尔湾分校药理系教授周群勇与加拿大多伦多大学教授王庆华为复旦大学特聘教授，并在此基础上全职引进王庆华。王庆华先后入选上海市“QR 计划”及国家“QR 计划”。除高端人才的引进，科室也重视对青年医师的培养。先后输送闻杰、叶红英、张朝云、王宣春、杨志红、杨叶虹、何敏、赵晓龙、鹿斌赴美国、瑞典、意大利以及中国香港等地学习进修。对于科室的研究生，也通过联合培养的方式输送至美国、瑞典、加拿大以及中国香港等地学习。其中，张朝云、王宣春入选浦江人才计划；张朝云、鹿斌入选上海市卫计委优秀青年人才培养计划；赵晓龙入选上海市人才发展计划。为鼓励科室成员工作的积极性，内分泌科设立“钟学礼奖励基金”，每年对在医教研方面表现突出的科室人员进行奖励。截至 2016 年，科室拥有终身教授 1 人，资深教授 1 人，国家“QR 计划”特聘专家 1 人，正副教授 12 人，副研究员 1 人；同时还拥有浦江人才计划入选者 2 人，上海市卫生局优秀青年人才计划入选者 2 人，上海市人才发展计划入选者 1 人，上海市青年医师培养资助计划入选者 2 人，上海市优秀专科医师培养计划入选者1人。

【科研成果】

从20世纪90年代起，科室共申请到国家级课题43项，其中国家自然科学基金重点项目3项，国家“973”子课题1项，科技部“863”计划1项，科技部“十一五”攻关计划子课题1项，中国博士后基金2项，上海市级课题近20项。2006—2016年，科室获国际研究项目1项，共申请到国家级课题31项，其中包括国家自然科学基金重点项目2项，国家自然科学基金项目面上项目、青年项目29项，省部级课题8项和教育部“985”及“211”项目专项经费资助。在国内外各级期刊共发表学术论文200篇，其中SCI收录的论文143篇，包括发表在*Nature Medicine*、*PNAS*等顶级杂志的文章，总影响因子近400分。出版专著《内分泌代谢疾病诊疗策略》(上海科学技术出版社)，主译《哈里森内分泌学》，参编《实用内科学》(第十四、十五版)。2009年，胡仁明等专利“miR-145在制备治疗炎症药物中的作用(ZL2009 10048102.X)”被授权。

表2-1-19　1985—2015年内分泌科获奖课题(市级以上)情况表

年份	课题名称	奖项名称
1985	国产树脂柱层析测定糖化血红蛋白	上海市卫生局科技成果奖
1985	长效口服避孕药对糖和脂肪的远期影响	国家计划生育委员会“六五”攻关项目三等奖
1989	全国内部调查研究	卫生部医药卫生科技进步奖二等奖
1989	我国14省市30万人口中糖尿病调查报告	上海市科技进步奖二等奖
1991	糖尿病BB鼠慢性心肾和胰岛病变电镜与光镜观察及代谢控制对微血管病变的影响	国家教委科技进步奖三等奖
2003	下丘脑-垂体-肾上腺轴组织基因表达谱的研究及新基因的全长cDNA克隆	上海市科技进步奖二等奖
2003	胰岛素样生长因子-1及其类似物防治糖尿病及其慢性并发症的对照研究	上海医学科技奖三等奖
2004	T2DM肾脏病变早期发现及其防治研究	上海市科技进步奖三等奖
2005	糖尿病心脏病变的临床与实验研究	上海医学科技奖三等奖
2006	糖尿病心脏病变的临床与实验研究	教育部科技成果二等奖
2009	黄芪多糖防治糖尿病及其慢性并发症研究	上海市中西医结合医学科学技术奖一等奖
2014	科普DVD《抗糖路上爱相伴》	上海科普教育创新奖二等奖
2015	科普DVD《抗糖路上爱相伴》	上海市科技进步奖二等奖、中华医学科技奖医学科普奖

【国际交流】

2011年，科室举办第二届中华医学会糖尿病分会微血管并发症学组糖尿病论坛暨亚洲糖尿病微血管并发症学组筹备启动大会。2012年7月，科室举办第三届糖尿病微血管并发症论坛暨中印糖尿病大会。同年，举办第一届神经内分泌论坛，此后举办4届。2016年，与神经外科联合举办“华夏垂体疾病多学科高峰论坛”。

四、教学

截至2016年，内分泌科有博士研究生导师5人，硕士研究生导师8人。从科室创建至2016年已先后培养博士研究生、硕士研究生120余人，已有5名博士后出站，其中有多人已成为兄弟单位的学科带头人，并有数名成绩卓著者担任中华医学会各专科委员会的正副主任委员。受卫生部委托在全国率先举办国家级内分泌、糖尿病进修学习班，为全国各大医院输送大批专业人才。连续举办“神经内分泌疾病新理论新技术学习班”取得良好反响。此外还成功举办“甲状腺疾病诊治新进展学习班”“JCI标准下的医院内血糖管理”“华山糖尿病神经病变论坛”等国家级继续教育项目。内分泌科作为国家级内分泌专科培训基地于2013年招收3名专科基地学员，已全部通过专科医师培训结业考核。2014年招收4名专科基地学员，2016年招收3名专科基地学员。科室李益明、叶红英、杨叶虹、鹿斌等教师多次被学校及医院评为优秀带教老师、先进教育工作者、优秀研究生导师。科室叶红英完成上海医学院教学课题1项，鹿斌完成上海医学院教学课题1项；王熠、唐子惠获上海市研究生优秀成果奖；鹿斌、胡海英的论文获复旦大学优秀博士论文；刘晓霞被评为上海市专科基地的优秀专科医生；苗青、王熠入选上海市优秀住院医生培养计划。

五、其他

2009年，钟学礼获中华医学会内分泌学会颁发的“永久成果纪念奖”；同年，朱禧星获中华医学会糖尿病及内分泌学会颁发的终身成就奖。

2015年，内分泌科青年医护团队获得复旦大学青年文明号。

第十节　神 经 内 科

一、沿革

医院神经内科是中国南方最早成立的独立科室之一。1950年，张沅昌从英国皇家神经病学研究院进修回国后，首先在医院成立神经精神科，神经科患者收治于华山医院和中山医院，张沅昌两地查房。

1952年，上海医学院进行院系调整，中山医院神经内科并入华山医院神经科，史玉泉由中山医院外科调入，开创神经外科；同年神经精神病学教研组成立，张沅昌任主任，夏镇夷任副主任，下设神经内科、神经外科、精神科。

1956年，精神科迁至上海市精神病院后，医院正式成立神经病学教研组，由神经内科和神经外科组成。张沅昌任教研组主任兼神经内科主任，史玉泉任教研组副主任兼神经外科主任。1958年，王新德从苏联留学回国，任神经病学教研组副主任兼神经内科副主任。1956年后，神经内科共有床位66张（原第一、九病房），神经外科共有床位48张（原第五病房）。

神经内科于1952年成立神经病理室，1956年成立国内第一个脑电图室，1965年与上海第一医学院生理学教研室共同成立脑研究室，均由张沅昌负责。“文化大革命”期间，神经病学科工作受到严重干扰，但仍保持独立建制。1979年10月，经国家卫生部批准，成立神经病学研究所，并于1980

年5月正式揭牌。

神经内科成立后，先后选送派出匡培根、朱汉英、汪无级、傅雅各、沈鼎烈、徐越、汤云鹏、董为伟、王新德、赵瑜、谭梅尊等骨干支援祖国各地的兄弟院校，为中国神经病学事业的发展做出卓越贡献。

1980年起，陈汉白任神经内科主任，刘道宽、秦芝九任副主任。1984年，姚景莉任主任，朱文炳任副主任。1986年吕传真接任副主任。1996年，吕传真任神经内科主任，蒋雨平、董强任副主任。2002年11月，洪震接任神经内科主任，董强、卢家红任副主任。2006年医院科室主任调整后，洪震继续担任主任，董强、卢家红和王毅继续担任副主任。2015年，董强任科室主任，卢家红、王毅、王坚和赵重波任副主任。

神经病学是教育部首批神经病学博士学位授予点。1982年，神经外科被世界卫生组织指定为神经科学研究与培训合作中心。1995年，神经内科、神经外科组建的"临床神经医学"被评为上海市医学领先专业重点学科，2001年以后先后被列为复旦大学"985"工程、"重中之重"建设学科、教育部国家重点学科、卫生部国家临床重点专科。神经内科是国家医学神经生物学重点实验室的临床部分和国家老年临床疾病临床医学研究中心的核心组成，是中华医学会神经病学分会副主任委员单位，在中华医学会神经病学分会的14个专业学组中有18名委员，为全国各家医院神经内科在全国学会中任职之最。

表2-1-20　1950—2016年神经内科历任主任情况表

任职时间	主　任
1950—1980	张沅昌
1980—1984	陈汉白
1984—1996	姚景莉
1996—2002	吕传真
2002—2015	洪　震
2015—	董　强

二、医疗

作为医院临床医疗的传统品牌科室之一，神经内科在脑血管病、癫痫、神经免疫和神经肌病、神经变性病等的诊断和治疗方面具有十分丰富的经验，尤其对神经系统疑难杂症的诊疗具有独到之处，始终居于全国领先水平。1958年起，神经科开设癫痫（存疑）门诊。20世纪80年代起开设重症肌无力、脑血管病专病门诊。自20世纪50年代以来，神经科已先后开设癫痫、重症肌无力、帕金森病、多发性硬化、头痛、脑血管病、记忆障碍、眩晕、脊髓病变、睡眠障碍等16个特色专病门诊，优质的诊疗服务吸引来自全国各地的众多患者。2016年门急诊量超过40万，床位有140张（总院92张，北院48张），收治急诊患者居内科各科室之首；出院人次2 416人次，来自全国29个地区的三、四级疾病患者1 851人次。

学科临床亚专业方向最齐全，临床密切相关基础研究呈发展的态势，主攻方向为脑血管疾病、癫痫、运动障碍与神经退行性疾病以及神经免疫疾病等，进一步细化为7个亚专业研究领域：脑血管病、癫痫与睡眠障碍、运动障碍、神经退行性疾病、神经肌肉疾病、周围神经病和神经系统免疫性疾病等。2016 年专病门诊中脑血管病患者 48 035 人次，癫痫 29 528 人次，重症肌无力 9 048 人次，肌病 2 015 人次，中枢神经系统免疫病 4 651 人次，周围神经病 8 611 人次，痴呆 13 244 人次，运动障碍 32 392 人次，其他杂类疾病近 20 万人次。经过“十二五”期间的发展和建设，各亚专科均在各自领域取得一定的成绩，总体临床实力在国内均处于领先水平。

三、科研

张沅昌是中国神经病理学的奠基人之一，尤其对脑血吸虫病的病理和发病机制有独到的见解和研究成果，对血吸虫病的防治工作做出过重大理论贡献。陈汉白发现的两种新型反射性癫痫“弈棋(Chess)癫痫”和“纸牌(Card)癫痫”首次将反射条件由声、光、触觉等低级条件引申到高级思维而获得国际抗癫痫协会的重视，为我国在癫痫发病机制研究方面赢得声誉；而“脑顶叶综合病症”是陈汉白在大脑功能研究方面较全面和突出的临床研究报告，不仅在国内领先，当时在国际上也少有能与之抗衡的成果。刘道宽在 20 世纪 60 年代即用 L-多巴治疗帕金森病获得显著疗效，并与中科院上海药物研究所共同研制成功 L-多巴和美多巴；与上海第一医学院遗传研究室协作研究肝豆状核变性，开展肝豆状核变性的 DNA 诊断研究，这对产前诊断以及优生优育有重要意义。秦震在国内率先开展经 CT 等证实的脑梗死、脑出血、蛛网膜下腔出血患者的自然史研究和脑梗死治疗的前瞻性随机双盲对照研究，并对脑缺血性病变的相关机制进行深入研究；还从现代医学观点报道对针灸治疗癫痫、周围性面瘫、神经性皮炎等所做观察。吕传真在国际上率先提出重症肌无力不仅是神经肌肉接头突触后膜的受体病，而且是突触前膜亦受累及的自身免疫病；他对重症肌无力的系列研究是神经病学研究所的标志性成果。蒋雨平深入研究帕金森病，发现百草枯、硫丹等农药的致帕金森病作用，并完成帕金森病的早期诊断研究。洪震从事癫痫和神经流行病学研究工作，参加国际合作农村抗癫痫药物应用等世卫组织合作研究，参加和领导多项国家攻关课题和上海市卫生系统重大课题；创立神经心理测验室，可进行数十个项目的神经心理测验，并积累丰富的临床科研资料。

20 世纪 90 年代初，神经内科成为卫生部(现国家药品食品监督管理局)首批临床药理基地，已完成 30 余种各类新药的临床试验研究，为神经治疗学提供大量的科学资料。

2011—2016 年，科室共获得国家自然科学基金 28 项，其中重点项目 1 项，杰出青年项目 1 项，面上项目 12 项，青年项目 10 项。获得上海市局级及科委课题十余项，国家重大项目子课题 3 项。发表 SCI 文章 210 余篇，其中 IF 大于 5 分以上 23 篇，中信分区 1～2 区间有 107 篇。“癫痫的优化诊疗新策略”获中华医学科技奖三等奖、“脑出血后继发性脑损伤新机制与微创治疗新策略的转化医学研究”获教育部科技进步奖二等奖、“骨骼肌疾病诊断流程的建立和新技术的应用”获上海医学科技奖三等奖。并获得“脑卒中预防与救治服务体系数据库管理软件 V1.0”和“N-(吡啶-4-基)哌嗪-1-1 甲酰胺的用途”2 项专利。科室拥有国家杰出青年科学基金获得者 1 人，上海市市级人才 5 人、区级人才 1 人，校级人才 1 人，院级人才 9 人。

四、教学

神经病学教研组是中国南方第一个神经内科、神经外科的教学和进修基地，1952 年即受卫生部委托开办全国第一届神经病学师资进修班，自 1955 年即开始招收和培养研究生。1981 年神经病学被教育部评为首批博士学位授予点，进一步培养许多神经病学高级人才。遍布在大江南北的很多神经科专家、教授和骨干医师都曾在医院神经内科学习和生活过，如神经病学家沈鼎烈、王可嘉、葛茂振、李大年、张基谟、江德华、丁德云、潘瑞福、蔡能、赵馥、吴冠华等。

1996 年神经病学被列为国家“211”工程重点建设学科；2001 年底被评为教育部重点二级学科；2005 年被评为上海市医学重点学科。截至 2016 年，本学科有博士研究生导师 6 人，硕士研究生导师 10 人，2012—2016 年共指导毕业硕士研究生 35 人、博士研究生 22 人。2016 年，在读博士研究生 25 人，硕士研究生 27 人，八年制 12 人。本学科每年举办继续教育学习班和亚专科继续教育学习班，辐射全国各地，5 年来共培养学员 1 000 余人。

五、其他

2010—2016 年，神经内科连续 7 年在复旦大学医院管理研究所发布的“中国最佳专科声誉排行榜”榜上有名。2009—2010 年全国第一，2011 年度全国第二，2012 年度全国第三，2013—2015 年全国第二。

2016 年，在“中国科技影响力排行榜”中，神经病学专科位居全国第三。

第十一节　神 经 外 科

一、沿革

史玉泉是神经外科的缔造者、中国神经外科开拓者之一。1950 年 12 月 20 日，史玉泉在中山医院任外科主治医师时，参加由外科主任沈克非主刀的国内首例开颅脑肿瘤切除术。术后第二天，上

图 2-1-4　神经外科创始人史玉泉(右)与同事讨论病例

海《新闻报》头版作报道。1951 年，沈克非做的多例脑部手术，有矢状窦旁脑膜瘤、脑脓肿、脑囊虫病等，均由史玉泉协助做神经系统疾病的诊断性检查，如脑血管造影、脑室造影等工作。在最初阶段，颅脑手术前或手术中的病灶定位得到神经科专家张沅昌的帮助。

1952 年，在沈克非的支持下，史玉泉同朱祯卿（1956 年调往四川重庆医学院创建神经外科）在医院成立神经外科，之后蒋大介和杨德泰加入。20 世纪 50 年代，史玉泉、蒋大介等奔走浙江杭州、绍兴等地防治肺吸虫病，协助浙江医学院第二附属医院朱焱创立神经外科。随着科室医师逐年增加，先后有殷晓东、臧人和（1965 年赴新疆医学院创建神经外科）、唐镇生、季志雄（1965 年调往上海市第一人民医院神经外科）等来科室工作。

1960 年，陈公白留苏回国后，分配在神经外科工作，不久任科室副主任。以后，郑安琪、陶家骅、王振霄（1971 年支援国家重点建设赴南京梅山医院神经外科工作）、沈培嘉（1970 年 5 月支援安徽省安庆地区医院开展神经外科工作）、江澄川等陆续分配到神经外科工作。1970 年，周良辅、杨涵铭等调到神经外科。以后，徐伟民、郭欢欢、金才福、尹士杰、王滨江、顾国山、季耀东等陆续分入神经外科。

20 世纪 70 年代后期，史玉泉任主任期间，蒋大介、杨德泰为副主任。1984 年，周良辅任神经外科主任，徐启武任副主任。1989 年，史玉泉退休，聘为医院终身教授。1994 年，增补陈衔城、周范民任副主任。2001 年，增补黄峰平任副主任。2005 年，增补毛颖任副主任。2006 年，增补钟平任副主任。同年徐启武、陈衔城、周范民三位副主任卸任，被聘为医院资深教授。2007 年，增补潘力和车晓明任副主任。2009 年，周良辅当选为中国工程院院士。2010 年，增补宫晔任副主任。2010 年神经外科领导班子，主任：周良辅；副主任：黄峰平、毛颖、钟平、车晓明、潘力、宫晔等。2015 年，增补赵曜、秦智勇、胡锦任副主任。

1980 年，张沅昌、史玉泉着手筹备上海医科大学神经病学研究所。1982 年研究所成立，由史玉泉任第一任所长。1989 年，蒋大介接任神经病学研究所所长，并担任上海市政协常委。

1982 年，神经外科被指定为世卫组织神经科学研究与培训中心。1989 年，被评为国家重点学科。1991 年和 1996 年，被评为卫生部重点建设临床学科。1995 年，被评为上海市领先学科。1996 年，被评为“211”工程重点学科。2001，被评为复旦大学“重中之重”重点学科，同年成立上海市神经外科临床医疗中心。2004 年，神经外科成立上海市神经外科急救中心，同时新增加昆山诊疗中心。2006 年，神经外科牵头组建的复旦大学神经肿瘤中心正式成立。2009 年，胡锦调入神经外科负责神经创伤急救中心工作。2011 年，神经外科被评为卫生部重点学科。同年，成为国家临床重点专科，成立复旦大学神经外科研究所。2012 年，举办神经外科建科 60 周年庆典。2013 年，成为上海市神经外科专科医师培训基地。2013 年，成立上海市垂体瘤研究中心。2014 年 6 月，华山临床医学中心（西院）项目正式开工，

图 2-1-5　2009 年，周良辅当选为中国工程院院士

是关系到神经外科新百年发展的战略工程。2015年5月，完成临床医学中心门急诊医技及病房楼结构图。同年，批准成立国家老年疾病临床医学研究中心。2016年6月，临床医学中心主体工程结构顺利封顶。建成后的临床医学中心以“大专科、小综合，与总院一体化管理”为定位，打造成为长三角乃至全国最重要的神经科学中心、创伤医学中心及区域医疗中心，不仅有效缓解患者看病难、住院难的问题，也为虹桥国际医学中心提供技术支持和保障。

神经外科的发展离不开与其他兄弟科室的密切合作，尤其是神经内科和影像医学科。医院神经病理室是国内较早开展神经病理学检查的单位，早年在张沅昌的指导下，秦芝九和张福林在神经病理诊断方面做了大量的研究工作，积累丰富的神经病理学资料，为神经外科的发展做出贡献。而医院放射科的神经放射影像学在刘德华、陈星荣的带领下，在国内处于领先地位。1978年，引进中国第一台头颅CT，使神经外科疾病的诊断和治疗有重大突破。

至2016年，神经外科有医生124人，其中教授19人、副教授24人。

表2-1-21　1953—2016年神经外科历任主任情况表

任职时间	主　任
1953—1984	史玉泉
1984—	周良辅

二、医疗

【基本情况】

1952年，科室成立时只有8张病床。1953年初，成立专门病室，病床数增至20余张(病房设在现哈佛楼)，并开设神经外科专科门诊。1970年，科室床位增至58张，医生十多人，每周进行4～5台手术，年均500多台择期手术。1989年，医院2号楼建成，神经外科床位达86张，医生增至25人，并在上海县中心医院(现闵行区中心医院)和七宝卫生院开设联合病房。1993年，医院与外资合作的上海伽玛医院成立，徐伟民任总经理兼院长，缪艳华为总护士长。1996年，由潘力接任总经理兼伽玛医院副院长。2001年，医院综合大楼建成，神经外科增加一层楼面病房。综合大楼内一层楼面定为神经外科手术室，共8间。科室开展的新手术，有脊髓腹侧肿瘤前入路肿瘤切除术，枕大孔区肿瘤远外侧入路肿瘤切除术，乙状窦前、全岩骨入路肿瘤切除术，神经导航下功能区肿瘤切除术，神经内窥镜辅助经蝶垂体瘤切除术，单鼻孔入路垂体瘤切除术，眉弓锁孔入路鞍区、眶内、前颅底、鞍结节肿瘤切除术，脑动脉瘤、脑和脊髓动静脉畸形、脑和脊髓硬膜动静脉瘘栓塞术，血管内支架置入术。进行国内首例神经干细胞移植。2003年，增设神经外科监护病房。2005年，开设神经创伤病房。2006年，东院开业。东院设有8个病房，2个ICU，8间手术室。医疗业务以神经外科为主，科室派遣骨干组建医疗小组，由黄峰平和秦智勇负责。

2007—2016年，神经外科临床治疗总量始终保持全球最大规模的地位，2007年超过1万例。至2016年达到年门诊总量77 039人次，年急诊达8 690人次，年总手术量1万台左右，年临床治疗总数达17 194例，其中在脑胶质瘤的手术和综合治疗、脑血管病的综合治疗、颅底肿瘤的手术治疗、垂体瘤的多学科综合治疗、颅脑创伤、功能神经外科手术治疗及立体定向放射外科等方面均处于国内外领先水平。构建脑胶质瘤、垂体瘤、癫痫及颅底外科等多学科协作治疗团队，致力于相应疾病的个体化治疗，取得显著效果。2016 年，拥有床位数达 600 张，年门诊总量达 7 万余人次，年手术量达 1 万余台，拥有现代化专业神经外科手术室 25 间，以及开展神经外科诊疗所需的先进设备，包括 3.0 术中核磁共振、术中 DSA 一体化手术室、神经导航、移动 CT、Cyberknife、伽马刀、PET/CT、DSA、神经导航、计算机虚拟现实手术计划系统等国际一流的硬件设施。70%患者来自全国各地，5%来自欧美和亚太地区，其中 50%～60%病例系外单位无法解决的疑难杂症。全方位地开展微侵袭神经外科、脑脊髓肿瘤、血管性疾病、颅脑创伤、小儿神经外科、脊柱脊髓外科、功能神经外科、立体定向放射外科和细胞分子神经外科等的临床治疗研究，并实现手术、放疗、化疗和功能康复的综合治疗。

【神经外科集团医院】

2000 年 3 月，在上海市政府、上海市卫生局决策和支持下，成立上海市华山神经外科(集团)医院。当时开设伽玛医院、浦南医院及普陀区人民医院 3 个分院，使科室占有床位扩大到 450 张。2001 年，成立上海市华山神经外科(集团)研究所，集团成员新增静安区中心医院和温岭分院。2003 年，集团成员新增四五五医院和邮电医院。2005 年，集团成员新增第五人民医院。2006 至 2016 年，神经外科加上神经外科(集团)医院分院，逐步形成一个以神经外科为中心的超大规模神经外科诊疗体系。

【神经外科护理团队】

20 世纪 50—70 年代，段书兰、童婵娟、夏馥梅、费秀华、王书真和张丽珍等先后担任神经外科病房护士长或副护士长，她们带领病房护士协助医师工作；同时总结出一套神经外科患者护理常规，培养不少来自全国各地的进修护士。80 年代起，神经外科不断增加病房床位，护理工作量也随之增大。由张丽珍、周文英分别担任护士长、副护士长。90 年代初，医院 20 层的新病房大楼落成，有 2 层病房，分别由黄琦、郎黎薇、任学芳、石卫琳和卞莉萍等任护士长或副护士长。2001 年，医院综合大楼建成，神经外科增加一层楼面病房。综合大楼内一层楼面定为神经外科手术室，共 8 间，由赖兰任手术室护士长。2003 年，增设神经外科监护病房，新增病房的护士长为赵悦、黄莺、顾妙娟等。2005 年开设神经创伤病房，郑红云任护士长。至 2016 年，神经外科科护士长为任学芳(兼护理部副主任)；本部病房护士长为石卫琳、沈劲松、张缨、殷志雯、郑红云；手术室护士长赖兰。2006 年，东院开业，设有 8 个病房，2 个 ICU，8 间手术室。护理部抽调大批骨干成立东院护理部，由李晓英负责，手术室护士长为徐化，ICU、病房等部门护士长有周晶、陈祺昉、陆琳、曹莉、陈萍、陈微、卢红、张婷婷、侯春华、柴敏茵、俞小宁、怀晓嵘等。

【医疗特色】

脑胶质瘤的基础和临床研究　至 2016 年，每年收治脑胶质瘤 1 500 余例，数量居国内外同类报道之首，全面按照神经外科主要牵头制定的中国中枢神经系统胶质瘤诊断和治疗指南，临床手术实行神经导航下最大范围安全切除肿瘤的个体化方案，并将术中磁共振功能神经导航技术应用于多种脑功能区(包括运动、语言和视觉区等)手术，全面提高胶质瘤的手术治疗质量。同时开展分子遗传学检测指导下的脑胶质瘤个体化综合治疗研究，如何根据患者的分子遗传学特征的不同，有效合理地选择和制定放疗、化疗方案，可以有效提高疗效、防止复发，延长患者生存时间。至 2016 年，拥有多种放、化疗方案，是国内最全面的神经肿瘤中心。

术中影像和脑功能保护研究 通过多模态影像融合技术，应用功能神经导航，分别采用常规MRI重建颅脑结构模型、功能磁共振成像（fMRI）定位脑皮层功能区、弥散张量成像（DTI）显示皮层下神经传导束，在明确病灶边界的同时精确定位邻近功能区和传导束，有助于提高病变切除率，避免神经功能损伤。历时5年完成大规模前瞻性临床试验研究，以循证医学Ⅰ级证据证实可明显提高肿瘤切除率和功能保护率，相关论文已被国际著名杂志 *Neurosurgery* 录用。继续开展术中静息态功能成像（resting state fMRI）进行术中实时皮层功能区（运动、语言、视觉等）定位导航的研究，开展术中锥体束示踪（fiber tracking）技术研究，实时定位传导束；开展术中磁共振波谱成像，寻求判断肿瘤边界最佳指标，在保护功能的同时提高肿瘤切除率及延长生存率。开展各类功能区胶质瘤手术500余例/年，并且建立一个大样本、数字化的脑胶质瘤临床病案库、组织库和影像资料库；相关成果获2016年上海市科技进步奖一等奖。

颅脑损伤亚专科的多种特色技术 至2016年，每年收治重度创伤性脑损伤（TBI）800余例，每年开展颅脑创伤相关手术400余台，通过颅脑创伤的规范化治疗，开展神经电生理监护等新技术，进行和参考循证前瞻性临床试验数据等方法，使颅脑创伤的病死率和病残率逐年下降。① 颅脑损伤的多通道神经电生理监测：颅脑损伤的研究涉及病情轻重的判定和治疗措施的疗效评价，对颅脑创伤患者进行16导联脑电图，脑干诱发电位和短潜伏期体感诱发电位等神经电生理监测，判断预后及及时干预，取得良好的效果。② 视神经减压术：外伤所致的颅脑外伤常可导致管内段视神经间接损伤，导致不同程度的视力障碍，采用经硬膜外入路视神经减压术治疗视神经损伤164例，有效率为34.7%，效果良好。③ 颅内压监测术：严密监测颅内压并有效干预颅内压增高，维持恰当的脑灌注压，是治疗颅脑外伤最为重要的环节之一。对超过400例急性颅脑损伤病患进行颅内压监测和阶梯式干预，是国内颅内创伤后颅内压监测最多例数的科室。在ICP监测的指导下对重型颅脑创伤患者的救治成功率为91.4%，达到国际同类神经创伤中心水平。

脑血管病的规范化治疗 至2016年，每年收治各类复杂脑血管病例超过2 000例，建立不同脑血管病的治疗流程，并细化和随机对照筛选治疗方案；全面系统开展脑血管病的手术和介入治疗。通过结合手术和介入治疗两者的优势，提供患者最佳的治疗方案，获得很好的疗效。在脑动脉瘤的手术治疗方面，除进行常规动脉瘤夹闭术以外，搭桥脑血管重建手术治疗巨大动脉瘤，进行术中脑血流和脑功能的监测等。开展几乎全部的脑缺血手术和介入治疗技术，包括颈动脉内膜剥脱术、颈动脉狭窄支架植入术、颅内动脉狭窄支架植入术、搭桥手术治疗脑动脉闭塞、烟雾病的手术治疗等，技术之系统、规范和全面为国内外领先。

颅底肿瘤的规范化标准化治疗 在国内外率先研究运用多种颅底手术入路治疗颅底肿瘤；应用前颅底肿瘤显微外科手术入路治疗前颅底内外各种肿瘤取得显著效果。通过一个手术入路可一期切除长向海绵窦、颞下窝、后颅窝的肿瘤。该方法具有暴露清楚、脑组织影响小、基本不影响神经功能、肿瘤全切率高的优点。实施听神经瘤标准化治疗，运用多组颅神经电生理全程监测下结合内听道磨开的肿瘤切除以达到最大限度的神经功能保护，已达到3 cm以上的肿瘤全切除100%，面神经功能保留已达67%以上（HB分级1～2级）。

垂体腺瘤的微创神经外科治疗和垂体瘤术后的神经内分泌功能的重建 神经外科是国内最早开展垂体腺瘤手术治疗的单位之一，采用经鼻腔微创手术，避免以往开颅手术给患者带来的风险，手术时间和术后住院天数显著减少；通过熟练运用显微外科技术和神经导航、鼻颅底内窥镜、术中核磁共振等高新辅助设备，使难治性的“侵袭性垂体瘤”的全切除率提高45%，致死致残率下降55%，患者的生存质量得以明显提高，治疗数量和各疗效指标均达到国际先进水平。垂体瘤患者多表现为严重的神经功能障碍和内分泌功能紊乱症状，对该病的综合诊疗往往需要多学科合作，方能获得病灶根治和患者内分泌代谢功能的恢复，已开展对多种垂体瘤的神经内分泌功能的检查，选择性地进行手术和药物治疗，并注重和达到内分泌功能重建。

立体定向放射外科治疗　伽马刀放射技术治疗神经鞘瘤的效果明显优于神经纤维瘤，并适宜治疗小型神经鞘瘤、脑膜瘤、脑动静脉畸形（AVM）、多发颅内转移癌以及术后残留的肿瘤等；伽马刀治疗最大优点是安全、患者痛苦少、神经受损率低。射波刀放射治疗技术可以实施分次放射外科治疗，对适合分次治疗的肿瘤提供技术保证。射波刀分次治疗听神经瘤、脑膜瘤、脑动静脉畸形等，可避免或减少颅神经的损伤，减轻脑水肿的发生。射波刀治疗的解剖范围不受限制，对颅底深部肿瘤（脊索瘤、脑膜瘤）、颈静脉孔区肿瘤以及颅颈交接肿瘤，可做到完整治疗。射波刀分次治疗大型或巨大型海绵窦血管瘤已获得良好效果；治疗垂体瘤术后海绵窦残留或复发病例也有良好效果。

功能神经外科手术　熟练开展帕金森病及运动障碍疾病的手术治疗，并进行帕金森病的蛋白、基因、动物模型等基础研究；脑瘫的手术治疗及康复；癫痫的外科治疗，对药物难治性癫痫的综合定位分析、手术方案的选择等均有着丰富的经验；微血管减压手术：开展三叉神经痛、面肌痉挛、舌咽神经痛等微血管减压手术，配合术中电生理监测提高手术疗效，对于磁共振（MR）阴性的或多根责任血管压迫等不典型病例亦有丰富经验。

小儿神经外科　采用微创神经外科技术提高小儿患者手术效果，在小儿中枢神经系统前五位的肿瘤中：髓母细胞瘤的肿瘤全切率为 90%以上，结合术后放化疗，5 年生存率达到 80%左右；颅咽管瘤的全切率为 95%以上，其中三脑室内的颅咽管瘤全切率为 90%以上，术后无昏迷、瘫痪等早期严重并发症；5 年来对于中枢神经系统生殖细胞瘤进行系统研究，并总结临床经验，通过先手术切除或活检以明确肿瘤性质，再根据肿瘤具体类型进行个体化综合治疗以达到最佳治疗效果，达到国际领先水平。小儿神经系统先天性疾病的治疗并非局限于先天性脑积水，还包括先天性颅裂、脊柱裂、脊髓栓系综合征等，而且对先天性脑积水分流后的远期复杂类型的并发症进行系统研究及诊治，其中包括难治性高颅压性小脑室综合征、获得性小脑扁桃体下疝、小头畸形等，取得良好的治疗效果。

脊柱脊髓外科　推动椎管内外神经鞘瘤的规范化手术治疗：根据肿瘤生长形状、侵及的范围，以及与硬脊膜的关系，将其分型，对不同类型的肿瘤采取不同的手术方法，取得明显效果。将神经导航技术运用在脊柱固定手术中，使用神经导航技术对脊髓手术后的脊柱进行固定，前瞻性地判定楔入椎弓根（侧块）钉的大小、方向和深度，因而规避使用 C 形臂透视机回顾性判定位置的缺点，降低手术损伤脊髓、神经根和椎动脉风险。神经外科进行导航下固定的病例，导航精度设定在 2 mm 以内，术中、术后比较未发现明显方向和深度偏差，术中导航显示图像与术后 X 线摄片对照表明两者匹配性好，导航精度高，脊柱固定位置准确，效果优良。

神经内镜技术　1996 年，神经外科开始神经内镜技术应用研究，为国内最早应用神经内镜技术的科室之一。从 2000 年起，开展运用内镜技术治疗脑室内肿瘤，包括脑室内肿瘤活检术、脑室内各类囊肿切除、三脑室造瘘等手术方法治疗复杂脑积水等。至 2011 年底，脑室内内镜手术统计 740 余例，手术有效率达 97%，无一例与手术相关的死亡病例。自 2001 年起，应用内镜辅助显微外科技术经鼻蝶切除垂体腺瘤；将神经导航辅助内镜技术、内镜锁孔辅助显微外科技术应用于临床，取得理想的效果。2002 年，正式成立内镜辅助显微神经外科中心（EAMNS）。自 2008 年以来，重点开展神经内镜鞘外技术（extra-endoscope）和颅底内镜技术，已成功开展大型颅底脊索瘤、颅咽管瘤及前颅底脑膜瘤的颅底内镜手术治疗。

神经外科术中电生理监测 包括皮层及皮层下刺激确定功能区域，体感及运动诱发电位监测，自由肌电图及促发肌电图监测，皮层脑电图监测，听觉诱发电位监测等；并且结合磁共振功能导航及术中高场强 3.0 T MRI 开展临床及科研工作，广泛应用于神经外科脑、脊髓肿瘤，脑血管病及功能神经外科的各类手术中，多项技术属于国内领先。

【自制设备】

20 世纪 50 年代初期，国内有关神经外科特殊设备及器械极少，许多基本手术器械都是查阅文献后，画出图样送医疗器械厂加工制作，如大脑额前叶切断术的白质刀、银夹、银夹钳，脑部用的镊子，锯颅骨的线锯，各类大小的脑压板，不同形式的吸引管，脑针和脑室引流管等。手术中用于止血的骨蜡、棉片等也都靠自己设法解决。由于当时物资匮乏，在沈克非的启发下，史玉泉成功研制淀粉海绵，这是国内用于颅脑手术的自制外科止血剂，后在淀粉明胶的基础上自制明胶海绵止血剂。神经外科医师们为学科发展，积极钻研业务，摸索开展各类手术。如史玉泉成功地实施腰交感神经封闭治疗伤病员残肢综合征，额前叶切断术治疗精神病，脑肺吸虫病手术，大脑半球切除术治疗婴幼儿性脑瘫，颞前叶切除术治疗颞叶癫痫，颅内动脉瘤开颅直接结扎手术，三叉神经半月节定位穿刺治疗三叉神经痛等，填补国内空白。

1964 年，蒋大介采用独特的定位原理，研制成功国内第一台立体定向仪，定位准确，一直使用 20 多年，才被运用 CT 和 MRI 精确定位的立体定向仪所取代。蒋大介对重型颅脑创伤的诊治进行深入研究，制定一套合理的救治方案，即使在已有 CT 等诊断设备的年代仍有实用价值，同时钻研颅内动脉瘤和颅底肿瘤的外科治疗并主编《实用神经外科手术学》。当时的科研是针刺麻醉、针刺镇痛机制和临床应用研究。后期，神经外科医师与上海光学仪器厂和上海手术器械厂合作研制国内第一台神经外科手术显微镜、双极电凝器、颅内压监护仪、多功能电生理仪、多功能生命体征监护仪和相关的显微外科器械，率先在国内开展显微神经外科的实验和临床应用（1976 年）以及开展颅内压监护。同时，神经外科与苏州医学院附属医院、常州市第一医院和上海橡胶制品研究所合作研制医用硅胶制品，如颅骨修补用硅胶瓣和脑脊液分流装置等（1976 年）；研制国产导管开展 Seldinger 技术，经皮穿刺股或肱动脉进行选择性脑动脉造影和脊髓血管造影（1974 年）。

三、科研

【科研特色】

微侵袭神经外科（包括显微神经外科、颅底外科、内镜神经外科、神经导航、锁孔外科和血管内介入等）、分子神经外科、功能神经外科和立体定向放射外科等，涵盖神经外科的所有领域。主要分为下列亚专科：脑血管病、颅脑外伤、垂体瘤及鞍区病变、颅底外科、脑胶质瘤、小儿神经外科、脊柱脊髓外科、功能神经外科、神经肿瘤、神经放射、分子神经外科等。全面开展和应用神经外科各亚专科的先进技术诊治脑脊髓肿瘤、脑脊髓血管病、颅脑损伤、癫痫及帕金森病、中枢神经系统先天或后天性疾病等。

脑脊髓血管病亚专科 2000 年，神经外科成立脑血管病专业组，全面系统开展脑血管病的手术和介入治疗；结合手术和介入治疗两者的优势，最大限度地为患者提供最佳的治疗方案。每年约 2 500 例脑脊髓选择性血管造影。① 脑动脉瘤的手术和介入治疗：建立脑动脉瘤破裂出血的绿色救治通道,使急诊患者获得及时诊治。总体上,脑动脉瘤的治疗成功率已达 95%以上,在国内外处于先进水平。② 脑血管畸形的手术和介入治疗:包括脑动静脉畸形、硬脑膜动静脉瘘等,一直处于国内外领先地位。除常规显微手术外,在国内率先开展新型液体栓塞剂 Onyx 的应用,使得这些疾病的治疗取得突破性的进展,再结合立体定向放射外科,使综合治愈率大大提高,而治疗风险和并发症率明显降低。③ 脊髓血管畸形:通过结合介入和手术治疗,此类疾病的诊治处于国内领先的水平,年治疗病例数为全国前三名。④ 缺血性脑血管病的外科综合治疗:神经外科开展脑缺血疾病手术和介入治疗,包括颈动脉内膜剥脱术、颈动脉狭窄支架植入术、颅内动脉狭窄支架植入术、颅内外血管吻合手术、烟雾病的外科治疗等。其中颅内外血管吻合手术、烟雾病外科治疗的数量和质量一直处于国内外领先水平,多次在国际、国内的学术会议做专题发言,并已举办多次全国性学习班,以推广在自发性脑出血包括高血压脑出血等方面的诊断和手术的规范化研究。

针对脑动脉瘤组织开展"十一五"和"十二五"科技攻关项目,在全国多个中心建立急诊绿色通道和超早期综合治疗方法,年治疗脑动脉瘤 3 000 余例,制定《脑血管痉挛防治神经外科专家共识》,具重要意义。开展脑血管治疗的精准化研究,采用无创血流分析软件 NOVA 在术前、中、后对脑血管容积血流量及血流方向进行无创定量分析。

颅脑创伤亚专科　神经外科是国内最早开展颅脑创伤患者颅内压(ICP)监测和颅内压监测仪研制的单位之一。2004 年成立神经外科颅脑创伤专业组和上海市神经外科急救中心,全面系统开展以 ICP 监测为基础的重型颅脑损伤的救治,显著提高重型颅脑损伤的抢救成功率。

率先在上海建立完善的颅脑创伤救治绿色通道和完整的颅脑创伤救治体系,完善院内急诊—手术—新生儿重症监护(NICU)一体化的救治体系,经历世博会期间应急救治的考验。开展以控制颅内压(ICP)/脑灌注压(CPP)为基础的重型颅脑创伤手术和 NICU 的监测及治疗,确立重型颅脑创伤的规范化治疗方案。每年接受神经外科急诊 4 700 余人次,其中外籍患者约 180 人次;收治入院患者每年达 700 余人次,年手术量 600 余台。NICU 救治的重型颅脑外伤患者死亡率低于 10%,重型颅脑创伤患者的总体死亡率为 5.88%,成功率处国内领先水平。每年举办全国颅脑创伤和 NICU 高级学习班 1～2 次。开展视神经管减压术:近几年对创伤性视神经损伤患者实施视神经管减压手术,术前、术后进行视觉诱发电位监护,取得良好疗效。开展难治性脑脊液鼻漏诊断和治疗,率先在国内开展在 MRI 的 T2 相下寻找漏口的检查项目,修复术均成功。

由周良辅牵头,进行由 80 家医院参加的多中心前瞻性"TBI 诊治现状的调查和分析研究",获得 21 世纪初华东六省一市 TBI 住院患者基本资料。以循证医学为指导,开展多中心临床试验;颅脑创伤救治领域尚存在许多有争议的问题,例如,亚低温的运用、大骨瓣减压术的作用、神经营养和保护剂的作用等。

颅底外科亚专科　神经外科自 20 世纪 80 年代初即开展颅底外科的科研与临床治疗以及教学工作,建立颅底外科实验室,在大量临床手术的基础上,进行颅底显微应用解剖、颅底手术入路的探索等基础和临床研究,取得丰硕成果;发表论文十余篇,多次荣获国家级、部级和省市级科研成果奖。其中有"前颅底硬膜外显微外科手术入路的研究"获国家科技进步奖三等奖(1995 年);"后外侧枕下入路治疗枕大孔前缘和下斜坡病变"获上海医科大学科技进步奖(1997 年);"中颅窝硬膜外手术入路设计"获上海市创造发明杯奖(1997 年);"扩大中颅窝硬膜外手术入路的研究"获卫生部科技进步奖三等奖和上海市科技进步奖二等奖(1998 年);有关硬膜外海绵窦显微外科手术入路、用于岩斜部脑膜瘤微创治疗的幕上下联合锁孔手术入路、肿瘤全切率和并发症率与患者术后生存质量等论文,发表于神经外科国际权威期刊 *Minimally Invasive Neurosurgery* 和 *Chinese*

Medical Journal，成果被国内外广泛引用和应用，相关研究成果“创新锁孔手术入路治疗岩斜部脑膜瘤”获上海医学科技奖二等奖（2011 年）。结合上述成果同时开展颅底外科的教学和推广工作，已举办“中国颅底显微外科手术入路应用解剖讲习班”43 届，历时 19 年，培训来自全国各地的学员 1 500 余人。同时自 20 世纪 70 年代以来，在颅底应用解剖的基础上，同步开展大量的颅底外科临床手术，临床治疗效果处于领先地位；陆续对颅底肿瘤开展规范化治疗方案的研究和临床应用，如近 3 年实施听神经瘤标准化治疗，运用多组颅神经电生理全程监测下结合内听道磨开的肿瘤切除，以达到最大限度的神经功能保护，已达到 3 cm 以上的肿瘤全切除 100%，面神经功能保留已达 67%以上（HB 分级 1～2 级）。

胶质瘤及数字化手术亚专科　2009 年由周良辅院士牵头，制定并发表中国第一个脑胶质瘤诊断和治疗指南——《中国中枢神经系统恶性胶质瘤诊断和治疗共识》，2015 年指南再次更新，并由毛颖、周良辅同期配发述评。2011 年脑胶质瘤亚专科成立后，在周良辅的领导下，开展脑胶质瘤的发病机制、诊断和治疗的系列研究。临床方面，依托先进的 3.0 T 高场强术中磁共振数字一体化系统，尤其对位于语言、运动等重要功能区的胶质瘤，运用唤醒麻醉、术中电生理监测结合术中磁共振及功能导航技术，做到最大范围的安全切除，治疗效果在国际会议上得到该领域权威学者的一致肯定。建立完善的胶质瘤病案库、组织标本库和影像资料库，制定国内胶质瘤的规范化、个体化治疗共识。在国际上率先完成皮质下直接电刺激验证功能神经导航的有效性的前瞻性随机对照研究、高场强术中磁共振在胶质瘤手术治疗中的临床有效性的前瞻性随机对照研究以及汉语语言皮质定位的研究。该亚专科还开展脑胶质瘤的免疫机制及生物免疫治疗的基础与临床研究。至 2016 年，已经完成具有自主知识产权（专利）的干细胞样抗原致敏树突状细胞（DC）疫苗治疗人脑恶性胶质瘤的体外实验、动物实验以及Ⅰ期临床试验，初步证实其可行性和安全性；已通过伦理审批，拟开展随机、双盲、对照的Ⅱ期临床试验。同时，与复旦大学上海医学院免疫学系合作创建“985”生物免疫治疗中心及建立 GLP 实验室。2011 年成立的华山脑胶质瘤中心，综合运用 iMRI 实时影像神经导航、脑功能成像、唤醒麻醉、术中电生理监测等新技术，年开展各类功能区胶质瘤手术 500 余例，先后获 4 项国家自然科学基金资助，并在国内率先形成由多个相关学科组成的胶质瘤 MDT，同时建立一个大样本、数字化的脑胶质瘤临床病案库、组织库和影像资料库，相关结果于 2016 年获上海市科技进步奖一等奖。

垂体瘤及鞍区亚专科　是国内最早开展垂体腺瘤手术治疗的单位之一，临床手术治疗垂体腺瘤的数量和质量已达国内领先、国际先进水平。神经外科垂体瘤及鞍区病变亚专科小组自成立以来越来越多地采用微创神经外科治疗，并由此成为本学科传统的诊疗特色之一。在首席治疗专家李士其教授的领衔下，至 2016 年，年手术治疗垂体腺瘤达 1 000 例，数量居国内外同类报道之首。其中采用经鼻腔微创手术，避免以往开颅手术给患者带来的巨大手术损伤和风险，手术时间和术后住院天数显著减少；通过熟练运用显微外科技术和神经导航、内窥镜、术中核磁共振等高新辅助设备，使难治性的“侵袭性垂体瘤”的全切除率提高 45%，致死致残率下降 55%，治疗数量和各疗效指标均达到国际先进水平。2013 年以神经外科为牵头单位的上海市垂体瘤研究中心成立，联合医院内分泌科、瑞金医院内分泌科、妇产科医院生殖内分泌科和眼耳鼻喉科医院眼科等优势学科，在各自的学科领域对垂体瘤及相关内分泌代谢疾病展开较深入的研究；中心还联合 3 家高校科研院所的高端实验室平台（复旦大学医学神经生物学国家重点实验室、复旦大学生命科学院遗传工程国家重点实验室、上海交通大学 Bio－X 中心），以深入开展相关的转化医学研究，成为国内外临床规模最大的垂体瘤研究中心之一。

脊髓脊柱亚专科　神经外科脊髓脊柱疾患亚专科自20世纪80年代起逐渐建立起来，是国内最早开展髓内肿瘤手术治疗的单位之一。

至2016年，开展的脊髓脊柱疾患手术治疗项目如下：髓内肿瘤的手术治疗，包括室管膜（下）瘤、星形细胞瘤、血管母细胞瘤、神经鞘瘤、畸胎瘤、脂肪瘤、原始神经外胚层肿瘤等，手术切除率和手术疗效达到国际先进水平。脊髓血管畸形的手术治疗：与介入治疗相互补充，开展脊髓内AVM的手术切除、脊髓DAVF的切除、髓周动静脉瘘的切除、髓内海绵状血管瘤的切除和椎管脂肪血管瘤（出血）的手术切除等。髓外（包括椎管内外）肿瘤的手术治疗，对椎管内外哑铃型神经鞘瘤进行分型并提出规范化的治疗方案，手术全切除率接近100%，并达到脊柱稳定性良好。脊髓脊柱先天畸形的手术治疗，开展脊柱裂、脊髓栓系综合征和颅颈交界区畸形的手术治疗。总结基亚里（Chiari）畸形的减压、脊髓积水分流手术分步实施和强调寰椎筋膜松解的经验，对不同的手术方案开展随机双盲对照研究。脊柱退行性病变和脊柱内固定手术，主要病种包括颈椎间盘突出、腰椎间盘突出、椎管狭窄和肿瘤切除后的脊柱内固定手术。

功能神经外科亚专科　医院神经外科功能神经外科亚专科成立以来，深入开展癫痫、运动障碍性疾病、脑瘫的手术治疗以及颅神经微血管减压术、顽固性疼痛手术治疗等。

癫痫外科：开展各类癫痫手术，掌握癫痫灶综合定位的各种方法。包括颞叶海马切除、脑部其他部位的癫痫灶切除、胼胝体切开、功能性大脑半球切除术和迷走神经刺激术等。癫痫术后2年完全控制率在80%左右，临床效果较好。

运动障碍性疾病立体定向功能外科手术：运用3.0T高场强MRI扫描与CT融合的方法进行术前影像定位，开展脑深部电刺激手术治疗帕金森病、扭转痉挛等，临床效果较好。

颅神经疾病微血管减压手术：至2016年，年手术量超过200台，配合术中电生理监测，手术安全性及有效率提高。

脑瘫手术治疗：开展选择性脊神经后根切断术治疗痉挛型脑瘫，配合术中电生理监护使手术切除神经束的选择更精确。

顽固性疼痛治疗：脊髓电刺激及周围神经电刺激治疗顽固性疼痛。

小儿神经外科亚专科　从小儿神经外科的神经系统肿瘤到小儿神经系统先天性疾病的诊治，已逐步达到国内领先，某些病种的诊治达到国际领先。在小儿中枢神经系统前五位的肿瘤中：髓母细胞瘤的肿瘤全切率为90%以上，结合术后放化疗，5年生存率达到80%左右；颅咽管瘤的全切率为95%以上，其中三脑室内的颅咽管瘤全切率为90%以上，次全切除后行伽马刀辅助治疗的5年控制率达100%，术后无昏迷、瘫痪等早期严重并发症；5年来对于中枢神经系统生殖细胞瘤进行系统的研究，并总结临床经验，通过先手术切除或活检以明确肿瘤性质，再根据肿瘤具体类型进行个体化综合治疗以达到最佳治疗效果，研究结果发表于国际SCI杂志及国内权威级杂志，达到国际领先水平。包括难治性高颅压性小脑室综合征、获得性小脑扁桃体下疝、小头畸形等，取得良好的治疗效果。对于颅裂脑膜脑膨出、脊柱裂脊膜脊膨出的手术疗效达到甚至超过国际同期水平。此外，在血管学组的辅助下，小儿脑血管病也已开展。

神经肿瘤亚专科　每年收治各种恶性脑瘤600～800人次，依托临床、神经病理、影像学材料结合分子生物学依据诊断、治疗中枢神经系统肿瘤患者，体现个体化治疗的理念。此外，神经外科每年通过举办全国脑胶质瘤诊断治疗学习班，向同行推广胶质瘤规范化治疗；长期与国外肿瘤临床中心如梅奥医学中心、M. D. 安德森癌症中心、丹娜法伯癌症研究院、杜克大学等保持合作交流，开展针对恶性胶质瘤、髓母细胞瘤的一系列Ⅱ、Ⅲ期临床试验，并参与即将启动的胶质母细胞瘤国际多中心临床试验。本团队以及相关研究在学术界首先阐述早期偶然发现低级别胶质瘤的分子病理特点和处理原则，首次通过IDH1＋TERT联合判断2～3级胶质瘤的预后并且制定相应一整套的治疗策略。对复发胶质瘤患者，神经外科还采取再手术结合免疫疫苗治疗（Ⅱ期临床试验）等方法。对髓母细胞瘤的临床治疗常根据术前分期和手术后肿瘤残留情况综合考虑。医院神经外科团队首先报道国内较大样本的髓母细胞瘤的综合治疗效果，根据不同分期以及分级采取治疗措施及局部给药、再手术等综合治疗策略，提高疗效。原发性中枢神经系统（CNS）生殖细胞肿瘤、脑转移瘤以及各种罕见疑难脑瘤如肉瘤等，亦需要综合治疗策略。

神经放射、立体定向放射外科亚专科　1998年在上海伽玛医院正式成立肿瘤放疗中心，成为国内最早引进动态调强适形放疗技术的放疗中心。至2016年，肿瘤放疗中心已成为一支具有高学位、高素质和年富力强的专业团队。2001年，放疗中心在国内率先应用“^{18}F－FDG和^{11}C－胆碱PET/CT显像”与“CT和MRI多模态影像”融合，勾画肿瘤靶区和正常组织解剖结构，开创功能影像学和常规解剖影像学相结合的精确计划、精确放疗的时代。集华山医院伽玛医院放疗中心和静安分院放疗科于一体的华山医院放疗中心已经成为全国最大的神经系统肿瘤放疗中心。至2016年，应用调强适形技术治疗患者7 000多例，其中神经系统肿瘤（包括胶质瘤、生殖细胞瘤、髓母细胞瘤、脑转移瘤、脑膜瘤、脊索瘤、垂体瘤和脊髓肿瘤等）占95％。此外，放疗中心也开展其他部位恶性肿瘤包括鼻咽癌、喉癌、肺癌、食管癌、恶性淋巴瘤、胰腺癌、乳腺癌、直肠癌和软组织肉瘤的放疗和化疗等综合治疗，取得较好的疗效。现在放疗中心年门诊患者量约8 000余人次，单机日平均放疗患者100余人。收治的患者除来自国内之外，美国、加拿大、日本、印度尼西亚和马来西亚等国的患者也慕名前来。立体定向放射外科包括伽马刀和射波刀治疗。伽马刀放射技术治疗神经鞘瘤的效果明显优于神经纤维瘤，并适宜治疗小型神经鞘瘤、脑膜瘤、脑动静脉畸形（AVM）、多发颅内转移癌以及术后残留的肿瘤等；射波刀分次治疗听神经瘤、脑膜瘤、AVM、大型或巨大型海绵窦血管瘤已获得良好效果；治疗垂体瘤术后海绵窦残留或复发病例，也有良好效果。自1993年在国内率先引进伽马刀、2007年率先引进射波刀以来，至2014年伽马刀治疗例数为27 000余例，射波刀治疗总数为4 500余例，其中伽马刀单机治疗病例数居世界首位。

分子病理和生物样本库建设　2012年建立神经外科生物样本库，2014年分子病理室建成，运用分子病理检测平台推动神经肿瘤的个体化治疗并向精准医学发展。

20世纪80年代和90年代，科室科研工作的重点是脑血管病的外科治疗，包括难治型、巨大型和多发性颅内动脉瘤的外科治疗，脑动静脉畸形基础和临床研究，高血压脑出血的外科治疗，出血性和缺血性脑卒中的规范化治疗；颅底显微解剖和颅底显微手术入路研究；脊髓脊柱疾病显微外科治疗；脑胶质瘤的药物和免疫治疗；帕金森病的立体定向外科治疗，癫痫外科治疗；神经系统疾病的立体定向放射外科治疗以及分子神经外科的启动。开展扩大前颅底硬膜内外入路肿瘤切除术，扩大中颅底硬膜内外入路肿瘤切除术，颈静脉孔区肿瘤切除术，烟雾病硬膜翻转加颞肌贴附术，脑动脉瘤孤立术加桡动脉，大隐静脉移植血管吻合术和颅内、外动脉吻合术等。

【人才培养与引进】

神经外科形成较完善的学术人才梯队。截至2016年，拥有中国工程院院士1人，终身教授1人，资深教授3人；在职人员中高级职称43人，98％的医生具备研究生学历。拥有教育部特聘教授长江学者3人、“973”首席科学家1人、国家杰出青年科学基金获得者1人、国家级“百千万”人才计划1人，上海市各类人才项目十余人。2016年12月20日，由周良辅发起的“上海周良辅医学发展基金会”宣布成立，基金会的宗旨是弘扬“大医精诚，厚德载物”的精神，资助贫困人群就医，资助医学创新科研项目和优秀医学人才队伍的建设。

【科研成果】

自建科以来，神经外科的科研工作始终处于国内领先地位。1978—2016 年，承担国家级、部级及上海市等科研基金项目百余项，获国家级、省部级奖项 25 项，上海市级奖项 35 项。其中：“难治性颅内动脉瘤的外科治疗”获国家科技进步奖三等奖；“前颅底肿瘤显微外科手术入路的研究”获国家科技进步奖三等奖；“中枢神经系统海绵状血管瘤的基础与临床研究”分别获上海市科技进步奖一等奖、上海医学科技奖一等奖和中华医学科技奖三等奖；“基因重组链激酶（rSK）在急性脑卒中外科治疗中的应用研究”获教育部科技进步奖二等奖；“中枢神经系统血管母细胞瘤的基础和临床研究”获中华医学科技奖二等奖；“神经导航外科的创新与应用”获中华医学科技奖一等奖；“建立外科新技术治疗位于颅内难治部位的病变”获国家科技进步奖二等奖；“脑组织修复重建和细胞示踪技术及转化应用”获得国家科技进步奖二等奖；“外科术式改变脑血流的基础与临床研究”获得上海市科技进步奖一等奖；“个体化脑血管重建治疗复杂脑血管病的临床研究和应用”获得高等学校科学研究优秀成果奖一等奖；“颅内外搭桥改善脑血流的临床应用及机制”获华夏医学科技奖三等奖；“个体化脑血管重建治疗复杂脑血管病的临床研究和应用”获教育部科技进步奖一等奖；“脑出血后继发性脑损伤新机制及其干预策略的转化医学研究”获上海医学科技奖三等奖；“基于多模态脑功能定位的脑肿瘤精准手术与放射治疗”获上海市科技进步奖一等奖。

神经外科几十年来陆续编写、出版《实用神经病学》《神经外科手术学》《实用神经外科手术学》《外科手术学・神经外科分册》《脑血管疾病》《中国医学百科全书・神经外科分册》《神经病学新理论、新技术》《神经外科手术图解》《神经外科医师手册》《分子外科与基因治疗》《现代神经外科学》《颅底手术彩色图谱》《临床颅脑病学》《实用外科学・神经外科分册》等数十部在国内神经外科领域内有高度影响力的专著。其中 2002 年出版的《现代神经外科学》获第十一届全国优秀科技图书一等奖和第六届国家图书奖提名奖。

获国家发明专利 3 项，实用新型专利十余项。

前期年均发表文章约 30 余篇，后开始稳步增长，至 2016 年年均发表文章 80 余篇，其中 SCI 论文达 60 余篇，其中影响因子大于 5 分有 16 篇，包括在 *Cell*、*Nature Genetics* 以及其他神经肿瘤和神经外科顶级杂志上发表的。赵曜的垂体瘤研究团队成果发表在 *Nature Genetics* 上；朱剑虹团队研究成果“通过不同卵子间的核基因组移植，发现有效阻断线粒体遗传病的治疗策略”发表在 *Cell* 杂志，并入选 2014 年度中国科学十大进展。2008 年，影响因子最高的神经外科杂志 *Neurosurgery* 约稿并以 7 个页面的篇幅详细介绍神经外科的建设成就，前世界神经外科联盟主席布罗特奇（Brotchi）为此撰文评价：在不到 60 年内，华山医院神经外科在各领域所获成就令人印象深刻，已成为世界上最好的神经外科中心之一。2011 年，北京《医学参考报》报社委任周良辅院士为主编，创办《医学参考报神经外科频道》，组建《医学参考报神经外科频道》编辑部，由陈衔城任编辑部主任；《医学参考报神经外科频道》2011 年 3 月份创刊，每月一期。

【国际国内交流】

20 世纪 50 年代起，神经外科医师邀请苏联专家来院指导手术。70 年代开始频繁与国外神经外科专家进行学术交流，每年都派出各级医师出国学习，邀请国际上著名神经外科权威人士来科室讲学。神经外科多次举办国际交流大会，并与国际多个著名神经外科中心保持密切联系，建立共同研究及人员互访。与梅奥医学中心、麻省总医院、密歇根大学、加州大学洛杉矶分校、加州大学旧金山分校、巴罗神经学研究所、匹兹堡大学等都建立长期访问联系，80%以上青年医生出国培训。参与开展黄体酮外伤脑保护、内皮素受体抑制剂治疗脑血管痉挛等多项国际多中心研究。

1954年，蒋大介和杨德泰到北京参加苏联专家举办的神经外科学习班，邀请苏联专家来科室进行手术演示。

1980年，世界卫生组织的神经科学培养计划(Neuroscience Programme)访华团由主任宝丽丝(Bolis)带领来院考察。选定医院作为"世界卫生组织在中国的神经科学研究与人员培训协作单位"之一。此后，世界卫生组织多次来神经外科举办各种新进展及新技术学习班，史玉泉成为主要研究员和专家咨询组成员。

1986年，史玉泉牵头举办华东地区神经外科学术会议。首届由上海市神经外科分会负责筹办，在镇江市召开第一届华东地区神经外科学术会议，促进华东地区的神经外科的发展。

1999年，周良辅发起召开上海国际神经外科大会，成为神经外科领域内的世界知名学术交流会议，截至2014年已举办7届。

2003年，周良辅当选为第三届亚洲神经肿瘤大会主席，毛颖当选为亚洲神经肿瘤学会助理秘书。

2005年，与北京天坛医院共同举办第五届北京国际微创神经外科研讨会暨第一届全国神经肿瘤研讨会。

2006年，神经外科主办"国际小儿神经外科学会(ISPN)第二届中国讲习班"和"2006年亚洲神经外科学术论坛"。会议分为9个主题：中枢神经系统肿瘤、脑血管疾病、神经创伤与重症护理、脊髓病变、诊治新技术、离体定向与功能神经外科、周围神经疾病、小儿神经外科和其他等。

2007年，主办第四届上海国际神经外科大会、第二届国际脑出血大会以及首届上海华山国际脑脊髓血管病外科治疗大会暨史玉泉教授九十华诞庆典。

2008年，神经外科主办第八届华东六省一市神经外科年会和第七届全国神经外科年会。

2009年起，举办两年一届的"上海华山国际脑脊髓血管病外科治疗大会"。

2015年，举办美国大学神经外科年会，美国50多位神经外科主任参会并互动交流。

2016年7月8—10日，由医院承办的第一届梅奥医学中心-华山医院国际神经外科论坛暨华山ISTI国际课程在上海举办。本届论坛邀请来自梅奥医学中心神经外科主任罗伯特·斯宾纳(Robert J. Spinner)等6位梅奥专家前来授课。来自亚洲十多个国家和地区的20余名学员及150余名中国大陆学员参加本次论坛。

2016年10月20—22日，举办第一届中国烟雾病大会，来自国内外的相关领域的知名专家参会，展示了烟雾病领域的最新研究进展和诊疗进展，促进该疾病的研究和治疗。

四、教学

【基本情况】

神经外科建科以来，两代学科带头人史玉泉和周良辅十分重视教学工作。长期注重上海医学院本科生的神经外科基本知识的课堂教学和临床见习，注重专科住院医生、研究生和进修医师的培养，注重继续医学教育工作。

研究生培养　20 世纪 50 年代末，史玉泉开始带教硕士研究生，第一位研究生是臧人和，以后有唐镇生、尹昭贤、冯祖荫等人。“文化大革命”期间研究生制度中断。1978 年，恢复招收研究生，由史玉泉、蒋大介、杨德泰、陈公白担任导师。70 年代末至 80 年代初，硕士生有徐启武、周范民、程鸿、翟晓钟、陈衔城、李士其、苏贵华、郭欢欢、杨国源(后转博士生)、鲍伟民、顾国山、毛仁玲、江宁、陈振平等；博士生有孙国华、潘力、刘健等；以后还招收国外研究生。1980 年，神经外科被授予全国第一个神经外科博士点，史玉泉是全国第一个神经外科博士研究生导师，培养中国第一个神经外科博士孙国华。

2016 年，神经外科有博士研究生导师 13 人，硕士研究生导师 10 人，每年招收博士后 2～3 人，博士研究生 6～8 人，硕士研究生 10～15 人，年均共招收各类研究生近 20 人。至 2016 年已毕业博士生和硕士生各 100 余人，并有外国留学生博士和硕士。

专科医师培养　2006 年，神经外科成为国家级的神经外科专科医师培训基地，深入开展神经外科专科医师培养的试点工作。2013 年，成为首批上海市神经外科专科医师培训基地，以专科医师培养方案为基础，结合上海市住院医生培养制度，制定住院医生培养手册；定期举行青年医师读书报告会、小讲课、病例讨论会和示教手术等培训项目。每年招收专科医师近十人，率先建立学员导师制度，为每个培训学员按 1∶1 配备指导医师(副高级职称以上)，全面负责学员的学习；同时在科内先试行严格的总住院培养办法，为专科医生最后一年的总住院阶段培训做准备。建立定期的总住院病例讨论会(每季度 2 次)，着重培养临床思维和规范化诊疗。2013 年以来每年新留院的住院医师全部进入专科基地培训。全科每年十余项继续教育项目对专科医生全部开放，并专设解剖和内镜培训，保障专科医生培养。

进修医师培养　1954 年，卫生部确定神经外科为神经外科医师的进修单位，委托神经外科开办颅脑创伤学习班，向全国招收进修医师和学习班学员。1954 年起每年举办的颅脑损伤学习班，以基层医院从事神经外科的医师为对象，每年招收 50 余名神经外科进修医生，学员基本上覆盖全国所有地区。截至 2016 年，培养 1 500 余名进修医师。神经外科常年不间断地举办进修医师学习班和各类亚专科诊疗进展学习班，进行颅脑外伤急救、神经系统肿瘤手术、脑血管造影和血管内介入等各个方面的临床教学和实践，并为学员提供颅底外科实验室、脑血流实验室、显微外科实验室、细胞分子实验室、电生理实验室等实验基地，进行实际操作。

随着学科发展，不断有海外医师要求来神经外科学习。2000 年起，与韩国亚洲大学神经外科首先开展临床交流，双方互派高年资和青年医师学习交流。之后分别接受来自韩国、美国、俄罗斯、瑞典、印度尼西亚、奥地利、波兰以及中国港澳台地区的年轻医师和访问学者参观学习与进修。同时，神经外科招收中国港台及国外神经外科专科医生和研究生，进行神经外科临床和科研培训。2016 年，有 Zakaria(印尼)、Bortolotti(意大利)、陈邵青(中国台湾)、Diana(加拿大)等 4 名国际留学生完成培训，有 5 名韩国神经外科医生和护士进行短期参观学习。

继续教育　2002 年，神经外科被批准为国家继续医学教育基地，至 2016 年，每年有继续教育项目 18 个，成为亚太地区规模最大的神经外科教学和培训中心之一。1998 年起，开始举办“颅底显微外科手术入路应用解剖学习班”，每年两届，已连续举办 43 届，培养学员近 1 500 人，成为国内神经外科同类项目举办最早、时间最长、学员最多的学习班。“脑窥镜辅助显微外科学习班”也是国内最早举办，至 2016 年已举办 18 届；“神经外科新技术新进展学习班”(包括上海华山国际脑脊髓血管外科大会)已举办 15 届；“全国神经外科手术配合及护理学习班”已举办 14 届；“伽马刀放射外科新理论与新技术学习班”已举办8届;“缺血性脑血管病新技术新进展学习班”已举办10届;“神经外科术中超声应用学习班”已举办8届。

随着科室亚专科工作的开展,重新调整和开设继续教育项目,包括“全国神经外科脑血管病手术和介入治疗高级学习班”“全国神经外科缺血性脑血管病新技术新进展学习班暨颅内外血管显微吻合培训班”“颅脑创伤及神经重症监护学习班”“全国脑胶质瘤诊断与治疗学习班”“全国神经外科脊髓脊柱疾患治疗进展高级学习班”“全国垂体瘤诊断和治疗新进展学习班”“全国神经外科手术护理学习班”等。所有学习班均受到全国各地神经外科同行的赞赏。学员来自全国500余家医院,3 000余人,进修医师覆盖区域达到30个省,来源于三级医院进修医师比例超过80%。学习班主要内容涵盖神经外科的各领域,包括显微神经外科、神经导航、血管内介入、功能神经外科、放射神经外科、细胞分子外科、神经放射影像学、抗生药物应用和围手术期护理等方面的新技术和新进展。通过学术讲座和手术演示,使参加学习班的各地神经外科医生了解国际上有关神经外科的最新进展,进一步推动新技术在临床中的应用。

2003年,举办每年两届的“中国神经外科新技术新进展学习班”及每年一届的“全国神经外科手术护理学习班”。

2009年起,每年举办两届“全国神经外科缺血性脑血管病新技术新进展学习班暨颅内外血管显微吻合培训班”;举办“放射外科新理论与新技术进展学习班”。

2011年起,每年举办一届“颅脑创伤及神经重症监护学习班”、一届“全国神经外科脊髓脊柱疾患治疗进展高级学习班”、一届“全国垂体瘤诊断和治疗新进展学习班”。

【教学成果】

2011—2016年,神经外科获中华医学会、上海医学院和院级教学课题4项,发表教学论文2篇。神经外科手术室的“神经外科手术护理新技术、新规范及新型手术用品的研制”获2006年度复旦大学教学成果奖。“PBL结合多媒体教学法在神经外科系统脑脊髓血管病临床技能教学中的应用”获2010年度复旦大学教学成果奖三等奖。上海市优秀博士毕业生1人,上海市高校优秀毕业生、市级优秀住院医师、市级优秀规培学员、校级优秀住院医师、院级优秀规培学员多人;上海市优秀住院医师管理者、上海市优秀住院医师带教老师各1人。

五、其他

【医疗救援】

1950年,史玉泉、蒋大介和杨德泰被派往参加抗美援朝医疗队,为志愿军伤病员手术。1970年冬,云南玉溪大地震,史玉泉参加医疗队前往急救。1976年唐山大地震,周良辅、杨涵铭等参加急救医疗队。2008年5月,神经外科医生参加红十字救援队奔赴“5·12”汶川特大地震灾区,顺利完成急救任务。神经外科胡锦多次完成紧急救援任务。

【个人荣誉】

神经外科医师们始终以患者为中心,全心全意为患者服务,获得各级表彰。截至2016年,获全国五一劳动奖章2人,全国先进工作者2人,全国卫生系统劳动模范1人,中国杰出外科医师奖1人,上海市科技工程1人,上海市劳动模范4人,上海市十佳医师2人,上海市“银蛇奖”5人(3人为一等奖)，上海市十大杰出青年 2 人，上海市新长征突击手 2 人，上海市高尚医德奖 2 人以及其他各种奖项多人。

表 2-1-22　1986—2015 年神经外科获得个人荣誉(市级以上)情况表

年　份	奖项名称	获奖人
1986	中国杰出外科医师奖	周良辅
1992	上海市十佳医师	徐启武
1992	上海市十大杰出青年	潘　力
1993	上海市“银蛇奖”一等奖	潘　力
1994	上海市高尚医德奖	季耀东
1995	全国卫生系统劳动模范	周良辅
1996	全国五一劳动奖章	周良辅
1996	上海市高尚医德奖	陈衔城
1998	上海市劳动模范	徐启武
1998	上海市“银蛇奖”二等奖	黄峰平
1999	上海市卫生局医苑新星奖	毛　颖
1999	上海市新长征突击手	黄峰平　潘　力
2001	上海市劳动模范	陈衔城
2001	上海市十佳医师	陈衔城
2001	上海市卫生局先进工作者	陈衔城
2004	上海市劳动模范	季耀东
2005	全国先进工作者	季耀东
2005	上海市“银蛇奖”二等奖	毛　颖
2005	上海市优秀护士	赖　兰
2006	上海市十大医务职工创新标兵	毛　颖
2008	上海市十大青年科技精英	毛　颖
2010	全国先进工作者	周良辅
2011	上海市科技功臣	周良辅
2011	上海市“银蛇奖”一等奖	赵　曜
2011	中国青年科技奖	赵　曜
2011	上海市十大科技精英	毛　颖
2013	全国五一劳动奖章	孙成彦
2013	上海市“银蛇奖”一等奖	朱　巍
2013	上海市十大杰出青年	赵　耀
2015	上海市劳动模范	毛　颖

图 2-1-6　2015 年，中国工程院院士周良辅（左一）荣获世界神经外科学会联盟荣誉奖章

【科室荣誉】

2000 年后，科室获多项国家级、市级集体荣誉和称号。

表 2-1-23　2001—2016 年神经外科获得荣誉情况表

年　份	荣　誉　名　称
2001	上海市新长征突击队、上海市卫生系统文明班组
2002	上海市红旗班组
2002	全国共青团号
2008	上海市总工会“工人先锋号”
2008	“上海诞生全球最大神经外科诊疗中心”入选改革开放 30 周年“健康上海”十大卫生成果
2009	上海市劳模集体
2009	护理团队获上海市三八红旗先进集体
2009	护理团队获上海市教育系统巾帼文明示范岗
2009	上海市卫生系统世博服务品牌奖
2010	上海市卫生系统上海世界博览会服务品牌奖
2011	全国先进基层党组织
2012	全国总工会“工人先锋号”
2012	第三届上海市职工科技创新优秀团队
2012	复旦大学优秀团支部
2013	上海市模范职工小家

（续表）

年　份	荣 誉 名 称
2014	上海市医疗卫生单位班组建设优秀案例（创新型）
2016	全国模范职工小家

图 2-1-7　2008 年，神经外科入选改革开放 30 周年"健康上海"十大卫生成果

第十二节　中西医结合科

一、沿革

中医科成立于 1954 年，由老中医姜春华任中医科主任，开设中医门诊。1955 年，内科医师沈自尹师从姜春华，并开设中医病房，床位 25 张。当时全科只有 5 名医师、1 名护士，以收治肝硬化腹水及支气管哮喘患者而闻名全国。1958 年，成立上海第一医学院中医教研室，统一协调上海第一医学院各附属医院的中医教学工作，姜春华兼任教研室主任，盛梦仙、沈自尹为副主任。教研室内有海派针灸四大家传人、针灸医学家方幼安，治疗妇科、胃肠道疾病见长的盛梦仙，中西医结合专家邓学稼和陈泽霖，以外科见长的吴雅恺以及神经科疾病专家李月如，善治肝病和传染疾病的苏读贤等。1959 年起，在外科、骨科的支持下开设中医外科病房，专治尿路结石、脉管炎及小夹板治疗骨折等。

1962 年起，陆续增加上海中医学院各届毕业生以及上海第一医学院毕业的研究生来中医科工作。1964 年，卫生部批准在中医科成立中国最早的中西医结合科研基地——脏象研究室。1984 年，沈自尹担任教研室主任、中医科主任，陈泽霖、施赛珠为副主任。1985 年 4 月，在脏象研究室的

图 2-1-8　1997 年，沈自尹当选为中国科学院院士

基础上，集中各附属医院从事中西医结合临床和基础研究工作的实验室、专题研究组，成立上海医科大学中西医结合研究所，下设 8 个研究室，均挂靠于医院。1995 年，施赛珠任科主任，王文健任副主任，董竞成任教研室副主任。1998 年起，王文健任科主任，陈剑秋为副主任，该科医教研工作均有所发展，特别在关于老年及代谢病的中西医结合诊治方面有长足的进步。1997 年，沈自尹当选为中国科学院院士。

1999 年，董竞成创建中西医结合肺与炎症和肿瘤研究室。2006 年起，董竞成任科主任，陈剑秋、张新民、石志芸为副主任。科室在中西医结合呼吸病、老年病和肿瘤专科等领域，学术影响力和专科实力逐年递增。2011 年，科室被评为卫生部国家临床重点专科（中医肺病科）。

2012 年，科室于北院开设中医门诊，获上海市中医发展基金资助项目——恽氏中西医汇通派基地建设项目，上海市中西医结合重点专病哮病（支气管哮喘）建设项目；“沈自尹全国名中医传承工作室”建设项目获国家中医药管理局批准并资助，中医老年病学成为国家中医药管理局中医药重点学科。2015 年，通过全国综合性医院中医药工作示范单位复评并入选上海高峰学科。同年，科室在北院开设中医病房，实行总院—北院一体化管理模式，新开放床位 15 张，主要是呼吸系统疾病，重点是间质性肺病、肺部肿瘤、慢阻肺等病种，住院患者 80%以上为外地患者。2016 年，董竞成牵头，联合放射科、感染

图 2-1-9　2016 年，复旦大学中西医结合研究院成立

科、康复科、病理科等开设间质性肺疾病中西医结合多学科诊治中心，同时开设中西医结合慢性咳嗽门诊。同年在病房新开展穴位敷贴、耳穴、冬病夏治等具有中医药特色的诊疗技术，也开展音乐疗法、心理疗法等特色疗法，为疑难病症的诊治提供有效的治疗方法，取得良好的社会经济效益。2016 年，科室建立总院及北院的实时同步查房系统。2016 年 9 月 24 日，“复旦大学中西医结合研究院”（简称“研究院”）宣告成立，董竞成任院长。研究院设有 15 个二级研究所，拥有中医肺科、肿瘤科、神经科、妇产科、儿科、老年病科等 6 个国家级重点临床专科。截至 2016 年，董竞成任科室主任，段晓虹、张红英、石志芸任室副主任。

2016 年，科室有员工 43 人，其中执业医师人数 38 人（其中中医类别人数 35 人）；拥有中科院院士 1 人，国家“973”计划项目首席科学家 1 人，上海市名中医 2 人；具有高级专业技术职务资格人数 18 人；博士研究生导师 2 人、硕士研究生导师 2 人，博士研究生 22 人、硕士研究生 6 人；护士 24 人。专科拥有全国名老中医工作室 1 个（沈自尹全国名老中医工作室）、上海市名老中医工作室 2 个（沈自尹和王文健上海市名老中医工作室）。

表 2-1-24　1954—2016 年中西医结合科历任主任情况表

任职时间	主　任
1954—1971	姜春华
1971—1995	沈自尹
1995—1998	施赛珠
1998—2006	王文健
2006—	董竞成

二、医疗

【基本情况】

中西医结合科拥有门诊、中西医结合病房、中西医结合研究所。内含国家中医药管理局三级实验室、中西医结合老年病与延缓衰老中心、中西医结合肺与炎症和肿瘤研究室及专科门诊、组分中药研究室、针灸推拿门诊、北院中西医结合科及各老年病研究基地和中国少数民族传统医学研究室等部门。2016 年，拥有 50 张床位，全年科门诊患者为 138 451 人次。

【医疗特色】

全科设有中西医结合内科、肿瘤、老年病、针灸、推拿、外科、皮肤科和妇科等三级学科，拥有中西医结合肺病专业，中西医结合老年病与延缓衰老专业，中西医结合代谢病专业，中西医结合心血管疾病专业，中西医结合肿瘤专业，中西医结合脑与脊髓疾病专业，中西医结合泌尿系统疾病专业，中西医结合消化系统疾病专业，传统中医专业，中医外科、痔科及皮肤病专业，中医妇科专业和中医针推伤专业等 12 个专业分科。其中，中西医结合肺病科是国家临床重点专科，中医老年病是国家中医药管理局重点学科，哮喘和过敏性炎症专科、糖尿病专科和冠心病专科被上海市卫生局命名为上海市中西医结合特色专科。该科在中西医结合诊治呼吸系统常见病、多种炎症性疾病、衰老与老年病、代谢病、心脑血管疾病、慢性肾病、肿瘤、消化系统疾病、泌尿系统疾病等方面颇具特色；在中医内科杂病、中医外科杂病和皮肤病、中医妇科杂病和针推诊治常见疾病方面也底蕴颇深，其中对肺部感染、支气管哮喘、慢阻肺、肺癌、支气管扩张、肺间质性病变、肺结核、结节病、乳腺肿瘤、胃肠肿瘤、高血压病、冠心病、中风、糖尿病及并发症、脂肪肝、肥胖、高脂血症、慢性胃炎、慢性肾炎和尿路感染等的综合诊治尤具实力，对胆道结石、泌尿系结石等疾病的诊治也颇有独到之处。另外，在治未病及延缓衰老和激素使用等方面具有独到的经验。而中药研发，特别是组分中药的研发是该科现在和未来的工作重心之一。

呼吸病专科和老年病专科是该科发展的重中之重，1997年，呼吸病专科被上海市卫生局批准为“上海市中西医结合支气管哮喘和过敏症医疗协作中心”。2004年，再次被定为“上海市中西医结合哮喘和过敏症特色专科”。2007年，该专科被国家中医药管理局确定为国家“十一五”呼吸病重点专科协作组主攻病种哮病(支气管哮喘)组长单位，也是支气管扩张和间质性肺病等病种的参与单位。在国家中医药管理局医政司的具体指导下，所负责制定的中医药哮喘诊疗方案和临床路径已在全国肺病协作组相关单位内进行推广。2010年，所属哮病专科被上海市卫生局确定为“上海市中西医结合优势专科”。2011年，该科成为国家临床重点专科。2012年，该科又成为国家中医药管理局“十二五”呼吸病重点专科协作组大组长兼主攻病种哮病协作分组组长单位。2012年，老年病专科成为国家中医药管理局重点学科建设单位。取传统医学、现代医学之所长，并促进两者的有机结合是该科医教研工作最主要的特色，2012年，该科成为上海市恽氏中西医结合汇通派基地建设单位，也是该特色的重要标志之一。所属学科是复旦大学中西医结合临床(二级学科)和中西医结合(一级学科)国家重点学科核心单位，也是复旦大学中西医结合系和中西医结合研究院挂靠单位。2008年，该科被评为“全国综合性医院中医药工作示范单位”，同年成为“211”工程三期重点建设单位。该科所属实验室也是国家中医药管理局三级实验室。在医院“十一五”和“十二五”规划中，该科均被医院列为重点支持和发展科室。

该科所属肺病科自沈自尹院士采用补肾法治疗支气管哮喘的研究开始已逾半个多世纪，积累丰富的临床实践经验，尤其在补肾法防治支气管哮喘季节性发作方面成绩显著。临床试验结果显示，补肾药治疗后哮喘发作明显减少，显效率达到57.7%～86.9%。20世纪80年代，作为学科带头人的董竞成是国内首次认识到支气管哮喘气道炎症理论的专家之一，把激素吸入作为抗气道炎症首选治疗方法，并为普及这种理论和方法贡献力量。在继承和发扬沈自尹补肾法防治哮喘的经验基础上，经过多年临床研究发现，采用补肾益气方联合吸入型糖皮质激素可增强中重度哮喘疗效，有效率92.2%；同时为进一步提高撤减激素成功率，采用大剂量皮质激素吸入加服补肾益气复方药对激素依赖型哮喘患者进行撤激素的治疗与观察，完全撤除激素成功率为70%。同时将宣肺法和补肾益气法有机结合起来，既注重改善气道局部炎症，又注重调动整体抗炎能力；提出人类炎症性疾病时，调节“致炎/抑炎平衡调控机制”的重要性；提倡“发时治肺兼顾肾，平时治肾兼顾肺”，较传统“发时治肺，平时治肾”的认识有所深入；还提出“以肾治肺”“以肺治肾”等新治则与新治法。除哮喘以外，董竞成等遵循中医异病同证同治及肺肾相关等理论，把补肾益气和清热活血等中医治则治法和方药，运用到慢阻肺、肺心病、肺间质性炎症和纤维化、肺癌、脑部肿瘤、支气管扩张和皮肤病等领域，取得较好的效果。

至2016年，科室以中西医结合诊治呼吸系统疾病、肿瘤性疾病、老年病为主要发展方向，临床特色明显。牵头制定的哮病中医诊疗方案在全国26个肺胀病重点专科协作组进行推广、验证；牵头制定的哮病中医临床路径已由国家中医药管理局发布、推广，提高临床疗效。不断完善间质性肺炎、肺癌、咳嗽等中医优势病种的诊疗方案，逐步建立各病种的疗效评价体系。对中医辨证论治、中药及非药物疗法使用情况进行统计和管理，以突出中医治疗特色。

【医疗工作】

成立名老中医传承工作室　2012年，成立国家中医药管理局沈自尹名老中医传承工作室，进一步完善工作室的硬件建设，已开设名老中医药专家临床经验示教诊室、名老中医药专家临床经验示教观摩室、名老中医药专家资料室，计算机、网络宽带、声像采集系统（摄录设备和编辑系统）、实时记录设备（录音笔、移动存储设备）齐全。定期组织落实学术带头人及名老中医临床经验的继承工作。

开展超声支气管镜技术　2013年10月，组建电子支气管室，拥有超声支气管镜（EBUS）、电子支气管镜BF－1T260、肯格王支气管镜清洗机、肯格王储藏柜等一批先进的设备。能独立开展经气管镜检查术（TBB）、经支气管针吸活检术（TBNA）、超声支气管镜引导下的经支气管针吸活检（EBUS－TBNA）、经支气管肺活检（TBLB）、经支气管肺泡灌洗等诊疗技术。其中超声支气管镜奥林巴斯BF－UC260FW是2013年引进的最先进的超声支气管镜，其前端安装超声探头的设备，结合专用的吸引活检针，可在实时超声引导下行经支气管针吸活检（TBNA），搭载的电子凸阵扫描的彩色能量多普勒，可同时帮助确认血管的位置，防止误穿血管。EBUS－TBNA的应用范围主要包括：① 肺癌的淋巴结分期；② 肺内肿瘤的诊断；③ 不明原因的肺门及纵隔淋巴结肿大的诊断；④ 纵隔肿瘤的诊断。在超声支气管镜的引导下对纵隔淋巴结、肿物（肿块）进行穿刺活检，可以明显地提高检查的准确性和安全性，相对纵隔镜开胸探查活检术创伤小、费用低、准确率高，使患者免于接受胸部外科手术，从而减轻患者的痛苦和风险，节约医疗费用。通过肺癌术前淋巴结转移的正确分期和获取标本的基因检测，为肺癌采取正确的治疗策略起到关键作用。

建立“慢病相对时空”医疗公益项目　2013年起，组织开展“慢性相对时空”公益性医疗项目，解决慢病患者的心理需求，建立出院患者院外医疗行为科学管理和高效组织及医患交流的稳固平台。董竞成团队始终致力于研究心理状态与肿瘤等慢病的相关性及心理干预和替代医学疗法对患者慢性应激状态的改善机制，成果卓著。在此基础上，根据转化医学的原则，并结合临床实际，绝大部分肿瘤等慢病患者处于应激、焦虑、抑郁等负性心理状态的现状，一个针对肿瘤等重型慢性病患者进行心理干预、康复指导及替代医学治疗的公益性医疗项目——“慢病相对时空”应运而生。所谓“相对时空”是指营造一种相对和谐、温暖、健康、快乐、积极向上的时间和空间；而公益性是指无论是讲座、心理干预还是康复训练，对患者费用全免。该项目依托医院多学科综合实力和包括心理科在内的众多专家临床经验，从专业角度给患者以医学和心理支持、引导和干预，提高患者对肿瘤等重型慢病的病因、治疗、预后及随访的正确认识，及时解决患者心理问题，并指导患者长期坚持多学科综合治疗，改善其生活质量和生存期。

开设间质性肺疾病中西医结合多学科诊治中心　间质性肺疾病指是一组主要累及肺间质、肺泡和（或）细支气管的异质性肺部弥漫性疾病。由于病种多样，病情复杂多变，诊断和鉴别诊断难度很大，属于国际公认的肺部疑难疾病。间质性肺病的诊断和治疗涉及临床、影像、康复和病理等多个学科，是典型的跨学科疾病。医院中西医结合肺病科由国家“973”计划首席科学家董竞成带领，联合感染科、放射科、康复科和病理科专家团队推出间质性肺疾病的多学科整合门诊，旨在通过多学科门诊，为广大患者制定规范有效的中西医结合个体化诊疗措施及慢病管理方案，帮助患者在最短时间内得到最佳的医疗服务。医院中西医结合肺病科是国家临床重点专科、国家中医药管理局“十二五”中医药重点学科、上海市中西医结合优势和特色专科，对间质性肺疾病的诊断和治疗形成系统、完整的中西医结合诊疗方案和临床路径，取得良好的疗效。中心专家组包括国家“973”计划首席科学家董竞成、放射科初曙光、感染科蒋卫民、康复科白玉龙、病理科唐剑敏5位专家。董竞成是中国中西医结合学会呼吸病专业委员会主任委员、国家临床重点专科负责人。

开展诱导痰、唾液分析技术　在呼吸系统疾病的相关研究中，临床及实验室多采用肺功能测定、支气管黏膜活组织检查和收集支气管肺泡灌洗液(bronchoalveolar lavage fluid，BALF)等方法，其中后两者尚存在许多不足之处，极大地限制它们的应用。而诱导痰技术具有无创、安全，特异性、重复性较好的特点，用诱导痰技术可直接分析支气管哮喘(BA)、慢性阻塞性肺疾病(COPD)患者下呼吸道分泌的细胞及分子成分。从诱导痰入手分析各种炎性细胞在痰液中水平，评估气道炎性病变的存在及区分该炎症的性质对阐明气道炎症发生机制、诊断与鉴别诊断、判断病情、指导治疗及评价药效都有极其重要的临床意义。科室自2008年开展的诱导痰和唾液分析技术研究是针对肾阳虚和非肾阳虚型支气管哮喘、慢性阻塞性肺疾病、非小细胞肺癌(NSCLC)患者，从异病同证和同病异证两方面，探讨各组患者诱导痰、唾液中部分炎症因子和HPA轴功能相关指标的变化情况以及伴抑郁患者的变化情况，阐述其共同的病理机制，为临床BA、COPD和NSCLC的诊断与鉴别诊断、判断病情、指导治疗等方面提供依据。

三、科研

【科研特色】

科室创建于20世纪50年代，底蕴深厚，是第一批中西医结合基础学科硕士和博士点，是最早设立中西医结合博士后流动站的单位之一，也是国家重点学科。2002年设立中西医结合系，2007年中西医结合一级学科成为国家重点学科。2015年，进入上海市重点支持的高峰学科行列。

中西医结合科是国家中医药管理局重点专科(中医肺病)，专科于1954年成立，由名老中医姜春华和沈自尹始创，建科之初，即开展补肾法防治哮喘和慢支的研究。由海外归国的哮喘病学专家汪明刚在医院创建内科呼吸组，当时是中国最早的哮喘防治机构。20世纪60年代，率先开始哮喘免疫治疗和其他呼吸疾病的中西医结合治疗。1997年专科被上海市卫生局批准为“上海市中西医结合支气管哮喘和过敏症医疗协作中心”。2004年，再次被定为“上海市中西医结合哮喘和过敏症特色专科”。2007年，专科被国家中医药管理局确定为国家“十一五”呼吸病重点专科协作组主攻病种哮病(支气管哮喘)组长单位。2011年专科成为卫生部国家临床重点专科建设单位。2012年专科成为国家中医药管理局“十二五”呼吸病重点专科协作组大组长兼主攻病种哮病(支气管哮喘)协作分组组长单位。2014年专科成为国家药物临床试验机构(中医呼吸)之一。本专科是复旦大学中西医结合研究院挂靠单位，同时也是复旦大学中西医结合临床(二级学科)和中西医结合(一级学科)国家重点学科核心单位。

中西医结合重大基础理论研究　中医藏象、中医证候、病证关系、中西医结合基础理论等是当前本学科的关键科学问题。这些领域的突破，是学科影响力和辐射力的关键因素。复旦大学中西医结合医学一级学科做出开创性的贡献。本学科的肾阳虚证研究，由于其基础性、系统性，在国内外产生广泛影响，而且又有不断地创新和发展，如肾藏精和干细胞关系的相关研究受到同行广泛关注。

中西医结合重大疑难疾病的攻关研究　围绕国家重大需求和疾病谱的转变，在炎症性疾病、肿瘤、代谢性疾病等方面，利用中西医结合的优势，取现代医学之所长，取两者结合之所长，以中医核心优势为切入点，同时整合现代医学相关发展的前沿方向，开展两者结合的临床及相关基础研究工作，成果将对中西医结合产生引领性作用。开展基于循证医学要求的相关优势病种的中西医结合随机对照试验（RCT）以及对疗效确切的中医理法方药开展作用机制和物质基础的研究。

中西医结合转化医学研究　转化医学是国际医学科学领域出现的新概念。长期以来，中西医结合研究存在着先床旁后实验台、基础研究与临床应用相对脱节的状况。转化医学的兴起为中西医结合医学的发展提供新的时代契机，将有利于中医理论的传播和新的诊疗技术的推广应用。本学科用转化医学的思路推动麝香保心丸、补肾防喘片、补肾益气方、益气化聚方的开发或二次开发。

生物医学信息、数理统计、人工智能及传统医学　以数学、统计学和计算机科学为基础，在医疗健康、公共卫生及生命科学领域进行深度交叉，开展科学研究和人才培养。有效综合数学、统计学、计算机科学、生物学、医学等学科最新发展趋势，在传统医学及中西医结合临床领域展开各类工作和研究。主要承担研究院的数据统计分析，医疗大数据平台、人工智能应用平台构建和管理，医疗数据仓库构建和管理，临床试验设计、实施及管理工作；同时为中西医结合标准化提供数据支撑及方法学支持。主要进行生物医疗资源整合构架和共享标准研究，数理统计方法学研究，医疗健康的人工智能研究，疾病理论模型及数学模型研究，以及政策及临床决策分析研究。已成功搭建医疗健康大数据处理及分析平台、人工智能应用平台，构建医疗数据仓库。获得“医疗健康大数据处理和分析平台软件”等软件著作权 6 项。

中国传统医学整体结构研究　2014 年 10 月 17 日，董竞成在《人民日报》（理论版）发表的《中国传统医学的哲学思考》一文中指出，所谓中国传统医学（traditional Chinese medicine，TCM）是中华民族在长期实践中，不断积累而形成的古典经验医学体系，是中国各民族传统医学的统称。中国传统医学主要包括汉族传统医学、藏族传统医学、蒙古族传统医学、维吾尔族传统医学、傣族传统医学、苗族传统医学、壮族传统医学和回族传统医学等民族医学。2016 年 12 月 25 日，国家颁布的《中华人民共和国中医药法》“总则”中也指出所谓中医药，是包括汉族和少数民族医药在内的各民族医药的总称，是反映中华民族对生命、健康和疾病的认识，具有悠久历史传统和独特理论及技术方法的医药学体系。董竞成在相关文章中还强调，就整体而言，中国传统医学的基本结构主要由以下三个部分组成，即已和现代医学形成共识的部分、不自觉地领先于现代医学的部分和需要重新认识或加以摒弃的部分等。这就是所谓的中国传统医学的“三分法”，此种认识方法正逐渐成为传统医学研究的重要方法学。

【人才培养与引进】

截至 2016 年，科室培养硕士研究生和博士研究生 30 余人。科室曾选派多名研究生前往美国、比利时、卢森堡等国家学习，其中刘宝君、吴金峰、厉蓓、林锦培、吴晓均与国外相关研究单位完成联合培养。科室成功引进哈佛大学教授陈锡群、约翰斯·霍普金斯大学青年研究员卞琴，分别从事中西医结合神经病学研究和中医肾相关研究。2016 年，科室有中国科学院院士 1 人，国家“973”计划项目首席科学家 1 人，上海市名中医 2 人，中国中西医结合学会副会长 1 人，中国中西医结合学会理事兼呼吸病专业委员会主任委员 1 人，上海市中西医结合学会会长 1 人，上海市抗癌学会传统医学专业委员会副主任委员 1 人，上海市优秀学科带头人 1 人，上海市医学领军人才 1 人以及全国性学术团体理事及有关专业委员会委员多人。

【科研成果】

科室获得国家级科研项目与市级以上成果奖项多项，1963 年起，主编医学著作 6 部。2008 年起，申请、获得医学专利 5 项。在 SCI 和 SSCI 发表论文百篇以上，国内 A 级期刊论文数百篇，其中杜懿杰的“若干中医证型的哮喘、COPD、肺癌患者血、诱导痰、唾液中若干指标的相关性及对照研究”相关研究成果发表于 SCI 杂志 *Psychoneuroendocrinology*，影响因子 5.591。

1959 年，姜春华、沈自尹师徒同获卫生部颁发的“继承和发扬祖国医学遗产”奖。1978 年，沈自尹首次在国际上证实肾阳虚证有特定的物质基础，获全国医药卫生科学大会科技成果奖。

图 2-1-10　1959 年，姜春华(左二)、沈自尹(右一)荣获“继承和发扬祖国医学遗产”金质奖章和奖状

图 2-1-11　1978 年，沈自尹(前排中)获全国医药卫生科学大会科技成果奖

2010 年 7 月—2013 年 8 月，专科采用国际公认的随机、双盲、多中心、安慰剂平行对照的循证医学方法评价补肾益气方等对伴肺肾两虚证型哮喘和 COPD 的临床疗效，临床研究均通过医院伦理委员会的批准以及在中国临床试验注册中心进行方案注册，共收集病例数为 1 180 例，获得 3 个Ⅰ级循证医学证据。其中部分研究成果已发表在国际杂志 *Plos One* 等。2014 年，钟南山在中华医学会呼吸病学年会对科室在中医药防治 COPD 临床试验所取得成绩给予高度评价，认为该研究是迄今中医药防治 COPD 方面设计最为规范的临床研究。建设期间还开展健脾益气法治疗哮喘缓解期的临床疗效研究和罗欧咳祖帕治疗异常黏液质支气管哮喘的多中心、随机、双盲对照临床试验研究。项目部分研究成果获得中国中西医结合学会科学技术奖三等奖 1 项，华夏医学科技奖二等奖 1 项。2013 年，国家重点基础研究发展计划（"973"计划）项目"若干中药成方的现代临床与实验研究"顺利通过科技部验收，其中本科的课题研究共获得四个Ⅰ级循证医学证据。2015 年获上海市中西医结合高峰学科建设项目，项目总经费 3 200 万元。该项目将凝聚包括基础医学、临床医学、药学和其他生命科学研究团队的力量，通过多学科的交叉融合，组织协同创新，建设成为有国际影响力的科技创新团队，使复旦大学的中西医结合学科建设更上一个台阶，是复旦大学中西医结合学科 60 年发展历程新的里程碑。

表 2-1-25　1959—2016 年中西医结合科获奖课题（市级以上）情况表

年份	课　题　名　称	奖　项　名　称	第一完成人
1959	继承发扬祖国医学遗产	卫生部金质奖章	沈自尹
1978	肾本质的研究	上海市重大科技成果奖	沈自尹
1979	肾本质的研究	全国医药卫生科学大会奖	沈自尹
1981	肾阳虚证的下丘脑-垂体轴的研究	卫生部乙级科技成果奖	沈自尹
1982	肾阳虚证的甲状腺、性腺、肾上腺轴的对比研究	上海市重大科技成果奖三等奖	沈自尹
1983	温阳片防治哮喘及其内分泌和免疫的研究	卫生部乙级科技成果奖	沈自尹
1985	温肾利水法治疗肾积水症及原理研究	卫生部乙级科技成果奖	沈自尹
1988	人参蜂王浆提高老年人免疫与内分泌功能研究	上海市科技进步奖三等奖	沈自尹
1989	补肾和健脾延缓衰老的研究	上海市科技进步奖三等奖	沈自尹
1992	补肾益气延缓衰老的研究	国家教委科技进步奖三等奖	沈自尹
1996	肾阳虚证本质研究	广州仲景中医药奖励基金会杰出成果奖	沈自尹
1998	肾阳虚证的下丘脑调节功能研究	国家教委科技进步奖二等奖	沈自尹
2005	肾虚证内涵的 HPAT 轴分子网络调控研究	上海医学科技奖三等奖	沈自尹
2005	肾本质理论研究及临床应用	中国中西医结合学会科学技术奖一等奖	沈自尹
2009	中心性肥胖的心血管病危险因子和中医药防治研究	中国中西医结合学会科学技术奖三等奖	王文健
2010	补肾益气法与宣肺法治疗哮喘的研究	中国中西医结合学会科学技术奖一等奖	董竞成
2010	肾阳虚证的神经内分泌学基础与临床应用	国家科技进步奖二等奖	沈自尹
2012	补肾益气法与宣肺法治疗哮喘的现代应用	上海市科技进步奖三等奖	董竞成

（续表）

年份	课题名称	奖项名称	第一完成人
2013	基于“同病类证”理论的代谢综合征组分疾病中西医结合防治策略	上海市科技进步奖二等奖	王文健
2013	“同病类证”指导下的中西医结合代谢综合征组分疾病防治研究	中国中西医结合学会科技技术奖一等奖	王文健
2013	补肾药淫羊藿组分延长健康寿命的作用及机制	上海市科技进步奖二等奖	沈自尹
2013	补肾药淫羊藿组分延长健康寿命的基础研究	中国中西医结合学会科技技术奖一等奖	沈自尹
2014	补肾益气方药防治哮喘的现代应用	华夏医学科技奖二等奖	董竞成
2016	“肾藏精”现代科学内涵的基础研究	中国中西医结合学会科学技术奖二等奖	沈自尹
2016	补肾益气方药防治慢性阻塞性肺疾病的临床与基础研究	中国中西医结合学会科学技术奖三等奖	董竞成

表 2-1-26　1963—2007 年中西医结合科主编著作情况表

年份	著作名称	出版社	主编
1963	肾的研究	上海科学技术出版社	姜春华　沈自尹
1983	中医治则研究	上海科学技术出版社	姜春华　沈自尹
1988	中医理论现代研究	江苏科学技术出版社	沈自尹
1990	肾的研究（续集）	上海科学技术出版社	沈自尹
1991	虚证研究	上海科学技术出版社	邝安堃　沈自尹　王文健
2007	肾虚与科学——沈自尹院士的中西结合研究心路历程	人民卫生出版社	董竞成　蔡定芳

表 2-1-27　2008—2013 年中西医结合科获得专利情况表

年份	专利号	专利名称	专利权人
2008	ZL0314780.9	淫羊藿总黄酮提取物在制备延缓免疫衰老药物中的应用	沈自尹
2010	ZL201010155956.0	一种防治呼吸道过敏性疾病的药物组合	张新民　沈自尹　弓唯一　张卫东　张素琴　刘闰红　顾一峰
2012	ZL200910047985.2	淫羊藿素在制备抗血管生成药物中的应用	董竞成　吴金峰　吕　祥　杜　娟　徐长青　刘宝君　曹玉雪
2013	ZL201010239167.5	一种防治炎症相关性疾病的中药药物组合物	董竞成　吴金峰
2013	ZL200910200574.2	淫羊藿苷在制备拮抗髓系衍生抑制性细胞药物中的应用	董竞成　吴金峰　徐一喆　乐晶晶　蔡　萃　杜文静

【学术任职】

2012 年，董竞成当选为中国中西医结合学会呼吸病专业委员会主任委员。2016 年 8 月 26 日，董竞成连任中国中西医结合学会呼吸病专业委员会主任委员。

【国际交流】

为贯彻国家"一带一路"卫生建设战略和国家对口支援边疆地区的战略，加强"一带一路"沿线国家在中国传统医药(包括民族医药)领域的交流与合作，2010年，科室组织召开第一届"传统医学与现代医学比较国际学术大会"，为传统医学与现代医学的交流与融合构建良好的平台。截至2016年，科室与美国、比利时、泰国、奥地利、越南等多国传统医学相关单位合作，在新疆、青海、云南、贵州等地区成功举办五届大会，历届大会分别以维吾尔医、藏医、傣医及苗医为主题，邀请"一带一路"沿线国家众多相关的传统医学领域优秀专家参会，从而构建相对固定的多种民族传统医学之间及与现代医学之间比较研究的学术交流平台。2016年起，在云南普洱地区举办两届大湄公河地区世居民族常见疾病现代医学及中西医结合诊治进展高峰论坛。

四、教学

医院中西医结合科及中西医结合研究所是国家教委第一批硕士点、博士点，承担本科生"中西医结合临床""中医药学""针灸与推拿""中医文化"等课程的教学工作。2012年，成功申报上海市住院医师规范化培训基地(中医内科)。2013年，本科中医内科成为上海市住院医师规范化培训基地。进一步明确学科定位和相关教育的内涵建设，继续利用重大课题作为载体，提高学科梯队人员的培养速度和质量。2013年，吴晓获上海市优秀毕业生(硕士)及复旦大学优秀学生，同时于2016年获评上海市优秀毕业生(博士)。科室经常选派优秀研究生到国外相关研究机构完成联合培养，选派年轻医生参加各类学习班和重要学术会议，加快提高专业水平。指导来自奥地利、澳大利亚、美国等多国的十余名留学生，接收来自云南、湖南等多地的数十名进修医生。

五、其他

【个人荣誉】

1995年，沈自尹成为上海市名中医。2004年，王文健成为该科第二位上海市名中医。2009年，董竞成成为国家重点基础研究发展计划("973"计划)项目"若干中药成方的现代临床与实验研究"首席科学家。

【科室荣誉】

2015年，"慢性相对时空"公益性医疗项目获上海市卫计委医疗服务品牌优秀示范项目及复旦大学2014—2015年基层党建特色项目。

第十三节　血 液 科

一、沿革

内科血液组筹建于1954年，由吴茂娥负责。1956—1988年，丁训杰任组长，全面负责血液组各项事务。1986 年,成立血液学研究室。1988 年,血液科正式建科,由卢珊任主任。1995—2006 年 3 月,主任为谢毅。2006 年 4 月起,许小平任副主任(主持工作),2015 年起任主任。2016 年,血液科有员工 21 人,其中正高职称 4 人,副高职称 6 人;终身教授和资深教授各 1 人,返聘副教授 1 人。

表 2-1-28　1954—2016 年血液科历任主任情况表

任职时间	主　任
1954—1956	吴茂娥
1956—1988	丁训杰
1988—1995	卢　珊
1995—2006	谢　毅
2006—2015	许小平(副主任,主持工作)
2015—	许小平

二、医疗

至 2016 年,总院开放床位 32 张,其中层流无菌病床 16 张,100 级层流无菌病房 2 间,外周血造血干细胞采集室 1 间。配置血细胞分离机、CD34＋细胞纯化仪、液氮程控降温仪、流式细胞仪、多功能蛋白电泳仪、聚合酶链反应仪及细胞培养相关的仪器设备。2012 年,北院血液科正式对外开放运行,床位 20 张,由科室副主任陈波斌任执行主任。

至 2016 年,每年收治初发原发性中枢神经系统淋巴瘤患者 30～50 例,为上海市该病种患者收治最多的医疗单位。成功开展造血干细胞移植治疗原发性中枢神经系统淋巴瘤的新技术。长期为上海市红十字会造血干细胞捐献中心采集志愿者外周血造血干细胞,所有采集工作都顺利完成。新开设淋巴瘤和贫血专病门诊。门诊患者数量及住院收治患者人次均有明显增加。2016 年,门诊量为 11 228 人次,病房共收治患者 984 人次。为上海市红十字会中华骨髓库 3 名志愿者顺利完成造血干细胞的动员和采集。2016 年度开展自体造血干细胞移植 8 例。

【医疗特色】

造血干细胞移植　1980 年,在国内率先开展自身骨髓移植治疗急性白血病及晚期淋巴瘤。其中晚期淋巴瘤 7 年无病生存率达到 70%,居国内领先水平。血液科是国内自身移植协作组南方片牵头单位,“骨髓细胞 4℃保存”获 1985 年上海市卫生局科技成果一等奖。1985 年在国内首先开展胎肝造血干细胞移植研究,并治疗 6 例急性白血病,其中 3 例长期存活,获卫生部 1988 年科技进步奖三等奖。1992 年,以非血缘脐带血移植治疗 1 例成人慢性粒细胞白血病加速期患者,并长期存活,为国内首例。1995 年,开展自身外周血造血干细胞移植,为国内南方地区最早开展此项技术的单位。1996 年 8 月,完成全国首例非血缘外周造血干细胞移植治疗白血病,1998 年获上海科技进步奖三等奖,达国内领先国际先进水平。自 1996 年起,长期为红十字会造血干细胞捐献者动员采集外周造血干细胞,积累丰富的实践经验,2006 年上海市红十字会授牌确认医院为非血缘造血干细胞采集医院。

骨髓增生异常综合征和急性白血病 2003 年，牵头组织上海市骨髓增生异常综合征和急性白血病 MICM(形态学、免疫学、细胞遗传学、分子生物学)综合诊断协作组，历时 5 年余，完成 4 000 余例患者的诊断工作，作为通讯作者单位，在国内外期刊发表论文 20 余篇，获上海医学科技奖三等奖和上海市科技进步奖三等奖各 1 项。

原发性中枢神经系统淋巴瘤 自 2006 年开始，对原发性中枢神经系统淋巴瘤的发病机制、诊断和治疗策略以及预后因素进行较为系统深入的研究。在国内首先开展大剂量甲氨蝶呤联合去甲氧柔红霉素/利妥昔单抗/替尼泊苷治疗原发性中枢神经系统淋巴瘤的远期疗效研究。已成为国内规模最大的原发性中枢神经系统淋巴瘤临床诊疗中心。

细胞形态学 血液病研究室在长期的临床实践中对血液和骨髓细胞形态学诊断积累丰富的经验，不仅为全院各相关科室的疑难杂病诊断做出贡献，而且多年来一直接受全市以及外省市疑难血液病的细胞形态学会诊。多次出色完成中央和上海市干保局交给的各项细胞形态学会诊任务。已出版专著《临床疑难血液病细胞形态学诊断精要》。

三、科研

【科研特色】

原发性中枢神经系统淋巴瘤的诊断与治疗 在国内首先开展原发性中枢神经系统淋巴瘤诊治的系统研究。以神经外科和肿瘤学临床重点专科建设为契机，对原发性中枢神经系统淋巴瘤的发病机制、诊断与治疗策略以及预后因素进行较为深入的研究。逐步成为国内最大的原发性中枢神经系统淋巴瘤的临床诊疗中心。

贫血(含骨髓增生异常综合征)和急性白血病的临床流行病学研究 作为上海市骨髓增生异常综合征和急性白血病的 MICM(形态学、免疫学、细胞遗传学、分子生物学)综合诊断协作组的组长单位，完成 4 000 余例患者的诊断和预后因素研究工作，获上海医学科技奖三等奖和上海市科技进步奖三等奖各 1 项。

造血干细胞移植的基础与临床研究 在造血干细胞临床基础研究领域，获 10 项省部级以上课题基金资助，开展造血干细胞移植 67 例。长期为上海市红十字会造血干细胞捐献中心采集志愿者外周血造血干细胞，无一例失败。

疑难血液病的细胞形态学诊断 各主要研究方向均有高、中、初专业职称人员组成的合理梯队。

【人才培养】

2016 年，科室有上海市优秀学术带头人 1 人、教育部新世纪优秀人才 1 人、上海市浦江人才 1 人。2006—2016 年，选派多名医教研骨干赴美国哈佛大学、麻省总医院、梅奥医学中心、约翰斯·霍普金斯大学医院、加州大学洛杉矶分校、M. D. 安德森癌症中心、莫菲特癌症中心，加拿大多伦多大学以及中国香港科技大学学习进修。2015 年，陈彤获国家自然科学基金国际(地区)合作与交流项目资助，与德国波恩大学附属医院合作开展 EMT 相关转录因子在造血细胞分化及其与微环境相互作用中的调控机制研究。

【科研成果】

2007—2016 年，血液科主持完成国家自然科学基金、上海市自然科学基金等省部级以上科研项目 20 余项，参加国家“863”“十一五”重大临床科研项目各 1 项；发表论文 250 篇，其中 SCI 论文 85 篇；主编（主译）和副主编专著 15 部；申请专利 5 项。

作为国内最早的血液病临床药理基地，2004 年完成治疗骨髓增生异常综合征的一类新药——二乙酰己二胺（CAHB）的Ⅰ期临床试验。开展“格列卫新剂型治疗慢性粒细胞白血病”“氯法拉滨治疗难治性急性淋巴细胞白血病”2 项Ⅲ期临床试验。

【学术任职】

2006—2016 年，新增中华医学会上海市临床流行病学专业委员会主任委员 1 人，中华医学会上海市血液病专业委员会副主任委员 1 人，首届上海市医师协会血液科医师分会副会长 1 人。

四、教学

1978 年，被批准为国家首批硕士学位授予点，同年开始招生研究生。1986 年，成为血液学博士学位授予点。至 2016 年共有博士研究生导师 7 人，已培养博士生和硕士生 100 余人，博士后 2 人。2006 年被批准为全国首批住院医师内科培训基地。2013 年成为上海市首批血液病学专科医师培训基地。作为内科住院医师培训基地和血液病专科医师培训基地，每年招收学员 3～8 人。

主编和参编医学院校教材和参考书 30 余部，长期担任医学院校教材《内科学》《现代临床流行病学》《循证医学》《医师考核培训规范教程・血液内科分册》的主编和副主编。其中《现代临床流行病学》获上海市普通高校优秀教材三等奖，被评为“十一五”规划教材。获市级教学成果奖 3 项。“临床流行病学的课程建设和实践”项目获上海市教学成果一等奖。林果为曾任《实用内科学》（第十五版）主编。2013 年，林果为等主编的 362 万字大型医学专著《现代临床血液病学》由复旦大学出版社正式出版。

2006—2016 年，成功举办“血液病循证医学”和“原发性中枢神经系统淋巴瘤诊疗进展”2 个国家级继续教育项目学习班。

五、临床流行病学中心

临床流行病学中心建立于 1984 年。此时正值林果为从美国宾夕法尼亚大学医学院内科进修临床流行病学回国，美国洛氏基金会卫生科学部前任主任科尔・怀特（Kerr White）写信给上海第一医学院副校长苏德隆，要求在医院内科教研组下设立临床流行病学组（CEU）。在副校长苏德隆、院长陈公白及内科教研室主任丁训杰的大力支持下，在医院内科教研组下建立 CEU。林果为任首任 CEU 主任。20 世纪 80 年代中期，医院 CEU 被确定为全国三所 DEM 培训中心之一，承担部属院校临床流行病学师资的培训。该中心共培训 66 名各部属院校临床流行病学工作的骨干。

1986 年 4 月，医院组织召开第四届国际临床流行病学学术会议，共有 20 多个国家 300 多名代表参加。1991 年，医院 CEU 成功主办第二届全国临床流行病学学术会议。

医院临床流行病学中心系国内最早开设研究生临床流行病学课程单位之一，其后又开设七年制临床流行病学必修课。1993 年，在国际临床流行病学网（INCLEN）的资助下，在国内首先建立临床流行病学硕士培训项目，先后培养硕士生 28 人。1997 年 INCLEN 评估小组来院检查教学质量，评估合格，正式命其为 INCLEN 地区性培训中心。

1998 年起，在上海市卫生局领导和支持下，正式将临床流行病学纳入住院医师规范化培养必修课程，该中心负责项目的培训、题库建立工作，在提高临床科研质量方面发挥重要作用。

医院流行病学中心编写大量教材，其中正式出版的有《现代临床流行病学》《循证医学与临床实践》《临床流行病学论文集》《临床流行病学——临床科研设计方法》等。

在临床流行病学科研方面，作为牵头或主要参加单位，在再生障碍性贫血、白血病和铁缺乏症的流行病学研究领域已取得科技进步奖 9 项，包括中国医学科学院科技进步奖一等奖、卫生部科技进步奖二等奖、上海市科技进步奖三等奖、上海市医学科技进步奖三等奖、中华医学会施思明基金三等奖、上海市卫生局科技进步奖三等奖等。

2002 年，复旦大学成立循证医学中心，王小钦任复旦大学循证医学中心副主任。2016 年，王小钦任上海市医学会临床流行病学专业委员会主任委员。

第十四节　泌 尿 外 科

一、沿革

泌尿外科创建于 1955 年。1955 年，医院由内科学院改成上海第一医学院附属第一医院，从中山医院调来沈家立负责创建泌尿外科，同时来的还有缪廷杰、马永清和李效忠等医师。科室有床位 20 张。1969 年，沈家立、赵伟鹏和刘俊等主持泌尿外科工作。1978 年起，沈家立任泌尿外科主任。1980 年，陈炳龙任副主任。1984 年，增设赵伟鹏为副主任，负责科室具体工作。1988 年，赵伟鹏为泌尿外科主任。1990 年，宋建达代理泌尿外科主任，1992 正式任命为泌尿外科主任。1995 年，张元芳任医院院长，并创建上海医科大学泌尿外科研究所，兼任所长，基地设于医院。1998 年起，张元芳兼任泌尿外科主任，丁强任副主任，负责科室具体工作。2002 年起，丁强任泌尿外科主任。2006 年，增设方祖军和夏国伟为副主任。2012 年，泌尿外科获得卫生部临床重点专科建设项目。同年底，北院投入使用，泌尿外科规模进一步扩大。2015 年底，学科引进原瑞金医院泌尿外科主任沈周俊为新一任泌尿外科主任，总院与北院的床位进一步增加。2016 年，在东院开设泌尿外科门诊。2016 年，泌尿外科有医师 32 人（总院及北院），其中教授（主任医师）8 人、副教授（副主任医师）11 人、主治医师 9 人，具有博士学位的比例超过 80%；博士研究生导师 7 人，硕士研究生导师 4 人。

表 2-1-29　1978—2016 年泌尿外科历任主任情况表

任职时间	主　任
1978—1988	沈家立
1988—1990	赵伟鹏
1990—1998	宋建达
1998—2002	张元芳
2002—2015	丁　强
2015—	沈周俊

二、医疗

【基本情况】

泌尿外科在国内最先开展体外工作台结合自体肾移植治疗复杂性肾结石、精索淋巴管静脉吻合术及神经源性膀胱分类及治疗；较早在国内开展腹膜透析、阴茎癌的髂腹股沟淋巴结清扫术、睾丸癌后腹膜淋巴结清扫术、第十一肋间切口和 Nagamatsu 氏切口在肾脏和肾上腺手术中的应用、前列腺癌根治性切除术等。泌尿外科也是国内率先开展同种异体肾移植、尿动力学检查和泌尿系肿瘤放射介入的专业学科之一。

2007 年，开展新技术包括腹腔镜下根治性前列腺切除术、根治性全膀胱切除术＋原位膀胱术、半硬性输尿管镜下钬激光联合结石捕获器碎石术、输尿管软镜下钬激光碎石术、输尿管镜下狭窄内切开术、经皮肾镜钬激光碎石术(PCNL)、TVT、TVT－O、间质性膀胱炎治疗技术。2008 年，开展医院首例阴茎假体植入术及女性压力性尿失禁 TVT－S 悬吊术，重新开展前列腺癌粒子(Seed)植入手术(首次为 2002 年开展)。2010 年，开展经皮肾镜联合 EMS 碎石清石术治疗复杂性肾结石(PCNL)等新技术。2015 年，主任沈周俊主持开展机器人手术，在机器人辅助动脉不阻断保留肾脏的肾肿瘤切除术、机器人辅助高危高龄前列腺癌根治性切除术、机器人辅助高风险肾上腺肿瘤切除术、机器人辅助肾结石切开取石术等方面达到国际领先水平；在机器人辅助膀胱全切加原位肠膀胱成形术，机器人辅助肾盂、输尿管、重复肾整形术，机器人辅助睾丸胚胎性肿瘤腹膜后淋巴清扫术，机器人辅助前列腺摘除术等方面达到国内先进水平。2016 年，开展孙氏末端可弯输尿管镜碎石术治疗上尿路结石、双波长龙激光治疗良性前列腺增生症、新型双波源体外冲击波碎石机治疗肾结石等新技术。同年，泌尿外科治疗门诊患者 71 709 人次，收治住院患者 2 497 人次，开展手术量 2 370 台。开展智能机器人腹腔镜手术 206 例，80％为肿瘤手术、复杂结石、整形等，应用新技术包括膀胱全切＋原位肠膀胱手术、肾动脉不阻断(off-clamping)肾部分切除手术、高危前列腺根治性切除手术。泌尿外科成为“中国机器人泌尿外科手术教学培训中心”。

2015 年，医院在沪上首批成立器官获取组织(OPO)，依托医院神经内外科和重症医学科的学科优势，积极发现潜在的器官捐献供体。科室两位医生分别担任医院区域 OPO 肾移植小组的组长及副组长。

【医疗特色】

泌尿外科坚持“特色立科、创新兴科、人才强科”的发展战略，在下列技术方面形成特色，分别是：达芬奇机器人辅助腹腔镜微创手术，肾上腺肿瘤的精确诊断和微创治疗，泌尿男生殖系统肿瘤的早期诊断和综合治疗，泌尿系结石的病因诊断、微创治疗与预防，尿控和泌尿系整形与功能恢复，前列腺疾病诊治与微创治疗，男性健康与显微外科手术，肾脏移植和器官保存。

机器人专业组 自 2015 年底医院购置智能腹腔镜(机器人)达芬奇 Si 设备以来，已顺利完成多种手术，如机器人辅助前列腺根治性切除术加盆腔淋巴清扫术、机器人辅助保留肾单位的肾脏部分切除术、机器人辅助输尿管游离腹腔化术、复杂肾上腺手术、复杂肾盂输尿管整形手术等。其中，机器人辅助肾盂切开取石术开创国内结石治疗的先河，机器人辅助肾动脉不阻断(off-clamping)肾部分切除术治疗肾肿瘤达到国际先进水平，而全腹腔内机器人辅助膀胱全切＋手工取回肠并恢复肠连续＋原位双 U 形回肠膀胱术更为国际首例。

尿控专业组　附设尿动力检查室，开设尿失禁专科门诊。主要临床特色包括女性压力性尿失禁：2002年起开展女性尿道中段悬吊术治疗女性压力性尿失禁，有效率达85%～90%；间质性膀胱炎：采用包括药物治疗、水扩张、膀胱内药物灌注等多种治疗手段，积累丰富的临床经验；神经源性膀胱：采用“保护患者肾功能为前提，尽可能改善患者的生活质量”的治疗原则，运用药物与手术并举的治疗方法；尿动力检测：全国最早开展多道程尿动力检测、影像尿动力检测。除基本多道程尿动力检测以外，还配备有可移动式的尿动力检测仪，使膀胱尿道功能的检测更方便，结果更准确。

结石专业组　在国内较早开展一整套泌尿系结石微创治疗新技术，主要临床特色有：半硬性输尿管镜钬激光碎石技术(URSL)、输尿管软镜钬激光碎石技术(fURSL)、经皮肾镜碎石技术(PCNL)、机器人辅助肾盂切开取石术、尿道镜或膀胱镜钬激光碎石技术、体外冲击波碎石术(SWL)、腹腔镜输尿管或肾盂切开取石技术等。其中，机器人辅助肾结石切开取石术达到国际领先水平；半硬性输尿管镜钬激光联合结石捕获器治疗输尿管上段结石、输尿管软镜钬激光碎石术治疗肾结石等达到国际先进、国内领先水平；经皮肾镜钬激光碎石术、经皮肾镜联合EMS气压弹道和超声碎石清石术治疗复杂性肾结石以及超微通道经皮肾镜碎石术(SMP)等，达到国内先进和上海市领先水平。已建立结石微创治疗和病因学预防并举、标本兼治、防治结合的泌尿系结石综合治疗新理念以及结石个体化的诊疗方案。

肿瘤专业组　主要临床特色包括肾癌、膀胱癌、前列腺癌的早期诊断、微创治疗、预后评估，肾盂输尿管癌、肾上腺肿瘤等后腹膜肿瘤的微创诊治。如对于小肾癌、孤立肾或对侧肾功能较差的患者施行腹腔镜肾部分切除＋肾切缘连续双层吻合法；在国内较早开展光动力学治疗膀胱癌的研究、腹腔镜膀胱根治切除＋原位回肠新膀胱的术式；在国内率先开展保护性神经的腹腔镜前列腺癌根治术，发明的“六针无张力连续缝合法”控尿技巧为国内首创。

移植专业组　2005年泌尿外科科成立移植专业组，常规开展肾移植和普通泌尿外科的各项基础与临床工作。2006—2016年，共完成各类肾移植手术近800例。

前列腺专业组　主要临床特色有腹腔镜前列腺癌根治手术，采用筋膜内途径或筋膜间途径保留血管神经束，早期恢复术后控尿功能；寡转移前列腺癌以根治手术为基础的综合治疗；晚期前列腺癌和激素抵抗前列腺癌(CRPC)的综合治疗；建立以前列腺多参数MRI、超声实时弹性成像及血清PSA筛查三者结合的前列腺癌早期诊断模式；良性前列腺增生的微创治疗等。在前列腺癌诊治方面，泌尿外科具有国家食药监局批准的承担前列腺癌国际多中心临床研究的资质，完成戈舍瑞林(诺雷德)、亮丙瑞林(达菲林)、ZD4054等药物的中国注册上市前研究，前两者已经成为国内晚期前列腺癌内分泌治疗的首选药物。

肾上腺专业组　肾上腺肿瘤定位方面，专业组联合放射科相关专家，对于直径小至0.5 cm的腺瘤可以做出明确诊断，与医院内分泌科、介入科专家联合，成功开展肾上腺静脉取血(AVS)术；手术方面，包括传统腹腔镜手术和机器人辅助腹腔镜手术，2011—2016年肾上腺外科团队总结数百例的肾上腺手术经验，包括直径大至10 cm的嗜铬细胞瘤以及异位肿瘤等。

男科专业组　主要临床特色包括显微外科手术治疗精索静脉曲张、精囊镜微创手术、输精管结扎与显微外科手术治疗梗阻性无精症、阴茎假体和睾丸假体植入手术、男性外生殖器整形手术及男性不育、前列腺炎和男性性功能障碍的规范化治疗、男性内分泌功能障碍的诊断和治疗等。

三、科研

【科研科色】

泌尿外科是国家教育部重点学科和卫生部临床重点专科。以“特色立科、创新兴科、人才强科”为科室发展战略，在泌尿外科微创治疗领域、泌尿男生殖系统肿瘤、泌尿系结石、尿控和盆底功能重建、前列腺疾病、男性生殖与健康、肾脏移植和器官保存等方面形成鲜明的亚专业学科特色，建成全国和上海领先，在亚洲或者国际有一定影响的一流学科。

机器人专业组 至2016年，拥有教授(主任医师)2人、副教授(副主任医师)3人、博士研究生导师1人、硕士研究生导师2人。沈周俊作为中国第一代微创机器人手术医生，协助亚洲泌尿外科学会主席、中华泌尿外科学会主任委员孙颖浩院士，完成出版中国第一部《机器人泌尿外科手术学》和国家卫计委《机器人辅助手术操作指南》(泌尿外科分册)。

尿控专业组 至2016年，拥有教授(主任医师)1人、副教授(副主任医师)2人。参与中华医学会泌尿外科分会组织的《泌尿外科疾病诊治指南》(“尿失禁”“膀胱过度活动”“前列腺增生”等部分)编写工作。承担一项国家自然科学基金青年项目以及上海市科委与卫生局多个项目的研究，开展压力性尿失禁、间质性膀胱炎等方面的研究。

结石专业组 至2016年，拥有教授(主任医师)1人、副教授2人、主治医师1人，博士研究生导师1人。2002年，泌尿外科率先在国内成立泌尿系结石(腔内镜学组)亚专科，并先后承担国家自然科学基金、国家“十五”攻关子课题、卫生部重点临床项目、上海市科委重点基金等基础和临床研究项目。是全球泌尿系结石最权威学术机构国际尿石症联盟(IAU)委员、中国泌尿系结石最权威学术机构中华医学会泌尿外科学分会(CUA)结石学组全国委员单位以及瑞士EMS全国培训学院讲师单位。参与中国第一部《泌尿系结石诊疗指南》，以及《输尿管结石诊疗指南》《鹿角形结石诊疗指南》《输尿管软镜技术中国专家共识》《输尿管软镜标准化技术教程》等泌尿系结石和输尿管硬镜/软镜等规范化操作和诊疗方案的编写和制定。拥有世界上最先进的红外光谱结石成分分析仪和双波源体外冲击波碎石机。

肿瘤专业组 至2016年，拥有教授(主任医师)2人、主治医师1人，博士研究生导师2人。承担2项国家自然科学基金项目和3项省部级项目。在“膀胱癌”和“肾癌”方面的研究成果曾获得教育部科技进步奖二等奖和上海医学科技奖二等奖。

移植专业组 2005年泌尿外科成立移植专业组，常规开展肾移植和普通泌尿外科的各项基础和临床工作。肾移植研究课题曾经获得国家自然科学基金和上海市科委重点项目的资助，“同种异体肾移植”和“自体肾移植治疗肾血管性高血压”课题曾经先后获得全国科技成果乙等奖和上海市重大科技成果奖。研究成果在国内核心期刊和国外SCI收录期刊发表文章60余篇。

前列腺专业组 至2016年，拥有教授(主任医师)1人、副教授(副主任医师)2人，博士研究生导师1人。在前列腺癌与代谢失衡、遗传特征与前列腺癌等方面的研究获得7项国家自然科学基金项目和6项省部级项目资助。参与中华医学会泌尿外科分会组织的《泌尿外科疾病诊治指南》(“前列腺癌”部分)的编写。

肾上腺专业组 至2016年，拥有多学科联合会诊(MDT)团队，联合医院内分泌、高血压病、肾内科、神经外科、放射科、介入科等相关科室的资深专家，对于明确肾上腺腺瘤及增生后的内分泌功能及其导致的继发高血压等病变积累丰富的诊断、治疗经验。科研方面主攻泌尿生殖系统肿瘤尤其是肾上腺肿瘤的临床诊断、微创治疗。

男科专业组　至2016年，拥有主任医师1人、副教授（副主任医师）2人，博士研究生导师1人。专业组长期从事勃起神经递质血管活性肠多肽（VIP）的雄激素依赖性研究，男性生育与低温生物学，精道梗阻与复通对附睾功能影响以及雄激素受体突变与性征异常等的临床研究，承担国家"973"项目子课题1项，国家自然科学基金项目7项。获得上海医学科技奖二等奖和上海市科技进步奖三等奖等奖项，参加编写教材《显微外科基本理论与操作》。

【人才培养与引进】

科室重视学科自身的人才培养和梯队建设。截至2016年，科室先后培养、引进上海市领军人才2人，卫生部青年岗位能手1人，教育部跨世纪/新世纪人才2人，上海市卫生系统百人计划2人，上海市"银蛇奖"1人，上海市医务青年管理十杰1人，上海市启明星2人，上海市教委曙光计划2人，上海市人才发展基金资助1人，上海市优秀青年医学人才3人，上海市青年医师培养资助计划2人，上海市教委晨光计划1人，上海市新长征突击手2人，复旦大学十大医务青年2人。2010年，引进中组部"QR计划"学者徐剑锋担任复旦大学泌尿外科研究所所长。2015年底，学科引进上海泌尿外科学会候任主任委员、上海市领军人才、原瑞金医院泌尿外科主任、上海交通大学医学院二级教授沈周俊为新一任泌尿外科主任，同时担任院长助理和东院副院长。2016年，中国工程院院士、第二军医大学校长、泌尿外科专家孙颖浩成为医院双聘教授。

【科研成果】

先后承担国家科技部"973"子课题、重大科技专项等国家重大科研项目。2011—2016年，获得30项国家自然科学基金和14项上海市科委、教委和卫计委重点项目的资助；获得卫生部临床学科重点项目的两轮资助；研究成果获得教育部科技进步奖二等奖和上海医学科技奖二等奖等。2002年，在*Nature*杂志上首次报告完整卵巢冷冻保存后再移植成功。2012年，在*Nature Genetics*杂志上首次报告中国人前列腺癌的遗传特征。1980—2014年，获国家、省部级、市级科研奖项11项。泌尿外科主编、参编多部医学著作。2003—2012年，申报、获得医学专利14项。

表2-1-30　1980—2013年泌尿外科获奖课题（市级以上）情况表

年份	课题名称	奖项名称
1980	肾周注液与海绵填塞法治疗肾下垂	卫生部乙级科技成果奖二等奖
1980	自体肾移植治疗肾动脉狭窄所致的肾形高血压	卫生部乙级科技成果奖二等奖
1980	同种肾移植	上海市重大科技成果奖
1987	体外震波碎石技术	国家科技进步奖一等奖
1990	激光技术中的"血卟啉衍生物"	卫生部甲等成果奖
2003	膀胱癌早期诊断和治疗	教育部科技进步奖二等奖、上海医学科技奖二等奖、山东省科技进步奖三等奖
2009	性腺及精原干细胞冷冻保存与移植技术建立	上海市科技进步奖三等奖、上海医学科技奖二等奖
2013	肾癌发展与转移的调控机制及肿瘤标记物在早期筛查的临床应用	上海医学科技奖二等奖

表 2-1-31　泌尿外科历年主编、参编著作情况表

著作名称	编写方式	编写人员
中国医学百科全书・泌尿外科学	编委	沈家立
泌尿外科进展	参编	沈家立
大百科全书	参编	沈家立
泌尿外科专题综述	参编	沈家立
实用泌尿外科学	参编	宋建达
男科治疗学	主编	张元芳
现代泌尿外科和男科学	主编	张元芳
现代泌尿外科理论与实践	主编	张元芳
实用泌尿外科和男科学	主编	张元芳
实用外科学	副主编	张元芳
现代外科学	副主编	张元芳
外科学——前沿与争论	副主编	张元芳
实用外科学(第四版)	主编	丁　强
泌尿外科巡查手册	副主编	丁　强
外科袖珍手册	副主编	丁　强
简明药物手册	副主编	丁　强
现代肾上腺疾病诊疗学	主编	沈周俊
吴阶平泌尿外科学(第二版)	参编	沈周俊
机器人泌尿外科手术学	参编	沈周俊
机器人辅助手术・泌尿外科分册	参编	沈周俊
膀胱过度活跃诊疗指南	参编	方祖军
压力性尿失禁诊疗指南	参编	方祖军
前列腺增生诊疗指南	参编	方祖军
实用外科学	参编	夏国伟
临床泌尿外科手册	参编	夏国伟
实用外科诊疗规范	参编	夏国伟
中国腔道泌尿外科手术视频图谱	参编	夏国伟
实用泌尿外科和男科学	参编	夏国伟
泌尿系结石诊疗指南	参编	吴　忠
输尿管结石诊疗指南	参编	吴　忠
鹿角形结石诊疗指南	参编	吴　忠
输尿管软镜技术中国专家共识	参编	吴　忠
输尿管软镜标准化技术教程	参编	吴　忠

（续表）

著作名称	编写方式	编写人员
临床诊疗指南·激光医学分册	参编	吴 忠
临床技术操作规范·激光医学分册	参编	吴 忠
实用外科学	参编	吴 忠
现代泌尿外科和男科学	参编	吴 忠
实用泌尿外科和男科学	参编	吴 忠
微创外科理论与实践	参编	吴 忠
吴阶平泌尿外科学(第二版)	参编	吴 忠
Urolithiasis: Basic Science and Clinical Practice	参编	吴 忠
泌尿外科疾病诊疗指南	参编	姜昊文
实用外科学	参编	姜昊文
坎贝尔泌尿外科学(第九版)	参编	姜昊文
膀胱癌诊断治疗指南	参编	徐 可

表 2-1-32 2003—2012 年泌尿外科获得专利情况表

申请号	申请日期	公开/公告号	公开日期	专利名称	申请人或专利权人
CN03159508	2003.9.19	CN1562361A	2005.1.12	抗膀胱癌的复合灌注液	沈周俊 丁国庆
CN201020033322	2010.1.21	CN201640149U	2010.11.24	用于动物代谢实验的笼体	钟 山 沈周俊 徐亚伟 朱梦云 朱伟宏
CN201020033319	2010.1.21	CN201640148U	2010.11.24	动物代谢实验设备	钟 山 沈周俊 徐亚伟 朱梦云 朱伟宏
CN201020033320	2010.1.21	CN201640162U	2010.11.24	用于动物代谢实验的饮水器	钟 山 沈周俊 徐亚伟 朱梦云 朱伟宏
CN201020033321	2010.1.21	CN201640159U	2010.11.24	用于动物代谢实验的喂食器	钟 山 沈周俊 徐亚伟 朱梦云 朱伟宏
CN201010023051	2010.1.21	CN102133133A	2011.7.27	动物代谢实验设备	钟 山 沈周俊 徐亚伟 朱梦云 朱伟宏
CN201010023051	2010.1.21	CN102133133B	2014.7.9	动物代谢实验设备	钟 山 沈周俊 徐亚伟 朱梦云 朱伟宏
CN201110209641	2011.7.26	CN102901824A	2013.1.30	用于检测尿液纤维连接蛋白的方法及其试剂盒	沈周俊 钟 山 陆颖理
CN201110241850	2011.8.22	CN102327604A	2012.1.25	一种 TRAIL 重组卡介苗的构建及应用	沈周俊
CN201210063256	2012.3.12	CN102621307A	2012.8.1	尿层粘连蛋白在制备诊断膀胱癌的医疗器械中的应用	沈周俊 张敏光 周春洪

（续表）

申 请 号	申请日期	公开/公告号	公开日期	专 利 名 称	申请人或专利权人
CN201210063256	2012.3.12	CN102621307B	2014.4.30	尿层粘连蛋白在制备诊断膀胱癌的医疗器械中的应用	沈周俊　张敏光　周春洪
CN201210179433	2012.6.1	CN102670281A	2012.9.19	用于器官手术的吸引钳夹装置	沈周俊　钟　山
CN201220255318	2012.6.1	CN202723936U	2013.2.13	用于器官手术的吸引钳夹装置	沈周俊　钟　山
CN201220255329	2012.6.1	CN202776473U	2013.3.13	手术用钳夹器官组织的钳夹器	沈周俊　钟　山

【国际交流】

2015年，泌尿外科举办中美泌尿系统肿瘤精准医疗及创新技术论坛暨复旦北岸（Northshore）泌尿外科转化医学中心成立仪式。2016年3月，在第三十一届欧洲泌尿外科学会（EAU）年会上，吴忠与希腊泌尿外科学会主席斯科拉利科斯（Skolarikos）和奥地利泌尿外科学会主席图尔克（Turk）一起担任“泌尿系结石会场”共同主席。同年8月，由上海市医学会泌尿外科学会及男科分会主办的第一届东方泌尿外科与男科学术会议（OCUA 2016）在上海国际会议中心举行，大会由中华医学会泌尿外科分会主任委员孙颖浩，上海市医学会泌尿外科分会主任委员、院长丁强，上海市医学会男科学会主任委员夏术阶担任共同主席；上海市医学会泌尿外科分会候任主任委员、泌尿外科主任沈周俊和上海市医学会男科分会候任主任委员李铮担任共同执行主席。同年11月，由上海市医学会泌尿外科分会和上海市医学会泌尿外科分会微创组主办，复旦大学泌尿外科研究所和泌尿外科承办的“2016年上海市泌尿外科微创论坛暨复旦泌尿外科论坛”成功举办。此外，泌尿外科与多家国外知名医疗机构保持长期合作关系，包括哈佛大学医学院、麻省总医院、芝加哥大学、蒙特利尔大学等，科室定期派出联合培养博士生、博士后，派遣访问学者前往交流学习。

四、教学

截至2016年，泌尿外科有博士研究生导师7人，硕士研究生导师4人。承担并完成医学院本科生和八年制研究生的教学任务，同时承担硕士和博士研究生泌尿外科专业课程，并接收外院及外省市医师前来进修。多次组织举办国家级学习班“临床新技术、新进展”学习。2009—2014年，先后有3名教师获得复旦大学优秀教师称号；3名学生入选上海市优秀毕业生或复旦大学优秀毕业生；2人获得上海市医学会泌尿外科、男科学会分会优秀中青年医师论文大赛二等奖；2人获得中华医学会泌尿外科分会全国泌尿外科青年医师技能大赛二等奖。

五、其他

泌尿外科护理组2010年获得上海市2010年度迎世博护理明星班组；2011年获得上海市巾帼文明岗和优质护理服务示范工程集体优秀奖；2012年获得复旦大学先进集体。

2015 年，科室在中国最佳专科声誉排行榜列第十二位，并于 2016 年在中国医院科技影响力专科列第十一位。

第十五节　感 染 科

一、沿革

1952 年成立内科学院时，传染、寄生虫疾病科与基础内科、临床内科、系统内科同属大内科，由钱悳、戴自英、刘约翰等负责。1955 年，由内科教研室分出成立传染病科，由戴自英兼主任。最初科室仅有副教授刘约翰、金问涛，主治医师谢淑贞、刘裕昆、徐肇玥、魏承慈、陈元等 8 人。至 2016 年，感染科涌现出如戴自英、徐肇玥、汪复、翁心华、张婴元、邬祥惠等一批在国内外学术界具重要影响的学界泰斗，同时中青年力量实力雄厚，亚学科齐全，拥有一批感染病学和肝病学的学科带头人，包括国家“QR 计划”引进人才、上海市领军人才、上海优秀学科带头人等。2016 年，感染科医护团队由 39 名感染科医生和医技人员，肝炎门诊、肠道门诊以及 51—53 病区护士共同组成。

表 2-1-33　1955—2016 年感染科历任主任情况表

任职时间	主　任
1955—1984	戴自英
1984—1989	翁心华
1989—1991	汪　复
1991—1992	张婴元
1992—2002	翁心华
2002—2006	张永信
2006—2010	施光峰
2010—	张文宏

二、医疗

【基本情况】

至 2016 年，科室设有 6 个感染病区，床位 200 余张，每年收治各类感染患者约 7 000 例次，收治病例中外省市患者比例达 55%。门诊量为每年 15 万人次，院内外疑难危重感染病会诊人次为 8 000 人次/年，遍及上海市各大医院，包括外省市的重危感染患者，同时还参加多次突发事件中感染患者的救治工作。

由于感染科的辐射作用逐渐扩大，前来就诊的全国各地患者逐年增加。为解决住院难的问题，科室床位在 3 年间已经增加 2 倍。2013—2016 年，感染科除医院本部 3 个病房外，先后增加静安区中心医院分部和北院分部病房，床位增加至 200 张左右。病房收治患者数量明显增加，2016 年出院

7 000 人次，较 2010—2012 年的出院 3 000 人次/年有显著增长。同时门诊保持 12 000 人次/月。住院收治病例病种覆盖广泛，涵盖各种感染性疾病与肝病等，充分反映本学科覆盖的亚学科广泛、病种复杂度与危重度高的特点。

2016 年，感染科引进张巨波，建立肝癌内科治疗小团队，开展肝癌射频与介入治疗。科室在过去内科抗病毒治疗，肝硬化、肝衰竭的综合诊治基础上，随着肝癌介入治疗的加入，联合钦伦秀教授带领下的肝外科团队，以及消化科、病理科及影像医学科等，成立肝病临床中心。同年，感染科重症监护单元开始投入使用，该重症监护单元位于感染科大楼 2 楼 51 病区，主要收治重症肺炎、重症中枢神经系统感染以及严重脓毒症患者；肝衰竭与需要血液净化的重症患者；肝移植后与免疫受损合并感染患者；疑似呼吸道传播的重症患者。同时，感染科尝试开展多点网络教学及会诊的模式，建立在线会诊和继续教育系统，直接和西藏、新疆、云南等地进行线上学术交流和疑难病会诊，强化学科影响力以及感染病诊治新技术的输出，为无法转诊的外地患者提供远程会诊意见，进一步增加和各地的感染科医生共同学习和交流的机会。

【医疗特色】

至 2016 年，经过 60 年的积累和发展，感染科以精准诊疗、精通专业、精心服务、精细管理为核心，逐渐形成“华山”特色的现代化感染病管理模式，并以传染病学为基础，融合临床微生物学、临床药理学、分子生物学等领域，建立多个亚学科，包括疑难感染病与发热待查、细菌耐药性防治研究、病毒性肝炎与慢性肝病、肝衰竭与人工肝、真菌与结核感染、中枢神经系统感染、免疫缺陷相关感染、重症感染、HIV 与新发传染病旅行医学等，在国内处于领先地位。

作为疑难病诊治中心，感染科的疑难危重症患者从全国各地转诊过来，在给予患者诊治期间，发展并应用多项代表性技术，包括非典型病原体在内的耐药菌检测技术实时定量荧光 PCR 法检测艰难梭菌感染、FilmArray 技术快速精确检测多种呼吸道病原体、GeneXpert 技术用于结核病早期筛查及耐药检测、流感病毒抗原胶体金免疫层析法、低载量病毒检测法、万古霉素血药浓度监测(TDM)指导临床合理用药技术、乙肝临床治愈创新技术、结核免疫诊断技术、耐药结核病分子分型技术等。同时，对肝衰竭及其他重症患者给予血液净化治疗；肝脓肿的穿刺引流；肝癌的介入治疗；以及与肝外科、放射科、超声科等组成的多学科合作团队，为重症患者的救治提供先进平台，并取得良好的疗效。此外，为更好地开发和应用感染性疾病诊断技术，已于 2014 年将感染科临床实验室从 400 m^2 扩大到 800 m^2。

三、科研

【科研特色】

1978 年，感染病学科获准为国家教委首批博士点。1989 年，为国家教委首批重点学科。1996 年，进入国家教育部“211”重点工程。2001 年，被评为国家重点学科。2012 年，成为国家临床重点专科。感染病学科是国家科技部(原国家科委)“六五”“七五”“八五”“九五”“十五”“十一五”“十二五”攻关项目的承担者，研究方向包括：病毒性肝炎的免疫发病机制研究；耐药的诊断方法与耐药监测以及个体化治疗；发热待查以及新发和再现感染性疾病的诊断；耐多药结核病的分子机制研究及其快速诊断技术的研制；深部真菌病的新型诊断方法和治疗研究等方面。

感染科依靠新兴的临床诊断技术，特别是在分子生物学技术诊断感染性疾病方面的研究所获得的进展，如肝炎病毒的变异检测、病毒基因分型的检测与研究、结核病和深部真菌病的快速诊断等技术，为疾病的合理诊治提供坚实的基础。

在重点专科建设期间，张颖作为国家 QR 计划人才，2010 年 3 月，依托“十一五”重大传染病专项“结核病药敏及快速诊断技术研究”(2008ZX10003－003)，被引进至感染科。张颖长期以来主要从事结核杆菌的耐药机制、微生物的休眠与持留机制等方面的研究，先后在 *Science*、*Nature*、*Nature Medicine*、*Proc Natl Acad Sci USA*、*PLoS One*、*Mol Microbiol*、*Annual Review Pharmacol & Toxicol* 等著名刊物发表论文 100 余篇，被引用 3 600 余次，长期担任美国国立卫生研究所(NIH)、荷兰研究委员会等著名机构的项目和基金评审专家，并为 *Science*、*Nature*、*Nature Medicine*、*Nature Review of Microbiology* 等杂志担任审稿人。

主要研究方向与工作进展如下。

结核杆菌的耐药研究　包括结核耐药的分子机制，耐药相关基因的发现及耐药的分子演变等研究。着重对于中国耐多药结核的发生机制以及检测技术进行研究，领导所在的课题组分别在 *International Journal of Tuberculosis and Lung Diseases*、*PLoS One*、*Infection and Immunity* 等杂志发表相关论文，研究在国内领先。在国内率先建立关于抗结核重要药物吡嗪酰胺耐药表型和基因型检测技术，相关研究内容已经被国家“十二五”结核病重大专项采纳。继前期工作发现重要抗结核一线药物吡嗪酰胺的耐药基因 *pncA* 以后，又在“千人专项”实施期间突破性地发现吡嗪酰胺的药物作用靶位 rpsA，以及该药物杀死结核持留菌的作用机制，并且为临床上没有 *pncA* 突变以外吡嗪酰胺的耐药菌株的耐药基因检测提供新的方向。同时，此研究为研发针对不同细菌的持留菌的新型抗生素提供重要的靶点。由于在该领域的重要贡献，研究结果被 2011 年 9 月的 *Science* 杂志刊登并在同一期杂志上伴有国际知名专家对该文章的评论(Stewart Cole, Pyrazinamide — Old TB Drug Finds New Target. *Science*, Vol. 333 no. 6049 pp. 1583－1584)，同时，其他国际媒体也做出相关报道。

抗结核新药的开发　包括抗结核化合物筛选、药物靶位研究、先导药物的临床前动物实验。承担一项国家“十二五”重大新药筛选项目，领导复旦大学生物安全 P3 动物实验室工作人员进行相关工作，进展顺利。

耐药结核治疗新方法　将耐多药结核按吡嗪酰胺敏感性(由 *pncA* 测序)分为两类，即吡嗪酰胺敏感 MDR 及吡嗪酰胺耐药 MDR；吡嗪酰胺敏感 MDR 的疗程可能由现在的 2 年缩短为 9～12 个月，为耐药结核的治疗提出全新的理念及方法。

【临床诊断与新技术】

本学科通过临床与基础相结合，逐渐形成一批先进完善的转化医学平台，主要包括耐药细菌感染防治平台、慢性乙肝临床治愈研究平台、耐药与危重结核病临床诊治平台、中枢神经系统感染诊治平台、新发传染病临床诊治平台、侵袭性真菌病临床诊治平台；针对国家需求，形成一批提高临床诊疗水平的新技术，包括耐药细菌快速鉴定技术、病原体分离鉴定平台、结核免疫诊断与耐药快速诊断新技术、深部真菌感染诊断与菌种鉴定、慢性肝病重症化早期预测技术等。2013—2015 年，科室开发多项与临床诊断及治疗相关的技术，部分已在临床常规开展应用。

感染性疾病病原体检测新技术　GeneXpert 技术用于结核病早期筛查及耐药结核病的早期、快速诊断；应用二代测序仪对患者临床标本进行细菌群鉴定；建立及应用流感病毒抗原胶体金免疫层析法；建立及应用低载量病毒检测方法；应用 PLEX－ID 系统对包括甲流、乙流、腺病毒、呼吸道合胞病毒等多种呼吸道相关病毒进行快速检测；血清 miRNA－124 水平预测肝脏炎症。

乙肝临床治愈创新技术的临床探索与应用 干扰素序贯联合治疗慢性乙型肝炎新方案；聚乙二醇干扰素 α－2a 治疗降低 HBeAg 阴性慢性乙型肝炎患者核苷(酸)类似物停药后复发率的前瞻、开放、随机、对照、多中心临床研究(CEASE 研究)；PegIFN－α－2b 联合新型治疗性疫苗提高 HBeAg 转换率和 HBsAg 阴转率的随机、对照、多中心临床研究(PROGRESS 研究)；乙型肝炎病毒耐药表型分析技术；慢性乙型肝炎患者的阶梯式优化治疗技术的应用。

结核病新型诊疗技术的临床应用 结核免疫诊断技术用于临床疑难结核病的诊断；分子分型技术用于耐药结核病传播的追踪和诊断；新型治疗方案提高重症结核病的生存率：在结核性脑膜炎队列研究中发现在危重结核性脑膜炎加用利奈唑胺抗结核治疗能显著提高患者治疗早期的疗效相关指标；牵头国家“十二五”重大科技专项耐药结核病优化治疗的子课题项目，根据吡嗪酰胺药敏结果优化耐多药结核病治疗方案，提高耐多药结核治愈率的同时，将吡嗪酰胺敏感的耐多药结核病患者疗程缩短到 12 个月。

呼吸道感染病原体分子快速检测技术 应用 FilmArray 技术用于呼吸道病原体快速精确检测：利用多重巢式 PCR 原理就单份原始呼吸道标本(如鼻咽拭子、肺泡灌洗液等)进行十余种病毒(腺病毒、冠状病毒 229E、冠状病毒 HKU1、冠状病毒 OC43、冠状病毒 NL6、人类偏肺病毒、人鼻病毒/肠病毒、甲型流感病毒、甲型流感病毒 H1 亚型、甲型流感病毒 H1－2009 亚型、甲型流感病毒 H3 亚型、乙型流感病毒、副流感病毒 1 型、副流感病毒 2 型、副流感病毒 3 型、副流感病毒 4 型、呼吸道合胞病毒)，以及百日咳杆菌、肺炎衣原体、肺炎支原体同时进行筛查，检测快速，约 1 小时可出结果。与单重实时定量 PCR 比较，灵敏度可达 90%以上，特异度可达 99%。能为急诊、病房中上下呼吸道感染(如重症肺炎、流感筛查等)提供快速精确的病原体检测，由此有效指导抗菌药物和抗病毒药物的及时合理使用，避免院内传播和改善患者临床预后。

【人才培养与引进】

感染科拥有一批国内知名并具备国际视野的学科带头人，包括国家“QR 计划”引进人才、上海市领军人才、上海市优秀学科带头人等。截至 2016 年，张文宏、张颖被评为上海市优秀学科带头人。张文宏被评为 2010—2014 年上海市先进工作者，同时科室青年入选医院各类优秀人才计划，华英奖 1 人、华菁奖 5 人、华秀奖 4 人，已经初步形成一支临床诊治能力强、创新能力突出、内部和谐团结、结构合理的优秀人才梯队。

张文宏、张继明、施光峰等 3 人被聘为上海市公共卫生临床中心的兼职教授，定期指导临床工作；张文宏、张继明被无锡市传染病医院聘为顾问教授；张文宏、张继明被静安区中心医院聘为兼职教授，负责并顺利完成感染科的建设；张继明被上海浦东医院聘为感染科顾问。李谦、王新宇、程琦、秦艳丽等 4 名博士先后赴云南腾冲、海南海口、云南丘北等县级医院开展医疗服务，指导当地医院感染科的建设及人才培养。

表 2－1－34 2009—2015 年感染科入选人才计划和获得人才奖励(国家级、市级)情况表

年 份	人才计划、人才奖励名称	入选者、获奖者
2009	上海市银蛇奖二等奖	张文宏
2009	青年科技启明星计划	邵凌云

（续表）

年　份	人才计划、人才奖励名称	入选者、获奖者
2010	国家 QR 计划	张　颖
2012	上海市新百人计划	张文宏
2013	上海市浦江人才	秦艳丽
2014	上海市卫计委青年医师培养资助计划	毛日成
2015	上海市领军人才	张文宏
2015	上海市"银蛇奖"三等奖	邵凌云
2015	复旦卓学计划	陈嘉臻

表 2-1-35　2008—2016 年感染科入选医院优秀人才计划情况表

年　份	人才计划名称	入　选　者
2008	华菁奖	邵凌云
2012	华菁奖	李　宁
2012	华秀奖	秦艳丽
2012	华秀奖	毛日成
2014	华菁奖	陈嘉臻
2014	华秀奖	张　舒
2015	华菁奖	高　岩
2015	华秀奖	王　森
2016	华英奖	邵凌云
2016	华菁奖	毛日成

2008—2016 年，感染科共派遣 21 人次赴欧美地区进修学习，包括哈佛大学、约翰斯·霍普金斯大学等，所有出国人员均学成归国，将外国的先进技术和理念带回用于学科的基础和临床建设。同时在重点专科建设期间还培养博士研究生 44 人，硕士研究生 30 人，大部分研究生毕业后进入感染科基地。

表 2-1-36　2008—2016 年感染科派遣出国进修人员情况表

时　间	国　家	进 修 单 位	进 修 人 员
2008 年 9 月—2009 年 9 月	美国	约翰斯·霍普金斯大学	陈嘉臻
2009 年 10 月—2010 年 10 月	美国	俄亥俄州立大学	李　谦
2009 年 11 月—2010 年 6 月	美国	罗切斯特大学	吴　晶
2009 年 11 月—2010 年 6 月	美国	罗切斯特大学	黄玉仙
2010 年 3 月—2011 年 3 月	美国	范德堡大学	张　舒

（续表）

时　　间	国　　家	进 修 单 位	进 修 人 员
2012 年 5—7 月	美国	约翰斯 · 霍普金斯大学	王　森
2013 年 1—7 月	日本	北里大学	蒋卫民
2013 年 1—12 月	美国	德雷塞尔大学	张咏梅
2013 年 3 月—2015 年 3 月	美国	约翰斯 · 霍普金斯大学	崔　鹏
2013 年 8—9 月	德国	埃森大学	刘袁媛
2014 年 5—9 月	英国	圣乔治医学院	王睿莹
2014 年 8—11 月	德国	埃森大学	李发红
2014 年 8—11 月	德国	埃森大学	董敏慧
2014 年 10 月—2016 年 3 月	德国	埃森大学	王瑾瑜
2014 年 10 月—2016 年 11 月	美国	宾夕法尼亚大学	张馨赟
2015 年 2 月—2016 年 7 月	美国	印第安纳大学	王新宇
2015 年 2 月—2016 年 10 月	美国	印第安纳大学	毛日成
2016 年 2 月—	美国	佐治亚州立大学	高　岩
2016 年 9—12 月	美国	麻省总医院	陈明泉

表 2-1-37　2008—2016 年感染科进修人员与培养研究生人数情况表

年　　份	进修人数	培养毕业研究生人数	
		博　　士	硕　　士
2008	8	3	4
2009	6	3	4
2010	15	1	4
2011	16	2	2
2012	13	5	1
2013	35	10	4
2014	34	8	8
2015	51	16	8
2016	55	5	9

【科研成果】

1980—2013 年，感染科获得国家级、省部级、市级等科研奖项 16 项。2011—2016 年，作为第一负责人获得的省部级及以上科研项目共 66 项，其中国家科技部“973”计划 1 项，国家自然科学基金 28 项、“十二五”传染病重大专项 6 项、国家教育部博士点基金 1 项、上海市科委重点项目 2 项。1952—2016 年，出版代表著作 23 部。2012—2016 年，申报、授权医学专利 8 项。2008—2016 年共发表 SCI 论文 146 篇，其中影响因子高于 20 分的有 2 篇，分别发表在 *Science* 和 *Cancer Cell* 上；高于5分的有24篇。2012年区雪婷的毕业论文与2016年戚勋的毕业论文均获上海市研究生优秀成果(学位论文)。

表2-1-38 1980—2013年感染科获奖课题(市级以上)情况表

年份	课题名称	奖项名称
1980	吡喹酮治疗血吸虫疗法	上海市重大科技成果二等奖、卫生部科技成果乙等奖
1980	流行性出血热发病机制和治疗的研究	上海市重大科技成果三等奖、卫生部科技成果三等奖
1984	乙肝抗 HBc-IgM 的检测研究	卫生部乙级科研成果奖
1984	吡喹酮治疗囊虫病的研究	卫生部乙级科研成果奖
1985	血吸虫病治疗药物的研究	国家科技进步奖二等奖
1985	新制抗 HBc-IgM 试剂盒	上海市卫生局科技成果三等奖
1986	乙型病毒脱氧核糖核酸在患者血清及肝组织中存在状态的研究	上海市科技进步奖二等奖
1988	慢性病毒性肝炎气滞血瘀型的研究实质探讨及治疗研究	上海市科技进步奖三等奖
1996	《实用内科学》(戴自英主编)	卫生部科技进步奖一等奖
1996	《传染病学》(翁心华主编)	卫生部科技进步奖二等奖
1997	《虫媒传染病学》(徐肇玥主编)	卫生部科技进步奖三等奖
2007	结核病耐药机制以及耐药快速检测诊断方法研制	上海市科技进步奖三等奖
2011	潜伏性结核感染的发病机制及新型诊断技术的研究	上海医学科技奖二等奖
2013	结核菌持留与潜伏感染的机制及临床诊断	中华医学科技奖三等奖

表2-1-39 1952—2016年感染科出版代表著作情况表

年份	著作名称	出版社	主编
1952	实用内科学(第八版)	人民卫生出版社	戴自英
1993	实用内科学(第九版)	人民卫生出版社	戴自英
1997	传染病手册	上海科学技术出版社	翁心华 徐肇玥 王岱明等
1997	传染病学(第二版)	上海医科大学出版社	徐肇玥
1998	现代感染病学	上海医科大学出版社	翁心华 潘孝彰 王岱明等
1999	艾滋病防治手册	上海医科大学出版社	康来仪 潘孝彰 翁心华等
2004	禽流感与人间流感	人民卫生出版社	潘孝彰 陈澍 卢洪洲 庞茂银
2004	新发传染病	人民卫生出版社	潘孝彰 卢洪洲 张永信
2008	传染病学	高等教育出版社	李兰娟 翁心华 任红等
2008	艾滋病防治学	复旦大学出版社	康来仪 潘孝彰
2008	新发传染病(第二版)	人民卫生出版社	潘孝彰

（续表）

年份	著作名称	出版社	主编
2009	艾滋病及其相关疾病诊疗常规	上海科学技术出版社	卢洪洲　张仁芳　郑毓芳等
2010	流行性感冒	复旦大学出版社	卢洪洲　张志勇
2010	解读乙型肝炎	人民军医出版社	施光峰
2011	临床感染疾病治疗学	上海交通大学出版社	卢洪洲　张永信　张志勇等
2012	疑难感染病和发热病例精选与临床思维	上海科学技术出版社	翁心华
2012	艾滋病及其相关疾病临床路径	上海科学技术出版社	卢洪洲　张仁芳　沈银忠等
2013	疑难感染病和发热病例精选与临床思维	上海科学技术出版社	翁心华　张文宏
2014	疑难感染病和发热病例精选与临床思维	上海科学技术出版社	翁心华　张继明　张文宏
2015	疑难感染病和发热病例精选与临床思维	上海科学技术出版社	翁心华　朱利平　张文宏
2015	上海市疑难感染病培训教材	上海科学技术出版社	张文宏
2015	重点感染性疾病的防治	上海科学技术出版社	张文宏
2016	疑难感染病和发热病例精选与临床思维	上海科学技术出版社	翁心华　张文宏　黄玉仙

表 2-1-40　2012—2016 年感染科获得专利情况表

授权号	名称	专利权人	发明人
2011052300033890	一种快速检测 HBV 耐药的方法	华山医院	张继明　毛日成　尹有宽
ZL-200710171118.0	一种检测活动性结核病和结核潜伏感染的试剂和方法	华山医院 复旦大学	张文宏　陈嘉臻　张　颖　王洪海 王九玲　莫　凌　邵凌云
201110153562.6	高表达耐拉米夫定 HBV 肝癌细胞株	华山医院	张继明　张轶俊
ZL-201010110661.1	一种检测结核分枝杆菌感染的试剂、方法及应用	华山医院	张文宏　王　森　陈嘉臻　王菲菲 邵凌云　金嘉琳　翁心华
ZL-200810042130.6	一种结核病诊断试剂及试剂盒	华山医院 复旦大学	张文宏　陈嘉臻　王　森　苏晓迪 张　颖　王洪海　张　舒　邵凌云
ZL-201210297891.2	培养基添加剂,包含所述添加剂的培养基及其应用	华山医院 复旦大学	张　颖　张文宏　陈嘉臻
ZL-201110315986.8	一种检测分枝杆菌感染的试剂、方法和试剂盒	华山医院	陈嘉臻　张文宏　沈瑶杰　邵凌云 王　森　张　颖　翁心华
ZL-201110229221.2	一种检测结核潜伏感染状态的方法和试剂盒	华山医院	张文宏　陈嘉臻　路蝉伊　张　颖 吴　晶　邵凌云　王　森

表 2-1-41　2011—2016 年感染科发表 SCI 论文(影响因子高于 5 分)情况表

年份	论文题目	发表期刊	作者
2011	Pyrazinamide Inhibits Trans-Translation in Mycobacterium Tuberculosis	*Science*	张　颖(通讯作者)

（续表）

年份	论 文 题 目	发 表 期 刊	作　者
2012	A Brain-vectored Angiopep-2 Based Polymeric Micelles for the Treatment of Intracranial Fungal Infection	*Biomaterials*	朱利平（共同通讯作者）
2013	Avian Influenza A(H7N9) Virus Infections	*Emerging Infectious Diseases*	邵凌云（共同第一作者） 张文宏（通讯作者）
2013	Trans-translation Mediates Tolerance to Multiple Antibiotics and Stresses in Escherichia Coli	*Journal of Antimicrobial Chemotherapy*	张　颖（通讯作者）
2013	Inhibition of Hepatitis B Virus Replication by the Host Zinc Finger Antiviral Protein	*PLoS Pathogens*	毛日成（第一作者）
2013	PROX1 Promotes Hepatocellular Carcinoma Metastasis by Way of Up-regulating Hypoxia-Inducible Factor 1α Expression and Protein Stability	*Hepatology*	张巨波（共同第一作者）
2013	Biofilm from A Clinical Strain of Cryptococcus Neoformans Activates the NLRP3 Inflammasome	*Cell Research*	朱利平（共同通讯作者）
2015	HBeAg-positive Chronic Hepatitis B Patients with Prior Long-time Exposure to Nucleos(t)ide Analogues:"Switch-to" or "Add-on" PegIFN Alfa, That is the Question	*Journal of Hepatology*	张文宏（通讯作者）
2015	Identification of Novel Mutations Associated with Clofazimine Resistance in Mycobacterium Tuberculosis	*Journal of Antimicrobial Chemotherapy*	陈嘉臻（共同第一作者） 张　颖（通讯作者）
2015	LncRNA GAS5 Enhances G1 Cell Cycle Arrest via Binding to YBX1 to Regulate P21 Expression in Stomach Cancer	*Scientific Reports*	张　颖（共同通讯）
2015	A Massive Adult-epidemic Measles Outbreak in North-Eastern China, 2014	*Emerging Infectious Diseases*	张文宏（通讯）
2015	A Comparison of Telbivudine and Entecavir the Treatment of Hepatitis B e Antigen-positive Patients: A Prospective Cohort Study in China	*Clinical Microbiology and Infection*	张继明（通讯作者） 毛日成（通讯作者）
2015	Improved Efficacy of A Pegylated Interferon-a-2a Stepwise Optimization Treatment Strategy in the Treatment of Hepatitis B e Antigen-positive Chronic Hepatitis B Patients	*Medicine (Baltimore)*	杨飞飞（第一作者） 张继明（通讯作者） 黄玉仙（通讯作者）
2015	Preserved Function of Circulating Invariant Natural Killer T Cells in Patients with Chronic Hepatitis B Virus Infection	*Medicine (Baltimore)*	朱浩翔（第一作者） 张继明（通讯作者）
2015	Impact of Nucleos(t)ide Analogue Combination Therapy on the Estimated Glomerular Filtration Rate in Patients with Chronic Hepatitis B	*Medicine (Baltimore)*	张继明（通讯作者） 毛日成（通讯作者）

（续表）

年份	论文题目	发表期刊	作者
2015	PROX1 Promotes Hepatocellular Carcinoma Proliferation and Sorafenib Resistance by Enhancing β-catenin Expression and Nuclear Translocation	*Oncogene*	张巨波（共同第一作者）
2015	Peritumoral Cbl is A Strong Independent Prognostic Marker after Curative Resection of Hepatocellular Carcinoma	*Oncotarget*	张巨波（第一作者）
2015	Functionalized Nanoscale Micelles with Brain Targeting Ability and Intercellular Microenvironment Biosensitivity for Anti-Intracranial Infection Applications	*Advanced Healthcare Material*	朱利平（共同通讯作者）
2016	Potential Diagnostic Value of Serum Pleural Fluid IL-31 Levels for Tuberculous Pleural Effusion	*Scientific Reports*	高　岩（第一作者） 邵凌云（共同通讯） 张文宏（共同通讯）
2016	Factors Associated with Significant Liver Necroinflammation in Chronic Hepatitis B Patients with Cirrhosis	*Scientific Reports*	陈明泉（通讯作者）
2016	The Combination of Three Molecular Markers Can Be A Valuable Predictive Tool for the Prognosis of Hepatocellular Carcinoma Patients	*Scientific Reports*	陈明泉（通讯作者）
2016	Acetylcarnitine is A Candidate Diagnostic and Prognostic Biomarker of Hepatocellular Carcinoma	*Cancer Research*	陈明泉（共同通讯作者）
2016	Very Big Trouble: Giant Infected Internal Iliac Artery Pseudoaneurysm	*American Journal of Medicine*	李　宁（通讯作者）
2016	GOLM1 Modulates EGFR RTK Cell-Surface Recycling to Drive Hepatocellular Carcinoma Metastasis	*Cancer Cell*	张巨波（共同第一作者）

【国际交流】

2014 年与 2016 年，分别组织举办第八届中美感染病学术会议暨第九届中美临床微生物年会联合会议、第九届中美感染病学术会议暨第十届中美临床微生物年会联合会议，该会议已作为感染科和上海市公卫中心两年一度的品牌学术活动。2015、2016 年，分别参加第二届、第三届临床微生物学与感染病学国际论坛。截至 2016 年，已举办三季感染病临床思维训练营。

四、教学

【基础教学】

感染科承担复旦大学上海医学院“传染病学”课程的教学任务，并承担大量实习医生、进修医生的培训任务以及医学继续教育工作。

“传染病学”课程是感染科长期承担的教学任务之一，教学对象包括上海医学院五年制、八年制临床医学，法医学，预防医学，基础医学专业学生及 MBBS 留学生等，每年的课程总学时超过 200 学时，每届授课学生人数约 350 人。感染科组织领域专家共同编写课程教材，主编的《传染病学》（第四版）被评为上海市普通高校优秀教材奖（2011 年）。感染科拥有高效的以中、青年专家为主组成的教学团队，授课教师均为教授、副教授职称的临床医生以及高年资主治医生，并结合授课教授所擅长的亚专科领域分配授课内容，每位授课教师对教学课程有着丰富的临床及研究经验。“传染病学”课程于 2008 年获复旦大学精品课程，2015 年获上海市教委重点课程建设项目，2016 年获上海市精品课程。

自上海医学院开设临床医学留学生班后，感染科为此新设全英文授课课程，并配备自编全英文教材，“传染病学”（全英文）获得 2015 年度复旦大学精品课程。除“传染病学”必修课程，2014 年秋季新增“流行-传染病的动态分析”选修课，面向医学院各专业学生开放，受到同学的广泛好评。同时，感染科教师还参与到上海医学院 PBL 教学当中。

除本科生教学外，华山感染科作为传染病学硕士学位及博士学位点，积极承担研究生及博士生的教学任务。2016 年，感染科有博士研究生导师 6 人，硕士研究生导师 5 人。感染科注重教学，培养一大批优秀的研究生。自 2012 年来共毕业博士生 27 人，硕士生 10 人；在读博士生 16 人，硕士生 12 人。其中有 3 名学员获得上海市优秀住院医师；有 5 名博士研究生获上海市优秀毕业生，3 名博士研究生获复旦大学优秀毕业生；2 名硕士研究生的论文获上海市优秀硕士论文；3 名研究生获“一健康基金”一等奖，2 名研究生获鼓励奖。同时，科室作为上海市传染病专科基地，有多名导师加入专科基地培训导师库和考官库，参与建设专科基地题库。

【基地培训】

感染病房作为本科生见习、实习的基地，进修医生培训基地，2006 年被国家医学委员会批准为国家级专科医师培训基地，每年承担本科生见习示教 200 人次，实习带教 100 人次，培训来自全国的进修人员 30～40 名，2013 年以来负责感染病学专科医师规范化培训 8 人次。

对于部分经典传染病和新发传染病由于时间空间限制，学生可能无法见到真实病例而获得感性认识。科室教研室积极尝试多媒体技术手段，建立传染病学网络课程，形成传染病精品课程网站。将传染病学教学大纲、教案、课件和教学录像等资料上传网络，录制课程教学视频 20 余课时，便于学生及时获得丰富的教学资源以进行课前课后的自主学习，同时积极搜寻国内外优质的传染病学相关教学视频，在课堂与学生分享，并同步更新至精品课程网站。在选修课“流行-传染病的动态分析”上积极开展慕课试点。通过邀请医院感染病学的多位资深教授和具有丰富授课经验的临床医生进行专题讲座，结合美国宾夕法尼亚州立大学的在线慕课课程，使授课不仅包括最传统的传染病流行病学的内容，还包括最新的数字流行病学、现场流行病学、人类历史上多次传染病暴发的分析及埃博拉流行的防控等内容。此外，课程还充分利用精品课程网络平台和新媒体信息平台建立与学生的双向互动。

【继续教育学习班】

感染科每年定期开展各类学习班，系统性、针对性地传播专业知识。除每年承担来自全国各地 30～40 名进修医生的培训工作外，还承办全国性医学继续教育项目：每年以会议形式召开感染病诊治新进展学习班、抗感染高峰论坛等，每次项目参与人数达 500 余人。其中，中美感染病学术会议、感染病临床思维训练营和全国真菌学习班已经成为感染继续教育的品牌项目，吸引来自全国各地感染科医师甚至其他科室医师参与学习。2015 年 6 月，感染科举办国家级继续教育项目“感染性疾病护理新进展”学习班，就感染性疾病国内外治疗、护理研究最新进展和学术前沿问题等做专题讲座，涉及感染性疾病的护理管理、肝病诊疗进展、中枢神经系统感染的护理和营养管理，并组织多场病例讨论。2011—2016 年，完成来自全国 18 个省市的 200 余名进修医生的培训。

【感染病相关丛书及教材】

2011—2016 年，参与编写卫生部、高教部教材(教学用书)、专著共计 60 余种。2011 年，由翁心华和张婴元主编的“十一五”规划教材《传染病学》已作为上海医学院医学生教材，并获评上海市普通高校优秀教材奖。2012—2016 年，已出版“翁心华疑难感染病和发热病例精选与临床思维”系列丛书(5 种)，该系列丛书每册书中所包含的病例都是感染科精选自当年所遇到的来自全国各地疑难且易误诊的感染或发热性疾病。另外，科室主编《重点传染病防治知识》作为上海市规范化住院医师培训基地的公共科目教材。

其他参编的书籍还包括《传染病学》(第三版)、《传染病学案例版》、《感染病学》、《〈感染病学〉(第三版)学习指导与习题集》、“十三五”临床医学专业英文版规划教材《传染病学》、《新发传染病》(第二版)、《高级卫生专业技术资格考试指导用书・传染病分册》(第二版)、《国家抗微生物治疗指南》、《实用外科学》(第四版)、《中国医师协会公共课程医学通识篇》、《人畜共患病》、《传染科临床实践(习)导引与图解》、《县级医院感染科医师手册》、《县级医院转诊・感染内科》；编译《药物性肝损伤》等。

【新媒体教学】

以感染科三楼会议室为核心，搭建远程直播平台，已经实现总院、北院，云南丘北、江西兴国等地同步直播，实现多点科室业务学习、病例讨论直播、远程病例会诊。与“丁香园”合作，建立丁香园感染科优秀科室巡礼专版，搭建公开课、微访谈、华山观点等项目平台，科室教授齐上阵，将感染科经验通过自媒体平台传递给更多的医生。至 2016 年，感染科宣传组青年医生建立“华山感染”微信公众号，搭建微信学习平台推广感染病相关科普和专业知识，关注者已达 7 000 余人。

感染科的教师们申请各类教学科研基金，深入研究新的教学方法来改善。通过网络视频、微信群、微信公众平台等使课程更丰富生动，加强与学生的沟通互动，促进学生之间的学术讨论氛围，同时及时获取反馈。重视学生的临床实践，探索用各种新方法，如标准化病人、模拟场景等，锻炼学生基本的询问病史、体格检查以及临床操作的能力，形成初步的临床思维，从而让学生能在实践中获得真知和宝贵的临床经验。

表 2-1-42　2008—2013 年感染科教学科研基金情况表

年　份	课　题　名　称	基金来源	负责人
2008	感染性疾病(经典病例)临床实习辅导电子教材	上海医学院	张继明
2011	感染科青年医师目标管理培养模式的探索	华山医院	王新宇
2011	标准化病人在传染临床教学中的应用	华山医院	杨飞飞
2012	新形势下传染病实习教学的探索	上海医学院	胡越凯
2013	利用 MOOC(慕课)平台课程作为传染病学课外补充教学的尝试与研究	复旦大学	王新宇

【师资队伍】

感染科注重教学队伍的培养，积极鼓励具备副高职称或高年资主治医师职称的青年教师加入授课，有着一支高效的中青年专家为主组成的教学团队。团队中的教师分别精通于感染病学的各个专业，教师配备齐全、人员精干、素质优良，职称年龄学历结构合理、师资结构优化、师资水平较高。张文宏于 2010 年、2012 年获复旦大学“研究生心目中的好导师”，2015 年获“复旦-复兴健康梦基金”，2015 年度复旦大学上海医学院优秀教师；邵凌云于 2009 年获“第一三共制药东方奖教金”；张继明于 2011 年获复旦大学“研究生心目中的好导师”。

五、其他

【医疗援助】

2003 年，翁心华担任上海防治“非典”专家组组长，指导抗“非典”工作。

2008 年，王新宇、金嘉琳赴汶川参加抗震救灾。

2009 年，卢洪洲担任上海市甲型 H1N1 流感专家组组长参与流感防治工作。

2011，中国多个地区暴发病因未明的血小板减少性发热综合征，张文宏等在国际上率先报道疫区外布尼亚病毒病例以及病毒株与疫区病毒株基因序列存在差异。

2013 年，H7N9 疫情暴发，感染科发表世界首例病例报道。同年，陈澍赴雅安参与地震医疗救援。

2014 年，卢洪洲、陈明泉先后赴塞拉利昂参与埃博拉疫情控制。

2015 年，朱利平执行天津港“8・12”特别重大火灾爆炸事故伤员医疗任务。

2016 年，金嘉琳奔赴江苏盐城救治受龙卷风冰雹灾害的患者，指导当地医院工作。

【科室荣誉】

2010—2016 年，连续 7 年在复旦大学医院管理研究所发布的“中国最佳专科声誉排行榜”位列传染科全国第一名。

感染科团支部于 2011 年、2013 年获得复旦大学优秀团支部；感染青年医护团队于 2013 年获得复旦大学青年文明号，2014 年获得上海市青年文明号，2015 年获得全国青年文明号。

感染科党支部于 2012 年获得上海教卫系统先进基层党支部，2014 年获得上海市先进基层党组织。

第十六节　急 诊 科

一、沿革

早在 1955 年，医院成立急症病室，使晚上不再有因新患者收入而惊扰其他病员，对深夜入院的急症病员，亦能得到很快的安置和护理。20 世纪 80 年代初，国务院卫生部正式下达文件，要求在全国各大医院建立急诊科。1985 年，杨涵铭任医院急诊科副主任。1986 年杨涵铭被派至日本北里大学医院急诊科、重症医学科学习，回国后成立以其为领导的急诊科和急诊 ICU（现中心 ICU 的雏形）。在医院的支持下，急诊科配置先进的医疗设备，包括中心监护仪、人工呼吸机等。在杨涵铭的领导下，急诊科逐步完善工作流程并扩大规模，建立急诊ICU、第一抢救室、第二抢救室、留观室和急诊病房，是当时上海地区规模最大、最先进的急诊科之一。90年代，随着重症患者大幅增加，急诊ICU规模也逐渐扩大。1994年，李谋秋任急诊科副主任。1999—2000年，周范民、曹同瓦先后接任急诊科主任，朱会耕、祝禾辰任副主任，主管急诊行政事务，负责急诊质量管理及协调安排各科室轮转急诊的任务。

2004年9月，急诊科成为独立行政部门——急诊部，主要负责医院急诊的日常医疗业务及管理工作。2005年，胡祖鹏任主任，主管急诊部行政事务。急诊科原有的外急诊诊室、第一抢救室、第二抢救室及部分留观床位继续承担着危重病人的救治工作。除主管急诊科行政事务外，在胡祖鹏的领导下，急诊科开始招收及培养急诊专科医生，急诊专科医师培养正式起步。2015年，山缨接任急诊科主任后，进一步加快对急诊专科医生的培养，促进急诊临床建设，急诊科正式转型为独立临床科室。

2016年，急诊科已由行政部门转化为功能齐全的临床科室，设有各科诊室、输液室、留观室、抢救室、扩创室及辅助科室(急诊检验、急诊放射、急诊心电图、急诊B超)，共有医生16人，护士60人。医生中，高级职称1人，中级职称4人；博士研究生2人，硕士研究生9人。

表2-1-43 1985—2016年急诊科历任主任情况表

任职时间	主任
1985—1999	杨涵铭
1999	周范民
1999—2005	曹同瓦
2005—2015	胡祖鹏
2015—	山　缨

二、医疗

【基本情况】

急诊科作为上海市脑外伤急救中心，为所有来院的危重、创伤和其他内科、外科急诊患者提供基础的医疗和护理服务，一周工作7天，每天工作24小时。发展至2016年，硬件设施显著改善，除配备心电监护仪、微量泵、呼吸机、除颤仪、洗胃机等基础设备，还引进心超机1台，实现危重病人的即时床旁超声诊断和鉴别诊断。随着科室的不断建设和发展，急诊科年接诊量逐年上升，2016年接诊救护车达3 600次，接诊总人次达20万人次。由于急诊高级心血管生命支持的培训，床旁连续性肾脏替代治疗，床旁纤支镜、床旁超声等技术的开展，急诊抢救成功率也较前有显著提升。

至2016年，急诊预检台还根据患者生命体征及疾病严重程度建立预检分级，有效提高急诊接诊、抢救效率。同时，急诊科大力开拓电子信息化步伐，急诊电子病历系统的建立应用极大降低不良事件的发生率，提高收集处理患者信息的能力，也初步建立患者信息数据库，为急诊科科研提供临床平台。对输液室流程的优化有效提高输液室的工作效率，该优化措施多次获国内医疗服务方面奖项。

【医疗特色】

至2016年，急诊科已建立完整的现代急救医学体系，治疗范围涵盖常见危重病如脑血管意外、急性呼吸窘迫综合征、上消化道出血、急性胰腺炎、中毒、多器官功能障碍综合征、心搏骤停、多发伤等。依托医院神经内科、神经外科、皮肤科、感染科、心内科等国家重点专科，急诊科对急性心肌梗死、脑血管意外、多发伤等急危重症开通绿色通道，提高患者的抢救成功率。同时，急诊科每年收治大量上海市及周边省市转至医院的各类重症感染、脑血管意外及其他疑难杂症患者，对于上述患者的救治及分诊起到关键作用。

三、科研

依托医院神经内外科、皮肤科、手外科、感染科、心内科等国家重点学科，联合上述优势学科，力争向综合脑血管意外、心肌梗死、多发伤、重症感染、重症皮肤病等诊疗特色的急诊中心发展。急诊科基本学科涵盖内科、普外科、神经内科、神经外科、骨科、皮肤科、泌尿外科、手外科等。急诊科已于2016年申报上海市卫计委危重病薄弱学科建设计划。

对于科室医护人员除定期开展业务学习讲座、安排外出学习外，还进行亚专科继教培养，使每个急诊医生在专业知识系统的基础上，对相关专科进行深造研究。科室还鼓励医护人员积极申请科研项目，为医护人员自身的科研水平提高及科室的发展奠定基础。

四、教学

急诊科承担复旦大学医学院本科生的教学、实习，研究生培养及进修医生带教工作，同时作为上海市住院医师规范化培训急诊科培训基地，对急诊科住院医师进行规范化培训，并承担对医院医护及行政、后勤人员进行基本生命支持和高级心血管生命支持的培训任务。

至2016年，每年带教八年制实习生70人，进修医生2～3人，培养急诊基地学员6～8人，培养急诊科研究生2～3人。每年定期面向医院职工开展基础生命支持(BLS)、高级生命支持(ACLS)培训，使心肺复苏技能普及医院。

五、其他

至2016年，急诊科曾多次承担国内外重要会议、赛事(如F1比赛、国际短道速滑比赛等)的定点保障工作，并积极响应医院号召，派出年轻骨干力量支援外地甚至到国外参与医疗救助。

第十七节　呼 吸 科

一、沿革

呼吸科的前身是内科呼吸组，由海外归国的哮喘病专家汪敏于1956年创建，是国内最早的支气管哮喘防治临床机构之一。1975—1986年，诸君龙任内科哮喘呼吸组组长。1989年，朱惠如正式建立亚专业齐全的综合呼吸科。科室规模逐渐扩大，同时逐步完善呼吸科各亚专业建设，着重开展支气管哮喘的防治、支气管镜检查等业。1998—2016 年，陈小东、金先桥、张文宏、李圣青分别任呼吸科主任。2016 年，呼吸科有医护人员 23 人，其中高级职称 10 人，博士研究生导师 3 人，具有博士研究生以上学历者 10 人。

2016 年起，先后成立中国肺癌联盟肺部小结节早期诊断分中心、肺血管病诊疗中心、慢性气道疾病防治中心、肺部疾病介入诊疗中心、呼吸危重病病房、睡眠呼吸障碍与鼾症诊治中心等。

表 2-1-44　1956—2016 年呼吸科历任主任情况表

任职时间	主　任
1956—1975	汪　敏
1975—1986	诸君龙
1986—1998	朱惠如
1998—2013	陈小东
2013—2014	金先桥
2014—2016	张文宏
2016—	李圣青

二、医疗

【基本情况】

至 2016 年，呼吸科在陈小东、金先桥、张文宏、李圣青的带领下，逐步完善呼吸各亚专业建设，独立并常规开展专业诊疗技术，且整体技术水平处于国内先进行列。其学科带头人在国内专业学术领域有较高的知名度，在专科发展中能起领头作用，人才梯队、年龄结构、知识结构、职称结构及学历结构合理；具备满足业务需要的设施和设备，拥有独立病区，病床使用率≥85%，独立开展的必备诊疗技术项目≥95%，能够开展大多数重点专科诊疗技术。

呼吸科承担大量的医疗工作，包括呼吸科病房、门诊患者的诊治，以及院内外疑难、危重疾病的会诊和救治。接诊病种主要包括支气管哮喘、慢性阻塞性肺病、肺部感染、呼吸衰竭、无创通气、支气管扩张、支气管肺恶性肿瘤、胸腔积液、睡眠呼吸障碍、间质性肺病等。除普通呼吸科门诊外，呼吸科还开设有肺癌、支气管哮喘、慢阻肺、肺小结节、肺栓塞、肺动脉高压、睡眠呼吸障碍、戒烟等专病门诊，主任专家门诊和疑难杂症门诊，门诊量逐年递增。2016 年，呼吸科普通门诊量超过 26 040 例次，专家门诊量超过 3 389 人次。2016 年共完成肺功能检查 12 767 例次，完成各类纤支镜检查和治疗 765 例次，并且每年以 5%～10%比例增长。2016 年，呼吸科病区有总床位 30 张，其中重症监护病床 2 张、睡眠监测病床 2 张；年出院患者数超过 1 445 人次；平均住院日 5.7 天，床位使用率 109.87%。

【医疗特色】

呼吸慢病诊疗与管理　慢性阻塞性肺病（慢阻肺）和支气管哮喘等呼吸慢病严重危害人类健康，给国家和人民带来沉重的医疗负担。其中慢阻肺是继脑卒中与心血管病之后第三大死亡原因；流行病学统计国内有近 3 000 万哮喘患者，慢阻肺与哮喘患者数合计超过 1 亿人。科室依托医院的

"国家老年疾病临床医学研究中心"平台，组建呼吸慢病临床与基础研究团队，积极推进一流的呼吸慢病临床与研究平台建设，包括设立慢性呼吸系统疾病专病门诊；国际标准的电子化患者临床信息管理数据库；呼吸慢病生物样本库和呼吸生理与肺功能评估实验室。对于慢性呼吸系统疾病做到"四早"策略：① 早期预防，广泛开展戒烟宣传和规范化的烟草戒断干预；② 早期诊断，对有症状患者广泛开展早期筛查；③ 早期治疗，早期诊断的患者做到早治疗，最大限度地减少肺功能的减损速度；④ 早期肺康复，对于中、晚期患者尽早开展肺部康复治疗，最大限度地提高患者生存质量。尽可能减少患病率、减慢疾病进展和减轻患者痛苦，提高生活质量，最大限度地减少家庭和社会的经济负担。

呼吸系统肿瘤精准诊疗与多学科综合管理　肺癌精准诊疗与多学科综合管理是国际公认的提高中晚期肺癌患者总生存与生活质量的最先进和有效的措施。呼吸科最早开展肺癌组织活检小标本全外显子二代测序与 ctDNA 突变监测，以指导肺癌患者靶向药物筛选；率先建立肺癌患者的 PDX－PDC 模型，进行体外药物筛选，实现肺癌患者的个体化精准治疗；最先开展肺癌组织的 PD1 与 PDL1 检测以及肿瘤突变负荷（TMB）检测，为肺癌免疫治疗的实施提供临床依据。上述精准治疗措施极大降低高毒副反应的化疗使用率，为中、晚期肺癌患者的治疗提供更为低毒、高效的选择。同时建立肺癌患者电子注册登记系统和肺癌生物样本库，极大地推动肺癌的临床与基础研究。

呼吸科在广泛开展上述国际标准化的内科全程管理的基础上，依托医院国际一流的胸心外科、神经外科、射波刀中心、伽马刀中心，以及国内最早、经验最丰富的 PET/CT 中心和分子病理诊断中心，成立多学科协作临床诊治平台，为此类患者提供全流程、国际标准化的多学科联合管理模式（MDT），使肺癌患者的诊疗真正做到与国际接轨。

支气管镜介入诊疗　介入呼吸病学是一门关于呼吸系统疾病的侵入性诊断和治疗的医学科学和技术。介入呼吸病学已成为现代呼吸病学发展的一项重要的亚专科。呼吸科支气管镜室拥有常规纤维支气管镜、荧光支气管镜、超声支气管镜（包括外周超声探头）、冷冻治疗仪、高频电氩气刀工作站等检查与治疗设备。常规开展普通气管镜检查、活检、刷检、肺泡灌洗术，经支气管肺活检术（TBLB），超声引导下的经支气管针吸活检（EBUS－TBNA），经支气管超声导引鞘引导的经支气管肺活检术（EBUS－GS），经支气管镜热消融术，支气管镜下冷冻切除、电凝、支架植入、球囊扩张等。对于复杂的良恶性气道病变，常规开展全麻下的支气管镜活检、冷冻、电凝、良恶性气道狭窄的介入治疗、支架植入、球囊扩张等诊疗技术，进一步提高诊断阳性率和患者耐受性。EBUS－TBNA 联合食管超声引导下的针吸活检技术（EUS－FNA）基本实现全纵隔淋巴结活检分期、纵隔病变的病理诊断等，对肺癌的诊断阳性率达 95%以上。气管镜室的虚拟导航系统、快速现场评价系统（ROSE）与内科胸腔镜正在筹建中，将进一步提高呼吸内镜的综合诊疗水平。支气管镜活检组织在满足病理诊断要求的同时，将活检小标本进行全外显子二代测序，指导肺癌患者靶向治疗；建立肺癌患者的 PDX－PDC 模型，进行体外药物筛选，实现肺癌患者的个体化精准治疗；建立肺癌生物样本库，为肺癌的临床与基础研究搭建平台。医院呼吸科支气管镜三、四级手术量每年以约 200%的速度递增，已成为呼吸系统疾病精准诊疗的关键支撑技术。

支气管哮喘及变态反应性疾病　呼吸科医疗工作的重点之一是开展支气管哮喘的防治。除开展药物防治研究外，还率先在国内开展过敏原的皮肤试验及脱敏治疗，首先调查确定上海地区常见的过敏原，并自行采集过敏原制备试剂供临床诊断及治疗之用。随着哮喘发病特点的变化，积累大量咳嗽变异性哮喘的临床资料，为进一步开展哮喘的防治工作打下坚实的基础。

三、科研

【科研特色】

呼吸科主要致力于研究肺癌综合诊治和个体化治疗、胸部疾病介入诊治、变态反应性疾病诊治、睡眠呼吸障碍疾病检查及治疗、呼吸系统感染性疾病诊治、呼吸危重症治疗、间质性肺部疾病、肺血管病等，重点关注肺癌综合诊治和个体化治疗、胸部疾病介入诊治、肺血管病、睡眠呼吸障碍疾病检查及治疗。

肺癌综合诊治和个体化治疗 肺癌精准诊疗与多学科综合管理是国际公认的提高中晚期肺癌患者总生存与生活质量的最先进和有效的措施。呼吸科是最早开展肺癌组织活检小标本全外显子二代测序与ctDNA突变监测的医院之一，用于指导肺癌患者靶向药物筛选；率先建立肺癌患者的PDX－PDC模型，进行体外药物筛选，实现肺癌患者的个体化精准治疗；最先开展肺癌组织的PD1与PDL1检测以及肿瘤突变负荷（TMB）检测，为肺癌免疫治疗的实施提供临床依据。至2016年，上述精准治疗措施极大降低高毒副反应的化疗使用率，为中、晚期肺癌患者的治疗提供更为低毒、高效的选择。同时建立肺癌患者电子注册登记系统和肺癌生物样本库，极大地推动肺癌的临床与基础研究。

胸部疾病介入诊治 介入呼吸病学是一门关于呼吸系统疾病的侵入性诊断和治疗的医学科学和技术，已成为现代呼吸病学发展的一个重要的亚专科。呼吸科支气管镜室拥有常规纤维支气管镜、荧光支气管镜、超声支气管镜（包括外周超声探头）、冷冻治疗仪、高频电氩气刀工作站等检查与治疗设备。常规开展普通气管镜检查、活检、刷检，肺泡灌洗术，经支气管肺活检术（TBLB），超声支气管镜引导下的经支气管针吸活检（EBUS－TBNA），经支气管超声导引鞘引导的经支气管肺活检术（EBUS－GS），经支气管镜热消融术，支气管镜下冷冻切除、电凝、支架植入、球囊扩张等。EBUS－TBNA联合食管超声引导下的针吸活检技术（EUS－FNA）基本实现全纵隔淋巴结活检分期、纵隔病变的病理诊断等，对肺癌的诊断阳性率达95％以上。呼吸科支气管镜三、四级手术量每年以约200％的速度递增，已成为科室呼吸系统疾病精准诊疗的关键支撑技术。

肺血管病 肺血管病包括肺栓塞、肺动脉高压和肺血管炎三大类疾病。其中10％的院内死亡是急性肺栓塞所致；WHO心功能分级Ⅲ/Ⅳ级的肺动脉高压患者未经治疗的生存期不超过半年，堪比恶性肿瘤；肺血管炎作为疑难少见病临床医生认知严重不足。从美国梅奥医学中心访学归来的李圣青，领衔肺血管病的临床诊疗和科学研究，率先在上海呼吸病研究所成立肺血管病研究室。在胸心外科、放射科、核医学科和超声科等科室协助下，建立医院静脉血栓栓塞症（VTE）电子预防体系；开通肺栓塞诊治、收容绿色通道；开展右心漂浮导管和急性肺血管扩张试验等检查；开展肺动脉（支气管动脉）造影和经皮球囊扩张与支架植入术等。通过一系列支撑技术的开展，使得肺血管病诊疗达到国内先进水平，并逐步与国际水平接轨。

睡眠呼吸障碍疾病检查及治疗 睡眠呼吸暂停综合征（OSAS），主要特征是夜间反复出现气道阻塞而导致呼吸暂停，并伴随夜间机体反复缺氧，导致血压升高、内分泌代谢紊乱和神经系统功能障碍等，从而导致多器官功能损害。医院呼吸与危重症医学科鼾症与肺康复诊疗团队，借助同步全球的物联网技术和理念，为睡眠呼吸障碍相关疾病与慢性呼吸衰竭患者提供筛查、早期诊断、规范化多学科（呼吸、神经、精神）治疗与长期跟踪随访等一体化服务，包括：基于物联网的远程筛查服务；家庭便携式监测仪诊断服务；多导睡眠仪精准诊断与病情评估；最佳无创正压呼吸机的选择与压力滴定;基于物联网技术的远程最佳无创正压呼吸机压力滴定服务;基于物联网技术的远程长期管理服务。对于多种原因所致慢性呼吸衰竭患者,提供家庭氧疗和无创辅助通气治疗,包括持续气道正压(CPAP)、双水平正压(BiPAP)和自动滴定正压(APAP)呼吸机。针对不同病因导致的慢性呼衰患者制订个体化的肺康复计划,帮助患者最大程度地恢复肺功能、改善运动耐量和生活质量。

【人才培养】

科研水平是衡量科室学术水准的重要指标,青年医师的科研能力是科室发展的未来。在严格执行论文、课题申报流程和审核制度的同时,呼吸科尤其注重为青年医师创造科研环境,使青年医师拓宽视野、汲取科研灵感,更好地为科室发展服务。呼吸科注重科室人才的培养和学术梯队的建设,加强对外交流,2016 年 4 月,举办梅奥-华山呼吸学术交流会。科室完善生物样本库的建设。科室加强业务学习,坚持每周一次病例讨论、业务学习及研究生进展汇报。

【科研成果】

呼吸科早期医疗和科研工作的重点是开展支气管哮喘的防治。除开展药物防治研究外,还率先在国内开展哮喘过敏原的皮肤试验及特异性免疫治疗。从 20 世纪 50 年代后期开始,就大范围开展调查研究,确定上海地区常见的哮喘和过敏性鼻炎的过敏原,并建立标准化的临床诊断方法及治疗措施。1979 年起,开展老慢支防治工作,在上海老慢支会战组中任临床组组长单位。1979 年,在上海及附近地区开展大规模流行病学调查,取得有关哮喘在该地区患病率以及发病因素方面的宝贵资料。1983 年,承担卫生部课题"制定外源性变态反应性肺泡炎诊断标准及处理原则",并负责起草诊断标准。1990 年,此标准经全国标准技术委员会讨论通过。除进一步开展支气管哮喘以及其他慢性气道疾病如 COPD 的防治研究外,在肺部感染的诊断和治疗、肺癌的免疫治疗以及睡眠呼吸暂停综合征的诊断及流行病学调查方面也有很大的发展。2004 年,用梧桐花粉浸液作为过敏原成功建立变态反应性疾病的实验动物模型。2005 年,成功复制 COPD 大鼠模型,为 COPD 的进一步研究提供良好的平台。2006 年,开展抗肿瘤免疫活性细胞- DCIK 细胞对肺癌免疫的治疗临床研究。

1986 年,舒喘平胶囊研制成功,获江苏省科技进步奖四等奖。1996 年,负责制定的《职业性变应性肺泡炎诊治标准》,获卫生部批准为国家标准。

陈小东获得上海市科委课题 3 项,分别是"慢性阻塞性肺疾病中性粒细胞凋亡的调控基因研究""变态反应性疾病抗 IgE 免疫治疗的实验研究""PM2. 5 暴露对上海地区成人慢性气道疾病急慢性效应板面数据与中药干预作用研究",上海市科委重点项目 1 项"花粉过敏性哮喘特异性免疫诊断和治疗的标准化研究"。

【国际交流】

至 2016 年,呼吸科多次邀请梅奥医学中心知名专家、教授莅临讲学与指导,开展学术交流,聘请世界知名专家为客座教授;与此同时,呼吸科也通过多种形式开展国际合作交流。

四、教学

呼吸科教学工作隶属于复旦大学上海医学院内科学系,承担复旦大学医学院本科,七年制硕士，八年制博士内科学、诊断学“内科学新理论新技术”的部分教学任务。呼吸科是内科学（呼吸病专业）硕士与博士学位授予点。截至 2016 年，先后培养研究生 10 人，在读博士研究生 5 人，硕士研究生 4 人。

呼吸科最早一批入选呼吸专科培训基地，基地设有普通病房、呼吸监护室、气管镜室、肺功能室、睡眠呼吸监测室等。从临床出发，将理论学习和临床实践有机的结合，每周二、四上午安排科室临床大查房，由带组教授负责，每周二设立科室医护大交班制度，每周四上午进行科室疑难病例讨论，并定期开展业务学习、专科培训指导和呼吸临床研究。呼吸科积极参与内科培训基地的带教与考核工作，平均每年培养与带教 200 余名内科基地培训学员。

1987 年，主办“全国支气管哮喘及Ⅰ型变态反应性疾病检测方法”学习班。2015 年，举办国家级继续医学教育项目“胸部疑难疾病诊治新进展”学习班。

五、其他

呼吸科一直承担上海市重大活动的医疗保障和突发事件的医疗救援工作。2008 年，张静、何剑参加“5・12”汶川大地震救援工作。2010 年，张静、夏敬文参加青海玉树地震救援工作。2013 年，王桂芳参加中国红十字会国际救援队赴尼泊尔地震灾区救援，17 天的“战地日记”记录救援队的奋斗经历和心路历程。

第十八节　运动医学科

一、沿革

1955 年，范振华参加苏联专家运动医学高师班后，创建上海第一医学院医疗体育监督室。1957 年，范振华在医院建立体疗室（现物理康复与运动医学科的前身）。上海第一医学院院长、外科学家沈克非和上海体委主任杜前十分关心运动医学，曾计划建立运动医学研究所。

“文化大革命”期间，体疗室与骨科合并。1978 年，重新恢复并设立运动医学研究室，由范振华任主任，许胜文任副主任，还有董煜麟、马燮荣、屠丹云、陈幸尔等，当时学科 20 余人，在运动创伤防治、运动员选材、骨科和手外科体疗方面居国内领先。1984 年，医疗体育教研室更名为运动医学与康复科。1994 年，许胜文任科主任，胡永善任副主任；陈世益任研究室副主任，吴毅任教研室副主任。1995 年，为发展运动医学和关节镜外科，陈世益赴瑞典，师从运动医学和关节镜专家简・基奎斯特(Jan Gilquist)教授进修关节镜和运动医学，从事腱病基础研究。1997 年，陈世益回国，入选首批上海市医学系统百人计划。获政府基金支持，运动医学逐渐复苏。

1999 年，为促进运动医学学科发展，医院将运动医学与康复科分成两个独立学科：运动医学科和康复医学科。独立后的运动医学科由运动创伤、康复和部分骨科医师组成，顾湘杰担任科主任，当时有 4 名医师、12 张床，年手术量在 250 台左右，借用骨科的关节镜设备开展运动创伤治疗工作。2000 年，运动医学科从上海市体育局获得 50 万元资助和医院等量匹配，购买当时国际上最先进的全套关节镜手术和配套设备。陈世益刚从美国进修关节镜手术回来，开展一系列关节镜新技术，运动医学关节镜技术进入一个新阶段。2000—2003 年，陈世益赴美国匹兹堡大学医院和澳大利亚新南威尔士大学圣乔治医院进修膝、肩关节镜临床，接受关节镜运动创伤专科医生培训。2004 年，陈世益回国工作，入选首批上海市浦江人才计划。同年，上海市政府正在准备 F1 中国大奖赛，陈世益受命担任上海市 F1 国际大赛首席医务官。

2005 年 5 月 19 日，复旦大学运动医学中心成立。该中心以医院运动医学为基地，整合复旦大学相关学科的综合实力后成立，包括运动创伤与关节镜外科、运动康复、运动促进健康、基因与兴奋剂、精神心理等 5 个专业组。复旦大学党委副书记、解剖学家彭裕文任名誉主任，顾玉东、戴尅戎任顾问，陈世益任中心主任。

2005 年起，陈世益担任运动医学科主任，翟伟韬任副主任。2016 年，有正式医师 23 人，其中高级职称医师 8 人，博士研究生导师 2 人、硕士研究生导师 5 人，康复及技师 5 人；专职研究员 1 人，研究生 18 人。

运动医学科是国家临床重点专科，医院重点发展的特色学科之一，复旦大学双一流建设重点学科，上海市医学重中之重医学中心；也是卫生部首批建立的全国骨科关节镜诊疗技术培训基地，国际关节镜-膝关节外科-骨科运动医学学会（ISAKOS）在中国大陆唯一授权认证的“关节镜与运动创伤教育培训中心”，复旦大学运动医学中心，上海市医疗卫生系统唯一的运动医学专科、运动医学博士点和博士后工作站，上海市奥运会项目及世界三大赛冠军的医疗保障定点医院，上海市重大国际赛事首席医疗官单位。

表 2-1-45 1957—2016 年运动医学科历任主任情况表

任职时间	主任
1957—1994	范振华
1994—1998	许胜文
1999—2004	顾湘杰
2005—	陈世益

二、医疗

【基本情况】

运动医学科下设运动创伤和关节镜外科、运动康复和术后随访室、运动医学研究室、运动创伤及关节镜培训基地、重大赛事医疗保障办公室。拥有 3 间国内最先进的数字化手术室，关节镜手术设备包括数码超级三晶片摄像系统，光源系统，动力刨削系统，冲洗灌注系统，前后交叉韧带重建系统，关节软骨移植修复系统，手动器械和各种入路、半月板修复系统，射频汽化治疗仪，镜下电刀系统，CPM 康复仪，可进行各种膝、肩、踝、肘关节镜微创诊断、治疗和重建手术。有科室独立使用的 C 形臂机、超声机等。2016 年，总院病区 21 张床，东院病区 20 张床，平均住院 2～3 天，年门诊量 3 万人次，年手术量超过 2 000 台。

【医疗特色】

运动医学科以“功能至上”为原则，以恢复运动为最大目标；遵从自然规律，发挥人体代偿能力；强调运动损伤治疗与康复一体化无缝衔接的治疗模式。以关节镜微创技术、生物促进修复技术、个体化康复技术等三大治疗手段，主要进行各种运动损伤、关节疾病及其他运动系统相关疾病的诊断、治疗和康复，专业开展各大关节全关节镜或关节镜辅助下的微创手术。手术创伤小、疗效好、恢复快、痛苦少，住院时间短，手术费用节省，患者负担减轻，是当今国际先进医疗模式日间手术(day surgery)的最佳体现。

诊疗技术 专业开展运动创伤和膝、肩、踝、髋、肘等五大关节镜重建手术的医疗单位，擅长前后交叉韧带重建、膝关节多韧带重建、髌股关节疼痛与稳定术、半月板成形修补与移植、膝关节单髁置换、关节软骨移植与修补、关节内游离体摘除、各种肩袖撕裂修补、肩关节单向及多向不稳、冻结肩松解术、肩峰减压与成形、关节盂唇修补、肱二头肌腱固定与SLAP修补、踝关节不稳关节镜下韧带修复与重建、踝关节软骨损伤治疗、跟腱损伤与断裂、肘关节清理、髋关节盂唇修补、股骨头成型、游离体手术等。在骨骼肌损伤和运动性肌腱损伤方面也有专门研究和独特治疗。

运动创伤康复 是国内第一家在关节镜手术科室内设立专职康复师和随访医师的单位，既密切医患关系，又提高手术疗效。该科在膝、肩、踝、肘关节方面已建立自己的康复和随访体系，术后康复与国际接轨，体现专业化、个体化特色。膝、肩关节术后患者恢复运动和工作的时间较传统手术缩短1/2以上，重返运动比例达到80%以上。

三、科研

【人才培养】

1995年起，选派科室骨干到国际著名运动医学与关节镜外科单位进修学习。同时，科室有多名医师入选各类人才奖励计划，如上海市百人计划、浦江人才计划等。

表2-1-46 1995—2015年运动医学科派遣出国进修人员情况表

时间	进修单位	进修人员
1995年1月—1996年7月	瑞典林雪平大学医学院附属医院	陈世益
2000年5—9月	美国威斯康星大学附属医院	陈世益
2002年1—6月	美国匹兹堡大学	陈世益
2003年1月—2004年1月	澳大利亚新南威尔士大学圣乔治医院	陈世益
2003年8月—2004年8月	美国匹兹堡大学运动医学中心	李云霞
2006年2月	首尔Madi肩关节专科医院	陈世益
2007年7月	美国纽约特种外科医院	陈世益
2008年6月	美国得克萨斯圣安东尼奥史蒂文·布克哈特肩关节诊所	陈世益
2009年5月	美国哈佛大学附属麻省总医院	陈世益
2010年5—10月	美国哈佛大学附属麻省总医院	李　宏
2010年9月	德国法兰克福德累斯顿运动创伤诊所	陈世益
2013年4—12月	英国诺丁汉大学	陈　俊
2013年7—9月	美国哈佛大学附属麻省总医院	李云霞
2014年3—9月	美国佛罗里达理工学院	吴　阳
2014年6—12月	波兰华沙卡罗莱纳医疗中心	戈允申

（续表）

时间	进修单位	进修人员
2014 年 9—11 月	德国约翰娜·艾蒂安医院	高 凯
2015 年 6—12 月	波兰华沙卡罗莱纳医疗中心	李宏云

表 2-1-47 1997—2016 年运动医学科入选人才计划和获得人才奖励情况表

年份	人才计划、人才奖励名称	入选者、获奖者
1997—2005	上海市医学百人计划	陈世益
2000	第四十七届美国运动医学学院(ACSM)国际学者奖	陈世益
2000	国际运动医学联合会(FIMS)洲际旅行学者奖	陈世益
2005	上海市浦江人才计划	陈世益
2005	上海市人事局引进海外人才二等奖	陈世益
2006	第九届吴阶平医学-保罗·杨森药学研究奖	陈世益
2006	上海市浦江人才计划	李云霞
2006	第九届吴阶平医学-保罗·杨森药学研究奖	陈世益
2007	亚洲运动医学学会旅行学者奖	华英汇
2010	国际内镜杰出领袖奖	陈世益
2010	华山医院华秀奖	尚西亮
2010—2012	上海市科委青年科技启明星人才培养计划	朱文辉
2012	华山医院十佳科技精英奖	陈世益
2013	华山医院十佳科技精英奖	陈世益
2014	华山医院华秀奖	李 宏
2015	日本整形外科及创伤研究基金会旅行学者奖	华英汇
2015	华山医院华秀奖	吴 阳
2016	华山医院华峰奖	陈世益
2016	“速度与激情”F1 中国大奖赛医疗保障 12 年杰出贡献奖	陈世益
2016	亚太膝关节、关节镜及运动医学学会旅行学者奖	华英汇
2016	华山医院华菁奖	尚西亮
2016	华山医院华秀奖、十佳科技精英	陈 俊

【科研成果】

至 2016 年，运动医学科先后获国家“973”“863”重点项目，国家自然科学基金，国家重点学科研究基金，卫生部、教育部以及上海市科委、市体育局、市卫生局、复旦大学、中国香港康体局等数十项基金资助，陈世益担任国家“863”新型高强韧带项目首席科学家。1994—2016 年，获市级以上各类科研奖励十余项。1977 年起，主编、参编专著 16 部，主编(译)、副主编专著 20 余部。2006—2016

年，团队已在国内外核心专业杂志发表论文260余篇(SCI 90余篇)。陈世益担任*AJSM*唯一中国编委(*AJSM*在全球76本骨科专业杂志排名第一，影响因子5.79)，也是*AJSM*杂志中文版和《关节镜》(*Arthroscopy*)杂志中文版主编；4人次担任国际专业杂志编委。在中国人工韧带研究与应用方面处于国际国内领先，申请发明专利24项，获2014年国际发明展览会发明创业金奖，成果转让11项。科室拥有专职科研人员2人。

表2-1-48　1994—2016年运动医学科获奖项目情况表

年　份	项　目　名　称	奖　项　名　称	负责人
1994	Q角对髌股关节生物力学特性的影响及其在运动医学和骨科中的意义	上海市科技进步奖二等奖	陈世益
1998	《运动医学》	上海市科技进步奖三等奖	陈中伟
2000	髌骨软骨病与髌股排列异常实验与临床研究	中华医学科技奖	陈世益
2006	中药有效成分促进运动员骨骼肌损伤愈合的研究	上海市体育局十运会科技攻关三等奖	陈世益
2010	运动员肩关节伤病的评价系统建立及其在康复训练中的应用研究	全运会科研攻关与科技服务优秀成果三等奖	陈世益
2011	黄芪丹参注射液对骨骼肌损伤愈合的促进作用	上海中西医结合科学技术奖三等奖、中国体育科学技术三等奖	陈世益
2012	髌腱腱病康复治疗的基础与临床研究	上海康复医学科技奖三等奖	陈世益
2012	无创性踝关节牵引支架研制及临床应用	国际发明展览会铜奖	华英汇
2013	无创性踝关节牵引支架研制及临床应用	上海市医务工会星光计划一等奖	华英汇
2014	新型悬吊式生物型人工韧带	国际发明展览会发明创业金奖、上海市优秀发明选拔赛优秀发明铜奖、上海市职工合理化建议优秀成果奖	陈世益
2016	踝关节康复训练仪及使用方法	上海市医务工会星光计划二等奖	华英汇
2016	慢性踝关节不稳定康复机制研究	上海康复医学科技奖二等奖	华英汇

表2-1-49　1977—2016年运动医学科出版著作情况表

年份	著　作　名　称	出　版　社	编写形式	编　写　人　员
1977	简明医疗体育手册	人民卫生出版社	主编	范振华
1991	运动医学	上海医科大学出版社	主编	范振华
1992	实用康复医学	东南大学出版社	主编	范振华
1996	运动医学	上海科技教育出版社	主编 参编	陈中伟 陈世益
2002	骨科基础科学——骨关节肌肉系统生物学及生物力学	人民卫生出版社	参编	陈世益
2002	上海社区健身指导手册	上海科技教育出版社	副主编	陈世益
2004	现代骨科学	科学出版社	主编 参编	赵定麟 陈世益

（续表）

年份	著作名称	出版社	编写形式	编写人员
2007	外科学	人民卫生出版社	主编 参编	张阳德 陈世益
2007	关节镜手术与康复	人民军医出版社	主编 参编	王予彬 陈世益
2007	实用足踝外科手术学	复旦大学出版社	主译	陈隆恩　陈世益
2008	膝关节韧带损伤的修复与重建(第一版)	人民卫生出版社	主编	刘玉杰　敖英芳　陈世益
2008	实用骨科运动医学——高级理论与关节镜外科技术	人民军医出版社	主译	陈世益
2008	现代手外科学	复旦大学出版社	主编 参编	徐建光 陈世益
2008	运动创伤学	人民卫生出版社	主编 参编	于长隆 陈世益
2008	肩关节镜手术学	第二军医大学出版社	主译	徐卫东　陈世益　陈百成
2008	运动创伤学	人民军医出版社	主编 主审	亓建宏 陈世益
2009	实用关节镜外科学	人民卫生出版社	主编 副主编	陈启明　戴克戎 陈世益　陈志华　刘玉杰
2009	坎贝尔骨科手术学(第十一版)	人民军医出版社	主译 审稿	王　岩 陈世益
2010	现代骨科学	复旦大学出版社	主编 参编	陈峥嵘 陈世益
2012	创伤骨科手术技术	北京大学医学出版社	主译 参译	姜保国 陈世益
2012	运动医学(卫生部“十二五”规划教材、全国高等中医药院校教材)	人民卫生出版社	副主编	李云霞
2013	骨内科学——从临床到实验室到临床和社区	人民卫生出版社	参编	陈世益
2013	生命的守护者——医学大家(一)	复旦大学出版社	主编	肖　飞
2013	“骨”往今来——心路医路	复旦大学出版社	主编 参编	王　岩 陈世益
2013	当代医学名家经典手术	人民军医出版社	参编	陈世益
2014	外科学(全国高等教育医学数字化规划教材)	人民军医出版社	主编 参编	郑树森 陈世益
2014	膝关节韧带损伤修复与重建(第二版)	人民卫生出版社	主编	刘玉杰　敖英芳　陈世益
2016	骨科运动医学与运动创伤学手术图谱	北京大学医学出版社	主审 主译	陈世益 陈疾忤

（续表）

年份	著作名称	出版社	编写形式	编写人员
2016	Noyes膝关节功能紊乱——手术、康复及临床疗效	人民军医出版社	主译 副主译	蔡婿 石晶磊 陈世益 杨柳 王健全 冯华
2016	肩肘膝运动医学外科技术——肩肘分册	人民军医出版社	主审 主译	陈世益 崔国庆 王文良 唐康来 徐卫东

表2-1-50 2009—2015年运动医学科获得专利情况表

专利申请号	专利名称	专利类型	申请人
200920211687.8	人工韧带	实用新型专利	陈世益 李宏 蒋佳
200930229804.9	人工韧带	外观设计	陈世益 李宏 蒋佳
201020217834.5	一种新型肩关节评分问卷	实用新型专利	戈允申 陈世益
201020217831.1	一种肩关节术后专用病服	实用新型专利	戈允申 陈世益
201210391244.8	单孔悬吊式人工韧带	发明专利	陈世益 沈为 蒋佳等
201210417767.5	折叠悬吊式人工韧带	发明专利	陈世益 蒋佳 杨建军等
201210391701.3	分段式环状悬吊人工韧带	发明专利	陈世益 沈为 蒋佳等
201210391689.6	一体化环状悬吊人工韧带	发明专利	陈世益 蒋佳 沈为等
201220527759.1	单孔悬吊式人工韧带	实用新型专利	陈世益 沈为 蒋佳等
201220556234.0	折叠悬吊式人工韧带	实用新型专利	陈世益 蒋佳 杨建军等
201220528176.0	一体化环状悬吊人工韧带	实用新型专利	陈世益 蒋佳 沈为等
201220527710.6	分段式环状悬吊人工韧带	实用新型专利	陈世益 沈为 蒋佳等
201210391195.8	双孔悬吊式人工韧带	发明专利	陈世益 蒋佳 沈为等
201220527682.8	双孔悬吊式人工韧带	实用新型专利	陈世益 蒋佳 沈为等
201210157890.8	简易肩关节活动度测量仪	发明专利	戈允申 陈世益
201220234662.1	肩关节镜手术专用手套	发明专利	戈允申 陈世益
201220069987.9	一种无创性踝关节牵引架	实用新型专利	华英汇
201220727181.4	一种脚踝关节测试平台	实用新型专利	华英汇
201310118116.0	易塑型折叠悬吊式人工韧带及其制备方法	发明专利	陈世益 蒋佳 吴阳等
201320168981.1	易塑型折叠悬吊式人工韧带	实用新型专利	陈世益 蒋佳 吴阳等
201310178376.7	肩关节镜模拟打结练习器	发明专利	戈允申 陈世益
201310315418.7	新型可搭载平板电脑的本体感觉训练器	发明专利	戈允申
201303966482.2	踝关节康复训练仪及其使用方法	发明专利	华英汇
201320046779.1	一种半月板缝合套管针	实用新型专利	华英汇
201410083233.2	中空管带状可折叠悬吊式人工韧带	发明专利	陈世益 蒋佳 吴阳等

（续表）

专利申请号	专 利 名 称	专利类型	申 请 人
201420104657.8	中空管带状可折叠悬吊式人工韧带	实用新型专利	陈世益 蒋 佳 吴 阳等
201420144222.6	具有丝蛋白涂层的单孔悬吊式人工韧带	实用新型专利	蒋 佳 陈世益等
201410366727.1	银/丝蛋白/羟基磷灰石仿生涂层修饰人工韧带制备方法	发明专利	陈世益 张 鹏
201410367558.3	锶/丝蛋白仿生涂层修饰人工韧带的制备方法	发明专利	陈世益 张 鹏
201410366746.4	HAp掺和银和铜抗菌剂复合涂层的制备方法	发明专利	陈 俊
201410367560.0	抗感染人工韧带的制备方法	发明专利	陈世益 陈 俊
201410367599.2	钙锶/明胶仿生涂层修饰人工韧带的制备方法	发明专利	张 鹏 陈世益
201410298509.9	后交叉韧带止点剥离定位过线器	发明专利	陈疾忤
201410124375.9	一种新型的纳米生物陶瓷涂覆的人工韧带及其制备方法	发明专利	吴成铁 李 宏
201520721689.7	纳米涂层修饰的分段编织型人工肩袖补片	实用新型专利	陈世益 张 鹏
201520722911.5	仿生型人工肩袖补片	实用新型专利	张 鹏 陈世益
201520435641.X	多功能肩关节术后康复锻炼棒	实用新型专利	陈世益 李云霞
201520169530.6	一种踝关节逆向钻孔及植骨装置	实用新型专利	华英汇

【国际交流】

运动医学科与美国匹兹堡大学医学中心（UPMC）、麻省总医院（MGH）、纽约特种外科医院（HSS）、梅奥医学中心、克利夫兰诊所，澳大利亚新南威尔士大学（UNSW），瑞士巴塞尔大学等建立合作，互访与学术交流，在上海合作举办学习班和学术会议多年。

2008年，ISAKOS授予复旦大学华山运动医学中心为中国大陆唯一认证的ISAKOS关节镜与运动创伤教育培训中心（ISAKOS Approved Teaching Center in Sports Injury and Arthroscopy Surgery）。同年，运动医学中心与ISAKOS合作创办国际骨科运动医学与关节镜论坛（IFOSMA），学术影响力扩展至国际运动医学领域。

陈世益担任国际关节镜-膝关节外科-骨科运动医学学会（ISAKOS）核心执委、会员委员会主席、战略和教育委员会成员，亚太膝关节-关节镜-运动医学学会（APKASS）主席，活跃参加美国骨科运动医学学会（AOSSM）、日本骨科学会（JOA）、日本骨科学会膝关节-关节镜-运动医学学会（JOSKAS）、前交叉韧带研究小组（ACLSG）、美国骨与关节医师学会（ABJS）等各类学术组织的会议或活动，进行主题发言或担任主持。科室每年参加国际会议的医师在10人次以上，受邀大会发言每年都2～3次，其他国际演讲和学术海报（poster）累计不少于10篇。

上海国际骨科运动医学与关节镜高峰论坛（IFOSMA） 每年举办一次大会，连续成功运行13年，已成为中国运动医学学术交流与展示的重要平台。每期会议都有超过1 000名医生参与，论坛邀请来自45个国家和地区的300多名关节镜运动医学专家讲师，同期举办的关节镜研习会

(workshop)已培养3 000名关节镜医生。

中欧肩关节学院高级课程 2015年,成立"中欧肩关节学院",开设的课程成为培养中国肩关节镜外科医生的高水平课程,800多名肩肘运动医生参会。

上海国际足踝运动医学论坛与学习班 2014年,举办第一届上海足踝运动损伤高级论坛。至2016年已成功运行3年,培养足踝运动医学医生500多人。

四、教学

【研究生培养】

1979年恢复高考后,学科被国务院批准为国内首批运动医学硕士学位授予点,开始招收研究生。2002年,运动医学晋级为博士点,成为上海市唯一的运动医学博士点和博士后流动站。截至2016年,有博士研究生导师2人、硕士研究生导师5人,已培养硕士生50余人、博士生22人、博士后3人。

1962年,由范振华主编的《运动医学》被卫生部指定为全国医学院校通用教材。1991年,范振华主编全国医学院校统编教材《运动医学》。同年,上海医科大学恢复医学本科生运动医学选修课程。

【继续教育】

运动医学科承担国家级继续教育高级课程"骨科运动医学与关节镜新进展"。至2016年,已连续举办十三届"上海国际关节镜与骨科运动医学论坛和全国关节镜运动医学高级学习班",分别与国际运动医学联合会、国际关节镜-膝关节外科-骨科运动医学学会、华裔骨科学会、中华医学会运动医疗分会、中华医学会骨科分会、美国运动医学学会、美国杜克大学、纽约特种外科医院等合作。每年有来自美国、澳大利亚以及欧洲、亚洲的顶尖运动医学医生参与授课,全国各地1.5万余名骨科运动医学和关节镜医生参加会议及培训。

作为"ISAKOS关节镜与运动创伤(中国)教育培训中心"和"卫生部骨科关节镜诊疗技术培训基地",科室还承担国内国外骨科关节镜专科人才的培养和关节镜微创技术尸体操作培训班,每年招收学员15批次,共有3 000多名关节镜专科医生在本中心接受关节镜技术培训,学员遍及国内29个省市及多个国家和地区。

五、其他

【医疗保障】

运动医学科与体育系统联系,深入运动基地,帮助运动员解决伤病困扰,已成功治愈包括奥运冠军刘翔、徐莉佳、邹市明,世锦赛击剑冠军李莉,亚运会划船冠军武佳倩,全运会马术冠军张滨,足球名将季婷等在内的数十名体坛名将。陈世益受聘担任2012年伦敦奥运会和2016里约奥运会中国代表团医务官。

运动医学科是上海市奥运会项目及世界三大赛冠军的医疗保障定点医院、上海市重大国际赛事首席医疗官单位。陈世益领衔的多名运动医学专家自2001年以来担任上海市重大国际赛事医疗主管,开拓并创建中国汽车运动医疗保障规则与团队,同时担任中国汽车运动联合会医务委员会主席，青藏高原国际自行车公路拉力赛、世界一级方程式锦标赛（F1）、世界摩托车锦标赛（Moto GP）、A1 汽车大奖赛、V8 超级房车赛、DTM 德国房车大师赛街道赛、北京奥运会、女足世界杯、世界房车锦标赛（WTCC）、世界汽车耐力赛（WEC）、国际田径黄金/钻石联赛、NBA 中国赛、世界游泳锦标赛（2011 年）、国际滑联花样滑冰世界锦标赛（2015 年）、短道速滑世界锦标赛（2012 年）、世界花样滑冰及短道速滑中国大奖赛系列赛、国际滑联超级杯、环球马术锦标赛、皇家马球国际邀请赛、鄂尔多斯汽车赛、北京鸟巢世界车王争霸赛等重大国际赛事首席医务官。

【医教研对外合作】

在国内合作方面，科室与北京大学第三医院、国家体育总局医院及研究所建立学术与医疗保障合作交流；与北京大学深圳医院，苏州市立医院，昆明医科大学附属第一医院，宁夏回族自治区人民医院，浙江省人民医院、嘉兴市第二医院、台州骨伤医院、临海市第一医院、义乌天祥医疗东方医院等建立医疗合作和对口支援，建立陈世益名医工作室。

以科室为领衔单位的多中心合作研究有三项：中国前交叉韧带研究小组（China ACL Study Group）；全国 19 家大医院参与的临床多中心人工韧带 10 年随访回顾研究；全国 12 家医院参与的多中心软骨支架临床合作研究。

第十九节　康复医学科

一、沿革

1955—1956 年，北京医学院根据卫生部指示，设立“体育医师督导与医疗体育进修班”，聘请苏联专家教学，范振华参加此学习班后，在上海第一医学院建立医学体育教研组，并担任副主任。1957 年，医院建立医疗体育治疗室（简称“体疗室”），范振华任主任，开展以运动疗法为主的医疗工作。“文化大革命”期间，体疗室被并入骨科，范振华任骨科副主任。“文化大革命”结束，体疗室又从骨科分出，独立为体疗室。

1984 年，体疗室合并理疗室和推拿室，正式建立运动医学与康复医学科，这是国内最早建立的康复医学科之一。范振华任主任，许胜文任副主任，乔妙根任理疗室负责人。1994 年，胡永善任运动医学与康复医学科副主任，主持日常工作。1998 年，胡永善任运动医学与康复医学科主任，吴毅任副主任。

1999 年，医院将运动医学与康复医学科分为康复医学科和运动医学科两个临床科室。康复医学科正式成立后，胡永善任主任，吴毅任副主任。2005 年，复旦大学成立复旦大学神经康复中心，胡永善任中心主任，吴毅任副主任。2006 年，增设朱玉连为康复医学科副主任。2010 年 10 月，吴毅任康复医学科主任，朱玉连、白玉龙任副主任。2012 年 11 月，白玉龙任北院康复医学科执行主任。2013 年 12 月，康复医学科获国家临床重点专科建设项目。2014 年 6 月，增设贾杰为康复医学科副主任。2015 年 12 月，康复医学科获上海市卫计委重要薄弱学科建设计划项目资助（康复医学专科），医院为组长单位，吴毅担任组长。

2016 年，科室有康复医师 18 人，包括教授和主任医师 4 人、副主任医师 3 人、主治医师 7 人、住院医师 4 人；治疗人员 23 人，包括针灸推拿师 3 人、副主任治疗师 1 人、主管治疗师 8 人、康复治疗师（士）11 人；助理研究员 1 人。

表 2-1-51　1957—2016 年康复医学科历任主任情况表

任职时间	主　任
1957—1994	范振华
1994—2010	胡永善
2010—	吴　毅

二、医疗

【基本情况】

1998 年，医院在零号楼建立康复医学科病房，有 12 张病床；2003 年，康复医学科的病房部分搬迁至华山医院永和分院，病床扩大到 40 张，另建立康复治疗区，成立华山医院康复医学中心永和分中心。2004 年，华山医院康复医学中心杨浦分中心在杨浦老年医院建立，病床 34 张。同年，华山医院康复医学中心长宁分中心在长宁区天山中医医院建立，病床 27 张。

2012 年 12 月，北院康复医学科正式建立，设康复医学科专科门诊和康复病房，前期康复病房设 29 张病床；2013 年 7 月，华山医院康复中心静安分中心（静安区中心医院）正式建立，设康复医学科专科门诊，次年设立康复病房，后床位逐渐增加至 30 张；2015 年 3 月，华山医院东院康复医学科正式建立，先后设立 2 个康复病区和康复门诊，设立特需病床 52 张。

北院、东院和静安区中心医院分别在脑卒中及颅脑损伤，特别是重症患者的诊治、康复和护理方面积累丰富的临床经验，秉承先进的服务理念，持续积极地开展新技术，以提升康复治疗的疗效，如：重复经颅磁刺激，经颅直流电刺激，肌电图/电刺激/超声定位引导下肉毒毒素注射，下肢机器人，步态分析系统，平衡测试及训练系统，表面肌电图，脑电图及诱发电位，虚拟现实技术，镜像技术，垂直律动技术，脑机接口等新技术。北院作为市政府“5＋3＋1”工程重点项目，为人口导入集中区域提供便捷、高质量的康复医疗服务；东院突出精品化高端康复服务理念；静安区中心医院着眼于手功能和乳腺癌术后康复和老年全周期等康复诊疗。

截至 2016 年，全科共开放康复床位 111 张，年门诊量 2.6 万余人次，设有颈肩腰腿痛、脑卒中、脑外伤、脊髓损伤和骨关节损伤等 5 个普通专病康复门诊。承担神经内科、神经外科、骨科、感染科、ICU、老年病房、外宾病房、高等病房等住院患者的康复治疗和转诊工作，建立起三级综合医院病房—康复医学中心或分中心—社区康复的三级康复网络，开展科学、系统、全面的康复治疗。开展以现代康复治疗为主的综合性康复治疗，包括物理治疗、作业治疗、言语治疗、娱乐治疗、心理治疗、支具矫形器等，以及中国传统医学康复治疗，如针灸、推拿、中药、中药熏蒸疗法等。

【医疗特色】

科室以神经系统疾病康复、骨关节系统疾病康复为重点，内科疾病康复及儿童康复等并重，开展多方向的综合性康复医疗服务。

康复医学亚专科

脑卒中后的康复治疗：1996 年，参与国家“九五”重大攻关课题“急性脑血管意外后的早期康复治疗”的研究。1998年，承担上海市重点医学课题“急性脑卒中后偏瘫的康复治疗”的研究，在国内首次开展较大样本、前瞻性、随机对照研究。2001年11月，胡永善领衔国家“十五”攻关项目“急性脑血管疾病三级康复方案的研究”。科室作为领头单位，联合全国22家医学院校附属医院和省级医院康复医学科进行联合攻关，总结出一套脑卒中后偏瘫的规范治疗方案和实用技术，“急性脑血管病后三级康复技术的推广”项目获评为卫生部面向农村和基层推广适宜技术十年百项。2007年8月，吴毅主持国家“863”计划项目“脑血管病康复治疗新技术开发应用研究”，研发4种针对脑卒中患者肢体运动功能障碍、言语功能障碍和吞咽功能障碍的康复治疗设备，这些康复治疗设备有助于提高患者康复治疗的效果，已在国内很多单位推广应用。

脑外伤后的康复治疗：有多名医师在美国华盛顿大学康复医学中心重点学习颅脑外伤康复治疗的技术，20世纪90年代，已成功康复治疗多名严重颅脑外伤或脑部术后长期昏迷的患者，取得明显效果。科室将重症康复作为科室今后的发展方向之一，在康复治疗颅脑外伤引起的意识障碍、认知功能障碍、言语功能障碍、吞咽功能障碍、运动功能障碍等方面积累丰富的临床经验。

脊髓损伤的康复治疗：科室多名医师在美国重点学习脊髓损伤的康复治疗技术，已成功康复治疗许多严重脊髓损伤患者。对于脊髓损伤患者开展运动疗法、作业疗法、气压治疗、下肢康复机器人、电刺激、针灸、推拿、高压氧等治疗，同时配合营养神经类药物，改善患者的运动功能和二便控制。

骨关节疾病与术后的康复治疗：在骨关节炎康复治疗方面，通过不同方式的肌力训练和物理治疗，缓解骨关节炎患者患病关节的炎症、肿胀和疼痛，改善患者患病关节周围的肌肉功能，延缓疾病的进展。科室曾主编《骨科康复医学》，并主编卫生部规划视听教材《关节炎康复》《康复治疗——物理疗法》。在国内较早引进等速肌力评估和康复训练设备，进行骨关节炎患者肌肉功能评定和康复训练，结合物理因子等治疗，改善患者的症状，恢复其运动功能。科室在骨折与关节脱位术后、人工关节置换术后肢体功能障碍的康复评估和治疗方面也积累丰富的临床经验。

手功能障碍的康复：2012年，贾杰主持“十二五”国家支撑计划子课题“脑卒中后手功能障碍的中医康复临床规范和评价研究”，科室在国内率先开展各类手功能障碍的康复医疗工作，在基础康复量表评价的基础上，开展以功能为导向的手功能康复障碍特色评估。原创研发多模态镜像训练技术、多维度视频评估系统的工程样机、脑卒中手功能康复创新辅具、手脑感知康复训练系统和临床手功能成像仪。手功能康复聚焦脑机接口、经颅磁刺激、经颅电刺激、程序化镜像疗法、运动想象等中枢干预技术开发及应用研究。

儿童康复治疗：设有针对产瘫患儿臂丛神经损伤及脑瘫患儿的“同步—分离”的康复治疗技术和手段，采取有针对性个体化的康复治疗方案，为患儿提供优质的康复医疗服务。开展利用肉毒毒素注射治疗技术结合中医针灸特定腧穴治疗，在康复治疗产瘫功能障碍中取得良好的效果。

乳腺癌术后上肢及手障碍的康复：与澳大利亚悉尼大学合作开展乳腺癌术后上肢及手功能障碍规范化评估研究。针对乳腺癌术后上肢及手出现的肿胀、运动障碍、腋网综合征等，开展淋巴回流、压力疗法、绷带加压包扎等治疗。

糖尿病和肥胖症等内科疾病的康复：获得4项国家自然科学基金资助，对糖尿病运动疗法的作用机制进行深入研究，取得一系列研究成果；临床上与内分泌科室合作，将运动疗法应用于糖尿病和肥胖症患者的康复治疗中，取得较好疗效。

康复治疗技术

运动疗法技术：范振华在国际上首创和设计制备方盘关节量角器及关节功能牵引治疗系列产品牵引器械，利用该项运动疗法已治疗各种关节活动障碍患者数千人次，获得满意效果。该项研究成果已在全国多家康复医疗单位开展和推广应用，并获上海市科技进步奖三等奖。运用运动疗法、传统医学和理疗相结合，形成治疗颈椎病、腰腿痛、冻结肩、骨关节炎、脊柱侧弯等疾病特色。

偏瘫综合治疗康复技术：基于国家"十五"攻关项目"急性脑血管疾病三级康复方案的研究"，总结出一套脑卒中后偏瘫的规范康复治疗实用技术，获评为卫生部面向农村和基层推广适宜技术十年百项，涵盖偏瘫后神经促通技术、运动疗法、作业治疗和言语治疗等常规适宜三级推广的康复治疗技术，制定综合性功能评定量表和综合性规范化的三级康复治疗方案。该项目获得上海市科技进步奖二等奖、教育部科技进步奖二等奖等。

肉毒毒素注射技术：自1999年开展肉毒毒素注射，在电刺激、肌电图及超声的引导下，进行肌内/腺体注射，治疗痉挛状态、肌张力障碍、流涎症和疼痛等，改善患者由于上运动神经元损伤，如颅脑外伤、脑血管病、脑瘫、病毒性脑炎、缺血缺氧性脑病、变性脱髓鞘性脑病和脊髓损伤等疾病引起的临床症状和功能问题，取得明显的效果。作为成员单位参与2项关于肉毒毒素改善脑卒中患者上肢痉挛状态的国家多中心临床试验。李放在2010及2015年参与制定第一版和第二版《肉毒毒素治疗成人肢体痉挛状态中国指南》，及其他多项国家指南或专家共识。

神经调控康复技术：经颅磁、电刺激结合功能性电刺激，脑机接口技术，程序化镜像训练技术等是康复医学科近期开展的中枢干预新技术。这些技术手段在解决中枢及周围神经损伤后的重症上肢及手功能障碍方面具有一定的作用。

中西医结合康复治疗技术：传统针灸、推拿技术以及经皮穴位电刺激技术结合物理因子治疗、美式整骨治疗，在解决卒中后各种功能障碍、顽固性颈肩腰腿痛、复杂性区域性疼痛综合征、带状疱疹及运动创伤等引发的疼痛方面有较好的疗效。在面瘫或顽固性面瘫的辨证治疗中具有特色。

等速肌力测试与训练技术：20世纪90年代，科室在国内较早引进先进的等速肌力测试及训练设备，开展等速肌肉功能测试和训练技术系列研究，对改善各类疾病引起的肌肉萎缩、关节活动障碍等有明显效果，取得一系列成果。

三、科研

【科研成果】

截至2016年，科室先后承担多项国家级科研项目，包括领衔进行国家"十五"攻关课题、国家"863"计划项目及国家"十二五"支撑计划课题的研究；主持国家自然科学基金项目21项(其中面上项目13项，青年项目6项，科普项目1项，海外项目1项)。承担上海市科委、经信委、卫生局等省部级科研项目30余项，共获千万元科研经费资助。先后荣获国家科技进步奖二等奖(第八完成人)，中华医学科技奖二等奖，教育部科技进步奖二等奖，上海市科技进步奖二等奖、三等奖，上海医学科技奖二等奖，上海康复医学科技奖二等奖、三等奖，全国优秀论文奖等多项奖项。1998年起，主编康复医学著作16种，参加编写康复医学著作20余种。2003年起，获得授权发明专利及实用新型专利多项。2011—2016 年发表学术论文 218 篇，其中 SCI 收录 57 篇，总影响因子 123.48 分。

表 2-1-52　1994—2016 年康复医学科获奖课题情况表

年份	课 题 名 称	奖 项 名 称	负 责 人
1994	Q 角对髌股关节生物力学特性的影响及其在运动医学和矫形外科中的意义	上海市科技进步奖三等奖	陈世益　袁旬华　白玉龙
1995	四肢关节功能牵引法(FJT)研究	上海市科技进步奖三等奖	范振华　胡永善　吴　毅　屠丹云
2010	定量运动训练促进脑卒中早期脑损伤修复的作用	上海康复医学科技奖三等奖	胡永善
2010	脑卒中后社区康复治疗三级服务模式的研究	上海市残疾人康复事业管理成果奖三等奖	胡永善
2010	大龄脑瘫患儿的假期集中康复治疗模式研究	上海市残疾人康复服务技术成果优秀奖	胡永善　朱俞岚　于健君　姜从玉　项育枝　郑　钢　于培雁
2012	脑卒中后脑损伤重建机制及康复治疗三级模式的研究	上海医学科技奖二等奖	胡永善　吴　毅　朱玉连　白玉龙　于健君　宋　凡　姜从玉　范文可
2013	脑卒中后脑损伤重建机制新发现及康复治疗三级模式的建立	上海市科技进步奖二等奖	胡永善　吴　毅　朱玉连　白玉龙　于健君　宋　凡　姜从玉　范文可　李　放　贾　杰
2013	脑卒中后脑损伤重建机制新发现及康复治疗三级模式的建立	教育部高等学校科学研究优秀成果奖二等奖	胡永善　吴　毅　朱玉连　白玉龙　于健君　宋　凡　姜从玉　范文可　李　放　贾　杰　吴军发　孙莉敏　沈　莉
2013	脑卒中后康复治疗三级模式及机制的研究	上海医学科技奖二等奖	胡永善
2014	脑卒中后脑损伤重建机制新发现及康复治疗三级模式的建立	教育部科技进步奖二等奖	胡永善　吴　毅　朱玉连　白玉龙　于健君　宋　凡　姜从玉　范文可　李　放　贾　杰
2014	经皮胃造瘘术联合吞咽康复训练改善社区中中重度吞咽功能障碍患者吞咽功能的新技术	上海市残疾人康复服务技术成果奖二等奖	姜从玉　胡瑞萍　吴　毅　白玉龙　段春浩　韩　璐　陈　坚　朱　秉　朱俞岚　于培雁
2014	智能化下肢康复评估训练仪	中国机械工业科学技术奖三等奖	徐秀林　邹任玲　安美君　李　放　胡秀枋　赵子都　吴　毅　陆蓉蓉　刘宝林　赵　展　崔海坡　刘　鹏
2014	针刺结合康复训练治疗脑卒中后偏瘫的临床与卫生经济学评价	上海康复医学科技奖三等奖	白玉龙　胡永善　吴　毅　于健君　孙莉敏　李　丽　王松伟　何　嫱　朱　秉　徐一鸣　杨　铭　张　备
2015	经皮胃造瘘术联合吞咽康复训练改善社区中中重度吞咽功能障碍患者吞咽功能的新技术	上海康复医学科技奖二等奖	姜从玉　胡瑞萍　吴　毅　白玉龙　段春浩　韩　璐　陈　坚　朱　秉　朱俞岚　于培雁

（续表）

年份	课 题 名 称	奖 项 名 称	负 责 人
2015	中枢神经系统重大疾病 CT/MRI 关键技术的创新与临床应用	国家科技进步奖二等奖	吴　毅(第八完成人)
2016	脑卒中后运动功能障碍康复新技术研发及推广应用	上海医学科技奖三等奖	吴　毅　贾　杰　李　放　朱玉连　吴军发　孙莉敏　姜从玉　刘　罡　白玉龙　陆蓉蓉

表 2-1-53　1998—2016 年康复医学科出版著作情况表

年份	著 作 名 称	出 版 社	编写方式	编 写 人 员
1998	实用康复医学(第二版)	东南大学出版社	主编	周士枋　范振华
1999	骨科康复学(第一版)	上海医科大学出版社	主编 副主编	范振华 胡永善
2001	康复医学	人民卫生出版社	主编	胡永善
2001	关节炎康复	人民卫生出版社	主编	胡永善
2001	中风患者出院后的家庭康复	人民卫生出版社	主编	胡永善　吴　毅
2002	康复医学技术——物理疗法	人民卫生出版社	主编	胡永善
2004	中医养生康复学	中国中医药出版社	副主编	胡永善
2005	新编康复医学	复旦大学出版社	主编	胡永善
2010	运动疗法应用研究进展	人民卫生出版社	主编 副主编	胡永善 励建安　吴　毅
2010	临床疾病康复学	科学出版社	主编	陈立典　吴　毅
2012	针灸穴位治疗常见病一本通——脑血管病	中国医药科技出版社	主编	王念宏
2014	康复医学概论	江苏凤凰科学技术出版社	主编	章　稼　吴　毅
2014	康复医学	人民卫生出版社	主编 副主编	励建安等 吴　毅等
2015	脑卒中康复治疗图解	人民军医出版社	主编 副主编	吴　毅 贾　杰　朱玉连　徐冬艳
2015	残障者家庭康复操	上海科学技术出版社	主编	吴　毅
2016	住院医师规范化培训康复医学科示范案例	上海交通大学出版社	主编	吴　毅
2016	康复科医师进阶精要	人民军医出版社	主译	李　放
2016	运动功能障碍者家庭康复操	上海科学技术出版社	主编	季　敏　吴　毅
2016	康复是一缕阳光	复旦大学出版社	主审 主编 副主编	吴　毅 朱玉连 刘　强　吴　澄　贾　杰

表 2-1-54　2003—2016 年康复医学科获得专利情况表

专利号	专利名称	专利类型	申请人
ZL 02 2 66986.8	一种闭链测定和练习仪	实用新型专利	李　放
ZL 2008 2 0152507.9	用于对肌无力患者进行康复治疗的装置	实用新型专利	徐秀林　吴　毅　胡永善　张　峰
ZL 2008 2 0151878.5	智能型环咽肌失弛球囊扩张控制装置	实用新型专利	吴　毅　胡永善　张　峰等
ZL 2008 1 0041612.x	智能型环咽肌失弛球囊扩张控制装置	发明专利	吴　毅　胡永善　张　峰等
ZL 2008 2 0151878.5	用于治疗环咽肌失弛缓症的球囊扩张装置	实用新型专利	吴　毅　胡永善　张　峰　吴军发　白玉龙　贾　杰　沈　莉　徐秀林
ZL 2009 2 0067572.6	体位保持垫	实用新型专利	胡永善　顾　玲
ZL 2009 2 0210312.x	背部支撑减重静态平衡评定训练系统	实用新型专利	吴　毅　李　放　胡永善等
ZL 2009 2 0210473.9	减重式静态平衡训练测试装置	实用新型专利	李　放　吴　毅　贾　杰　胡永善　张　峰　胡秀坊
ZL 2009 2 0210313.4	智能化多态平衡测试训练系统	实用新型专利	李　放　吴　毅　张　峰　胡永善　贾　杰　邹任玲
ZL 2009 1 0196665.3	智能化多态平衡测试训练系统	发明专利	李　放　吴　毅　张　峰　胡永善　贾　杰　邹任玲
ZL 2009 2 0210472.4	数字化多态平衡训练装置	实用新型专利	吴　毅　李　放　张　峰　胡永善　贾　杰　徐秀林
ZL 2009 1 0196806.1	数字化多态平衡训练装置	发明专利	吴　毅　李　放　张　峰　胡永善　贾　杰　徐秀林
ZL 2010 2 0549776.6	助力训练控制手柄	实用新型专利	吴　毅　贾　杰　白玉龙　余小兰
ZL 2010 2 0560281.3	痴呆大鼠迷宫型智力康复训练装置	实用新型专利	贾　杰　张　峰　吴　毅等
ZL 2010 2 0573233.8	反馈式多媒体音频控制播放器	实用新型专利	贾　杰　吴　毅　谢　臻　余小兰
ZL 2010 1 0506114.5	脑损伤大鼠丰富环境装置	发明专利	刘　罡　谢鸿宇　贾　杰　张　峰　吴　毅　胡秀枋　邹任玲　赵　展　徐秀林
ZL 2011 2 0493047.8	失语症患者意愿交流替代装置	实用新型专利	吴军发　吴　毅　胡永善等
ZL 2011 2 0548525.0	一种反馈式呼吸功能康复训练装置	实用新型专利	吴军发　吴　毅　胡永善等
ZL 2012 2 0073858.7	一种振动排痰体位引流垫装置	实用新型专利	胡永善　吴军发　吴　毅等
ZL 2011 2 0326181.9	用于手或上肢功能障碍的患者的手套	实用新型专利	张建雄　刘雨丝　范文可
ZL 2013 2 0564401.0	脑损伤大鼠综合训练装置	实用新型专利	贾　杰　何志杰　张　力等
ZL 2013 2 0564370.9	脑血管大鼠平衡能力训练装置	实用新型专利	何志杰　贾　杰　张　力等

表 2-1-55 2009—2012 年康复医学科获奖专利情况表

年份	专利名称	奖项名称
2009	信号式功能性电刺激治疗(IFES-I)	上海市优秀发明选拔赛银奖
2012	用于治疗环咽肌失弛缓症的球囊扩张装置	第二十四届上海市优秀发明选拔赛铜奖
2012	智能化多态平衡测试训练系统在康复中的应用	第二十四届上海市优秀发明选拔赛银奖

表 2-1-56 1997—2016 年康复医学科论文获奖情况表

年份	论文名称	奖项名称	作者
1997	运动对糖尿病大鼠胰岛素受体和葡萄糖运载体的影响	中国康复医学会第二次全国青年学会大会优秀论文第一名	吴　毅
1998	运动改善糖尿病大鼠糖代谢的分子生物学研究	第十三次全国中青年医学学术交流大会论文一等奖	吴　毅
1999	耐力运动对大鼠骨骼肌细胞葡萄糖运载体基因表达及转位的影响	中国康复医学会第三次全国青年学会大会优秀论文奖	吴　毅
1999	躯干屈伸肌群等速肌力和耐力的研究	上海市体育科学学会优秀论文奖	白玉龙
2003	脊髓损伤致神经源性膀胱/肠道的康复评价与治疗	《中国临床康复》优秀论文奖一等奖	姜从玉
2003	规范三级康复治疗促进脑卒中偏瘫患者综合功能的临床研究	康复医学发展论坛暨庆祝康复医学会成立 20 周年学术大会优秀论文	胡永善
2005	三级康复治疗改善中风偏瘫患者综合功能的临床研究	中华医学会第七次全国物理医学与康复学学术会议优秀论文一等奖	胡永善
2007	运动促进 2 型糖尿病大鼠骨骼肌细胞摄取葡萄糖的细胞内机制研究	中华医学会第九次全国物理医学与康复学学术会议优秀论文一等奖	吴　毅
2008	中国开展社区康复治疗脑卒中后偏瘫的初探	第三届北京国际康复论坛优秀论文奖	胡永善
2011	关于大龄脑瘫患儿康复治疗模式的研究	上海市残联康复论文评比三等奖	朱俞岚
2012	卒中偏瘫患者坐位站起活动的电生理特征及其活动受姿势的影响	中华医学会全国物理医学与康复学学术会议优秀论文奖	李　放
2013	不同胃肠营养方式下吞咽康复训练改善患者生存质量和功能的临床研究	“普康杯”《中华物理医学与康复杂志》“吞咽康复”优秀论文二等奖	姜从玉
2015	Mini-CEX 操作考核在康复医学住院医师规范化培训中的应用	上海市医学会-浙江省医学会医学教育分会学术研讨会优秀论文奖	姜从玉
2015	微创埋线安全性浅析	《中国针灸》杂志“微创埋线技术与临床应用有奖征文大赛”优秀论文一等奖	王念宏
2016	小脑缄默症的临床康复研究	中华医学会第十八次全国物理医学与康复学学术年会优秀论文奖	吴军发

【外出进修】

科室自 1994 年起每年轮流派出技术骨干赴美国、日本、意大利和中国香港、台湾等地进修学习。副高以上职称的医师均到国外康复医学中心进修半年，学习国外先进康复新技术和新理念，回国后将这些知识应用到临床实践中，促进学科的发展。

表 2－1－57　1994—2015 年康复医学科派遣出境进修人员情况表

年　份	外出进修与参观访问单位	进 修 人 员
1994	香港中文大学威尔士亲王医院	吴　毅
1999	美国华盛顿大学物理医学与康复医学系	胡永善
2000	美国华盛顿大学物理医学与康复医学系	吴　毅
2001	香港复康会麦理浩复康院	朱玉连
2002	美国华盛顿大学物理医学与康复医学系	白玉龙
2005	美国纽约州立大学上州医学院康复医学中心	李　放
2006	香港理工大学康复科学系	朱玉连
2006	美国纽约州立大学上州医学院康复医学中心	宋　凡
2007	美国纽约州立大学上州医学院康复医学中心	孙莉敏
2007	日本东京女子医科大学	沈　莉
2008	美国纽约州立大学上州医学院康复医学中心	吴军发
2009	美国纽约州立大学上州医学院康复医学中心	姜从玉
2009	美国克利夫兰医学中心康复医学中心	范文可
2009	日本东京女子医科大学	田　婧　徐一鸣
2009	日本东京女子医科大学	朱　秉　刘　强　朱俞岚
2009	香港理工大学	王海珏　沈　周
2010	香港理工大学	胡瑞萍　徐冬艳
2010—2011	日本东北大学	郑庆平
2011	香港理工大学	吴　澄
2012	美国纽约州立大学上州医学院康复医学中心	罗　娟
2013	意大利威尼斯圣卡米诺康复医院	贾　杰
2013	香港理工大学	解二康
2014	美国纽约州立大学上州医学院康复医学中心	刘　罡
2014	哈佛大学医学院麻省总医院	朱玉连
2015	香港理工大学	薛赟资
2015	台湾中山医学大学	沈　莉　徐一鸣

【外聘专家】

1999 年，医院康复医学科与美国华盛顿大学物理医学与康复医学系结成友好关系，邀请该大学7名康复医学专家到医院访问讲学，聘请肯尼斯·杰夫(Kenneth M. Jaffe)为医院康复医学中心顾问。

2005年，医院康复医学科与美国纽约州立大学上州医学院康复医学中心结成友好关系，系主任罗伯特·韦伯(Robert Weber)和教授玛格丽特·图尔克(Margaret Turk)受聘为复旦大学神经康复中心客座教授。

2009年，聘请美国波士顿大学塔夫茨医学院蔡春波为客座教授。

2016年10月，聘任澳大利亚悉尼大学健康科学院帕特里克·布伦南(Patrick Brennan)、莎伦·基拉斯特(Sharon Kilbreath)为客座教授。

【参观访问】

1992年，胡永善和吴毅赴香港中文大学威尔士亲王医院参观访问。

1997年，胡永善参加上海医科大学高级访问团，赴美国西南部八所大学附属医院进行考察，学习美国现代康复医学。

1999年2月，吴毅、白玉龙赴美参观访问美国康复研究中心。

2012年7月，吴毅和朱玉连赴澳大利亚科廷大学访问，考察康复治疗的教学与科研工作。

2013年8月，吴毅率领团队赴瑞典奥利维亚(Olivia)康复中心参观访问学习两周；10月，贾杰赴意大利威尼斯圣卡米诺康复医院访问学习3个月，学习前沿神经调控技术；11月13日，澳大利亚科廷大学国际学院院长西莉亚·康威尔教授与来自物理治疗和运动科学学院、职业治疗和社会工作学院及心理学和言语病理学院的院长一行来访座谈；11月19日，华盛顿大学医学院凯瑟琳教授一行来访医院康复医学科；12月3日，科室邀请瑞典奥利维亚康复中心6名专家来康复医学科交流康复治疗技术。

2014年6月，美国纽约州立大学上州医学院康复医学系荣誉教授罗伯特·韦伯(Robert Weber)和玛格丽特·图尔克(Margaret Turk)一行来访；10月，澳大利亚悉尼大学健康科学学院院长、物理治疗系主任凯瑟琳·莱福肖格(Kathryn Refshauge)与健康科学学院副院长、影像医学系教授帕特里克·布伦南(Patrick C. Brennan)来访交流；同月，美国新墨西哥大学药学院科研副院长、脑成像中心主任Jim Liu至康复医学科进行学术访问；11月，吴毅、朱玉连一行访问美国华盛顿大学，并与华盛顿大学医学院以及康复医学系签订双方的新一轮合作协议。随后吴毅、朱玉连访问哈佛大学医学院麻省总医院，并参观其属下的斯波尔丁康复医院、神经血管研究中心以及波士顿大学的健康与康复医学科学萨金特(Sargent)学院，达成若干医教研合作协议。

2015年6月，贾杰赴日本东京大学康复机构探访一周，参观交流学习。

【学术交流】

1993年，主办第一届亚太地区等速技术研讨会，并成立亚太地区等速技术培训中心。

2007年7月，胡永善和姜从玉赴韩国参加国际物理医学与康复医学年会，胡永善做专题报告。

2007年11月，吴毅和姜从玉赴德国和荷兰飞利浦医疗技术中心参观访问学习。

2008年，主办中瑞康复技术论坛、中日康复新技术论坛、地震伤员康复问题沪港研讨会。

2009年，主办中澳康复技术论坛、中美康复技术论坛。同年5月，胡永善和贾杰赴德国参加国际物理医学与康复医学年会，贾杰做专题报告。

2012 年 3 月，邀请日本帝都大学康复治疗系教授郭丹来院学术交流，举办全市性“脑卒中康复技术讨论会”。7 月，邀请美国诺瓦东南大学教授吕勤及埃里克·沙姆(Eric. Shame)医生来医院进行学术交流，讲授慢性疼痛及关节活动障碍的关节松动技术和手法治疗。是月，胡永善和吴军发参加 2012 年度第二届泛太平洋地区物理与康复医学年会，胡永善做专题报告；是月，李放参加在希腊举行的第十八届欧洲物理医学与康复医学年会(ESPRM)以及在澳大利亚举行的第七届世界神经康复大会(WCNR)和首届环亚康复峰会，并受邀在 ESPRM 大会上做口头报告。

2013 年 6 月，15 名医师参加第七届国际物理医学与康复医学年会(北京)，其中贾杰、李放分别做专题报告，李放担任痉挛状态管理分论坛主席。9 月 4—12 日，朱玉连赴台湾参加亚太地区物理治疗联盟年会。

2014 年 5 月，举办临床神经电生理与康复技术论坛，邀请美国电生理诊断专家莱昂纳多·科恩(Leonardo G. Cohen)、阿诺德·斯塔尔(Arnold Starr)和朱愈教授讲课。

2015 年 6 月，贾杰赴德国柏林参加国际物理医学与康复医学年会，并在大会做题为“中西医结合手功能康复”的发言。

2016 年 5 月，白玉龙、贾杰、李放带领青年团队赴马来西亚参加第十届国际物理医学与康复医学年会。5 月 24—26 日，白玉龙在天坛国际脑血管病会议大会发言。9 月，主办上海国际康复论坛。

四、教学

科室为国内最早招收运动医学专业研究生的硕士点之一，也是康复医学与理疗学研究生的硕士点和博士点之一。科室承担复旦大学康复医学本科课程，进行康复医学与理疗学研究生和规范化住院医师及专科医师的培训，建设市科委 3 年人才建设高地；承担各级进修医师、实习生、住院医师教学任务。在教学上，科室统一教材、统一 PPT、统一时间讲座、统一考核，实现总院及分院视频同步教学，建立规范化康复教育制度。科室组织年轻授课教师引进先进的教学理念，加强教学、科研工作。科室对带教的实习生配备辅导员和班主任，加强对学生专业及生活的指导。完善治疗师的轮转培养计划和考核制度，每年对中级职称以上的专业人员进行专业知识和技能的考核。科室坚持每周业务学习、英文讲座，以提高医技人员的操作技术和理论水平。科室建立导师制度，加强住院医师规范化培训。

【研究生培养】

2002 年，复旦大学上海医学院成立康复与运动医学系，康复医学科是复旦大学上海医学院康复与运动医学系挂靠单位。承担复旦大学临床医学专业本科生及八年制学生的“康复医学”选修课和必修课的教学任务。2013 年，“康复医学”课程正式成为复旦大学上海医学院必修课程，每年 68 学时，实行双语教学。

医院为国务院授权的首批医学硕士学位授予单位之一。2003 年，批准成立康复医学与理疗专业硕士点。2005 年，成立康复医学与理疗专业博士点。2016 年，科室有 3 名博士研究生导师、2 名硕士研究生导师。开展硕士生、博士生和博士后培养工作，已培养硕士研究生 74 人，博士研究生 21

人，出站博士后 3 人；在读硕士 13 人，在读博士 14 人，在站博士后 3 人。

【规范化培训】

上海是国内最早开展住院医师规范化培训的省(市)之一。康复医学科作为上海市住院医师规范化培训基地康复医学专业组长单位，根据上海市卫生和计划生育委员会的要求，组织上海市康复医学专家制定《上海市康复医学专业住院医师培训细则》和《上海市康复医学专业专科医师培训细则》，并开展规范化的康复医学专业住院医师和专科医师培训工作。上海市住院医师的培训模式是“5＋3＋3”，即 5 年本科毕业、3 年住院医师规范化培训(符合条件的，通过答辩可获得医学硕士学位)、3 年专科医师规范化培训(符合条件的，通过答辩可获得医学博士学位)。经过这种模式培训，住院医师可达到主治医师水平。2010 年，科室累计招录 68 名住院医师。至 2016 年，累计招录 9 名专科医师在训。另外，基地学员余克威、田闪、谢鸿宇、沈雪彦、张备和何志杰在规培期间分别获国家自然科学基金(青年基金)项目。科室还协助完成上海市康复治疗师的规培工作，规培结业康复治疗师共计 24 人。

【实习生教育】

科室利用现代科学发展技术进行教学改革，探讨新的教学模式和教学方法，加强临床专业学位的临床技能的培养，加强对本科实习生的全程管理。每年接收上海体育学院、上海中医药大学、南京医科大学、南通大学医学院、徐州医学院、温州医科大学等十余所院校康复治疗专业 50 余名学生的临床实习。2012 年起，作为澳大利亚科廷大学海外教学基地，每年接收物理治疗(PT)、作业治疗(OT)及言语治疗(ST)专业的交流生的带教任务。

【继续教育项目】

1999 年以来，科室每年举办国家级康复医学技术继续教育培训班，每年接收 40 多名来自全国各地的进修医师和康复治疗师进行短期进修学习和培训。2016 年，科室有 5 项国家级继续教育项目，1 项市级继续教育项目。

自 2004 年开始，每年在省内外举办国家级继续教育学习项目，包括卫生部面向农村和基层推广适宜技术十年百项计划“急性脑血管病后三级康复技术的推广”项目，国家卫生部心脑血管社区健康教育活动。培训内容是科室在获得国家“十五”攻关课题、国家自然科学基金课题资助下，通过近几年来的实践经验加以总结归纳，得到一系列的规范化操作完成的项目。通过在全国各地讲授急性脑血管病后功能评定与综合功能康复技术的理论进展和临床应用，介绍三级康复技术的操作流程，加强基层和社区医师对急性脑血管病治疗的认识和重视，掌握规范化的方法，贯彻到康复临床实践中去。至 2016 年已推广应用 20 余期，学员 1 000 余人。

2013 年，科室成为国家卫计委脑防委脑卒中筛查与防治康复基地，并连续举办三期康复治疗技术培训班，内容涉及脑卒中运动功能障碍、吞咽功能障碍、言语功能障碍、认知功能障碍等的康复治疗新进展。并相继举办“第一届中国(上海)淋巴引流技术论坛”“痉挛状态的诊治进展”“手功能康复”等国家级继续教育项目学习班。

科室医师和治疗师积极参加国内外的各种专业技术学习班及培训班，学习新的治疗技术和方法，如学习筋膜治疗技术、本体感神经肌肉易化法(PNF)、经颅磁刺激技术、肌肉骨骼超声诊断介入技术等。

【其他教育工作】

科室自2010年开始承担复旦大学附属中山医院全科医师规范化培训的教学工作，包括理论授课和临床轮转带教；2016年开始承担上海师范大学天华学院康复治疗专业的教学工作等。

【教学成果】

2007年，本科“康复医学”课程教学获复旦大学精品课程称号。2011年，本科“康复医学”课程获市教委发展康复医学人才项目1项，在此项目支持下，胡永善主持举办全国首届康复治疗师硕士课程班。

科室教学团队获评2012年度上海市康复治疗师(士)规范化培训优秀师资团队与2015年度上海市优秀师资团队称号。

2013年，2名博士研究生、1名硕士研究生同时获得国家奖学金。丁力获2015年国家奖学金和复旦大学优秀学生标兵。余克威和何志杰获2015年上海市优秀毕业生。王鹤玮和陈树耿获2016年国家级奖学金。沈雪彦获2016年复旦大学优秀毕业生称号。

2013年3—6月，余克威获复旦大学博士生短期国际访学资助计划，公派至美国新墨西哥大学访学交流。谢鸿宇获国家公派留学建设高水平大学项目资助，赴美国哈佛大学医学院麻省总医院进行博士联合培养，为期14个月，于2015年底顺利完成相关工作。

2004年，胡永善被评为复旦大学上海医学院“师德师风”优秀教师。胡永善荣获2009年度复旦大学上海医学院教育教学改革先进个人称号。姜从玉荣获2011、2015和2016年度华山医院优秀带教老师称号。胡瑞萍荣获2012年度华山医院优秀带教老师称号；贾杰荣获2015年度华山医院优秀教师称号；2015年，姜从玉荣获上海市优秀住院医师带教老师称号。

2011年，陆蓉蓉获得华山医院住院医师规范化培训优秀住院医师荣誉称号；2012年，陆蓉蓉获得上海市住院医师规范化培训优秀住院医师荣誉称号。2013年度，康复医学基地住院医师陈婵获得复旦大学上海医学院优秀住院医师称号；2014年，康复医学基地住院医师高天昊、田闪获得华山医院优秀住院医师称号；2015年，康复医学基地住院医师刘智岚获得华山医院优秀住院医师称号，田闪获得复旦大学上海医学院优秀住院医师称号；2016年，康复医学基地住院医师余克威获得华山医院优秀住院医师称号，梁丹获得复旦大学上海医学院优秀住院医生称号。

2016年，姜从玉撰写的2篇教学论文“Mini－CEX操作考核在康复医学住院医师规范化培训中的应用”“操作技能直接观察评估考核在康复医学住院医师规范化培训中的应用”均在核心杂志发表。姜从玉主持的上海市卫生计生委教育课题“康复医学住院医师规范化培训有效教学质量评估体系的构建和应用研究”于2016年第一季度顺利结题。

五、其他

【医疗援助】

2008年，“5·12”汶川地震发生后，科室2名医师参与救援工作，胡永善作为卫生部特派专家前往四川指导。李放获复旦大学抗震救灾先进个人表彰。

2008年，北京奥运会期间，胡永善作为专家组成员，与朱玉连等参与奥运保障工作。

2013年4—9月，姜从玉赴云南腾冲开展医疗支援服务。

2014 年 10 月—2015 年 4 月，刘强赴云南腾冲开展医疗支援服务。

2015 年，吴军发作为卫生部专家组成员之一参加天津滨海爆炸伤员的抢救工作。

【个人荣誉】

2013 年，朱玉连获评上海市“十佳优秀治疗师”称号。

2014 年，吴毅获国家卫计委脑卒中筛查与防治专家突出贡献奖。

2014 年，朱玉连获得上海市医学会“十佳康复治疗师”称号。

2015 年，吴毅获上海市康复医学会颁发的“引领专科康复——优秀学科带头人”称号。

2015 年，朱玉连获中国康复医学会首届全国“十佳康复治疗师”称号。

2016 年，白玉龙获国家卫生计生委脑卒中防治工程委员会突出贡献专家奖。

2016 年，贾杰获国家卫生计生委脑卒中防治工程委员会突出贡献专家奖。

【科室荣誉】

2013 年、2014 年、2015 年，医院康复医学科在全国最佳医学专科排名中分别位列康复医学专业全国第二名、第三名和第二名。

科室 2009—2010 年连续两年获得医院先进集体荣誉，2013—2016 年连续四年获得医院先进集体荣誉。

表 2-1-58　2012—2016 年康复医学科康复技能大赛获奖情况表

年份	奖 项 名 称	颁 奖 单 位
2012	“阳光杯”首届上海市青年康复治疗师技能大赛团体一等奖	上海市残疾人康复协会，上海市康复医学会，上海市康复治疗质量控制中心
2014	上海市康复技术与产品创新大赛三等奖	上海市生物医药科技产业促进中心、上海电生理与康复技术创新战略联盟
2015	首届中国肉毒毒素精英赛第一名(陈婵)	世界华人肉毒毒素协会
2015	“阳光杯”第二届上海市青年康复治疗师技能大赛团体二等奖	上海市残疾人康复协会，上海市康复医学会，上海市康复治疗质量控制中心
2016	“天瑞杯”青年治疗师辩论赛团体三等奖	上海国际康复论坛

表 2-1-59　2001—2016 年康复医学科团队获得荣誉情况表

年份	奖 项 名 称	获 奖 团 队
2001	上海市康复医学会促进康复学科发展贡献奖	康复医学科
2008	上海市康复医学科规范建设优秀奖	康复医学科
2009	上海市残疾人协会智力助残优秀集体	康复医学科 MDA 志愿者团体
2014	南方医科大学康复医学院随心手愈手工作业治疗作品大赛第一名	康复医学科 H&R 小队作品《指间之爱》
2014	肢残协会优秀志愿者团队	康复医学科“渐冻人志愿者团队”

（续表）

年份	奖 项 名 称	获 奖 团 队
2015	复旦大学青年文明号	康复医学科青年医护团队
2015	肢残协会优秀志愿者团队	康复医学科“渐冻人志愿者团队”
2016	2012—2014 年上海市卫生计生工作先进集体	康复医学科
2016	肢残协会优秀志愿者团队	康复医学科“渐冻人志愿者团队”

第二十节　手 外 科

一、沿革

1960 年，由医院骨科教研组主任李鸿儒倡导，并委派杨东岳负责创建手外科专业，设置床位 15 张。

图 2-1-12　1994 年，顾玉东当选为中国工程院院士

1961 年，顾玉东自上海第一医学院医疗系毕业，分配至医院骨科担任杨东岳的主要助手。1962—1965 年，郑忆柳及吴敏明进入手外科工作，床位扩大至 25 张。1979 年，成立卫生部显微外科实验室，李鸿儒任主任，杨东岳任副主任。1984 年，医院将手外科专业从骨科分离形成独立手外科，任命顾玉东为主任兼任卫生部显微外科实验室主任。1985 年《手外科杂志》出版，编辑部设在医院，顾玉东任副主编兼编辑部主任。1987 年，手外科肌电图室成立。1989 年成立上海医科大学手外科研究所，顾玉东任所长。1991 年成立上海市手外科研究所，顾玉东任所长，张高孟、陈德松任副所长。1992 年成立卫生部手功能重建重点实验室，顾玉东任主任。1994 年，顾玉东当选中国工程院院士。同年，《中华手外科杂志》出版，编辑部设在医院，顾玉东任总编辑，郑忆柳、劳杰先后任编辑部主任。1996 年，手外科成为上海市医学领先学科，1996—2012 年成为全国“211”工程重点学科的建设项目。2001 年，手外科成为上海市手外科临床中心，顾玉东任主任，徐建光任副主任。2003 年，成为国家级继续教育手外科、显微外科培训基地，国际手外科协会培训中心，国际 AO 协会手外科培训中心。同年，手外科康复室成立。2005 年，成立上海市周围神经显微外科重点实验室，顾玉东任主任，徐建光任副主任。2011 年，上海市周围神经显微、外科重点实验室及卫生部手功能重建重点实验室通过全国专家评审，进入国家“十二五”规划重点支持单位，开展科研与人才培养工程。

2016 年，手外科有中国工程院院士 1 人，教授 13 人，副教授 7 人，主治及住院医师 20 余人。

表 2-1-60　1960—2016 年手外科历任主任情况表

任职时间	主　任
1960—1984	杨东岳
1984—	顾玉东

二、医疗

【基本情况】

手外科分为 8 个临床小组，分别由陈亮、董震、劳杰、赵新、王涛、虞聪、徐文东以及徐雷 8 位教授领衔，在臂丛神经损伤、周围神经损伤及卡压、上肢骨与关节损伤及疾病、组织修复及功能重建、上肢畸形及肿瘤、中枢瘫肢体功能重建以及下肢神经损伤等领域为广大患者服务。2016 年，有 9 病区、33 病区、34 病区三个病区，实际开放床位 111 张，同时有手外科肌电图室、手外科手功能康复室等附属部门。

手外科康复室紧密配合临床工作，年康复医疗人次数：理疗、体疗平均 7 万余人次，手外科手功能康复室平均 2 000 余人次，支具为平均 3 600 人次。手外科肌电图室除为本科室门诊诊断疾病，为神经手术提供术中诊断，还参与骨科、神经内外科、颌面外科等门诊、手术工作。平均每月检测患者 1 500 余人次，术中检测平均每月 300 余人次。2016 年，手外科全年完成 66 029 人次的门急诊量，出院人次达 4 977，手术人次达 7 040。

临床工作中，科室认真完成医院下达的医疗任务，保质保量地完成手术量指标，控制住院天数、药占比等。同时，在保持传统手外科手术特色的基础上，科室不断革新手术技术，积极开展上肢关节镜技术、臂丛神经移位技术、中枢瘫的外周神经手术治疗技术等，造福更多的患者。

【医疗特色】

手外伤的急症处理及后期修复　对手外伤的急症建立完整的清创制度，科学先进的处理方法使伤口感染率降至最低限度，并能早期修复深部组织，提高伤手及肢体功能康复。对手外科所致各种残缺及功能障碍，能根据患者病情及要求设计各种修复再造方法，特别是使用先进的微创及显微外科方法进行修复与再造，达到国际先进水平。

臂丛神经损伤的诊治与修复　手外科在臂丛神经损伤的诊治上处于国际领先水平。先后设计膈神经移位、多组神经肌支移位、健侧与同侧颈 7 神经根移位及肌皮神经肌支移位修复各类臂丛损伤。

分娩性臂丛损伤的诊治　分娩过程中引起婴儿臂丛损伤是一类特殊损伤，与成人臂丛损伤在诊治上有较大差别。手外科对该损伤的机制及诊治特点进行系统研究，取得一些成果，提高诊治水平，改善患儿的肢体功能。

周围神经卡压症的诊治　随着年龄老化及营养过剩代谢性疾病及运动创伤性疾病的增加，以手麻、肌萎、手活动受限为特征的周围神经卡压症已成为中老年患者常见病，其中尤以正中神经在腕部卡压为多发，造成夜间麻醒，影响睡眠。手外科开展一系列临床及神经电生理研究，对早期发现、即时诊断与处理，提供有效的诊治方法。

上肢关节镜技术的应用　科室开展腕、肘、肩关节镜技术，具有手术创伤小、术后恢复快等特点。已开展腕关节镜下 TFCC 损伤的修复、腕骨间韧带修复的治疗、舟骨骨折骨不连等的诊治；肘关节镜下关节腔清理；肩关节镜下关节腔清理、肩袖损伤修补、肩峰成形等术式。

中枢神经损伤后肢体偏瘫的诊治　科室成立中枢瘫诊治专业学组，经过 10 年的积累，已建立周围神经通路重构治疗中枢性肢体偏瘫的诊疗常规，完善手术适应证与禁忌证，规范化手术及随访流程。完善行为学评估、神经电生理和神经功能影像学来评估临床疗效，建立 100 多例患者的病人库。通过不断改良手术方式如传统的皮下通路改为椎体前通路、精细肌支转位、下肢神经转位等，进一步减小手术创伤、提高手术疗效。

上肢肿瘤的诊治　手外科成立上肢软组织及骨肿瘤专业学组，与相关影像学科室、病理科等科室合作，开展上肢软组织肿瘤、骨肿瘤的治疗，并且在软组织恶性肿瘤的发生和侵袭基础研究方面有所突破。

三、科研

【科研特色】

臂丛神经损伤、分娩性臂丛神经损伤的基础与临床应用研究　臂丛损伤是常见的上肢严重创伤，致残率提高，随着工业、交通的大发展，发病率也急剧上升。20 世纪 60 年代前曾是不治之症；60 年代后，随着显微外科的发展、各种神经移位的应用，使不治之症变为可治之症。在神经移位中，手外科设计膈神经移位与健侧颈 7 神经移位，前者再生能力最强，有效率达 84.6%，后者为动力神经最多的神经，这两种移位神经已被国内外广泛采用，获国家科技进步奖二等奖、中华医学科技进步奖一等奖。然而如何提高它们的疗效，特别是如何为重建手内部肌发挥作用，是 21 世纪研究的主攻方向。只有手内部肌恢复，才能认为臂丛神经损伤修复后手功能恢复的任务完成。

主要研究内容：① 全长切取膈神经。以此达到缩短与手内部肌的距离，解决重建手内部肌的难题，是国内首创的膈神经移位术，进入内窥镜切取的新水平。② 开展同侧颈 7 神经根移位，为单纯上干或下干撕脱伤提供最佳手术方法，在此基础上使臂丛神经损伤的治疗规范化，为各类臂丛损伤提供最佳治疗方案。③ 肌皮神经肱肌支及皮支移位重建正中神经功能的临床与基础研究。手外科在确认该手术临床有效的前提下，进行相关的基础研究。通过解剖及组织研究，进一步明确肌皮神经肱肌支及皮支的形态结构及神经根来源，在上臂中段水平对正中神经支配屈指和感觉的神经束进行形态学研究，从而为肌皮神经肱肌支及皮支直接移位于正中神经奠定理论基础。④ 产瘫诊治的提高阐明肩外展同步兴奋的机制及治疗方法及对神经瘤正确判断与合理治疗的标准制定。国内外对产瘫早期治疗的最大争议就在于如何正确掌握产瘫的早期臂丛探查指征，通过上述研究可使我们更精确地掌握产瘫手术时机及手术方式，从而进一步提高产瘫的手术疗效。

周围神经卡压疾患的基础与临床研究　周围神经卡压是发达国家与发展中国家共同面临的问题。临床上越来越多神经卡压，以腕管综合征为例，美国发病率为 0.5%，每年 100 万人患病。中国并没有详细的数字，但发病情况已呈大幅度上升趋势。举医院为例，2004 年该病已占 1 000 例以上。所以，如何解决此疾患，除手术解决之外，研究其病因、开展其基础与临床研究、提高周围神经卡压的诊治水平，是当前国际国内首要任务。主要研究内容：① 开展胸廓出口综合征（TOS）诊治的研究；② 开展腕管综合征诊治的研究；③ 开展肘管综合征诊治的研究；④ 开展其他神经卡压诊治的研究。

促进周围神经再生及肌萎防治的基础与临床研究 周围神经再生是世界难题，神经以 1 mm/天的速度缓慢再生，往往造成神经尚未进入肌肉便发生不可逆肌萎，导致临床神经疗效不佳。医院自 20 世纪 90 年代初，已开始应用中药促进神经再生，经动物实验及临床应用初步资料证明中药的有效性。研究中心任务之一是开发出有促进神经再生的中药；研究中心任务之二是肌萎程度的判断，它关系到手术方式的选择和手术的疗效，使手术方案的制定从机械的病程决定，进入“客观指标”评定。主要研究内容：① 研究促进神经再生加速手功能恢复的新方法与药物，开展实验研究和临床对照试验，进一步证实“神经再生冲剂”的有效性。在此基础上，筛选有效成分，为中药产品产业化打下基础。② 研究肌萎的变化规律，通过神经干细胞移植和肌细胞生成素转基因防治骨骼肌失神经萎缩。③ 开展实验与临床研究，以肌肉的形态与功能为目标进行多方位、多层次检测，找到不可逆肌萎的判断标准（骨骼肌失神经的分化状态改变的研究及细胞凋亡的深入研究）。④ *Myogenin* 基因治疗肌萎缩的研究，骨髓基质细胞诱导分化形成神经元，周围神经及肌肉内移植促进神经再生及防治肌萎缩。⑤ 研究感觉神经（元）对失神经骨骼肌超微结构保护作用的实验研究。⑥ 研究周围神经损伤后银杏叶提取物 Egb761 对感觉神经元的保护作用。⑦ 研究中药治疗对大鼠坐骨神经损伤后神经生长因子蛋白表达的影响。⑧ 可生物降解移植体桥接修复神经缺损和生物降解时相研究。⑨ 研究周围神经损伤后施万细胞生存与凋亡的动态平衡。

组织移植血循危象防止及肢体功能提高的基础与临床研究 主要研究内容：① 建立大鼠断肢再植、鼠耳再植与鼠趾模型，为显微外科技术的普及及肢体再植后功能提高的实验研究提供动物模型；② 分子与细胞水平阐明组织移植的血循危象的机制及防治方法，阐明血管壁三层结构在血管吻合后的愈合过程；③ 研究各种因素及药物的影响，实验证实利多卡因、肝素、能量合剂、盐酸维拉帕米（异博定）、超氧化物歧化酶（SOD）、中药、丹参对血管平滑肌骨骼肌超微结构有保护作用；④ 了解血管吻合口血流动力学及血液凝固与抗凝成分的变化规律，探讨各种血循危害因子的作用机制及防治方法。

手和脑的功能联系及中枢瘫肢体治疗新方法的开发应用 健侧颈 7 神经根移位术是手外科首创的治疗臂丛根性撕脱伤的有效及安全的方法。该手术已在国内及美、日、德、法等其他国家广泛应用。但健侧颈 7 神经根移位术后出现一个特殊的现象，即健肢的功能受同侧大脑的支配，早期患肢的动作必须由健肢活动后才发生，后期一般 2 年后患肢才发生自主的活动。这种特殊现象提示健肢的活动由同侧大脑支配转变为对侧大脑支配。在何部位、途径转变，如何转变成为研究大脑代偿功能的重要课题。通过健侧颈 7 这项中国创新的手术发生的特殊现象的深化研究，不仅为研究大脑的代偿功能开辟一个新途径，同时为进一步研究大脑在周围神经损伤与再生中的作用，加速功能代偿及神经再生找到具体方法。主要研究内容：① 脑在周围神经损伤后发生哪些变化，及脑在周围神经再生中的作用；② 脑在神经移位后代偿功能转换的部位、通道及机制的研究；③ 研究各种因素及药物对脑在神经移位后代偿功能转换及神经再生中的影响，从而找到加速功能转换及神经再生的措施与药物；④ 手内部肌与脑的功能联系，重点研究手内部肌在大脑皮层中的功能定位；⑤ 中枢瘫行周围神经通路重构术后如何促进健存脑半球与瘫痪肢体的良性互动以促进恢复。

上肢骨关节及神经损伤等的内窥镜微创治疗 主要研究内容：① 创新理念在内窥镜上肢骨关节损伤中的治疗；② 微创手术技术的改良；③ 与经典术式的利弊比较。

【人才培养】

手外科重视人才培养，努力建设以中青年为主体、以博士学历为基础的人才梯队。2006 年，徐建光获卫生部突出贡献的中青年专家。2006—2016 年，徐文东获上海市科委科技创新标兵、上海市十大杰出青年、上海市卫生局领军人才、上海市青年科技杰出贡献奖、国家科技部-盖兹基金会“大挑战杯”青年科学家奖、国家科技部创新领军人才等奖项，入选国家教育部新世纪优秀人才支持计划、上海市卫生系统新百人计划、上海市卫生系统学科带头人培养计划、首届树兰医学青年奖、上海市扬帆计划等人才培养计划；青年医师蒋苏入选上海市扬帆计划、中英“牛顿基金”等人才培养计划；郑谋雄、芮晶获入选上海市青年医师培养资助计划。

培养 4 名博士研究生前往全球手外科排名第一的梅奥医学中心进行为期 1 年的学习交流；获国家自然科学基金青年基金项目 8 项、国家自然科学基金 1 项、国家及上海卫计委课题 6 项。

【科研成果】

1966 年首创足趾移植再造拇指，相关成果获 1978 年全国科学大会奖。1985 年设计第二套供血系统及新的血循危象分类与处理，使足趾移植成活率提高。至 1987 年已移植 400 余例，成活率达 98%，保持国际领先地位。先后获全国科学大会奖、卫生部甲级科技成果奖及国家科技进步奖二等奖(1987 年)。1973 年与国外同期首创下腹部游离皮瓣移植，游离胸大肌皮瓣移植获 1980 年卫生部乙级科技成果奖。小腿外侧皮瓣获 1985 年上海市科技进步奖三等奖。静脉干动脉化皮瓣获 1985 年卫生部科技进步奖二等奖。尺动脉皮支皮瓣获 1989 年上海市科技进步奖二等奖。鼻烟窝皮支皮瓣获 1996 年国家科技进步奖二等奖。1980 年首创静脉蒂动脉化游离腓肠神经移植治疗长段神经缺损获 1985 年国家发明三等奖。与此同时，手外科十分重视显微外科基础研究，为临床及实验研究提供大白鼠断肢再植、鼠耳再植、大白鼠足趾移植模型。血管吻合后血管内皮细胞愈合机制，血管平滑肌 Ca - ATP 酶、血液凝固及抗凝系统变化，tPA 溶栓及激光缝接血管等研究获国家科技进步奖二等奖、上海市科技进步奖三等奖等多项荣誉。

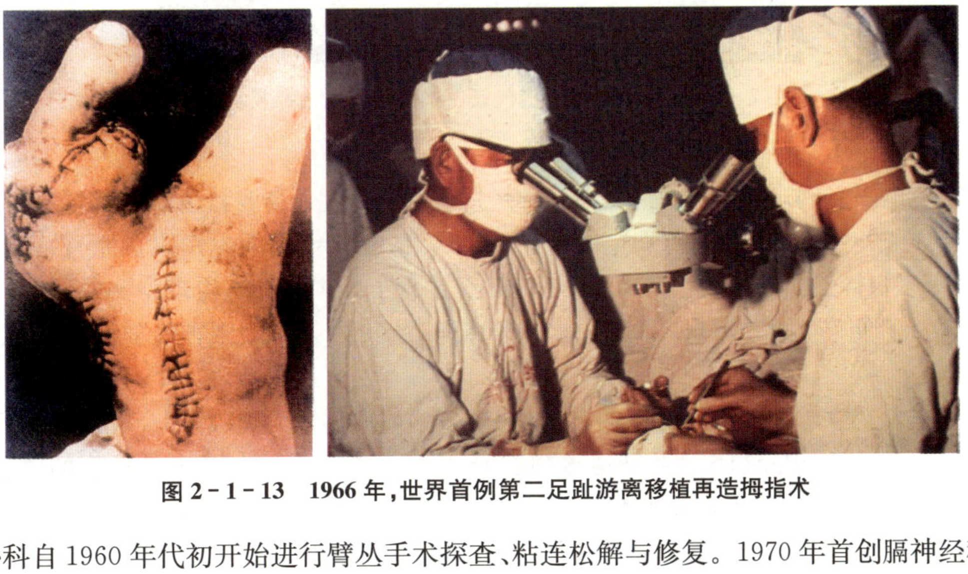

图 2 - 1 - 13　1966 年，世界首例第二足趾游离移植再造拇指术

手外科自 1960 年代初开始进行臂丛手术探查、粘连松解与修复。1970 年首创膈神经移位治疗臂丛根性撕脱伤。1986 年首创健侧颈 7 神经移位治疗难治性臂丛根性撕脱伤。上述成果 1990 年获国家科技进步奖二等奖，1993 年获国家发明二等奖。2003 年首创肱肌肌支移位、旋后肌支移位修复臂丛下干损伤，2005 年获国家科技进步奖二等奖。2013 年因设计健侧颈 7 治疗脑瘫及其他新方法重建手功能获上海市科技进步奖二等奖、教育部科技进步奖二等奖、上海医学科技奖一等奖。

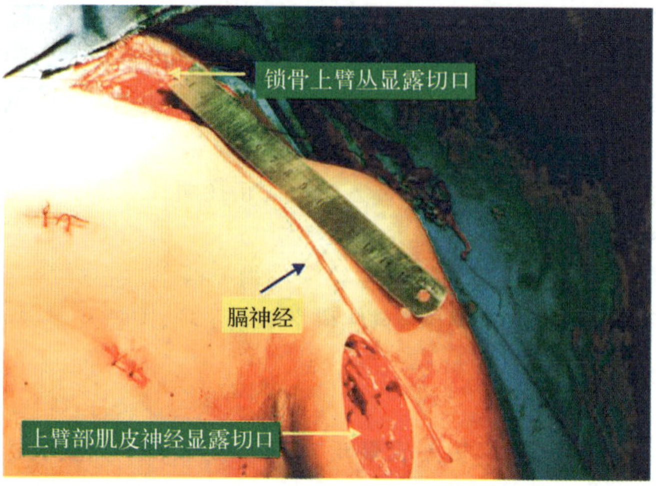

图 2-1-14　1986 年，世界首例锁骨前全长膈神经移位(左侧)

图 2-1-15　1993 年，“健侧颈 7 神经根移位治疗臂丛神经根性撕脱伤”获国家发明二等奖

手外科肌电图室创建于 1987 年，以周围神经损伤的电生理诊断为特色。创立臂丛神经损伤的电生理诊断方式并摸索出术中神经肌电图检测的方法。2005 年起，肌电图室在原有基础上不断总结，陆续确定多根神经卡压的电生理诊断方法，不仅致力于减少神经电生理检测的误差，而且开始将 MEP、CPT、SFEMG 等技术引入周围神经卡压疾病的诊断，提高周围神经损伤以及卡压性疾病诊断准确率。

手外科借助卫生部手功能实验室的平台，在诸多领域取得重大突破，如产瘫的机制研究、中枢瘫后手功能重建、周围神经损伤后脑功能重塑的研究、臂丛损伤后神经病理性疼痛的研究、手内肌恢复的研究、上肢肿瘤的发生发展机制等，为临床解决相关问题提供重要依据和手段。其中，2013 年健侧颈 7 治疗脑瘫及新方法重建手功能获上海市科技进步奖二等奖、教育部科技进步奖二等奖及上海医学科技奖一等奖。

2016 年，臂丛神经损伤及修复过程中的人脑功能重塑规律及新技术的转化研发和应用获上海医学科技奖一等奖。

1960—2016 年，手外科获得国家级奖项 7 项，其中国家科技进步奖 5 项，国家发明奖 2 项。

2005—2016 年，共获得国家自然科学基金 26 项，“973”计划项目 4 项，“863”计划项目 1 项，省部委重大(点)项目 28 项，国家攻关计划项目 1 项，国家杰出青年科学基金 1 项，其他项目 12 项。1999—2012 年，主编医学著作 13 部。2012—2016 年，申报、获得医学专利 10 项。2007—2016 年，每年发表在国际国内核心期刊、SCI 论文数篇。

表 2-1-61　1966—2016 年手外科获奖课题(市级以上)情况表

年份	获 奖 课 题	奖 项 名 称
1978	足趾移植再造拇指	全国科学大会奖
1980	游离胸大肌皮瓣移植	卫生部乙级科技成果奖
1985	小腿外侧皮瓣	上海市科技进步奖三等奖
1985	静脉干动脉化皮瓣	卫生部科技进步奖二等奖
1985	静脉带动脉化游离腓肠神经移植	国家发明三等奖
1987	设计第二套供血系统及新的血循危象分类与处理	国家科技进步奖二等奖
1989	尺动脉皮支皮瓣	上海市科技进步奖二等奖
1990	健侧颈 7 神经移位治疗难治性臂丛根性撕脱伤	国家科技进步奖二等奖
1993	健侧颈 7 神经移位治疗难治性臂丛根性撕脱伤	国家发明二等奖
1996	鼻烟窝皮支皮瓣	国家科技进步奖二等奖
1996	大白鼠断肢再植、鼠耳再植、大白鼠足趾移植模型	上海市科技进步奖三等奖
1998	血管吻合后血管内皮细胞愈合机制	国家科技进步奖二等奖
1998	血管平滑肌 Ca-ATP 酶、血液凝固及抗凝系统变化	国家科技进步奖二等奖
1998	tPA 溶栓及激光缝接血管	国家科技进步奖二等奖
2005	肱肌肌支移位、旋后肌支移位修复臂丛下干损伤	国家科技进步奖二等奖
2011	臂丛损伤后手功能重建的新方法研究及其应用臂	教育部科技进步奖二等奖
2012	臂丛损伤手功能重建的临床和基础研究	上海医学科技奖一等奖
2013	臂丛损伤后手功能重建的新方法研究及其应用	上海市科技进步奖二等奖
2013	健侧颈 7 治疗脑瘫及其他新方法重建手功能	上海市科技进步奖二等奖、教育部科技进步奖二等奖、上海医学科技奖一等奖
2015	四肢远端蒂皮瓣基础与临床研究	教育部自然科学奖二等奖
2016	臂丛神经损伤及修复过程中的人脑功能重塑规律及新技术的转化研发和应用	上海医学科技奖一等奖

表 2-1-62　1999—2012 年手外科主编著作情况表

年份	著 作 名 称	出 版 社	主　编
1999	手外科手术学	上海医科大学出版社	顾玉东
2002	手外科学	上海科学技术出版社	顾玉东
2005	残缺肢体的修复重建	第二军医大出版社	顾玉东

（续表）

年份	著作名称	出版社	主　编
2006	临床诊疗指南・手外科学分册	人民卫生出版社	顾玉东
2006	皮瓣外科学	上海科学技术出版社	顾玉东
2007	胸廓出口综合征	上海科学技术出版社	陈德松
2007	内镜在手外科的应用	复旦大学出版社	徐建光
2008	上肢神经损伤康复	复旦大学出版社	周俊明
2009	局部封闭	上海科学技术出版社	陈德松
2010	手外科手术	复旦大学出版社	顾玉东
2011	显微外科基本理论与操作	复旦大学出版社	顾玉东
2012	临床实用手功能康复学	世界图书出版公司	周俊明
2012	周围神经卡压	上海科学技术出版社	陈德松

表 2－1－63　2012—2016 年手外科获得专利情况表

年份	专利号/申请号	专　利　名　称	专利类型	申　请　人
2012	65552	一种促进神经肌肉再生的复方制剂及其制备方法	应用	顾玉东
2013	ZL200810032908.5	一种外周神经修复用的易取出的半植入式电刺激器	发明专利	徐文东
2014	ZL201420098486.2	一种手术缝合导向器	实用新型	徐文东
2014	ZL201320496839.x	一种交叉钢针导向器	实用新型	徐文东
2015	ZL201310354631.9	一种交叉钢针导向器	发明专利	徐文东
2016	CN20549824	用于周围神经损伤术中监护的便携式肌电图诱发电位仪	实用新型	袁亦金　田　东
2016	201620552760.8	一种基于光遗传学-电生理技术的动物神经功能检测平台及其应用	发明专利	蒋　苏
2016	201610398922.1	一种基于光遗传学-电生理技术的动物神经功能检测平台	实用新型	蒋　苏
2016	ZL201410078680.9	一种内窥镜下软组织缝合导向装置和方法	发明专利	徐文东
2016	ZL01620547521.3	一种舟状骨骨折经皮固定用手术导板	实用新型	尹华伟

表 2－1－64　2007—2016 年手外科国际国内发表学术论文统计情况表

年　份	国内核心/权威期刊论文(篇)	以第一或通讯作者发表 SCI 论文(篇)
2007	33	5
2008	27	8
2009	20	2
2010	32	13

（续表）

年 份	国内核心/权威期刊论文(篇)	以第一或通讯作者发表 SCI 论文(篇)
2011	28	10
2012	20	16
2013	17	12
2014	8	20
2015	9	16
2016	8	18

【学术任职】

截至 2016 年，手外科共有 3 位教授先后任中华医学会手外科分会主任委员，分别是徐建光、劳杰和徐文东。同时，徐建光还担任中国医师协会手外科医师分会会长、中华医学会显微外科分会副主任委员；劳杰担任上海医学会手外科分会主任委员、上海医师协会手外科医师分会主任委员；徐文东担任中华医学会手外科学分会周围神经学组组长。

【国际交流】

手外科积极与国际多家医疗机构合作学习，引进国外先进的理念和技术，交流手外科的成果和工作经验。

2008 年，与意大利罗维戈市 Santa Maria Della Misericordia 医院神经外科共同主办的第一届中欧臂丛专题大会在意大利威尼斯召开，意大利卫生部国际交流司高级官员等应邀出席开幕式。此后分别在 2010 年、2012 年共同主办中欧臂丛研讨会。

2009 年 10 月，受邀作为主宾国参加在美国召开的手外科学术会议。2009 年，参加卢森堡召开的 Narakas 国际臂丛研讨会。承担主办第十八届 Sunderland 国际周围神经学术会议，14 位国际学者及 10 位手外科人员作大会交流，顾玉东院士被聘为该协会名誉会员。同年，团队访问梅奥医学中心，商谈合作协议。

2010 年 10 月，6 人赴韩国参加第十一届国际手外科会议；11 月，顾玉东参加日本广岛国际周围神经研讨会。

2011 年，3 人赴葡萄牙里斯本参加第十二届 Narakas 臂丛研讨会。

2012 年，出席美国芝加哥手外科年会及周围神经年会，共 3 人做会议交流；出席日本电泳学会在冲绳召开的年会，手外科 2 人进行学习交流；出席在中国香港召开的国际作业治疗研究会，2 人做学习交流；出席美国夏威夷第四届国际周围神经研讨会，1 人做会议交流。

2013 年，手外科一行 11 人赴印度第十二届国际手外科学联合大会(IFSSH)交流，其中徐文东做主旨发言(keynote)。

2014 年，手外科 2 人参加美国第五十届临床肿瘤会议，4 人分别参加美国及欧洲关节与神经国际会议。

2015 年，徐文东率团参加美国周围神经学术年会并做主旨发言。蒋苏受邀赴法国斯特拉斯堡利用机器人手术演示健侧颈 7 移位治疗中枢瘫。

2016年,5人参加美国手外科年会(AAHS)并作大会交流。徐文东作为副主席受邀率团赴香港参加亚太腕关节协会(APWA)成立仪式。9人赴阿根廷参加第十三届国际手外科学联合大会(IFSSH)。

四、教学

手外科是"211"工程国家重点学科。2016年有教授13人、副教授7人,其中博士研究生导师4人、硕士研究生导师6人。每年招收研究生5~8人,共培养博士生106人、硕士生49人、博士后8人。

1979年,成立卫生部显微外科实验室。1981年3月,手外科受卫生部委托举办第一届全国显微外科学习班,学员150余人,并邀请美国实验外科专家Sun Lee、德国显微外科比默(Bimer)及陈中伟等讲课与示教。杨东岳在学习班上全面介绍医院显微外科再造成就——足趾移植、皮瓣移植、异体膝关节移植、病段切除再植等,并进行足趾移植与皮瓣移植手术示教。举办的学习班为国内显微再造技术的普及提高及人才培养做出重大贡献。1996年起,医院手外科被国际手外科协会指定为进修基地。1997年,研究生教育被评为上海市教学成果二等奖;《显微外科基本理论与操作》被国家教委指定为本专业研究生全国教材。2002年,被国际AO协会指定为手外科培训基地,是卫生部手外科显微外科国家级继续教育基地。2009年,手外科与美国梅奥医学中心及日本广岛大学建立学术交流及人才培养协议,定期选送各级医师进修交流与合作开展课题,对各级医师提出出席国内外会议及进修任务。

手外科每年承办国家级继续教育学习班4~6次,如周围神经卡压性疾病及手外科新进展学习班、手外科显微外科与手外科新技术学习班、神经肌电学习班、周围神经损伤与修复暨手外科新技术学习班、臂丛神经损伤与肩关节镜学习班、腕关节疾病与腕关节镜操作学习班、手外科皮瓣学习班、上肢肿瘤学习班、中枢瘫肢体功能恢复新方法和康复学习班、手外科康复学习班,内容涵盖手外科的各个领域。每次招收全国学员25~100人,每年招收进修医师20~24人。学习班学员及进修医师已遍及全国28个省市,超过1 500余人。通过举办各类学习班,吸引来自国内外的临床医师前来学习交流,如:手外科晨会,邀请来自各国的专家在科内进行学术讲座;与复旦大学附属儿科医院、静安区中心医院(静安分院)、闵行区中医医院、宝山仁和分院合作,为更多病患提供优质的手外科医疗服务;在深圳、宁波等地建立院士工作室,为当地群众提供便利。

五、其他

【医疗援助】

手外科参与多起突发事件的医疗救援工作:2008年汶川地震、2011年"7・23"温州动车事故、2013年"3・1"昆明火车站暴恐袭击事件,以及为奥运会帆船冠军徐莉佳诊治手掌复杂骨折等。

【个人荣誉】

顾玉东曾获白求恩奖章、全国五一劳动奖章、全国先进工作者、十大科技精英、全国卫生系统职业道德建设标兵等多项殊荣。

【科室荣誉】

2006—2016年,手外科先后获得全国劳模集体、全国工人先锋号、全国高等学校科技先进集体、上海市优秀基层党组织和上海市卫生系统先进集体等多项称号。

第二十一节 风湿免疫科、职业医学科

一、沿革

职业医学科创建于1960年，前身为内科职业病组，根据当时工农业生产发展和职业病防治工作的需要，由丁训杰、丁钺创建。以后为适应职业病防治工作的需要，于1985年改名为职业病科。丁钺、徐麦玲、邹和建先后担任科主任。1996年，由于受大环境和政策因素的影响，职业病临床学科发展受到较大的制约并进入低潮期。从人才培养、业务发展、填补医院空白等角度考虑，在继续保持职业病科医、教、研工作的同时，开展风湿病的临床工作，并于1996正式成立风湿科，科室名称改为风湿免疫科、职业医学科。建立风湿病实验室，在医院率先开展类风湿因子亚型测定、ENA抗体测定、抗线粒体抗体测定、抗心磷脂抗体检测等近30个免疫学检测项目，以及*HLA*-*B27*基因测定。2005年7月7日，在复旦大学的大力支持下，批准成立"复旦大学风湿、免疫、过敏性疾病研究中心"，该中心挂靠医院，邹和建任首任主任。历经多年，科室规模和梯队不断扩大。2016年，科室有教授3人，副教授2人，客座教授1人，双聘副教授1人；主治医师5人，住院医师2人；博士8人，硕士4人；在读博士生5人，在读硕士生5人；技师1人。

表2-1-65 1985—2016年风湿免疫科、职业医学科历任主任情况表

任职时间	主任
1985—1994	丁钺
1994—2001	徐麦玲
2001—2014	邹和建
2014—	万伟国(常务副主任)

二、医疗

【基本情况】

建科初期，每周设立二个半天专科门诊，至2016年，从周一至周五，每天都开设门诊。为配合医院的发展，科室病房于2012年底迁至北院，有固定床位24张，收治各种风湿病重症、疑难病患，门诊和病房诊治人次稳步增长。科室继续全面提高风湿性疾病诊疗水平，每月定期开展多学科的业务学习和病例讨论。2016年，总院全年门诊人数达到21 800人次，北院门诊人数为10 867人次。

科室同步发展职业病诊断相关工作，每周开设半天的职业病专病门诊，接受和诊断的职业病例数稳步上升，并不断扩增医院职业病诊断的专家人数。2016年，科室接受职业病诊断申请26例。同年，对上海市职业病诊断鉴定专家库进行人员调整，科室万伟国、吕玲以及皮肤科杜荣昌、五官科严文洪、眼科王庆平继续担任专家，并推荐增加五官科蔺琳、亓卫东和眼科张宇燕担任专家。2010年，上海市职业病诊断质量控制中心在科室挂靠成立，对各机构开展定期而连续的职业病质控督导工作，同时牵头职业病诊断的质控检查工作，促进职业病诊断工作的规范化进行。2011年，在上海市第三轮“三年行动计划”项目期间，作为子课题项目组，完成“上海市职业病诊断质量控制体系建设”的项目任务，负责制定上海市职业病诊断机构设置标准、职业病诊断质量评价体系、上海市常见职业病诊断路径，促进全市职业卫生服务可及性进一步提高；建立的上海市职业病疑难病例会诊平台，提高了职业病疑难病例的诊断质量。2015 年，再次参与第四轮“三年行动计划”项目“健康危害因素监测及相关疾病预防控制”的子课题“职业病诊断质控体系及相关职业卫生人员能力建设”的工作，负责上海市职业病诊断质控体系及职业卫生相关人员能力建设，通过专家研讨、病例讨论、专家宣贯培训、网站等多种形式，形成基本的能力提升培训模式，提高本市职业病诊断医师的整体诊断水平。

表 2-1-66　2013—2016 年风湿免疫科临床数据情况表

年　份	总　院	北　　院				
	门诊人次	门诊人次	住院人次	平均住院天数	均次费用(元)	药占比(%)
2013	20 658	5 262	1 035	4.88	5 895	61.71
2014	21 050	8 729	1 322	5.79	6 333	58.82
2015	21 444	8 772	1 276	6.38	6 583	51.93
2016	21 800	10 867	1 231	6.05	6 929	48.48

【医疗特色】

为响应卫生部单病种、慢病管理的要求，实现疾病规范化和个体化治疗的推广，科室现已逐步开设痛风、类风湿关节炎、系统性红斑狼疮、脊柱关节病等常见风湿性疾病的专病门诊。发展痛风/高尿酸血症和硬皮病为专科特色，主持开展痛风病友会活动，并建立痛风诊断和随访的 App 和痛风诊疗的临床路径，制定痛风的个体化治疗、饮食指导和生活干预方式，在个体化的同时也做到诊治患者规范化；科室在国内首先开展 *HLA-B5801* 检测，指导痛风患者的个体化和安全性用药。在硬皮病方面，多学科紧密合作方式是该亚专科的特色和优势，开展的风湿科和皮肤科联合的硬皮病门诊，实施单病种管理，为患者建立个人档案进行跟踪和随访，为诊治疑难和危重病人提供便利和保障。2016 年，科室牵头高尿酸血症相关疾病多学科专家共识的修订，于 2017 年在《中华内科杂志》正式发布。除外专科特色，科室在风湿性疾病(尤其是皮肌炎、硬皮病)继发间质性肺炎合并肺部重症感染患者的原发病和抗感染治疗方面积累不少经验，有效地降低此类患者的死亡率。

科室同步发展职业病诊断相关工作，每周开设半天的职业病专病门诊，接受和诊断的职业病例数稳步上升，并不断扩增医院职业病诊断的专家数。同时牵头职业病诊断的质控检查工作，促进职业病诊断工作的规范化进行。2011 年、2015 年两次参与上海市加强公共卫生建设三年行动计划(第三、四轮)，圆满完成相关工作，对提升上海市职业病诊断质量做出重要贡献，尤其是《上海市常见职业病诊断路径》业已成为上海市职业病诊断的规范。

三、科研

【科研特色】

痛风/高尿酸血症的发生机制、干预策略与硬皮病发病机制是科室的两大主要研究方向，结合临床，发展病友会，建立痛风/高尿酸血症样本库以及患者信息管理平台。同时也鼓励科室人员结合自身情况发展不同的研究领域，既有专科特色，也保证学科各方面与科研前沿接轨。

风湿免疫科是内科学领域的一门新兴学科。风湿性疾病分为十大类，包括弥漫性结缔组织病、血清阴性脊柱关节病、退行性关节炎、伴风湿病表现的代谢和内分泌疾病等。科室主攻方向为痛风和系统性硬化亚专业，主要进行痛风/高尿酸血症、系统性硬化的发病机制和干预策略研究。

【人才培养】

科室重视科研人才的培养，曾有多名博士生参加国家级、校级或国际合作项目的联合培养计划，前往美国、德国、日本等国家的高校研究所学习和工作，发表高质量的论文，获得各机构的肯定。多名科室医师短期赴英国、泰国、马来西亚等地交流与学习。同时每年举办和参加国际学术会议交流，不定期邀请本领域的国际专家进行科研讲座和教学查房。

表 2-1-67　1995—2013 年风湿免疫科、职业医学科派遣出国进修人员情况表

时　间	进 修 单 位	进修人员
1995 年 1 月—1996 年 12 月	美国加州大学伯克利分校	邵建华
2005 年 6—7 月	美国哈佛大学哈佛医学国际	邹和建
2009 年 2 月—2010 年 8 月	美国南加州大学凯克医学院	孔　宁
2009 年 10 月—2011 年 4 月	美国哈佛大学医学院	朱小霞
2010 年 8 月	英国格拉斯哥大学医学院	万伟国
2010 年 10 月—2011 年 10 月	美国加州大学洛杉矶分校	于一云
2011 年 10 月—2013 年 4 月	美国麻省总医院	梁敏锐
2012 年 7 月—2013 年 2 月	日本国立成育医疗研究中心	杨　雪

科室人员取得不少的人才奖项，截至 2016 年，邹和建入选上海市领军人才、上海市优秀学术带头人；万伟国入选上海市宝山区第八届拔尖人才；孔宁入选上海市宝山区第八届青年尖子和上海市青年医师培养资助计划；梁敏锐入选上海市优秀住院医师、医院“华秀奖”、十佳优秀学生和十佳优秀青年医师；朱小霞入选医院“华菁奖”；于一云入选北院青年医师培养资助计划。

【科研成果】

科室自创建以来，承担一批国家级、部级、市级科研项目。截至 2016 年，主持或参与国家“973”项目、国家自然科学基金面上项目等共 6 项，国家自然科学基金青年项目 6 项；上海市级重大/重点项目等市级项目约 6 项；卫生部、科技部、中华医学会等项目数项。1986—2015 年，科室获得国家、省部级、市级以上科研奖项 9 项。负责制定及修订中华人民共和国《职业性苯中毒诊断》《职业性急性甲苯中毒的诊断》《职业性急性二氧化硫中毒的诊断》《职业性急性化学物中毒性血液系统疾病诊断标准》等。2006—2014 年，主编、参编医学著作 10 种。2007—2012 年，科室申请医学专利 4 项，其中有 2 项已被授权。2012 年，科室在国内首先开展 *HLA-B5801* 基因检测，指导痛风患者的个体化和安全性用药，该项检测技术于 2015 年获得国家发明专利授权，成果转化正在快速推进。

表 2-1-68　1986—2015 年风湿免疫科、职业医学科获奖课题情况表

年份	项目名称	奖项名称
1986	全国职业肿瘤流行病学调查研究(氯甲醚、氯乙烯)	卫生部甲级科技成果奖
1986	工业铅中毒研究	卫生部甲级科技成果奖
1987	工业铅中毒研究	国家科技进步奖三等奖
1993	职业性中毒性肝病发病机理及诊断的研究	上海市科技进步奖三等奖
2001	混配农药中毒的研究	中华医学科技奖二等奖
2007	白血病和骨髓增生异常综合征临床流行病学研究	上海市科技进步奖三等奖、上海医学科技奖三等奖
2010	职业性苯中毒发病机制、临床特征研究和诊断标准研制	上海医学科技奖二等奖
2011	潜伏性结核感染的发病机制及新型诊断技术的研究	上海医学科技奖二等奖
2015	原发性痛风遗传易感性及其临床应用	教育部科技进步奖二等奖

表 2-1-69　2006—2014 年风湿免疫科、职业医学科出版著作情况表

年份	著作名称	出版社	编写方式	编写人员
2006	抗原驱动论——抗原驱动下的自身免疫疾病	人民卫生出版社	编著	孟济明　邹和建　叶　霜
2007	内科学基础	人民卫生出版社	主编	邹和建　陈　垦
2007	难治性风湿病	上海科学技术出版社	主编 副主编	郑志忠 郑　捷　邹和建
2008	风湿性疾病的诊断与治疗	军事医学科学出版社	主编 副主编	刘嘉玲　王美美 李向培　邹和建
2009	风湿内科学——回顾、现状、展望	人民卫生出版社	主编	陈顺乐　邹和建
2009	自身抗体(第二版)	人民卫生出版社	主译	邹和建　Winfried Stoecker
2012	家庭医学全书	上海科学技术出版社	主任编委 副主任编委	冯晓源 邹和建
2013	风湿免疫学高级教程	人民军医出版社	主编 副主编	栗占国　张奉春　曾小峰 鲍春德　黄　烽　孙凌云　邹和建
2013	内科新理论新技术	上海科学技术出版社	主编	施海明　邹和建
2014	医学伦理学实践	人民卫生出版社	主编	邹和建　陈晓阳

表 2-1-70　2007—2012 年风湿免疫科、职业病科获得专利情况表

年份	申请号	专利名称	申请人
2007	200710043712.1	TGF-β 诱导的调节 T 细胞及其形成方法和应用	郑颂国　邹和建　徐建光　王菊华　戴维.赫威兹
2010	201010254836.6	一种在同一体系中检测 IgM 抗体和 IgG 抗体的方法	陈向军　邹和建　乔　健　朱冬青　梁敏锐　顾悦华

（续表）

年份	申请号	专利名称	申请人
2010	201010533518.3	一种检测 *BANK1* 基因单核苷酸多态性的方法	邹和建　关　明　张心菊
2012	201210189509.6	检测 *HLA-B*5801* 等位基因的方法	邹和建　张心菊　于　波　关　明　张　炯　骆肖群　张　伟　万　峻　吕　元
2012	2012102543380	IL-21 在制备免疫抑制剂中的用途	杨　雪

表 2-1-71　2011—2014 年风湿免疫科发表 SCI 论文(影响因子高于 5 分)情况表

年份	论文题目	发表期刊	作者
2011	Oxidative Stress and Treg and Th17 Dysfunction in Systemic Lupus Erythematosus	*Oxidative Medicine and Cellular Longevity* (IF: 5.076)	杨　雪(共同第一作者) 邹和建(共同通讯作者)
2012	Plasmalemma Permeability and Necrotic Cell Death Phenotypes After Intracerebral Hemorrhage in Mice	*Stroke* (IF: 5.756)	朱小霞(第一作者)
2012	Induced T Regulatory Cells Suppress Osteoclastogenesis and Bone Erosion in Collagen-Induced Arthritis Better Than Natural T Regulatory Cells	*AnnRheum Dis* (IF: 8.727)	孔　宁(第一作者) 邹和建(通讯作者)
2012	Antigen-Specific TGF-B-Induced Regulatory T Cells But Not Natural Tregs Ameliorate Autoimmune Arthritis by Shifting The Balance of Th17 Toward Treg Cells	*Arthritis Rheumatology* (IF: 7.866)	孔　宁(第一作者) 邹和建(通讯作者)
2013	Leptin-Induced Rorgt Expression in CD4+ T Cells Promotes Th17 Responses in Systemic Lupus Erythematosus	*Journal of Immunology* (IF 5.8)	于一云(第一作者)
2014	Role of Akt And Mammalian Target of Rapamycin in Functional Outcome After Concussive Brain Injury in Mice	*J Cereb Blood Flow Metab* (IF: 5.008)	朱小霞(第一作者)

表 2-1-72　1990—2016 年风湿免疫科、职业医学科学术任职情况表

任职时间	姓名	学术任职
1990—1996	丁　钺	中华预防医学会职业病专业委员会副主任委员
2003—2009	邹和建	上海市医学会风湿病学分会副主任委员(两届)
2004—2009	邹和建	上海市预防医学会职业卫生与职业病专业委员会
2004—2010	邹和建	上海市医学会职业病与环境医学专科委员会副主任委员(两届)
2007—2013	邹和建	中华医学会风湿病学分会第七、八届委员会副主任委员
2009—2015	邹和建	中国医师协会风湿免疫科医师分会第一、二届委员会副会长
2010—2013	邹和建	上海市医学会风湿病学分会第六届主任委员

（续表）

任职时间	姓名	学术任职
2011—2016	邹和建	中华预防医学会职业病专委会第四届委员会副主任委员
2013—2016	万伟国	上海市医学会职业病与环境医学专科委员会副主任委员（两届）

【国际交流】

2006年2月18日，“复旦大学风湿、免疫、过敏性疾病研究中心”成立庆典隆重举行，并成功召开首届复旦大学风湿、免疫国际论坛；随后结合科室专科特色，2011年作为主要发起人之一成立国际硬皮病临床与研究协作网（InSCAR）和东方痛风论坛。此后每年举办复旦大学风湿、免疫、过敏性疾病研究中心风湿免疫论坛和InSCAR会议；每年参加欧洲抗风湿病联盟、美国风湿病学会和亚太抗风湿病联盟年会，多次做大会发言和壁报展示，增进国际合作交流。

四、教学

20世纪90年代，职业医学科与上海医科大学公共卫生学院劳动卫生教研室一起被认定为国家教委重点学科。1995年获职业医学硕士学位授予点，2005年获风湿免疫学、职业医学博士学位授予点。至2016年，有博士研究生导师1人、硕士研究生导师2人，培养职业医学博士1人、硕士4人；风湿免疫学博士11人、硕士12人。每年承担复旦大学上海医学院本科生、研究生、进修生、留学生内科教学任务，并多次获得优秀青年教师奖。2012年11月，邹和建获“宝钢优秀教师奖”。郑舒聪、宣丹旦和朱小霞先后获选复旦大学优秀带教老师。

同时特别注重科内年轻医务人员的培养，初始即明确导师组成员，将培养工作落实到人，定期考核。培养国内为数不多的职业病临床医学博士和风湿病学临床/科研硕士博士。经过多年努力，已建成良好的人员梯队。

表2-1-73　2007—2010年风湿免疫科、职业医学科教学成果获奖情况表

年份	项目名称	奖项名称	主要完成人
2007	标准化病人队伍建设规范及在医学教育中的应用	复旦大学教学成果奖一等奖	邹和建　鲁映青　OSCE项目组
2007	内科学教学模式的改革与实践	复旦大学教学成果奖一等奖	王吉耀　邹和建　高　虹　石凤英　施海明
2010	标准化病人队伍规范化建设、应用及其持续改进	上海市教学成果奖一等奖	邹和建　鲁映青等
2010	提高临床实习效果的科学管理体系	复旦大学教学成果奖二等奖	刘　倩　王　磊　李益明　邹和建　蔡　端　曾　勇（第四完成人）

五、其他

【科室荣誉】

2013—2015年，科室获复旦大学医院管理研究所发布的“最佳专科排行榜”年度最佳专科提名。

【援边援外】

2014 年，薛愉参与医院第十批援滇医疗队，前往云南省腾冲县人民医院开展为期半年的对口医疗支援活动。2016 年起，定期安排科室副高职称医生去海南省海口市人民医院帮扶工作。

【社会公益】

风湿免疫科积极开展及参与各类义诊和科普项目。邹和建、万伟国、吕玲、薛愉、孔宁等多次参与上海电台、电视台各项义诊活动，如“活到 100 岁”、专家讲坛等。至 2016 年，邹和建、薛愉多次参与“京沪风湿专家新疆行”大型义诊活动；万伟国参加“同心・共铸中国心”迪庆大型主题公益活动，为藏区民众义诊；万伟国、张炯分别赴甘肃兰州医疗帮扶。

第二十二节　心 血 管 内 科

一、沿革

心血管内科前身为内科心脏组，创建于 1962 年。建立之初只有四名医生，一台西门子心电图仪，大约 20 张病床。第一任组长为戴瑞鸿。在戴瑞鸿的带领下，叶湘裕、孙仰龙、朱伯卿、王受益、何维新、袁经国、查娟娟等老一辈医生在艰苦的条件下开始心血管疾病专科诊疗。1978 年，由心脏组参与筹建的上海地区心肌梗死科研协作组成立，戴瑞鸿任组长。1988 年，戴瑞鸿等诸多专家学者汇聚黄山屯溪，探讨开展心血管领域的中西医结合临床治疗和药理研究工作，筹建成立中国中西医结合学会心血管病专业委员会，推动心血管疾病的中西医结合的研究和治疗。同年，心脏组正式改组为心血管内科，戴瑞鸿任主任，范维琥任副主任。1995 年，范维琥继任心血管内科主任，施海明、李勇任副主任。2006 年起，施海明任心血管内科主任。

1988 年，心血管内科即获国家教委审核评成为全国重点学科，2012 年被评为“211”工程建设重点学科。心血管内科是国家科委、卫生部指定的国家级新药评审中心、复旦大学临床药理研究所心血管药理研究室、国家中药制药工程技术研究中心临床与生化联合实验室、复旦大学中西医结合研究所心血管研究室、全国心血管疾病介入诊疗培训基地。

表 2-1-74　1988—2016 年心血管内科历任主任情况表

任职时间	主　任
1988—1995	戴瑞鸿
1995—2006	范维琥
2006—	施海明

二、医疗

【基本情况】

心血管内科是一个现代化的心血管疾病诊治中心，配备包括 24 小时动态心电图仪、24 小时的动态血压分析仪、PARKER 运动负荷试验系统、HP2500 彩色心脏超声仪、Sequoia 512 彩色心脏超声仪及工作站、多道电生理仪、Cordis 温控射频仪、心脏专用超声心动图成像仪、起搏程控仪、IABP 仪、血管内超声系统(IVUS)、冠状动脉旋磨治疗仪、三维心电标测系统(Carto)、冠脉生理评价系统、临时起搏器、除颤仪、心电图仪、数字减影 X 线机等现代化心血管疾病诊疗设备,能支持完成心血管内科疾病的诊断及治疗工作。

心血管内科始终承担繁重的医疗工作,年门诊量 8～10 万,累计超过 80 万人次。2016 年,有床位 31+5 张,年平均住院人数逾 1 800 人次,累计超过 18 000 人次。年完成常规心电图检查超过 10 万次;年完成心超检查逾 2 万次。开展包括经食管超声心动图、心脏外科术中超声心动图、心脏内科介入术中超声心动图等检查;年完成运动平板 800 次。导管室每年完成的介入手术超过 1 500 例,累计已经成功完成超过 20 000 例次介入手术。2008 年,开展成人先天性心脏病的介入治疗、心房颤动射频消融治疗,乃至开展血管内超声、冠状动脉旋磨术、药物球囊扩张等,提升整体的医疗水平。尤其随着北院的成立及发展,2013 年 11 月 6 日,心血管内科在北院开设独立病房(包括 CCU),有床位共 46 床(包括 CCU 9 张床),无论是在门急诊数量、手术的台数以及检查的数量都有不同比例的增长。北院心血管内科已经成为宝山地区乃至上海北部最重要的心血管疾病诊治机构。同时,心血管内科在完成日常的门急诊工作之外,还承担全院的心血管内科会诊任务,全年院内外会诊超过 1 000 例次。

【医疗特色】

中西医结合治疗 心血管内科始终保持着中西医结合防治心血管疾病的特色。针对那些既不能介入手术,又不能冠脉搭桥治疗的严重冠状动脉病变患者,进行中西医结合治疗的研究,并开创中药促血管新生研究的新思路。

介入治疗 心血管疾病的诊疗技术也是心血管内科的重点。1988 年,从美国加州大学旧金山分校学成归国的何维新组建心脏超声室。1991 年,孙仰龙首次成功安装人工心脏起搏器。1994 年,施海明成功完成医院第一例冠状动脉造影和冠脉内支架植入术,使得心血管内科成功跻身国内最早开展冠心病介入治疗的心血管专业科室。1995 年,建立心内电生理室,成功开展心律失常经导管射频消融治疗。1996 年,施海明成功完成国内首例无保护左主干内支架植入,让心血管内科的介入治疗水平又提升一个新水平。以心导管室的建立为标志,心血管内科开启一个心血管疾病诊疗现代化的进程。心导管室开展多种生理性起搏器,ICD、CRTD、CRTP 特种起搏器的植入,心房颤动经导管射频消融术,二尖瓣气囊扩张术,冠状动脉内超声检查,冠状动脉旋磨术,先天性心脏病封堵术等多种复杂的心脏介入手术。

三、科研

【科研特色】

20 世纪 70 年代,中国的医疗资源十分匮乏,冠心病、心绞痛的治疗药物主要是硝酸甘油,但不少患者不能耐受硝酸甘油带来的头痛不良反应,而且对心肌梗死患者疗效甚微。戴瑞鸿和各位同仁一起探索一条中西医结合治疗心血管疾病的新路。1976 年,戴瑞鸿率先在国内报告冠心病的血液流变学指标的异常和急性心肌梗死的动态变化,完成"气血相关理论在冠心病治疗中的作用"这一研究,首次从中西医结合角度阐明"血瘀"本质以及气血相关理论的实质,提出芳香开窍、活血化瘀、宣痹通阳、扶正养阴治疗冠心病的辨证论治方法,同时为冠心病的治疗开辟一条新途径。

1981 年，由戴瑞鸿主持开发的麝香保心丸成功上市。麝香保心丸是在宋代名方苏合香丸的基础上，应用现代的临床和药理筛选方法研制成功的，该药物被广泛应用于冠心病心绞痛的治疗。1989 年，在捷克举办的世界传统医学大会上，中国学者向世界展示两项药物研究成果，其中一项就是麝香保心丸，而另一项则是后来获得诺贝尔奖的青蒿素。

20 世纪 80 年代初，心脏组开始开展临床药理研究工作，戴瑞鸿主持的"丹参治疗后的冠心病患者血流变学指标改善"研究阐明丹参治疗冠心病的作用机制，在丹参治疗基础上，合并应用黄芪注射液阐明黄芪丹参合并兼有正性肌力及扩血管的作用。20 世纪 90 年代，戴瑞鸿、王受益组织金椿、韩自勋对恬尔心、1－6 二磷酸果糖(FDP)、双异丙吡胺进行临床药理研究。

1988 年，改组后的心血管内科仍旧保持着中西医结合治疗心血管疾病的特色：在研发麝香保心丸的基础上，戴瑞鸿、范维琥带领施海明、李勇、戚玮琳、严萍萍、倪唤春等科室同仁，以及汪姗姗、罗心平、朱军、王大英、张高峰、沈伟、李剑、高秀芳、姜晓斐等研究生，对麝香保心丸进行深入的临床和药物机制研究，发表数十篇论文，阐明麝香保心丸具有扩张冠状动脉、保护血管内皮、减少心肌梗死面积、抑制心室重构、改善心功能、促进治疗性血管新生等作用，并在临床应用中获得满意的疗效。1995 年，在继续麝香保心丸疗效和作用机制研究的同时，范维琥开创一系列红景天促血管新生作用的研究工作。

在保持中西医结合的传统之外，心血管内科努力在流行病学研究和教学、新的心血管疾病诊疗手段方面做很多新的探索。20 世纪 90 年代初，卫生部属上海医科大学临床药理研究所心血管组成立(医院国家药品临床研究机构血管专业组)，心血管内科为主要成员。以范维琥、李勇为核心的临床药理科研队伍，承担数十项卫生部指定的国产及进口新药的评定与鉴定工作，同时还参加包括缬沙坦控制高血压长期应用疗效评估试(Value 试验)和 A to Z 试验等国际多中心药物临床试验，为心血管临床药理研究做出重大贡献。由范维琥领导开展的"20 年来上海地区的急性心肌梗死：易患因素、病死率趋势及其影响因素"这一临床流行病学研究，通过对上海地区 20 年来心肌梗死易患因素、预后因素进行单因素和多因素分析，为上海地区的心肌梗死的防治提供第一手资料。

2008 年起，心血管内科完成现代化改造，现代化的进程从单纯的技术引进、吸收到渗透至各个方面。2009 年，与中山医院合作承担国家临床药理基地平台建设。2010 年，与新加坡国立大学心脏中心在心脏疾病的基础研究方面广泛开展合作，共有数名同事完成 3 至 10 个月不等的联合研究工作，共同完成多项实验，并共同发表 SCI 论文 3 篇。

中医药的现代化研究　中西医结合一直是心血管内科的一个特色，用流行病学、分子生物技术等现代医学方法从机制等方面对包括麝香保心丸、红景天在内的传统中药传统进行研究，使得我们能用现代医学的角度重新审视和理解中医药，促进和加快中医药的现代化进程。

诊疗现代化　引进包括血管内超声系统(IVUS)、冠状动脉旋磨治疗仪、三维心电标测系统(Carto)、冠脉生理评价系统及心脏专用超声心动图成像仪在内的系列设备，增加诊疗的手段，提升医疗水平。

疾病管理现代化　现代化不仅体现在设备等硬件方面上，而且体现在现代化的疾病管理理念提升和实施。2008 年，建立全天候急性心肌梗死绿色通道；急性心肌梗死(AMI)急诊经皮冠状动脉介入治疗(PCI 手术)的开展挽救无数心梗患者的生命；CCU 的建立提高重症疾病的处理能力；联合组建胸痛中心。

科研现代化　课题组负责人(PI)制度的建立和完善，使得科研得到制度层面的保障；完善科研人才的培养机制，通过与国外专业研究机构的长期合作，以联合培养、中短期研究交流、学术会议等方式，培养一批合格的科研人员；内部管理上，科室通过设定合理的目标，建立完善国际学术评价体系为标准的激励机制，促进现代化科研力量的建设。

【学科建设】

心血管内科是“211”工程建设重点学科，教育部重点学科。致力于创建国内一流的心血管疾病诊治中心；完善现有基础科研体系，利用药物临床试验基地的优势提升基于临床流行病学的科研能力，探索心血管疾病管理新模式；坚持中西医结合为特色的基础研究，用分子生物技术对包括麝香保心丸及红景天等在内的传统中医药对于心血管疾病的治疗机制进行更深入的研究。同时，以创建胸痛中心为契机，提升现有的冠心病、心律失常、高血压等疾病的诊治能力，提升治疗水平。加强国际及地区合作，在课题组负责人(PI)制度支持下完善现有的基础科研能力。支持现有的中西医结合基础研究。

【人才培养与引进】

通过内部培养、联合科研、适当引进的方式完成所需的人才培养，建立较为合理的人才梯队，以支持现有的临床、科研及教学任务。

首先，建立较为完善的人才内部培养机制，包括科研 PI 组群，制定科内学习与管理制度，并指定副教授以上的专人负责实施。同时定期开展包括短期培训班、系列讲座，更新医疗及科技前沿信息，提高专业人员的医疗及科研能力。

其次，建立人才交流机制，与国外著名大学及国内以及专业机构联合，定期派送人员参加联合科研及医疗技术进修项目，提升科内专业人员的医疗及科研能力。

最后，适当引进人才，弥补短板。随着技术的发展，超声方面成为一个科室发展的弱项，科室适时引进心超方面的专门人才，弥补不足，同时提升该方面的专业临床科研能力。

【科研成果】

2009—2015 年期间，心血管内科获得 8 项国家自然科学基金，另有 8 个项目获得上海市科委及卫生局等资助，收录 SCI 论文 41 篇。此外高稳的论文 Extracellular regulated kinase 5 regulated platelet activation 被 2016 欧洲心脏病大会录用并做口头发言；研究生孜比热在 2016 年 11 月北京举办的中国超声心动图年会大会上发言，其毕业论文“二维斑点追踪成像技术评价大鼠扩张型心肌病的左心收缩功能研究”获优秀论文奖。

1978 年起，心血管内科屡次获得各级奖项。科室专家主持或参与多本专业书籍的编撰工作，除主编出版的医学著作外，还参加制定中国医师协会全国医师定期考核业务水平测评业务理论网络培训课件项目“心脏及大血管系统疾病的超声诊断”；参与翻译 *Braunwald's Heart Disease*（第九版）、《超声心动图与临床决策——疑难病例解析》、《实用内科学》(第十五版)、《住院医师规范化培训教材・内科学》等。申请、获得授权医学专利 4 项。

表 2-1-75　1978—2011 年心血管内科获奖课题(市级以上)情况表

年份	课 题 名 称	奖 项 名 称
1978	气血相关理论在冠心病治疗中的作用	全国科学大会奖
1988	丹参治疗后的冠心病患者血流变学指标改善	国家中医药管理局科技进步奖二等奖

（续表）

年份	课 题 名 称	奖 项 名 称
1989	麝香保心丸临床药理机制研究	国家中医药管理局科技进步奖二等奖
1990	FDP 的临床和实验研究	中国人民解放军科技进步奖
1992	20 年来上海地区的急性心肌梗死：易患因素、病死率趋势及其影响因素	卫生部科技进步奖三等奖
2002	麝香保心丸系列研究	国际现代中医药发展论坛大会创新医学科技成果一等奖
2005	麝香保心丸对心血管保护作用的研究	中国中西医结合学会科学技术奖二等奖
2009	麝香保心丸促缺血心肌血管新生及对血管内皮功能的保护作用	上海中西医结合学会科学技术奖二等奖
2010	冠心病中药治疗性血管新生的系列研究	中国中西医结合学会科学技术奖二等奖
2011	麝香保心丸的研制、现代化研究与临床应用	上海市科技进步奖一等奖

表 2-1-76　2010—2012 年心血管内科主编著作情况表

年份	著 作 名 称	出 版 社	主　编
2010	实用心血管内科医师手册	上海科学技术出版社	施海明　罗心平
2012	内科学新理论新进展	上海科学技术出版社	施海明　邹和建

表 2-1-77　2008—2015 年心血管内科获得专利情况表

年份	专 利 号	专 利 名 称	申 请 人
2008	ZX09312009	心脑血管新药临床评价研究技术平台	范维琥（参加中山医院重大新药创制）
2012	ZL201220487775.2	一种用于右心室的干细胞移植螺旋电极	孙　韬
2012	ZL201220488302.4	左心室干细胞移植螺旋电极	孙　韬
2015	ZL201520154697.8	一种用于心脏手术的穿刺器械	孙　韬　朱福音

四、教学

完成复旦大学医学院的本科生、研究生的授课，无教学事故。并协助内科系开展留学生班诊断学（英语）、内科学（英语）课程的教学。2016 年，科室有博士研究生导师 3 人，硕士研究生导师 4 人。2008—2016 年，已培养博士研究生 25 人、硕士研究生 24 人，培养进修医师 50 人。

完善轮转医生的培训机制，每周以固定时间针对病房轮转医师进行心血管常见疾病规范化、标准化诊疗教学。2005 年，医院重新组建内科，施海明兼任内科主任。组建之后的一个工作重点就是提升低年资医师的规范化培训水平，通过内科规范化医疗讲座、疑难病例讨论、专题系列讲座等形式坚持开展业务学习，提升住院医师"三基"水平，因此医院内科成为上海市首个通过卫生部评选的"内科专科医师培训基地"。同时，范维琥作为中国早期接受临床流行病和循证医学培训的学者，在国内率先积极推广循证医学的理念，并付诸教学活动，为临床研究生开设相关课程。由范维琥负责的“临床流行病学教学体系的建立和新教材的编写”项目获得2005年上海市教学成果奖一等奖。此外，心血管内科还于2010年获得复旦大学教学成果奖三等奖，并于2011年获得复旦大学教改项目1项。

2013年，科室被评为“美国心脏学会优秀专业示范中心”。参与心血管专科医师资格准入制度，超声心动图规范化培训、考试和考核标准方案的制定，《急诊床旁超声心动图》的制定，中国医师协会“全国医师定期考核业务水平测评业务理论网络培训课件项目”的制定。

2014年，作为中国超声心动图协会(CSE)委员单位参与《医师报》“超声心动图”专栏的编撰工作，包括疑难病例的收集工作。作为上海市超声英文论坛坛主单位，在医院举办上海市青年医生超声英文论坛2次。

继续教育方面，多次举办国家级继续教育学习班，如“中美心血管病学高级教程暨国家级心血管病学继续教育学习班”“心血管超声技术新进展学习班”“华山起搏与电生理新进展学习班”等，举办美国心脏病学会(ACC)教育基地培训课程，与好医生网站合作完成国家级多媒体远程医学继续教育项目“心血管超声检查规范化及新进展”。

五、其他

【个人荣誉】

戴瑞鸿，1985年被聘为美国加州大学旧金山分校医学院客座教授；1992年，被选为美国心脏学院院士(F. A. C. C)，并被英国剑桥传记中心及美国传记中心载入《世界名人录》。

范维琥，1989年由国家人事部授予“有突出贡献中青年专家”称号并开始享受国务院政府特殊津贴；1999年荣获上海市育才奖。

【医疗援助】

1976年唐山大地震，戴瑞鸿参加第一线的抗震救灾。之后，戴瑞鸿带领医疗队赴云南独龙山地区传医送药。同时朱军、山缨、倪唤春也作为志愿者远赴云南、贵州、新疆乃至摩洛哥等地，救治当地患者，协助当地医院提高医疗技术。2004年，代表上海赴云南扶贫接力的山缨获得“中国青年志愿者金奖”。

在完成日常的医疗工作之外，心血管内科也成为2010上海世博会、亚信峰会等各种重大活动的指定医疗保障单位，还多次参加外国元首访华以及F1世界一级方程式锦标赛、V8超级房车赛、上海特奥运动会等顶级赛事的医疗保障工作。

第二十三节　肾 病 科

一、沿革

1962年，邱传禄组建肾病组，并担任首位主任。1988年，肾病组改为肾病科，林善锬任主任。1992年，在纽约中华医学基金的支持下，成立上海医科大学肾脏中心，校长姚泰任主任，林善锬任副主任。该中心的成立对促进上海医科大学乃至中国肾脏研究的发展、基础和临床的合作、人才培养起到重要作用。1996 年，成立肾脏病理中心，与国际接轨，为医院以及上海及邻近地区提供肾脏病理诊断和特殊疑难病理会诊服务。2005 年，成立复旦大学肾脏病研究所，林善锬任所长，郝传明任常务副所长。2016 年，肾病科有医师 29 人，其中 35 岁以下 11 人，35～45 岁 9 人，46～55 岁 6 人，56～60 岁 2 人，60 岁以上 1 人；博士学位比例为 86.2%，硕士学位比例 13.8%；高级职称 16 人，中级职称 10 人，初级职称 3 人；专职技师 5 人。

肾病科经过 50 多年的发展，已成为中国重要的肾脏病医、教、研中心之一，是医院较早跻身国家教育部重点学科和“211”工程重点学科的单位，为国际肾病学会指定的“肾脏专科医生国际培训基地”，是国家卫计委临床重点专科，在全国最佳专科排行榜始终位列前十位。

表 2-1-78　1962—2016 年肾病科历任主任情况表

任职时间	主　任
1962—1988	邱传禄
1988—1996	林善锬
1996—1998	陆福明(代)
1998—2010	顾　勇
2010—	郝传明

二、医疗

【基本情况】

1962 年，肾病科率先开展肾活检。1963 年，开展腹膜透析。1974 年，开展血液透析。1975 年，和泌尿科合作成功实行首例肾移植。1985 年，开展连续性肾脏替代治疗。2002 年，血液透析在原有的基础上，进行改建、更新设备，成立血液净化中心，并开始信息数字化管理。2005 年，成立特殊血浆净化中心，开展多种特殊血浆净化技术，不断扩大血液净化适应证。2005 年，在原腹膜透析的基础上，成立腹膜透析中心，进一步完善腹膜透析的管理。2008—2013 年，国际肾病学会华山医院肾病科-美国范德堡大学肾病姐妹中心建立，中心的成立对吸收国外先进医疗理念、扩大中国肾脏病事业影响、培养人才起到积极作用。2014 年，向国际肾病学会申请，成功组建由范德堡大学、华山医院、山东省立医院组成的国际肾病学会培训支持中心，肾病科晋升为支持单位。

2010 年，在原有普通门诊、专家门诊、腹透门诊、移植门诊的基础上，开设系列专病门诊膜性肾病、IgA 肾病/紫癜肾炎、狼疮肾病、糖尿病肾病等，并逐渐组建以临床服务和科研为一体的队伍。通过加强肾脏病诊断技术(特别是肾脏病理技术)及发展和治疗手段的提高(特殊血浆净化、新型治疗发方法、危重肾病技术等)，疑难、危重肾脏病的诊治水平有快速提高，已成为国内重要的诊疗中心之一。2016 年，肾病科普通门诊 56 108 人次，专家/特需疑难门诊 7 095 人次；维持血透患者 190 人次；危重血液净化患者(包括危重血灌、连续性肾脏替代治疗(CRRT)、血浆置换等)1 270 人次；腹膜透析患者新增 104 人次，存活患者 325 人次；肾移植新患者 18 例，年末移植患者 851 人次(其他中心转入 3 人)；肾脏病理检查总数为 1 214 例。

【医疗特色】

肾病科的医疗特色：全面、规范的临床肾脏病诊治技术；重要的血液净化技术创新基地；高质量的腹膜透析技术；与国际接轨的肾脏病理服务，规模较大且诊断理念先进；独具特色的内外科紧密协作型肾移植一体化诊治等。

慢性肾病的一体化治疗 20 世纪 90 年代初，林善锬于国内率先提出慢性肾脏病一体化治疗新概念，强调纠正全身平衡紊乱是肾脏病防治的重要内容，包括能量代谢平衡、水电解质平衡、矿物质平衡以及维持一定血压等。肾病科对上述病理过程的认识和诊治有多年的积累和独特的经验。

难治性、复杂性肾小球疾病的诊治 国内最早应用肾活检技术诊断各种原发性和继发性肾脏疾病的单位之一，在各种疑难肾脏病的诊治方面具有特色，尤其擅长难治性肾病综合征的诊治、复杂性自身免疫性肾脏疾病的诊断和处理以及各种肾脏疾病并发症的处理等，对新型免疫抑制剂的使用有独到的经验。

复杂肾脏病的病理诊断 肾穿刺活检是各类肾脏病诊治的首要基础和前提，科室从 20 世纪 60 年代即开展肾活检，1996 年建立独立的肾脏病理室。至 2016 年，肾脏病理室有高年资的病理医师 2 人、技术员 3 人，具备完备的病理诊断设备，常规进行光镜、免疫荧光和电镜检查。还根据临床需要，进行刚果红、甲苯胺蓝、普鲁士蓝、MSB、C4d、HBsAg、HBeAg、PLA2R 等特殊染色。至 2016 年每年肾活检标本 1 200 余例，累计标本 6 000 余例，涵盖国内常见的各种原发性和继发性肾脏疾病，同时也拥有大量少见以及罕见肾脏病的病理标本。

危重肾脏病的诊治 国内和上海市较早开展现代 CRRT 治疗的单位之一，也是多种危重病血液净化技术的首创单位之一，包括高容量连续性静脉-静脉血液滤过(CVVH)、选择性粒细胞吸附、自动局部枸橼酸抗凝技术等，最早于医院投入使用或研发。肾病科担负着全院危重肾脏病以及多脏器功能衰竭的抢救工作，尤其以开展复杂条件下的危重病血液净化技术而闻名。科室在急性肾损伤的诊治、危重病的血液净化治疗、新型血液净化技术的研发等方面具有特色。

终末期肾脏病的血液透析治疗 国内最早开展血液透析治疗的单位之一，是上海市血液透析质控督导单位。血液净化中心拥有国内最先进的血液透析设备和水处理设备，医护人员的高素质、医疗流程的规范化以及透析服务的高质量长期得到业界公认，尤其在心血管并发症防治、钙磷代谢紊乱与继发性甲旁亢、血透营养等方面处于国内领先。自 1999 年起联合普外科在上海地区率先开展“甲状旁腺全切＋前臂移植术”治疗尿毒症继发性甲旁亢。2008 年，血液净化中心于国内率先引进国际最先进的管理理念，采用德国最新研发的血透信息数字化智能管理软件，建成国内第一家真正的信息数字化管理血液净化中心。该智能管理系统不仅能实时监控和记录血透治疗的全过程，而且能保证所有治疗的规范进行，在不增加患者任何负担的前提下，为患者提供高质量的服务和长期科学的随访。2012 年，在国内率先建立血液透析多学科合作 MDT 团队和信息化平台。

终末期肾脏病的腹膜透析治疗 腹膜透析中心有专职医生 2 人、专职护士 2 人，在该中心长期规律随访的维持性腹透患者近 300 人。中心拥有完善的患者档案，以对腹透患者的规范化管理和随访著称，并和放射科合作采用后腹膜磁共振诊断后腹膜渗漏，和显微外科合作采用腹腔镜处理各类腹透并发症，腹透患者的治疗水准和生存质量在国内和上海市处于前列。

肾移植的内科处理 早在 1978 年即开展同种异体肾移植，是国内较早开展该项技术的单位之一。1995 年起，参照欧美先进国家的肾移植管理模式，组成由泌尿外科医生和肾病科医生为主，临床移植药师、移植病理医生和移植配型技术人员等多学科人员共同参与的医疗团队，其中肾病科医生负责移植前的评估、配型和移植后的长期随访等工作，泌尿外科医生负责移植手术及围手术期的处理。建立移植患者的随访数据库及标本管理系统，在移植后感染的预防、难治性排异的处理、移植后血药浓度监测及调整、移植病理诊断等方面具有特色。至2016年，医院移植肾1年存活率95%，10年存活率80%，处于国内领先水平。陆续开展活体移植、肝肾联合移植、儿童肾移植等项目。

全身系统性疾病的血浆净化治疗　肾病科联合医院神经内科、皮肤科、风湿科、感染科等优势学科，2008年建立国内第一家信息智慧化管理血液净化中心，是上海市血液透析质控中心督导单位。中心拥有血浆治疗相关的关键设备，如血浆置换机、血脂吸附机、人工肝装置等，能熟练开展单膜血浆置换、双膜血浆置换、血液灌流、血浆吸附、体外肝素化血脂吸附、人工肝等治疗技术，为各类抗体介导的免疫性疾病、实体器官体液性排异、急性肝衰竭、重症皮疹、重症感染、难治性高脂血症并发的急性血管栓塞性疾病等提供特异性治疗。中心的骨干医生均有国外一流血浆治疗中心进修经历并长期与其保持交流联系，学术水平国内领先。2016年底，血透中心透析患者5年生存率为63.59%，达到世界领先水平。

三、科研

【科研特色】

1996年，肾病科成为"211"工程重点建设学科。2001年，成为复旦大学"985"工程重点扶持学科。2002年，成为教育部重点学科，2007年蝉联教育部重点学科。2012年，成为卫计委国家临床重点专科。

慢性肾脏病的一体化治疗

高血压与肾脏疾病诊治转化医学的探索：基于对水电解质平衡紊乱、水肿、高血压肾脏机制等基础研究的深刻认识，在高血压的肾脏诊治方面始终处于国内前沿。其研究成果已在国际一流杂志 *J Biol Chem*（2005）、*Nature Med*（2005）、*Am J Physiol Renal Physiol*（2008）、*Annu Rev Physiol*（2008）、*J Clin Invest*（2010）、*J Am Soc Nephrol*（2010）上发表，并将在国家自然科学基金重点基金的资助下深入研究。

代谢紊乱与肾损害诊治的探讨：能量代谢异常可导致肾脏损伤，慢性肾病可引起一系列代谢紊乱，包括胰岛素抵抗等能量代谢异常和钙磷代谢异常等。在学科带头人郝传明，学科团队成员陈靖、朱彤莹等的带领下，长期坚持对肾脏病代谢紊乱诊治的探索；特别在肾脏病矿物质代谢紊乱的精准治疗、能量代谢异常、肾脏损伤转化研究及早期防治、腹膜透析患者代谢紊乱的意义等多个方面特色鲜明，贡献突出。肾病科获卫计委行业基金重点项目"代谢与肾病"课题资助（主要研究者单位），获得国家自然科学基金重点和面上项目、国家重点基础研究发展计划（"973"计划）子课题、卫生部行业科研专项、上海市科委重大项目等经费2 000余万。在国际一流杂志 *J Clin Invest*、*J Am Soc Nephrol*、*J Biol Chem*；*Kidney Int*、*Am J Physiol Renal Physiol*、*Clin J Am Soc Nephrol* 等上发表论文数十篇。曾获得国家教委科技进步奖二等奖、卫生部科技进步奖三等奖、中华医学科技奖三等奖、上海市科技进步奖三等奖等奖项。

肾小球疾病的诊治

包括各类原发性肾小球疾病、继发性肾小球疾病。当前的发展方向包括各类肾小球疾病的机制认识、肾小球疾病个体化诊疗，包括以药物基因学为基础的个体化治疗、以肾脏病理为基础的个体化治疗。

肾脏替代治疗

维持性血液透析患者的血液净化及相关并发症的治疗：第一，在钙磷代谢紊乱与继发性甲旁亢的治疗方面居全国领先地位。1999 年在上海地区率先开展甲状旁腺切除＋前臂移植手术治疗尿毒症患者顽固性甲旁亢，至 2016 年已累计 100 余例患者。于国内外最先提出“前列腺素系统参与尿毒症患者甲状旁腺异常增生”的新学说。在钙磷代谢方面进行一系列开拓性的工作：利用数学模式推导出临床上简单易行的“单次血透除磷总量的估算公式”（已申请专利）；通过评估血透患者的营养状况，提出饮食结构的不合理，倡导“优化蛋白饮食及个体化营养管理”的新概念，多次于国际肾病营养会议上做报告；探讨血透患者残肾功能在磷平衡调控中的作用和机制，提出血透患者残肾保护的重要性；强调联合强化降磷方案治疗血透患者顽固性钙磷代谢紊乱。第二，心血管并发症防治。对引起尿毒症患者死亡最重要原因的心血管并发症进行系列研究，重点研究心血管钙化的发生情况、发生机制及其对预后的作用，发表一系列 SCI 文章：*ASN oral*（2007）、*Blood Purif*（2009）、*Nephron Clin Pract*（2010）。第三，血透营养治疗。在研究强化的血液透析营养治疗（优化的膳食结构＋透析期间能量的补充＋利于合成代谢的辅助治疗如左卡尼汀等），对患者营养状态、生活质量及预后的影响方面处于国内领先，多次在国际肾病营养会议上做报告。

终末期肾脏病的腹膜透析治疗：在腹膜透析代谢紊乱及心血管危险性方面的研究具有特色。第一，腹透患者代谢紊乱的发生情况以及与心血管危险性及生存率的研究。研究结果多次在国际腹膜透析协会（ISPD）上汇报交流。第二，对腹透患者代谢紊乱的干预研究。研究吡格列酮对腹透患者胰岛素抵抗和炎症状态，进而对心血管危险性和死亡率的保护作用，发表在 *Perit Dial Int*（2011）。

移植肾长期存活的策略管理：在全国率先建立移植患者 NEXDIA 数据库管理系统和样本管理系统，为进行肾移植患者的临床研究奠定坚实的基础，在肾移植患者的个体化免疫治疗方面已形成规模。第一，除开展环孢素和 FK506 的每周 2 次血药浓度测定外，还能开展西罗莫司（雷帕霉素）的浓度测定，霉酚酸酯（骁悉）的有限采样法血药浓度测定，咪唑立宾的浓度测定（2008 年获得国家专利），从而实现患者的个体化用药。其中肾移植患者麦考酚酸的群体药动学研究和个体化给药获 2008 年上海药学科技奖三等奖。第二，代谢酶基因多态性与肾移植术后抗排异治疗疗效的相关研究。重点进行药物代谢酶基因多态性与肾移植术后抗排异治疗疗效的相关研究。具体研究 *CYP3A4*、*CYP3A5*、*MDR1* 基因多态性对肾移植后人群中环孢素（CsA）药代动力学的影响；进一步研究肾移植患者 *CYP3A4*、*CYP3A5*、*MDR*1 基因多态性与体内抗体产生的关系，获上海市卫生局科研项目的资助。

危重肾脏病诊治和扩大血液净化适应证

危重肾脏病诊治：在急性肾损伤的诊治、危重病的血液净化治疗、新型血液净化技术的研发等方面具有特色。当前在研的包括国家自然科学基金、上海市科委基础研究重大项目在内的基金 7 项，总经费 200 万元以上，发表论文近 100 篇。“危重病人的血液净化治疗”曾获 2004 年上海医学科技奖三等奖。主要方向为：AKI 的新型血液净化治疗；炎症、氧化应激与 AKI 预后关系的研究；全自动局部枸橼酸抗凝系统。

扩大血液净化适应证：肾病科在 20 世纪 80 年代即开展该方面的工作，最早于国内确立该研究方向，共获9项科研基金的资助（国家自然科学基金3项，省部级基金6项），经费达120万元。如今已将血液净化技术积极推广服务于其他医学学科（皮肤科、传染科、神经内科、消化科、呼吸科、外科、心血管内科等），在急救医疗和危重病抢救中担当越来越重要的角色。

血浆净化中心：在国内率先组建多学科的血浆净化中心，联合医院的优势学科如神经内科、皮肤科、感染科、风湿科、心内科和重症医学科，完成2 000多例次的各类血浆净化治疗，率先在国内开展体外血脂净化，已成为当前国内最大的血浆净化中心之一。主要方向为肝素诱导体外低密度脂蛋白沉淀（HELP）/体外血浆脂类吸附过滤（DELP）治疗急性缺血性脑卒中的研究、血浆透析滤过（PDF）治疗脓毒血症、双膜血浆滤过（DFPP）治疗自身免疫性疾病的研究。

肾小球疾病的发生机制及治疗的研究

肾小球疾病发生机制的转化医学研究：肾病科将实验科学引入临床并紧密结合，使本专科乃至国内肾脏病整体研究的系统性上升到一个更高的层次。主要开展的研究有足细胞与IgAN、足细胞发育、足细胞与内皮细胞、PPARr与足细胞、SIRT1与足细胞、维生素D和维甲酸对足细胞影响等，在国际一流杂志 *Mod Pathol*（2010）、*Am J Physiol*（2007）、*J Am Soc Nephrol*（2006）、*Kidney International*（2006）、*Kidney International*（2005）上发表大量高质量的文章。

肾小球疾病的个体化免疫治疗：肾病科是国内最早应用肾活检技术诊断各种原发性和继发性肾脏疾病的单位之一。在各种疑难肾脏病的诊治方面具有特色，尤其擅长难治性肾病综合征的诊治、复杂性自身免疫性肾脏疾病的诊断和处理，对新型免疫抑制剂的使用有独到的经验，相关论文发表于 *Lupus*（2008）。

此外，肾病科关注于以基因差异为基础的个体化医疗，联合医院的优势学科如皮肤科，研究狼疮性肾炎、紫癜性肾炎的免疫抑制剂（CTX，AZA，MMF，CNI）的基因多态性，从而制定个体化的治疗方案，提高临床诊疗水平。

【人才培养】

肾病科重视自身的人才培养和梯队建设，至2016年，先后有多名年轻医师入选和获得上海市百人计划、上海市医苑新星、上海市科技启明星计划、教育部跨世纪优秀人才、上海市新长征突击手、复旦大学世纪之星、上海市优秀青年医学人才、全国三八红旗手、上海市科委优秀学科带头人、全国女职工建功立业标兵、上海市五一劳动奖章、五一巾帼标兵、上海市卫生系统“银蛇奖”等人才计划和奖项。至2016年，每年派遣1～2名年轻骨干赴美国、德国、日本、意大利等国，在肾脏病基础研究和血液净化临床先进技术等方面继续深造，形成具有高学历、高临床和科研能力完整的人才梯队和技术团队。

【科研成果】

2011—2016年，肾病科共获科研基金41项，科研经费2 400万元，包括国家自然科学基金国际合作重点项目、国家自然科学基金重点项目、卫计委行业基金子课题、“973”子课题等。2001—2010年，曾获国家科技进步奖、中华医学科技奖、上海医学科技奖等多项荣誉。2009—2015年主编、副主编多部著作。发表SCI高影响论文64篇，包括 *JCI*、*JASN*、*KI*、*CJASN* 等高影响综合医学杂志和肾病专科杂志。2008年，张敏敏荣获上海市优秀博士毕业论文；2010年，张倩荣获上海市优秀硕士毕业论文。科室发明医学专利3项。

表 2－1－79　2001—2010 年肾病科获奖课题(市级以上)情况表

年份	课题名称	奖项名称
2001	糖尿病肾病发展机制及防治的系列研究	中华医学科技奖二等奖、上海市科技进步奖二等奖
2002	水钠潴留性疾病中心钠素、血管加压素系统障碍以及中药黄芪对其治疗作用	中华医学科技奖三等奖、上海市科技进步奖三等奖
2002	心钠素及血管加压素在肾病综合征为主的水肿性疾病发生中的作用研究	中华医学科技奖三等奖
2004	危重病人的血液净化治疗	上海医学科技奖三等奖
2009	中药黄芪钠利尿以及肾脏保护作用的新机制	上海医学科技奖三等奖
2010	肾阳虚证神经内分泌学的基础与临床研究	国家科技进步奖二等奖

表 2－1－80　2009—2015 年肾病科出版著作情况表

年份	著作名称	出版社	编写方式	编写人员
2009	实用内科学(第十三版)	人民卫生出版社	主编 编委	陈灏珠　林果为 顾　勇
2009	现代肾脏生理与临床	复旦大学出版社	主编 编著	林善锬 顾　勇
2011	肾病综合征	科学技术出版社	主编 编著	梅长林 陈　靖
2012	内科学新理论新技术	人民卫生出版社	主编 编著	施海明 林善锬　郝传明　陈　靖
2012	血液净化关键技术	江苏科学技术出版社	主编	王笑云　陈　靖
2013	实用内科学(第十四版)	人民卫生出版社	主编 编委	陈灏珠　林果为　王吉耀 顾　勇
2013	中华医学百科全书·肾脏病学	中国协和医科大学出版社	主编 副主编	章友康 郝传明
2014	肾脏病学高级教程	人民军医出版社	主编 编著	陈香美 郝传明　陈　靖
2014	血液净化学(第三版)	北京科学技术出版社	主编 编著	王质刚 陈　靖
2015	现代老年肾病诊治重点与难点	人民军医出版社	主编 副主编	郑　丰 郝传明

表 2－1－81　2012—2015 年肾病科发明专利情况表

年份	发明专利证书号	专利名称	申请人
2012	ZL200810038532.9	内皮细胞生物反应器及其制备方法和应用	丁　峰　顾　勇
2015	ZL201010259464.6	常规血液透析磷清除的推算方法	王梦婧　李海明　陈　靖　郝传明
2015	ZL201520137531.5	一种小鼠即时尿的收集装置	关　熠　郝传明

【学术任职】

1985 年，邱传禄当选为中华医学会肾病分会第二届主任委员。

1998 年，林善锬当选为中华医学会肾病分会第五届主任委员。

【国际交流】

肾病科成员积极参加国际交流。至 2016 年，共有 8 名科室成员在全球最高水平的国际会议即美国肾病年会做口头交流汇报。多名成员在国际肾病学会年会、国际肾病学会前沿论坛、国际腹膜透析会议、全球华人肾病会议上做口头交流，并获 *Nat Rev Nephrol* 最佳摘要奖、全球华人会议青年研究者奖等。

郝传明、陈靖等多次应邀在美国肾病年会、欧洲肾病年会、亚洲慢性肾病专题会、日本肾病年会、国际肾病学会年会上做专题报告。

四、教学

1981 年，肾病科成为国内首批博士学位和硕士学位授予点。2016 年，肾病科有博士研究生导师 3 人，硕士研究生导师 5 人。2006—2016 年，先后培养博士后 2 人，博士研究生 38 人，硕士研究生 48 人；在读博士研究生 12 人、硕士研究生 7 人。承担复旦大学上海医学院临床医学专业本科“内科学”等肾脏疾病相关章节的课程教学，以及内科学、诊断学床旁教学任务，多次参与《内科学》《内科学基础》《内科学新理论新技术》等医学教材的编写。

2010 年起，科室成为上海市住院医师规范化培训基地，每年参与培养的各科住院医师 30 余人。2013 年成为上海市肾内科专科医师培训基地，每年参与培养的专科医师 2～3 人。2016 年有在培专科医师 6 人。此外，科室每年接收外院进修医师 4～10 人，并通过对邻近省份基层医院和边远地区的对口支援活动，以人员的直接派出、常驻等方式，将专科技术和临床治疗经验带到当地，提升所在地医院的肾病科学科水平。2010 年，陈靖被评为上海市优秀硕士研究生导师；2015 年，顾勇获复旦大学上海医学院优秀教师称号。

截至 2016 年，科室有国家级继续教育项目 4 项。“复旦大学肾脏病研究所国际论坛”已成功举办 12 届。该论坛已成为国内具有一定知名度的高水平肾脏病学术活动，并被国际肾脏病学会接纳为全球肾脏病发展委员会（COMGAN）继续医学教育项目。腹膜透析护理新进展学习班、肾脏病矿物质代谢紊乱及血透信息化管理高级研究班也分别于 2007、2013 年相继开班。2008 年，在国际肾脏病协会（ISN）支持下，与美国范德堡大学肾病科结成国际肾脏病学会姐妹肾脏中心（ISN Sister Renal Center Program），每年举办国家级继续教育学习班。该项目同时也是国际肾病学会继续教育项目（ISN GO），2010 年晋升为 B 级，2012 年晋升为 A 级，成为中国地区支持中心，将学科优势辐射到全国。2016 年，肾病科和范德堡大学肾病科获国家自然科学基金国际合作重点项目的资助。

五、其他

林善锬作为肾病科奠基人之一，因其对中国现代肾脏病发展做出的重要贡献，于 2003 年成为第一位获得美国国家肾脏基金会（NKF）国际杰出贡献奖的中国医师；2016 年获国际肾脏委员会东亚地区肾病发展进步奖。

【科室荣誉】

2008年，肾病科荣获上海市卫生系统先进文明班组称号。2016年，肾病科在中国医院科技影响力排行位列全国第八、上海第一。

第二十四节　抗生素研究所

一、沿革

复旦大学抗生素研究所成立于1985年，其前身为上海第一医学院抗菌素临床应用研究室，建立于1963年。

20世纪50—60年代，各种传染病和细菌性感染的发病高居各类疾病之首，对抗菌药物的需求量甚大，然而当时药品匮乏，国内制药工业自主研发的抗菌药需经过临床验证方可投产提供临床使用。基于此临床急需，卫生部指示在医院内建立研究部门承担抗菌药的临床评价工作。1963年，卫生部指示在上海第一医学院成立"上海第一医学院抗菌素临床应用室"，设在该校附属第一医院（现华山医院）内，人员由医院传染病科抽调，此为抗生素研究所的前身。研究室的主要任务：对国内研制的抗菌药进行临床前研究及临床评价；对已上市的抗菌药进行再评价，包括其不良反应、疗效和细菌耐药性等；对抗菌药的产品品种及质量提出建议和意见。1985年，研究室扩建为抗生素研究所，设临床应用室、临床药理室和临床微生物室等5个研究室。主要研究方向为感染性疾病诊治、抗感染药临床药理学研究和临床评价、细菌耐药性防治研究。

抗生素研究所与传染病科共为传染病学科，是首批国家教委批准的博士点（1980年）、国家教育部重点学科（1989年）、重点学科"211"工程（"九五"，1996年）、重点学科（"十五"，2001年）、"985"重点学科、卫生部国家临床重点专科（2010年）。1984年本专业点被批准为卫生部重点开放实验室——抗生素临床药理实验室，向国内外开放。1983年被批准为首批卫生部临床药理基地抗感染专业；1985年经卫生部批准与中国药品生物制品检定所共同建立国家细菌耐药监测中心，并为世卫组织西太平洋地区细菌耐药监测网在中国设立的监测点。2000年建成国家抗感染新药临床试验研究中心。抗生素研究所首任主任为临床医学专家、临床微生物学的奠基人戴自英，第二任为汪复，第三任为张婴元，第四任为王明贵。2016年，抗生素研究所在职职工34人，包括临床医师16人、研究人员17人、秘书1人，其中高级职称13人、硕士研究生导师7人、博士研究生导师3人。

表2-1-82　1963—2016年抗生素研究所历任主任情况表

任职时间	主　任
1963—1984	戴自英
1985—1998	汪　复
1998—2015	张婴元
2015—	王明贵

二、医疗

【医疗特色】

抗生素研究所数十年来在医疗实践中已将临床微生物学和抗菌药临床药理学的理念融入感染病诊治中，形成医疗特色。在疾病诊治中，结合感染病原菌、抗菌药体内过程及药效学特点、患者的病理生理情况对抗菌药药代动力学的影响等，综合考虑制定个体化的抗菌治疗方案，提高细菌性感染的临床疗效，减少药物不良反应。

研究所在感染病诊治中融入临床微生物学和临床药理学的理念及实践经验，综合诊治。抗生素研究所医师在多次重大突发事件中对危重感染患者救治获得成功，屡获有关部门及领导表彰。该所亦承担大量的干部保健对象医疗救治任务，多次受到中央及上海市有关部门及领导的表彰。

专业点自成立之初的20世纪60年代起，始终对临床急需的感染病治疗药物——抗菌药在各时期开展临床药理学研究和临床评价。在国家科技攻关项目支持下通过临床评价，使高效而安全的抗菌新药得以被临床使用。在2000年建立国内首个抗感染药药物临床试验质量管理规范(GCP)中心以来，在国家重大专项支持下，开展的抗耐药菌新药GCP平台建设和临床药理学关键技术研究工作中已逐步与国际接轨，并步入国际规范化行列。抗生素研究所一直致力于推动抗菌药的合理应用。50余年来针对抗菌药临床不合理应用的情况，进行调查，开展临床和实验研究，提出合理应用抗菌药的具体建议，在临床广为应用，或由政府主管部门采纳批准，在全国范围实施。在《抗菌药物临床应用指导原则》的编写及其临床推广应用中起到重要作用。

【基本情况】

专业点成立之初临床医师仍在传染病科、内科病房、门急诊等担任内科疾病诊治工作。1980年，设立感染病专病门诊。1996年开设感染病病房。2011年5月，总院床位数由12张增加到20张。2013年，在北院亦开设感染专病门诊及感染病区，设15张床位。2016年，总院感染门诊15 198例次，病房出院711人，北院出院429人。研究所承担院内外疑难危重感染病例会诊量亦逐年递增，从20世纪80年代的每年会诊2 000例次左右，增至2016年每年会诊近5 000例次。除本市各大医院外，会诊遍及十余个外省市，包括边远地区，在全国范围内影响深远。2016年，承担院内外疑难感染病例会诊3 914例次，其中总院院内会诊1 806例次，北院院内会诊530例次；院外包括外省市会诊1 578例次。

【医疗工作】

每年派医生参与内科急诊、普内科门诊和发热门诊工作，并印制面向患者宣教的《感染性疾病知识ABC》，在内科门诊进行健康教育讲座。在发生的多次重大突发事件中，研究所医师多次施以援手，救治危重感染患者获得成功。该所对医院感染的控制也做出大量工作。2011年，李光辉、杨帆分别担任医院感染管理科主任和副主任，在医院感染防控中发挥主导作用。杨帆担任医院抗菌药物管理工作组组长，协调院感科、药剂科、抗生素研究所、医务处、信息科等部门密切合作，有力推动医院抗菌药物的合理应用。在抗菌药的合理应用方面，研究所医师继续发挥作用，先后参与卫生部《抗菌药物临床应用指导原则》修订，主编《抗菌药物临床应用指南》，完成上海市卫生局“上海市抗菌药物分级管理目录”制定任务，牵头制定耐药菌诊治共识等。在干部保健会诊工作方面，近50年来研究所的戴自英、刘裕昆、汪复和张婴元相继承担干部保健对象的医疗诊治任务，多次受到中央和上海市有关部门及领导的表彰。

表2-1-83　1957—2015年抗生素研究所参加的部分重大突发事件医疗救援情况表

年　份	重大突发事件
1957	戴自英参加丘财康大面积烧伤继发绿脓杆菌(铜绿假单胞菌)感染的抢救工作
1976	张梅芳与上海其他医学专家共同赴西藏参加外伤伤员继发感染的抢救工作
1986	张婴元赴广西参加液氨爆炸抢救工作
20世纪80年代	张婴元及张梅芳参加上海燎原化工厂爆炸受伤患者感染的救治工作
1988	张梅芳和张婴元参与火车脱轨后多名日本学生受伤后继发感染的救治工作
1991	吴菊芳赴江西上饶参加“一甲氨中毒”救治工作
2003	张婴元参与上海市“非典”病患的救治，首次应用从国外引进的抗真菌新药治愈使用大剂量激素后出现严重真菌感染的患者
2008	林东昉参加医疗救援队赴汶川救援
2010	王明贵与吴菊芳参与上海“11·15”特大火灾事件的抢救工作
2010	汪复、张婴元及吴菊芳为上海世博会医疗专家组成员，获上海市干保局的表彰
2012	陈铁坚在国际航班上成功抢救一名非洲籍孕妇
2013	杨帆作为国家卫生与计生委专家组成员赴四川参加芦山地震伤员救治工作
2013	陈铁坚随中国海警至钓鱼岛海域执行宣示主权任务并担任医疗保障任务
2014	王明贵与杨帆参与杭州公交车爆炸事件伤员的救治工作
2014	王明贵、杨帆和李光辉参与昆山爆炸事故伤员的救治工作
2015	刘杨作为医疗队领队参加尼泊尔地震伤员的救治工作

三、科研

【科研特色】

抗生素研究所遵循“科研与临床结合，科研为临床服务”的宗旨，始终以感染病诊治和防控的需求为主线开展科学研究，研究成果用于临床，以促进感染病诊治水平的提高。建所以来科研工作围绕下列方面进行：细菌性感染诊治和抗菌药物合理应用、抗菌药临床药理学研究和临床评价、细菌耐药性防治研究。

细菌性感染诊治和抗菌药物合理应用　1988年，与传染病科共同申请重点学科并获成功。1989年11月，传染病学科被批准为国家教委重点学科。2001年再次申请重点学科，获批准。1989—2016年，经数十年建设，学科点在原有基础上，临床医学与临床微生物学、临床药理学和分子生物学的结合更趋紧密，逐渐形成以感染性疾病诊治为核心，与多学科交叉融合的学科特色，巩固在该学科领域内的领先地位。

抗生素研究所一直致力推动国内抗菌药的合理应用。由汪复任专家组组长、张婴元任副组长编写的《抗菌药物临床应用指导原则》（简称《指导原则》），2004 年由卫生部等三部委联合颁发，在各级医疗机构贯彻执行，对抗菌药的合理临床应用起到重要的作用。《指导原则》颁布后，上海市制定实施细则及抗菌药分级管理制度，由汪复、张婴元任组长，多名医师参与细则的制定及其在临床推广应用中的指导。在 2011 年以来开展的全国范围内的"抗菌药物临床应用专项整治"活动中，多位研究所专家参与全国及上海市的检查标准的制定与督查工作。在《指导原则》颁布后，由汪复、张婴元主编，国内十余个学科的 20 余名临床医学专家共同编写的《抗菌药物临床应用指南》（简称《指南》）于 2008 年出版发行，此为《指导原则》在全国各省市的实施提供参考资料，推动抗菌药的合理应用。为配合《指导原则》的修订，2013 年《指南》（第二版）出版发行。

研究所牵头制定耐甲氧西林金黄色葡萄球菌（MRSA）诊治共识、广泛耐药（XDR）革兰阴性菌感染的抗菌治疗共识等，指导临床耐药菌的治疗。

抗菌药临床药理学研究和临床评价　1963 年，成立"上海第一医学院抗菌素临床应用研究室"后，开始对自主开发的新抗菌药进行临床研究。在 20 世纪 60—70 年代对国内自主研发的近 40 种抗菌药进行体内外药效学、药代动力学研究和临床评价。20 世纪 80—90 年代，承担国家科委"抗生素更新换代新品种""新抗菌药临床药理学研究"的"六五""七五""八五"攻关项目。80 年代以来对 80 余种抗菌新药进行系统临床评价，并参加项国际多中心临床试验。开展抗菌药物的药动学/药效学（PK/PD）研究，优化耐药菌感染的抗菌治疗方案；开展万古霉素血药浓度监测，提高抗菌治疗的临床疗效、减少药物不良反应。1983 年，专业点被批准为首批卫生部临床药理基地抗感染专业。1984 年 9 月，被批准为卫生部重点开放实验室——抗生素临床药理实验室。2000 年，科技部（"九五"攻关）筹建的设在本专业点的"国家抗感染新药临床试验研究中心"首次在国内成立，其后在"十五""十一五""十二五"科技攻关及重大专项支持下进行 GCP 建设，开展抗菌药临床药理学关键技术研究，为建设符合国际规范的抗菌新药临床评价体系步入国际规范化行列奠定基础。

1995 年，汪复作为 5 人专家小组成员参加中国第一版《药品临床试验管理规范》（GCP）起草工作。1999 年，成立华山医院国家药品临床研究基地，张婴元任基地主任，张菁任机构常务副主任。作为主要起草人，参与 CFDA 制定 4 项抗菌药临床研究技术指导原则的起草工作，包括《抗菌药物临床试验技术指导原则》《抗菌药物立题评价指导原则》《抗菌药物临床试验微生物实验室技术指导原则》《抗菌药物 PK/PD 研究技术指导原则》。

细菌耐药性防治研究　1988 年，卫生部批准抗生素研究所与中国药品生物制品检定所共同为国家细菌耐药性监测中心。1989 年，组织建立上海市细菌耐药性监测网，对上海地区细菌耐药性进行长期连续监测，为国内监测时间最长、资料最完整的监测网。2005 年，建立全国细菌耐药监测网（CHINET），遍及全国各主要地区的医院，为国内最为权威、引用率最高的监测网，并在每年监测的基础上组织撰写《中国 CHINET 细菌耐药监测》《上海市细菌耐药性监测》《华山医院细菌耐药性监测》等小册子，供医疗、制药、卫生保健等部门参考，已持续十余年。这些资料给临床提供重要的参考依据，指导临床合理用药。

研究所对自 20 世纪 80 年代起临床出现的一系列主要耐药菌的耐药机制和防治对策进行研

究，如甲氧西林耐药葡萄球菌、多重耐药沙门菌、产超广谱β内酰胺酶革兰阴性杆菌、喹诺酮类耐药大肠埃希菌、碳青霉烯类耐药肠杆菌科细菌等，提出防治上述耐药菌感染的对策并推广实施。本研究所的细菌耐药机制研究的特点：① 研究开展时间早。20 世纪 80 年代，首先在国内对甲氧西林耐药金葡菌（MRSA）的检出率、检出方法及其耐药机制进行研究，其后对肺炎克雷伯菌、伤寒沙门菌、青霉素耐药肺炎链球菌（PRSP）的耐药机制进行研究。② 创新性强。部分细菌耐药机制研究如质粒介导喹诺酮类耐药机制，与国际同步进行，与美国哈佛大学医学院、瑞典卡罗林斯卡医学院等建立密切的合作关系。③ 涉及的临床微生物广。不仅对临床常见病原菌进行研究，同时对一些难以分离的病原体如艰难梭菌及肺炎支原体的耐药性及耐药机制进行研究。④ 基础研究与临床密切结合。基础研究成果用于耐药菌医院感染的防治，为控制细菌耐药性发生及传播提供科学依据。⑤ 研究卓有成效。鉴于研究所在细菌耐药机制方面的前期研究基础，2005 年获得“973”项目“人类重要传染病病原体耐药机制的基础研究”，王明贵任首席科学家。相关课题“细菌对喹诺酮类的质粒介导耐药机制及其耐药性的防治策略”于 2010 年获教育部科技进步奖一等奖。研究成果在大型国际会议包括 ICAAC、ECCMID、ICC 及 APCCMI 等国际会议上做特邀专题报告十余次。

【人才培养与引进】

研究所一直注重对年轻医务人员的培养，20 世纪 80 年代以来先后派出人员至国外、国内高等学府或研究院所进修学习，学成归来后均成为研究所的骨干，对研究所的发展起重要作用。

表 2-1-84　2006—2016 年抗生素研究所入选人才计划情况表

年　份	人才计划名称	入　选　者
2006	上海市优秀学科带头人	王明贵
2006	上海市医学领军人才	王明贵
2007	上海市公共卫生人才培养计划（优秀青年人才）	林东昉
2008	上海市领军人才	王明贵
2010	上海市浦江人才计划	黄海辉
2010	华山医院优秀人才培养奖励计划——华峰奖	王明贵
2011	华山医院优秀人才培养奖励计划——华英奖	黄海辉
2012	上海市青年医师培养资助计划	刘　杨
2012	华山医院优秀人才培养奖励计划——华菁奖	胡付品
2012	华山医院优秀人才培养奖励计划——华菁奖	刘　杨
2014	华山医院优秀人才培养奖励计划——华秀奖	秦晓华
2016	上海市领军人才计划	张　菁
2016	上海市浦江人才计划	郭庆兰

自 20 世纪 80 年代以来，研究所就与美国、日本、英国、澳大利亚等国家的高等学府及其专家学者开展广泛的学术交流，聘请国外权威学者或客座教授来所指导工作，开展课题的合作研究。

表 2-1-85　1986—2016 年国外专家前来研究所交流、工作指导及协作研究情况表

年份	工作内容	专家姓名	国家	工作单位	备注
1986	感染病诊治及抗生素应用学术交流及工作指导	Harold Neu	美国	哥伦比亚大学感染科	客座教授
1986	医院感染防治、细菌耐药性防治、各类抗菌药合理应用	Gentry L. D.	美国	圣路加主教医院	客座教授
1987	细菌耐药性及β-内酰胺酶鉴定及酶动力学研究实验技术指导	David Livermore	英国	伦敦医院医学院临床微生物科	实验技术指导1个月
1988	感染性疾病抗微生物治疗学术交流及工作指导	J. D. Williams	英国	伦敦医院医学院临床微生物科	实验交流及工作指导1周
1989	细菌耐药监测实验技术指导	Jeremy Brett	新西兰	WHO 西太区细菌耐药监测中心	实验技术指导2周
1990	细菌耐药监测及细菌耐药机理研究工作指导	Thomas O'Brien	美国	哈佛大学医学院布列根和妇女医院	工作指导10日
2000	肺炎克雷伯菌等肠杆菌科细菌产超广谱β-内酰胺酶研究	Matsubisa Inoue（井上松久）	日本	北里大学医学院微生物科	协作研究1年
2001	喹诺酮类耐药机制研究	D. C. Hooper	美国	哈佛医学院麻省总医院感染科	协作研究2年
2006	抗菌药物耐药机制及 PK/PD 研究	Vincent H. Tam	美国	休斯敦大学药学院	学术交流1日
2006	肺炎链球菌耐药机制研究	Lesley McGee Keith Klugman	美国	埃默里大学公共卫生学院	协作研究1年
2007	艰难梭菌分子流行病学及耐药性研究	C. E. Nord	瑞典	卡罗林斯卡医学院，卡罗林斯卡大学医院	协作研究2年
2010	抗菌药物耐药机制及 PK/PD 研究	Vincent H. Tam	美国	休斯敦大学药学院	协作研究1年
2012	耐多菌感染的新药研发及治疗对策国际学术研讨会	Jian Li	澳大利亚	莫纳什大学药学科学院	学术交流2日
2014	PK/PD 的临床应用	Vincent H. Tam	美国	休斯敦大学药学院	学术交流3日
2014	PK/PD 模型建立及应用	王尔健	美国	辉瑞制药	学术交流5日
2014	多黏菌素 E 及联合用药	Jian Li	澳大利亚	莫纳什大学药学科学院	学术交流5日
2016	碳青霉烯类耐药研究进展	Yohei Doi	美国	匹兹堡大学	学术交流5天
2016	艰难梭菌疫苗的研发	冯汉平	美国	马里兰大学巴尔的摩校区牙医学院	学术交流
2016	多黏菌素的 PK/PD 研究	Jian Li	澳大利亚	莫纳什大学药学科学院	客座教授
2016	细菌耐药蛋白的结构与功能	Xiaodong Zhang	英国	帝国理工大学	学术交流3天

【科研成果】

1963—2016 年，抗生素研究所的研究成果获各级科技奖项 38 项，包括国家科委科研成果奖 1 项、全国科学大会奖 5 项、全国医药卫生科学大会奖 1 项、国家技术发明奖（协作研究者）1 项，国家技术发明奖（协作研究者）1 项，卫生部、教育部、上海市等省部级奖 29 项。

1952 年，由戴自英主编的《临床抗菌素学》问世，至 1964 年第五版出版。此后该系列的《实用抗菌药物学》《实用抗感染治疗学》等专著由戴自英、刘裕昆、汪复、张婴元任主编、副主编，并相继出版。1991 年，汪复主编的《抗菌药物临床应用指南》出版，1997、2001 年再版。其后由汪复、张婴元主编的该指南在 2008 年及 2012 年再版，作为卫生部等三部委颁发的《抗菌药物临床应用指导原则》文件的配套资料。《国家基本药物》（1984 年版），《中华人民共和国药典临床用药须知》（1990、1995、2000、2005、2010 版）中的“抗感染药物”章节先后由戴自英、刘裕昆、汪复、张婴元等主持编写，该书为中国按照药典收载品种规范临床用药的唯一书籍。研究所人员主编及参编的大型著作尚有：戴自英主编《实用内科学》（第七至九版）和《中国医学百科全书・临床医学》；刘裕昆、汪复、张婴元、张永信、吴菊芳、王明贵、李光辉、杨帆分别参加编写《实用内科学》（第七至十三版）中有关章节。

研究所申请专利 9 项，其中已获授权者 5 项。

1978—2016 年，研究所人员在国内外权威杂志发表论文 699 篇，其中 SCI 收录 158 篇（单篇最高 IF 为 14）。刊登杂志包括本领域的权威期刊，如 *Clinical Infectious Diseases*、*Antimicrobial Agent and Chemotherapy* 和 *Journal of Antimicrobial Chemotherapy* 等。2010—2016 年，发表 SCI 论文，影响因子高于 4 分的有 13 篇。

表 2-1-86　1965—2015 年抗生素研究所科研成果获奖情况表

年份	成果名称	奖项名称	主要完成者
1965	国产苯甲异噁唑青霉素的实验及临床研究	国家科委科研成果奖	汪　复　张敬德　刘裕昆　戴自英等
1978	创新霉素	全国科学大会奖	刘裕昆　汪　复　张梅芳　张敬德等
1978	争光霉素	全国科学大会奖	抗菌素研究室
1978	卡那霉素	全国科学大会奖	刘裕昆　汪　复等
1978	中药穿心莲有效成分的研究——穿心莲内脂研究	全国科学大会奖	刘裕昆　林庚金　唐观甜　顾亚明等
1978	抗真菌抗生素球红霉素	全国科学大会奖	戴自英　刘裕昆　张志林　张婴元等
1978	《实用抗菌素》	全国医药卫生科学大会奖	戴自英　刘裕昆　徐肇玥　汪　复等
1979	硫脒头孢菌素的实验和临床研究	卫生部甲级科技成果奖	戴自英　刘裕昆　张梅芳　张志林　张婴元等
1980	国产磺胺药的实验和临床研究	上海市重大科技成果奖三等奖	戴自英　刘裕昆　张志林　张梅芳　张敬德等
1980	大蒜素	上海市重大科技成果奖三等奖	刘裕昆　张敬德等
1981	中草药穿心莲的抗感染机制	上海市中医中西医结合科研成果二等奖	戴自英　刘裕昆　张志林　顾亚明等
1982	四环素类抗生素的实验室评价	上海市重大科技成果奖三等奖	戴自英　刘裕昆　汪　复　张梅芳　张婴元等

（续表）

年份	成果名称	获奖等级	主要完成者
1982	氧哌嗪青霉素的实验和临床研究	国家中医药管理局医学科技成果三等奖	戴自英　刘裕昆　张婴元　张敬德等
1983	磷霉素的实验和临床研究	国家中医药管理局科技成果三等奖	戴自英　张婴元　张梅芳　张敬德等
1984	15 种头孢菌素的体外抗菌作用与肝肾毒性比较	上海市重大科技成果奖三等奖	张永信等
1987	利福喷丁的临床药理研究	上海市科技成果二等奖	张婴元　张　菁等
1990	依诺沙星的临床研究	国家中医药管理局科技成果三等奖	张婴元　任建中等
1991	医院内感染的防治研究	国家教委科技进步奖三等奖	张永信　汪　复　顾建伟　江　华　朱德妹等
1991	抗生素更新换代新品种——新抗生素临床药理研究	国家中医药管理局“七五”科技攻关成果奖	汪　复　张婴元等
1993	葡萄球菌的临床机制研究	国家教委科技进步奖二等奖	朱德妹　汪　复　魏明谦等
1993	国产头孢三嗪临床应用的药理基础和临床评价	上海市科技进步奖二等奖	张婴元　王子平　汪　复等
1994	头孢菌素类临床药物动力学研究及给药方案的制订	上海市科技进步奖二等奖	张婴元　汪　复　张　菁　施耀国　王子平等
1994	头孢曲松钠的开发研究	国家中医药管理局科技进步奖三等奖	张婴元等
1996	氟喹诺酮类抗菌药临床应用研究及合理应用	上海市科技进步奖二等奖	张婴元　张　菁　吴菊芳　施耀国　王子平等
1996	氟喹诺酮类抗菌药临床应用研究及合理应用	卫生部科技进步奖三等奖	张婴元　张　菁　吴菊芳　施耀国　王子平等
2001	大肠杆菌耐药性变迁和耐药机制研究	上海市科技进步奖三等奖	汪　复　张小林　朱德妹等
2002	临床病原菌耐药性变迁的研究及其临床意义	中国高校科技进步奖二等奖	汪　复　朱德妹　张婴元　李胜利　杨　帆等
2006	产超广谱β-内酰胺酶肠杆菌科细菌的耐药性及其感染的防治研究	上海医学科技奖二等奖	朱德妹　熊自忠　汪　复　胡付品　张婴元等
2007	新头孢菌素——头孢硫脒	国家技术发明奖二等奖	汪　复(协作研究者)
2007	去甲万古霉素群体药代动力学与药效学研究及给药方案的优化	上海药学科技奖三等奖	张　菁　张婴元　施耀国　芮建中　吴菊芳等
2008	细菌对喹诺酮类抗菌药物耐药的形成机制及防治策略	上海市科技进步奖三等奖	王明贵　徐晓刚　胡付品　杨　帆等
2008	细菌对喹诺酮类抗菌药物耐药的形成机制及防治策略	上海医学科技奖三等奖	王明贵　徐晓刚　胡付品　杨　帆等
2009	耐药菌检测芯片及其制备方法和应用方法	上海市优秀发明金奖	林东昉　徐晓刚　朱德妹　张婴元等

（续表）

年份	成果名称	获奖等级	主要完成者
2009	一种介导受体菌对喹诺酮类抗菌药物敏感性下降的质粒	上海市优秀发明银奖	王明贵　王明华　徐晓刚　张婴元等
2010	细菌对喹诺酮类的质粒介导耐药机制及其耐药性的防治策略	教育部科技进步奖一等奖	王明贵　俞云松　熊自忠　徐晓刚等
2011	细菌对喹诺酮类的质粒介导耐药机制及其耐药性的防治策略	中华医学科技奖三等奖	王明贵　俞云松　熊自忠　徐晓刚等
2014	抗菌药物体外 PK/PD 模型研究平台的构建及其应用	上海药学科技奖三等奖	张　菁　梁　旺　陈渊成　胡佳丽　武晓捷等
2014	一种介导万古霉素耐药的基因及其用途	上海市优秀发明选拔赛银奖	徐晓刚　王明贵　林东昉　胡付品　吴　混
2015	抗菌药物体外 PK/PD 模型研究平台的构建及应用	中国药学会科学技术奖三等奖	张　菁　梁　旺　陈渊成　胡佳丽　武晓捷　郭蓓宁

表 2-1-87　2004—2015 年抗生素研究所获得专利情况表

申请时间	专利授权号/申请号	专利名称	申请人
2004.10	200410067356.3	耐药菌检测芯片及其制备方法和应用方法	林东昉　徐晓刚　毛红菊　赵建龙　赵　辉　朱德妹　张婴元　汪　复
2007.9	200710046614.3	一种介导受体菌对喹诺酮类抗菌药物敏感性下降的质粒	王明贵　王明华　徐晓刚　张婴元
2009.6	200910151030.1	一种介导万古霉素耐药的基因及其用途	徐晓刚　王明贵　林东昉　胡付品　吴　混　叶信予　郭　燕　刘　杨　朱德妹　张婴元
2009.11	200910198573.9	一种检测肺炎支原体耐药突变的方法	徐晓刚　刘　杨　王明贵
2010.12	201010577062.0	滤过型抗菌药物体外药代/药效动力学模型中央室装置	梁　旺　张　菁　陈渊成
2011.10	201110328137.6	基于流速调节的静脉注射药动学模型的体外模拟方法	梁　旺　陈渊成　张　菁
2011.10	201110327999.7	基于流速调节的口服给药药动学模型的体外模拟方法	陈渊成　梁　旺　张　菁
2015.4	201510188971.8	一种用于抗厌氧菌药物的静态杀菌曲线的培养系统及其构建方法	梁　旺　胡佳丽　赵　苗　陈渊成　张　菁　徐少华　吴　混　黄海辉
2015.10	201510286258.7	一种厌氧菌体外动态动力学/药效学模型系统及构建方法	胡佳丽　陈渊成　张　菁　吴　混　朱德妹　黄海辉　梁　旺

表 2-1-88　2010—2016 年抗生素研究所发表 SCI 论文（影响因子高于 4 分）情况表

年份	论文题目	发表期刊	作者	影响因子(IF)
2010	A New Glycopeptide Resistance Gene Cluster Found in Enterococcus Faecium	*Antimicrobial Agents Chemotherapy*	Xu X, Lin D, et al	4.802

（续表）

年份	论 文 题 目	发表期刊	作 者	影响因子（IF）
2015	Shifts in the Antibiotic Susceptibility, Serogroups, and Clonal Complexes of Neisseria Meningitidis in Shanghai, China: A Time Trend Analysis of the Pre-Quinolone and Quinolone Eras	*PLoS Med*	Chen M, Guo Q, et al	14
2015	Pharmacokinetics and Pharmacodynamics of Multiple-Dose Intravenous Nemonoxacin in Healthy Chinese Volunteers	*Antimicrobial Agents Chemotherapy*	Wu XJ, Zhang J, et al	4.451
2015	High Prevalence of Vanm in Vancomycin-Resistant Enterococcus Faecium Isolates from Shanghai, China	*Antimicrobial Agents Chemotherapy*	Chen C, Sun J, et al	4.451
2015	In Vitro Bactericidal Property of Levornidazole Against Bacteroides Fragilis Studied by Time-Kill Assay and Sigmoid Emax Model Analysis	*International Journal of Antimicrobial Agents*	Hu J, Zhang J, et al	4.259
2016	Laboratory Diagnosis, Clinical Management and Infection Control of the Infections Caused by Extensively Drug-Resistant Gram-Negative Bacilli: A Chinese Consensus Statement	*Clin Microbiol Infect*	Chinese XDR Consensus Working Group (Wang Minggui, et al)	4.575
2016	Resistance Trends Among Clinical Isolates in China Reported from CHINET Surveillance of Bacterial Resistance, 2005－2014	*Clin Microbiol Infect*	Hu FP, Guo Y, et al	4.575
2016	Characterization of A Novel IncHI2 Plasmid Carrying Tandem Copies of BlaCTX-M-2 in A FosA6-Harboring Escherichia Coli ST410 Strain	*Antimicrobial Agents Chemotherapy*	Guo Qinglan, Ding Baixing, Jové T, et al	4.415
2016	Glutathione-S-Transferase FosA6 of Klebsiella Pneumoniae Origin Conferring Fosfomycin Resistance in ESBL-Producing Escherichia Coli	*Antimicrobial Chemotherapy*	Guo Qinglan, Tomich AD, et al	4.919
2016	Comparative Analysis of An IncR Plasmid Carrying Arma, *Bla*$_{DHA-1}$ and *Qnr*B4 from Klebsiella Pneumoniae ST37 Isolates	*Journal of Antimicrobial Chemotherapy*	Guo Qinglan, Spychala CN, et al	4.919
2016	Results from the Survey of Antibiotic Resistance (SOAR) 2009－11 and 2013－14 in China	*Journal of Antimicrobial Chemotherapy*	Hu F, Zhu D, Wang F, Morrissey I, Wang J, Torumkuney D	4.919
2016	Proteomic Response of Methicillinresistant S. Aureus to A Synergistic Antibacterial Drug Combination: A Novel Erythromycin Derivative and Oxacillin	*Scientific Reports*	Liu Xiaofen, Pai Peijin, et al	5.228
2016	Clinical and Genomic Analysis of Liver Abscess-Causing Klebsiella Pneumoniae Identifies New Liver Abscess-Associated Virulence Genes	*Frontiers in Cellular and Infection Microbiology*	Ye Meiping, Wang Minggui, et al	5.218

【创办杂志】

2000 年，研究所获准承办《中国感染与化疗杂志》，首任主编为汪复，现任主编张婴元。该刊编辑委员会拥有众多国内抗感染领域和其他相关领域专家或学科带头人，并特聘美国、英国和日本的5名教授担任编委。曾在100余种中国临床医学类期刊中影响因子排名第一或第二，蝉联3届“百种中国杰出学术期刊”。

【创办分会】

1986年，在戴自英等倡导下成立中华医学会上海分会感染与化疗专科分会，后更名为上海医学会感染与化疗专科分会，至2016年已历经六届，历届委员包括来自感染、呼吸、血液、肾病、普外、烧伤、重症医学科、儿科、妇科和临床微生物学、临床药理学等学科的专家。学会成立以来在促进多学科交流和发展、提高感染病诊治和抗菌药合理应用水平方面发挥重要的作用。

【国际交流】

1980年以来，研究所人员参加感染病领域国际学术会议258人次，特邀做大会报告者及论文口头交流20余次，壁报交流近百人次。通过学术交流学习国内外先进理念和研究，对提升感染性疾病诊治水平起到重要的推动作用。

自1995年起，抗生素研究所每两年举办一次“全国感染性疾病与抗微生物化疗学术会议”，至2016年已有11届。该会议由研究所与上海医学会感染与化疗专科分会、中国感染与化疗杂志社共同主办。2009年，中华医学会第一届感染与抗微生物治疗论坛与第八届全国感染性疾病与抗微生物化疗学术会议同期召开。2011年，第一届上海国际临床微生物及抗微生物化疗学术会议同时召开，与会代表来自全国30余省市、自治区，以及欧洲、美洲、亚洲等十余个国家。参会人数逐届上升，近几届达1 200人以上，涉及的学科包括感染、呼吸、血液、肾病、重症监护、儿科、妇科、外科、烧伤、器官移植、医院感染控制等各临床科室，也包括临床微生物、临床药理学、临床药学等学科和药物研发单位。该会议及论坛已成为国内感染性疾病研究领域的一个盛会，抗微生物化疗领域的全国性多学科学术交流平台。

2015年，抗生素研究所承办“第五届国际定量药理学会议及首届东亚定量药理学论坛”。同年，抗生素研究所受国家自然科学基金委委托，主办“抗菌药耐药中英双边研讨会”。

四、教学

研究所与感染科共同组成传染病学科，作为首批国家教委批准的博士点，承担复旦大学上海医学院本科生、研究生感染病学的授课和教学工作。1978年和1980年，在全国恢复招收硕士及博士研究生。截至2016年，抗生素研究所共培养内科学（传染病学）博士研究生44人、硕士研究生73人，博士后5人；在读博士研究生14人、硕士研究生9人、博士后1人。1980年以来，先后有4名博士生是与澳大利亚、美国、日本的大学联合培养的，接收来自美国、英国、突尼斯、巴基斯坦等国家的博士或博士后学位课题研究及医学生实习。承担大量的实习医师、进修医师的培训工作。

主编“感染性疾病的抗菌治疗”教材系列，主编或参编《传染病学》教材。编写《感染性疾病抗微生物治疗》教材，每年授课近50学时。

1983年，专业点成为卫生部首批药物临床试验基地，自1998年起开展药物临床试验质量管理规范（GCP）培训。2000年成为国家药品监督管理局设立的全国六个培训中心之一、复旦大学上海医学院GCP培训中心。每年举办GCP培训班，每年2期，每期200～300名学员。截至2016年，已举办培训45期，培训来自全国各省市从事药物临床试验的医务人员，为各地培养从事药物临床试验的骨干，对提高药物临床试验水平、达到GCP规范要求发挥重要作用。

2003年，卫生部批准本专业点为国家医学继续教育基地。自此研究所开始承办全国性医学继续教育项目“感染性疾病新理论新进展”，已开办十余年，每年举办2～3期，每期参加人数60～150人，学员来自全国各地。“感染性疾病病原学诊断新技术和新进展”学习班每年举办一次，每次参加人数40人左右。

2015年，由国家卫计委医院管理研究所主办、王明贵担任学术委员会主任委员的“细菌真菌感染诊治培训项目（培元计划）”在上海启动，至2016年已举办两年。学科师资力量雄厚，在业界具有较大影响。

五、其他

【科室荣誉】

2006—2016年，抗生素研究所获得多项集体荣誉称号。

表2-1-89　2006—2016年抗生素研究所获得荣誉情况表

年　份	荣　誉　名　称	颁　奖　单　位
2006	上海市三八红旗集体	上海市妇联
2007	上海医务职工科技创新优秀团体	上海市医务工会
2008	上海医务职工科技创新优秀团体	上海市医务工会
2008	全国三八红旗集体	中华全国妇女联合会
2009	上海医务职工科技创新优秀团体	上海市医务工会
2009	巾帼文明示范岗	上海市教育系统
2016	2015—2016年度合理用药系列宣传教育活动先进集体	上海市合理用药高峰论坛

第二十五节　消　化　科

一、沿革

1964年，医院创建消化组，仅有4名医师，由朱宝荣担任组长，领导消化组的医师进行医疗、教学和科研工作。1986年，由冯耀庭任组长。1988年，正式建立消化科，先后由陆玮、林庚金、孙大裕和钟良担任主任。2009年起，刘杰任消化科主任，钟良、刘懿和丁伟群任副主任。2010年，复旦大学消化病研究所在医院消化科正式挂牌成立，刘杰担任首任所长。2016年，消化科有在职医教研人员21人，其中正高职称3人，副高职称7人，中初级职称11人；博士研究生导师1人，硕士研究生导师3人。

表2-1-90　1964—2016年消化科历任主任情况表

任职时间	主　任
1964—1986	朱宝荣
1986—1988	冯耀庭

（续表）

任职时间	主　任
1988—1995	陆　玮
1995—2000	林庚金
2000—2006	孙大裕
2006—2009	钟　良
2009—	刘　杰

二、医疗

【基本情况】

20 世纪 70 年代末，消化科在国内率先开展消化科疾病的介入诊断和治疗，其中选择性动脉造影技术用于消化系统疾病的临床诊治处于国内先进水平。在国内首先成功开展脾动脉栓塞治疗肝硬化脾亢，即“内科脾切除”，解除许多患者的痛苦，提高生活质量。介入治疗还包括经皮肝穿治疗肝囊肿和肝脓肿；无水酒精注射治疗局部肿瘤，如肝癌；选择性动脉造影诊断消化道出血、小肠肿瘤等；选择性动脉造影加栓塞治疗肝癌和胰腺肿瘤等；选择性动脉造影和支架置入治疗腹腔血管性疾病，如巴德-吉亚利(Budd - Chiari)综合征。1975 年引进纤维内镜。20 世纪 90 年代初期，引进电子内镜以及激光治疗仪和微波治疗仪。2001 年开展呼气试验在消化道疾病中的应用(肝脏储备功能、胰腺外分泌功能、小肠细菌过度生长、口—盲肠传输时间)研究，取得初步成果，指导临床工作。还开展难治性腹水的腹水浓缩回输治疗工作。2003 年，在国内率先开展小肠镜检查，完成上海首例双气囊电子小肠镜，使小肠疾病的诊断、鉴别诊断和不明原因消化道出血的诊断在国内处于领先地位。2004 年，引进超声内镜，为胰腺癌的早期诊断提供有效的检测手段。2009 年，小探头超声内镜在胃间质瘤患者中正式应用；同年，超声内镜引导下的细针穿刺活检(EUS - FNA)在胰腺癌患者中正式应用。2010 年，复旦大学消化病研究所在科室挂牌成立，科室大力发展超声内镜在消化道及胰胆管肿瘤诊治中的应用。

2013 年，科室开始开展高分辨率消化道测压系统，有力地推动对消化道动力性疾病的诊治；同年，24 小时 pH 监测在胃食管反流病(GERD)患者中正式应用。2014 年，内镜黏膜下剥离术(ESD)在早期胃癌患者中正式应用。2015 年，开始设立消化道肿瘤专病门诊，并开展蓝激光内镜(BLI)在消化道早癌筛查中的应用。2016 年，引进激光共聚焦内镜，使得消化道早癌的诊治居全国领先行列，消化科内镜黏膜下剥离术手术量达到 100 例。同年，东院设立消化道肿瘤化疗日间病房。

2016 年，科室收治患者 3 091 人次，全年消化专科的门诊量 142 661 人次。内镜室全年胃镜检查 19 252 例，肠镜检查 8 877 例，ERCP 检查 421 例。超声内镜 649 例，内镜下胃肠息肉高频电凝电切术 900 例，内镜下支架扩张 227 例，开展消化道恶性肿瘤综合治疗 695 例。

【医疗特色】

消化科全面推进亚专科建设，已设立消化道肿瘤综合诊治组、内镜诊治组、小肠疾病诊治组、胃肠动力疾病诊治组、炎症性肠病组、慢性肝病组等 6 个亚专科。

消化道肿瘤综合诊治组 检测胃肠黏膜细胞基因异常及代谢改变，评估胃肠道肿瘤风险，制定个体化内镜筛查方案，促进胃肠道肿瘤的早期诊断；将肿瘤组织接种小鼠建立荷瘤（PDX）模型，结合肿瘤个体癌基因检测，甄选高效低毒的精准肿瘤治疗方案，提高治愈率；针对晚期癌症患者，开展低剂量节律化疗，联合饮食营养及心理指导，提高患者生活质量，显著延长生存期。

内镜诊治组 开展各项内镜诊疗技术，包括球囊扩张、超声内镜检查＋细针穿刺活检（FNA）、ERCP＋内镜下乳头括约肌切开术（EST）＋支架、内镜下黏膜切除术（EMR）、ESD、内镜下黏膜肿瘤挖除术（ESE）、消化道狭窄的扩张及支架治疗、急性结直肠梗阻的内镜治疗、经皮内镜下胃造瘘术。以消化道早癌诊治为特色，BLI诊断技术处于全国领先水平。

小肠疾病诊治组 科室2006年与2009年先后开展双气囊小肠镜与胶囊小肠镜检查，属国内领先水平，2009—2016年，共完成685例胶囊内镜、双气囊小肠镜检查，积累丰富的诊断经验，检查阳性率达73%；对常见的小肠疾病，如小肠克罗恩病、小肠血管畸形、小肠肿瘤与小肠憩室以及累及小肠的疑难杂症，如嗜酸细胞性肠炎、小肠淋巴管扩张症，小肠结核等少见病，均具有相当高的诊治能力。

胃肠动力疾病诊治组 率先开展高分辨率消化道测压及24小时胃酸监测，对难治性胃食管反流病（GERD）、食管裂孔疝、肠易激综合征（IBS）等动力相关性疾病有较深入的研究。

炎症性肠病组和慢性肝病组 炎症性肠病患者病友会、微信群定期宣教，帮助患者了解疾病的特点，树立战胜疾病的信心；规范化诊断与治疗各类感染及非感染性肝病，拥有较完善的分子检测手段；建立依托大数据的信息辅助诊断平台，为各类疑难肝病的诊断提供重要依据。以亚专科建设为契机，把消化科做强做精，进而带动病区建设。

三、科研

【科研特色】

消化科致力于临床研究与基础研究双向转化，一方面基础研究成果越来越注重服务于临床需求，另一方面临床研究中发现的问题越来越成为基础研究的新方向。以消化系统肿瘤精准综合治疗为例，基础研究中发现的多个标志物和靶标分子正在成为临床研究的候选方向，而临床试验中发现的免疫学变化也在为肿瘤免疫学基础研究提供新的生长点。消化科临床研究包括基于大数据的疑难病辅助诊断、消化系统肿瘤精准综合治疗等方向；基础研究包括消化系统肿瘤分子病理学和免疫学、消化系统良性疾病（慢性肝病）表观遗传学、脑—肠—免疫轴和微生态等主要方向。

重点学科专科建设进展顺利，达到建设目标。其中：针对胰腺占位病变难以确诊、病死率高等特点，建立胰腺超声穿刺诊治平台，2013—2016年完成胰腺超声穿刺957例，较前三年增加3倍；开展超声引导下细针活检术（EUS-FNB），将胰腺占位诊断阳性率提高至89%；开展EUS-CPN神经丛毁损术，有效缓解胰腺癌患者疼痛；针对消化系统疑难病，建立基于大数据的疑难病例分析平台；针对消化系统早期肿瘤，重点发展内镜下胃肠道微创治疗系列技术；基于肿瘤测序平台、PDX模型平台与协同抗癌药物组合预测系统精准筛选抗肿瘤药物，开发针对消化系统晚期肿瘤的精准综合免疫疗法。主要以保持机体免疫力的小剂量节律化疗技术为基础，并配合免疫调节和增强，取得极佳疗效（临床缓解率近80%）。此外还研发针对实体瘤的第四代CAR-T，并建立制备技术平台；针对小肠疾病难以诊治的特点，建立小肠疑难疾病综合诊治平台，仅2016年已完成胶囊小肠镜138例，病例数居上海市前列，诊断阳性率达80%以上。针对胃食管反流病，建立胃食管反流病诊治中心，引进高分辨率胃肠动力检测系统，进行精确的术前术后评估。

【人才培养与引进】

2008 年，聘请中山医院消化科刘厚钰担任特聘教授。2009 年，引进复旦大学特聘教授刘杰为消化科主任。同时科室积极引进海外优秀人才，将美国加州大学戴维斯分校教授吴健和美国范德堡大学终身教授戴奇通过上海市“QR 计划”引进科室，聘请美国希望之城综合癌症中心教授 Hua Yu 为名誉教授，聘请美国西北大学肿瘤中心教授雷蒙德・伯根（Raymond Bergan）和美国西雅图综合癌症中心教授尼克・陈（Nick Chen）为客座教授。

科室成员多次获医院表彰：2014 年，杨冬琴获医院“华菁奖”和十大科技精英称号；2012、2016 年，陈坚 2 次获十佳临床医生称号；2015 年，刘杰获得十大科技精英称号，张骏获医院“华箐奖”，罗忠光与骆菲菲获医院“华秀奖”；2016 年，刘杰获医院“华峰奖”。

【科研成果】

科室课题“稳定性同位素呼气试验相关研究”获 2007 年上海医学科技进步奖一等奖及 2008 年全国医学科技进步奖三等奖。科室参与编写《实用内科学》（第十三、十四版）。2010—2016 年来发表各类论文 84 篇，其中 SCI 论文 58 篇，影响因子 10 分以上的 SCI 论文有 7 篇。申请国家发明专利 14 项，已授权 7 项，其中“胃癌特异性核酸适配体的筛选与鉴定”获 2014 年度上海市优秀发明选拔赛优秀发明银奖。

刘杰团队在基础研究方面与国内外多家知名大学建立合作，派遣多名研究生访问学习，也接收多名研究生和进修医生来开展工作，合作发表多篇论文。与美国托马斯・杰斐逊大学教授马克・费特尔森（Mark Feitelson）就乙肝免疫逃逸、乙肝持续状态及癌变机制等合作在 *Hepatology* 上发表论文，共 4 篇；与美国希望之城综合癌症中心的教授 Hua Yu 在炎症和免疫领域合作发表 SCI 论著 4 篇，包括 *Cancer Cell* 1 篇（影响因子 26.9），并获国家自然科学基金重点国际合作、上海市国际合作项目各 1 项；与美国西北大学教授 Lifang Hou 合作开展胃癌光学标志物的研究，发表论文 2 篇；与美国 M. D. 安德森癌症中心教授 Zhen Fan 合作发表有关基因治疗论著 1 篇。

【国际交流】

刘杰多次应邀在国际、国内学术会议上做大会报告或担任主持，如 2009 年中德癌症研讨会，2012 年中美临床与转化医学国际论坛、第三届国际肿瘤表观遗传学大会，2013 年第四届海峡两岸消化论坛暨世界华人消化高峰论坛、中欧肿瘤论坛等。每年接待国际来访学术交流 10 人次以上，包括邀请 *Gut*、*Nature Genetics* 等国际一流杂志的主编来科室做学术交流报告，为申请重大国际合作项目打下基础。

四、教学

消化科是消化专科的博士和硕士招生点，是国家临床重点专科。在教学方面承担多种层次的教学任务，包括本科生课堂教学、留学生班英文教学、八年制英文教学、硕士博士研究生教学以及博士后指导工作。每年接收多名来自各省市的消化及消化内镜进修医生。同时，指派多名高年资主治医师负责见习、实习和轮转医师的带教工作。科室继续加强研究生管理，刘杰课题组将实验室组会正规化、制度化，通过定期沟通组织课题汇报等形式，提高研究生的学术和英文水平。每年科室都要举办 4～5 次学习班，包括手把手超声内镜学习班和肿瘤精准治疗学习班等。其中，国家级继续医学教育项目“转化医学与消化疾病学习班”是消化科作为承办单位举办的首个国家级学习班。主任刘杰参与第一届国际继续教育大会首次学科年度进展(肝病)蓝皮书的编写工作。

2009 年，研究生董乐获消化青年医师论坛获英文演讲比赛一等奖。2010 年，研究生张晓姣和博士后杨冬琴在上海市消化学会青年医师英文演讲比赛中分获一等奖和二等奖。陈坚、蒋蔚茹先后被评选为校级及院级的优秀带教老师。

第二十六节　老 年 病 科

一、沿革

1970 年，根据上海市卫生局干部保健工作需要，医院最先建立干部医疗保健组，创始人为徐肇玥、吕隽、高淦，最初配备医师 2 人、护士 1 人，病床数 22 张，保健对象 200 人。

1988 年 9 月，正式成立老年病科，属内科教研组领导，科主任为高淦。1989 年 11 月，老年病科迁入医院 2 号楼 15 病区。1990 年 1 月、1991 年 9 月和 1993 年 1 月相继开出 16 病区、14 病区和 17 病区，病床数增至 104 张，固定医生增至 20 人、护士 40 人，保健对象 3 000 人。

1993 年 6 月，老年病科独立，由分管医疗副院长及医务处领导。先后由贺凤凤、程梅芬、俞茂华、张玉担任科主任。

2001 年 10 月，病房搬入新落成的综合楼，共拥有 6 个楼层，141 张床位。2016 年，共有医生 32 人，其中主任医师 3 人，副主任医师 9 人，主治医师 12 人，住院医师 8 人；博士 4 人，硕士 22 人；护士 60 人，其中主管护师 9 人。保健对象增至约 3 200 人，干保对象人数在上海市干保单位中列居第一。

表 2-1-91　1970—2016 年老年病科历任主任情况表

任职时间	主　任
1970—1972	徐肇玥
1972—1976	吕　隽
1976—1994	高　淦
1994—1997	贺凤凤
1997—2001	程梅芬
2001—2006	俞茂华
2006—	张　玉

二、医疗

【基本情况】

老年医学科致力于发展老年医学科整体临床、教学和科研实力，高度重视亚专科医师队伍的锻炼与培养，建立较为合理和完善的学科梯队和学术队伍。2001年起开设亚专科门诊，包括心血管、神经、呼吸、消化、内分泌、血液肿瘤、中医等。除内科各专业专家门诊和专科门诊外，还设有皮肤科、泌尿外科、骨科、普外科等专科门诊。

老年病科还是上海市卫生局指定的首批重大活动干部医疗保障基地。科室每年安排医生参加国际国内重要会议及重大活动的医疗保障工作，包括2010年世博会多项保障任务，世博会184天干保24小时专线值班，承担外省市世博挂职干部的门诊、体检、随访工作及4名世博干部的住院救治工作等，受到市领导和医院领导的肯定与表彰。每年完成干部保健对象的大规模体检工作，对检查有异常的患者，主动、及时跟踪随访并记录。

在复旦大学医院管理研究所发布的“中国最佳专科声誉排行榜”上，2014年度名列老年医学专科全国第三，2015年度全国第二。2016年，在“2015年度上海市三甲医院科研竞争力分析”中排名第三。同年，与海口市人民医院的老年科及全科开展对口支援，定期派专家去海口市人民医院举办讲座、教学查房、专家门诊、疑难病例会诊等。

【医疗特色】

老年病科以老年医学为研究方向，在临床和科研方面均以防治老年人常见病为特色，分设老年心血管、内分泌、呼吸、消化、神经、血液肿瘤、中医等专科小组，对老年人常见疾病的诊治积累丰富的经验。在临床和科研方面均以防治老年人常见病为自己的特色，如在老年人糖尿病、冠心病、慢性阻塞性肺病、脑血管疾病、帕金森病和消化道肿瘤等疾病的防治方面进行深入研究，在抢救老年人呼吸衰竭和急性心肌梗死等方面积累许多成功的经验。

为提高医疗质量，科室采取一系列具体措施，提高各级医生的医疗水平，组织开展各种业务学习和培训。培养医务人员高度的责任心，良好的服务态度和较强的沟通能力。针对老年科常见疾病，聘请心血管、呼吸科专家定期查房会诊，通过病例分析和讲解，增强医务人员的实际工作能力，解决临床疑难问题。坚持每周三业务学习，采取多种形式，包括请相关专家进行专题讲座，定期组织疑难病例讨论、举办学术沙龙等。明确医疗质量监督小组的人员和职责，每月进行医疗质量检查，对病史等医疗文件的书写、合理用药及医药费用的合理使用进行全面检查，及时提出整改措施，并落实到人，与奖罚制度挂钩。强调以病房为单位的主诊负责制，合理安排值班人员，加强第一线值班力量，完善汇报制度，切实保证医疗安全。

三、科研

【科研特色】

科室致力于发展老年医学科整体临床、教学和科研实力，建立较为合理和完善的学科梯队和学术队伍，设有7个亚专科，分别为老年心血管科、老年神内、老年呼吸、老年消化、老年内分泌、老年血液肿瘤及老年中医。

【人才培养】

张玉任上海市医学会老年医学分会副主任委员。陈蔚、周厚广获华山医院优秀人才培养奖励计划“华箐奖”。

2014年，周厚广赴美国哈佛大学医学院麻省总医院参加老年脑血管病及帕金森病诊治进展培训；吴晓琰赴麻省总医院肾脏病实验室参加培训；夏燕萍赴澳大利亚新南威尔士大学参加临终关怀与舒缓疗护的培训。2015 年，陈蔚赴奥地利医院管理局附属医院内分泌参加临床培训；王悦之赴美国宾夕法尼亚大学医学院参加实验技术培训；顾洁赴上海市精神卫生中心参加“行为医学”方面的培训并担任医院巴林特小组组长。2016 年，顾洁在金山众仁老年护理医院及上钢社区卫生服务中心进行教学和科研指导，担任上钢社区卫生服务中心副院长，在多个社区开展巴林特小组活动。

【科研成果】

2006—2016 年，老年病科发表核心期刊论文 128 篇，SCI 论文 40 余篇，承担多项国家自然科学基金、市科委重大课题、市卫生系统重要疾病联合攻关项目等，并获得各类奖项。截至 2016 年，老年病科获得国家自然科学基金 4 项，上海市自然科学基金 2 项，上海市卫生系统重要疾病联合攻关项目、上海市科委生物医药科技重点项目、上海市人才发展资金课题、上海市老年学年会青年学者联谊会“志昂鼓励基金”项目各 1 项。2016 年，吴晓焱的“杀菌肽 LL－37 的基因工程的表达及其制备方法和用途”获发明专利。

表 2－1－92　2013—2016 年老年病科获奖课题(市级以上)情况表

年份	课　题　名　称	奖 项 名 称	主要负责人
2013	脑出血后脑水肿新机制及规范化临床综合治疗新策略	华夏医学科技奖二等奖	周厚广等
2015	脑出血后继发性脑损伤新机制与微创治疗新策略的转化医学研究	教育部科技进步奖二等奖、上海市科技进步奖三等奖	周厚广等
2015	脑出血后继发性脑损伤新机制及其干预策略的转化医学研究	上海医学科技奖三等奖	周厚广等
2016	微创干预新策略对中老年人脑出血治疗价值及其作用机制的转化医学研究	中国老年保健医学科技奖一等奖	周厚广　张　玉

表 2－1－93　至 2016 年老年病科获得资助课题(市级以上)情况表

课　题　名　称	课 题 来 源	主要负责人
黄芪多糖对糖尿病心肌脂肪酸代谢及 *PPAR－α/PGC－1* 基因调控通路的影响	国家自然科学基金	陈　蔚
黄芪多糖抑制糖尿病心肌多潜能干细胞氧化应激损伤的机制研究	国家自然科学基金	陈　蔚
Hcdc14A 介导的糖尿病性血管衰老逃逸的调控机制研究	国家自然科学基金	周厚广
PAHSA 对老年糖尿病性脑血管病的预防性干预作用及其机制研究	国家自然科学基金	周厚广
黄芪多糖调控 SOD2 表达阻断糖尿病心肌氧气还原失衡的机制验究	上海市自然科学基金	陈　蔚
G－CSF 受体对糖尿病脑血管病变中细胞周期蛋白 Hcdc14A 的调控作用	上海市自然科学基金	周厚广
老年人骨质疏松性骨折的综合预防干预研究	上海市卫生系统重要疾病联合攻关项目	张　玉
茶多酚对代谢综合征大鼠 *PPAR－γ* 基因调控通路的影响	上海市卫计委基金	夏燕萍
老年人群建立用药安全和药物检测体系的可行性研究	上海市卫计委基金	黄延焱
人血清 P71 检测方法的建立及与肥胖相关性疾病的研究	上海市卫计委基金	朱　敏

（续表）

课 题 名 称	资 助 类 型	主要负责人
TOLL 样受体与慢性阻塞性肺病急性发作关系的研究	上海市卫计委基金	龚 燕
抗菌肽 LL-37 中试及候选药物研究	上海市科委生物医药科技重点项目	吴晓琰
2 型糖尿病性脑血管病的分子机制及干预研究	上海市人才发展资金课题	周厚广
Glutathione Prevents Free Fatty Acids-Induced Stress and Apoptosis in Human Brain Vascular Endothedial Cells through Akt Pathway	上海市老年学年会青年学者联谊会"志昂鼓励基金"	周厚广

表 2-1-94 2007—2016 年老年病科获奖论文情况表

年份	论 文 名 称	奖 项 名 称	作 者
2007	微创穿刺血肿粉碎清除术治疗高血压脑出血的临床对比研究	全国神经病学学术会议优秀论文	周厚广
2008	高糖、高脂及缺氧环境对原代人脑血管内皮细胞周期调控蛋白 HCDC14A 的影响	全国神经病学学术会议优秀论文	周厚广
2015	乙醛脱氢酶 2 基因多态性与老年人心脏功能的相关性	上海市医学会老年医学学术年会优秀论文一等奖	周市委 张芳芳 朱 敏
2016	IBS 老年患者基于体素分析的磁共振弥散张量研究	中国老年医学大会暨全国老年医学学术会议优秀论文	赵兰兰 张 玉
2016	临床诊断 ACTH 非依赖性肾上腺皮质大结局增生	长三角老年医学论坛、安徽省老年医学学术年会优秀论文	郭蒙蒙 朱 敏

【国际交流】

2012 年，周厚广参加美国国际糖尿病年会，进行壁报交流。2015 年，张玉参加欧洲营养与代谢年会(ESPEN)，进行专题讨论；同年，黄延焱参加由美国哈佛大学、复旦大学人类学联合组织的"亚太提高养老服务质量、模型、方法与情境"研讨会，参与复旦-哈佛医学人类学合作研究中心"老龄化跨学科——跨界工作坊"活动。2016 年，顾洁参加中国香港家庭医学会全科师资骨干培训并获得师资培训合格证书，后参加哈佛大学举办的"中国临床学者研究训练项目"(C-CSRT)。

四、教学

【基本情况】

2006 年，老年病科成为首批卫生部及上海市全科医师规范化培训基地。2013 年，老年病科与华东医院、中山医院联合申报成为老年医学专业博士点及全科医学专业博士点，并通过审核成为上海市首批"老年医学专科培训基地"；2014 年，正式启动老年医学专科医师招生工作，是老年医学专科及全科医学专业的硕士点和博士点。2008—2016 年，老年病科共接收和培训 9 批 115 名学员。历年来多名全科学员获医院及上海市住院医师规范化培训优秀学员称号。

在全科医师培养过程中，借助全院的医疗和教学资源，联合第五人民医院(妇、儿)、上海市精神卫生中心(精神心理)共同参与全科教学，并加强与社区卫生服务中心的交流和合作。全科医师规范化培训社区教学基地定点协作单位由原来的 1 家(石门二路社区卫生服务中心)发展到 3 家(石门二路社区卫生服务中心、华阳街道社区卫生服务中心、静安寺街道社区卫生服务中心)。为实现全科临床教学基地与定点社区联动教学,科室自 2015 年 12 月起每月安排高年资带教老师下社区,以教学门诊、教学查房、学术讲座等形式进行带教,带教老师结合自身的专业特长,与社区商定教学互动的具体实施方案。2012 年,张玉获上海市全科医师规范化培养优秀带教老师称号,夏燕萍获上海市全科医师培训优秀班主任称号。2015 年,夏燕萍获上海市住院医师规范化培训优秀带教老师称号。

【教学成果】

2001 年,张玉参与课题"计算机辅助教学在临床医学教学中应用的研究"获上海市教学成果奖二等奖。

科室主任张玉任多部全国教材及复旦大学教材的编委或副主编,如《内科学・老年医学分册》、《老年医学专科培训教材》、《老年医学高级教程》(第二版)、《老年医学住院医师规范化培训教材》、《全国高等医药院校教材・老年医学》(第二版)、《住院医师规范化培训全科医学科示范案例》、《中华老年医学年鉴》、《老年医学概论》、《西氏内科学》(第二十三版,"衰老与老年医学"副主译)《全科医生临床实践》、《全科医师临床培训教材》、《内科诊断学基础》、《新编诊断学基础》、《临床内科学》等。参加多项专家共识的编写,包括《老年人 PPI 合理应用专家共识》、《老年人便秘的评估与处理专家共识》《消化酶制剂在老年人消化不良中的应用专家推荐意见》《中国老年患者肠内肠外营养专家共识》等。周厚广任《糖尿病血管并发症的诊断与治疗》编委。

五、其他

科室于 1992 年荣获卫生局干部保健先进集体,1994 年获上海市首届共青团号,1995 年获上海市新长征突击队称号,1996 年获上海医科大学三八红旗集体,1997 年获上海市干部保健先进集体,2001 年获上海市先进共青团号。

科室分别于 2003、2004、2011、2012 年荣获复旦大学巾帼文明岗。

科室于 2009 年获上海市迎世博 600 天行动红旗文明岗和上海市迎世博窗口服务示范岗,2011 年获全国青年文明号,2015 年获上海市卫生系统三八红旗集体,2016 年获上海市巾帼文明岗。

第二十七节　国际医疗中心

一、沿革

1988 年 1 月 8 日,医院与中国香港企业家、知名爱国人士杨克平合作,共同创办沪港合作上海华山寰宇保健医疗中心,由从美国凯特琳医学中心学成归来的袁曼负责筹建医院外宾病房(国际医疗中心前身)并担任首任主任,杨克平作为外方投资人。1989 年 11 月,坐落于医院 2 号楼 18、19 层的外宾病房开张试运行。1990 年 11 月 7 日,外宾病房举行开幕典礼。1994 年 4 月 14 日,驻沪领团团长、德国总领事艾恩德代表澳大利亚、加拿大、德国、英国、印度、日本、新西兰和美国总领事馆向中心赠送感谢铭牌。

1995 年,孙涛接任中心主任。2001 年,中心搬入医院 6 号楼 15、16 楼,规模扩大至 26 间标准

图 2-1-16　1988 年，上海华山寰宇保健医疗中心成立

图 2-1-17　1994 年，八国驻沪总领事馆向外宾病房赠送感谢铭牌

病房，共 50 张标准住院床位，5 间门急诊诊室。2002 年，顾静文接任中心主任。2007 年 4 月，位于医院门诊楼 8 楼的国际医疗中心门诊部全新开张，面积 850 平方米。2016 年，国际医疗中心有员工 81 人，其中高级职称 6 人、硕士研究生导师 1 人、主治医师 5 人、住院医师 4 人。

国际医疗中心作为上海重大外事活动（99 财富国际论坛、上海五国峰会、APEC 峰会等）和外国元首到访上海的指定医疗保障单位，同时也是国际 SOS 救援公司指定的上海首选推荐的医疗机构。2007 年，成为意大利驻沪总领事馆指定的医疗机构，顾静文、卢燕雯、董蘅 3 名医生成为意大利驻沪总领事馆官方指定医生。2011 年，成为南非共和国驻沪总领事馆指定医疗机构。至此，国际医疗中心成为 10 个驻沪总领事馆指定的医疗机构。始终本着“一切以患者需要出发，提供温馨舒适、热情周到的全方位医疗服务”的理念，为驻沪各国使领馆和跨国公司以及外籍人士和港澳台同胞提供医疗服务，被誉为“中国的五星级医院”。

图 2－1－18　2007 年，意大利驻沪总领事馆授予医院官方指定医疗机构铭牌

图 2－1－19　2011 年，南非共和国驻沪总领事馆授予医院官方指定医疗机构铭牌

表 2-1-95　1988—2016 年国际医疗中心历任主任情况表

任职时间	主　任
1988—1995	袁　曼
1995—2001	孙　涛
2002—	顾静文

二、医疗

【基本情况】

中心以境外及国内高端人士为服务对象，医疗业务涵盖门诊服务、住院及疑难危重疾病诊治、健康体检、疫苗注射、出诊、海外紧急转运和医疗保障等，并提供 24 小时急诊服务。

2016 年，中心设有门诊及住院部，设施齐全，环境优美。门诊部拥有 15 间独立诊室，明亮宽敞。住院为两层，设有诊室及 26 间单人病房，包括豪华的 VIP 套房及会议室，配备完善的酒店式服务。

自 1989 年成立以来，医疗业务不断增长。门急诊量从最初的每年 3 000 多人次，上升至每年超过 40 000 人次，一半以上患者来自发达国家和地区。历年门急诊总计已突破 61 万人次，患者遍布世界各地 100 多个国家和地区。住院人数也同步增长，每年住院人数达 1 000 多人次，手术数超过 300 人次，其中境外患者占 50%，救治众多疑难重危患者，包括车祸多发伤、重型颅脑外伤、坏疽性下肢感染、全身性剥脱性皮炎、多器官功能衰竭、重症肺炎、肺栓塞、大面积心肌梗死、大面积脑梗死和脑出血等。作为沪上众多外资诊所、医院的首选转诊地，帮助接诊诸多疑难、重症患者。至 2016 年，救治危重疑难病例逾 5 000 人次，救治成功率达 95%以上。此外，中心还开展跨国医疗转运业务，成功转运近 150 名外籍患者安全回国。2016 年，门急诊患者 43 790 人次，包括境外患者 16 091 人次，其中港澳台患者 3 698 人次。同年出院患者 936 人次，手术 287 例次。2016 年，与保险及国际救援公司合作继续加强，全年合作完成 5 名患者国际转运。

“卓越医疗、精品服务”是中心的愿景和使命。以患者为中心，对每一位前来就诊的患者，不仅提供最优质、便捷的医疗服务，还提供更多医疗以外的人文关怀，包括多元文化的尊重、对患者的深切关注、温馨的就诊环境、多语种的服务及方便高效的财务支付系统等，将“以患者为中心”的服务理念贯彻到每一个细节。中心开展多种培训，包括岗前培训、语言培训、客户服务和文化礼仪培训、专业和国际医疗卫生机构认证联合委员会附属机构(JCI)培训等，让员工了解中心的历史与文化，增强荣誉感和团队合作精神，使优良传统得以传承。

作为 10 家驻沪总领事馆的官方指定医疗机构，国际医疗中心长期与各使领馆保持密切联系与交流。中心管理层每年均多次参加各驻沪领馆及上海市外办举行的重要外事活动。各使领馆医疗官员每年也会对国际医疗中心进行不定期的访问，除基本情况的介绍外，还会针对该国侨民的具体问题进行特别交流与沟通。同时国际医疗中心每年还会对新上任的领馆工作人员及家属提供医院参观讲解及医疗讲座等活动。

作为上海高端医疗服务的先行者，国际医疗中心积极与同行业其他医疗机构进行广泛交流。中心骨干先后对北京协和医院、中日友好医院、北京大学肿瘤医院、安贞医院、北京友谊医院、上海市第一人民医院、上海市东方医院、上海市医疗急救中心、上海市疾病预防控制中心(CDC)、和睦家医院、禾新医院、百汇医疗集团、沃德医疗中心和上海国际医疗中心等中外医疗机构进行参观访问，重点考察各医疗机构的环境设施、质量管理、服务模式和医院文化，就患者转诊、临床急救、疫苗接种等方面建立起合作网络，并结合自身特点，为中心日常工作提出改进措施。

国际医疗中心意识到医疗保险在整个医疗服务中所处的重要位置。早在 20 世纪 90 年代初，率先与国外医疗保险公司建立联系。此后，又分别和多家国际商业保险机构建立密切合作，引进直接理赔结算业务，提供免现金服务。患者在就诊时只需出示指定的医疗保险卡，在保险涵盖范围内无需支付医疗费用，简化就医手续，使医院和医疗保险形成互补融合的良性关系，提高医疗资源的有效利用。中心与保险公司的合作不断发展，先后与 30 余家保险公司签订免现金支付合同，制定标准化的保险合同范本和签约流程，医疗业务有所增长，保险支付金额从起初个位数增加至业务总收入的 50%。门诊患者中拥有国际国内商业保险患者占比，从 2011 年的 46%逐年增长，2016 年达到 74%。门诊保险收入从 50%增长至 73%。住院患者中保险人数占 40%，保险收入占 38%。

此外，中心还与多家外资及在沪跨国企业建立良好合作关系。为可口可乐公司、福特公司、通用电器公司、杜邦公司、波音公司、大众公司、西门子公司、博世公司、大金公司、索尼公司等世界五百强企业的在华机构提供便捷、高效、安全的医疗服务；被新加坡航空公司指定为其旅客飞行安全的评估机构。

【医疗特色】

服务模式　中心采用“专人负责、全程服务、整合管理”“全科＋专科、体检＋治疗”的华山国际医疗服务模式。医疗活动由中心医师团队和医院各科专家教授共同完成。中心医师多具有全科经验、专科资质和国外留学或培训背景。对每位前来就诊的门急诊患者，中心医师负责评估、诊治和随访，根据病情安排专家教授会诊；住院患者采取共管模式，由中心医师及专科医师共同诊治和管理，中心医师对整个医疗活动全程跟踪且全权负责，保证各种治疗方案的最佳选择。

内部资源　医疗力量雄厚，通过美国 JCI 认证体系。依托医院强大的专科实力和 400 余位专家、教授的鼎力合作，可提供 40 个专科医疗以及检验、影像等诊断治疗服务。

外部资源　国际医疗中心与各使领馆建立长期的友好关系，当各领馆的侨民有需要时，会在第一时间获得周到的医疗服务，而当外籍患者有困难时，各使领馆也能及时伸出援助之手；上海市政府、外办、卫健委、上海市疾病预防控制中心(CDC)等

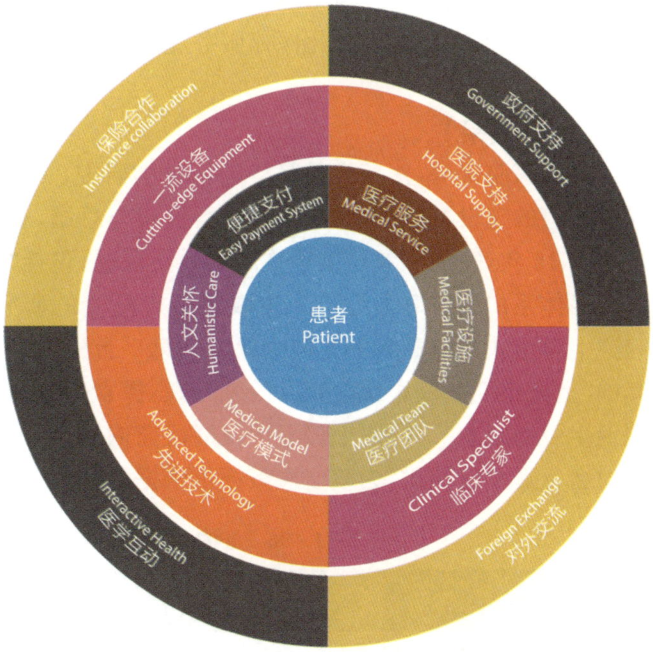

图 2-1-20　以患者为中心，“专人负责、全程服务、整合管理”“全科＋专科、体检＋治疗”的国际医疗服务模式

均给予大力支持，使中心的医疗工作得以高效运行；国内外专家的互动交流保证临床治疗处于国际水准；与国际救援组织及保险公司的签约及合作更好地解决患者的后顾之忧。

三、科研

【科研特色】

国际医疗是以境内外人士为主要医疗服务对象，以为国际患者提供医疗和健康服务的相关从业人员为主体所形成的一门新兴学科分支，其研究范围包括国际医疗机构运营与管理、跨文化医疗和护理服务、国际商业健康保险、跨国医疗急救和转运等多个领域，为中外籍患者提供最佳的医疗及健康保障。

自 2008 年开始，每年举办的"高端医疗服务与建设"国际研讨会、"高端全科人才培养"国家级继续教育培训班已成为国际医疗中心对外品牌的两张名片。同时，发起成立上海市医学会涉外医疗专科分会和全国涉外高端医疗区域性协作委员会后，主要发挥"五大作用"：① 智囊作用。积极参政议政，为卫生行政部门建言献策，力争将提升上海国际化医疗服务能力的相关建议纳入"十三五"上海市卫生规划。② 平台作用。以每年举办"高端医疗服务与建设"国际研讨会暨国家级继续教育培训项目为契机，继续搭建涉外高端医疗广泛交流合作的平台，增强同行凝聚力、社会影响力。③ 引领作用。以上海市医学会涉外医疗专科分会（2013 年更名）为核心，在区域性协作委员会（2014 年成立）的基础上，进一步引领和推动全国涉外高端医疗的不断发展。④ 协调作用。在为中、外籍患者搭建医疗网络，提供疾病管控、医疗救援、转诊的绿色通道及重大医疗保障等工作中起到协调作用。2015 年，与浦东医院、上海市医疗急救中心签署合作备忘录，协助浦东医院成功竞标上海迪士尼医疗保障项目。⑤ 拓展作用。以学会的优势不断拓展与领馆、保险公司、国外医院和学术团体的交流合作，积极筹备全国涉外医疗分会，为上海现代医疗服务业和国际化大都市的建设，为全面提升中国的国际化医疗服务能力作出努力。

【科研成果】

借助医院优势，医务人员坚持进行科学研究。在顾静文的领导下，《外籍人士急救医疗体系及绿色通道的建设》对多年临床实践进行探索与总结，获 2006 年度第六届复旦大学临床医疗成果奖。截至 2016 年，完成和参与多项临床和政策课题，包括"综合性医院境外患者临床流行病学研究及医疗服务体系的完善""上海市人才政策医疗配套的研究""上海市在沪外国人公共卫生服务调查研究""上海市人身险高端商业健康保险信息平台建设"等，在各类权威及核心期刊发表论文 50 余篇。其中"上海市商业健康保险制度研究"课题探索建立上海医疗保障体系新模式，研究结果发表于《中国卫生资源杂志》，并被《上海卫生发展研究内刊》收入，同时在第六届"高端医疗服务与建设"国际研讨会上做主旨演讲，为政府决策提供依据。

表 2－1－96　2007 年国际医疗中心获奖课题（市级以上）情况表

年份	课题名称	奖项名称	负责人
2007	白血病和骨髓增生异常综合征的临床流行病学研究	上海市科技进步奖三等奖、上海医学科技奖三等奖	顾静文（第三完成人）

表 2-1-97　2007—2016 年国际医疗中心获得资助课题(市级以上)情况表

年份	课题名称	课题来源	负责人
2007	环加氧酶-2 在慢性肾衰患者甲状旁腺异常增生中作用的研究	上海市卫生局基金	卢燕雯
2008	综合性医院境外患者临床流行病学研究及医疗服务体系的完善	上海市卫生局基金	顾静文
2010	美罗华治疗淋巴瘤的药物经济学评价	卫生部卫生技术评估重点实验室开放基金	顾静文
2010	上海市商业健康保险制度研究	上海市卫生局卫生政策研究招标课题	顾静文
2016	TOX 在早期皮肤 T 细胞淋巴瘤中的诊断价值及分子机制研究	国家自然科学基金青年基金	张耀华
2016	CpG 岛甲基化谱用于骨髓增生异常综合征的诊断与鉴别诊断	上海市公共卫生“三年行动计划”(第四轮)	顾静文

表 2-1-98　2000—2016 年国际医疗中心发表学术论文情况表

年份	论文名称	刊物名称	第一作者、通讯作者
2000	肱动脉-头臂静脉内瘘——慢性肾功能衰竭成功的次选血管通路	上海医学	卢燕雯
2001	急性白血病患者 P-gp，mdr1，MRP 和 TopoⅡ表达及其与预后关系的研究	中华血液学杂志	顾静文
2001	环孢菌素 A 合用雄激素治疗再生障碍性贫血	上海医学	顾静文
2002	提高急性白血病耐药参数的诊断价值的研究	上海医学	顾静文
2002	50 例次 PTFE 人造血管术后存活率及并发症分析	复旦学报	卢燕雯
2002	肾动脉狭窄血管内治疗的临床疗效观察	介入放射学杂志	卢燕雯
2002	结核分枝杆菌耐异烟肼的分子机制	国外医学・微生物学分册	华正豪
2003	从 SARS 中领悟医院危机管理——浅析华山涉外医疗中心在 SARS 危机中的应对	中国医院管理	苏家春
2004	特需医疗模式初探	中国卫生质量管理	苏家春
2004	多位点酶切联合 SSCP 方法检测结核杆菌 *inhA* 基因突变	复旦学报(医学版)	华正豪
2005	MDR1 和 GST-π 基因缄默逆转 K562/A02 细胞多药耐药性的研究	中华血液学杂志	顾静文
2005	内皮素受体阻断剂对糖尿病高血压鼠肾脏保护作用的分子机制	全科医学杂志	卢燕雯
2005	*RASSF1A* 基因在前列腺癌中甲基化检测及其表达	上海医学	张家浩
2006	siRNA 真核表达载体对白血病 K562/ADR 细胞凋亡的实验研究	全科医学临床教育与研究	顾静文
2006	siRNA 诱发 K562/Adr 细胞凋亡的机制研究	现代实用医学	顾静文
2006	发夹状 siRNA 逆转白血病 K562/A02 细胞株 MDR1 和 GST-π 功能的研究	中华血液学杂志	顾静文

（续表）

年份	论 文 名 称	刊 物 名 称	第一作者、通讯作者
2006	MDR1、GST－π特异性 siRNA 真核表达载体的构建及表达	复旦学报(医学版)	顾静文
2006	次氯酸对人血清白蛋白的氧化修饰影响及与高级氧化蛋白产物的关系	中华肾脏病杂志	卢燕雯
2006	血浆白蛋白中胱氨酸和精氨酸是主要的氧化剂攻击基团	中华肾脏病杂志	卢燕雯
2006	全反式维甲酸对糖尿病大鼠足细胞损伤的保护作用	中华肾脏病杂志	卢燕雯
2006	高渗状态下肾脏 COX2 表达的基因调控	复旦学报	卢燕雯
2008	成人传染性单核细胞增多症 30 例临床分析	中华传染病杂志	华正豪　顾静文
2008	三种尿毒素诱导高级氧化蛋白产物的生成	中华肾脏病杂志	卢燕雯
2008	新型氧化应激标志物 AOPPs 的体外制备标准化和检测	复旦学报	卢燕雯
2008	高效液相色谱法测定大鼠血浆中全反式维甲酸	药物分析杂志	卢燕雯
2008	杀白细胞毒素基因阳性 MRSA 的临床和实验研究	中国感染与化疗杂志	周晓兰
2008	住院与非住院老年人口咽部带菌情况比较	中国感染与化疗杂志	董　蘅　顾静文
2008	老年人口咽部带菌情况调查	中国全科医学	董　蘅
2008	老年非感染住院患者口咽部带菌情况研究	中华医院感染学杂志	董　蘅
2008	成人症状性肠憩室病的特征分析	上海医学	华正豪
2009	我院 81 例洋葱伯克霍尔德菌感染患者的抗菌治疗分析	中国临床药学杂志	董　蘅　顾静文
2009	高效液相色谱色谱法测定人血浆 3－氯酪氨酸浓度	中国临床药学杂志	卢燕雯
2010	CD20 单抗对 Burkitt 淋巴瘤细胞 Bcl－2 和 p38MAPK 蛋白表达的影响	中国全科医学	顾静文
2011	职业暴露和生活接触的低频电磁场与成人急性髓系白血病——基于病例对照研究的 Meta 分析	中华流行病学杂志	顾静文
2011	成人急性髓细胞白血病发病危险因素的病例对照研究	中华全科医师	顾静文
2011	Investigation of Copy-Number Variations of C8orf4 in Hematological Malignancies	*Med Oncol*	张家浩
2012	商业保险直接理赔在高端医疗服务中的使用	中国卫生资源	董　蘅　顾静文
2012	上海市商业健康保险制度研究	中国卫生资源	顾静文
2013	Interdigitating Dendritic Cell Sarcoma Complicated with Paraneoplastic Pemphigus	*Chinese Medical Journal*	顾静文
2013	上海市某三级甲等医院国际医疗服务模式的探索与实践	中国卫生资源	顾静文
2013	驻沪境外高血压门诊病历回归性调查	吉林医学	张家浩
2014	早期 T 细胞淋巴瘤治疗新进展	重庆医学	顾静文
2015	关于提升上海国际医疗服务能力的建议	中国卫生资源	顾静文
2016	CD55 和 CD59 在阵发性睡眠性血红蛋白尿诊断中的价值	中国全科医学杂志	顾静文
2016	Diagnosis and Management of Combined Central Diabetes Insipidus and Cerebral Salt Wasting Syndrome Following Traumatic Brain Injury	*World Neurosurgery*	周晓兰

【学术任职】

上海市医学会涉外医疗专科分会　2010 年，上海市医学会涉外医疗研究会第一届委员会成立，顾静文当选为主任委员。2013 年更名为上海市医学会涉外医疗专科分会。2011—2016 年，因在涉外医疗专科分会创建和发展中的突出贡献，顾静文连续 6 年被上海市医学会评为优秀主任委员，并在 2013 年底的换届选举中连任主任委员。

涉外医疗区域性委员会　2014 年，由顾静文牵头，在全国成立涉外高端医疗区域性协作委员

图 2-1-21　2010 年，牵头成立上海市医学会涉外医疗研究会第一届委员会

图 2-1-22　2014 年，牵头成立全国首个涉外高端医疗区域性协作委员会

会，沪、京、粤、川、浙、皖、鄂等多省市同行加入委员会，顾静文任主任委员。2015年12月，顾静文作为上海医学会优秀主委代表，参加在人民大会堂举办的中华医学会第二十五届代表大会暨中华医学会成立100周年纪念大会，受到副总理刘延东和全国人大副委员长陈竺的接见。

【国际交流】

“高端医疗服务与建设”国际研讨会系列活动 2008年起，国际医疗中心主办首届“高端医疗服务与建设”国际研讨会，至2016年已举办9届。

第一届“高端医疗服务与建设”国际研讨会。2008年4月11日，国际医疗中心主办迎世博“高端医疗服务与建设”国际研讨会。会议从医疗服务、护理管理、质量控制、急救体系及保险发展等不同视点做广泛深入的研讨，形成一种纵向互补、横向合作、多方参与的新型高端医疗服务体系。此次会议提升与会人员的理念，高端医疗不仅是高端的设备及价格，更应体现高水平的医疗质量与患者安全，合理流程与高效的风险应急处置能力。顾静文在“综合性医院的高端医疗服务与建设”演讲中，回顾总结上海涉外高端医疗现状和华山特色的国际化医疗体系的发展历程。

第二届“高端医疗服务与建设”国际研讨会。2009年10月，国际医疗中心创建20周年，举办第二届“高端医疗服务与建设”国际研讨会。大会一致认为，高端医疗不只是狭隘的“富人医疗”，而是代表高水平的医疗技术和就医环境，是精细化、个性化的优质服务。

第三届“高端医疗服务与建设”国际研讨会暨上海市医学会涉外医疗研究会成立大会。2010年10月22日，国际医疗中心举办上海市医学会涉外医疗研究会成立大会暨第三届“高端医疗服务与建设”国际研讨会。上海市医学会涉外医疗研究会在上海乃至全国亦属首创，它的成立从理论和实践层面研究高端医疗体系的建设和发展，为医疗、保险、救援及政府各方的广泛参与和协作提供平台。

第四届“高端医疗服务与建设”国际研讨会暨2011年国家级继续教育培训项目。2011年10月20—22日，在上海市医学会涉外医疗研究会成立一周年之际，第四届“高端医疗服务与建设”国际研讨会顺利召开。本次研讨会首次被列入涉外医疗国家级培训项目。在专题讨论环节，与会者就高端医疗发展的政策瓶颈、高端人才培养及可持续发展模式、国际患者转运、商业保险与高端医疗接轨等展开热烈讨论。

第五届“高端医疗服务与建设”国际研讨会暨2012年国家级继续教育培训项目。2012年9月20—22日，第五届研讨会成功召开。大会首次尝试开设专题圆桌会议，探讨与分享高端医疗服务和管理经验、高端医疗的护理模式和服务流程、国际商业保险的发展及政策研究、发展上海商业健康保险的设想等相关议题。

第六届“高端医疗服务与建设”国际研讨会暨2013年国家级继续教育培训项目。2013年9月26—28日，涉外医疗年会继续分设圆桌专题讨论。在新设立的国际化妇儿医疗服务专题中，高端产前检查、儿童体检、疫苗和就诊预约管理等话题具有鲜明的高端服务特色。医疗服务主题中，医院国际合作研究和新医疗项目的发展对提升国际化医疗服务水平有重要意义。商业保险与健康管理专题涉及市场定位与发展、本土化高端医疗保险及第三方管理（TPA）公司服务模式等话题引人瞩目。继续教育项目由临床医生、护理和法律专家分别阐述JCI医疗质控管理、提高医生综合临床技能及专科水平、医疗纠纷特点与防范等议题。

第七届“高端医疗服务与建设”国际研讨会暨2014年国家级继续教育培训项目。2014年9月

18日，在积累和总结前6届研讨会经验的基础上，大会就高端医疗发展策略、以患者为中心的服务模式、健康管理与商业保险、多元文化与人文关怀、医疗投资和运营等议题进行广泛深入的讨论和交流。本次会议恰逢华山国际医疗中心成立25周年，回顾25年历程也正是上海高端医疗从无到有，逐渐发展和提升的25年。会议期间成立涉外高端医疗区域性协作委员会，沪、京、粤、江、浙、皖、川、鄂等省市的同行加入协作委员会。大会进行涉外高端医疗区域性合作委员会授牌仪式，选举产生的来自全国各省市的17位委员及4位正、副主任委员参加该仪式。

第八届“高端医疗服务与建设”国际研讨会暨第一届涉外高端医疗区域性协作委员会论坛。2015年9月24—26日，由上海市医学会涉外医疗分会主办的第八届“高端医疗服务与建设”国际研讨会、第一届涉外高端医疗区域性协作委员会论坛暨2015年国家级继续教育培训项目顺利召开。大会由医院和瑞金医院共同承办。会议议题不仅包含国际医疗服务与发展、商业保险与健康管理、医疗旅游，还就移动医疗、“互联网＋”医疗等热点话题展开深度讨论。

第九届“高端医疗服务与建设”国际研讨会暨第二届涉外高端医疗区域性协作委员会论坛。2016年10月24—26日，上海市医学会涉外医疗分会主办的第九届“高端医疗服务与建设”国际研讨会暨第二届涉外高端医疗区域性协作委员会论坛顺利举行。大会由医院和上海浦南医院共同承办。大会主席顾静文在演讲中回顾和总结高端医疗的蓬勃发展。大会的内容涵盖国际化大都市的国际医疗服务与保障、迪士尼乐园的医疗保障、商业保险与健康管理、高端医疗，并涉及旅游医疗、互联网医院等热点话题。

美国凯特琳医疗集团合作交流　国际医疗中心成立初期，得到美国凯特琳医疗中心大力支持。外宾病房创始人袁曼和第二任主任孙涛均曾前往学习访问。2007年9月，由袁曼再度牵线，应院长徐建光邀请，凯特琳医疗集团首席执行官弗兰克·佩雷斯(Frank Perez)先生及夫人访问医院并签署合作备忘录。备忘录的成功签署为中心医疗及管理人员有机会赴美访问学习铺平道路，也为外

图2-1-23　2007年，徐建光(前排左一)与美国凯特琳医疗集团首席执行官弗兰克·佩雷斯签署合作备忘录

图 2-1-24　2012 年，丁强(右一)带队对美国凯特琳医疗集团回访并续签合作备忘录

图 2-1-25　2014 年，邵建华(右四)带队参加美国凯特琳医疗中心建院
50 周年庆典并赠送象征双方友谊的中华鼎

国专家和医院管理者到访医院、传授先进经验提供平台。2006—2016 年，中心已派遣十几名医护人员作为访问学者赴美进行学习交流。同时凯特琳医疗集团首席执行官弗兰克·佩雷斯(Frank Perez)和医院高层领导来院访问，对中心门诊、住院部进行详细考察，并就患者安全、JCI 论证、合理流程等提出建设性意见；在医院举办国际患者安全目标和全科医生培养等专题讲座；参加“高端医疗服务与建设”国际研讨会。2012 年，由院长丁强带队、中心主任顾静文等一行对凯特琳进行回

访，续签合作备忘录，开启新一轮的合作。2014 年 11 月，由副院长邵建华带队、中心主任顾静文等一行参加凯特琳医疗中心建院 50 周年庆典并赠送象征双方友谊的中华鼎。2013—2016 年，继任的凯特琳医疗集团 CEO 弗雷德・曼彻尔（Fred Manchur）和凯特琳医疗中心院长一行多次来访，进一步加强双方长期合作与交流，并在“高端医疗服务与建设”国际研讨会上进行演讲。2016 年，曼彻尔（Manchur）与院长丁强共同出席由凯特琳医疗集团赠送的国际医疗中心成立 25 周年纪念铸铜浮雕揭幕仪式，见证医院与凯特琳医疗集团的深厚友谊。

图 2-1-26　2016 年，国际医疗中心成立 25 周年纪念铸铜浮雕揭幕仪式

表 2-1-99　2006—2016 年国际医疗中心赴美培训人员情况表

年　份	赴美培训人员
2006	卢燕雯
2007	张家浩
2008	焦子清
2009	胡　敏　袁　丽
2010	顾静文　董　蘅　谢世勤　陈　宏　袁　丽
2011	华正豪
2014	华晓鸥　颜之悦
2015	周晓兰　宋红梅
2016	顾元曦　吴舜华

日本京都大学医学院附属北野医院合作交流 2007年起，国际医疗中心与京都大学医学院附属北野医院开展一系列交流互访，双方就日本人在华就医、健康保障、科研合作及互派医生等进行探讨并达成一致。日本京都大学医学院和北野医院院长、教授等数十人次前来中心考察访问，并派遣日本教授、护士长等来到上海，与国际医疗中心联合为日资企业及日本患者开展医疗咨询、病例讨论、健康教育和科研活动。2008年11月，由上海市卫生局、复旦大学医学院、华山医院和中心管理团队联合组团成功访日。双方顺利完成合作课题“在沪日籍患者慢性病的健康管理”。2010—

图2-1-27　2007年起，国际医疗中心与京都大学医学院附属北野医院开展交流互访

图2-1-28　2011年，丁强(左)向日本京都大学北野医院教授颁证

2012年，国际医疗中心与日本京都大学北野医院和上海环球金融中心共同举办多场健康讲座和爱心公益活动，由医院和北野医院教授共同为在沪日本公司的职员和家属进行健康宣教。2011年12月23日，院长丁强向日本京都大学北野医院教授颁证，邀请武曾惠理任国际医疗中心医学顾问，邀请中村肇为客座教授。此后，武曾惠理和中村肇定期来访国际医疗中心门诊坐诊及住院患者查房。同时双方合作课题“在沪日籍患者慢性病健康管理”于2011年顺利完成。2012—2016年，国际医疗中心已有30多名医护和行政人员赴北野医院学习交流。

表2-1-100 2012—2016年国际医疗中心赴日培训人员情况表

年份	赴日培训人员
2012	顾静文 董蘅 华正豪 胡敏 颜之悦 林玲 万海颖 殷旻
2013	卢燕雯 焦子清 谢世勤 吴舜华 姚盈颖 宋红梅
2014	周晓兰 张燕 陆激滟 孙熠 陈宇 姚金晶 廖蜀宜
2015	顾元曦 马燕 王俐
2016	王逸明 栾佳 俞彬

其他交流 国际医疗中心还曾派遣骨干和员工赴美国哈佛大学公共卫生学院、瑞典隆德大学医学院附属医院、奥地利萨尔斯堡私立医科大学、新加坡百汇医疗集团及香港港安医院、台湾各大医院等交流访问或考察学习。

在国际医疗中心筹建及成立之初，香港港安医院曾给予支持和帮助。中心先后派遣3名医生、6名护士及其他行政管理人员赴港安医院学习与访问，为中心日后在涉外医疗领域高起点运作及发展打下坚实的基础。

2005—2007年，中心分5批近50名员工前往新加坡进行专业培训，内容包括医疗管理、护理交流、财务模式和服务礼仪等方面。

2006年12月，顾静文赴美国哈佛大学公共卫生学院中国医院管理国际高级研修班学习。

2007年11月，中心管理团队访问瑞典隆德大学医学院，详细了解北欧医疗体系、社会保障、医院运作、医学教育、家庭医疗和初级保健等，考察附属隆德医院和玛尔摩医院。

2010年3月，顾静文带队到访哈佛大学附属麻省总医院、加州大学洛杉矶分校和纽约长老会医院，就美国的贵宾和国际患者服务等方面进行交流考察。多次的交流和学习使中心团队对不同文化体制下的医疗体系和医疗模式有了全面的了解，为进一步完善医疗流程和服务规范起到很好的推动作用。

2012年2月，应台湾亚洲华人医务管理交流学会的邀请，上海市医学会常务副会长兼秘书长颜世洁和中心主任顾静文率上海市医学会涉外医疗研究会代表团赴台湾访问。考察双和医院、坜新医院、慈济医院、秀传医院，就质量管理、医疗服务、医院评鉴及成本控制等与台湾同行进行深入探讨。同年7月，顾静文一行对加拿大多伦多大学医学院及英属哥伦比亚大学医学院进行参观学习与交流，详细考察加拿大全科医疗体系和医学教育模式。

2016年2月，由副院长马昕和中心主任顾静文带队对澳大利亚墨尔本大学医学院、皇家墨尔本医院、悉尼大学医学院全科医学系进行访问，双方初步达成合作意向。5月，悉尼大学医学院副院长柯斯蒂·福斯特(Kirsty Foster)、全科医学主任纳雷尔·沙博尔特(Narelle Shadbolt)和国际关系部主任Senice So来院访问。10月，邀请澳大利亚私立医疗集团Healthscope战略合作总经理

Bennie Ng 讲学，通过互访和交流，加深对澳大利亚公立私立医疗体系、保险制度和全科医学教育等方面的了解，为进一步合作奠定基础。

四、教学

【基础教学】

每周由科主任教学查房，重点处理疑难危重患者，将系统的诊疗思路传授给年轻医师。请神经内科、心内科、消化科、放射科教授等定期进行专科查房和读片会，指导本科室医生提高专科疾病的诊治水平；定期开展科内业务学习，由中心医师担任讲者，并邀请来自医院各专科的资深教授，讲解全科和疑难危重疾病的最新指南及临床规范，随时更新医学知识。每月开展病例讨论，医师们互相交流医疗经验，为患者得到安全有效的救治提供保障；接收欧美的外籍医师和实习医师前来见习，同时定期派遣医生、护士及行政人员赴美、日和新加坡等地培训学习；制订详细的住院医师轮转培养计划，将个人发展和科室目标相结合，充分发挥个体的主观能动性，定期进行考核与总结。

【继续教育培训班】

2011 年 10 月，成功申请到“高端医疗服务的建设”国家级继续教育培训项目，并连续 6 年举办国家级继续教育学习班，成员来自全国各地。通过各种研讨和考察，开阔视野、提升理念，带动和促进各地涉外高端医疗进一步发展。

【全科圆桌会议及高端全科培养基地】

2012 年，中心举办“借鉴国际经验，培养上海全科医学人才”圆桌会议。会议通过借鉴各国和地区全科医疗领域的成功经验为政府谏言献策，使上海在基本医疗及全科医疗体系建设上尽快与国际接轨，从而将基本医疗做得更好，把健康守门员“网底”工作做得更扎实，共同推进上海三级医疗网络。2013 年 2 月，国际医疗中心成为获上海市卫生局批复的首家高端全科医师培养基地，开展高端全科人才的培养。2014 年起 4 名医生受聘为上海市住院医师规范化培训结业综合考核考官。2015 年起，连续主办“借鉴国际经验培养全科医学人才”培训项目，发挥综合性教学医院优势，邀请院内外专家介绍最新手术及诊疗技术，为高端全科医师提供学习最新知识的平台，成为中心的精品课程。

五、其他

【医疗援助】

医疗救援　2003 年，在抗击非典型肺炎（SARS）的公共卫生事件中，成功发现、隔离并转治上海唯一一例外籍 SARS 患者。2008 年，“5·12”四川汶川抗震救灾中，中心员工第一时间报名并捐款捐物，共有 4 名医护人员奔赴都江堰中德野战医院参加救援。

医疗保障　1997 年起，承担 99 财富国际论坛、亚太经合组织高峰会议、上海五国峰会等高峰会议，及美国总统、副总统，印尼总统，新加坡资政，德国副总理等多位外国政要访沪的医疗保障工作。其中，2001 年顾静文在亚太经济合作组织（APEC）会议期间担任日本首相的医务官，2003 年和

2004 年分别获得印尼总统医务团队和美国白宫医务室的感谢证书。同时协助医院完成每年举办的 F1 世界一级方程式锦标赛、V8 超级房车赛、MotoGP 世界摩托车大奖赛、NBA 等多项国际赛事的医疗保障。2008 年 8 月，协助医院完成奥运会上海赛区赛事保障工作。2010 年 3—11 月，承担上海世博会定点医疗保障，共接待门诊 136 人次、住院 11 例。同时深入世博园区，为俄罗斯、西班牙、加拿大、瑞典和挪威馆开展义诊活动，共诊疗咨询 69 人次。

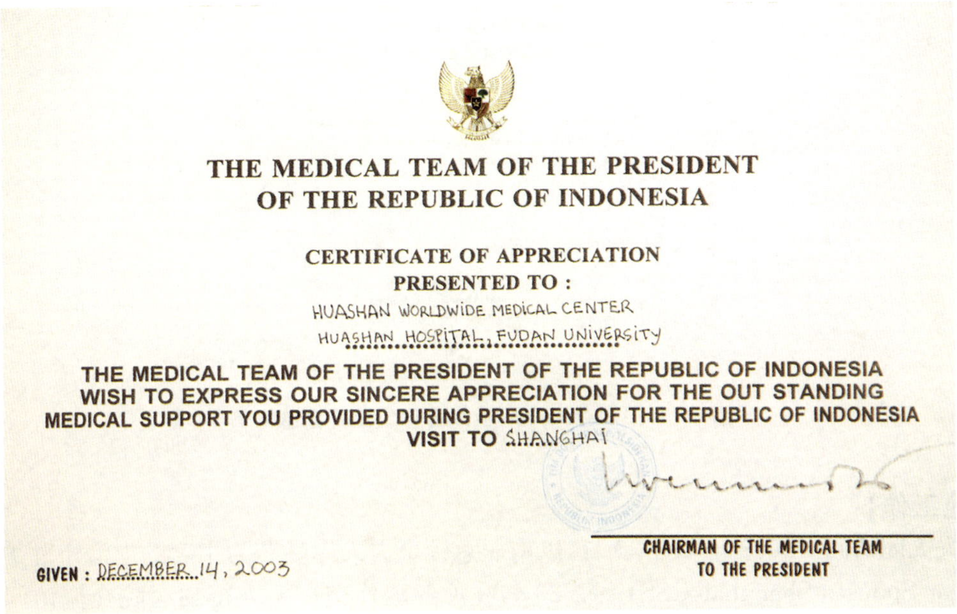
THE MEDICAL TEAM OF THE PRESIDENT
OF THE REPUBLIC OF INDONESIA

CERTIFICATE OF APPRECIATION
PRESENTED TO :
HUASHAN WORLDWIDE MEDICAL CENTER
HUASHAN HOSPITAL, FUDAN UNIVERSITY

THE MEDICAL TEAM OF THE PRESIDENT OF THE REPUBLIC OF INDONESIA WISH TO EXPRESS OUR SINCERE APPRECIATION FOR THE OUT STANDING MEDICAL SUPPORT YOU PROVIDED DURING PRESIDENT OF THE REPUBLIC OF INDONESIA VISIT TO SHANGHAI

GIVEN : DECEMBER 14, 2003

CHAIRMAN OF THE MEDICAL TEAM
TO THE PRESIDENT

图 2-1-29　2003，印尼总统医务团队感谢信

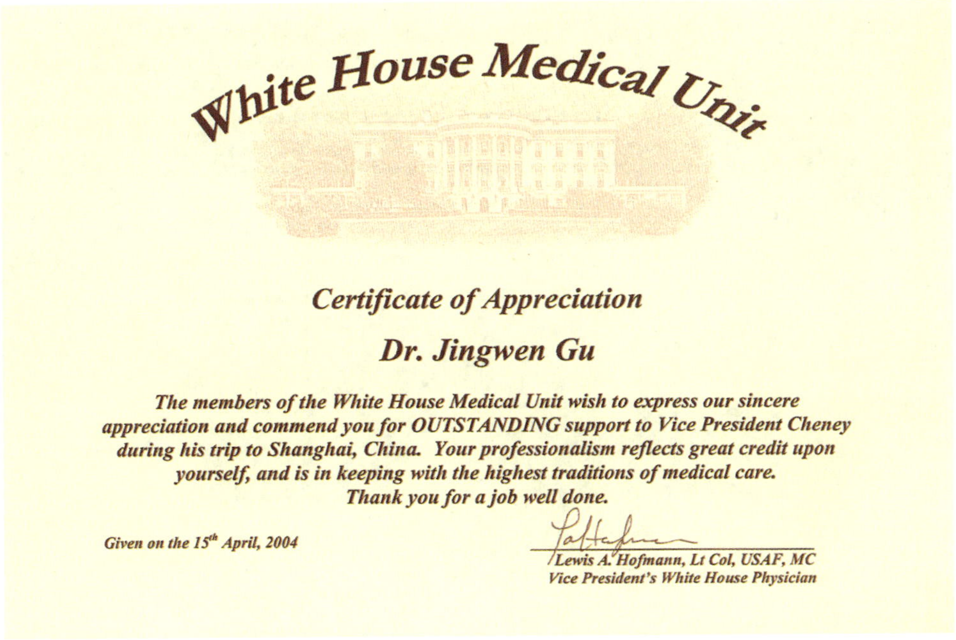
White House Medical Unit

Certificate of Appreciation

Dr. Jingwen Gu

The members of the White House Medical Unit wish to express our sincere appreciation and commend you for OUTSTANDING support to Vice President Cheney during his trip to Shanghai, China. Your professionalism reflects great credit upon yourself, and is in keeping with the highest traditions of medical care.
Thank you for a job well done.

Given on the 15th April, 2004

Lewis A. Hofmann, Lt Col, USAF, MC
Vice President's White House Physician

图 2-1-30　2004 年，美国白宫医务室的感谢证书

上海合作组织峰会
Shanghai Cooperation Organization Summit

证书 № 004329
Certificate for Volunteer

顾静文同志
为感谢您在2006年上海合作组织峰会
筹办工作中所作的贡献
特发此证以资纪念

Mr./Ms.
This certificate hereby serves as a token of our appreciation
for your contributions at the preparation stage of the
2006 Shanghai Cooperation Organization Summit.

上海合作组织峰会上海筹备工作办公室
Shanghai Cooperation Organization Summit
Preparatory office

图 2－1－31　2006 年，上海合作组织峰会感谢信

【其他工作】

领事夫人团访问　2008 年 1 月 30 日，以南非总领事夫人库曼莎为主席的上海市驻沪领事夫人团(Consular Spouses Shanghai，CSS)一行 23 名驻沪各国外交官夫人莅临医院交流访问。顾静文向领事夫人团介绍国际医疗中心的服务特色，并带领她们参观红会老楼、外宾门诊等地，来宾们对医院优美的环境和周到的服务给予高度评价。

图 2－1－32　2008 年，上海市驻沪领事夫人团访问医院

20周年纪念活动　2009年10月16日，国际医疗中心成立20周年庆典仪式举行，美国、德国、法国、意大利、爱尔兰、澳大利亚、日本、新加坡、印度、菲律宾、俄罗斯、阿根廷、南非共和国等十多家驻沪领事馆总领事、领事及夫人，美国哈佛大学医学院和凯特琳医疗集团代表团，日本京都大学北野医院代表团及社会各界人士250多人参加庆祝活动。1989—2009年，国际医疗中心在医疗、急救、护理、转运等方面积累丰富经验，已成为上海及长三角地区外籍患者首选就诊地和中转站。

图2-1-33　2009年，国际医疗中心成立20周年庆典活动

推动医疗旅游发展　2010年11月，国际医疗中心与上海市医学会涉外医疗研究会及上海市医疗旅游开发推广平台联合主办“医疗无国界、旅游促健康——上海市医疗旅游发展研讨会”，全球医

图2-1-34　2010年，与上海市医学会涉外医疗研究会及上海市医疗旅游开发推广平台联合主办“医疗无国界、旅游促健康——上海市医疗旅游发展研讨会”

疗旅游协会主席乔纳森 • 爱德海特(Jonathan Edelheit)受邀参加研讨会并做"关于上海与中国发展医疗旅游行业的建议"的演讲,上海市涉外医疗研究会主任委员顾静文、上海市旅游局国际促进处副处长陈平等分别介绍上海的高端医疗服务与建设、旅游行业现状及展望、医疗旅游发展现状。此后国际医疗中心多次开展各种旅游医疗研讨和拓展,并接待《病人无国界》作者约瑟夫 • 伍德曼(Josef Woodman)。2013 年与上海市旅游局和上海旅游会展推广中心共同编撰《上海医疗旅游》手册。

【科室荣誉】

1997—2014 年,国际医疗中心荣获多项国家级、市级荣誉。科室于 1997 年获上海市三八红旗集体、上海医科大学巾帼文明岗。2001 年,获上海市卫生系统红旗文明岗、复旦大学三八红旗集体。2003 年,获全国巾帼文明示范岗、上海市医务工会先进女职工集体。2010 年,获上海市五一巾帼奖。2011 年,获全国三八红旗集体、全国五一巾帼标兵岗、上海市三八红旗集体、复旦大学三八红旗集体。2013 年,获复旦大学青年文明号。2014 年,获上海市青年文明号。

第二十八节　胸 心 外 科

一、沿革

胸心外科最早隶属于医院大外科,1990 年正式成立。胸心外科专家、医学教育家黄家驷、石美鑫等都曾于胸心外科开展过工作。国内第一例搭桥手术完成于胸心外科。在科室成立之始,由在中山医院工作的毛履琰调任学科带头人,逐步开展胸心外科的各类手术。建科初期设床位 13 张,有教授 1 人、主治医师 2 人、住院医师 4 人。科室配备有体外循环设备、呼吸机、心电血压血氧监护仪、除颤仪、输液泵、心脏起搏器等当时最先进的胸心外科全套设备。1992 年起,科室床位增加至 20 张,设立胸心外科重症监护室,科室成员人数增至 8 人。1995 年起,姚亚其任胸心外科主任。2002 年起,陈志明任胸心外科副主任。2013 年,引进上海肺科医院陈晓峰担任科室主任。2016 年,科室共有成员 20 人,其中教授、博士研究生导师 1 人,副教授 6 人,硕士研究生导师 2 人,主治医师 8 人。

表 2-1-101　1990—2016 年胸心外科历任主任情况表

任职时间	主　任
1990—1995	毛履琰
1995—2002	姚亚其
2002—2013	陈志明
2013—	陈晓峰

二、医疗

【基本情况】

1990 年起,胸心外科在原有的普胸手术基础上,持续开展体外循环下心内直视手术,标志着胸心外科综合实力的一大跨越。1992年起，年手术例数300台以上，能够进行各种类型的普胸心外科和心胸心外科的手术。2012年，北院成立后，胸心外科按照预定的发展计划，配合医院，加大北院人员投入，顺利完成北院胸心外科的初步建设，全年门急诊收治患者1 000余人，开展各类胸心外科手术近500台。2016年，胸心外科全年手术量较10年前增长5倍，达到1 600例，跻身上海科室手术量前五。年出院人数达到近2 000人次，胸腔镜重大手术占比80%以上；年门急诊量已过万人次。

在陈晓峰的主持下，完成开展多例高难度手术，例如：胸腔镜下肺癌双袖式高难度手术；持续推广胸腔镜单孔操作的先进技术；开展术前无痛支气管镜检查；将CT引导下肺部微小结节的定位术广泛开展于临床；实现术中超声微小病变的定位、定性；持续开展真正意义上的胸腹腔镜食管癌三切口微创根治术等。在王宜清的主持下开展各种高难度手术，包括主动脉夹层、主动脉置换＋主动脉弓半弓置换；Bentall术(升主动脉置换＋主动脉瓣置换＋冠状动脉开口再植)；冠脉搭桥＋颈动脉内膜剥脱等手术等。

【医疗特色】

科室在开展微创胸腔镜重大、特大手术的同时，发展多项新技术：进一步和呼吸科联合全面开展E－bus项目；单孔胸腔镜技术扩大开展至全国，已有100多名全国各地的外院科主任前来学习；和放射科合作进行微小结节的术前穿刺定位，广泛用于临床；和超声医学科合作术中超声微小病变定位；无痛术前气管镜检查；腔镜下房颤消融；微创搭桥；杂交手术等。

三、科研

【科研特色】

致力于专业化、特色化方向，建设有胸心外科特色的专业技术，如单操作孔微创肺段叶切除术、胸腺瘤重症肌无力的微创治疗、食管癌的微创治疗等。基本学科由心脏组与普胸组构成。重点对肺癌的临床基础研究治疗、重症肌无力的临床治疗及食道癌的微创治疗进行研究。

【科研成果】

截至2016年，科室承担国家自然科学基金6项、上海市自然科学基金1项、省部级重点课题十余项、市局级课题十余项，获上海市科技成果奖若干。“全胸腔镜在肺癌根治术中的临床应用”获江苏省医学新技术引进二等奖。陈晓峰在国内最早开展转移抑制基因*nm23－H1*在肺癌术后的转移和预后方面的研究。主持研究的上海市卫生局课题“E－Cadherin、nm23与肺癌的分化、浸润、转移及相关性的研究”(99424)已完成并进行成果鉴定，已被确认为上海市科学技术成果(登记号9312006Y0293)。作为主要研究者参加的上海市科委基金资助项目“特发性间质性肺炎的ATS/ERS分类与临床的相关性研究”(034119868)已完成并进行成果鉴定，已被确认为上海市科学技术成果(登记号9312009Y0646)。

截至2016年，科室参编或主编医学著作多篇，并参与外科学的教科用书编写工作。陈晓峰主编《单操作孔解剖性肺段切除》，另有主编、副主编及参与编写胸心外科专著6种：《新编肺癌综合治疗学》(复旦大学出版社)、《肺癌基础研究与临床治疗进展》(科学出版社)、《实用肺脏外科学》(人民卫生出版社)、《肺外科学》(人民卫生出版社)、《实用胸部外科学》(人民卫生出版社)、《临床结核病学》(人民卫生出版社)。

截至 2016 年，科室发表 SCI 及核心权威期刊论文 100 余篇，获国家各项专利 5 项。

表 2-1-102 胸心外科获得资助课题(市级以上)情况表

课题名称	课题来源
肺癌细胞上皮-间质转化 miRNAs 的鉴定及功能与肺癌转移关系的研究	国家自然科学基金
TGFBR1 基因启动子区变异与非小细胞肺癌发生发展关系的研究	国家自然科学基金
非小细胞肺癌患者外周血 DNA 甲基化异常基因的研究及其临床意义	国家自然科学基金
转移抑制基因 *nm23* 在人肺癌中的表达及其与预后关系的研究	国家自然科学基金
一种新型硫化氢长程控释纳米探针的构建及其在心肺复苏后心脑器官联合保护中的应用	国家自然科学基金
抑癌基因 *R-1* 与 miRNAs 在肺癌分子诊断中的临床基础研究	上海市科委重点资助项目
基因 *hOGG1* 和 *HYAL1* 甲基化与非小细胞肺癌淋巴转移及预后关系的研究	上海市自然科学基金
CD4+CXCR5+T 细胞在非小细胞肺癌中的改变和调节机制研究	上海市自然科学基金
早期非小细胞肺癌电视胸腔镜微创手术治疗的前瞻性研究	上海市科委登山计划基金
特发性间质性肺炎的 ATS/ERS 分类与临床的相关性研究	上海市科委重点资助项目
基于氧化铁纳米颗粒的硫化氢长程控释系统的构建及其在心肌缺血再灌注损伤中的保护作用	上海市科委青年基金

表 2-1-103 2010—2016 年胸心外科发表论文情况表

年份	论文名称	发表杂志	第一作者、通讯作者
2010	Reconstruction of the Lower Trachea Using A Pedicled Autologous Bronchial Flap	*Ann Thorac Surg*	陈晓峰
2011	Transforming Growth Factor-Beta1 Promotes Lung Adenocarcinoma Invasion and Metastasis by Epithelial-to-Mesenchymal Transition	*Mol Cell Biochem*	陈晓峰
2011	Primary Esophageal CD30-Positive ALK-Positive Anaplastic Large Cell Lymphoma：A Case Report and Literature Review	*J Gastrointest Cancer*	庞烈文
2011	Application of the Titanium Plate Fixation System in Sternum Transverse Incisions	*Am Surg*	马勤运
2011	Transforming Growth Factor-B1 Promotes Lung Adenocarcinoma Invasion and Metastasis by Epithelial-to-Mesenchymal Transition	*Mol Cell Biochem*	张慧君
2011	Pre-Operative Insertion of An Intra-Aortic Balloon Pump Improved the Prognosis of High-Risk Patients Undergoing Off-Pump Coronary Artery Bypass Grafting	*The Journal of International Medical Research*	施　梦
2011	Primary Esophageal CD30-Positive ALK-Positive Anaplastic Large Cell Lymphoma：A Case Report and Literature Review	*J Gastrointest Cancer*	武　宁
2012	Transforming Growth Factor-Beta1 Induces Epithelial-to-Mesenchymal Transition in Human Lung Cancer Cells Via PI3K/Akt and MEK/Erk1/2 Signaling Pathways	*Mol Biol Rep*	陈晓峰

（续表）

年份	论 文 名 称	发 表 杂 志	第一作者、通讯作者
2012	The Expression of Heparanase and Microrna - 1258 in Human Non-Small Cell Lung Cancer	*Tumour Biol*	陈晓峰
2012	Multiple Variants of TERT and CLPTM1L Constitute Risk Factors for Lung Adenocarcinoma	*Genet Mol Res*	陈晓峰
2012	The Significance of MAGED4 Expression in Non-Small Cell Lung Cancer as Analyzed by Real-Time Fluorescence Quantitative PCR	*Oncol Lett*	庞烈文
2012	Tumour Length is An Independent Prognostic Factor of Esophageal Squamous Cell Carcinomas	*Chin Med J（Engl）*	庞烈文
2012	A Malformed Staple Causing Cardiac Tamponade after Lobectomy	*Ann Thorac Surg*	庞烈文
2012	The Significance of MAGED4 Expression in Non-Small Cell Lung Cancer as Analyzed by Real-Time Fluorescence Quantitative PCR	*Oncol Lett*	马勤运
2012	Transforming Growth Factor-Beta1 Induces Epithelial-to-Mesenchymal Transition in Human Lung Cancer Cells Via PI3K/Akt and MEK/Erk1/2 Signaling Pathways	*Molecular Biology Reports*	张慧君
2012	Tumour Length is An Independent Prognostic Factor of Esophageal Squamous Cell Carcinomas	*Chinese Medical Journal*	伍　宁
2012	Coronary Artery Fistula Associated with Mitral Valve Endocarditis	*J Card Surg*	施　梦
2013	Mirna-29c Suppresses Lung Cancer Cell Adhesion to Extracellular Matrix and Metastasis by Targeting Integrin Beta1 and Matrix Metalloproteinase2（MMP2）	*PLoS One*	陈晓峰
2013	Feasibiliy and Long-Term Efficacy of Video-Assisted Thoracic Surgery for Unexpected Pathologic N2 Disease in Non-Small Cell Lung Cancer	*Ann Thorac Med*	陈晓峰
2013	Mir - 138 Inhibits Tumor Growth Through Repression of EZH2 in Non - Small Cell Lung Cancer	*Cell Physiol Biochem*	陈晓峰
2013	Resveratrol Inhibits TGF - Beta1 - Induced Epithelial-to-Mesenchymal Transition and Suppresses Lung Cancer Invasion and Metastasis	*Toxicology*	陈晓峰
2013	Primary Inoculation Tuberculosis after An Accidental Scalpel Injury	*Infection*	黄达宇
2013	Thoracic Wall Abscess as A Late Complication of Extrapleual Plombage	*Ann Thorac Surg*	黄达宇
2013	Mir - 138 Inhibits Tumor Growth Through Repression of EZH2 in Non-Small Cell Lung Cancerr	*Physiology and Biochemistry*	张慧君
2013	Esveratrol Inhibits TGF - B1 - Induced Epithelial-to-Mesenchymal Transition and Suppresses Lung Cancer Invasion and Metastasis	*Toxicology*	张慧君
2013	Prognostic Significance of Lymph Node Characteristics on Survival in Esophageal Squamous Cell Carcinomas	*Wien Klin Wochenschr*	伍　宁

（续表）

年份	论 文 名 称	发 表 杂 志	第一作者、通讯作者
2013	Rs12218 in SAA1 Gene was Associated with Serum Lipid Levels	*Lipids HealthDis*	孙笑天
2014	Wire "Missing": A Rare Presentation of Preoperative Localization Wire System Dislocation	*J Cardiothorac Surg*	陈晓峰
2014	Effect of Th17 and Treg Axis Disorder on Outcomes of Pulmonary Arterial Hypertension in Connective Tissue Diseases	*Mediators Inflamm*	陈晓峰
2014	Does Ambroxol Confer A Protective Effect on the Lungs in Patients Undergoing Cardiac Surgery or Having Lung Resection?	*Interact Cardiovasc Thorac Surg*	陈晓峰
2014	Surgical Treatment of Late-Diagnosed Bronchial Foreign Body Aspiration: A Report of 23 Cases	*Clin Respir J*	陈晓峰
2014	Analysis of Predictive Factors for Postoperative Survival for Non Small Cell Lung Carcinoma Patients with Unexpected Mediastinal Lymph Nodes Metastasis	*Thorac Cardiovasc Surg*	陈晓峰
2014	Video-Assisted Thoracic Surgery for Pulmonary Aspergilloma: A Safe and Effective Procedure	*Ann Thorac Surg*	陈晓峰
2014	Wire "Missing": A Rare Presentation of Preoperative Localization Wire System Dislocation	*J Cardiothorac Surg*	王邵华
2014	The Influence of Lung Ischemia-Reperfusion Injury on Myocardium	*Int J Clin ExpMed*	施　梦
2015	Intrapleural Fibrinolytic Therapy for Residual Coagulated Hemothorax after Lung Surgery	*World J Surg*	陈晓峰
2015	Sudden Discontinuation and Reinstitution of Olanzapine-Associated Atypical Neuroleptic Malignant Syndrome in A Patient Undergoing Lung Surgery	*Int J Clin Exp Med*	陈晓峰
2015	Identification and Validation of the Methylation Biomarkers of Non-Small Cell Lung Cancer (NSCLC)	*Clin Epigenetics*	陈晓峰
2015	Hypoxia-Induced Cell Stemness Leads to Drug Resistance and Poor Prognosis in Lung Adenocarcinoma	*Lung Cancer*	陈晓峰
2015	Interleukin 17A Genetic Variations and Susceptibility to Non-Small Cell Lung Cancer	*APMIS*	陈晓峰
2015	The Prognostic Value of PD－L1 Expression for Non－Small Cell Lung Cancer Patients: A Meta－Analysis	*Eur J Surg Oncol*	陈晓峰
2015	Interleukin 17A Genetic Variations and Susceptibility to Non-Small Cell Lung Cancer	*APMIS*	马勤运
2015	Sudden Discontinuation and Reinstitution of Olanzapine-Associated Atypical Neuroleptic Malignant Syndrome in A Patient Undergoing Lung Surgery	*Int J Clin Exp Med*	王邵华
2015	Intrapleural Fibrinolytic Therapy for Residual Coagulated Hemothorax after Lung Surgery	*World J Surg*	黄达宇

（续表）

年份	论 文 名 称	发 表 杂 志	第一作者、通讯作者
2015	Co-Delivery of Cisplatin and Paclitaxel by Folic Acid Conjugated Amphiphilic PEG-PLGA Copolymer Nanoparticles for the Treatment of Non-Small Lung Cancer	*Oncotarget*	张慧君
2015	Mesoporous Silica Nanoparticles for Glutathione-Triggered Long-Range and Stable Releasing Hydrogen Sulfide	*J Mater Chem B*	孙笑天
2015	Sub-5 Nm Porous Nanocrystals：Interfacial Site-Directed Growth on Graphene for Efficient Biocatalysis	*Chem Sci*	孙笑天
2015	HIF2A Induces Cardiomyogenesis via Wnt/B－Catenin Signaling in Mouse Embryonic Stem Cells	*J Transl Med*	孙笑天
2015	Predictors of Moderate Ischemic Mitral Regurgitation Improvement after Off-Pump Coronary Artery Bypass	*J Thorac Cardiovasc Surg*	孙笑天
2015	Early Assistance of Left Ventricular Assist Device Limits Left Ventricular Remodeling after Acute Myocardial Infarction in A Swine Model	*Artif Organs*	孙笑天
2015	A Biomimic Reconstituted High Density Lipoprotein Nano-System for Enhanced VEGF Gene Therapy of Myocardial Ischemia	*J Nanomater*	孙笑天
2015	Off-Pump Skeletonized Versus Pedicled Left Internal Mammary Artery Grafting：Mid-Term Results	*J Card Surg*	孙笑天
2016	Function of Follicular Helper T Cell is Impaired and Correlates with Survival Time in Non-Small Cell Lung Cancer	*Int Immunopharmacol*	陈晓峰
2016	Function of Follicular Helper T Cell is Impaired and Correlates with Survival Time in Non-Small Cell Lung Cancer	*Int Immunopharmacol*	马勤运
2016	PHLDA1 Promotes Lung Contusion by Regulating the Toll-Like Receptor 2 Signaling Pathway	*Cell Physiol Biochem*	王邵华
2016	Prognostic Significance of Lymphovascular Invasion for Thoracic Esophageal Squamous Cell Carcinoma	*Ann Surg Oncol*	王邵华
2016	Thymosin Beta 4 Silencing Suppresses Proliferation and Invasion of Non-Small Cell Lung Cancer Cells by Repressing Notch1 Activation	*Acta Biochimica et Biophysica Sinica*	黄达宇
2016	The Prognostic Influence of Body Mass Index，Resting Energy Expenditure and Fasting Blood Glucose on Postoperative Patients with Esophageal Cancer	*BMC Gastroenterol*	伍　宁
2016	CRCT1 Regulated by Microrna－520 G Inhibits Proliferation and Induces Apoptosis in Esophageal Squamous Cell Cancer	*Tumour Biol*	伍　宁
2016	Low Pretherapeutic Serum Albumin as A Risk Factor for Poor Outcome in Esophageal Squamous Cell Carcinomas	*Nutr Cancer*	伍　宁
2016	Serum Albumin is A Predictor for Duration of Weaning in Patients with Traumatic Brain Injury	*International Journal of Clinical and Experimental Medicine*	伍　宁

（续表）

年份	论 文 名 称	发 表 杂 志	第一作者、通讯作者
2016	Mir－212 Suppressed the Metastases of Non-Small Cell Lung Cancer by Reducing ZEB2 Expression	*Int J Clin Exp Pathol*	储祥麟
2016	Postoperative Survival for Patients with Thymoma Complicating Myasthenia Gravis—Preliminary Retrospective Results of The Chart Database	*Journal of Thoracic Disease*	汪昉睿

【国际交流】

胸心外科重视对外交流，多次参加国际性学术会议。陈晓峰担任主持、发言，并组织科室医生参加学术专业会议，进行大会发言、交流，提高科室医务人员的专业水平和科室在胸心外科学界的影响，并选送科室优秀医生去世界各地一流医院进修学习。与美国哈佛大学麻省总医院开展医疗合作，双方互派人员交流，已有多名医生到麻省总医院交流访问；与香港中文大学微创中心合作，派遣科室医生学习机器人微创手术；与新加坡中央医院合作，互派人员交流学习。

四、教学

胸心外科承担学校和医院布置的各项教学工作任务，完成复旦大学上海医学院五年制、八年制，以及留学生班、基地学员、住院医生等理论课教学 100 余课时，示教课教学 70 余课时，手术、床旁示教 200 余课时；并针对基地学员、各类型研究生和轮转住院医生、实习医生等不同的对象开展不同的小讲课和专业讲座。2016 年，胸心外科拥有教授、博士研究生导师 1 人，副教授 6 人，硕士研究生导师 2 人，主治医师 8 人。截至 2016 年，科室培养博士研究生近 10 人，硕士研究生 8 人。

2013 年起，每年组织开展高级特色学习班。“华山论剑——单操作孔肺段切除”已经成为知名品牌学习班，完成多名外省市医院科主任来院学习胸腔镜（尤其单孔）手术技术的教授任务，为全国各地培养大量的胸心外科人才，普及单操作孔微创技术。2015、2016 年，在医院举办第二、三届“华山论剑”——胸心外科学术论坛。

第二十九节　危重病医学科

一、沿革

危重病医学科（Intensive Care Unit，ICU）创建于 1994 年，抽调医院各科医师与护士共同创建。曹同瓦和祝禾辰从麻醉科调出，胡祖鹏从普外科调出，朱会耕从职业病科调出，与护士长孙晓春组成团队，共同创建 ICU 中心。2000—2006 年，杨涵铭作为科室顾问指导临床工作。2001 年，科室被指定为医院呼吸机管理中心，中心的运作保障全院各类患者呼吸机的及时和正常使用。1994—2015 年，曹同瓦任科室主任。1999 年起，朱会耕和祝禾辰担任科室副主任。2006 年起，胡祖鹏担任科室副主任。2015 年起，宫晔担任危重病科主任兼神经外科副主任；祝禾辰任科室常务副主任；

朱会耕继续任科室副主任，负责对外拓展；胡祖鹏主继续任科室副主任，负责教学。

2016 年，危重病医学科总面积 600 平方米，核定床位 26 张。配有高级心电监护仪、有创和无创呼吸机、除颤仪、亚低温治疗仪、振动排痰器、便携式 B 超仪、纤维支气管镜、脑功能监测仪、便携式血糖仪、pHi 监测仪等抢救和治疗设备。有医师 21 人，其中高级职称 11 人、中级职称 5 人，博士 5 人、硕士 8 人。呼吸机技术人员 3 人，护士 43 人。

表 2-1-104　1994—2016 年危重病医学科历任主任情况表

任职时间	主　任
1994—2015	曹同瓦
2015—	宫　晔

二、医疗

【基本情况】

危重病医学科是对各种原因导致一个或多个器官与系统功能障碍危及生命或具有潜在高危因素的患者，及时提供系统的、高质量的医学监护和救治技术，是医院集中监护和救治重症患者的专业科室。以医疗安全为核心，提高医疗质量及危重患者的抢救成功率，科内工作量每年都有提升，呼吸机管理也进一步加强和落实质控标准，每年均能优质完成危重病科内和全院呼吸机的使用及管理等医疗工作。2016 年，共收治急诊内科危重患者 248 人次，收治外科急诊和手术危重患者 840 人次，配合医院完成器官捐献患者术前、术后监护 2 例，呼吸机全年使用量为 1 174 人次。

自 1994 年建科起，危重病医学科出色地完成多起大规模突发事件的处理和抢救，其中有影响的事件包括：东航机械事故所致伤员的救治、丽晶酒家煤气爆炸事件中多发伤伤员的抢救、全国优秀教师突发重度脑出血的治疗、日本参议员脑出血的成功救治、全国劳模徐虎车祸后的抢救、全国优秀武警因公受伤的成功抢救、德国男孩重度颅脑外伤后的醒脑治疗、昆山突发事件的抢救工作、44 路公交车司机的救治等。同时，危重病医学科作为上海市特发事件应急组成员，承担 F1 世界方程式赛车、MotorGP 世界摩托车大奖赛、六国峰会、世博会等重大赛事保障及国外元首访华的医疗保障和干部保健任务，参与抗震救灾、H7N9 救治等国家重大医疗事件，以及支援新疆乌鲁木齐人民医院危重病科的建设和长期驻地工作。2016 年，完成多项重要会议、赛事、国外元首访华的医疗保障，救治医务处重点患者 17 人。

【医疗特色】

危重病医学科是服务于全院危重患者包括急诊和各临床科室的平台。随着对急危重患者抢救医疗技术的精湛和成熟，科室形成自己的工作特点：①“急”，病情急；②“快”，反应快；③“准”，准确诊断和处理；④“高”，抢救成功率高，真正起到急危重患者的绿色通道作用。引进脑功能仪、便携式超声仪、纤维支气管镜等先进仪器并应用于临床，形成重症神经、重症呼吸、重症感染、多脏器衰竭和器官功能等多个亚专科组，各亚专科组之间、与兄弟科室之间密切合作，进一步提升科室医疗水平，提高危重患者的抢救成功率。

三、科研

【科研特色】

危重病医学科拟协作探索建设有上海特色、华山特色的危重病学科平台，重点针对重症神经(伴神经系统创伤的多发伤复合伤、重症脑卒中并发症、疑难重症神经系统感染)下的多器官功能支持；加强危重学科建设，对重症神经下的多器官功能不全及其他危重症患者开放绿色通道，成立相关多科室的抢救小组，加强合作。

危重病医学科已形成重症神经、重症呼吸、重症感染、多脏器衰竭和器官功能支持、重症循环、重症消化、重症内分泌、重症肾脏等多个亚专科组。

重症神经(neurocritical care) 加强伴神经系统创伤的多发伤、复合伤诊治，成立多脏器创伤临床诊治及研究中心；规范重症脑卒中并发症的诊治；疑难、重症中枢神经系统感染的诊治规范研究。

重症呼吸(respiratory critical care) 各级医生熟练掌握重症医学专业基本理论和技能，能熟练处理心肺脑复苏、呼吸衰竭、急性肺损伤与急性呼吸窘迫综合征、静脉血栓与急性肺动脉栓塞等，其中急性肺损伤(ALI)/急性呼吸窘迫综合征(ARDS)患者的抢救成功率为75%左右，达到国际领先水平，使ARDS患者住ICU平均时间减少到1周左右。

重症感染(severe sepsis) 实施重症感染抗感染药物应用策略和临床诊治规范；采取集束化的治疗策略，结合血流动力学监护，加强全身支持，进行综合治疗，提高重症脓毒症和脓毒性休克的救治成功率到55%左右，达到国际先进水平。

多脏器衰竭和器官功能支持(multiple organ failure & multiple organ support therapy, MOF & MOST) 主要收治多器官功能衰竭、中毒、急性肾衰竭、重症消化系统疾病、重症心血管意外、恶性心律失常、急性心力衰竭、重症出血和凝血障碍、重症内分泌与代谢障碍等病种。早期发现肾功能受损的患者，特别是对有多重肾功能损害危险因素的患者加强监测和治疗，大大缩短急性肾损伤(AKI)的病程，降低住院费用；拟进一步开展体外膜氧合器(ECMO)技术，提升器官功能支持的水平，提高抢救成功率。

危重病医学科是上海市公共卫生重点学科，是上海市卫生计生系统重要薄弱学科(急诊和危重病学)。按照学科建设目标，重点加强重症神经方向建设，如伴神经系统创伤的多发伤、复合伤诊治，成立多脏器创伤临床诊治及研究中心；规范重症脑卒中并发症的诊治；疑难、重症中枢神经系统感染的诊治规范研究。

【人才培养与引进】

2016年，与复旦大学生物医学研究院相关基础研究实验室合作，聘请陆豪杰教授作为危重病科双聘教授，更好地做到临床和基础科研相结合。依托医院特色，加强各亚专业方面的建设，做出自己的特色；积极培养自己的科研队伍，根据科室的亚专业分组，培养1～2名学科带头人。

【科研成果】

危重病医学科自建科起开展多项科研项目，如“脓毒症状态下红细胞流变学的变化”“抗凋亡蛋白FLIP在脓毒症中的作用”和“急性呼吸窘迫综合征开放吸痰后行控制性肺膨胀效果的研究”等，获多项院启动基金。2009 年，申请到上海市公共卫生重点学科建设经费 35 万元和上海市公共卫生青年人才培养计划经费 30 万元，并顺利通过汇报和验收；“脓毒症中甘草酸苷通过 HMGB1、HIF－1α 通路改善线粒体功能的机制研究”获市卫计委课题。2016 年，作为上海市急诊和危重病学重要薄弱学科建设项目协作单位获资助 20 万元，确定以重症神经的多器官功能支持为今后的学科建设方向。科室可独立承担大动物实验和细胞分子实验。

截至 2016 年，科室有上海市卫生计生系统重要薄弱学科建设项目（急诊和危重病学）、国家自然科学基金面上项目 2 项、国家自然科学基金青年项目 1 项、上海科委基础研究重点项目和上海市卫计委面上项目各 1 项，已完成上海市公共卫生重点学科建设项目及上海市科委自然基金 1 项。主编本专业专著 3 部，如“十一五”国家级教材《急诊医学》（第一至三版）；副主编和参编多部本专业专著，如参与编写《实用内科学》（第十四、十五版）“危重病篇”，作为编委参加《临床治疗指南・急诊医学分册》的编写工作；参加《希氏内科学》（第二十三、二十四版）的翻译工作，担任分主译工作。获中国国家知识产权局授予的发明专利 2 项。

表 2－1－105　2009—2016 年危重病医学科获奖课题情况表

年　份	奖　项　名　称	负　责　人
2009	上海医学科技奖三等奖	宫　晔（第一完成人）
2013	华夏医学科技奖二等奖	宫　晔（第一完成人）
2014	教育部科技进步奖二等奖	宫　晔（第二完成人）
2014	上海医学科技奖三等奖	宫　晔（第三完成人）
2014	上海市科技进步奖三等奖	宫　晔（第三完成人）
2016	中国老年保健医学研究会科学技术奖一等奖	宫　晔（第二完成人）

【学术任职】

2016 年，宫晔担任上海市医学会危重病专科分会第五届委员会副主任委员。

【国际交流】

2009 年，参加布鲁塞尔危重病急救年会、第十届世界危重病医学会联盟大会、第十七届亚太地区呼吸治疗协会年会、第二届中法危重病医学研讨会暨上海重症医学论坛。

2011—2012 年，参加欧洲呼吸学会年会。

2008—2016 年，每年参加亚太危重病年会。

四、教学

2000 年，成为急诊医学专业硕士生培养点。2016 年，牵头申请通过复旦大学急诊医学博士点，结束复旦大学没有急诊医学博士点的历史。作为复旦大学急危重症医学专业的组长单位，组织和安排研究生的招录工作，承担复旦大学上海医学院医学生的相关课程的教学任务。承担全院医师呼吸机的使用和心肺复苏的培训考核，住院医生基地学员、医学生和进修生等的临床轮转培训工作。2016 年，带教基地已培养轮转医生、研究生、八年制医学生、进修医生等共 180 余人。

至2016年，参加并主持历年全国重症医学年会和上海急救危重病年会，并做专题发言。多次主办全国继续教育学习班“脑保护的新进展”等。

五、其他

至2016年，重症监护病房获上海市卫生局先进集体、上海市劳模集体、上海市青年文明号、上海市教育系统巾帼文明岗、复旦大学巾帼文明岗等多项荣誉。

第三十节　肿 瘤 科

一、沿革

2002年7月22日，医院任命梁晓华为肿瘤科主任，7月底梁晓华和周鑫莉（原来均为血液科医生）开始筹建肿瘤科，10月，黄若凡加入肿瘤科。2003年3月，肿瘤科迁入2号楼16病区。2003年4月初，钊辉从内科转入肿瘤科。2003年5月，金少津从核医学科转入肿瘤科，担任科室副主任，至2006年调离肿瘤科。2015年，周鑫莉担任肿瘤科副主任。

肿瘤科创建之初，只有3名医生，含副主任医师1人，主治医师1人，住院医师1人。2016年，科室增加为8人，包括主任医师2人，副主任医师2人，主治医师3人，住院医师1人，其中北院编制主治医师1名。

表2-1-106　2002—2016年肿瘤科主任情况表

任职时间	主　任
2002—	梁晓华

二、医疗

【基本情况】

2002年8月，开设肿瘤科门诊，9月，在医院0号楼2楼开设肿瘤科病房，起始床位3张，11月后，增为6张固定床位。2003年3月，肿瘤科迁入2号楼16病区，编制床位10张，另有固定加床3张。2012年12月，北院开业，肿瘤科随即在北院开设门诊，并成为首批在北院开设住院病区的科室。2013年5月，根据医院的总体布局，肿瘤科住院病区临时整体迁移至北院12病区，编制床位23张。2016年10月，根据业务需要，又在北院19病区设立8张日间化疗病床。肿瘤科工作范围包括总院门诊、北院门诊、病房和日间化疗病房及全院肿瘤相关疾病的会诊。医疗工作主要开展以化疗和生物靶向治疗为主的综合治疗，收治病种进一步向肺癌、消化道和乳腺癌等集中，脑转移瘤病例的比例进一步提高，脑转移瘤诊治的特色更加鲜明。2016年，常规开展肿瘤射频消融和微波消融治疗，共进行肺肿块穿刺消融44例，肝穿刺消融16例；静脉输液港植入37例，外周中心静脉导管（PICC）117例。全年收治住院患者1 528人次；北院门诊2 990人次，总院3 240人次。

【医疗特色】

从 2002 年建科开始，肿瘤科主要收治各种肿瘤的疑难重症患者，其中淋巴瘤占较高的比重。由于科室主要人员具有良好的血液肿瘤化疗基础和经验，因此在处理复杂疑难实体瘤患者时，许多重症患者取得比较理想的效果。肿瘤科还因陋就简开展外周造血干细胞保护下的实体肿瘤大剂量化疗，使部分广泛转移的难治性睾丸癌患者获得临床治愈，长期生存已达 14 年，并且正常生育子女。2005 年开始，科室逐渐将肺癌作为临床工作重点，经过多年的探索、思考，肿瘤科利用神经外科这一平台，结合自身特点，把脑转移瘤特别是肺癌脑转移作为科室的重点突破方向。

肿瘤科积极开拓肿瘤诊断治疗新技术新方法。

2003 年，肿瘤科首先开始外周中心静脉导管(PICC)植入术，以后逐渐成为大多数静脉化疗患者的常规输液方式。2013 年开始，开展静脉输液港(PORT)植入术。至 2016 年，肿瘤科长期静脉化疗的患者大多选择比 PICC 更方便的 PORT，同时肿瘤科还为其他科室的化疗患者植入 PORT。

2010 年，肿瘤科开展肝脏肿瘤动脉血管栓塞化疗介入治疗和胰腺、盆腔肿瘤血管介入化疗。

2012 年，肿瘤科陆续开展 CT 和 B 超引导下的肺、肝、腹盆腔、体表等部位肿块的空心针穿刺活检，高效微创地解决许多患者的诊断问题，同时为开展分子病理诊断等精准诊断提供足够的组织标本。

2013 年，肿瘤科与病理科、检验科通力合作，建立分子病理诊断实验室，可以常规开展肺癌和肠癌胃癌的分子病理诊断，同时协作开展胸腹腔积液和脑脊液脱落细胞的检查，极大地提高体液细胞学诊断的准确性，为开展肿瘤精准治疗提供良好基础。

2014 年，肿瘤科利用国家临床重点专科专项建设基金，购入微波消融和射频消融治疗仪，在 CT 和 B 超引导下开展肿瘤肺部肿块和肝脏肿块的局部消融工作，现已成为科室常规治疗手段。

至 2016 年，肿瘤科形成脑转移瘤综合治疗的特色，同时在晚期肺癌的综合治疗方面有较好的声誉，在晚期胃肠道肿瘤和癌痛规范化治疗方面居于先进水平，同时也是上海三级医院肿瘤科中少数同时开展肿瘤微创消融治疗和血管介入治疗以及微创穿刺活检、静脉输液港植入等诊疗手段的科室。

三、科研

【科研特色】

2014 年初，顺利通过国家卫生计生委的评估，成为国家级临床重点建设学科(肿瘤学)，是上海市 5 家医院之一。脑转移瘤是肿瘤科学科建设的重点。肿瘤科通过开展多学科协作、举办学习班和各种肿瘤论坛，在脑转移瘤领域赢得声誉，收治脑转移瘤患者的比例显著高于一般的肿瘤专科。临床工作中进行组织标本和液体标本的基因检测工作，实现精准诊断下的精准治疗；科研工作中专注脑转移发生机制和脑转移药物治疗机制的研究。肿瘤科牵头发起全国 39 家单位参加的“恶性肿瘤脑转移回顾性调查”研究，建立“恶性肿瘤生物样本库”，为后续研究提供详细的流行病学资料和齐全的生物样本。

肿瘤科致力于肿瘤的微创诊疗，陆续开展 CT 和 B 超引导下的肿瘤穿刺活检、肿瘤血管介入治疗、肿瘤微创消融治疗等。微创诊疗扩大了肿瘤科的诊疗范围。

【人才培养】

2011 年，蒋京伟入选华山医院“华菁奖”人才计划，2012 年入选首届上海市青年医师培养计划。2009 年，梁晓华赴美国纪念斯隆-凯特琳癌症中心进修 3 个月，2015 年赴哈佛大学医学院和贝斯以色列女执事医学中心参加肿瘤科主任培训一周。2016 年,周鑫莉赴美进修 3 个月。

【科研成果】

2008 年,肿瘤科首次在主流期刊上发表 SCI 收录的论著,同年首次获国家自然科学基金资助。截至 2016 年,共获 3 项国家自然科学基金项目、2 项上海市科委自然科学基金项目、1 项宝山区科委资助项目、1 项上海市卫计委项目资助,资助总额近 100 万元。发表论著 49 篇,其中被 SCI 收录 22 篇。2009 年,承担《希氏内科学》(第二十三版)所有肿瘤章节的翻译工作。

四、教学

2004 年,肿瘤科开始招收硕士研究生,2014 年成为上海市首批肿瘤学专业肿瘤内科专科医师培训基地。2016 年,肿瘤科有硕士研究生导师 2 人,上海市住院医师规范化培训考核考官 1 人。2004—2016 年,培训硕士研究生、住院医师规范化培训学员、肿瘤专科医师 100 多人,毕业肿瘤学硕士研究生 15 人、在读 6 人,联合培养博士研究生 2 人。培训内科基地人员和轮转研究生 200 多人次。

2011 年起,举办 4 届"脑转移瘤华山高峰论坛"和 3 届"脑转移瘤多学科诊治论坛"(国家级继续教育学习班),每届学习班学员人数超过 200 人,学员来自全国各地。

五、其他

2015 年,成为上海市首批"癌痛规范化治疗示范病房"。

第三十一节　整 形 外 科

一、沿革

整形外科前身系外科整形组,随着整形外科这一新兴学科的蓬勃兴起,为进一步健全医院学科建设,充分整合医院资源,促进学科全面发展,2007 年 5 月 18 日,正式成立独立的整形外科,第二军医大学附属长征医院教授江华兼任科室主任。创建伊始,科室共有工作人员 4 人,以门诊为主逐步开展三级甲等医院技术标准规定的各项医疗业务。2011 年下半年,学科从上海交通大学医学院附属第九人民医院整形外科引进教授穆雄铮,担任科室主任,开展以先天性颅面畸形整复为主攻方向的整形外科各类手术。2016 年,科室有职工 12 人,其中教授(主任医师)1 人,兼职教授 1 人,副教授(副主任医师)2 人,返聘退休副主任医师 1 人,主治医师 3 人,住院医师 1 人,专职医学科研人员 1 人,返聘退休护师 2 人。

表 2-1-107　2007—2016 年整形外科历任主任情况表

任职时间	主　任
2007—2011	江　华(兼)
2011—	穆雄铮

二、医疗

【基本情况】

整形外科医疗服务内容包括各类畸形缺损的修复重建、体表肿瘤整复及美容整形。2016 年，诊治门诊患者 9 757 人次；年手术量 2 926 例次，其中门诊 2 727 例次，病房 199 例次。2007—2016 年，完成颅缝早闭症（包括综合征）修复手术 40 余例。每年参加国内公益性医疗活动（微笑行动）2 次。

【医疗特色】

学科在颅颌面骨骼整形、男性乳房发育症的微创整形、肥胖症手术治疗、腋臭微创清除、体表肿瘤美容切除整复等方面具有十分丰富的经验。每年开展颅颌面骨骼整形手术、面部整形及年轻化手术、各类先天畸形及后天缺损的修复重建手术数千例，脂肪干细胞的临床应用已初见成效。

三、科研

【科研特色】

学科以先天性颅面畸形的早期诊断与创新整复为主攻科研方向，在颅缝早闭症的基因研究方面积累 20 余例罕见病例，并在基因检测中有新的发现。在颅缝早闭症的发病机制及治疗、组织工程骨的构建、黑色素瘤的发病机制等方面积极开展基础及应用基础研究。

【科研成果】

2007—2016 年，获得 3 项国家自然科学基金、1 项上海申康医院发展中心市级医院新兴前沿技术联合攻关项目、1 项上海市科委项目、2 项上海市卫计委课题、2 项院级课题。在国际及国内核心期刊发表论文近 40 篇（其中 SCI 论文近 20 篇）。穆雄铮申报的科研项目“早期治疗颅缝早闭症的颅眶面部系列塑形方法”获第二十九届上海市优秀发明奖金奖。主编医学专著 2 部：《儿童整形外科学》《颅缝早闭症——穆雄铮 2016 观点》；参编医学专著 2 部：《鼻整形美容外科学》《实用外科学》。申请国家发明专利及实用新型专利 13 项。

【国际交流】

2012 年 7 月，学科作为整形外科中方主席单位，成功主持英卡思国际整形美容暨皮肤抗衰老医学大会（IMCAS）国际美容培训项目。同年 9 月，学科作为会议主席单位，承办在北京举行的第九届亚太颅面外科会议。

四、教学

2013 年，学科成为外科学（整形外科）住院医师轮转基地。2016 年，有复旦大学上海医学院授课教授 1 人，参与五年制医学本科生（选修课）的教学工作，并承担复旦大学上海医学院外科学

“烧伤”章节教学任务、手外科七年制研究生轮转教学，复旦大学多学制、多专业300余名学生的“神经病学”和“诊断学”授课与示教任务。另有上海市外科学(整形外科)住院医师基地考官1人，参与外科学基地住院医师考评工作。科室有博士研究生导师1人。2007—2016年，共培养博士研究生9人、硕士研究生3人，其中3人为外国留学生。先后培养来自外省市的进修生十余人。

2013—2016年，科室每年举办1次国家级继续教育学习班“面部轮廓美化和面部年轻化治疗新技术学习班”，每年开展院内学术讲座2次。

五、其他

2015年，在复旦大学医院管理研究所发布的“中国最佳专科声誉排行榜”获整形外科提名。

2016年，全国医院互联网影响力排行榜上，学科被评为患者最信赖的科室，专科排名全国第七。

第三十二节 胰腺外科

一、沿革

20世纪80年代，在外科学家张延龄的领导下，开始胰腺疾病的专业诊治，尤其对急性重症胰腺炎的发病机制和综合治疗开展系列研究，并关注胰腺肿瘤。1997年，在胰腺外科专家倪泉兴的领导下，率先成立“华山医院胰腺癌诊治中心”，开启胰腺癌早期诊断和分阶段综合治疗新策略、胰腺癌淋巴结转移特性及干预治疗和胰腺癌生物学特性研究。后在傅德良的带领下，积极开展胰腺肿瘤早期诊断和手术为主的多学科综合治疗研究。2010年4月，胰腺外科正式成立，是上海市首家专业从事胰腺疾病外科诊治的临床科室、卫生部临床重点学科。2016年，拥有专业临床医师11人，包括主任医师2人、副主任医师3人、主治医师6人。拥有教授2人、副教授3人，博士研究生导师2人、硕士研究生导师2人。

表2-1-108　2010—2016年胰腺外科主任情况表

任职时间	主　任
2010—	傅德良

二、医疗

【基本情况】

2016年胰腺外科共有固定床位17张(含加床3张)。每年完成各类胰腺开腹手术达300例，其中特大和大型手术55%左右。开展扩大的联合血管切除的胰十二指肠切除、全胰切除、胰体尾切除术；胰腺中段切除、保留幽门的胰十二指肠切除术(PPPD)、保留脾脏的胰尾切除；胰腺微创手术，尤其是胰腺肿瘤复发二次手术治疗等高难手术。2016年全科室大型手术合计达249例，其中胰腺恶性肿瘤手术达154例。每年还完成胰腺癌数字减影血管造影(DSA)下介入手术治疗达500人次，内镜下逆行胰胆管诊治达300人次，超声内镜(EUS)胰腺肿瘤诊治(FNA/CPN)达300人次，总体规模居全国前列。率先开展国内超声内镜(EUS)引导下共聚焦胰腺肿瘤检测。2010—2016年，患者围手术期死亡率几乎为0，患者术后5年生存率有明显增加。此外，科室主动承担诸如急性重症胰腺炎等疾病的急诊工作，累计救治约500人次。

胰腺外科是2项卫生部临床重点专科(外科、肿瘤)项目资助科室，曾先后创新开展"胰腺癌分阶段综合治疗""胰腺癌淋巴结转移特性研究及干预治疗的临床和基础研究""可切除胰腺癌多时相介入化疗""胰腺癌早期诊治优化体系的建立"等临床革新，在疗效上显著提高胰腺肿瘤手术切除率和长期生存率，通过技术推广获得来自国内外同行的认可与赞誉。主要倡导胰腺疾病多学科诊疗(MDT)的临床转化与实践工作，利用医院的学科优势及技术平台，在术前做到精确定位及精准定性，在治疗策略上进行个体化设计，在循证医学的基础上追求安全、高效和减创。

在国内率先实施胰腺外科围手术期促进术后恢复综合方案(ERAS)理念，率先成立上海首家胰腺外科ERAS示范病房，在临床实践中取得良好的效果。

【医疗特色】

胰腺外科一直致力于胰腺疾病临床的专业诊治，主要以胰腺肿瘤的早期诊断、胰腺癌根治性手术为主的多学科治疗为重点，力求解决胰腺疑难疾病。互补应用生化、功能影像学和内镜超声方法，优化胰腺肿瘤诊治体系，显著提高胰腺肿瘤诊断的准确性和精准性，为胰腺精准手术的开展给予明确的指导。在胰腺手术治疗方面，对于良性、低度恶性肿瘤，开展腹腔镜、超声内镜引导下的微创精准手术，明显减少患者的手术创伤和医疗费用；对于胰腺恶性肿瘤，通过高质量的手术，提高胰腺癌手术切除率、根治性和安全性，努力改善患者的生存率和生活质量。已常规开展高难度的精准有效胰腺手术，如：联合血管切除的胰十二指肠切除、全胰切除和胰体尾切除术；保留幽门的胰十二指肠切除、脏器功能保留的胰腺中段切除、保留脾脏的胰尾切除以及全腹腔镜下胰腺微创手术等。此外，科室也运用机器人胰腺手术、超声内镜下胰腺共聚焦检查、术中射频消融技术等进行胰腺疾病的诊治，且技术日臻成熟，为更多胰腺癌患者带来福音。

三、科研

【基本情况】

2001年，中国抗癌协会胰腺癌专业委员会在上海成立并定址在医院。2004年，复旦大学胰腺病研究所正式落户于医院。2007年，上海市抗癌协会胰腺癌专业委员会在医院成立。2016年7月9日，由胰腺外科牵头，联合沪上多家医院有志于中西医结合诊治胰腺疾病的同道，成立第一届上海市中西医结合学会胰腺疾病专业委员会。傅德良作为上海市优秀学科带头人、上海市医学领军人物担任首届主任委员，开展一系列MDT学术活动，在提高胰腺术前精密诊断，完善胰腺内、外分泌功能监控调整，胰腺罕见疾病和肿瘤诊断，胰腺肿瘤规范化综合治疗等方面开展深入研究，推动中西医结合在胰腺疾病临床实践和基础研究领域的发展。

【人才培养与引进】

胰腺外科在严格执行论文、课题申报流程和审核制度的同时，注重为青年医师创造科研环境，争取出国学习机会，使得青年医师能够通过出国交流拓宽科研思路，更好地为胰腺外科发展服务。2014年，傅德良参加欧洲第五届神经内分泌肿瘤大师班，李骥赴德国短期学习，蒋永剑赴美国加州大学旧金山分校博士后学习，研究生于新哲参加第十二届日本肿瘤年会（JSMO 2014）。2015年，狄扬赴德国圣约瑟夫医院（St. Josef Hospital）短期学习，王晓乙赴美国耶鲁大学学习。

2012—2016年，科室与美国哈佛大学医学院附属麻省总医院长期保持着良好的合作关系，并聘请美国外科医师协会（ACS）主席、*Surgery* 杂志主编、美国麻省总医院前外科主任安德鲁・L. 沃肖（Andrew L. Warshaw）为海外名誉教授。此外，与复旦大学附属肿瘤医院、瑞金医院等国内、国际医疗和科研中心保持良好合作关系。

【科研成果】

截至2016年，胰腺外科在国内外期刊上累计发表近80篇学术论文，其中SCI收录60篇。此外，还获得专利授权5项和著作授权1项。在科研资助的申请上，共获得国家自然科学基金资助课题5项、上海市科委等市级资助7项、教育部博士点基金2项。曾连续两次得到卫生部临床重点学科资助，开展国内最大宗的"胰腺癌淋巴转移特性"的单中心研究。该研究成果已成功转化并应用于临床，相关理念被中华医学会胰腺外科学组和中国抗癌协会胰腺癌专业委员会所采纳并编入《胰腺癌综合诊治指南》。在肿瘤学实验领域，与复旦大学材料学院、药学院等多方合作，发明并验证功能化多壁碳纳米管、白蛋白纳米微球等作为新型药物载体，在干预肿瘤转移和药物治疗中具有相当良好的应用前景。研究结果先后获得国家发明专利授权3项，分获由上海市总工会等颁发的上海市优秀发明奖金奖和银奖。

【国际交流】

胰腺外科成立以来，积极参加国内国际学术交流。科室成员相继在第九十九届美国外科医师（ACS）临床年会、第二十二届亚太抗癌联盟（APFOCC）、中国抗癌协会（CACA）胰腺专场演讲；2013年，科室成员在中国临床肿瘤协会（CSCO）胰腺癌论坛大会发言；在第五十届美国肿瘤临床年会（ASCO）、2014中国临床肿瘤协会（CSCO）胰腺癌论坛大会、2014年第十二届日本肿瘤年会（JSMO 2014）及2014年欧洲消化病周（UEGW）等国际会议上进行发言和壁报交流；科主任傅德良，2015年主持中国临床肿瘤学会（CSCO）论坛、参加第五十届美国胰腺病学会年会（APS）专题交流等。2016年12月16—17日，在上海牵头举办中国医疗保健促进会胰腺疾病分会胰腺手术快速康复和营养学组年会，交流胰腺外科ERAS经验。

四、教学

2016年，科室共有博士研究生导师2人，硕士研究生导师2人，在读硕士、博士研究生共十余人。承担住院医生轮转培养、外科基地培训、进修生研究生继续教育等教学任务，设立专人负责制订轮转计划和轮转带教，并针对其临床工作能力安排参与各类手术、临床技能操作练习等。2010—2016年，累计培训实习医生和见习医生220余人次，外科住院医生和基地医生140余人次，研究生和进修生60余人次。傅德良和金忧完成外科系外科部分理论课程，并参与编写《实用外科学》。狄扬、李骥、蒋永剑等医师多次代表外科参加复旦大学上海医学院课程改革项目，参与承担医学院"基于疾病的多学科教学"课程。蒋永剑、狄扬、杨峰、郝思介等参与外科学床旁教学、PBL、外科住院医师基地培训等多项教学项目。

至 2016 年，胰腺外科从临床出发，将理论学习和临床实践有机结合。每周一上午安排科室临床大查房，由科主任傅德良负责指导；每周六上午设科室临床示教，由金忱负责指导；每周二设立科室医护大交班制度；每周五下午进行科室疑难病例、手术回顾总结和集体文献讨论及业务学习。此外，胰腺外科与院内消化科、内分泌科、病理科、放射影像医学科、肿瘤科和 PET 中心等合作成立胰腺疾病多学科协作团队（MDT），持续开展胰腺肿瘤等多学科讨论，提高全院各个相关科室对于胰腺疾病的认识。

至 2016 年，科室连续十余年成功主办国家级继续教育项目“胰腺癌诊治新技术新进展和多学科诊疗（MDT）”学习班，累计培养学员近 1 000 人次；举办“胰腺恶性肿瘤的多学科综合诊治”专题讨论。2015 年，与普外科合作主办首届“华山外科国际论坛”。

第三十三节　伽 玛 医 院

一、沿革

20 世纪 80 年代，立体定向放射外科（伽马刀）治疗技术在欧洲及美国获得认可。从此，伽马刀放射外科治疗技术很快走出瑞典，在世界范围内得到发展。20 世纪 90 年代，医院院长、华山康健公司董事长陈星荣，注意到集中神经外科和放射科优势的放射外科将成为国际医疗技术新热点。经过考察和 2 年多的筹备，从瑞典 ELEKTA 公司引进 Leksell - B 型伽马刀，并由华山康健公司与美国医疗国际集团公司合作，于 1992 年 4 月成立上海华顺康健公司下属的“上海伽马刀医院”，国内首家伽马刀专科医院就此诞生。2005 年 10 月，“上海伽马刀医院”更名为“上海伽玛医院”，成为具有独立法人资质的中外合作专科医院。

表 2 - 1 - 109　1996—2016 年伽玛医院负责人情况表

任职时间	负责人
1996—	潘　力

二、医疗

【基本情况】

1993 年 10 月，伽马刀医院成功地实施第一例听神经瘤患者的伽马刀手术。1994 年 8 月，伽马刀医院又在国内率先引进世界当时最先进的伽马刀治疗计划系统 GammaPlan，较 B 型伽马刀原有的 KULA 系统定位更精确，治疗计划时间缩短，大大加快工作流程。1998 年 7 月，伽马刀医院完成神经外科病房大楼和手术室、监护室的建设，神经外科手术室从 1 个扩展到 3 个，硬件建设更上一层楼；医院病床从 56 张增加至 100 张。同年，医院配置瓦里安 600C 医用直线加速器，并引进当时国际上先进的调强适形放射治疗 Peacock 系统，在国内较早开展调强放射治疗，标志着医院在放射神经外科、神经外科手术之后，运用高新技术综合治疗脑肿瘤进入新的历史阶段，医院的放疗中心由此诞生。1999 年，功能神经外科中心成立，在国内首批开展帕金森病等功能疾病的 DBS 治疗手术，同时利用视频脑电监测技术开展癫痫的手术治疗。2002年8月，伽马刀医院引进当时世界最先进的新一代高智能化自动化的Leksell－C型伽马刀。该设备将当时世界最先进的GammaPlan计划系统与伽马刀自动摆位系统（APS）结合，提高治疗的精准性，治疗方案更优化，患者更舒适安全，极大程度地提高伽马刀治疗水平，上海伽马刀医院成为国内伽马刀治疗的学术高地。2003年，伽马刀医院放射科将岛津CT更换为GE公司的HiSpeed单排螺旋CT。2005年9月，伽马刀医院申请购置1.5T MRI。2006年6月，开始使用GE公司的1.5T MRI开展伽马刀定位，加快伽马刀治疗速度，更好地为患者服务。2011年12月，完成更新GE公司的CT660小宝石64排128层CT，同时配备世界一流的CT和MRI图像处理工作站。2012年5月21日，世界上最先进的Perfexion伽马刀在上海伽玛医院安装调试完毕并开始治疗患者。2012年7月11日，上海伽玛医院伽马刀治疗总例数超过25 000例，再次刷新全球Leksell伽马刀单机治疗的新纪录。2012年10月，瑞典医科达公司的VMAT医用直线加速器在上海伽玛医院完成安装调试，标志着医院将开展先进的容积调强放射治疗。2016年，伽玛医院共接待门诊14 771人次（普通门诊13 837人次，医保门诊934人次），入院患者3 642人次，伽马刀治疗2 947人次，放疗中心治疗737人次，核磁共振检查15 735人次，CT检查6 115人次，头部伽马刀累计治疗病例超过30 000例。

【医疗特色】

主要致力于神经系统肿瘤（如听神经瘤、垂体瘤、脑膜瘤、转移瘤）等颅内肿瘤，脑血管疾病（如AVM、DAVF）以及功能外科疾病（如三叉神经痛、癫痫）等的神经外科放射和放射外科治疗，放射性脑损伤鉴别诊断，是集放射和放射外科治疗、化疗为一体的神经系统疾病治疗为主的专科医院。

三、科研

【科研特色】

基本学科专业由放射神经外科、影像诊断科、立体定向和功能神经外科、放疗科、临床护理等构成。① 规划人才梯队，保持学科可持续发展：基于个人意愿将科研成绩结合学科需要，明确研究方向；正、副高职称医师确立一二个主要研究方向；主治、初级医师确立2个临床方向；由医务科根据科室情况分别提出全院医护人员进修、学习计划；落实和加强科内的继续教育实施工作。② 全面统筹，争取学科均衡发展：欠均衡的专业，鼓励副高职称医师及主治医师担当亚专业的带头人；设置优势病种——胶质瘤的不同研究方向，指定专人负责研究。③ 建立奖励和激励机制：争取更多病例进入前瞻性临床研究；鼓励临床和基础研究结合；教学和科研有机结合，以SCI文章为目标，提升论文水平；鼓励科室人员撰写论文，并根据医院管理规范有关规定实行奖励。

【科研成果】

截至2016年，获得卫生部课题2项，参与横向课题多项。发表论文120余篇，其中SCI收录23篇。伽玛医院放疗科和放射神经外科分别与华山多科室联合开展垂体瘤和下丘脑疾病多学科联合门诊（MDT）、胶质瘤多学科病例讨论。参加十余部专业参考书的编写工作，如《中枢神经系统CT和MR》、《全身CT和MR》、《肿瘤学新理论和新技术》、《治疗后神经影像学》、《肝胆胰影像学》、《现代医学影像学进展》、《泌尿生殖影像学》、《癫痫外科学》（第一、二版）、《胶质瘤临床医生使用手册》、

《临床病例会诊与点评・神经外科分册》、《神经外科教程》(第二版)、《现代神经外科学》、《黄家驷外科学》、《现代肿瘤学》、《新编神经外科学》、《现代临床肿瘤学》等。

表 2-1-110　1990—2016 年伽玛医院获奖课题(市级以上)情况表

年　份	课　题　名　称	奖 项 名 称
1990	磁共振、CT 立体定向手术方法与定向仪研究	卫生部科技成果推广三等奖
1995	从事肝癌磁共振临床和动物实验研究	卫生部科技进步奖三等奖、 上海市优秀发明选拔赛一等奖
1998	伽马刀放射生物学研究及其临床意义	上海市科技进步奖三等奖
2005	中枢神经系统血管母细胞瘤的基础与临床诊治	上海市科技进步奖一等奖
2006	食道癌后程加速分隔放射治疗的临床研究	上海市科技进步奖一等奖
2014	脑组织修复重建和细胞示踪技术及转化应用	国家科技进步奖二等奖
2016	基于多模态脑功能定位的脑肿瘤精准手术与放射治疗	上海市科技进步奖一等奖

【国际交流】

2014 年,主办第六届亚洲伽马刀协会(AGKA)会议。亚洲伽马刀协会会议是代表伽马刀放射外科最高水平的国际性会议,是亚洲国家和地区从事伽马刀放射外科的神经外科、放射医师相互交流了解的重要平台。

四、教学

培养和协助培养研究生多名,招收进修医师。截至 2016 年,培养博士后 1 人,博士研究生 6 人,硕士研究生 15 人,接待护理学生示教 2 000 余人。

2002 年 11 月 7 日,伽马刀医院成为瑞典医科达公司在中国唯一授权的培训中心,并成功举办首届培训班。2003 年 12 月,作为国家教育部、卫生部确认的继续教育项目,举办第二届全国性“立体定向放射外科新技术新进展学习班”,此后每年举办 1～2 次国家继续教育学习班。截至 2016 年,共举办伽马刀学习班 9 期,培训国内伽马刀医技人员 300 余人。

第三十四节　协和高等病房

一、沿革

2001 年 11 月,由华山医院和美国协和医院创建中外合资华山协和高等病房,于医院 6 号楼的 11、12 楼设 50 张病床,由沈稚舟任病房主任,王达联任外方经理。2001 年 11 月—2007 年 2 月,在院部领导与统一调配下,依托医院各临床学科,逐步搭建成中高端医疗服务平台,面向全院和全社会提供良好的基础医疗和基础护理服务。2007 年 3 月,徐启武任病房主任。2016 年,有医师 6 人,其中神经外科医师 2 人,呼吸科、重症医学科、外科和全科医师各 1 人;护士 26 人,其中 4 人具有整复外科门诊护理进修结业证书;行政总务人员 8 人,工勤人员 11 人。

表 2-1-111　2001—2016 年协和高等病房历任主任情况表

任职时间	主　任
2001—2007	沈稚舟
2007—	徐启武

二、医疗

协和高等病房属于营利性综合病房，提供基础医疗和优质护理服务，诊疗环境舒适，并充分应用医院的人力、设备和医疗资源，由医院的顶尖医学专家，应用一流的医疗设备和技术，在良好的氛围和环境下为患者疗治疾病。主要治疗对象为神经外科患者，还有普外科、泌尿外科、骨科、胰腺外科、胸心外科、手外科、运动医学科、神经内科、呼吸科、皮肤科和心血管科患者。特别适合于涉及多学科的疑难病患者，可快速得到相关学科资深专家会诊，有利于及时诊断、正确治疗；也适合于有一定经济能力和特殊需求的患者群体。2016 年，门诊 5 001 人次，住院患者 1 135 人次，手术 766 人次。

三、科研

截至 2016 年，出版参考书 2 部，发明专利 2 项，发表论文 40 余篇。

四、其他

2008 年，护士王文瑜参与四川汶川抗震救灾工作。

2011 年，主办中美全科医师联合教育培训项目。

2016 年，参与筹建周良辅医学发展基金会。

第三十五节　射波刀治疗中心

一、沿革

射波刀（Cyberknife）治疗中心筹建于 2003 年，当时医院是国内第一家签约美国安科锐（Accuray）公司购买射波刀设备的单位，由戴嘉中和基建科贾光海负责射波刀治疗中心（东院）机房的基建工作。2006 年 4 月 28 日，东院开业接诊时成立射波刀治疗小组，神经外科潘力为负责人。射波刀治疗小组成员包括潘力、戴嘉中、王恩敏、汪洋副、孙磊和晋涛。

2007 年 9 月，美国 Accuray 公司生产的第三代射波刀运抵上海，并在东院开始安装。同年 11 月底，射波刀安装调试完毕，同年 12 月 11 日射波刀治疗中心正式揭幕，由潘力任主任，王恩敏为常务副主任，戴嘉中兼任副主任。医生团队包括汪洋、梅广海、王鑫、刘晓霞，物理师技术员团队由孙磊、王朝壮、徐雯倩和晋涛组成。经过一年多的试运营，射波刀中心于 2009 年 3 月正式开业。

随着射波刀治疗患者业务量的增多，2012 年 7 月，住院医师诸华光加入射波刀团队，2013 年 7

月，又增加一名技术员。2016 年 11 月，新一代射波刀 VSI(第五代)正式投入临床应用，开启射波刀治疗的新时代。

表 2-1-112　2007—2016 年射波刀治疗中心主任情况表

任职时间	主　任
2007—	潘　力

二、医疗

射波刀以治疗神经外科疾病为特色，在治疗脑膜瘤、脑转移瘤、肺癌、脑动静脉畸形、三叉神经鞘瘤、颈静脉孔区肿瘤、海绵窦海绵状血管瘤方面处于国内绝对领先地位。脑部肿瘤的治疗在国际上具有一定的影响力，曾治疗高难度脑动静脉畸形、高难度海绵窦肿瘤(特别是海绵窦海绵状血管瘤)、脊柱转移瘤和颅底肿瘤。2007—2016 年，射波刀累计治疗患者超过 8 500 例，位居世界前列，是国内单机治疗数量最多的中心。截至 2016 年 11 月，累计治疗患者突破 6 000 例，总数位居亚太地区第一名。

三、科研

【科研成果】

射波刀放射外科以临床治疗为主线，结合药物治疗，开展肿瘤的多学科治疗。与呼吸科合作治疗肺癌，与泌尿外科合作治疗前列腺癌，与肝外科合作治疗肝癌。截至 2016 年，王恩敏参与 1 项国家自然科学基金仪器研发课题；王鑫中标 1 项上海市重点科研课题；李晶中标 1 项国自然青年课题；诸华光中标 1 项横向课题。累计发表论文 20 篇，其中 SCI 论文 6 篇。

【国际交流】

射波刀治疗中心与美国华盛顿乔治敦大学射波刀治疗中心、美国费城射波刀治疗中心建立友好往来。2013 年王鑫和徐雯倩到美国乔治敦大学进修学习 3 个月。2015 年，王恩敏到美国宾夕法尼亚大学射波刀中心进修 3 个月，参观访问美国费城射波刀中心、大通福克斯癌症中心射波刀中心。

射波刀治疗中心与射波刀发明人约翰·阿德勒(John Adler)具有良好合作关系。2011 年，王恩敏参加在美国达拉斯召开的国际放射外科大会并做大会主题发言，获得优秀论文奖。2012 年，王恩敏参加在美国旧金山召开的国际放射外科大会并做壁报交流。2013 年，王鑫参加在美国圣地亚哥召开的国际放射外科大会并做大会发言。2014 年，王恩敏参加在美国明尼阿波利斯召开的国际放射外科大会并做大会发言。2015 年，王恩敏和诸华光参加在日本横滨召开的第十二届国际立体定向放射外科大会并做发言。2016 年 5 月，射波刀中心与美国安科锐(Accuray)亚洲有限公司合作，在医院成立射波刀系统教育中心。

四、教学

截至 2016 年，射波刀治疗中心共举办 2 期国家级医学继续教育学习班，接收 4 名缅甸医生和物理师来院进修学习，接收国内学员30多名。2011年，举办第二届全国射波刀治疗研讨会。2016年，举办射波刀国际研讨会。

第三十六节　特需病房

一、沿革

2004年9月，特需病房组建成立，设于医院2号楼17、18楼，床位数50张，对全院开放。张群华任特需病房主任并主持工作。2005年，19病房列入特需病房，床位数增至75张。2007年，根据医院统筹安排，19病房并入老年科，病床数恢复至50张。2012年8月，特需病房重新装修，历时2月。2013年11月，17病房搬迁至综合楼14楼。2015年7月，孙小丰任特需病房主任并主持工作。

表2-1-113　2004—2016年特需病房历任主任情况表

任职时间	主　任
2004—2015	张群华
2015—	孙小丰

二、医疗

特需病房属于综合性病房，采用美国医院病房管理模式，病房提供全科服务，床位通用，服务于各个临床科室。医院为投资主体，采用绩效、管理和服务并举的经营特色，充分使用医院一流的医学专家、舒适的住院环境以及一站式的医疗服务等优质医疗资源，且进行全程医疗质量监控。

特需病房的主要服务群体为就诊于医院的中高端患者。涉及科室有外科、神经外科、泌尿外科、骨科、胸心外科、运动医学科、手外科等，以及内科各专科。医疗安全方面，实行各科医生全权负责制。

2016年，特需病房有二层病房(18、24病房)，床位共计52张，对全院各科开放。全年收治患者共1852人次。

第三十七节　日间病房

一、沿革

2010年9月10日，日间手术病房正式成立，初期开设床位27张。2011年1月，日间手术病房成为医院第三批优质护理病房。2013年9月，调整床位为20张，隶属医院住院部统一管理。其配套设施与住院病房基本一致，另外设有专门手术患者接待、咨询、术后随访服务台，患者家属等待区。病房为科主任负责制，设护士长1人、护士16人、秘书1人，配备从住院病房中选择适合日间手术类型的骨干护理人员，手术医生由各外科科室经验丰富的副高以上的医生组成医疗组，病房由各科医生轮流24小时值班制，并由各参与科室总住院医师责任。

表 2-1-114 2010—2016 年日间病房主任情况表

任职时间	主 任
2010—	姚琪远

二、医疗

2010—2016 年，共收治住院患者 19 000 余人次并实施手术，主要收治治疗病种及开展的手术包括：甲状腺疾病；乳腺良恶性肿瘤；肝囊肿、胆囊、胆道疾病；各类腹壁疝；肛周疾病（内痔、外痔、混合痔）、直肠良性肿瘤、阑尾疾病、下肢静脉曲张；皮肤肿瘤及较大体表肿物如脂肪瘤、皮样囊肿、淋巴结肿大、脓肿等；骨关节镜检查和治疗、金属内固定及取出、脚趾骨质增生、踇外翻、腱鞘囊肿切除、腕管综合征、臂丛神经损伤、神经移位、皮瓣转移等；阴茎延长术、包皮手术、精索静脉结扎术、各类睾丸、阴囊手术，各种内镜下肾脏膀胱输尿管取石术等；声带息肉切除、会厌囊肿、耳前瘘管、头面部肿块切除等各类手术等。参与和涉及的科室有普外科、泌尿外科、骨科、手外科、运动医学科、耳鼻喉科、颌面外科、眼科、整形、神经等医院全部手术科室。

表 2-1-115 2011—2016 年日间病房医疗数据情况表

年 份	手术量(例)	平均住院天数(天)	周转率(%)	药占比(%)
2011	3 242	2.07	91	14.63
2012	3 583	2.32	85	13.51
2013	3 278	2.11	107	13.61
2014	2 808	2	117	12.25
2015	2 819	1.75	121	11.48
2016	2 925	1.69	117	12.50

日间病房制定相应的医疗制度以确保手术安全，在没有专用日间门诊准备室及日间手术室的情况下，积极优化诊治流程，平均住院天数逐年降低，三、四级手术比率最高达 54%。自 2010 年运行以来，没有出现死亡等医疗事故及医疗纠纷。日间手术病房一直致力于解决患者住院难问题，提高患者满意率，减少医疗费用。住院患者平均住院天数为 1.6 天，平均药占比 12.25%。患者达到诊疗、治愈目的，其功能上具有短、平、快的特点，对全院住院患者平均住院日的下降贡献一定的力量，其床位周转率明显增加，并由此使各种仪器、设备等医疗资源得以充分发挥作用。从康复角度说，日间手术可以大大减少住院时间，术后尽早回家可减少院内感染，有利于患者的术后康复。

三、科研

2016 年 4 月，日间手术病房在主任姚琪远的带领下，参与复旦医管处的一项课题研究“多学科协作下的日间临床路径规范化管理模式”，建立日间病房 MDT 多学科协作团队，建立标准化日间流程，试行多学科协作下的日间临床路径管理模式，并通过测评日间患者满意度来考核多学科协作下的日间临床路径规范化管理模式的成效，同时总结经验教训，将研究结果进行探讨、分享。发表文章《多学科参与流程对日间病房疝手术患者诊治体验影响研究》。

四、其他

2015年，中国日间手术联盟成立，医院为第十二家会员单位。

第二章　医 技 科 室

第一节　药 剂 科

一、沿革

药剂科是医院建院时就成立的科室之一，由初期的药房逐步发展为医、教、研一体的医技部门。1933 年，药师金鳌任药剂科负责人，后叶馥荪、薛邦祺、殷绥和分别兼管负责药剂科。1948 年起，汪国芬代理药剂科主任，1952 年，汪国芬正式担任药剂科主任，唐祖英、陈湘英先后任药剂科副主任。1984 年，张静华任药剂科主任，王宏图、张莉莉和王大猷先后任药剂科副主任。1999 年，张莉莉任药剂科主任，王大猷、何娅和钟明康先后任药剂科副主任。2001 年，钟明康任药剂科主任，王大猷、何娅、施孝金、王斌、李中东和焦正先后任药剂科副主任。

20 世纪 40 年代，医院有药剂人员 10 人左右，每日处方约 200 张。50 年代，药剂人员增至 20 余人，其中药师 3 人，日处方量约为 700 张。1955 年，科室建立药剂快速检验。1956 年，科室开展热原检查工作。60 年代，医院有药剂人员 30 余人，其中药师 4 人，日处方量突破 1 000 张。1963 年，医院建立药剂实验室。1970 年，医院建立中药制剂室。1978 年，医院建立临床药学实验室。至 70 年代，有药剂人员 40 余人，其中药师 10 人，日处方量为 1 500 张左右。至八九十年代，医院药剂人员近百人，日处方量逾 5 000 张。

至 2016 年，药剂科有临床药学专业博士研究生导师 3 人，临床药学专业硕士研究生导师 3 人，平均年龄 49 岁（43～53 岁），所有的研究生导师都曾在国外从事临床药学工作或进修；有临床药学专业博士学位人员 8 人，平均年龄 35 岁（30～38 岁），50％的博士有美国学习临床药学的经历，个别在美国完成临床药学博士论文。药剂科是上海市较早开展临床药学服务和研究、招收和培养硕士研究生与临床药学博士研究生的科室。

表 2-2-1　1933—2016 年药剂科历任主任情况表

任职时间	主　任
1933—1941	金　鳌（兼管）
1942—1945	叶馥荪（兼管）
1946—1947	薛邦祺
1947—1948	殷绥和（兼管）
1948—1952	汪国芬（代理主任）
1952—1984	汪国芬
1984—1999	张静华
1999—2001	张莉莉
2001—	钟明康

二、医疗

【基本情况】

1950年，药剂科设有门诊药房、住院药房、灭菌制剂室、普通制剂室和药库。1955年，增设分析室。1963年，创立临床药剂实验室。1978年，改名临床药学实验室。1988年改名临床药学研究室。2005年，重组临床药学，包括临床药学室、临床药理室、药学研发室和药学情报室。1970年和1985年分别增设中草药制剂室和急诊药房。1998年上海市药品不良反应监测中心挂靠药剂科，王大猷任秘书长，2002年更名为“上海市临床药品不良反应监测中心”。1999年，上海医科大学医院药学教研室挂靠药剂科，张静华、张莉莉、钟明康先后任教研组组长。2000年，中药房归属药剂科管理。2003年，新的制剂楼建成，重新布局为外用制剂室、内服制剂室、小容量注射剂制剂室和外用灭菌制剂室。2006年，上海市临床药事管理质控中心挂靠药剂科。2009年，创建规范化的手术室药房，完成对麻醉及麻醉辅助等高危药品的流程管理、账物管理及安全存放管理。同年引进单剂量分包机，实现住院患者口服用药单剂量给药的目标。2010年，成立处方点评工作小组，对不合理用药进行监测干预。同年，创建静脉用药配置中心，为住院患者提供规范化的高危药品、细胞毒药品和全肠外营养(TPN)配置等，保障患者用药安全，维护医务人员的职业安全。2012年由医务处牵头，多学科多部门(包括抗生素研究所、药剂科、医院感染管理科、信息科及各临床科室)共同组成抗菌药物管理小组，建立起抗菌药物临床应用长效监管机制——华山医院抗菌药物临床应用、评价和干预体系。该体系通过全院培训、抗菌药物临床应用、管理及监测模块的支持。2013年门诊药房自动化发药设备正式运行，2016年皮肤科药房发药设备正式运行，门诊药品调配进入自动化时代。

截至2016年，药剂科下设门诊药房、住院药房、急诊药房、特需药房、江苏路分部药房、浦东分院药房、外宾药房、肠道药房、中药房、药库、药检室、制剂室、临床药学(临床药学室、临床药理、药学研究和情报室)、北院药剂科、西院药剂科、上海市临床药品不良反应监测中心及上海市临床药事管理质控中心。

【医疗特色】

药剂科以医疗需求和医疗质量为导向，自制制剂成为临床特色的重要支撑。在临床药品合理应用监测与评价、治疗药物监测技术和相关基因检测技术进行个体化给药方案设计、临床药物不良反应监测等方面，有较强的临床服务能力和研究实力。

配方部门 配方部门由门诊、急诊和住院组成，药品均已实现信息化管理。逐渐从以药品为中心的模式向以患者为中心的药学服务模式转变，将规范处方审核与调剂、开设药学门诊、监控临床用药和促进合理用药为重点方向。2008年，药剂科增设用药指导服务窗口。2009年，急诊药房服务流程和模式优化，单次输液药物单独配制、单独贴签，提高药品配发质量和药品安全使用性。2009年，中药饮片管理信息化改造，中药饮片纳入HIS系统管理，提高处方正确率。2009年，筹建完成手术室药房，完成对麻醉及麻醉辅助等高危药品的流程管理、账物管理及安全存放管理，成为上海市手术室药品规范管理的标杆。2009年，启用封口式运送药品周转箱，高危药品做到单独存放、有防溢措施，对冷链药品有保温措施，建立运送药品交接登记制度，确保药品在输送环节的安全。2010年，筹建完成静脉用药调配中心(简称“静配中心”)，为住院患者提供规范化的细胞毒药品、TPN配置，保障患者用药安全，维护医务人员的职业安全。2013年，门诊药房自动化发药设备运行，提升调剂速度和降低调剂差错，使药师有更多的精力关注对患者的药学服务。

供应采购　2010 年药库药品采购实现与商业企业的电子发票导入模式，降低临床药品供应断货率，提高药品验收效率和验收正确性，保障临床药品的正常供应。2010 年顺利完成世博医疗保障及 F1 赛事保障的药品供应。2013 年优化药品采购申领流程，完成药品采购系统及领用系统的改造。2015 年上海市医疗机构药品采购平台更替，采用新的阳光采购平台。

制剂生产　20 世纪 50—60 年代，在汪国芬、唐祖英、陈湘英、王宏图、龚志明、沈江渊、陆国椿等不懈努力下，药剂科在国内首创安全有效、品种众多的医院特色自制制剂（原有 239 种），如尿素、山梨醇、甘露醇、D－860（甲苯磺丁脲）、苯妥英钠、奎宁明胶、酚甘油、组胺球蛋白等注射剂，并研制鞣酸脑垂体后叶油注射剂，填补国内空白，深受临床医生和患者欢迎。1992 年以前，灭菌制剂室在沈江渊带领下，除生产一般大输液外，还生产腹膜透析液、人工肾透析液及小静封（普鲁卡因维生素C）等满足临床的需求。在唐祖英、陆国椿等带领下，又制备出知名度极高、广受临床欢迎的特色制剂，如健脑胶囊（现名苯磷维 B 胶囊）、尿素脂、复松霜、复硅霜、复索霜、抗脂洁尔、地丙醇搽剂、复地搽剂等。在大力发展中医中药时，陈湘英、龚志铭等制备中草药丸、散、膏、丹和中药注射剂、合剂、颗粒剂用于临床，代表的制剂如黄芪、威灵仙、除湿等注射剂，粉刺合剂、复方首乌（生发）合剂、利湿合剂、雷公藤合剂、急支糖浆、利胆颗粒、祛白灵颗粒、神经肌肉再生颗粒等。这些自制剂在皮肤科、神经内科、中医科、普外科等得到良好使用。自上海市医疗机构制剂实行“批准文号”制度以来，经过张莉莉、王大猷、何娅、施孝金和李中东的多年努力，换发新的批准文号 61 个。

2014 年起，自制乳膏制剂逐步改成密封的软管包装，临床使用后反馈良好，既方便患者携带，也确保制剂质量的一致性。制剂生产流程优化后，损耗减少的同时产量也相应提高。制剂室在陆龙生、陈珍凤、高波等领导下秉承确保质量的工作思路，强化人员质量意识，规范生产流程，定期业务培训，保障医院制剂的临床供应。

临床药学　1964 年，汪国芬等首先提出临床药学概念；1978 年，提出以患者为中心、以合理用药为核心的临床药学发展方向，奠定临床药学的基础。1982 年，王宏图和张静华继承和发展临床药学，培养一批临床药学学科带头人和骨干，确保临床药师队伍的稳定。临床药学的主要内容有：① 药学门诊；② 医嘱处方审核；③ 重点患者药学监护；④ 疑难重症会诊和危重病人救治；⑤ 门诊、住院或社区患者的用药教育；⑥ 临床药品不良反应的监测和处理；⑦ 为医护人员提供药物信息，发布最新药物信息和药讯；⑧ 治疗药物浓度监测及个体化给药方案设计；⑨ 用药相关基因测定及个体化给药方案设计；⑩ 药品临床应用综合评价。

临床药学部门担负着药学部门从“以药品为中心”转变为“以患者为中心”，从“以保障药品供应为中心”转为“以提供药学专业技术服务、参与临床用药为中心”的责任。主要开展药学门诊、参与临床药物治疗，实施药学查房，提供药品治疗信息与咨询，开展治疗药物浓度监测和药物相关基因检测，监控临床药品不良事件，开展临床药学教学和药学应用研究等。2014 年，优化药品不良反应上报流程，增加电子化药物不良反应（ADR）上报途径。2015 年，初步建成临床药师工作站并上线试运行，整合临床信息和药品信息，实现不同场景中临床药师工作模式程序化、标准化，支持住院患者和门诊患者用药信息服务，利用治疗药物监测技术和群体药物动力学技术，实现个体化给药方案的设计、用药信息评价和咨询。

三、科研

【学科建设】

药剂科以临床药品合理应用监测与评价、现代色谱分析、药物基因组学、药动学和药效学模型化和仿真技术进行个体化给药方案设计以及临床药物不良反应监测等中心建设为重点，推进临床药学事业的持续、健康发展。

联合相关临床重点学科，发挥临床药学在治疗药物监测、个体化给药方案设计等方面的专科特色，重点建设抗菌药物、抗癫痫药物、免疫抑制剂的临床监测和综合评价，加强临床药品不良反应监测和个体化给药技术的临床应用与推广，进一步提升临床药学的服务能力和研究实力。

药剂科是一个具有鲜明临床特色的药学部门，设置包括配方部门、供应采购部门、制剂生产部门、临床药学部门，其中临床药学部门由临床药学室、临床药理室、药物情报室、药学研究室、药品不良反应中心和抗菌药物监测机构组成，是上海市开展临床药学服务和研究、招收并培养临床药学博士和硕士研究生的科室。汪国芬、张静华和王宏图等是该领域的典型代表，王大猷、钟明康、王斌、施孝金、李中东和焦正是学科发展的继承者。科室在群体药动学技术应用、抗菌药物临床应用规范、临床药品不良反应监测与处理等领域有良好的基础。2007 年，药剂科与复旦大学药学院药剂学教研室一起成功申请成为教育部“985”重点学科，是上海市教委十个重中之重学科的重要组成。

2016 年，获得上海市临床药学重点专科建设项目，同年获得上海市卫生系统重点薄弱学科建设项目(参建单位)。

【人才培养】

药剂科重视学科人才培养和梯队建设，长期委派专业人员出国深造或进修学习，培养一大批优秀药学人才。1998 年，钟明康入选上海市卫生局百名跨世纪人才计划，成为唯一入选的药学人才。至 2016 年，多人被评为复旦大学“十大医务青年”，多人入选华山医院人才培养计划；1 人获得中欧工商管理学院和美国哈佛大学的医院管理培训，3 人获得清华大学医院管理培训，5 人曾在美国和香港地区的知名大学或医院工作。

【科研成果】

2008 年，药剂科获上海药学科技奖三等奖。2014 年，药剂科获第二十六届上海市优秀发明选拔赛优秀发明金奖。2015 年，荣获上海市第二十七届优秀发明选拔赛优秀发明银奖。2011—2016 年，共发表 SCI 收录论著 39 篇，其中 2 区期刊 4 篇，包括 *Clinical Pharmacokinetics* (IF＝5. 23)、*Pharmacogenomics* (IF＝3. 82)等有影响力的国际专业期刊。

表 2－2－2　2004—2015 年药剂科获得发明专利情况表

年　份	专　利　名　称	备　　注
2004	一种测定人血浆中麦考酚酸总浓度和游离浓度的方法	专利号：200410093133. 4
2004	一种测定人血浆中霉酚酸及其代谢物的方法	专利号：200410066519. 6
2005	一种同时测定多种抗癫痫药物血药浓度的方法	专利号：200510110730. 8
2006	一种测定咪唑立宾血药浓度的方法	专利号：200610023385. 9
2006	一种测定抗癫痫药物血药浓度的方法	专利号：200610094924. 8
2007	一种测定人血浆中苯妥英及其前体药物和代谢物的方法	专利号：200710044799. 4
2008	一种测定人尿液中霉酚酸酯、霉酚酸及其代谢物的方法	专利号：200810202401. X
2008	一种测定人血浆中霉酚酸酯、霉酚酸及其代谢物的方法	专利号：200810202400. 5

（续表）

年　份	专　利　名　称	备　　注
2012	一种检测人外周血中 T 淋巴细胞活化期标记物的方法	登记号：2012SR038806
2015	一种测定人 *UGT2B7* 基因多态性的高分辨熔解曲线分析方法	专利号：201510031226.2
2015	一种测定人血浆中丹参酮 IIA 磺酸钠浓度的方法	申请号：201510467646.5

表 2-2-3　2006—2016 年药剂科论文获奖情况表

年份	论　文　名　称	奖　项　名　称	作　　者
2006	高效液相色谱法同时测定人血浆中七种抗癫痫药物及两种活性代谢产物的浓度	全国医院药学（合理用药）学术会议优秀论文一等奖	马春来　焦　正　杨　洁　施孝金
2010	*FOXP3* 基因多态性对肾移植患者排斥发生率的影响	第十二次全国临床药理学学术会议（武汉）青年优秀论文三等奖	邱晓燕　焦　正　张　明　陈建平　施孝金　钟明康
2012	*MDR1*、*CYP3A4*、*CYP3A5* 及 *FOXP3* 基因多态性对中国肾移植患者环孢素药效学的影响	上海市药学会医院药学学术年会优秀论文二等奖	邱晓燕　焦　正　张　明　施孝金　钟明康
2013	Determination of Berberine, Palmatine and Jatrorrhizine in Rabbit Plasma by Liquid Chromatography-electrospray Ionization-mass Spectrometry	上海市药学会药物分析分会学术年会论文三等奖	Qingfeng Liu　Zhongdong Li　Xiaojin Shi　Mingkang Zhong
2013	中国汉族癫痫患者基因多态性对奥卡西平剂量及血药浓度的影响	中国药学大会暨第十三届中国药师周优秀论文三等奖	马春来　吴洵昳　洪　震　焦　正　钟明康
2015	*CYP3A4/5*、*ABCB1*、*FOXP3* 以及 *CCDC22* 基因多态性对中国肾移植患者环孢素药动学及药效学的影响	第五届全国治疗药物监测学术年会优秀论文三等奖	徐勤霞　邱晓燕　焦　正　钟明康
2015	*MDR1*、*CYP3A4*、*CYP3A5* 及 *FOXP3* 基因多态性对肾移植患者他克莫司药动学及药效学作用的影响	第五届全国治疗药物监测学术年会优秀论文	华山医院药剂科
2016	三黄益气液不同时间给药对代谢综合征的疗效观察	“中美华东临床药师论坛”优秀论文奖	刘庆丰　刘　毅　焦　正　李中东　施孝金　钟明康

四、教学

1982 年起，汪国芬、王宏图、张静华、王大猷、钟明康、施孝金、王斌、李中东和焦正等率先在全国招收临床药学硕士研究生。2003 年起，钟明康、王斌和焦正等先后开始招收博士研究生。每年承担复旦大学药学院、华东理工大学和上海中医药大学等药学或临床药学专业的本科、硕士和博士的理论授课、见习、实习及毕业课题的带教任务，以及国际交流生的带教。截至 2016 年，科室有博士研究生导师 3 人，硕士研究生导师 2 人。截至 2016 年，已培养来自全国各地的硕士生 30 余人、博士生 8 人，正在培养硕士生 8 人、博士生 3 人。历年来承担大专院校学生的实习带教任务。每年接收来自复旦大学药学院、上海中医药大学、上海医药职工大学和上海药剂学校等 30 余名学生的实习带教及毕业专题带教。每年接收 20～24 名临床药学或药物制剂专业的人员进修。

1999年，在主任药师张静华的努力下成立上海医科大学医院药学教研组，张莉莉和钟明康均曾任教研组主任，每年承担36学时"医院药学"讲课。2014年起，每年承担"临床药物治疗学""药物动力学"本科及研究生课程并担任执业药师的培训教学。

2003年起，每年举办国家级继续教育项目"临床药事管理学习班""药物警戒与临床用药安全学习班""群体药效学、药动学和个体化给药学习班""医院用药安全数字化监测新技术学习班"。

2010年，药剂科成为卫生部临床药师培训基地，专业为神经内科和肾内科。2013年新增抗感染专业和通科专业。每年度招收12～15名来自全国的临床药师学员，6～10名上海的临床药师学员以及2名以上美国多所大学的药学博士的学生实习。

2015年起，每月举办"青年药师论坛"，整合医院医疗体的药师教学资源。承担全科医师培训理论课"中老年人合理用药"的授课。

1999年，张静华曾主编全国统编教材《医院药学》。此后药剂科主编出版用药交代、用药宣传资料，编写《药物警戒通讯》和《华山药讯》。

五、其他

2008年，钟明康、高波、张璞、伍卫权参加汶川地震时中德野战医院的组建、药品保障和患者救治。李中东、梁海涛参加汶川地震时野外应急用水保障工作。

2008年，门诊药房荣获"迎世博窗口服务示范岗"称号。

2008—2016年，连续9年荣获上海市临床药事质控优秀单位。

2010年，荣获卫生部抗菌药物临床应用监测网优秀成员单位奖。

第二节 放射科

一、沿革

20世纪20年代，医院有第一台X线机，开展胸部X线透视和摄片，放射科的雏形基本形成。1930年，美国归国医师钱慕韩任放射科医生和主任，放射科正式建立。1933年，放射学家、医学教育家邹仲担任第二任放射科主任，1935—1937年期间赴国外深造。1942年，由陈又新接替放射科主任职位，为第三任主任。1958年至"文化大革命"期间，由刘德华担任第四任放射科主任。"文化大革命"结束后由陈星荣出任第五任主任，在陈星荣的带领下，陆续引进国内首台CT和MR设备，在医教研方面取得重要成就，为放射科的快速发展奠定坚实的基础。1992—2000年，由沈天真担任第六任放射科主任。2000—2013年，放射科为上海市放射质控中心挂靠单位。2000年起，沈天真连续13年担任上海市放射质量控制中心主任。2000—2016年，由冯晓源担任第七任放射科主任。2016年起，由耿道颖任学科带头人、常务副主任。

表2-2-4　1930—2016年放射科历任主任情况表

任职时间	主　任
1930—1933	钱慕韩
1933—1942	邹　仲

（续表）

任职时间	主任
1942—1958	陈又新
1958—1979	刘德华
1979—1992	陈星荣
1992—2000	沈天真
2000—2016	冯晓源
2016—	耿道颖（常务副主任）

二、医疗

【基本情况】

医院创办初期，放射科积极从国外引进X线透视机、摄片机、X线深度治疗机等设备，开展普通X线诊断与治疗工作，后逐渐更换和升级数字减影血管造影（DSA）设备、螺旋CT、高场强磁共振成像（MRI）扫描仪。2016年，科室有遥控胃肠机1台、移动床边摄影机5台、CR 1台、直接数字X射线摄影（DR）7台、CT 4台、DSA 3台、MRI 5台、钼靶机1台，积极开展和改进脑血管及全身其他部位血管造影和介入放射学工作、心脏和冠状动脉造影、空腔脏器三维重建、脏器灌注成像、神经影像功能MRI成像等基础和临床前沿工作，并成功筹建影像存储与传输系统（PACS），实行信息化、网络化管理。2016年，科室总检查人数为510 046人次，其中CT检查220 528人次，MRI检查98 246人次。

【医疗特色】

放射科在长期的医疗和科研实践中，逐渐形成以神经影像为主体、充分利用各种最新技术进行开发和研究应用的鲜明特色，深入开展脑血管病、脑肿瘤和脑功能的研究，取得丰硕成果。20世纪60年代初，当国外还普遍采用常规剂量气脑造影时，放射科在刘德华的带领下率先开展小剂量气脑造影术，这一技术大大降低常规剂量气脑造影的风险，使更多颅高压患者得到及时诊断和治疗。同时刘德华在常规经颈动脉颅脑血管造影的基础上创新开展减影法血管造影技术，为当时的神经外科开展国内首例脑动脉瘤手术打下基础。70年代，陈星荣带领放射科在国内最早开展胃硫酸钡剂双重造影研究，提高早期胃癌的诊断率。80年代末、90年代初，放射科利用MRI先进设备的优势，主要开展老年脑和肝癌的研究。90年代，开展DR在胃肠道、骨骼、肺部等系统的应用研究，为影像学科未来向数字化方向发展进行积极的探索和努力，并取得可喜的成绩。另外，应用DSA开展全身各系统的介入诊断和治疗，在脑肿瘤和脑梗死研究方面也获得重大进展。

三、科研

【学科建设】

影像医学是国内最早建立的博士点之一。1997年，成为国家教委“211”工程影像医学重点学科；2001年，同神经内外科一起被评为复旦大学重中之重学科；2001年，被评为国家教育部重点学科。同时,也是上海市放射诊断质控中心的挂靠、主委单位,《中国医学计算机成像杂志》编辑部所在地。

【人才培养与引进】

科内教授在多个国际放射学组织担任委员或主席等重要职位,获上海市领军人才、上海市学术带头人称号,上海市青年科技启明星、上海市卫生系统优秀青年医学人才培养计划、上海市“银蛇奖”等多项荣誉称号。与美国、英国、比利时等国家的医院建立长期稳定的合作关系,定期交流,派遣有科研潜力的优秀医生赴美国高等学府深造。

【科研成果】

截至 2016 年,放射科主要科研基金项目包括国家自然科学基金项目 15 项、市级及卫生局重点项目 25 项。所获科研成果奖项:1 项国家科技进步奖,2 项教育部科技进步奖,1 项中华医学科技奖,1 项全国科学大会奖,1 项国家科委发明奖,1 项卫生部乙级科技成果奖,2 项卫生部科技进步奖,8 项上海市科技进步奖,2 项上海医学科技奖,1 项上海优秀发明奖,1 项五洲女子进步奖,1 项上海市技术创新成果银奖,1 项发明创新奖,1 项上海市银蛇奖。出版和翻译多部专著,其中,有代表性的和获奖专著 17 部,如《介入放射学》获首届华东地区优秀图书一等奖和国家教委优秀学术专著优秀奖,《全身 CT 和 MRI》获上海市优秀图书一等奖和卫生部优秀图书三等奖,《神经影像学》获卫生部优秀图书三等奖和第十八届华东地区科技出版社优秀科技图书二等奖。以第一作者单位发表论文累计 300 余篇,其中国内核心期刊 300 余篇,SCI 收录期刊 60 余篇。

表 2-2-5 1978—2015 年放射科获奖课题(市级以上)情况表

年份	项目名称	奖项名称	第一负责人
1978	溴氧化镧屏的研制	全国科学大会奖	陈星荣
1979	华山-200 型硫酸钡	上海市重大科技成果奖二等奖	陈星荣
1985	溶黏酶和黏液溶解法胃双重造影	卫生部乙级科技成果奖	陈星荣
1986	华山 200 型钡剂(细而均匀型)的研制和应用	国家科委发明三等奖	陈星荣
1992	原发性肝癌的 MRI 研究	卫生部科技进步奖三等奖	陈星荣
1992	老年脑磁共振成像斑点状病灶病理基础研究	卫生部科技进步奖三等奖、上海市科技进步奖三等奖	陈星荣
1993	磁共振成像应用对比噪声曲线鉴别肝肿瘤的研究	上海优秀发明选拔赛职务发明一等奖	陈星荣
1993	提高胃癌诊断和综合治疗水平的研究	上海市科技进步奖三等奖	陈星荣
1999	星形胶质细胞瘤的 MRI 定性与定位体系研究	上海市科技进步奖三等奖	陈星荣
2001	磁共振新技术在脑梗死诊断中的应用研究	上海市科技进步奖三等奖	陈星荣
2003	磁共振新技术在颅脑肿瘤诊断中的应用价值研究	上海市科技进步奖三等奖	陈星荣
2009	联合结构和功能 MRI 成像研究脑早期损伤和功能重建	上海医学科技三等奖	耿道颖
2010	脑缺血早期及相关病变的影像学基础与临床研究	上海医学科技三等奖	姚振威

（续表）

年份	项 目 名 称	奖 项 名 称	第一负责人
2011	四维CT血管造影及磁敏感加权成像在脑重大疾病早期诊断中的应用	上海市“科创杯”发明创新奖三等奖	张 军
2012	脑重大疾病的CT、MRI诊断体系的建立及创新性临床应用	教育部科技进步奖一等奖、中华医学科技奖三等奖	耿道颖
2013	四维CT血管造影及磁敏感加权成像在脑重大疾病早期诊断中的应用	上海市技术创新成果银奖	张 军
2013	基于影像学新技术的脑血管病早期诊疗、预后评估体系的建立与创新性临床应用	上海市科技进步奖一等奖	耿道颖
2014	影像学对脑胶质瘤诊断和治疗的指导与创新应用	教育部科技进步奖一等奖	冯晓源
2015	中枢神经系统重大疾病CT/MRI关键技术的创新与临床应用	国家科技进步奖二等奖	耿道颖
2015	脑胶质瘤诊断和治疗中影像医学的指导价值和应用	上海市科技进步奖三等奖	姚振威

表2-2-6 2009—2016年放射科国家级、省部级重大项目（百万经费以上）情况表

时 间	项 目 名 称	项 目 来 源	第一负责人
2009年1月—2011年12月	跨大脑半球运动功能重组的神经网络联结性研究	国家自然科学基金面上项目	刘含秋
2011年1月—2013年12月	TRAIL基因靶向诱导鼠脑胶质瘤凋亡的功能MRI及病理机制研究	国家自然科学基金面上项目	耿道颖
2013年1月—2016年12月	针对淀粉样变的多功能分子靶向显影剂的基础研究	国家自然科学基金面上项目	冯晓源
2013年1月—2016年12月	功能MRI术前无创性预测胶质瘤异柠檬酸盐脱氢酶基因突变状态	教育部博士点基金优先发展项目	耿道颖
2013年1—12月	基于磁性和光学多模态影像探针标记效应T淋巴细胞免疫治疗脑胶质瘤的在体示踪研究	国家自然科学基金面上项目	姚振威
2013年1月—2016年12月	P-gp单抗-USPIO载药纳米颗粒对难治性癫痫的MR分子显像及靶向治疗的研究	国家自然科学基金青年基金	张 军
2014年1月—	颅内动脉瘤单纯弹簧圈栓塞术后瘤颈残留复发的血流动力学研究	国家自然科学基金面上项目	张晓龙
2014年1月—	脑缺血远隔部位炎性反应的多模式神经影像学活体实验研究	国家自然科学基金面上项目	杨艳梅
2014年1月—2016年12月	DTI联合DKI动态研究多发性硬化的髓鞘再生及相关神经修复机制	国家自然科学基金青年基金	李郁欣
2014年1月—2016年12月	*IDH1*基因突变胶质瘤的多模态MRI特征及其机制研究	国家自然科学基金面上项目	耿道颖
2016年1月—	基于MRI UTE成像研究腺苷对前交叉韧带重建后关节软骨及半月板变性的影响及机制	国家自然科学基金青年基金	陶虹月

表 2-2-7　2003—2016 年放射科市级、卫生局重点以上课题情况表

时　间	课题名称	项目来源	第一负责人
2003 年 1 月—2006 年 1 月	小儿多动症的功能磁共振成像研究	上海市科委重点项目	耿道颖
2005 年 1 月—2008 年 12 月	MRI 弥散张量成像在脑白质病变中的价值研究	教育部博士点基金	耿道颖
2006 年 1 月—2009 年 12 月	基于非线性理论的脑病变智能辅助诊断系统软件包	上海市经委	耿道颖
2006 年 1 月—2007 年 12 月	电针信号外周传导及中枢调节的临床脑功能磁共振成像研究	上海市卫生局课题	张俊海
2007 年 1 月—2010 年 12 月	缺血性脑血管病的早期影像诊断及外壳综合治疗	上海市科委重大项目	耿道颖
2008 年 1 月—2011 年 12 月	fMRI 联合 MRS、ERP 技术研究脑外伤患者工作记忆和语言的神经元活动和皮质联络功能变化	上海市科委基础研究重点项目	耿道颖
2009 年 1 月—2011 年 12 月	老年性痴呆的早期影像学诊断研究	卫生部卫生行业科研专项项目	冯晓源
2010 年 12 月—2013 年 12 月	关节软骨损伤及修复的 MRI 定量分析	上海市科委生物医药处面上项目	陈　爽
2010 年 1 月—2013 年 12 月	术中功能 MRI 引导下的胶质瘤可切除性研究	上海市科委创新行动	耿道颖
2011 年 1 月—2013 年 6 月	磁敏感加权成像技术在脑铁沉积相关性疾病中的应用研究	上海市科委医学引导类项目	李　克
2011 年 4 月—2013 年 3 月	血管壁 Aβ 蛋白沉积与脑血流灌注的关系及在阿尔茨海默病发病中的作用机制研究	上海市科委自然基金项目	何慧瑾
2011 年 11 月—2014 年 10 月	基于整合素 αvβ3 受体靶向脑胶质瘤分子探针的制备及 MR 成像研究	上海市卫计委委级科研基金	张家文
2012 年 1 月—2014 年 12 月	功能磁共振成像评价 TRAIL 基因靶向诱导鼠脑胶质瘤细胞凋亡的实验研究	上海市科委创新重点项目	耿道颖
2012 年 1 月—2014 年 12 月	功能 MRI 动态监测畸形缺血性脑卒中最佳溶栓时间窗的实验研究	上海市优秀学科带头人项目	耿道颖
2012 年 9 月—2015 年 9 月	MRI 评估缺血性脑卒中再灌注前后脑血流动力学实验研究	上海市自然科学基金	张　军
2012 年 9 月—2015 年 9 月	急性脑梗死一站式诊疗规范的研究和推广	上海市级医院新兴前沿技术联合攻关项目	冯晓源
2012 年 9 月—2015 年 9 月	效应 T 淋巴细胞免疫治疗脑胶质瘤多模态影像研究	上海市自然科学基金	姚振威
2013 年 1 月—2016 年 12 月	脑胶质瘤的早期综合影像学诊断及疗效评估研究	上海卫生系统重要疾病联合攻关项目	耿道颖
2013 年 1 月—2016 年 12 月	功能 MRI 术前无创性预测胶质瘤异柠檬酸盐脱氢酶基因突变状态的机制研究	教育部博士点基金	耿道颖

（续表）

时　间	课 题 名 称	项 目 来 源	第一负责人
2013 年 1 月—2016 年 12 月	团队建设与三年行动计划	上海市领军人才	耿道颖
2013 年 1 月—2016 年 12 月	基质金属蛋白酶- 9 靶向造影剂界定脑膜瘤脑膜侵犯范围的研究	教育部博士点基金	尹　波
2013 年 10 月—2016 年 9 月	急性缺血性脑卒中影像学早期识别关键技术与评估研究	上海市卫计委新优青计划	张　军
2015 年 1 月—	结构 MRI 量化研究不同干预手段对脑衰老的长期影响	上海市卫计委科研课题	初曙光
2016 年 4 月—	难治性癫痫靶向治疗分子机制及诊疗一体化分子影像学研究	上海市科委青年科技启明星计划	张　军
2016 年 7 月—	MRI UTE - T2 * 定量评估前交叉韧带重建模型的软骨和半月板变性及相关代谢机制的研究	上海市自然科学基金	陈　爽

表 2 - 2 - 8　1989—2016 年放射科出版著作情况表

年份	著 作 名 称	出 版 社	主　编
1989	介入放射学	上海医科大学出版社	陈星荣
1990	选择性血管造影	上海科学技术出版社	陈星荣
1992	中枢神经系统计算机体层摄影 CT 和磁共振成像 MRI	上海医科大学出版社	沈天真
1994	全身 CT 和 MRI	上海医科大学出版社	陈星荣　沈天真
1996	医学影像学诊断报告书书写手册	上海医科大学出版社	沈天真　陈星荣
1999	医学影像学诊疗常规	上海科学技术出版社	陈星荣
2004	神经影像学	上海科学技术出版社	沈天真　陈星荣
2004	影像诊断手册・神经系统分册	上海科技教育出版社	冯晓源
2004	脑与脊髓肿瘤影像学	人民卫生出版社	耿道颖
2005	现代医学影像学进展	复旦大学出版社	冯晓源
2008	脊柱与脊髓影像诊断学	人民军医出版社	耿道颖
2009	颅脑影像鉴别诊断学	人民军医出版社	耿道颖　沈天真
2010	消化系统影像学	上海科学技术出版社	陈星荣
2010	神经系统影像解剖图谱	上海科学技术出版社	李　克
2012	颅脑与脊柱脊髓分册	人民军医出版社	耿道颖(主译)
2012	泌尿生殖系统影像——疾病、症状的诊断与鉴别诊断	上海科学技术出版社	李　克
2016	现代医学影像学	复旦大学出版社	冯晓源

【学术任职】

邹仲于 1956—1984 年任上海放射学会主任委员，1981—1984 年任中华放射学会副主任委员。陈又新曾任第二届上海放射学会副主任委员。陈星荣曾任上海放射学会主任委员和名誉主任委员、中华放射学会副主任委员和名誉主任委员。沈天真曾任中华放射学会副主任委员、上海放射学会主任委员和名誉主任委员。冯晓源曾任中华放射学会主任委员、上海放射学会主任委员，并于2010—2014年任国际放射学会执委会委员，2015—2017年任国际放射学战略研究学会(International Society of Strategy Study in Radiology，ISSSR)候任主席，2014年被授予美国放射学会终身荣誉会员。耿道颖任中国医学影像技术研究会放射学分会副主任委员、中国女医师协会常务理事兼医学影像专委会主任委员、上海女医师协会副会长兼秘书长、上海市医师协会首任影像与核医学科医师分会会长、上海放射学会副主任委员及上海市脑卒中专业委员副主任委员。

四、教学

放射科是国家教委“211”工程重点学科、国家级继续医学教育项目培训基地、住院医师规范化培训基地、影像科专科医师培训基地。1977年，放射科开始招收硕士和博士研究生。截至2016年，放射科拥有博士研究生导师4人，硕士研究生导师7人，其中，冯晓源和耿道颖两位博士研究生导师曾获“学生心目中的好导师”称号。截至2016年，已培养硕士研究生100余人、博士研究生100余人、博士后7人，在读硕士研究生18人、博士研究生17人。建科近90年来，培养并调往国内外其他医院任正、副主任100多人，接受培训进修医生600余人。

放射科多次组织高水平影像学大会：1999年，承办第九届全国放射学学术大会；1998—2016年，每年举办中枢神经影像学新进展学习班；2004年，承办亚洲大洋洲神经及头颈放射学学术大会；2005—2016年，每年举办影像医学新理论与新技术学习班；2010年，承办第二十六届国际放射学大会，邀请美国、新加坡等国际著名影像学专家来华交流；2014—2016年，每年举办颅底影像学与临床病案分析。

五、其他

【科室荣誉】

2010—2016年，连续7年在复旦大学医院管理研究所发布的“中国最佳专科声誉排行榜”榜上有名，2009—2010年度放射科全国第一名，2011年度放射科全国第二名，2012—2013年度放射科全国第一名，2014—2015年度放射科全国第三名。

【援边扶贫】

科室多次派遣资深医师前往云南、新疆等边远地区进行医疗援助和扶持工作。

表2-2-9 2010—2016年放射科医疗援助情况表

时　间	地　点	援助医师	医疗援助和扶贫事件
2010年4—7月	云南腾冲	孙华平	援助云南省嵩明县人民医院，开展当地医院首例CT造影检查，创办放射科专业图书阅览室
2010年7—10月	云南腾冲	张俊海	援助云南省嵩明县人民医院，开展CTA等数项检查新技术，明显提高当地的影像学诊断水平，组织华山医院放射科与嵩明县人民医院放射科共建

（续表）

时 间	地 点	援助医师	医疗援助和扶贫事件
2013年3—9月	新疆喀什	周林江	作为上海市第七批第二轮援疆医务人员，前往新疆喀什地区第二人民医院执行为期6个月的支援任务，明显提高当地影像学发展水平
2013年10月—2014年1月	云南腾冲	陆新民	援滇医疗队对口支援云南腾冲，指导当地安装使用首台高场强MRI
2014年1—4月	云南腾冲	张 军	援滇医疗队对口支援云南腾冲，支持腾冲县人民医院影像科学科建设，开展多项新技术，提高当地的CT/MRI诊断水平，建立华山医院放射科党支部资助腾冲县一中贫困学生项目
2014年4—10月	云南腾冲	尹 波	指导放射科开展各种新业务，使放射科达到市级医院水平，联系华山医院与当地共建
2016年10月	西藏日喀则	孙华平	义务指导当地医院进行规范化影像学检查，进行数场影像学新技术进展的授课
2016年10—11月	江西赣州	杨艳梅	在兴国县人民医院完成疑难影像读片200余例，开展学习讲座十余次，指导当地开展数项新技术

第三节 检验医学科

一、沿革

医院创立初期，不设有独立的检验医学科，由殷大本、韩君伟及俞学鸿从事化验工作，开展三大常规。1928年，由微生物学专家汤飞凡兼职领导细菌室工作，同时，寄生虫学教授朱佐治及热带病学教授应元岳领导临床检验室工作，乐文照领导生化检验。1949年前全科工作人员十余人。

1950年，正式建立检验医学科，由抗生素学教授戴自英兼任主任，血液学教授吴茂娥兼任副主任，分别负责细菌室及临床生化室工作。1954年，由唐文淦、倪赞明分别担任检验医学科的正、副主任。1957年，唐文淦、陈宏础、刘之仲及俞兰英支援重庆医学院建院，同时任命倪赞明为主任，人员编制增加至30余人。1993年，倪赞明主任退休，王晓明任主任。1995年，吕元任检验医学科主任。同年，成为上海首个教育部"临床检验诊断学"专业博士点，并建立检验医学科信息系统（LIS）。1996年，张万忠任检验医学科副主任。2002年，在检验医学科的基础上，成立上海第一个医院检验医学中心。2003年，成为全球规模最大的药物临床试验机构，美国科文斯（Covance）中心实验室在中国唯一认可的国际多中心药物临床试验地区性中心实验室。2005年，成为上海市卫生局唯一的临床检验重点学科，并获国际认可成为全国首家获美国国家糖化血红蛋白标准计划（NGSP）level Ⅰ认证的糖化血红蛋白检验项目检验科。2006年，王洁任检验医学科副主任，同年，成为中国第一家通过美国病理学院认可的国际标准化医院检验科。2007年，关明任检验医学科副主任。2010年，被评为首批国家临床重点专科。2011年，成功通过ISO 15189认可，获"中国合格评定国家认可委员会实验室认可证书"。2013年，与美国病理学院合作成立海外首家培训中心。2015年，张弢、林勇任检验医学科副主任。

表 2-2-10　1928—2016 年检验医学科历任主任情况表

任职时间	主　任
1928—1950	汤飞凡
1950—1954	戴自英
1954—1957	唐文淦
1957—1993	倪赞明
1993—1995	王晓明
1995—	吕　元

二、医疗

【基本情况】

至 2016 年，检验科由 7 个组室构成，分别为生化室、免疫室、门急诊检验室、微生物室、临床扩增实验室、上房检验室、东院检验室。开展的项目有肝功能、肾功能、电解质、血脂、心肌酶谱、血糖、胆碱酯酶、乳酸、糖化血清蛋白、糖化血红蛋白、血/尿渗透压、体液生化、出凝血功能（包括凝血因子）、血黏度、血小板聚集、血栓弹力图、蛋白电泳和免疫固定电泳、17-羟/酮皮质类固醇测定、激素、肿瘤标志物、特定蛋白、甲状腺功能、肝炎标志物、药物浓度监测、过敏原、自身抗体、全血细胞分析、网织红细胞计数、血沉、疟原虫、尿粪常规分析、尿含铁血黄素检查、尿本-周氏蛋白检查、心肌酶谱、心肌标志物、尿淀粉酶、T 淋巴细胞亚群测定、B 淋巴细胞总数测定、NK 自然杀伤细胞总数测定、HBV-DNA、HCV-RNA、YMDD、CMV-DNA、JAK2、IgH 重链重排、各种标本的一般细菌培养和药敏试验、血培养、抗酸杆菌涂片、分枝杆菌培养等。2011 年，作为国际认可委同行评审点，接受国家认可委现场评审并成功通过 ISO 15189 认可，获“中国合格评定国家认可委员会实验室认可证书”，证明检验科符合 ISO 15189：2007《医学实验室质量和能力专用要求》（CNAS-CL02《医学实验室质量和能力认可准则》），是全国少数既通过美国病理学会（CAP）认可，又通过 ISO 15189 认可的医学实验室之一。2016 年，科室全年共完成 8 417 136 项次检测，并新增检测项目 1 项：血清非高密度脂蛋白检测。

【医疗特色】

进入 21 世纪以来，传统医学结合现代科技迅猛发展，特别是和新科技结合密切的检验医学更是日新月异。检验医学科已经从传统的以“三大常规”为主的简单化验室演变为如今集血液、体液、生化、免疫、微生物、分子生物学等众多学科为一体的检验医学科，整合医院内的检验设备资源，发挥检验平台的整体优势，提高工作效率和服务质量。2003 年，接管原本归护理部管理的门诊抽血等标本采集工作，是上海市最早真正实行全程质量控制管理的医院检验科。同年，按照发达国家的医院检验科的功能理念和美国病理学院的要求，进行检验医师的培养，加强与临床的沟通和服务。2005 年，糖化血红蛋白检验项目获美国国家糖化血红蛋白标准化计划（NGSP）最高标准（level Ⅰ）实验室认证，达到国际先进水平。2006 年，成为中国第一家通过美国病理学院认可的国际标准化医院检验科。2012 年，通过中国合格评定国家认可委员会实验室认可，即 ISO 15189：2007《医学实验室质量和能力专用要求》,并作为亚太实验室认可合作组织(APLAC)国际同行评审实验室,2013年1月通过监督及扩项评审,是获得CAP和ISO 15189双认可的实验室。

三、科研

【学科建设与人才培养】

检验医学科是集血液、体液、生化、免疫、微生物、分子生物学等众多学科为一体的检验医学科,拥有多台国际领先水平的大型仪器,共开展实验项目300多项。学科的主要研究方向:肿瘤的分子生物学检验;细菌的快速鉴定和耐药机制的研究。通过"国家临床重点专科建设项目"的实施,提升医院检验医学科国际水准的医疗质量,将国际高标准与中国国情相结合,为中国检验医学界在科室管理方面提供宝贵经验和财富;通过创新检验与临床相结合的"检验医学"教学模式,促进检验与临床的交流,提高科室员工的岗位能力,为同行提供可借鉴的教学经验;临床科研成功地开展与转化,开发出一系列新项目、新方法,满足临床诊断需要,同时为学科的进一步发展,提升培育技术和人才队伍。

表2-2-11　2009—2016年检验医学科入选人才计划和获得人才奖励情况表

年　份	人才计划、人才奖励名称	入选者、获奖者
2009	第四届上海市"医务青年管理十杰"	关　明
2010	2010美国临床化学协会国际差旅奖(AACC International Travel Grant Winner)	关　明
2011	上海卫生系统优秀学科带头人	关　明
2011	上海市卫生局新百人计划	关　明
2011	上海医学科技奖二等奖	关　明
2011	华山医院首届"十大科技精英"	关　明
2011	第二十三届上海市优秀发明选拔赛职工技术创新成果银奖	关　明
2011	第五届复旦大学十大医务青年	李　敏
2011	上海市卫生系统优秀青年人才	李　敏
2011	中科院青联、团委联合中国科学报社"第三届青年科学之星"	李　敏
2011	复旦大学附属华山医院优秀人才奖励计划——华菁奖	刘维薇
2011	复旦大学卓学奖	刘维薇
2012	第二届上海市卫生系统"十佳医技工作者"提名奖	关　明
2012	华山医院"十大科技精英"	关　明
2012	上海市教委"上海市曙光学者"	李　敏
2013	上海市卫生系统"银蛇奖"二等奖	李　敏
2013	国家优秀青年科学基金项目	李　敏
2013	复旦大学首届"青年五四奖章"	李　敏
2014	第九届复旦大学风湿、免疫、过敏性疾病研究中心(IRIA)主办的风湿、免疫(国际)论坛IRIA年度人物精英奖	关　明

（续表）

年 份	人才计划、人才奖励名称	入选者、获奖者
2014	上海市领军人才	关 明
2014	第二届宝山区十大医技人员	关 明
2014	复旦大学附属华山医院优秀人才奖励计划——华菁奖	王志成
2015	上海市优秀研究生成果奖(博士论文)	吕 元
2015	第二届宝山区十大医技人员	关 明
2015	华山医院十佳科技精英	关 明
2016	复旦大学附属华山医院优秀人才奖励计划——华英奖	张 弢
2016	上海市临床医技优秀人才项目	胡婷婷 田月如
2016	第二十八届上海市职工优秀发明选拔赛金奖	关 明

表 2-2-12 2001—2016 年检验医学科出境进修人员情况表

进修时间	进 修 地 点	进 修 项 目	进修人员
2001 年 8 月—2002 年 7 月	香港中文大学医学院	眼科和视觉科学系访问学者	关 明
2003 年 8—10 月	瑞士阿劳州立医院(Kontonsspital Aarau)	分子生物学检验	关 明
2004 年 8 月—2006 年 7 月	美国国立卫生研究院国立癌症研究所(NCI/NIH)	癌症表观遗传学	关 明
2008 年 10 月—2009 年 4 月	香港中文大学医学院	访问学者，开展 *Bmi-1* 基因的肿瘤相关研究	刘维薇
2010 年 6—12 月	英国莱斯特大学	感染免疫学系访问学者	蒋晓飞
2012 年 2—4 月	美国梅奥医学中心	检验科访问学者，学习肿瘤分子病理	关 明
2013 年 1 月—2014 年 7 月	美国乔斯林糖尿病中心、哈佛大学医学院	访问学者，学习临床分子诊断学	张 弢
2014 年 5 月—2015 年 10 月	美国 M. D. 安德森癌症中心	访问学者，致力于肿瘤抑癌基因的新功能研究	刘春芳
2014 年 8—10 月	美国 M. D. 安德森癌症中心	检验科访问学者，学习临床分子诊断学	关 明
2015 年 11 月—2016 年 12 月	美国维克森林大学	致力于肿瘤抑癌基因的新功能研究，并与肿瘤研究的 HUI-KUAN LIN 教授、代谢研究的 XUEWEI ZHU 副教授建立长期合作关系	刘春芳
2016 年 3—12 月	瑞士弗里堡大学	微生物学系访问学者	蒋晓飞

【科研成果】

检验医学科是上海市卫生局重点学科建设项目中唯一的检验专业，截至 2016 年，先后申请到“十一五”“863”课题 1 项(耐药性条件致病菌基因组岛的识别、分析和发现)，国家自然科学基金 27 项，以及教育部、卫生部、市科委、市卫生局“百人计划”、美国中华医学基金会(CMB)等 70 余项课题；以第一作者和通讯作者发表的国外 SCI 杂志收录文章 100 余篇，国内杂志 100 余篇；科技成果奖 10 项，专利 9 项；主编及参编医学著作 4 部。

表 2－2－13　1977—2011 年检验医学科获奖课题(市级以上)情况

年份	课　题　名　称	奖 项 名 称
1977	协作试制国产 ZSF－6 六通道自动生化分析仪	上海市科委成果三等奖
1983	20 例临床标本中非发酵菌鉴定	卫生部科技成果二等奖
1985	血清胆红素推荐方法及胆红素纯品研究	四川省卫生厅科技成果奖三等奖
1989	冻干兔肺凝血活酶试剂及凝血酶原时间、活化部分凝血活酶时间	上海市科技进步奖三等奖
2003	碱性磷酸酶糖链结构分析与肝癌诊断	上海医学科技奖三等奖
2003	上海地区血清 ALT 检测标准化和参考范围调查	上海医学科技奖二等奖
2004	翼状胬肉的研究——PEDF、VEGF 等在翼状胬肉组织中的表达	浙江省科技进步奖三等奖
2006	表皮葡萄球菌生物膜致病分子机制的研制	教育部高等学校科学研究优秀成果奖自然科学奖一等奖
2007	PEDF 在角膜血管的防治中的功能研究	浙江省科技进步奖三等奖
2011	色素上皮衍生因子抑制肿瘤的生长及其机制	上海医学科技奖二等奖

表 2－2－14　1991—2016 年检验医学科获得资助课题(市级以上)情况表

年份	课　题　名　称	项　目　来　源	负责人
1991	糖蛋白糖链结构分析的临床应用	卫生部留学回国基金	吕　元
1992	糖蛋白糖链结构分析的临床应用	上海市卫生局	吕　元
1993	糖蛋白糖链结构分析的临床应用	国家自然科学基金	吕　元
1994	糖蛋白糖链结构分析的临床应用	美国中华医学基金(CMB)	吕　元
1999	ALP 糖链结构分析与肝癌诊断	上海市卫生局百人计划	吕　元
2000	组织因子的基因工程	教育部高校骨干教师计划	吕　元
2002	重组人组织因子的研究	上海市卫生局百人计划	吕　元
2003	表皮葡萄球菌功能研究	“十五”“211”工程重点学科建设项目	吕　元
2004	PEDF 对胶质瘤的治疗作用相关研究	复旦大学“世纪之星”	关　明
2004	PEDF 对胶质瘤的血管生成作用研究	上海科委启明星计划	关　明
2004	蛋白质飞行时间质谱技术在膀胱癌早期诊断和预后判断中作用的研究	上海市科委科研基金	吕　元
2004	PEDF 对胶质瘤的抑制作用及其受体的鉴定	国家自然科学基金	关　明
2004	PEDF 的表达及对脑肿瘤治疗作用的研究	教育部高校博士点基金	吕　元
2005	采用蛋白芯片-飞行时间质谱筛查铜绿假单胞菌耐药标志物	上海市卫生局科研课题	蒋晓飞
2006	耐药性条件致病菌基因组岛的识别、分析和发现	国家高技术研究发展计划(“863”计划)专题课题	吕　元

（续表）

年份	课题名称	项目来源	负责人
2006	VEB－3 型超广谱内酰胺酶快速水平播散机制研究	国家自然科学基金	蒋晓飞
2006	多种肿瘤干细胞的分离和鉴定	国家自然科学基金	吕　元
2006	DLC－I 与肾癌的关系	复旦大学青年科学基金项目	张　弢
2007	磁性纳米载体携带 PEDF 对胶质瘤抑制作用的研究	教育部高校博士点基金(新教师基金)	张　弢
2008	DLC－1 对前列腺癌的抑制作用的研究	教育部回国人员启动基金	关　明
2008	肺炎克雷伯临床耐药菌株新基因组岛的筛选	上海医学院临床基础交叉研究基金	蒋晓飞
2008	胰腺癌中 PI3K/AKT 通路基因改变的研究	上海医学院临床基础交叉研究基金	吕　元
2008	肺炎克雷伯临床耐药菌株新基因组岛的识别与鉴定	复旦大学第八届博士研究生创新基金	陈　楠
2008	中国 MRSA 克隆株毒力因子携带及进化研究	教育部高校博士点基金(新教师基金)	李　敏
2008	流行于不同国家同属 clonal complex 8 的 MRSA 克隆株之间进化关系和毒力研究	复旦大学青年科学基金项目	李　敏
2008	骨髓细胞源性神经肿瘤干细胞的分离及鉴定	国家自然科学基金	刘春芳
2008	DLC－1 对前列腺癌的抑制作用及与 p120 Ras GAP 蛋白的相互作用	国家自然科学基金	关　明
2009	C－反应蛋白和乙肝等快速诊断试剂的质量比对研究	上海市创新计划课题	王　洁
2009	调节葡萄球菌 α－毒素表达的基因的筛选及功能研究	教育部回国人员启动基金	李　敏
2009	葡萄球菌抗菌肽感受系统中 apsX 蛋白功能研究	国家自然科学基金	李　敏
2009	葡萄球菌 aps 抗菌肽感受调节系统功能研究	上海市浦江人才计划	李　敏
2009	膀胱癌的特异性甲基化模式对膀胱癌的早期诊断价值	上海市人才发展资金资助计划	关　明
2009	结直肠癌 *AKAP12* 基因启动子甲基化及其对肿瘤细胞抑制作用	上海市自然科学基金	刘维薇
2010	肝、肾功能和血糖诊断试剂的质量对比研究	上海市科委择优委托项目	王　洁
2010	宿主细菌调控整合子捕获和重组耐药性基因盒的机制研究	国家自然科学基金	蒋晓飞
2010	新型纳米载体携带 PEDF 对胶质瘤作用的研究	国家自然科学基金	张　弢
2010	*AKAP12* 对结直肠癌的抑制作用及其 Ras 作用通路研究	国家自然科学基金	刘维薇
2011	Wnt/β－Catenin 信号通路在乳房外 Paget 病中的作用	上海市卫生系统优秀学科带头人	关　明
2011	非标记-高分辨熔解技术在骨髓增殖性肿瘤检测中的应用	上海市科委生物医药处重点项目	关　明
2011	调节社区获得性金黄色葡萄球菌 α 毒素表达的基因筛选及功能研究	上海市卫生系统优秀青年人才培养计划	李　敏

（续表）

年份	课题名称	项目来源	负责人
2011	新的细胞壁锚定蛋白 SasX 在金黄色葡萄球菌定植和感染中的作用	国家自然科学基金	李　敏
2011	人外周血环境中 Vα24NKT 细胞激活信号传递通路对 $CD8^+$ T 细胞的调节机制	上海市自然科学基金	林　勇
2012	茎环探针技术建立骨髓增殖性肿瘤中 *JAK2 V617F* 突变与 *MPL W515L/K* 突变检测体系	上海市科委基础处重点项目	关　明
2012	EphA7 配体依赖/非依赖效应在前列腺癌侵袭和转移中的作用及其机制	高等学校博士学科点专项科研基金	关　明
2012	EphA7 的激酶依赖/非依赖信号传导途径对前列腺癌的双重作用及机制	国家自然科学基金	关　明
2012	以促进 MRSA 定植和感染的细胞壁锚定蛋白 SasX 作为疫苗靶点的初步研究	国家自然科学基金(与 NIH 合作项目)	李　敏
2012	人畜共患金黄色葡萄球菌致病机制研究	上海市曙光人才计划项目	李　敏
2012	多种器官移植易感病原体检测试剂盒的临床验证	上海市科委基金项目(产学研联盟项目子课题)	李　敏
2012	线粒体 ROS 在血小板储存损伤中的作用及分子机制	国家自然科学基金	王志成
2012	线粒体 ROS 在 PSL 引起的 GPIbα 酶切中的作用和分子机制	中国博士后科学基金	王志成
2012	线粒体活性氧在血小板储存损伤中的作用	上海市博士后科学基金	王志成
2013	医学病原微生物与感染	优秀青年科学基金项目	李　敏
2013	金黄色葡萄球菌 AraC 家族转录调节蛋白 Rsp 对细菌毒力的调节机制	国家自然科学基金面上项目	李　敏
2013	*AKAP12* 通过与 PIP3 的相互作用调控 PI3K/AKT 信号通路与其抑制结直肠癌侵袭转移的研究	国家自然科学基金面上项目	刘维薇
2013	生殖细胞发育潜能激活在畸胎瘤/癌起源中的作用	国家自然科学基金面上项目	吕　元
2013	肝癌中生殖细胞样细胞的分离及鉴定	国家自然科学基金面上项目	刘春芳
2013	*HLA-B*5801* 等位基因检测试剂盒开发	“科技创新行动计划”生物医药领域产学研医合作	关　明
2013	*rs9263726* 等位基因检测试剂盒开发	上海市教委产学研项目	关　明
2013	强直性脊柱炎发生机制及控制策略研究	国家重点基础研究发展计划(“973”计划)	关　明
2013	*HLA-B*5801* 等位基因检测方法的建立和临床评价	上海市卫生和计划生育委员会	关　明
2013	人骨髓细胞的生殖细胞发育潜能在癌变因素下激活	教委部博士点基金	吕　元
2013	人体维生素与抗氧化能力等检测系统及配套试剂的研发	国家高科技研究发展计划(“863”计划)	王　洁

（续表）

年份	课 题 名 称	项 目 来 源	负责人
2014	乳房外 Paget 病中错配修复基因功能异常与 PI3K/AKT 通路在侵袭中的作用	国家自然科学基金面上项目	关 明
2014	采用微阵列数字 PCR 检测 *JAK2* 基因 *V617F* 突变	申康医院发展中心市级医院临床辅助科室能力建设项目	关 明
2014	综合医院急性严重呼吸道传染病病原学诊断研究	国家重大专项	吕 元
2015	SIRT3 介导的线粒体功能调节在白藜芦醇延缓血小板衰老中的机制研究	国家自然科学基金面上项目	吕 元
2015	Tn1721 样转座子携带的 blaKPC 在耐碳青烯类肺炎克雷伯菌中播散的机制研究	国家自然科学基金面上项目	蒋晓飞
2015	靶向抑制脂肪酸合成酶逆转多发性骨髓瘤细胞对硼替佐米耐药的实验研究	上海市自然科学基金	张 弢
2016	基于 LAMP 纸芯片即时检测骨髓增殖性肿瘤分子标志物谱的研究	国家自然科学基金面上项目	关 明
2016	活性氧在银屑病患者血小板高活性状态中的作用及白藜芦醇干预研究	国家自然科学基金面上项目	王志成

表 2-2-15　2008—2016 年检验医学科出版著作情况表

年份	著 作 名 称	出 版 社	编写方式	编写人员
2008	蛋白质实验室检测项目临床应用指南	上海科技出版社出版	副主译	关 明
2011	医学检验项目指南——帮你解析化验结果	人民卫生出版社	副主编	关 明
2011	实用临床实验室管理学	人民卫生出版社	编委	吕 元 王 洁
2016	检验科医生手册	人民卫生出版社	副主编	关 明

表 2-2-16　2007—2016 年检验医学科申请专利情况表

年 份	专 利 名 称	申 请 人
2007	一种检测尿液标本中差异表达的相关蛋白的方法	吕 元
2011	一种含有整合子的工程菌株	吕 元
2012	一种含有基因组岛 KpGI-2 的肺炎克雷伯菌株	吕 元
2012	一种用于革兰氏阳性菌的高效转座系统	李 敏
2013	携带视网膜色素上皮细胞衍生因子的超顺磁纳米载体	张 弢
2014	*JAK2 V617F* 突变的检测应用	关 明
2014	一种定量检测 *AKAP12* 甲基化水平的方法及应用	刘维薇
2016	基于微流控芯片检测骨髓增殖性肿瘤相关突变 *JAK2 V617F*	关 明
2016	一种快速提取全血基因组 DNA 的装置及其方法	关 明

表 2-2-17　2009—2016 年检验医学科论文获奖情况表

年份	奖项名称	获奖人
2009	美国临床生化学院(NACB)学会优秀论文摘要奖	关　明
2010	第六次全国中青年检验学术会议暨第三届中国检验医学中青年论坛阳普优秀论文一等奖	李　敏
2011	全国医药博士后学术论坛优秀大会报告奖	王志成
2012	东方检验医学学术会议青年自由论坛三等奖	刘维薇
2012	中华医学会第七次全国中青年检验医学学术会议论文一等奖	吴之源
2012	中华医学会第七次全国中青年检验医学学术会议论文三等奖	杜　昕
2012	第三届中国临床微生物学大会暨微生物学与免疫学论坛学术会议优秀论文三等奖	朱元军
2013	“探索临床前沿”全国博士生学术论坛优秀奖	汪　骅
2013	上海市检验医学年会优秀论文二等奖	康志华
2014	东方检验医学学术会议优秀论文奖	李世宝　田月如　朱元军
2014	中国医师协会第九届全国检验与临床学术会议优秀论文一等奖	李世宝
2014	中华医学会第八次全国中青年检验医学学术会议优秀论文三等奖	汪　骅
2014	中国中西医结合检验医学专业委员会第一次学术会议暨检验医学专业委员会成立大会优秀论文奖	汪　骅
2015	上海市研究生优秀成果(硕士论文)	吴之源
2015	中华医学会第十一次全国检验医学学术会议优秀论文奖	梁　伟
2015	中国医师协会检验医师分会 2015 年会暨第十届全国检验与临床学术会议优秀论文三等奖	蒋浩琴
2015	中华医学会第十一次全国检验医学学术会议暨第十二届华人检验医学学术会议优秀论文奖	蒋浩琴
2015	第二届临床微生物与感染病学国际论坛优秀论文三等奖	蒋浩琴
2015	中华医学会第十一次全国检验医学学术会议优秀论文奖	汪　骅
2015	东方检验会议大会优秀论文奖	汪　骅
2015	上海市医学会检验医学分会优秀论文三等奖	汪　骅
2016	上海市研究生优秀成果(博士论文)	杜　昕
2016	第三次全国中西医结合检验医学学术会议优秀论文二等奖	汪　骅
2016	中国医师协会检验医师分会 2016 年会暨第十一届全国检验与临床学术会议优秀论文二等奖	汪　骅

四、教学

1982 年，上海医科大学成立医学检验系，检验医学科支援骨干承担检验系的教学工作。同时在校内建立“诊断学与临床检验”硕士研究生招生点。1995 年成为上海首个教育部“临床检验诊断学”专业的博士招生点。至2016年，有博士研究生导师3人、硕士研究生导师3人，已培养博士后3人、博士研究生15人、硕士研究生19人；在读硕士生12人、博士生8人、博士后2人。

检验医学科每年完成复旦大学上海医学院临床医学系和法医学系本科生和八年制学生共100学时、英语班9学时的“实验诊断学”理论和示教课程带教任务。2006年，科室和CAP专家一起联合申请国家级继续教育项目“CAP认可与医院检验科质量保证体系建立”，2006—2016年已举办12期，累计培养来自全国各地的检验中高级人才900多人。在学习班的基础上，成功举办7届华山检验医学论坛。2013年CAP与医院检验医学科合作成立首家海外培训中心。2016年，举办第一届“华山临检质量管理论坛”。作为卫生部首批专科医师（检验医师）培训基地，承担来自全国各地的进修生、实习生的带教任务，在教学方面具有完善的管理制度和丰富的经验。

2000年以来，先后聘请数位客座教授，其中包括美国哈佛大学医学院病理系施扬教授；美国托马斯·杰斐逊大学病理细胞生物系学马克·费特尔森（Mark Feitelson）教授和美国Covance中心实验室高登·卡普克（Gordon F. Kapke）教授，指导科室医教研工作。截至2016年，检验医学科研究生参加国际会议8次，并做分会场报告8次，获青年研究家奖（Young Investigator）奖2次，Asia B Award 2次，大会优秀论文奖23次，大会发言5次，参加复旦大学博士论坛并获得三等奖3人次，全国博士生论坛优秀论文奖3人次。

五、其他

【个人荣誉】

2009年，倪赞明获中华医学会检验分会授予的检验医学终身成就奖。

2013年，吕元被美国病理学院授予卓越贡献奖。

【医疗援助】

2008—2016年，检验医学科多名医生参与医疗援助工作，援助地区包括四川、贵州、云南、西藏。

表2-2-18　2008—2016年检验医学科医疗援助工作情况表

年　份	援助地区	援助队员
2008	四川汶川灾区	陈　健　胡　尧　徐一鸣　徐　栋　施　俊
2009	贵州	沈鸣吉
2011	云南	沈鸣吉
2016	西藏	胡　尧

第四节　临床营养科

一、沿革

临床营养科创建于1942年，前身为营养室，是国内较早开展糖尿病饮食计算、设计食谱等营养工作的单位之一。1954—1987 年在医院膳食中广泛开展治疗膳食，营养工作逐步踏上专业化发展道路。1989 年，组建配膳员队伍，并实行包伙点餐制。1999 年，由后勤科室改编为临床医技科室，成立临床营养科。随着医院的发展，临床营养科于 2002 年合并江苏路分部营养室，并于 2006、2013 年对新建的浦东院区及华山北院展开临床营养规范化、同质化管理，成为医教研管理协同发展的一体化现代临床营养学科。2012 年，医院临床营养科率先启动营养诊疗系统及膳食管理系统工作的开展。2016 年，推进 PDA 及微信点餐系统，加快科室管理的信息化发展。2016 年，临床营养科共有专业工作人员 13 人，其中博士 2 人、硕士 4 人；高级职称 1 人、中级职称 4 人，均有营养师资质。

表 2-2-19　1942—2016 年临床营养科历任主任情况表

任职时间	主　任
1942—1953	张绍兰
1954—1987	郑仙梅
1987—1989	林红英
1989—1998	王梅芳
1999—	刘景芳

二、医疗

【基本情况】

临床营养科的日常工作涵盖医教研工作、临床营养治疗、医院膳食管理、人才培养和科室文化建设，主要医疗工作有营养筛查、营养评估、营养会诊、营养门诊、制订营养治疗方案、膳食制作与配送、听取膳食意见及质量改进、营养治疗效果评价、营养宣教、出/转院营养指导等，并在此基础上完成饮食统计、成本核算、饮食烹饪、营养质控、营养宣教、营养门诊等一系列临床营养科常规工作。除完成每日的常规工作之外，对各项工作进行持续改进，对各环节流程进行改造，加强院感控制、员工晨检、设备安全检查等各项食品安全保障工作。

【医疗特色】

表 2-2-20　2010—2016 年临床营养科医疗数据情况表　　单位：人次

年份	普通饮食	治疗饮食	营养筛查和评估	营养宣教和营养咨询	营养查房、重点患者随访	营养方案调整	营养门诊
2010	216 531	158 379	89 224	8 253	46 552	1 650	327
2011	227 451	159 302	97 845	8 341	47 325	1 668	396
2012	227 749	159 471	98 324	8 876	49 936	1 775	596
2013	228 201	159 891	107 728	8 974	50 304	1 794	573
2014	230 124	162 031	109 876	9 032	51 029	2 709	685
2015	230 369	162 154	120 198	9 621	51 125	2 886	695
2016	230 259	162 215	122 067	9 638	51 149	3 091	670

至 2016 年，临床营养科开展多项 MDT 合作，在院内与风湿职业病科合作，开展痛风联合营养门诊；与肾病科合作，开展肾病联合营养门诊；与普外科和内分泌科合作，开展减重营养门诊。紧密和临床联合，积极组建和开展营养支持小组（NST）；与胰腺外科合作，成立 ERAS“术后快速康复小组”；与消化内科合作，开展“炎症性肠病营养治疗”工作；与老年科合作，成立“老干部营养医疗组”；与北京协和医院合作，完成“慢性肾脏病蛋白质及磷摄入量及其评价方法的研究”多中心研究。

【医疗保障】

临床营养科为上海市红十字会在医院开展的骨髓移植患者提供造血干细胞移植患者营养餐的保障工作，为外国国家元首医疗专家保障团队的饮食做保障，常年为干部体检保障供应早餐，为 2007 年第十七届夏季世界特殊奥林匹克运动会提供营养保障工作。

【社会公益】

营养科积极参与院内外各类社会公益活动，如学雷锋门诊患者营养义诊，随党支部为社区居民开办营养义诊和营养宣讲，参加医院献爱心活动、“世界肾脏病日”营养咨询活动等等；多次举行中国营养学会号召的“全民营养周”活动和中国老年学会营养与食品安全分会号召的“重阳节老年营养”健康等公益活动。

三、科研

【科研特色】

至 2016 年，临床营养科科研工作全面发展，形成亚专科重点突出的特点，已形成痛风、肾病、代谢外科、神经外科、胰腺外科快速康复、消化道疾病等 6 个营养亚专科，并深入临床与医护人员联合开展多项课题研究。基本学科专业构成有临床医学专业、预防医学专业、营养与食品安全专业、运动营养专业、中医营养专业、护理专业等。

【人才培养与引进】

临床营养科注重营养师学历的提升，硕士以上学位人员比例从 10 年前的 25％上升到 2016 年的 46.1％，与临床科室共同培养肾病营养和外科营养研究方向的博士生。拓展国内外交流学习，选派营养师赴美国、日本以及中国台湾等地学习交流。

【科研成果】

2006 年，临床营养科与上海交通大学合作申请到国家自然科学基金 1 项；科室申请到市级及以上科研课题 3 项，分别为“低嘌呤饮食＋VC 对社区 HUA 患者血尿酸及 *HPRT* 基因调控的影响”“饮食干预对 *HPRT* 基因表达和嘌呤代谢的影响及机制研究”“不同 GI 食物对柔道运动员疲劳恢复的影响”。2014—2016 年，医院临床营养科参与北京协和医院发起的多中心“慢性肾脏病蛋白质及磷摄入量及其评价方法”的研究。截至 2016 年，主编及参编著作 6 部，在全国及省市临床营养年会论坛上发表十余篇，以第一作者发表 SCI 论文、国内外期刊论文数十篇。

表 2-2-21　1999—2014 年临床营养科出版著作情况表

出版年份	著作名称	出版社	作者
1999	实用糖尿病饮食治疗和运动疗法	上海医科大学出版社	俞茂华　刘景芳
2007	现代癫痫治疗学	复旦大学出版社	洪　震　丁　玎　刘景芳等
2011	营养师必读	人民军医出版社	蔡东联　于　康　刘景芳等
2014	全民健康十万个为什么	北京出版社	刘景芳参编

表 2-2-22　2011—2016 年临床营养科优秀会议论文、期刊论文情况表

年份	论文题目	相关会议、期刊	作者
2011	痛风患者痛风主要诱因及尿酸区组比较	第十三届中国营养年会(杭州)优秀论文三等奖	邵春海　刘景芳
2012	胆囊切除术合并十二指肠内瘘修补术后胃瘫综合征的营养支持一例	《中华临床营养杂志》	张家瑛(第一作者) 刘景芳(通讯作者)
2012	α-硫辛酸对老年大鼠外周血细胞线粒体的抗氧化作用	《营养学报》	田　芳(第一作者) 刘景芳(通讯作者)
2012	营养支持小组在糖尿病肾病患者教育中的作用	《世界临床药物》	雷　振(第一作者)
2012	尿样监测在慢性肾脏病患者营养指导中的意义	《世界临床药物》	雷　振(第一作者)
2013	高尿酸血症与代谢综合征各组分间的关系及营养治疗	《上海医药》	邵春海(第一作者) 刘景芳(通讯作者)
2013	免疫营养制剂在重症颅脑外伤治疗中的应用	《上海医药》	苏健光(第一作者) 刘景芳(通讯作者)
2013	奶及奶制品摄入降低痛风患者血尿酸水平	《上海医药》	田　芳(第一作者) 刘景芳(通讯作者)
2014	The Effects of Soy Protein on Chronic Kidney Disease: A Meta-analysis of Randomized Controlled Trials	*European Journal of Clinical Nutrition*	张家瑛(第一作者) 刘景芳(通讯作者)
2016	Low-protein Diet Supplemented with Ketoacids Ameliorates Proteinuria in 3/4 Nephrectomised Rats by Directly Inhibiting the Intrarenal Renin-angiotensin System	*British Journal of Nutrition*	张家瑛(共同第一作者)
2016	肠道和肠-肾轴机制对磷稳态的调控	《中华肾脏病杂志》	张家瑛(第一作者)
2016	低嘌呤饮食结合维生素 C 对 HUA 患者血尿酸的影响	第十五届中国临床营养年会(武汉)优秀论文一等奖	邵春海　刘景芳　张　敏　潘美珍等
2016	High ω-3/ω-6 Ratio Diet Could Alleviate Blood-Brain Barrier Dysfunction in Rat Model with Traumatic Brain Injury	*Int J Clin Exp Med*	苏健光(第一作者) 刘景芳(通讯作者)
2016	n-3 多不饱和脂肪酸与血脑屏障的关系	《医学综述》	苏健光(第一作者) 刘景芳(通讯作者)
2016	减重术后患者营养评价及膳食结构重建	上海市肠内肠外营养年会优秀论文三等奖	田　芳　姚琪远　丁　锐　刘景芳

此外，2013 年，3 名营养师分别在上海电视台《名医大会诊》宣讲营养知识，内容分别为“不伤心的吃法”“致命的头痛”“直击‘腰’害”。2014 年，1 名营养师通过东方卫视娱乐节目《36.7℃》，向广大市民宣传营养科学知识，识别伪科学，该节目视频深受观众好评，网络点击量数千次；2 人次接受《新闻坊》栏目采访，向大众科普均衡营养的重要性。2015 年，临床营养科多人次在主流报纸发表科普文章：《糖尿病友，今天你吃对了吗？》（邵春海，《解放日报》），《透析族的降磷总动员》（张家瑛，《大众医学》），《肿瘤君，最爱吃什么》（田芳，《文汇报》网络版）。2016 年，营养科发表各类科普文章 12 篇，4 人次参加电视科普节目，开展健康宣传。与肾病科合作拍摄科普微电影《肾病营养课堂》，在医院微信公众号和上海市科委科普云平台发布。

【学术任职】

2009 年，刘景芳当选为中国营养学会临床营养分会副主任委员。

2014 年，刘景芳连任中国营养学会临床营养分会副主任委员。

2015 年，刘景芳当选为中国医师协会营养医师专委会常委兼特殊医学用途配方食品（FSMP）学组副主任委员。

2015 年，刘景芳当选为上海食疗研究会委员兼呼吸病专业委员会副主任委员、世界华人营养师协会委员。

2016 年，邵春海当选为中国医促会营养与代谢管理青年专委会副主任委员。

【国际交流】

2010 年，营养师雷振赴日本北里大学进行营养学术交流。

2011 年，泰国营养学代表团到营养科参观访问，开展学术交流。

2011 年，美籍营养师到访，开展学术交流。

2016 年，刘景芳在世界华人营养医师年会上做交流发言。

2016 年，张家瑛参加美国肾脏病协会交流学习。

四、教学

临床营养科自转型为临床医技科室以来，在 JCI 认证基础上，教学工作不断推进，趋于规范和完善，营养师在每年继续教育考核中合格率为 100%。在多年的教学工作中，建立成熟的科室教研小组，针对不同学员的教育要求和学习方向，设计多个教学单元组合，从临床营养诊疗到医疗膳食管理，使医学营养教育更具针对性和实用性，协助学员在短期的学习过程中掌握临床营养科工作流程和关键环节。作为中国临床营养示范基地、中国医师协会营养医师培训基地和本科生实践教育基地，多年来接收和培养数十名来自全国各地的基地生和进修生。申请成立“基于实践的临床营养延伸教育”实践基地，获上海中医药大学项目资助。

临床营养科为上海中医药大学、上海健康医学院和震旦学院营养专业的学生授课，至 2016 年共带教实习生 60 多名，指导上海中医药大学本科生十余人毕业论文撰写，多名本科生在导师指导下获优秀毕业论文和校级科创项目，教学质量获得学校好评；负责上海临床营养质控中心每年一次的国家级继续教育课程的讲授；参与营养学会及劳动部举办的营养师培训教学等。每年通过电视、电台、讲座等形式对大众进行营养知识的普及宣传等科普教育。2012—2015 年，连续 4 年举办“JCI 在临床营养科内部管理及营养治疗中的应用”国家级学习班，接收全国各地学员数百名。主讲上海临床营养质控中心每年一次的国家级继续教育课程，如“肠道营养物质的吸收”“核酸、肉毒碱等特殊营养物质的作用”“谷氨酰胺、精氨酸的特殊营养作用”“医院饮食”“运动与营养”“临床营养科管理工作探讨”等。

五、其他

【科室荣誉】

1999 年，“医院：使用绿色环保餐具的表率”获“上海医务青年新世纪医院文化创意大赛”新世纪创意金奖。

2000 年，被评为上海市卫生系统规范服务示范窗口。

2001 年，被评为上海市卫生系统红旗文明岗。

2003—2004 年，老干部医疗组被评为上海市卫生系统红旗文明岗。

2005—2006 年，营养治疗组被评为上海市卫生系统红旗文明岗。

2008 年，被评为上海市医务工会迎世博窗口服务示范岗。

2011—2016 年，被评为中国营养学会示范单位。

2013—2016 年，被评为中国医师协会中国临床营养示范基地。

2014 年，被评为复旦大学附属华山医院先进集体。

第五节　麻醉科

一、沿革

医院麻醉科是上海市最早独立于外科系统的麻醉学专业科室之一。1946 年，北京协和医学院医师马月清为第一任麻醉专科医师。之后由从美国回国的陈化东负责主管中山医院和华山医院的麻醉工作。中华人民共和国成立后，由在美国受过正规麻醉训练的吴珏主持两家医院的麻醉工作。20 世纪 50 年代初，上海第一医学院附属医院出现一次较大的结构调整：中山医院改称为外科学院；华山医院改称为内科学院，并成立神经外科，神经外科拥有一名麻醉护士，麻醉医师在两家医院同时执业。1955 年，医院重设外科，中山医院徐振邦和董兆贤两名医师来到华山医院，成立麻醉组，隶属大外科。1957 年，董兆贤支援重庆医学院，离开华山医院，徐振邦全面主持医院麻醉工作。此后，麻醉学专业人员队伍逐渐扩大。70 年代末，各专业学科相继成立教研室和独立科室。中山医院和华山医院麻醉科组建成上海医科大学麻醉学教研室，吴珏任主任，方兆麟和徐振邦任副主任。徐振邦继续负责华山医院麻醉科日常工作。科室工作人员增至 16 人，科室添置麻醉机等设备。80 年代初，医院正式建立麻醉科，徐振邦担任第一任主任，此后设立麻醉学硕士点，同期开设癌症镇痛门诊。80 年代中期，潘银英担任麻醉科第二任主任。随着手术麻醉数剧增，麻醉科成员逐步壮大，本科生、研究生的进入使麻醉科医师比例大幅上升，改变由麻醉护士唱主角的局面，硬件设备也进一步改善，引进德国 Drager 麻醉机和监护仪等，使科室得到进一步发展。

1994 年起，梁伟民担任麻醉科副主任，全面负责科室医、教、研工作。1998 年，梁伟民获得美国宾夕法尼亚州医疗执照，以客座教授身份在美国匹兹堡大学医疗中心（UPMC）附属长老(Presbytarian)医院从事临床麻醉工作，1999 年 8 月回国，任麻醉科主任。2000—2003 年，周守静任麻醉科主任。2003 年 12 月—2015 年 7 月，梁伟民担任麻醉科主任。2015 年 7 月起，由王英伟担任麻醉科主任，全面负责科室的医疗、教学以及科研工作。至 2016 年，科室有员工 105 人，其中正高职称 6 人，副高职称 11 人，中级职称 25 人。

表 2-2-23　1955—2016 年麻醉科历任主任情况表

任职时间	主　任
1955—1986	徐振邦
1986—1994	潘银英
1994—2000	梁伟民(1994—1999 年为副主任，主持工作)
2000—2003	周守静
2003—2015	梁伟民
2015—	王英伟

二、医疗

【基本情况】

20 世纪 50 年代起，麻醉科率先开展硬膜外腔麻醉，并且有麻醉学专业的住院医师。90 年代，引进进口麻醉机、监护仪。为提高手术麻醉患者的安全创造有利条件，相继完善科室的各项规章制度和诊疗常规，健全科室三级查房、总值班及手术麻醉患者术前访视和术后随访制度，为手术麻醉患者的安全提供保障。麻醉方法从最初以椎管内麻醉和神经阻滞为主到现在的全麻为主。全身麻醉的比例从以前的 20%～30%提高到八九十年代的 40%～50%，至 2016 年已接近 80%～90%。麻醉的数量和质量都有大幅度提高，形成各专科的麻醉。

科室拥有各类先进的麻醉设备，包括高端麻醉机和监护仪、经食道心脏多普勒超声、自体血回收仪、快速加温输液工作站、纤维支气管镜、可视喉镜、可视光棒、便携式 B 超、肌松监测仪、连续心排量监测仪、电生理监测仪及全自动血气电解质分析仪等。

2014 年，科室通过深入调研，将医院 6 号楼 6 楼、8 楼手术室原麻醉物品储存室的区域改建成麻醉准备室及麻醉后恢复室，提高手术室的利用效率，缩短接台时间，为麻醉后患者的安全性提供更好的保障，所有术后患者都进入相应楼层的麻醉后恢复室，不再需要跨楼层转运。在医疗组长负责制的基础上，实现跨楼层拆台与手术室护理部紧密配合，统一分配和调度麻醉资源，使手术室利用率最大化。同时根据各科各专业定制个性化麻醉服务，开展多模式镇痛，提高患者和外科对整个麻醉的满意度。根据 2015 医院的临床工作重点，大力支持器官移植工作，为亲体肝脏移植的顺利开展配备人员。同时积极引进麻醉新技术、新设备(经食道超声心动图)，全面推广应用超声引导下的各类神经阻滞、术中唤醒技术，开展肥胖患者麻醉和低体温预防等临床路径建设，提高医疗服务质量。对手术麻醉用药的精细化进行积极的探索。针对不同的患者，实施不同的个性化麻醉管理方案，在保证麻醉安全和质量的同时，为进一步降低患者麻醉费用创造条件。开展麻醉信息系统的建设，增加很多原创性设计，为全面监测医疗质控指标奠定基础，进一步提高工作效率、提升麻醉服务质量。

截至 2016 年，共有手术室 68 间，其中，总院住院部手术室 23 间，卫星手术室 4 间(包括术中磁共振手术室、DSA 手术室和外伤中心手术室)，东院手术室 12 间，上房分院手术室 6 间，伽玛医院手术室3间；北院有住院部手术室15间，门诊手术室5间，开放住院部手术室11间。常规开展功能神经外科、心脑血管外科、移植外科、婴幼儿等高难度手术的麻醉，其中，ASA Ⅲ级及以上的疑难重症患者麻醉比例以及三四级手术比例一直名列上海市前茅。医疗工作质量一直稳居国内前列，麻醉手术量以每年8%的速度稳步提升。2016年，全年总麻醉量33 552例，其中急诊(总部与上房)总计1 284例，ASA Ⅲ级及以上的危重症患者达559例，肝移植麻醉152例。

【医疗特色】

神经阻滞技术 麻醉科原先臂丛神经阻滞主要采用异感法，阻滞成功率低、发生并发症的概率高，后逐步废弃异感法。自2002年起，科室引进神经刺激器下的臂丛阻滞方法，经过数位研究生的课题研究和科主任的大力推广，这种方法已经被大多数麻醉医师接受并常规使用。锁骨下入路的臂丛神经阻滞技术是一种新型的外周神经阻滞技术，采用单点阻滞技术即可以获得完善的上肢麻醉和镇痛效果。该技术当初在国内处于首创，此项技术已开展十余年。经过不断地改良，周围神经刺激器联合可视化技术(B超)引导的锁骨下入路臂丛神经阻滞已经常规应用于日常临床麻醉和术后镇痛工作中。经过科室员工不断探索和学习国外先进技术，已在临床上开展和普及超声引导的臂丛神经阻滞(肌间沟入路、锁骨上入路、锁骨下入路、腋窝入路)，同时将超声可视化技术应用于其他区域阻滞中，如椎旁阻滞、下肢神经阻滞、腹横筋膜阻滞等，并开展相关的临床研究，将先进的神经阻滞技术用于术后多模式镇痛，探讨对患者术后慢性疼痛、免疫系统等预后的影响，并通过开展继续教育加以推广和普及。

神经电生理监护技术 围手术期颅神经功能监测在一定程度上为肿瘤切除时保留颅神经功能起到“保驾护航”的作用。基于神经外科的学科优势，自20世纪80年代起，麻醉科作为全国首家单位，率先在围手术期开展神经电生理监测技术，对功能神经外科术中开展颅神经功能监测的可行性和有效性进行一系列的临床研究，并建立完善的麻醉管理策略和临床路径，将围手术期颅神经功能监测作为功能神经外科手术的常规监测项目并全面常态化开展。自从20世纪90年代获得卫生部资助进行体感诱发电位研究以来，科室在神经电生理监护方面日益成熟，监测技术从刚开始时的短潜伏期体感诱发电位，到体感诱发电位监测、听觉诱发电位监测、运动诱发电位监测、颅神经监测、脑电图和脑电双频指数(BIS)的监测和脑地形图定位。颅神经电生理监测项目获卫生部科研基金的资助，研究成果获上海市科技进步奖。

唤醒麻醉在功能神经外科开颅手术中的应用 术中唤醒属于功能神经外科麻醉中最高难度的麻醉技术。在功能区肿瘤切除过程中，往往需要患者配合进行计数、看图说话或运动肢体，以最大限度保留患者的语言或运动功能。国内外使用较多的是睡眠—清醒—睡眠(asleep-awake-asleep，AAA)技术，即在围手术期通过反复插入/拔出喉罩/气管导管来控制气道，患者因人工气道存在而容易躁动，无法配合手术进行。随着功能神经外科手术要求的不断提高，以及新型麻醉药物的研发和使用，麻醉科历时10年，通过临床实践和摸索，独创性地制定安全有效的监护性麻醉(monitor-anesthesia-care，MAC)唤醒麻醉技术和临床路径：在手术全程，结合头皮神经阻滞和全凭静脉麻醉(TIVA)技术，不采用喉罩/气管导管等辅助人工气道，保留患者自主呼吸。该MAC唤醒麻醉技术支持神经外科功能定位技术的开展，最大限度地保留患者的语言或运动功能，改善患者的预后。这项麻醉技术位居国际和国内领先行列。平均每年顺利开展唤醒麻醉100余例。

移植手术的麻醉及亲体肝移植麻醉方案的优化 早期麻醉科就开展异体肝移植、肾移植麻醉，随着医院大力支持移植手术的开展，尤其是基于感染科(肝炎病房)的特色，患者多以重症肝炎者居多，病情的危重、手术的复杂都对麻醉的管理提出高难度的挑战。科室积极配合移植相关科室，调遣经验丰富的移植麻醉团队支持肝移植手术，确保所有手术患者安全度过围麻醉期。自2015年医院开展首例亲体肝移植以来，亲体肝移植手术量呈大幅度上升趋势。亲体肝移植的麻醉管理是一项极大的挑战，在药物选择、液体管理、机械通气、凝血调控等各方面都要求精确掌控。科室成立专业的亲体肝移植（尤其是小儿肝移植）的专业组，优化现有的亲体肝移植麻醉方案，通过一系列临床指标研究和预后观察，制订最佳的麻醉管理策略。

术中磁共振的麻醉管理　术中磁共振技术已经成为神经外科手术的重要辅助技术，围手术期的精确定位有助于更完全地肿瘤切除和更完善地神经功能保护。麻醉科是国内少数几家开展术中磁共振麻醉的科室之一。针对超高场强的磁场环境对麻醉管理有效性和安全性的影响，科室制订完善的术中功能磁共振的麻醉管理条例，包括人员、技术、设备和制度等各方面，确保术中磁共振手术和麻醉的顺利开展。

控制性室速在巨大颅内动脉瘤夹闭术中的应用　这是科室联合神经外科、心内科等兄弟科室开展的神经外科亚麻醉专科的另一项新技术。在麻醉诱导后，麻醉医生在患者右心室内放置临时起搏电极。在术中，通过诱导产生可控性室速，导致短暂的控制性降压，为手术医生创造夹闭巨大动脉瘤宝贵的手术操作时间窗。麻醉科是国内唯一一家能够开展此项技术的麻醉科室。控制性室速在巨大颅内动脉瘤夹闭术中的应用已经得到神经外科和麻醉界同行的肯定。

自体血液回收和节约用血技术　麻醉科是上海市最早开展自体血回收的麻醉科之一。曾经和血库合作，在术前进行等容血液稀释，取得良好效果，减少异体输血。以后又通过血液回收机，对一些术中失血多的手术如颅内动脉瘤手术、肝脏手术和骨科手术进行血液收集、清洗、浓缩和再回输，大大减少异体血的输注。

控制性降压　利用血管活性药物或通过加深麻醉的方法把血压降到允许的安全范围内，从而达到减少失血和降低血管张力的目的，并经常应用于颅内动脉瘤夹闭术和矫形外科手术中。

亚低温麻醉　应用温毯降温来取代以往的冰浴方法。一般应用于巨大的颅内动脉瘤和动静脉畸形的手术。可以降低患者的脑代谢率，延长脑缺血时间，有利于手术的进行。

困难气道的处理　严格进行气道的评估，做好困难气道处理的准备。对于术前已经确认为困难气道者，该科采用视频喉镜和清醒纤支镜引导气管插管。对于术前没有预计到的困难气道，则采用在普通喉镜插管失败后行视频喉镜插管或等患者清醒后再给予其他的气道处理方式。科室也曾经成功地进行逆行气管插管和quicktrach的紧急气道建立。

有创监测　自2000年来，在神经外科手术和重症手术中，麻醉科普遍开展动脉和深静脉穿刺，进行肺毛细血管楔压（PCWP）、中心静脉压（CVP）、有创动脉血压（IBP）监测，提高术中的麻醉监测水平，有利于术中麻醉的管理。

2006年起，麻醉科医疗服务范围已经覆盖临床麻醉、疼痛治疗、全院镇静治疗指导、全院危重患者抢救复苏和无痛内镜检查等。日常的麻醉病种全、质量高，覆盖各种类型的手术麻醉，同时接收大量外院转来的疑难重症患者的麻醉。本着“安全、同质”的医疗理念，依托医院的重点特色外科专业，在临床工作中重点支持各亚专科的发展，包括神经外科麻醉、介入治疗麻醉、心脑血管麻醉、日间手术麻醉、小儿麻醉、移植麻醉、疼痛治疗等，形成科室的麻醉亚专业，并在临床工作中重点支持各亚专科的发展，相继设立唤醒麻醉、心胸麻醉、普外科麻醉、泌尿外科麻醉、骨科麻醉、手外科麻醉、运动医学科麻醉等亚专业学组。积极开展各项新技术和新业务，包括超声联合神经刺激器引导下的神经阻滞技术、术中唤醒麻醉技术与管理、围手术期神经电生理监测的麻醉管理、术中磁共振麻醉技术与管理、控制性室速在巨大颅内动脉瘤夹闭术中的应用、自体血液回输节约用血技术、围手术期目标导向性液体治疗、重症患者肝移植麻醉、婴幼儿气管内低流量禁闭麻醉、喉罩全麻等技术项目。

三、科研

【学科建设】

麻醉科根据复旦大学的7个高峰学科建设方向之“神经系统重大疾病”和互联网医学要求，瞄准医学基础研究和前沿科学问题，构建临床医学和基础医学的交叉渗透的学科发展方向。临床以“舒适化麻醉”为目标，就神经外科麻醉的药物方案和临床路径的建立、清醒开颅手术的麻醉管理、亲体肝移植麻醉方案的优化、神经阻滞的临床应用普及和预后的研究四方面开展临床研究；基础则以麻醉药对神经系统发育的影响和机制研究、麻醉药对重要脏器（脑）的保护作用和机制研究、神经病理性疼痛的发病机制研究为研究重点。

2016年初，麻醉科建立亚专科小组，如唤醒组、普泌组、心胸组和骨手运组。通过建立“主任—专业组长”负责制，定期总结和汇报，督促和开展各亚专业的临床麻醉和临床科研工作。麻醉科始终坚持以建设一流学科为目标，瞄准医学基础研究和前沿科学问题，加强临床医学和基础医学的交叉渗透与结合。在几代人的共同努力下，逐渐形成以神经病理性疼痛的发病机制、全麻药物对神经系统发育的影响和机制、麻醉药对脑保护作用与机制的基础研究方向，以术中神经功能监测为主要临床研究方向。

【基础研究】

麻醉药对神经系统发育的影响和机制研究　临床常用麻醉药对未成年脑的神经毒性作用一直是神经科学领域的研究热点之一。科室在该领域积累较为丰富的基础研究经验，相关研究结果多次发表在 *Annual of Neurology*、*Anesthesiology*、*Anesthesia & Analgesia* 等神经科学和麻醉领域极具影响力的国际学术期刊上。科室在该领域已经获得6项国家和省部级科研立项。科室将继续在器官、细胞、分子和基因等水平上深入研究麻醉药对脑功能连接的影响、麻醉药/手术应激等对未成年大脑的神经发育的影响和可能机制。

麻醉药对重要脏器（脑）的保护作用和机制研究　科室在该研究领域已经获得8项国家和省部级科研基金的立项，发表SCI论著几十余篇，申请国家发明专利2项。科室将继续深入研究麻醉药对脑功能连接的影响；探索吸入麻醉药用于围手术期脑保护的潜在治疗靶点，为临床转化提供有利的理论依据。

神经病理性疼痛的发病机制研究　疼痛是临床最常见的症状之一。有些外科手术之后，可能会遗留神经病理性疼痛。神经病理性疼痛中枢敏化是研究的热点，麻醉科室开展该领域的研究工作时间相对较短，取得较好成绩，提出治疗和预防神经病理性疼痛的潜在新靶点。相应成果发表在 *Anesthesiology*、*Molecular Pain*、*Pain Physician* 等在疼痛领域具有代表性的杂志上。有2项关于预防神经病理性疼痛新药的专利正处于审批阶段。在今后的工作中，将对科室提出的新靶点进行更为完善的研究，为临床上较为棘手的神经病理性疼痛治疗提供新的思路和方法。

【临床研究】

神经外科麻醉的药物方案和临床路径的建立　1997年起，麻醉科就功能神经外科术中开展颅神经功能监测的可行性和有效性进行一系列的临床研究，并将围手术期颅神经功能监测作为功能神经外科手术的常规监测项目进行全面常态化开展。作为国内唯一一家开展术中磁共振功能神经外科麻醉的团队，科室针对超高场强的磁场环境对麻醉管理有效性和安全性的影响，进行深入的基础和临床研究，并在此基础上制定完善的配合不同颅神经监测手段和术中功能磁共振检测的麻醉临床路径及管理策略，为中枢肿瘤切除时保留颅神经功能起到"保驾护航"的作用。本项目获卫生部科研基金资助，研究成果获上海市科技进步奖。今后，将继续致力于神经外科麻醉的药物方案和临床路径的建立上。除开展相关临床研究，科室将开展学习班，将神经外科麻醉管理策略加以推广和普及。

亲体肝移植麻醉方案的优化 自2015年开展首例亲体肝移植以来，亲体肝移植手术量呈大幅度上升趋势。亲体肝移植的麻醉管理是一项极大的挑战，在药物选择、液体管理、机械通气、凝血调控等各方面都要求精确掌控。麻醉科将优化现有的亲体肝移植麻醉方案，通过系列临床指标研究和预后观察，以确定最佳的麻醉管理策略。

【科研成果】

麻醉科从20世纪80年代开始与颌面外科和神经外科合作，在"针刺麻醉"领域先后获得国家"七五""八五"科技攻关成果奖和上海市卫生局科技进步奖一等奖等多个奖项。截至2016年，在神经病理性疼痛分子机制、全麻药物对神经发育影响机制及麻醉药与脑保护/损伤机制等研究领域，先后获国家"863"重点课题1项、科技部重点专项课题1项、国家自然科学基金重点项目1项、国家自然科学基金面上项目及青年科学基金项目7项、教育部高校博士点专项科研基金1项、上海市自然科学基金1项、上海市卫生局科研基金2项、上海市科委科研基金3项及上海市教委重点项目2项。在国内同行中较早开展术中神经功能监测，在麻醉药脑保护研究方面获国家发明专利2项，卫生部B类课题"体感诱发电位监护在神经外科中的应用"获卫生部科技进步奖。以第一作者或通讯作者在*Journal of Neuroscience*、*Molecular Pain*、*Neuroscience*、*Anesthesiology*、*Anesthesia & Analgesia*及*Ann Neurol*等期刊共发表SCI论文60余篇，其中单篇最高影响因子为11.1。2015年，李佩盈获上海市优秀博士生论文奖。

表2-2-24 2007—2016年麻醉科国家自然科学基金情况表

年份	课题名称	课题类型	负责人
2007	吸入麻醉药七氟烷对缺血性脑损伤保护作用的新分子机制研究	面上项目	梁伟民
2011	吸入麻醉药诱导神经毒性新机制的研究：线粒体呼吸链的作用	面上项目	张军
2011	Omega-3多不饱和脂肪酸在新生大鼠缺血缺氧性脑损伤中的神经保护作用及机制研究	青年项目	张雯婷
2012	七氟醚预处理对脑缺血再灌注损伤后神经血管单元空间构筑的影响及机制研究	青年项目	余琼
2013	Apoptosis signal-regulating kinase 1是七氟烷抑制小胶质细胞活化的关键分子靶点	青年项目	王海莲
2014	调节性T细胞体外扩增及细胞移植对脑缺血损伤后神经血管单元重建的影响	青年项目	李佩盈
2016	七氟烷对海马齿状回神经元增殖与凋亡平衡的影响及其相关分子机制	面上项目	王英伟

表 2-2-25 截至 2016 年麻醉科其他类型课题情况表

课 题 名 称	课 题 类 型	负责人
临床弃置遗传资源回收入库规范流程及质量控制体制研究	国家重点研发计划	王英伟
诱发电位监护在麻醉和神经外科手术中的应用	卫生部课题	梁伟民
Nrf2 通路是 n-3PUFAs 在缺血性脑损伤的神经保护作用中的重要通路	教育部高校博士点专项科研基金	梁伟民
调节性 T 细胞体外扩增及细胞移植对脑缺血损伤后神经血管单元重建的影响	上海市自然科学基金	李佩盈
NF-kappaB / MMP-9——七氟醚预处理保护脑缺血再灌注损伤早期血脑屏障的新作用靶点	上海市卫生局课题(青年项目)	余 琼
α_7-烟碱样乙酰胆碱受体的可塑性改变在吸入麻醉药神经毒性中的作用及机制研究	上海市卫生局课题(面上项目)	徐振东

表 2-2-26 2012—2014 年麻醉科获得专利情况表

年 份	专 利 名 称	申 请 人
2012	丙酮酸乙酯在制备药物中的用途	梁伟民 施 宏
2014	七氟烷在制备促进神经再生药物中的用途	梁伟民 余 琼 李 丽

【进修学习】

1997 年 8 月—1999 年 8 月,梁伟民在美国匹兹堡大学附属长老(Presbytarian)医院学习。2010 年 3 月—2013 年 3 月,李佩盈在美国匹兹堡大学神经学系学习。2015 年 5 月—2016 年 7 月,王海莲在美国匹兹堡大学神经学系学习。

【国际交流】

王英伟多次受邀在日本和韩国麻醉年会上做学术报告,张军参加 2014 年美国麻醉医师协会年会,作为 e-poster 做题为 Temporal Variance Couple with Spontaneous Neural Activity: A fMRI Study in Anesthesia 的报告。余琼参加 2015 年 6 月脑科学大会,做题为 Preconditioning Revitalizes Endogenous Brain Self-repairing Ability in Rats Following Cerebral Ischemic Injury 的壁报交流,以及参加 2015 年 11 月香港国际麻醉科学年会,做题为 Sevoflurane Preconditioning Induced Neurogenesis Against Cerebral IR Injury in Rats 的特邀报告。每年邀请至少 5 名美国或欧洲的麻醉学教授来科室进行讲学和学术交流活动,同时科室与美国哈佛大学附属麻省总医院、华盛顿大学附属伯恩施医院保持着长期的友好合作关系。

四、教学

2006 年,麻醉科成为首批卫生部批准的麻醉专科医师培训基地。2009 年,成为首批上海市麻醉专科医师培训基地，遵循麻醉住院医师培养细则对住院医师开展培训，并且依据科室确立的一套完整的员工培养考核体系，对基地学员及住院医生进行培训考核，记录在科室教学档案。麻醉科拥有麻醉学专业的硕士点、博士点和博士后流动站，培养一大批麻醉专科领域内的高、精、尖人才。常年给全科员工提供各种培训和实战机会，包括科室培训项目、院级培训项目、市级培训项目和国际合作交流培训。在科主任的带领下，针对各级医护人员开展各类教学项目，已形成一支训练有素、德行兼备的人才梯队。

截至2016年底，麻醉科住院医师规范化培训基地共培训学员27人，培训专科基地学员3人，为学科培养一批既有理论基础又有实战经验的青年麻醉医师。拥有博士研究生导师3人、硕士研究生导师4人，培养硕士研究生32人、博士研究生8人、博士后1人。每年承担复旦医学院本科生、八年制研究生和留学生的教学工作，接受来自全国各地的进修医师50余人。

2010年，梁伟民主编《临床袖珍手册·麻醉》(第二版)。2016，王英伟作为副主编参与编写国家高等院校统编教材《临床麻醉学》的编写工作，并受人民卫生出版社委托，作为主编组织编写《临床麻醉病例解析》和《小儿麻醉学》两部专著。

至2016年，麻醉科与中科院、华师大实验室一直有合作，进行电生理、分子生物等方面的检测和研究。与国内其他医院麻醉科长期保持合作，定期接收医生前来进修，派驻专家指导，如接收昆明市寻甸县第一人民医院、黑龙江省中医药大学附属第一医院、广西壮族自治区人民医院等医院的进修医生；由科副主任周守静担任浦东医院的麻醉科顾问，每周五前往指导该院麻醉科临床工作；派张弛主持静安区中心医院麻醉科临床工作。

第六节　超声医学科

一、沿革

1958年秋，医院开始将超声应用于临床工作。1959年初，医院成立新技术室(超声医学科的前身)，为国内外率先创建的超声诊断科室之一。潘永辉和邬祥惠是医院超声医学科的创始人，也是国内临床超声应用领域的先驱者，潘永辉为第一任科主任。2002年7月，引进留日博士王怡担任超声医学科主任。

创建初期，超声医学科仅有5名工作人员。截至2016年，科室具有诊断资质的在职员工共计30人，其中主任医师1人、副主任医师4人。

表2-2-27　1958—2016年超声医学科历任主任情况表

任职时间	主　任
1958—1990	潘永辉
1990—1993	陈克敏
1994—1998	华秀蓉
1998—2002	戴训卢(副主任，主持工作)
2002—	王　怡

二、医疗

【基本情况】

20 世纪 60 年代，超声医学科在国内最先使用术中 A 超引导颅脑手术，1963 年发表的《颅内肿瘤的超声探测》为国内最早的术中超声文献。领先应用 A 型超声诊断肝炎，在国内首先发表《超声在病毒性肝炎诊断中的价值》。超声医学科同时也是国内最先开展内镜超声的科室之一，使用 5 MHz 探头经乙状结肠镜显示肠内病变，发表《乙状结肠镜内超声探头诊断血吸虫病初步报告》。

随着超声技术的发展，超声医学科在 70 年代开始开展肾盂穿刺，后又开展超声引导下组织学穿刺活检，是国内最早开始介入性超声的科室之一；1987 年开展腔内超声，超声医学科经直肠诊断前列腺疾病准确率位居国内前茅；90 年代，超声医学科引进彩色多普勒超声仪，在浅表器官、软组织超声诊断，尤其在乳腺、甲状腺疾病超声诊断方面颇具特色。

2002 年 7 月，超声医学科引进留日博士王怡担任超声医学科主任。在国内率先开展神经外科术中超声导航技术；开展外周神经、肌腱及韧带超声诊断，其中神经超声诊断开创全国之先河；引入超声造影及超声弹性成像新技术，并将其应用于乳腺、肝脏、肾脏及颅脑等各类疾病的诊治。其中，超声医学科将超声造影技术首次应用于颅脑肿瘤，独创的“爆破再充盈法”术中寻找并确认颅内动静脉畸形的供血动脉技术为国际领先；开展新的超声介入诊断及治疗项目，包括各类组织穿刺活检、置管引流、超声引导下前列腺癌种子植入、超声引导下经皮肾镜、超声引导下乳腺隐匿性病灶留置针定位切除术、超声引导下纤维腺瘤麦默通（Mammotome）微创旋切术、甲状腺结节细针穿刺细胞学检查、肿瘤射频消融等。2014 年，医院引入肝移植后，超声医学科增加肝病与移植肝专业组，并派医生进驻肝胆病房，跟随查房，进行床旁诊治。2016 年开设超声专家特需门诊。

2006—2016 年，超声医学科年均检查总人数 20 万人次，涉及的主要业务领域包括腹部、浅表器官、软组织、血管超声诊断、超声造影、超声弹性成像、腔内超声、介入性超声诊断及治疗、床旁和术中检查等。为进一步做精做强原有项目，在此基础上细分为颅脑血管组、神经肌腱组、甲状腺乳腺专病组、超声介入组及肝病与移植肝专业组 5 个亚专业组，专科专病专诊，开展新项目。

颅脑血管组参与脑卒中基地的建设，进行颈动脉筛查及随访并应用超声造影技术判断斑块内新生血管；开展终末期肾病患者的动静脉瘘术前术后评估；2012 年起，超声医学科与神经外科合作，将超声应用于烟雾病术后随访，判断术后通路情况，尤其是使用超声判断间接吻合术后通路生长情况，领先于国际同行。

神经肌腱组在进行外周神经损伤及肌腱疾病诊治的基础上，开展韧带损伤及痛风、风湿性关节疾病的诊治，并为职业运动员提供医疗保障。

甲状腺乳腺专病组作为超声科传统特色项目，在为患者提供常规诊疗的基础上，积极开展超声造影、超声弹性成像，鉴别可疑病灶，定位前哨淋巴结，穿刺活检可疑结节。

超声介入组进一步扩展介入项目，如置管引流、肿瘤射频消融、甲状腺结节细针穿刺细胞学检查等，加强与临床学科的紧密合作，为外科手术保驾护航。

作为新开展的肝病与移植肝专业组，在日常诊疗的同时探索与临床合作的新模式，派医生进驻肝胆病房，跟随查房，进行床旁诊治，术前、术中、术后全程跟踪监测移植肝。

超声医学科与神经内科及血管外科合作，参与脑卒中基地的建设及宣传。除总院工作外，在东院及北院内设长日班工作人员；为宝山分院提供介入超声指导；为南汇分院完善脑卒中筛查超声诊断标准；帮助静安区中心医院建立神经超声检查项目。

【医疗特色】

创建伊始，超声医学科使用A型超声诊断仪，应用于腹部(肝、胆、脾、肾)、颅脑的病变检查，是国内最先使用术中A型超声引导颅脑手术的科室，颅内血肿的A型超声诊断与手术符合率大于94%；于20世纪70年代在国内最早开展介入性超声引导下肾盂及肾穿刺造影；1978年开展M型超声诊断心脏病变，为心脏病检查开创一条无创伤的途径。

随着超声仪器发展为B型、彩色多普勒、三维超声仪器，检查项目从腹部、颅脑发展到浅表器官、泌尿系统、周围血管、介入性超声。80年代初，首先开展超声引导下活组织穿刺，为国内领先。1987年引进腔内超声，开展经直肠前列腺、尿道、膀胱探查，同年底开展三维超声图像诊断前列腺病变，为国内最早应用三维超声图像的医院。90年代，开展乳腺高频超声检查，经统计分析，乳癌的符合率大于90%，甲状腺隐匿性病灶的早期发现达80%以上；在国内率先开展超声引导下乳腺隐匿性病灶留置针定位切除术。

进入21世纪以后，超声医学科仪器全部更换为彩色多普勒超声仪器。超声医学科继续踏实做好腹部疾病、甲状腺乳腺等浅表器官疾病、各类血管疾病及软组织肿块的诊治，开展腔内超声及介入超声诊疗，同时，在原有的基础上与各临床科室合作开展以下新项目。

神经外科术中超声导航 大大缩短手术时间，减小不必要的正常脑组织损伤。超声医学科通过不断实践总结，获得颅脑组织标准切面的超声声像图及颅脑肿瘤的声像图特征，在颅脑胶质瘤及血管母细胞瘤的研究上较国际同行领先；开展超声引导下穿刺引流及造影寻找动静脉畸形供血动脉。

肌骨及神经超声检查 探索超声在肩袖损伤、外周神经损伤及肌腱疾病方面的应用，超声医学科神经超声诊断开创全国之先河。积累上万例病例及诊断经验，是上海所有医院中独有的专项特色项目。

超声造影及弹性成像 已常规应用于乳腺、肝脏、肾脏及颅脑等，帮助判断病变，提高诊断效率，进一步扩大超声的应用范围。

各项超声介入术及治疗术 包括超声引导下组织穿刺活检、置管引流、超声引导下经皮肾镜、肿瘤射频消融、甲状腺结节细针穿刺细胞学检查。其中与乳腺外科合作开展的超声引导下纤维腺瘤麦默通(Mammotome)微创旋切术，技术上处于国内外先进。

肝病与移植肝专项超声 包括肝脏疾病的诊断，肿瘤的术前定位、术中导航及术后随访，为移植肝患者提供术前、术中及术后跟踪监测。

三、科研

【科研特色】

超声医学科根据其学科特色，组建5个亚专科专业组，每个专业组均由副高及以上职称医师任组长，并有固定的组员。

肝病及移植肝超声组 擅长慢性肝病、肝硬化超声诊断；肝脏良恶性病变的超声造影鉴别诊断；超声引导下肝病及肝肿瘤微创介入诊断和治疗；肝移植的术前、术中、术后血流检测和诊断等。

乳腺甲状腺超声组　擅长运用多种超声技术手段对乳腺及甲状腺疑难病变进行良恶性鉴别诊断，尤其是对早期癌、微小癌的诊断；相对回流腋淋巴结及颈淋巴结良恶性的超声鉴别诊断；超声引导下乳腺纤维腺瘤微创旋切术，乳腺肿瘤微创活检术，甲状腺结节细针穿刺细胞学检查等。

神经肌腱组　擅长臂丛神经及四肢周围神经损伤、肿瘤、卡压及炎症的超声诊断；肩关节、肘关节、膝关节、踝关节韧带损伤及腱病的超声诊断及疗效评估。

血管病变超声组　擅长外周血管及颅脑血管疾病的超声检测，尤其对动脉硬化性狭窄或闭塞、静脉栓塞的诊断评估与随访；动脉支架术后、颈动脉内膜剥脱术前评估及术后的随访；烟雾病超声无创性血流检测等。

超声介入组　擅长经超声引导的各项腹部及浅表病变的穿刺活检、置管引流、微创切除、射频消融及术中导航等。

超声医学科为临床提供日常诊疗工作的同时，与各科室合作开展多个特色项目，主要学科发展方向为：① 神经外科术中超声导航：自 2002 年起在国内率先开展神经外科术中超声导航，实时超声定位、监测，具有非常大的临床应用价值。② 超声引导下经皮肾镜手术，超声引导下泌尿外科前列腺癌种子植入。③ 肝病与移植肝专业超声：肝脏肿瘤术中超声引导，肝移植术前、术中、术后超声诊断等；肝脏超声造影。④ 甲状腺结节、乳腺癌的综合超声诊断与超声引导介入治疗：尤其是早期乳腺癌、原位癌的超声诊断及乳腺癌的超声多技术的综合诊断，甲状腺可疑结节的穿刺细胞学检查。⑤ 超声引导下肾组织、肝组织穿刺活检，各类积液的置管引流、肿瘤射频消融。⑥ 肩关节、肘关节、膝关节、踝关节韧带损伤及腱病的超声诊断。⑦ 手外科臂丛、外周神经损伤、肿瘤、卡压和炎症的超声诊断。⑧ 颈动脉及外周血管疾病尤其是动脉粥样硬化性疾病的超声诊断及随访；终末期肾病动静脉瘘的术前、术后评估；烟雾病的超声诊断及术后随访。⑨ 软组织肿瘤的超声诊断。⑩ 超声造影及超声弹性在各类疾病中的应用。

超声医学科特色项目，如肝脏/乳腺超声造影、烟雾病的超声诊断、外周神经与肌腱韧带超声诊断、神经外科术中超声导航水平均居上海及全国前列。今后将加强与临床科室紧密合作，争取在介入超声及超声治疗方面开拓新的发展方向。

【科研成果】

早期超声医学科是医学超声应用的发源地之一，1963 年发表的“颅内肿瘤的超声探测”为国内最早的术中超声文献；应用 A 型超声诊断肝炎，在国内首先发表“超声在病毒性肝炎诊断中的价值”；使用 5 MHz 探头经乙状结肠镜显示肠内病变，发表“乙状结肠镜内超声探头诊断血吸虫病初步报告”。与上海市肿瘤研究所合作“超声控制间质给药系统定时定量释放治疗胶质瘤的研究”，派研究生至中国科学院深圳先进技术研究院进行“靶向 VEGFR2 超声分子成像在监测 C57BL/6 小鼠 GL261 原位胶质瘤血管新生和术中导航的应用”课题研究。

2006 年，王怡论文 Intraoperative Ultrasound Guided Resection of Hemangioblastoma in the Cerebellum 发表于美国临床超声医学杂志 *Journal of Clinical Ultrasound*，为建科以来第一篇发表于 SCI 期刊的论文。2006—2016 年超声医学科共发表 SCI 论文 13 篇，中文权威及核心期刊论文 20 余篇；主持或参与省部级课题 4 项，主持并实施局级课题 5 项、区级课题 1 项；获得校级科研奖项2个、市级科研奖项1个、部级科研奖项1个；主编专著3部，参与《脊髓脊柱外科学》、《超声医学科》(第五版)、《现代医学影像进展》的编写，并与静安区妇女联合会制作《关爱生命 关注健康——乳腺癌防治知识宣传手册》；获得1项医学专利“一种纳米复合温敏凝胶剂及其应用”。

表2-2-28 2003—2009年超声医学科获奖课题(市级以上)情况表

年份	课题名称	奖项名称
2003	乳腺良性肿瘤的Mammotome治疗	复旦大学科技成果奖
2005	超声在神经外科术中的应用价值	复旦大学科技成果奖
2008	中枢神经系统血管母细胞瘤的微侵袭治疗和相关基础研究合作成员	教育部科技进步奖二等奖
2009	超声实时检测在神经外科术中的应用	上海医学科技奖三等奖

表2-2-29 2007—2014年超声医学科出版著作情况表

年份	著作名称	出版社	主编
2007	神经外科术中超声应用	上海科学技术出版社	王怡
2009	医学超声术语手册	上海科学技术出版社	徐智章 王怡
2014	乳腺常见疾病超声诊断	上海科学技术出版社	王怡 富丽娜 许萍

四、教学

2003年，超声医学科成为硕士生培养点，2008年成为博士生培养点。承担复旦大学医学院本科生、八年制、硕士研究生、博士研究生的带教和示教，参与6门本科生及研究生课程教学。2012年新增两位硕士研究生导师。截至2016年，已完成培养博士研究生8人，硕士研究生23人；有在读硕士研究生2名，在读博士研究生2名。同时，超声医学科也是上海市住院医师规范化培训基地及超声专科医师培训基地，截至2016年，完成住院医师规范化培训7人，在培住院医师规范化培训学员4人，在培超声专科医师8人。

超声医学科开设“乳腺疾病诊疗新进展”“神经外科术中超声应用”“神经肌骨超声学习班”3个国家级学习班。

2004年，为推广及应用乳腺超声检查的新技术、新理论，推动乳腺超声事业蓬勃发展，举办第一个国家级继续教育学习班“乳腺疾病诊疗新进展”。由超声医学科、乳腺外科专家(徐智章、沈镇宙、胡锡琪、邹强、王怡等)联合授课，重点讲授乳腺癌及腋淋巴结超声诊断的新理论、新思路，乳腺介入性超声的临床应用(Mammotome旋切术)等，获得学员的一致好评，截至2016年已成功举办14期。

2005年，为推广普及术中超声在神经外科疾病中的应用，开始举办“神经外科术中超声应用”学习班，由超声医学科及神经外科专家(周良辅、陈衍诚、王怡等)联合授课，重点讲授超声在颅脑手术中的应用及颅脑肿瘤的声像图表现，截至2016年已举办11期。

2014—2016年，举办4期“神经肌骨超声学习班”，由超声医学科与手外科、运动医学科等临床科室联合授课,重点讲授外周神经与骨骼肌腱超声诊断。

至 2016 年,超声医学科还参与医院"中美运动创伤影像诊断新进展学习班""脑血管病防治研究新进展学习班""脑血管病影像诊断技术培训班"及瑞金医院"乳腺超声诊断与新进展学习班"的教学工作。邀请美国南加州大学 Zee 教授及日本自治大学伊东纮一、谷口信行教授来华授课及学术交流,并聘为医院客座教授。

五、其他

2008 年"毒奶粉"事件中,派 2 名医师携机器赴儿童医院,参加全市儿童肾结石的筛查。

2009 年,门诊住院超声窗口被评为上海市医务职工"迎世博"红旗文明岗。

2011 年,科室被评为上海市巾帼文明岗。

2015 年 5 月,尼泊尔地震后,超声医学科蔡叶华作为医院第二批红十字国际医疗救援队队员,为灾民提供医疗服务。

2016 年 8 月,超声医学科王晓作为上海援藏包虫病流调队队员之一,援助西藏自治区日喀则市开展为期 1 个月的包虫病的超声诊断及流行病学调查工作。

第七节　核 医 学 科

一、沿革

核医学科起初为同位素室,成立于 1959 年 12 月,当时隶属于内科,人员为沈家欢和邓守真。1963 年,沈家欢调离;1964 年,林祥通从内科调至同位素室,陈素珍亦于同年调入。1966—1971 年期间,扩充何婉婷、刘永昌、朱丽云、张凯莉、张锦明和张学平等人员,其中刘永昌和朱丽云由内科调入。1978 年,同位素室成为独立科室。1984 年,同位素室正式更名为核医学科,林祥通任主任,刘永昌任副主任。2000 年 4 月,刘永昌、刘兴党、管一晖、赵军任核医学科副主任;林祥通为核医学研究室主任,刘兴党为研究室副主任。2001 年 4 月,刘兴党任核医学科副主任(主持工作),管一晖、赵军任副主任(兼)。2012 年 12 月,北院核医学科开业,刘兴党任主任。2015 年 6 月,刘兴党任核医学科主任。

1999 年 3 月,上海市核医学质量控制中心在医院成立(挂靠医院),林祥通为主任。2001 年,刘兴党被上海市卫生局任命为上海市核医学质量控制中心主任。

至 2016 年,核医学科为影像医学和核医学博士点学科、国家药理基地、亚洲核医学院培训基地、骨质疏松诊断和质控标准试验基地、上海市核医学质量控制中心办公室所在单位。

表 2-2-30　1984—2016 年核医学科历任主任情况表

任职时间	主　任
1984—2000	林祥通
2001—2015	刘兴党(副主任,主持工作)
2015—	刘兴党

二、医疗

【显像技术】

核医学科显像技术随着显像设备和配置的不断更新而得到发展和提高。初期为黑白扫描机(1966 年)和线性扫描技术获取二维(平面)图像的彩色扫描机(1977 年)。中期为一步成像技术获取二维(平面)图像的 γ 照相机(1983 年)。后期为三维(立体)显像技术获取断层图像,其中单光子断层显像(SPECT)设备为 1988 年引进的 Elscint 公司 APEX409 型单探头 SPECT 仪,2001 年更新为西门子公司 ECAM 型双探头 SPECT 仪。而正电子断层显像方面,PET 中心经筹建和试运转后于 1999 年 11 月正式成立,其主要设备为西门子公司 EXACT HR+型 PET 仪和 CTI 公司 RDS 111 型医用回旋加速器及正电子放射性药物自动合成装置(热室),这是核医学科发展史上重要的里程碑。2003 年,PET 仪更新为西门子 Biography Sensation 16 型 PET/CT 仪,使核医学显像进入解剖结构与功能代谢图像相融合的分子影像学新时代。

【体外分析技术】

1972 年,与中国科学院细胞生物学研究所合作成功开展绒毛膜促性腺激素放射免疫方法学和临床应用研究、血清 TSH(bTSH)放射免疫方法学和临床应用研究,进而开展促黄体素释放激素(LRH)兴奋试验和促甲状腺激素释放激素(TRH)兴奋试验。1976 年,与中科院细胞所协作成功开展血清 TT4、TT3 放射免疫方法学和临床应用研究,从而建立下丘脑-垂体-甲状腺轴功能探测完整体系的研究并临床应用于甲状腺疾病的诊断,在国内首先报道 T3 型甲亢病例,此项研究和应用对医院相关的重点学科工作起到支持作用。1980 年,血清 TT4、TT3 放射免疫测定项目分别获上海市科技成果三等奖和卫生部科技甲级成果奖。1978 年,开展血清 GH 放射免疫及放射受体分析法研究和应用。同时对多肽激素进行 ^{125}I 标记方法的研究。开展 PRL、ACTH 等放射免疫测定项目。垂体激素测定工作亦支持院内相关的重点学科,其中 TSH 及 TRH 兴奋试验和 GH 放射受体分析均获 1990 年上海市科技成果三等奖。肿瘤标志如 AFP、PSA、CEA 及 CA 系列等测定已列为科室常规项目,用于医院对肿瘤的临床诊断和研究工作。2012 年 8 月,单光子断层显像(SPECT)设备更新为西门子公司 Symbia T16 型双探头 SPECT/CT 仪,含 16 排 CT。

主要从事神经核医学、甲状腺核医学和肿瘤核医学的研究。作为现代核医学重要标志发展和趋势的分子核医学(Molecular Nuclear Medicine)将成为今后努力方向和工作重点。

【门诊情况】

核医学科门诊工作时间 5 天,包括核医学门诊以及骨质疏松专病门诊。2016 年全年工作量达到 37.77 万人次。SPECT/CT 已经连续三年工作量近 8 000 人次,骨密度测定量达到 8 204 人次。坚持接诊骨质疏松专病门诊,年门诊量 1 万多人次。配合科室骨密度 DXA 检查、骨代谢体外指标项目等。

三、科研

【科研特色】

核医学科是教育部重点学科"影像医学与核医学"的组成部分,是"211"工程一期(1997—2001

年)重点建设学科,是国家食品药品监督管理局(SFDA)批准的国家临床药理试验机构放射性药物专业组,是复旦大学核医学研究所组成科室之一。

核医学科分为体内组与体外组。体内组主要为核素治疗、核素显像。体外组主要为放射免疫、检验、骨密度测定、尿素呼气试验等。

【科研成果】

至 2016 年,核医学科承担重大项目基金课题 1 项：IAEA 技术援助项目(CPR6/003)技术合作项目 1 项);各类科研基金课题 22 项,包括国际原子能机构(IAEA)课题 7 项、国家自然科学基金课题 4 项(其中负责 2 项、参加 2 项)、国家“六五”重点科研题目 1 项、国家“863”项目子课题 1 项、国家教委博士点基金 2 项、卫生部重点科研招标课题 2 项、核医学国家重点实验室课题 2 项、上海市青年科技基金 2 项、上海医科大学青年科技基金 1 项。曾获卫生部甲级科技成果奖 1 项、上海市科技成果三等奖 3 项、上海市卫生系统科技成果三等奖 1 项、核工业部委科技成果三等奖 1 项、上海医科大学科技成果奖 1 项。主编核医学专业书籍 3 部,分别为《甲状腺核医学》《PET 临床病例精选》《临床核医学诊疗要览》,参编核医学及有关医学专业书籍 30 余部。发表论文 400 余篇。2003 年 9 月,朱汇庆获上海市科协第九届青年优秀科技论文三等奖。

【学术任职】

2009 年,刘兴党被选举为上海市医学会核医学分会副主任委员。

【国际交流】

2010 年 6 月,与上海市核医学质量控制中心共同主办“中美和医学高峰论坛”,邀请美国约翰斯·霍普金斯大学核医学科主任理查德·沃尔(Richard L. Wahl)与梅奥医学中心核医学科研究员 Fang Ping 做主题演讲。

2011 年 5 月 20 日,美国加州大学旧金山分校放射学的医学生物影像学副教授约翰·阿什佩尔(Johns Asheperd)来院进行学术交流。

2015 年 3 月 26—28 日,美国诺兰德公司首席科学家托马斯·维克托·桑切斯(Thomas Victor Sanchez)来院进行学术交流。

四、教学

1990 年,核医学科成为国务院学位委员会第四批影像医学与核医学博士学科点。截至 2016 年,科室有博士研究生导师 2 人,硕士研究生导师 6 人;共培养博士生十余人,硕士生 30 余人;协作培养博士生、硕士生十余人;在读博士生 2 人。

1995—1996 年,举办卫生部临床核医学进修班 7 届,承办国际原子能机构(IAEA)核医学医师培训班 2 次、国家继续教育项目全国核医学新技术学习班 2 次(与中山医院核医学科合办)、“PET 质控和医师培训班”3 次。2016 年,举办国家级继续教育学习班“核医学质量控制和持续改进学习班”项目(第五期),举办首届国际临床骨密度学会(ISCD)中国骨密度测量与骨质疏松症诊断年会暨骨密度测量和骨质疏松诊治质量控制学习班。历年来共培养进修生及培训学习班学员合计上千人。

第八节　病 理 科

一、沿革

病理科的前身——外科病理室，创建于1960年，开始主要依附于上海第一医学院病理解剖教研室，期间顾绥岳、应越英、陈忠年、朱世能等先后来院主持工作。

1979年，上海第一医学院病理教研室派出陈长春和王虹重建医院病理室，而后教研室朱士雅、宋庆礼等分别来此工作，张罗和王虹分别于1980年和1987年成为医院病理室正式医师。

1992年，医院将外科病理室、神经病理室和皮肤病理室合并为医院病理科，由邱丙森任主任，张福林和方军任副主任。

1996年，根据各研究所学科医教研需要，三室分开，神经病理室归属神经内科；皮肤病理室归属皮肤科；外科病理室由上海医科大学病理教研室胡锡琪任主任，王虹任副主任并主持工作。

1998年起，外科病理室由上海医科大学病理学系许祖德任主任、王虹任副主任。2000—2002年，许祖德出国期间，由朱虹光任主任。2010年，唐峰任副主任。2015年，外科病理和神经病理室合并建立病理科，唐峰任病理科主任，汪寅任副主任。

表2-2-31　1992—2016年病理科历任主任情况表

任职时间	主　任
1992—1996	邱丙森
1996—1998	胡锡琪
1998—2000	许祖德
2000—2002	朱虹光
2002—2014	许祖德
2015—	唐　峰

二、医疗

【基本情况】

为给患者提供更准确的病理诊断和个性化的精准治疗，病理科逐渐开展免疫组化技术、特殊染色技术、超薄液基细胞诊断技术、脱落细胞DNA诊断技术和分子基因诊断技术。

建立病理PCR实验室，招录分子生物学博士开展分子病理检测工作，检测项目涉及肺、消化道、乳腺、淋巴造血及脑肿瘤等。与外科、超声医学科合作开展甲状腺穿刺病理细胞学诊断工作。为临床提供更快、更精准的细胞学病理诊断，为患者早诊断、早治疗建立基础。

开展胸腹水、尿液细胞学DNA检测项目，极大提高细胞学诊断准确性。

参与临床科室MDT建设，参与的项目包括医院肝病中心、脑肿瘤MDT、甲状腺疾病MDT、胰腺疾病MDT，淋巴瘤MDT等。

截至2016年，病理科完成常规病理诊断44 109例，其中免疫组化13 432例、细胞学诊断2 901

例、病理会诊 1 190 例、分子病理诊断 1 517 例、冰冻诊断 5 940 例、骨髓活检 411 例、特殊染色 6 011 例。同年，病理科接受医务处布置的“加快病理报告签发持续改进（PDCA）”任务，改善病理操作流程，完成“3 天病理报告签发率在 80%以上”指标。2016 年病理报告 3 天签发率达到 88.2%，优于病理质控中心 5～7 天发出病理报告的要求。

【医疗特色】

病理科主要以乳腺疾病病理诊断、消化系统疾病病理诊断、中枢神经系统疾病病理诊断、皮肤疾病病理诊断、淋巴造血系统肿瘤病理诊断 5 个诊断方向为主。

三、科研

【科研特色】

病理诊断实现亚专科化，根据医院优势临床科室及病理科工作特色划分多个病理亚专科，包括消化系统疾病亚专科，中枢神经系统疾病亚专科，乳腺、甲状腺疾病亚专科，淋巴造血系统疾病亚专科，感染疾病亚专科，呼吸系统疾病亚专科，泌尿系统疾病亚专科及细胞学亚专科等；主要以乳腺疾病亚专科、消化系统疾病亚专科、中枢神经系统疾病亚专科、皮肤疾病亚专科、淋巴造血系统肿瘤亚专科等 5 个专科建设为主。

【科研成果】

截至 2016 年，病理科获得国家自然科学基金项目 1 项、国家自然科学基金青年基金 6 项。主编、参编医学著作 4 部，分别为《皮肤组织病理学》《现代皮肤病学》《乙型肝炎系列病理学研究》《婴儿、小儿慢性肝炎、肝硬化和肝癌系列临床和病理学研究》。

表 2-2-32　2008—2016 年病理科科研课题情况表

年份	项目名称	项目来源	负责人
2008	耐药肿瘤细胞侵袭转移能力增强的机制	国家自然科学基金	许祖德
2011	PPM1A 调节 TGF-β/Smads 信号通路在胰腺癌侵袭转移中的作用	国家自然科学青年基金	樊　洁
2012	UHRF1 与耐药乳腺癌细胞侵袭转移相关性的研究	国家自然科学青年基金	王文娟
2014	慢性 HBV 肝损伤修复过程中 miR-194 的作用及功能研究	国家自然科学青年基金	高　雪
2014	DNA 羟甲基化在 LASS2 介导的胶质瘤增殖和侵袭中的作用及机制研究	国家自然科学青年基金	熊　佶
2015	ADAM10 对乳腺癌中 PrPc 核内转运、多药耐药及侵袭转移的调控研究	国家自然科学青年基金	程园园
2016	Foxp3+Treg 淋巴细胞诱导胰腺癌上皮间质转化的机制研究	国家自然科学青年基金	杜尊国

【进修学习】

2007 年 7 月—2008 年 3 月，唐峰前往美国 M. D. 安德森癌症中心进修访问。2014 年 9—11 月，陈忠清前往德国汉堡大学艾本多夫医学中心学习；12 月，唐峰前往美国宾夕法尼亚大学进修。

2015 年 5 月—8 月，樊洁前往哈佛大学麻省总医院病理科进修学习。2016 年 1—3 月，包芸前往复旦大学附属肿瘤医院病理科进修学习。

四、教学

病理科是首批获批的上海市住院医师规范化培训临床病理培训基地之一。病理科主任许祖德兼任教学主任，2015 年由唐峰教授接任基地主任、陈忠清医师任教学秘书。2010 年，面向全国招收第一批基地学员。临床病理基地整合医院临床病理科和复旦大学病理学系的资源，为基地学员提供基础病理和临床病理各层次的培训。同时，联合复旦大学附属儿科医院病理科和同济大学附属第一妇婴保健院病理科，实现内、外、妇、儿、皮肤、神经病理的全方位覆盖。主编《住院医师规范化培训临床病理科示范案例》，完成住院医师规培并留在病理科的医师自动进入为期 3 年的专科医师培训。截至 2016 年 7 月，已有 12 名参加规培的住院医师通过考核，分配至各大医院病理科工作，大部分已成为骨干力量。

作为复旦大学附属医院的硕士、博士学位授予点，临床病理基地具有雄厚的教学师资力量，有着丰富的个性化培训课程，常规实行答疑和一对一带教制度。建科以来，共培养博士（包括在读）8 人，硕士 8 人。除常规 HE 切片制作室以外，还设有特殊染色、免疫组织化学实验室和分子生物学实验室，为学员提供各类和诊断相关的技术训练。病理科还参与其他基地住院医师、专科医师以及本科生、研究生的联合培养。每年的轮转医师培训量为 90 人次左右，包括轮转基地规培学员、专科基地学员、研究生。经过病理科的短期培训，临床医师获得最基本的病理知识，加强临床与病理的合作意识。通过在病理科的轮转，临床医师对于病理的技术和诊断过程有切实的了解，对于诊断思维和病理报告解读有进一步认识。病理科还接纳来自全国各地的进修医师，主动承担偏远地区病理医师的业务培训，接收并培养来自青海、吉林、四川、云南等地的进修生，提高偏远地区基层医院的诊疗水平。

2016 年起，每年举办 3 个国家级的继续教育学习班，包括中枢神经系统疾病病理诊断及分子检测新进展学习班（第一届）、肝脏疾病临床病理诊治新进展学习班（已举办 2 届）和乳腺疾病临床病理诊治新进展学习班（已举办 5 届），提供各相关专科最新、最准的理论和技术进展信息。

第九节　PET 中心

一、沿革

1996 年，医院 PET（正电子发射计算机断层显像）中心由核医学科主任林祥通牵头申请，经医院上报市卫生局，于 1997 年 3 月经国家卫生部批准立项。

1998 年 8—10 月，核医学科选调刘永昌、管一晖、薛方平、张政伟等，并由核医学科蒯大禹参与中心基建工作，院内选调王红兵，引进许震生、赵军和刘平等管理及临床技术人才，并借调医师陆汉魁（1 年）和研究员益关琪（2 年），由原核医学科副主任刘永昌负责医疗工作，许震生主持并负责 PET 中心的建设和管理。2001 年 4 月，刘永昌退休后，由管一晖、赵军负责医疗工作。该中心是国内首批经卫生部批准引进并建成的 PET 中心之一。经过一年多的前期试运行，PET 中心于 1999 年 11 月 26 日正式成立。

2005 年 4 月，许震生任 PET 中心主任，管一晖、赵军任 PET 中心副主任。2016 年，管一晖任 PET 中心主任，左传涛任 PET 中心副主任。至 2016 年底，科室人员 27 人，其中固定编制 20 人，其中医生 9 人、护士 5 人、技师 3 人、工程师 6 人；正高级职称 2 人，副高级职称 2 人，中级职称 9 人。

表 2-2-33　2005—2016 年 PET 中心历任主任情况表

任职时间	主　任
2005—2016	许震生
2016—	管一晖

二、医疗

1998 年 12 月 15 日，完成第一例^{18}F-FDG PET 全身检查，1999 年 10 月完成加速器的安装调试。PET 仪为西门子 EXACT HR+型，医用小型回旋加速器为美国 CTI RDS 111 型及正电子放射性药物自动合成装置。2003 年 10 月 27 日，由 PET 升级为西门子 Biograph Sensation 16 型 PET/CT(西门子公司全球第三台、亚洲第一台)并投入运行，完成 PET/CT 检查 10 000 余例，并创造单月 PET/CT 检查 549 例，成为全球单机最高纪录(据西门子公司提供的资料)。2007 年，引进全世界最新型的西门子 Biograph 64 HD PET/CT，至 2016 年已实现单机收诊 106 608 例次。2012 年，SFDA 在全国医院核医学系统颁发唯一医院内正电子放射性药物(^{18}F-FDG)生产 GMP 证书，科室还申领到放射性药物生产、使用、销售许可证。2013 年引进西门子 Inveon 型小动物 PET/CT。截至 2016 年，PET/CT(PET)受检者总例数达 127 217 例次，其中，外地受检者占 58.3%，上海地区受检者占 41.7%，连续 8 年收诊例次过万。加速器开机率保持在 95%，在保持自用的同时，为其他兄弟单位提供 FDG，同时未有因 PET/CT 设备问题而停工的事情发生。PET 中心在医院的支持下，对外强化市场开拓，对内实行企业化管理，实行严格的成本核算，强化临床诊断的质量，科研不断创新，提出“对患者百分之百负责，让患者百分之百满意”的服务理念。

三、科研

【科研特色】

科室拥有西门子 Inveon Micro-PET/CT 1 台，西门子 Biograph 64 HD PET/CT 1 台。放射性药物实验室为具有国家放射性药品使用许可Ⅳ类证书的实验室，是全国首家通过医疗机构制备正电子类放射性药品质量管理规范(GMP)认证的单位，拥有回旋加速器 CTI RDS 111 型 1 台、住友公司 HM-7 1 台，有全套的热室及化学合成自动控制模块，建立完善的放射性药物合成及质量控制体系。紧跟正电子药物发展的最新动向，按照安全性高、临床价值大的原则研制出 18 种用于肿瘤、神经退行性疾病、癫痫等疾病诊断的正电子显像剂。科室正逐步开展神经变性病分子显像平台建设开发和完善，并针对神经递质、受体、异常蛋白沉积、突触、炎症反应等的多靶点分子探针，对阿尔茨海默病(AD)、帕金森病(PD)等神经变性病进行病理机制的相关研究；同时致力于脑肿瘤精准诊疗的临床前期研究平台建设开发和完善针对脑肿瘤的多靶点分子探针，评价其对脑肿瘤分子分型诊断、疗效监测及预后评估等的价值；进行基于^{68}Ga标记正电子放射性药物的神经内分泌肿瘤、前列腺癌精准诊断及肿瘤靶向治疗前的疗效预测。

2014年，PET中心牵头成立中华医学会核医学分会神经变性病PET脑功能成像工作委员会，成员来自北京协和医院、四川华西医院、广州中山大学附属第一医院、山西医科大学附属第一医院、中山医院、仁济医院和上海市第一人民医院等多家国内知名医院。此委员会的成立促进国内PET脑功能成像快速、规范化发展。

【科研成果】

截至2016年，科室承担国家自然科学基金11项、上海市科委重大项目2项、上海市科委及卫生局项目7项，参与科技部国家慢病专项等重大项目4项。发表学术论文近200篇，其中在*Brain*、*NeuroImage*、*JCBFM*、*PRD*、*CNM*等国际学术刊物发表SCI论文51篇。主编《PET临床病例精选》和《临床核医学诊疗要览》。2005年12月，"PET及PET/CT在肿瘤诊断与临床治疗决策中的应用研究"获第六届上海市临床医疗成果三等奖。2016年11月，"基于PET/CT的肿瘤良恶性鉴别模型与临床应用"获上海市科技进步奖三等奖。科室拥有2项授权发明专利，"基于PET/CT图像纹理特征的肺部恶性肿瘤与良性结节检测系统"（2010年3月17日授权）与"基于三维重建技术的膈肌表面积计算方法与系统"（2013年4月10日授权）；1项计算机软件著作权"华山辅助成像诊断软件"（2010年8月5日）。论文"基于^{18}F-FDG PET显像建立帕金森病脑代谢网络模式"被评为2016年度中华医学百篇优秀论文。

表2-2-34　2005—2016年PET中心获奖课题（市级以上）情况表

年份	课题名称	奖项名称
2005	PET及PET/CT在肿瘤诊断与临床治疗决策中的应用研究	上海市临床医疗成果三等奖
2016	基于PET/CT的肿瘤良恶性鉴别模型与临床应用	上海市科技进步奖三等奖

表2-2-35　2013—2014年PET中心发表SCI论文（影响因子高于5分）情况表

年份	论文题目	发表期刊	作者
2013	Metabolic Imaging of Bilateral Anterior Capsulotomy in Refractory Obsessive Compulsive Disorder: An FDG PET Study	*Journal of Cerebral Blood Flow and Metabolism*	左传涛（第一作者、通讯作者）
2014	Consistent Abnormalities in Metabolic Network Activity in Idiopathic Rapid Eye Movement Sleep Behaviour Disorder	*Brain: A Journal of Neurology*	吴平　于欢（共同第一作者）　左传涛（通讯作者）

【国际交流】

2012年，在国家自然科学基金委中德科学中心筹备访问项目的支持下，邀请慕尼黑工业大学右岸医院核医学科副教授斯特凡・福斯特（Stefan Forster）以及施匡宇博士于12月11—17日访问PET中心。

2013年，左传涛副教授与美国费因斯坦研究所Ma Yilong副教授联合申请NSFC-NIH生物医学三年期合作研究项目，项目名称"帕金森综合征早期鉴别诊断的功能解剖机制：纵向多模态成像研究”。

2016年，在中德科学中心研讨会项目支持下，于3月13—15日在医院成功举办“中德PET/MR脑显像高端研讨会”，管一晖担任大会共同主席。会议期间，来自中国、德国知名医疗与学术机构的数十位影像学、神经病学、精神病学、医用物理学、放射药剂学和计算机科学领域的专家们共同探讨帕金森病、阿尔茨海默病等神经退行性疾病的早期影像学诊断。会议开幕式上，慕尼黑工业大学右岸医院与医院签署《合作备忘录》，中华医学会核医学分会授予医院PET中心“中德脑功能分子影像研究及临床转化基地”。

四、教学

截至2016年，PET中心有博士研究生导师2人（管一晖和左传涛），承担复旦大学上海医学院八年制及本科影像医学核医学理论大课及示教教学，并承担上海市住院医师规范化培养轮转带教以及出站影像基地的考核工作，共培养博士研究生11人、硕士研究生15人。2001年起，招收全国各地进修医生及相关人员90余人，上海市基地学员9人。

2001年10月12—14日，与《中华核医学杂志》编辑部联合举办PET临床专家读片研讨会，来自美国以及中国香港、台湾和大陆的96名代表参加会议，主编出版《PET临床病例精选》。2002—2004年，举办3期国家级继续教育项目“PET质量控制与医师培训”，招收学员126人。2005—2006年，举办国家级继续教育项目“PET（PET/CT）新技术医师培训班”2期，招收学员79名。截至2016年，共举办14期国家级继续教育项目“PET/CT临床应用医师提高班”和2期国家级继续教育项目“神经精神系统疾病PET应用研究进展”，共招收学员超过1 000人。

第十节　输血科

一、沿革

输血科是在原医院检验医学科血库基础上，于2006年9月成立的一个医院编制独立的临床科室。

中华人民共和国成立前，上海市的医院没有血库，临床需要用血时，临时招募献血员，进行简单的体格检查以及康华氏（梅毒）反应和血型配对试验后，血液抽入加有枸橼酸钠抗凝剂的生理盐水瓶中，直接输给患者。1950年，从英国留学回国的戴自英建立医院检验医学科，任检验医学科主任。1951年，创建上海市第一个医院血库。当时，血库自行配制ACD保养液，仅有一台血库专用冰箱，能放置约40瓶血液。每七到十天，须召集献血员来院献血一次，每次5～20人，每人每次献血400 ml，能在冰箱中保存21天，大大方便临床用血，支持外科尤其是新成立的神经外科的发展。

成立之初的医院血库设有采血室、保养液配制室和采血器械准备室，并配有1名血库专职技术员负责配血、发血，1名专职清洗工负责储血瓶及采血器械的清洗灭菌消毒。

1954年，唐文淦和倪赞明分别担任检验医学科的主任、副主任。1957年，唐文淦支援重庆医学院建院，由倪赞明担任检验科主任。1959年，上海成立“献血服务站”，实行“统一组织血源、统一采血、统一供血”。至20世纪70年代中期，开始由上海市血站统一提供血源，医院血库遂停止自行召集献血员。

由于医院各临床科室发展迅速，尤其是神经外科在国内的领先地位，血液供应不能满足临床需求。在20世纪80年代早期至90年代早期，医院血库被批准与浙江省平湖血站合作，组织当地献血员进行采血，保证当地临床用血。1985年，检验科设立血库专业组，由方勇担任组长。开展ABO血型正反定型、交叉配血等项目，1995年起增加Rh(D)血型鉴定，是上海市最早开展在常规血型鉴定中进行Rh(D)血型鉴定的单位。1998年，与麻醉科及各手术科室合作开展自体输血工作，成为上海市最早开展该项目的血库。

2006年4月，医院决定在原医院检验医学中心血库专业组的基础上筹建输血科。经过人才引进、基础设施和基本建设，成立独立的输血科，并于2006年9月1日起正式施行24小时独立值班。新成立的输血科设有配血室、储血室、发血室、血液处理室、自体采血室、质控室等，拥有储血专用冰箱、低温冰箱(−20℃)、试剂冰箱、标本冰箱、血小板恒温振荡保存箱、冰冻血浆解冻箱、电恒温箱、离心机、显微镜、酶标仪、超净工作台等设备。

2016年，科室有工作人员19人，其中总院10人、东院4人、北院5人；教授、主任医师1人，副研究员1人，主管技师3人，医师1人，技师11名，技士2名。

表2-2-36　2006—2016年输血科历任主任情况表

任职时间	主　任
2006—2015	夏　荣(副主任，主持工作)
2015—	夏　荣

二、医疗

【基本情况】

2006年建科之初，开展的业务项目有ABO血型鉴定、不规则抗体筛查、直接抗人球蛋白试验、红细胞交叉配血、储存式自体输血；2007年后，输血科步入快速发展通道，应临床科学安全有效用血的需要，先后开展血小板抗体检测、HLA配型、HLA-B27检测、群体反应性抗体(PRA)检测、白细胞过滤、血栓弹力图(TEG)检测、HLA-1502及HLA-5801检测、临床用血前评估及输血后疗效评价、临床用血会诊及输血后回诊等项目。科室逐步开展红细胞、血小板自身输血、病理性血细胞单采治疗、全浆置换等临床输血治疗相关业务。

2006—2016年，在全院范围积极建立“临床用血前评估及输血后疗效评价”体系，开展“围手术期血液保护”技术的推广与实践。与临床用血科室积极沟通，在围手术期的各个不同阶段采取不同的或联合使用多种技术手段进行血液质和量的保护，减少血液的丢失和对异体血的需求。严格按照三级综合医院评审标准制定的《华山医院临床科室输血质量考评方案》及《华山医院输血科工作质量考评方案》，对临床科室及输血科工作质量进行用血管理考评，取得包括血型鉴定、交叉配血、规范血液输注等输血质量控制及考核指标100%的准确率。

除常规输血前相容性检查外，成立疑难血型及疑难交叉配血专业组，进行血型血清学及基因分型检测，以及由输血科临床医师组成的临床用血指导组，制定紧急状态下的临床输血治疗方案；对医院血液病的输血、肿瘤贫血的输血、器官移植的输血、大量输血等疑难问题进行临床用血指导，极大地满足临床用血需求。

科室积极进行临床输血会诊制度和临床科学用血评价体系的建立，推动全院科学安全有效用血。医院在科学安全有效用血、成分血输注适应证、血小板及红细胞输注无效、输血不良反应的预防与处理、输血疗效评价及质量控制、输血治疗的护理、自身输血等方面在各次全国及上海市输血质控检查中均获得优异成绩，2015 年在上海市输血质控检查中获得满分 100 分的成绩。由于科学使用血液制剂，尽管 10 年来医院手术量、住院量、门急诊量以及疑难手术逐年显著增加，但医院实际年用血量从未超过上海市血液管理办公室给医院设定的年用血计划指标。每年年均用血量统计：红细胞悬液约 16 000 单位、血浆约 25 000 单位、单采血小板约 1 100 单位、冷沉淀约 2 500 单位。

【医疗特色】

开展输血前相容性检查、红细胞交叉配血、血小板抗体检测、疑难血型及疑难交叉配血的血型与基因诊断、血栓弹力图（TEG）检测、HLA－B27、HLA－1502、HLA－5801、HLA 配型、群体反应性抗体（PRA）检测、白细胞过滤、储存式自体输血、临床输血会诊及输血后回诊等项目。逐步开展如血小板自身输血、病理性血细胞单采治疗、全浆置换等输血治疗新业务。

三、科研

【科研特色】

输血科以输血相关免疫调节及血液免疫学作为科室研究方向，注重科室技术人员的培养，创造学习机会，使全科中级职称以上人员都有自己的研究方向，全科形成可持续发展的势头。输血科学科专业构成有储供血专业、免疫血液学专业、临床输血专业、自身输血与血液保护专业、单采与细胞治疗专业。科室作为上海市公共卫生输血医学重点学科建设项目牵头单位，联合长海医院、瑞金医院、中山医院、仁济医院、长征医院、新华医院、儿童医学中心 7 家上海市大型三甲医院，主要研究方向包括：① 控制输血严重危害（SHOT）——输血不良反应发生机制及预防；② 输血前评估及输血后疗效评价临床研究；③ 患者血液管理（PBM）——进行多中心、大样本研究，以建立健全血液保护相关技术规程，临床用血前评估、输血后疗效评价规范性文件及行业指南。

【人才培养与引进】

至 2016 年，科室重视技术人员的培养，在医院的大力支持下，选派技术骨干去上海市血液中心进行 3 个月的血液免疫学学习班的进修。同时加大优秀人才的引进工作，2012 年引进优秀博士后 1 人。

【科研成果】

2011 年，输血科获第一项国家自然科学基金，其后，分别于 2014、2015、2016 年再获 3 项国家自然科学基金面上项目。2012 年，科主任夏荣教授入选上海市公共卫生输血医学优秀学科带头人培养计划，2015 年获上海市公共卫生输血医学重点学科项目。截至 2016 年，科室平均每年发表 SCI 学术论著 3 篇以上，共发表 SCI 论文 22 篇，国内核心期刊论著 30 余篇。

表 2-2-37 2009—2016 年输血科科研课题(市级以上)情况表

年份	课题名称	课题类型	负责人
2009	修饰 *SOCS1* 及 *TIM4* 基因获得耐受 DC 及其预防移植物抗宿主病的实验	上海市自然科学基金面上项目	夏　荣
2011	探讨胞外泛素经 CXCR4 受体发挥免疫抑制作用及其对输血相关免疫调节(TRIM)的影响	国家自然科学基金面上项目	夏　荣
2012	输血医学	上海市公共卫生优秀学科带头人项目	夏　荣
2014	MicroRNA let-7b 对 TLR4 介导的血小板贮存损伤的调控机制研究	国家自然科学基金面上项目	夏　荣
2015	储存血中泛素调节线粒体动态平衡对肿瘤细胞生物学特性的影响	国家自然科学基金面上项目	张　琦
2016	储存血中泛素经 TGF-β/MMP-9 通路参与肿瘤微环境调控进而影响肿瘤转移的机制研究	国家自然科学基金面上项目	夏　荣

表 2-2-38 2008—2016 年输血科出版著作情况表

出版年份	著作名称	出版社
2008	临床输血诊疗技术	人民卫生出版社
2008	急诊医学(第三版)(国家"十一五"教材)	复旦大学出版社
2011	采供血及临床输血管理学	人民卫生出版社
2012	输血免疫血液学实验技术	人民卫生出版社
2013	现代临床血液病学	复旦大学出版社
2013	实用内科学(第十四版)	人民卫生出版社
2015	临床输血学检验(第三版)	中国医药科技出版社
2015	实用临床输血学	人民卫生出版社
2016	输血技术操作规程	人民卫生出版社

【国际交流】

2011 年 12 月—2012 年 5 月,选派 1 人去纽约血液中心做访问学者。2012—2016 年,科室每年选派硕士以上优秀技术人员参加美国输血协会(AABB)、国际输血协会(ISBT)等国际输血大会,进行国际学术交流。

四、教学

截至 2016 年,科室有博士研究生导师 1 人、硕士研究生导师 1 人,已培养硕士研究生 5 人,在读博士生 3 人、硕士生 1 人;科室同时承担复旦大学上海医学院临床医学本科及 MBBS 留学生班临床输血学的中英文授课任务。2013—2016 年,连续 4 年举办国家级输血医学继续教育项目"临床用血前评估及输血后疗效评价",每期来自全国各地医院、血站的 210 余名输血技术人员参加学习班,并授予国家级继续医学教育Ⅰ类学分 10 分。每年在全院进行"科学安全有效用血""血液制剂的规范输注"等培训。

第三篇 医护管理

概　述

医疗工作是医院最核心的职能，围绕医疗质量与管理、门急诊管理、干部保健工作、医疗保险、预防保健与医院感染管理等展开，在不断提高医疗服务质量和水平的基础上，将医院综合实力与竞争力提升到一个新水平。

医院相关医务工作先后由医务室（20世纪50年代初）、业务组（70年代初）、医务科（70年代末）及医教处（80年代末）负责管理。1992年，医务处成立，下辖防保科、病案图书室、入院处和综合接待办，职能涵盖组织实施医疗、临床管理工作，处理医疗纠纷与诉讼，监督检查各临床科室执行医疗管理制度、岗位责任制、诊疗规范及医疗质量的工作情况，协调医院内部临床科室间或临床与医技科室间的医疗事务，抓好医疗质量管理，落实安全管理措施。

门急诊的日常医疗业务及管理工作由门急诊部负责。20世纪50年代，医院设立综合门诊部，1989年更名为门急诊部，负责优化门急诊流程，制定门急诊改进措施，维持门急诊医护工作正常运行，确保门急诊安全和服务质量，以及承担紧急救援、赛事保障等工作。

医保管理工作由医疗保险办公室负责。1999年，医疗保险办公室成立，承担医保政策宣传和督查，建立医保统计、反馈和控制系统，实时监管和前瞻控制等工作。

员工保健与卫生防疫工作主要由防保科负责。科室建立于上海解放初期，科室名称为社会服务科。1955年改为下厂组，后更名为防保科，承担职业防护、员工体检、无偿献血管理等工作。

院内感染管理与监控工作主要由院感科负责。医院于20世纪80年代后期组建医院感染管理团队，90年代前期成立医院感染控制办公室。2008年，成立医院感染管理科，并设立医院感染管理三级网络。

医院病案及图书、文献的集中管理工作由病案图书室负责。科室于1947年成立，隶属医务处管辖，从收集、保管病案扩展到医疗数据统计分析、上报，病案调取、借阅、浏览，病案信息分析、利用，病史书写质量管理以及图书、期刊、阅览资源管理等。

干部保健工作主要由干部保健处负责。1994年，医院设立干部保健科。2013年，医务二处（干部保健处）设立，承担协调干保医疗与全院有关科室的横向联系，贯彻实施、反馈、督导各项干保具体工作。

医疗质量管理由质量控制管理办公室负责。2001年，医务处设立质控科。2006年，成立质量控制管理办公室，后更名为质量管理办公室。2008年，附设国际医疗卫生机构认证联合委员会（JCI）办公室，负责协调全院JCI认证工作，医院于2010年顺利通过JCI正式评审。

在医疗过程中，护理是承上启下的关键环节。1921年，医院附设护士学校，标志着护理教育走向正规化。110年来，医院的护理工作逐步从正轨发展到专业。随着医学模式的转变，护理学也不断在发展，临床护理模式由过去的功能制护理向责任制整体护理发展，护理服务从门急诊住院到延续出院后随访，通过各专科护理门诊为患者提供更加全面、专业、连贯的专科护理，借助各科信息化平台提供便捷、规范、温馨的健康教育。

医院在强化三甲医院功能定位的同时，陆续建立江苏路分部、东院、西院、北院，不断满足患者日益增长的医疗需求。医院还多次承担国内外重要会议、赛事的定点保障工作，担负国内外各地防疫、救灾等医疗救援工作。在医疗技术上精益求精，实现多项国内外重大医疗技术突破。

第一章 医疗管理

第一节 门急诊管理

医院创建之初，为秉承红十字精神，“诊病给药只收号金，病重者留院治疗酌量收费，贫者则免、只收膳费，极贫者膳费亦免”。1928 年 8 月 1 日，医院成为国立上海医学院实习医院，业务与日俱增，每日门诊 300 人左右。1937 年起，抗日战争全面爆发，医院工作陷入苦境，药品等虽有所匮乏，但医疗业务从未中断。1952 年 1 月 3 日，医院改组为专科医院，设普通内科、肺科、神经精神科（包括神经外科）和皮肤科，并扩建门诊。1954 年，在医院原有门诊部的基础上，扩增为上海第一医学院综合门诊部。1955 年，为配合教学需要，设内科、外科、神经科、精神科、皮肤性病科、传染病科及中医内科和针灸科，门诊每天约 700 人次；因综合门诊部作用不大，故撤销，恢复医院原有的门诊部，同时成立急症病室，对深夜入院的急症患者做好安置和护理，全年门诊约 23.4 万人次，急诊约 0.9 万人次。医院于 1955 年 5 月 4 日改为综合性医院，并于 8 月 1 日调整门诊，保持内科、皮肤性病科、神经精神科、肺病科门诊不变，增设外科（包括普通外科、泌尿科、骨科）、口腔科。之后随着业务量的扩大，门急诊人次也逐年递增。1980 年，年门急诊量 54.3 万人次；2000 年，达到 151.5 万人次；至 2016 年，达到 345.8 万人次。

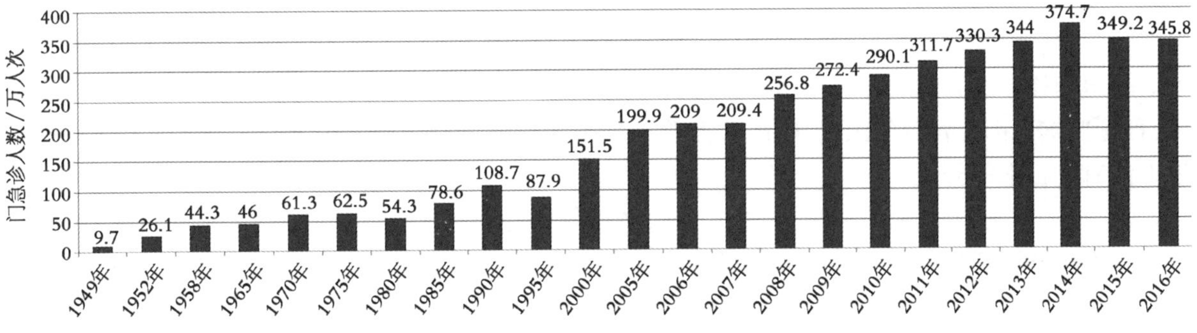

图 3-1-1 1949—2016 年门急诊人数变化情况

一、门诊管理

【概况】

门诊部负责管理与协调门诊日常工作，主要负责优化门诊流程，维持门诊医疗、护理工作的正常运行，确保门诊的安全和服务质量，进行检查及考核；制订门诊持续改进的管理措施；对内服务全院临床、辅助科室和行政部门及员工，以及实习生、研究生、进修医生等，对外服务患者与家属、合作单位和政府相关机构。

表 3-1-1 2009—2015 年门诊部获得荣誉情况表

年 份	荣 誉 名 称
2009	上海市总工会工人先锋号
2010	上海世博会窗口服务先进集体
2010	上海职工迎世博窗口服务行业立功竞赛世博服务卓越奖
2010	上海市卫生系统迎世博服务品牌奖
2011	上海世博会窗口服务先进集体
2014	上海市青年文明示范岗
2014	2012—2013 年上海市青年文明号
2015	2013—2014 年上海市青年文明号
2015	2014 年度上海市三八红旗集体
2015	2014 年度全国巾帼文明岗

【门诊医疗质量与护理管理】

门诊部注重门诊医疗质量管理与护理管理。坚持执行医疗质量核心制度、诊疗常规以及其他各项规章制度等，加强门诊治疗室的管理，并组织科室自查与管理部门督查，以促进门诊医疗质量的持续改进。同时门诊护理管理以等级医院评审标准为指南；以护理安全管理为中心，持续提高门诊护理质量和服务质量；以护理服务管理为基础，持续提升患者满意度。2010—2015 年，门诊部共举办 6 届“全国门急诊规范化管理学习班”（Ⅰ类学分 6 分），主要介绍 JCI 评审过程中门诊部的作用及门急诊质控领域内超前的管理理念，以促进门诊服务质量。

肠道门诊、发热门诊、肝炎门诊等作为特殊门诊，有其相应特点，在环境设置、人员资质、工作制度、管理要求上都有各自的区别，门诊部需要根据不同门诊的特点进行管理，从而保证上述特殊门诊工作有序正常的开展。

【门诊绩效管理】

门诊绩效管理是为门诊管理者做出发展规划和为员工管理决策时提供有价值的客观信息。门诊的发展规划包括门诊患者人数的增长比例、门诊费用的规模、门诊工作人员的调配等；而员工的管理决策包括员工晋升、去留、奖惩等。管理者在做出上述规划和决策时都需要使用到绩效管理信息，尤其是绩效评价信息，这些绩效信息是门诊规划和员工奖惩的客观依据。门诊绩效管理由门诊办公室主要负责，财务、人事、后勤等部门通力协作，运用科学的考核方法，依据门诊不同岗位和职位的不同绩效标准，对门诊员工和绩效周期内工作过程、工作结果进行有组织、有步骤的考核和评价，并将评定结果反馈给科室和个人。

【门诊信息系统管理】

门诊是医院对外服务重要窗口，门诊信息系统是数字化医院建设的重要组成部分，门诊信息系统的建设不仅是现有门诊工作流程的计算机再现，更是以数字化网络平台为依托，以信息系统建设支持门诊流程改善，为门诊患者和出诊医生提供服务。

综合性医院门诊信息系统组成包括 HIS 系统、LIS 系统、RIS 系统、PACS 系统及 OA 系统等。各系统相互衔接，又各具功能。门诊部要与信息部门合作，保证各类门诊信息系统正常运行，一旦发生信息故障，启动相应的应急预案应对突发事件。2016 年，医院打造“空中医院”，提供网上会诊、精准预约、轻问诊等服务。

【门诊应急事件预案及处理】

为确保患者生命安全和减少财产损失，保证医院门诊区域的正常运作，促进事故应急工作的制度化和规范化，迅速有序地应对和排除突发事件，依据国家相关法律法规，结合医院实际情况，制定门诊应急事件处理预案。

门诊事故处理工作贯彻“预防为主，常备不懈”的方针，遵循“统一领导，完善机制，明确责任，加强合作，快速反应，措施果断”的原则。成立应急领导小组，做好日常医疗安全工作，落实安全生产责任制，防范突发事件的发生；发生突发事件时，及时做好应急工作，尽快排除或解决突发状况；根据突发事件的严重程度，启动和终止应急预案，及时向上级报告事件情况并向全院公布，必要时请求外力支援；领导小组组长是履行预案的第一责任人。小组成员应在领导小组的统一指挥下，做好突发事件的综合应急工作。

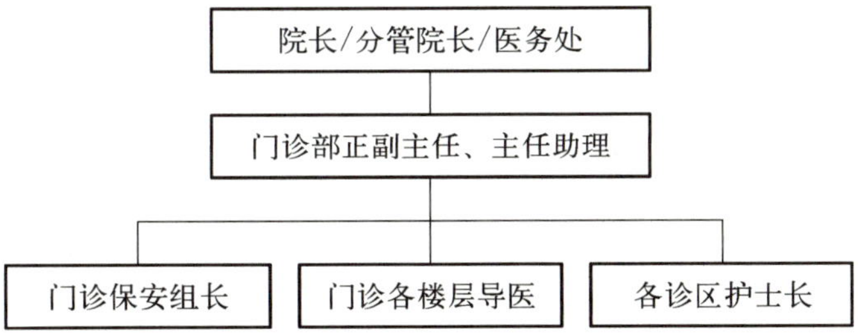

图 3-1-2　2016 年，门诊应急领导小组组织架构图

二、急诊管理

【概况】

急诊科负责管理与协调急诊日常工作；优化急诊流程，维持急诊医疗、护理工作的正常运行，确保急诊的安全和服务质量，并进行检查及考核；负责院内突发事件急救；应对公共群体突发事件；承担医院对外紧急救援工作，包括抗震救灾、各项赛事保障等；制订急诊持续改进的管理措施。作为上海市脑外伤急救中心，为来院的危重、创伤和其他内科和外科急诊患者提供基础的医疗和护理服务。2015 年，急诊预检工作区基建改造，并实行急诊预检分级，完成急诊布局优化与流程改造。2016 年，急诊的输液室基建改造及流程优化获 2016 年全国健康界举办的改善医疗服务行动计划之优化诊区设施布局十大价值案例。是年，急诊启用急诊电子病历系统，初步建立急诊患者信息数据库；加强人力配置，结合电子信息化实时显示系统，缩短患者候诊时间。

表3-1-2　2007—2016年急诊科获得荣誉情况表

年　份	荣　誉　名　称
2007	复旦大学巾帼文明岗
2011	上海市优秀急诊急救实训基地
2012	复旦大学青年文明号
2013	上海市青年文明号
2013	上海市巾帼文明岗
2016	全国医疗服务擂台赛分主题十大价值案例
2016	复旦大学文明窗口
2016	全国医疗服务擂台总决赛年度十佳

【急诊医疗质量管理】

医院提供急诊诊疗服务，设有各科诊室、输液室、留观室、抢救室、扩创室及辅助科室（急诊检验、急诊放射、急诊心电图、急诊B超），治疗范围涵盖除妇产科、儿科以外的内科、普外科、神经内科、神经外科、骨科、皮肤科、泌尿外科、手外科等急危重症科室，同时负责院内突发急症患者的抢救工作。

急诊医疗质量检查由科室质量控制小组总负责，对急诊各项临床工作进行质量考核。每月对医疗质量进行统计，在科室质量会议上进行结果通报。

建立质量监测　科室质量管理若达到较高的水平，须建立行之有效的常规质量监测指标，通过对各有效指标的结果进行收集并分析，了解科室质量的发展趋势。对科室管理中某些不良趋势提前干预，避免造成严重后果。急诊科质量检查表格由三部分构成，包含抢救室病史检查记录、错误处方统计记录及其他记录。其他记录内容包括医疗纠纷、不良事件、急诊临床操作等，由质量协调员交互检查并如实填写，确保填写内容真实可靠。

疑难病例讨论　由科室质量控制小组成员定期收集疑难病例，科主任事先进行全面回顾，选择有教育意义的病例在科室质量会议上进行讨论分析，提出改进建议。

建立并实时更新急诊诊疗常规　制定符合门诊、急诊和住院病房的具体实践工作中临床常见疾病的诊疗常规以及收治标准；制定急诊科的临床实践指南，以此规范急诊医生的医疗行为，减少因经验积累的不同造成临床认识不一致从而导致的治疗偏差。对临床指南在实施过程中，不断收集和归纳资料，以发现实施过程中存在的问题并适时加以修正，使该临床指南符合不断发展的医疗观念，更好地为患者服务。

绩效考核管理　质量控制小组成员负责定期收集绩效资料，经过分析筛查，讨论决定能够有效体现工作质量的绩效考核指标，并在临床工作中不断修正。这是对科室内的员工进行工作评价及医疗权限评价的基础。

持续质量改进　贯彻戴明循环（plan-do-check-act，PDCA）原则，对急诊各项工作进行持续质量改进。主要对员工技能进行培训和考核；质控记录及失控分析记录（如病案质量、差错等）；汇报纠正反馈问题及措施落实情况、完成时限及纠正效果；纠正及预防措施的实施、跟踪和验收；纠正措施的实施、监督及完成时限，按照《纠正及预防措施控制程序》的规定执行；质控小组对纠正及预防措施进行跟踪，如措施不落实，及时与受审核诊疗组负责人沟通，并向科主任报告；科室医疗秘书负责对外部反馈建议和意见的调查处理结果进行记录、汇总，并将相关信息反馈于相关科室及医务处；每季度组织质量控制会议，在质量管理小组会议中与诊疗组负责人沟通并确认。

【急诊教育与科研管理】

急诊科作为全国急诊住院医生培训基地，承担基地学员三年制培训任务；承担复旦大学上海医学院五年制、八年制临床课程教学、八年制实习学生的床旁教学任务；承担华山医院内科、神经内科、精神科、肿瘤医院基地医生的急诊内科培训任务及基础生命支持(BLS)、高级生命支持(ACLS)培训；承担进修医生的带教任务；承担全院临床科室住院医生、主治医生及各职能部门的 ACLS 培训工作。同时自急诊专科化建设后便开始科研管理，包括临床数据库的建立、定期文献学习、鼓励发表科研论文。

第二节　医疗相关管理

一、医疗保险管理与服务

【医保管理体系】

2011 年起，由分管院长牵头建立医保三级管理网络，院长和分管院长牵头组成医疗保险领导小组，医疗保险办公室、医务处、门诊部、财务资产部、信息中心、装备科、药剂科组成医保管理工作小组，各临床科室主任和副主任组成第三级管理层，充分发挥科主任管理优势。

【医保费用控制与管理】

2007 年，将医保的政策宣传和管理要求列入全院职工素质教育。2008 年，实现医院外延性发展向内涵型发展的模式转变，合理控制医疗成本，完善运行机制。2009 年 7 月 1 日起，主动参加医保预付制试点，实行医保费用的目标管理：在总量控制的前提下将目标层层分解，明确各科医保患者的次均费用和药品收入比例。2010 年，实现对医保费用实时监控，制订控费措施，有针对性地帮助与指导科室实现控费目标。2013 年，实行新的“日对账系统对比功能”，保证药品编码、诊疗项目编码、医疗器材编码信息上传的准确性。2014 年，执行重大违规通报制度，并对高额病历进行自查和督查，将检查中出现的问题定期公示在 OA 中。2015 年，建立医保查询系统和预警系统，主要通过每日或者每月的门诊、住院医保数据的整合达到快速查询与比较的功能。

对医保执行情况实时监控，针对执行情况中发现的问题及时整改，对不断发现的新动向提出处理意见，具体措施为：

每月 5—10 日，从财务处收集上月医院门诊、住院医保药品费用及总费用，配合院办做好申康统计数据。

每月 1—10 日，从信息科收集各科室医保数据，统计各科门诊费用、门诊次均费用、门诊药品费用、住院次均费用、住院总费用以及住院药品费用，全方位考核各科医保费用情况。

每月 10—15 日，将各科医保执行情况发给各科主任及分管医保负责人，方便各科室负责人及时对科室医保工作做出调整。

每月 15—20 日，从医保局总控办收集数据，完成华山医院医保执行情况统计，医保办根据每月医保执行情况及时对医院医保情况做出调整。

每月 20—30 日，结合医保总控数据及 HIS 统计数据，预测下月医保执行情况。医保办与科室主任沟通，根据病种、药品用量等数据分析的结果，与科室主任共同分析原因，制订控费措施，有针对性地帮助与指导科室实现控费目标。

表 3-1-3　2004—2016 年医保费用情况表

单位：万元

年　份	全年医保指标	医保申报数	医保结余情况
2004	21 668.60	24 548.424 34	−2 879.824 3
2005	24 251.60	27 751.843 73	−3 500.243 7
2006	29 216.99	31 848.501 94	−2 631.511 9
2007	33 138.62	35 260.540 48	−2 121.920 5
2008	38 844.81	41 629.511 91	−2 784.701 9
2009	44 357.00	45 617.570 06	−1 260.570 1
2010	52 129.16	49 143.915 3	2 985.244 7
2011	57 177.00	55 922.873 7	1 254.126 3
2012	68 117.10	62 874.809 5	5 242.290 5
2013	73 712.66	64 976.688 6	8 735.971 4
2014	76 374.06	70 062.521 0	6 311.539 0
2015	79 453.30	70 592.877 6	8 860.422 4
2016	81 379.40	73 362.282 7	8 017.117 3

说明：2009 年 7 月开始实行预付制。

二、医院感染控制管理与服务

【院内感染预防与控制】

建立院感管理体系　2009 年，以 JCI 标准建立医院感染管理体系，根据国际、国内最新指南及标准制定符合医院需求的《复旦大学附属华山医院医院感染管理手册》，并发放到医院各部门。规范、建立对重症监护室、消毒供应室、手术室、血液透析室、内窥镜室、导管室、口腔科、门急诊、临床检验部门等重点部门，在消毒隔离、临床规范操作、无菌操作规程、识别和管理相关感染等重点环节的安全风险监控和管理机制，针对发现的问题采取积极有效的干预措施。强化对呼吸机相关性肺炎感染、导管相关血流感染、导管相关尿路感染、手术部位感染，以及艾滋病、乙肝、丙肝、梅毒等重点疾病的识别、监测和管控，保障患者安全。2012 年，由信息科及相关部门共同协作开发医院感染监查系统。

开展细菌耐性监测　2008 年起，每年联合抗生素研究所、检验医学科开展医院细菌耐药性监测，为临床合理选用抗菌药物、提高抗感染治疗水平、减少细菌耐药提供依据。对医院感染病原体分布及其对抗感染药物的敏感性进行监测，掌握各科室、各感染部位的常见病原菌分布及耐药性及其变迁，并将资料反馈至各临床科室。重点监控抗甲氧西林金黄色葡萄球菌(MRSA)、耐万古霉素肠球菌(VRE)、泛耐药革兰阴性菌和氟康唑耐药念珠菌，一旦发现立即通知有关科室，并指导协助其做好消毒隔离工作，阻断其扩散。对耐药菌流行科室进行流行病学调查，追踪传染源，查明传播途径，采取相应措施控制耐药菌流行。

医院感染暴发流行的监控及感染源调查追踪　根据监测资料或微生物实验室资料，及时发现可能存在的医院感染暴发流行。在排除假暴发或假流行后，组成由医院感染管理科牵头的联合调查小组，开展调查工作。查找感染源、查找引起感染的危险因素，根据调查结果，制定和组织落实应急控制措施，并进行感染源追踪，分析流行或暴发的原因，推测可能的感染源、感染途径或感染因素，结合实验室检查结果以及采取控制措施的效果综合做出判断。认真总结经验，针对暴发流行中暴露的问题，提出相应的整改和控制措施。2010 年，配合上海市院内感染质控中心，对医疗机构非结核分枝杆菌医院感染预防与控制进行培训、监测及质量评估。2013 年，配合静安区疾控中心，对人感染 H7N9 禽流感病例密切接触者进行医学观察、随访。

手卫生培训　2008 年起，对全院工作人员如临床医生、护士、技术员、护工、工勤和保洁员等进行手卫生培训并进行考核，将手卫生检查列为每月必查项目。

降低医院感染重点环节的风险　通过贯彻落实各项医院感染防控措施，医院感染重点环节的危险因素得到有效控制，医院感染风险有所降低。外科手术部位感染、导管相关血流感染、导尿管相关尿路感染及呼吸机相关肺炎等专项的发生率进一步降低。

院内感染质量控制　手卫生依从性大于 80%；呼吸机相关性肺炎(VAP)、导管相关性血流感染(CRBSI)、外科手术部位感染(SSI)、导尿管相关性泌尿感染(CAUTI)发生率低于国际平均水平；医院感染漏报率小于 10%，医院感染病例微生物送检率大于 80%；感染病例微生物标本送检合格率大于 80%；住院患者抗菌药物使用率小于 50%；围手术期抗菌药物预防性应用于术前 0.5～1 小时使用，医疗器械消毒灭菌合格率必须达到 100%。

参与督查与指导　参与由医务处、抗生素研究所、药剂科、主要临床科室主任组成的抗菌药物临床应用管理小组，对全院抗菌药物应用进行督查和指导。2012 年，院感科李光辉、杨帆参与《抗菌药物临床应用指导原则》的撰写与修订。2016 年，配合上海市院内感染质控中心完成医疗废物管理项目的推广。

【传报管理】

医院感染管理科的报告制度主要包括出现医院感染散发病例和医院感染流行趋势等方面。

当出现医院感染散发病例时，经治医师应及时向科室医院感染监控小组负责人报告，并于 24 小时内填表报告医院感染管理科。高度怀疑的医院感染病例必须在发现的 2 天内由主管医生填写医院感染病例报告卡。主管医生因特殊情况无法及时填写报告卡，可通过电话形式通知医院感染管理科，但患者出院前仍需补填报告卡，否则作漏报处理。确认的医院感染病例应在 2 天内填写医院感染病例报告卡，同时，在患者出院前必须填写在病历的首页，若填写不完整则作漏报处理。

出现医院感染流行趋势时，医院感染管理科应于 24 小时内报告主管院长和医务处，并通报相关部门。经调查证实发生以下情形时：① 5 例以上的医院感染暴发；② 由于医院感染暴发直接导致患者死亡；③ 由于医院感染暴发导致 3 人以上人身损害后果，应于 12 小时内向区卫生局报告，并同时向区疾病预防控制中心报告。

发生以下情形时：① 10 例以上的医院感染暴发事件；② 发生特殊病原体或新发病原体的医院感染；③ 可能造成重大公共影响或严重后果的医院感染，应按照《国家突发公共卫生事件相关信息报告管理工作规范(试行)》的要求在2小时内进行报告。

医院发生的医院感染和医院感染暴发属于法定传染病的,还应按照《中华人民共和国传染病防治法》和《国家突发公共卫生事件应急预案》的规定进行报告。

【卫生科普宣传】

2009年起,医院感染管理科每年举办"医院感染控制宣传周",对消毒隔离、耐药菌防控、手卫生、抗菌药物应用等各方面内容进行专题讲座、互动讨论、定向培训等,覆盖医生、护士、医技、工勤、护工等人群。是年,以JCI标准建立医院感染管理体系,根据国际、国内最新指南及标准编制《医院感染宣传册》,发放于门诊及病房宣传架,以提高医院人群的自我防控意识,降低医院感染的发生率。此外,手卫生培训、宣传教育、岗前培训、抗菌药物合理使用宣传月活动等作为感控常规工作,增强广大医务人员预防与控制医院感染的意识。

三、预防保健管理与服务

防保科负责全院的职业防护、员工体检、传染病相关工作、放射防护、无偿献血工作及爱卫工作。

【职业防护】

暴露防护 防保科根据医院《血源性病原体的职业暴露管理制度》,对每一例暴露职工进行暴露后的处理、随访、记录。每年约有20～30人次,随访率达到100%。为减少职业暴露,预防暴露后感染,坚持宣教工作,除对暴露员工个别指导外,还对新员工在岗前进行职业防护相关知识的培训,每年至少3次。

疫苗接种 2010年起,为保护员工,每年都对特殊岗位职工做肝炎标志物筛查,为无免疫力员工提供乙肝免疫接种,同时每年面向全院组织免疫接种3次。由于医院没有接种资格,为方便员工,特地请医院所属地社区服务中心上门接种,每年接种乙肝疫苗30～60人,麻疹疫苗15～20人。

【员工体检】

职工健康体检 1984年,组织全院职工做好防癌体检,为全院已婚妇女做好妇科体检。此后,每年组织和落实全院职工健康体检和女职工的妇科体检工作,并统计、总结体检结果。2010年起,建立员工电子健康档案,避免体检管理中的漏洞,如体检报告没有存档、健康状况监测无延续性的缺陷,精简体检流程,保证体检报告能够随时随地在HIS系统中读取。

岗前体检 按照相关规定,组织各个科室放射从业人员的岗前体检、在岗体检、离岗体检,确保每一位从业人员体检合格。组织和督促食品卫生的从业人员岗前体检,在岗人员每年一次体检,保证体检的及时性有效性。

【传染病、肿瘤等慢性病报告管理】

2003年3月,"非典型肺炎"在全国各地不同程度暴发,医院极其重视,在第一时间成立由院长为首的防病领导小组,以及由各级领导及专家组成的防病工作小组和专家小组。成立医院内部疫情报告系统,由各门诊和病房上报防保科,防保科及时上报医务处和院领导。医务处落实组织防

“非典”的工作制度和与医务人员的培训工作。防保科落实发热门诊患者的传报及电话随访工作，做到层层防范，不漏诊、不误诊。

1984 年，制定肿瘤、传染病、职业病报告制度。2010 年，创建传染病、肿瘤报告电子系统，将原始的手工填写改为电子化，使报表更准确、及时，操作更方便、省时。为保证报告的及时性，每天查询医院所有出院、入院患者，门急诊就诊患者和所有胸部放射检查病例，及时与相关部门沟通。为防止漏报，每月查询住院病史和所有病理报告。坚持对新进员工进行传染病、肿瘤报告相关知识的培训，包括新员工、学生、进修人员，每年至少开展三次全院性的集体培训。每年报告传染病 3 000 例左右，肿瘤 3 500 例左右，报告率均达到 100%。每年接受多次的区、市两级疾控中心的检查。

【放射防护管理】

防保科负责放射科放射防护日常监督工作。督促所有接触放射的人员做好两年一次的健康体检，退休或离岗的放射从业人员须再做一次健康体检；对放射人员（放射科、同位素）放射受光剂量测定并登记，定期检查放射科人员个人剂量仪的佩戴情况并每两月更换一次，做好更换情况的记录；X 线机及装置场所、同位素源、同位素工作场所检测合格并做好记录；新增 X 线机，新建、改建、扩建 X 线机房须向有关部门提出申请，进行监测、变更；确保所有放射人员接受场所新程序、新确认的有害物、放射安全程序和操作；根据放射操作和所遇伤害，配备相应的安全防护设施；做好有关放射防护培训，从业人员岗前培训，在岗人员每年一次培训。

【无偿献血工作】

防保科与各部门负责人协调完成每年的献血任务。如有突发事件，服从上级领导安排，积极组建应急队伍，保证临床用血需求。

【爱国卫生工作】

食品卫生监测　1987 年，为职工食堂和营养室建立食品卫生监督制度，为预防食物中毒提供具体措施。按照食品卫生相关标准，对营养室、职工食堂进行定期的监督检查，每月一次食品餐具采样，均达标。每三年对食堂和营养室的食品卫生许可证（指定机构）办理延续手续。监督从事食品卫生人员每年一次健康体检。至 2016 年，医院食堂未发生食物中毒事件。

禁烟管理　2008 年，医院成为“全国无烟医院”，成立院控烟小组与控烟组织网络，防保科配合宣传最新控烟政策，在明显位置张贴控烟宣传海报，建立控烟巡查人员队伍，劝阻在院人员不要吸烟。2013 年，设立控烟网络、控烟督察员和训察员，并结合医院精神文明建设，将爱国卫生、JCI 的控烟要求有机对接，每季度有相关院领导组织对各科室部门全方位的检查。2015 年，制作控烟宣传栏、展板，小卖部不售烟草制品。完善戒烟门诊和增加挂牌控烟巡察员，在院 OA 网上进行全体员工的控烟培训和控烟知识宣传。

四、病史统计管理与服务

【出院病案的保存与归档管理】

病案图书室对医院的出院病史进行收集、保存、归档。1950—1988 年的出院病案用缩微胶卷的方式保存，约 35 万份，可通过人工卡片索引方式获取病案信息。1988 年以后的出院病案，使用“联众病案管理翻拍系统”保存病案的数码照片，并同时保留病案原件，约 85 万份，可通过电脑系统方便快捷地检索病案信息并进行统计分析。1990 年，率先在上海医科大学系统开展病史数据计算机管理，为临床医生科研分析病史提供数据；及时提供周转率、使用率、平均住院日等统计数据，为医院管理提供科学依据。1992 年，率先在上海市使用缩微胶卷保存出院病案，开辟病史用现代化手段保存的新路，节约大量的空间，并能通过缩微阅读机提供病案浏览服务及为患者提供疾病公证等法律依据。2004 年，由联众网络信息有限公司为华山医院提供出院病史翻拍服务，将纸质病史照片翻拍输入电脑保存。2016 年 7 月，使用“病案示踪系统”，利用掌上移动设备完成病案签收、交接、归档，并通过系统自动生成实时统计报表及手机短信预警。出院病史 7 个工作日内归档率大幅上升，达到三级医院管理水平要求。

【病史书写质量控制】

病案图书室在质量管理办公室、医务处的领导下，对全院出院病案进行管理与质量控制。借助信息化，实现病史书写及时性实时动态监测和反馈。每月由专职人员对出院病史进行质量检查，并通过信息化手段对全院及各科病史书写质量问题进行分析汇总，提出整改意见，向医务处、质量管理办公室及临床科室反馈，并督促整改。2013 年，根据国家卫生计生委新版病案首页要求，将病案首页改版并由手工填写的方式改为电子信息输入，并建立全院疾病名称、手术名称及 ICD 编码库，为病案首页信息能够高效、科学利用打好扎实的基础。2014 年 12 月，举办“病史内涵质量大比武”活动；2016 年 11 月，开展病史质量评比大赛，以此督促临床科室提高病史书写质量。

【图书、资料检索服务】

病案图书室为员工提供图书、期刊的征订借阅、医学文献资料检索服务。1992 年，首先在上海市各大医院图书馆中开展中英文医学文献光盘检索服务，为医教研提供方便。1995 年，通过上海医科大学数字化图书馆提供文献检索服务和全文调取服务。

五、干部保健医疗管理与服务

干部保健医疗对象为上海市干部保健局指定在华山医院就医的相关人员。除做好医院定点保健对象的日常医疗工作，认真履行职责，圆满完成上海市干保局下达的各项保健任务及国内国际重要会议、重大活动的保健任务等。根据上海保健局下达的干部保健法律、法规和规章，结合医院实际，研究制定医院的干部保健医疗工作各项制度，如安全保密制度、报告制度、转诊制度、重要保障制度等。

【日常医疗业务】

做好干部保健日常医疗工作的管理及医疗质量的督查评估，规范医疗行为，提高医疗管理水平，提高医疗服务质量，减少医疗纠纷和医疗差错。与医务处共同做好干部保健对象的医疗纠纷接待和处理工作。借助干部保健信息管理网络系统及医院的信息平台，进行干部保健医疗质量的实时监控。

协调医院干保对象的院内外会诊，负责受理干保对象转诊、转院。协助分管院长组织医院重要保健对象的全市会诊，根据要求安排落实华山医院专家对外院重要保健对象的会诊工作。

协助院长、分管院长协调完成上海市干部保健局下达的中央领导，各省、市、自治区副省级、部队副军级以上领导，以及外国国家元首、政府首脑等在华山医院的医疗任务，外派医疗保障小组并制定预案；按干保局的要求安排体检、就诊、协助分管院长组织协调重要会诊和抢救，并负责将病情上报至市上海市干部保健局转报市委、市政府及中央保健委员会办公室。负责落实上海市干部保健局下达的中央保健办交办的医疗会诊任务。协助院领导做好保健专家及家属的慰问工作。

负责制定上海市干部保健局下达的重大活动期间高层领导的医疗保障预案，外派随队医疗保障组，协助分管院长协调完成定点在华山医院的医疗保障工作。组织建立医疗保障组并负责人员培训，落实配备保障药物，督查确保保障设备正常工作。

协助院长、分管院长组织协调干部保健对象发生突发事件时的院内抢救工作；协助有关部门做好医院干部保健对象的传染病、慢性非传染性疾病发病情况的信息收集和动态监测工作，并按规定及时上报上级主管部门。

口头或书面向院长、分管院长报告，必要时向上海市干部保健局报告重要领导体检、就诊、入院及住院期间病情变化，以及手术、会诊、病危、死亡等情况。报告干保门诊、急诊、住院过程中发现的法定传染病、新病种和群体性食源性食物中毒等。报告医疗过失行为、医疗事故或医疗争议及其他影响干保工作的意外及突发事件。负责每月定期向上海市干部保健局上报干部病房入院、出院和死亡情况。

负责落实医院干部保健高新技术引进、设备配置论证及申请，争取保健局政策和财力的支持；落实并执行保健局对设施的配置要求和标准。

负责建立医院干部保健医疗专家组和专家库；组织干部保健专业人员学习《上海市干部医疗保健工作制度》以及医院的干部保健规章制度。负责对从事干部保健工作的新员工进行干保政策制度培训。

协助有关部门落实干部保健医疗保险收费方案，配合上海市干部保健局定期督查；按上海市干部保健局要求督促、核实并每月定期上报干部保健医疗费用分类统计报表；负责干部保健对象特殊用药的申请及医药费用报分管院长审批或上报申请。

承办市保健局和院领导交办的其他事项；继续加强执行力，落实核心医疗制度和预警指标监测；加强管理，不断完善流程，提高医疗质量，确保医疗安全。

【干部体检服务】

负责实施定点在华山医院的保健对象每年一度的健康体检工作，以及有关的健康宣传教育工作，协助分管院长审核体检汇总报告；加强体检后阳性体征的随访追踪，及时向上海市干部保健局汇报，协助上海市干部保健局审核执行干部保健对象因病康复疗休养事宜。

【重大活动医疗保障】

组建医疗保障队伍，制定重大活动或高层领导医疗保障预案，组建院内贵宾随队医疗保障小组及专科专家组，为重大会议及活动提供定点医院及随队的医疗保障，同时定期培训演练，确保医疗保障能力。2009—2016 年，完成上海市干部保健局交办的国际国内重要会议及重大活动的医疗 24 小时保健工作，共计 71 项。

第三节 医疗质量管理

随着中国进入改革开放和社会主义现代化建设新时期，医院也步入全新阶段，开始医疗卫生领域的改革试点工作，医疗质量管理成为医疗业务工作的一项重点内容。

一、医疗质量控制

【医疗质量管理】

自2005年4月卫生部提出开展"以患者为中心、以提高医疗服务质量为主题的医院管理年活动"以来，医院成立质量控制办公室，并由该办公室负责人和各科主任组成医疗质量控制专项管理小组，加大对医院医疗质量的控制与管理。质量管理办公室作为医院医疗质量与安全管理的常设机构，根据全院质量与安全管理委员会的决策，负责医疗质量与安全的日常工作，牵头制定医院医疗质量管理制度并组织实施；组织开展医院医疗质量监督、分析、考核、评估、反馈工作，定期发布本机构质量管理信息；牵头制定医院医疗质量持续改进计划、实施方案并组织实施；制定医院临床新技术引进和医疗技术临床应用管理相关工作制度并组织实施；建立医院医务人员对医疗质量管理相关法律、法规、规章制度、技术规范的培训制度，制定培训计划并监督实施；落实各级卫生计生行政部门规定的其他内容。各部门、科室的医疗质量管理内容涵盖贯彻执行医院制度和科室制度；组织开展科室年度质量控制工作；制定科室医疗质量持续改进计划并落实；对科室医疗质量进行分析和评估，并组织整改；对科室员工培训和宣传教育；报送科室医疗质量管理相关信息。

2009年，医院设立质量改进与安全管理委员会，负责管理、审批全院的质量与安全改进计划和执行情况。全院质量与安全管理委员会下设16个管理委员会，包括医疗质量管理委员会、伦理委员会、院感委员会等。各委员会负责相关的质量与安全管理工作，负责多部门协调解决各类质量与安全管理问题，并定期向全院质量改进与安全委员会进行工作汇报。

为提高医院医疗质量，医院多次接受国家卫生部及上海市卫生局开展的"医院管理年"等重大活动。2005年8月18日，卫生部副部长马晓伟来院视察指导开展"医院管理年"工作。2010年11月8—9日，接受卫生部大型医院巡查；11月16日，接受市卫生局"医疗质量万里行"督查。2012年9月14日，接受市卫生局医疗质量万里行与"三好一满意"督查。2013年9月，接受国家卫计委"全国部分三级甲等医院年度质量安全情况年度评价"现场工作，均取得良好成绩。

【JCI认证】

国际医疗卫生机构认证联合委员会(Joint Commission International，JCI)标准是全世界公认的医疗服务标准，代表全球医院服务和医院管理的高水平。国际医疗卫生机构认证联合委员会认证(Joint Commission International Accreditation，JCIA)是世界卫生组织认可的医疗认证机构，JCI医院评审标准以持续改善患者安全和医疗服务质量为中心，因此适用于医生对患者的诊治等无法标准化的工作，是在国际上得到广泛认可的医院评审体系。JCI标准要求医院必须时时"以患者为中心，以患者的安全为中心"。进行医院评审是对医院质量管理的外部评价和监督，是以外力推动医院质量改进和行业质量监控的有效办法。

医院于2007年启动JCI评审计划并接受JCI现场基线调查。经过全院两年多的努力，于2010

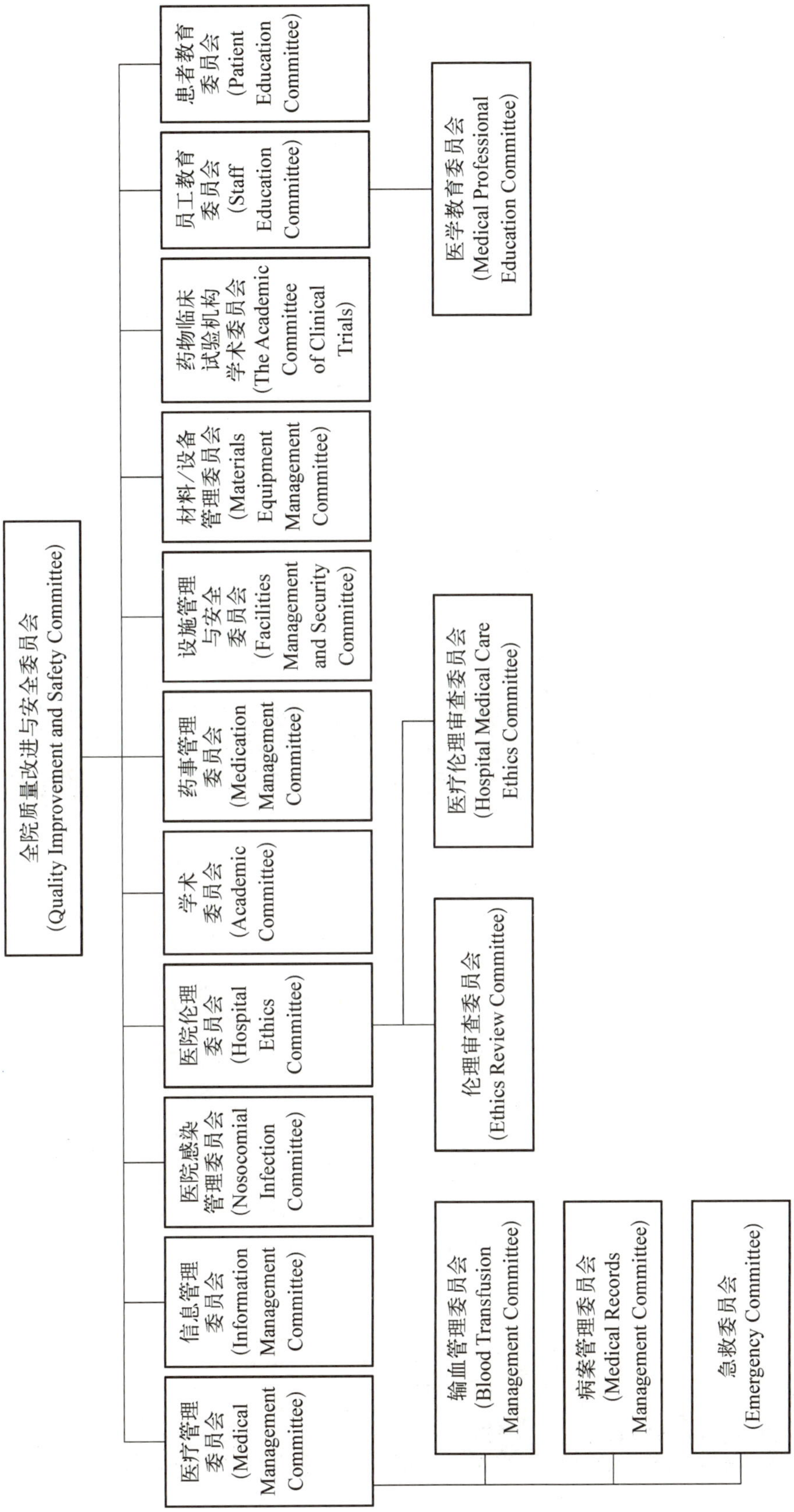

图 3-1-3　2016 年全院质量改进与安全委员会架构图

年 1 月以高分顺利通过 JCI 国际医院评审标准的认证，并于 4 月 2 日获得授牌。之后分别在 2013 年与 2016 年，再次通过 JCI 复评审，成为国内首家通过 3 次 JCI 评审的大型公立医院。为配合 JCI 评审顺利开展，自 2009 年起，每三年更新发布《华山医院制度汇编》，2012 年起发布《员工教育手册》。截至 2016 年，发布最新版《华山医院制度汇编・医院管理篇》(2015)、《华山医院制度汇编・病人服务篇》(2015)与《员工教育手册》(2015)。

图 3-1-4　2010 年，医院正式通过 JCI 评审。左为受奖者院长丁强，右为颁奖者 JCI 副总裁保罗・范・欧斯滕伯格(Paul Van Ostenberg)

图 3-1-5　2013 年，医院通过 JCI 复评审并成为获 JCI 教学医院认证的医院

图 3-1-6　2016 年，医院顺利通过 JCI 第三次评审

【质控中心管理】

为进一步加强上海市医疗质量控制体系建设，完善医疗质量安全控制长效机制，提升医疗质量管理水平，促进医疗服务质量持续改进，上海市医疗质量控制管理事务中心(简称“上海市质控中心”)在市卫计委的指导下，承担对质控中心的各项管理工作。市级质控中心挂靠相关医疗机构，负责相关专业质控标准的制定，辖区内医疗机构的质量检查、质量教育、人员培训、技术指导、学术交流等工作。

1997 年，上海市护理质量控制中心在医院设立。1999 年，上海市核医学质量控制中心在医院成立。2000 年，上海市放射诊断质量控制中心在医院成立。2007 年，上海市临床药事质量控制中心在医院设立。2009 年，上海市神经内科质量控制中心在医院成立。2010 年，上海市激光治疗质量控制中心与上海市职业病诊断质量控制中心在医院成立。2012 年，上海市皮肤科质量控制中心挂靠医院成立。2013 年，上海市神经外科质量控制中心在医院设立。截至 2016 年，有 7 个市级质量控制中心挂靠医院。

表 3-1-4　2016 年上海市相关专业医疗质量控制中心挂靠医院科室情况表

质量控制中心	挂靠科室	主　任	秘　书
上海市临床药事质量控制中心	药剂科	钟明康	张　亮
上海市核医学质量控制中心	核医学科	刘兴党	张锦明
上海市神经内科质量控制中心	神经内科	董　强	王　坚
上海市激光治疗质量控制中心	皮肤科	傅雯雯	卢　忠
上海市皮肤科质量控制中心	皮肤科	徐金华	黄　雯
上海市神经外科质量控制中心	神经外科	毛　颖	陈　亮
上海市职业病诊断质量控制中心	风湿免疫科、职业医学科	邹和建	万伟国

二、医疗安全管理

2009年起，医院设立医疗管理委员会，实行院科两级的质量与安全管理体系，院长是医疗质量与安全管理的第一责任人。部门负责人是各部门医疗质量管理的第一责任人。由医务处负责组织医院管理委员会工作，在全院质量改进和安全委员会的领导下开展医疗安全与质量管理工作，主要负责医疗技术管理和医疗安全管理的监督、指导工作，审核全年医疗工作计划，督促执行情况。落实国际患者安全目标的要求，为患者提供安全的医疗服务；审核医疗相关工作制度、流程、岗位职责、诊疗常规、手术操作权限等，并监督实施；审核护理相关工作制度、流程、岗位职责、诊疗常规、手术操作权限等，并监督实施；落实医疗护理法律法规的教育、培训，不断增强医务人员的责任意识、医疗安全意识和质量改进水平；针对发生的重大医疗不良事件、警讯事件等进行内部评估、总结分析、事件定性、查找原因，提出整改意见与建议并督促整改；针对医院存在的医疗安全漏洞、隐患进行总结分析，督促相关部门进行整改，并持续改进；给予病案管理委员会、输血管理委员会、急救委员会技术指导；下设临床路径、单病种管理组，给予临床路径及单病种工作技术指导；督查各类医务人员的职责和手术、操作授权范围的执行情况；督促医务人员认真遵守职业操守和服务规范，尊重患者的权利，不断提高医疗服务质量。并指导各类工作人员包括医生、护士、营养师、康复师等为患者提供教育指导；对全院医疗工作进行总结分析，提出改进意见，并督促整改，报上级委员会。

第二章　护 理 管 理

第一节　临床护理管理

一、护理队伍建设

【护校与护士招生】

为加强护理人才的培养，1921 年起，中国红十字会理事庄得之、院长牛惠霖与医院总护士长伍哲英共同发起创办中国红十字会总医院护士学校，由伍哲英担任学校校长，护校地址附设在医院内。1922 年 6 月开学，第一期招收学生十余人，学制 3 年，聘请欧美医生教授内科、外科、妇科、儿科及临床护理等学科，此后每年春、秋两季招考新生。招生的要求为女性、单身、18 岁以上且具有中学文化程度。第一期招生 23 人，于 1925 年毕业，毕业后均通过中华护士会考核，并给予证书。1928 年，国立中央医学院接办医院附设的护士学校，继续按照该标准选拔培养护士人才。

为适应大规模经济建设需要，培养医护卫生人才，1952 年 7 月，医院护校并入上海医学院护士学校。1958 年"大跃进"时期，由于强调医院办校有利于理论联系实际，护士学校一分为三，分设在附属的中山、华山、儿科 3 所医院。1963 年，根据护士专业须统一教学计划，3 所护校又重新合并。"文化大革命"期间，护校停止招生。直至 20 世纪 80 年代恢复护校招生，之后逐步建立大专、本科及研究生的教育。1985 年招收第一名正规院校毕业本科生，1999 年设立硕士研究生点，2002 年招收第一名硕士研究生。2016 年，医院护士总数 1 488 人，其中，硕士学历 9 人、本科学历 439 人、大专学历 860 人、中专学历 180 人，硕士学历、本科学历、大专学历人数比例均有所上升，中专学历人数下降。

【护士专业技术职称】

"文化大革命"后百废待兴，从 20 世纪 80 年代起，对护理工作的要求越来越高。护理工作要求实行标准化、科学化、现代化管理，要求护理工作者掌握现代化管理知识，按护理职称上岗提高护理质量和业务技术水平，为患者提供更优质的护理服务。随着 2001 年卫生部专业技术评审工作开始，历年各类职称晋升人数显著增加。2016 年，医院有副主任护师 14 人，主管护师 128 人，护师 825 人，护士 520 人。

【护理专业委员会】

中华护理学会任职　护理部有多人在中华护理学会任职。1928 年，伍哲英任中华护士会会长，是第一位担任中华护士会会长的中国人。戴宝珍曾任护理质量控制专业委员会副主任委员。至 2016 年，蒋红任继续教育专业委员会副主任委员，郎黎薇任外科专业委员会的副主任委员。

上海市护理学会任职　医院护理部有多人在上海市护理学会任职。戴宝珍曾任上海市第五届护理学会副理事长、上海市第六届护理学会理事长。至 2016 年，蒋红任上海市第十届护理学会副理事长，曹艳佩任理事，8 名护理管理者任副主任委员（曹艳佩任内科专业委员会副主任委员、郎黎薇任外科专业委员会副主任委员、任学芳任管理专业委员会副主任委员、奻怡冰任思想研究工作委员会副主任委员、刘华晔任门急诊专业委员会副主任委员、黄莺任公共卫生专业委员会副主任委员、郑红云任灾害专业委员会副主任委员、顾妙娟任科普工作专业委员会副主任委员),任职人数比上届增加40%。

二、护理质量管理

【护理质量管理组织架构】

20世纪80年代,护理部制定各种护理管理制度及护理常规。1990年,为提高病区护理管理质量,配合医院上等级的考评,制定临床护理及各级护理质量工作质量标准和考核办法,修订护理书写标准,开展护士操作技术大练兵活动。1991年,医院参与上海市专科护理质量标准的制定。进入21世纪,随着医院质量与安全标准的不断提高,以及JCI相关标准的引入,2009年起,医院在管理委员会下设护理质量与安全管理委员会,对护理质量的各个构成要素进行计划、组织、协调和控制,从而保证护理质量达到规定的标准,以满足护理对象的需要。

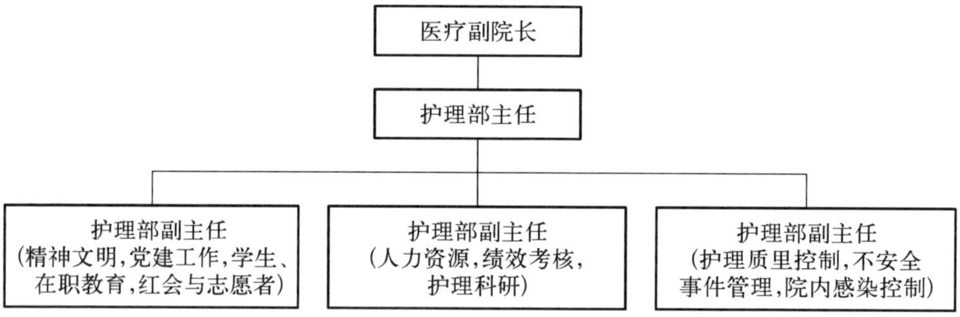

图3-2-1　2016年护理质量与安全管理委员会架构图

【护理质量管理体系】

2009年起,护理质量与安全管理委员会下设8个质量控制组(简称质控组):重病人组、护理书写组、病室管理组、急救设备与物品管理组、院内感染控制组、健康教育组、手术室管理组、不安全事件管理组。质控组内包括若干功能组和专业组(跌倒、压疮、约束、疼痛、PICC),各组配备各级别的骨干护士。

医院实行在主管院长领导下的护理部、科护士长、护士长三级质量控制网络。护士长每月对所在病室护理进行自查,科护士长每月对管辖的病室进行重点项目督查,护理部护理质控组每季度每项全院覆盖检查。护理质控组每季度对各护理单元的护理质量进行检查,第一时间将质量检查结果反馈给当事人,并以护理质量检查反馈表的形式反馈给相应科室。科室根据存在问题和反馈意见进行改进,以质量改进回复书的形式汇报护理部,从而达到持续改进的目的。护理工作质量检查结果是科室质量改进的参考及护士长管理考核的重点。具体做法为:护士长在部门护理质量会上对问题进行讨论、分析,制定切实可行的改进措施并追踪检查,直至问题完全整改。科护士长对管辖区域存在的问题进行追踪检查,使护理质量得到持续改进。护理质量与安全管理委员会每季度召开一次例会,分析护理质量、护理安全现状,对存在的问题进行成因分析,提出改进措施并制定下季度质量责任目标(其中包括问题追踪)。主管护理质量与安全管理的副主任对全院护士每季度进行一次护理质量与安全讲评，主要内容有问题分析、措施改进、护理流程改进方式和护理措施介绍、新技术新业务介绍、相关政策和制度解析等。

【护理质量标准】

2009年起，医院根据JCI、卫生部及上海市的护理质量标准，结合医院服务人群、医疗特色制定详尽的护理工作质量标准，包括护理部工作质量标准、科护士长工作质量标准、护士长工作质量标准、病区管理质量标准、危重患者护理质量标准、护理文件书写质量标准、抢救物品质量标准、消毒隔离质量标准、手术室工作质量标准、门诊工作质量标准、供应室工作质量标准、内镜室工作质量标准、血液净化室工作质量标准、口服药配置中心中专质量标准、静脉药物配置中心工作质量标准、医疗设备工作质量标准、急诊工作质量标准、健康教育质量标准共18项质量标准。另外，根据各专科护理工作的特点和责任制整体护理模式，制定各专科护理质量评价标准，如呼吸科、内分泌科、感染病科、神经内科、消化科、心内科、血液科、肾病科等专科护理质量评价标准，注重护理的连续性、一贯性和可及性，将患者就医的全过程纳入质量标准中。

同时结合医院制度，护理部制定护理管理制度、护理工作质量标准(包括各专科)、护理书写标准、健康教育手册、应急预案及管理流程、护理仪器管理、护理常规、护理操作技术、护理专业规范、岗位责任与岗位说明书、优质护理服务目标与措施等。护理部每三年对所有相关制度进行讨论、修订并执行更新的制度。

【护理质量持续改进情况】

2009年起，护理质量持续改进。2015年，在国家卫计委组织的“改善医疗服务计划——全国医院擂台赛”的活动中，护理部选送的“创建JCI标准下的全程优质服务”获全国医院擂台赛的“年度十佳价值案例”，以及“改善医疗服务行动计划——创新服务示范医院”称号。护理质量持续改进有如下具体措施。

操作规范化 新增《PICC留置护理记录单》，制定《华山医院导管管理规范》，编写《护理仪器管理手册》，为护士的规范化操作提供依据，为护士长对仪器设备的管理提供参考；制作并完善便携式口袋卡片，添加疼痛、压疮、跌倒等相关内容中的重点知识部分，帮助临床护士掌握知识难点，更准确地进行评估记录；全院冰箱挂锁进行管理，保证冰箱内高危及贵重药品的安全，在冰箱内设立高危药品的专柜，保证胰岛素等需要冷藏储存的高危药品符合管理要求；在高危药品上粘贴标识，提示护士在执行高危药品医嘱时应更加仔细、谨慎；对于非正常剂量使用的药物，在药物外包装上粘贴“特殊剂量”橙色标识，以示警示，进一步保证用药安全；规定冰箱内温度计放置的位置，使冰箱的温度监测更科学；病房走廊上不得有障碍物，禁止放置大型绿色植物，患者浴室设置呼叫铃、扶手、防滑垫，以降低患者跌倒的风险；针对患者不在床位的情况，病房准备各种温馨的提示卡，告知患者及时和护士联系，以免错过治疗或护理；患者腕带上新增青霉素阳性及过敏标识，不断完善信息，便于护士有效核对。

流程细致化 对供应室灭菌物品进行工艺监测、化学监测、生物监测，对手术器械采用追溯质控系统，进一步规范消毒隔离措施，保证手术安全；更新分级护理指南及细化分级护理的各项标准，对分级护理明细上墙公示；制定手术核查制度，完善术前暂停确认(Time Out)确认程序，做到未做手术标记、未做Time Out，洗手护士不得递手术刀；根据国际最新压疮管理指南，更新《住院患者压疮评估及护理措施计划》。

PDCA 管理 对于临床护理质量管理工作,护理部通过细致调研、数据统计分析,对发现的问题采用 PDCA 的管理方法,持续改进护理质量。2009 年起,医院各部门应用 PDCA 科学管理工具制定质量改进项目。2013 年,护理部举行"护理单元 PDCA 项目竞赛",19 个优秀护理单元 PDCA 项目入围。PDCA 项目的开展和推广,使护理管理者看清症结问题所在,明确护理工作方法。

信息化手段 根据国家卫计委要求,使护理分级更具客观真实性,进一步规范分级护理,护士在患者入院时仅需完成自理能力评估,HIS 系统自动生成护理等级,医生完成疾病危重程度评估并发送到护士系统,最后整合成护理级别,通过部分病房使用已推广至全院。2012 年,实现护理书写的电子化,电子病历投入临床使用,不断完善引用功能、批注功能、体温单批量输入功能,制订护理计划,包括评估、计划、实施和效果评价,初步建立护理诊断库,方便书写,减少时间。根据 JCI 要求,2015 年统一书面交班本,实行电子交班本,并可引用电子护理记录,使护士交班更加规范,减少书写时间,便于数据收集及护理部统一管理。是年,在护理诊断库中增加 50 个可测量目标,经过培训在临床运用,进一步规范护理操作。同时创建华山医院综合办公系统——护理文档中心"预防跌倒 APS 平台",该平台方便护士学习,通过分享与交流,提高预防跌倒因素防控。

护理品管圈 2014 年,护理部尝试运用品管圈(QCC)改进护理质量,是年共有 6 项 QCC 项目,其中"脑舒圈"代表医院参加"第二届全国医院品管圈大赛"荣获优秀奖。2014—2016 年,护理部每年约有 30 个 QCC 项目,每个护理团队通过挑战目标,解决临床护理问题,不断改善护理品质。2014 年,护理部推出"护理质控培训月"活动,用循证手段、科学工具及人文素养来提高优质护理服务。

第二节 护 理 科 研

一、科研项目及课题

护理科研工作坚持求实创新,加强护理科研管理,为临床一线护理人员提供科研服务;加强各级护理科研基金管理,争取科研课题中标途径,争取更多项目的院内课题、校级课题、市级课题等,保质保量完成护理部每年度科研目标。

2010 年,护理部获得国家卫生部重点专科建设项目。2016 年,护理部获得上海市卫生计生委重要薄弱学科建设项目。2007—2016 年,护理部获国家级课题 2 项,市级课题 13 项,校级基金 33 项,院级基金 28 项。做好科研项目中期管理、进程管理及结题管理工作,确保各项课题按时、按质、按量完成。继续加大护理科研支持及奖励力度,鼓励青年护理人员参与护理科研工作,奖励在护理科研工作中有突出贡献的护理人员,提高护理人员的科研积极性及主动性,培养良好的科研氛围。

二、著作与论文

科室通过护士长组织,全科护士参与撰写护理科研论文的方法,提高发表论文的数量和质量,从而提高护士的科研能力及论文撰写能力。2007—2016 年,护理部总共发表论文 823 篇,从 2007 年的总发表论文 38 篇,到年平均近百篇的论文发表,数量上大幅增加。同时,质量上也有突破,SCI 论文从 0 篇到 2016 年的 8 篇。2007—2016 年,共发表 SCI 论文 15 篇、权威论文 95 篇、核心论文 22 篇。2007—2016 年,护理部主编书籍 10 部,副主编书籍 8 部,共有 50 余名护士参与书籍撰稿,共参编书籍 21 部。

三、科研成果与专利

伴随着医疗特色的形成，医院护理也逐具特色，尤其是神经外科系列护理。随着神经外科史玉泉在颅脑禁区实施开颅手术，也使得神经外科手术护理实现零的突破。20 世纪 50 年代，手术室护士长张蕊贞发明制作颅脑手术中用的脑棉、骨腊、线锯等，为神经外科护理技术走在国内前列奠定基础。这些手术用品在神经外科手术中使用至今，并在实践中改良创新、不断完善。手外科的发展使新的护理理念和方法应运而生。2004 年，手外科护士长徐国琴赴香港参加第十七届手外科年会和第二届手内固定年会，并在大会上做"断肢再植围手术期护理"和"严重手外伤的护理"的专题报告，成为第一位走上手外科年会做专题报告的中国内地护士。外科护士王富贵发明的三瓶轮换胃肠减压装置，使患者能通畅引流，并减轻护士劳动强度。护士张适等设计的集尿袋已在临床上广泛应用，此外洗头车、擦身车等的发明都是医院护士智慧的结晶。上海骨髓捐献志愿者的骨髓均由医院护士张国芸采集分离后送往全国各地。护士从单一的执行医嘱到以患者为中心的护理推动护理事业的发展。

同时，护理部注重促进护理科技创新成果的转化，营造良好的科技创新氛围，推选各类护理人员的创新发明，申报国家专利，保护护理科技创新的知识产权。2007—2016 年，护理部申请专利共计 31 项，加大对科技创新成果进行转化、开发。外出参加护理科技创新展示，扩大医院护理科技创新的影响力。

表 3-2-1　2006—2016 年护理部科研成果获奖情况表

年份	项　目　名　称	奖 项 名 称	获奖人
2006	神经外科手术护理新技术、新规范及新型手术用品的研制	上海市临床护理成果奖三等奖	赖　兰等
2006	现代神经外科护理新技术	复旦大学护理成果奖	郎黎薇等
2012	住院患者口服药安全管理系统的研究	第十届上海护理科技奖三等奖	蒋　红等
2014	促进专科护理发展的临床实践环境建立与效果评价	第十一届上海护理科技奖三等奖	蒋　红
2014	规范化全程护理在神经外科手术患者中的应用与推广	第十一届上海护理科技奖四等奖	郎黎薇
2015	个案管理在慢性心衰患者中的应用及效果评价	第四届上海市护理工作改进成果奖	沈蕴之
2016	运用个案管理提升心衰患者精准护理体验	上海市深化优质护理、改善护理服务示范项目	黄　莺

四、学术团体及活动

2009 年起，护理部联合美国麻省总医院每年举办相关主题的华山-哈佛护理国际学术论坛，已连续举办 8 届。2012 年起，"天使靓功夫"大赛成为护理部与工会每年举办的名牌项目，为上海市各类优秀操作能手、操作标兵的选拔提供舞台。

同时，医院注重对护士及护理管理者的培训，选派优秀护理人员参与国内外各类学术团体，担任美国静脉输液学会会员、上海市护理学会副理事长、中华护理学会外科专业委员会副主任委员等职务。截至2016年,已选派200名骨干护士参加国内各类学习班和重要学术会议,加快提高专业水平,择优选送40名护理管理者赴美国麻省总医院进修,百余名护理人员分赴英国、日本、荷兰以及中国香港等地学习。

第三节 护理教育

一、继续教育

护理继续教育是经过学校规范化专业培训后,以学习新理论、新知识、新技术和新方法为主的一种终身性的护理学教育,是扩大护士知识面、提高护士职业技术水平的必要途径,是提高护理质量的有力保证。采取不同形式的护理继续教育,是护理队伍进行人才培养的重要手段。

随着教学任务的不断增加,医院于1984年成立护理教育小组,设立专人负责护生的临床教育和在职教育。1990年上海医科大学成立护理学部。护理教育小组改为临床护理教研室。1999年设立硕士研究生点,至2016年每年招生2～3名硕士研究生。

护理继续教育是对护士知识技能的补充更新、拓展和提高,为确保医院各类护士有能力履行其岗位职责,医院成立"护士培训基地",注重新护士规范化培训、专科护理培训、各岗位培训和"三基三严"培训考核等。

【职后教育】

护理教研室根据中华护理学会颁布的《新入职护士培训大纲(试行)》,开展新入职护士的规范化培训,确保新员工的综合岗位要求。

专科护理实训基地　2007年,护理部作为上海市急诊急救护士实训基地及上海市重症监护护士实训基地。2008年,作为上海市手术室护士实训基地;2012年,作为上海市血液净化室适任培训基地。2013年,作为上海国际治疗师学校临床教学医院。2014年,护理部作为上海市PICC实训基地。2015年,护理部作为上海市腹膜透析实训基地。由此,医院的急诊、中心ICU、手术室、PICC门诊、血透室和腹透门诊分别为上海市护理学会的实训基地,伤口造口也是上海国际造口治疗师学校的临床教学医院,其中,急诊、中心ICU、手术室、PICC门诊和血透室先后通过上海市护理学会的复评审。至2016年,医院为上海市各级医院,如上海市第十人民医院、华东医院、同仁医院等培养各专科护士600多人。

专科护士培养　医院积极送选各专科岗位护理人员参加上海市护理学会主办的各专科护士适任培训班,并通过考核获得该专科护理岗位的适任证书。截至2016年,医院有上海市护理学会"PICC专业护士"A、B类证书护士23人;上海市护理学会急诊适任证书护士42人、ICU适任证书护士84人、手术室适任证书护士51人、血透室适任证书护士8人、ICU专科证书护士4人、血透室专科证书护士1人;中华护理学会手术室专科证书护士1人、血透室专科证书护士1人;获上海中医药大学继续教育学院中医培训资格者8人。

岗位培训　护理岗位分为护理管理、临床护理、辅助部门和专科护理。为不断提高护士的岗位胜任能力,护理教研室制订各岗位系统培训课程,定期举行各类主题的学习班,如护理管理者学习班、带教老师教育学习班等,开展护理管理学、护理教育学、护理理论、教学方法、人文教育等相关内容的培训。同时,护理教研室派遣护士长、带教老师参加市护理学会及以上的岗位适任培训。截至

2016年，80名护士长获上海市护理学会的护士长适任证书，11名带教老师获上海市护理学会的带教老师资格证书。

"三基三严"培训考核　为巩固提高全院临床护士护理专业知识与技能，规范护士临床操作，护理教研室结合医疗发展新趋势，每年开展相关护理新知识、新技能培训20项。除常规考核外，护理教研室积极利用院内OA网络、在职护士继续教育网上考核系统，进行各类培训考核，如护理管理制度、优质护理服务、化疗知识、心肺复苏术(CPR)等，有效提高护士考核及格率。

【进修生教育】

2007—2016年，全国各地医院来院参观交流护士2 000余人次，进修护士约800人次，年进修护士近80人次。

二、职前教育

护理教研室每年接收来自复旦大学护理学院、上海中医药大学、上海健康医学院、上海建峰职业技术学院、上海思博职业技术学校、上海济光职业技术学校、上海立达职业技术学校、上海东海职业技术学院、上海震旦职业技术学院、新余学院医学院、安庆医药高等专科学校等不同护理院校的大专生、本科生和硕士生来院实习，年均达300人。护理教研室每年按计划完成各层次护生带教任务，培养学生稳定的专业思想、娴熟的护理技能、丰富的护理知识以及负责的职业责任感。学生满意度提升，教学综合评价达标。为培养护生的临床实战能力，护理教研室开展螺旋木马式、情景模拟、CBL、PBL等各种形式的教学。

【中专教育】

医院主要接收上海市卫生学校的中专护生来院实习，由于中专学生数量萎缩及培养高层次护理人员的需求增加，自2014年起，医院不再接收中专教育学生。

【大专教育】

医院接收来自复旦大学护理学院、上海健康医学院、上海建峰职业技术学院、上海思博职业技术学校、上海济光职业技术学校、上海立达职业技术学校、上海东海职业技术学院、上海震旦职业技术学院、安庆医药高等专科学校的大专护生来院实习，其中公办护理院校3所、民办护理院校7所，学生数量年均250人。

【本科教育】

医院接收来自复旦大学护理学院、上海中医药大学、新余学院医学院3所护理院校的本科护生来院实习，每年20～30人。

【研究生教育】

2012年起接收复旦大学护理学院临床护理专业硕士研究生来院实习，每年2～3人，至2016年，医院拥有硕士生导师2人，已毕业6名硕士研究生。

三、护理培训

1999年，上海市护理学会开展临床专业护士的培训工作。护理部根据自身实际情况，制定符合本院护理要求的临床专业护士培养标准，并有计划地开展专业护士培训。至2016年，护理部有9个国家级继续教育学习班，分别为糖尿病治疗和患者教育趋势学习班、皮肤科诊疗与护理进展学习班、神经外科围手术期护理学习班、全国手外科骨科护理新进展学习班、腹膜透析与护理学习班、安全护理管理及发展趋势学习班、全国伤口治疗规范化护理学习班、全国静脉治疗规范化护理学习班、感染传染性疾病护理新进展学习班。

第三章　重大医疗活动与技术突破

第一节　医 疗 急 救

一、重大临床医疗抢救事件

【重大突发事件救治】

1977 年 6 月 2 日，医院参与抢救上海炼油厂 42 名烧伤患者。

1985 年 6 月 1 日，医院成功组织抢救化工研究院 18 名严重氨中毒患者。10 月，医院成功抢救治疗 26 名 48 路公共汽车车祸伤员。

1986 年 10 月 24 日，医院成功组织抢救火车翻车伤员。

1987 年 4 月 18 日，发生一起火车机头撞公共汽车的恶性交通事故，造成一辆 63 路公交车严重毁坏、44 人伤亡，医院组织抢救受伤患者。12 月 10 日，医院组织抢救在陆家嘴轮渡码头因拥堵事故而受伤的乘客。

1988 年 3 月 24 日，南翔附近发生 2 列火车相撞事故，医院组织医疗小分队赴现场参加抢救，同时收治 4 名重危日本伤员，其中 3 名伤者经治疗转危为安送回日本，受到市政府表彰。

1989 年 6 月 26 日，医院成功抢救在松江县境内发生 364 次列车车厢爆炸事故中的伤员。8 月 15 日，医院成功抢救在虹桥机场附近客机失事中的伤员。

1999 年 12 月 9 日，上海丽晶大酒店发生煤气泄露爆炸事故，造成大量人员伤亡，52 名伤员被送入医院，医院组织 100 余名医护人员参与抢救。

2001 年 7 月 17 日，中国船舶工业总公司所属沪东船厂发生重大人员伤亡事故，医院神经外科陈衔城、抗生素研究所吴菊芳等赶赴东方医院参加抢救工作，获得上海市有关部门领导及伤员家属一致肯定。

2010 年 11 月 15 日，静安区胶州路发生重大火灾，医务处组织医务人员共救治 6 名火灾伤员，其中 4 名伤员经救治后当日出院，2 名患者转 ICU 治疗病情稳定后出院。

2011 年 3 月 15 日，一名面颈部钢筋贯穿伤患者被送至医院就诊，医务处紧急协调耳鼻喉头颈外科、颌面外科、血管科、神经外科等相关科室进行全院会诊，并确保同台手术，成功从死亡线上挽回患者生命。

2012 年 5 月 10 日，警用直升飞送来正在崇明参加 2012 年环崇明岛女子国际公路自行车赛暨 2012 年国际自行车联盟女子公路世界杯赛不慎摔倒受伤的俄罗斯运动员，医院对其进行救治。

2014 年 3 月 2 日，手外科杨剑云、重症医学科楼浩明赴云南昆明，参与“3・1”昆明暴恐事件伤员救治。

2014 年 11 月 3 日，东海大桥一辆大巴侧翻，警用直升机送 2 名伤员来医院急救。

2015 年 1 月 1 日，神经外科毛颖、神经内科董强、ICU 祝禾辰参与外滩踩踏伤员救治。6 月 10 日，一辆 44 路公交车在延安西路行驶过程中，突然撞上高架立柱，造成多人受伤。医院急诊接到 6 辆救护车送来的 11 名伤者，立即启动《重大公共事件紧急处理预案》，开启绿色通道，组织有序抢救。

2016 年 11 月 6 日，救治申嘉高速重大车祸伤员。

【重大自然灾害救援】

1976 年 7 月 28 日，河北唐山、丰南一带发生里氏 7.8 级强烈地震，当天下午医院派出数十名医护人员(分 3 批)，组成抗震救灾医疗队，奔赴灾区，积极投入抢救工作，时间长达 2 年之久。

1998 年 8 月，中国长江流域遭遇百年不遇的特大洪灾，医院受中国红十字总会委派，组织上海市第一支赴江西九江抗洪救灾医疗队，继而又派出第二支赴湖南安乡的救灾医疗队。

2008 年 5 月 12 日，四川汶川发生特大地震，医务处处长汪志明带领医疗队在抗震一线救治地震伤员，被国家多家权威媒体连续报道。按照上海市卫生局的统一部署，组织接收和救治多名由灾区转来的地震伤病员。经过医院危重病科和手外科等科室的悉心治疗，所有伤病员均痊愈回川。

2013 年 4 月 20 日，四川省雅安市芦山县发生 7.0 级地震。4 月 21 日接国家卫计委紧急通知，医院神经外科胡锦，感染科陈澍、杨帆作为医疗队员即刻启程前往四川成都参与医疗救援。11 月 22 日，医院派出的 7 名医务人员加入由中国红十字总会组织的中国红十字国际救援队奔赴菲律宾台风灾区。

2014 年 8 月 2 日，重症医学科曹同瓦、赵峰参与昆山中荣金属制品有限公司爆炸伤员救治，并留守昆山。在随后的 45 天中，ICU 楼浩明、刘华、沈隽、叶若兰，抗生素研究所王明贵、李光辉、杨帆持续接力，为昆山伤员的救治保驾护航。

2014 年 8 月 7 日，神经外科胡锦作为国家卫计委专家组成员，赴云南省昭通市鲁甸县 6.5 级地震灾区救治伤员。

2015 年 4 月 30 日—5 月 30 日，医院陆续派出两批红十字国际医疗救援队奔赴尼泊尔地震灾区。8 月 23 日，感染科朱利平、神经外科胡锦、康复医学科吴引军先后参与天津特大爆炸伤员救治工作。

2016 年 6 月 24 日，江苏盐城阜宁、射阳部分地区发生龙卷风冰雹灾害，造成重大人员伤亡。6 月 25 日，由普外科殷保兵、骨科张权、神经外科曹晓运和感染科金嘉琳组成的中国红十字(华山)医疗救援队紧急奔赴灾区救治危重伤员。

【重大危急重症抢救】

1996 年 4 月 11 日，医院组织抢救勇斗歹徒负伤的上海市武警总队参谋宋元俊。

1997 年 9 月 19 日，因掩护战友而身负重伤的解放军驻大连某部指导员朱春权转入医院，经过专家精心治疗，昏迷 227 天后于 10 月 27 日苏醒。

1999 年 5 月 13 日，天原化工厂氯乙烯燃爆，伤员李章车因氯乙烯燃爆致震伤、开放性气胸及全身皮肤广泛裂伤送入医院急诊室，经过急诊科会同胸外科、骨科、神经外科、普外科、耳鼻喉头颈外科、颌面外科、眼科、手外科联合救治，并经过急诊 ICU 医生护士的精心护理，于 7 月 6 日痊愈出院。

2003 年 9 月 15 日，江西姜某骑摩托车回家途中与载货卡车相撞，送入当地医院后处于完全昏迷状态，后来到上海进入医院康复医学中心。康复医学科医生、治疗师和护士为其制定康复治疗方案，经过 4 个多月的康复护理后，患者逐渐苏醒。

2011 年 7 月 28 日，由医院手外科劳杰主刀，为“7·23”动车追尾事故中最后获救的“小伊伊”(项炜伊)进行第二次手术并获成功。

2012 年 2 月，青浦农民患者因扁桃腺炎未及时治疗，出现纵隔脓肿，脓肿将心脏、主动脉、食管包绕，患者全身高热、血压下降，出现菌血症、败血症、休克状态，情况危急。医务处紧急协调感染科、耳鼻喉头颈外科、颌面外科、呼吸科和急症科等相关科室进行全院会诊，确保同台手术，配合临床科室制定预案，成功挽回患者生命。

2014 年 4 月 15 日，上海市公安局静安分局民警沈泉昶在办案时被犯罪嫌疑人捅伤，情况危急，转入医院 ICU。经相关科室的合力治疗，病情好转后出院。

2015 年 2 月 13 日，一辆轿车突然冲进上海美领馆，正在执勤的武警小孙上前阻拦时，被轿车撞飞，受伤昏迷，送至医院急诊，由神经外科医生接诊后，行头颅、颈椎、胸椎、胸腹部、骨盆、膝关节影像学等检查，并请骨科、颌面外科、普外科和胸外科医生会诊，诊断为脑震荡、两肺尖挫裂伤可能、颈1～2 半脱位可能、面部软组织挫伤。经清创及对症治疗，小孙生命体征平稳。

二、重大公共卫生防治事件

【血吸虫病防治】

1950 年 1 月，上海大规模血吸虫病防治工作拉开序幕，医院组织医护人员参加沪郊和嘉兴医疗队，为解放军突击治疗血吸虫病。钱悳担任上海市血吸虫病防治大队医疗顾问。4 月，因钱悳事迹突出，荣立二等功，并被评为全国劳模，成为中国医学界最早的劳模之一，受到毛泽东、朱德、周恩来等党和国家领导人的接见。

【甲型肝炎防治】

1988 年 3 月，上海甲肝流行，医院参与救治，成立“甲肝防治领导小组”，开设甲肝病房，院内开设病床 300 张，院外临时点开设病床 300 张，劳保单位隔离病床 1 700 张，共收治肝炎住院患者 1 500 多人，抢救重症肝炎 80 余例。1990 年，与上海医科大学公共卫生学院等关于“1988 年甲型肝炎流行起因与预防措施的研究”的课题获得卫生部科技进步奖一等奖。

【“非典型性肺炎”防治】

2003 年 4—6 月，医院被定为“非典”防治监测点和次选定点医院。感染科教授翁心华担任上海防治“非典”专家组组长。

医院作为本市“非典型肺炎”的重点防治监测点之一，按照上级部门的要求，采取一系列切实可行、扎实有效的措施，预防工作有序推进，第一时间成立以院长张元芳、党委书记张永信为首的防病领导小组，并建立由医疗副院长、医务处长、门急诊部主任、护理部主任、传染科主任及教授、呼吸科主任及教授组成的防病工作小组和专家小组。院长、书记召开多次专门会议，传达市、区会议精神，贯彻领导指示，建立一整套防治反应机制，紧急制定处置预案，落实各项防治措施。

医院先在急诊室内开辟“特别诊室”，安排专门人员负责诊疗检查、消毒隔离、污物处理、防护措施及物品等各项工作的落实。随着疫情的变化，对急诊和肝炎病房进行改造，辟出专门区域设立发热门诊、隔离病房以及专门的外宾门诊，以避免交叉感染，保护患者和医护人员的健康。

“非典”防治期间，医院共接受发热患者 1 800 人次，其中，81 名患者被实施留院隔离观察；18 名患者被疾控中心列为疑似患者转院治疗。被列为疑似患者的 18 名患者中，一名被及时确诊为“非典”患者，转往肺科医院。医院从未漏诊一个“非典”可疑患者，也未误诊过一例可疑病例，诊断出的

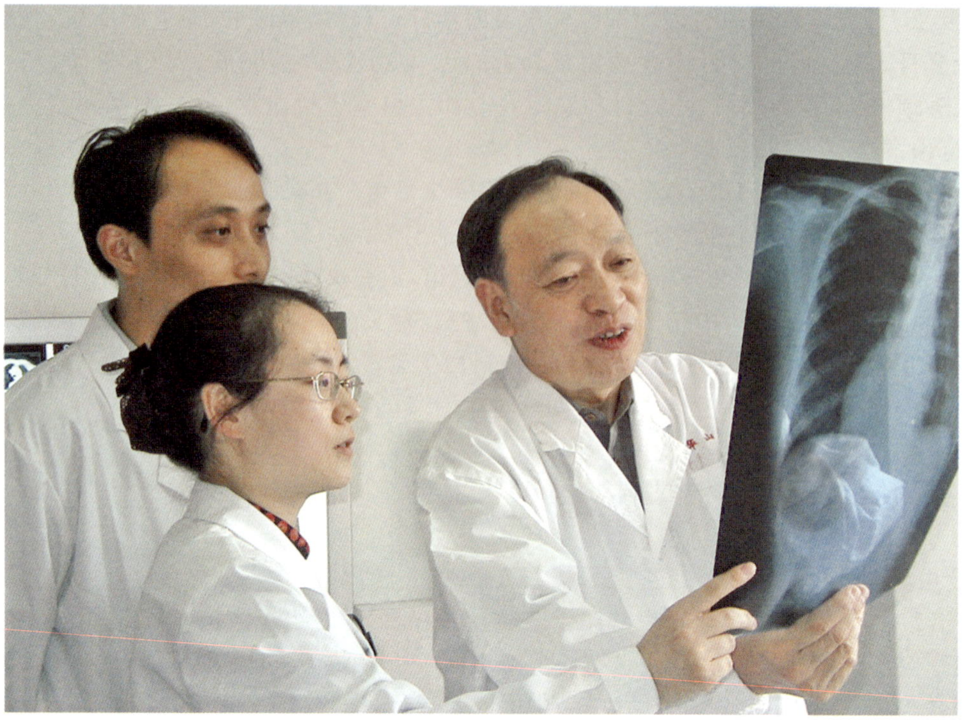

图 3-3-1　2003 年，翁心华(右一)担任上海防治“非典”专家组组长

确诊患者是上海市第一例外籍“非典”患者。由于医院预防“非典”工作措施得力，防范到位，在市、区领导及疾病控制中心组织的多次检查中获得认可。

【甲型流感病毒防治】

2009 年，医院积极参与甲型 H1N1 流感防控工作，发热门诊共接诊患者 1 081 例，采样并送检患者 37 例，确诊甲型 H1N1 流感患者 6 例，其中上海市第一例由医疗机构确诊的输入性病例在医院确诊。

2013 年，医院开展甲型 H7N9 流感防控工作，共采样并送检患者 19 例，确诊 3 例，其中 1 例在院死亡，2 例转定点医院继续治疗。

【其他】

2011 年 3—4 月，在 37 病区和 53 病区发生 2 例麻疹病例，1 例接触者发病。医务处协同院感办公室及时采取防范措施，有效地防止麻疹在病区的传染和暴发。

2011 年，中心 ICU 连续出现多例抗菌杆菌阳性病例，医务处在未明确感染原因的情况下，根据制度与应急预案果断采取关闭病房的措施，防止事件影响的进一步扩大。同时，协调相关部门对中心 ICU 的患者进行安全转移，对病房进行彻底消毒。在该事件应急处置过程中，未发生一例不安全事件及医疗纠纷。

2014 年 11 月，非洲埃博拉疫情肆虐，感染科卢洪洲加入中国首批援助塞拉利昂公共卫生培训队，奔赴埃博拉重灾区塞拉利昂开展公共卫生师资培训及抗疫工作。2015 年 2 月，感染科陈明泉作为中国援助塞拉利昂防控埃博拉出血热第三批公共卫生师资培训队专家之一，前往塞拉利昂首都弗里敦(Freetown)进行援非工作,接替卢洪洲完成援非抗击埃博拉疫情任务。

三、重大活动医疗保障

医院承担着为国内外重大会议、重大体育赛事等重大活动提供医疗保障的任务。自 2004 年起,组建一支专业、规范、国家化的紧急医学救援队伍,连续多年派遣医疗队员做好各项重大活动的医疗保障工作,并成为多项国际赛事的定点保障医院。

【国内外重大会议保障】

2001 年 10 月 21 日,医院完成亚太经济合作组织(APEC)会议的医疗保障工作。

2009 年,医院组织完成世界动物卫生组织(OIE)亚太区委员会第二十六届会议等大型赛事和活动的医疗保障任务,相关科室参与人数 90 余人次。是年,为美国总统奥巴马访华来沪提供医疗保障。

2014 年 5 月,医院为参加在上海举办的亚洲信任与安全峰会的公安干警提供医疗保障服务。

2016 年,医院为全球健康大会、中非减贫论坛及东盟+村官交流项目及第三届世界互联网大会智慧法院暨网络分论坛提供医疗保障。

【国内外重大体育赛事保障】

2004 年 6 月 8 日,上海国际赛车场和医院直升机起降点被正式获准;9 月,医院成为 F1 中国大奖赛医疗保障的唯一指定医院,在保障期间建立相关严密及符合规范的医疗保障体系,圆满完成大赛的保障任务,赢得 F1 国际医务官的高度评价。至 2016 年,连续 12 年为 F1 大奖赛上海站提供医疗保障。2004 年,完成 NBA 中国赛上海站医疗保障任务。2007 年,医院为特奥会及女足世界杯提供赛事保障。2008 年起,每年为国际田联黄金大奖赛上海站及世界汽车耐力锦标赛上海站提供保障服务。2008 年,为 MotoGP 赛车上海站与 A1 世界杯汽车大奖赛提供医疗保障。2011 年,新增世界游泳锦标赛上海站、世界花样滑冰锦标赛上海站、世界短道速滑锦标赛上海站医疗保障;2013 年,新增世界汽车房车赛、国际马拉松赛医疗保障;2014 年,新增上海环球马术冠军赛、国际泳联跳水世界杯上海站;2016 年,新增国际滑联上海超级杯、国际青少年足球邀请赛、上海国际青少年互动友谊营及世界青少年美式台球锦标赛医疗保障。

【其他重大活动保障】

2008 年,医院作为北京奥运会上海赛区唯一指定保障医院,为运动员、工作人员、外国官员提供医疗保障服务。奥运会赛事期间,医院宾馆医疗点和赛场医疗点共诊治运动员 434 人次,其中华亭宾馆医疗站就诊 17 人次、赛场运动员医疗站就诊 12 人次、赛场观众医疗点接诊 368 人次、医院接诊 17 人次,来自澳大利亚、阿根廷、科特迪瓦等 8 个国家的 18 名运动员得到医疗服务。是年,医院荣获“参与北京奥运会、残奥会贡献奖”。

2010 年 5—10 月,医院作为上海世博会定点医疗保障医院,完成世博会医疗保障任务。其间诊治患者 212 人次,涉及 31 个国家和地区。

2013 年,抗生素研究所陈轶坚、骨科石晶晟随中国海警船参与为期 3 周的“保钓”医疗保障工作。

图 3-3-2　2008 年，医院成为北京奥运会定点医院

2014 年 8 月 1 日—9 月 30 日，医院为中央巡视组接待上访群众提供医疗保障。

2015 年 5 月 16 日，医院为“一个鸡蛋的暴走”公益活动提供医疗保障。

第二节　重大医疗技术突破

随着医院医疗质量和诊疗能力的提升，医院在重点疾病和关键技术领域取得诸多重大突破，体现医疗技术能力与医疗质量管理水平，在国内乃至国际领域具有示范和带动作用。

一、国际领先

【世界首例第二足趾游离移植再造拇指术】

1966 年 2 月 13 日，手外科杨东岳完成世界首例第二足趾移植再造拇指手术，在对足趾移植的血管进行临床与解剖学研究后，手外科顾玉东提出第二套供血系统的处理方法，使足趾移植的成活率达到 98%以上。杨东岳关于“断肢再植的研究”成果获 1978 年全国科学大会奖。顾玉东关于“足趾移植术中的血管变异及其处理”的研究成果获 1987 年国家科技进步奖二等奖，并成为世界公认的再造手指与拇指的最佳方法。

【世界首例膈神经移位修复臂丛根性撕脱伤】

1970 年 8 月 6 日，手外科顾玉东完成世界首例膈神经移位治疗臂丛神经根性撕脱伤，患者术后一年恢复屈肘功能。经过 64 例长期随访，功能优良率达 84.6%，该项成果获 1990 年国家科技进步奖二等奖。1999 年，手外科徐文东应用胸腔镜切取长段膈神经，缩短疗程，扩大手术指征，提高疗效。此项改进与同侧颈 7 移位术共获 2005 年国家科技进步奖二等奖。

【世界首例静脉蒂动脉化游离腓肠神经移植治疗长段神经损伤】

1980 年，手外科顾玉东设计小隐静脉动脉化的伴行腓肠神经移植，供区不牺牲主要血管，神经质量好，明显提高疗效，为长段神经缺损提供简便、安全、有效方法，已被国内外广泛应用。该项成果获 1985 年国家发明三等奖。

【世界首例健侧颈 7 移位术】

1986 年 8 月 26 日，手外科顾玉东对臂丛根性撕脱伤患侧右无有效的供区神经，首创利用健侧颈 7 神经根移位治疗，使患肢获得功能，健肢又无功能影响，开辟治疗全臂丛根性撕脱伤的新途径。此项成果获 1993 年国家发明二等奖。

1996 年，手外科徐建光利用同侧颈 7 选择性束组移位修复臂丛根性撕脱伤，简化手术，在此基础上发展到同侧颈 7 全根移位，使肩肘功能全方位恢复。该项成果与全长膈神经移位共获 2005 年国家科技进步奖二等奖。

【世界首例脑干细胞移植】

2001 年 6 月 17 日，医院宣布成功实施世界首例成人神经干细胞自体移植，神经外科朱剑虹等从开放性脑外伤患者破碎的脑组织中培养出神经干细胞，并将其重新移植到患者脑中。术后患者恢复平稳，神经功能有所进步，并于 20 天后出院。此举标志着中国神经干细胞的基础研究和应用已跨入脑再生医学的新门槛。

【世界上首次成功完成大鼠卵巢在液氮中深低温冷冻保存(－196℃)及冻融后带血管蒂移植】

2001 年，泌尿外科王翔与加拿大和美国学者合作，世界上首次成功实现大鼠卵巢输卵管及部分子宫冷冻保存与移植，研究论文以第一作者发表于《自然》杂志。2002 年，王翔由加拿大留学回国，随即在医院建立“器官移植与低温生物学实验室”。

二、国内首创

【国内首例开颅脑肿瘤切除术】

1950 年 12 月 20 日，神经外科史玉泉在中山医院任外科主治医师时，作为助手参加由外科主任沈克非主刀的中华人民共和国首例开颅脑肿瘤切除术。术后第二天，上海《新闻报》头版作了报道。

【国内首例游离腹股沟皮瓣转移修复面颊部手术后缺损】

1973 年 3 月 21 日，手外科杨东岳、顾玉东与口腔科张孟殷、黄爱玉合作，为一名面颊部肿瘤患者进行游离腹股沟皮瓣转移修复面颊部手术后缺损，与国外同期首创下腹部皮瓣游离移植修复面颊部术后软组织缺损的先例。1983、1987 年，手外科顾玉东首次设计小腿外侧皮瓣及静脉干动脉化皮瓣，丰富皮瓣的供区。手外科张高孟在国内首先开展尺动脉腕上皮支皮瓣及鼻烟窝皮支皮瓣的临床应用，为手部创面修复提供新供区。上述成果“游离移植皮瓣修复的研究及临床”获 1996 年国家科技进步奖二等奖。

【国内首例同种异体尸体肾移植术】

1977 年 9 月 26 日，泌尿外科沈家立为 40 岁的工程师汪福熙做肾脏移植手术。当时，汪福熙由慢性肾小球肾炎引起俗称尿毒症的慢性肾功能衰竭。经过两个月每周 2～3 次的血液透析后，沈家立成功地将他人的健康肾脏移植到患者的髂窝里。术后,医院对患者长期随访,每月做一次检查,随时根据患者身体情况对所服用的免疫制剂量做增减。该患者肾功能恢复良好,无贫血、高血压现象并坚持工作。

【全国首例非血缘外周造血干细胞移植术】

1996年8月22日,来自杭州的11岁白血病患者高天翀被送至医院,血液科谢毅为其施行非血缘外周造血干细胞移植术;10月7日,医院专家宣布移植手术成功。这是中国第一例非血缘供者外周血造血干细胞移植手术,它大大拓宽骨髓提供者的来源,为白血病患者提供更多的治愈希望。

【国内首例白血病患者经脐带血移植获长期生存的病例】

1996年12月,血液科为一位患有慢性粒细胞白血病(加速期)的16岁男孩施行脐带血移植并获成功。该患者于1996年8月开始持续发热、巨脾,并于10月进入医院血液科病房。在血液科卢珊、谢毅的主持下,组织上海市血液病学界专家共同讨论,请血液中心用PCR法对采集多份脐带血进行HLA-DR位点的快速配型,以期获得与患者DR位点相符的脐带血。12月19日,在上海第一妇婴保健院的协助下,采集到与患者相配的92 ml脐带血。经过手术、后期观察,证实植入的脐带血已植活。患者于1997年3月出院,并逐渐恢复学习生活,且术后存活超过三年。这是国内首例白血病经脐带血移植后,获3年以上长期生存的病例,对国内开展脐带血移植提供有益经验。

【首次在国内应用“水刀”新技术成功切除患者巨大肝血管瘤】

2002年1月29日,外科医生马保金在导师蔡端、王铁平指导下,首次在国内应用“水刀”——新技术喷水分离器,成功为一名患者切除直径达30厘米的巨大血管瘤,手术仅用30分钟。术后一星期,患者即康复出院。“水刀”是当时国际上最先进的医学仪器之一。其原理是通过高压水流对组织进行选择性切割;其特点是分离组织精确,不损伤神经,出血少,并可有效缩短手术时间。

【国内首例腹腔镜下造口旁疝修补术】

2002年,普外科姚琪远在国内较早开展腹腔镜下无钉合固定、直接分离入路的全腹膜外腹股沟疝修补。2004年3月,又成功开展腹腔镜下的切口疝补片修补术,积累一定的手术经验。在此基础上,2004年9月,又向造口旁疝这一医学界棘手的难题展开挑战,在国内首个开展腹腔镜下造口旁疝补片修补术。接着,又成功开展腹腔镜下回肠代膀胱的造口旁疝补片修补术,取得较好疗效。

【国内首例3D腹腔镜减重手术】

2013年7月15日,普外科姚琪远采用3D腹腔镜技术,为一名方姓患者顺利完成减重手术(sleeve)。该名中年男性患者患有高血压,身体质量指数(BMI)高达39,属于非常肥胖。腹腔镜微创减重手术可以帮助患者改善因过度肥胖带来的一系列症状,提高生活质量,创伤小、恢复快。3D技术使原本只有平面感觉的影像变得高清立体,腹腔内组织结构更加清晰,层次感更加明显,医生更容易、更清晰地分辨重要的血管及器官之间的空间关系,使得分离缝合等操作更精准,帮助医生减少血管和重要脏器损伤的概率,减少术后并发症的发生,手术时间也比平常缩短。这是医院首台3D腹腔镜手术,也是国内使用3D腹腔镜技术完成的首例减重手术。

【全国首例“儿童胰十二指肠切除术后肝移植手术”】

2016年3月25日，医院与复旦大学附属儿科医院共同实施“儿童胰十二指肠切除手术后肝移植手术”。患者是名8岁女童，此前该患者曾在儿科医院因阻塞性黄疸被诊断为肝门区肝管至胆总管内囊实性占位，经探查发现，整个胆道内均有肿瘤，且侵入十二指肠，儿科医院医生已为她施行胰十二指肠切除术(Whipple手术)。术后病理提示，患者所患的是非常罕见的胆道横纹肌肉瘤，一种恶性肿瘤，且在术后开始复发。患者前往医院普外科就诊，接受器官捐献。3月25日，在普外科钦伦秀和儿科医院郑珊的指导下，由医院王正昕、陶一峰、张全保、张晓飞等医生和儿科医院董岿然、陈功等医生共同为患者实施肝移植手术，这是全国首例报道的“儿童胰十二指肠切除手术后肝移植手术”。

【全国首例龙激光手术系统无出血前列腺切除术】

2016年9月28日，全国首台龙激光手术系统在医院完成装机，泌尿外科主任沈周俊领衔、吴忠主持的手术团队用时45分钟，用龙激光手术系统为一名57岁前列腺增生症患者顺利完成前列腺汽化切除术。这是全国首例龙激光手术系统无出血前列腺切除术。随后，该手术团队又用时30分钟，为一名74岁老年男性患者进行膀胱肿瘤诊断性切除术。

第四章　分 部 分 院

第一节　江 苏 路 分 部

一、院区概况

【院区建设】

为顺应国家卫生体制改革，医疗机构配合重组的新探索，有利于医疗资源优化配置、盘活医疗资源存量，有利于医院学科建设与发展，2001 年 6 月，上海市房屋土地管理局职工医院（简称"上房医院"）并入总院，作为医院（分部）；7 月 10 日，医院（分部）正式挂牌，亦称江苏路分部，并同时设立华山东方乳腺专科医院，邹强任院长。2011 年 9 月，分部召开 10 周年庆典。

【区位及功能定位】

江苏路分部地处上海市长宁区江苏路 796 号，至 2016 年楼宇共计 8 幢：1 号楼为办公楼（2016 年 12 月起大修）、2 号楼为住院病房、3 号楼为实验室及辅助科室、4 号楼和 5 号楼为药剂科制剂室、6 号楼为营养室、7 号楼为病史室，以及 8 号楼的第三门诊部、分部门卫室、综合办（临时）、分部财务科、药剂科办公室。分部地处长宁区，属地化管理接受上海市卫生监督所、长宁区卫生监督所、新华路街道消防及新华精神文明检查。

2001 年 6 月，江苏路分部综合办设立。当时综合办的任务是协调、理顺分部各科关系，处理两院合并中出现的问题。开设初期，综合办贯彻院长指示，开设甲状腺、乳腺、手外、中医、生殖等科室。制剂室、中药配置等部门也搬迁到分部，综合办协助逐步完善后勤服务项目，逐一解除原上房医院与 4 家公司的房屋租赁关系，收回出租房屋做医疗用房，解决原上房遗留诉讼案两起。分部采用的是纵向管理，综合办旨在分部贯彻落实院领导的指示精神、配合各职能处室在分部的各项工作开展，以及接待、处理长宁区各条线工作。综合办每年处理分部内医患及各部门间大小纠纷 120 起左右，市民热线及医务处转发的事件 10 起左右，为甲状腺、乳腺肿瘤患者开设大病医保。

二、院区管理

【隶属关系】

江苏路分部自 2001 年 6 月起，除房屋土地产权外，医疗设备、器械等其他资产一并划归总院，分部医院在编人员（包括离退休人员）划转总院统一管理，法人代表为院长，日常医疗质量与安全由院科两级管理。分部的医疗争议，由总部医务处全权协调处理。分部综合办自合并起成立，隶属院办、党办，同时成立分部总务科（属总部后勤保障部）。至 2016 年，分部有分部综合办、病案图书室、财务科、信息科、防保科、分部总务科 6 个部门。

【医疗服务】

江苏路分部的病房楼建于20世纪80年代中期。2004年，对分部手术室、病房做改建，扩大手术室面积和间数，病房内增设卫生设施，适当改善手术室的工作条件和住院患者的生活条件。2016年，分部有甲乳外科病房、中医科病房、手外科病房、手外科康复室、血液净化室、分部手术室、分部放射科、分部B超室、药剂科制剂室以及外科实验室、肾病实验室等21个部门，共有病床180张(合并时192张)。

甲乳外科病房　甲状腺、乳腺外科病房(36病房)是分部成立后开设的第一个病房，于2001年9月4日起收治甲状腺、乳腺病患者。2006年6月起，中医科35病房再开放21张乳腺病患者床位。至2016年甲乳腺外科共计床位67张；2006—2016年出院40 392人次，手术33 696人次。

中医科病房　即35病房，自2003年6月起搬到分部。至2016年床位数30张；2006—2016年出院人数25 822人次，手术48人次。

手外科病房　分部于2004年与2006年先后开设手外科病房，即33、34病房。至2016年共计床位83张；2006—2016年出院26 026人次，手术30 980人次。

手外科康复室　从仅有二十多平方米和几台康复仪，发展至拥有260平方米和60多台功能多样的国际先进的理疗仪器。康复部采用中西医结合的方法，开展术前、术后的功能评估，运用体疗、职业治疗、物理治疗和中医学等系列综合疗法，促进患者的肢体功能康复。2006—2016年，共收治门诊13 600人次，理疗466 222人次，支具32 000人次。

血液净化室　1974年，总院血液净化室成立。2001年，由总部搬迁到分部。至2016年有透析床位51张，透析机器56台，门诊维持性透析患者200余人次，每年血透专病门诊超过6 000人次，每年进行血液净化治疗近3万例次。

药剂科制剂室　1915年，总院制剂室成立。2003年，整体搬迁至分部，投资600万元，占地面积300平方米，建筑面积共800平方米，其中配制用面积370平方米，质量检验用面积100平方米；洁净区总面积247平方米，其中10万级面积175平方米，1万级面积70平方米，100级面积2平方米。成为上海市首批取得《医疗机构制剂室质量规范》认证的制剂室，并获得制剂生产许可证。

其他病房　分部成立后，2001年开设感染科病房，于2004年搬回总部；2002年开设内分泌病房，2003年搬回总部；2001年开设神经内科病房，2003年搬回总部。

乳腺体检队　2001年7月起，乳腺体检队归江苏路分部综合办管理。体检队从原来每年普查人数仅2～3万，逐年增加至每年普查人数8～9万。2015年7月归并到总院健康管理中心。

第二节　东　　院

一、院区概况

【院区建设】

1996年10月，东院开工。1998年10月，东院结构封顶，因故停工。2003年，二期工程决定在原设计规模的基础上进行改扩建。2006年初，东院竣工，并于4月28日开业。东院占地面积为30 049平方米，总建筑面积50 000平方米，绿化面积9 915平方米。

【区位及主要功能定位】

东院坐落在浦东金桥地区，毗邻碧云国际社区，距浦东国际机场25千米，陆家嘴金融服务区10千米，金桥出口开发区1千米；有轨道交通6号线，多座浦江大桥和数条越江隧道直通中心城区。

东院是总院的一部分，为适应医院多院区不同定位发展的要求，满足群众多层次的需求，东院由“大专科、小综合”的特需医疗服务向特色中高端综合医疗服务方向发展。2010年，东院挂牌“上海国际医院”，不断创新服务理念，致力于打造公立医院中的多层次高品质服务。

图3-4-1 2010年，东院挂牌“上海国际医院”，同时被指定为世博会医疗服务定点医院

二、院区管理

【隶属关系】

东院是总院的分支机构，总院各行政职能处室直接管理东院各相关行政职能部门。至2016年，东院有行政部、医务部、护理部、人事部、财务部、总务部、门诊部、客户服务部、IT部、科教部、审计室，共计11个部门。

【管理体制】

东院与总院实行院长负责制的管理体制，由院长负责医院的经营管理，并设常务副院长1人，经院长授权具体负责医院日常管理工作；另设副院长3人，主要分管医院医疗、教学工作及微创中心。

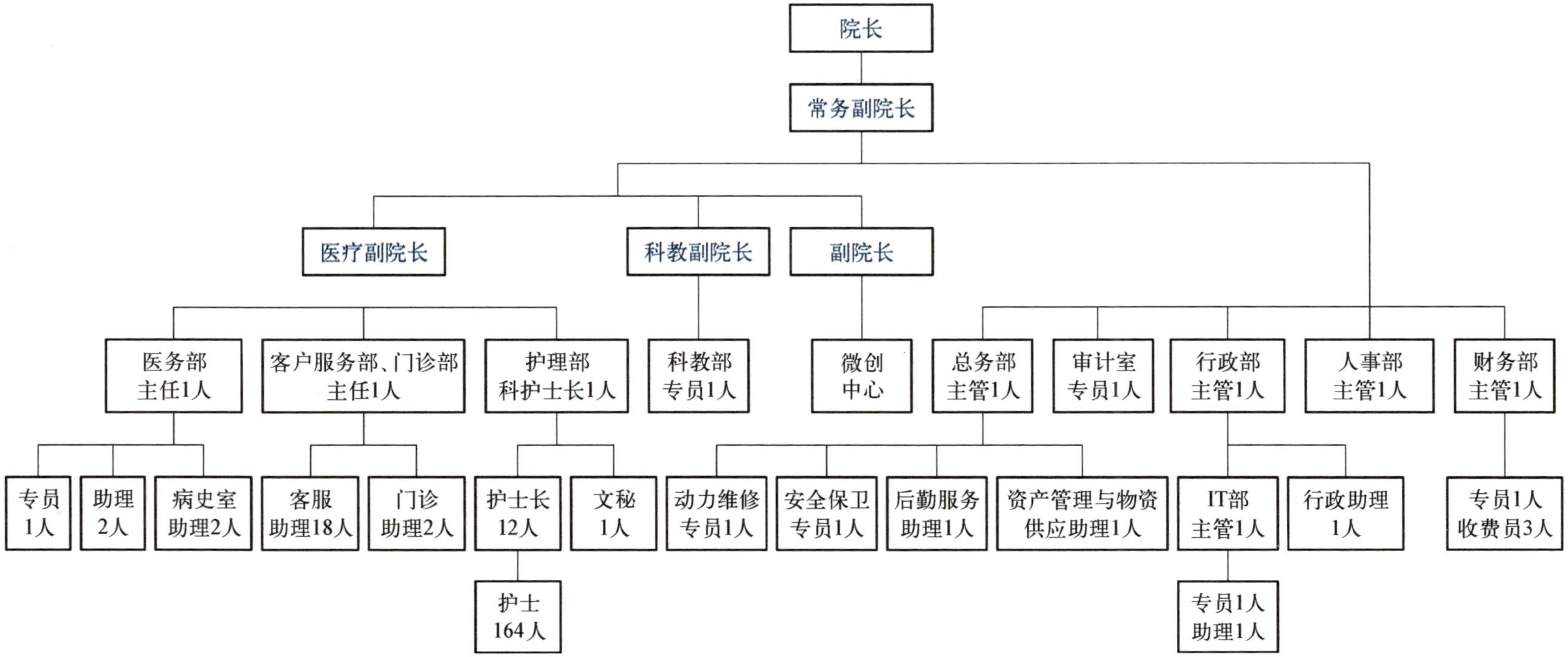

图 3-4-2　2016 年，东院组织架构图

表 3-4-1 2006—2016 年东院院领导任职情况表

职　务	任职时间	姓　名
院长	2006—2007	徐建光
	2007—	丁　强
常务副院长	2006—2013	黄峰平
	2014—	邵建华
副院长	2006—	史虹莉
	2008—2014	汪　敏
	2008—2014	张群华
	2014—	陆福明
	2016—	沈周俊

【医疗服务】

2006 年 4 月 28 日，东院开业，5 月开设皮肤科门诊，之后陆续开展各科门诊；2009 年 3 月，国际医疗中心东部门诊开业；2013 年，成立东院门诊部，并开设 7 个新的门诊(心内、消化、呼吸、中医、内分泌、感染、神经内科)；2015 年，相继开设肾内科、康复医学科、整形外科、皮肤外科、心理、胰腺外科、普外科门诊；2016 年，开设泌尿外科、眼科、耳鼻咽喉科、口腔与妇科门诊。东院由 2006 年的 4 个诊疗科室发展到 2016 年的 26 个诊疗科室，门诊设有皮肤科、神经外科、神经内科、普内科、射波刀、感染科、运动医学科、康复科、皮肤激光、消化科、内分泌科、心内科、皮肤外科、呼吸科、整形外科、中西医结合科、肾内科、精神科、胰腺外科、泌尿外科、眼科、口腔科、耳鼻咽喉科、普外科、妇科、放射科等学科。2016 年，全年门诊 44 248 人次。

2006 年起，收治住院患者。至 2016 年住院开设神经外科、射波刀治疗、运动医学科、康复科、消化科、胰腺外科、整形外科、皮肤外科、普外科、重症医学科、内科综合病房等学科。2007 年，磁共

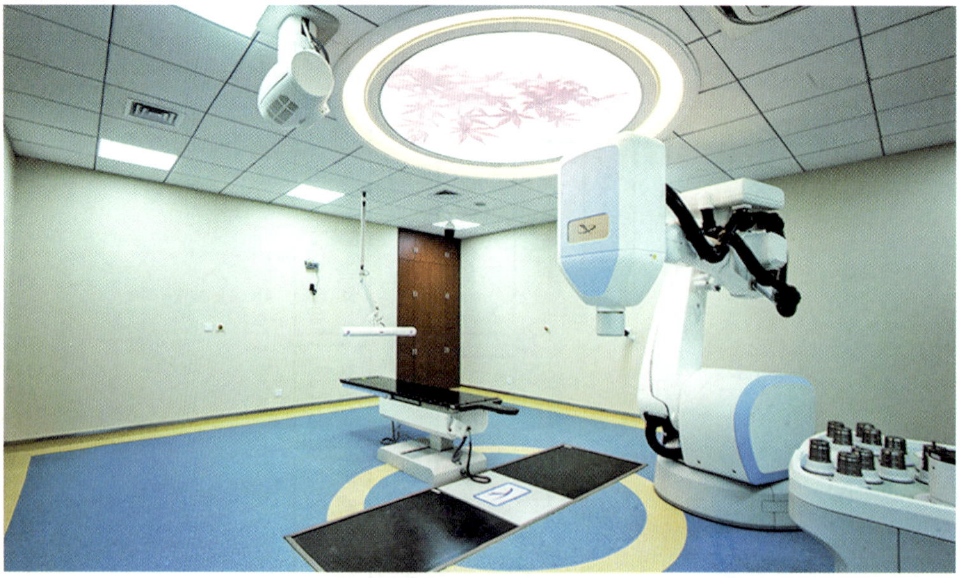

图 3-4-3 2009 年，上海首个射波刀治疗中心在东院开业

振、DSA 投入使用，至 2016 年医技科室开设放射科、检验科、输血科、病理科、麻醉科等学科。2016 年，东院手术 2 939 人次，出院 6 267 人次。

在提供综合医疗服务的同时，致力于创建特色诊治中心。2006 年 8 月，开展体检业务；2009 年 3 月，射波刀治疗中心开业；至 2016 年，开设射波刀治疗中心、健康管理中心、康复诊疗中心、皮肤激光治疗中心、微创外科手术中心等，利用专科优势从而打造东院特色医疗服务品牌。2015 年起，东院通过建立特需门诊、高级专家门诊和名医工作室，提供多元化分层次医疗服务，吸引更多医疗商业保险的客户，满足群众不同层次的医疗服务需求，建设以特色、特需、中高端和国际医疗服务为主的综合性公立医院。

第三节　北　　院

一、院区概况

【院区建设】

北院作为上海市政府“5＋3＋1”工程的重点项目，于 2009 年 11 月 18 日正式开工建设，2012 年 12 月 18 日开业试运行，是一家集医、教、研于一体的三级综合性医院。医院总规划用地 176 亩（约 11.73 万平方米），总建筑面积 7.2 万平方米，拥有门急诊楼、医技楼、住院楼、感染病楼和综合楼等 5 幢主体建筑。医院核定床位 600 张，编制职工 600 人，学科专业齐全，开设内、外、妇、儿、中医等 38 个临床和医技科室。总院的神经外科、神经内科、心内科、皮肤科等 10 个国家教育部重点学科和 20 个卫生部临床重点专科均在北院开设门诊或病房。

图 3-4-4　2012 年，北院开业

【区位及主要功能定位】

北院位于上海市宝山顾村地区，是上海市重点推进的六大保障性住房居住区之一，被称为“市民楼盘”,与之相配套的是对优质医疗资源的巨大需求。因此,医院的医疗服务半径覆盖周边100多万居民,是上海北部城郊的区域性医疗中心。作为上海市政府“5+3+1”实事工程,北院的建成开业大大缓解上海市西北地区三级医院紧缺的现状,使郊区患者的基本医疗需求得到较好的满足,优质医疗服务的可及性明显提高,为提升上海市郊区医疗卫生质量,完善市、区医疗卫生布局做出贡献。

二、院区管理

【隶属关系】

北院为独立法人单位,法人代表与总院相同。上海申康医院发展中心为医院出资人代表,基本建设、大型设备购置、信息系统、重点学科建设等发展建设支出,均由申康组织专家论证和批准后,政府集中采购,并将医院纳入其统一的预算管理和绩效考核。

【管理体制】

北院实行理事会领导下的院长负责制,由院长负责医院的经营管理,并设常务副院长1人,经院长授权具体负责医院日常管理工作;另设副院长2人,主要分管医院医疗业务、后勤保障等工作;同时由申康中心派驻总会计师1人,按医院财务管理要求督促加强财务管理,推进绩效考核工作。北院与总院实行一体化的同质管理,职能部门负责人由总院派驻,临床医技科室管理实行总院科主

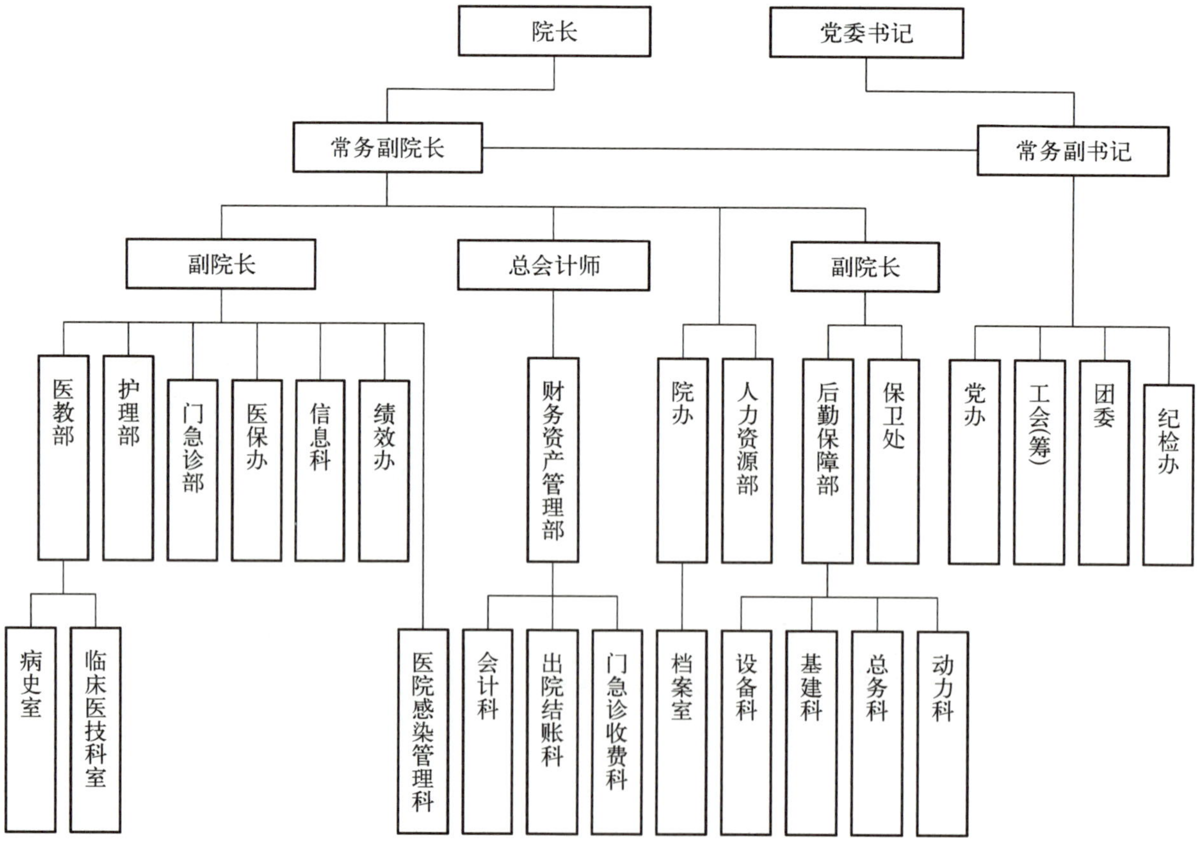

图3-4-5　2016年,北院组织架构图

任领导下的执行主任负责制，部分临床专家教授常驻北院。北院的相关制度规范也与总院标准统一。

表 3-4-2 2012—2016 年北院院领导任职情况表

职 务	任职时间	姓 名
院长	2012—	丁 强
党委书记	2012—	顾小萍
常务副院长	2012—2016	汪志明
常务副书记	2012—	邹和建
副院长	2013—2016	吕飞舟
	2013—	钟 良
	2016—	朱会耕
总会计师	2014—	张 强

【管理制度】

为有效推进管理工作，做到有章可循，北院于 2014 年梳理完成医院管理制度汇编，分为行政管理，党务、纪检、精神文明、工会，人力资源管理，财务管理，科教管理，后勤保障，安全管理，紧急预案等板块。2016 年，制订北院内控制度手册。通过建立健全规章制度，使医院管理高效有序，服务质量稳步提升。同时，医院还在院周会上定期进行制度解读，使管理制度全面落地，让工作流程更加规范。

【医疗服务】

医疗业务 2012 年 12 月 18 日，北院开业并全面推行急诊-重症医学(ICU)一体化管理。2013 年，开设临床科室 37 个(包括妇科、产科、急诊 ICU 等)，开放病区 10 个，床位 427 张，门急诊人次数近 33 万人次，住院患者近 1 万人次，手术 4 000 余例，医院逐步从创业阶段向业务拓展、发展平稳的过渡阶段转型。是年，北院调整药价实行药品“零加成”，所有病区启用移动医生、护理工作站，官方网站同步上线。2014 年，儿科门诊试运行。2015 年，北院成为“复旦大学妇产科医疗联合体”成员之一。2016 年，医院业务规模逐步扩大，甲状腺结节多学科诊治(MDT)中心开张，同时开设临床科室 37 个(包括妇科、产科、儿科、感染科等)，开放病区 15 个，床位扩张至 561 张，门急诊量增长至 705 498 人次；出院患者与手术数也随之增长，出院患者 19 619 人次，手术 11 373 人次。

医疗保障 2013 年，北院为“宝马高尔夫球大师赛”提供医疗保障服务；2016 年，为上海国际半程马拉松赛、2016 国际田联钻石联赛提供康复医疗保障服务。

志愿服务 2014 年 3 月起，开展“2014 上海樱花节”系列健康讲座和大型义诊活动；12 月，北院与顾村镇党委联合推出“家门口的‘心连心’诊室”志愿者服务。2015 年 3 月，北院配合总院完成器官捐献手术；5 月，儿科主任贡海蓉、妇产科医师曹瑞勤加入总院红十字救援队，前往尼泊尔灾区救援。2016 年 5 月，北院与云南省文山州丘北县人民医院签订为期 5 年的对口帮扶协议，6 月北院首批援滇医疗队抵达丘北县人民医院，12 月举办资助云南省丘北县贫困学生义卖筹款“彩云计划”活动。2016 年 9 月，北院举行口腔黏膜拭子采集入库活动。

表 3-4-3　2013—2016 年北院获得荣誉情况表

年　份	荣誉名称
2013	部门决算工作优胜奖
2016	上海市卫生计生系统文明单位
2016	全国医院后勤管理创新先进单位

第四节　西　　院

一、院区概况

【院区建设】

2008 年，总院完成临床医学中心（西院）的项目可行性报告。2009 年，总院与闵行区人民政府签署项目建设合作协议书，明确临床医学中心的选址、土地面积、性质、功能定位以及合作方式等。

2010 年 3 月，闵行区规划和土地管理局明确临床医学中心的土地取得方式为划拨方式供地；同月，项目建议书方案提交国家卫生部，并于 10 月得到卫生部批复，同意临床医学中心新建工程的立项。

2012 年 9 月，国家卫生部转发国家发改委关于西院的可行性研究报告（代项目建议书）的批复，明确安排 4 亿中央预算定额补助。9 月 20 日，临床医学中心项目（西院）举行现场奠基仪式。

2013 年 12 月，临床医学中心项目获得由国家卫生计生委签发的西院项目工程初步设计和投资概算的批复的意见，明确该项目总建筑面积为 12.89 万平方米，概算总投资为 10.3 亿元。2014 年 6 月桩基工程开工，2015 年 4 月主体工程开始施工，2016 年 6 月完成门急诊医技及病房楼结构封顶。

图 3-4-6　2012 年，临床医学中心（西院）举行奠基仪式

【区位及主要功能定位】

临床医学中心(西院)选址闵行区华漕国际医学院区,紧邻北青公路,距上海虹桥国际机场 15 分钟路程。西院核定床位 800 张,定位"大专科、小综合"特色、具有国际一流水平的医疗中心。

二、院区管理

临床医学中心(西院)建设项目作为医院发展的重大战略之一,启动之初就受到医院领导的高度重视。2010 年,医院成立临床医学中心项目领导小组及筹建办公室。2013 年,成立西院(临床医学中心)项目领导小组和工作小组,持续加快推进项目建设。领导小组组长由医院院长丁强及党委书记顾小萍担任,副组长由副院长徐文东担任,全体领导班子和职能部门负责人作为组员,共同协调推进西院建设。是年,医院组建西院推进办公室,主任由副院长徐文东担任,组员由医院拓展办、基建科、财务资产管理部、卫建中心西院项目团队、沪港财务监理、设计院等部门组成。成立之初,推进办完善项目规章制度,先后在工程项目、财务工作、廉政建设、招投标工作中拟定相应制度和流程。2014 年,增补朱会耕为西院推进办副主任。2016 年,为协调内部沟通事宜,配合西院推进办深化设计布局等工作,成立西院综合办。综合办主任由副院长毛颖担任,副主任由赵曜、张义、董强担任。同时任命顾宇翔为西院推进办副主任,接替朱会耕的工作,共同推进西院建设进程。

2014 年起,该项目连续 3 年被列为"上海市重大工程建设项目"。2016 年,该项目获评上海市建设工程绿色施工达标工程和上海市重大工程文明工地奖。

第四篇 医学科研

概　　述

医院一贯重视科学研究。中华人民共和国成立后，作为上海第一医学院的附属医院，医院为提高医学教育和医疗质量而开展科学研究，成立临床内、外科教研室，下设多个专业组，并配有专业实验室、特殊检查室及相关辅助科室。20世纪50—60年代，医院在血吸虫病防治、肝硬化腹水、试制明胶海绵等方面形成一定的科学研究成果。

1966年起，医院科研工作一度处于停顿状态，直至1978年的全国科学大会与全国医药卫生科学大会，医院有29项科研成果获奖，调动起医院医务工作人员开展科研工作的积极性与创造性。20世纪80年代后，医院陆续建立一批研究机构和重点学科，同时积极承担各项科技攻关课题与各项基金资助研究项目。

截至2016年，医院以第一单位获国家技术发明奖3项、国家科技进步奖21项；以第一单位获国家各部委科技奖105项，上海市科技奖118项；以第一单位获国家级专业学会科技奖27项，上海市专业学会科技奖68项。医院共获得科研项目2 180项，立项经费近11.5亿元。共发表论文18 107篇，其中SCI 3 181篇；申请专利419项，授权专利216项；出版著作326部，其中，科技专著294部、科普32部。

截至2016年，医院有国家临床医学研究中心1个，省(市)、部级重点实验室3个，教育部重点学科10个，卫生部国家临床重点专科20个，上海市重中之重临床医学中心4个，上海市重中之重医学重点学科1个，上海市医学重点学科3个，上海市研究所及中心2个，大学或医院研究所(中心)21个。多学科入选“211”工程建设项目和“985”工程建设项目。

第一章 科研沿革

第一节 科研管理

一、概况

医院重视科学研究，中华人民共和国成立前，医院的医务人员积极开展科研工作，临床学科主要结合医疗进行病例分析与诊治方法的研究。上海解放以后，医院逐渐恢复医疗业务工作，并扩大院舍以谋发展。为提高医学教育和医疗质量，医院设立临床内、外科教研室，下设多个专业组，并配有专业实验室、特殊检查室及相关辅助科室。1955 年，医院设有临床内科教研组、临床外科教研组、传染病流行病学教研组、皮肤性病教研组、神经精神病教研组，后教研组扩展为教研室，另有其他学科陆续设立教研组(室)，中医教研室、运动医学教研室、抗菌素临床应用研究室、皮肤病学研究室、脏象研究室、神经病学研究室等相继成立，医院科研工作稳步发展。1956 年起，所有高级医师除担任教学医疗工作外，逐渐进行科学研究，并经常外出讲学，担任医学论著的编辑工作。20 世纪 50—60 年代，医院在血吸虫病防治工作中投入一定的力量，取得显著成绩。此外，姜春华治疗肝硬化腹水、吴祖尧试制成功石膏纱布、戴自英利用小剂量氯霉素治疗伤寒、史玉泉试制明胶海绵等，均取得一定的科学研究成果。

"文化大革命"期间，医院科研工作遭到破坏，科学研究几乎处于停滞状态。1978 年 3 月，中共中央召开全国科学大会，医院有 18 项科研成果获奖；是年 6 月，卫生部召开全国医药卫生科学大会，医院有 7 项科研成果获奖。这两次大会，积极调动医院医务工作人员开展科研工作的热情。20 世纪 80 年代后，医院进一步建立科研制度和规范，加大科研经费的投入和管理，加强国内外学术交流和合作，陆续建立一批研究机构和重点学科，同时积极承担各项科技攻关课题与各项基金资助研究项目。1995 年后，医院陆续建成有一定研究特色的研究所(室)、研究中心和重点实验室的研究机构体系，努力承担国家科技攻关、高技术和重点基础研究等重大任务。

进入 21 世纪后，医院确立科教发展战略，坚持"人才立院、科教兴院"的方针，做好多渠道包括国家自然科学基金，科技部、教育部、上海市科委、上海市教委等各类基金的计划与申报工作，重质保量，注重科研成果。同时加强学科建设与管理，尤其以国家重点学科评审为重中之重。此外重视人才建设工程，分层次引进、吸纳国际知名专家和学者，对于科室业务骨干，支持鼓励出国进修、深造等。科研工作造就的一批批优秀学科带头人，带领各自学科队伍，不断取得新的研究成果，为发展中国医学科技事业做出贡献。

二、管理机构与职能

科研处是负责医院科学研究管理的部门。20 世纪 50 年代，医院科研管理工作归属于院长办公室(简称"院办")。当时院办工作包揽医院除后勤工作外的医疗、教学、科研及其他日常事务，另由各科室主治医生协助院办秘书做好医、教、研各项工作。"文化大革命"期间，医院成立业务组，分管医、教、研工作。1979 年，医院成立医务科，统一管理医院医、教、研工作。1984 年，医院行政职能部门管理工作改为院长秘书制，科研工作由科教秘书担任。1988 年，医院成立医教处，由一名副处长分管科研和教学工作。1992 年，医院将医教处拆分为医务处和科教处，科教处承担科研与教学任务。2000 年，继续教育工作从科教处分离。2003 年，研究生教育工作从科教处分离；是年，科教处更名为科研处，科研工作开始独立运作。

表 4-1-1 2000—2014 年科研处获得荣誉情况表

年 份	荣 誉 名 称
2000	上海医科大学巾帼文明岗
2010	复旦大学科研管理优秀团队
2011	复旦大学巾帼文明岗
2012	上海市卫生系统知识产权示范单位
2012	复旦大学医学科研管理先进集体
2012	上海医学科技奖管理工作先进集体
2013	复旦大学科技管理先进单位
2014	复旦大学三八红旗集体

科研处主要负责全院的科研管理工作。1992 年，成立独立的科教处，负责科研课题申报、住院医生培养、进修生教育、研究生教育工作等。2003 年，随着继续教育工作与研究生教育工作从科教处脱离，转向教育处后，科教处的科研属性更加鲜明，更名为科研处后，成为独立科研工作管理机构。2016 年，科研处的管理职能：第一，负责医院科研规划的全面设计，组织与上级政府科研相关部门的沟通协调工作，落实科研管理规章制度的建设和督促实施。第二，科研日常管理，包括日常接待、会务工作、日常工作信件的处理、论文发表审核盖章，以及其他各类审核盖章。第三，国家自然科学基金等重要科研项目的院内初审和申报，部级、市级项目申报和国家自然科学基金的年度审查和结题。第四，科研项目验收，组织各类奖项的推荐及申报材料的审核，以及科研论文、专著、专利的数据收集审核，院内科研奖励奖金核算。第五，科研经费管理，包括科研经费入账、使用审批、分配测算，年度医院科研经费预算、年终支出情况汇总、协助科研经费审计等。第六，指导和协助中心实验室、研究所、研究中心的日常工作和目标考核。第七，定期组织与科研工作相关的全院培训。第八，建立医院生物样本库管理规章制度和标准操作规程，加强对各生物样本库的监管工作。第九，加强科研管理系统的信息平台建设。第十，对医院药物临床试验机构和伦理委员会工作提供行政支持。

第二节 科 研 工 作

一、学科发展规划

20 世纪 90 年代起，医院对学科建设加强梳理规划。进入 21 世纪，针对医院学科发展不平衡，提出三个层面的操作。首先针对重中之重的学科，采用滚雪球方式，利用其影响力与知名度，让学科做大做强；对特色学科则采用大力培养人才、选拔人才，尤其针对 35 岁以下青年医生与科研人员，做到“早发现苗子，早压担子，早加以扶植”的“三早”原则，引进优质人才，主持负责重点项目；对潜力学科，采用以申报科研项目带动学科建设，多渠道帮助科研人员争取科研项目，完善科研管理机制和奖励政策。2004 年，针对科研较弱的学科，设立医院科研启动基金，重点扶植弱势学科。2007 年，完成重点学科的组织申报和评审工作。2008 年，对医院的学科和人才现状调研，设计科研评价体系的模型，为每个学科做诊断，在此基础上提出学科发展和人才建设的基本思路和新框架，并逐步予以落实。2009 年，利用学校“985”三期平台建设机遇，确立新学科增长点和研究平台，同时为推进基础与临床的结合与转化，组建成立“华山医院分子与转化医学研究所”。

2010 年，在医院“十二五”学科规划的调研分析基础上，制定“十二五”学科建设和科研工作规划。2011 年，牵头负责退行性疾病、创伤和再生医学两个大方向，加入肿瘤、感染性疾病、微创外科等学科综合群，确立阶段性主要突破的研究方向，组建研究队伍。

2013 年，对北院中心实验室进行规划和建筑设计，北院中心实验室与总院各有侧重，北院筹建符合 GMP 要求的细胞/组织培养室，筹划建立科研采购平台，设想统一采购方案，全程监控采购过程，科学化、信息化管理科研试剂采购。

2014 年，根据《复旦大学上海医学院中长期发展规划纲要(2013—2020 年)》的建设目标，以各学科的临床实践、诊疗特色、合作水平、发展阶段为依据，组建神经科学、感染病学、皮肤病学、老龄健康医学、肿瘤转移复发学、再生医学等 6 个学科群；明确领域，制定 2014—2020 年中长期发展规划，并积极筹备医院“十三五”规划工作。

2015 年，完成《复旦大学附属华山医院学科建设发展规划(2014—2020)》。协调华山医院、中山医院、华东医院和静安区中心医院的 20 多位专家集中参与，牵头申报国家老年疾病临床医学中心。

2016 年，华山医院国家老年疾病临床医学研究中心获批，成为复旦大学首个国家级临床医学研究平台。推动中心运行管理、平台建设和科研项目实施等各项工作，建设协同创新的国家级临床研究共享平台。医院正式发布《复旦大学附属华山医院生物样本库暂行管理办法》，对医院的生物样本库建设和管理提出具体要求，并于当年获批国家首批干细胞临床研究基地。

二、科研项目申报

2000 年起，医院根据科研工作规划目标，重视人才培养，以国家重大项目及国家自然科学基金作为工作重点，取得长足进步。为改变长期以来医院国家自然科学基金项目申请量不足、重点项目少的状况，把国家自然科学基金作为科室科研绩效考核的主要指标，率先启动重大重点项目申报工作。申报前，科研管理部门将整理好的已完成情况和当年具体目标发放给科室主任，对各临床科室进行责任目标考核，引导科室领导重视申请工作。同时，科研处增加人手，前期做好充分动员，并由专人负责，编撰申请指导手册，多次邀请基金委领导、二审专家等做专题报告，邀请同行专家评审，进行一对一指导，并进行三轮形式审查，提高申请书质量。医院高度重视国家重大项目的组织申报和服务工作，积极与相关主管部门沟通，推荐医院专家参与指南编写和申报工作，特别是对国家级项目的申报进程及时跟踪。

三、成果转化管理

2008 年，针对医院科研人员重视项目申报和获得，而对成果申报和取得重视不够的现状，医院及时对科研奖励制度进行修订。修订后的奖励条例既体现政策的延续性，又不失导向性，将奖励力度由原先的项目成果并重逐步向成果倾斜，并加大对成果的奖励力度，以体现医院对成果的重视。

2013年，起草科研成果培育计划，加大对具有潜力的科研项目的支持力度，提高获得各类成果奖中一、二等奖的能力。

2014年，对复旦大学医院管理研究所、上海申康医院发展中心的科研绩效评价指标进行梳理，重新修订《复旦大学附属华山医院科研奖励管理条例》，进一步加大对重大项目和成果的奖励力度。

2016年，持续关注重大成果的组织申报和协调，有计划、有步骤地推进对标志性重大科研成果，特别是国家级奖项的总结跟踪。响应国家鼓励成果转化政策要求，积极组织探索转化相关途径。

四、药物临床试验机构建设和管理

【管理机构】

1983年，上海医科大学被批准为卫生部首批临床药理基地，医院感染、神经、心血管和放射医学4个专业组被批准为首批专业组。1997年，接受卫生部对临床药理基地的检查，1998年，上海医科大学临床药理基地首批通过卫生部复核和确认，并增加至10个专业组。1999年，经国家药品监督管理局批准，医院药品临床研究基地成立，作为医院药物临床试验机构。2000年，上海医科大学与复旦大学合并，上海医科大学临床药理基地取消。2008年，医院药物临床试验机构经国家药品监督管理局药物临床试验机构资格认定检查后，共批准10个专业组，分别为感染（抗生素研究所）、心血管、内分泌、血液、神经内科、神经外科、皮肤、泌尿、医学影像（诊断、治疗、核医学）、普通外科。2012年，经国家食品药品监督管理总局新批准5个专业，分别为肾病、骨科（含手外科）、麻醉、肝炎、风湿免疫。2014年，新批准2个专业，分别为消化、中医呼吸。至2016年共批准18个专业，分别为感染、心血管、内分泌、血液、神经内科、神经外科、皮肤、泌尿、医学影像（诊断、治疗、核医学）、普通外科、肾病、骨科（含手外科）、麻醉、肝炎、风湿免疫、消化、中医呼吸及Ⅰ期临床研究室。

1983年，上海医科大学卫生部属临床药理基地成立之初，张婴元为基地主任。2000年，上海医科大学临床药理基地取消后，医院药物临床试验机构成立，主任仍为张婴元，同时机构下设办公室，受科研处行政支持。

表4-1-2　1983—2016年药物临床试验管理机构及其办公室历任主任情况表

机　　构	任职时间	主　任
上海医科大学临床药理基地	1983—2000	张婴元
华山医院药品临床研究基地（药物临床试验管理机构）	2000—2013	张婴元
	2013—2016	毛　颖
华山医院药物临床试验管理机构办公室	2000—2013	伍　蓉
	2013—2016	曹国英

【工作概况】

为使药物临床试验水平与国际接轨，1994年国家科技部在医院抗生素研究所筹建“国家抗感染新药临床试验研究中心"的项目被列入"九五"科技攻关计划，2000年验收通过，是国内首批建成的国家药物临床试验质量管理规范（GCP）中心之一。2008年，抗生素研究所牵头，"以抗耐药病原菌感染新药为主体的创新药临床评价研究技术平台建设"获"十一五"科技部"重大新药创制"项目的支持，并连续获国家"十二五""十三五"科技攻关计划的支持。医院各专业组在药物临床试验研究中已积累丰富的工作经验，具有良好的工作基础，每年新开展和完成Ⅰ、Ⅱ、Ⅲ、Ⅳ期及国际多中心临床试验近100项。2007—2016年，完成和正在进行的各类药物、医疗器械（包含体外诊断试剂）临床试验项目580余项，感染、肝炎、心血管、神经内科、肾病、内分泌、泌尿等专业组参加和完成100余项国际多中心临床试验。

药物临床试验机构按国家药物临床试验质量管理规范（GCP）要求制定管理制度及标准操作规程（SOP），重点为药物临床试验运行流程管理、质量保证体系、药品管理、档案管理、经费及合同管理制度，以及临床试验各类SOP的完善和实施。机构管理制度和SOP经过5次修订及新增，管理制度共有20项，SOP共有21项。机构办公室负责对临床试验的全过程进行质量控制，包括试验前的预审查、试验中期检查及结题检查。临床试验中接受公司的监查、稽查，试验结束后接受国家食品药品监督管理总局（CFDA）核查。设置专职的药物管理员对药物管理全过程进行监管，设立独立的药物临床试验资料档案室及专职的档案管理员，对各专业完成的药物临床试验档案统一归档管理，在研资料由各专业组指定专人负责管理。每年组织全国性GCP培训班，与医院信息科共同进行GCP医生工作站（包含检查检验免费开单系统）的开发，并与档案管理公司建立临床试验资料第三方管理模式。各专业组通过国家食品药品监督管理总局资格认定、复核认证，以及药物和器械临床试验项目核查。

【Ⅰ期临床研究中心建设】

1994年，医院建立药物Ⅰ期临床试验区，包括独立专用的12张床位、活动室及必需的设备设施。至2010年，医院在新建的感染病大楼2楼设置独立的q期临床试验研究室专用病房，包括床位24张，受试者接待室，活动室，抽血室，离心室，留尿室，药物储存室，资料室，医师、护士值班室等。

2001—2016年，医院Ⅰ期临床研究室先后完成首次应用于人体Ⅰ期临床研究9项，药代动力学研究28项，生物等效性试验57项；2项老年人中药代动力学研究，在国内率先开展肝功能减退患者中的药代动力学研究，并已完成放射同位素方法研究创新药物代谢和排泄研究；新药群体药代动力学研究11项，是国内率先将群体药物代谢动力学（PPK）和抗菌药物药代动力学（PK）/药效学（PD）等抗菌药临床评价关键技术应用于抗耐药菌新药Ⅰ～Ⅳ期临床研究中的单位；开展创新药物MRX-Ⅰ的全面研究，研究资料将同时报FDA和CFDA。2013年，药理检测实验室通过ISO 17025实验室认可。2016年，通过复评审，具有开展特殊人群药代动力学研究、生物类似物药代动力学研究等能力和水平。接受申办方和CFDA稽查和核查19次，均已通过。

五、伦理审查委员会建设和管理

【沿革和构架】

1996年2月，医院伦理委员会成立，是医院常设的独立机构，由科研处提供行政支持，旨在为医院进行的涉及人体的新药和医疗器械的临床研究，以及涉及人体的科研项目提供独立的审查和监督。主任委员由院务会提名讨论、院长任命，审查工作具有独立性，医院和其他任何相关部门或团体不得干涉委员会的审查工作。伦理委员会委员都必须接受有关生物医学研究伦理方面的相关指南法规和科学方面的初始培训和继续教育，并通过考核合格表明其达到培训的要求和预期目标。

医院伦理委员会第一批委员为谢毅（主任委员）、张婴元、张建华、吕传真、张静华、范维琥、陆钟瑞；2000 年 2 月伦理委员会换届后新增委员顾勇、王大猷；2005 年 1 月新增委员邹和建、倪泉兴；2008 年 4 月委员会更名为“复旦大学附属华山医院伦理审查委员会”，委员换届为邹和建、顾勇、张婴元、吕传真、范维琥、王大猷、张建华、陆钟瑞、倪泉兴、冯晓源、陈洁、黄煌渊、伍蓉、蒋红、王跃娟；2008 年 12 月新增曹国英为委员秘书；2011 年 12 月新增委员董强、杨勤萍；2013 年 4 月换届为邹和建、顾勇、张婴元、吕传真、范维琥、王大猷、张建华、倪泉兴、冯晓源、陈洁、黄煌渊、伍蓉、王跃娟、曹国英、董强、杨勤萍、傅德良、曹艳佩；2016 年 8 月新增委员陈彤。截至 2016 年，医院伦理审查委员会共有 19 名委员。

2008 年，医院伦理审查委员会成为全国第三家高分通过世界卫生组织热带病培训规划（WHO/TDR）发展伦理委员会审查能力的战略行动（SIDCER）评估的单位，2011 年和 2015 年两次顺利通过再评估。2010 年，承办亚太地区伦理委员会论坛年会，200 多名国外医学伦理学相关人员出席会议。2010、2013、2016 年，医院伦理审查委员会通过 JCI 评估，2013 年高分通过世界中医药学会联合会伦理委员会认证评估。医院伦理审查委员会多次举办面向全国的研究伦理和 GCP 培训。2013 年，作为牵头单位组织撰写上海市地方标准《涉及人的生物医学研究伦理审查规范》，顺利通过上海市质量技术监督局批准，后经上海市卫计委推荐在全市推广使用。同时作为主编单位受国家卫计委委托，撰写全国住院医师培训教材《医学伦理学实践》。

【工作概况】

1996 年，医院伦理委员会成立以来，标准操作规程（SOP）共经历 9 次改版，同时制定相关制度文件 9 个，伦理委员会严格遵循 SOP 和管理制度开展伦理审查工作。2006—2016 年，共审查初始项目 1 507 项，修正案审查 518 项，年度/定期跟踪审查 501 项，违背/偏离方案审查 308 项，严重不良事件审查 174 项，结题审查 290 项，提前终止研究审查 28 项。

2007 年，WHO/TDR 在医院建立国内首家 GCP 和研究伦理培训中心，为医院临床研究相关人员开展培训，提高临床研究和伦理审查质量。2008 年，通过 WHO/SIDCER 认证，并举行临床试验质量管理规范培训及针对研究者和伦理审查委员会的培训。2009 年，举办伦理审查委员会标准操作规程培训班，并与国家食品药品监督管理局合作举办国家级的伦理培训，配合医学会筹备组建上海医学会医学研究伦理学分会。是年，取得 2010 年亚太地区伦理委员会论坛（FERCAP）年会主办权。2010 年，接待全市 38 家二、三级医院伦理审查委员会观摩会议和审查流程。举办第十届亚太地区伦理审查委员会论坛年会及生物医学研究伦理审查能力建设高峰论坛暨上海市医学伦理学会年会。2011 年，举办生物医学研究中受试者保护国际研讨会，并以优异成绩顺利通过 WHO/SIDCER 三年复核认证。2012 年，承办上海卫生系统机构伦理审查委员会能力建设培训项目（第一期），并作为牵头单位完成上海市《医学科研伦理审查规范》的编写工作。2013 年，承办上海卫生系统机构伦理审查委员会能力建设培训项目（第二期），作为牵头单位组织的《人体生物医学研究伦理审查规范》立项为上海市地方标准编制项目，并于翌年通过结题审批。2014 年，承办上海卫生系统机构伦理审查委员会能力建设培训项目（第六期），作为主编单位完成国家卫生计生委住院医师规范化培训教材《医学伦理学实践》的编写工作，作为参加单位完成的《涉及人的生物医学研究伦理审查指南》由科学出版社出版。2015 年，承办上海卫生系统机构伦理审查委员会能力建设培训项目研讨会，承担的上海市地方标准编制项目《人体生物医学研究伦理审查规范》正式发布并推广。是年，通过国家食品药品监督总局的复核及 SIDCER 国际认证，获得上海市医学伦理学会先进集体（第一名），秘书吴翠云获上海市医学伦理学会十佳"医学伦理青年人才"称号。

第二章　科研项目与学科建设

第一节　科研项目(课题)

一、概况

医院研究课题在中华人民共和国成立前主要由医务人员结合教学和医疗实践自发进行。中华人民共和国成立初期，医院的研究课题主要结合重大疾病防治任务进行。1950 年 1 月，大批解放军在市郊嘉定驻地进行游泳训练时受到血吸虫病急性感染，医院组织医护人员参加沪郊和浙江嘉兴医疗队，为解放军突击治疗血吸虫病。钱悳任上海市血吸虫病防治大队医疗顾问。在治疗过程中，钱悳与团队重视对血吸虫病治疗药物锑剂的毒性和治疗方案的研究，无一例死亡，受到政府与部队的嘉奖。1952 年 3 月，皮肤科杨国亮担任组长，与皮肤科、内科和眼科等医务人员参加解放军部队核黄素缺乏症的防治和调研工作，对该病的流行规律、病因和临床表现有比较深入的认识，在国际上首次详细叙述核黄素缺乏症最具有诊断价值的红斑型和丘疹型阴囊炎的特征，研究成果编入有关专业著作。

1954 年，随着上海医学院成立科学研究委员会，并制定学校第一个科研计划，医院也根据实际情况开展科研课题研究，解决当时迫切需要研究解决的医疗卫生问题。如在 20 世纪 50 年代初，医院神经外科成立后，史玉泉在国内首先开展肺吸虫病、颞叶癫痫、颅内动脉瘤、脑动脉畸形、三叉神经痛等神经外科治疗。60 年代在脑血管畸形和颅内动脉瘤等手术治疗方面不断取得开创性新进展。研制国内第一台自行设计的颅内监护仪，开展神经外科显微手术技能的实验研究。中医科姜春华与沈自尹对中医称为“命门之火”的“肾阳”进行研究，因“肾本质”的研究于 1959 年荣获“继承和发扬祖国医学遗产”金质奖章和奖状。

1966 年 5 月，“文化大革命”开始，医院科研工作受到破坏，直至 1969 年科研工作逐步恢复。在“文革”期间，医院仍有一些研究取得新进展。1966 年 2 月 13 日，手外科杨东岳在世界上首创足趾移植再造拇指成功，此后顾玉东继续深入研究，将足趾移植成功率提高至 99%。1973 年 3 月 21 日，手外科杨东岳、顾玉东与口腔科张孟殷、黄爱玉合作，进行游离腹股沟皮瓣转移修复面颊部手术后缺损，与国外同期首创下腹部皮瓣游离移植修复面颊部术后软组织缺损的先例。1977 年，国内首例同种异体尸体肾移植术成功。

“文化大革命”结束后，医院的科研项目获得多项殊荣。1978 年 3 月，党中央召开全国科学大会，医院有 18 项成果获全国科学大会奖；6 月，卫生部召开全国医药卫生科学大会，医院有 7 项成果获全国医药卫生科学大会奖。80 年代起，随着国家制定“六五”科技攻关计划，面向全国招标，进一步调动医疗卫生系统科研工作者的积极性与参与度，投身科研项目的申请与创新中。

二、多渠道承担科研项目

【国家科技攻关研究课题】

20 世纪 80 年代起，国家开始实施国家科技攻关计划。为争取该渠道的相关科研项目，医院以学科建设为龙头，抓住重大重点项目的申报工作。自“六五”科技攻关计划起，1981—2015年，医院共承担国家科技攻关研究课题59项。

表4-2-1　1981—2015年医院承担国家“六五”至“十二五”科技攻关计划研究课题情况表

时　间	课　题　名　称	负责人
“六五”科技攻关（1981—1985年）	羟哌唑头孢菌素（T-1551）试制研究	汪　复
“七五”科技攻关（1986—1990年）	脑血管危险因素干预试验	瞿治平
	脑血管疾病综合预防措施试点研究	瞿治平
	脑血管病外科治疗	史玉泉
	抗生素换代新品种——新抗生素临床药理研究	汪　复　张婴元
	对肾虚证的症候特异性发生机制的研究	沈自尹
	利用急性缺血缺氧实验模型进行发病机制及新药对脑缺血的实验研究	秦　震
	客观评价脑卒中疗效临床指标的标准化，新的内科疗法、临床实验与开发应用	姚景莉
	脑卒中新的电生理诊断方法的研究	瞿治平
	针麻在颞顶枕区后颅窝手术中的应用	江澄川
	慢性肝炎的治疗及疗效机制的研究	徐肇玥
“八五”科技攻关（1991—1995年）	心脑血管疾病高发区、低发区的危险因素及流行趋势的对比研究	瞿治平
	心脑血管疾病高发区社区人群的综合性预防研究	谈永基
	脑电生理检查、多普勒与CT等对照研究	瞿治平
	光量子疗法对脑卒中治疗实验及临床应用研究	姚景莉
	脑卒中CT导向血肿排空和血管内手术新疗法的应用研究	陈衔城
	脑卒中并发脑水肿的发病机制及防治	秦　震
	考核血吸虫病治疗效果的免疫学诊断方法的研究	傅　奇
	针刺复合麻醉和优选刺激方式提高针麻效果的研究（脑部手术）	江澄川
	慢性肝炎与重症肝炎的药物治疗新方案研究	邬祥惠
“九五”科技攻关（1996—2000年）	慢性乙型肝炎药物治疗新方案的研究	张清波
	社区人群脑血管病危险因素综合性干预研究	洪　震
	混配农药中毒的防治研究	徐麦玲
	我国心血管病发病趋势预测及21世纪预防策略	洪　震
	急性脑梗死早期治疗对照研究	姚景莉
“十五”科技攻关（2001—2005年）	帕金森病的早期诊断指标的研究	蒋雨平
	急性脑血管病三级康复的研究	胡永善
	耐多药结核病的快速检查技术的研究	陈一平
	卒中高危人群筛检全国多中心扩展性试验研究	洪　震

（续表）

时　间	课　题　名　称	负责人
“十五”科技攻关（2001—2005年）	有机磷农药急性中毒诊断与治疗关键技术及其远期健康影响研究	邹和建
	急性脑梗死的综合治疗规范化	吕传真
	冠心病脑卒中综合危险度评估及干预方案的研究	洪　震
	脑卒中规范化外科治疗技术推广应用研究	周良辅
“十一五”科技攻关（2006—2010年）	以抗耐药病原菌感染新药为主体的创新药临床评价研究技术平台建设	施耀国
	结核病药敏及快速诊断技术研究	张文宏
	结核分枝杆菌感染的免疫机制研究	黄玉仙
	结核病分子标识和诊断技术及产品的研究	张文宏
	新发和突发传染病高通量检测技术的开发及其临床应用评估	张文宏
	乙型肝炎病毒表型分析技术和耐药监测网络的建立及应用	张继明
“十二五”科技攻关（2011—2015年）	以抗耐药病原菌感染新药为主体的创新药临床评价研究技术平台建设	张　菁
	新型抗结核药物PDTC治疗耐多药结核的临床前研究	张　颖
	脑卒中后手功能障碍的中医康复临床规范和评价研究	贾　杰
	国家一类新药左奥硝唑氯化钠注射液Ⅳ期临床研究	张　菁
	新型结核诊断抗原和生物标志物的筛选及其在潜伏性结核感染诊断中的验证	邵凌云
	基于国产干扰素联合乙肝疫苗等优化治疗方案	施光峰
	针对核苷(酸)类药物应答不佳患者的优化联合治疗方案	施光峰
	“十一五”乙肝研究队列的延续观察	施光峰
	基于国产核苷(酸)类药物的联合乙肝疫苗等优化治疗方案	施光峰
	创建提高HBeAg阳性慢乙肝患者HBsAg阴转率新方法的研究	张继明
	α干扰素与粒细胞单核细胞集落刺激因子联合治疗提高HBsAg阴转率的研究	张继明
	体液免疫因素对HBeAg阳性慢性乙肝HBsAg阴转率预测作用的研究	张继明
	基于核酸试纸条和ATP酶发光法技术的结核新型诊断产品的研发及产业化	张文宏
	耐多药结核优化治疗方案的临床研究	张　颖
	隐球菌感染早期诊断技术平台的建立	朱利平
	新型人体植入软组织修复材料的研发	陈世益
	多模态脑功能区定位技术研究	吴劲松
	中枢损伤后瘫痪肢体功能重建和意识障碍唤醒新技术的研发和临床应用	徐文东
	候选抗菌药及先导化合物对临床耐药菌的体外抗菌活性研究	扬　帆
	Exosome在胶质母细胞瘤早期诊治中的合作研究	朱　巍

【国家"863"高技术研究课题】

1986 年 3 月，国家实施"863"高技术研究发展计划。至 2016 年，医院承担"863"高技术研究课题共 8 项，获得课题经费 2 710 万元。

表 4-2-2　2002—2014 年医院承担"863"研究课题情况表

立项年份	课　题　名　称	负责人
2002	临床试验关键技术及平台研究	张婴元
2003	克隆糖尿病慢性并发症及血糖调节有关的基因及功能研究	胡仁明
2005	抗感染药物临床试验关键技术及平台研究	王明贵
2007	脑血管病康复治疗新技术开发应用研究	吴　毅
2009	纳米修饰人工韧带的研制	陈世益
2014	中枢损伤后瘫痪肢体功能重建和意识障碍唤醒新技术的研发和临床应用	徐文东
2014	脑垂体瘤的分子网络研究	赵　曜
2014	细胞治疗制品临床级皮肤细胞生物反应器规模化无血清制备及高效生物载体细胞移植关键技术研究	朱宁文

【国家"973"重点基础研究课题】

1997 年 3 月，国家实施"973"重点基础研究发展计划。至 2016 年，医院承担"973"重点基础研究子课题共 17 项，获得课题经费 7 290 万元。

表 4-2-3　1999—2013 年医院承担"973"研究课题情况表

立项年份	课　题　名　称	负责人
1999	创伤外科周围神经损伤修复	顾玉东
2002	干细胞在体内分化发育移植治疗应用研究	朱剑虹
2002	铁碳复合磁性材料的形成过程及其在肿瘤治疗中的应用基础研究	黄广健
2003	臂丛神经损伤修复和功能重建应用基础研究	顾玉东
2003	干细胞和少突胶质细胞在修复脊髓损伤中的作用	朱剑虹
2005	严重创伤救治与损伤组织修复的基础研究	顾玉东
2005	臂丛神经损伤修复和功能重建应用基础研究	陈　亮
2005	人类重要传染病病原体耐药机制的基础研究	王明贵
2008	补肾益气方干预多种炎症性疾病的临床实验研究	董竞成
2009	组织干细胞识别、谱系重编程和示踪	朱剑虹
2009	具有纳米修饰的人工韧带研制	陈世益
2010	肾脏发育过程中后肾间充质和输尿管芽相互作用主控基因的调控研究	郝传明
2010	生育力保存：低温生物学技术优化与功能维持	王　翔
2012	肾脏内分泌激素对肾脏损伤修复和肾纤维化的调控作用和机制	陈　靖

（续表）

立项年份	课　题　名　称	负责人
2013	周围神经损伤后失神经肌肉萎缩调控机制的基础研究	陈　亮
2013	脑出血后血液分解代谢产物致伤“豆纹动脉神经复合体”的分子机制研究	周良辅
2013	AS流行病学研究及预警模型的建立	邹和建

【国家自然科学基金研究课题】

国家自然科学基金是医院获得基础性研究课题的重要渠道。为抓好这项医院重头的基金，医院每年提前做好申报计划，召开动员大会，并组织专家开题，邀请资深专家咨询，实行课题组负责人与专家一对一跟踪。1991—2016年，医院共获得国家自然科学基金资助研究课题669项，获得研究课题经费约2.78亿元。20世纪90年代起，国家自然科学基金开始建立重点研究课题，1992—2016年，医院承担该基金12项重点研究课题。

表4-2-4　1991—2016年医院承担国家自然科学基金研究课题情况表

立项年份	申请课题数量	重点研究课题数量
1991	5	
1992	4	2
1993	5	
1994	8	
1995	10	
1996	3	
1997	4	
1998	6	
1999	2	
2000	6	
2001	7	
2002	15	1
2003	10	
2004	19	
2005	18	
2006	22	
2007	24	
2008	25	
2009	30	
2010	41	1

（续表）

立 项 年 份	申请课题数量	重点研究课题数量
2011	53	3
2012	69	
2013	63	1
2014	70	1
2015	70	1
2016	80	2

表 4-2-5　1992—2016 年医院承担国家自然科学基金重点研究课题情况表

立项年份	课　题　名　称	负责人
1992	肢体组织移植成活率与功能提高的应用基础研究	顾玉东
1992	补肾、健脾、活血类中药复方免疫调节作用机制比较研究	沈自尹
2002	高血糖所致血管损伤的分子机制研究	胡仁明
2010	新基因 *TM4* 在能量代谢和肥胖发生发展过程中的作用	胡仁明
2011	革兰阴性杆菌的质粒介导耐药机制研究	王明贵
2011	肾髓质 SIRT1 在调节钠平衡及维持正常血压中的作用	郝传明
2011	雄激素受体(AR)调控网络与前列腺癌个性化发生发展和预后的遗传与表观遗传机制研究	徐剑锋
2013	*PRRT2* 突变相关发作性疾病的发病机制及卡马西平的干预机制	吴志英
2014	脂代谢相关新分子 URG4 在肝脏脂肪变中的价值及逆转策略	刘　杰
2015	Tenascin C 通过上调整合素 αVβ1 的活性促进慢性肾间质纤维化进展的作用及机制研究	郝传明
2016	谷氨酰胺代谢感受器在肠黏膜损伤修复中的价值研究	刘　杰
2016	GABA 对胰岛 β 细胞及糖代谢调节作用的机制研究	王庆华

【部委、市级基金研究课题】

部委、市级基金也是医院获得研究课题的主要来源。2008—2016 年，医院获得部委批准立项的课题有 433 项，研究课题经费 1.638 2 亿元。2008—2016 年，医院获得上海市各类基金批准立项有 362 项，研究课题经费 1.164 2 亿元。

表 4-2-6　2008—2016 年医院承担上海市级基金重点项目情况表

立项年份	项　目　名　称	项 目 来 源	负责人
2008	*TM4* 在糖尿病血管病变中的作用机制研究	上海市科委基础处重点项目	胡仁明
2008	吉西他滨可生物降解纳米球的工艺改进和抗胰腺癌临床前研究	上海市科委重点科技攻关纳米专项	金　忱

（续表）

立项年份	项 目 名 称	项 目 来 源	负责人
2008	胰腺癌早期综合诊治技术体系的优化研究	上海市科委生物医药处重点项目	傅德良
2008	轻度认知障碍的综合诊治及转归研究	上海市科委生物医药处重点项目	洪　震
2008	DNA 双链断裂修复基因分子遗传学指标与胶质瘤的放化疗策略	上海市科委生物医药处重点项目	黄峰平
2008	脑胶质母细胞瘤规范化综合治疗的前瞻性研究	上海市科委生物医药处重点项目	毛　颖
2008	颅脑创伤急救流程规范和手术治疗指南的研究	上海市科委生物医药处重点项目	周良辅
2008	慢性肾病流调、进展、预警与干预研究	上海市科委生物医药处重大项目	顾　勇
2008	花粉过敏性哮喘特异性免疫诊断和治疗的标准化研究	上海市科委基础处重点项目	陈小东
2008	黑素细胞“配体”样蛋白与角质形成细胞“受体”样蛋白相互效应对氧化应激在色素转运调节中的作用	上海市科委基础处重点项目	傅雯雯
2008	fMRI 联合 MRS、ERP 技术研究脑外伤患者工作记忆和语言的神经元活动和皮质联络功能变化	上海市科委基础处重点项目	耿道颖
2008	乙型肝炎病毒持续感染的分子免疫机制研究	上海市科委基础处重点项目	施光峰
2008	黑素细胞表达的 TLRs：调节黑素细胞生物学功能的新的通道	上海市科委基础处重点项目	项蕾红
2008	SLE 发病机制中 DNA 甲基转移酶分子调控及其干预 DNA 甲基化的研究	上海市科委基础处重点项目	徐金华
2008	低氧诱导因子-1 在毛囊周围血管新生调节中作用的研究	上海市科委基础处重点项目	杨勤萍
2008	Y27 对房水外流阻力的作用机制及 Tenon's 囊细胞表型转化机制的研究	上海市科委基础处重点项目	叶　纹
2008	抗原特异性 TGF-BETA 诱导的 CD4＋Foxp3＋调节 T 细胞治疗类风湿性关节炎的潜力	上海市科委基础处重点项目	邹和建
2008	*TM4* 在糖尿病血管病变中的作用机制研究	上海市科委基础处重大项目	王文健
2008	iPS 细胞定向分化及其在疾病治疗中的应用	上海市科委基础处重大项目	朱剑虹　陈　彤
2009	丝素覆膜材料表面微观形貌对支架成形术后受损血管内皮细胞再生修复的影响机制研究	上海市科委基础处重点项目	余　波
2009	慢性前列腺炎在良性前列腺增生临床进展中的作用研究	上海市科委生物医药处重点项目	丁　强
2009	儿童急性腹型荨麻疹的发病诱因和早期诊断标准及其治疗规范的研究	上海市科委生物医药处重点项目	徐金华
2009	老年性痴呆的早期预防与诊治研究	上海市科委生物医药处重大项目	洪　震
2009	Endoglin 靶向 MR 和荧光双模式脂质纳米对比剂显示脑胶质瘤生物学边界实验研究	上海市科委基础处重点项目	冯晓源

（续表）

立项年份	项 目 名 称	项 目 来 源	负责人
2009	基于核酸适体的胃癌标志物筛选及预警价值研究	上海市科委基础处重点项目	刘 杰
2009	IBD发病中对肠道正常菌群的固有免疫识别及其诱导的炎症效应机制	上海市科委基础处重点项目	刘 懿
2009	*TDRP*、*INMO2* 等与睾丸发育和性腺功能调节有关新基因的克隆及其功能研究	上海市科委基础处重大项目	丁 强
2009	外运蛋白4及其底物对肝癌肝移植术后复发的预示作用研究	上海市科委生物医药处重点项目	张 浩
2010	成人棕色脂肪的临床研究	上海市科委基础处重点项目	李益明
2010	术中功能MRI引导下的胶质瘤可切除性研究	上海市科委生物医药处重点项目	耿道颖
2010	非标记-高分辨率熔解技术在骨髓增殖性肿瘤诊断中应用——*JAK2* 基因的突变检测	上海市科委生物医药处重点项目	关 明
2010	癫痫的规范化临床诊疗研究	上海市科委生物医药处重点项目	洪 震
2010	新型仿生颈椎间融合器的生物力学研究及工具设计	上海市科委生物医药处重点项目	姜建元
2010	齿科金属过敏的研究	上海市科委生物医药处重点项目	刘 月
2010	抗菌肽LL-37中试及候选药物研究	上海市科委生物医药处重点项目	吴晓琰
2010	基于我国结核耐药基因谱的耐多药结核病快速检测技术研究	上海市科委生物医药处重点项目	张文宏
2010	卒中后遗症康复规范制定及推广应用	上海市科委生物医药处重大项目	吴 毅
2010	脑缺血性神经损伤的保护新机制：阻断非谷氨酸依赖离子通道的基础研究	上海市科委基础处重点项目	董 强
2010	神经创伤预后遗传因素的筛选和模型的建立	上海市科委基础处重点项目	胡 锦
2010	新型iRGD-CS/PLGA双层载药纳米递释系统的构建及脑胶质瘤局部化疗策略的研究	上海市科委基础处重点项目	黄峰平
2010	肿瘤抑制基因 *R-1* 与脑胶质瘤的恶性程度和预测复发的相关研究	上海市科委基础处重点项目	毛 颖
2010	益气活血小复方治疗硬皮病的分子机制	上海市科委基础处重点项目	吴文育
2010	恶性脑胶质瘤复发机制及防治对策	上海市科委基础处重点项目	周良辅
2010	提高周围神经损伤修复后再生状况的早期检测研究	上海市科委生物医药处重点项目	徐建光
2010	关于胃癌术中全阻断技术的研究	上海市科委生物医药处重点项目	汪志明
2011	茎环探针技术建立骨髓增殖性肿瘤中 *JAK2V617F* 与 *MPLW515L/K* 突变检测体系	上海市科委基础处重点项目	关 明
2011	新型国产术中神经检测系统的临床应用研究	上海市科委生物医药处重点项目	胡 杰
2011	智能化肢体功能评定和训练系统的临床应用研究	上海市科委生物医药处重点项目	李 放

（续表）

立项年份	项 目 名 称	项 目 来 源	负责人
2011	仿生矿化涂层对PET人工韧带生物相容性及其腱骨愈合影响的研究	上海市科委基础处重点项目	陈世益
2011	胰腺癌淋巴转移相关miRNA的筛选及其功能调控研究	上海市科委基础处重点项目	傅德良
2011	痛风和高尿酸血症发生机制研究与干预策略	上海市科委基础处重大项目	邹和建
2011	皮质醇增多症诊疗规范和多学科一体化综合诊治模式	上海市科委生物医药处重点项目	李益明
2011	去氨加压素兴奋联合岩下窦静脉采血试验在皮质醇增多症鉴别诊断中规范化应用的研究	上海市科委生物医药处重点项目	周丽诺
2011	高性能磁共振连续动脉自旋标记灌注成像技术的研究和开发	上海市科委生物医药处重点项目	汤伟军
2011	钽棒植入对激素性股骨头坏死治疗的风险评估以及植入位置对其疗效的影响	上海市科委生物医药处重点项目	夏　军
2011	一种用于血液净化全自动局部枸橼酸抗凝的装置	上海市科委生物医药处重点项目	丁　峰
2011	神经电生理产品的临床评估和规范化应用研究	上海市科委生物医药处重点项目	乔　凯
2011	重症肌无力诊疗技术的规范化研究	上海市科委生物医药处重点项目	赵重波
2011	失眠的病因和诊断标准的多中心临床研究	上海市科委生物医药处重点项目	朱国行
2012	长链非编码RNA对T细胞DNA甲基化的调控在SLE患者发病中的作用研究	上海市科委基础处重点项目	徐金华
2012	急性肾损伤中线粒体损伤及再生的机制	上海市科委基础处重大项目	郝传明
2012	丹参酮ⅡA磺酸钠注射液上市后临床疗效观察与安全性再评价	上海市科委生物医药处重点项目	李中东
2012	丹参酮ⅡA磺酸钠注射液上市后临床疗效观察与安全性再评价	上海市科委生物医药处重点项目	王　斌
2012	两性霉素B脂质体和盐酸头孢替安临床合理用药及安全性研究	上海市科委生物医药处重点项目	钟明康
2012	胃癌特异性核酸适配体的纳米偶联优化及靶向抑癌作用研究	上海市科委基础处重点项目	刘　杰
2012	变态反应性疾病抗IgE免疫治疗的实验研究	上海市科委生物医药处重点项目	陈小东
2012	*EGFL6*在脑膜瘤发病过程中的作用机制研究	上海市科委基础处重点项目	宫　晔
2012	液相芯片的诊断临床研究	上海市科委生物医药处重点项目	陈嘉臻
2012	肠杆菌科细菌对碳青霉烯类的耐药及传播机制	上海市科委基础处重点项目	王明贵
2012	丹参酮ⅡA磺酸钠注射液上市后临床疗效观察与安全性再评价	上海市科委生物医药处重点项目	戚玮琳
2012	抗炎改善代谢脂肪细胞因子SFRP5重组蛋白的成药性研究	上海市科委生物医药处重点项目	赵晓龙

（续表）

立项年份	项　目　名　称	项　目　来　源	负责人
2012	湿疹诊断与治疗的优化方案研究	上海市科委生物医药处重点项目	杨勤萍
2012	PGLA 周围神经导管修复周围神经缺损的临床研究	上海市科委生物医药处重点项目	徐　雷
2012	腰椎退变性疾病诊疗技术的优化选择与临床验证研究	上海市科委生物医药处重点项目	姜建元
2013	PET 多重脑功能显像早期诊断帕金森病的研究	上海市科委基础处重点项目	王　坚
2013	Foxp3＋调节性 T 细胞胞外腺苷代谢途径调控银屑病发病的机制研究	上海市科委基础处重点项目	黄　琼
2013	Sox4 抑制皮肤恶性黑色素瘤侵袭和转移机制的研究	上海市科委基础处重点项目	李　岗
2013	间充质细胞多向分化失衡影响干细胞定植的机制研究	上海市科委基础处重点项目	陈　彤
2013	针对早期诊断阿尔茨海默病发病机制的多靶点分子探针显像的研究	上海市科委基础处重点项目	管一晖
2013	脑卒中后功能障碍关键康复技术优化方案研究	上海市科委生物医药处重点项目	吴　毅
2013	老年人心脑血管疾病手术风险评估及术后并发症综合防治研究	上海市科委基础研究重大项目	毛　颖
2013	脑肿瘤炎症微环境对脑肿瘤干细胞的改造及其机制	上海市科委基础处重点项目	周良辅
2013	芪白颗粒治疗白癜风的有效性与安全性评估	上海市科委生物医药处重点项目	杨勤萍
2014	PM2.5 暴露对上海地区成人慢性气道疾病急慢性效应板面数据与中药干预作用研究	上海市科委生物医药处重点项目	陈小东
2015	微流控芯片检测 *CALR* 突变在诊断骨髓增殖性肿瘤中的应用研究	上海市科委基础重点项目	关　明
2015	基于乳腺癌数据共享平台的辅助化疗疗效预测的临床应用型研究	上海市科委生物医药处重点项目	邹　强
2015	VHL-血管母细胞瘤分子诊断和治疗的关键技术与方法研究	上海市科委生物医药处重点项目	周良辅
2015	脑动静脉畸形破裂致脑出血病程相关多因素分析及治疗效果评价研究	上海市科委生物医药处重点项目	徐宏治
2015	CUSA-Raman Spectra 一体化的脑胶质瘤手术器械研制	上海市科委生物医药处重点项目	陈　亮
2016	脑影像数据库与功能重建量化评估研究	上海市科委基础研究重大项目	毛　颖
2016	阿尔茨海默病研究资料库和早期诊断技术研发	上海市科委基础研究重大项目	毛　颖

【优秀人才培养基金研究课题】

除通过上述各渠道获得科研项目，医院在各类人才计划中也获得相关研究课题。截至 2016

年，医院有 4 人获国家杰出青年科学基金自主研究课题，12 人获部委级优秀人才基金；74 人获上海市优秀人才基金，其中有 19 人获得上海市优秀学科带头人计划资助研究课题，19 人获得上海市青年科技启明星计划资助研究课题(其中 2 人为启明星计划跟踪)，10 人获得上海市曙光计划，17 人获得上海市浦江人才计划，9 人获上海市青年科技英才扬帆计划。

表 4-2-7　2010—2015 年医院获得国家杰出青年科学基金资助研究课题情况表

年　份	课　题　名　称	负责人
2010	负性共刺激分子“B7-H4”在脑胶质瘤干细胞免疫逃逸中的机制研究	毛　颖
2011	炎性及感染性肝病	刘　杰
2011	神经病学	吴志英
2015	周围神经损伤修复与中枢可塑性	徐文东

表 4-2-8　1996—2013 年医院获得部委级优秀人才基金资助研究课题情况表

年　份	基金名称	获得资助者
1996	卫生部优秀人才基金	陈　亮
1997	卫生部优秀人才基金	丁　强
1998	卫生部优秀人才基金	黄峰平
1994	国家教委跨世纪人才基金	徐建光
1999	国家教委跨世纪人才基金	陈　亮
2002	国家教委跨世纪人才基金	王　翔
2006	教育部新世纪优秀人才支持计划	陈　靖
2007	教育部新世纪优秀人才支持计划	徐文东
2009	教育部新世纪优秀人才支持计划	张文宏
2010	教育部新世纪优秀人才支持计划	陈　彤
2011	教育部新世纪优秀人才支持计划	赵　曜
2013	教育部新世纪优秀人才支持计划	姜昊文

表 4-2-9　1994—2016 年医院获得上海市优秀人才基金资助研究课题情况表

基金名称	年份	课　题　名　称	获得资助者
上海市优秀学科带头人	1998	非协同性异种肝移植免疫耐受机制及临床价值的实验研究	蔡　端
	1999	扩大血液净化适应证	顾　勇
	2000	肌细胞生成素转基因治疗骨骼肌神经萎缩的基础研究	徐建光
	2006	蛋白与喹诺酮类药物作用靶位的作用机制研究	王明贵
	2007	脑胶质瘤肿瘤干细胞分离鉴定及免疫逃逸机制的研究	毛　颖
	2008	胰腺癌淋巴转移特性研究及其干预策略	傅德良
	2009	补肾益气方干预若干气道炎症性疾病的现代临床实验研究	董竞成

（续表）

基金名称	年份	课　题　名　称	获得资助者
上海市优秀学科带头人	2009	超微多孔单质铁的研制及其在胃肠道肿瘤磁靶向治疗中的应用基础研究	黄广建
	2010	基于核酸适体的肝癌标志物筛选及预警价值研究	刘　杰
	2010	潜伏结核感染的发病机制及其临床干预研究	张文宏
	2011	脑缺血非谷氨酸依赖离子通道损伤机制中 Homer1b/c 蛋白新靶点的探索研究	董　强
	2011	尿酸代谢异常的基础研究及痛风发病机制、干预策略研究	邹和建
	2012	改变周围神经通路恢复中枢神经损伤后上肢运动功能的应用基础研究	徐文东
	2012	功能 MRI 动态监测急性缺血性脑卒中最佳溶栓时间窗的实验研究	耿道颖
	2012	发作性运动诱发性运动障碍的发病机制研究	吴志英
	2013	从 DC－Th 细胞轴探讨 Micro RNA 在系统性红斑狼疮发病中的作用	徐金华
	2013	结核杆菌持留机制研究	张　颖
	2015	应用活性维生素 D 防治肾脏病磷代谢紊乱的研究	陈　靖
	2016	人多能干细胞造血分化产物在成体外周血-骨髓间时空转归的在体可视研究	陈　彤
启明星计划	1994	立体定向放射外科对恶性脑肿瘤治疗作用的研究	潘　力
	1997	膈神经移位治疗臂丛损伤的电生理研究	马建军
	1998	前列腺癌中 *C－erbB－2* 基因扩增和蛋白表达凝血因子Ⅷ表达调控研究	丁　强
	2000	腺病毒介导 *p21* 基因治疗大鼠移植静脉内膜增生	余　波
	2001	脑外伤损伤状态下骨折愈合加快的机制研究	马　昕
	2002	性腺器官深低温冷冻保存与移植研究	王　翔
	2003	臂丛神经移位术后跨大脑两半球的功能可塑性研究	徐文东
	2004	视网膜色素上皮衍生因子对胶质瘤抑制作用的研究	关　明
	2005	Angll 在可调控肾小球足突细胞特异损伤中的作用	忻　菁
	2006	功能化单壁碳纳米管在胰腺癌淋巴转移导向治疗	虞先濬
	2007	基于锥体束示踪成像(Tractography)的功能神经导航技术研究	吴劲松
	2008	汉族人家族性中枢神经系统海绵状血管瘤致病基因和发病机制的研究	赵　曜
	2009	内皮组细胞动员在防止动脉瘤栓塞后复发中的作用机制研究	朱　巍
	2010	T 细胞免疫反应在 HIV 感染者结核活动免疫发病机制中的作用	邵凌云
	2011	*PINK1* 在缺血性脑损伤后发挥神经保护作用的机制研究	崔　梅
	2015	脑淀粉样血管病影像和血浆生物标志物研究	程　忻
	2016	癫痫 P－gp 载药纳米探针靶向治疗分子机制及诊疗一体化分子影像学研究	张　军
启明星计划跟踪	2012	汉族人生长激素型垂体腺瘤家系的遗传机制研究	赵　曜
	2013	新型内皮祖细胞捕捉覆膜支架的研制及基础应用研究	朱　巍

（续表）

基金名称	年份	课　题　名　称	获得资助者
曙光计划	1999	脑磁共振成像的局部病灶特征提取与波谱分析	耿道颖
	1999	环氧化酶-2(COX-2)在糖尿病肾病中的可能作用	顾　勇
	2000	激活态血旺细胞的生物化学特性研究	劳　杰
	2001	肾脏局部肾素-血管紧张系统在早期糖尿病肾病中的作用	马　骥
	2003	自体干细胞诱导分化治疗缺血性脑损伤的实验研究	董　强
	2005	感觉神经保护防止失神经肌萎的实验研究及机制探讨	王　欢
	2006	汉族人家族性中枢神经系统海绵状血管瘤遗传资源收集、保存与利用	毛　颖
	2007	跨两半球皮层功能重组的机制研究	徐文东
	2013	高致病力人畜共患金黄色葡萄球菌克隆株 ST398 毒力因子的筛选及致病机制研究	李　敏
	2016	脑血流重建改善脑功能的临床和基础研究	陈　亮
浦江人才计划	2005	运动员骨骼肌损伤愈合和疲劳恢复的研究	陈世益
	2005	Caspase 抑制剂抗炎作用的研究	阎春林
	2006	肌腱损伤愈合的研究	李云霞
	2007	人胚胎干细胞向功能性血管内皮细胞的诱导分化研究	陈　彤
	2008	遗传性周围神经病患者中胞质动力蛋白 *dynein* 基因突变的检测	陈向军
	2009	葡萄球菌 aps 抗菌肽感受调节系统的功能及作用机制研	李　敏
	2010	葡萄糖调控蛋白 75 对 alpha 突触核蛋白致帕金森病线粒体功能障碍的保护作用及机制	王　坚
	2010	黄连素单用或联合甲硝唑/万古霉素对艰难梭菌的体内与体外抗菌活性研究	黄海辉
	2010	转染血栓调节蛋白的内皮细胞生物反应器的构建及在重症脓毒症中的应用	丁　峰
	2010	汗孔角化症候选致病基因 *SART3* 和 *SSH1* 的功能验证研究	张正华
	2011	葡萄糖 6 磷酸脱氢酶在糖尿病肾病中的作用和机制研究	张朝云
	2011	TGF-β BMP 信号通路对小梁通道房水外流阻力的调控及机制研究	张宇燕
	2012	B 基因型和 C 基因型 HBV 体外复制能力的差异及其机制研究	秦艳丽
	2013	诱导多功能干细胞在新型纳米纤维血管支架中分化和组织再生的研究	祝翊倩
	2014	自噬在黑素细胞抗氧化应激反应及白癜风发病中的作用机制研究	张成锋
	2016	脑膜炎奈瑟菌优势流行克隆的形成机制及抗原特征	郭庆兰
	2016	Micro RNA 靶向调节 *SLC7A5* 基因在骨髓增生异常综合征向白血病转化中的作用及机制	马　燕
扬帆计划	2014	核转录因子 NFκB 介导尿毒症继发性甲状旁腺增生机制初步探讨	张　倩
	2014	在体光遗传学-电生理相结合研究一侧皮层司管双侧肢体运动的皮层功能重塑	蒋　苏

（续表）

基金名称	年份	课　题　名　称	获得资助者
扬帆计划	2015	羧基截断 HBx 在肝癌复发和转移中的功能和机制的研究	杨　鑫
	2015	OCT-4 在颅内生殖细胞肿瘤发生发展中的作用研究	黄　翔
	2016	新型内皮祖细胞捕捉覆膜支架的研制及基础应用研究	刘佩玺
	2016	基于神经网络理论阐述颞叶癫痫发病机制的研究	邹　翔
	2016	脑计算机接口技术在脑卒中患者腕关节运动障碍的影响和作用机制研究	陆蓉蓉
	2016	国人阿尔茨海默病 PET 脑功能退化进程模拟及自动诊断系统的建立及应用	张慧玮
	2016	人类海马位置细胞在真实环境和虚拟现实环境下编码空间信息的差异性研究	史之峰

第二节　重点学科建设

一、国家重点学科

重点学科是医院开展医疗、科研、教学活动的主战场，在医院发展过程中起榜样性、带动性作用。1985 年 5 月 27 日，《中共中央关于教育体制改革的决定》提出："要根据同行评议、择优扶植的原则，有计划地建设一批重点学科。"根据该要求，国家教育委员会于 1987 年 8 月 12 日发布《国家教育委员会关于做好评选高等学校重点学科申报工作的通知》，决定开展高等学校重点学科评选工作。1987—1988 年，医院根据上海医科大学的规划部署，积极组织学科申报。1989 年 11 月，医院内科学（心血管病）、外科学（神经外科）、传染病学成为国家教委首批重点学科。

2000 年，上海医科大学与复旦大学合并。2001—2002 年，根据《教育部关于开展高等学校重点学科评选工作的通知》规定，国家组织第二次全国高等学校重点学科评选工作，医院除此前的三个学科继续进入全国第二批重点学科行列，另有骨外、泌尿外、普外、肾病、神经病学、中西医结合临床、影像医学与核医学入选。

截至 2016 年，医院有 10 个国家重点学科，它们是外科学的骨（手）外科、神经外科、泌尿外科、普外科，内科学的传染病、肾病、心血管病，以及神经病学、中西医结合临床、影像医学与核医学。

二、"211"工程与"985"工程

【"211"工程重点学科】

1994 年 6 月，上海医科大学进行"211"工程预审动员，7—9 月，组织专家对国家重点学科进行子项目论证。10 月 19 日，卫生部"211"工程部门预审检查团来医院检查，并通过卫生部专家组部门预审。1996 年，医院成立"211"工程建设领导小组，加强对"211"工程建设的管理。

1994—2016 年，医院"211"工程Ⅰ期建设项目为外科学的神经外科、显微外科、骨（手）外科、普外科。"211"工程Ⅱ期建设项目为外科学的普外科、泌尿外科、神经外科、手外科；内科学的心内科、

肾内科、神经内科。“211”工程Ⅲ期建设项目，包括牵头“211”工程“手、脑与重要器官病损的功能重建的应用基础与临床研究”重点学科建设项目，参与“重要病原微生物持续感染的致病与抗药机制及对策”“缺血性心血管疾病早期预警及干预的基础和临床研究”“中西医结合基础和临床的创新发展研究”等重点学科建设项目。

【“985”工程重点学科】

2000 年，医院启动“985”工程建设。2001，医院列入”985”工程学科建设项目，第一批重中之重学科有神经病学(包括神经内科、神经外科、影像医学、核医学)，经费支持 500 万元；重点学科建设项目有手外科、中西结合科，经费支持各 150 万元；重点扶植学科有肾内科，经费支持 50 万元。2002 年，医院中西医结合临床、传染病学、影像医学与核医学被列为”985”工程学科建设专项。2004 年，根据《2003—2007 年教育振兴行动计划》，教育部、财政部印发《教育部、财政部关于继续实施”985”工程建设项目的意见》，启动二期建设，医院第二批牵头“985”工程项目，为神经退行性疾病和干细胞研究的科技创新平台建设。

三、上海市医学重点学科与临床医学中心

截至 2016 年，医院有 3 个上海市医学重点学科：神经病学、检验医学、传染病学。

2012 年，在上海市“重中之重”临床重点学科建设项目(A 类)评选中，医院被评为皮肤性病学临床重点学科建设单位，获得市卫生局资助启动经费 200 万元。

四、上海市临床医学中心

2012 年，医院在上海市“重中之重”临床医学中心建设项目(A 类)评选中被评为上海市神经外科临床医学中心建设单位，同时在上海市“重中之重”临床医学中心建设计划项目(B 类)评选中被评为上海市手外科临床医学中心建设单位，获得“重中之重”临床医学中心 A 类项目市卫生局资助启动经费 1 000 万元，B 类项目市卫生局资助启动经费 500 万元，累计 1 500 万元。

第三章　科研成果与获奖

第一节　科学大会科技成果奖

一、全国科学大会科技成果奖

1978 年 3 月，党中央召开全国科学大会，奖励自 1966 年以后的全国重大科技成果，医院有 22 项成果获全国科学大会奖。

表 4－3－1　1978 年医院获全国科学大会奖情况表

获　奖　项　目	第一负责人(部门)
丹参治疗冠心病等研究	戴瑞鸿
长效口服避孕药“复方炔雌醚”	邱传禄
女用口服避孕药——复方短效 18－甲、长效 18－甲	邱传禄
人造股、肘、膝、指关节	许胜文
断肢再植的研究	杨东岳
创新霉素	刘裕昆
针刺麻醉应用于颅脑外科手术	陈公白
血液流变学微循环血流动力学与血瘀本质及活血化瘀原理研究	唐镇生
桑毛虫皮炎流行病学调查	杨国亮
稻田皮炎病因和防治研究	杨国亮
球红霉素	戴自英
长沙马王堆一号汉墓古尸研究——古尸皮肤情况的研究	杨国亮
《舌诊研究》	陈泽霖
卡那霉素	刘裕昆
中药穿心莲有效成分的研究——穿心莲内酯研究	刘裕昆
同位素技术及其在生物医学中的应用	林祥通
溴氧化镧高速感光增感屏	陈星荣
自动血液生化分析仪	顾秀宝
足趾移植手术	杨东岳
气血相关理论在冠心病治疗中的作用	戴瑞鸿
争光霉素	抗菌素研究室
抗真菌抗生素球红霉素	戴自英

二、全国医药卫生科学大会科技成果奖

1978 年 6 月，卫生部召开全国医药卫生科学大会，奖励中华人民共和国成立以来全国重大医药卫生科技成果，医院有 7 项成果获全国医药卫生科学大会奖。

表 4-3-2 1978 年医院获全国医药卫生科学大会奖情况表

获奖项目	第一负责人
气管炎菌苗	诸君龙
NJS-4 型脑室心房引流装置治疗脑积水	杨德泰
江西、云南、贵州与上海知识青年皮肤病的调查研究	杨国亮
核黄素缺乏病的研究	杨国亮
脑积水引流装置治疗应用	杨涵铭
肾本质研究	沈自尹
《实用抗菌素》	戴自英

第二节 国家级科技成果奖

一、国家发明奖

1964 年建立国家发明奖，医院于 1981 年获得首个国家发明奖。1981—2016 年，医院以第一单位获国家发明奖 3 项，其中二等奖 1 项、三等奖 2 项。

表 4-3-3 1981—1993 年医院获国家发明奖情况表

获奖年份	获奖项目	奖项名称	第一负责人
1981	华山 200 型、医工 78 型硫酸钡干燥混悬剂的新工艺、新配方	国家发明三等奖	陈根芳
1985	静脉蒂动脉化游离腓肠神经移植	国家发明三等奖	顾玉东
1993	健侧颈 7 神经根移位治疗臂丛根性撕脱伤	国家发明二等奖	顾玉东

二、国家科技进步奖

1984 年建立国家科技进步奖，该奖是在部委、省市科技进步二等奖以上获奖项目中进行遴选，是医院获得国家级科技成果奖的主要奖项。1985—2016 年，医院以第一单位获国家科技进步奖 21 项，其中一等奖 1 项、二等奖 17 项、三等奖 3 项。

表 4-3-4 1985—2015 年医院获国家科技进步奖情况表

获奖年份	获 奖 项 目	奖 项 名 称	第一负责人
1985	晚期与慢性血吸虫病患者吡喹酮药物代谢动力学的临床研究;现场慢性血吸虫病吡喹酮治疗最佳剂量疗法的研究	国家科技进步奖二等奖	徐肇玥
1987	足趾移植术中的血管变异及其处理	国家科技进步奖二等奖	顾玉东
1987	体外震波碎石技术	国家科技进步奖一等奖	泌尿外科
1987	工业铅中毒研究	国家科技进步奖三等奖	丁训杰
1987	设计第二套供血系统及新的血循危象分类与处理	国家科技进步奖二等奖	顾玉东
1990	臂丛神经根性撕脱伤的诊治	国家科技进步奖二等奖	顾玉东
1990	难治性颅内动脉瘤的外科治疗	国家科技进步奖三等奖	周良辅
1995	前颅底肿瘤显微外科手术入路的研究	国家科技进步奖三等奖	周良辅
1996	游离移植皮瓣修复的研究及临床	国家科技进步奖二等奖	顾玉东
1996	鼻烟窝皮支皮瓣	国家科技进步奖二等奖	顾玉东
1998	血管吻合后血管内皮细胞愈合机制	国家科技进步奖二等奖	手外科
1998	血管平滑肌 Ca-ATP 酶、血液凝固及抗凝系统变化	国家科技进步奖二等奖	手外科
1998	tPA 溶栓及激光缝接血管	国家科技进步奖二等奖	手外科
1998	移(再)植组织内血管肌肉形态与组化改变与影响因素的基础研究	国家科技进步奖二等奖	顾玉东
1998	《实用内科学》	国家科技进步奖二等奖	戴自英
2005	全长膈神经移位与颈 7 移位治疗臂丛根性撕脱伤	国家科技进步奖二等奖	顾玉东
2005	肱肌肌支移位、旋后肌支移位修复臂丛下干损伤	国家科技进步奖二等奖	手外科
2009	建立外科新技术治疗位于颅内难治部位的病变	国家科技进步奖二等奖	周良辅
2010	肾阳虚证的神经内分泌学基础与临床应用	国家科技进步奖二等奖	沈自尹
2014	脑组织修复重建和细胞示踪技术及转化应用	国家科技进步奖二等奖	朱剑虹
2015	中枢神经系统重大疾病 CT/MRI 关键技术与创新性应用	国家科技进步奖二等奖	耿道颖

第三节 部委级科技成果奖

一、卫生部科技成果奖

1979 年,卫生部建立医药卫生科技成果奖,奖励等级分甲、乙两级,每年评奖 1 次。1979—1990 年,医院以第一单位获得该奖项 25 项,其中甲级奖 10 项,乙级奖 15 项。

表 4-3-5 1979—1990 年医院获卫生部医药卫生科技成果奖情况表

获奖年份	获 奖 项 目	奖 项 名 称	第一负责人
1979	硫脒头孢菌素的实验室和临床应用研究	卫生部甲级科技成果奖	戴自英
1979	针刺镇痛规律及其原理研究	卫生部甲级科技成果奖	陈公白

（续表）

获奖年份	获 奖 项 目	获 奖 名 称	第一负责人
1979	脊椎肿瘤的切除和人工椎体替代术——应用人工颈椎治疗颈椎肿瘤	卫生部甲级科技成果奖	刘世杰
1979	甲状腺素(T_3)和三碘甲状腺原氨酸(T_4)的放射免疫测定及其临床应用	卫生部甲级科技成果奖	林祥通
1980	自体肾移植治疗肾动脉狭窄所致的肾性高血压	卫生部乙级科技成果奖	陈炳龙
1980	肾周注液与海绵填塞法治疗肾下垂	卫生部乙级科技成果奖	陈炳龙
1980	游离胸大肌皮瓣移植	卫生部乙级科技成果奖	杨东岳
1980	治疗日本血吸虫病新药吡喹酮	卫生部乙级科技成果奖	徐肇玥
1980	环磷酰胺治疗流行性出血热的疗效观察和发病机制的探讨	卫生部乙级科技成果奖	王嘉瑞
1981	流行性出血热发病机制研究	卫生部甲级科技成果奖	王嘉瑞
1981	肾阳虚证的下丘脑-垂体轴的研究	卫生部乙级科技成果奖	沈自尹
1982	深部念珠菌病的特异性免疫学诊断	卫生部乙级科技成果奖	夏佩珍
1982	脑动静脉血管畸形显微外科治疗	卫生部甲级科技成果奖	史玉泉
1983	颅骨骨折的机制研究——应用生物力学测试和临床分析	卫生部乙级科技成果奖	史玉泉
1983	温阳片防治支气管哮喘及其内分泌和免疫方面的研究	卫生部乙级科技成果奖	沈自尹
1984	足趾移植中血管变导及处理	卫生部甲级科技成果奖	顾玉东
1984	遗传性过敏性皮炎抑制性细胞表型缺陷及五肽胸腺生成素(TP－5)对其临床及体外细胞功能的恢复调整作用	卫生部乙级科技成果奖	康克非
1984	囊虫病的治疗与诊断研究	卫生部乙级科技成果奖	潘孝彰
1985	溶黏酶和黏液溶解法胃双重造影	卫生部乙级科技成果奖	陈星荣
1985	温肾利水法治疗输尿管结石嵌顿性肾积水症及治愈原理研究	卫生部乙级科技成果奖	沈自尹
1986	全国职业性肿瘤流行病学调查研究(氯甲醚、氯乙烯)	卫生部甲级科技成果奖	丁　钺
1986	临床标本中非发酵菌的鉴定	卫生部乙级科技成果奖	晏碧君
1986	工业铅中毒研究	卫生部甲级科技成果奖	丁训杰
1988	我国双省市神经疾患流行病学调查	卫生部乙级科技成果奖	冯尔娟
1990	激光技术中的“血卟啉衍生物”	卫生部甲级科技成果奖	泌尿外科

1981 年，卫生部建立医药卫生科技进步奖，奖励分一至三等奖，每年评奖一次。1981—1998 年，医院以第一单位获得该奖项 38 项，其中一等奖 2 项、二等奖 19 项、三等奖 17 项。

表 4－3－6　1981—1998 年医院获卫生部科技进步奖情况表

获奖年份	获 奖 项 目	奖 项 名 称	第一负责人
1981	《舌象研究》	卫生部科技进步奖二等奖	陈泽霖
1982	糖尿病神经病变的早期诊断和早期治疗	卫生部科技进步奖二等奖	钟学礼

（续表）

获奖年份	获 奖 项 目	奖 项 名 称	第一负责人
1982	高铁止血剂的实验研究及临床应用	卫生部科技进步奖二等奖	张延龄
1982	颅内压监护的临床应用	卫生部科技进步奖二等奖	史玉泉
1982	肾阳虚的下丘脑—垂体—甲状腺、性腺、肾上腺皮质轴功能的对比观察	卫生部科技进步奖二等奖	沈自尹
1982	舌苔的电子显微镜的研究	卫生部科技进步奖二等奖	陈泽霖
1985	静脉干动脉化皮瓣	卫生部科技进步二等奖	顾玉东
1987	难治性颅内动脉瘤的外科治疗	卫生部科技进步奖二等奖	周良辅
1988	颅内压增高对心血管系统的影响	卫生部科技进步奖二等奖	杨国源
1988	胎肝细胞悬液的制备、冰冻保存及移植治疗急性白血病等的研究	卫生部科技进步奖二等奖	丁训杰
1989	臂丛神经根性撕脱损伤的诊治	卫生部科技进步奖一等奖	顾玉东
1989	《全国糖尿病研究资料汇编》	卫生部科技进步奖二等奖	钟学礼
1991	性激素多系统性红斑狼疮	卫生部科技进步奖二等奖	冯树芳
1991	足趾移植术再造拇指与手指	卫生部科技进步奖二等奖	顾玉东
1991	静脉蒂动脉化	卫生部科技进步奖三等奖	顾玉东
1991	磁共振 CT 定向	卫生部科技进步奖三等奖	蒋大介
1992	二十年来上海地区的急性心肌梗死易患因素病死率及影响因素	卫生部科技进步奖三等奖	戴瑞鸿
1992	利用急性脑缺血缺氧实验模型进行发病机制及新药对脑缺血的实验治疗研究	卫生部科技进步奖三等奖	秦　震
1992	皮肤恶性淋巴病的分类	卫生部科技进步奖三等奖	邱丙森
1992	原发性肝癌的磁共振成像研究	卫生部科技进步奖三等奖	陈星荣
1992	老年脑磁共振成像斑点状病灶病理基础的研究	卫生部科技进步奖三等奖	陈星荣
1993	手部创伤修复中皮瓣的推广应用	卫生部科技进步奖二等奖	顾玉东
1993	内皮素与细胞外液高血压肾脏疾病的条例的研究	卫生部科技进步奖三等奖	林善锬
1995	难治性癫痫的外科治疗	卫生部科技进步奖三等奖	史玉泉
1996	《实用内科学》	卫生部科技进步奖一等奖	戴自英
1996	氟喹诺酮类抗菌药临床应用研究及合理应用	卫生部科技进步奖三等奖	张婴元
1997	计算机辅助教学软件	卫生部科技进步奖二等奖	王申生
1997	移植组织内血管肌肉形态与组化改变与影响因素的基础研究	卫生部科技进步奖二等奖	顾玉东
1997	慢性光化性皮炎的临床和生物特性的研究	卫生部科技进步奖三等奖	廖康煌
1997	《现代皮肤病学》	卫生部科技进步奖三等奖	杨国亮

（续表）

获奖年份	获　奖　项　目	奖 项 名 称	第一负责人
1997	《虫媒传染病学》	卫生部科技进步奖三等奖	徐肇玥
1997	《全身 CT 和 MRI》	卫生部科技进步奖三等奖	陈星荣
1998	扩大中颅窝硬脑膜外手术入路的研究	卫生部科技进步奖三等奖	周良辅
1998	《手的修复与再造》	卫生部科技进步奖二等奖	顾玉东
1998	重症肌无力突触前膜损害的证据及其临床亚型	卫生部科技进步奖二等奖	吕传真
1998	硝酸甘油介入 ^{99m}Tc－MIBI 心肌显像评价缺血区存活心肌实验研究与临床应用	卫生部科技进步奖二等奖	黄　钢
1998	颈髓肿瘤的诊断和治疗	卫生部科技进步奖三等奖	徐启武
1998	出血性和缺血性脑血管病手术新方法治疗研究	卫生部科技进步奖三等奖	陈衔城

二、其他部委科技成果奖

1986 年，国家教委建立国家教委科技进步奖；1988 年，国家中医药管理局建立国家中医药科技进步奖；2000 年起，由教育部设置成果奖励，奖励分一至三等奖，基本每年评奖一次。1985—2015 年，医院以第一单位获国家体委、教委、中医药管理局、教育部等科技奖 42 项，其中一等奖 11 项、二等奖 20 项、三等奖 9 项、四等奖 2 项。

表 4－3－7　1985—2015 年医院获国家体委、教委、中医药管理局、教育部等科技奖情况表

获奖年份	获　奖　项　目	奖　项　名　称	第一负责人
1985	体操运动员肘关节骨骺损伤的临床和力学研究	国家体委体育科技进步奖四等奖	许胜文
1986	冷镇痛气雾剂的研究和应用	国家体委体育科技进步奖四等奖	许胜文
1986	体钠平衡调节机制研究	国家教委科技进步奖二等奖	林善锬
1988	气血相关在冠心病治疗中的临床应用	国家中医药管理局中医药科技进步奖二等奖	戴瑞鸿
1988	补肾法对老年男性下丘脑垂体性腺轴作用的临床和实验研究	国家中医药管理局中医药科技进步奖二等奖	王文健
1988	丹参治疗后的冠心病患者血流变学指标改善	国家中医药管理局中医药科技进步奖二等奖	戴瑞鸿
1989	麝香保心丸临床药理机制研究	国家中医药管理局中医药科技进步奖二等奖	戴瑞鸿
1989	针刺麻醉在前颅窝手术中的研究与应用	国家中医药管理局中医药科技进步奖一等奖	江澄川
1990	医院内感染的防治研究	国家教委科技进步奖三等奖	张永信
1990	自发性糖尿病 BB 鼠心、肾、胰岛慢性病	国家教委科技进步奖三等奖	周晓朋
1991	麝香保心丸治冠心病心绞痛的临床应用	国家教委科技进步奖三等奖	戴瑞鸿

（续表）

获奖年份	获　奖　项　目	奖　项　名　称	第一负责人
1991	糖尿病 BB 鼠慢性心肾和胰岛病变电镜与光镜观察及代谢控制对微血管病变的影响	国家教委科技进步奖三等奖	内分泌科
1992	葡萄球菌的耐药机制研究	国家教委科技进步奖二等奖	朱德姝
1992	补肾益气延缓衰老的研究	国家教委科技进步奖三等奖	沈自尹
1992	针麻在颞顶枕区及后颅窝手术中应用的规范化研究	国家中医药管理局中医药科技进步奖二等奖	江澄川
1992	舒康贴膏的研制与应用	国家中医药管理局中医药科技进步奖一等奖	蒋知节
1992	药物加强针刺镇痛效应的研究	国家中医药管理局中医药科技进步奖一等奖	许绍芬
1993	葡萄球菌的临床机制研究	国家教委科技进步奖二等奖	朱德姝
1996	温补肾阳对神经内分泌免疫网络的调节研究	国家教委科技进步奖三等奖	蔡定芳
1997	计算机辅助教学软件	国家教委科技进步奖三等奖	王申生
1998	肾阳虚症的下丘脑调节功能研究	国家教委科技进步奖二等奖	沈自尹
1998	显微外科动物模型血管肌肉基础研究	国家教委科技进步奖三等奖	李继峰
2000	颅底缺损重建的基础及临床研究	教育部科技进步奖一等奖	周良辅
2001	大肠杆菌耐药性变迁和耐药机制研究	教育部科技进步奖二等奖	汪　复
2002	水钠潴留性疾病中心钠素血管加压素系统障碍以及中药黄芪对其治疗作用	教育部科技进步奖三等奖	林善锬
2003	膀胱癌早期诊断与治疗	教育部科技进步奖二等奖	张元芳
2004	基因重组链激酶(rSK)在急性脑卒中外科治疗中的应用研究	教育部科技进步奖二等奖	陈衔城
2004	全长膈神经移位与颈 7 移位治疗臂丛根性撕脱伤	教育部科技进步奖一等奖	顾玉东
2005	糖尿病心脏病的临床与实验研究	教育部科技进步奖二等奖	周丽诺
2005	重症肌无力发病机制的系列研究	教育部科技进步奖一等奖	吕传真
2007	中枢神经系统血管母细胞瘤的微侵袭治疗和相关基础研究	教育部科技进步奖二等奖	周良辅
2008	成人神经干细胞的生物学特征、脑内移植和临床示踪	教育部科技进步奖二等奖	朱剑虹
2008	难治性中枢神经系统海绵状血管瘤的外科治疗新技术	教育部科技进步奖一等奖	周良辅
2010	细菌对喹诺酮类的质粒介导耐药机制及其耐药性的防治策略	教育部科技进步奖一等奖	王明贵
2012	臂丛损伤后手功能重建的新方法研究及其应用	教育部科技进步奖二等奖	顾玉东
2012	脑重大疾病的 CT、MR 诊断体系的建立及创新性临床应用	教育部科技进步奖一等奖	耿道颖

（续表）

获奖年份	获 奖 项 目	奖 项 名 称	第一负责人
2012	去铁治疗脑出血后脑水肿损伤的基础和临床研究	教育部自然科学奖二等奖	黄峰平
2013	健侧颈7治疗脑瘫及其他新方法重建手功能	教育部科技进步奖二等奖	徐文东
2014	脑卒中后脑损伤重建机制新发现及康复治疗三级模式的建立	教育部科技进步奖二等奖	胡永善
2014	脑出血后继发性脑损伤新机制与微创治疗新策略的转化医学研究	教育部科技进步奖二等奖	董　强
2014	影像学对脑胶质瘤诊断和治疗的指导与创新应用	教育部科技进步奖一等奖	冯晓源
2015	个体化脑血管重建治疗复杂脑血管病的临床研究和应用	教育部科技进步奖一等奖	毛　颖

第四节　上海市级科技成果奖

上海市于1977年建立上海市重大科技成果奖，1977—2016年，医院以第一单位获上海市科技奖118项，其中重大科技成果奖26项，科技进步奖92项。

表4-3-8　1977—2016年医院获上海市科技奖情况表

获奖年份	获 奖 项 目	奖 项 名 称	第一负责人
1977	有机磷酸酯解毒剂的研究	上海市重大科技成果奖	丁训杰
1977	治疗冠心病药物——丹参酮ⅡA磺酸钠	上海市重大科技成果奖	王受益
1977	核酸注射液及过期麻疹疫苗治疗老年慢性气管炎	上海市重大科技成果奖	诸君龙
1977	恙螨形态、分类、生活史、生态上研究	上海市重大科技成果奖	诸君龙
1977	同种尸体肾移植	上海市重大科技成果奖	沈家立
1977	“724”猪脑片治疗脑发育不全	上海市重大科技成果奖	张新根
1977	肾本质的研究	上海市重大科技成果奖	沈自尹
1977	急性职业中毒脑病抢救的探讨	上海市重大科技成果奖	丁　钺
1978	丹参治疗冠心病等研究	上海市重大科技成果奖	戴瑞鸿
1979	华山-200型硫酸钡	上海市重大科技成果奖二等奖	陈星荣
1980	国产磺胺药的实验及临床研究	上海市重大科技成果奖三等奖	戴自英
1980	T_3和T_4的放射免疫测定及其临床应用	上海市重大科技成果奖	林祥通
1980	天花粉引产前后血清HCG含量的变化	上海市重大科技成果奖	林祥通
1980	抗日本血吸虫病新药吡喹酮	上海市重大科技成果奖二等奖	徐肇玥
1980	美多巴	上海市重大科技成果奖三等奖	刘道宽
1980	大蒜素	上海市重大科技成果奖三等奖	张敬德
1980	^{125}I苯妥英钠放射免疫药盒的研制及应用	上海市重大科技成果奖三等奖	刘永昌

（续表）

获奖年份	获 奖 项 目	奖 项 名 称	第一负责人
1982	利胆冲剂防治胆石症的临床及实验研究	上海市重大科技成果奖三等奖	邓学稼
1982	原发性皮肤淀粉样变性 715 例研究	上海市重大科技成果奖三等奖	邱丙森
1982	四环素类抗生素的实验室评价	上海市重大科技成果奖三等奖	戴自英
1982	流行性出血热发病机制研究	上海市重大科技成果奖三等奖	王嘉瑞
1982	肾阳虚的下丘脑—垂体—甲状腺、性腺、肾上腺皮质轴功能的对比观察	上海市重大科技成果奖三等奖	沈自尹
1983	麝香保心丸的研制及临床应用	上海市重大科技成果奖	戴瑞鸿
1983	乙双吗啉治疗银屑病	上海市重大科技成果奖三等奖	刘承煌
1984	复方炔雌醚所致糖耐量减退的临床意义	上海市重大科技成果奖三等奖	邱传禄
1984	15 种头孢菌素的体外抗菌作用与肝肾毒性比较	上海市重大科技成果奖三等奖	张永信
1985	小腿外侧皮瓣	上海市科技进步奖三等奖	顾玉东
1985	缺血性中风预报的研究	上海市科技进步奖三等奖	唐镇生
1986	太极拳“调身”和“调心”作用的神经内分泌研究	上海市科技进步奖三等奖	沈自尹
1986	工业铅中毒研究	上海市科技进步奖三等奖	丁　钺
1987	难治性颅内动脉瘤的外科治疗	上海市科技进步奖三等奖	周良辅
1987	240 例巨大听神经瘤的手术治疗	上海市科技进步奖三等奖	徐伟民
1987	BA - ELISA 试剂盒的研制及其应用研究	上海市科技进步奖三等奖	顾　巍
1988	慢性肝炎气滞血瘀型实质探讨及治疗研究	上海市科技进步奖三等奖	张清波
1988	补肾和健脾在延缓衰老作用中的对比研究	上海市科技进步奖三等奖	沈自尹
1988	华山- 86 肠杆菌科快速鉴定系统的研制	上海市科技进步奖二等奖	潘孝彰
1988	冻干兔肺凝血活酶试剂及凝血酶原时间活化部分凝血等研制	上海市科技进步奖三等奖	倪赞明
1988	铜蒸气激光治疗鲜红斑痣	上海市科技进步奖三等奖	陈军庞
1988	人参蜂皇浆提高老年人免疫与内分泌功能研究	上海市科技进步奖三等奖	沈自尹
1989	尺动脉皮支皮瓣	上海市科技进步奖二等奖	顾玉东
1989	我国 14 省市 30 万人口中糖尿病调查报告	上海市科技进步奖二等奖	钟学礼
1989	臂丛神经根性撕脱损伤的诊治	上海市科技进步奖二等奖	顾玉东
1989	组织移植术血循危象机制及防治的研究	上海市科技进步奖三等奖	顾玉东
1989	针刺麻醉在前颅窝手术中的研究与应用	上海市科技进步奖一等奖	江澄川
1990	铁缺乏症的临床流行病学研究	上海市科技进步奖三等奖	林果为
1991	人血清生长激素放射性受体分析及其临床应用	上海市科技进步奖三等奖	林祥通
1991	促甲状腺激素释放激素兴奋试验临床应用	上海市科技进步奖三等奖	林祥通
1992	皮肤恶性淋巴病的分类	上海市科技进步奖二等奖	邱丙森

（续表）

获奖年份	获 奖 项 目	奖 项 名 称	第一负责人
1992	老年脑磁共振成像斑点状病灶病理基础的研究	上海市科技进步奖三等奖	陈星荣
1993	脑膜瘤生物学特性——临床、病理、流式细胞分析、性激素受体相关研究	上海市科技进步奖二等奖	史玉泉
1993	国产头孢三嗪临床应用药理基础研究和临床评价	上海市科技进步奖二等奖	张婴元
1993	皮瓣研究的创新	上海市科技进步奖二等奖	顾玉东
1993	提高胃癌诊断和综合防治的研究	上海市科技进步奖二等奖	江绍基
1993	臂丛神经血管受压症诊治方法的创新	上海市科技进步奖三等奖	顾玉东
1993	职业性中毒性肝病发病机理及诊断的研究	上海市科技进步奖三等奖	徐麦玲
1994	头孢菌素类的临床药物动力学研究及给药方案制定	上海市科技进步奖二等奖	张婴元
1994	性联隐性鱼鳞病发病机制的分子生物学研究	上海市科技进步奖三等奖	胡雅兰
1994	抗戾散治疗病毒性高热的临床与实验研究及温疫病的学术体系探讨	上海市科技进步奖三等奖	蔡定芳
1994	脊髓积水症空洞症的机制与诊治研究	上海市科技进步奖三等奖	徐启武
1994	Q角对髌骨关节生物力学特性的影响及其在运动医学和矫形外科意义	上海市科技进步奖三等奖	陈世益
1995	重症肌无力患者血清中突触前膜抗体的特异性研究	上海市科技进步奖三等奖	吕传真
1995	四肢关节功能牵引法(FJT)研究	上海市科技进步奖三等奖	范振华
1995	前颅底肿瘤显微外科手术入路的研究	上海市科技进步奖二等奖	周良辅
1995	脑诱发电位与精神分裂症的相关性研究及其临床推广应用	上海市科技进步奖二等奖	张明岛
1995	难治性癫痫的外科治疗	上海市科技进步奖三等奖	史玉泉
1996	氟喹诺酮类抗菌药临床应用研究及合理应用	上海市科技进步奖二等奖	张婴元
1996	大白鼠断肢再植、鼠耳再植、大白鼠足趾移植模型	上海市科技进步奖三等奖	手外科
1997	暂时阻断动脉在颅内动脉瘤手术应用	上海市科技进步奖三等奖	周良辅
1998	扩大中颅窝硬脑膜外手术入路的研究	上海市科技进步奖二等奖	周良辅
1998	《实用神经病学》	上海市科技进步奖二等奖	史玉泉
1998	非血缘周围造血干细胞移植治疗急性白血病	上海市科技进步奖三等奖	谢　毅
1998	伽马刀放射生物学实验与临床研究及其意义	上海市科技进步奖三等奖	周良辅
1998	高血压脑出血的外科治疗研究	上海市科技进步奖三等奖	陈衔诚
1999	颈髓肿瘤的诊断和治疗	上海市科技进步奖三等奖	徐启武
1999	星形胶质细胞瘤的 MRI 定性与定位体系研究	上海市科技进步奖三等奖	耿道颖
1999	Alzheimer 病 SPECT 与神经心理学评定对照研究	上海市科技进步奖三等奖	贺凤凤
2000	术前术中电生理检测在臂丛损伤诊治中的应用研究	上海市科技进步奖二等奖	顾玉东
2000	鉴定白念珠菌的新方法——芽管培养液检测法	上海市科技进步奖三等奖	章强强

（续表）

获奖年份	获奖项目	奖项名称	第一负责人
2001	糖尿病肾病发病机制及防治的系列研究	上海市科技进步奖二等奖	林善锬
2001	微侵袭神经外科治疗脑深部和颅底肿瘤	上海市科技进步奖三等奖	周良辅
2001	磁共振新技术在脑梗死诊断中的应用研究	上海市科技进步奖三等奖	沈天真
2001	大肠杆菌耐药性变迁和耐药机制研究	上海市科技进步奖三等奖	汪　复
2002	重组链激酶治疗急性脑梗死的实验和临床应用研究	上海市科技进步奖三等奖	陈衔城
2002	人脑胶质瘤 *P16 P15CDK4* 基因改变和 PRB 表达及等位基因谱分析的研究	上海市科技进步奖三等奖	江澄川
2002	水钠潴留性疾病中心钠素、血管加压素系统障碍以及中药黄芪时其治疗作用	上海市科技进步奖三等奖	林善锬
2003	下丘脑—垂体—肾上腺轴组织基因表达谱的研究及新基因的全长 cDNA 克隆	上海市科技进步奖二等奖	内分泌科
2003	硫脂在周围神经炎性脱髓鞘损害中的免疫原性	上海市科技进步奖三等奖	管阳太
2003	超急性脑梗死的功能磁共振成像研究	上海市科技进步奖三等奖	冯晓源
2003	基因重组链激酶(rsk)在急性脑卒中外科治疗中的应用研究	上海市科技进步奖三等奖	陈衔城
2003	MRI 新技术在颅脑肿瘤诊断中的应用价值研究	上海市科技进步奖三等奖	周正荣
2004	缓症链球菌中毒性休克综合征的分子流行病学及致病机制研究	上海市科技进步奖二等奖	卢洪洲
2004	全长膈神经移位与颈 7 移位治疗臂丛根性撕脱伤	上海市科技进步奖一等奖	顾玉东
2004	中枢神经系统海绵状血管瘤的基础与临床研究	上海市科技进步奖一等奖	周良辅
2004	T2DM 肾脏病变早期发现及防治研究	上海市科技进步奖三等奖	内分泌科
2005	肾虚证内涵的 HPAT 轴分子网络调控研究	上海市科技进步奖三等奖	沈自尹
2005	重症肌无力发病机制的系列研究	上海市科技进步奖三等奖	吕传真
2007	白血病和骨髓增生异常综合征临床流行病学研究	上海市科技进步奖三等奖	林果为
2007	耐多药结核病的分子机制研究及其快速诊断技术的研制	上海市科技进步奖三等奖	翁心华
2007	中枢神经系统血管母细胞瘤的基础和临床研究	上海市科技进步奖一等奖	周良辅
2008	细菌对喹诺酮类抗菌药耐药的形成机制及防治策略	上海市科技进步奖三等奖	王明贵
2009	成人神经干细胞的生物学特征和人脑内移植示踪技术	上海市科技进步奖二等奖	朱剑虹
2009	性腺及精原干细胞冷冻保存与移植	上海市科技进步奖三等奖	王　翔
2011	麝香保心丸的研制、现代化研究与临床应用	上海市科技进步奖一等奖	戴瑞鸿
2012	臂丛损伤后手功能重建的新方法研究和临床应用	上海市科技进步奖二等奖	顾玉东
2012	补肾益气法与宣肺法治疗哮喘的现代应用	上海市科技进步奖三等奖	董竞成
2012	去铁治疗脑出血后脑水肿损伤的机制及临床应用	上海市科技进步奖三等奖	黄峰平
2013	健侧颈 7 治疗脑瘫及其他新方法重建手功能	上海市科技进步奖二等奖	徐文东

（续表）

获奖年份	获 奖 项 目	奖 项 名 称	第一负责人
2013	基于“同病类证”理论的代谢综合征组分疾病中西医结合防治策略	上海市科技进步奖二等奖	王文健
2013	脑卒中后脑损伤重建机制新发现及康复治疗三级模式的建立	上海市科技进步奖二等奖	胡永善
2013	补肾药淫羊藿组分延长健康寿命的作用及机制	上海市科技进步奖二等奖	沈自尹
2013	基于影像学新技术的脑血管病早期诊疗、预后评估体系的建立与创新性临床应用	上海市科技进步奖一等奖	耿道颖
2014	《抗糖路上爱相伴》	上海市科技进步奖二等奖	胡仁明
2014	神经心理测验在神经病学临床中的应用	上海市科技进步奖三等奖	洪　震
2014	脑出血后继发性脑损伤新机制与微创治疗新策略的转化医学研究	上海市科技进步奖三等奖	周厚广
2015	喉部前联合病变的外科技术研究及临床应用	上海市科技进步奖三等奖	孙广滨
2015	外科术式改变脑血流的基础与临床研究	上海市科技进步奖一等奖	毛　颖
2016	系统性红斑狼疮免疫治疗新策略	上海市科技进步奖三等奖	徐金华
2016	基于多模态脑功能定位的脑肿瘤精准手术与放射治疗	上海市科技进步奖一等奖	吴劲松

第五节　国家级与市级专业学会科技成果奖

2001—2016 年，医院以第一单位获国家级专业学会科技奖 27 项，其中一等奖 6 项、二等奖 7 项、三等奖 13 项、科普奖 1 项；上海市专业学会科技奖 68 项，其中一等奖 12 项、二等奖 22 项、三等奖 34 项。

表 4-3-9　2001—2016 年医院获国家级专业学会科技奖情况表

获奖年份	获 奖 项 目	奖 项 名 称	第一负责人
2001	糖尿病肾病发病机制及防治的系列研究	中华医学科技奖二等奖	林善锬
2002	水钠潴留性疾病中心钠素、血管加压素系统障碍以及中药黄芪时其治疗作用	中华医学科技奖三等奖	林善锬
2002	心钠素及血管加压素在肾病综合征为主的水肿性疾病发生中的作用研究	中华医学科技奖三等奖	肾病科
2004	全长膈神经移位与颈 7 移位治疗臂丛根性撕脱伤	中华医学科技奖一等奖	顾玉东
2004	中枢神经系统海绵状血管瘤的基础与临床研究	中华医学科技奖三等奖	周良辅
2005	重症肌无力发病机制的系列研究	中华医学科技奖三等奖	吕传真
2005	肾本质理论研究及临床应用	中国中西医结合学会科学技术奖一等奖	沈自尹
2005	麝香保心丸对心血管保护作用的研究	中国中西医结合学会科学技术奖二等奖	戴瑞鸿

（续表）

获奖年份	获 奖 项 目	奖 项 名 称	第一负责人
2007	中枢神经系统血管母细胞瘤的基础和临床研究	中华医学科技奖二等奖	周良辅
2009	神经导航外科的创新与应用	中华医学科技奖一等奖	周良辅
2011	补肾益气法与宣肺法治疗哮喘的研究	中国中西医结合学会科学技术奖一等奖	董竞成
2011	冠心病中药治疗性血管新生的系列研究	中国中西医结合学会科学技术奖二等奖	范维琥
2011	细菌对喹诺酮类的质粒介导耐药机制及其耐药性的防治策略	中华医学科技奖三等奖	王明贵
2011	黄芪、丹参注射液对骨骼肌损伤愈合的促进作用	中国体育科学学会科学技术奖三等奖	陈世益
2012	去铁治疗脑出血后脑水肿损伤的基础和临床研究	中华医学科技奖二等奖	黄峰平
2012	癫痫的优化诊疗新策略	中华医学科技奖三等奖	洪　震
2012	脑重大疾病的CT、MR诊断体系的建立及创新性临床应用	中华医学科技奖三等奖	耿道颖
2013	“同病类证”指导下的中西医结合代谢综合征组分疾病防治研究	中国中西医结合学会科学技术奖一等奖	王文健
2013	补肾药淫羊藿组分延长健康寿命的基础研究	中国中西医结合学会科学技术奖一等奖	沈自尹
2013	结核菌持留与潜伏感染的机制及临床诊治	中华医学科技奖三等奖	张文宏
2015	《抗糖路上爱相伴》	中华医学科技奖医学科普奖	胡仁明
2015	抗菌药物体外药代动力学/药效学(PK/PD)模型研究平台的构建及其应用	中国药学会科学技术奖三等奖	张　菁
2016	“肾藏精”现代科学内涵的基础研究	中国中西医结合学会科学技术奖二等奖	沈自尹
2016	补肾益气方药治疗慢性阻塞性肺疾病的临床与基础研究	中国中西医结合学会科学技术奖三等奖	董竞成
2016	脑胶质瘤早期诊疗和预后预测因素的研究及临床应用	中国抗癌协会科技奖三等奖	姚　瑜
2016	颅内外搭桥改善脑血流的临床应用及机制	华夏医学科技三等奖	毛　颖
2016	脑卒中后运动功能障碍康复新技术研发及推广应用	中华医学科技奖二等奖	吴　毅

表4-3-10　2003—2016年医院获上海专业学会市科技奖情况表

获奖年份	获 奖 项 目	奖 项 名 称	第一负责人
2003	脑卒中外科治疗的临床与基础研究	上海医学科技奖一等奖	周良辅
2003	硫脂在周围神经炎性脱髓鞘损害中的免疫原性	上海医学科技奖二等奖	管阳太
2003	压电型人工耳蜗的探索	上海医学科技奖二等奖	董人禾
2003	人碱性磷酸酶糖链结构分析与肝癌诊断的研究	上海医学科技奖三等奖	吕　元

（续表）

获奖年份	获　奖　项　目	奖　项　名　称	第一负责人
2003	胰岛素样生长因子-1及其类似物防治糖尿病及其慢性并发症的对照研究	上海医学科技奖三等奖	俞茂华
2003	膀胱癌的早期诊断和治疗	上海医学科技奖二等奖	泌尿外科
2004	危重病人的血液净化治疗	上海医学科技奖三等奖	肾病科
2004	全长膈神经移位与颈7移位治疗臂丛根性撕脱伤	上海医学科技奖一等奖	顾玉东
2004	中枢神经系统海绵状血管瘤的基础与临床研究	上海医学科技奖一等奖	周良辅
2004	深部真菌耐药机制研究	上海医学科技奖三等奖	张永信
2004	上海地区人群血脂水平和住院心脏病病种构成的长期趋势	上海医学科技奖三等奖	陈灏珠
2004	危重病人的血液净化治疗	上海医学科技奖三等奖	顾　勇
2005	重症肌无力发病机制的系列研究	上海医学科技奖二等奖	吕传真
2005	肾虚证内涵的HPAT轴分子网络调控研究	上海医学科技奖三等奖	沈自尹
2005	糖尿病心脏病的临床与实验研究	上海医学科技奖三等奖	周丽诺
2006	产超广谱β-内酰胺酶肠杆菌科细菌的耐药性及其感染的防治研究	上海医学科技奖二等奖	朱德妹
2007	脑出血患者血肿周边血流量的观察以及药物治疗对其影响的临床研究	上海医学科技奖二等奖	董　强
2007	33.5 kDa胆汁泡蛋白在胆石成因中作用的实验和临床研究	上海医学科技奖三等奖	马保金
2007	白血病和骨髓增生异常综合征临床流行病学研究	上海医学科技奖三等奖	林果为
2007	耐多药结核病的分子机制研究及其快速诊断技术的研制	上海医学科技奖三等奖	翁心华
2007	中枢神经系统血管母细胞瘤的基础与临床研究	上海医学科技奖三等奖	周良辅
2008	肾移植患者麦考酚酸的群体药动学研究和个体化给药	上海医学科技奖三等奖	焦　正
2008	细菌对喹诺酮类药物耐药的形成机制及防治策略	上海医学科技奖三等奖	王明贵
2009	神经导航外科的创新与应用	上海医学科技奖一等奖	周良辅
2009	联合结构和功能磁共振成像研究脑早期损伤和功能重组	上海医学科技奖二等奖	耿道颖
2009	性腺及精原干细胞冷冻保存与移植	上海医学科技奖二等奖	王　翔
2009	超声实时检测在神经外科术中的应用	上海医学科技奖三等奖	王　怡
2009	癫痫的流行病学和社会心理学	上海医学科技奖三等奖	洪　震
2009	可切除胰腺癌的分阶段综合治疗	上海医学科技奖三等奖	倪泉兴
2009	衰老时自发性脑出血转归特点的机制	上海医学科技奖三等奖	宫　晔
2009	中药黄芪利钠利尿以及肾脏保护作用的新机制	上海医学科技奖三等奖	顾　勇
2009	黄芪多糖防治糖尿病及其慢性并发症的机制研究	上海中西医结合科学技术奖一等奖	陈　蔚

（续表）

获奖年份	获 奖 项 目	奖 项 名 称	第一负责人
2009	胆石成因研究指导中医药防治胆石症的价值	上海中西医结合科学技术奖二等奖	陈进宏
2009	麝香保心丸促缺血心肌血管新生及对血管内皮功能的保护作用	上海中西医结合科学技术奖二等奖	施海明
2010	职业性苯中毒发病机制、临床特征研究和诊断标准研制	上海医学科技奖二等奖	邹和建
2010	脑缺血早期及相关病变的影像学基础与临床研究	上海医学科技奖三等奖	姚振威
2010	运动员肩关节伤病的评价系统建立及其康复训练中的应用研究	上海体育局第十一届全国运动会科研攻关与科技服务课题优秀成果奖三等奖	陈世益
2010	黄芪、丹参注射液对骨骼肌损伤愈合的促进作用	上海中西医结合科学技术奖三等奖	陈世益
2010	用胆石成因理论诠释中医药防治胆石症的基础与临床研究	上海中西医结合科学技术奖三等奖	项建斌
2010	定量运动训练促进脑卒中早期脑损伤修复的作用	上海康复医学科技奖三等奖	胡永善
2011	多囊卵巢综合征中医证型的内分泌代谢特征研究	上海中西医结合科学技术奖一等奖	王兴娟
2011	创新锁孔手术入路治疗岩斜部脑膜瘤	上海医学科技奖二等奖	毛 颖
2011	潜伏性结核感染的发病机制及新型诊断技术的研究	上海医学科技奖二等奖	张文宏
2011	色素上皮衍生因子抑制肿瘤的生长及其机制	上海医学科技奖二等奖	关 明
2011	我国无绿藻病发病原因及其真菌学分析	上海医学科技奖三等奖	章强强
2012	脑卒中后脑损伤重建机制及康复治疗三级模式的研究	上海医学科技奖二等奖	胡永善
2012	臂丛损伤后手功能重建的临床和基础研究	上海医学科技奖一等奖	顾玉东
2012	出血性脑卒中继发脑水肿脑损伤防治的基础和临床研究	上海医学科技奖一等奖	黄峰平
2012	癫痫的优化诊疗新策略	上海医学科技奖二等奖	洪 震
2012	Onyx 栓塞治疗脑血管畸形的临床研究	上海医学科技奖三等奖	宋冬雷
2012	我国无绿藻病发病原因及其真菌学分析	上海医学科技奖三等奖	章强强
2012	髌腱腱病康复治疗的基础与临床应用	上海康复医学科技奖三等奖	华英汇
2013	健侧颈 7 治疗脑瘫及其他新方法重建手功能	上海医学科技奖一等奖	徐文东
2013	脑卒中后脑损伤重建机制及康复治疗三级模式的研究	上海医学科技奖二等奖	胡永善
2013	肾癌发展与转移的调控机制及肿瘤标记物在早期筛查的临床应用	上海医学科技奖二等奖	丁 强
2014	针刺结合康复训练治疗脑卒中后偏瘫的临床与卫生经济学评价	上海康复医学科技奖三等奖	白玉龙
2014	踇外翻三维畸形及生物力学及其在临床个性化治疗中应用	上海医学科技奖二等奖	马 昕

（续表）

获奖年份	获 奖 项 目	奖 项 名 称	第一负责人
2014	糖尿病科普教育电视连续剧《抗糖路上爱相伴》的制作及推广应用	上海科普教育创新奖二等奖	胡仁明
2014	抗菌药物体外药代动力学/药效学(PK/PD)模型研究平台的构建及其应用	上海药学科技奖三等奖	张　菁
2015	系统性红斑狼疮免疫治疗新策略	上海医学科技奖一等奖	徐金华
2015	经皮胃造瘘术联合吞咽康复训练改善社区中中重度吞咽功能障碍患者吞咽功能的新技术	上海康复医学科技奖二等奖	姜从玉
2015	脑胶质瘤早期诊疗和预后预测因素的研究及临床应用	上海市抗癌科技奖二等奖	姚　瑜
2015	脑出血后继发性脑损伤新机制及其干预策略的转化医学研究	上海医学科技奖三等奖	周厚广
2015	脑胶质瘤诊断和治疗中影像医学的指导价值和应用	上海医学科技奖三等奖	姚振威
2016	基于国人解剖学研究的腰椎退变性疾病诊疗关键技术优化与推广应用	上海医学科技奖一等奖	姜建元
2016	臂丛神经损伤及修复过程中的人脑功能重塑规律及新技术的转化研发和应用	上海医学科技奖一等奖	徐文东
2016	骨骼肌疾病诊断流程的建立和新技术的应用	上海医学科技奖三等奖	卢家红
2016	脑卒中后运动功能障碍康复新技术研发及推广应用	上海医学科技奖三等奖	吴　毅

第六节　医院论文、著作、学术刊物情况

一、论文

1986年起，国家建立科技统计年报制度，医院开始对发表的学术论文进行统计。1986—2016年，医院共发表论文18 107篇，其中发表国际SCI学术论文3 181篇，国内核心期刊论文12 463篇。在《新英格兰医学期刊》(*The New England Journal of Medicine*)、《自然》(*Nature*)、《科学》(*Science*)、《细胞》(*Cell*)等世界顶级杂志上发表论文。2006—2016年发表影响因子大于10分的论文有32篇。

表4-3-11　1986—2016年医院在国际和国内期刊发表学术论文情况表

年　份	国　际　期　刊		国　内　期　刊	
	SCI收录论文数	非SCI收录论文数	核心期刊发表论文数	非核心期刊发表论文数
1986	—	8	162	83
1987	—	12	196	75
1988	—	15	176	76
1989	—	22	130	70
1990	—	4	122	98

（续表）

年　份	国　际　期　刊		国　内　期　刊	
	SCI 收录论文数	非 SCI 收录论文数	核心期刊发表论文数	非核心期刊发表论文数
1991	—	20	170	94
1992	—	18	219	104
1993	—	17	323	69
1994	—	12	340	58
1995	—	16	441	73
1996	—	12	462	69
1997	—	18	522	76
1998	—	9	526	85
1999	—	17	574	45
2000	7	4	510	177
2001	11	15	440	156
2002	14	29	415	332
2003	33	14	665	36
2004	37	7	564	11
2005	54	11	556	11
2006	62	5	533	11
2007	57	18	592	14
2008	101	13	552	8
2009	166	16	535	9
2010	220	7	581	18
2011	254	32	427	22
2012	323	14	464	28
2013	451	25	493	35
2014	477	19	315	20
2015	496	29	261	22
2016	418	12	197	8

说明：1999 年之前未统计 SCI 收录论文数。

二、著作

中华人民共和国成立前，医院仅有少数医生出版过著作。1945 年，皮肤科杨国亮等合编《花柳病化学治疗学》出版。中华人民共和国成立后，根据医学教学和医药卫生事业发展的需求，1954

年，上海第一医学院成立“上海第一医学院科学研究委员会”，下设著作审查组，由医院皮肤科杨国亮任组长，负责提高著作编写与出版水平和质量。1986 年起，医院开始统计著作出版情况。1986—2016 年，医院编辑出版著作 326 部，其中科技专著 294 部，科普读物 32 部。

表 4-3-12　1986—2016 年医院出版著作情况表

年　份	科技专著	科普读物	总　计
1986	13	—	13
1987	13	—	13
1988	2	—	2
1989	22	—	22
1990	10	—	10
1991	12	3	15
1992	6	0	6
1993	7	0	7
1994	6	2	8
1995	9	1	10
1996	9	0	9
1997	10	0	10
1998	2	0	2
1999	8	4	12
2000	20	7	27
2001	12	5	17
2002	9	1	10
2003	12	3	15
2004	12	1	13
2005	5	2	7
2006	6	3	9
2007	11	0	11
2008	9	0	9
2009	11	0	11
2010	10	0	10
2011	11	0	11
2012	8	0	8
2013	4	0	4
2014	12	0	12

（续表）

年　份	科技专著	科普读物	总　计
2015	11	0	11
2016	2	0	2
总计	294	32	326

说明：1990 年前未统计科普读物。

1978 年，医院有 2 部著作分别获得全国科学大会奖与全国医药卫生科学大会奖。1979 年，医院有 2 部专著获得上海国庆 30 周年献礼科研奖。1996 年起，国家科委决定将杰出著作纳入国家科技进步奖序列。1996 年，卫生部将 1978—1994 年公开出版发行的医药卫生科技专著、科技教材、科普图书进行评奖。1978—1998 年，医院共有 10 部专著获得市级以上奖项。

表 4-3-13　1978—1998 年医院著作获得市级以上奖项情况表

年份	著作名称	奖项名称	第一主编
1978	舌诊研究	全国科学大会奖	陈泽霖
1978	实用抗菌素	全国医药卫生科学大会奖	戴自英
1979	肾的研究	上海国庆 30 周年献礼科研奖	姜春华
1979	超声心动图图谱及超声心动图幻灯片	上海国庆 30 周年献礼科研奖	徐智章
1996	实用内科学	卫生部科技进步奖一等奖	戴自英
1997	现代皮肤病学	卫生部科技进步奖三等奖	杨国亮
1997	虫媒传染病学	卫生部科技进步奖三等奖	徐肇玥
1997	全身 CT 和 MRI	卫生部科技进步奖三等奖	陈星荣
1998	手的修复与再造	卫生部科技进步奖一等奖	顾玉东
1998	实用神经病学	上海市科技进步奖二等奖	史玉泉

三、学术刊物

截至 2016 年，医院主办期刊有《中华手外科杂志》《中国临床神经科学杂志》《中国医学计算机成像杂志》《中国感染与化疗杂志》。

《中华手外科杂志》(双月刊)于 1985 年创刊，由中华医学会主办。期刊办刊初期为内部刊物，1993 年 3 月经批准在国内外公开发行，编辑部设在华山医院内。2016 年，期刊总编辑由手外科顾玉东担任。期刊以广大手外科医师为主要读者对象，也适合整形外科、骨科、显微外科和普通外科医师阅读。重点介绍和报道手外科领域中先进的科研成果和临床诊疗经验；优先介绍各专业中的创新及发明；关注对临床有指导作用与临床密切结合的基础理论研究；介绍国外的新技术及新进展。

《中国临床神经科学杂志》(双月刊)创刊于 1993 年，由复旦大学神经病学研究所主办。2016 年，期刊主编由神经内科蒋雨平担任。期刊主要介绍国内外有关中枢、周围神经和骨骼疾病的基础研究、应用基础研究成果，并指导实践和临床发展。

《中国医学计算机成像杂志》(双月刊)创刊于1995年,是由中华人民共和国教育部主管,由复旦大学上海医学院、华山医院、第二军医大学长征医院主办的临床医学类学术期刊。2016年,期刊主编由放射科沈天真担任,责任主编由冯晓源担任。期刊栏目主要设有神经影像学、头颈部影像学、胸部影像学、腹部影像学、骨骼肌内影像学、儿科影像学介入放射学、核医学等。

《中国感染与化疗杂志》(双月刊)创刊于2001年,是由卫生部主管、复旦大学上海医学院主办的中国科技核心期刊,主办单位为华山医院。2016年,期刊主编由抗生素研究所张婴元担任。期刊刊载内容:感染性疾病的病原诊断研究,包括细菌、支原体、衣原体、分枝杆菌、真菌、病毒和寄生虫等病原;抗感染新药临床评价;细菌耐药性监测、细菌耐药机制研究;医院感染防治;抗感染药体外、体内药效学研究;抗感染药临床药代动力学研究;抗感染药药理等实验研究;感染性疾病诊治临床经验、病例分析、个案报道等。

第七节 医院专利申请与授权情况

1985年4月1日,中国实施专利法。1986—2016年,医院申请专利419项,其中发明277项、实用新型134项、外观设计3项、计算机软件5项;授权专利216项,其中发明104项、实用新型105项、外观设计2项、计算机软件5项;有效专利118项,其中发明66项、实用新型52项;专利权转让14项,其中发明5项、实用新型9项。

表4-3-14 2010—2016年医院专利权转让项目情况表

转让时间	授权时间	专利号	专利名称	专利类型	专利权人
2014年10月	2014年7月16日	201420046207.8	一种脑垂体电极刀	实用新型专利	李根娣 张雷
2016年4月	2010年8月11日	200920211687.8	人工韧带	实用新型专利	陈世益
	2013年4月17日	201220527759.1	单孔悬吊式人工韧带	实用新型专利	陈世益 沈为等
	2013年4月17日	201220527682.8	双孔悬吊式人工韧带	实用新型专利	陈世益 蒋佳等
	2013年4月17日	201220528176.0	一体化环状悬吊人工韧带	实用新型专利	陈世益 蒋佳等
	2013年4月17日	201220556234.0	折叠悬吊式人工韧带	实用新型专利	陈世益 蒋佳等
	2013年5月8日	201220527710.6	分段式环状悬吊人工韧带	实用新型专利	陈世益 沈为等
	2013年9月18日	201320168981.1	易塑型折叠悬吊式人工韧带	实用新型专利	陈世益 蒋佳等
	2014年11月26日	201420104657.8	中空管带状可折叠悬吊式人工韧带	实用新型专利	陈世益 蒋佳 吴阳等
	2015年6月17日	201210391244.8	单孔悬吊式人工韧带	国家发明专利	陈世益 沈为等

（续表）

转让时间	授权时间	专利号	专利名称	专利类型	专利权人
2016年4月	2015年6月17日	201210391701.3	分段式环状悬吊人工韧带	国家发明专利	陈世益 沈 为等
	2015年7月22日	201210391689.6	一体化环状悬吊人工韧带	国家发明专利	陈世益 蒋 佳等
	2015年10月14日	201210391195.8	双孔悬吊式人工韧带	国家发明专利	陈世益 蒋 佳等
	2015年10月14日	201210417767.5	折叠悬吊式人工韧带	国家发明专利	陈世益 蒋 佳等

第四章　研 究 平 台

第一节　国家级研究机构

2016 年 2 月，复旦大学附属华山医院国家老年疾病临床医学研究中心成立。该中心是复旦大学第一个国家临床医学研究中心，周良辅任主任，主要承担复旦大学老年疾病研究基地建设和区域医联体、临床大数据等公共平台及相关研究领域建设。中心瞄准国际老年医学发展前沿，贯彻“重点重医、全面呵护，群点群防、关口前移”的临床策略，围绕老年特殊的生理、心理和疾病特征，依托典型老年化城区医联体，开展老年疾病的调查、机制研究、干预评估与康复，重点抓住与老年健康和疾病相关的重大疾病，为老年健康与医疗模式推广、卫生政策的制定提供借鉴。

图 4-4-1　2016 年，医院获批成为国家老年疾病临床医学研究中心

中心致力于老年脑血管疾病、老年神经退行性疾病、老年感染与免疫疾病、老年骨关节和运动障碍、老年肾脏及泌尿疾病、老年呼吸系统疾病、老年内分泌与代谢疾病和老年康复营养护理等领域开展研究工作。同时，为充分整合复旦大学相关研究领域学科，有效发挥复旦大学在老年医学领域中的学科优势，还联合中山医院、华东医院、上海市静安区中心医院开展上述领域临床研究工作及区域医联体、临床大数据等公共平台建设。中心努力探索适合中国国情的老年医学发展新路径，实践具有中国特色的老年医学与健康模式。

第二节　省(市)、部级重点实验室

截至 2016 年，医院有 3 个省部级重点实验室，分别是国家卫计委抗生素临床药理重点实验室、手功能重建卫生部重点实验室和上海市周围神经显微外科重点实验室。

一、国家卫计委抗生素临床药理重点实验室

国家卫计委抗生素临床药理重点实验室依托于复旦大学抗生素研究所，于 1984 年被批准成立，1985 年通过验收。首任主任为汪复，第二任主任为张婴元，第三任主任为张菁。

实验室总体定位为以感染病学为依托，融临床药理学、临床微生物学和临床治疗学研究为一体，建设具有国际先进水平的感染病诊治体系。围绕耐药菌感染抗菌治疗及细菌耐药性防治难题和抗耐药菌新药临床评价，开展临床药理学、临床微生物学应用基础性研究并用于临床实践，以改观耐药菌感染患者预后和提高抗菌药合理应用水平。实验室研究方向为抗菌药临床药理学研究和

临床评价、细菌耐药性防治及细菌耐药机制研究、感染病诊治与抗菌药物合理应用研究。

实验室作为主要起草人，参与《抗菌药物临床试验技术指导原则》等 CFDA 牵头制定的 4 项抗菌药临床研究技术指导原则的起草工作。主持或参与《抗菌药物临床应用指导原则》编写。其中细菌耐药性研究获教育部高等学校科学研究优秀成果奖一等奖、二等奖各一项。

二、手功能重建卫生部重点实验室、上海市周围神经显微外科重点实验室

手功能重建卫生部重点实验室于 1992 年获批，1995 年在上海医科大学的支持下在枫林校区西部 7 号楼成立。上海市周围神经显微外科重点实验室于 2005 年获批。两个实验室的团队均由以顾玉东为核心的手外科专家组成，该学科的专业特色为急症手外伤及断肢(指)再植，拇指与手指再造，皮瓣移植，周围神经损伤和卡压诊治，臂丛和产瘫诊治，显微外科基础理论研究。专业发展方向主要有三个方面，手功能重建：包括手外伤防治、手部皮肤缺损的修复、手部神经肌腱骨关节缺损的修复；周围神经卡压：防治失神经骨骼肌萎缩的基础与临床研究，通过干细胞神经营养因子凋亡技术进行干预与调控，找到有效的防治肌萎方法；臂丛神经损伤：提高臂丛损伤疗效及相关的基础研究水平，健侧颈 7 移位术后大脑功能区域转换机制的研究，拓展健侧颈 7 移位的应用，修复脑瘫肢体功能。周围神经损伤修复大脑重塑功能的研究，是通过颈 7 神经移位控制瘫痪手的神经连接，恢复瘫痪手的功能，为研究周围神经移位后脑功能重塑的规律提供了极重要的机会。另外还有肌皮神经肱肌肌支及皮支移位重建正中神经功能的研究。实验室每年定期召开学术委员会会议。每年接待高级访问学者来本实验室进行学术交流并示教内窥镜，得到学员的好评。承办国内外重要学术会议及学习班，完成对外开放课题的申办。2016 年上海市周围神经显微外科重点实验室在三年评估(2013—2015 年)中荣获优秀。

第三节　市级研究机构

一、上海市手外科研究所

1994 年，为加强上海市特色学科、优势研究领域的发展，将上海医科大学手外科研究所提升为上海市手外科研究所，设于医院内，所长为顾玉东。具体研究内容参见本章“手功能重建卫生部重点实验室”相关内容。

二、上海市垂体瘤研究中心

2013 年 5 月 17 日，经上海市卫生局批准，以医院神经外科为牵头单位，通过整合沪上另 3 家三甲医院(瑞金医院、眼耳鼻喉科医院、妇产科医院)和 3 所高等院校国家重点实验室(复旦大学医学神经生物学国家重点实验室、复旦大学生命科学院遗传工程国家重点实验室、上海交通大学 Bio－X 中心)的学科优势，组建成立“上海市垂体瘤研究中心”。中心充分利用垂体瘤的大样本临床资源优势，通过研发诊疗新技术、建立垂体瘤多学科联合会诊平台、开展临床多中心研究和制定不同类型垂体瘤的诊治规范，以切实提高患者的临床疗效，并实现先进技术的推广应用；同时建立垂体瘤的转化医学研究平台，力争获得原创性的研究成果。2015 年 10 月，上海市垂体瘤研究中心成员单位扩大到

上海地区17家三甲医院和7家大学研究机构。中心实行上海市卫计委领导下的中心主任负责制。华山医院神经外科周良辅为中心主任，李士其为副主任，总体负责组织协调多学科合作。中心内部按照学科分类，设13个专业组，由各医院和学科的专家任组长(PI)和副组长，实行组长召集和负责制。

中心的研究方向和研究内容为建立垂体瘤及相关内分泌代谢疾病的多学科联合诊疗体系，具体形式为固定的联合门诊和定期临床疑难病例讨论会；制定或修订各种类型垂体瘤的个体化综合治疗方案，使之成为诊疗规范或指南；研发各类垂体瘤临床诊疗新技术，提高疗效，改善患者生活质量；针对有争议的临床实际问题，开展大样本、前瞻性的临床多中心研究，为制定临床治疗指南提供符合循证医学的证据；完善和扩大数字化的垂体瘤临床资料数据库、肿瘤组织和血标本库，并建立完善的随访制度；开展各类转化医学基础研究；加强人才培养和学术梯队建设，举办国家级学习班，推广应用新技术新理念；参与各类国内外学术交流。

第四节　校级研究机构

20世纪80年代初，国家卫生部进行体制改革，将其在直属单位建立研究所的审批权下放给各单位。复旦大学根据科研工作发展需要，截至2016年，批准医院建立研究所及研究中心达到21所。这些研究机构以共同的研究目标和任务为纽带，集中力量、互补优势，提高医院的研究实力和水平。

表4-4-1　1978—2016年复旦大学及医院研究所(中心)情况表

成立年份	研究所(中心)名称
1978	复旦大学皮肤病学研究所
1979	复旦大学神经病学研究所
1989	复旦大学手外科研究所
1995	复旦大学泌尿外科研究所
2002	复旦大学器官移植研究所
2003	复旦大学内分泌糖尿病研究所
2004	复旦大学肾脏病研究所
2004	复旦大学胰腺病研究所
2004	复旦大学脊柱外科中心
2004	复旦-牛津脑功能性磁共振研究所
2005	复旦大学风湿、免疫、过敏性疾病研究中心
2005	复旦大学运动医学中心
2005	复旦大学神经康复中心
2006	复旦大学产瘫诊治中心
2007	复旦大学睡眠障碍诊治中心
2009	复旦大学附属华山医院分子与转化医学研究所
2010	复旦大学附属华山医院感染病研究所
2010	复旦大学消化疾病研究所

（续表）

成立年份	研究所(中心)名称
2013	复旦大学神经外科研究所
2015	复旦大学肿瘤转移研究所
2016	复旦大学中西医结合研究院基础理论与应用研究所

一、复旦大学皮肤病学研究所

1978年，经中央卫生部批准，在全国高等医药院校系统中率先成立上海医科大学皮肤病学研究所（现复旦大学皮肤病学研究所），成为国内皮肤科学界最有影响力的研究和医疗机构之一。建所以来，历任所长为杨国亮、康克非、王侠生、廖康煌、张学军。研究方向随着学科的发展有所变动，从初期的常见病（银屑病、职业性皮肤病）及危重病（红斑狼疮、皮肤淋巴瘤、大疱性疾病）为主，逐步集中于以下课题。

免疫过敏性皮肤病　研究红斑狼疮的发病机制和中西医结合治疗方法的规范。皮肤科对红斑狼疮的研究已有长期积累，早期着重于中药雷公藤有效成分的提纯分析到临床应用，规范雷公藤制剂的加工和制备工艺，已广泛应用于临床，为中医中药治疗红斑狼疮树立典范，已成为治疗轻中度红斑狼疮和其他免疫过敏性疾病和湿疹等的主要药物，并逐步推向国内外。有关红斑狼疮的发病机制研究，从“泌乳素与生长激素”入手，较深入地从免疫内分泌学角度揭示患者存在的免疫缺陷，并首次应用包括中药在内的垂体生长激素抑制剂治疗该病，取得疗效，为进一步治疗红斑狼疮提供新思路和新措施。该课题获卫生部1991年度科技进步奖二等奖。“系统性红斑狼疮免疫治疗新策略”项目获2015年上海医学科技奖一等奖、上海市科技进步奖三等奖。

光线性皮肤病　从临床研究到光生物学测试，揭示发病率日益增多的慢性光化性皮炎的临床和光生物学的演变过程。1980年在卫生部基金资助下引进国外先进光源，并联合有关国内光学技术专家试制成多种国产光源和光疗设备，进行研究并成功应用于临床治疗多种慢性难治性皮肤病取得良好疗效。1997年在医院召开全国首届光敏性皮肤病专题研讨会，成果已逐渐向全国推广。慢性光化性皮炎的临床和光生物学研究课题获卫生部科技进步奖三等奖（1997年）。与上海家化公司研究部联合完成光老化动物模型的建立。2007年，在法国欧莱雅公司与中华医学会的基金资助下，对皮肤光老化、光致癌的临床和分子生物学机制进行深入研究。在核心期刊发表光实验检测和药物光毒性相关论文80余篇，光老化相关论文17篇，SCI文章21篇。主持皮肤光老化和光治疗相关国家自然科学基金青年项目2项，获得卫生部优秀临床医学奖，入选上海市医苑新星。与上海希格玛技术有限公司共同开发研制SUV-1000日光紫外线模拟器，为光生物学研究提供基础。

色素性皮肤病　建立细胞培养实验室，由专职技术员进行黑素细胞的培养，同时有皮肤免疫室、皮肤病理室、皮肤生化室进行协助研究。与上海南方基因中心、中科院细胞生物研究所建立协作关系。与意大利罗马S. Gallicano皮肤病学研究所进行合作，与美国宾夕法尼亚大学教授George XU进行合作，共同进行黑素细胞功能和毛囊黑素干细胞的研究，并进一步开发临床应用。在国内率先开展自体表皮移植和体外黑素细胞培养同种异体移植治疗白癜风，课题“黑素细胞培养和移植治疗白癜风的实验和临床研究”获上海市发明创造专利奖一等奖。在国内首先引进国际上新型的激光设备，治疗一些难治性色素性皮肤病变。

疾病基因组变异 尤其是单基因相关皮肤病、银屑病等多基因疾病的基因组研究，在 *NEJM*、*Nat Genet*、*JID* 等发表 300 余篇 SCI 文章，SCI 引用超 6 000 次，H 因子 41。以主持人身份获国家科技进步奖二等奖 1 项、省部级科技进步奖一等奖 4 项，成果入选 2010 年“中国十大科学进展”和 2012 年“中国高等学校十大科技进展”。药疹易感基因研究方面，张正华课题组通过对汗孔角化症在甲羟戊酸通路上的遗传变异分析，发现新的致病基因（*MVK*，*MVD*，*PMVK*，*FDPS*），并通过研究皮损和邻近外观正常皮肤的等位基因不平衡表达，发现野生型等位基因的功能失活是致病的主要原因，首次在该疾病中发现基因转换和 RNA 编辑等罕见基因变异现象。骆肖群课题组采集中国汉族人群药疹易感基因研究样本，发现 *HLA-B＊58: 01*、*HLA-B＊13: 01*、*HLA-B＊59: 01* 等位基因分别与别嘌呤醇、柳氮磺胺吡啶及醋甲唑胺所致药疹密切相关。

二、复旦大学神经病学研究所

1979 年，在上海医科大学脑研究室和神经病学教研室的基础上，经卫生部批准组建成立上海医科大学神经病学研究所（现复旦大学神经病学研究所），张沅昌任首任所长。但在正式揭牌前数天，张沅昌不幸病故。1980 年 5 月正式揭牌，由史玉泉任所长，此后历任所长为陈公白、蒋大介、瞿治平、吕传真。该所由神经内科、神经外科两个临床科室和神经病理研究室、神经电生理研究室、神经生化研究室、神经免疫研究室、神经遗传研究室、神经流行病研究室、神经感官研究室、神经资料情报室、神经生物工程室和动物实验室等组成。在上海市医学领先学科、复旦大学“985”工程和国家“211”工程重点学科建设基金的扶持下，研究所已建成临床和基础研究的基地并承担重大科研任务。“七五”期间，承担各类基金 26 项，资金 153 万元。“八五”期间，承担各类基金 22 项，资金 145 万元。“九五”期间，承担“九五”攻关项目、老年痴呆和帕金森病的流行病学调查等项目 21 项，资金 468 万元；承担上海市发展基金项目、急性脑血管规范综合治疗方案等，资金 100 万元。“十五”期间，承担“十五”攻关项目 4 项，牵头单位 1 项，上海市发展基金及国家自然科学基金等项目共十余项，资金 875 万元。研究所主攻方向与成果如下。

脑血管病的基础与临床 研究所制作稳定的大脑中动脉栓塞（MCAO）模型、糖尿病性 MCAO 以及缺血再灌注损伤和糖氧剥夺（OGD）模型，为进一步研究缺血缺氧脑损伤建立较好的工作平台。获得国家自然科学基金、卫生部和上海市发展基金共 6 项；开展脑血流动力学研究，获教育部科学发明二等奖 1 次；发表 SCI 论文 11 篇，发表杂志包括 *JCBM* 和 *Stroke* 等。

神经免疫与神经肌病 在临床工作基础上，稳定地制作实验性变态反应性脑脊髓炎（EAE）、实验性变态反应性神经炎（EAN）、实验性重症肌无力（EAMG）等动物模型；有稳定的 Facs、蛋白分析系统，为研究神经免疫病的生物标记、探索发病机制创造良好的平台。共获国家自然科学基金 8 项；研究成果获教育部提名国家科技进步奖一等奖 1 次，卫生部科技进步奖二等奖 1 次；发表 SCI 论文 19 篇，影响因子最高者为 *Lancet*（1990 年）。

癫痫的基础和临床研究 已成熟应用戊四氮腹腔注射、红藻氨酸（KA）杏仁核注射制作癫痫模型，为癫痫继发脑损害研究奠定基础；开展农村、城镇的癫痫流行病学调查，神经心理和农村癫痫治疗原则等研究；建立癫痫诊治中心。获国家自然科学基金、世界卫生组织和美国国立卫生研究院（NIH）基金各 1 项；发表 SCI 论文 5 篇，影响因子最高者为 *Lancet Neurology*（2006 年）。

神经变性病（帕金森病和老年痴呆）研究 建立百草枯治帕金森病、β 淀粉样蛋白致老年痴呆和缺氧性痴呆等动物模型，为帕金森病和老年痴呆的深入研究奠定基础。获国家自然科学基金、国家“十五”科技攻关和上海市医学发展基金的资助各1项；发表SCI论文4篇，申请专利1项。

三、复旦大学手外科研究所

1989年，上海医科大学手外科研究所设于医院内，是在卫生部批准的显微外科研究室基础上扩建形成，后于1993年提升为上海市手外科研究所。所长为顾玉东。具体内容见前文“手功能重建卫生部重点实验室”。

四、复旦大学泌尿外科研究所

1995年，上海医科大学泌尿外科研究所（现复旦大学泌尿外科研究所）在医院成立，由华山医院、中山医院、儿科医院、肿瘤医院和金山医院相关专业的专家组成。张元芳、徐剑锋先后任所长。研究所设有分子生物学实验室、尿流动力学实验室、器官移植与冷冻保存实验室、生殖医学实验室和脱落细胞检查室等。除膀胱镜和电切镜外，大型仪器设备包括4台体外冲击波碎石机、2台四导程尿流率机、3台腹腔镜、4台输尿管镜、2台肿瘤热疗仪。此外，还有YAG激光、钬激光等进口激光设备。达芬奇机器人设备主要用于泌尿外科高难度手术的开展。研究重点是泌尿生殖系肿瘤、泌尿系结石、前列腺增生、尿流动力学和器官移植与器官保存，并开展细胞培养、RT-PCR、蛋白电泳、ELISA、凋亡检测等，还可完成动物模型、病理学、细胞学以及分子生物学方面的基础研究。

五、复旦大学器官移植研究所

2002年2月，复旦大学器官移植研究所在医院成立。中国工程院院士郑树森任所长。研究方向主攻大器官移植的临床和基础研究。截至2016年已施行肝移植逾500例，肾移植300余例。完成国家“211”工程器官移植和功能重建项目中的肝、肾移植临床和基础研究子课题。承担国家自然科学基金3项，市科委基金2项，教育部跨世纪人才项目1项。构建肝、肾移植和临床基础研究技术平台。在《中华医学杂志》《中华外科杂志》《中华器官移植杂志》《中华实验外科杂志》《中华泌尿外科杂志》《复旦学报》等国家权威杂志发表《建立豚鼠至大鼠异种肝移植模型的实验研究》《猪原位辅助性部分肝移植术中血流动力学变化的实验研究》《非协调性异种肝移植动脉化动物模型的建立》《金纳多对非协调性异种大鼠肝移植缺血再灌注损伤的防治作用》《腔静脉成形术在原位肝移植中的应用》《使用睾酮及枸橼酸西地那非治疗肾透析或肾移植术后ED患者》《巴利昔单抗在预防肾移植后排斥反应中的应用》《探讨肾移植术后肺部巨细胞病毒感染的诊断与治疗》《未成熟树突状细胞联合骨髓移植诱导肾移植大鼠免疫耐受及其机制》等论文30余篇。与中国科学院生命研究所合作完成胰岛细胞移植治疗糖尿病的实验研究。开展与美国匹兹堡大学医学中心和美国克利夫兰临床中心的合作研究。成功主办全国器官移植围手术期处理学术研讨会。

六、复旦大学内分泌糖尿病研究所

2003年，复旦大学内分泌糖尿病研究所成立，前身是华山医院糖尿病研究室及上海医科大学糖尿病防治研究中心。该研究所以医院为依托单位，由胡仁明担任所长。内分泌糖尿病研究所下设10大研究室，分别为华山内分泌代谢病研究室、华山中西医结合内分泌代谢病研究室、中山内分泌代谢病研究室、妇产科内分泌代谢病研究室、儿科内分泌代谢病研究室、内分泌代谢病基因治疗研究室、内分泌代谢病流行病学研究室、金山内分泌代谢病研究室、五院内分泌代谢病研究室及华东内分泌代谢病研究室。

研究所集中复旦大学在内分泌代谢病领域的众多优势力量，协同进行有关内分泌代谢病流行病学、基因组学、临床诊疗等诸多方面的基础及临床研究。研究所的主要研究方向包括代谢性炎症综合征、胰岛β细胞的保护、肥胖及中枢对代谢的调控、糖尿病慢性并发症等方面。

七、复旦大学肾脏病研究所

2004年，复旦大学肾脏病研究式成立，由华山医院肾脏科、中山医院肾脏科和儿科医院肾脏科三家单位组成，是中国肾脏病专业的奠基单位之一。林善锬任所长。研究所在国内率先或较早开展肾穿刺与腹膜透析(20世纪60年代初)、血液透析与肾移植(20世纪70年代初)、连续性肾脏替代治疗抢救危重急性肾衰及多脏器衰竭(1985年)、肾脏病慢性进展机制研究(20世纪90年代初)等。1981年获第一批博士学位授予权，先后纳入“211”工程一期、二期，“985”工程和“十五”教育部重点建设学科。2005年被国际肾脏病学会指定为国际肾脏专科医生中国培训基地。研究所的主要研究方向是建立肾脏研究平台，通过合作进行肾病有关临床管理模式的探讨，临床试验，加强肾脏病的基础和临床研究，肾脏病诊治的个体化研究等。

八、复旦大学胰腺病研究所

20世纪80年代，在外科学家张延龄的领导下，医院外科率先成立胰腺疾病诊治专业协作组，在急性胰腺炎和胰腺癌及胰腺内分泌肿瘤诊断治疗方面做出大量工作，取得丰硕成果。2004年12月，复旦大学胰腺病研究所正式成立。倪泉兴任所长。

研究所是一家立足国内、面向国际的开放式的研究所，专门从事胰腺疾病的临床和基础研究，为从事胰腺外科和胰腺肿瘤同道提供交流平台、扩展视野，共同促进中国胰腺疾病诊治水平的快速提高。同时，设立复旦大学胰腺病研究所网站，为广大胰腺疾病患者寻医求治、答疑解惑提供便利。

九、复旦大学脊柱外科中心

2004年10月，医院骨科牵头成立复旦大学脊柱外科中心。黄煌渊为中心主任。中心下设脊柱应用解剖实验室与脊柱外科培训学校。其中脊柱应用解剖实验室为复旦大学脊柱外科中心同复旦大学上海医学院解剖与组织胚胎学系联合组建。为进一步推进应用解剖研究与培训工作，改善临床专科医师教育培训的条件，华山(国际)应用解剖研究与培训中心(PARTI)于2007年5月正式落成并投入使用。

中心的建立依托于解剖及组织胚胎学系充足的标本来源和众多解剖学专家多年的积累，以及PARTI中心一流的硬件设施和一大批具有丰富脊柱外科手术经验的专家，旨在打造一个服务于国内外脊柱外科医师培训的平台。中心成立同期成功举办“第一届脊柱应用解剖与手术技术学习班”。骨科培训团队又相继开设关节、足踝、骨盆、肩肘等各类培训班，形成“华山骨科应用解剖系列培训课程”。中心与中国医师协会骨科医师分会（CAOS）、北美脊柱协会（NASS）、国际内固定脊柱学会中国区（AO Spine China）等知名学术组织联合主办“CAOS－NASS复杂脊柱手术关键技术临床培训课程”“AO Spine China解剖培训课程”；与美敦力、强生等公司合作举办“颈（腰）椎手术技术与应用解剖研讨班”“华山-强生脊柱外科系列课程”等品牌培训课程。与美国梅奥医学中心共同主办的“2013华山-梅奥脊柱论坛”，是其首次与国内医疗机构合作举办脊柱外科医师培训课程。该课程同时获得美国继续医学教育认证委员会（ACCME）的认可，并为学员颁发美国成人继续教育Ⅰ类学分。截至2016年底，中心已培训国内脊柱外科医师3 500余人，已成为亚太地区规模最大的脊柱外科临床医师培训平台。

中心在科研方面立足于脊柱应用解剖学研究，以临床实际问题为切入点，以脊柱退变性疾病为主要研究载体。主要研究课题方向包括脊柱各部位解剖和临床实践应用、脊柱各种内固定材料及生物力学、脊柱退变性疾病研究、导航在骨科脊柱关节创伤的应用。在平山病发病机制与临床病情量化评估、椎间盘退变发生机制与干预、特发性脊柱侧凸发病机制及动物模型的建立等多个方面进行探索性研究，并取得显著成绩。与美国梅奥医学中心、丹佛脊柱外科中心、麻省总医院、加州大学洛杉矶分校、明尼苏达大学双城脊柱外科中心，澳大利亚弗林德医学中心，日本国立成育医疗研究中心等国际一流院校建立长期而稳定的科研合作关系。承担国家级基金项目、教育部和卫生部及上海市重大科研项目十余项，累计科研经费达数百万元。“基于国人解剖学研究的腰椎退变性疾病诊疗关键技术优化与推广应用”获2015年上海医学科技奖一等奖。

十、复旦-牛津脑功能性磁共振研究所

2004年8月，复旦-牛津脑功能性磁共振研究所成立，该所是国内唯一在牛津大学注册的研究单位。冯晓源任所长。该研究所在复旦大学和医院领导的支持下已逐渐成为人类的运动、语言、记忆、注意力等一系列认知活动在脑内的定位，以及脑结构、形态与脑功能之间的关系研究平台，并逐步建立神经心理学、影像医学和医学工程信息传输及处理的人才梯队，初步成为华东地区乃至全国的脑功能磁共振研究中心之一。

研究所是国内具有较全面脑fMRI研究能力的单位之一，有良好的科研环境，而且神经病学和影像医学均为复旦大学重点学科。牛津大学脑功能性磁共振研究所的神经心理学研究及fMRI技术方面均走在世界的最前列。研究所通过和牛津大学合作，已先后开展中文脑认知及脑卒中后中文语言功能康复的fMRI研究；臂丛损伤和截肢后脑功能重组的fMRI研究；针刺镇痛的fMRI研究；吸毒、小儿多动症、精神分裂症、抑郁症的fMRI研究；外伤后脑工作记忆、失语等fMRI研究，以及脑视觉、运动传导通路与功能皮层的DTI及fMRI联合应用研究。多项科研课题获得英国惠康（Wellcome）基金、国家自然科学基金、教育部博士点基金以及上海市科委和复旦大学的科研基金。先后选派3名同仁赴牛津大学进修神经心理学及fMRI技术，并成功地举办复旦-牛津脑功能性磁共振研讨会。

十一、复旦大学风湿、免疫、过敏性疾病研究中心

2005年7月，复旦大学风湿、免疫、过敏性疾病研究中心由复旦大学批准成立，设立在医院内。邹和建任中心主任。中心的主要成员单位包括华山医院、中山医院、华东医院、儿科医院、上海市第

五人民医院和复旦大学现代人类学教育部重点实验室、上海医学院免疫学系等医疗机构及科研单位，共享学术平台和信息资源。中心确定以痛风流行病学调查研究、发病机制及干预策略研究，硬皮病发病机制及干预策略研究为主的研究重点和发展方向。2011 年 2 月，由中心和美国得克萨斯大学休斯敦健康科学中心（UT Health）联合发起的国际硬皮病联盟（InSCAR）正式成立。InSCAR 联合世界各国硬皮病研究的优势力量，提供临床、科研和学术交流的平台。中心以“坚持、创新、引领”为新的宗旨，借用“互联网＋”的思路，推动风湿病＋精准医学、风湿病＋转化医学、风湿病＋大数据的不断前行。

中心的研究基地依托于中心实验室。根据实验功能，设立公共技术平台。分子生物学技术平台：可提供基因水平的实验设备及技术服务，配备的仪器包括数字 PCR 仪、焦磷酸测序仪、荧光定量 PCR 仪、高分辨熔解曲线分析仪、普通 PCR 仪、自动核酸抽提系统、凝胶图像分析系统、高速离心机等；蛋白质组学平台：可提供蛋白水平研究的基本实验设备和技术服务，配备的仪器包括 Western Blot 实验设备、组织自动破碎仪、化学发光成像系统、酶标仪、荧光正置显微镜等；细胞培养平台：可提供原代及细胞系培养等体外实验所需的设备及技术服务，配备的仪器包括生物安全柜、细胞培养箱、荧光倒置显微镜、高压灭菌设备等；大型仪器共享平台：包括 6 通道流式细胞仪、4 通道流式细胞仪、生化仪、血液五分类仪等。

十二、复旦大学运动医学中心

2005 年，复旦大学运动医学中心成立，是上海唯一的运动医学研究中心，拥有上海市医疗卫生系统唯一运动医学博士点和博士后流动站，是上海市体育局指定的运动创伤救治单位，上海市重大国际赛事首席医疗保障单位，上海市路跑协会上海马拉松康复训练营，国家卫计委确定的国家临床重点专科，国际关节镜-膝关节外科-骨科运动医学学会（ISAKOS）在中国唯一认证的关节镜与运动创伤医疗示范基地和教育中心。中心主任为陈世益。

中心获国家“863”课题、“973”子课题、科技部重点研发计划子课题、国家自然科学基金、上海市科委纳米专项基金、上海市科委基础重点基金、教育部高等学校博士点专项科研基金、上海市百人计划、上海市浦江人才计划、上海市体育局攻关课题、上海市体育局腾飞计划等数十项国家及省部级课题基金，在研项目十余项，累计经费近 2 000 万元。获中国体育科学学会科技奖三等奖（2010 年）、第三届上海中西医结合科学技术奖三等奖（2010 年）、第十一届全运会科研攻关与科技服务优秀成果三等奖（2010 年）和上海市科技进步奖（1994 年）等多项奖项。2012—2016 年共主编或主译著作近 10 部；获得专利近 30 余项；在国内外核心期刊发表论文 220 余篇，其中 SCI 论文近 100 篇。

中心主要研究方向为开展常见运动性疾病和运动损伤的预防、诊断、治疗和康复；开展对运动系统疾病的生物与人工材料的研究，将微创、康复、再生医学和材料学紧密结合；与分子生物学、材料学、纳米科学等领域研究机构进行广泛合作，同时联合国内龙头医疗企业，积极研发出在治疗运动损伤方面可作为组织替代和重建的新型医用材料；全民健身与重大赛事医疗保障与规则制定；运动康复技术与冲击波治疗技术。

十三、复旦大学神经康复中心

2005 年，复旦大学神经康复中心组建，中心依托华山医院和复旦大学，整合复旦大学各附属医院神经康复资源，借助复旦大学医学神经生物学国家重点实验室、华山医院中心实验室等技术力量，与复旦大学信息学院、中科院神经所、华东师范大学功能磁共振重点实验室、上海交通大学Med-X研究院、上海理工大学医疗器械与食品学院、上海海事大学等院校研究机构合作，重点研究神经系统疾病基础和临床康复研究，以进一步提升临床和基础相关资源整合优化的效率，推动神经系统疾病临床康复诊疗水平的提高。中心先后由胡永善、吴毅任主任。

中心成立以来，先后领衔进行国家"863"计划项目及国家"十二五"支撑计划课题的研究。承担国家自然科学基金项目21项，上海市科委、经信委、卫生局等省部级科研项目30余项，共获得1 000余万科研经费资助。获国家科技进步奖二等奖(第八完成人)，中华医学科技奖二等奖，教育部科技进步奖二等奖，上海市科技进步奖二等奖、三等奖，上海医学科技奖二等奖，上海市康复医学科技奖二等奖、三等奖，全国优秀论文奖等各类奖项。2007至2016年发表学术论文200余篇，其中SCI收录70余篇。获授权发明专利10项、授权实用新型专利14项。主编康复医学著作16部，参加编写康复医学著作20余部。培养硕士研究生30余人，博士研究生十余人；出站博士后3人。

中心主要研究方向为脑血管病的康复治疗基础研究，脑血管病康复技术应用及产品研发，颅脑外伤的康复治疗技术，手功能障碍的康复治疗及技术应用，周围神经损伤的康复治疗。

十四、复旦大学产瘫诊治中心

医院手外科从20世纪60年代即开始进行产瘫的诊治。2006年，成立复旦大学产瘫诊治中心。已逐步构建成为一个集医疗、教学、科研于一体的产瘫治疗与研究平台。顾玉东任主任。中心充分整合复旦大学各学科的优势，从而保持产瘫诊治的国际先进水平，每年手术量接近1 000例。为将研究成果与诊治技术及时向国内辐射，中心每年举办一次国家级继续教育学习班。中心有病床40张，其中，儿科医院设20张，专门收治10岁以内患儿；华山医院于手外科设20张，专门收治10～16岁儿童。在挂靠华山医院的上海市手外科研究所内设置"产瘫研究室"。

中心的研究目标为建立模拟临床上产瘫时失神经手内肌较上臂大肌肉更易发生不可逆萎缩的大鼠模型；分析幼鼠前肢失神经支配爪内肌和肱二头肌的蛋白、mRNA和miRNA表达模式，比较两者的差异；体外和在体验证通过上述研究发现的"关键"蛋白质和(或)基因在失神经肌肉不同转归过程中的作用，同时研究不同功能蛋白质组的表达模式对肌萎进程的影响。中心领衔进行国家"973"计划项目，承担国家自然科学基金项目3项，发表SCI论文十余篇。研究内容及成果有：成功建立模拟"产瘫失神经手内肌较上臂大肌肉更快进入不可逆萎缩状态"的动物模型，提示手内肌更易进入不可逆萎缩状态是产瘫下干修复疗效差于上干的主要原因之一。完成"产瘫不可逆肌肉萎缩"大鼠模型中失神经爪内肌和肱二头肌miRNA表达谱的分析，提示上述两种肌肉失神经后神经肌肉接头功能的自我调节过程不同，是影响其肌肉萎缩进程的关键因素之一。筛选和比较大鼠前肢爪内肌和肱二头肌失神经后差异表达的、影响肌萎进程的基因，这可能是导致婴幼儿手内肌更不耐受失神经打击的关键原因之一。

十五、复旦大学睡眠障碍诊治中心

2007年1月，医院神经内科牵头成立复旦大学睡眠障碍诊治中心。洪震任中心主任。中心确定"覆盖全病种、多学科合作"的建设模式，由神经内科、头颈外科、呼吸科、耳鼻喉科、复旦医学院神经生物学国家重点实验室、中山医院心内科等多个单位或部门共同组建。神经内科自2005年起开设睡眠障碍专病门诊，为建设符合国际标准的规范化睡眠障碍监测实验室。2007年，组建睡眠障碍监测实验室，建立全套睡眠监测方案及规范化技术流程；5月，睡眠监测室正式开放，应用于临床各类睡眠障碍等诊断和治疗。作为国内睡眠医学重要的培训教学基地，中心多次承办学习班和培训课程。其中较为重要的培训包括2014年5月，与中国睡眠研究会睡眠障碍专业委员会合作，举办中国REM睡眠期行为障碍(RBD)全国病例注册会议(第三次会议)。

科研方面，中心立足于睡眠障碍的临床研究，建立起特发性REM睡眠期行为障碍(iRBD)临床数据库；发作性睡病及其他中枢起源的睡眠障碍临床数据库；不宁腿综合征及其他睡眠相关运动障碍临床数据库等多个临床病例资料库。侧重于异态睡眠与神经系统变性病相关性研究。主持并参加睡眠疾病相关的国家自然科学基金项目6项，国家重点研发计划项目2项。在*Brain*、*Curr Opin Neurobiol*、*Sleep*、*PLosOne*等杂志发表睡眠障碍相关SCI论文20篇，累计引用次数约490次，累计影响因子90余分。

十六、复旦大学附属华山医院分子与转化医学研究所

为加快分子生物学领域科研成果的转化，2009年9月21日，医院成立分子与转化医学研究所。邹和建任所长。研究所下设免疫与炎症研究部、临床病理研究部、组织生物样本库三个研究部。研究所依托中心实验室，优化资源配置，由顾玉东担纲学术指导，创新运行体制。研究所的成立打破基础研究与临床医学之间的屏障，在中间搭建平台，把基础研究获得的科研成果更为快速有效地转化为临床治疗新技术，同时也为医院引进PI制度打下重要基础。

研究所占地面积约500平方米，拥有各类分子学研究的高端仪器设备，包括数字PCR仪、焦磷酸测序仪、荧光定量PCR仪、高分辨熔解曲线分析仪、组织自动破碎仪、核酸自动抽提仪、超速离心机、生化仪、血常规分析仪、超低温冰箱等。

分子与转化医学研究所把握科研与临床紧密结合的大方向，申请到多个检测项目专利。2012年8月在上海医药卫生发展基金会的支持下，医院与上海润达医疗科技股份有限公司签订《分子与转化医学研究所合作共建备忘录》，首个转化项目为“*HLA-B * 5801*等位基因检测试剂盒”。该项目已经通过医疗器械注册检验(体外诊断试剂类)，并已在上海市食品药品监督管理局备案。

十七、复旦大学附属华山医院感染病研究所

2010年，复旦大学附属华山医院感染病研究所成立，张颖任所长。经过多年的发展，研究所逐步建成具有一整套临床诊断服务能力的研究机构，拥有1个诊断平台(感染科实验室公共平台)和1个P2实验室，实验室面积达800平方米，拥有各种精良的仪器设备，科研经费高于5 000万元。研究所既能及时为临床提供精密实验支持，也能在可疑突发公共卫生事件时，第一时间初筛高度传染性病原体。

研究所已建成7个本学科独立的技术平台，包括分子诊断实验室、免疫学实验室、病毒学实验室、热带病实验室、肝病药物临床试验、人工肝支持系统、标本库管理系统。7个技术平台互相配合，为临床直接提供多种精准医疗新技术。依托医院平台，感染病研究所不断发挥学科优势与特色，通过多学科合作，提高各类耐药菌所致呼吸道感染、中枢神经系统感染及消化系统感染的诊断

与治疗水平，将最新的研究成果推广至全国各地。

十八、复旦大学消化疾病研究所

2010年，复旦大学消化疾病研究所成立。刘杰任所长，研究所常设办公地点于医院图书室2楼。

研究所以消化系统肿瘤、慢性肝病和炎症性肠病为主要研究特色。拥有全职及兼职PI 30余人，其中学成归国的中青年学者十余人，长江学者特聘教授2人，国家杰出青年基金获得者2人。先后承担国家“973”“863”及国家自然科学基金等多项研究课题。研究所设有转基因模式动物平台、细胞培养平台、分子生物学平台、免疫病理平台等，装备有紫外扫描检测仪、蛋白质纯化和分析系统、超低温冰箱、低温超速离心机、超纯水仪、电穿孔仪、无菌室及超净台、CO_2培养箱、倒置显微镜、凝胶成像系统、冰冻切片机、自动脱水机等。

十九、复旦大学神经外科研究所

2013年，复旦大学神经外科研究所正式成立。周良辅任所长。分设分子细胞室、分子病理室、神经影像室、神经解剖室、显微外科培训室、神经免疫室、电生理室、资料室、循证医学研究室、神经外科质控室、生物样本库等研究室。主要研究方向有以下五方面。

脑肿瘤　建成国内最大规模的规范化、个体化、数字化脑胶质瘤诊疗中心，并以此为平台，重点开展基于多模态脑功能定位技术的个体化手术规范研究，开展随机对照试验（RCT）研究。牵头进行大规模、多中心、前瞻性的临床RCT。深入应用基础研究，推进转化医学研究，开拓胶质瘤新治疗方法。积极开展神经外科其他常见肿瘤（垂体瘤、脑膜瘤和神经鞘瘤等）的临床手术和应用基础研究；深入开展交叉学科间的合作研究（小儿神经肿瘤、妇产科神经内分泌性肿瘤、神经眼科肿瘤）。

脑血管病方面　依托“十二五”国家科技支撑计划，牵头开展全国范围内多中心前瞻性研究，提高脑动脉瘤诊治技术水平。制定脑血管畸形的个体化综合治疗策略，开展有临床应用前景的应用基础研究。

颅脑外伤　开展全国范围内创伤性脑损伤（TBI）流行病学调查。以循证医学为指导，开展重症TBI相关的多中心、前瞻性临床RCT。重症TBI诊疗新技术的研发和应用。推进基于干细胞修复理论的转化医学研究，促进TBI的神经功能恢复。建设TBI救治培训中心。

神经肿瘤组织库建设　建立中枢神经系统肿瘤病案信息管理系统；建立中枢神经系统肿瘤生物样本实体库（CNS TTB）；建立中枢神经系统肿瘤组织库冻存管理系统；构建CNS TTB二次开发技术平台。

其他　诸如成人神经干细胞移植治疗新技术研究，内容包括脑神经再生的细胞起源与新生神经细胞的生物学特性及功能，脑细胞再生后细胞迁徙和功能重建的研究等。开展功能神经外科手术新技术的临床与基础研究，提高难治性癫痫、帕金森病、运动障碍性疾病、三叉神经痛、脑瘫等疾病的临床疗效。开展常见脑肿瘤-垂体瘤的临床诊治和转化医学研究，制定各种类型垂体瘤的临床诊疗规范，深入探讨垂体瘤发病机制，探索垂体瘤耐药机制和侵袭性生长机制，大样本、前瞻性RCT试验。开展包括射波刀（Cyberknife）、伽马刀和调强放疗（IMRT）在内的立体定向放射外科新技术的基础和临床研究。

二十、复旦大学肿瘤转移研究所

2015年,复旦大学肿瘤转移研究所组建成立,是国内第一个专门从事肿瘤转移复发的临床与基础研究机构。钦伦秀任所长。研究所依托华山医院和复旦大学生物医学研究院,联合复旦大学附属肿瘤、妇产科、五官科、儿科、华东等多家医疗机构,共享研究技术平台和信息资源体系,重点研究器官特异性转移模型的建立、转移分子预测与干预、微环境炎症免疫与抗转移新策略以及转移的个体化综合防治,提升临床和基础相关资源整合优化的效率,推动肿瘤转移临床诊疗与防治水平的提高。团队汇集获得国家杰出青年科学基金、长江学者特聘教授,国家QR计划、优秀青年基金等在内的多名国内知名学者和教授,是复旦大学一流科研平台重点建设学科。

研究所下设临床医疗部(外科病房220余张床位)、细胞分子生物实验部、生物样本部,实验室,占地面积共约600平方米,拥有各种精良的仪器设备,如激光捕获显微切割仪(LCMD)、点切割仪、体视显微镜、显微摄像仪、细胞图像分析系统、流式细胞仪、Autostainer系统、ImageScanner分析系统、Ettan Sport Picker、ABI毛细管电泳仪、Biocard灌注色谱仪、DNA及多肽合成仪、Backman超速离心机、多台PCR仪及VDS凝胶图像分析系统等。主持国家重点基础研究发展计划("973"计划)、国家自然科学基金国际合作计划、国家自然科学基金等重大课题研究。研究所在转移理论、预测手段、转移关键分子、代谢调控等多项领域成就卓著,部分研究处于国际领先地位。

研究所主要研究方向为器官特异性转移及其机制研究,包括器官特异性转移模型的建立及其机制,肿瘤转移的关键蛋白调控等;肿瘤转移复发的精准预测与诊断,包括肿瘤转移复发的精准预测,实体瘤脑转移的精准诊断新技术和转化研究;肿瘤转移复发的精准干预,肿瘤微环境炎症免疫调控与靶向干预;肿瘤转移的代谢调控与干预;转移复发的精准防治新策略和临床研究,包括转移复发精准靶向干预新策略;抗转移免疫靶向治疗新策略;实体瘤肝和脑转移的临床精准防治策略研究。

二十一、复旦大学中西医结合研究院基础理论与应用研究所

2016年9月24日,复旦大学中西医结合研究院成立。该研究院的前身为上海医科大学中西医结合研究所,于1985年4月成立,设在医院内。首任所长为沈自尹。为进一步奠定研究所在国内乃至国际中西医结合研究领域的领导地位,扩大复旦大学中西医结合学科的影响力,整合复旦大学优势资源,2015年复旦大学中西医结合学科成为上海市高峰学科,2016年成立复旦大学中西医结合研究院。董竞成任院长。复旦大学中西医结合研究院基础理论与应用研究所作为其下属的二级研究所,隶属于复旦大学中西医结合研究院,前身为中国科学院院士沈自尹领衔的中医"肾"本质理论研究的发源地——脏象研究室。研究所是教育部国家重点学科(中西医结合临床与基础)、卫生部国家临床重点专科(中医肺病科)、国家中医药管理局中医药重点学科(中医老年病)、恽氏中西医汇通派基地建设单位。设有脏象室、沈自尹工作室、中西医结合呼吸病及炎症研究室、中西医结合老年病与代谢性疾病研究室、中西医结合皮肤病研究室、中西医结合心血管研究室、中西医结合感染病研究室、中西医结合肿瘤研究室、方氏针灸流派研究室、中药药理药效研究室、国家中医药管理局分子生物学三级实验室。在中国中西医结合基础理论、老年病学、呼吸病学、皮肤病学、心血管病学、感染病学等领域均具有重大影响。

研究所在基础研究方面以肾脏象的现代科学研究、症候研究、慢性气道炎症性疾病致炎/抑炎平衡调控机制、肿瘤微环境与抑郁等方向为主，临床则以呼吸系统疾病、肿瘤、代谢性疾病、皮肤病、心血管疾病、感染性疾病以及老年病的中西医结合防治为主，以及各民族传统医学比较研究和新药开发。有流式细胞仪、荧光显微镜、荧光定量 PCR 仪、BioRad 蛋白分析系统、小动物肺功能检测系统、超高压液相色谱仪等设备。承担国家基础研究发展计划（“973”计划）项目 2 项，国家自然科学基金 20 余项，上海市科委、卫生局相关课题 20 余项；获国家及省部级科研奖励十余项。在国际主流杂志发表学术论文 100 余篇。

第五节　院内科研平台中心实验室

2007 年 12 月 18 日，中心实验室成立启用，隶属于医院科研处，主任为关明。2009 年 9 月 21 日，以中心实验室为基地成立华山医院分子与转化医学研究所，顾玉东任研究所名誉所长，邹和建任研究所所长。

作为医院的科研平台，中心实验室建立、健全仪器设备及全院公共资源的共享管理机制，提高科研经费的使用效率，提高医院的实验室管理水平，为科研工作者提供热情优质的技术服务，促进医院科研工作进一步发展。同时作为华山医院分子与转化医学研究所所在部门，力图加强医院产学研结合，促进医院科技成果的转化。

作为院内科研启动基金人员的实验基地，中心实验室承担科研带教和实验指导工作，2008—2016 年共承接院内科研启动基金项目 43 项。

作为医院的科研培训基地，与教育处合作，为研究生开设基本的实验理论和实验技能课程。2008 年起，实验室制定出适用于研究生不同学习阶段的系统化培训模式，以小班化培训的方式，为各年级临床型和科研型硕士、博士研究生进行分子生物学、蛋白组学、细胞培养、流式细胞分析等方面的培训，至 2016 年总计达到 51 学时理论课和 1 036 学时实验课，同时为研究生开设基本的实验理论和实验技能课程获 2012 年度复旦大学研究生教育成果奖一等奖。2016 年，中心实验室牵头，以实验室老师和临床内、外科的教授为班底，首次为“四证合一”硕士研究生班开设“临床科研概论”课程。课程为复旦大学上海医学院“四证合一”班必修课，教学内容为医学科研伦理、科学精神与学术诚信、实验室生物安全规范、生物样本库的规范化建设、临床研究之内科和外科方向、课题设计与学位论文撰写、实验报告规范化记录、实验研究技术应用及中高级进展、动物实验概论、SCI 论文撰写等。主要授课老师包括邹和建（主讲医学科研伦理、生物样本库的规范化建设）、王小钦（主讲临床研究之内科方向）、姚瑜（主讲临床研究之外科方向）、关明（主讲动物实验概论、SCI 论文撰写）和任惠民（主讲课题设计与学位论文撰写、实验报告规范化记录）等多名具有丰富临床、科研和教学经验的教授。

此外，作为医院科研平台，中心实验室也主动参与科研项目研究。2012 年，与上海润达医疗科技股份有限公司签订合作共建协议，首个合作项目“*HLA*－*B*＊*5801* 等位基因检测试剂盒”进行临床转化。开通实验室网站、微博及博客，通过互联网发布实验室仪器更新、技术培训等通知，保证实验室内信息的时效性，增强与研究人员的交流互动。2013 年，参与筹建全院科研采购平台，将医院的科研试剂采购过程做到科学化、信息化、透明化。是年，由关明团队和风湿科邹和建团队合作，成功研发出通过多色荧光定量 PCR 方法检测 *HLA*－*B*＊*5801* 等位基因，并于 2015 年获得发明专利，“*HLA*－*B*＊*5801* 等位基因检测试剂盒开发”获得上海市科委产学研医合作项目。2014 年，与美国匹兹堡大学药学院助理教授杨达合作，进行生物大数据的开发和临床实践。

第五篇 医学教育

概　述

医院的教学背景可追溯至医院创办之初，为中国红十字会培养医护人才，需拥有国人自己的医院及医学堂。1907 年，该设想通过奏章形式获得清政府批准。1908 年，中国红十字会开始招生，并将学生送往同济德文医学堂学习。1910 年，医院及医学堂竣工落成，医学堂于同年开学，并聘请 3 名外籍医师授课。1913 年起与哈佛医学校合办，医院师资进一步扩大，进行学生授课及教学规范。1918 年，与哈佛医学校 5 年合办期结束，医院与安息日会合办，医院由教会管理，教学一度中断。1921 年，医院收回自办，只设内外两科，且招生规模甚小。1928 年，医院成为国立中央大学医学院（上海医学院前身）的实习医院后，医学生开始进院实习，教学秩序日趋正规。20 世纪 50 年代，医院的教育工作由院长办公室负责，后分别由业务组（“文化大革命”期间）、医务科（1979 年）、医教处（1988 年）、科教处（1992 年）负责。1992 年，上海医科大学为理顺教学体制，成立华山临床医学院和中山临床医学院，原上海医科大学医学系建制撤销。同时，下设华山临床医学院教育处和华山临床医学院学生党支部，负责本科生教学工作、本科生思想政治工作和日常事务管理。

2000 年，继续教育工作从医院科教处分离，并入华山临床医学院教育处。2003 年，研究生教育工作从医院科教处分离，并入华山临床医学院教育处。2005 年，复旦大学撤销临床医学院，华山临床医学院教育处更名为华山医院教育处，下设本科教学办公室、研究生科、继续教育科和本科学生工作组。另设医院党委领导下的学生工作党总支。

2010 年，上海市住院医师规范化培训制度出台，医院增设继续教育二科，首批有 12 个基地入选上海市住院医师规范化培训基地。截至 2016 年，共有培训基地 15 个。

2013 年，上海市专科医师规范化培训工作开始推行，医院首批有 14 个基地入选上海市专科医师规范化培训基地。截至 2016 年，共有专科培训基地 25 个。

2013 年，教育处下辖科室调整为本科生科、研究生科和毕业后教育科。

医院有完善的本科生教育、研究生教育、毕业后教育和继续教育工作制度及构架，以培养面向“双一流”的高质量医学人才为重点，贯彻执行教学发展规划，落实各项教育教学制度与措施，年承担逾两千名学生、学员的培养与培训工作，推动医学教育的稳步发展。

第一章　教学沿革

第一节　医院早期教学

一、教学萌芽

1904年3月10日，上海万国红十字会成立，社会活动家、慈善家沈敦和被推举为中方办事董事。其在任期间，参与多次赈济救援的活动，深感医护人员是不可或缺的人力资源，遂与工部尚书吕海寰、工部左侍郎盛宣怀等大臣筹谋，欲在上海——红十字会的发源地建立国人自己的医院及医学堂。

1907年7月21日，吕海寰、盛宣怀代表上海万国红十字会中方组织者上奏清廷，在奏折中提及意即："在上海购地，采取各国医院学堂医船医车之式样，筹措经费，次第仿办。另选聪颖华童，一面在沪附设医学堂，一面出洋学习会医……"奏折获得朝廷的批准，可见清政府也意识到医护人才的培养将成为红十字事业发展的根本，由此奠定医院及医学堂的建立除作为治病救人之医所，更是培养医护人才之摇篮。

为更快更好地招揽医护人才，1908年8月29日，中国红十字会在《申报》刊登广告，面向社会招考医学生。招生广告中提及，医院及医学堂尚未建造，招收的学生暂时前往当时学科完备、程度最高的同济德文医学堂进行学习。招生的宗旨是选拔资质聪颖者教授医科内容，毕业后成为红十字会医员；年龄在15～18岁，身体健康，会英文、数学且中文可作短文，如精通德文更佳；学制8年，毕业后可进入红十字会工作，薪水从优；伙食、书本费均由红十字会承担，自备衣服、被褥、蚊帐等；须通过考试，考试合格后填写保证书。

此后一个月里，中国红十字会连续刊登招考医学生广告，以期招收合适的学生入学。1908年9月30日，招收到第一期学员，并在《申报》上刊登考取医学生名单，分别为曹民、邵树华、邵骥、朱恪臣、马廉、包拯衽、钱泰堃、华寿眉、蔡雍周、邱仁高、陈鲁珍、朱寿田，共计12人，经过体检后遴选10名合格者。

1908—1910年，中国红十字会一面在《申报》上继续刊登招考公告，一面将招收到的医学生送往同济德文医学堂学习。1910年5月，医院与医学堂竣工落成，红十字会与德文医学堂的合作结束。

1910年初，中国红十字会开始就医学生教育、医院营运等工作事宜招募外籍医生。2月10日，中国红十字会与外籍医生柯师(Staffored M. Cox)、亨司德(Hans Thue)、峨利生(Brigir Olesen)签订协议，3名外籍医生以其医学专业成为医院及医学堂的合伙人。随后2月23日、3月5日、3月9日，中国红十字会又连续在《申报》刊登《上海中国红十字会创办医学堂招生》，明确新建医院设有解剖治疗课程并有实习机会，有著名西医柯师、亨司德、峨利生3人授课；明确学额20人，精通英文，年龄20岁以内，学制5年。这是医院与医学堂首次自主招生。1910年3月，医院和医学堂竣工落成，为建筑洋房两所。医院有冷热水管、割症室、诊病室、爱克司电光室、配药室、储药所、化学所、养疴室、浴室、殡殓所，医学堂有学生讲堂、寄宿所、膳堂，设备一应俱全。沈敦和担任院长。竣工不久,5 月 3 日,医学堂开学,柯师负责内科专业,峨利生负责解剖及外科专业,亨司德负责血液检验专业,医院与医学堂遂成为当时国人创办的第一所现代医疗和医学教育机构。

图 5-1-1　医院最早的内科专业教师柯师

图 5-1-2　医院最早的外科专业教师峨利生

二、合作办学

1911 年 1—3 月,医院继续在《申报》刊登招生公告。由于医院建筑风格较为西化,且医院与医学堂的营运模式与办学理念也偏向西式风格,获得美国哈佛大学的关注。5 月,哈佛大学欲在上海购地建造医学校(The Harvard Medical School of China),在调查上海医疗教育环境之后,选择与新建的红十字会总医院与医学堂合作。

1912 年下半年,哈佛医学校与红十字会接触,红十字会委托美籍董事福开森(John C. Ferguson)代表谈判。经过多次沟通,红十字会与哈佛达成 5 年合作的协议,红十字会依托哈佛的资源与教学经验实现培育人才的计划,哈佛医学校则可借用医院及医学堂招收中国学生传播西医科学。

1913 年 5 月 1 日,双方签署合作协议,内容有:① 哈佛延续红十字会之前与 3 名外籍医生的合伙人协议。② 哈佛免费租借总医院建筑中最大的一幢开办“哈佛医学校”,承诺只用于医院与学校,不可挪作他用。红十字会总医院归在红十字会名下,医学堂由哈佛管理。③ 红十字会投资 1 万元(当时货币)建造一幢可容 60 名医学生的宿舍,哈佛投入相当的资金用于医学生的住宿。④ 红十字会将医院和医学堂的设备全部转赠哈佛,哈佛接手医学堂原有的 15 名学生,所学课程与哈佛学生完全相同,除膳食和物品损坏赔偿,免收学费、书费和其他费用。⑤ 遵照合同,哈佛要按红十字会医疗服务原则培养红十字会学生,特别是救护和急救课程,能合格参与红十字会救护工作。⑥ 合同自 1913 年 5 月 1 日起,历时 5 年。⑦ 红十字会负责医院和医学堂的税收和保险,哈佛负责建筑物和仪器的维护和修复。⑧ 哈佛承诺在合同期间,所有仪器设备与租借一样完整和良好运用状态(遭遇天灾除外)。⑨ 用于医院的建筑称为“红十字会总医院”,用以教学与住宿的建筑称为“哈佛医学校”,大门口悬挂两块牌子。⑩ 医院由哈佛医学校掌管,医院现有的负责人及后任者保留其头衔及地位,代表红十字会一方。协议生效起,医院管理权和财政权归属哈佛医学校,医院保留“红十字会总医院”的名称,沈敦和为副院长,热带病学教授胡恒德(Henry Houghton)为院长。

1914 年,合并后的哈佛医学校增设生理学、生理化学和病理学课程。1915 年,医学校开设解剖学、比较解剖学、生物学、物理、化学、卫生学、病理学、寄生生物学、外科学、内科学、门诊、隔离门诊、门诊手术、热带病学,教材全部采用欧美学校教科书,学制五年,英文教学,一年医院实习。

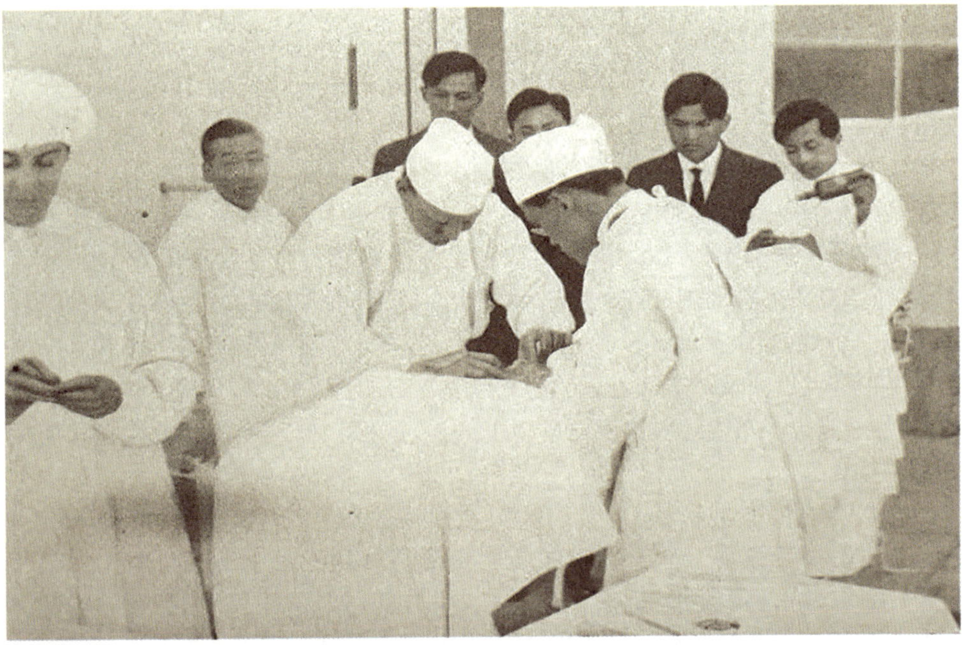

图 5-1-3　1915 年,上海哈佛医学校五年级学生临床实习

图 5-1-4　1915 年,上海哈佛医学校学生上课场景

1916 年，罗氏驻华医社(China Medical Board，简称“罗氏医社”)对哈佛医学校进行评估，罗氏驻华医社属洛克菲勒基金会在华管理机构，其洛克菲勒财团资助哈佛医学校的创建。在罗氏医社对医院及哈佛医学校进行评估后，认为医院教学成果突出，医学校培养优秀，但经过权衡仍决定于 6 月 30 日关闭哈佛医学校。经过谈判，虽然哈佛医学校关闭，但与红十字会签署的合同仍然继续执行，罗氏医社资助红十字会总医院，拥有营运管理医院并使用医院设备的权力直至 1918 年 6 月。

1918 年 6 月 30 日，与哈佛合同到期，罗氏医社不再续约，医院及医学堂与哈佛医学校合办终止。11 月 6 日，医院与基督复临安息日会签约合办 3 年，传教士兰迪司(C. C. Landis)任院长。医院由教会办理，主要科系仍以内外科为主。

三、收回自办

1921 年 12 月 5 日，医院与安息日会合同期满，红十字会将医院收回自办，并由刁信德、牛惠霖、牛惠生、王培元等医师主持医院的医学教育工作。1927 年 9 月，国立中央大学正式创建，创建后只招收医学专业学生，学制 7 年。1928 年 8 月 1 日，学校与中国红十字总会商定，接办医院作为实习医院。医院建立住院医师培训制，学制 3 年，并规定在此期间不准结婚，除周日与国定假期外，每周只有 1 个下午和 1 个晚上休息，其余均为工作时间。住院医师住在医院宿舍，不得外出，自己负责的病房夜间有事呼唤，必须及时进行处理，并规定轮流参加急诊值班，各种疾病都要看，以培养、锻炼较强的独立工作能力。医院还对住院医师以上人员，严格实行一年一度聘任制和淘汰制，选聘最优秀者，淘汰不合格者。

1932 年，学校更名为国立上海医学院。因其吴淞院舍毁于“一·二八”战役，便在医院附近的海格路购地 2 亩(1 333 平方米)，建造临时校舍两幢维持教学。由于学校与医院相毗邻，办公较为便利，学校涉及临床各学科专业均设于医院，分内科、外科、产科、眼科、耳鼻喉科等，医学生在第四年、第五年便需要跟随老师在门诊学习，同时还要在病房开展临床工作；进入第六年后，成为见习医生，在门诊与临床实习，后在不同科室见习，由老师记录成绩，并作论文一篇；经毕业考试及格者，才可获得毕业证书。

图 5-1-5 1936 年，中国红十字会第一医院学生毕业证书

1937 年 8 月 13 日，淞沪抗战爆发后，学校枫林桥校舍被日寇侵占，于是重新迁回医院附近的临时校舍维持教学。1939 年 6 月，学校大部分师生员工内迁昆明，1941 年又迁往重庆，只有医院偕少数留沪师生克服困难，继续坚持教学和医疗工作，直至 1942 年 6 月。

中华人民共和国成立后，1952 年，按国家建设的需要，贯彻学习苏联先进经验并与中国实际相结合的方针，进行院系调整和教学改革，执行全国统一的教学计划。1952 年 1 月 3 日，医院成为内科学院，偏重内科专业为主。1955 年 2 月，学校根据卫生部规定撤销学院建制，建立系一级组织，成立医疗系，所属各临床学院逐步恢复原医院名称；4 月 13 日，医院更名为上海第一医学院内科医院；5 月 4 日，医院改为综合性医院。

1949 年 5 月，由于教师数量较少，有些教师既上基础课程，又兼任专业或临床课程，各学科开始设立教研组(室)，有些教研组(室)下还设教学小组。1955 年，医院设有临床内科教研组、临床外科教研组、传染病流行病学教研组、皮肤性病教研组、神经精神病教研组，后教研组扩展为教研室，另有其他学科陆续设立教研组(室)。

1960 年 4 月 16 日，为便于临床医学部分的教学、医疗、科学研究、政治教育等，改变原有的组织形式，将医疗系分为两部，一部设于中山医院，二部设于附属第一医院，医院成为医疗系二部。经过一年多教育试点改革，为便于医疗系的统一领导，加强临床教学工作，1961 年 12 月 9 日，学校撤销医疗系一部、二部的组织机构。

第二节　医院办学阶段

1966 年 5 月，“文化大革命”开始，正常的教学秩序被打乱，医学院校、护校、卫校一度停止招生，导致医院的医生、护士、技术员一度断档，编制紧缺，影响日常工作开展。为此，医院利用师资力量优势，自主开办教学培训班，培训班地址设在医院内部，1964—1978 年，共培养学生 688 人。

表 5-1-1　1964—1978 年医院办学情况表

培训班、学校名称	办学年份	培养目标	学生人数	办学届数	负责人
华山医院半工半读卫生学校	1964—1966	医士	49	1 届	安素维
华山医院红医班	1968—1969	工人医生	46	2 届	朱锡琪
华山医院医训班	1971—1974	护士、技士	196	3 届	朱锡琪
华山医院医科大学试点班	1970—1973	医师	44	1 届	朱锡琪
华山医院医科大学	1973—1978	医师	353	3 届	朱锡琪

一、华山医院半工半读卫生学校

1964 年 8 月—1966 年 8 月，上海第一医学院开办半工半读职业培训班，以培养新一代的卫生人员为目标，学制 2 年，分别在中山医院、华山医院开办教学。医院接收学生 49 人。1965 年根据卫生局要求更改培养目标，加强医疗、护理教学内容，以培养能治病、护理、劳动的初级卫生人员为目标，学制改为 3 年，学历为医士，毕业后全国统一分配。

二、华山医院红医班

1968 年 11 月，医院开办红医班，以培养工人医生为目标，从工厂工人中招收学生，经过短期训练，学制为半年，培训结束返回原单位，参加车间保健工作及医务室工作。1968 年 11 月—1969 年 8 月，医院从上钢三厂、上海石粉厂、东方红造船厂等单位招收 46 人，共培养 2 届。

三、华山医院医训班

1971—1974年，医院开办护士及医技人员培训班，培养护士及技士。1971年4月—1972年10月，从崇明县招收下乡知识青年75人，其中护士培训班50人、医技培训班25人。1971年9月—1973年8月，从上海市1970届初中毕业生招收学生68人，其中护士培训班38名、医技培训班30人。1972年12月—1974年12月，接受上海市卫生局委托办班，招收学生53人，培训放射、检验专业，毕业后由卫生局负责分配。

四、华山医院医科大学试点班及医科大学

1970年7月，医院开办医科大学试点班，学制3年，招收的学员来自金山县、部队及工厂，统称为"工农兵学生"，总计44人，共开设5个班。为配合教学实践，医院成立革委会，下设立教学连队，指定正、副指导员各一名，正、副连长各一名，并配备临床教师与基础部教师开展教学工作。试点班的学生于1973年8月毕业离校，后开始参加医疗卫生工作。

在试点班办学的基础上，1973年起，医院开始正式面向全国招生，并将毕业后分配工作纳入正常的教学计划中，学制仍是3年不变，学生从全国下乡知青、工厂、部队等进行招收，自此试点班更名为华山医院医科大学。1973年9月—1976年12月，招收3个班级，总计100名学员（1976届）；1974年9月—1977年9月，招收2个班级，总计121名学员（1977届）；1975年9月—1978年9月，招收2个班级，总计132名学员（1978届）。直至1976年"文化大革命"结束，1978届的学生毕业后，医院办大学也随之结束。

第三节　医院教学机构

一、管理机构

1978年2月28日，学校设医学系建制，并对医学系体制改革，分设一系、二系，医学一系设在中山医院，医学二系设在华山医院，医学系6个班中有3个班分配至医院进行临床教学。1980年2月该批学员毕业，医学系恢复原有体制，不再设一系、二系。1992年12月30日，为理顺教学体制，医学系建制撤销，成立华山临床医学院，主要工作职责是负责本科教学和学生工作。华山临床医学院由华山医院、上海市华东医院、上海市第一妇婴保健院和上海市儿童医院组成，设内科学、外科学、妇产科学、儿科学、神经病学、精神医学、传染病学、口腔医学、皮肤病学、骨科学、运动医学、中医学、诊断学、影像诊断学、麻醉学和护理学16个教研室，并配有电化教室和计算机辅助教学室。华山医院临床医学院院长由医院院长陈星荣兼任，医院的教学工作自此步入稳定发展状态。

关于医院负责教学工作的机构，20世纪50年代以前，医院的教学工作与医疗工作交织在一起，由医学教育小组负责。上海解放初期，医院的教学工作由院长办公室负责。在分管副院长的领导下，院办公室协调医疗、护理、教育等各项工作。"文化大革命"期间，医院的教学工作由业务组负责。1979年，医院成立医务科，由1名副科长负责研究生教育及进修工作。1984年，医院对行政机关建制进行调整，实行秘书制，设立科教秘书，负责科研与教学工作。1988年，医院成立医教处，由

1 名副处长负责教学与科研工作。1992 年 10 月，医院为上等级需要，将医教处分设为医务处和科教处，科教处中分别有专人负责科研工作与教学工作。同年 12 月，华山临床医学院成立，下设教育处机构。1995 年，成立华山临床医学院学生工作党总支。2000 年，继续教育工作从医院科教处分离，并入华山临床医学院教育处。2003 年 12 月，研究生教育工作从医院科教处分离，并入华山临床医学院教育处。2005 年，复旦大学撤销临床医学院，华山临床医学院教育处更名为华山医院教育处，下设 4 个科室：本科教学办公室、研究生科、继续教育科和本科学生工作组。2010 年，随着上海市住院医师规范化培训制度的出台，经医院领导审批，教育处增设继续教育二科。2013 年，调整为本科生科、研究生科和毕业后教育科。另有党委领导下学生工作党总支。

二、管理职能

2015 年，医院围绕医院总体发展规划，以培养面向"双一流"的高质量医学人才梯队为重点，贯彻执行学校和医院教学发展规划，落实各项教育教学制度与措施，推动医院医学教育的发展，规范医院教学管理，为医院培养和储备高质量医学人才梯队。

至 2016 年，教育处下有本科生科、研究生科、毕业后教育科及学生工作党总支。本科生科主要负责学校教学任务的落实与管理；医院本科生的教务管理；医学教育教学研究和改革；师资力量的培养。研究生科主要负责医院研究生的招生、培养和学位申请管理工作；博士后进站、中期和出站考核。毕业后教育科主要负责医院住院医师、专科医师的培训管理工作；医师定考的组织管理工作；国家级继续医学教育基地和国家级、市级继续医学教育项目的申报与管理工作；医院学术活动的申报、办班等组织管理工作；本院职工继续医学教育学分的验证管理工作；进修医师的招录与管理工作；配合医务处等部门，组织基础生命支持（BLS）与高级生命支持（ACLS）、专业知识、医疗安全、职业危害防护及安全生产等的教育与培训工作。学生工作党总支主要负责医院全体本科生（临床医学五年制、八年制学生）、研究生（硕士、博士）的思想政治教育和学生事务管理工作；本科生党员、研究生党员、住院医师规范化培训基地党员的组织管理和党支部建设工作。

医院于 2010 年正式推行"大内科、大外科临床医生脱产教学制度"。2012 年，将 8 号楼 408 室改造为临床技能培训中心。同年，举办教育处成立 20 周年暨医院教学工作会议。2014 年 4 月 10 日，为进一步提升医院各级各类学生、医生的临床技能，打破医院培训空间的壁垒，医院与柯惠医疗强强联手，共同创立"华山-柯惠临床技能培训学校"，并举办签约仪式。同年 7 月，配合枫林校区改建工程，医院出资租赁汇宜精英公寓，解决 700 余名学生的住宿与搬迁安置问题。

第二章　学历教育

第一节　本科教育

一、课堂教学

教育处下属的本科生科是负责复旦大学上海医学院日常教学任务落实与管理的部门，在复旦大学上海医学院(其前身为上海医科大学)领导下开展工作。

1992年12月，华山临床医学院成立，有临床教师540名，其中具有副高级以上职称的教师220人，占40.7%。设有内科学、外科学、妇产科学、儿科学、神经病学、精神医学、传染病学、口腔医学、皮肤病学、骨科学、运动医学、中医学、诊断学、影像诊断学、麻醉学和护理学16个教研室，先后有121名正、副教授担任过教研室正、副主任。其中儿科学教研室设于上海市儿童医院；妇产科学教研室设于上海市第一妇婴保健院和上海市华东医院；精神医学教研室设在上海市精神卫生中心。华山临床医学院眼科学教学小组和耳鼻喉科学教学小组的教学工作由上海医科大学眼耳鼻喉科医院的眼科学教研室和耳鼻喉科学教研室领导。

华山临床医学院成立之时，医院设立华山临床医学院教育处，上海市华东医院设立教学办公室，上海市第一妇婴保健院、上海市儿童医院和上海市精神卫生中心均由所在医院的医教科负责，并在华山临床医学院教育处组织下管理日常教务和学生工作。临床医学院的教学改革、教学经费、人事安排、聘任等事项，由临床医学院院长、副院长通过会议讨论决定；日常教务和学生工作，由临床医学院教育处召开教研室主任和教学秘书会议讨论决定。

表5-2-1　1992—2000年华山临床医学院教研室(组)主任(组长)、副主任(副组长)情况表

年份	单　位	教研室(组)	主任(组长)	副主任(副组长)	助　理
1992	华山医院	影像诊断学教研室	陈星荣	王恭宪　刘永昌　潘永辉	
1992	华山医院	内科学教研室	戴瑞鸿	林善锬　卢　珊　范维琥	
1992	华山医院	神经病学教研室	蒋大介	姚景莉　唐镇生	
1992	华山医院	精神医学教研室	徐韬元	顾牛范　徐声汉	
1992	华山医院	传染病学教研室	汪　复	翁心华　孙　涛	
1992	华山医院	外科学教研室	王德昭	吴树强　乐竹琴	
1992	华山医院	麻醉学教研室		潘银英	
1992	华山医院	骨科学教研室	蒋知节	顾玉东	
1992	华山医院	运动医学教研室	范振华	许胜文	
1992	华山医院	皮肤病学教研室	康克非	王侠生　方　丽	
1992	华山医院	口腔学教研室	张孟殷	高月芬　黄爱玉	

（续表）

年份	单　位	教研室(组)	主任(组长)	副主任(副组长)	助　理
1992	华山医院	中医学教研室	沈自尹		
1994	华山医院	诊断学教研室	林善锬	林庚金	
1996	华山医院	影像诊断学教研室	沈天真	刘永昌　华秀云　冯晓源	
1996	华山医院	诊断学教研室	林果为	吕　元　顾美娣*	
1996	华山医院	内科学教研室	林庚金	俞茂华　范维琥　顾　勇	
1996	华山医院	神经病学教研室	吕传真	唐镇生　姚景莉　潘　力	董　强
1996	华山医院	精神医学教研室	顾牛范	江开达　施慎逊	
1996	华山医院	传染病学教研室	张婴元	翁心华　石尧忠　施耀国	
1996	华山医院	外科学教研室	吴树强	宋建达　蔡　端	邹　强
1996	华山医院	麻醉学教研室		梁伟民	
1996	华山医院	骨科学教研室	顾玉东	张志玉　俞永林	夏　军
1996	华山医院	运动医学教研室		胡永善　吴　毅	
1996	华山医院	皮肤病学教研室	方　丽	廖康煌　翁孟武	陈明华
1996	华山医院	口腔学教研室	黄爱玉	俞立英	
1996	华山医院	中医学教研室	施赛珠	王文健　董竞成　藤松茂*	
1996	华山医院	护理学教研室	戴宝珍	蒋　红	
1996	第一妇婴保健院	妇产科学教研室	陈如钧	邵敬於　瞿美钧*	
1996	儿童医院	儿科学教研室	何威逊	朱光华　陈培丽	
1996	华东医院	影像诊断学教研室	蒋茂松	倪新瑜　何还珠	
1996	华东医院	内科学教研室	顾同进	李开沪	
1996	华东医院	神经病学教学组	汪起寿	李文贤	
1996	华东医院	外科学教研室	罗恩钊	俞文鸿	
1996	华东医院	妇产科学教研室		瞿美钧	
1996	华东医院	眼科学教学组	王诚忠	朱复润	
1996	华东医院	耳鼻喉科学教学组	阮盛祥	董人禾	
1996	华东医院	皮肤病学教研室		何芳德	
1996	华东医院	口腔学教学组	解耀邦	吴在平	
1997	华东医院	影像诊断学教研室	蒋茂松	倪新瑜　何还珠	
1997	华东医院	内科学教研室	郑柏生	徐怀玉	
1997	华东医院	神经病学教学组	李文贤	金永寿	
1997	华东医院	外科学教研室	徐兆宗	程爱群	
1997	华东医院	妇产科学教研室		盛一芳	

（续表）

年份	单　位	教研室(组)	主任(组长)	副主任(副组长)	助　理
1997	华东医院	眼科学教研室	王诚忠	朱复润	
1997	华东医院	耳鼻喉科学教研室	阮盛祥	董人禾	
1997	华东医院	皮肤病学教研室		何芳德	
1997	华东医院	口腔学教学组		吴在平	
1999	儿童医院	儿科学教研室	何威逊	朱光华　陈培丽	
2000	华山医院	影像诊断学教研室	沈天真	冯晓源　刘永昌　戴训芦	
2000	华山医院	诊断学教研室	俞茂华	吕　元　张　玉	
2000	华山医院	内科学教研室	林庚金　沈稚舟	俞茂华　范维琥　顾　勇	
2000	华山医院	神经病学教研室	周良辅	洪　震　董　强	
2000	华山医院	精神医学教研室	王祖承	施慎逊　王立伟	
2000	华山医院	传染病学教研室	石尧忠	张永信　施耀国	
2000	华山医院	外科学教研室	倪泉兴	蔡　端　邹　强　丁　强	
2000	华山医院	麻醉学教研室	梁伟民	周守静　曹晓莹	
2000	华山医院	骨科学教研室	顾玉东	黄煌渊　俞永林	
2000	华山医院	运动医学教研室	胡永善	吴　毅　陈世益	
2000	华山医院	皮肤病学教研室	翁孟武	廖康煌　徐金华	
2000	华山医院	口腔学教研室		俞立英	
2000	华山医院	中医学教研室	王文健	董竞成　蔡定芳	
2000	华山医院	护理学教研室	戴宝珍	蒋　红	
2000	华东医院	影像诊断学教研室	蒋茂松	倪新瑜　何还珠	
2000	华东医院	内科学教研室	郑柏生	徐怀玉	
2000	华东医院	神经病学教研室	李文贤		
2000	华东医院	外科学教研室	徐兆宗	程爱群	
2000	华东医院	妇产科学教研室		盛一芳	
2000	华东医院	眼科学教研室		沈念慈	
2000	华东医院	耳鼻喉科学教研室	阮盛祥		
2000	华东医院	皮肤病学教研室		罗东辉	
2000	华东医院	口腔学教研室	吴在平		
2000	华东医院	中医学教研室	藤松茂	潘永福	
2000	第一妇婴保健院	妇产科学教研室	王德芬	段　涛	
2000	儿童医院	儿科学教研室	何威逊	朱光华　陈培丽	

说明：* 者为华东医院教师。

2000年，上海医科大学和复旦大学两校合并。2001年7月，根据复旦大学关于“成立医学院，撤销基础医学院及中山、华山和市一临床医学院建制”的精神，将原基础和临床医学各教研室统一组建为27个系，共同组建成复旦大学医学院。其中，外科学系、神经病学系、皮肤与性病学系、康复与运动医学系、口腔科学系、中西医结合学系、影像医学系7个学系设在华山医院。2009年，因学系调整，影像医学系不再设在医院。

二、课程建设

【课程建设】

至2016年，本科生教育工作主要包括承担临床医学专业五年制、七年制、八年制的临床教学任务和生产实习任务，同时还承担基础医学、法医学、预防医学、公共卫生管理、药学、护理、成人教育等非临床医学专业的临床教学任务。每年医院参与授课科室34个，参与授课教师人数达400余人，参与授课课程20余门。同时，医院每年需完成20余门课程、3 000多人次的考务工作。

表5-2-2　1993—2016年医院承担临床教学任务情况表

年份	承担专业数量	学生人次	授课时数	示教时数	每周实习人数	年份	承担专业数量	学生人次	授课时数	示教时数	每周实习人数
1993	5	1 444	1 384	5 099	4 228	2005	6	1 579	1 711	3 076	9 840
1994	7	1 373	1 535	5 354	3 624	2006	6	1 522	1 492	2 052	7 776
1995	6	1 274	1 377	3 147	3 472	2007	6	1 436	1 156	1 548	6 000
1996	7	1 258	1 582	4 343	4 544	2008	6	1 259	1 387	4 720	2 688
1997	6	1 262	1 546	4 044	3 812	2009	6	1 528	1 138	3 633	4 548
1998	5	1 265	1 593	4 914	3 960	2010	6	1 863	1 268	4 093	2 904
1999	6	1 264	1 621	4 549	5 072	2011	6	1 978	1 494	4 726	3 720
2000	5	1 274	1 797	5 481	3 808	2012	6	2 025	1 762	5 576	4 032
2001	7	1 186	1 872	4 629	3 936	2013	6	2 065	1 161	5 142	3 449
2002	6	1 737	1 778	3 889	3 980	2014	6	2 158	1 116	4 960	4 032
2003	6	2 062	1 683	5 276	3 908	2015	6	2 276	1 110	3 982	4 300
2004	5	2 742	1 910	4 073	4 988	2016	8	2 157	1 093	5 304	4 032

表5-2-3　2016年医院参与授课课程情况表

专　业	门数	开　设　课　程
临床医学(五、七、八年制)	19	影像诊断学、诊断学、内科学、外科学、中医学、中西医结合临床、神经病学、精神医学、传染病学、耳鼻咽喉科学、口腔科学、皮肤病学、医学心理学、康复医学、感染性疾病的诊断与治疗、针灸与推拿学、皮肤美学、中医文化、循证医学
法医学	8	影像诊断学、诊断学、内科学、外科学、皮肤病学、传染病学、神经病学、口腔科学
基础医学	7	诊断学、皮肤病学、内科学、外科学、传染病学、影像诊断学、口腔科学
预防医学	2	影像诊断学、传染病学
护理	3	中医学、神经内科护理、皮肤病学

此外，本科生教育工作还包括承担临床医学七年制、八年制研究生后阶段的培养工作。根据复旦大学培养方案的要求，在校期间学生达到长年制学生素质拓展要求，完成二级学科轮转培养与毕业论文答辩，通过临床技能考核，达到学位要求者授予相应的临床医学硕士、博士专业学位。

2003 年起，开始评选上海市高校精品课程。2004 年起，复旦大学开始评选校级精品课程。2008 年起，评选上海市教委重点课程。为加强课程建设管理、促进课程持续改革和发展、提高教学质量，除完成日常的教学任务外，医院教育处积极组织临床教师参与精品化课程和重点课程建设工作。

表 5-2-4　2007—2016 年医院精品课程和重点课程情况表

课程级别	年　份	课程名称	负责人
上海市精品课程	2008	神经病学	洪　震等
	2016	传染病学	张文宏等
上海市教委本科重点课程	2015	皮肤病学	徐金华等
	2015	传染病学	张文宏等
复旦大学精品课程	2007	康复医学	胡永善等
	2008	神经病学	洪　震等
	2008	口腔科学	俞立英等
	2008	传染病学	施光峰等
	2015	传染病学(全英文)	张文宏等
	2016	皮肤病学(全英文)	徐金华等
	2016	口腔科学(全英文)	俞立英等
	2016	感染性疾病的诊断与治疗	王明贵等

【教材建设】

1992—2016 年，主编《急诊医学》《皮肤病学》《传染病学》《精神医学》《中医学》《诊断学》《现代临床流行病学》等数十部教材和参考书。其中，2011 年吕传真主编的《神经病学》、翁心华与张婴元主编的《传染病学》分别获上海市普通高校优秀教材奖一等奖和二等奖；2015 年林果为、王小钦主编的《现代临床流行病学》获上海市普通高校优秀教材奖。

表 5-2-5　1992—2016 年医院主编教材情况表

年　份	教材名称	出版社	主　编
1992	急诊医学	上海医科大学出版社	丁训杰
1993	皮肤病学	上海医科大学出版社	王侠生
1994	精神医学	上海医科大学出版社	徐韬元
1995	中医学	上海医科大学出版社	沈自尹
1995	乳房外科学	上海医科大学出版社	朱锡琪　李玉珠
1996	实用症状护理学	上海医科大学出版社	杨英华　戴宝珍
1997	传染病学	上海医科大学出版社	徐肇玥

（续表）

年　份	教材名称	出　版　社	主　　编
1999	老年护理学	上海医科大学出版社	毛利娟　戴宝珍
2000	内科学新理论与新技术	上海科技教育出版社	戴瑞鸿
2000	锥体外系疾病	上海科学技术出版社	刘道宽
2000	泌尿外科临床手册	上海科学技术出版社	张元芳
2000	临床袖珍手册・骨科与手外科(第二版)	上海医科大学出版社	顾玉东　俞永林
2000	临床袖珍麻醉手册	上海医科大学出版社	梁伟民
2000	临床袖珍手册・口腔科学(第二版)	上海医科大学出版社	李学祥
2000	现代临床流行病学	上海医科大学出版社	林果为
2002	皮肤性病学	上海科技文献出版社	翁孟武
2005	中医药学	复旦大学出版社	王文健
2006	新编康复医学	复旦大学出版社	胡永善
2006	中西医结合临床	复旦大学出版社	王文健
2006	外科学	复旦大学出版社	蔡　端
2008	感染性疾病与抗微生物治疗	上海医科大学出版社	汪　复
2008	神经病学	上海科学技术出版社	吕传真
2008	急诊医学	复旦大学出版社	杨涵铭　曹同瓦
2009	传染病学(第四版)	复旦大学出版社	翁心华　张婴元
2011	显微外科基本理论与操作(第二版)	复旦大学出版社	顾玉东
2011	新编外科护理学	复旦大学出版社	蒋　红
2011	中医药学(第二版)	复旦大学出版社	王文健
2012	临床护理技术操作规范(第二版)	复旦大学出版社	蒋　红
2014	现代医院门诊管理指南	复旦大学出版社	朱会耕
2014	重症监护培训手册	复旦大学出版社	卢洪洲
2014	现代临床流行病学(第三版)	复旦大学出版社	林果为
2014	康复医学概论	江苏凤凰科学技术出版社	吴　毅
2014	住院医师职业技术培训教材・口腔医学	复旦大学出版社	俞立英
2016	循证临床实践指南的制定与实施	人民卫生出版社	王小钦

三、师资队伍建设

医院拥有一支稳定的师资队伍。为保证教学质量，医院严格按照教育部相关要求，每年副高职称以上教师的授课时数比例均达到并超过80%。

1994年，制定教学督导组制度，医院聘请张延龄、丁训杰等十余名德高望重的退居二线的老专家、老教授成立教学督导组。督导组专家通过教学示范、教学检查和青年教师考核等方法，对教学工作进行督促和指导。医院还将老教授的示范性带教活动摄制成录像片，供青年教师学习，促进临床示教和查房的规范化。

表 5-2-6　1994—2016 年医院历届督导组情况表

届　次	任职时间	督导组成员
第一届	1994—1997	张延龄　丁训杰　薛光华　刘绍魁(华东医院)　徐肇玥　章正绪(华东医院)　陈如钧(上海市第一妇婴保健院)　朱　瑾(华东医院)
第二届	1997—2002	张延龄　丁训杰　史玉泉　徐肇玥　林果为　冯耀庭
第三届	2002—2007	王申生　史玉泉　林果为　张延玲　吕传真　翁孟武　蔡　端
第四届	2007—2012	蔡　端　林果为　吕传真　王文健　翁孟武　徐三荣　俞永林　张永信　俞茂华　周范民
第五届	2012—	蔡　端　王文健　徐三荣　俞永林　张永信　俞茂华　张斯为　徐启武　胡永善　傅雯雯

除此之外，为保证教学质量的稳步提高，医院制定一系列教学质量监督制度。至 2016 年，医院制定首次授课试讲制度、集体备课制度、专家评教和学生评教制度、检查性听课制度等。① 首次授课试讲制度要求：凡首次参加授课的教师，科室必须上报教育处备案，领取考核表，经过严格、规范的教学能力方面的培训、试讲、考核后方可上岗。新授课教师在上讲台前，由各学系组织试讲，系主任和教学督导专家参加，提出具体指导意见。② 集体备课制度要求：每学期开课前，由课程负责人召集该课程所有授课教师进行集体备课，集思广益，改进教学方法，保证课堂教学质量。③ 专家评教和学生评教制度：要求教学督导专家每学期对讲课教师进行全面评教，并对新开课教师和学生意见较多的教师进行选择性评教；将评教意见及时反馈给系主任，要求及时改进；在每轮生产实习结束时，由实习医师对临床带教老师进行评教，对生产实习带教较差的教师，由系主任及时批评、教育和处理。④ 检查性听课制度：根据复旦大学规定，医院党政领导、系主任须参加检查性听课，并作为绩效考核内容；邀请督导组专家参加听课，帮助青年教师提高讲课质量。

第二节　研究生教育

一、招生

2003 年，研究生教育工作从医院科研处转入华山临床医学院教育处。2014 年，医院全面推行研究生导师“评招分离”制度，在医学院博士导师招生上岗条例的基础上，对于导师招生名额的分配要体现学术优先，同时对招生导师的师德实行一票否决制。同年，教育处与科研处联动，制定《华山医院研究生招生计划的执行原则与方案(试行)》管理条例，重点突出以国家级科研项目、省部级人才计划、科研奖励和优秀学位论文为导向的招生计划分配，明确医院的直接管理监督权。医院规定当年度获国家自然科学基金者，国家“973”“863”项目负责人，国家重大专项获得者由医院直接下达招生名额；医院引进人才(千人计划、长江特聘教授等)在研究生名额分配时优先考虑。此举保证学生导师有充足的经费指导学生进行科研工作，有利于培养质量的提高。

表 5-2-7　1992—2016 年医院研究生招生人数情况表

年　份	硕士人数	博士人数	年　份	硕士人数	博士人数
1992	33	31	2005	106	58
1993	49	29	2006	101	53
1994	41	30	2007	113	79
1995	49	36	2008	101	69
1996	46	35	2009	109	79
1997	43	42	2010	95	67
1998	45	43	2011	99	77
1999	69	37	2012	95	90
2000	51	63	2013	117	87
2001	69	60	2014	130	87
2002	58	33	2015	127	92
2003	78	58	2016	125	105
2004	106	74			

1993 年，医院博士后招录工作由神经内科开始，至 2016 年底共计招收博士后 112 人。

表 5-2-8　1993—2016 年医院招收博士后人数情况表

年　份	进站人数	出站人数	年　份	进站人数	出站人数
1993	1	0	2007	4	6
1995	2	1	2008	4	3
1997	2	2	2009	9	4
1999	4	2	2010	7	7
2001	3	4	2011	7	5
2002	4	0	2012	9	8
2003	3	3	2013	9	8
2004	7	3	2014	7	4
2005	10	3	2015	6	5
2006	7	8	2016	7	5

二、培养

研究生培养工作是研究生教育工作的重中之重，研究生科在研究生培养方面严格按照复旦大学研究生院下发的培养方案和要求进行，同时也根据医院研究生自身的一些特点和情况组织有针对性的培训。

【课程建设】

截至 2016 年，医院开设临床相关课程共 8 门，其中“影像医学进展”“临床流行病学”“内科学新理论与新技术”3 门课程获“985”一期重点课程建设项目。《显微外科基本理论与操作》与《精神医学新概念》2 本教材入选全国研究生教学用书。

表 5－2－9　2016 年医院研究生临床课程情况表

课程编号	课程名称	学分	总学时	理论学时	实验学时	任课教师	开课学期	备注
MED6033	内科学新理论与新技术	3	60	60	0	林善锬	第一学期	
MED6034	显微外科基本理论与操作	2.5	72			顾玉东	第一学期	
MED6036	影像医学进展	1	21	21	0	耿道颖	第一学期	
MED6037	感染性疾病的抗菌药物治疗	2	42	42	0	施耀国	第一学期(两班)	
MED6041	临床流行病学	2	40	40	0	王小钦	第一、二学期	
MED620113	心身医学与医学心理学咨询	2	36	36	0	施慎逊	第二学期	2010 年新增
MED630016	临床真菌学	1	16	16	0	章强强	第一学期	2011 年新增
MED620137	临床科研概论	2	36	36	0	关　明	第二学期	2016 年新增

【临床和科研培训】

临床医学专业学位研究生的培养目标是培养学者型的临床医生。医院重视对专业学位研究生临床技能的培养，教育处定期对专业学位研究生的轮转进行检查，加强轮转过程的管理。2007 年，教育处加强全体研究生的学术诚信教育，制定《华山研究生科研实验记录本规范化管理的规定》，对所有博士研究生进行开题前辅导，并要求所有博士研究生进行开题汇报。2010 年，教育处与医院中心实验室合作，对全体博士研究生和科研型硕士研究生进行科研培训，目前共进行 16 批 700 余人次的培训。

【创新基金】

为鼓励博士生创新，复旦大学研究生院先后设立博士生创新基金和重点学科基金，医院在博士生开题后，选拔优秀者参加基金的申报。2011—2016 年，医院共有 41 名研究生获得学校创新基金，有 12 名研究生获得重点学科基金资助。

【复旦大学博士生学术论坛】

复旦大学博士生学术论坛是由复旦大学研究生院和党委研究生工作部发起的高端论坛，旨在营造一个良好的学术氛围，加深对学科的探究和交流。2009 年 4 月，医院教育处主办“复旦大学博士生学术论坛”临床医学篇峰会。

【导师遴选工作】

在导师遴选方面，医院严格按照临床医学学位分委会对研究生导师遴选资格的要求进行初审，确保每一位新增导师在临床、科研和师德师风方面都符合医院的标准。截至2016年底，医院有硕士研究生导师148人，博士研究生导师116人。

表5-2-10　2016年医院在职导师情况表

科　室	博士生导师	硕士生导师
内分泌科	李益明　史虹莉　周丽诺　王庆华	刘　红　叶红英　闻　杰　杨叶虹　张朝云　赵晓龙　王宣春　鹿　斌
心血管科	施海明　李　勇　罗心平	严萍萍　黄国倩　沈　伟　李　剑
肾内科	顾　勇　郝传明　陈　靖	陆福明　张　明　朱彤莹　薛　骏　张敏敏
血液科	许小平　夏　荣　陈　彤　王小钦	陈波斌　顾静文　陈勤奋
消化科	刘　杰	刘　懿　孙　旭　钟　良　杨冬琴
呼吸科	陈小东　金先桥　李圣青	张文宏　王桂芳
感染科	张继明　施光峰　张文宏　卢洪洲　张　颖　朱利平　黄玉仙	邵凌云　金嘉琳　陈　澍　卢　清　蒋卫民　陈明泉　张巨波
抗生素研究所	王明贵　张　菁　黄海辉	施耀国　李光辉　杨　帆　徐晓刚　刘　杨
职业病科	邹和建	万伟国　吕　玲
外科	陈宗祐　黄广建　钱建民　邹　强　陈进宏　项建斌　钦伦秀　杜建军　王正昕	史留斌　马保金　吴　钢　王红鹰　汪志明　张　浩　华鲁纯　姚琪远　蒋永剑　殷保兵
胰腺外科	傅德良　金　忱	李　骥
胸外科	陈晓峰	陈志明　王宜青
泌尿科	丁　强　夏国伟　徐剑峰　姜昊文　沈周俊　吴　忠　徐　可	方祖军
骨科	马　昕　姜建元　吕飞舟　夏　军　王　旭	张　权　陈文钧　马晓生
手外科	顾玉东　徐建光　陈　亮　劳　杰　徐文东　徐　雷　董　震	王　涛　陈　琳　虞　聪　赵　新　胡韶楠　王　欢　彭　峰
神经外科	周良辅　潘　力　朱剑虹　毛　颖　吴劲松　赵　曜　胡　锦　宫　晔　顾宇翔　朱　巍　冷　冰　姚　瑜	钟　平　陈　功　车晓明　秦智勇　徐　斌　胡　杰　陈　亮　王镛斐　杜固宏　张　荣　吴雪海　庄冬晓　谢　嵘　顾士欣
整形外科	穆雄铮	
神经内科	董　强　肖保国　洪　震　郭起浩　王　坚　卢家红	赵重波　丁正同　朱国行　丁　玎　王　毅　王　亮　吴洵昳　王开颜　付建辉　陈向军
皮肤科	项蕾红　徐金华　杨勤萍　骆肖群　朱宁文	卢　忠　方　栩　陈明华　李　锋　章强强　朱　敏　张正华　吴文育　严淑贤　吴金峰
放射科	冯晓源　耿道颖　姚振威　陈　爽	黎　元　初曙光　周林江　李　克　何慧瑾　张家文　张晓龙　刘含秋　杨艳梅　张　军
核医学	管一晖　刘兴党　左传涛	赵　军　朱汇庆

（续表）

科　室	博士生导师	硕士生导师
检验科	吕　元　关　明　蒋晓飞　夏　荣	胡付品　林　勇　刘春芳　张　琦　王志成　郭庆兰
精神卫生	施慎逊　王立伟	徐一峰
老年科		张　玉　黄延焱　朱　敏　张佳明　周厚广　吴晓琰　陈　蔚
眼科	叶　纹　王志良	张宇燕　王庆平　陆肇曾
药剂科	钟明康　王　斌	施孝金　李中东　焦　正
康复医学科	吴　毅　白玉龙　贾　杰	李　放
运动医学科	陈世益　华英汇	陈疾忤
中西医结合科	沈自尹　董竞成	傅晓东　李　霁
耳鼻喉科	赵　霞　孙广滨	鲁　飞　蔺　林
急诊科		曹同瓦　祝禾辰　宫　晔
超声医学科	王　怡	王　涌　许　萍
病理科		唐　峰
口腔医学科	赵守亮　孙红英	
麻醉科	梁伟民　张　军　王英伟	周守静
肿瘤科		梁晓华　周鑫莉　汪　洋
护理部		蒋　红　曹艳佩

【新增导师培训】

为深入贯彻落实《学位与研究生教育发展“十三五”规划》文件精神，加强医院研究生导师队伍建设，提高研究生导师综合素质和研究生培养质量，医院对新增研究生导师进行上岗前培训。培训内容包括研究生招生、培养、学位和学生工作四个方面，确保新增导师能在学术造诣、临床经验、思想政治方面具备基本的胜任能力。

表 5-2-11　2002—2016 年新增研究生导师人数情况表

年　份	硕士生导师人数	博士生导师人数	年　份	硕士生导师人数	博士生导师人数
2002	19	5	2010	10	6
2003	9	—	2011	8	8
2004	27	2	2012	16	12
2005	22	9	2013	16	12
2006	26	7	2014	10	7
2007	9	7	2015	10	10
2008	8	5	2016	8	8
2009	12	4			

【优秀学位论文】

1999 年，国家教育部和国务院学位委员会决定，每年在全国范围内评选出 100 篇优秀博士学位论文，该项工作列入“面向 21 世纪教育振兴行动计划”。优秀学位论文也成为衡量研究生培养水平的重要指标之一。2001—2016 年，医院在优秀学位论文评选方面取得良好的成绩。

表 5-2-12　2001—2016 年医院获优秀学位论文情况表

年份	论文题目	奖项名称	作者	导师	专业
2001	维持臂丛正常生理功能所需最少神经根数的实验研究	全国优秀博士学位论文	陈　亮	顾玉东	外科学(显微外科)
2003	MGT-30 在胸腺瘤重症肌无力中的意义研究	上海市优秀博士学位论文	陈向军	吕传真	神经病学
2004	提高膈神经移位治疗臂丛撕脱伤疗效的基础与临床研究	上海市优秀博士学位论文	徐文东	徐建光	外科学(显微外科)
2004	异烟肼耐药相关基因及其功能分析	上海市优秀博士学位论文	莫　凌	翁心华	内科学(传染)
2004	中国癫痫患者卡马西平的群体药动力学研究	复旦大学优秀硕士学位论文	焦　正	钟明康	药剂学
2004	G-CSF 对小鼠造血细胞表面黏附分子表达的影响	复旦大学优秀硕士学位论文	陈　彤	谢　毅	内科学(血液)
2005	提高膈神经移位治疗臂丛撕脱伤疗效的基础与临床研究	全国优秀博士学位论文提名奖	徐文东	徐建光	外科学(显微外科)
2006	醛固酮对大鼠肾小球硬化的影响及机制探讨	上海市优秀博士学位论文	赖凌云	顾　勇	内科学(肾病科)
2007	上海市中心城区 30 岁以上已诊断 2 型糖尿病者慢性并发症调查	上海市优秀博士学位论文	鹿　斌	胡仁明	内科学(内分泌)
2011	选择性环氧化酶 2 下游通路 mPGES1-PGE2-EP2 在慢性肾衰竭甲状旁腺异常增生中的作用研究	复旦大学优秀硕士学位论文	张　倩	陈　靖	内科学(肾病科)
2011	非 AIDS 相关隐球菌感染患者 *MBL* 基因多态性分布及其相关研究	复旦大学优秀硕士学位论文	区雪婷	朱利平	内科学(感染)
2014	APPL1 改善肥胖相关的胰岛素抵抗和内皮功能紊乱的机制研究	上海市优秀博士学位论文	王　熠	李益明	内科学(内分泌)
2015	MicroRNA-26a 在肝细胞癌中功能和机制的研究	上海市优秀博士学位论文	杨　鑫	钦伦秀	外科学(普外)
2015	调节性 T 细胞移植对实验动物脑缺血损伤的保护作用	上海市优秀博士学位论文	李佩盈	梁伟民	麻醉学
2015	汉语语言中枢的多模态技术研究及其在外科手术定位中的应用	上海市优秀博士学位论文	路俊锋	周良辅	外科学(神外)
2015	熔解分析衍生技术在骨髓增殖性肿瘤分子标志物 *JAK2 V617F* 突变检测中的应用	上海市优秀硕士学位论文	吴之源	关　明	临床检验诊断学

（续表）

年份	论文题目	奖项名称	作者	导师	专业
2016	新的细胞壁锚定蛋白SasX在金黄色葡萄球菌定植和感染中的作用及其作为疫苗靶点可行性的初步研究	上海市优秀博士学位论文	杜 昕	吕 元	临床检验诊断学
2016	发作性运动诱发性运动障碍*PRRT2*突变特征基因型-表型关系及可能机制	上海市优秀博士学位论文	李宏福	吴志英	神经病学
2016	RNASET2分子在白癜风发病中的作用及机制研究	上海市优秀博士学位论文	王倩倩	项蕾红	皮肤病与性病学
2016	心脏自主神经病变诊断评估、相关危险因素分析及数学模型的构建研究	上海市优秀博士学位论文	唐子惠	周丽诺	内科学(内分泌)
2016	核苷(酸)类似物治疗对慢性乙型肝炎患者肾小球滤过率估计值的影响	上海市优秀硕士学位论文	戚 勋	张继明	内科学(感染)

【国外联合培养】

2006年底，国家正式设立“国家建设高水平大学公派研究生项目”，医院从2007年开始组织实施该项目，至2016年共有81人获得该项目。联合培养的学校包括美国哈佛大学医学院、英国剑桥大学等一批世界著名的医学院校，为医院人才储备打下扎实基础。

表5-2-13 2007—2016年医院研究生国外联合培养情况表

年 份	录取人数	录 取 人 员
2007	6	崔一尧 毛日成 吴金峰 朱小霞 孙一忞 从恩朝
2008	10	张耀华 张 舒 孔 宁 姜 敏 刘红艳 刘 俊 覃韦苇 罗国培 周闻白 陈淑芬
2009	7	朱小霞 孙一忞 从恩朝 宋 捷 吴 亮 陈淑芬 吴金峰
2010	3	于一云 安 冉 徐长青
2010	1	李林昕
2011	5	吕 磊 牛耿明 梁敏锐 薛瑞丹 赵 静
2012	2	冯陈陈 弓唯一
2013	5	陈春辉 黄 杉 鲍其远 吕 彬 张 慧
2014	8	谢鸿宇 王瑾瑜 吴 蔚 张 琥 吴 晓 张馨赟 许 彬 章 捷
2015	10	朱宏达 赵 苗 胡柯嘉 王潇文 郭 际 张 宁 王 娟 任 红 杜 鑫 吴 斐
2016	10	陈 曦 吴梦瑶 王 静 乔小娜 陈圣森 王贤帝 周芬芬 邵怡凯 李念夷 黄剑波

表 5-2-14　2009—2013 年医院研究生国外短期访学情况表

年　份	录取人数	录取人员
2009	2	程　忻　李　宁
2010	3	李　宏　王　森　丁　巍
2011	3	张咏梅　范毅超　赵　婷
2012	3	彭　伟　张咏梅　杨建军
2013	3	吴　阳　李　丽　王　彬

第三章 毕业后教育

第一节 住院医师培养

住院医师规范培训是医学生毕业后教育的重要组成部分。“文化大革命”至20世纪70年代末，中国无规范化住院医师培训制度。20世纪80年代，各地恢复住院医师培训的试点工作。1993年，卫生部印发《关于实施临床住院医师规范化培训试行办法的通知》，明确要求对1993年毕业的住院医师实施规范化培训试点工作，在二级学科范围内轮转参加本学科各主要科室的临床医疗工作，进行全面系统的临床工作基本训练。

1993年，医院开始承担住院医师培养工作。2010年，上海市在全市范围内正式推行住院医师规范化培训工作，医院成立以院领导和职能管理部门为主的“华山医院住院医师规范化培训管理委员会”和以科室教学主任为主的“华山医院住院医师规范化培训工作委员会”。医院首批有12个基地入选上海市住院医师规范化培训基地，分别是内科、外科、急诊科、神经内科、皮肤科、康复医学科、麻醉科、医学影像科、医学检验科、临床病理科、口腔科、全科医学科。2011年，新增眼科、耳鼻咽喉科、中医内科3个基地。截至2016年，共有培训基地15个。2010—2016年，共招录住院医师规范化培训学员892人，2013年，医院开始接收来自安徽医科大学、福建医科大学等地的委托培养住院医师。2010—2016年，已有500多名学员顺利结业，成为上海市最大的住院医师规范化培训基地之一。2016年7月，国家卫计委对医院住院医师规范化培训工作进行督导。

表5-3-1 2010—2016年医院住院医师规范化培训学员人数情况表

年 份	招 录 人 数	接收委培人数
2010	105	
2011	83	
2012	130	
2013	129	10
2014	136	10
2015	143	15
2016	166	19

一、管理架构及制度

【建立医院、职能处室、专业基地三级管理架构】

成立毕业后教育委员会，在院长统一领导下，由分管院长亲自统帅，教育处为具体执行部门，按

1∶100比例配置专职管理员。为保证专业培训质量，各基地成立管理小组，基地主任负责制，下设教学管理小组，配置教学秘书，每个专业基地都建立完善的管理制度及标准化台账。

【完善各项管理制度】

医院共出台《培训实施办法》《组织管理办法》《培训和考核管理办法》《招录方案》《师资管理办法》《人事管理制度》《年限确定方案》《考勤制度》《津贴发放方案》《课程积分管理制度》《出科考核制度》《年度考核制度》《优秀学员评选方案》《优秀带教老师评选细则》《教学事故处理条例》等30多项管理制度，并切实落实，按制度管人，对每一个基地、每一位培训老师、每一位培训学员一视同仁。

二、三级岗前培训制度及入门教育

医院建立严格规范的三级岗前培训制度，从院级—教育处—临床科室使新学员尽快适应新环境，胜任临床岗位，并融入医院文化。

【院级岗前培训】

住院医师入院需要参加两周内容翔实的院级岗前培训，培训内容包含医院文化、医院管理流程、信息系统使用、患者安全及隐私保护、急诊流程、院感控制、突发事件应急、消防安全、学术规范及论文写作技巧、住院医师规范化培训相关政策解读等，还有心电图及X片读图读片技巧、精神病麻醉药物使用、病史书写、体格检查、基本生命支持等必要专业基础理论及技能培训，并通过考核。

【专业基地岗前培训】

每个专业基地在学员正式进入培训前都将对学员进行本专业基地岗前培训，包括本专业培训要求、培训方案及个人培训计划制定、科室管理制度、岗位要求，熟悉培训管理老师及工作环境。

【入科教育】

每新进入一个轮转科室，都由科室教学管理员为轮转学员进行入科教育，帮助学员尽快适应轮转学科工作环境及岗位。

三、考核体系

为确保培训质量，医院制定一套完善的考核体系，2010年起，除起始性评价（诊断性评价）及培训结束时的终末性评价外，整个培训过程中严格执行形成性评估，将月度评估与年度评估相结合，加强过程管理。评估频率缩短为月，每月都对住院医师的综合素质、临床技能水平及理论水平进行评估，并采用国际通用的mini-CEX/DOPS模式进行临床技能水平测试，修正学员成长轨迹，帮助学员在培训中不断完善改进，尽快靠近并达到培训目标。

表 5-3-2　2016 年医院住院医师规范化培训考核评估体系情况表

评估层级	评估节点/频率	评估名称	评估内容及方法	备　注
起始性评估	招生入院	招生考试	笔试、面试	确定培训方案及培训年限
培训期间形成性评价评估	每月	综合素质(态度)	带教老师评价学员医德医风、病案管理、人际沟通与团队协作能力	无排名
		专业理论(理论)	开放题库网络信息平台,随时随地可自评,每月一次正式测试,成绩可自查	
		专业技能(技能)	临床思维——mini-CEX	
			临床操作——DOPS	
	学年末	年度综合考核	OSCE(有反馈)	有排名评估依据
终结性评估	培训结束	结业综合考核	OSCE(无反馈)	全市统一组织考核

四、信息管理平台

【轮转管理平台】

为落实学员轮转培训、加强过程管理、提高管理效率,医院建立与医院临床数据中心(CDR)等信息系统互联互通的综合性住院医师规范化培训信息管理平台。管理平台具有招录、基础信息维护、系统权限维护、轮转排班、考核考评、带教管理、背靠背考评功能(带教评学员、学员评带教、学员评轮转科室),既具有标准化、自动化特点,又兼顾个性需求,解决了自动排班、背靠背考评等管理难题。由于与 CDR 信息互联互通,确保住院医师轮转切实执行。

【自助网络学习平台】

为帮助学员充分利用碎片化时间进行理论知识学习,医院建立电脑、手机双终端自助网络学习平台。学员可以通过电脑和手机,随时进行理论学习并进行模拟考试,帮助学员打好理论基础。

【培训讲座管理平台】

学员理论培训课程也通过系统管理。授课方可以自主登记课程,学员可以随时上网查询。必修课、选修课,以及医院层面、专业学科层面的培训讲座都可以通过网络查询。学员可以按照培训要求结合自己的专业特点和兴趣,选择参加。

五、师资培训

教学相长、师资先行。医院长期以来有一个传统,高年资住院医师晋升主治医师前必须经过核心教学能力培训和考核认证,确保每一位有资格带教住院医师的主治医师一定经过核心教学能力的培训和考核。核心教学能力包括教学查房、教学授课、教学讨论及考核评估。

除核心教学能力培训考核全覆盖，医院还对优秀师资进行特定的 mini－CEX/DOPS 考核及微创教学等师资培训。

第二节 专科医师规范化培训

按照 1993 年卫生部印发的《关于实施临床住院医师规范化培训试行办法的通知》，培训分为两个阶段。住院医师规范化培训第二阶段要求住院医师进一步完成轮转，逐步以三级学科为主进行专业训练，深入学习和掌握本专业的临床技能和理论知识。2006 年，卫生部以培养专科医师为目标，在全国范围内扩大住院医师规范化培训试点工作。

2013 年，上海市开始推行专科医师规范化培训工作。医院作为上海市首批专科医师规范化培训基地，第一批有 14 个专科招录基地，分别为心内科、消化科、内分泌科、血液科、肾内科、风湿科、感染科、普外科、骨科、泌尿外科、神经外科、老年科、麻醉科、肿瘤内科；2014 年，新增神经内科、皮肤科、康复医学科、超声医学科、放射科、核医学科、医学检验科、临床病理科、牙体牙髓科 9 个基地；2016 年，新增呼吸内科和胸外科 2 个基地。截至 2016 年底，医院有专科培训基地 25 个。

表 5－3－3 2013—2016 年医院专科医师规范化培训学员人数情况表

年份	招录人数
2013	47
2014	57
2015	60
2016	81

为保证专科医师规范化培训顺利开展，医院在原卫生部住院医师第二阶段培训工作的基础上，建立专科医师培训的组织构架，并根据上海市卫计委培训细则，协助各专科基地制订专科基地简介、专科医师培训细则、管理流程及出科考核方式等；修订华山医院各类特色学科专科医师的培训方案，其中包括住院医师中级培训课程、临床轮转技能训练、医患沟通技巧和医学教学能力培养等方面，建立起一套完整的培训方案及评估体系。

第四章　继 续 教 育

第一节　继续医学教育

1996 年 5 月，国家级继续医学教育项目工作开始。1997 年，开班时只有 8 个项目，培训学员数 263 人。2000 年继续教育科成立后，年继续教育项目数量从 22 项增加到 114 项，参与科室由原先的 9 个增加至 45 个，参与科室覆盖临床科室、辅助科室、护理、行政管理等部门，增加了医院与学科在全国的影响力。

表 5－4－1　1997—2016 年医院继续教育项目数情况表

年　份	国家级项目数	基地项目数	上海市项目数	项目总数	招生总人数
1997	8			8	263
1998	12			12	640
1999	15			15	659
2000	22			22	1 515
2001	25			25	1 455
2002	33			33	1 640
2003	34			34	1 285
2004	43			43	2 044
2005	25	18	4	47	2 159
2006	23	20	4	47	2 445
2007	30	18	1	49	2 145
2008	34	18	2	54	2 966
2009	35	22	4	61	3 732
2010	36	19	5	60	4 077
2011	42	24	2	68	4 771
2012	48	26	3	77	6 516
2013	59	26	1	86	5 516
2014	66	27	1	94	7 032
2015	79	32	0	111	9 416
2016	79	34	1	114	10 440

在各学科的积极参与下，医院形成完善的继续医学教育项目的管理制度，并创立优质的继续教育品牌项目。2002 年起，骨科举办脊柱应用解剖学习班，招收全国各地培训学员近 3 000 人次，涉

及范围之广是医院国家级继续医学教育项目之最。2013 年，脊柱应用解剖学习班与美国梅奥医学中心合作，不仅在内容上贴近国际前沿，同时在机制上有所突破，经美国继续医学教育认证委员和中华医学会认可，成为国内首个跨国中美联合长期培训项目，成为医院继续医学教育的一个亮点。

医院一直把继续医学教育工作列入医院的日常管理工作。2002—2016 年，全院开设各类培训课程 926 节次，培训医护人员 159 830 人次。2006—2015 年，医院中级以上医技人员参加上海市继续教育学分验证共计 8 602 人次，实际通过 8 517 人次，验证通过率 99.01%。2016 年，因初级人员开始继续教育学分验证，年验证总人数达 3 261 人次，实际通过 3 249 人次，验证通过率 99.63%。

医院制订继续医学教育管理制度，使管理工作的开展有章可循；对现有工作进行科学、规范化管理，开发工作管理网络软件：继续医学教育对外工作管理软件、继续医学教育对内学分统计工作管理软件、进修工作管理软件、“研究生导师管理系统”网络软件。2007 年，正式启用医院职工继续医学教育管理系统，并建立 IC 卡管理制度。2013 年 12 月，首次采用网上验分的方法，开展全院的学分验证工作，对Ⅰ类学分的管理、授予更为规范和严格。

2002 年，为配合上海市卫生局新的住院医生规范化培养制度，教育处专门为住院医生建立网站，发布工作情况，还建立电子信箱，定期与住院医生交流培养工作，及时解决他们急需解决的问题。举办住院医生规范化培养临床技能考核（公共考点）2 场。编制临床住院医生技能考核（内、外、妇、儿）多媒体考卷，为全国领先，已被国家卫计委、上海市卫计委采用，作为国家住院医生规范化培养考试范本。

第二节　进修教育

医院作为国内医疗技术领先的三级甲等医院，每年承担大量的进修教育工作。2002—2016 年，医院共招收各类进修人员 6 496 人，其中对口支援培养进修人员 426 人，为边远地区培养大量的学科带头人和业务骨干。

表 5-4-2　2002—2016 年医院接收进修人员总数情况表

年　份	招生总数（其中支援边疆教育人数）
2002	198
2003	233
2004	323
2005	363
2006	315
2007	321
2008	359(20)
2009	403(25)
2010	377(22)

（续表）

年　份	招生总数(其中支援边疆教育人数)
2011	460(17)
2012	456(27)
2013	525(40)
2014	684(92)
2015	745(90)
2016	734(93)

第五章　学 生 工 作

第一节　概　　述

医院学生工作党总支前身为华山临床医学院学生党支部，由医院党委直接领导。1992 年 12 月，华山临床医学院成立之时，同时成立华山临床医学院学生党支部。1995 年 12 月，成立华山临床医学院学生工作党总支。2005 年，随着临床医学院的撤销，华山临床医学院学生工作党总支变更为华山医院学生工作党总支，下设本科生学生工作组和研究生工作组，主要负责学院临床医学生、研究生的思想政治教育工作和奖惩补助贷、党团建设、社会实践、志愿服务、就业指导、心理健康等日常管理工作。2010 年 11 月，随着上海市住院医师规范化培训工作的正式启动，医院成立住院医师规范化培训学员党支部，隶属于学生工作党总支。

表 5-5-1　1992—2016 年中共复旦大学华山医院学生工作党总支情况表

支部名称	任职时间	书记	任职时间	副书记	支委
华山临床医学院学生党支部	1992—1995	朱　新			
华山临床医学院学生工作党总支	1995—1997	谢　毅	1995—1997	朱　新	谢　毅　朱　新　王申生　陈小音　戴润明
	1997—2005	朱　新			朱　新　王申生　陈小音　戴润明　孙　莉　王海红
华山医院学生工作党总支	2005—2011	朱　新	2005—2009	孙　斌	朱　新　孙　斌　王海红　陈小音　李海明
	2011—	高继明			高继明　王海红　刘　倩　朱春艳　张　健

表 5-5-2　1978—2016 年华山临床医学院毕业人数情况表

届次	三年制		五年制		六年制		七年制		八年制	
	入学年份	毕业人数	入学年份	毕业人数	入学年份	毕业人数	入学年份	毕业人数	入学年份	毕业人数
1978	1975	130								
1979	1976	180								
1980										
1981										
1982			1977	125						
1983			1978	120						
1984			1979	125						

（续表）

届次	三年制		五年制		六年制		七年制		八年制	
	入学年份	毕业人数	入学年份	毕业人数	入学年份	毕业人数	入学年份	毕业人数	入学年份	毕业人数
1985			1980	120						
1986					1980	17				
1987					1981	120				
1988					1982	150				
1989					1983	90				
1990					1984	120				
1991					1985	130				
1992					1986	170				
1993			1988	118	1987	108				
1994			1989	131						
1995	1992	50	1990	130			1988	11		
1996	1993	120	1991	129			1989	32		
1997	1994	60	1992	122			1990	14		
1998			1993	123			1991	14		
1999			1994	115			1992	14		
2000			1995	107			1993	16		
2001			1996	108			1994	29		
2002			1997	103			1995	29		
2003			1998	106			1996	22		
2004			1999	103			1997	28		
2005			2000	145			1998	28		
2006			2001	70			1999	30		
2007			2002	14			2000	92		
2008			2003	18			2001	113		
2009							2002	138		
2010			2005	48			2003	98		
2011			2006	23						
2012			2007	19					2004	51
2013			2008	20					2005	51
2014			2009	19					2006	54
2015			2010	31					2007	57
2016			2011	31					2008	43

说明：1978—1992 届毕业生为上海医科大学医学系(华山班)毕业生。

第二节 学生党建与团学活动

一、学生党建活动

1992—2016 年，共发展本科生学生党员 292 人，研究生学生党员 65 人。除党员数量的发展，医院更重视党员素养的培养，以“党员成长计划”和《党支部工作手册》为抓手，加强学生基层党组织制度规范和工作创新；以“夯实党建基础，争做先进表率”为主题，开展一系列丰富多彩的活动，如每年学雷锋日、重阳节到社区进行义诊，到上海市红色教育基地参观并重温入党誓词等。此外，研究生党员每月还交纳特殊党费资助贫困学生。

二、学生团学活动

【迎新晚会】

20 世纪 80 年代末至 90 年代初，每年的迎新晚会也是学生活动中的一大亮点，为全院学生提供一个艺术的舞台。此外，每年还举办 50 余次主题活动，丰富医学生的业余生活。

【“华山人节”与“秋之韵”学术文化节】

“华山人节”和“秋之韵”学术文化节是由医院本科生、研究生组织策划的年度学术文化品牌活动，通过一系列的人文学术讲座、职业规划指导、志愿服务实践、文化体育活动等，为广大学子提供一场汇集学术、实践、娱乐、服务的平台。“华山人节”学术季自 2003 年起，至 2016 年已经举办 14 届；“秋之韵”研究生学术季自 2009 年起，至 2016 年已经举办 8 届，成为华山学子最期待的学术盛会。

【暑期社会实践】

2003 年 8 月，由副院长顾勇率领复旦大学博士团 21 人赴革命老区江西省兴国县开展暑期社会实践调查并开展义诊活动，还去长冈乡进行农村卫生现状入户调查。此后医院研究生继续深入兴国县，同时赴皖南革命老区进行义诊、调研、送医送药活动。2000—2016 年，医院的暑期社会实践项目连续 15 年获“复旦大学优秀暑期社会实践项目”。其中 2015 年“服务驻岛兵，践行中国梦”暑期社会实践活动获上海市大学生优秀暑期社会实践项目奖。

第三节 志 愿 服 务

一、现场急救活动

“现场急救活动”是学生工作中的一个品牌社会实践和志愿服务活动，自 2003 年开始，志愿者们走进高校、社区、中学，受到了社区居民及师生的一致好评，取得良好的社会反响。“华山临床急救队”获 2007 年度复旦大学优秀志愿者服务集体称号，2016 年被列入“复旦大学本科生党员志愿服务联盟”。

二、博士生宣讲团

“博士生宣讲团”是华山医院研究生的一个品牌项目。自2007年成立以来，每年坚持到各大高校、华山社区、宝山社区进行宣讲，至2016年共宣讲300余次，深受好评。

三、其他志愿服务

除常规志愿服务外，学生工作党总支每年还会组织开展一系列与医学专业有关的社会实践及志愿者活动。在2005年复旦大学百年校庆、2007年医院百年院庆、夏季特奥会、2010年上海世博会、2016年医院百十院庆等大型活动中，都有医学生志愿服务的身影。此外，医院学生还长期担任上海科技馆义务讲解志愿者、皮肤科社区流行病学调查志愿者、医院门诊导医志愿者、献血志愿者等。每年有300余人次参加各类志愿服务活动。

第六章　教学成果与荣誉

第一节　教 学 成 果

1994 年 3 月 14 日国务院发布《教学成果奖励条例》，旨在奖励反映教育教学规律，具有独创性、新颖性、实用性，对提高教学水平和教育质量、实现培养目标产生明显效果的教育教学方案的集体和个人，以鼓励教育工作者从事教育教学研究，提高教学水平和教育质量。2005—2016 年，教育处积极组织申报各级教学成果奖及教学荣誉。

表 5－6－1　2005—2012 年获校级及以上教学成果奖情况表

年份	项 目 名 称	奖 项 名 称	主 要 负 责 人
2005	加强临床医学技能培训的新举措——临床医学资料库和多媒体网络医学考试系统的研制与应用	教育部高等教育国家级教学成果奖二等奖、上海市教学成果奖一等奖	王申生　杨景宏　陈统雄　王志毅　陈小音
2005	临床流行病学教学体系的建立和新教材的编写	上海市教学成果奖一等奖	林果为　王吉耀　朱启容　范维琥
2005	皮肤性病学高校教材及多媒体课件	上海市教学成果奖二等奖	翁孟武　李　明　徐金华　徐　峰　王　蕾
2007	加强管理，注重细节，培养一流博士生	复旦大学教学成果奖一等奖	吕　元　关　明　蒋晓飞　高继明
2007	标准化病人队伍建设规范及在医学教育中应用	复旦大学教学成果奖一等奖	邹和建　鲁映青　OSCE 项目组
2007	主动式学习在外科教学中的应用	复旦大学教学成果奖二等奖	蔡　端等
2007	《中医药学》	复旦大学教学成果奖三等奖	王文健等
2007	《中西医结合临床》	复旦大学教学成果奖三等奖	王文健等
2009	标准化病人队伍建设规范及在医学教育中应用	上海市教学成果奖一等奖	邹和建　鲁映青　OSCE 项目组
2010	标准化病人在精神病学教学中的应用	复旦大学教学成果奖一等奖	吴　彦　施慎逊　季建林　杨　杰　曾　勇
2010	提高临床实习效果的科学管理体系	复旦大学教学成果奖二等奖	刘　倩　王　磊　曾　勇　邹和建　李益明　蔡　端
2010	外科基本操作动物实验实习课程的教材建设	复旦大学教学成果奖二等奖	王红鹰　蔡　瑞　项建斌　李益明　陈统雄
2010	神经病学精品课程建设	复旦大学教学成果奖三等奖	洪　震　蒋雨平　洪　震　董　强　赵重波
2010	PBL 结合多媒体教学法在神经外科系统脑脊髓血管病临床技能教学中的应用	复旦大学教学成果奖三等奖	陈　功　冷　冰　宋冬雷　田彦龙　王启弘

（续表）

年份	项目名称	奖项名称	主要负责人
2010	外科床旁教学课程体系构建、教材建设与持续改进	复旦大学教学成果奖三等奖	项建斌　向　阳　王红鹰　殷保兵　蔡　瑞
2010	内科学临床实习质量控制与评估体系建设	复旦大学教学成果奖三等奖	施海明　李　剑　王吉耀　李　蕾　瞿介明
2012	以医院中心实验室为基地的临床研究生科研能力的规范化培训	复旦大学教学成果奖一等奖	高继明　关　明　吕　珏　张心菊　李益明

第二节　教学荣誉

医院在一批老专家、老教授带领下，出色完成每年的教学任务，培育一批热爱教学工作的临床教师，先后获市级、部级等荣誉称号。

表 5-6-2　1992—2016 年获教学奖项荣誉情况表

获奖年份	奖项名称	发证单位	获奖人	部门
1992	医疗卫生突出贡献特殊津贴	国务院	王申生	教育处
1994	大学暑期社会实践活动优秀活动奖	上海市教委		华山临床医学院
1994	高校校外实习工作先进集体	上海市教委		华山临床医学院
1996	高校红十字“双佳”活动先进集体	上海市教委		华山临床医学院
1996	高校红十字初级救护竞赛第二名	上海市教委		华山临床医学院
1996	大学生暑期社会实践优秀活动奖	上海市教委、共青团上海市委、上海市学联		华山临床医学院
1996	上海高校优秀学生思想政治工作者	上海市教委党委、上海市教委	朱　新	教育处
1997	普通高等学校国家级教学成果奖	国家教委、卫生部	王申生	教育处
1997	上海市育才奖	上海市教委	王申生	教育处
1998	部属院校德育工作先进个人	卫生部	朱　新	教育处
1998	我心中的好老师奖	上海医科大学	张延龄	外科
1999	上海市新长征突击手	共青团上海市委	王海红	教育处
1999	上海市育才奖	上海市教委	范维琥	心内科
2010	首届全国医学院校青年教师讲课基本功比赛三等奖	中华医学会医学教育分会	徐　罡	泌尿外科
2012	全国高等医学院校大学生临床技能竞赛华东赛区风采奖	全国高等医学院校大学生临床技能竞赛华东分区组委会		华山医院
2014	第六届全国高校辅导员年度人物提名奖	教育部思想政治工作教育司	朱春艳	教育处

（续表）

获奖年份	奖项名称	发证单位	获奖人	部门
2014	上海市住院医师规范化培训优秀管理员	上海市住院医师规范化培训工作联席会议办公室、上海市慈善基金会	黄　虑	教育处
2014	上海市优秀住院医师规范化培训带教老师	上海市住院医师规范化培训工作联席会议办公室、上海市慈善基金会	陈　嫱 陈连军	神经内科 皮肤科
2015	第一届唯爱唯德上海医学类高校优秀资助育人工作者	上海市学生资助管理中心、上海市慈善基金会唯爱天使基金	陆凤艳	教育处
2015	上海市优秀住院医师规范化培训带教老师	上海市住院医师规范化培训工作联席会议办公室、上海市慈善基金会	姜从玉 夏燕萍	康复科 全科
2015	上海市住院医师规范化培训优秀管理员	上海市住院医师规范化培训工作联席会议办公室、上海市慈善基金会	周颖杰	教育处
2016	上海市住院医师规范化培训优秀管理员	上海市住院医师规范化培训工作联席会议办公室、上海市慈善基金会	毛　颖	神经外科
2016	上海市优秀住院医师规范化培训带教老师	上海市住院医师规范化培训工作联席会议办公室、上海市慈善基金会	李　剑 寿雪飞 陈　旋	心内科 神经外科 麻醉科
2016	全国“住院医师心中好老师”	中国医师协会	李　剑	心内科

除集体、个人获得的教学荣誉外，医院的教育教学管理者及临床教师们在临床工作之余，总结经验，形成一定的优秀教学管理论文。

表 5-6-3　2010—2015 年教学管理论文获奖情况表

年份	奖项名称	获奖人
2010	全国高等医学教育学会优秀论文	刘　倩　王　磊
2015	上海市医学会医学教育分会年会优秀论文	姜从玉
2015	上海市医学会、浙江省医学会医学教育分会学术研讨会优秀论文	姜从玉
2015	中华医学会医学教育分会优秀论文	高继明

第七章 教学改革与课题

第一节 教 学 改 革

进入 21 世纪，医院推行一系列的教学改革。在教学方法方面，根据传统的课堂教学，不断进行改革创新，形成多样化的教学形式，如床旁教学、PBL 教学、标准化病人（SP）教学、多媒体辅助教学等。在师资建设方面，着力加强师资队伍，实行教学督导制度、集体备课制度和新授课教师试讲制度。在教学评价方面，建立临床教学质量评估体系，制订实习带教质量反馈表，建立“背对背”双评制度；定期召开师生座谈会，及时协调解决临床教学中存在的问题，达到互相监督、互相促进、教学相长之目的。

为调动广大教师的带教积极性，教育处多次组织“青年教师讲课比赛”“优秀带教老师评选”等活动，在医院中营造全员育人的教学氛围。自 2009—2016 年，已评选出 232 名优秀带教老师与优秀导师，每年评选出的“学生心目中的好老师/好导师”，在复旦大学毕业典礼上进行表彰。

2010 年，教育处制定《复旦大学附属华山医院教学奖励管理条例》，对获得国家和省（市）、校级的教学成果完成人，在国际国内核心期刊上发表教学论文的作者，承担国家和省（市）、校级研究项目的课题组，优秀教学人才等四类人群给予奖励，从制度上鼓励教学创新和教学改革。

第二节 教 学 课 题

2004—2016 年，医院已成功申请到各级各类教学改革项目 119 项，为投身教学工作的老师提供宽广的教学思路和宽阔的教改平台。

表 5-7-1 2004—2016 年教学课题立项情况表

年份	级 别	课 题 名 称	负责人	部 门
2004	复旦大学医学院	多媒体网络教学在临床医学教学中的应用	王申生 赵家骜	教育处
2004	复旦大学医学院	“皮肤性病学”双语教学改革	徐金华	皮肤与性病学系
2004	复旦大学医学院	PBL 在实习中应用的研究	向 阳	教育处
2004	复旦大学医学院	客观结构临床技能考试操作规范及标准化病人在临床教学中的应用	邹和建	教育处
2004	复旦大学医学院	中西医结合教材编写	王文键	中西医结合系
2005	复旦大学医学院	外科床旁教学教材、大纲及其题库的编写	项建斌	外科学系
2005	复旦大学医学院	PBL 在实习中应用的研究	翁孟武	皮肤与性病学系
2005	复旦大学医学院	放射诊断学互动式课件研究制作	梁宗辉	影像医学系

（续表）

年份	级　别	课 题 名 称	负责人	部　门
2005	复旦大学医学院	客观结构化临床考试(OSCE)中非标准化病例(non－SP)站点的编写、应用与评价	赖雁妮	医学教育研究中心
2005	复旦大学医学院	标准化病人在精神病学中的应用	吴　彦	精神卫生学系
2006	复旦大学医学院	《抗菌药应用》临床实习教学辅助材料新编	张永信	上海医学院内科学系
2006	复旦大学医学院	泌尿系统疾病超声诊断多媒体课件	王　怡	医学影像学系
2006	复旦大学医学院	利用校外现代化实验室开展外科动物实验教学的深入探讨	李益民	教育处
2006	复旦大学医学院	临床教学质量评估网络系统的建立与应用	杨景宏	教育处
2006	复旦大学医学院	外科实习医师 PBL 参考教材(外科实习百问)	殷保兵	上海医学院外科学系
2008	复旦大学医学院	心内科典型病例多媒体教学资料库的研制	罗心平	临床诊断学系
2008	复旦大学医学院	内科床旁教学规范化教案的建立	叶红英	上海医学院内科学系
2008	复旦大学医学院	PBL 和 EBM 在临床输血教学中的应用	陈勤奋	上海医学院内科学系
2008	复旦大学医学院	以血液细胞形态学为中心的血液学教学方法在医学本科生教学中的应用探讨	陈　字	上海医学院内科学系
2008	复旦大学医学院	系感染性疾病(经典病例)临床实习辅导电子教材	张继明	上海医学院内科学
2008	复旦大学医学院	临床医学专业实习阶段管理体系的研究与实践	刘　倩	教育处
2008	复旦大学医学院	《外科基本操作实习指导》教学录像片的摄制	王红鹰	上海医学院外科学系
2008	复旦大学医学院	“四全理念”在外科教学中的应用	陈进宏	上海医学院外科学系
2008	复旦大学医学院	牙周病教学中的 EBM 应用及效果评价	俞立英	上海医学院口腔医学系
2008	复旦大学医学院	《皮肤病与性病学》临床实习教学辅助材料	张成锋	皮肤与性病医学系
2008	复旦大学医学院	临床实习质量控制与评估体系建设	施海明	上海医学院内科学系内科学
2009	华山医院	皮肤性病学多媒体题库建设	徐金华	皮肤科
2009	华山医院	神经病学多媒体课件的制作	陈　嬿	神经内科
2009	华山医院	临床流行病学教学方法改革——培养临床证据的严格评价技能	王小钦	临床流行病学室
2009	华山医院	八年制诊断学教材——临床穿刺操作示教录像	罗心平	诊断学系

（续表）

年份	级　别	课　题　名　称	负责人	部　门
2009	华山医院	建立住院医师/专科医师试题库，实现科学量化考核	寿咏梅	教育处
2009	华山医院	迷你临床评价量表(Mini－CEX)在外科手术技能培训中的应用研究	周竹超	普外科
2009	华山医院	血液病学疑难病例教学查房多媒体库的建立	陈勤奋	血液科
2009	华山医院	制定常见内科疾病迷你临床评估(Mini－CEX)评分表中病史询问及体格检查部分评量要点	鹿　斌　李　剑 龙　丰　蒋蔚茹 陈　宇　李海明	内分泌科等
2009	华山医院	乳腺疾病的超声诊断与超声介入治疗	王　怡	超声医学科
2009	华山医院	新时期高校辅导员核心素质研究	朱　新	教育处
2009	华山医院	多媒体考试在临床教学中的应用	王志毅	教育处
2009	华山医院	以低年资普内科医师为教学对象的《初阶趣味血细胞形态学》多媒体教学软件	陈　宇	血液科
2009	华山医院	核医学计算机辅助教学(CAI)课件制作	刘从进	核医学科
2009	华山医院	临床护士分层次培训的应用研究	蒋　红	护理部
2009	华山医院	临床住院医生检验医学科培训模式的探讨	吕　元	检验医学科
2009	华山医院	住院医生培养网络管理系统的建立与应用	杨景宏	教育处
2009	华山医院	PBL 模式在八年制医学生外科临床教学中的延伸与发展	狄　扬	普外科
2009	华山医院	量化管理模式对提高医学生临床实习效果的研究	王　磊	教育处
2009	华山医院	在综合性大学开展“中医文化”教学的探索与实践	王兴娟	中西医结合科
2009	华山医院	临床实习教学中多媒体在神经生理学疗法新技术中的应用	谢　臻	康复医学科
2009	华山医院	心内科单病种标准病例的制作和教学实践研究	李　剑	心内科
2009	华山医院	CAI 与合并交叉教学法在口腔黏膜病教学中的应用研究	孙红英	口腔科
2009	华山医院	JCI 管理制度应用于急诊医护人员培养的研究	胡祖鹏	急诊部
2009	华山医院	教学路径在护理高职生急诊室临床实习中应用的研究	李曙光	护理部
2009	华山医院	全科医师培养及教学改革新思路	黄延焱	老年病科
2009	华山医院	PBL 教学模式在康复治疗实习教学工作中的应用	朱玉连	康复医学科

（续表）

年份	级　别	课 题 名 称	负责人	部　门
2009	华山医院	本科生实验外科培训体系的改建	向　阳	普外科
2009	华山医院	PBL 教学法在精神科实习阶段的实践研究	吴　彦	精神科
2010	中华医学会	循证医学决策系统在外科住院医师培训中的应用探索	李　骥	胰腺外科
2010	复旦大学医学院	PBL 前教育的研究与探索	向　阳	外科学系
2010	复旦大学医学院	循证医学在临床精神医学教学中的尝试	苏　亮	精神卫生学系
2010	复旦大学医学院	外科床旁教学形成性考核体系的构建和探索	项建斌	外科学系
2010	复旦大学医学院	三维动画在口腔解剖生理学中的应用	周　艺	口腔医学系
2010	复旦大学医学院	牙周病教学 CAI 课件的应用及效果评价	俞立英	口腔医学系
2010	复旦大学医学院	以 Mini-CEX 为核心的神经内科实习医生出科考改进计划	俞　海	神经病学系
2010	复旦大学医学院	医学生临床实习档案在教学管理中的应用	王　磊	华山医院
2010	复旦大学医学院	标准化病人项目标准操作流程的建立	薛　愉	内科学系
2011	华山医院	实战化床旁教学研究	冷海燕	血液科
2011	华山医院	感染科青年医师目标管理培养模式的探索	王新宇	感染科
2011	华山医院	研究生科研规范训练的研究	吕　珏	教育处
2011	华山医院	研究生导师考核评价体系研究	高继明	教育处
2011	华山医院	血液科住院医师规范化培训教案的建立与实践	解丽华	血液科
2011	华山医院	临床护理人员对临床护理路径的认知水平和培训调研	顾妙娟	护理部
2011	华山医院	普外科疾病诊治培训体系及资料库的建立	朱　磊	普外科
2011	华山医院	基于 JCI 要求与患者需求建立药学实习教学课件	李中东	药剂科
2011	华山医院	标准化病人在传染临床教学中的应用	杨飞飞	感染科
2011	华山医院	实习医生职业倦怠的成因及对策分析	陆凤艳	教育处
2011	华山医院	情景教学模式在临床精神医学的尝试	苏　亮	精神医学科
2011	华山医院	PBL 结合多媒体教学法在脑脊髓血管病教学中的应用	陈　功	神经外科
2011	华山医院	临床护理科研骨干培训模式的应用性研究	赵　琦	护理部

（续表）

年份	级　别	课 题 名 称	负责人	部　门
2011	华山医院	临床护士对PICC相关知识的掌握与在职教育的相关性研究	王俐稔	护理部
2011	华山医院	临床技能操作的标准化流程	吴　晞	内分泌科
2012	中华医学会	附属医院师资队伍培训体系的研究	刘　倩	教育处
2012	中华医学会	以典型病案为基础的导入式教学方法在皮肤科住院医师培养中的应用探索	唐　慧	皮肤科
2012	中华医学会	3D模拟仿真医学教育在神经外科学教学中的应用	毛　颖	神经外科
2012	中华医学会	基于PBL的网络教学软件的开发	狄　扬	胰腺外科
2012	中华医学会	多媒体技术结合云计算在膀胱肿瘤临床教学中应用的初步探索	徐　可	泌尿科
2012	中华医学会	上海市临床医学专业学位硕士研究生改革项目培养质量研究	高继明	教育处
2012	复旦大学	皮肤病理基础教学在皮肤科临床实习体系中的应用研究	陈连军	皮肤科
2012	复旦大学	基于PBL的外科网络教学软件的开发	狄　扬	胰腺外科
2012	复旦大学	医学生内科学诊断思维培训和评估	李　剑	心内科
2012	复旦大学	医学模拟教学在肾内科临床教学中的应用	刘骏峰	肾病科
2012	复旦大学	八年制医学生临床轮转期倦怠感的成因及对策研究	陆凤艳	教育处
2012	复旦大学上海医学院	口腔医学网络教学的研究与探索	俞立英	口腔科
2012	复旦大学上海医学院	多媒体题库在“皮肤性病学”考核中的应用研究	徐金华	皮肤科
2012	复旦大学上海医学院	运用普通模拟人在本科生实习前进行临床技能集中强化教学	丁兴华	神经外科
2012	复旦大学上海医学院	普外科疾病诊治培训体系及资料库的建立	朱　磊	普外科
2012	复旦大学上海医学院	多媒体技术在乳腺外科教学中的应用研究	王红鹰	普外科
2012	复旦大学上海医学院	核医学网络示教的探索和思考	刘从进	核医学科
2012	复旦大学上海医学院	基于疑难病例讨论的案例教学法在临床实习中的应用研究——以血液科为例	陈勤奋	输血科
2012	复旦大学上海医学院	内科学基本临床操作规程的制定和初步应用	李益明	内分泌科
2012	复旦大学上海医学院	导师专业背景对PBL教学效果影响的研究	鹿　斌	内分泌科
2012	复旦大学上海医学院	新形势下传染病实习教学的探索	胡越凯	感染科

（续表）

年份	级　别	课　题　名　称	负责人	部　门
2012	复旦大学上海医学院	基于神经病学临床能力培养的本科教学建设与思考	林　洁	神经内科
2012	复旦大学上海医学院	附属医院师资队伍培训体系之研究	刘　倩	教育处
2012	复旦大学上海医学院	医学生医患沟通能力培养探索	王　磊	教育处
2012	复旦大学上海医学院	复旦大学临床医学生人文素质现状的调查与研究	朱春艳	教育处
2013	复旦大学	利用MOOC（慕课）平台课程作为传染病学课外补充教学的尝试与研究	王新宇	感染科
2013	上海市教卫系统思想政治工作研究会	医学生临床实习期心理危机干预的行动研究	陆凤艳	教育处
2016	中华医学会	医学生毕业后住院医师规范化培训平台的优化	姜昊文	教育处
2016	中华医学会	构建脑血管病亚专科医师的质量培养体系	陈　功	神经外科
2016	中华医学会	当代医学生医患沟通能力培养模式的研究	王　磊	教育处
2016	中华医学会	构建医学生心理健康辅导课程的行动研究	陆凤艳	教育处
2016	中华医学会	基于慕课与翻转课堂的实习生教育模式的探索研究	朱玉连	康复科
2016	中华医学会	临床医学专业研究生医学人文教育课程体系的构建	朱春艳	教育处
2016	中华医学会	微创外科课程对培养研究生临床技能的比较研究	胡承恩	普外科
2016	中华医学会	临床医学博士专业学位与专科医生培训结合的方案研究	高继明	教育处
2016	中华医学会	医院住院医师规范化培训信息管理平台建设	黄　虑	教育处
2016	中华医学会	CIPP模式构建腹膜透析专科护士在线培训的研究	曹艳佩	护理部
2016	中国科学技术协会	“人文与医学”网络共享课程建设	陈勤奋	血液科
2016	上海市高等教育学会	应用CIPP模式构建腹膜透析专科护士在线培训课程的设置	曹艳佩	护理部
2016	复旦大学	病案导入式教学法与信息化在皮肤科教学中的应用	徐金华	皮肤科
2016	上海市教卫系统思想政治工作研究会	教学医院开展医学人文教育的路径研究	朱春艳	教育处

第六篇

党群工作

概　述

医院党的建设在院党委领导下始终与医、教、研工作齐头并进，在不同历史时期起到领导管理和政治核心作用。

1945 年，医院成立职工和医护 2 个党支部。此后经历党总支、党委的成长过程，党员人数和党支部数也随着医院的发展不断壮大，至 2016 年，医院共有 1 个分党委、2 个党总支、46 个党支部，党员（含离退休）1 235 人。

医院党组织始终严格贯彻执行党中央的路线、方针、政策。1976 年，为加强党组织的党风廉政建设和对党员、干部的监督管理，医院经中共上海第一医学院委员会同意，成立纪律检查组开展工作。在上级党委的领导下，医院党建工作、纪检监察工作、精神文明建设工作、宣传工作、群众组织工作等均取得丰硕成果。

各群众团体在医院党组织领导下，走过 70 年的发展历程。1946 年，医院地下党支部领导成立“红会同仁联谊会”。1950 年，“新民主主义青年团”成立。1984 年，妇委会和工会女职工委员会成立。医院积极支持工青妇等群众组织根据自身特点开展工作，充分发挥工青妇作用。

第一章　党务工作

第一节　党务实践

一、基本情况

医院的党务工作主要由党委办公室承担，于1979年成立，自成立起即为医院党委领导下的综合办事机构和综合协调部门，是党委上情下达、下情上传的传导枢纽，也是党委系统对外联系和对内服务的重要窗口。作为党委领导下的综合办事部门，贯彻落实上级党委和医院党委的文件、决议和有关精神，组织安排党委各种会议、学习和重要活动，负责党委会的会议记录和会议纪要的整理，党委各类文件的起草、分发、上报、传阅、保管、催办和收集、整理、归档等机要工作。根据党委的工作意图和要求，深入实际调查研究，总结经验，分析、研究并提出合理建议，为党委决策提供有价值的参考意见。同时，承担医院中心组的学习和全院职工的思想政治教育，党员的发展、教育、管理和入党积极分子的培养考察，以及组织关系转接、党费的收缴和返回。另外，根据《干部任用条例》和党管干部的原则，党委办公室配合医院党委做好干部的推荐、考察、任免、考核、教育和后备干部的推荐、考察、培养工作。落实党委在党风廉政建设工作中的主体责任，配合纪检监察科开展党风廉政宣讲教育，完善相关制度。做好群众来信来访的接待、受理、登记、统计和回复工作，并认真检查、督促信访落实情况。此外，根据“长期共存、互相监督，肝胆相照、荣辱与共”的基本方针，做好民主党派、党外知识分子、少数民族、宗教人士以及台胞侨眷的统一战线工作。认真落实老干部的政治和生活待遇，做好老干部的管理和服务工作。关心支持学生工作，做好学生党建和思想政治教育。

表6-1-1　2015—2016年党委办公室获得荣誉情况表

年　份	荣　誉　名　称
2015	2014—2015年复旦大学巾帼文明岗
2015	复旦大学统一战线工作先进集体
2016	2015—2016年复旦大学三八红旗集体

二、重要党务工作与活动

1981年，配合党委做好职工学习教育，每一学习单元有党委委员分工准备，向群众做辅导发言。支持工会、共青团响应全国总工会和团中央等倡议，开展“五讲四美”“假如我是病人”“订医务人员守则”等活动。抓紧完成处理突击发展的党员。1982年，完成各科室支部改选工作，为有条件的支部配备半脱产支部书记或副支部书记，选拔德才兼备有专业知识的中年干部兼任，选拔年轻有培养前途的同志参加支部工作加以培养锻炼。根据上海医学院统一部署，做好医院定员定编工作，健全考核制度。1989 年，配合党委开展基层支部换届改选工作和组织民主生活会。做好舆论引导工作，根据党政各时期主要工作通过每周新闻专栏宣传报道，主要报道医院文明建设情况、医德医风情况、政治学习要求等。1990 年，与党委委员、党政领导分工联系各科室，深入群众听取意见，了解科室工作情况，根据条件推进解决老大难问题，制定党员联系群众制度。围绕开展以改善服务态度为中心的文明医院建设，组织全院职工学习白求恩精神。

1991 年，围绕医院上等级工作，充分发挥党员先锋模范作用，深入开展“团结群众迎挑战，振兴华山作表率”活动。围绕抗洪救灾，组织党员、群众为灾区人民捐钱捐物累计价值达 15 万元，衣被近 4 000 件，创卫生系统之最。1992 年，参与医院改革方案的制订和计划工作，组织党员群众投身到医疗事业的改革之中，组织召开全院改革开放动员大会。围绕医院改革开放，抓好精神文明建设，开展向市先进标兵顾玉东学习的活动。1993 年，配合医院党委、纪委进行改选，并根据需要调整和加强部分基层党支部。举办全院“红十字在我心中”文艺会演，并拍摄文艺会演录像和“1993华山战高温见闻”录像。1994 年，针对各类人员制订分层次的教育计划，坚持每两周一次的科以上干部学习制度，每两周一次党员组织生活，每季度 1～2 次全体党员大会或活动，坚持每周五下午的群众政治学习制度，开展多种形式的正面教育。1995 年，组织基层支部改选，支部书记平均年龄从51.1 岁降至 44.5 岁。开展基层党组织的凝聚力工程，为知识分子发挥作用创造良好环境与氛围。1996 年，组织职工向顾玉东同志学习。1997 年，“十五大”召开后，组织广大党员对“十五大”文件进行研读。规定基层支部书记参加科务会，参与科室的管理制度，召开全院党员大会，请行政院长汇报医院改革、发展、文明与行风建设情况。1998 年，认真开展支部书记的业务培训，参与培训率在98%以上。1999 年，进行有关党员思想问题的问卷调查，组织不同层次党内外同志座谈。按规定程序组织科以上干部进行处、科级后备干部的推荐、建档、考察、培养。2000 年，坚持党管干部原则，从严规范干部的培养和管理，完善后备干部民主推荐、选拔与培养，积极启动年轻干部，使院级班子的平均年龄降至 48 岁，支委中中青年占 95%。

2001 年，配合完成党委和纪委的换届选举。对干部培养、任用、管理制度进一步优化，引入竞争机制，对机关 8 名处长，20 多名科长、副科长进行公开竞聘。2002 年，把党员评议与学习“十六大”文件结合起来，完成学习任务，同时达到党员评议目的。完成对全院所有正副处级干部的考核，在各支部完成全院科级干部的考核。2003 年，配合上级组织部门完成院级领导班子成员的民主推荐、素质考核、群众访谈以及政治审查工作。配合并接受市教委组织的党建工作专题调研，收获好评。2004 年，《中国共产党党内监督、纪律处分条例》颁布实施，党委办公室配合党委抓好宣传与学习，认真贯彻与实施。2005 年，对医院党建工作和支部建设的发展进行初步探索和研究，制定《复旦大学附属华山医院党支部工作纲要》，并基本形成《复旦大学附属华山医院支部工作细则》和《复旦大学附属华山医院党支部考核评估办法》。根据上级党委统一部署，开展保持共产党员先进性教育活动。2006 年，进一步加强和规范党支部工作，完善《华山医院党支部工作手册》，坚持“三会一课”制度和支部书记例会制度。2007 年，配合医院百年院庆开展“我与华山共成长”等系列活动，参与策划建院 100 周年庆典大会。2008 年，在汶川大地震抗震救灾工作中建立医疗队临时党支部，共成立临时党支部 7 个。配合党委做好抗震救灾工作中先进事迹的总结和申报工作。2009 年，党委办公室开展深入学习实践科学发展观活动，“科学发展观分析检查报告群众评议”满意度达到96.1%。对党员发展工作认真分析总结，提出“将骨干发展成党员，把党员培养成骨干”的目标。2010 年，在党支部和党员中深入开展创先争优活动，开展“学名医大家、师德楷模，争当人民满意的白衣天使和师德标兵”党员主题实践活动和创先争优“五个一”主题教育活动，党员争当“五带头”优秀党员，党委党支部争创“五好”先进基层党组织，党委获全国医药卫生系统先进基层党组织。

2011 年，为纪念中国共产党成立 90 周年，党委办公室开展“学党史、明宗旨、强信念、促贡献”党员主题教育活动和党史演讲比赛、以“学身边的名医大家，创一流的岗位业绩”为主题的红色寻访活动等，充分发挥党组织的凝聚力、战斗力和号召力。配合党委纪委换届工作，组织召开复旦大学附属华山医院第一次党员代表大会。2012 年，改进优秀华山人、优秀共产党员的评选表彰方案，将年度优秀华山人的评选改为华山医院“四‘十佳’”评选，授予“科技精英”“医德标兵”“服务标兵”“师德标兵”等称号，将优秀共产党员评选分为“创先争优·医德医风”“创先争优·科研创新”“创先争优·教书育人”“创先争优·优质服务”“创先争优·科学管理”“创先争优·成长成才”。2013 年，开展“党的群众路线教育实践活动”，配合党政领导深入群众征集群众意见和建议，撰写对照检查材料以及召开领导班子专题民主生活会，并开展“战高温”党员志愿服务、与松江区委统战部签约共建、与中航工业西飞公司共建服务等一系列自选动作。2014 年，配合党委领导对全院 39 个党支部进行调研走访，开展支部书记述职考核和党支部考核。完成医院局级、处级后备干部的民主推荐。加强民主党派的发展和推优工作，对全院副高以上党外人士进行梳理和分析，制订各民主党派的发展计划。2015 年，开展“三严三实”专题学习教育，组织医院党支部书记专题培训班，180 多名党务骨干参加培训。举办“党员好声音·华山正能量”微党课大赛，44 个党支部参加比赛，700 多名党员参加学习，微党课活动获上海培育和践行社会主义核心价值观十佳“最佳案例奖”。策划组织“感动华山·天使礼赞”颁奖典礼，以 9 个身边的感人故事弘扬华山精神、传递行业正能量。2016 年，深入开展“两学一做”学习教育系列活动，组织 6 场“班后一小时”党员公开课活动，1 700 多人次参加听讲，获广泛好评。策划组织“感动华山·大爱无疆”百年公益回顾展演，以 11 个文艺节目展现医院百年红十字精神的传承。

第二节　思 想 教 育

员工思想教育是医院党委的一项重要工作，通过开展党性教育、社会主义核心价值观教育、医德医风教育、廉政教育等工作，使思想教育成果转化为员工的自觉行动。医院党委围绕着“科学发展观”“创先争优”“群众路线”“三严三实”“两学一做”等学习活动，不断探索在新形势下开展思想教育工作的新途径和方法，取得显著成效并收获良好的社会反响。

一、微党课与公开课

2011 年，院党委首次举办党员微党课比赛，各党支部以一堂 10 分钟的微型党课形式，讲述一次党史上的重要会议，创新的党课形式获得党员的好评。2015 年，院党委先后组织“班后一小时”党员微党课和公开课活动，44 个支部围绕“庆祝国庆 66 周年”“中国梦，华山情”“榜样的力量”等主题开展 46 堂党课，共吸引 750 人次的党员和群众参加，评选出的优秀微党课在院内开展巡回讲演。2016 年结合“两学一做”学习教育活动，35 个党支部围绕“党章党规”“习总书记系列讲话”“身边党员你我他”等主题轮流开展党员公开课，有 1 700 多人次的党员和群众参加听课。该项目在上海市委党校举办的“社会主义核心价值观优秀基层案例”评选中，获得基层党建十佳“最佳案例奖”。

二、主题展演与红色寻访

【“感动华山”系列主题展演】

2014 年，医院党委组织开展寻找身边的感人故事征集活动，2015 年从征集到的感人故事中遴选出 9 个典型故事，举办“感动华山 · 天使礼赞”颁奖典礼，以微电影的形式展示身边的医患情、同事情、师生情、夫妻情，在上海市卫生系统为首创。2016 年，继续举办“感动华山 · 大爱无疆”华山医院百年公益活动回顾展演，收集整理和呈现从建院开始，华山医务人员在参与援边援外、重大灾害抢救、公益服务等工作中可歌可泣的众多事例。“感动华山”系列主题活动，用身边的感人故事和生动的演绎方式达到弘扬社会主义核心价值观和“华山精神”的目的，获得良好的社会反响。

【“学身边的名医大家”系列寻访】

2011 年，结合“创先争优”活动，院党委组织开展“学身边的名医大家”系列红色寻访活动，组织年轻的医务人员与老领导、老专家们开展访谈讲座，老一辈医务工作者行医做人的优秀品质使青年人深受教育。在此基础上，院党委在 2012 年举办“华山医院行医执教 50 周年学术大师风范精粹”展。每年组织青年党员和入党积极分子寻访老专家、老党员，向身边的名医大师和优秀党员学习。

三、廉洁从政与廉洁行医教育

院党委落实党风廉政建设主体责任，每年开展 40 多次廉洁从政和廉洁行医的学习教育活动，包括组织参观焦裕禄图片事迹展、赴红色革命根据地学习、召开党员先进事迹报告会等，进行正面宣传和弘扬；组织观看廉政教育警示片、实地参观廉政教育基地等，进行反面典型的警示教育；组织学习中央“八项规定”、卫生系统“九不准”和“十项不得”规定等，强化各项制度和规定的知晓率；编撰《华山医院领导干部廉政手册》和《华山医院廉政教育案例选编》，收录廉政相关规定和要求，党风廉政建设、干部廉洁自律的典型事迹，以及违反“八项规定”“九不准”“十项不得”的典型案例等，供全院干部职工日常对照学习和执行，形成风清气正的良好氛围。

第二章　纪检监察工作

第一节　纪 检 工 作

纪检部门的主要职能是维护党的章程和其他党内法规，协助医院党委会加强党风建设，检查党的路线方针政策和决议的执行情况，对党员进行遵守纪律的教育，做出关于维护党纪的决定；检查、处理党的组织与党员违反党章和其他党内法规的比较重要或复杂的案件，决定或取消对这些案件中党员的处分；受理党员的控告和申诉等。

自1991年起，医院每年利用干部民主生活会、中层干部会等，及时传达中纪委、上级纪委文件会议精神，解读廉政方面政策以及相关法律法规，向党员随机发放党风廉政建设情况调查表，了解党风政风情况，调查结果在党政联席会和干部大会上通报，协助党委抓好党风调查工作。协助党委对新任命干部进行岗前廉政谈话，协助医院党政领导与科室主任、职能部门负责人签订廉洁从政、廉洁行医承诺书，高风险岗位部门科室主任与员工签订廉洁承诺书。1992年，结合党员民主评议和干部任用考核等工作，将监督检查纳入日常工作，定期做好每半年一次的处级以上干部民主生活会，以抓好党风来促进行风工作。1997年，履行纪委“监督、教育、保护、惩处”的职责，学习《中国共产党纪律处分条例》，对新任干部上岗时进行廉政勤政教育，对科级以上干部发送廉政勤政守则，完成副处以上干部的住房申报。2002年，在半数职工中开展党风廉政状况问卷调查，根据“谁主管、谁负责”的垂直性监督的原则，对处级以上干部进行党风廉政责任制的学习和自查工作。2008年，将中共教育部党组《建立健全惩治和预防腐败体系2008—2012年工作规划》的有关任务进行责任分解，落实党风廉政建设“一岗双责”的组织领导，完善党风廉政建设的工作制度。2014年，协同党办共同梳理廉政相关制度，形成“华山医院廉政制度汇编”，2015年编制《华山医院领导干部廉政手册》和《华山医院廉政教育案例选编》，向院领导班子成员、职能部门负责人、科主任和党支部书记发放，供对照学习和执行。为进一步健全纪检监察队伍体系，2015年全院45个部门党支部书记兼任纪检委员，提升履职监督能力，工作纵向覆盖，延伸到基层一线。纪检部门认真受理纪检监察信访，对外做好接受监督、澄清真相的沟通，对内做好专项治理中各部门之间的协调配合，重要查处结果向院务会报告，坚持有案必查、违纪必究。1989—2016年，共受理上级部门转来和自办件合计信访件702件。

第二节　监 察 工 作

监察工作是对医院行政部门及其工作人员的行政活动、行政行为所进行的监督检查活动。

自1991年起，医院每年向患者发出随访信，从出院患者的问卷中获取行风信息，发现线索则追查到底。通过行风的监督，不断改进服务，提高办事效率，深化政务公开和办事制度公开，切实解决损害群众利益的突出问题。每年根据信访处理情况，协助搞好纠风工作，并对新员工进行廉政入职教育和签订廉政承诺书。1996年，根据国纠办提出重点工作是治理药品回扣以及上海市卫生局关于开展药品回扣专项治理的实施意见，医院纪检部门开展面对面的自查自纠工作；制定《关于整治药品器械回扣的专项规定》《关于副处以上干部不参加科室宴请的规定》，以登记去除“账外暗中”的特征，完善管理制度，制止在药品及器械的订购或使用过程中收受回扣的违纪行为。1998 年，随着反腐倡廉工作力度的不断加大，按照上级部署，对全院干部公费住宅电话及移动通信工具进行清理整顿。1999 年，开展行风建设工作，制定《关于整治医药购销不正之风的规定》，向所有医药代表发出“约法三章”的公开信。

2005 年，落实上海市卫生局加强医院管理会议精神，组织对医院内 48 个科室收受“红包”、回扣等情况开展自查，对药品、装备、总务采购部门做重点检查，实行个人向科主任做诚信承诺，科主任做书面汇报到院部的责任体系，把“八不准”和“六不准”内容下发至重点部门每个人并签收对照执行。2006 年，张贴“拒收红包”告示牌以及举报收受“红包”的受理部门、地点、电话和网上举报邮箱地址，向供药、供货商发放“约法三章”。修订《整治商业贿赂的暂行规定》制度，结合传染科楼改扩建工程建设，制定《争创“双优”专项预防工作的报告》，交静安区人民检察院预防职务犯罪处，力争工程建设项目成为“工程优质、干部优秀”。2007 年，中纪委《关于严格禁止利用职务上的便利谋取不正当利益的若干规定》出台，起草并经院务会研究通过《华山医院工作人员收受“红包”问题的处罚细则》《华山医院关于医药领域商业贿赂违纪行为处罚细则》《华山医院纠风工作责任制及追究规定》《在医药购销领域组织开展“三个更加注重”试点工作实施方案》《关于健全行风建设和防控商业贿赂长效机制的实施方案》。自 2009 年起，协同审计、财务参与医院重大工程公开招投标项目的监标工作与监督环节。2011 年，制定下发《华山医院关于禁止违规收送礼金礼券购物卡的实施细则》《华山医院关于整治违规收送礼金礼券购物卡的工作计划》《华山医院关于严禁设立和使用“小金库”的规定》，为推进廉政建设提供制度保证。

2012 年，根据国家卫计委“卫生行政权力运行监控机制建设”和上海市卫计委关于在本市公立医疗机构开展加强廉政风险预警、规范权力运行机制建设试点工作的要求，医院被列为率先在全市五家三级医疗机构开展廉政风险防控机制建设试点单位之一。全院围绕行政职能，分别在重大事项决策、重大项目安排、大额资金使用权、干部任免、奖金分配、职称评审、设备采购、药品耗材采购、基建修缮、科研经费管理等环节查找出 86 个廉政风险点。根据风险点的关注度、影响力、涉及面、产生腐败的可能性及危害程度，将风险点确定为 A、B、C 三个等级，其中 A 级 9 个、B 级 47 个、C 级 30 个，将 9 个 A 级风险点（院办、党办、人力资源部、医务处、财务处、后勤保障部、科研处、教育处、信息中心）的相关制度建设与监督管理工作作为医院级的重点监控对象，并针对风险的权力特征点，建立风险防控机制。在医院 OA 网上建设“廉政风险防控”信息平台，把廉政教育最新文件、相关制度、职权目录、运行规则、供应商诚信制度和患者满意度、各科室的得分情况都在系统内公示，同时信息平台也接受各方的实时监督，促进各项权力在阳光下运行。

2013 年，临床医学中心（西院）工程建设项目启动运行，医院与闵行区人民检察院签署创“双优”协议，以实现“工程优质、干部优秀”为目标，形成“工程建设与廉政建设同步推进，工作职责与廉政责任同时落实”的工作格局。依靠闵行区人民检察院共同为西院工程项目建立教育、制度、监督并重的惩治与预防腐败体系，推动工程建设廉洁、健康、有序开展而保驾护航。同年配合上海市卫计委纠风办对葛兰素史克在院内的情况展开调查。按照上海市卫计委统一部署，在信息科安装反统方软件，实行实时监控工作，为切实防止统方、治理商业贿赂起到制度加科技的防控作用。2014 年，接受上海市卫计委督查组《关于开展医疗药械购销等问题专项整改工作的专项检查》的检查，接受上海市卫计委督查组贯彻“九不准”“十项不得”规定落实情况的督查，开展关于“爱迪康商业贿赂”事件的自查清退工作。2015 年，制定《华山医院医疗器械、药品及科研经费管理等廉政风险防控点自查督查工作方案》，纪委牵头组建由纪委书记，纪委副书记，部门分管院领导，纪委委员，纪检委员，相关部门负责人，纪监科、审计、财务人员组成的检查小组，在相关职能部门自查基础上，对廉政风险防控点进行专项督查。2014—2016 年，完成年度创“双优”工作情况，认真进行检查、评估、总结。2015—2016 年，由纪委牵头组成的督查工作小组，重点对管人、管钱、管物等高风险岗位进行督查，对督查工作中发现的问题及时提醒，督促整改，努力把风险消除在萌芽状态。

第三章　宣传工作

第一节　宣传实践

一、基本情况

医院的宣传工作主要由宣传科负责。1992 年，医院党委下设宣传科。1996 年，宣传科从党委办公室独立。宣传科成立之初，主要承担包括对内对外新闻宣传工作、医院院报编辑出版工作，配合党委开展党的路线、方针、政策的宣传工作，组织、参与医院精神文明创建和文化建设等。2004 年起，在原有工作基础上，科室主持建立医院官方网站，承担医院网站新闻发布工作。2005 年起，科室开展宣传片制作，拍摄并制作医院及科室宣传短片，宣传医院品牌。2008 年起，科室主持、承担"新百年华山文化"系列丛书的策划、编辑、出版工作。2015 年起，科室主持建立医院官方微信平台"复旦大学附属华山医院"，承担医院新媒体平台建设及新闻维护工作。

表 6-3-1　1995—2016 年宣传科获得荣誉情况表

获奖年份	荣誉名称
1995	《爱的奇迹》获 1994 年度上海市卫生系统十佳精神文明好事
2004	上海市卫生系统五"十佳"优秀组织奖
2011	《华山医院报》获全国优秀医院报刊
2011	《华山医院报》获上海市卫生系统优秀医院报刊
2012	"感动·瞬间"——"斯泰隆杯"医务人员职业风采摄影大赛组织贡献奖、优秀作品奖
2012	上海医药卫生优秀新闻作品奖三等奖
2012	上海市卫生系统医院(卫生)文化品牌
2012	复旦大学年度宣传工作先进单位
2012	复旦大学 2009—2011 年文化特色项目评选二等奖
2013	《华山医院报》获全国优秀医院报刊
2013	复旦大学年度宣传工作先进单位
2014	微电影《儿子》获上海市卫生系统"医患真情故事微电影"大赛二等奖
2015	《华山医院报》获全国优秀医院报刊
2016	《华山医院报》获全国优秀医院报刊
2016	微电影《儿子》获第二届上海职工微电影大赛"最具创意奖"
2016	集体作品"医道：雪域高原·生死营救"获国家卫计委宣传司 2015 年度"健康中国"传播激励计划优秀新闻作品奖

二、重要宣传工作与活动

【宣传制作】

1993 年，宣传科与红十字办公室合作，举办“红十字在我心中”文艺会演、黑板报评比，拍摄“红十字在我心中”文艺演出录像，自编自拍“1993 年华山战高温见闻”录像。

1994 年，组织拍摄 2 部反映医院医务人员高尚医德的电视短片。1995 年，撰写《爱的奇迹》，在党政领导的支持下，实行对外宣传奖励制度。

2005 年，制作 10 分钟专题片《宁愿一人脏，换来大家净》，宣传上海市卫生系统十佳工勤人员许家驹。同年，撰写“先进性教育”报道 50 余篇，向复旦大学先教办上报稿件 30 篇，出版《先进性教育简报》10 期，拍摄先进性教育重大活动并制作成光盘。

2006 年，开展“华山大道”道旗制作，向全院职工和社会各界展示医院风采，拍摄并制作医院及科室电视短片，利用门诊和病房的多媒体设备滚动播放，宣传医院品牌、医疗特色和专家团队。

2011 年，配合上海市卫生局、上海教育电视台完成《名医大家》纪录片光盘以及《名医大家》一书的编纂，并在全院范围内宣传“学名医大家、师德楷模”党员主题实践活动，全院科室在此基础上召开专题组织生活会，进行交流讨论，并撰写心得体会刊登于医院主页的“创先争优”专栏以及院报专栏上。在“创先争优”活动中配合党委完成一部短片（阶段性回顾短片拍摄制作）、一组展板（展示先进党员风采）、一份报纸（“七一”院报特刊）、一组道旗（宣传先进党员和先进支部）。与上海市血液中心党委共建，拍摄《从血管到血管》科普宣教片。完成复旦大学文化建设项目“复旦大学附属华山医院行医执教 50 周年学术大师风范精粹”，完成“华山医院行医执教 50 周年学术大师风范精粹”展板及电子图册制作。同年制作完成“华山医院重点学科墙”及“华山医院人才墙”；《华山医院报》增设双月“医院文化专刊”。

2012 年，制作宣传片《新百年、新华山》《誉满杏林五十载》，与护理部共同出版“新百年华山文化”系列丛书之四《用心守护生命》。

2015 年，参与策划、举办“感动华山 · 天使礼赞”颁奖盛典，弘扬华山精神和行业正能量，践行社会主义核心价值观。主办医院科室文化传承创新擂台大赛，组织启动“科室文化传承创新资助项目”。参与医院微党课大赛的主持、主持稿写作、后期新媒体传播等。

2016 年，整体更新学科墙、专家墙。开展科室文化的建设工作与创新推进工作，组织启动“科室文化传承创新资助项目”。参与策划大型医院纪录片《人间世 · 团圆》和《人间世 · 背后故事》。参与策划“感动华山 · 大爱无疆”公益展演，并在人民网、中新社等国家媒体发布新闻。参与策划“两学一做”班后一小时党员公开课，现场录像、拍照，形成宣传文案，在微信订阅号平台推送每日微信投票，营造学习氛围。

【宣传报道】

1996 年，报道包括全国首例非血缘供者造血干细胞移植成功、皮肤科老前辈杨国亮教授 98 周年寿辰、唐山大地震 20 周年纪念、重庆医科大学建院 40 周年纪念等，于《上海画报》《跨越世纪的中国》设专版介绍医院。重点宣传手外科顾玉东先进事迹；配合市委组织白求恩式的好医生顾玉东“创业者风采”事迹报告会；协助东方电视台、上海教育电视台拍摄《东方名医——吴树强》《东方名医——张元芳》《科技功臣——顾玉东》等专题片。

1997年，报道医院建院90周年系列活动等，于《今日上海》《群英谱》等专版介绍医院，协助振亚影视、上海电视台、上海教育电视台拍摄《华山改革之路》《青年岗位能手——徐建光》《院士礼赞——顾玉东》等。

1998年，报道医院抗洪赈灾医疗队事迹等，宣传医教研工作突出个人，协助振亚影视完成《华山改革之路》(英文版)制作。

1999年，报道医院为革命老区和云南边陲贫困地区服务(江西、云南"三下乡"活动，医院赴浙江革命老区义诊活动)等，协助振亚影视完成《华山改革之路》(中、英文版)VCD制作。

2000年，报道上海市华山医院神经外科集团医院成立、扬州"三下乡"活动等。

2001年，报道上海房屋土地资源管理局职工医院并入医院、自体神经干细胞移植、上海市神经外科集团研究所成立、"纪念建党80周年"医院为革命老区(湖南韶山)服务等。

2002年，报道卵巢冷冻技术的科研成果、神经外科国际会议、伽玛医院建院、医院门急诊大楼开工、医院检验医学中心成立、"赴延安三下乡"活动等，组织宣传医院党委与全国社区先进集体临汾街道及东方电视台娱乐、戏剧频道文明共建活动。

2003年，报道医院抗击"非典"、复旦大学器官研究所成立、复旦大学内分泌糖尿病研究所成立、肝脏移植手术成功，参与东方电视台戏曲频道、上海越剧院举办的"抗非"慰问演出。

2004年，报道医院与麻省总医院缔结姐妹医院，华山-哈佛医学国际联合医院成立暨华山医院门急诊大楼正式启用，F1赛事及NBA赛事医疗保障工作，2004年上海国际临床医学论坛，第九届国际手外科年会、复旦-牛津功能磁共振研究中心成立，PET/CT升级启用仪式，复旦大学脊柱外科中心、肝病中心成立，肾脏病研究所成立，神经外科-美国强生柯德曼(CODMAN)新技术培训中心成立，申洲-贝朗血液净化合作中心签约等。同年参与院歌《华山之路》写作、作曲等协调联系工作。

2007年，报道医院建院100周年系列活动、医院正式引入JCI国际医院标准、抢救特奥运动员、救助患脑疾撞墙止痛的玮玮等。

2008年，报道医院医疗队参与四川汶川抗震救灾、北京奥运医疗保障、医院传染病楼开张等，组织"改革开放30周年"征文比赛、"老物件征集活动""华山医院改革开放30周年成果展"等。举办"华山医院改革开放30周年成果展"，制作展板30块，从医疗、教学、科研等方面全面反映医院30年来的发展变迁。

2009年，报道迎世博倒计时300天——医院推广"全程细节人文服务"、神经外科集团医院入选改革开放30周年健康上海十大成就、北院奠基、射波刀治疗中心落户东院、皮肤科大型义诊庆建科80周年华诞、"华山女儿"蒋瑀琪回家、中德红十字野战医院举行灾害应急演练、演员赵本山进入医院治疗、国际医疗中心成立20周年庆典等。

2010年，报道医院成为首个获JCI认证的部属公立医院、医院冲刺世博大会举行、医院抢救外籍世博工作人员、医院探索专家门诊全部实名制预约、全力救治胶州路失火公寓伤员、神经内科60周年科庆等。

2011年，报道医院与静安区中心医院组建医疗联合体、医院在全国41家大型三甲医院住院患者体验与满意度调查中获第一名、北院主体结构封顶、"7·23"动车事件伤员抢救、世界游泳锦标赛医疗保障、急救白俄罗斯跳水运动员、"情系藏区，点亮光明"送医进藏大型志愿者活动、医院位列全国医院排行榜第五、神经外科获全国先进基层党组织、脑卒中筛查区域性防治督查体系建立、《抗糖路上爱相伴》首发等。

2012年，报道北院开业、西院奠基等。

2013 年，报道雅安地震救援、“洒向人间都是爱”红十字主题活动、赴菲律宾参与台风“海燕”救援等。

2014 年，报道中国女子短道速滑队运动员王濛突然受伤送入医院手术、医院首例器官捐献者管莹的事迹、昆山“8・2”爆炸、东海大桥大巴侧翻、管刀插进太阳穴、钢筋穿颅等医疗救治。配合医院读书会建立“华山交享悦”微信公共平台，旨在“传递医学人文关怀，弘扬医学职业精神，宣传行业核心价值”。

2015 年，报道医院红十字国际医疗队驰援尼泊尔、参加国家卫计委 2015 年国家巡回医疗队的医院专家赴云南迪庆巡回医疗、医院骨科培训班十周年、脑组织干细胞重建术、“慢病相对时空”公益项目、红十字器官捐献等。

2016 年，报道医院专家组队救援盐城龙卷风灾害群众、全球健康促进大会召开、医院在“健康中国”事业中的工作、F1 中国大奖赛医疗保障 12 年回顾等。“复旦大学附属华山医院订阅号”微信公众号不定期推送医院新闻、医院文化、医学人文、党风廉政、义诊预告、招聘信息。

【宣传阵地】

2004 年，建立“华山医院网站”。2005 年，《华山医院通讯》更名为《华山医院报》，出版第 100 期《华山医院报》彩版院报，举行“院报百期”庆祝大会，总结 8 年办报经验并提出今后的改进方向。2007 年完成《华山医院报》改版，一、四版双面彩色印刷，在医院网站上传电子版。2012 年，完成医院“核心价值观”征集，确定新版医院核心价值观、院训、办院宗旨、愿景，在医院主页上进行宣传。在医院网站上建立“志愿服务在华山”专题网站、设计编纂志愿者手册、志愿者海报，编纂《挚爱瞬间》图册、出院患者志愿者招募宣传插页、志愿者培训手册等。在《华山医院报》上推出“华山十大新闻评选”。完成北院学科墙、专家墙；完成医院网站改版，“媒体视点”“新闻搜索”等新增板块及功能获得高点击率。2013 年，组织“地震受助女孩来沪感谢白衣天使”为主题的媒体活动，邀请上海电视台等 10 家上海主要媒体进行报道，全方位展示医院红十字工作的历史渊源以及近年来医院功能神经外科取得的成绩。2014 年，完成复旦大学文化建设项目“生命在奉献中闪光——华山・中国梦”主题活动。参与完成市教卫党委系统党建研究会重点课题。2015 年，建立、运营医院官方微信平台“复旦大学附属华山医院”官方微信（服务号），每周推送一期，微信以“原创、时尚、长知识，来自医院名医的健康宝典”为定位，把医院名医带到患者身边，获《中国医学论坛报》推荐。与信息科、门诊办公室、临床科室合作，建立“华山专家资料库”，对全院所有副高以上的专家信息及资料进行收集与整理，在此基础上建立“华山医院微官网”。

第二节　宣 传 平 台

一、对外宣传渠道

医院不断建立、拓展对外宣传渠道，与国内知名电视台、广播电台、平面媒体（报纸、杂志等）、通讯社、网站及新媒体等建立长期、稳定、良好的合作关系，通过深入合作与互动，持续提升医院在公众中的美誉度与公信力。

医院积极对接中央电视台（上海记者站），东方卫视，静安有线电视台，上海电视台外语频道、纪实频道、金色频道、看看新闻、综合频道等，参与《新闻报道》《新闻坊》《名医大会诊》《名医话养生》等栏目，扩大医院影响力。通过上海人民广播电台（FM93.4/AM990）的《990 早新闻》《直通 990》《活到100岁》，东方都市广播(FM89.9/AM792)的《名医坐堂》，上海交通广播(FM105.7)的《无病一身轻》，五星体育广播(FM94.0)的《轻松下午茶》等放送节目，传递医院正能量。此外，《人民日报》《解放日报》《文汇报》《新民晚报》《新闻晨报》《劳动报》《新华每日电讯》《青年报》《健康报》《上海大众卫生报》《中国医学论坛报》《中华医学信息导报》《上海科技报》《静安时报》《上海医工报》《生命时报》《健康财富》《上海日报》等传统纸媒，以及《新民周刊》《大众医学》《康复》等杂志，也是医院对外宣传的主要阵地之一。此外，医院充分发挥互联网优势，通过人民网、新华社、中新社、新民网、东方网等各大通讯社及网站，快捷推介医院信息。自2015年起，医院积极拓展新媒体宣传渠道，主要合作新媒体平台包括上海发布、腾讯大申网、澎湃新闻、昕传媒、12320在线访谈、东方网健康频道在线访谈等，提升宣传覆盖面。

二、丛书与院报

医院为便于职工、社会各界及时了解医院动态与学科发展，于1980年创刊《华山简讯》。1997年，《华山简讯》停刊，创办《华山医院通讯》，并于2005年更名为《华山医院报》。2008年，华山医院出版"新百年华山文化"系列丛书，至2016年已出版4部。

【医院系列文化丛书】

2008年，医院党委策划、主持并出版"新百年华山文化"系列丛书，成为医院文化建设的重要载体。

"新百年华山文化"系列丛书之一　2008年，四川汶川发生8.0级特大地震，医院第一时间组建医疗队，先后派出152名队员奔赴灾区最前线，以视死如归的勇气和豁达诠释医务人员的大爱。2009年，为重温历史、指引未来，医院出版"新百年华山文化"系列丛书之一《震撼100天——复旦大学附属华山医院抗震救灾工作纪实》，献给为抗震救灾无私奉献的华山白衣战士。该书收录华山人在四川汶川抗震救灾中令人感动的故事、事迹、手稿、随笔等，使社会各界看到医务人员身上体现出的高尚品质和崇高的职业精神。

"新百年华山文化"系列丛书之二　2009年，"新百年华山文化"系列丛书之二《爱心铸就红十字——复旦大学附属华山医院抗震救灾图册》与"新百年华山文化"系列丛书之一《震撼100天——复旦大学附属华山医院抗震救灾工作纪实》同时出版，收录医院医务人员在四川汶川抗震救灾前线及医院后方工作的珍贵历史照片。

图6-3-1　"新百年华山文化"系列丛书

"新百年华山文化"系列丛书之三　2010年，上海世博会举行，医院承担重要的医疗保障任务，践行"健康，让城市更美好"的世博承诺，也借此良机夯实基础、增强实力、提升品牌与美誉度，取得一系列佳绩。2011年初，"新百年华山文化"系列丛书之三《世博800天——复旦大学附属华山医院世博工作纪实》出版。该书记录医院医务人员在迎接世博、服务世博、传承世博中的亮点和经验，弘扬医务人员的奉献精神，展现华山人勇于担当、敢于负责的实力与自信。这些精神财富，将在“后世博”的日子里成为一种精神动力，激励华山人更好前进。

“新百年华山文化”系列丛书之四　2012 年，“新百年华山文化”系列丛书之四《用心守护生命——复旦大学附属华山医院护士文集》出版。全书围绕医院优质服务的开展，从专科护理新技术介绍、护理管理经验分享、一线护士们的随笔随想和多姿多彩的生活等方面，展现出护士精诚团结、恪尽职守、锐意进取、笃实好学的精神品质，填补护理文化建设领域的相对空白。

【医院院报】

1980 年，在医院党委的领导支持下，《华山简讯》创刊，为半月刊。简讯的出版为医院员工、社会各界及时了解医院动态和学科发展提供重要的载体。

1997 年，医院纪念建院 90 周年之际，因发展需要，《华山简讯》停刊，《华山医院通讯》正式创办，为月刊，着重记录医院及学科发展中的重要事件，同时选登部分医务人员所撰随笔及心得，深受大家喜爱。2002 年，《华山医院通讯》出版 60 期之际，宣传科组织举办庆祝院报出版 60 期座谈会、专题调研会，反响良好。1997—2005 年，《华山医院通讯》共出版 99 期，为医院留下大量珍贵的历史记录，也成为这段时期医院员工及社会各界了解华山医院的重要窗口。

2005 年，《华山医院通讯》即将出版 100 期之际，正式更名为《华山医院报》。借第 100 期《华山医院报》(彩版)出版，宣传科策划并组织院报出版 100 期庆祝活动，邀请院领导、媒体记者、兄弟医院同仁、通讯员等 60 余人参加，总结 8 年办报经验，提出今后的改进方向，获得良好的业内及社会反响。改版后的《华山医院报》风格更为大气、内容更为丰富，受到更多医院员工和社会同行的关注。2009 年，《华山医院报》二次改版，一、四版双面彩色印刷，二、三版黑白印刷，编排更精心、设计更精美、栏目更固定，获员工好评及喜爱。

2011 年起，《华山医院报》推陈出新，在常规版的基础上，每双月增设一期“医院文化专刊”(即“文化版”)。宣传科结合每年医院工作实际，精心策划，推出医院年终表彰、纪念“七一”建党、华山女性风采、华山志愿者在行动、书香华山 · 人文医学等与医院中心工作及医院文化相关的主题特刊，丰富医院文化建设的内涵。

2013 年，《华山医院报》出刊 200 期。宣传科以“今天，我们怎样做宣传?”为主题，举办通讯员培训暨新闻写作与媒体资源利用技能培训。2016 年，在《华山医院报》中嵌入华山医院官方微信二维码，将平面媒体与移动媒体相融合，扩大院报的信息量，提升院报的科技含量。

《华山医院报》忠实记录医院发展历程中的重要事件，全方位地展现医院医疗、教学、科研等各方面的成就，见证医院的跨越式发展。创造性的工作让医院良好的医德医风得到深度挖掘和弘扬，使华山宝贵的优质医疗资源和精神财富让更多的百姓及患者知晓并受惠，成为医院发展过程中重要的文化品牌之一。

图 6-3-2　《华山简讯》《华山医院通讯》和《华山医院报》

第三节　宣 传 案 例

医院宣传牢牢把握公益性、社会性的原则，按照医院定位，紧扣时代脉搏，围绕民生热点，及时宣传党和国家方针政策及医院制度法规，充分挖掘具有医院特色的诊疗服务、专家团队、典型事例等，着力营造良好舆论氛围，树立医院品牌形象。医院先后宣传报道建院百年院庆系列活动、汶川地震抗震救灾、北京奥运医疗保障、医院通过JCI认证、红十字国际医疗队菲律宾救援、红十字器官捐献等案例。

一、院庆系列活动

2007年，为纪念医院建院100周年，配合院庆系列活动宣传“蓝天下的至爱”慈善手术暨义诊、百名专家外滩义诊、兴国革命老区义诊、第六届华山艺术节、百年院庆庆典大会及晚会、百年院庆国际学术论坛等；制作完成《华光溢彩》院庆回顾片，为百年院庆留下宝贵的影像资料；策划、制作并出版《华山医院报·百年院庆专刊》；联络、协调、配合摄制组完成纪录片《华山峥嵘路漫漫——华山医院百年纪事》制作；《解放日报》《文汇报》《新民晚报》《新闻晨报》《东方早报》等平面媒体推出“华山医院院庆专版”。

图6-3-3　2007年，医院院报报道百年院庆系列活动

二、抗震救灾与紧急救援

【汶川大地震抗震救灾】

2008年，医院网站主页开辟抗震救灾专题网页，滚动更新前线消息。建立前线医疗队通讯员队伍，每天定时连线，撰写报道，次日早晨发布，共计发布抗震救灾信息200余条、图片60余张。制作《华山医院抗震救灾信息快报》，每天一份，以电子报的方式，上传医院网站主页，同时传送市卫生局、复旦大学和媒体记者，全面宣传华山医院抗震救灾工作最新情况，共计26份。制作《抗震救灾纪实片》，每周一期，片长为20至30分钟，全面反映前线抗震救灾工作实况和队员们的生活，在院周会上播出，共计4期；出版《华山医院报抗震救灾特刊》2期；举行医院抗震救灾照片展，制作展板8块，展出院内和前线抗震救灾工作的实录照片100多张，先后在门诊楼、综合楼和东院展出。宣传科李妍斐加入中德红十字会野战医院第一批医疗队，担任"战地新闻官"，之后医院派出陈勤奋、唐弘分别加入前线报道。撰写或整理抗震救灾先进事迹近20篇、制作PPT 10个，向国家卫生部、上海市科教党委、复旦大学、市卫生局等申报多项先进，并配合各级单位组织的抗震救灾先进事迹报告会。在媒体发布医院抗震救灾新闻报道近300条，协助制作专题电视栏目20个。2009年，制作、出版"新百年华山文化"系列丛书之《震撼100天——复旦大学附属华山医院抗震救灾工作纪实》和《爱心铸就红十字——复旦大学附属华山医院抗震救灾图册》。2013年，在汶川大地震发生5周年之际，报道即将参加中考的曾被医院救治的汶川地震受难者蒋瑀琪时隔5年再次回到医院，向大家讲述她的成长故事。

【"7·23"动车事故伤员抢救】

2011年7月，"7·23"动车事故发生，医院神经外科胡锦医生及手外科劳杰医生先后赶赴温州全力救治伤员。医院与两位专家实时连线，并邀请媒体将他们的抢救过程撰写成文，先后在15家报纸及电视台报道。

三、医疗保障

【北京奥运会医疗保障】

2008年4月，医院举行"华山医院奥运医疗保障实战演习"新闻发布会，发布奥运保障准备情况；在奥运期间及时与媒体沟通，提供医院奥运医疗保障相关情况。共在媒体发布医院奥运医疗保障工作相关新闻报道40余篇、电视报道20余条、专题栏目5个。

【上海世博会医疗保障】

2009年，医院开设"迎世博"专题网页，对医院医疗服务中的创新和亮点进行集中报道，制作"华山医院迎世博、创文明"宣传短片在"上海市卫生系统迎世博倒计时300天"大会上播放，展现医院"全程人文细节服务十大举措"，获市卫生局肯定与推广，被媒体广泛报道。2010年，"迎世博"倒计时30天，对服务中的创新和亮点进行集中报道，如门诊开设的"世博绿色通道"便捷服务、"三五"活动日门诊团员志愿者服务、团员佩戴团徽上岗等。世博期间，展现国际医疗中心抢救俄罗斯馆工作人员的《上海医护力量尽显"世博"水平》刊登在《解放日报》头版，被多家媒体转载，树立医院良好的国际化形象。世博后，对门诊护理传承世博理念，设立"最佳实践区"等宣传，组织撰写20篇先进事迹材料申报上海市世博工作先进集体、个人，上海市卫生系统世博工作先进集体、个人等。2011年，"新百年华山文化"系列丛书之三《世博800天》编纂出版，总结医院服务中的亮点和经验，弘扬医务人员在重要活动中的奉献精神。

图 6-3-4　2010 年，医院世博宣传展示墙

四、红十字救援与器官捐献

【医院红十字国际医疗队菲律宾救援】

2013 年 11 月，医院派出 7 名医疗救援队员飞赴菲律宾参与台风“海燕”救援。其间，宣传科作为沟通前方与国内媒体的重要桥梁，每天与一线保持沟通交流，共在媒体发表报道及图片 30 余组，包括中央电视台、人民日报、中国新闻社、中国日报在内的十多家媒体都对首批中国红十字国际救援队的工作进行了报道。

【医院红十字国际医疗队驰援尼泊尔】

2015 年 4 月，尼泊尔发生强烈地震，医院首批选派 5 名队员、第二批 6 名队员组成医疗队赴尼

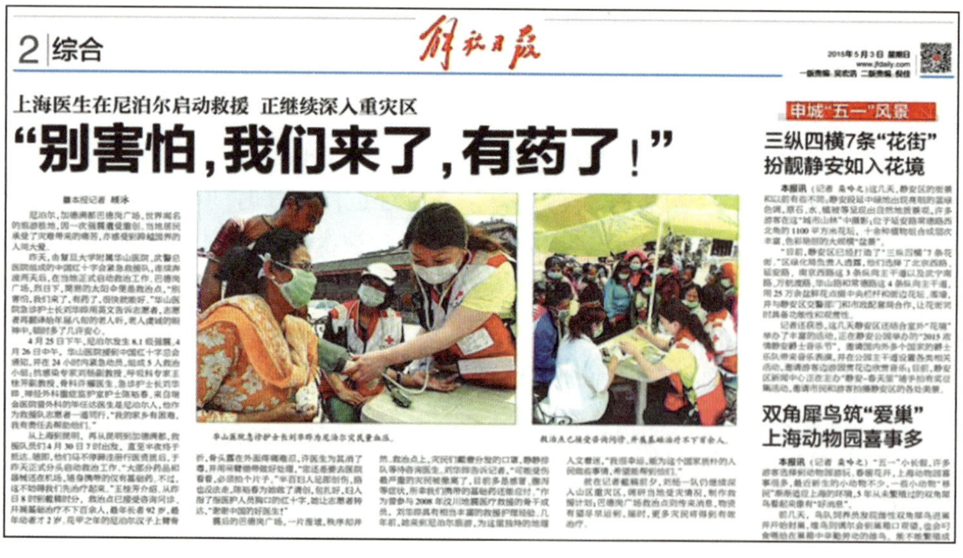
2 综合　解放日报

上海医生在尼泊尔启动救援 正继续深入重灾区

“别害怕，我们来了，有药了！”

申城“五一”风景

三纵四横7条“花街”扮靓静安如入花境

双角犀鸟筑“爱巢” 上海动物园喜事多

图 6-3-5　2015 年，媒体持续报道尼泊尔救援情况

泊尔驰援。宣传科通过与队员保持及时联系，及时在医院网站上推出队员撰写的《尼泊尔日记》。同时，与媒体保持联系沟通，发表媒体报道超过50条，其中中央电视台报道3条、上海电视台报道6条、上海广播电台新闻1条、网络首发新闻14条，转发阅读量数万。

【医院倡导红十字器官捐献】

2014年，医院首例器官捐献者管莹的事迹，经宣传科推荐报道，在《解放日报》《新民晚报》《新民周刊》《中国医学论坛报》、上海电视台、上海电台等重要媒体被大量报道转载，管莹获第四届“感动上海”年度人物特别奖、“感动宝山”十大人物奖。2016年，大型医院纪录片《人间世·团圆》播出后，深度挖掘《人间世·团圆》背后的故事，在上海观察、看看新闻、医学界、澎湃、南方周末、东方网、劳动网等多家网络媒体，以及《健康报》《文汇报》等多家重要纸质媒体发表有关器官获取组织(Organ Procurement Organizations，OPO)的相关消息33条，呼吁社会对器官捐献工作的理解、认同。2014—2016年，针对医院全部器官捐献案例进行报道，对该项工作的推动起到积极作用，得到政府的重视以及社会的理解、支持与参与度。

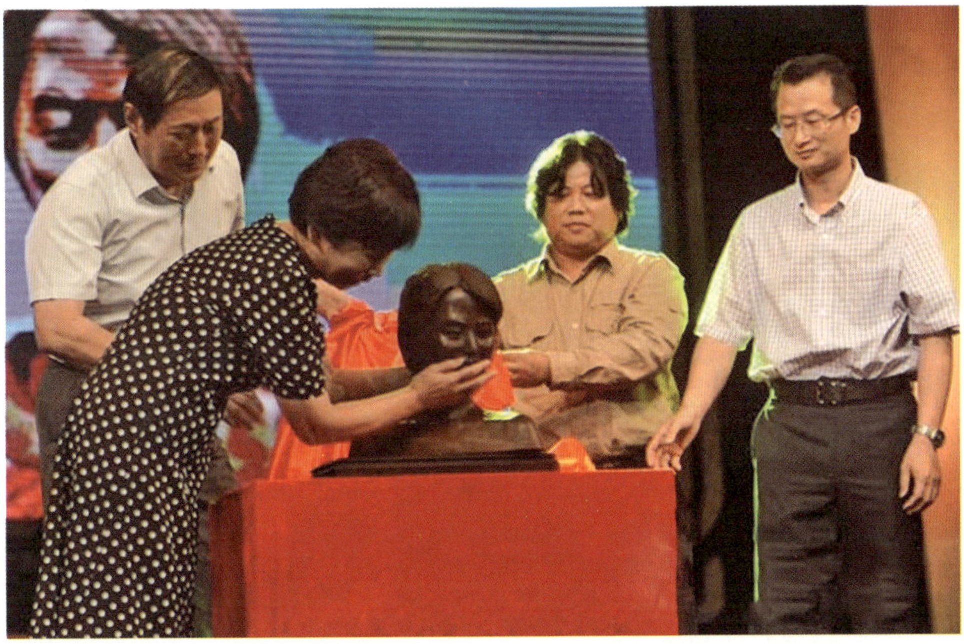

图6-3-6　2014年，医院首例器官捐献者管莹荣获第四届“感动上海”年度人物特别奖

五、JCI认证

2007年，医院举办“华山医院正式引入JCI国际医院标准”新闻发布会，宣传JCI工作，跟踪拍摄、追踪报道JCI基线调查情况，在医院网站及院报专版上发布，使员工随时掌握检查的进程。同时对两次大规模的中层干部JCI培训进行报道，将培训内容整理成文刊登于《华山医院报》，普及JCI知识，提高员工的知晓率和积极性。2008年，在医院官网和院报上开设“JCI面面观”“JCI大家谈”等专栏和专版，加强与媒体记者的沟通和交流。2010年，医院成为全国首个获JCI认证的部属公立医院，主办JCI国际高峰论坛暨华山医院JCI评审经验交流会，组织媒体记者进行系统报道，深度解读。2013 年,医院通过 JCI 复评审并成为全球首家获 JCI 教学医院认证的医院,组织媒体报道,并就“JCI 教学医院认证”进行解读。2016 年,医院顺利通过 JCI 第三次评审,成为国内首家通过 3 次 JCI 评审的大型公立医院,邀请媒体记者进行持续报道宣传。

六、其他

2009 年 9 月,演员赵本山突发脑出血入住医院。医院与赵本山家人、经纪人取得沟通后,召开新闻发布会,及时公布治疗进展,澄清不实谣言,成功疏散大量聚集的记者,确保医院正常医疗秩序。

第四章　精神文明建设

第一节　精神文明工作

一、基本情况

医院精神文明建设，是造就医院良好社会形象的最佳手段。加强医院精神文明建设，提高医务人员素质，树立医疗卫生行业新风，履行救死扶伤的神圣职责，实践全心全意为人民服务的宗旨，需要相关工作不断完善与创新。20 世纪 80 年代起，医院紧抓文明单位的建设，把建设精神文明与提高医疗质量、改善服务态度紧密联系起来。1994 年，根据上海市卫生局要求，创建和谐医院，协调医患关系，医院党委调整院文明领导小组。1996 年，医院成立院文明办公室，抽调专职干部督促协调文明医院建设。1999 年起，分别由党委副书记王佩敏、钱飚、耿道颖分管精神文明工作。精神文明办公室负责制订院精神文明建设年度计划；按照院精神文明建设的决定和要求向基层部门布置工作；定期开展全院性的自查、互查，及时与基层部门一起落实改进措施；定期抽查基层部门服务态度和服务质量并及时反馈；定期听取监督员、员工、患者的意见及建议，通报、整改、分析讲评，并与奖惩挂钩。组织院内外学习，及时交流和推广先进经验，积极组织申报区、局、市各项评优及文明单位；做好职工医德档案的管理和维护工作；做好与辖区政府部门和主管上级部门的联系与沟通；做好来电来访人员的接待、登记、处置工作。

二、探索与实践

【文明单位创建】

1984 年，医院新的领导班子成立之后，始终把建设文明医院作为工作重点。1985 年，成立文明医院建设检查小组，由院长助理具体落实，紧抓院容院貌整顿、医疗护理质量、服务态度及便民措施等工作。1994 年初，党委调整院文明领导小组，由党委书记任组长，党委委员、医疗副院长任副组长。完善院、科两级工作网络，对职能部门做明确分工，齐抓共管医院精神文明建设，定期召开文明领导小组会议。1996 年，成立院文明办公室，抽调专职干部督促协调文明医院建设，开展职业道德教育，弘扬先进、树立正气，方便患者办实事和申报评审等工作。1997 年，完善院科二级管理，通过综合目标管理机制，将医德表现、服务质量、床位使用与困难以及患者满意率等非医疗性指标纳入院科二级考核范围。2003 年，进一步健全医院精神文明建设领导小组分工负责制，并以书面的形式向责任人下达任务书及完成时间。2004 年，全面贯彻十六届三中全会精神，坚持以人为本，针对医疗质量不稳定、“红包”回扣有回潮的现况，建立全面、规范、可操作的长效精神文明建设管理机制，确定各项制度的贯彻和落实。2006 年，加强精神文明建设和医院文化建设的联动，塑造医院新形象，加强精神文明建设与社区共建，共同营造良好氛围。2008 年，提出医院精神文明建设“五个一”目标，即建立一个目标——打造上海第一；组织一支队伍——精神文明建设三级网络；建立一个制度——奖惩激励制度；养成一种习惯——主动热情周到的服务；获得一个结果——患者满意度提升。

医院以建设市文明单位为抓手，强化医院文明建设工作，并于1985年首次获得上海市文明单位称号，后医院多次蝉联此项称号，至2016年共获得15次市文明单位殊荣。2011年12月29日，医院获得全国文明单位称号，并于2014年再度获得。

图6-4-1　1985年，医院被评为首届上海市文明单位

图6-4-2　2011年，医院荣获全国文明单位称号

【满意度测评】

1995年，作为医院质量年，通过文明领导小组向全院征求患者最不满意的工作。2003年，以患者满意为标准，以医疗质量为核心，在全院开展职工素质教育。2007年，建立完善研制开发"医德档案电脑管理系统"，按照市卫生系统文明办建立职工医德档案的要求，制定《华山医院职工医德档案实施办法》和《华山医院职工医德档案考核办法》。2011年，共参与接待上级部门领导视察数十次，包括复旦医管处附属医院满意度测评、静安区卫生系统暗访、卫生局医疗质量万里行调查、城市文明指数测评、上海市万人问卷调查、三级甲等医院复评、卫生部全国141家医院巡访测评、卫生部"三好一满意"活动调查等。在复旦大学附属医院巡访期间，医院各部门汇总医院文明服务各类亮点，共14篇文章被复旦大学收录于《复旦大学附属医院医疗服务亮点项目汇编》。同年，医院获得"全国41家大型三级甲等医院住院患者体验与满意度调查"第一名。

2014年，多次配合上级部门开展精神文明督查工作、全国文明单位复评预查、市万人问卷调查(2次)、市卫生系统和谐医院检查、市医药行风建设促进会满意度测评、静安区争创全国文明城区等。2016年，增加外部客户即患者满意度测评方式，纸质与电子同步进行。对内部客户即各科室中心组成员制定考评方案，在医院OA系统运行。多角度开展"啄木鸟行动"，改进不足、发掘亮点。多方位大力弘扬先进，树立模范典型，持续改进医德医风建设，进一步健全医德考评公开。

【世博文明工作】

为迎接2010年世博会，医院党委高度重视，2009年起，在各种会议上广泛发动，全力做好迎世博文明指数测评迎检工作。深入宣传，按照迎世博文明指数测评要求6大块19条检查，对存在的问题落实整改措施，自查自纠问题35条，落实整改35条，借助世博会召开的"东风"，集中力量对一些"顽症"进行专项综合整改。2010年，医院文明工作主要围绕上海市世博会展开，截至2010年11

月底，累计获各条线世博奖30余项，其中医院获2项世博保障服务贡献奖，东院（世博村）、总院门诊部、便民服务中心及多个护理班组获得世博保障先进班组。

第二节　医务社会工作

一、基本情况

2011年，应上海市卫生计生委要求，医院大力推进医务社工和医院志愿者队伍建设，成立医务社工部，由精神文明办公室负责统筹协调，并联合宣传科、团委、护理部、门诊部、教育处等5个部门，定期召开工作会议，总结近期工作及探讨下一步工作内容，共同开展医务社会工作和志愿者管理工作。其中，团委和教育处主要负责院内志愿者招募和社区健康宣教服务，宣传科负责社工理念普及和医务社工部工作通讯制作，门诊部和护理部负责志愿者培训和志愿服务开展。

医务社工部配合临床医疗团队，通过开展个案或小组工作为患者解决非医疗问题，提供情感支持、情绪疏导、医患沟通、家庭辅导、病友互助等服务；通过开展社区工作为周边居民连接医疗资源，促进社区健康；做好华馨家园志愿服务基地建设，开发、管理各类志愿服务项目，并做好志愿者培训与激励工作；发挥上海市医院协会医务社会工作与志愿服务工作委员会主任委员单位职能，组织督导、培训等工作，促进专业发展，开展大型活动及各类宣传，扩大专业影响力。

二、社工服务

2011年，按照市文明委下发的《关于进一步推进上海志愿者活动的意见》，以"四个一"的目标，即弘扬一种精神、形成一套机制、打造一支队伍、创建一个基地，医务社工部的主要工作内容围绕"华馨家园"志愿服务基地的建设开展。2012年，医院担任上海市志愿者服务基地联谊会会长单位。2013年，医务社工部引进专职社工后，首先选取血液科、血透室、神经内科作为试点科室，医务社工采取驻点查房的工作方式，对血液科、血透室、神经内外科和老年科都进行定期的查房，花大量的时间在患者的访谈上，对于患者在疾病适应、心理调适和生活方式改善方面都做出及时的回应。结合病种特色，开展小组工作，在小组中帮助患者家庭掌握更多疾病相关信息，并调整心态，配合治疗。与以往由护士做宣教相比，社工开展的教育型小组设计内容更广泛，包括疾病知识普及、常用药物介绍、家庭生活护理方法、家属与患者沟通技巧、了解患者的压力源及心理特征、家属如何减压自我放松，将患者及家庭向身心关注的方向引导，并学习以"生物—心理—社会"的视角看待疾病。

2014年，医院器官捐献工作逐步开展起来，医务社工受邀成为工作团队的一分子，承担捐献家庭的哀伤辅导和非医疗事务的咨询与指导工作，这也使得医务社工更进一步融入医疗团队。截至2016年底，已开展20余例捐献，社工陪伴家属与捐献者道别，一同商讨殡葬追悼等事宜，并持续关怀捐献者家庭。2016年，"'无偿献血、造血干细胞捐献、器官捐献'传递正能量"项目获2016年上海市教卫工作党委系统十佳好人好事。

2015年，44路公交车在延安西路行驶过程中，突然撞上高架立柱，造成多人受伤，10名伤者被送到医院急诊，医务社工及时赶到，对所有收治进医院的伤者进行探访及初步评估，并为重伤患者提供心理支持及持续关注。个案工作逐步从驻点查房转变为面向全院开放转介。2016年，医务社工部招募5名临床护理人员作为第一批社工的助手，并开展2次社会工作基础知识的培训。医务社工部正在开发线上(微信)转介功能，进一步拓展个案专业服务的覆盖面，目前不少科室已主动向医务社工部转介个案，医务社工在医疗团队中的职能也日渐明晰。

作为上海市医院协会医务社会工作与志愿服务工作委员会的主任委员单位，医院自2013年起，连续4年与静安区卫生计生委共同承办“洒向人间都是爱”世界红十字日大型专家医疗咨询活动。组织来自华山、中山、华东、瑞金、仁济、市一、市六、市九、市十、东方、胸科、龙华、曙光、五官科、一妇婴、儿童医学中心、静安区中心医院、静安区疾控中心等沪上著名医疗机构及社区卫生服务中心强项科室的专家，在现场为市民提供免费的医疗诊断和健康咨询服务。2016年，上海市医院协会及医务社会工作与志愿服务工作委员会组建“上海市红十字白求恩志愿者医疗服务队”，号召上海市广大医务工作者以白求恩为楷模，做红十字事业的传播者，做健康中国建设的推动者。

除“5・8”红十字日、“3・5”学雷锋、国际社工日、国际志愿者日等节日，医院社工部也相应开展主题活动，或为社区连接更多的医疗资源，或为医务社会工作与志愿服务做推广，或提供服务心得的交流平台，或对辛苦一年的志愿者进行嘉奖。通过组织大型的主题活动，医院医务社工部承担起传承“红十字”精神的职责，并通过各种形式的活动，将“红十字”精神更加广泛地传扬出去。

第三节　医德医风与社会公益

一、医德医风建设

医德医风建设是精神文明建设的重要组成部分，与人民群众密切相关，是关系党和政府威信的大事，也是医院提高医疗服务水平、树立窗口形象的基础。为进一步建立健全医务人员的道德行为规范，2011年，医院成立医德医风管理小组，组织制定《医务人员医德医风规范及考核办法》，并建立职工医德档案，由支部书记主持、科主任配合，共同参与及审核职工医德档案的录入，每年年底由考评小组根据各相关职能部门和支部考核意见录入评价意见。考评小组将优秀职工名单在科室内进行公示以兹鼓励，对于基本合格、不合格职工在科室内进行公示予以警示。将考评结果提交相关部门用于对职工的年度考核，并与评优评先、岗位聘任、职称晋升和奖惩挂钩。文明办每年将职工医德档案考评结果整理分析，并在中层干部会议上公示。2013—2014年，医院获上海市医药卫生行风建设促进会先进单位。2016年，“感动华山天使礼赞”案例获市卫计委院训院风带动医德医风优秀案例奖。

二、社会公益活动

医院社会公益活动有助于和谐社会的构建，起着扶贫救困、安老助孤作用的同时，又起到维持社会秩序、缓解社会矛盾、整理人际关系的作用。医院走向社会，向群众提供医疗服务，传播健康知识，对提高医院的认知度、支持度以及社会地位起到重要作用。

2013年，医院联合静安寺街道综合党委，面向静安寺街道各居委发放需求调查问卷，回收统计后根据居民最关注的健康主题，先后开展“有氧运动与高血压”“解读体检中的常见项目”“夏季皮肤病的合理用药”“走出营养补充的误区”“社区居民智慧医疗”“肾脏病的预防与治疗”等含金量足、实用性高的讲座。

神经内科是医院的金牌科室，2014 年，医院根据静安寺街道居民的需求，整合神经内科与康复科的专业人士，一同制作《防治脑卒中》健康宣传手册，并向社区广泛发放，普及脑卒中的预防、识别和发病后的应对知识，获得社区居民的欢迎。创新概念，面向静安寺街道社区学校的 40 名 10 岁左右的孩子开展关于“认识卒中”的讲座，带领孩子认识卒中、辨识卒中发生和应激处理步骤，培养健康意识和助人技能从娃娃抓起。

2014 年，为提升社区的自助能力，医院还与静安寺街道“邻里守望”党员志愿者进行结对，组织护理党支部为静安寺街道党员服务队开展为期 4 个月共计 15 次的急救技能培训。通过社区工作，精神文明办整合医疗资源，更广泛地惠及居民，对社区的健康管理也起到潜移默化的推动作用。

第四节　院内主题活动

一、精神文明评选

【好人好事评选表彰】

2009 年起，医院每年开展“精神文明十佳好人好事”评选活动，选拔、培养、宣传、学习和推广一批身边的先进典型和感动故事进行上报与展示。2015 年，器官捐献荣获静安区好人好事。

【华山特色细节服务评选】

2013 年起，在上海市卫生计生系统十条人文细节服务举措征集的基础上，医院每年征集、评选并推出符合华山特色的细节服务举措，注重人文关怀、软件建设和细节服务，注重维护患者权益和尊重患者感受，注重可操作性。同年，医院获市卫生系统“关爱患者从细节做起”细节服务举措创新奖。2015 年，门诊在国家卫计委医政医管局委托健康报社开展的“2015 改善医疗服务创新亮点评选活动”中获“优质服务岗”。

【“人文关怀　医患沟通”“人文关怀　医务职工心理疏导”项目评选】

为深化医改与构建和谐医患关系，营造良好的执业环境，提供可复制、可推广的模板，上海市卫生系统文明办、上海市医学伦理学会、上海市卫生系统思想政治工作研究会联合推出“人文关怀　医患沟通”与“人文关怀　医务职工心理疏导”这两项优秀项目的申报与评选。医院自 2014 年起向全院各科室开展征集活动，在全院周会上对于获奖的人文关怀项目进行表彰；通过展板、院报等方式进一步宣传，弘扬正能量，并从评选出的优秀项目中，推送至上级部门评选。2015 年，医院员工心灵关爱计划荣获市卫计委“人文关怀医患沟通”等奖项。2016 年，“慢病相对时空”获上海市卫生系统精神文明建设委员会办公室颁发的上海市改善医疗服务行动“医疗服务品牌”。

二、职业精神讨论

2000 年，顾玉东获卫生部颁发的白求恩奖章，医院开展“学习顾玉东、病人在心中”的服务创优活动成为党员和职工的自觉行动。2008 年起，根据上海市卫生系统精神文明建设委员会要求，医院在全院开展医疗卫生职业精神大讨论活动。在制定医院的活动方案后，由院工会组织各基层工会开展职业精神讨论会，激励员工秉承正确的职业精神，引导职工加深对医疗卫生职业精神的思考和认识，把研讨过程作为广泛凝聚共识的过程、提高思想认识的过程；多次组织员工职业精神专题讲座，并同时开展“我心中的职业精神”征集活动，后将顾玉东“四心”精神作为医院职业精神的代表推送至卫生局进行竞选活动，在全院广泛宣传，起到良好的效应。

第五章　工会、共青团与妇委会

第一节　工 会 工 作

一、基本情况

1946 年，在医院地下党支部书记沈孟先和徐在贵 2 名同志的领导下，成立了红会同仁联谊会。上海解放前，红会同仁联谊会有会员 40 多人。1949 年，在军代表和医务工会领导下，以“红会同仁联谊会”为基础，筹建并成立华山医院第一届工会。红会同仁联谊会和医院工会在新民主主义和社会主义革命建设时期均起过积极作用。1947 年，红会同仁联谊会与工人、店员、学生、教师和医药同仁等参加过全市性反内战、反饥饿“六二三”大游行等革命斗争。上海解放后，工会组织动员广大会员响应党的号召，积极投入防治郊区血吸虫病和爱国卫生运动。工会主席黄家驷亲自参加抗美援朝医疗队，担任全市第一批医疗队大队长，推动全市医务界同仁踊跃参加抗美援朝医疗队。

图 6-5-1　1951 年，医院派遣数十名医护人员组成抗美援朝医疗队奔赴前线

粉碎“四人帮”以后，根据上海市医务工会部署，1979 年医院恢复组建第十一届工会委员会。在党的第十一届三中全会精神指引下，在医院党委和上海市医务工会领导下，开展一系列卓有成效的工作。1980 年，在上海医务系统工会中首家建立第一届职工代表大会，充分发挥广大职工的主人翁作用。在医院党委的领导和上级工会的直接指导下，院工会始终以党的理论和工会理论为先导，落实科学发展观，坚持中国特色社会主义工会发展道路。建立和完善院务公开制度，推进民主管理，建设民主之家；创新开展职工素质教育工程，繁荣医院文化，建设活力之家；坚持“以职工为本”，完善职工互助保障体系，增强职工凝聚力，建设和谐之家；加强组织建设，增强工会战斗力，建设发展之家；扎实开展女职工工作，彰显知识女性才智，建设女性之家；深入并持续开展“面对面、心贴心、实打实，服务职工在基层”活动。

表 6-5-1　1983—2016 年工会获得荣誉情况表

获奖年份	荣誉名称
1983	全国模范职工之家
1986	上海市医务工会先进职工之家

（续表）

获奖年份	荣誉名称
1994	上海市医务工会先进职工之家
1996	上海市医务工会合格职工之家
1997	上海市模范职工之家
1998	通过全国模范职工之家复评审
2000	上海市医务工会先进职工之家
2002	上海市医务工会先进职工之家
2004	上海市医务工会先进职工之家
2005	上海市厂务公开民主管理工作先进单位
2006	上海市医务工会先进职工之家
2009	上海市卫生系统院务公开民主管理先进单位
2009	上海市医务工会先进职工之家
2009	上海市医务职工十佳文化品牌提名奖
2010	上海市医务工会先进职工之家
2010	上海市职工最满意企(事)业单位
2011	上海市卫生系统学习型示范单位
2011	上海市创建学习型企事业达标单位
2011	全国工会优秀职工书屋
2011	上海市卫生系统职工书屋示范点
2011	上海市"当好主力军，建功世博会，展示新风采"主题实践活动工会优秀组织奖
2012	上海市医务工会先进职工之家
2012	上海市劳动关系和谐职工满意企事业单位
2013	全国厂务公开民主管理示范单位
2013	全国厂务公开民主管理先进单位
2013	上海市厂务公开民主管理工作十佳单位
2013	上海市卫生计生系统院务公开、民主管理先进单位
2013	上海市学习型组织
2014	上海市医务工会先进职工之家
2014	上海市劳动关系和谐、职工满意企事业单位
2014	上海市医务职工(交响乐鉴赏)文体活动基地
2015	上海市医务工会十佳基层职工艺术节
2016	上海市医务工会先进职工之家
2016	国际 EAP 协会中国分会最佳实践奖

二、工会建设

医院工会自1949年成立后不断完善自身建设。在民主管理方面，工会代表和组织职工依照法律规定，通过职工代表大会、院务公开和其他形式，参加医院民主管理和民主监督；作为职工代表大会工作机构，负责职工代表大会的日常工作，检查、督促职工代表大会决议的执行，并参与协调劳动关系和调解劳动争议。在服务保障方面，开展员工关爱工作，开展全院职工慰问和困难职工帮扶工作，依法参与劳动安全保护，组织职工疗休养，维护女职工的特殊利益。在组织建设方面，健全二级工会队伍，做好会员的发展、接收、教育和会籍管理工作，加强职工之家建设。在宣教文体方面，开展群众性文化和体育活动，开展职工素质工程教育培训，组织职工开展劳动竞赛、合理化建议、技术革新和岗位创新等活动，做好劳动模范的评选、表彰、培养和管理服务工作。

三、劳动模范与先进评选

医院工会积极弘扬劳模精神、劳动精神、工匠精神，打造知识型、技能型、创新型的职工队伍，树立先进典型，学习劳模精神，将核心价值观具体化、人格化，感召职工，推动医院文化发展。

1950年，钱悳荣获第一届全国劳动模范，截至2016年共有4人获此殊荣。1983年，徐肇玥荣获全国卫生系统劳动模范，截至2016年共有2人获此殊荣。1995年，顾玉东荣获全国教育系统劳动模范。1996年，周良辅荣获全国五一劳动奖章，截至2016年共有3人获此殊荣。1988年，薛玲娣荣获全国模范护士称号。

表6-5-2　1950—2016年医院获全国劳模、先进情况表

荣誉名称	获奖年份	获奖者
全国劳动模范（先进工作者）	1950	钱　悳
	1989	顾玉东
	1995	顾玉东
	2005	季耀东
	2010	周良辅
全国卫生系统劳动模范	1983	徐肇玥
	1995	周良辅
全国教育系统劳动模范	1995	顾玉东
全国五一劳动奖章	1996	周良辅
	1999	顾玉东
	2013	孙成彦
全国模范护士	1988	薛玲娣

1956 年，唐观甜、程树槼荣获上海市劳动模范，截至 2016 年共有 16 人获此殊荣。2008 年，陈靖荣获上海市五一劳动奖章，截至 2016 年共有 2 人获此殊荣。

表 6-5-3　1956—2016 年医院获上海市劳模、先进情况表

荣誉名称	获奖年份	获奖者
上海市劳动模范	1956	唐观甜　程树槼
	1980	徐肇玥
	1982	徐肇玥
	1984	丁训杰
	1986	张延龄　叶玉玉
	1988	张国芸
	1990	卢　珊
	1992	徐建光
	1994	张婴元
	1998	徐启武
	2001	陈衔城
	2004	翁心华　季耀东
	2010	毛　颖
	2015	张文宏
上海市五一劳动奖章	2008	陈　靖
	2016	钦伦秀

四、职代会与民主管理

【第十一届工会委员会】

根据上海市医务工会部署，1979 年 6 月 8 日恢复组建医院第十一届工会委员会。在院党委和上级医务工会的指导下，1980 年 1 月 25 日在医务系统工会中首家建立职工代表大会制度，成立第一届“职工代表大会”，召开第一次会议，进一步发挥职工的主人翁作用。

【第十二届工会委员会】

1982 年 6 月 18 日，第十二届工会委员会成立，下设宣教、组织生产、福利女工、文体、财务等 5 个专门委员会，以及 12 个部门委员会、84 个基层工会小组。第十二届工会委员会抓好职工业余教育，开展文化补习工作，支持百余名职工参加院外业余学校学习。积极配合党委和行政，抓好政治学习和思想教育，宣传党的方针政策，表扬好人好事，创办《向四化进军》半月刊，获得市医务工会好评。

【第十三届工会委员会】

1985 年 12 月，第十三届工会委员会成立。第十三届工会委员会配合和协助行政，动员全体职工参与民主管理、经济管理和医教研等各项工作。院工会和部门工会主席参加党委领导的院经济管理研究小组、职称晋升工作小组、工调小组、房屋分配小组。职工代表通过职代会提出不少合理化建议，献计献策。

【第十四届工会委员会】

1989 年 1 月，第十四届工会委员会成立。第十四届工会委员会动员广大工会会员在卫生工作改革中，开展“献计献策”群众活动。加快推进职工代表大会制度，推进医院民主管理。配合行政深入开展建设文明单位活动，使医院真正成为社会主义精神文明的窗口。协助党政系统加强对会员的思想政治文化技术教育，切实关心职工生活福利，努力搞好职工文化娱乐活动。

【第十五届工会委员会】

1991 年 4 月，第十五届工会委员会成立。第十五届工会委员会以四化建设为中心，实行民主集中制原则，坚持走群众路线，为职工说话办事，切实维护职工的合法权益，把工会办成“职工之家”，工会干部成为“职工之友”。自觉接受党的领导，工会委员坚持每月一次积极主动向党委汇报工作。提高职工素质，增强主人翁意识，抓好职工代表培训工作，使职工代表成为职工代言人、群众利益的代表者。努力协助行政领导办好托儿所、食堂等职工福利设施。

【第十六届工会委员会】

1994 年 3 月，第十六届工会委员会成立。第十六届工会委员会以邓小平同志建设中国特色社会主义理论为指导，围绕医院中心工作，贯彻实施《劳动法》和《上海市工会条例》以及《上海市实施〈中华人民共和国妇女权益保障法〉办法》，提高医务职工素质，使工会工作更适应新时期要求。树立典型，以点带面开展“病人在我心中”活动，号召全体会员学习“白求恩”奖状获得者顾玉东教授提倡的“四心”，即对患者要有高度的同情心、对工作要有高度的责任心、对事业要有高度的进取心、对同志对集体要有高度的团结心。在护士中开展“我最满意的护士”评选活动，塑造 20 世纪 90 年代“白衣天使”的新形象。

组织工会干部学习《工会法》，加深对社会主义初级阶段工会形式、地位与作用的认识。调研和探讨在新形势下做好工会工作的内涵和外延。更明确工会工作的四项职能，独立自主地开展各项工作。

1994 年成立职工技术协会（简称“技协”），技协是职工自愿结合开展群众技术活动的科技性社会团体，具有独立法人资格。主要任务和宗旨是开展技术攻关、技术交流、技术转让、技术服务、技术咨询、技术帮扶等技术协作活动，开展技术练兵、技术比赛、技术培训和科普教育活动，进行企业技术民主管理，以进一步发挥华山职工积极开展技术服务、技术攻关、技术创新、技术咨询（简称“四技”）活动的积极性。1995 年，召开华山医院第一届妇女代表大会，选举产生新一届妇女委员会。同年，工会协助团委一起组织“首届青年文化艺术节”，组织职工卡拉 OK 演唱赛，开展美容讲座、插花比赛等。

1998 年，工会经复审被评为“全国模范职工之家”和“上海市模范职工之家”。

【第十七届工会委员会】

1999年11月，第十七届工会委员会成立。第十七届工会委员会以马克思主义、毛泽东思想、邓小平理论和“三个代表”重要思想为指导，深入贯彻“十六大精神”，把工会干部思想统一到十六大精神上来，坚持改革开放、与时俱进，密切联系实际，胸怀全局、立足本职、勤奋工作、开拓创新，为华山医院的建设和发展做出新的贡献。

开展“建、创、做”活动，依托文明知识智力竞赛、黑板报评比、文明职工评选等活动载体，丰富“建、创、做”的形式。开展“振兴中华”读书活动，举办法律、礼仪知识讲座，拓展职工知识面。

完善各项制度，制定《职代会制度》《工代会、职代会选举制度》《工会工作制度》等，使各项工作程序化、规范化、法制化。积极推进院务公开制度，与行政共同规划院务公开原则、内容、程序和方法，设立院务公开栏、意见箱，组织职工代表与行政领导联席会议和听取院领导的工作通报、院情通报。落实职代会职权，表决通过《聘用合同补充条款》《院规院纪》《医师值班、交接班制度》《会诊制度》《职工外出参加学术会议、讲课管理规定》《医务人员接受外院聘用管理办法》《职工享受休假的规定》《医务人员进行学历教育的实施意见》《医院外事接待制度》等各项制度。建立农场合同工会员会籍“代管”新制度，打破工会基层组织固有的管理模式，将医院劳务合同工(新海农场工)236名职工集体加盟华山医院工会，使他们有了“家”的感受，也使华山医院工会增添了活力，对医院建设起到积极作用。成立“劳模之家”，弘扬“爱岗敬业、争创一流，艰苦奋斗、勇于创新，淡泊名利、甘于奉献”劳模精神。开办“工会活动室”，使职工在工作之余舒缓压力，放松身心。

【第十八届工会委员会】

2005年11月，第十八届工会委员会成立。第十八届工会委员会坚持以邓小平理论和“三个代表”重要思想为指导，遵循“加强和改善党对工会工作的指导，是做好工会工作的根本保证”原则，紧紧围绕医院发展目标和中心任务开展工作。修订和完善职代会和院务公开各项制度，从途径和方法上保证院务公开的顺利进行。坚持一年两次职代会，把职工群众关心的热点问题，如医院内部分配方案、医院奖惩制度、医院教育费用提取和使用情况、医院劳动安全卫生标准执行情况、职工带薪休假实施细则、医院提供职工工作午餐并引进社会化管理方案、职工补充公积金方案、职工疗休养实施办法、职工住房补贴改革方案、职工住房专项补贴实施方案等涉及职工切身利益的事项，纳入职代会审议表决内容。创先争优，树立楷模：周良辅被评为全国先进工作者，毛颖荣获上海市劳模，陈靖荣获上海市五一劳动奖章；华山医院、手外科等2个集体荣获全国五一劳动奖状和全国工人先锋号，手外科、神经外科2个集体被评为上海市劳模集体，华山医院、神经外科、皮肤科、门诊部、东院5个集体荣获上海市工人先锋号。开展职工素质工程教育，开展各类临床技能竞赛活动，依托学科优势，开展医、护、技“五小”技术活动，引导和推进职工职务发明和技术创新。坚持繁荣医院文化，潜心陶冶职工情操，倡导大型活动特色化，打造文化活动品牌，主办两年一次的文化艺术节和一年一度的年终文艺会演，展示出医院医教研的综合实力和职工的精神风貌，受到上级和同行的高度赞誉。

【第十九届工会委员会】

2012年3月，第十九届工会成立。第十九届工会委员会始终以党的理论和工会理论为先导，以中央群团改革会议精神为指导，紧紧围绕医院中心工作建设职工之家，下设32个部门工会、100 余个工会小组。以“坚持以医院职工为本，维护保障职工民生，创新提高服务水平”和“坚持以核心价值观为魂，形成具有华山特色的职工文化”为工作主线开展工作。完善民主管理制度，维护好职工的合法权益，在卫生系统率先开展“员工关爱计划”(EAP)。宣传弘扬新时代劳模精神，搭建引领示范平台：孙成彦获全国五一劳动奖章，张文宏获上海市先进工作者，钦伦秀获上海市五一劳动奖章；神经外科获全国工人先锋号，神经外科部门工会获全国模范职工小家；顾玉东劳模创新工作室被评为上海市劳模创新工作室，周良辅劳模创新工作室和翁心华劳模创新工作室被评为上海市卫生系统劳模创新工作室。陶冶职工情操，提升文化品位，与专业艺术单位合作共建，成立华山职工文化艺术团。开展全院职工健身运动，定期组织“职工乐跑赛”、“华健杯”职工乒羽赛等；组建华山击剑队，成为上海市医务职工击剑基地。传递医学人文关怀，弘扬医学职业精神，举办“华山职工读书节”系列活动，成为上海读书节基层示范项目；开设“华山交享悦”微信公共平台，成为市医务职工基层文化建设的优秀品牌。打响“华山武林大会”技能比武品牌，深化“培训、练兵、比武”三位一体的发展模式，开展职工岗位发明和技术创新等一系列品牌活动。

五、职工关怀

【探访慰问职工】

1979 年起，对病休 2 周以上的职工，组织人员上门慰问家访。2001 年起为职工办理上海市总工会在职职工住院补充医疗互助保障计划和特种重病互助保障计划。2006 年起设立医院职工互助基金，基金的主要来源为职工“一日捐”的募集资金，用于补助大病、困难、援边援外等职工。2007 年起制定《职工“五必访”慰问制度》，规定职工生病住院及女职工生育子女必访、职工及其父母(含共同生活的直系亲属)去世必访、职工劳动关系发生重大矛盾必访、职工家庭遇特殊困难必访、重大节日必访。

【服务职工措施】

为提高职工生活福利，工会始终坚持求真务实，尽量解决职工的后顾之忧，让职工体会到“职工之家”的温暖。20 世纪 80 年代起，工会协助行政提高食堂管理水平，改善职工伙食。1983 年 2 月，与静安区万航渡路街道合作在医院开办点心部。1984 年，为方便职工工作生活，成立缝纫组，聘请外来裁缝为医院职工做衣服，解决职工做衣难问题，又设法购买编织机为女职工服务；1985 年，成立洗衣组，聘请医院退休职工在院内为职工洗衣服、洗被单，既减轻职工家务劳动，又增加退休职工收入。2000 年成立工会活动室，为职工提供了学习、休闲、健身的场所。帮助职工子女解决入学入托。2006 年成立工会职工俱乐部。2008 年起实施职工带薪休假制度。2009 年实施职工工作午餐并引进社会化管理，实行职工补充公积金。2010 年实施华山医院在职职工住房补贴改革方案。2012 年开展“面对面、心贴心、实打实，服务职工在基层”活动，深入调研掌握职工诉求，协调解决职工反映最为突出且工会有能力解决的实事。2003 年起开展职工疗休养工作。开展安全生产和劳动保护监督检查。

【职工疗休养】

2003 年起，与上海市医务工会统一指定旅行社合作开展疗休养。在本单位连续工作满 5 年的在册职工(含派遣工)、做出重大贡献的劳动模范和先进工作者、长期接触有毒有害物质的职工、无偿或义务献血的职工等均可根据疗休养条件享受职工疗休养。

【员工关爱计划】

2013 年,工会携手护理部,成立"心灵绿洲"工作室,资助培养 20 余名二级及以上心理咨询师,组建"华山心灵关爱师库",推出"幸福华山"系列培训课程。2014 年推出"华山医院员工心灵关爱

图 6-5-2　2014 年,医院"员工心灵关爱计划"正式启动

图 6-5-3　2016 年,医院主办首届中国医院 EAP 高峰论坛

计划”，在上海卫生系统中属首创。建立“员工关爱路径”，创立“谁来和我一起午餐”交流平台等。2015年起，将“巴林特小组工作坊”纳入医院EAP作整体运行。成立“成长驿站”华山青年发展辅导工作室，制定“华山医院青年职工岗位成才＆科技创新激励计划”，打造职工创新的活动平台、服务平台和激励平台。对心理压力和倦怠特别严重的员工和科室部门，制定小型EAP专案。2016年，在继续开展全院及科室EAP专案同时，打造员工关爱掌上平台——“悦华山EAP”。2016年10月成功主办首届“中国医院EAP高峰论坛”；11月，华山医院领衔创立“中国医院EAP联盟”。

六、职工文体活动

医院重视开展群众性文化和体育活动。自医院工会恢复组建起，先后创办职工文化艺术节，成立医院读书会，开展职工趣味运动项目与岗位技能比赛，并让职工参与医院年终文艺会演的创作、表演，搭建文艺展示活动平台，展现职工人文素养、创新才能和文艺风采。

【职工体育运动】

自20世纪80年代起，职工体育活动在院内蓬勃开展。除医院自组体育运动比赛，还组织员工参加全市卫生系统体育赛事，如篮球赛、排球赛、足球赛等，多次取得佳绩。1984年，医院女子篮球队获全市卫生系统亚军。1998年，医院骨科足球队获得上海市“1998诺华杯”足球赛冠军。职工趣味运动会是医院职工一项传统体育赛事，医院工会结合文化艺术节举办趣味运动项目，1986起举办首届职工运动会，2014年更将这一追寻童趣、活跃身心的健身活动固定为“童年的记忆”职工趣味运动会。小型体育运动结合传统文化，让职工在欢乐中增强体质、放飞心情，以积极向上的状态

图6－5－4　2015年4月25日，医院举办首届职工乐跑活动

投身工作和生活。另外，医院倡导“我运动，我健康，我快乐”理念，举办“华健杯”职工乒羽大赛和“奔跑吧，华山”职工乐跑赛。“华健杯”职工乒羽大赛创办于2014年，每两年一届。“奔跑吧，华山”职工乐跑赛创办于2015年，每年一届，至2016年已举办两届。

【职工岗位技术比武系列活动】

从1982年起，为响应上海市医务工会、共青团市委联合发出的号召全市医院共青团员和职工开展“文明行医站高峰，百日竞赛创先进”活动，医院组建“百日竞赛”领导小组，连续三年开展“百日竞赛”活动，对建设文明医院起到推动作用。此后医院亦举办各类职工岗位技术比武系列活动，2012年起创立“华山武林大会”职工岗位技能比武品牌项目，工会先后同护理部、医务处、药剂科、院感科、后勤保障部、团委等部门合作，已经形成涵盖护理技能、医疗急救、合理用药、院感防控、安全生产、科普演讲、保洁技能等岗位技能培训系列竞赛，激励职工岗位成才。

【职工文化艺术节】

医院职工文化艺术节创办于1995年，每两年一届，至2016年已举办11届。职工文化艺术节紧贴医院发展方向，以医院文化为魂，通过形式创新，搭建文艺展示活动平台，使文艺活动吸引数千人次职工参与。2014年，医院职工文化艺术节被评为上海市医务工会基层职工艺术节十佳榜首，并成为市医务工会职工文化的优秀品牌。

【职工读书节】

2006年，医院读书会成立，并开展读书及征文活动。2012年，医院以“书香华山・人文医学”为主题举办职工读书节，每年一届，成为上海医疗卫生系统的优秀文化品牌。医院工会运用移动新媒体，于2014年开设“华山交享悦”微信公众号，以医务人员为主要阅读对象，旨在“传递医学人文关怀，弘扬医学职业精神，宣传行业核心价值”。另有华山医院“交・享・悦”读书文化沙龙，由工会主办，护理部、团委、教育处、宣传科协办，作为读书节的实体平台。

【华山春晚】

“华山春晚”始创于2008年，是医院年终文艺会演的别称，由医院职工参与创作、表演，由到场观摩职工评选最喜爱的节目等一整套运行机制。每年都有一个主题，内容上追求原创，贴近职工工作、生活。“华山春晚”2013年被评为上海市卫生系统工会工作优秀品牌项目。

第二节　青　年　工　作

一、基本情况

1950年初，医院成立“新民主主义青年团”。1952年，医院成立团支部。1957年，团组织名称改为“中国共产主义青年团”，当时医院拥有140多名团员。“文化大革命”后，医院团组织活动中断。1970年，医院团总支重新成立。1975年，医院建立第一届团委。1985年，医院更名为上海医科大学附属华山医院，医院团的关系隶属共青团上海医科大学委员会。2000年，复旦大学和上海医科大学两校合并，医院更名为复旦大学医学院附属华山医院，团的关系隶属于共青团复旦大学委员会。2001 年，医院更名为复旦大学附属华山医院，团的关系隶属于共青团复旦大学委员会。

至 2016 年，共青团复旦大学附属华山医院委员会已历经 10 届，下设 33 个团支部，包括外科一团支部、外科二团支部、外科三团支部、神经外科团支部、手外科团支部、内科一团支部、内科二团支部、神经内科团支部、ICU 团支部、手术室团支部、老年科团支部、皮肤科团支部、感染团支部、门急诊团支部、检验团支部、影像团支部、药剂团支部、上房团支部、财务资产管理团支部、机关后勤团支部、国际医疗中心团支部、伽玛团支部、东院团支部、基地外科团支部、基地内科团支部、基地综合一团支部、基地综合二团支部、基地综合三团支部、北院外科团支部、北院内科团支部、北院医技团支部、北院门急诊团支部、北院机关团支部。

在医院党委的领导和上级团组织的直接指导下，医院团委以"服务青年，提高团组织的凝聚力；培养青年，提高团组织的战斗力；引领青年，增强医院发展的驱动力；团结青年，建设上海市最具影响力的基层团组织"为目标，将青年人远大理想的树立与核心价值观、职业精神的塑造相结合，将青年个人成长融入医院与科室的建设发展，"创一流业绩，为华山增辉"已成为广大团员青年认同的目标，拼搏进取、追求卓越，大批优秀人才不断涌现。

表 6-5-4　2000—2009 年团委获得荣誉情况表

获奖年份	荣誉名称
2000	上海市五四特色团组织
2004	复旦大学五四红旗团组织
2007	上海市五四特色团组织
2009	上海市五四红旗团委标兵

至 2016 年，医院拥有全国卫生系统青年文明号集体称号 3 个；全国卫生系统十大杰出青年岗位能手 1 人；全国卫生系统青年岗位能手 2 人；中国青年五四奖章提名奖 1 人；上海市青年岗位能手 1 人；上海市青年五四奖章 3 人，其中标兵 1 人；上海市十大杰出青年 3 人；上海市医务青年管理十杰(含提名)4 人；先后有 18 人获得上海市卫生系统"银蛇"奖，其中 3 人获一等奖。

表 6-5-5　1992—2016 年医院获市级以上青年奖项情况表

奖项名称	年份	获奖者(部门)	所属科室
全国卫生系统青年文明号	2003	神经外科青年医师组	神经外科
	2010	老年科青年医护组	老年科
	2015	感染青年医护组	感染科
全国卫生系统十大杰出青年岗位能手	1997	徐建光	手外科
全国卫生系统青年岗位能手	1999	丁　强	泌尿外科
	2011	赵　曜	神经外科
中国青年五四奖章提名奖	2012	赵　曜	神经外科
上海市青年岗位能手	2003	顾宇翔	神经外科

（续表）

奖 项 名 称	年 份	获奖者(部门)	所 属 科 室
上海市青年五四奖章标兵	2012	赵 曜	神经外科
上海市青年五四奖章	2012	顾宇翔	神经外科
	2014	沈芳芳	团委
上海市十大杰出青年	1992	潘 力	神经外科
	2007	徐文东	手外科
	2013	赵 曜	神经外科
上海市医务青年管理十杰	2001	顾 勇	肾病科
	2009	关 明	检验科
	2012	姜昊文	泌尿外科
	2012	赖雁妮(提名)	内分泌科

表 6-5-6 1989—2015 年医院获得上海市卫生系统“银蛇”奖情况表

届次(年份)	奖 项 等 级	获 奖 者	所 属 科 室
第一届(1989)		孙贻平	心内科
第二届(1990)	四等奖	张群华	普外科
第三届(1991)	三等奖	徐建光	手外科
	四等奖	凌玉琪	护理部
第四届(1993)	一等奖	潘 力	神经外科
第五届(1995)	二等奖	吕 元	检验科
第六届(1997)	二等奖	陈 亮	手外科
第七届(1999)	二等奖	黄峰平	神经外科
第八届(2001)	二等奖	劳 杰	手外科
第九届(2003)	二等奖	王 翔	泌尿外科
第十届(2005)	二等奖	毛 颖	神经外科
	二等奖	徐文东	手外科
第十一届(2007)	二等奖	陈 靖	肾病科
第十二届(2009)	二等奖	张文宏	感染科
第十三届(2011)	一等奖	赵 曜	神经外科
第十四届(2013)	一等奖	朱 巍	神经外科
	二等奖	李 敏	检验科
第十五届(2015)	三等奖	邵凌云	感染科

说明：第一届“银蛇”奖不分等级。

二、共青团建设

共青团在医院党委和上级团组织的领导下围绕医院中心工作，以思想引领、人才培养、志愿服务、青年权益、组织建设为主要工作内容，带领和团结广大团员青年为医院的建设发展贡献青春智慧。

【思想引领】

医院团委发挥青年生力军作用，紧密对接医院发展规划，大力弘扬“大医精诚、追求卓越”的医院精神和“厚德、仁术、创新、奉献”的医院院训，引导广大青年立足岗位、创先争优，培养他们的职业认同感、集体归属感和医院荣誉感。

医院团组织在20世纪50至70年代前期，主要配合当时政治运动及响应中央号召开展活动，包括整风“反右”、大跃进，以及教育广大团员青年坚持社会主义、坚持走又红又专道路，学习雷锋、“好八连”等工作。至70年代后期和80年代前期，医院团工作主要着手发扬和继承共青团的优良传统，号召团员青年努力成为“四有”(有理想、有道德、有文化、有纪律)新人，为早日实现“四化”做奉献；活动形式包括开展学习雷锋、全心全意为人民服务活动，学习马列主义毛泽东思想理论小组，组织义务劳动，组织青年参加巡回医疗队等。进入80年代后期至90年代，医院将团工作重心放在党的中心任务上，把医院的两个文明建设作为团队首要任务来抓，并树立做好“党的助手、行政的帮手”的观念，在团员青年中发出“文明服务创优质、团结一致做奉献”的号召，以“青年文明岗、文明窗口、文明病区”的创建为工作突破口，为医院的文明建设做出成绩，同时也带动团的自身建设。

2000年，团委通过系列座谈、调研，进一步统一团内的思想，了解青年动态。2001年，团委组织团员青年开展邓小平理论和江泽民总书记“三个代表”重要思想的学习、研讨活动，组织团员青年学习党的“十五”规划，进行“党在我心中”“团在我心中”主题征文活动，以思想建设为基础，全面推进团的各项工作。2002年，团委组织团员青年认真学习江泽民总书记在建团80周年大会的重要讲话，并邀请复旦大学团委书记萧思健为全院团员青年传达大会精神，帮助和指导团员青年深刻领会精神实质；邀请中国工程院院士顾玉东为广大团员青年进行医风医德的素质教育，并就“青年成才的相关要素”与团员青年座谈。2003年，团委组织团员青年学习胡锦涛总书记在共青团十五大会议上的重要讲话，并邀请共青团中央常委、复旦大学团委书记夏科家传达大会精神。抗击“非典”期间，团委向医院递交全体团委委员签名的请战书，表达作为新时代的医务青年优先进入医院抗击“非典”医疗队，率先冲上抗击“非典”第一线的强烈渴望，并迅速出台《华山医院团组织关于防治非典型肺炎的紧急通知》，同时举办“医疗市场竞争与医院发展战略”讲座、“抗非心路”座谈等，并以抗击“非典”中涌现的青年楷模的先进事迹凝聚青年。

2004年，团委在全院医务青年中开展“爱我华山”系列活动，通过征文、演讲等活动形式使广大青年对“华山之路”有更为详细的了解，对“华山精神”有更为深刻的认识。2005年，与华山临床医学院联合开办团校，开展以学习实践“三个代表”重要思想为主要内容的增强共青团员意识主题教育活动。2007年，团委开展团员青年迎接百年院庆系列活动，进一步加深团员青年对医院百年发展历史和辉煌改革成果的认知。在纪念五四运动88周年之际，组织团员青年参加“中华崛起与青年使命”大型专题讲座，与《大国崛起》的总制片、总编导任学安及该片学术指导、北京大学历史系教授周乘旦进行面对面交流。2008 年,团委举办“凝聚在中国特色社会主义的伟大旗帜下”学习党的十七大精神专题团课。2014 年,团委紧紧围绕医院党政的中心工作,以“思想引领、人才培养、志愿者服务、维护青年权益和团内自身建设”为工作重点,努力构建“触手可及的华山共青团”。邀请上海市委党校的教授为青年做讲座,紧密结合“五四”等重要时间节点,广泛开展“青春有梦、华山有我”主题教育活动。2015 年,团委举行“奋斗青春,华丽绽放——华山医院纪念五四运动 96 周年主题活动”等。

【人才培养】

医院团委积极搭建各类成长、推优平台,逐渐形成以“华青人才库、青年学术季、青年导师计划、医护诊疗竞赛、科普演讲大赛”这五位一体的人才培养体系,鼓励青年在推动医院发展中成就事业,实现价值。

2004 年,团委举办“身边榜样的激励”——团员青年成才讲座,筹划并成立“华山青年论坛”,下设脑血管病论坛、检验医学论坛、临床内窥镜论坛、内外科协作论坛、医护合作论坛、社会大千论坛等。2006 年,团委举办“华山论剑之笑傲杏林篇——青年医师临床诊疗竞赛”。2009 年,团委在办好两大品牌论坛“华山青年论坛”和“华山青年志愿者论坛”的基础上,不断创新,完善脑血管病论坛、普外科论坛、检验医学论坛、影像医学论坛、英语沙龙、内科青年医师论坛、神经内科青年医师论坛等分论坛。2010 年,团委打造“我与华山共成长”系列讲座、青年医护人员诊疗竞赛、青年学术论坛等团委活动平台,参与警民共建,上海公民警校华山医院医务人员培训班开班。2012 年,团委打造三大育人平台的同时,建立青年人才库,实施阶梯式培养。2013 年,团委“华青人才库”投入使用,青年学术季活动精彩纷呈,创优评优机制健全,优秀青年人才辈出。2014 年,团委以青年文明号的创建为契机促进岗位建功,开展“喜欢华山的 N 个理由”系列活动,开展青年医护人员诊疗竞赛,发挥推优荐才职能,促进青年发展,同时开展“华山医院青年导师计划”。2015 年,团委开展华山青年学术季第三季,共举办 2 场大师讲坛和 17 场青年论坛,开展青年导师计划第二期、开展第一届青年科普演讲大赛等。

【志愿者服务】

医院团委深化志愿服务品牌,切实提高服务效能,举办华山志愿者论坛,弘扬志愿服务精神,加强志愿者的总结和激励,促进可持续发展。

2000 年,医院团委多次组织社区服务活动,利用青年医务专家协会的优势,在江浙地区不断打响华山的品牌,配合医院实际需要,加强急诊的夜帮班。2002 年,组织医务青年积极参与团市委组织的“科技、文化、卫生”三下乡活动,参加上海青年志愿者赴滇扶贫接力计划。2003 年,全情全力筹划组织金山区 14 个乡镇及街道的“健康快车”大型义务医疗志愿活动,全年共进行义务医疗服务 18 场,参与活动的青年团员达百余人次,得到金山区团委及各个乡镇政府的高度好评。2005 年,筹划并成立“华山医院青年志愿者论坛”,院团委、青年志愿者服务队联合东方少儿频道前往崇明县开展“科技、卫生、文艺三下乡”活动。2006 年,组织 80 名青年志愿者参加上海市造血干细胞捐献血样采集活动,并被授予上海青年造血干细胞捐献志愿者行动特别贡献奖。

2008 年汶川大地震发生后,团干部和青年团员纷纷主动请缨,要求参加医疗救护队赶赴地震灾区,报名人数达到 97 人,外科团支部书记李骥光荣成为医院首支抗震救灾医疗队成员之一,团委副书记赖雁妮作为上海市首支青年志愿者队伍——上海青年医疗卫生志愿者抗震救灾服务队的副队长及临时党支部支委，在团市委的带领下，与 20 名本市的青年医务志愿者奔赴四川德阳绵竹灾区进行抗震救灾，团委委员、传染科团支部书记王新宇光荣成为第二批华山医院中国红十字紧急救援队成员之一前往四川地震灾区进行救援，共有 6 名团干部参与 5 批次的中德红十字会野战医院（都江堰市）的医疗救助工作。2009 年，动员和组织全体团员青年充分发挥生力军作用，围绕世博、聚焦世博、岗位立功，举办迎世博知识竞赛，成立迎世博青年志愿者服务队，开展“迎世博，让团徽在服务中闪光”主题活动，并前往世博集团团委进行学习考察。2010 年，团委成立世博志愿者服务队，工作得到各方面的肯定，获得上海市卫生系统“迎世博 600 天行动”优秀青年志愿服务队称号，华山医院世博红十字服务队成为“青年文明号与世博同行”建功立业活动的创建单位。

2012 年，青年志愿者服务队全年共开展活动 12 次；献血志愿者服务队全年 3 次共 27 人次前往上海市血液中心捐献血小板，共计捐献血小板 32 份。2013 年，青年志愿者服务活动本着精益求精的原则，将金山张堰、金山石化、致康园、公安高等专科学校等医疗咨询活动常态化；全年共组织成分献血 4 次，参与献血 12 人次，捐献血小板 16 份、全血 1 份。2014 年，举办华山志愿者论坛，开展青年思想状况调研，把握青年所思所想。至 2015 年，连续 22 年派出专家参加上海市医苑新星大型义诊活动；连续 16 年在学雷锋日，与海博出租联手，免费送出院患者回家；前往金山张堰为当地百姓答疑解惑；参加“一个鸡蛋的暴走”活动，为公益募捐资金近万元。2016 年，青年志愿者开展集中行动，共开展志愿服务活动 5 场；连续 7 年开展一季度一次的金山张堰义诊；前往血液中心参加成分献血 17 人次，2 人为血液中心志愿服务总队开展健康讲座；参加“一个鸡蛋的暴走”公益活动，筹得善款 2 万余元，用于资助少数民族孩子来上海参加夏令营等。

【青年权益】

医院团委开展青年思想状况调研，把握青年所思所想；开展相亲、亲子等群众性文化活动；关心青年生活所需，提高青年“幸福指数”；有效发挥共青团组织的桥梁和纽带作用，开好院领导与青年座谈会。

2000 年，团委组织青年时装展示，给医院文化建设增彩添色。2004 年，团委组织广大团员青年参观金山石化工业园区、上海档案馆、上海科技馆、共青森林公园、东方绿舟等教育基地。2012 年，团委着力打造一大文化品牌即“王老虎”品牌，两大惠民工程即“话剧优惠票”和“青年联谊”。2013 年，团委开展“爱在华山”相亲联谊活动，并加强与团市委、复旦团委、静安区团委、卫计委团委和静安寺街道团工委的合作，与兄弟医院团组织互访活动。2014 年，团委开展相亲联谊活动 4 次，各类团购优惠活动 11 次。2015 年，团委开展“爱在华山”相亲联谊活动及各类亲子活动。2016 年，团委开展联谊活动、亲子活动，举行三八妇女节“闺蜜之夜”电影专场，举行院领导与团员青年座谈会。

【组织建设】

2005 年起，医院团委开展“四个一”团干部培训，即一次医院文化培训、一次国际形势培训、一次团干部实务培训、一次团干部拓展活动。邀请医院党政领导及校团委领导亲自为团干部授课，组织团干部赴革命老区学习考察，鼓励团干部把握形势、扎实基础、严格自律，提高团干部战斗力。医院团委做好两年一届的团支部换届和五年一届的团委换届，召开团委扩大会议，筹划、制订、修正今年共青团的各项计划工作，强化团支部考核，提升团组织的凝聚力。此外，团委积极开展课题申报、调查研究，保持团组织的先进性。

第三节　妇 女 工 作

一、基本情况

医院妇委会和医院工会女职工委员会成立于1984年，实行“一套班子，两块牌子”运行机制，致力于维护女职工合法权益，提高女职工综合素质，促进全面发展，展现新时期女性的风采，团结、动员女职工岗位建功，为医院建设和发展做贡献。

表6-5-7　1986—2016年妇委会获得荣誉情况表

获奖年份	荣誉名称
1986	上海医科大学三八集体
1994	上海医科大学先进妇女组织
1996	上海医科大学先进妇女组织
1997	上海医科大学先进妇女组织
1999	上海医科大学先进妇女组织
2001	复旦大学先进妇女组织
2003	复旦大学先进妇女组织
2005	复旦大学先进妇女组织
2007	复旦大学先进妇女组织
2009	复旦大学优秀妇女组织
2011	上海市卫生系统优秀妇女组织、复旦大学优秀妇女组织
2013	复旦大学优秀妇女组织
2014	上海市卫生系统优秀妇女组织
2015	复旦大学优秀妇女组织
2015	复旦大学先进妇女之家
2015	上海市卫生计生系统妇女特色工作先进单位金奖
2016	复旦大学先进妇女之家
2016	上海市卫生计生系统优秀妇女之家

二、妇委会建设

【巾帼建岗立功】

医院妇委会致力于爱国主义、集体主义思想教育，开展妇女自尊、自爱、自强的教育工作，使广大妇女振奋精神，积极投入到国家建设中去。妇委会积极响应市妇联号召，深入动员广大妇女积极参加创造发明、献计献策活动。1985年7月5日，医院有36名女职工参加上海医科大学首届女教师女医师联谊会。20 世纪 90 年代后，医院把竞争机制引入各个班组，开展文明班组、红旗班组、文明窗口、巾帼文明岗流动红旗等评选，组织女职工积极投入“巾帼建功”活动，引领女职工立足岗位、建功立业、创先争优，展示华山女性新风采，并且树立先进典型和楷模。医院妇委会自 1984 年成立后，涌现出许多有文化、有道德、技术精湛的女专家、女能人，为医院的改革发展添砖加瓦。至 2016 年，有多个集体及个人荣获国家级先进称号。

表 6-5-8　2003—2015 年医院女职工(集体)获国家级荣誉情况表

获奖年份	奖项名称	获奖集体
2003	全国巾帼文明示范岗	外宾病房(华山医院环宇保健医疗中心)
2008	全国三八红旗集体	抗生素研究所
2011	全国巾帼文明岗	神经外科护理组
2011	全国五一巾帼标兵岗	国际医疗中心
2011	全国三八红旗集体	国际医疗中心
2015	全国巾帼文明岗	门急诊部

表 6-5-9　1998—2015 年医院女职工(个人)获国家级荣誉情况表

获奖年份	奖项名称	获奖者
1998	全国妇女抗洪救灾先进个人	孙寅宛　方　栩
2009	全国女职工建功立业标兵	陈　靖
2014	全国三八红旗手	陈　靖
2015	全国巾帼建功标兵	耿道颖

【提升女职工素质】

医院妇委会搭建学习平台、成才平台、建功平台、兴趣平台等“四大平台”，提升女职工的思想政治素质、业务技能素质、身体素质、文化素质、心理素质等。20 世纪 80 年代，医院与女医师联谊会联合，组织开展美容讲座等各类女职工喜闻乐见的讲座。1992 年，配合医院上等级工作，协同工会、红十字会办公室组织医院上等级知识竞赛和红十字会知识竞赛，动员女职工积极参加“二五普法”教育活动，组织女职工学习《中华人民共和国妇女权益保障法》，开展妇女权益保障法知识测验。1994 年，为迎接 1995 年世界妇女大会在北京召开，组织女职工参加“迪康杯”世界妇女知识竞赛，组织妇女干部认真学习“七不”规范，要求职工从一点一滴做起，养成文明的行为习惯。2000 年以后，医院开展女职工素质工程建设，开设礼仪讲座、家庭与事业讲座、儿童健康讲座等。妇委会协助护理部开展护理技术操作训练、“天使靓功夫”——华山武林大会之护理技能比武等技能竞赛；组织女职工学习交谊舞、拉丁舞、扇子舞、团扇制作、花艺制作、香囊制作等；组织“魅力女性”沙龙活动；协同工会组织女职工积极参加医院文化艺术节系列活动，组织女职工参加上海市医务工会、复旦大学各类文体活动和比赛。

【关爱女职工】

医院妇委会依法做好妇女维权工作，积极维护女职工的合法权益，采取各种形式普及法律知识。妇委会教育女职工正确处理恋爱、婚姻和家庭问题，实行计划生育，建设和谐的“五好家庭”。1990年，医院通过提出合理化建议，提高女职工带环人工流产期间营养补贴费，并举办“贯彻计划生育条例知识竞赛”。1992年，妇委会与医院计划生育小组制定《华山医院计划生育暂行规定》和《女职工怀孕须知》，通过职代会审议并执行。1993年，成立医院计划生育协会，并产生理事会。妇委会邀请市计划生育宣教中心老师讲解“更年期妇女保健”讲座，发放相关科普书籍给女职工；对于大龄未婚女青年做好摸底调查、牵线搭桥工作；聘请律师依法解决职工家庭纠纷；为女职工投保参加“上海市女职工团体互助医疗特种保障计划”，建立健康保护屏障。2016年起，聚焦女职工身心健康，推出“女职工关爱计划”，常年关心慰问生病住院、家庭困难的女职工，以及初为人母的年轻女职工，给她们送去组织的关怀；每年开展三八妇女节慰问和六一儿童节慰问。

1985年起，医院筹建全日制托儿所，依托医院托儿所，开办职工子女暑托班。1991年起，开办晚托班。1992年，与华山街道妇委会共同举办职工子女暑期管理班。医院托儿所取消后，妇委会帮助有困难的职工解决入托、入小学等问题，解除妇女的后顾之忧。2008年汶川地震后，为抗震救灾医疗队队员子女和家属举办六一儿童节特别亲子活动。2013年起，每年六一儿童节前后组织“华山亲子嘉年华”活动，通过多种形式的活动帮助职工子女从全新的视野了解自己的家长，增进理解和支持。

【开展公益活动】

1988年，妇委会组织女医师为医院附近小学的教师体检，深受教师们的欢迎。1997年，妇委会组织开展抗洪救灾捐款捐物。医院妇委会每年组织女职工开展募捐活动；参加上海市女医师协会“海上女医师，倾情为市民”百位高级女医师大型义诊活动和各类义诊活动；参加“送医送药进西部”主题义诊活动等。

第六章 医 院 文 化

第一节 医院文化形象

一、院徽

2007 年前，医院院徽始终未有一个固定的形象。医院院名铭牌曾根据不同时期的名称而有不同的变化，先后有过“中国红十字会第一医院”圆形徽章（1932 年）、“上海医学院内科学院”长方形徽章（1952 年）、“上海第一医学院附属第一医院”长方形徽章（1955 年）、“上海第一医学院华山医院”长方形徽章（1965 年）、“上海医科大学华山医院”长方形徽章（1985 年）等。

1987 年，医院为纪念建院 80 周年，制定菱形徽章作为院庆章。

1991 年，医院恢复“中国红十字会”冠名，医院全体医务人员成为红十字会员，特发一枚黑色圆形徽章作为纪念章。

2006 年，医院为纪念 2007 年建院 100 周年，向全社会征集新院徽图案，并收到上海市内外 57 名设计人员的应征作品 136 件，最终确定院徽图案（图 6－6－4）。新院徽采用盾形图案，意寓医院是捍卫人民生命的健康卫士，同时也蕴含哈佛医学国际的标识形象，体现医院

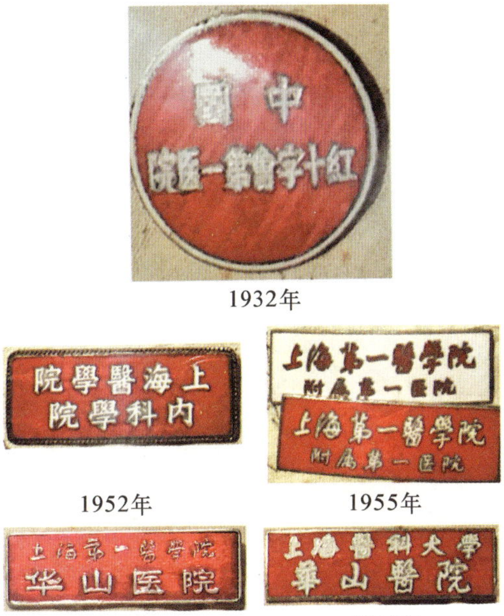

1932年

1952年 1955年

1965年 1985年

图 6－6－1 1932—1985 年，医院不同时期的院名铭牌徽章

图 6－6－2 1987 年，建院 80 周年院庆章

图 6－6－3 1991 年，“中国红十字会”会员纪念章

图 6-6-4　2007 年，医院院徽

与其历史渊源，以及未来良好合作关系。主图形“红十字会老楼”风雅庄重，代表医院稳重大气的特质；简洁的线条体现现代感，与医院求发展、求创新的精神相吻合。中文字体采用赵朴初先生的题字，古朴遒劲、端庄典雅。图案上方用英文标注医院与复旦大学的隶属关系。下方的 1907 则点名医院悠久的历史，绵绵华山，悠悠百年。麦穗与“＋”紧扣红十字会会标图案，体现“华山”作为中国红十字总会直属医院所秉承的崇尚人道、博爱、奉献的红十字精神。新院徽整体造型流畅有力，体现医院为健康护航，孜孜不倦追求完美的信念。此外，新院徽的主色调为浅黄色，辅助色为暗红色，温暖的色调给人以温馨可信的感觉，体现医院仁爱关怀的内涵。

二、院歌

2002 年，医院工会举办院歌征集活动。2004 年，确定《华山之路》为医院院歌，由陈念祖作词、左翼建作曲。

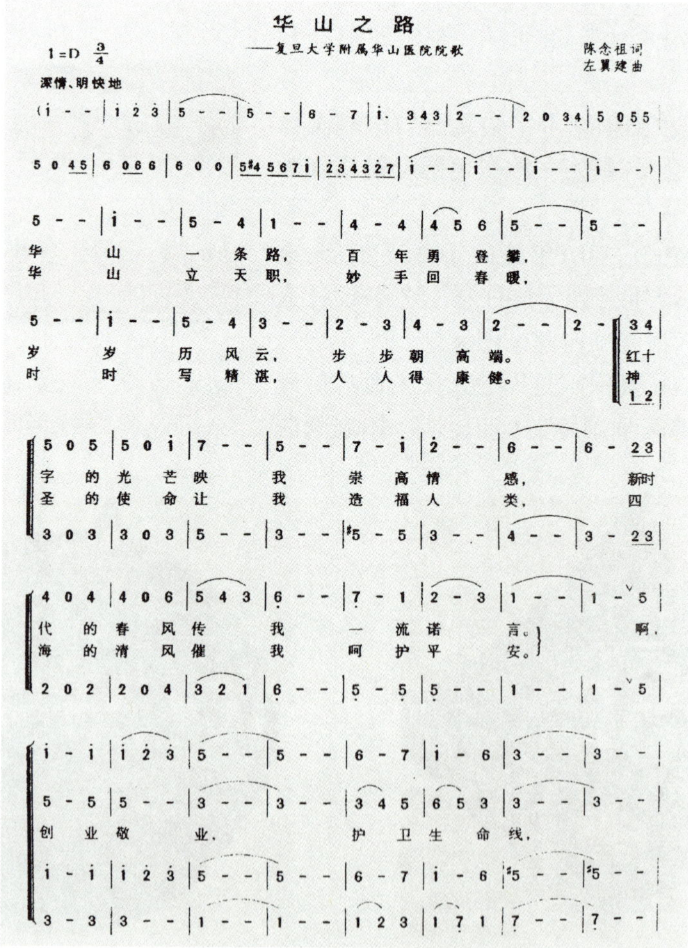

图 6-6-5　2004 年，医院院歌

三、院训院风

医院精神是医院建设发展过程中最推崇的基本信念，医院在长期建设发展中形成“敢为人先，追求卓越”的医院精神。院训是职工共同遵守的行为规范。1997 年，为纪念建院 90 周年，确定医院精神为“改革、奉献、创业、敬业”。医院目标为“一流人才、一流质量、一流服务、一流管理”。

2012 年底，医院党委举办“我心中的核心价值观”活动，征集医院院训、医院精神，办院宗旨、愿景、使命，再次明确医院精神、院训、愿景等概念内涵。2013 年 7 月，经医院党委会和党政联席会讨论，确定医院价值观如下。

院训：厚德仁术，创新奉献。

医院精神：大医精诚，追求卓越。

办院宗旨：公益办院，质量立院，科教强院，文化兴院。

愿景：打造中国最具影响力的国际化优质医院。

使命：人道博爱，救死扶伤。

第二节　医院文化内涵

在医院 110 年的发展历程中，积累深厚的文化底蕴和宝贵的精神财富，几代院领导通过高瞻远瞩的顶层设计和远见卓识的系统思考，分步实施、有序推进医院文化建设工作，形成鲜明的特色：① “人道、博爱、奉献”的红十字文化，是华山文化的源头，得以不断传承和发扬光大；② “敢为人先、追求卓越”的华山精神，是华山文化的精髓，促进学科发展与专家人才的成长；③ 突显国际化医疗，是华山文化的战略，彰显国际化高度的视野与差异化的发展道路；④ 人文关怀优质服务，是华山文化的品牌，塑造公益性的品牌形象，让社会满意、政府放心；⑤ 加强党风廉政建设和医德医风建设，是华山文化的保障，确保职业精神之树长青，医德品德之花盛开；⑥ 以员工为根本的宗旨，是华山文化的关键，让职工事业上有发展、有培养、有成就，形成凝聚力和向心力，优秀的医院文化成为医院可持续发展的原动力。因此，优秀的文化成为始终贯穿在医院建设发展中最重要的核心力量和内在灵魂。医院于 2000、2008、2010 和 2015 年 4 次被评为全国医院文化建设先进单位。

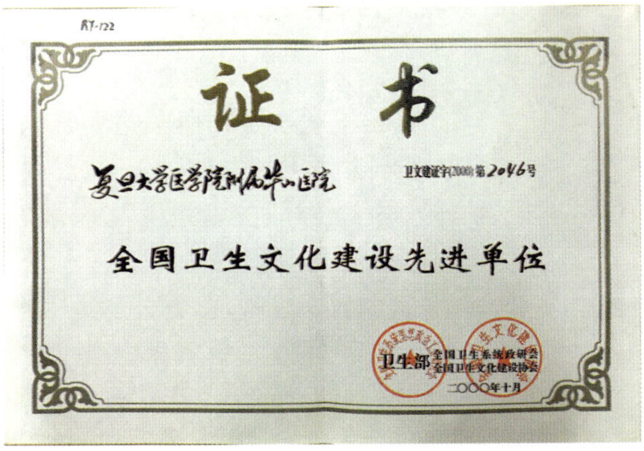

图 6-6-6　2000 年，医院被评为全国卫生文化建设先进单位

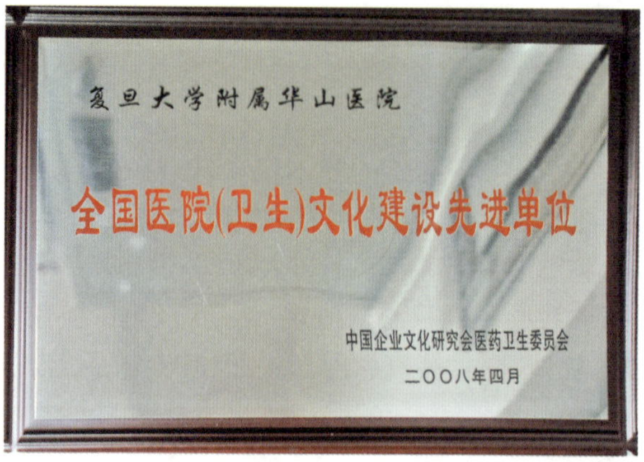

图 6-6-7　2008 年，医院被评为全国医院(卫生)文化建设先进单位

图 6-6-8　2010 年，医院被评为全国卫生系统文化建设先进单位，医院党委书记顾小萍在表彰会上发言

图 6-6-9　2015 年，医院被评为全国医院文化建设先进单位

第七篇 综合管理

概　　述

除医教研管理部门外，医院发展还需要诸多部门通力协作，涉及院务管理、对外交流、人力资源管理、财务管理、信息管理等，都是医院各项工作顺利、规范运行的重要保障。

院长办公室在分管院长领导下，负责处理医院行政日常工作。1954年后上海医科大学院系调整，原院长办公室改为院办公室，负责医院行政、医教研、护理等管理工作。“文化大革命”期间，抓革命促生产办公室、革委会办公室先后取代院办公室，直至1976年，恢复院长办公室。1984年，医院改革，实行秘书制。1987年，医院提升为副局级，院长办公室由科扩编为处。1988年，院长办公室改为院办公室，取消内设秘书。1994年，院办公室改为院长办公室。医院档案工作始于1979年，由设在院长办公室的机要打字员兼任档案员。1984年，医院体制改革，综合档案室成立，隶属院长办公室管理。

2001年，医院与哈佛医学国际达成合作意向书，开展为期5年的战略合作。2005年，医院成立对外交流办，专门负责与哈佛的合作交流项目，逐渐扩大到推动医院的国际合作交流发展，并于2010年正式更名为国际合作交流办，纳入医院编制。

人力资源部是医院贯彻执行人才建设和人事政策的职能部门。上海解放初期，由两名人事干部负责医院人事工作，直至1950年医院建立人事科。“文化大革命”期间，医院成立组织组和政工组，人事科工作一度停顿。1979年，上海医科大学恢复和建立医院各级组织机构，医院人事科改为人保科。1984年，医院进行改革试点，分别建立人事科和保卫科。1988年，成立人事保卫处。1992年，根据医院上等级评审要求，人事保卫处拆分为人事处和保卫处，其中，人事处下设人事科和劳资科。2008年，人事处更名为人力资源部。

财务资产管理部、审计室、绩效管理与考核办公室是医院经济管理的重要组成部门。财务资产管理部前身为中国红十字会总医院建院同时成立的会计室，负责医院财务管理。2006年，根据卫生部第51号部长令的要求，成立审计室，负责医院审计管理工作。绩效管理与考核办公室负责医院绩效管理成立于2010年，负责医院绩效考核工作。

医院信息中心负责医院信息化建设。1991年，中心正式成立，初创时名为综合信息科。在信息化发展及推动下，2005年，信息科正式改组成立信息中心，医院信息系统网络建设和数据服务正式启用。至2016年，医院共有信息机房3处（除东院机房外），总面积约160平方米；拥有72台实体服务器，虚拟化主机20台，存储总数据量可达200 TB。

第一章　院务管理与对外合作交流

第一节　院 务 管 理

一、行政管理

【概况】

院长办公室在分管院长领导下负责处理医院行政日常工作。主要服务流程与服务内容包括：协助院长、副院长完成各项日常及应急事务；组织院务会、院周会、全院性行政会议等，负责具体安排及会议记录，组织落实会议的相关决议；组织院长行政查房，协助领导进行基层调研安排，并落实相关事项；组织和落实医院的大型活动，协助院领导负责活动的整体部署和协调工作；负责起草医院发展规划、年度计划、总结、大事记、各类报告及汇报材料等；接收各部门递交院领导的请示报告等材料，并协助做好院部和科室之间的上情下达工作。院长办公室于2011、2012年连续荣获复旦大学三八红旗集体。

【核心职能】

院长办公室日常工作按核心职能分为三块，包括行政事务、文书管理、公共关系。

行政事务　工作主要涉及印章管理、院领导行程安排、院务会服务管理、各级精神上传下达、主动了解全院情况、院周会等会议服务、医院证照管理、总值班协调安排、捐赠管理、医院经济合同管理等。

文书管理　工作主要涉及院领导宣讲PPT制作、重大汇报材料撰写、代拟院领导名义发布的稿件、起草医院发布文稿、文字摄像资料收集、文件资料打印复印等。

公共关系　工作主要涉及重大接待任务、重大陪诊任务、红十字工作、VI设计及制作发放、部分外事工作、患者来电来访接待、来信来函协调处理等内部服务、相关单位工作配合等。

【工作重点】

医院规划制定　为医院发展制定“十二五”规划和“十三五”规划工作，在规划编制的调研工作中，院办负责组织规划调研工作，协调院领导多次召开职能部门负责人座谈会、专家教授座谈会等，专题调研医院发展中亟待解决的问题和对未来发展的畅想；组织相关职能部门对上级部门文件要求进行认真解读，按条块和分工拟就规划编制的具体要求及流程，各条线分别开展调研，着眼全局拟就新一轮的发展规划，为医院发展找到方向；同时院办对规划目标进行细化分解，至2016年，组织40余场科室及部门访谈，对70个科室的具体目标进行讨论，使规划更好落地。在规划编制中办公室摸索出一套规范流程及方法，提升医院管理水平。

中层干部培训　为开阔干部视野、提升干部素养，办公室依据实际需要，在医院范围内开展中层干部培训，讲课人来自上海医疗领域机关、高校、医学学会。内容涉及医改形势分析、国家自然科学基金申请与管理、医院绩效管理、成本控制与财务管理、思想政治工作等方面知识，培训为干部群体更好工作奠定基础。

重大活动安排　主要包括等级医院评审相关材料准备及接待、大型医院巡查相关材料准备及接待、课题及学术交流等。

重大接待任务　包括2010年全国人大常委会副委员长、中国红十字会会长华建敏等来院视察；2010年卫生部党组书记张茅等来院视察；2010年泰国公主诗琳通等来院访问；2012年中国工程院院长周济来院慰问；2015年全国政协副主席、民革中央常务副主席齐续春带队来院调研；2016年全国人大常委会副委员长、中国红十字会会长陈竺等来院调研。

医院历史记录　为更好地记录医院历史，医院曾于1995年出版《华山之路》，记录医院自20世纪80年代改革以来的艰苦历程。1997年，为纪念医院建院90周年，编写《光辉的历程》记录医院1907—1997年的发展变迁。2007年，出版《光荣与梦想》，纪念医院建院100周年。2008年起编纂《华山医院统计年鉴》，以全面、系统、准确地记述上年度事物运动、发展状况，院办积极承担年鉴梳理工作，并制定相关纪录片，记载医院发展历程。2008—2016年，共编写《华山医院统计年鉴》9本，编制相关纪录片9部，分别为《我们在一起》(2008年)、《再出发》(2009年)、《花开四季》(2010年)、《每个人的"十二五"》(2011年)、《实干托举华山梦》(2012年)、《成就每个梦》(2013年)、《融合·转型·开掘——致敬"十二五"的这些年、这些人》(2014年)、《华山"十三五"，你跳什么舞?》(2015年)、《初心写就新答卷》(2016年)。

二、档案管理

【概况】

医院档案工作从早期承担全院的打字、复印以及收集文书、科技档案等工作逐步扩展为接收、分类、编目、存档医院的各类档案。1984年，医院档案门类包括党政档案、科研档案、人物档案、教学档案、照片档案、出版物档案；2009年新增声像档案；2010年新增世博会档案；2014年新增荣誉档案；至2016年共收集归档各种门类的档案52 000余卷。档案室在院长办公室领导下，做好各类档案材料的收集、整理、编目、统计、归档、借阅、利用等工作，协助行政部门和有关科室了解档案工作的基本知识和有关业务，并为决策部门以及医、教、研等各项工作服务。

医院档案室主要服务对象为医院领导、医院有关工作人员及学生等。主要工作内容为以档案工作规范及管理制度为纲，做好档案的收集、整理、保管、统计、鉴定、检索、编研、利用这8个工作环节，达到档案收集齐全、移交及时，分类整理规范、编目著录准确，保管安全，统计合理，鉴定销毁慎重，检索快捷简便，提供利用方便等要求；做好档案归档工作，优化库藏，有序排列，做好档案的利用登记；做好档案材料二次加工的有关资料，为全院各项工作服务；为医院决策部门及医教研提供相关资料；确保档案库房的安全，做好"八防"工作，防止档案材料损坏，每天早晚观察库房的温湿度情况并做好记录，定期打扫库房；做好兼职档案人员的业务指导工作，定期开展培训会议；承接各类紧急突发事件。

【管理重点】

1989年，医院召开第一届档案兼职网络人员会议，明确兼职档案人员的档案收集与保管职责，定期向档案室移交归档材料。1992年，迎接卫生部档案工作大检查与上海医科大学档案馆关于档案工作的专项督查。1994年，上海医科大学对各附属医院档案室进行"合格档案室"的考核评比，医院档案室荣获第一名。1999—2001年，档案室参与上海第二医科大学附属第九人民医院申报的"建立重大医疗成果档案的可行性研究"相关研究工作，该课题获上海市档案科技研究成果二等奖。

2001年，档案室编研“华山医院终身教授简介”与“华山医院获奖成果摘要”，获卫生系统档案编研二等奖。2004年，档案室开展档案资料计算机管理，建立档案专业软件系统，开启档案文件信息化录入与检索。2009年，档案室协助复旦大学档案馆开办“复旦大学医学人物档案巡展”，征集顾玉东、沈自尹及周良辅三位院士的资料。2011年，档案室专设世博会档案，对2010年医院参与世博园区定点保障的相关资料进行存档，共整理世博档案合计141卷428件，其中文书档案127卷419件，声像档案6卷，实物档案3件，资料7册，并向市卫生局移交2张电子光盘。2013年，档案室接受上海市卫计委档案检查。此外，2010—2016年，档案室承担各上级部门下发的编志任务，先后参与《汶川特大地震抗震救灾志·灾后重建志》《上海世博会志》《静安区志》《上海市志·卫生体育志医疗卫生卷》等志书前期材料的整理工作。

第二节　对外合作交流与外事接待

1978年后，是医院对外合作交流与外事接待发展最快的活跃期。医院注重院际、校际交流合作，打造多渠道、多层次、多形式的培养平台，主办、承办国际性或双边学术会议，扩大与官方组织及民间人士的友好往来。

至2016年，医院与多个国家及地区的院校建立友好关系，定期开展人员互访，加深科研学术合作，促进学科蓬勃发展，提升医院国际声誉与影响力。

表7-1-1　1985—2014年医院与国外及中国港澳台地区院校签订部分合作协议情况表

年　份	国家或地区	合作院校
1985	日本	北里大学病院
1985	美国	凯特琳医学中心
1986	法国	图卢兹朗戈医学院
1989	美国	得克萨斯大学医学院
1989	日本	富士虎门整形外科病院
1989	中国香港	港安医院
1992	日本	爱媛大学医学部附属病院
1995	中国澳门	镜湖医院
1995	中国澳门	仁伯爵综合医院
2004	美国	哈佛大学麻省总医院
2005	奥地利	维也纳医科大学
2006	美国	塔夫茨大学牙科学院
2006	美国	哈佛大学公共卫生学院
2010	美国	梅奥医学中心
2011	英国	剑桥大学医院
2011	英国	伯明翰大学
2011	美国	威斯康星大学麦迪逊分校

（续表）

年　　份	国家或地区	合作院校
2013	澳大利亚	皇家墨尔本医院
2014	美国	华盛顿大学医学院

一、美国合作院校

医院与美国院校合作历史由来已久，最早可追溯到1913年，医院与美国哈佛医学院合作办学。1913年5月，双方签署5年合作协议，建立上海哈佛医学校，旨在招收中国学生传播西医科学，培训中国教师传授医学，开展疾病研究。合作近3年后，上海哈佛医学校因故于1916年6月关闭。

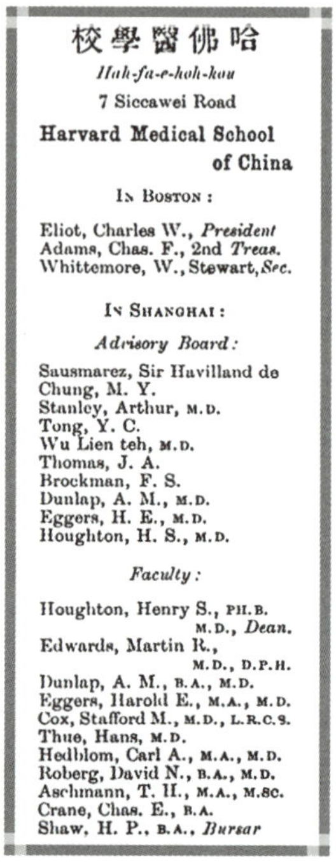

校學醫佛哈

Hah-fa-e-hoh-kou

7 Siccawei Road

Harvard Medical School of China

IN BOSTON:

Eliot, Charles W., *President*
Adams, Chas. F., 2nd *Treas.*
Whittemore, W., Stewart, *Sec.*

IN SHANGHAI:

Advisory Board:

Sausmarez, Sir Havilland de
Chung, M. Y.
Stanley, Arthur, M.D.
Tong, Y. C.
Wu Lien teh, M.D.
Thomas, J. A.
Brockman, F. S.
Dunlap, A. M., M.D.
Eggers, H. E., M.D.
Houghton, H. S., M.D.

Faculty:

Houghton, Henry S., PH.B. M.D., *Dean.*
Edwards, Martin R., M.D., D.P.H.
Dunlap, A. M., B.A., M.D.
Eggers, Harold E., M.A., M.D.
Cox, Stafford M., M.D., L.R.C.S.
Thue, Hans, M.D.
Hedblom, Carl A., M.A., M.D.
Roberg, David N., B.A., M.D.
Aschmann, T. H., M.A., M.Sc.
Crane, Chas. E., B.A.
Shaw, H. P., B.A., *Bursar*

图7-1-1　1914年，上海哈佛医学校名录

【凯特琳医疗中心】

1985年3月，美国凯特琳医学中心与医院结为友好医院。1986年，医院领导首次赴凯特琳医学中心考察医院管理。1987年，凯特琳基金会成员及凯特琳医学中心护士相继回访医院。2007年，医院与凯特琳医疗集团举办交流会暨合作备忘录签署仪式。2012年7月，院长丁强率代表团访问凯特琳医学中心并与加拿大英属哥伦比亚大学（UBC）续签战略合作备忘录，商谈未来合作前景。2014年6月与9月，美国凯特琳医疗集团总裁弗雷德·曼彻尔（Fred Manchur）、凯特琳医疗中心院长罗伊·周（Roy Chow）及负责医疗的副院长史密斯（Smith）来沪访问，进一步加强与

图7-1-2　2014年，医院与美国凯特琳医疗集团进一步加强战略合作

医院的战略合作，并在第六届高端医疗国际研讨会上分享发展经验。同时，医院代表团赴美参加凯特琳医疗中心50周年庆典，副院长邵建华代表医院在庆典上致辞并赠送礼品“世纪之鼎”。访问期间，与凯特琳就住院医生来院轮转培训、医院管理人才赴凯特琳进修学习开展合作方面制定具体行动方案。

【哈佛大学麻省总医院】

合作关系建立　2004年7月，医院邀请哈佛大学麻省总医院院长彼得·斯莱文(Peter Slavin)访华，在上海正式签订麻省总医院及哈佛附属医院合作集团与华山医院及华山医院集团合作协议备忘录。2005年3月，医院派遣3名临床医师赴麻省总医院开展为期3个月的临床研修项目，此后医院每年选派临床医师赴麻省总医院研修，至2016年共派遣34人。2005年6月，院长徐建光率领医院代表团访问麻省总医院，正式签署建立战略合作关系的协议。该协议旨在确认双方有共同寻求发展合作的意愿，并为建立长期战略合作伙伴关系确定框架性基础。2011年，医院与麻省总医院战略合作伙伴关系顺利进入第二个五年合作周期。同年9月，院长丁强及副院长邵建华、复旦大学副校长冯晓源组成的代表团与徐建光率领的上海市卫生局代表团赴波士顿参加麻省总医院建院200周年庆典。作为特邀演讲嘉宾，徐建光在庆典上致辞——“创造历史与中国元素”，成为麻省总医院200周年的主旋律。2016年，医院与麻省总医院进入第三轮战略合作伙伴周期，双方合作交流进一步加深。

学术学科交流　2003年11月，医院邀请麻省总医院心外科团队来院进行8例心脏搭桥示范手术，在《文汇报》及《新民周刊》上刊文“华山论剑”。2008年5月，医院邀请麻省总医院4名临床大科主任来院推动临床科室层面合作交流。2012年10月，麻省总医院院长彼得·斯莱文(Peter Slavin)，外科名誉主任安德鲁·沃肖(Andrew Warshaw)及其夫人以及副院长兼护理部主任珍妮特·埃里克森(Jeanette Erickson)与其先生来沪访问，出席华山-MGH高峰论

图7-1-3　2004年，医院与美国麻省总医院签署协议，缔结为姐妹医院

图7-1-4 2011年，徐建光（左一）、丁强（右一）出席麻省总医院建院200周年庆典

坛，分享麻省总医院成为全美排名第一医院的经验。同时，安德鲁·沃肖在首届胰腺外科国际论坛上被聘为医院客座教授及复旦大学胰腺外科研究所战略顾问。2014年3月，医院与麻省总医院神经内分泌中心主任及相关教授凯伦·米勒（Karen Miller）、丽莎·南丁格尔（Lisa Nachtigall）、Xun Zhang及尼古拉斯·特里托斯（Nicholas Tritos）讨论合作事宜，包括联合临床研究、基础研究等。同年5月，医院邀请麻省总医院神经内分泌中心教授尼古拉斯·特里托斯参加第三届华山神经内分泌论坛，做大会报告并参加疑难病例讨论。同年10月，医院邀请麻省总医院神经内分泌中心实验室主任Xun Zhang来院交流，开展垂体瘤基础研究合作。

专业护理培训 2009年10月，医院邀请麻省总医院负责医生组织和护理专业的两位领导大卫·托奇亚纳（David Torchiana）与珍妮特·埃里克森来院开展交流，在护理专业领域推动更深层次的交流合作，从此开启与麻省总医院护理方面一对一的合作交流。2010年5月，正式开启医院护理团队赴麻省总医院进修学习项目，首批共有4名护士长进行为期10周的专项学习。至2016年，医院先后派遣36名护理骨干赴麻省总医院进行为期12周的进修学习，多次邀请麻省总医院临床护理代表团来院交流，并连续8年召开护理国际论坛。

【哈佛大学公共卫生学院】

2006年7月28日—8月25日，院长徐建光应邀参加卫生部与哈佛公共卫生学院举办的中国医院发展与改革管理培训课程。至2013年该项目结束，医院派出院级领导及各职能部门负责人参加哈佛公共卫生学院举办的为期3周的管理培训项目，共计48人次。2008年1月，哈佛公共卫生学院研究生18人在哈佛公共卫生学院中国项目部主任刘远立率领下来中国进行交流考察，医院成为他们在华的学术基地。

图 7-1-5　2006 年，徐建光（最后一排左五）应邀参加中国医院发展与改革管理培训课程

【塔夫茨大学医学院】

2006 年 5 月，塔夫茨大学牙科学院代表团来院参观交流并签署合作交流备忘录。同年 10 月，医院口腔科 3 名医生赴塔夫茨大学进修。2007 年，医院与塔夫茨大学牙科学院建立实质性合作关系，并派遣 1 名医生在该学院进修工作一年。

图 7-1-6　2006 年，医院与美国塔夫茨大学牙科学院合作签约

【梅奥医学中心】

合作关系建立　2010 年 9 月，梅奥医学中心继续教育院长罗伯特·伯格（Robert Berger）及其

夫人应邀来访，探索建立战略合作，此后医院开始选派临床医师赴梅奥进行临床研修。2011 年 9 月，医院领导赴梅奥医学中心访问，加强对医、教、研结合模式及其专科特色的了解。梅奥医学中心院长约翰·诺斯沃西(John Noseworthy)与代表团交流沟通，其他负责科研、医学教育及继续教育的 4 位梅奥副院长给代表团做专题介绍，对放射科、皮肤科、血液科、泌尿科和骨科重点了解。2015 年 8 月，梅奥新任神经外科主任斯宾纳(Spinner)，梅奥临床医学院副院长、血液科副教授沃兰斯基(Wolanskyj)应邀来院访问并做学术交流，院领导及职能部门负责人参与接待并共同探讨双方建立战略合作项目。2016 年 11 月，梅奥医学中心领导班子核心成员、梅奥医疗联盟(MCCN)总监大卫·海耶斯(David L. Hayes)、副总监克里斯托弗·本森(Christopher K. Benson)以及行政专员 Smail Ait Ali 等一行来院进行交流，双方形成共识，建立良好合作交流关系。

骨科学科合作 2011 年 10 月，华山-梅奥合作系列课程“肩、肘关节损伤培训班”顺利进行。2013 年 10 月，医院骨科与梅奥医学中心共同主办的第八届华山-梅奥国际脊柱论坛——第十九届全国脊柱应用解剖及手术技术学习班暨第八届梅奥国际脊柱课程举行。该培训班通过美国继续再教育委员会审核，授权颁发美国继续再教育学分。2016 年 7 月，医院邀请梅奥骨科各亚专业的 13 名教授来沪参加东方骨科大会，进一步加强合作。

皮肤科学科合作 2012 年 3 月，医院皮肤科借出席美国皮肤病学会年会之际，与梅奥皮肤科领导团队接触，邀请玛戈特·彼得斯(Margot S. Peters)等两人来华出席皮肤免疫国际论坛，洽谈筹划加强两家医院皮肤专业合作与交流的战略计划。

神经外科学科合作 2012 年 4 月，梅奥神经外科朱塞佩·兰齐诺(Giuseppe Lanzino)等两名教授分别应邀来院，商谈加强双方在学科发展方面的合作。同年 9 月，医院举办神经外科 60 周年庆及上海国际神经外科论坛，双方神经外科领导基本达成设想，上海神经外科论坛将冠名“华山-梅奥神经外科论坛”，在上海与梅奥轮流主办相关学术活动。2016 年 7 月，第一届梅奥与医院神经外科论坛暨华山医院国际神经外科培训班(ISTI)召开，来自亚洲十多个国家和地区的 20 余名学员及国内 150 名学员参加。

图 7-1-7 2010 年，医院与美国梅奥医学中心建立战略合作关系

【威斯康星大学麦迪逊分校】

2011 年 6 月，医院与美国威斯康星大学商谈开展战略合作的意向，建立医学院临床见习项目，有 6 名医学院、药学院学生来院见习。另外，医院派遣血管外科、泌尿科和肿瘤科医生赴威斯康星开展临床研修。2013 年 7 月，医院与美国威斯康星大学麦迪逊分校签署框架性合作协议，并接收该校 18 名大学生于 7 月 14—19 日来院，分别到外宾病房、护理部与药剂科带教实习。

图 7-1-8　2011 年，医院与美国威斯康星大学建立临床见习项目的成员合影

【华盛顿大学医学院】

2014 年 11 月，副院长邵建华率领医院代表团赴美国西雅图访问，并与华盛顿大学医学院及

图 7-1-9　2014 年，医院与美国华盛顿大学医学院签订医教研合作协议

康复系签订合作交流备忘录，在康复医学师资队伍培养及学科建设、康复医学及治疗师人员培训体系与课程设置、康复医学临床治疗规范与质量指标制定及康复医学科研合作方面签订框架性协议。

二、其他合作院校

【奥地利维也纳医科大学】

2005年9月，奥地利维也纳医科大学皮肤科教授、欧洲皮肤性病学会年会主席埃尔文·查切勒(Erwin Tschachler)自费来院皮肤科进行为期三周的学术交流，希望能够进一步促进欧洲医学界与中国的合作与交流。据此，双方签订友好合作备忘录，在大学、医院、科室及研究所四个层面上，就教育培训与科研合作开展全方位合作交流。2010年10月，维也纳医科大学校长沃尔夫冈·舒茨(Wolfgang Schutz)与两名副校长来访，续签双方战略合作备忘录。此外，法国香奈儿公司CERIES科研基金会确定与医院皮肤科开展长期合作，每年出资18 000欧元支持医院青年精英赴维也纳医科大学开展皮肤科基础和临床研究，并提供皮肤生理研究设备和全套电子照相器材，在医院皮肤科建立皮肤研究实验室。

图7-1-10　2010年，医院与奥地利维也纳医科大学续签合作协议

【英国剑桥大学医院】

2010年12月，英国剑桥大学医院贾格·阿卢瓦利亚(Jag Ahluwalia)访沪，探索与医院建立战略合作。2011年9月，医院领导访英时与英国剑桥大学医院签订合作备忘录，并通过院长盖瑞斯·古蒂尔(Gareth Goodier)的11月份回访，基本达成在管理人员培训与信息化发展方面的合作意向。

图 7-1-11　2011 年，医院与英国剑桥大学达成合作意向

【英国伯明翰大学医院】

2011 年，医院访问英国伯明翰大学医院，与该校副校长兼医学院院长劳伦斯·扬(Lawrence S. Young)沟通交流，在郑家强(K. K. Cheng)及其团队的积极推动下，医院与伯明翰大学医院基本达成在医院建立全科医师师资培训基地，转化医学研究(神经外科、抗生素耐药及肿瘤研究)等领域的专题合作。2012 年 4 月，英国伯明翰大学科研及皇家外科学院副院长乔恩·弗兰普顿(Jon Frampton)与里克·布莱恩(Rik Bryan)来院探索干细胞研究及专科医师培训基地认可等科研交流

图 7-1-12　2012 年，医院与英国伯明翰大学签署合作谅解备忘录

项目。同年6月，伯明翰大学副校长兼医学院院长劳伦斯·扬来华访问，与医院正式签署战略合作协议。合作重点在于建立全科医师师资培训基地与转化医学研究，在神经外科、抗生素耐药及肿瘤研究等领域开展专题合作，对方邀请医院神经外科赴英国洽谈具体合作项目。

【澳大利亚皇家墨尔本医院】

2013年7月，澳大利亚皇家墨尔本医院院长盖瑞斯·古蒂尔(Gareth Goodier)专程来华，与医院正式签署战略合作协议，合作重点在于神经内科方面的合作研究及人才培养，同时也希望扩展到更广范围的生物医学研究与规范化住院医生及专科医生培养。

图7-1-13　2013年，医院与澳大利亚皇家墨尔本医院签署合作备忘录

三、国际交流平台

2002年，院长徐建光在哈佛大学医学院附属贝斯以色列女执事医疗中心进行为期3个月的培训。同年9月，医院与哈佛医学国际正式达成教育与培训合作协议，开展一系列合作项目，至2007年2月终止合作关系。2003年，医院代表团访美，协助安排卫生局代表团访问波士顿并与哈佛各方进一步协商合作项目。

2014年，医院参加国家卫计委人才交流中心提供的赴德国医学交流项目，共申报27名符合条件的临床医生参加卫计委组织的考试，最终有10名中青年人才赴德国进修学习3个月。2015年，医院参加国家卫计委人才交流中心提供的赴德国、意大利和奥地利医学交流项目，共有7名人才完成赴国外进修学习3个月。

2015年8月，哈佛大学医学院负责全球继续教育的副院长阿贾伊·辛格(Ajay K. Singh)及哈佛大学医学院全球教育办公室执行主任罗宾·惠特利(Robin J. Wheatley)来院访问并探讨开展合作项目，于10月宣布成立上海-哈佛教育项目联盟(SCOPE)，商定上海-哈佛教育项目联盟的发展战略、行动计划及分步实施方案。

2015 年为中英合作交流年。上半年，副院长毛颖应邀在“创意英伦”医疗板块上就科研合作与转化研究进行交流。下半年，国家自然科学基金委员会与英国研究理事会在上海召开“抗菌药物耐药”中英双边研讨会，积极寻求与英国各相关领域更广泛的合作空间。

2016 年 5 月，医院与国际应急管理学会医学委员会(TEMC)签署战略合作协议。借助 TEMC 渠道，不断扩展医院与美国哈佛、梅奥、霍普金斯及英国、德国、意大利、以色列的交流合作项目，并

图 7-1-14　2015 年，医院与哈佛大学医学院合作成立上海-哈佛教育项目联盟

图 7-1-15　2016 年，医院与国际应急管理学会医学委员会签署战略合作协议

有 6 名主任参加由国际应急管理学会医学委员会与哈佛大学医学院主办的各临床专科主任研修班。同年 6 月，哈佛大学医学院全球临床学者科研培训（GCSRT）网上函授培训课程启动。医院通过科室推荐、医院选拔及哈佛大学医学院教授面试，共有 11 人参加全球临床学者科研培训（GCSRT），20 人参与全球临床学者科研培训中国班课程（C-CSRT）。

四、国际学术活动

1980 年后，随着对外开放的发展，医院逐步具备主办、承办国际学术会议的条件和能力。1982 年 1 月，上海医科大学与世界卫生组织（WHO）神经科学培训和研究合作中心在医院设立。同年 9 月，世界卫生组织在医院举办神经疾病检查新方法讲习班。1983 年，医院主办世界卫生组织脑血管病流行病学讲习班，取得良好反响。此后，医院在各学科、各领域广泛开展国际层面的学术交流。

图 7-1-16　1982 年，世界卫生组织在医院举办神经疾病检查新方法讲习班

2004 年 5 月，由上海市卫生局、复旦大学上海医学院与哈佛医学国际联合主办，医院承办的上海国际临床医学论坛在上海商城举行。全国人大常委会副委员长韩启德、国家卫生部副部长王陇德、上海市副市长杨晓渡、复旦大学校长王生洪等领导出席会议开幕式并致辞。上海国际临床医学论坛组委会主任、院长徐建光主持大会开幕式，上海国际临床医学论坛大会主席、上海市卫生局局长刘俊致开幕词并做大会主题报告。此外，在 4 个专题论坛中，来自哈佛大学医学院的 9 位专家分别做 13 场专题报告。2012 年 2 月，由上海市卫生局国际交流中心及上海医院协会联合组办，医院承办的公立医院改革与医院管理高层论坛邀请哈佛大学医学院代表团一行 7 人访问上海并做学术演讲。2013 年 10 月，麻省总医院负责医疗质量的副院长利兹 • 莫特（Liz Mort）和梅奥医学中心负责医疗质量的副院长斯蒂芬 • 斯文森（Stephen Swensen）到沪参加 2013 年中国最佳医院排行榜发布会及中美医院管理论坛，其间医院特邀请利兹 • 莫特（Liz Mort）来院参观交流，商谈今后加强两家医院在 JCI 认证等方面的合作交流。

表 7-1-2　1982—2016 年医院主办、承办的主要国际学术活动情况表

时　间	国际学术活动名称
1982	世界卫生组织神经疾病检查新方法讲习班
1983	世界卫生组织脑血管病流行病学讲习班
1986	第四届国际临床流行病年会暨世界卫生经济讲习班
1986	中国-意大利神经病学学术会议
1987	中国-意大利上海 FDP 研讨会
1988	第一届中美手外科学术会议
1989	现代化医院管理讲习班
1990	上海华山医院美国医学交流演讲会
1990	上海华山医院日本医学交流演讲会
1991	国际原子能机构亚太地区病毒性肝炎放射免疫诊断会议
1993	中法神经科学研讨会
1993	第一届亚太地区等速技术研讨会
1994	第一届臂丛国际会议
1995	斯坦福国际神经科学研讨会
1996	第二届臂丛国际会议
1997	世界卫生组织合作医疗研究项目研讨会
1998	骨 SPECT 显像诊断与治疗国际研讨会
1998	第三届臂丛国际会议
1998	中国-巴黎第七大学双边肝病学术会议
1998	CMB 东南亚国际工作会议
1998	第一届全球华人泌尿外科学术会议
1999	上海国际脑血管病研讨会
1999	国际神经免疫学术会议
1999	儿童上肢疾病国际研讨会
1999	第一届上海国际神经外科大会
2000	臂丛及上肢疾病国际研讨会
2000	第一届上海国际功能神经及影像学学术研讨会
2000	缺血性脑损和脑保护机制国际研讨会
2002	第二届上海国际神经外科大会暨第二届国际脑出血会议
2004	上海国际临床医学论坛
2004	亚洲大洋洲神经及头颈放射学学术大会
2004	第三届上海国际神经外科大会暨第三届亚洲神经肿瘤会议
2005	上海国际关节镜与骨科运动医学高级学习班

（续表）

时　间	国际学术活动名称
2005	伤口与造口处理新进展国际研讨会
2005	中美糖尿病研讨会
2005	肾脏病国际论坛
2006	亚洲神经外科学术论坛
2006	中英代谢综合征学术论坛
2006	中美康复医学新技术论坛
2006	第一届华山-塔夫茨国际口腔论坛
2006	第一届中法神经科学术会议
2006	第二届上海国际糖尿病足学术论坛
2006	上海国际血液净化前沿学术研讨会暨第三届复旦肾脏病国际论坛
2006	腹壁疝微创治疗国际论坛暨第三届腹壁疝微创治疗新进展学习班
2006	第三届上海国际关节镜与骨科运动医学高级学习班暨学术论坛
2007	华山国际医学高峰论坛
2007	第一届上海华山国际脑脊髓血管外科大会
2007	第四届上海国际神经外科大会
2007	第四届上海国际关节镜与骨科运动医学学术论坛暨学习班
2008	中瑞康复技术论坛
2008	中日康复新技术论坛
2008	第一届高端医疗服务与建设国际研讨会
2008	第一届中欧臂丛神经损伤研讨会
2008	第五届上海国际关节镜与骨科运动医学学术论坛
2009	中澳康复技术论坛
2009	中美康复技术论坛
2009	第二届高端医疗服务与建设国际研讨会
2009	第二届上海华山国际脑脊髓血管外科大会
2009	第三届上海颈动脉疾病国际论坛
2009	第六届上海国际关节镜与骨科运动医学学术论坛
2009	第十八届 Sunderland 国际周围神经学术会议
2010	国际骨科运动医学与关节镜外科高峰论坛
2010	中美核医学高峰论坛
2010	JCI 标准下的优质护理服务示范医院的创建暨围手术期护理安全国际会议
2010	第一届传统医学与现代医学比较国际学术大会
2010	第一届国际免疫皮肤病学术论坛

（续表）

时　间	国际学术活动名称
2010	第二届中欧臂丛神经损伤研讨会
2010	第三届高端医疗服务与建设国际研讨会
2010	第五届上海国际神经外科大会
2010	第二十六届国际放射学大会
2011	第一届上海国际临床微生物及抗微生物化疗学术会议
2011	第二届国际免疫皮肤病学术论坛
2011	危急重患者优质护理服务新进展国际会议
2011	生物医学研究中受试者保护国际研讨会
2011	华山-梅奥肩肘论坛
2011	第二届中华医学会糖尿病分会微血管并发症学组糖尿病论坛暨亚洲糖尿病微血管并发症学组筹备启动大会
2011	第三届上海华山国际脑脊髓血管外科大会
2011	第四届上海颈动脉与脑卒中国际论坛
2011	第四届高端医疗服务与建设国际研讨会
2011	第八届上海国际骨科运动医学与关节镜外科论坛
2012	公立医院改革与医院管理高层论坛
2012	第一届神经内分泌论坛
2012	第二届传统医学与现代医学比较国际学术大会
2012	第三届中欧臂丛神经损伤研讨会
2012	第三届国际免疫皮肤病学术论坛
2012	第三届糖尿病微血管并发症论坛暨中印糖尿病大会
2012	第五届高端医疗服务与建设国际研讨会
2012	第六届上海国际神经外科大会
2012	第九届上海国际骨科运动医学与关节镜外科论坛
2013	IMCA 上海国际美容整形暨皮肤抗衰老医学研究大会
2013	第二届神经内分泌论坛
2013	第三届上海国际临床微生物及抗微生物化疗学术会议
2013	第四届国际免疫皮肤病学术论坛
2013	第六届高端医疗服务与建设国际研讨会
2013	第八届梅奥国际脊柱论坛
2013	第十届国际骨科运动医学与关节镜外科学术论坛
2014	第一届上海足踝运动损伤高级论坛
2014	第三届神经内分泌论坛

（续表）

时　间	国际学术活动名称
2014	第三届传统医学与现代医学比较国际学术大会
2014	第六届中国国际腰椎外科学术会议
2014	第五届国际免疫皮肤病学术论坛
2014	JID-华山皮肤科学高峰论坛
2014	第六届亚洲伽马刀协会会议
2014	第七届高端医疗服务与建设国际研讨会
2014	第八届中美感染病学术会议暨第九届中美临床微生物年会联合会议
2014	第十一届上海国际骨科运动医学与关节镜外科论坛
2015	第二届耳鼻咽喉头颈外科及颅底外科国际论坛
2015	第二届上海足踝运动损伤高级论坛
2015	第四届神经内分泌论坛
2015	第四届传统医学与现代医学比较国际学术大会
2015	第五届上海国际临床微生物及抗微生物化疗学术会议
2015	第五届定量药理学与新药评价国际会议暨首届东亚定量药理学论坛
2015	第六届国际免疫皮肤病学术论坛
2015	第七届亚洲色素病会议
2015	第八届高端医疗服务与建设国际研讨会暨第一届涉外高端医疗区域性协作委员会论坛
2015	第十二届国际骨科运动医学与关节镜外科论坛
2015	中欧肩关节学院高级课程
2015	中美泌尿系统肿瘤精准医疗及创新技术论坛
2015	抗菌药耐药中英双边研讨会
2016	上海国际康复论坛
2016	CSSM 肩关节运动损伤论坛暨中欧肩关节学院高级课程
2016	中德 PET/MR 脑显像高端研讨会
2016	第一届梅奥医学中心-华山医院国际神经外科论坛暨华山 ISTI 国际课程
2016	第三届国际痤疮会议
2016	第三届上海足踝运动损伤高级论坛
2016	第三届临床微生物学与感染病学国际论坛
2016	第五届传统医学与现代医学比较国际学术大会
2016	第七届国际免疫皮肤病学术论坛
2016	第九届中美感染病学术会议暨第十届中美临床微生物年会联合会议
2016	第九届高端医疗服务与建设国际研讨会暨第二届涉外高端医疗区域性协作委员会论坛
2016	第十三届国际骨科运动医学与关节镜外科论坛

五、主要外事接待

20 世纪五六十年代，医院来访者多为苏联、东欧等社会主义国家以及亚非国家的友好人士。“文化大革命”期间，受全国形势所限，医院几乎无国际交流。改革开放后，来访国家和地区不断拓展，医院接待来宾数量逐年增加，其中多为卫生、医学、管理等方面的官方及民间代表团，彼此建立深厚友谊。1997 年以及 2003 年，因受亚洲金融危机以及“非典”疫情影响，来访人数一度有所减少，后又陆续恢复。

2004 年 10 月，医院邀请美国哈佛大学医学院附属贝斯以色列女执事医疗中心名誉院长米切尔·拉布金(Mitchell Rabkin)及其夫人，哈佛大学医学国际(HMI)合作伙伴罗伯特·克罗恩(Robert Crone)、艾伯特·吉利斯(Albert Gillis)、朱迪·米切尔(Judy Mitchell)，麻省总医院斯坦利·谭(Stanley Tam)、谢丽尔·费勒尼(Cheryl Felony)等来沪参加华山-哈佛医学国际联合医院揭牌暨新门急诊大楼正式启用仪式及有关活动。2006 年 4 月，浦东分院举行开张仪式，医院邀请来自哈佛大学医学院、维也纳医科大学等机构的贵宾出席开幕典礼。同年 6 月，邀请《新英格兰医学杂志》主编杰弗里·德拉赞(Jeffery M. Drazen)来沪，在医院组织相关科研课题汇报，并将其纳入《新英格兰医学杂志》的候选题目数据库之中，为在国际顶级医学期刊中发表医院科研成就与临床经验奠定基础。2007 年 5 月，医院百年院庆之际，邀请并接待麻省总医院院长彼得·斯莱文(Peter Slavin)，哈佛大学医学院附属贝斯以色列女执事医疗中心前院长米切尔·拉布金，JCI 副总裁安妮·鲁尼(Anne Rooney)，维也纳医科大学副校长鲁道夫·马林格(Rudolf Mallinger)，英国剑桥大学医院基金会主席玛丽·阿彻(Mary Archer)等海外嘉宾 40 余人出席庆典活动。2009 年 5 月，邀请美国伙伴医疗集团总裁詹姆斯·摩根(James Morgan)，副总裁兼《新英格兰医学杂志》副主编汤姆斯·李(Thomas Lee)访问医院。2012 年 9 月，邀请哈佛大学医学院附属贝斯以色列女执事医疗中心的心内科新、老主任彼得·齐米巴姆(Peter Zimebaum)与山姆·格雷琴(Sam Gretchen)来院考察评估心内科专业发展模式。2014 年 5 月，聘请哈佛大学医学院首席信息官、美国总统医疗改革方案信息化发展技术顾问约翰·海莱姆卡(John Halamka)为医院信息化发展首席顾问。

表 7-1-3　1957—2016 年医院主要国际贵宾来访情况表

年　份	接待来访国际贵宾
1957	卫生部苏联专家组组长柯切尔金，苏联卫生代表团，柬埔寨文化艺术代表团
1962	越南东医考察团
1963	朝鲜外科医学代表团
1964	智利神经外科研究所所长阿森霍(A. ASENJO)
1971	阿尔及利亚政府代表团
1974	也门民主共和国卫生代表团，埃及药物考察组
1985	荷兰鹿特丹医学会主席
1986	法国赛诺菲国营集团代表团，美国通用电气副总裁罗伯特·斯托金(Robert Stocking)，法国国会议员兼图卢兹朗戈医学院院长塞盖拉，厄瓜多尔基督教社会党代表团
1989	美国国际国民外交协会(People to People International，PTPI)代表团

（续表）

年　份	接待来访国际贵宾
1992	韩国红十字会代表团
1995	世界卫生组织(WHO)副总干事胡庆澧
1996	瑞典首相佩尔松夫人及瑞典卫生代表团
2003	日本超声波学会会长伊东纮一和棚桥善克
2004	《新英格兰医学杂志》主编杰弗里·德拉赞(Jeffrey M. Drazen)
2005	芬兰国家科技局专家代表团,美国中华医学基金会(CMB)主席罗伊·施瓦兹(M. Roy Schwarz),美国中华医学基金会(CMB)董事会主席玛丽·布朗·布洛克(Mary Brown Bullock)
2006	丹麦奥胡斯州州长约翰内斯·弗兰斯泰·严森,默沙东公司首席执行官兼总裁柯瑞嘉,美国通用电气医疗集团全球副总裁雷纳尔多·加西亚(Reinaldo Garcia),默沙东全球人类健康部总裁罗旭德(Peter Loescher),新加坡卫生部部属医院(控股)集团首席执行官菲巴·阿尔萨戈斯(Fibah Alsagoss),新加坡百汇医疗集团董事长萧永良
2007	美国驻沪总领事贾雷特(Jarrett),国际肾脏病学会主席埃伯哈德·里兹(Eberhard Ritz),国际关节镜-膝关节外科-骨科运动医学学会(ISAKOS)常务副主席米歇尔·约翰逊(Michele C. Johnson),丹麦中央大区发展部国际关系处处长尼尔斯·埃里克·安德森(Niels Erik Andersen),法国国家卫生医疗研究院(INSERM)专家团,美国史带公司董事长兼首席执行官莫里斯·格林伯格(Maurice Greenberg),新加坡百汇控股集团首席执行官林焯彬,西班牙卡斯提亚—拉曼查大区政府卫生厅总监罗伯特·沙布里多·贝尔姆德斯
2008	英国驻沪总领事艾琳,丹麦中部大区主席本特·哈森,英国卫生部国际司司长斯图尔特·斯莫利(Stuart E. Smalley),JCI 总裁兼首席执行官凯伦·廷曼斯、副总裁安妮(Ann)、国际总监詹姆斯(James)、亚太地区主席保罗(Paul)、首席医务官大卫·杰默韦奇,百特医疗全球副总裁约翰·格雷什(John Greisch),匈牙利科学院院士及医学会会长拉斯洛·维克赛,意大利威内托大区代表团,朝鲜教育代表团
2009	美国史赛克(Stryker)公司全球总裁安德鲁·福克斯·史密斯(Andrew Fox-Smith),微软医疗部全球副总裁史蒂夫·希汉达,西班牙巴利阿里群岛医生工会代表团,新加坡卫生部代表团
2010	比利时弗拉芒区社会福利、公共卫生和家庭部长 Jo Vandeurzen,比利时医院管理局局长彼得·德加特(Peter Degadt),比利时医疗技术创新中心主任约翰·海林斯(Johan Hellings),比利时世博事务政府总代表利奥·德尔克罗瓦(Leo Delcroix),上海世博会欧盟馆馆长米里亚姆·考普斯(Myriam Cops),飞利浦电子公司总裁兼执行官杰拉德·克莱斯特利(Gerard Kleisterlee),泰国驻华大使密秉尚,泰国公主玛哈·扎克里·诗琳通及其代表团,美国驻华大使馆医疗官梅丽莎·考克斯(Melissa. A. Cox),英国西方公基金(WPA)首席执行官朱利安·斯坦顿(Julian Stainton),前美国驻沪领事馆总领事杰罗姆·奥格登(Jerome C. Ogden)夫妇,全球医疗旅游协会主席乔纳森·德海特(Jonathan Edelheit)
2011	国际汽联医疗代表皮埃特(J. C. Piette),南非驻沪总领事馆领事库玛勒夫妇,美国强生公司全球董事会主席比尔·韦尔登(Bill Weldon),美国默克全球人类健康部总裁亚当·舍赫特(Adam Schechter),国际 SOS 中国区总裁及亚洲区总经理 Tan Mui Huat
2012	美国辉瑞制药公司执行副总裁道格·兰克勒(Doug Lankler),美国 Amgen 公司总裁兼首席执行官罗伯特·布拉德韦(Robert A. Bradway),美国百健艾迪公司全球商务运作执行副总裁托尼·金斯利(Tony Kingsley)
2013	瑞典卫生与社会事务大臣戈兰·哈格兰德(Göran Hägglund),日本住友株式会社全球副总裁兼重和人,美国骨科运动医学学会(AOSSM)专家团,捷克卫生代表团,波兰卫生代表团
2014	国际原子能机构人类健康及核医学应用部主任 Rethy Kieth Chhem,阿根廷卫生部部长胡安·路易斯·曼祖尔(Juan Luis Manzur),山德士公司全球总裁、诺华集团全球管委会成员傅睿昌(Richard Francis),日本使领馆医疗官访问团

（续表）

年　份	接待来访国际贵宾
2015	美国凯特琳医疗集团首席执行官弗雷德·曼彻(Fred Manchur)，JCI总裁兼首席执行官保拉·威尔逊(Paula Wilson)，英国研究理事会(RCUK)专家组
2016	欧艾斯(ISS)集团全球首席执行官杰夫·格雷夫斯特(Jeff Gravebhrst)，微软全球副总裁托尼·汤恩斯-惠特利(Toni Townes-Whitley)，荷兰国家癫痫中心董事长吉恩·威廉·巴泽利(Jean Willem Barzely)，芬兰家庭事务和社会服务部部长尤哈·莱霍拉，日本厚生劳动省副大臣古屋范子

六、中国港澳台地区交流

改革开放为医院与港澳台地区交流打下良好的社会和人文基础。自1985年起，医院接待香港庄士集团副董事长庄绍绥、澳门总督韦奇立、台湾国民党副主席江丙坤等多位港澳台地区知名人士。同时，医学、卫生、行政管理层面的交流也不断深入，港澳台地区卫生局、医管局等代表团到访医院交流取经，携手共进。

表7-1-4　1985—2015年医院接待中国港澳台地区贵宾情况表

年　份	接待来访港澳台地区贵宾
1985	香港庄士集团副董事长庄绍绥
1994	澳门总督韦奇立，新华社澳门分社代表团
2007	香港医学界人士上海访问团，澳门特别行政区政府卫生局代表团，台湾联新国际医疗集团访问团，台湾国民党副主席江丙坤，台湾青年商会总会会长许又铭
2008	香港医院管理局代表团
2009	台湾华人医务管理交流学会代表团
2011	香港卫生部公立医院改革培训专家组，香港香江国际中国地产有限公司总裁杨莉珊
2015	香港医务行政学院参访团，领航中国台湾健康考察团

第二章 人力资源管理

第一节 人 事 管 理

一、人员规模

医院成立初期，仅设内外两科。1913 年，美国人胡恒德任院长，招收两班学生共十余人，包括牛惠霖、朱恒壁、乐文照等人，毕业后进入医院工作。1921 年，医院开办附设红十字会护士学校，开始招生仅十余人，以后每年春秋两季招收新生。1928 年，成为上海医科大学实习医院，上海医科大学学生正式来院实习，业务与行政管理均有所提高和发展。1930 年，医院各级医生已发展至 58 人。1944 年，医生增至 79 人，药剂人员 14 人，行政人员 51 人。1949 年上海解放，工作人员增至 383 人。1979 年，增至 1 059 人。2010 年，增至 3 012 人。至 2016 年，医院职工人数为 2 942 人，涵盖医生、护士、医技人员、管理人员、工勤人员。

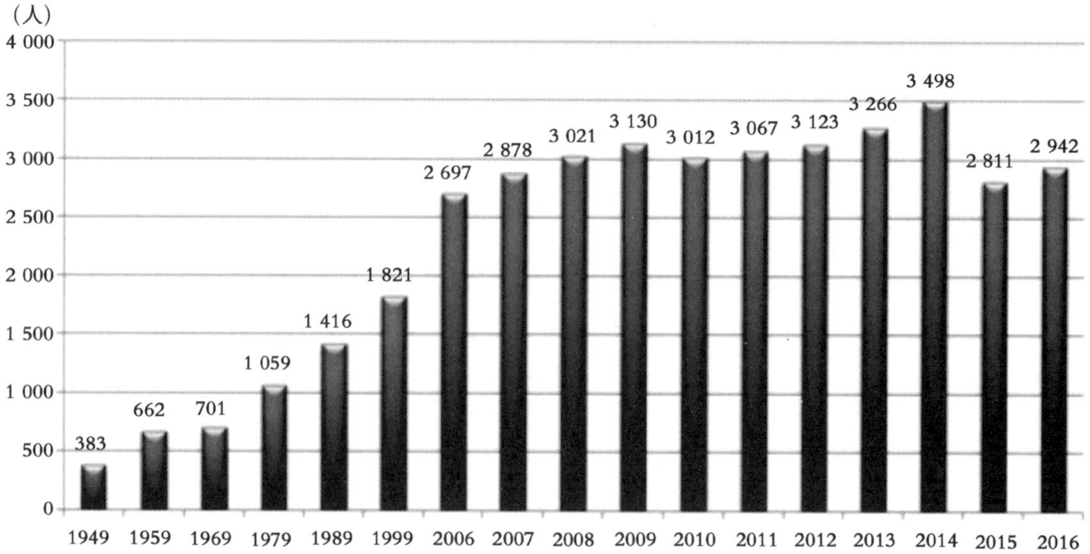

图 7-2-1 1949—2016 年全院职工人数变化情况

二、定编定岗

20 世纪 50 年代起，医院以床位数为基础，兼顾教学医院及临时性任务补贴等进行定编计算。1986 年，上海市政府下发《上海市政府机关和事业单位机构编制管理暂行规定》，医院结合实际情况进行管理改革，使各类人员结构比例趋于合理完善。20 世纪 90 年代，医院参照《关于颁发〈上海市各级医院组织机构及人员编制比例标准（试行）〉的通知》《关于下达卫生部属事业单位机构编制的通知》《关于本市医疗卫生机构实行卫生专业技术职务结构比例管理和专业技术岗位设置工作的通知》《上海市卫生专业技术职务结构比例与岗位设置的参考标准》等文件，重新细化各科室工作职能，将效能建设内容与科室工作职能及人员岗位职责有机结合，营造积极进取的工作新局面。

2009 年，基于 JCI 国际医院评审标准，由各部门起草修订，人力资源部汇总整理完成 237 类岗位职责的汇编工作。2011 年，为优化医院人力资源结构，顺应即将开业的北院，打造一支完备精干的医疗队伍，人力资源部将定编定岗作为部门工作的重中之重，采用定性与定量相结合的调研方法，对确定的岗位进行各类人员的数量及素质配备。根据医院开展的业务方向和规模，本着精简机构、节约用人、提高工作效率的原则，规定各类人员必须配备的数量。以此为中心，人力资源部深入全院各科室，开展一系列走访、调查、研究工作，掌握丰富的一手数据和资料，于 2012 年上半年，形成一份较为完整的全院人员岗位调研报告，结合医院“十二五”目标要求，与各临床科室中心组成员面谈，旨在统一目标、和谐发展。

2014 年初，人力资源部启动全院临床医技科室在职人员岗位摸查工作，收集各临床医技科室人员配备数量和人员结构，计算出医院临床医技科室实际在职人员在岗情况，对比 2012 年全院定编定岗数据，了解各科室目前人员配置情况（超编或缺编），旨在为临床医技科室制订人员配置计划提供科学、客观、合理的依据。

2014 年 10 月，在院领导的支持下，人力资源部协调后勤保障部门一起，对医院新莆劳务工进行实地走访，通过对劳务工实际工作观察、对劳务工和其直接管理人员的访谈，了解雇用该类人员数量、岗位分布、工作内容、排班情况，最终形成《新莆劳务岗位情况调查报告》，旨在为医院对新莆劳务工的岗位和人员配置提供重要依据。

同时，接国家卫生计生委人事司发布的《国家卫生计生委人事司关于开展事业单位机构和人员编制核查工作的通知》，为配合该项工作的顺利开展，人力资源部开展机构和人员编制核查工作。通过本次调查，一方面将现有实际情况反映给上级部门，另一方面对医院实际人员编制情况有了全面了解，更有利于今后工作的开展。

2014 年 11 月，人力资源部对全院临床医技科室退休返聘人员进行调研，采集该类人员的相关信息，包括返聘部门、姓名、性别、出生年月、职称、原退休单位及部门、所在岗位及主要工作内容、每周工作时间安排、返聘经费来源、是否签署协议、联系方式等，从而全面掌握医院退休返聘人员整体情况，一方面有利于摸清各科室对该类人员的实际配置情况，另一方面有利于更好地对该类人员进行有效管理。

三、专业技术职务评聘

1949 年，医院实行技术职务任命制，体现中国职称工作服务经济建设和国家重大战略领域的重要特征。技术职称任命制将岗位职务等同于专业技术职务并实行行政任命。华东行政委员会卫生局下发《关于医院医师晋级问题通知》至上海第一医学院等机构，自 1952 年起，中央人民政府卫生部、人事部公布卫生技术人员技术等级津贴工资标准后，医师职务的提升均已根据德才参考资历等条件评定等级，以往均按年资晋级已不适用。德才相称者可作为干部提拔办理提升手续，名单由上海第一医学院附属医院上报医学院，由医学院审核后报华东行政委员会卫生局批准。

1978 年，全国科学大会提出恢复职称评定，开启专业技术职称评定制，将职称与工资待遇脱钩，职称成为体现专业技术水平和成就的荣誉称号。1986 年，与岗位结合的专业技术职务聘任制正式实施，专业技术职务是根据实际工作需要设置的工作岗位，在经过评审委员会评定的、符合相应条件的专业技术人员中聘任。至2000年，医院共有专业技术人员1 587人，其中博士87人，硕士92人，本科372人，大专及以下1 036人；在这些人之中，正高职称86人，副高职称184人，中级职称393人，初级职称924人。2001年，全国实行卫生专业技术初、中级资格考试。2008年，根据《复旦大学初中级专业技术职务聘任办法》，医院制定《华山医院关于中级职务晋升的要求》及《华山医院高级职务岗位聘任申请资格必备最低条件》制度。2009年，根据复旦大学要求，推进制度创新，修订、完善医院高级专业技术职务晋升的最低必备条件以及聘任流程。

2010年，不断完善高级职务聘任工作，在医院的积极努力和倡导下，2009年提出晋升副主任医师实施临床技能考核的设想，更科学、客观地评定申请晋升高级职称人员的医、教、研综合能力，客观评价申请医师系列职称人员的实际临床能力，力求评价结果量化，评价结果作评定晋升高级职称任职资格的参考因素。2010年，医院组织首批拟晋升副主任医师的临床技能考核，效果良好。2012年，卫生技术高级职称晋升首次进入全行业评审系统，为确保政策平稳过渡、有效推行，人力资源部工作人员做好员工思想工作的同时，与复旦大学、卫生局等相关部门保持积极的联系与沟通，协商具体操作过程中遇到的困难，以确保医院职工的利益，使该项工作得以平稳过渡。2013年，在暂停3年卫生管理系列职称评聘工作之后，在各方的努力下，复旦大学重启该项评聘工作，同时也同意启动图书出版、工程系列职称的评审。2014年，继2009年暂停教授系列职称转聘工作以来，考虑到教学医院的工作特点，经复旦大学研究同意，同意自2013年起重新恢复该项评审工作。

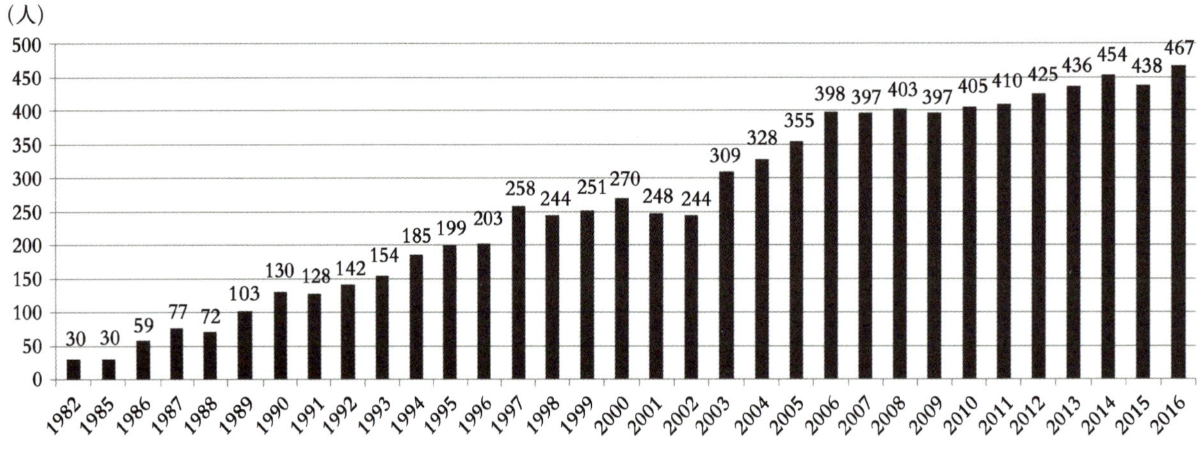

图7-2-2　1982—2016年医院高级职称人数变化情况

表7-2-1　2016年医院正高职称情况表

职　称	科室、部门	姓　　名
教授	普外科	王正昕　王德昭　邓学稼　朱锡琪　杜建军　吴树强　邹　强　张延龄　陈化东　陈丽莉　陈宗祐　钦伦秀　钱建民　倪泉兴　黄广建　蔡　端
	皮肤科	王侠生　方　丽　田润梅　冯树芳　朱宁文　李树莱　李祖熙　李　巍　杨国亮　邱丙森　周茂恒　郑志忠　项蕾红　施守义　骆肖群　秦启贤　徐丽英　徐金华　翁孟武　黄正吉　康克非　韩堃元　廖康煌
	骨科	马　昕　吕飞舟　李鸿儒　俞永林　姜建元　黄煌渊　蒋知节
	精神医学科	江开达　施慎逊　徐韬园
	耳鼻咽喉头颈外科	董人禾

（续表）

职　称	科室、部门	姓　　名
教授	口腔科	李学祥　张孟殷(原颌面外科)　赵守亮　黄爱玉(原颌面外科)
	内分泌科	王庆华　朱禧星　李益明　胡仁明　钟学礼　俞茂华
	神经内科	王　坚　王　毅　吕传真　朱文炳　刘道宽　李乃忠　吴志英　汪无级　张沅昌　陈汉白　俞丽云　洪　震　秦芝九　秦　震　谈永基　董　强　蒋雨平　瞿治平
	神经外科	毛　颖　史玉泉　朱剑虹　江澄川　李士其　杨德泰　吴劲松　陈公白　陈衔城　周良辅　周范民　赵　曜　胡　锦　宫　晔　徐伟民　徐启武　郭欢欢　唐镇生　黄峰平　蒋大介　鲍伟民　潘　力
	中西医结合科	王文健　方幼安　沈自尹　陈健民　陈锡群　施赛珠　盛梦仙　董竞成
	血液科	丁训杰　卢　珊　许小平　陈　彤　林果为　周建国　谢　毅
	呼吸科	李圣青　金先桥
	泌尿外科	丁　强　吴　忠　沈周俊　沈家立　宋建达　张元芳　陈炳龙　赵伟鹏　姜昊文　徐剑锋
	感染科	王嘉瑞　石尧忠　卢洪洲　朱利平　邬祥惠　张文宏　张继明　张清波　张　颖　施光峰　钱　悳　徐肇玥　翁心华　潘孝彰　戴自英
	运动医学科	许胜文　陈世益
	康复医学科	吴　毅　范振华　胡永善
	手外科	成效敏　劳　杰　杨东岳　张高孟　陈　亮　陈德松　顾玉东　徐文东　徐建光
	风湿免疫科、职业医学科	丁　钺　邹和建　徐麦玲
	心血管内科	王受益　李　勇　范维琥　罗心平　施海明　戴瑞鸿
	肾病科	邱传禄　陈　靖　林善锬　郝传明　顾　勇
	抗生素研究所	王明贵　刘裕昆　汪　复　张永信　张婴元　张梅芳　戴自英
	消化科	冯耀庭　朱宝荣　刘　杰　孙大裕　陆　玮　林庚金
	眼科	王志良
	国际医疗中心	袁　曼
	胸心外科	毛履琰　陈晓峰
	整形外科	穆雄铮
	胰腺外科	金　忱　傅德良
	放射科	王恭宪　冯晓源　冯耀卿　沈天真　陈星荣　耿道颖　薛光华
	检验医学科	吕　元
	麻醉科	徐振邦　梁伟民　潘银英
	核医学科	刘永昌　刘兴党　林祥通
	超声医学科	华秀蓉
	PET 中心	管一晖
	党委	顾小萍

（续表）

职称	科室、部门	姓名
主任医师	普外科	马保金 王正昕 王贞榆 邓景德 史留斌 乐竹琴 华鲁纯 孙鹏 余波 邹强 汪志明 张浩 张群华 陈进宏 陈宗祐 罗奋 项建斌 钦伦秀 姚琪远 袁永熙 钱建民 殷保兵 凌龙生 黄广建
	皮肤科	王慧英 方栩 卢忠 杨勤萍 杨蜀嵋 吴文育 陈明华 罗燕 项蕾红 骆肖群 徐金华 傅雯雯
	骨科	马昕 王旭 王思群 吕飞舟 张权 张志玉 俞永林 姜建元 夏军 顾湘杰
	精神医学科	王立伟
	耳鼻咽喉头颈外科	孙广滨 周世恒 赵霞
	口腔科	孙红英 张孟殷（原颌面外科） 赵守亮 俞立英 高月芬
	内分泌科	叶红英 史虹莉 李益明 杨叶虹 沈稚舟 周丽诺 胡仁明 俞茂华 闻杰
	神经内科	王坚 卢家红 付建辉 印美韵 吴志英 陈向军 赵重波 洪震 姚景莉 徐桂芝 徐醖宜 郭起浩 董强
	神经外科	于佶 车晓明 毛颖 朱巍 吴劲松 吴雪海 冷冰 宋冬雷 张义 张荣 赵曜 胡杰 胡锦 钟平 宫晔 姚瑜 秦智勇 顾宇翔 徐伟民 徐斌 黄峰平
	中西医结合科	陈剑秋 魏承生
	血液科	王小钦 许小平 陈彤 陈波斌 谢彦晖
	呼吸科	李圣青 汪敏刚 陈小东
	泌尿外科	王忠 王翔 吴忠 姜昊文 夏国伟 徐可 瞿连喜
	感染科	卢洪洲 朱利平 杨佩珍 吴鸣鹤 张文宏 张继明 陈明泉 陈澍 施光峰 黄玉仙 蒋卫民
	运动医学科	华英汇 陈疾忤
	康复医学科	白玉龙 李放 贾杰 屠丹云
	手外科	王欢 王涛 史其林 劳杰 陈琳 赵新 胡韶楠 徐文东 徐雷 彭峰 董震 虞聪 蔡佩武
	风湿免疫科、职业医学科	丁钺 吕玲 邹和建 糜振珏
	心血管内科	李勇 罗心平 施海明
	肾病科	丁峰 陆福明 陈靖 薛骏
	抗生素研究所	王明贵 杨帆 吴菊芳 徐晓刚 黄海辉
	消化科	冯耀庭 刘杰 何冬凤 钟良 徐三荣
	老年病科	张玉 周厚广 贺凤凤 高洤 黄延焱 程梅芬
	眼科	王志良 王惠英 叶纹 朱复润 张宇燕 陆肇曾
	急诊科	杨涵铭
	国际医疗中心	孙涛 顾静文
	胸心外科	姚亚其

（续表）

职　称	科室、部门	姓　　名
主任医师	伽玛医院	王恩敏　汪　洋　戴嘉中
	肿瘤科	周鑫莉　梁晓华
	整形外科	穆雄铮
	胰腺外科	金　忱　傅德良
	放射科	王恭宪　刘含秋　李　克　杨艳梅　何慧瑾　张晓龙　陈　爽　姚振威　耿道颖　黎　元
	麻醉科	王英伟　张　军　周守静
	核医学科	刘兴党
	超声医学科	王　怡
	病理科	方　军　汪　寅　唐　峰
	PET 中心	左传涛　赵　军　管一晖
	输血科	夏　荣
	党委	顾小萍
	北院党委办公室	章祖成
	江苏路分部	陆昌宜
研究馆员	胸心外科	林建华
研究员	皮肤科	王家俊　刘承煌
	神经内科	李盛昌　肖保国　张福林
	中西医结合科	王文健　许得盛　查良伦　蔡定芳
	感染科	赵耀基　魏承慈
	抗生素研究所	朱德妹　施耀国
	急诊科	沈国光
	伽玛医院	鲍金花
	检验医学科	吕　元　关　明　李　敏　蒋晓飞
	党委	王佩敏　高继明
	院长室	邵建华　靳建平
	教育处	王申生　朱　新
	信息科	赵家骜
主任护师	护理部	张懿贞　郎黎薇　曹艳佩　蒋　红
主任技师	抗生素研究所	张　青　郭蓓宁
	营养科	郑仙梅
	检验医学科	林　勇　倪赞明
	教材室	李志安

（续表）

职　称	科室、部门	姓　　名
主任药师	抗生素研究所	张　菁
	药剂科	王大猷　王　斌　汪国芬　张莉莉　张静华　钟明康　施孝金　焦　正

说明：人物按姓氏笔画排序。

四、工资改革

1949—1956 年，医院工资实行供给制与薪金制并存，以供给制为主。1952 年，医院逐步完成从供给制向工资制的过渡，为建立全国统一的工资制度奠定基础。1956—1985 年，全国范围内实施第一次工资制度改革，确定的基本分配形式是等级工资制度，按照职务高低、责任大小、工作繁简、技术复杂程度划分确定职务等级和工资标准。1985—1993 年，全国进行第二次工资制度改革，建立并实行以职务工资为主要内容的结构工资制度，医院构建以基础工资、职务工资合计（包括八类地区工资补贴）、工龄津贴、奖金、护龄津贴等工资形式。1993 年，行政机关和事业单位工资制度脱钩，行政机关实行职级工资制，事业单位实行体现其特点的工资制度，即根据事业单位所处行业，分别实行专业技术职务等级工资制、职务岗位工资制等。员工工资构成包括职务工资、构成津贴、职务岗位津贴、八类地区工资补贴、护龄津贴。

2000 年，根据劳动和社会保障部《关于加快实行养老金社会化发放的通知》，完成全院 2 361 名在职和离退休人员的养老保险个人基本信息采集及数据录入工作，完成离、退休人员的养老金社会化发放工作，及时处理养老金接轨过程中由于操作程序而出现的问题。2006 年，国家颁发《关于印发事业单位工作人员收入分配制度改革方案的通知》《事业单位工作人员收入分配制度改革实施方法》等文件。自 2006 年 7 月，医院实施事业单位工作人员工资改革第一步，即建立岗位绩效工资制度，包括岗位工资（专业技术 13 个等级，管理岗位 10 个等级等）、薪级工资（65 个等级）、职务岗位津贴、护龄津贴等。2007 年 7 月，由复旦大学牵头，医院完成工资改革的第二个步骤——岗位设置，通过学习制度、酝酿岗位设置的政策与方案，人力资源部经过多方协调、个人信息核对及方案检测，于 2008 年 1 月上报最终设置方案，并于 2008 年 2 月起正式实施。

2014 年，根据机关事业单位养老保险制度改革的若干规定，机关事业单位自 2014 年 10 月起实行职业年金制度。2015 年，建立符合医疗行业特点的人事薪酬制度是十八大以来推进医疗制度改革、探索创新、破除公立医院逐利机制，建立维护公益性、调动积极性、保障可持续的运行新机制的基础。根据机关事业单位养老保险制度改革的若干规定，7 月医院收到相关事业单位工资改革、养老保险制度改革文件，8 月医院组织落实、平稳过渡，其间做了大量细致的调研准备工作，并组织复旦人事处相关领导及各附属医院人事处处长召开工资改革落实协调会，为后续工作顺利开展提高效率。2015 年 7 月，根据《关于调整本市事业单位工作人员基本工资标准的实施办法》，对全院职工的基本工资标准进行调整，这是继 2006 年工资改革后首次基本工资标准调整。2016 年，根据国务院部署，中央有关单位、有关事业单位，包括各部委以及高等学校，实施绩效工资。2016 年 9 月 14 日，国务院第 148 次常务会议审议并原则通过《中央有关事业单位实施绩效工资的通知》；9 月 28 日，人社部、财政部正式印发文件；10 月 20 日，人社部、财政部召开会议进行部署。医院接到相关通知，由人力资源部联同财务处认真做好摸底工作，对过往两年及今后几年的绩效工资的核算做认真细致的调研及测算，相关方案已上报至教育部。

五、员工聘用

1949年前，医院医护人员主要通过实习成绩合格后予以录用。20世纪50年代后，医院主要通过组织调配、分配的形式录用各类员工。1986年，国务院发布《关于实行专业技术职务聘任制度的规定》，医院采用聘任制与调配制相结合的管理方式招录员工。2000年，根据市卫生局及复旦大学医学院的部署，医院率先成为复旦大学实行全院聘用合同制改革的试点单位。人力资源部对全院及各科室的各类人员、结构、编制、岗位职数等情况进行逐一分析和预测，为人事制度改革——转制和岗位聘任做充分准备，开启全院聘用合同制改革，制定全院人事制度改革方案、实施细则等文件。适应新形势的发展，兼并上房医院，成立集团化医院，对上房人员分布、结构、学历层次等情况进行分析，为兼并、接轨、融合做好充分准备。2010年，上海市推行住院医师规范化培训政策，医院作为首批基地单位之一，为平稳实施这项工作，稳定基地学员的情绪，多次与基地学员沟通交流，及时传达卫生局的各项工作，做到信息对等与畅通。在招聘过程中充分体现公开公正的评审原则，根据卫生局的统一部署，及时签订培训暨劳动合同，保障基地学员的正当利益。同时在福利待遇等方面，医院遵循同工同酬的原则，切实保障基地学员的生活水平，使他们安心学习，充分体现医院公益和教学的特点，努力完成政府交给的任务。2011年，为确保北院于2012年顺利开业，人力资源部积极为北院储备人才，除新进人员外，283人合同改签至北院。

六、员工岗前培训

20世纪90年代起，医院对新入职员工开展岗前培训，内容包括院风院纪院规、精神文明建设相关条例及各类规章制度等。2008年，为迎接JCI评审，人力资源部对新职工岗前培训课程作修改，增加患者安全及执业医师法、员工健康和安全教育、门急诊服务流程等课程。2010、2014、2015、2016年先后增加医院质量管理与患者安全，信息系统介绍，青年医生如何做科研，医院突发应急体系介绍，学术规范与临床伦理，SCI论文写作技巧，职称晋升与人才培养，居住证、户籍、执业医师办理，医疗纠纷防范，我的成长与成才之路，医院文化与党风廉政建设，工会的职工权益介绍，患者隐私保护等课程。2008年，首次将培训内容制作成光盘，以便零星入院工作人员也能受到同样培训。2014年，人力资源部首次将新职工岗前培训的时间从两天增加为三天。2015年，人力资源部首次将全院新职工岗前培训的考题采用"网上考试"模式，并首次通过微信号推送新职工岗前培训报道。2016年，人力资源部首次围绕全院新职工岗前培训开展两项主题活动，其中一个是"启航在华山"的主题摄影活动，围绕"岗前培训中的我们""华山初印象""我们与华山"三个内容展开，举办岗前培训书面体会。新员工们投稿积极，选出部分具有代表性的作品，通过医院微信公众号推送。

七、人事档案管理与信息化建设

【人事档案管理】

20世纪80年代，医院建立健全员工人事档案。进入90年代后，医院人事档案管理日趋标准化、科学化。2003年，受中共中央组织部委托，由上海市委组织部牵头组织的干部人事档案工作检查团来院检查，医院干部人事档案工作通过中组部国家一级单位标准。2009年，由市委组织部、市教委、复旦大学人事处等领导对医院干部人事档案工作进行检查审核验收，医院干部人事档案工作通过检查，成绩优秀。2010年，人力资源部为配合国际医疗评审机构(JCI)检查，制定全院人员JCI标准档案模板，并组织实施，于1月份首次高分通过国际医疗评审机构(JCI)专家检查。2012年，人力资源部配合医院职工(在职、退休、死亡)房贴发放工作，查清每位员工准确入医院工作时间，查阅人事档案近2 500多人。同年，为进一步保障员工档案的时效性，部门做好全院职工更新《干部履历表》《工作人员登记表》填写工作。将每一份表格与原有档案信息比对，同时对新的信息征集新的归档材料。

【信息化建设】

2014年，全院信息系统改造之际，通过微软公司的技术支持，人力资源部配合全院人员信息平台建设(MDM)，共享全院人员基本信息数据库，并负责日常维护和更新。

八、人力资源管理制度

1969年，医院制定各科主任(负责人)、区组长(病区负责医生)、病区医师、卫生员等人员职责，实现劳动用工科学配置。1980年，医院梳理出台规章制度与岗位职责，范围涵盖全院各部门科室。1988年，再次明确全院各级人员岗位职责，并制定职工考勤、考绩制度、奖惩条例等规定。20世纪90年代末，医院相继出台《华山医院下岗待聘人员管理办法》《华山医院富余待岗人员管理办法》。2008年，医院人力资源部为配合JCI工作顺利开展，同时也为健全完善人事管理制度，使人事管理做到有章可循，办事流程更为清晰，岗位职责更为明确，从岗位职责到医院人事管理制度都做出相应调整与补充，主要包括考核制度、档案管理、员工岗位、人才管理以及其他管理五个方面。考核制度包括《华山医院工作人员年度考核管理办法》《华山医院员工考核评价表》《华山医院考勤制度》《复旦大学附属华山医院奖惩办法》。档案管理制度包括《华山医院人事档案管理制度》。员工岗位制度包括《华山医院员工岗前培训制度》《华山医院岗位职责制定及评价制度》《复旦大学附属华山医院岗位聘任实施办法》《富余待岗位人员管理办法》。人才管理制度包括《华山医院因公出国(境)管理实施细则》《华山医院人才发展基金管理暂行办法》《华山医院职工外出进修学习管理办法》《关于职工请假的实施办法》《华山医院带薪休假制度实施细则》等。其他管理制度包括《华山医院人员配备规定》《华山医院职工带薪休假制度实施细则》《违约赔偿暂行规定》《职工人事争议调解暂行规定》《全员聘用合同制实施细则》等。

第二节　人　才　管　理

一、人才建设成果

【中国工程院院士与中国科学院院士】

中国工程院院士，是中国工程科学技术方面的最高学术称号；中国科学院院士，是中国科学技术方面的最高学术称号。1994年，手外科顾玉东当选为中国工程院院士。截至2016年，医院共有3名院士，另两位分别是中西医结合科沈自尹，于1997年当选为中国科学院院士；神经外科周良辅，于2009年当选为中国工程院院士。

【国家一级教授】

国家一级教授是中国教授职称中的最高级别。1956年12月，医院钱悳、杨国亮被评为国家一级教授。

【国务院政府特殊津贴获得者】

国务院政府特殊津贴是国务院对于高层次专业技术人才和高技能人才的一种奖励制度。1990年，党中央、国务院决定，给做出突出贡献的专家、学者、技术人员发放政府特殊津贴。1991年，徐肇玥、陈星荣、戴瑞鸿、范维琥、顾玉东、史玉泉6位教授获首批国务院政府特殊津贴。至2016年，医院共计有64位专家获此津贴。

【国家有突出贡献中青年专家】

国家有突出贡献中青年专家是由国家人事部组织选拔的、在科学技术研究中做出重要专业贡献的专家的荣誉称号。1986年，手外科顾玉东被评为国家有突出贡献中青年专家。至2016年，心内科范维琥(1989年入选)、放射科沈天真(1992年入选)、手外科陈亮(1997年入选)、手外科徐建光(2006年入选)、神经外科毛颖(2008年入选)、放射科冯晓源(2012年入选)等先后入选。

【做出突出贡献的中国博士学位获得者】

1991年，为纪念中国学位制度创建10周年，经国家教育委员会、国务院学位委员会决定，授予感染科赵耀基“做出突出贡献的中国博士学位获得者”荣誉称号。

【上海市名中医】

1995年，医院中西医结合科沈自尹被评为第一批“上海市名中医”。2004年，中西医结合科王文健入选。根据人事部、卫生部、国家中医药管理局联合发布的《关于采取紧急措施做好老中医药专家学术经验继承工作的决定》，上海市人事局、卫生局和医药管理局联合发出《上海市关于做好老中医药专家学术经验继承工作的若干意见》，医院中西医结合科沈自尹为承担上海市第三届老中医药专家继承任务的指导老师，王兴娟为学术继承人。

【复旦大学普康奖教金】

该奖教金针对在本学科领域内具有较大影响，教学、科研工作表现突出的教授。2002年，张元芳成为医院首位入选复旦大学普康奖教金的专家。截至2016年，医院共有2人入选，另一位为蔡端(2005年入选)。

【华山医院终身教授】

1995年6月，为表彰对医院学科建设和发展做出突出贡献的老专家、老教授，促进医院学科发展，加强学科人才梯队建设，医院制定实施《华山医院终身教授管理条例》。同年8月，在医院召开的科技大会上，杨国亮、李鸿儒、戴自英、史玉泉、徐肇玥、丁训杰、施守义、邱传禄、张延龄、朱禧星等10名贡献突出的老专家被医院聘为首批终身教授。

该终身教授制度是医院根据职代会精神制定。目的是为表彰博士生导师为医院学科建设所做出的贡献，克服人才梯队断层对学科建设的影响，提倡尊重知识、尊重人才，从而为科技兴院营造一个良好氛围。至2016年，医院共有21位终身教授，分别是史玉泉、杨国亮、戴自英、邱传禄、施守义、丁训杰、徐肇玥、李鸿儒、张延龄、邬祥惠、朱禧星、戴瑞鸿、秦震、陈星荣、林果为、林善锬、林祥通、吕传真、翁心华、范维琥、张婴元。

图7-2-3　2007年，医院部分终身教授合影

【华山医院资深教授】

2006年7月，为充分发挥在职老专家、老教授在学科上的指导地位，促进医院学科发展，营造尊重知识、尊重人才的氛围，医院决定设立华山医院"资深教授"荣誉称号，制定实施《华山医院资深教授管理条例》。至2016年，医院共有19位资深教授，分别为蔡端、陈衔城、范维琥、黄煌渊、倪泉兴、王文健、谢毅、徐启武、俞茂华、张永信、张元芳、周范民、俞立英、叶纹、傅雯雯、张高孟、郑志忠、胡仁明、胡永善。

二、人才引进

2009年，针对引进人才过程中所涉及的待遇、考核、各职能部门间的协作等各方面问题，由人力资源部起草，医院颁布《复旦大学附属华山医院引进高层次人才实施办法》。2013年，在2009年版的基础上进行修订，新增《关于加强华山医院人才建设有关规定》，以制度保障引进工作的顺利推进，保证引进人才的公平待遇。首先建立组织体系，明确医院高层次人才建设领导小组及工作小组成员，包括医院党政领导及相关职能部门负责人，为人才建设工作提供更有利的保障。其次建立沟通协调机制保障，由于人才引进环节涉及多部门协作，该机制有利于保障人才引进工作的顺利推进。

【复旦大学特聘教授】

2001年,教育部长江学者朱剑虹作为医院首位以复旦特聘教授身份引进的专家进入医院神经外科工作。至2016年,医院共有7位复旦特聘教授,另6位分别是消化科刘杰(2009年)、肾病科郝传明(2009年)、感染科张颖(2010年)、泌尿外科徐剑锋(2010年)、皮肤科朱宁文(2012年)、内分泌科王庆华(2013年)。

【复旦大学讲座教授】

2005年,王庆华作为医院首位复旦大学讲座教授引进至内分泌科。截至2016年,医院共有4位复旦大学讲座教授,另3位分别为神经病学研究所申勇(2007年)、内分泌科周群勇(2007年)、消化科戴奇(2016年)。

【华山医院客座教授、名誉教授】

2008年,经医院院务会决议,由人力资源部起草制定《华山医院关于聘请客座教授、名誉教授的规定》,协助各科室完成医院客座教授引进工作。截至2016年,共有78名海内外知名教授被聘为医院客座教授,其中访问教授47人、客座教授19人、名誉教授10人、外籍首席顾问1人、顾问教授1人,参与指导医教研工作和从事人才培养等工作。

【国家、上海"QR计划"】

2010年,为引进人才创造良好环境,医院申请加入复旦大学"人才引进三年行动计划"试点单位,使医院在符合学校人才引进条件的关键岗位及以下层次的高级人才引进中,可参照学校关于"实施人才引进三年行动计划"政策标准执行,提升相关学科的对外影响力,为学校和医院争荣誉、创品牌;针对引进工作中存在动力不足,机制不完善,缺乏大师级、领军人物、学科带头人的缺陷,提出针对校特聘岗位、校关键岗位的分层次人才引进思路。同年,根据《中央人才工作协调小组关于实施海外高层次人才引进计划的意见》文件精神,在复旦大学人事处的支持下,医院成功引进国家"QR计划"4人,分别为感染科张颖、泌尿外科徐剑锋、皮肤科朱宁文和内分泌科王庆华。2011年,根据《上海市实施海外高层次人才引进计划的意见》文件精神,在复旦大学人事处的支持下,医院成功引进上海"QR计划"4人,分别为肾病科郝传明、内分泌科王庆华、消化科吴健、消化科戴奇教授。

【复旦大学校聘关键岗位、华山医院院聘关键岗位】

2012年,为加快医院高水平学科建设和师资队伍建设,依据《上海高校特聘教授(东方学者)岗位计划实施意见(试行)》文件精神,皮肤科推荐的李岗成功申报东方学者讲座教授。同年,为加强医院内涵建设,进一步健全医院学科布局,充分整合医院资源,经复旦大学和院领导批准,经院学术委员会无记名投票,同意引进上海交通大学医学院附属第九人民医院整复外科穆雄铮,并以首位校聘关键岗位(主任医师)身份进入医院整形外科工作,担任该科室主任。2014年,根据医院新制定的高层次人才引进工作规章流程,针对每一学科目前的状况,签订《引进人才工作协议书》,制定工作目标及考核标准。依托复旦大学校特聘岗位、校关键岗位的分层次人才引进思路,经复旦大学新进教师聘用审批工作小组审议,同意以校聘关键岗位(教授)引进学科带头人11人,分别为口腔科赵守亮、呼吸科金先桥、心胸外科陈晓峰、耳鼻喉科孙广滨、普外科杜建军、呼吸科李圣青、眼科王志良、麻醉科王英伟、普外科王正昕、泌尿外科沈周俊、中西医结合科陈锡群;以院聘关键岗位(教授)

引进皮肤科李巍，以院聘关键岗位(青年研究员)引进普外科马捷、中西医结合科卞琴。同年，国家杰出青年科学基金获得者、“973”首席科学家、长江学者、国务院政府特殊津贴获得者、中山医院肝外科副主任钦伦秀，作为校内高层次人才被引进。

【华山医院双聘教授、研究员】

2016年，为深入推进医院各项医疗、科研事业蓬勃发展，采取灵活的高端人才引进方式，旨在较短时间内突破技术瓶颈，提升科研水平，医院正式通过并实施《关于华山医院聘请高端人才(非全时)的实施条例》。截至2016年，通过双聘教授、研究员平台已成功引进高端人才10人，包括院士1人、国家“QR计划”2人、国家“QR计划”青年人才3人、国家杰出青年科学基金获得者1人、长江特聘教授1人、国家优秀青年科学基金获得者2人。聘请的专家来自医院各学科领域，发挥着科研推进、人才培养的积极作用。

三、人才培养

20世纪90年代以来，国家相关部委设立多个人才培养计划，上海市政府及相关委、局也设立青年人才培养计划。医院高度重视人才培养，并将此作为医院发展战略规划的主要组成部分，先后获得多项国家级、省部级和局级人才计划项目。

【国家“万人计划”】

国家“万人计划”由中央组织部、人力资源社会保障部等11个部门于2012年启动实施，是面向国内高层次人才的支持计划。2016年，根据《中共中央组织部办公厅关于印发第二批国家“万人计划”领军人才入选名单的通知》，神经外科毛颖入选国家“万人计划”科技创新领军人才。

【国家“百千万人才工程”】

国家“百千万人才工程”于1995年底实施，是由国家人事部、科技部、教育部等七部委为进一步加强高层次专业技术人才队伍建设，加速培养造就年轻一代学术技术带头人而联合组织实施的一项国家重大人才培养计划。2013年，神经外科毛颖入选“百千万人才工程”。

【国家“万人计划”青年拔尖人才】

国家“万人计划”青年拔尖人才于2012年经党中央、国务院领导批准，由中组部、人社部等11个部门和单位联合发起设立。计划从2012年起，用10年左右时间，有计划、有重点地遴选支持约10 000名来自自然科学、工程技术、哲学社会科学和高等教育领域的杰出人才、领军人才和青年拔尖人才，形成与引进海外高层次人才计划相互补充、相互衔接的国内高层次创新创业人才队伍开发体系。神经外科赵曜于2012年入选该计划。

【国家“973”计划首席科学家】

国家重点基础研究发展计划(“973”计划)是具有明确国家目标、对国家的发展和科学技术的进步具有全局性和带动性的基础研究发展计划。至2016年，医院共有4人入选，分别是王明贵(2005年)、董竞成(2009年)、朱剑虹(2010年)、钦伦秀(2013年)。

【国家杰出青年科学基金】

该基金是中国为促进青年科学和技术人才的成长，鼓励海外学者回国工作，加速培养造就一批进入世界科技前沿的优秀学术带头人，于1994年特别设立。至2016年，医院共有5人获此基金，分别是钦伦秀(2003年)、毛颖(2010年)、吴志英(2011年)、刘杰(2011年)、徐文东(2015年)。

【教育部长江学者奖励计划】

长江学者奖励计划是中国国家重大人才工程的重要组成部分，是高等学校高层次人才队伍建设的引领性工程，于1998年启动实施。2014年，神经外科毛颖成功入围教育部“长江学者奖励计划”，成为首位医院培养的长江学者特聘教授。截至2016年，医院共有长江学者特聘教授5人，另4人为神经外科朱剑虹(2001年)、消化科刘杰(2005年)、普外科钦伦秀(2012年)、神经外科赵曜(2015年)。

【教育部新世纪优秀人才支持计划】

该计划旨在进一步加强高等学校青年学术带头人队伍建设，培养造就拔尖创新人才，增强高等学校原始性创新能力，持续提升高等学校的学术水平和人才培养质量。至2016年，医院共有9人入选该计划，分别为徐建光(1994年)、陈亮(1998年)、王翔(2003年)、陈靖(2006年)、徐文东(2007年)、张文宏(2008年)、陈彤(2009年)、赵曜(2010年)、姜昊文(2013年)。

【科技部创新人才推进计划、创新领域团队】

该计划旨在通过创新体制机制、优化政策环境、强化保障措施，培养和造就一批具有世界水平的科学家、高水平的科技领军人才和工程师、优秀创新团队和创业人才。2014年，毛颖“中枢神经系统疾病的神经再生修复和靶向治疗创新团队”入选该计划。

【科技部中青年科技创新领军人才】

该人才计划是由科学技术部、人力资源社会保障部、财政部、教育部、中国科学院、中国工程院、国家自然科学基金委员会、中国科学技术协会组织实施的创新人才推进计划，包括科学家工作室、中青年科技创新领军人才、科技创新创业人才、重点领域创新团队、创新人才培养示范基地5个项目。2015年，手外科徐文东入选科技部创新人才推进计划中青年科技创新领军人才(个人)。截至2016年，医院共计2人入选该人才计划，神经外科赵曜于2016年入选。

【全国老中医药专家学术经验继承工作计划】

该人才项目旨在通过继承工作，使继承人在整理、继承老中医药专家的学术经验和技术专长的基础上，发展、创新中医药学术，选拔优秀人才。2013年，中西医结合科刘毅经层层筛选，成为医院首位入选第五批全国老中医药专家学术经验继承工作计划的继承人，导师为王文健。同年10月通过督导专家组的实地考核，并肯定医院对继承工作的重视。

【霍英东教育基金会“高等学校青年教师基金”和“青年教师奖”】

该基金会旨在鼓励中国高等院校青年教师脱颖而出和出国留学青年回国内高校任教，对从事科学研究和在教学与科研中做出优异成绩的青年教师，进行资助和奖励。至2016年，医院共有4

人获此基金，分别是陈亮（1992 年）、马骥（2001 年）、徐文东（2005 年）、薛红丽（2007 年）。

【上海市人才发展资金资助项目】

2007 年，经上海市人事局人才测评筛选，超声医学科王怡及手外科徐文东获得首批上海市人才发展资金资助项目资助。至 2016 年，医院共计 14 人获得该项奖励资助，另 12 人分别为肾病科陈靖（2008 年）、检验科关明（2008 年）、消化科刘杰（2009 年）、神经外科姚瑜（2011 年）、神经外科顾宇翔（2012 年）、老年科周厚广（2012 年）、泌尿外科姜昊文（2013 年）、内分泌科赵晓龙（2013 年）、PET 中心左传涛（2014 年）、神经外科陈亮（2015 年）、运动医学科华英汇（2016 年）、消化科杨冬琴（2016 年）。

【上海市医学领军人才培养计划】

该计划由上海市卫健委结合卫生健康系统高层次人才培养工作开展选拔，旨在为进一步推进建设全球有影响力的科技创新中心和亚洲医学中心城市。至 2016 年，医院王明贵、徐建光、毛颖、刘杰、邹和建、丁强、耿道颖、徐金华、徐文东、张菁、沈周俊、张文宏、关明、张菁、董竞成、董强、傅德良、赵曜等 18 人入选该计划。

【上海市优秀学科（术）带头人计划】

为进一步加强上海领军科技人才队伍建设，选拔培养一批进入世界科技前沿和推进上海产业跨越发展的优秀科技人才，上海市科学技术委员会特设立上海市优秀学科（术）带头人计划。至 2016 年，医院蔡端、顾勇、徐建光、王明贵、毛颖、傅德良、董竞成、黄广建、张文宏、刘杰、董强、邹和建、徐文东、耿道颖、吴志英、徐金华、张颖、陈靖、陈彤等 19 人入选该计划。

【上海市卫生系统优秀学科带头人培养计划】

简称“百人计划”，该计划由上海市卫健委组织开展，旨在可持续培养和造就一批优秀医学人才，推进亚洲医学中心城市建设，落实上海发展规划。至 2016 年，医院施光峰、陈亮、黄峰平、丁强、钟明康、顾勇、冯晓源、董竞成、吕元、陈世益、张文宏、徐文东、吴劲松、关明、项蕾红、陈靖、王坚、姜昊文等 18 人入选该计划。

【上海市浦江人才计划】

该计划为落实《上海实施人才强市战略行动纲要》，加快集聚海外优秀留学人员，进一步优化科技创新和自主创业环境，上海市人力资源和社会保障局和上海市科学技术委员会自 2005 年起联合设立。至 2016 年，医院陈世益、阎春林、陈彤、李云霞、陈向军、李敏、王坚、黄海辉、丁峰、张正华、张朝云、张宇燕、秦艳丽、祝翊倩、张成锋、马燕、郭庆兰等 17 人入选该计划。

【上海市曙光计划】

该计划为进一步加强上海高校中青年科研骨干队伍建设，培养和造就一批科研创新人才，增强上海高校知识创新能力，上海市教委自 1994 年起设立的。至 2016 年，医院共有 10 人入选该计划，分别为顾勇（1999 年）、耿道颖（1999 年）、劳杰（2000 年）、马骥（2001 年）、董强（2002 年）、王欢（2004 年）、毛颖（2005 年、2010 年）、徐文东（2006 年）、李敏（2012 年）、陈亮（2016 年）。

【上海市晨光计划】

为推进高校教师队伍建设，促进优秀人才的成长，培养造就一批青年骨干教师，由上海市教育发展基金会倡议并出资设立上海高校青年科研骨干培养计划（简称“晨光计划”），由上海市教育委员会与上海市教育发展基金会共同管理实施。至2016年，医院共有4人入选该计划，分别是寿雪飞（2007年）、杨峰（2008年）、孙传玉（2014年）、冯陈陈（2016年）。

【上海市优秀青年医学人才培养计划】

简称“优青计划”，该计划由上海市卫健委组织开展，旨在可持续培养和造就一批优秀医学人才，推进亚洲医学中心城市建设，落实上海发展规划。至2016年，医院陈澍、忻菁、姜昊文、朱汇庆、王坚、金忱、赵曜、张朝云、朱巍、徐可、李敏、杨峰、鹿斌、张军等14人入选该计划。

【上海市青年拔尖人才开发计划】

该计划由上海市委组织部、人力资源社会保障局、团市委于2015年推进，围绕加快建设具有全球影响力的科技创新中心，以兼顾不同学科领域、坚持专业潜力优先、推动体制机制创新为原则，使上海市青年拔尖人才队伍建设更好地服务于上海整体发展战略。至2016年，医院共有3人入选，分别为张军（2015年）、程忻（2015年）、花玮（2016年）。

【上海市青年科技英才扬帆计划】

该计划由上海市科委于2014年起实施，旨在加强上海科技人才队伍建设，培育优秀青年科技人才，加快建设具有全球影响力的科技创新中心。至2016年，医院共有9人入选该计划，分别为张倩（2014年）、蒋苏（2014年）、黄翔（2015年）、杨鑫（2015年）、刘佩玺（2016年）、邹翔（2016年）、陆蓉蓉（2016年）、史之峰（2016年）、张慧玮（2016年）。

【上海市青年科技启明星计划】

该计划由上海市科委设立，以项目扶持的方式，为青年科技人员起步并领衔开展科学技术研究、应用开发、成果转化等工作提供经费资助。通过科研实践和其他实践活动，促进优秀青年科技人员脱颖而出，成为学科、技术带头人。至2016年，医院潘力、马建军、丁强、余波、马昕、王翔、徐文东、关明、忻菁、虞先浚、吴劲松、赵曜、朱巍、邵凌云、崔梅、赵曜（跟踪）、朱巍（跟踪）、程忻、张军等19人（其中2人为跟踪）入选该计划。

【上海青年医师培养资助计划】

2012年，为进一步深化医药卫生体制改革，完善青年医师的培养选拔机制，打造一支优秀的青年医师队伍，上海市卫生局、上海市医药卫生发展基金会设立该计划。该计划实行“导师制”，旨在对入围青年医师进行全方位的培养。培养方式包括党校学习、学位课程培训、选派部分青年医师到国内外医疗卫生机构进修访问等，并配予一定的资助经费。至2016年，经院专家评审并经卫生局终审，医院先后有25人入选，分别为刘杨、汪晓虹、王洪立、施宏、郑捷、苗青、马英、邱天明、顾晓冬、张瑾、李骥、蒋京伟、杨峰、毛日成、郑谋雄、孙传玉、孔宁、陆录、那溶、芮晶、路俊峰、谢琼虹、王晨、陈灵朝、冯陈陈。

【上海市公共卫生优秀学科带头人培养计划】

根据《上海市加强公共卫生体系建设三年行动计划(2007—2009)》,为加强公共卫生人才队伍建设,上海市卫生局于2008年设立该带头人培养计划。2008年,医院张文宏、施光峰入选该计划。2012年,夏荣入选上海市公共卫生输血医学优秀学科带头人。

【上海市公共卫生优秀青年人才培养计划】

根据《上海市加强公共卫生体系建设三年行动计划(2007—2009)》,为加强公共卫生人才队伍建设,上海市卫生局于2008年设立该人才培养计划。同年,医院林东昉、邵凌云、赵锋、王新宇入选该计划。

【上海青年护理人才培养资助计划】

2015年,由上海市医药卫生发展基金会设立"上海青年护理人才培养资助计划",旨在上海各级医疗卫生机构选拔一批优秀青年护理人才进行培养。至2016年,医院共有3名护理人才入选,分别为叶婷(2015年)、刘华华(2016年)和沈蕴之(2016年)。

【上海青年临床检验人才培养资助计划】

2016年,由上海市医药卫生发展基金会设立"上海青年临床检验人才培养资助计划",旨在完善青年临床检验医学人才培养选拔机制,培养和造就一支高素质临床检验医学人才队伍。检验科田月如和胡婷婷成为首批入选人员。

【上海杰出青年医学人才培养资助计划】

2016年,由上海市卫生和计划生育委员会、上海市医药卫生发展基金会设立"上海杰出青年医学人才培养资助计划",旨在为进一步深化医药卫生体制改革、完善杰出青年医学人才的培养选拔机制,对上海三级医疗卫生机构的杰出青年医学人才进行全方位培养。胰腺外科李骥、神经外科陈亮成为首届入围人员。

【上海优秀青年专科医师培养资助计划】

2016年,由上海市卫生和计划生育委员会、上海市医药卫生发展基金会设立"上海优秀青年专科医师培养资助计划",旨在为进一步深化医药卫生体制改革、完善优秀青年专科医师的培养选拔机制,打造一支优秀的专科医师队伍,对上海各级医疗卫生机构优秀青年专科医师进行全方位培养。泌尿外科孙传玉、内分泌科刘晓霞、骨科郑超君成为首届入围人员。

【复旦大学第一三共制药东方奖教金】

第一三共奖教金于1991年在上海医科大学设立,旨在奖励在教学、科研、育人工作中做出的贡献的青年教师,并进一步鼓励青年教师保持积极平和的心态,保持对教师这一职业的神圣感和责任感。2007年,内分泌科叶红英成为医院首位获得第一三共制药东方奖教金奖励的专家。截至2016年,医院共计7人获奖,另6人分别为神经外科赵曜(2008年)、感染科邵凌云(2009年)、泌尿外科徐罡(2010年)、内分泌科鹿斌(2011年)、放射科张军(2013年)、神经内科程忻(2014年)、泌尿外科茅善华(2016年)。

【复旦大学卓越人才计划】

2011 年，为贯彻落实《复旦大学关于大力加强一流中青年人才综合培养支持的有关意见》精神，进一步加强师资队伍建设，复旦大学人事处制定实施复旦大学《卓学-卓识-卓越人才支持计划》(简称“卓越计划”)。至 2016 年，经复旦大学批准，医院检验医学科刘维薇、内分泌科鹿斌、放射科张军、麻醉科余琼、泌尿外科徐罡、胰腺外科杨峰、心内科金波、超声医学科蔡叶华、皮肤科秦海红、运动医学科蒋佳、手外科华续赟、神经内科崔梅、感染科陈嘉臻、心内科潘俊杰等 14 人入围“卓学计划”。医院顾玉东、周良辅、沈自尹、朱剑虹、刘杰、毛颖、吴志英、董竞成、徐文东、赵曜等 10 人入围“卓越计划”。

【其他人才培养奖励计划】

除以上外，为将医院建设成为国内一流、国际上有影响的高水平“国际精品化医院”，营造“重视学术带头人与技术带头人的培养，努力创造条件，使优秀人才能脱颖而出”的良好氛围，结合医院总体发展规划，2008 年由人力资源部起草、制定《华山医院优秀医学人才培养计划》，旨在通过为入选者提供科研经费、导师全程指导、跟踪考核及给予优先人才推优机会等方式，分层次培养表现突出的青年医务人员医教研全面发展的综合实力，奖励为医院学科建设做出贡献的医务人员，从而进一步加强夯实学科实力。同年，经院学术委员会投票产生第一届入选优秀人才培养奖励计划人员，至 2016 年，共计入围人员 236 人，累计投入培养经费 1 001 万元。2013 年，为鼓励机关青年骨干快速成长成才，由人力资源部起草出台《华山医院优秀青年管理人才培养奖励计划》。医院搭建的人才培养体系全面覆盖医、药、护、技、管领域，为医院人才队伍建设提供有力保障。

第三章　财务管理

第一节　财务资产管理

一、概况

财务资产管理部负责医院财务管理，依据《中华人民共和国会计法》《医院财务制度》《医院会计制度》及相关经济法律法规，全面负责医院的财务核算和管理工作。

其前身为1911年红十字会总医院开业时成立的会计室。1954年，医院在会计室基础上成立会计科。1979年，会计科更名为财务科。1988年，财务科扩编为处。2008年9月，财务处正式更名为财务资产管理部，制定有16项核心管理制度，在会计日常核算、预决算编报与分析、货币资金安全、各类资金管理、成本结算管理等方面，使医院经济管理更趋科学性。同时，开展自查工作，协助审计事务所完成国有资产专项审计等工作。

至2016年，医院财务工作包括会计日常核算，即按照制度要求设置会计科目，建立账簿，对医院所有经济活动完成现金收付、银行结算、稽核、编制会计凭证、复核、记录账簿等一系列收支核算，对债权债务及时核对清理；预决算编报与分析，即编制医院全面预算，完成各类财务报表及年度决算的编报，编制财务活动情况分析报告；货币资金安全，即规范现金流程、现金当日解缴银行及时交账，控制大额现金，备用金实行核定定额、专人保管，银行账户合法合规使用，印章按规定用途使用，收款图章逐级审批、专人登记，票据的报批、印制、领用、登记、销号等严格管理；财政拨款资金的规范使用和执行进度督导；资产监管，即新增资产信息核对、资产报废处置审核、抽盘资产账实相符、对外合同审核、对外投资管理；成本管理，即执行成本计划，按月核算医院及科室全部成本，反映成本控制情况，编制季度及年终成本分析报告；会计档案依法装订、保管、销毁；职工薪资的计算与及时准确发放；基本建设项目的会计核算和财务管理；科研、教育及其他各类项目资金的财务管理；物价管理，即物价政策及时宣教和指导，收费执行常态化监管，配合临床做好新项目申报，做好医保编码维护更新，主动与上级主管部门沟通，价格信息实时畅通；医保结算管理，即医保日对账月度申报结算，急诊患者欠费管理并及时催讨；税收管理，即做好税法宣传，客观真实依法计税，及时完成纳税申报及上缴税款；窗口收款结算，即收取住院预缴款、催收在院欠款、出院结算、打印明细清单、门急诊收款日清日结。

二、管理重点

1911年医院开业后，同时成立会计室，设有入院注册员、账务员、会计员等职务，主要承担为患者办理出入院手续、结清账目以及员工薪资发放等，着重于收支管理等具体会计核算工作。当时医院收入、挂号、医药、住院等费用，须分别填具、订成编号之二联收据，由院长核准签字盖章后方为有效，一联交付款人，一联存根。

建院初期，医院办院经费除经营所得外，主要来自中国红十字会总会拨款、公共租界工部局津贴以及社会捐款，法租界公董局免收医院房地捐予以补助。1913 年，医院与哈佛医学院合作办学后，哈佛每年补助医院九万银元以作经费。1916 年，上海哈佛医学校停办后，罗氏驻华医社接管相关事务，承诺资助医院至 1918 年。1928 年，医院成为国立上海医学院第一实习医院，医学院对医院医师薪资给予一定的补贴。1931 年，国立上海医学院财务会计核算方面执行国民政府《中央各机关及所属编制收支报告暂行办法》后，经费渠道为教育部—国立中央大学—上海医学院—第一实习医院。同时，作为红十字会附属医院，医院主要经费仍由红十字会担负，医院每年将收支预算提交红十字会执行委员会，经常议会审议通过后，向红十字会填请款单领款；所采用的会计科目，岁入部分有医费、捐款等，岁出部分有薪俸、办公费、设备费等。

由于医院各项收费低于当时沪上其他医院标准，加之医院坚持“诊病给药只收号金”“赤贫免费”的原则，以及战乱因素导致患者无力偿付医费等因素，医院在 20 世纪 30 年代坏账、亏损情况较为严重。同时，因外汇紧缩，医疗材料及药品价格走高，医院内部开支随之激增，一定程度上造成医院经济状况较为困难。

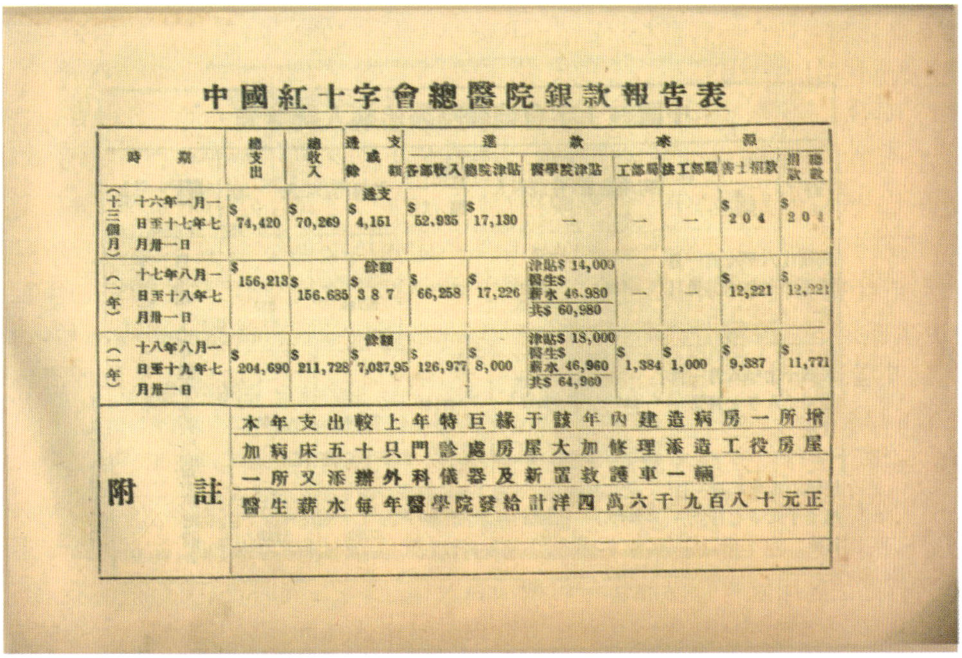

中國紅十字會總醫院銀款報告表

時期	總支出	總收入	透支或餘額	進款來源						
				各部收入	總院津貼	醫學院津貼	工部局	法工部局	善士捐款	捐款總數
（十三個月）十六年一月一日至十七年七月卅一日	$74,420	$70,269	透支 $4,151	$52,935	$17,130	—	—	—	$204	$204
（一年）十七年八月一日至十八年七月卅一日	$156,213	$156.685	餘額 $387	$66,258	$17,226	津貼$ 14,000 醫生$ 薪水 46.980 共$ 60,980	—	—	$12,221	$12,221
（一年）十八年八月一日至十九年七月卅一日	$204,690	$211,728	餘額 $7,037,95	$126,977	$8,000	津貼$ 18,000 醫生$ 薪水 46,960 共$ 64,960	$1,384	$1,000	$9,387	$11,771
附註	本年支出較上年特巨緣于該年內建造病房一所增加病床五十只門診處房屋大加修理添造工役房屋一所又添辦外科儀器及新置救護車一輛 醫生薪水每年醫學院發給計洋四萬六千九百八十元正									

图 7-3-1　20 世纪 20 年代医院银款报告表图

表 7-3-1　1928—1938 年医院经济情况表　　单位：银元*

年 份	支 出	收 入	收入来源		亏 蚀
			医 费	捐 款	
1928	156 298.00	156 685.00	66 258.00	90 427.00	
1929	204 690.00	211 728.00	126 977.00	84 751.00	
1930	244 099.72	233 747.50	152 548.93	81 198.57	
1931	339 970.12	345 041.38	195 226.57	146 774.81	
1932	339 824.83	338 076.61	221 197.10	116 879.51	1 748.22

（续表）

年份	支出	收入	收入来源		亏蚀
			医费	捐款	
1933	407 170.52	415 861.23	301 096.44	114 764.79	
1934	489 835.40	474 430.75	367 815.75	106 615.00	15 404.65
1935	505 178.27	481 068.62	454 766.22	26 302.40	24 109.65
1936	362 411.60	388 793.96	353 322.80	35 471.16	
1937	358 064.43	372 782.83	334 630.96	38 151.87	
1938	808 416.49	723 172.86	668 301.24	54 871.62	85 243.63

说明：* 为当时流通货币。

1949 年上海解放后，上海医事事业董事会宣告解散，医院正式收回房地产权。1949 年 7 月，医院由上海市军事管制委员会接管，财务工作由其派员参与。1950 年，医院划归华东军政委员会卫生部领导，经费由其核拨。

1953 年，上海第一医学院划归中央卫生部领导后，医院作为附属单位，卫生事业费由中央财政部通过卫生部及上海第一医学院核拨。根据国家单位预算会计制度规定，上海第一医学院属于二级会计单位，医院作为上海第一医学院附属单位之一，与其建立财务关系，并接受业务监督与指导。20 世纪 50 年代，国家对卫生事业单位实行统收统支，强调预决算管理，要求“编制有定额、供给有标准、经费有定数”，医院将收入与支出列入预算，经上海第一医学院初审汇编向卫生部申报，由卫生部复审汇编报财政部，待次年财政部对卫生部下达预算经费指标后，由卫生部分配逐级下达到基层。同时，国家允许医院在业务范围内向患者零售药品，并免征流转税和所得税，收入全部留归医院。

1954 年，国家财政将医院划为差额预算单位，实行“全额管理、差额补助”的预算管理制度，医院收支全部纳入国家预算，财政按医院实际收支差额拨款补助，年终结余全部上交，该办法延续至 1960 年。另外，医院于 1954 年成立出入院管理科，出台《医院住院病人预付费的规定》《医院急诊病人欠费处理暂行办法》《医院自行参照暂定收费项目及标准》等。同时，医院严格落实上海第一医学院颁布的《上海第一医学院附属医院 1955 年以前年度呆账清理办法》《上海第一医学院及所属单位实行收发货报告制度暂行实施办法》等制度，以尽快适应新中国的医院财务管理。

1960 年 2 月，国家卫生部、财政部联合通知，对卫生部门所属医院工作人员工资由国家预算开支（简称“包工资”），将医院预算管理方式改为“全额管理、定项补助、预算包干”。包工资的范围包括员工基本工资、1％的福利费和 2％的工会费，其余各项支出由医院收费解决，经费结余可用来购置设备等进行自身发展。

1966 年，国家对药品实行全国统一出厂、批发、零售价格，医院根据国家规定的加成率，按药品批发价西药加成 15％，中药加成 25％～30％或市场零售价向患者出售。至 20 世纪 70 年代末，医院医药事业实现稳定发展，为医院带来一定经济收益。

1979 年 4 月，根据卫生部《关于加强医院经济管理试点工作的意见的通知》，国家对医院定任务、定床位、定编制、定业务技术指标和定经费补助，逐步实行“全额管理、定额补助、结余留用”的经济管理办法，将原来包工资改为按编制床位或任务定额补助，医院增收节支的结余部分可用于改善医疗条件和员工福利以及个人奖励等。在药品管理方面，医院试行“金额管理、数量统计、实耗实销”的管理办法。同年，医院报请上海市卫生局批准实行经济管理试点，为此，医院制定有《加强经济管理试点工作的计划》《加强经济管理试点奖励试行办法》等文件。

20 世纪 80 年代起，上海第一医学院对卫生事业费的预算分配进行改革，从单纯按编制床位补助改为按人员、任务、业务工作量及专项进行补助。同时，为解决医院医疗设备无力更新的现状，对医院通过贷款等自筹资金购买的大型医疗设备予以专项补助。另外制定文明医院建设奖励办法，安排一定数额的经费奖励获殊荣的单位。20 世纪 90 年代，国家财政实行复式预算法，财政部对卫生事业经费核定预算基数与专款。医院经费基数基本按编制床位数、实际占用床位数、每床日补助金额、门诊人次数、临床教育基地、离退休人数等各因素核定；专款实行项目管理，对锅炉、电梯及一些专业设备采取政府采购的模式。

1994 年 7 月，上海市卫生局率先在全国实施“总量控制，结构调整”的政策，旨在控制医药费用不合理的增长速度，调整医疗机构的补偿机制，医院制订具体实施措施，对“总量控制”进行季度检查，并成立医疗收入结构调整管理小组。1998 年 11 月，财政部、卫生部颁发《医院财务制度》，国家对医院实行“核定收支、定额或定项补助、超支不补、结余留用”的管理办法。同年，在药品管理方面，根据《关于本市医疗卫生单位药品计价暂行办法的通知》，医院发售的各类药品价格，按照上海市物价局审定、公布的零售价格执行，无审定、公布价格的自制药品售价，按原料、辅料、包装料实际进价总和加毛利率，再加其他成本计算。2000 年，根据《上海市医院药品收支两条线管理暂行实施办法》，医院将药品收支与医疗收支分开独立核算，进一步强化内控。

2001 年，医院 HIS 门诊模块上线使用，可实现医院对内、外各类报表的自动生成，兼具门诊挂号、收费、药房等内部管理核算的功能，院内财务管理更趋完善。2006 至 2007 年，医院出台科室综合目标管理和分配方案，建立健全主要会计事项披露制度、预算管理制度、支出审批管理制度、严禁设置“小金库”管理制度、固定资产管理制度、重要经济事项管理制度等。2010 年，新《医院财务制度》明确，国家对医院实行“核定收支、定项补助、超支不补、结余按规定使用”的管理办法，进一步将预算执行结果、成本控制目标实现情况、业务工作效率等作为综合考核重要内容。2013 年，完成全成本核算系统的升级工作，提供经济信息和量化指标，促进医院经济管理更趋科学性，完善住院明细清单，加强收费挂号通柜的管理，加强对相关人员收费、退费业务指导，做好新版本医药费收据启用的准备工作。2014 年，配合医院开展“小金库”专项治理自查自纠工作，完成全国医疗服务价格和成本监测工作，配合上海市卫计委委托市卫生发展研究中心进行的“上海市可单独收费耗材定价机制研究”项目工作，分析当前可单独收费耗材“溢库”原因和改进的措施及建议，为相关部门政策制定提供科学依据。另外开通门诊付费自助机的试运行，优化程序和硬件设备。

2015 年，按照国家卫计委关于贯彻《执行事业单位内部控制规范》的要求，全面落实内部控制规范，重新梳理各岗位职责及各业务流程，完善会计和内部稽核制度、会计机构和会计人员岗位设置制度、会计人员岗位职责、会计监督和内部控制制度等。按照国家卫计委要求，完成《中央政府性债务情况表》的填报，对债权债务进行清查。另外，完成国家卫计委组织开展的六项自查工作，包括内部控制规范实施、管理费用、交纳和拖欠费用、银行账户管理、公务卡管理、财务人员从业资格。2016 年，修改完善《会计档案管理办法》《会计档案销毁流程》《支出审批管理制度》《医疗服务价格管理制度》等。根据国家卫计委加强部门预算管理的通知要求，结合医院事业发展，在对未来几年重大收支情况进行预测分析的基础上，建立三年滚动预算项目库。根据国家税务总局“营改增”试点全面推行的要求，组织相关人员学习政策与业务操作，并做好宣传解释工作。完成国有资产清查工作，协助审计事务所完成国有资产专项审计。加强与装备科合作，解决财务收费的材料项目库和装备科的材料管理库不联网问题。完成全国医疗服务价格和成本监测工作。根据上海市物价局对药品、医疗器械、医疗服务“三上三下”的价格调整政策，结合历年的消耗量，完成全院的价格测算工作。

表 7-3-2　2003—2016 年医院财务收支情况表　　单位：万元

年　份	收 入 总 计	支 出 总 计
2003	86 316.37	83 996.66
2004	103 795.55	93 142.82
2005	126 852.69	111 452.36
2006	137 299.81	129 692.20
2007	161 527.10	158 291.27
2008	191 489.98	185 559.33
2009	230 232.79	221 136.45
2010	242 414.11	241 127.16
2011	255 741.78	253 923.33
2012	301 499.30	295 428.47
2013	322 423.08	298 243.93
2014	336 939.83	307 117.92
2015	330 799.38	329 117.31
2016	375 283.95	366 379.85

三、经费与基金管理

【医疗经费管理】

全成本管理　至 2016 年，医院按照国家物价政策，严格执行国家制定的包括门诊收入和住院收入等医疗收入收费标准，制定退费管理制度：收费员退费时收回原收据及原始记账单据，药房工作人员事先审核药品退费；收费员每日退费单据上交，专人对每笔退费进行复核。医院开展医疗服务及其辅助活动发生的各项费用，包括人员经费、耗用的药品及卫生材料费、固定资产折旧费、无形资产摊销费、提取医疗风险基金和其他费用等支出全部纳入医院全面成本管理；各项经费支出根据支出审批制度，按照不同用途和金额大小，由有审批权限的人员审核批准后支付；财务资产管理部按照制度规定科目分别核算。

制度建设　医院以发展规划为基础，量入为出，以收定支，精打细算，收支平衡，统筹兼顾，保证重点为原则编制预算，医院支出按预算执行。2007—2016 年，医院相继制定《华山医院支出审批管理办法》《华山医院无形资产管理制度》《华山医院固定资产管理制度》《华山医院医疗服务价格管理制度》等有关制度。2015 年，医院成立全面预算管理领导小组、工作小组。2016 年，医院成立物价管理领导小组、工作小组。

【科研经费管理】

科研经费是指在科研项目组织实施过程中与研究开发活动直接相关的，由上级主管部门、合作单位、资助部门或单位为完成科研项目而资助的专项经费，以及技术开发、技术转让、技术服务、技术咨询等活动中的各类科技经费。

经费来源 1949 年上海解放后，医院在完成医疗、教学工作的同时开展科研工作，经费主要来自临床业务支出。20 世纪 60 年代起，由上级部门通过学校下拨医院"科技三项费用"，用于新产品试制费、中间试验费、重要科研补助费，拨款有项目资金和非项目资金两种形式。20 世纪 80 年代起，医院积极参与国家自然科学基金、国家重点科技项目（攻关）计划、国家高技术研究发展计划（"863"计划）、国家重点基础研究发展计划（"973"计划）等。同时，上海市科委、市卫健委等地方业务主管部门根据上海地区科技发展计划，通过地方财政拨款予以一定的科研资金。20 世纪 90 年代至 2016 年，医院纵向科研项目共立项 2 180 项，立项经费近 11.5 亿元，其中，国家级科研项目 1 004 项，立项经费 6.2 亿元；部市级科研项目 521 项，立项经费 1.5 亿元；局级科研项目 655 项，立项经费 1.42 亿元。

支出管理 至 2016 年，所有科研经费均由科研处统一管理，财务资产管理部进行核算。科研经费的预算、使用和管理统一实行项目负责人责任制，负责人严格按照各主管部门专项经费管理条例进行预算编制，按预算核定的支出用途、范围和额度使用经费。科研处核定科研经费的类型，审核科研外协费的拨付，审核科研经费支出内容是否符合预算。财务资产管理部负责科研经费的财务管理和会计核算，指导项目负责人编制经费预算并负责经费预算审核，监督负责人按照预算使用经费，审查项目决算。

制度建设 2002 年，医院出台《复旦大学附属华山医院科研项目经费管理条例》，并于 2003、2008 年两次修订。2011 年，医院根据国家相关规定制定《复旦大学附属华山医院科研经费管理办法》，并于 2015 年再次修订。2014 年，医院制定《复旦大学附属华山医院科研项目间接经费管理办法（试行）》。2016 年，医院制定《复旦大学附属华山医院科研启动基金管理办法》《复旦大学附属华山医院科研匹配资金管理暂行办法》《复旦大学附属华山医院结余科研经费管理办法》等。

【基本建设经费管理】

至 2016 年，医院基本建设经费来源有中央财政拨款、地方财政拨款和医院自筹：中央财政拨款一般采用直接支付或者授权支付；地方财政拨款和医院自筹则将资金划拨入医院开设的基建专用银行账户，专款专用。基本建设（修缮）项目，根据合同条款及决算审计金额付款，审批通过后交财务资产管理部支付。

【基金管理】

事业基金 事业基金是指医院拥有的非限定用途的净资产，主要用于医院事业的发展，主要包括滚存的结余资金和非财政科教项目结余解除限定后转入的金额等，按规定用于弥补亏损。

专用基金 专用基金是指医院按照规定设置、按照一定的比例提取的具有专门用途的净资产，按照专门的用途和使用范围，专款专用。专用基金主要包括职工福利基金、医疗风险基金、其他专用基金等。职工福利基金是指按照业务收支结余（不包括财政基本支出补助结转）的一定比例提取的，专门用于职工集体福利设施、集体福利待遇的资金。医疗风险基金是指从医疗支出中计提的，专门用于支付医院购买医疗风险保险发生的支出或实际发生的医疗事故赔偿的资金。其他专用基金是指按照有关规定提取、设置的其他专用资金。

待冲基金 待冲基金是医院财政补助收入和科教项目收入形成的资本性支出的净值。待冲基金按核算的业务内容下设“待冲财政基金”和“待冲科教项目基金”两个明细科目，进行明细核算。待冲基金在使用财政补助，科教项目收入购建固定资产、无形资产，及购买药品、卫生材料等物资发生支出时予以确认，并在相关固定资产、无形资产按期计提资产折旧、摊销或领用发出库存物资时予以冲减。

第二节 审计管理

一、概况

医院审计管理主要由审计室负责。1933年，红十字会划归民国内政部管辖后，改内部查账为外部查账。1934—1949年，民国内政部根据《检查中华民国红十字会会计办法》，特派查账专员潘序伦对红十字会及其附属医院进行查账，每年分四期进行检查，每一期终了后15日内出具简明报告，年度终了后一个月内出具年度详细报告，分别送部核办，检查范围则包括医院动产、不动产账簿单据以及各项文件等。2006年，医院成立审计室，在医院主要负责人领导下，依照国家审计法及《审计署关于内部审计工作的规定》《卫生系统内部审计工作规定》，对医院及所属财务收支、经济活动的真实性、合法性进行独立监督审核。

至2016年，日常工作包括拟定医院内部审计的规章制度，并报经院务会批准后实施。对医院及所属单位的财务预算执行、决算、财务收支及其有关的经济活动进行审计。对医院及所属单位预算内、外各类专项资金的管理和使用情况进行审计。按照国家规定的干部管理权限，开展对相关领导的任期经济责任审计。对医院基本建设投资、修缮工程项目进行审计。对医院及所属单位经济管理和效益情况进行审计。对各类卫生、科研、教育等专项经费的管理和使用进行审计。对医院及所属单位内部控制制度的健全性、有效性、风险性进行评审。医院领导和上级机关交办的其他审计事项。医院审计室根据审计业务的需要，经医院主要负责人批准，可委托具有相应资质的社会中介机构进行审计，并检查监督审计质量。

二、管理重点

至2016年，审计室对基建、修缮、信息等工程进行预决算审计，为医院节约大量资金。同时，审核招标文件并参与监标，从源头规范招标行为，监督招标流程。此外，配合上级主管部门或委托的社会中介机构各项审计调查工作，积极沟通协调。另外，参与捐赠项目预评估、定期抽盘现金、完成小金库自查等，切实履行内审部门的职责。

审计室自2006年成立之初制定《华山医院内部审计制度》，根据形势发展和管理要求，于2014年重新修订。2007年，根据卫生部要求，配合进行资产清查工作，摸清家底，确保其保值增值，服务社会。2008年，根据复旦大学要求，配合会计师事务所完成院长徐建光离任审计。同年委托会计师事务所进行锦陇公司、求精仪表厂法人徐益丰离任审计，发现问题，责令整改，减少损失。2009年起，根据国家财政部、审计署及卫计委关于深入开展贯彻执行中央八项规定和“小金库”专项治理自查自纠工作要求的精神，对医院各部门进行定期自查，进一步规范财经秩序，提高财务管理水平，杜绝违法违规问题。同年委托会计师事务所对益群公司、锦陇公司、医院广告公司、求精仪表厂产权关系、财务收支及内部管理进行审计，基本摸清财务现状及产权背景。2010 年，配合会计师事务所基本完成东院财务竣工决算审计，为固定资产入账、及时计提折旧提供依据，使账面资产和支出更加完整。2013 年起，积极发挥内审职能，配合财务监理共同推进西院建设。

第三节 绩效管理

一、概况

绩效管理与考核办公室负责医院绩效管理，成立于 2010 年 8 月 2 日，负责医院绩效考核工作。制定管理核心制度 3 项。通过科室访谈等形式，制定各科室绩效指标，推动医院绩效考核分配机制改革。

二、管理重点

医院绩效管理工作主要包括综合目标考核和绩效奖金分配两大项。

【综合目标考核】

医院自 2011 年开始建立综合目标考核机制，不断调整深化，致力于医院的标准化与规范化建设，力求科学管理的常态化。医院不仅制定出全院综合考核目标，对医院目标规划的整体推进思路进行梳理与调整，更注重将目标落实到各个科室与职能部门，做到目标细化。每年年初，医院都以此为主题举行综合目标考核科室与职能部门访谈，访谈历时将近一个月，以座谈会形式，在“十二五”规划的基础上，完成对医院目标的细化、调整和统筹工作。至 2016 年，在每年 40 余场科室及部门访谈中，医院对 70 个科室的目标进行分解，与会的领导、科室部门主任与骨干在访谈期间深入探讨，并开展统筹、协调工作。通过综合目标访谈，医院就访谈结果完成与科室目标任务书的制定和签署工作，并制作“十二五”目标责任书及年度目标责任书。综合目标考核主要分为医疗、科研、教育、绩效、精神文明五部分，医院领导与相关职能部门对每个科室都制定个性化的“十二五”考核目标与年度考核目标，2013 年新增环境安全节能等考核，对各临床科室与职能部门的发展综合目标考核更全面。

【绩效奖金分配】

至 2016 年，临床科室绩效分配以医院一级分配与科室二级分配相结合，探索绩效激励改革路径，兼顾效率与公平。

绩效办按照申康医院发展中心要求，参与制定医院内部绩效考核和收入分配制度改革方案，强调以工作量与质量为基础，将部分分配方式由二级分配模式向一级分配模式转变。通过精准化分配更加体现公正透明，将工作量多少、风险大小、难易程度等要素与分配直接挂钩，真正体现多劳多得、优劳优得的分配激励原则，进一步提高医务人员积极性。在临床科室实行医院一级分配，以手术与病种的难易程度和风险大小作为主要分配要素，按照手术操作和疾病诊疗过程中的责任大小确定每个人的分配多少；医技科室按照操作项目的难易程度、操作时间长短等要素，设定不同“点数”，按照实际工作量和标准点数予以分配。同时按照公立医院改革的要求，医院在体现公益性质的同时，成本控制必须纳入医院考核体系，以精细化成本管理促进科室节支增效。根据成本的可控程度设定考核目标，采取绝对指标与相对指标相结合的考核方法，将属于科室可控范围内的直接成本纳入综合目标考核范围。绩效办推动医院绩效考核分配机制改革，发挥绩效分配的杠杆作用，以考核促发展，为实现医院战略目标不断努力。

第四章　信 息 管 理

第一节　信 息 中 心

一、概况

医院信息化建设由信息中心负责，1991 年 7 月 11 日，中心正式成立，初创时名为综合信息科。在信息化发展及推动下，2005 年，信息科正式改组成信息中心，自此医院信息系统网络建设和数据服务正式在全院启用。作为医院信息化建设的主管部门，信息中心承担全院多个院区的信息化规划、方案认证、项目实施管理以及日常运维管理等基本职能，包括医院信息系统（HIS）、实验室信息管理系统（LIS）、放射信息管理系统（RIS）、医学影像存档与通讯系统（PACS）、EMR（电子病历）、临床数据中心（CDR）等几十套系统的日常运维管理任务。

至 2016 年，全院共有信息机房 3 处（除东院机房外），总面积约 160 平方米；拥有 72 台实体服务器，虚拟化主机 20 台，存储总数据量达到 200 TB。随着医院“十三五”规划的出台，信息中心立足临床数据中心和医院集成平台建设，对原有业务流程进行梳理和改造，实现异构系统间的数据整合和业务交互，建立一体化的全程电子病历系统，涵盖医疗、药事和质量管理等各个方面。2013 年起，全院数据中心开始建设，实现从应用到数据的转型。医院患者服务 App、门诊全预约、支付宝支付功能、个性化给药平台、药师工作站、空中医院等先后建立。为医院网络建设、数据库建设以及网络安全信息等方面提供强有力的保障，同时为医、教、研等各个领域及临床开展诊疗工作提供支撑。

随着信息技术和医药生物科学技术的发展，医院信息化工作的开展方式由原先单纯的简单记录，向互联网应用、全半自动智能分析、人工智能等方向转变。信息中心致力于提供临床科室和管理部门优质、快捷与安全的医疗信息服务，为医、教、研提供信息技术支撑。结合医院的业务战略与规划，信息中心积极引进新技术，协助并改进医务人员、管理工作者以及临床人员对医疗数据资源的挖掘利用，推动医院精细化管理和学科发展。同时在临床数据中心的平台基础上，实现面向临床、管理和科研的数据服务，加速临床与科研的迭代进程，为开展循证医学创造条件。面对信息技术飞速发展，信息中心把握行业技术脉动和业务发展方向，运用云计算、大数据和移动互联等技术进行应用实践创新，增强医院核心竞争力。

二、重点突破

1995 年，上海医科大学网络中心成立后，医院实现以微波连入校园网。1996 年，医院实现与上海市医保实时结算的对接。1997 年，医院通过 DDN、ISDN、电话线等通信联入手段，逐步开展远程医学工作。同年，医院建成多媒体网络阅览室，医院电化教育室可现场直播外科手术和内镜检查实况，形成闭路电视系统。2000 年，全院上线 HIS，医院信息化全面铺开。2001 年 3 月，HIS 门诊模块在门诊正式上线使用，运行良好。该系统可实现医院对内、外各类报表的自动生成，兼具门诊挂号、收费、药房等内部管理，以及院、科、人三级核算的功能。2002 年，LIS 上线，医院信息开始走进临床。2003 年，PACS 全面上线，开启医院影像新时代。2004 年，医院门诊病员就诊服务管理系统上线，门诊就诊流程开启信息化管理应用。2007 年，EMR 全面上线，在医院临床工作中普遍应用。随后，病理质控管理系统正式上线，实现病理科信息质控管理，采用法规遵循的内容寻址存储设备，实现影像数据存储回溯记录。2012 年，医院率先采用横向扩展存储架构，解决影像存储迭代数据迁移和快速部署问题，全面引入无线网络，为移动医疗、移动护理提供基础支持，同时，手术麻醉临床信息系统（简称"手麻系统"）上线，手术室管理进入信息化时代。2013 年，全院数据中心开始建设，实现从应用到数据的转型。2015 年，东院信息系统更新，总院、东院信息一体化管理，实现多院区同质化管理。医院采用公有云和私有云的混合搭建改变原有基础设施模式。同年，"华山医院患者服务 App"上线。2016 年，医院实现门诊全预约，支付宝支付功能开启，个性化给药平台、药师工作站、空中医院正式亮相。同时，医院三院区光纤专网投入使用，信息系统基础设施统一。另外，东院手麻系统上线使用，麻醉信息实现多院区统一管理。

第二节　信息化建设

一、环境建设

2009 年，信息中心机房供电系统更换为一台 APC SYCF48K UPS，提供续航供电及净化电源。2014 年，增加 2 组 APC 100AH 电池组保障 2.5 小时 UPS 续航时间，增加一台隔离变压器，为机房提供净化稳压的市电供电，形成由 UPS 及净化稳压市电双路供电模式，并且统一新增环境监控系统，更新机房门禁。全院共有信息机房 3 处，总面积约 160 平方米。其中门诊 9 楼中心机房约 50 平方米，网络机柜 17 个，内置网络设备 147 台，设备总功率 14 000 W；机房设备供电系统由一台 APC SYCF48K UPS 提供续航供电及净化电源，当市电中断时，UPS 可提供续航延时 6 小时。门诊 1 楼急诊机房约 60 平方米，网络机柜 9 个，内置网络设备 104 台，设备总功率 14 000 W；机房设备供电系统由一台 APC SYCF48K UPS 提供续航供电及净化电源，当市电中断时，UPS 可提供续航延时 4.5 小时。住院楼（2 号楼）2 楼机房约 50 平方米，网络机柜 6 个，内置网络设备 56 台，设备总功率 5 000 W；机房设备供电系统由一台 APC SYCF20K UPS 提供续航供电及净化电源，当市电中断时，UPS 可提供续航延时 10 小时。所有网络机柜根据设备数量，都有多个双路电源的 PDU 供电，单个 PDU 由单独保护断路器控制，相应两端都有标签标注，便于故障后快速查找整改。

二、服务器建设

至 2016 年，医院已拥有 72 台实体服务器。其中 IBM 小型机 2 台，主要运行 HIS 核心业务数据库。虚拟化主机 20 台，虚拟 150 余台虚拟服务器，主要运行 EMR、CPOE 等临床业务系统，存储总数据量达到 200 TB。同时，在信息化高速发展的现阶段，突破传统模式，采用混合云的架构模式，除本地服务器虚拟化外，使用公有云的存储做备份。备份的信息数据通过 AES－256 加密后传往云端，数据使用必须通过医院本地存储 256 位私钥在解密后进行本地访问。云端部署互联网对外应用，节省医院的硬件资源。

三、数据库建设

至 2016 年，医院使用的数据库主要有 3 大类，分别为 SQL Server、Oracle 以及 Mysql。SQL Server 上主要运行临床应用的数据库，例如电子病历、电子医嘱以及临床数据中心等；Oracle 上运行 HIS、LIS 以及患者就诊服务系统数据库；PACS 影像系统则使用 Mysql 数据库。截至 2016 年，医院电子病历数据库 737 GB，电子医嘱数据库 235 GB，临床数据中心数据库 3 TB，HIS、LIS 以及患者就诊服务系统数据库共 1.2 TB，PACS 影像系统数据库 453 GB，数据量总计 5.5 TB。

四、网络建设

医院的网络发展历经多个阶段的变革。2005 年，医院网络建设进入可网管阶段，并且通过策略控制解决 ARP 欺骗问题。2008 年，全面进入千兆到桌面的时代，核心交换设备达到 1.6 T 级别交换容量，为后续网络发展提供支撑。2012 年，医院通过信息安全等级三级评测，正式部署无线网络，为移动应用业务上线保驾护航。2016 年，新的核心交换机顺利接力，提供最高可达 333 T 的交换容量，可为后续 10 年的网络发展提供强劲动力。至 2016 年，医院网络采用内外网逻辑隔离的两张网络。其中内网网络设备 180 余台，网络构架实现千兆到桌面，双千兆到核心，实现关键节点双链路双电源冗余。外网网络设备 85 台，采用百兆到桌面千兆到核心的构架。其中内网用户 2 800 余人，外网用户 1 500 余人，内网日均产生流量 40 TB，外网 5 TB。医院业务主要运行在内网上，承载业务系统 50 余套，包括 HIS、CDR、物资后勤、OA 等。同时医院全部病房区域实现无线覆盖，承载移动医生工作站、移动护理工作站以及手术室麻醉系统稳定运行，无线日均用户量 200 余人，高峰时间段达 300 余人。

五、信息安全建设

至 2016 年，医院共有 3 个机房(除东院机房外)，分别位于 1 号楼 9 楼的中心机房，1 号楼 1 楼的分机房，2 号楼 2 楼的备用机房。应用服务器以及数据库服务器分散在总院各个机房内，东院机房作为备份容灾机房。两院区之间采用光纤互联方式。除 HIS、LIS 在东院的备份容灾机房有数据备份外，其余部分数据库以及文件备份都依托于云存储。采用混合云模式后，医院将加密后的数据库备份以及病史翻拍文件通过 VPN 加密通道上传至云端，提高安全性。主要核心业务系统 HIS、LIS 运行在 2 台主机上，采用 RAC 集群技术，在单台服务器出现故障后，系统也可正常运行，若 2 台机器都出现故障，东院容灾机房内的 HIS 容灾服务器可暂时接管核心业务。其余临床业务系统及医技系统分别分布在 Hyper－V 和 VMware 虚拟化环境中，采用 Windows Cluster 集群技术保证高可用性。2014 年，医院核心业务系统通过《信息安全技术、信息系统安全等级保护基本要求》第三级安全保障能力的测评。2016 年，通过对华山医院 App、微信以及官方网站进行第三级安全保障能力的测评，致力于信息安全本质的研究。

第三节　信息化业务应用

一、行政业务

2008年,医院院内行政管理开始利用医院信息化平台进行流转操作。2009年,JCI评审开展,信息中心对行政管理流程进行信息化改造,教育管理模块纳入行政管理软件服务范畴。2011年,医院借助医院信息系统,对被评价人的临床工作进行量化统计分析,为其临床能力评估提供佐证。2012年,医院分别对考核激励机制,人力资源,耗材、药品内部申请审批流程进行全面信息化改造。2012年,信息化行政管理服务及资料迁移至医院私有云,质控、后勤纳入信息化改造范畴,临床与行政操作通过信息化平台展开联动。2013年,基于临床数据中心建设(CDR)、各类商业智能(BI)应用同步建设,与行政运营管理相关的统计输出由程序自动处理,通过云在内的高速计算机平台运算处理。2014年,信息中心针对智能手机应用推出网页和应用程序,包括HTML5和微信在内的移动应用服务。2015年,配合医院阳光工程建设,包括科研管理、后勤管理在内的行政管理平台全面上线,医院行政管理工作实现全面数字化管理。

至2016年,人力资源管理方面已实现全面信息化改造,通过与临床和各医技行政服务系统的对接,做到人力资源信息统一管理,联动调用,分解使用,资源可溯的整体信息化管理方式。财务管理方面,财务相关数据采取部分联通,保证数据安全和严谨性,全程保密,权限清晰,分管严密;物资管理方面,医院对物资的流通进行信息化监控,用于进出以及流转等环节;医疗管理方面,医院质量控制及医疗权限管理采用主客观数据结合的方式,从申请、提交、管控等方面改进医务管理流程;教学管理方面,医院所有学员的进出及流转考核实现信息化管理,采集的数据作为客观历史记录,与其他系统对接;科研管理方面,医院利用临床及管理数据,开展病种、病例及医院管理等方面的科学数据分析。

二、综合业务

至2016年,医院信息化建设已延伸至各个领域,包括医疗、教学、科研和医院管理等各个方面。2010年,门诊完成电子化升级和医院信息系统(HIS)改造,自此医院成为上海地区首家通过互联网向公众提供门诊预约挂号的医院。2012年,信息中心对门诊管理进行全面电子化升级,包括排班、停复诊、预约挂号在内的所有业务,均纳入全面计算机化流程管理,所有流程通过在线方式实现,并予以科学记录分析,反馈至相应管理部门作为决策支持。2013年,结合临床数据中心(CDR)和企业服务总线(ESB)建设,医院成为首家在上海地区实现"号源池"式管理的医院,采用统一管理、动态调控、全面接口监控的方式实现号源管理的规范化、透明化,产生可回溯的科学数据参考依据。2015年,信息中心对业务进行全面结构化升级,对非结构化及未联网数据进行联通梳理,针对热数据和即时响应数据建立索引,为医院管理和决策以及科研工作提供半自动化的应用服务。

三、临床业务

至2016年,结合医院服务总线(ESB)和临床数据中心(CDR)建设,在不推翻原有以HIS为中心的信息系统的前提下，改造和重构既有的电子病历，以电子医嘱（CPOE）为驱动、结构化病历文书为核心，实时记录和采集患者各类临床数据，在流程节点中嵌入各类质量和医政管控措施，建立集成化、一体化、全覆盖的电子病历解决方案，实现立闭环的医嘱流程。

【临床】

2011 年，根据卫生部《电子病历基本规范（试行）》《电子病历系统功能应用水平分级评价方法及标准（试行）》等文件进行设计，医院将电子病历作为临床医护人员的统一工作平台，整合病历书写、各类电子医嘱、电子检查检验申请、门诊处方、护理记录书写、移动护理、生命体征采集、临床路径启动和执行、质量控制（院感、危机值预警、抗菌药物使用、药品分级、手术分级、不良事件上报）等各类临床活动，实现与 HIS 出入院、收费、药房药品发放等模块，检验科 LIS、影像科室 RIS、预约系统等流程上的连接。其中电子医嘱（CPOE）是电子病历的核心，它围绕闭环医嘱管理，涉及电子处方、各种检查申请单电子化，其主要目标是预防医疗错误，减少药剂不良反应。新的电子医嘱可以作为规范医生医嘱申请的手段，使临床医疗信息采集更靠近信息发生源头。电子医嘱实现与病历文书之间的直接关联，以简化文书的书写，为医疗质控提供数据支持。

【医技】

至 2016 年，医院放射、超声、内镜、病理、核医学等科室的医技 PACS 系统发展完善，存储管理上百 TB 的海量医技影像数据，实现数字阅图和数字报告及管理，优化业务工作流程，帮助医技科室诊断效率提升。医院建设医技影像集成平台，实现影像数据科学、集中存储、管理及利用，满足全院临床科室浏览患者各类医技图像和报告的需求。医技 PACS 系统扩展到多个院区，实现多院区医技诊断业务工作流程协同。

【护理】

至 2016 年，医院在电子医嘱系统中已加入护理评估体系，优化护理流程、提高护理质量。同时还将护理质量管理细分为基础、专科、风险分析控制等环节，在护理流程之中实时调控，护理工作变得更有序、更合理。

第四节　智 慧 医 疗

一、综合查询与决策分析

通过信息化建设，医院形成以 HIS 为中心、多家异构信息系统并存的格局，各个信息系统中积累大量的数据。2013 年，医院启动“基于临床数据仓库（CDR）的多院区临床信息共享与沟通项目”，在不推翻原有以 HIS 为中心的信息系统基础上，采用集团临床数据中心（CDR）技术，实现不同厂商的各个异构系统之间的数据集成和共享，利用患者 360 视图浏览患者的全部诊疗信息，开发建设一系列面向医疗质量管理和运营管理等的数据挖掘分析应用，实现自动化的报表统计以及各类统计指标经由 PC 或移动客户端的发布，并针对重点学科，开发并建设一批单病种科研数据库，增强优势学科的临床科研实力。

【患者服务】

医院利用互联网资源，打造空中医院，提供面向机构的预约和远程会诊、面向个人的诊疗服务。至2016年，医院统一白玉兰、东软、山灞远程会诊，统一院外会诊流程，统一社会第三方网上服务（微医、好大夫），统一医患预约和沟通服务方式。2016年4月，医院与第五人民医院建立合作关系，实现医疗资源和患者信息共享。集合移动医疗应用、移动支付和体检商城，打造移动就医服务体系。

【临床服务】

至2016年，医院依托集团临床数据中心（CDR），引进患者主索引（EMPI）技术，建立全院范围内患者基本信息的创建、搜索和维护，可智能协助医疗人员对患者信息有效的搜索，通过建设主索引（EMPI）识别、匹配、合并、取消重复的数据，净化患者记录，利用主索引可获得完整而单一的患者视图。搭建患者360信息视图，依靠患者ID实现全院范围内门急诊就诊记录、住院病史、影像检查、检验结果、心电图及扫描文档等信息的连通共享。为提高患者随访的工作效率，结合随访工作实际，医院根据业务流程和疾病特色进行研发工作的要求开发随访和设计，解决系统与外部系统的数据整合、随访时间非线性设置、随访基础元素项目自定义等关键技术问题，开发随访管理系统，实现随访的数字化管理。

【科研服务】

至2016年，医院根据国家卫计委医院信息集成平台相关标准与规范，参照HL7RIM，参照opcnEHR等行业标准，以临床数据仓库（CDR）为基础建设建立临床与基础科研工作。科研数据中心立足于2013年建成的临床数据中心（CDR）平台，汇集样本库系统和其他科研数据源的数据，采用国际最新的数据汇集技术，构建“科研数据仓库”，从技术层面上实现原始数据的原子化存储，实现基于临床文档等非结构化数据的高度集中、数据的元素离散化以及数据元素再次集中。

【教学服务】

至2016年，医院建设教学管理平台，为教学管理工作提供高效、便捷的信息化工具，优化教学工作模式，完善教学管理体系，通过平台提供的工具对教学质量进行监控，改进医院教学管理工作。

【精准医疗】

2015年，基于数据中心的支撑，医院运用院内积累的海量数据进行挖掘分析，借助Azure云计算平台构建精准医疗信息平台，通过大数据分析发现基因组疾病之间的关系，以及预测不同基因的患者在放化疗等治疗后的预后情况，选择最佳的治疗方案，提高疗效。

【行政管理】

数据的整合使全院管理实时化，至2016年，医院管理人员可通过管理驾驶舱尽览医院的实时运营数据。结合决策辅助系统，多维分析医院运营情况，包括财务、绩效、质控、趋势预测，全方位、多角度，自动汇集医院重点数据，上报到卫计委等上级管理部门。

二、知识库管理与辅助诊疗

随着医疗大数据的兴起和医院信息集成平台的成熟完善，医院以开发高级临床决策支撑为重点，建设高等级电子病历成为信息化建设的焦点。2009 年，新医改推出“医药分家”和征收医事服务费等改革举措后，医院在上海市率先开发临床药师工作站，围绕临床药学管理业务，构建面向临床药师的一站式工作平台，提供临床医护人员和患者药学服务。同时，依托医院网络混合云架构，利用云平台的超算能力，构建面向特定药物的个体化给药应用（TDM），在保障患者安全的同时达到最佳的药物治疗效果，促进医院临床药学的学科发展。

第八篇 后勤与治安

概　述

医院后勤服务保障工作主要涵盖医院的基本建设、医疗废弃物和污水处理、职工餐饮、医疗(公用)设施设备的采购与维护保养等,由医院后勤保障部及下属部门承担相关工作。

1951年前,负责后勤工作的部门称为事务处,1951年更名为总务科,下设技工组、采购组、事务组。1988年成立总务处,下设总务科、设备科、基建科、营养室、职工食堂。2008年正式更名为后勤保障部,下设总务科、动力维修科、装备科、基建科和分院总务部门。总务科负责全院绿化、保洁、医疗废弃物和污水处理、医用气体管理、职工餐饮、相关外委物业监管等。装备科负责医疗设备、耗材与办公用品采购及维修,相关外委物业监管等。基建科负责全院基本建设,先后建成门诊楼、综合楼等医院用房。动力维修科负责公共设施设备日常运行管理、零星维修及急抢修、相关外委物业监管等工作。

医院的治安、消防等安全保障工作由保卫处承担。1979年,保卫科与人事科合称为人保科。1984年,医院进行改革试点工作,将人事和保卫工作分开,分别建立人事科和保卫科。1987年,医院建制由处级单位升格为副局级单位。1988年,医院将人事科和保卫科两科合并建立为人事保卫处。1992年,根据医院上等级评审要求,人事保卫处分设为人事处和保卫处。保卫处自1992年形成独立行政部门,主要负责医院治安安全、消防安全、医疗纠纷应急处置、反恐、防爆、警卫保障、户籍管理、预备役、民兵武装等安全管理工作,工作方面连续多年荣获治安保卫先进组织等荣誉。

后勤保障部和保卫处始终“以安全运营为中心,以提高服务保障水平和运行效率(节支节能)为基本点”开展各项工作,为医院医、教、研工作提供有力的保障支撑。

第一章 后勤保障

第一节 后勤工作

一、概况

后勤保障部是医院服务保障体系的组成部分之一，负责全院基本建设、绿化、保洁、医疗废弃物和污水处理、医用气体管理、职工餐饮、公共设施设备日常运行管理、零星维修及急抢修、医疗设备耗材与办公用品采购及维修、相关外委物业监管等后勤保障工作。上海解放前后勤部门称为事务处，1951 年 9 月更名为总务科，下设技工组、采购组、事务组。1968 年，医院将修理组从总务科内抽出，并于 1976 年成立基建科。1976 年，材料科更名为设备科。1984 年，医院实行秘书制，设立后勤秘书，在分管院长领导下管理后勤工作。1988 年成立总务处，为副处级建制，下设总务科、设备科、基建科、营养室、职工食堂。1990 年，医院把总机、锅炉、修理单独从总务科划分出成立动力维修科，总务处下设总务科、设备科、基建科、动力维修科和营养室。2008 年，总务处更名为后勤保障部，下设总务科、基建科、动力维修科、装备科及分部总务部门。

表 8-1-1 1996—2016 年后勤保障部获得荣誉情况表

年份	荣誉名称
1996	1995—1996 年上海市绿化先进集体
1998	1997—1998 年上海市绿化先进集体
1999	上海市优胜报刊发行站
2000	1999—2000 年上海市绿化先进集体
2001	上海市卫生系统红旗文明岗
2003	2003 年度“民防优质结构杯”(门急诊楼防空地下室)
2003	2003 年度上海市建设工程优质结构奖(门急诊楼)
2004	2004 年上半年度上海市建设工程优质结构安装工程(门急诊楼)
2005	2005 年度上海市“申安杯”安装工程优质奖(门急诊楼)
2005	门急诊楼获上海市建设工程“白玉兰”奖(门急诊楼)
2008	门急诊楼获改革开放三十年上海城市建设发展成果展示活动优秀奖
2008	获 SGS 通标公司 ISO9001：2000 质量管理体系认证证书
2009	通过 SGS 通标公司 ISO9001：2008 改版认证
2010	迎世博爱国卫生合格单位
2011	6T 实务现场管理示范食堂
2011	上海市“医疗设备采购管理优秀医院”示范点

（续表）

年　份	荣　誉　名　称
2011—2016	在上海医疗设备器械管理质量控制中心检查中总分排名第一
2012	院感防控先进集体
2012	医疗设备管理示范单位
2015	国家节约型公共机构示范单位
2015	上海市安全与节能达标锅炉房
2016	上海市安全与节能示范锅炉房

二、管理重点

1951 年，原工会膳食委员会负责的膳食管理交由总务科负责，工会配合进行管理，废除饭牌，改用饭票。此外，总务科对家具以及医院财产进行分类编号管理，得到相对准确的数量统计，并初步统一名称。20 世纪 50 年代起，医院不断更新水、电、煤、医用气体等设备，以适应不断扩大的业务需求。同时，医院后勤保障相关部门规模逐步扩大，工作范围涵盖总务、基建、设备、膳食、营养等各方面，并拥有自己的车队、卫生、绿化、维修、被服、洗涤等队伍。1950 至 1990 年，医院大型修缮、建造工程包括大礼堂和十一病室屋顶更换；全院水管更换；第六病室修理；第一病室改装；太平间改造；现 2 号楼、3 号楼、8 号楼以及 9 号楼建造等。1979 年起，医院陆续引进各类医疗设备，如头颅 CT、核磁共振、神经导航系统等，硬件设施不断完善。20 世纪 90 年代，医院开设洗衣房、进修医生招待所、维修中心等，并细化、拟定各类工作制度与规范。20 世纪 90 年代末至 21 世纪初，医院现 7 号楼、0 号楼、6 号楼及 1 号楼相继建成并投入使用。2003 年，医院与复旦医院后勤服务有限公司签署《关于华山医院后勤社会化改革合作意向的协议》，在院方主导下，实现后勤保障向多家社会企业共同参与服务竞争的转变，管理更趋专业化。

2008 年，后勤保障部正式成立，通过建立科学规范、行之有效、操作性强的管理模式和服务流程，保障医院顺利运行。至 2016 年，医院后勤保障工作主要涉及基础建设、改造工程、安全生产、节能减排、膳食服务、设备耗材、制度建设、综合培训等方面。

【基础建设】

2008 年，传染病楼项目于 7 月举行开工典礼。同时，教堂还建工程、生活垃圾打包处理站迁建工程等也逐步进行。2009 年，传染科病房楼工程的空调系统、电梯、强弱电系统、消防系统、医用气体系统、地下停车设备等安装工作全面展开。作为上海市干部保健资助项目，放射科 DSA 室改扩建工程、综合楼术中磁共振工程相继开工。同时，医院对急诊部进行全面改建，建设急诊“绿色通道”，以此改变医院长期以来急诊流程及布局不甚合理的现象。2010 年，完成对传染病楼开办启动的相关策划，完成设备设施安装及室内装饰工程。通过消防、交通等验收，通过工程竣工，设备、设施调试，完成空调系统、建筑节能、二次供水、防雷等检测，完成传染病大楼附属公用设施的维保交接、医疗设备及家具的采购验收入场以及地下停车库有关机动车辆停放的管理策划，解决传染病楼污水处理与医院污水排放余氯监测间的矛盾。当年完成的重要基建项目有放射科 DSA 室扩建楼竣工并投入使用，综合楼术中磁共振安装调试完成投入运行，传染科门急诊病房楼正式启用。2013年，重点开展综合楼改扩建项目前期工作，委托设计单位进行方案设计，接受市规土局多次现场调研，并会同市规土局组织召开市规委专家论证会，讨论并论证规划方案。经过与市各相关委办局的协调，形成初步优化方案并顺利进行批复前各项准备工作。2014年，病房综合楼改扩建工程进一步推进，医院4月获上海市人民政府《关于同意〈上海市衡山路—复兴路历史文化风貌区保护规划〉暨〈静安区静安寺社区C050101单元控制性详细规划——099街坊局部调整〉的批复》，继续推进项目立项工作，拟专题申请报告20余份，召开专题会议20余次。

图8-1-1　综合楼概念图

2015年，医院推进病房综合楼改扩建工程前期筹建工作，在2014年项目建议书初稿基础上，按照国家卫计委要求进行修订完善。开展专题讨论会20余次，修改项目建议书十余遍，组织各类型专家论证会4场，已将重新修改调整后的项目建设报告书（含医院总体发展规划）及方案文本再次报送国家卫生计生委。2015年底，医院启动临时病理办公用房建设项目，2016年4月该项目通过院务会决议并列入年度大型基建项目，项目建设预算650万元，建筑规模为3层，面积约500平方米，主要功能用于病理科用房及远程会诊。2016年，医院获国家卫计委关于医院病房综合楼项目建议书批复，项目确定建筑规模为地上20层、地下3层，总建筑面积31 265平方米，建成

图8-1-2　2016年6月，西院（临床医学中心）结构封顶

后将增加床位 450 张、手术室 15 间。市政府召开专项协调会，重点支持医院病房综合楼改扩建项目。对感染科 2 楼重症监护病房进行改造，项目预算 270 万元，建筑面积约 400 平方米，危重病床增加至 17 张，涉及重症监护病房、负压病房、普通监护病房及人工肝监护病房。为做大做强医院体检项目，对教堂进行改造工作，项目建筑面积约 1 500 平方米，预算 1 100 万元，建筑高度 12.8 米，建筑主体 2 层、局部 4 层。院务会通过江苏路分部 1 号楼大修项目，拟作为手外科办公室使用，项目预算 288 万元，建筑面积约 550 平方米。借打造国家老年疾病临床医学研究中心的契机，同时也为顺利推进病房综合楼改扩建项目进行内部动迁事宜，对华山路 512 号建筑进行改造，项目建筑主体 6 层，面积 1 450 平方米。除院本部工作外，积极配合西院推进办深化西院项目内装修设计图纸、筹办大型设备采购，并参与图纸深化设计、强弱电设计等，驻扎西院施工现场。

【工程改造】

2008 年，医院手术室、消毒供应室空调、排风系统改造工程，门急诊地下一层中药房改造工程，放射科 DSA 室扩建工程及外科病理室改造工程等相关改造工程得到落实。2009 年，配合临床工作需要和医院认证要求，医院进行包括外科病理室改造工程、门急诊楼地下一层配置中心改造工程、2 号楼和江苏路分部电梯更新改造工程、职工食堂二楼改造装修工程、门急诊楼地下一层中药房改建工程、门急诊楼地下一层急诊辅助用房改建工程、污水处理池改造等。对全院公用设施、设备现状进行分块评估并提出保养计划，做好预防措施，确保完好率。2010 年，为配合临床工作需要及世博会保障等相关工作的要求，医院完成的修缮工程有 2 号楼东侧、南侧室外总体改造，消化科实验室装饰工程，高架直升机场钢结构平台维护工程，门急诊楼污水处理池改造工程，医院生活垃圾站搬迁及教堂还建 2 层楼板恢复工程，手术供应室整改工程，锅炉房蒸汽管道改造工程，长乐路 655 号职工房屋改造，江苏路分部制剂室改造等。2011 年，医院完成江苏路分部制剂室改造工程及消防设施设备整改等修缮工程，启动综合楼改造工程。2012 年，医院实施总配电房低压配电柜更

图 8-1-3　2015 年，门急诊楼 12 楼会议室改造项目

换改造项目，对项目实施过程进行风险评估，确定风险点，并制定相应风险对策措施、施工方案、应急救援预案等，提高医院供配电的可靠性和稳定性，确保医疗、医技及设备用电安全。同时完成综合楼改造工程，对综合楼楼前地面进行整平工作，方便患者与医务人员通行，完成综合楼顶楼双语灯箱工程、2 号楼消防设施设备整改及消防控制室改造、室外消防两路供水排管、口腔科贵宾区域和 CT 候诊区改建等项目。2013 年，医院完成维保、大修项目 123 项，包括花园小厅大修及花园大厅及连廊公共部位油漆粉刷、传染病科楼屋面实验用房搭建工程、综合楼 6 楼与 8 楼手术准备室和手术室改建、2 号楼病房局部改造项目、8 号楼神经外科 ERP 实验室、手外科实验室、核医学科注射候诊区改造项目、长乐路 655 号职工用房维修改造项目、2 号楼 17 楼病房改造项目等工程。2014 年，医院对综合楼 8 层手术室进行改造，利用新型净化手术室技术有效实现手术室内部温湿度控制。2015 年，完成门急诊楼 12 楼会议室改造工作，做好花园病理楼前期设计及功能定位工作等。

【安全生产】

2008 年，医院完成院内建筑物高层窗户限位器的安装、所有消防报警装置醒目标识的张贴、安全通道指示牌的更换等工作。充实无烟医院建设的组织领导力量，加强禁烟知识宣传，推广控烟、禁烟措施。在硬件建设、环境流程改善、措施落实、监督体制方面不断创新，努力创建无烟医院。2009 年，医院建立一套以一百多种化学危险品为内容的从采购到废弃物的处理管理机制，对每个病房和实验室配置化学危险品应急处理箱。在对医疗废弃物管理上做到专人、专车、专线路。2010 年，医院室内外全面禁烟，制作醒目的禁烟标识，推广无烟医院宣传，取缔院内医疗区域吸烟点，组织保卫、工务人员组成院内劝阻吸烟队伍并配发控烟宣传员臂徽。2011 年，对照医院评审标准，食堂、营养室、门诊五楼、中心实验室等区域安装烟感、喷淋装置；职工食堂，3 号楼六、七层安装防火门。2013 年，医院开展安全生产宣传教育培训，邀请资深安全管理专家进行安全生产培训，与 39 个

图 8-1-4　2015 年 9 月，医院接受国家卫生计生委安全生产督导

部门负责人签署安全管理责任书，后勤保障部和保卫处干部签订廉洁自律承诺书。重视全院环境卫生建设，实施《环境卫生工作考核方案》，通过属地化管理、量化考核标准、绩效考核挂钩等方法，保持良好的就医及工作环境，降低院内感染发生率。2013 年全年安全生产无事故，共对 66 个项目进行隐患排查，共排查出隐患 129 项，整改完成 105 项。2014 年，医院通过加强安全管理，层层落实安全生产责任制，加强安全生产检查，督促相关部门对事故隐患的排查处理，重视安全生产宣传教育培训，提高员工安全意识等管理手段，达成全年无安全责任事故的管理目标。2015 年，医院调研并编制安全问题库，按问题的严重程度、整改时间、成本投入等分类汇总，按照优先级排序整改，全年未发生影响安全运行事故。

【节能减排】

2008 年，医院节能工作在制度保证、宣传力度和设施更新三方面都有进步，2 号楼、3 号楼内所有照明设备更换成节能灯具，有效节约用电费用。2009 年，医院对院内非节能灯具进行改装，并对部分设施设备进行技术改造，采用变频、自动控温等技术节能手段。2010 年，医院建设节约型单位，落实节能、节材措施，严格执行环保法规，完成如冷凝水回收、食堂节能灶具改造、节能灯具改造等项目。2012 年，围绕"建设节能型绿色医院"主题，医院积极开展节能减排工作，进一步加大对节能设施的更新改造力度，开展一系列节能改造项目和管理措施。实施中央空调变频节能系统改造项目，加强用气管理，调整夏季病房供热水时间，节约用气超过 17.86 万立方，节约费用 70.85 万元。2014 年，医院经过与上海燃气公司的多次谈判、协商，在源头上降低能源使用成本。进一步加大对节能设施更新改造力度，先后开展一系列节能改造项目和管理措施，通过加强管理，将节能纳入绩效考核之中。2015 年，医院控制能源源头成本，与上海燃气有限公司商定协议价，降低供气成本，供电局为医院制定"两步制计价"方案。医院积极创建节约型公共机构示范单位，成为复旦系统唯一申报单位，并顺利通过国家评估验收，成为国家节约型公共机构示范单位。2016 年，医院信息

图 8-1-5　2015 年 10 月，医院通过国家节约型公共机构示范单位创建验收

化建设方面重点推进能耗监管平台工作，完善能耗数据监控与医院节能考核方案。该平台用以监控医院的水、电、燃气、蒸汽、冷热量的实时数据，建立医院的能耗数据库，为医院提高能源运行效率提供数据支撑。平台进行用能区域划分，各科室楼宇的用能情况可以实时显示，开放采集数据与国家卫计委大数据中心对接。同步推进、实施的信息管理平台还有空调机组温度、风量、机组运行状况实时监控的楼宇(BA)监控平台等。

【膳食服务】

2009年，医院推进餐饮管理模式改革，由索迪斯餐饮管理公司对医院职工食堂进行全方位托管，实施医院职工工作午餐制度。2010年，医院重点对食品卫生、食品安全进行监管，从源头抓进货、验发、保管工作，对菜单进行定价、核价，确保就餐质量。先后引进静安面包房、上海牛奶棚食品有限公司向职工提供面包、鲜奶类产品供应，满足职工需求。2011年，医院职工食堂连续获得食品安全A级资质，并获得由市食药监局等颁发的"6T实务现场管理示范食堂"的荣誉。强化全面监管，在消防安全、食品安全方面开展一系列质控活动，全部食品留样率100%，食药监局细菌采样合格率达100%。2012年，根据医务人员满意度诉求，职工食堂对外委服务方进行替换，公开对社会重新展开招投标，将职工食堂承包团体更换为才众餐饮。延续"6T实务现场管理示范食堂"食物有关要求、JCI标准关于食品安全的要求以及餐饮行业A级资质的管理，原料、库房、冰箱、留样及所需报废食品销毁记录、废油处理等环节均符合食卫监食品安全要求。2013年，医院针对职工食堂运营情况进行调研，召集医院各部门职工代表30余人完成内部邀请招标，更换服务方流程。完成职工食堂硬件环境改造，增加供餐品种，将原小药房进行改造，开设盒饭外卖点，增设饮料吧、面档、点心吧窗口，制订全新食堂考核方案，通过现场监管与问卷调研相结合的模式，每月对服务方进行管理绩效考核，员工就餐满意度得到较大提升。2014年，医院将职工食堂改进作为重点工作，每月对外委服务方进行满意度考核及内部管理考核，并在服务场地上增加3号楼一楼的外卖点，拓展职工食堂业务，职工满意度年平均值达到75%以上，职工月就餐率平均值达到94%。

【设备耗材】

2009年，医院对在用医疗设备信息管理软件进行更新，在固定资产管理模块中增加外贸合同、免税信息、出厂编号、招标信息等内容，使设备台账信息更加完整。对每一类医疗设备采取严格分级管理制度，完善全院医疗设备安全培训内容。加强医用材料集中管理，对材料供应商的证照进行梳理、更新及文档电子化。2010年，医院在采购和修缮工作中，严格控制医院行政经费支出。加强医疗设备维修集中管理工作，全年共引进3家第三方维修商，对部分进口设备中的易损耗配件采用国产配件替代。在提高维修质量、维修速度的同时降低维修成本，将日常维修数据报告录入医疗设备信息管理软件相关模块中，并对其中关键数据指标进行统计分析。2011年，医院装备科参与西区14家医院的医疗设备质控管理和急救设备的技术检测工作，被市质控中心评为上海市"医疗设备采购管理"优秀医院示范点。按照医院预算决议要求，严格物资采购预算管理，对单价10万元以上的大型设备采购进行严格的可行性论证，对20万元以上大型医疗设备委托国家指定招标公司统一进行公开招标。对全院医疗设备等固定资产进行全面清查，所有固定资产引入条形码管理模式，对账外医疗设备等固定资产进行规范编号登记。利用自创的"医保耗材网上申报管理系统"，对材料供应商证照、医保编码、价格等电子信息进行全方位的上传、整理、核查、补缺等工作，相关部门共同完成全院医用耗材医保代码的申报和审核工作，网上申报管理系统获市质控中心的高度评价。

2012 年，医院创建的“医保耗材网上申报管理系统”获市质控中心好评，开展预防性维护（PM）的医疗设备台件数为 6 596 件，完成率超过 90%。

2013 年，医院完成对 70 余个职能部门及科室的走访调研并制定预算项目，严格执行预算，控制医院行政经费支出。同时对单价 10 万元以上的大型设备采购严格进行可行性论证，20 万元以上大型医疗设备委托国家指定招标公司统一进行公开招标。2014 年，医院严格执行医院设备购置维修预算，控制医院行政经费支出，无超预算项目，通过谈判、招标流程节省费用 933.64 万元，占预算总额的 4.41%。保证设施设备正常运行，设备设施完好率达到 98%。建设具有医院特色的物资供应链管理平台，加强规范院内申购和供应商资质管理，在国内独创性地开发出外委供应商供货及时率评价，提升医院物资采供周转效率，开发出微信版医用耗材验收等监管系统，对高值耗材的存储和使用全过程进行可视化等规范管理，严控耗材进院的质量关。2015 年，医院严格执行设备购置维修预算，控制医院行政经费支出，无超预算项目。通过谈判、招标流程节省费用约 900 万元。全年申请并争取到 3 个甲类设备购置许可证，包括射波刀、PET/CT 与达芬奇手术机器人，使医院设备保持国内先进水平。2016 年，通过各部门访谈、设施设备调研，结合各类评审检查及安全生产工作有关要求，确定预算项目 284 项，预算金额 2.12 亿元，执行率达 98.3%，通过竞争性谈判等机制节支近 800 万元。其中，服务于临床的项目 184 项，服务于科研的项目 40 项，公用设施安全改造 120 项，解决访谈中的民生问题 130 余项，实施效果满意率达 95%。

【制度建设】

2010 年，医院在满意度调查中，分别对环境、消毒、运送、维修、电梯、采购、被服、餐饮 8 个大项进行征询，除餐饮满意度大于 70%外，其余各项满意度均达到 90%。医院对《后勤保障部质量手册》《程序文件》及各科室工作制度进行年度评估并改版修正，新增或修订《组织架构》《中心供氧中断预案》《污水处理制度》等 31 项文件。2016 年，根据 JCI 标准及大型医院巡查等评审要求，医院对部门工作手册中各类管理制度、岗位职责和应急预案进行修订和增补，完善各类制度 253 项，新增、修订应急预案 61 项，同时根据固定资产清查等相关要求，建立《固定资产更新、改造管理办法》《项目招标实施办法》等 17 项核心制度。

【综合培训】

2014 年，医院启动后勤部门员工培训项目，举办培训讲座 9 次，讲座内容涉及安全、管理、服务等多个方面，提高医院后勤员工素质与技术水平。同年，后勤保障部开展防汛抗台应急演练，检验后勤部门对应急事件的处理能力。同年，医院举办全国基于 JCI 标准的后勤保障规范化管理学习班。2015 年，医院重视后勤文化培养，启动第二轮后勤部门员工培训项目，共举办培训讲座 7 次，讲座内容涉及安全、管理、信息化、能源等多个方面，提高医院后勤员工素质与技术水平。

【其他管理】

被服管理　2008 年，医院完成被服洗涤服务的改制工作，重新组建被服组，优化管理流程，对院内被服采购、洗涤、清点、收发等工作加强监管举措。2009 年，被服洗涤采用电脑自动识别的科技模块芯片，替代传统人工现场清点，该方法在上海医务界属首创，有效促进院内感染控制工作的开展。

物业管理　2015 年，医院强化外委监管，完成部分物业（保洁、电梯、卫勤）更换工作。严格按照招标流程，上海置友物业管理有限公司中标。为提高新物业公司的服务满意度、服务质量，相关科室制定严格的考核制度，考核结果与物业服务费用挂钩。2016年，医院采用公开招标方式，开展工程物业服务的招标工作，上海益中亘泰物业管理有限公司中标并在委托合同中建立全面的监管考核制度。

停机坪管理　2004年，医院建有直升机坪的新门诊大楼落成。2010年，医院完成停机坪的修缮工作。2012年，医院完成办理更换停机坪使用许可证，完成测绘、公安、设备设施整改、使用手册修订、停机坪维护等工作。

第二节　总务工作

一、概况

医院总务管理由总务科负责。1951年9月前，医院后勤事务主要由事务处管理；9月，事务处更名为总务科。1988年8月，医院总务处成立后，总务科成为其下设科室。2008年9月，总务处更名为后勤保障部，总务科隶属后勤保障部，主要负责职工食堂、氧气供应、污水处理、被服管理、会务接待、话务服务、房产管理、标识制作等相关工作。总务科坚持“以患者为中心”的宗旨，秉承“主动、热情、高效、奉献、廉洁”的工作作风，确保医、教、研工作的顺利进行。总务科主要工作内容包括负责全院的总务后勤服务工作，持续不断提高服务管理水平、改善服务态度，负责全院职工食堂、气体供应、污水处理、被服管理等工作，保障医疗、教学、科研工作的正常开展，负责总务科范围内外委服务方的监督、评价与管理，落实院领导临时交办的其他工作任务。至2016年，总务科编制制定各类岗位职责37份，各项管理制度43份，各项工作规程36份，以及各类应急预案8份。

表8-1-2　1952—2016年总务科历任负责人情况表

任职时间	负责人
1952—1955	徐在贵
1955—1956	周福根
1956—1965	吴桂明
1976—1980	陈其宝（副科长，主持工作）
1980—1983	徐永和
1983—1990	郑忆柳
1990—1994	周　群
1994—2011	王中一
2011—2013	黄立勇
2013—	沈　斌（副科长，主持工作）

二、管理重点

1949年后，医院总务工作主要包括管理修理、工人、环境卫生、失物招领、宿舍、家具等后勤保障服务。20 世纪 80 年代末，为响应国家和医院倡导，提升服务质量，总务科制定文明礼貌计划、文明服务规划，并明确科内各级人员职责。20 世纪 90 年代起，总务科开设医院洗衣房、进修医生招待所等，服务医疗一线。2008 年，总务科重点围绕被服管理、制度修订等展开相关工作。2009 年，总务科工作主要涉及制度修订、食堂管理、禁烟等。2010—2012 年，总务科就职工食堂、禁烟工作、服务改进等开展日常工作。2013 年，总务科在 JCI 复评审、三级医院复评审及各级单位的精神文明各类检查工作中严格按照各项检查要求，配合医院做好后勤保障工作，未出现重大不合格项。至 2016 年，总务工作主要涵盖职工食堂、卫勤工作、被服洗涤、物业服务等。

【职工食堂】

2014 年，经职代会表决，由麦金地餐饮接替才众餐饮出任新服务方，并且由总务科赵毅峰直接主管食堂日常营运，麦金地先后更换一任高层管理和三任服务经理。截至当年 11 月底，共完成营业额 6 986 526 元，平均每月就餐率达 94%以上，2014 年完成医院各类客饭 1 200 人次；完成各科室学习班 30 余次；接待各类检查 16 次，其中食药监局 8 次、飞行检查 3 次，均受到好评；保持“6T 实务现场管理示范食堂”、A 级资质、爱国卫生先进、“笑脸”称号。2015 年，职工食堂继续由麦金地作为服务方，试点多种模式经营，截至 11 月底，共完成营业额 6 940 195.59 元，平均每月就餐率 96%以上；2015 年完成医院各类客饭 1 200 人次；完成各科室学习班 30 余次；接待各类检查 16 次，其中食药监局 8 次；保持“6T 实务现场管理示范食堂”、A 级资质、爱国卫生先进、“笑脸”称号。2016 年，职工食堂继续由麦金地作为服务方，截至 11 月底，共完成营业额 7 430 645.01 元，平均每月就餐率 96%以上；完成各科室学习班、学术活动等 40 余次；接待各类检查 15 次，其中区市场监督管理局 4 次、飞行检查 3 次，均受到好评；同时保持“6T 实务现场管理示范食堂”、A 级资质、爱国卫生先进、“笑脸”等称号，全年食品安全零事故。

【卫勤工作】

2014 年，卫勤工作主要是更新防滑地毯；专项整治门诊楼及华山大道厕所；更新全院标识。电梯工作主要是整治卫生死角、设立特殊安排疏导人员等，满意度稳中有升。2015 年，对全院卫生死角巡查、病房环境巡视、废弃物运送流程检查等重点工作加大力度，发现问题及时整改；医疗废弃物管理方面，将医疗废弃物进行分类，同时做好废弃物交接工作，并继续将有害化学品管理及医疗废弃物标签粘贴率作为两项长期的持续改进工作。2016 年，医院制定三年计划；完成白蚁检测装置安装、白蚁源头查找，全年集中投药 3 次，完成如哈佛楼、花园小厅及古树名木等重点部位的防治工作。

【被服洗涤】

2014 年 3 月起，由分管院长牵头召开被服管理专项会议，经过一次全院盘点、二次与护理部协商、三次处务会汇报，针对被服管理中存在的三大主要问题，提出相应的解决方案。至 11 月底，已基本解决被服洗涤质量问题。针对被服缺失与质量问题，提出送收模式改革、“点餐制”、手术室被服租赁等系列方案，得到相关部门的认可。2015 年，以被服管理软件升级、被服收发数量核对、服务时间调整、病区个性服务、床(窗)围帘清洗为切入点，定期组织被服检查，坚持每周抽查 4 到 5 个病区，累计全年抽点被服 24 567 件，进一步加强对被服内置芯片的管理和监控，加强同病区沟通协调。2015 年全年共开展 4 次全院范围调研工作，针对不同科室开展不同管理服务工作。2016 年，医院开展“被服软件升级、漏扫被服归还、床围帘清洗”为重点的被服管理工作。定期对被服扫描准确率检查，每周抽查4到5个病区，全年累计抽点被服14268件；进一步加强对被服内置芯片的管理和监控，同比2015年，扫描错误率降低1‰左右。

【物业服务】

2015年6月，医院启动物业招标，上海置友物业管理有限公司中标。置友物业服务范围为保洁、运送、电梯等，通过不断调整物业考核方案，全年满意度考核结果稳中有升。2015年全年完成各项大型检查、一床一巾集中清洗、调整人员结构、专项保洁队不断改进等工作。2016年，上海益中亘泰物业管理有限公司中标，并在委托合同中建立全面的监管考核制度。

第三节　装　备　工　作

一、概况

医院装备管理由装备科负责。1950年前后，医院设有材料科负责医疗、办公、厨房用品以及易耗品的采购管理工作。1976年，材料科更名为设备科。至20世纪90年代，设备科已配备专职采购员、报废员、库房保管员以及设备维修管理员，并制定相关制度与岗位职责。2001年，设备科更名为装备科，为总务处下设部门。2008年，医院成立设备、材料管理委员会与工作小组。2015年，医院成立医用材料管理委员会、常务委员会，进一步规范设备管理工作。

装备科承担医院医疗设施设备的采购、验收、供应、维修、预防性维护、计量等工作，医用耗材、部分通用设备、办公用品、低值易耗品、印刷品、家具、被服的采购、调配、归档、报废等管理工作；负责收集所需购置的各类医疗器械的各种资料，掌握最新医疗器械发展动态，给院领导及各使用部门提供有价值的技术信息及工程技术支持；医工结合，确保医疗器械的质量安全及有效使用。装备科主要工作内容包括，根据国家有关规定，建立完善医院医学装备管理工作制度并监督执行；负责医院医学装备配置规划和年度计划的制订、实施等工作；负责医院医学装备购置、验收、质控、维护、修理、应用分析和处置等全程管理，保障医学装备正常使用；收集相关政策法规和医学装备信息，提供决策参考依据；组织医院医学装备管理相关人员专业培训；完成院领导交办的其他工作；各重点岗位工作人员视不同情况，定期进行轮岗。至2016年，装备科编制制定各类岗位职责22份，各项管理制度37份，各项工作规程22份，以及应急预案2份。

表8-1-3　1950—2016年装备科历任负责人情况表

任职时间	负责人
1950—1952	孙爱德
1952—1954	施兰芳
1954—1958	王宝兴
1958—1959	马孝仁
1959—1966	徐永和
1967—1968	安素维

（续表）

任职时间	负责人
1968—1972	周福根
1972—1976	丁锦芳
1976—1984	徐锡麟
1984—1990	陈宏基
1994—1997	曾大允（设备）　姚玲娣（材料）
1997—2001	朱　晔
2001—2012	钱建国
2013—	陈　爽

说明：1950 年前负责人为王慰曾。

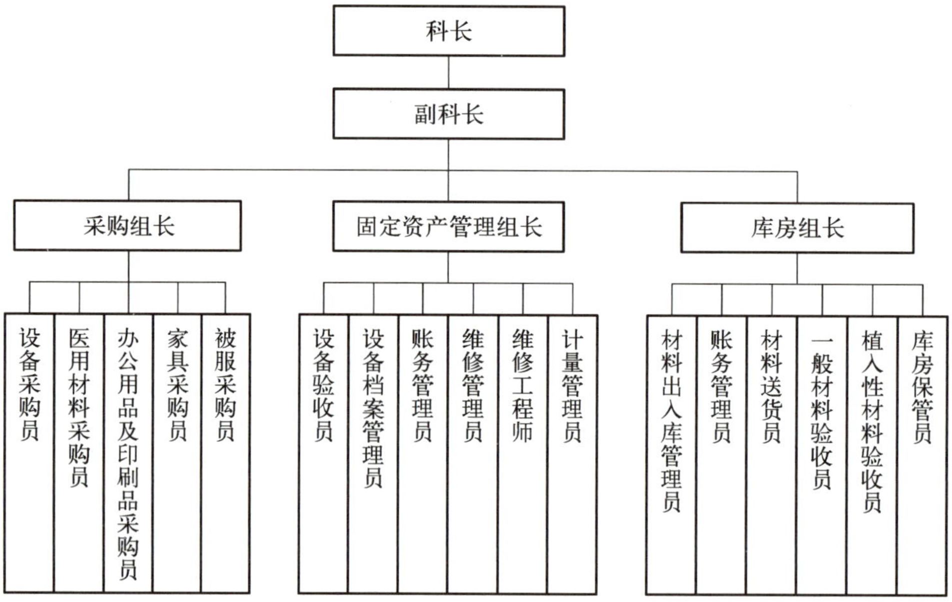

图 8－1－6　装备科管理分工图

二、管理重点

【设备概况】

1911 年医院开业时，医疗器械为手术台、蒸馏消毒等。1922 年前后，医院设立内窥镜检查室、X 光室以及水疗、电疗室，并配有相应设备。

至 1949 年，医院已具规模，临床、医技以及医疗辅助部门设备俱全，可承担各类手术以及检测检验工作。1949 年医院共执行大小手术 7 000 余台，麻醉术超 4 000 例，放射拍片近 15 000 次，各类检验、化验近 120 000 次。

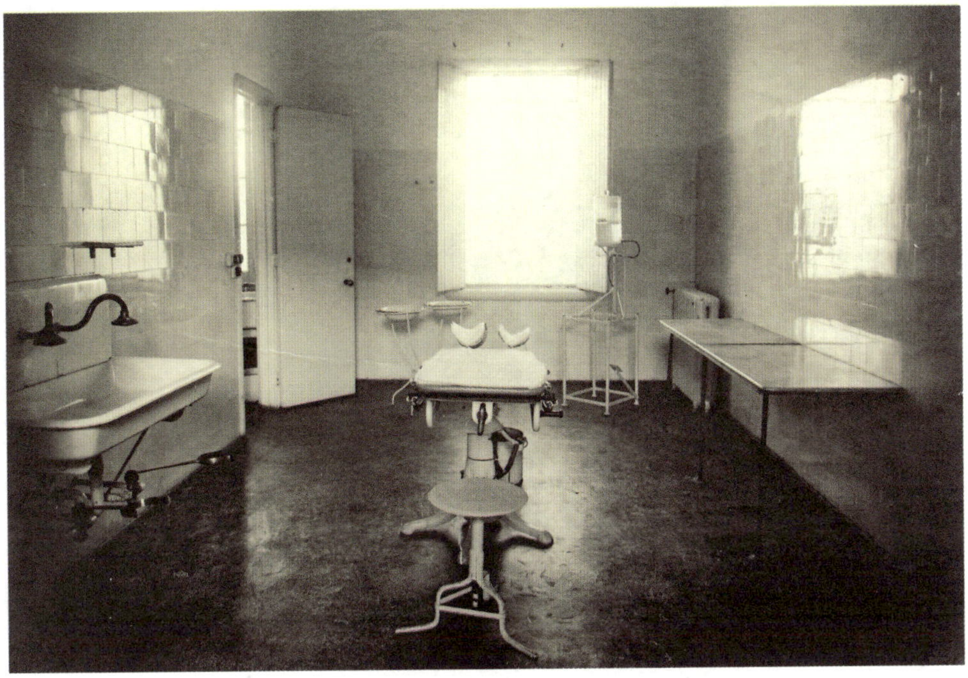

图 8-1-7　1922 年，医院目镜及膀胱镜检查手术室

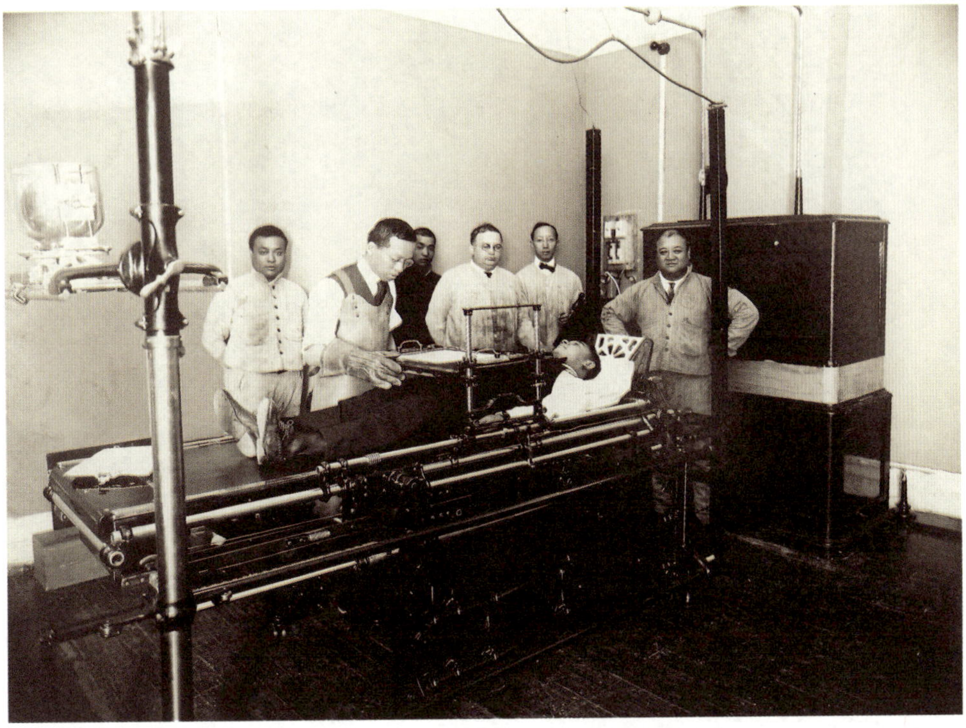

图 8-1-8　1922 年，医院 X 线机

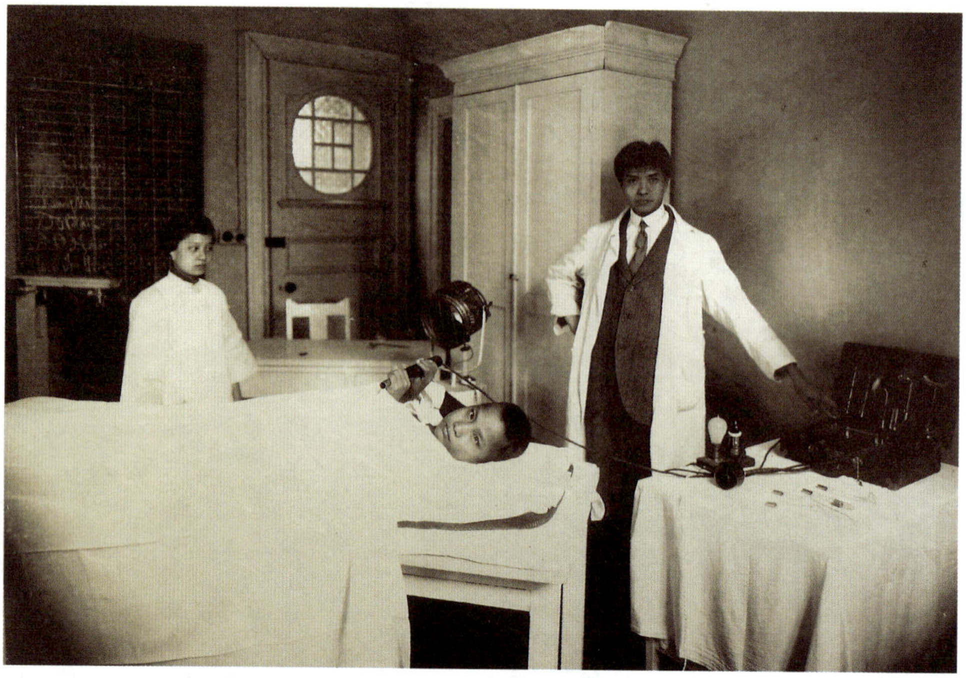

图 8-1-9　1922 年，医院电疗机

表 8-1-4　1949 年医院设备资产及每月使用情况表

<table>
<tr><th>科　室</th><th>主要设备及数量</th><th>每月工作量</th></tr>
<tr><td>手术室</td><td>手术台(5 台)
石膏台(1 台)
无影手术灯(3 台)
小型 X 线机(1 架)
冰冻切片机(1 台)
小型、巨型消毒蒸锅(各 1 台)
其他一切手术应用器具</td><td>大型手术约 100 次；小型手术约 400 次</td></tr>
<tr><td>X 光部</td><td>诊断 X 线机(4 架)
深度治疗 X 线机(2 架)
透热电疗机(1 架)
电按摩机(1 架)
紫外光灯(1 架)
镭锭(50 mgm)</td><td>拍片约 240 张；荧光透视约 800 次；肠胃检查约 50 次；深度 X 线治疗约 350 次；表面 X 线治疗约 10 次；物理治疗约 250 次</td></tr>
<tr><td>消毒室</td><td>蒸汽消毒器(1 台)
阿诺氏灭菌器(1 台)
干燥箱(1 台)</td><td rowspan="2">瓦氏、康氏试验约 600 次；血型配合试验约 400 次；结核菌培养约 160 次；动物接种约 30 次；普通培养约 800 次；凝聚试验约 140 次</td></tr>
<tr><td>细菌检验室</td><td>37℃温箱(1 台)
50℃温箱(1 台)
培养棚(1 架)
显微镜(2 架)
大型电离心器(1 台)
大型冰箱(1 台)</td></tr>
</table>

（续表）

科　室	主要设备及数量	每 月 工 作 量
血清室	37℃水箱（1 台） 50℃水箱（1 台） 康氏试验振荡器（1 台）	瓦氏、康氏试验约 600 次；血型配合试验约 400 次；结核菌培养约 160 次；动物接种约 30 次；普通培养约 800 次；凝聚试验约 140 次
动物室	绵羊（1 只） 家兔（10 只） 荷兰猪（80 头） 洋鼠（100 只）	
临诊生物化学科	电动比色器（1 套） 范斯莱克仪（1 套） 新陈代谢测验器具（1 套） 精细天秤、离心器、体液定量分析器械	血液检定约 360 次；脊髓液检定约 60 次；新陈代谢测验 20 次
临诊化验室	显微镜（16 架） 血球、血色素、血片、大小便、脊髓液、痰液、骨髓液等检验设备及化学药品	血液检查约 200 次；大小便检查约 360 次；痰液检查约 360 次；淋菌片检查约 100 次；胃液检查约 16 次；腹水胸水脊髓液等检查约 12 次
药剂部	电力针药自动灌注器（1 架） 自动调节蒸馏水制造器（2 架） 精细天秤、制剂配方设备与化学药品等	配药方壶万张；葡萄糖盐水壶百万毫升；各种针药制造约 5 000 针

1950 年至改革开放前，医院基本没有进口设备引进，购入的国产设备有半导体心电图机、纤维胃镜、超声诊断仪等。1979 年，医院引进国内第一台头颅 CT，国务院指派交通部负责出资以 60 万美元外汇高价买入。此后，医院陆续添置超声波显像仪、气道体积扫描仪、肌电仪、体外震波碎石机

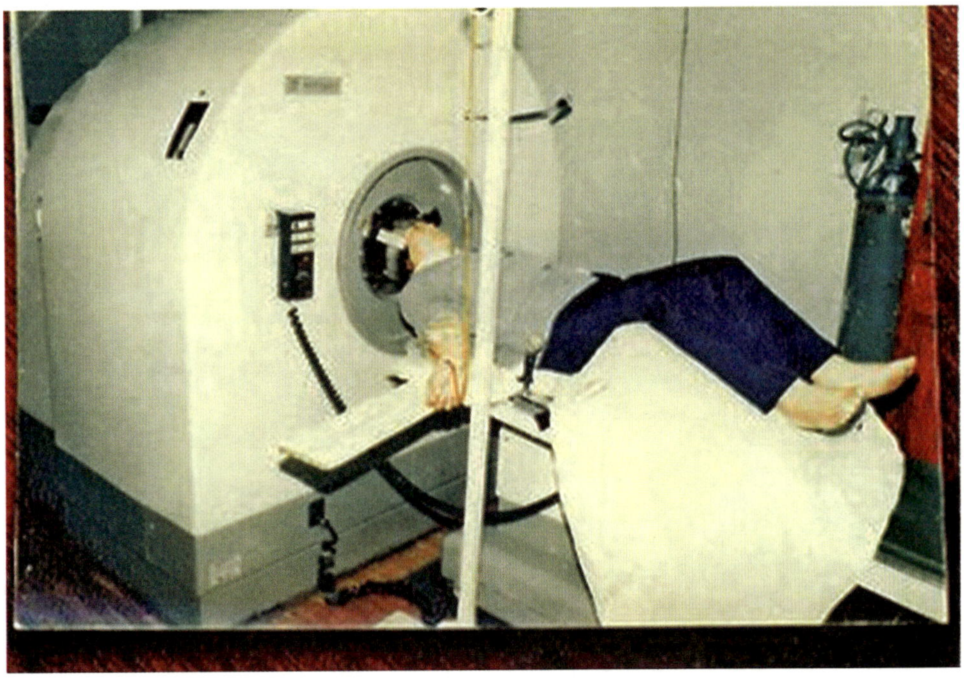

图 8－1－10　1997 年，医院引进国内首台神经导航系统

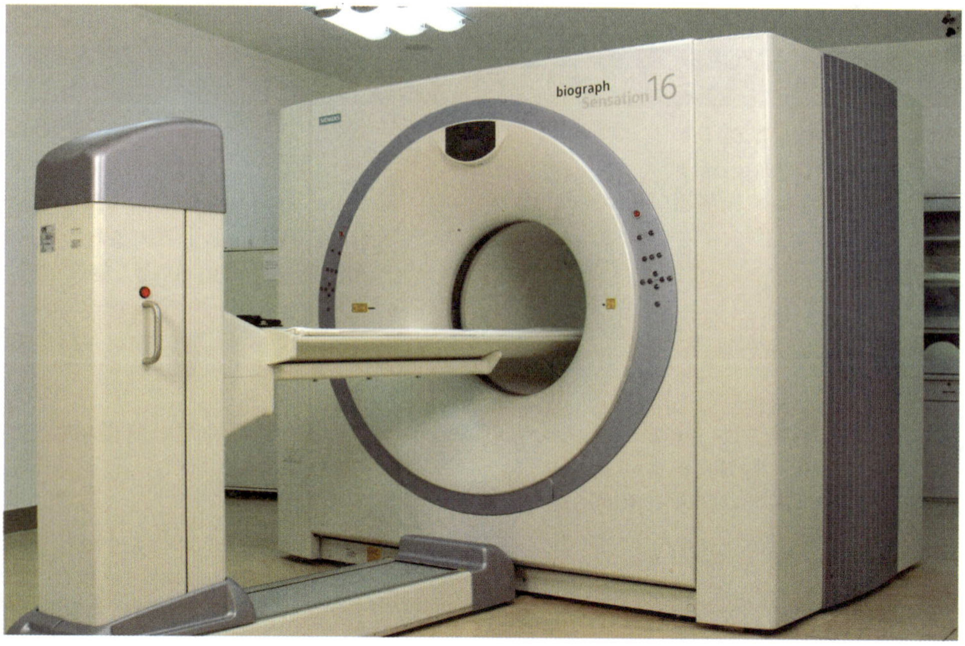

图 8-1-11　1998 年，医院引进华东地区首台 PET-CT

等。1988 年，医院引进 MRI，是国内最早引进 MRI 设备的单位之一。20 世纪 90 年代后，医院相继购入彩色多普勒线阵扫描显像仪、全身立体定向放射外科治疗系统、接触式激光仪、直线加速器治疗机、神经导航系统等。1998 年，医院引进华东地区首台 PET-CT，为当时国际最先进的计算机断层显像设备。

进入 21 世纪后，为提高临床诊治水平，除购置一般的诊疗设备外，医院还引进不少国际先进的医疗仪器设备，如 2005 年医院引进国内第一台低场强术中 MRI 手术系统，2007 年引进上海第一台

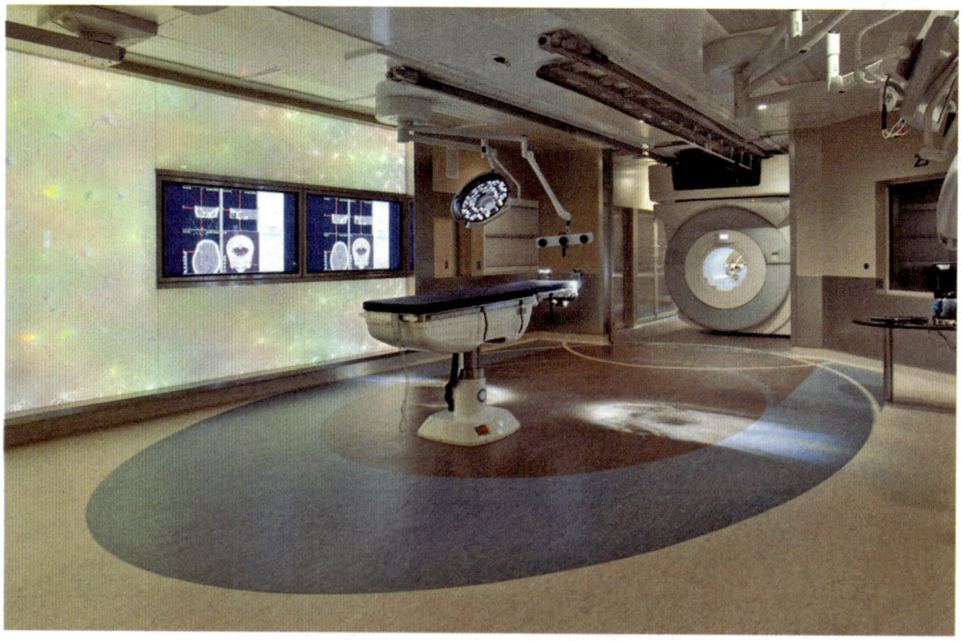

图 8-1-12　2010 年，医院引进上海首台高清 3.0T 术中磁共振

射波刀，2010 年引进上海第一台 3.0 T 超高场强术中 MRI 数字一体化手术中心系统，2015 年底引进国内最先进的达芬奇机器人手术系统，2016 年率先引进第五代射波刀等。同时，医院购入伽马刀、64 排 CT、SPECT、DSA、电子束成像系统(EBIS)、彩色多普勒超声系统、氩气刀、超声刀、X 刀、直线加速器等一大批高精尖仪器，使医院医疗设备达国内领先，接近国际先进水平。

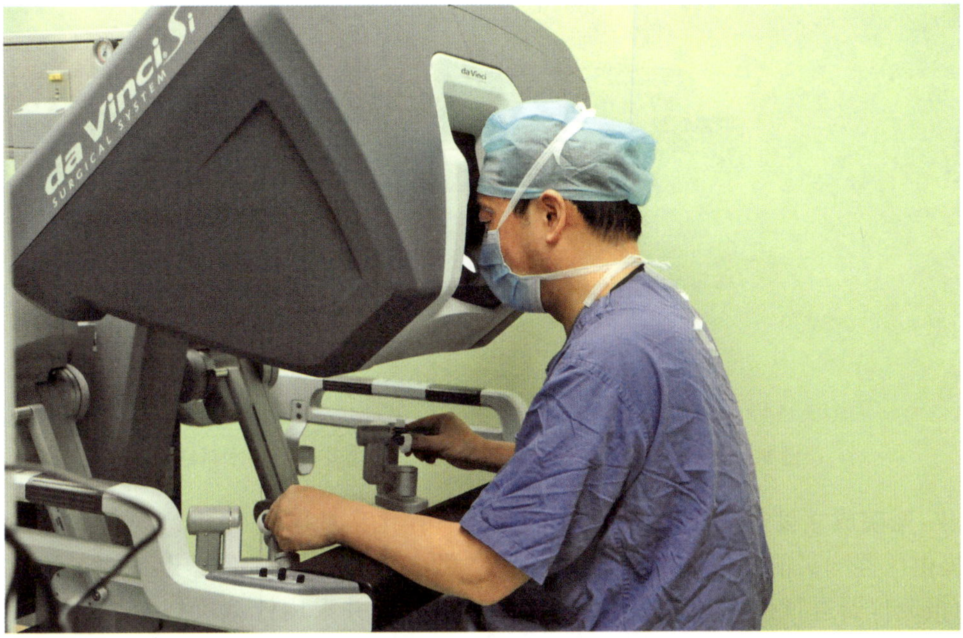

图 8-1-13　2015 年，医院引进达芬奇机器人手术系统

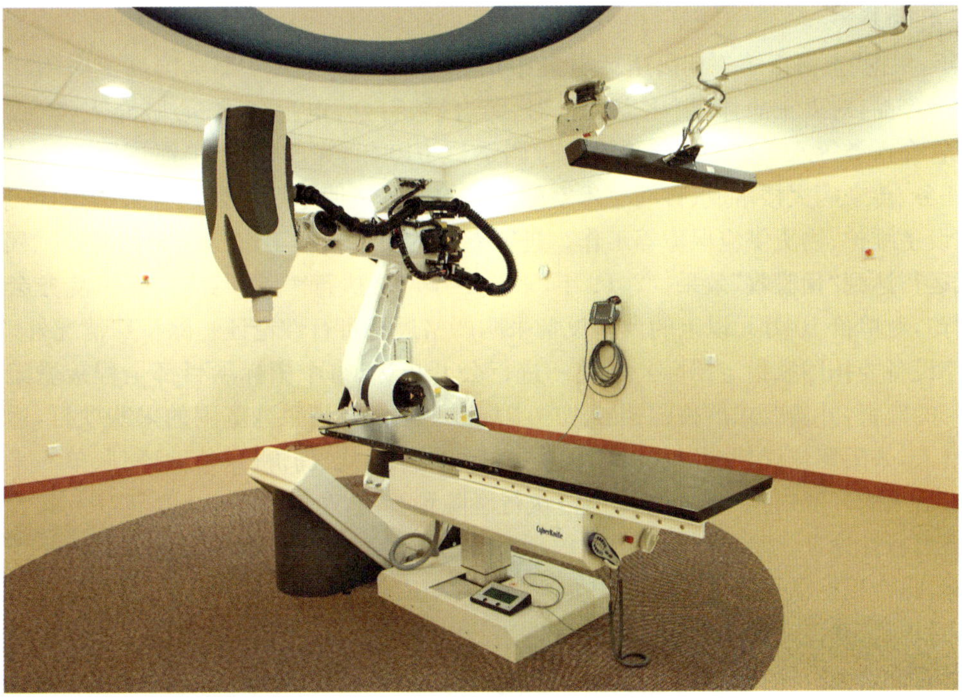

图 8-1-14　2016 年，医院引进第五代射波刀

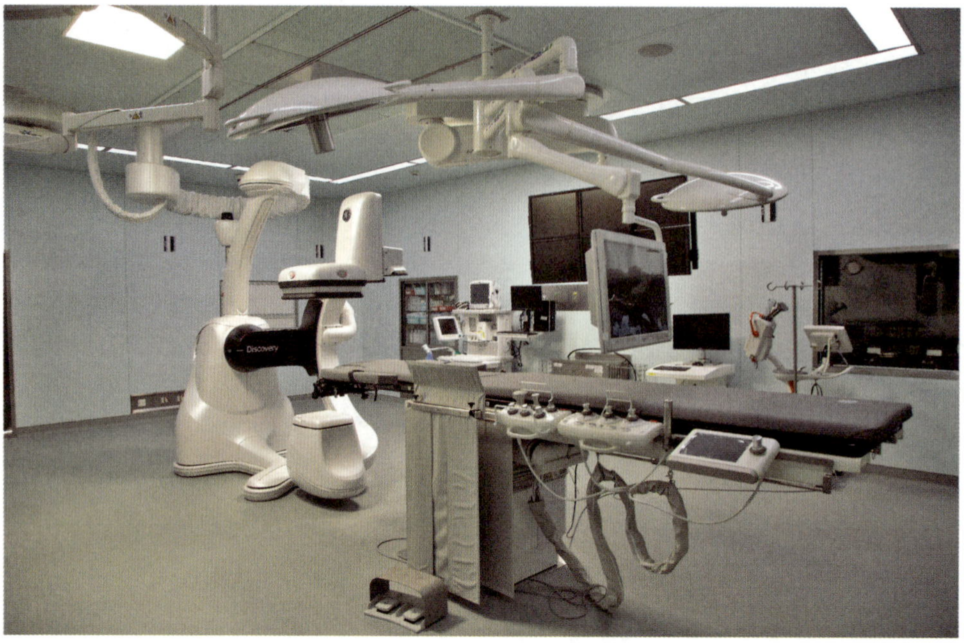

图 8-1-15　2016 年,医院启用脑血管病杂交复合手术系统

2008 年,医院成立设备、材料管理委员会与工作小组后,各项工作更趋规范。装备科用自身专业知识提供仪器购买前的技术咨询,给购置设备做好技术把关;为仪器设备的正常运转提供维修保障,为报废仪器进行技术鉴定;完成相关周期性检定,并采用计算机技术加强医疗设备的后方管理。

【招标采购】

2008 年,根据“上海市第一期医用耗材集中招标采购”以及“卫生部全国高值医用耗材集中采购”中的中标产品,对人工晶体、消化道吻合器、缝合器、钉仓、电生理类、心脏介入类、心脏起搏器类、周围血管介入类等八大类产品的价格进行调整。2010 年,完成东院“上海国际医院”挂牌,总院世博干保任务、传染病大楼落成、日间手术室的建立等服务世博重点项目设备采购招标、预算执行、安装验收、设备维护、物资供应保障等工作。进行专题的质量改进工作,对采购、验收流程进行全新更改,经试运行达到“预验收”效果。2011 年,采购工作严格执行医院预算决议(由院务会讨论审批同意后执行),对单价 10 万元以上的大型设备采购严格进行可行性论证。除特殊情况外,20 万元以上大型医疗设备委托国家指定招标公司统一进行公开招标,每个招标项目都全程接受纪委、审计、财务等部门的监督,并按要求严格归档。进一步规范未纳入政府采购范围的采购项目,适时邀请临床项目负责人,采用集体谈判的形式;采取院内邀标、网上采购、询价、竞争性谈判、单一来源采购等多种方式进行采购。2014 年,采购工作严格执行医院预算决议,对单价 10 万元以上的大型设备采购严格进行可行性论证。除特殊情况外,10 万元以上大型医疗设备委托国家指定招标公司统一进行公开招标,每个招标项目都全程接受纪委、审计等部门的监督。2016 年,采购工作严格执行医院预算决议,对单价 10 万元以上的大型设备采购进行效益论证,对单价 50 万元以上的大型设备采购进行严格可行性论证。除特殊情况外,10 万元以上大型医疗设备委托国家指定招标公司统一进行公开招标,每个招标项目全程接受纪委、审计等部门的监督,并按要求严格归档。

【检测维保】

2009 年，完成全院近 5 000 台医疗设备预防性维护计划、风险评估，电气安全、功能性维护检测，百万多条数据录入及质控改进等工作。遵循 PDCA 的原则，通过加强对设备使用维修和预防性维护（preventive maintenance，PM）等数据指标监控分析，保证设备使用安全有效。2010 年，在 JCI 评审中，医疗设备预防性维护工作被评为医院五大亮点之一。同年，除继续抓好医疗设备院内巡查、设备检测保养、安全培训等工作外，还和中心实验室一起，对全院水银体温计、电子体温计等温控设备进行检测、比对工作；通过专业培训，购买专用设备，组织专人独立开展检验科离心机的预防性维护工作。2014—2016 年，不断加强医疗设备和实验设备的预防性维护工作，医疗设备的预防性维护率保持在 90%以上。

【固定资产】

1978 年改革开放后，医院临床医疗业务进入快速发展时期，对先进设备需求迫切。1979 年，医院从日本引进国内第一台头颅 CT。1987 年医院建院 80 周年之际，万元以上设备有 209 台，固定资产达 2 580 万元；至 1997 年，万元以上设备有 976 台，固定资产达 21 246 万元。进入 21 世纪后，购置大型、高级设备成为医院常规工作。2008 年，医院百万元以上设备 71 台，固定资产数为 12 341 台，合计约 55 182 万元。至 2016 年，医院百万元以上设备 202 台，固定资产数为 23 497 台，包括通用设备、专用设备、交通运输设备、电气设备、电子产品及通信设备、仪器仪表、计量器具、家具用具以及无形资产等，合计约 124 999 万元。

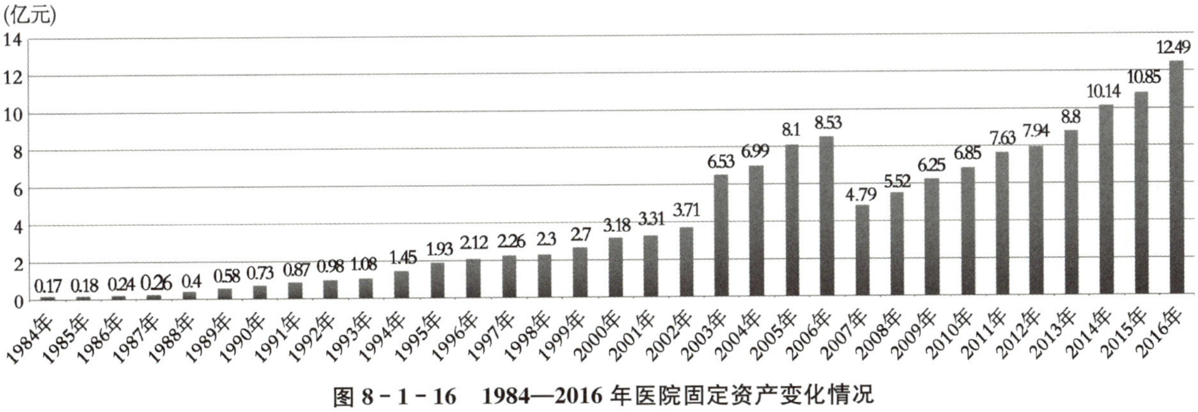

图 8-1-16 1984—2016 年医院固定资产变化情况

【资产报废】

1989 年前，医院基本无报废固定资产。1989 年，医院报废固定资产 3 件，金额 87 822. 55 元。至 20 世纪 90 年代末，医院合计报废固定资产近 200 件，约合金额 1 000 万元。2009 年后，医院成立固定资产处理领导小组、工作小组，制定固定资产管理制度，报废 50 万元以下资产需备案，报废 50 万元以上资产需向上级请示批复。根据《国家卫生计生委预算管理单位国有资产处置管理办法》等有关规定，医院自行报废权限为每月小于 200 万元，超过限额由国家卫计委或财政部审批。2014 年，医院报废固定资产共计 1 901 件，金额 39 863 986. 37 元；通过院内报废流程，但需国家卫计委批复的资产共计 5 件，金额 61 403 886. 52 元。2015 年院内报废固定资产共计 1 155 件，金额 32 169 409. 54 元，另有 5 件共计 61 403 886. 22 元需报批。2014—2015 年医院已上报报废备案共计

1 603 件，金额 17 784 436.08 元；剩余 1 453 件，共计金额 54 248 959.83 元，预计到 2018 年 3 月才能全部备案完毕。

【信息化管理】

2008 年，医院建立以“条形码管理软件和条形码扫描枪”为主体的植入性医疗器械管理体系，眼科、口腔科、整形外科等已顺利运行，并且在手术室开展以“扫描条形码同收费相结合”工作试点。2009 年，完成 40 多家设备供应商电子版证件资料录入，完善 PM 模块各项功能。在软件中加入档案管理模块，对档案文档信息进行录入登记，便于日后查询。将卫生部及上海市高值耗材集中招标等信息在装备科网上公示，重大预算、招投标等执行情况也在职代会上公示。医院电气安全和除颤仪等质控检测标准被学会推荐为全市标准。2011 年，根据卫生部新财会制度要求，对照财政部最新物资编码手册，对全院固定资产管理软件进行一次全面的改造升级工作，使每类资产增加实时折旧等成本核算功能，同时每类医疗设备基本做到全生命周期管理。利用独创的“医保耗材网上申报管理系统”对材料供应商证照、医保编码、价格等电子信息进行全方位的上传、整理、核查、补缺等工作，配合医保办、财务处完成全院医用耗材医保代码的申报和审核工作，网上申报管理系统获得市质控中心好评。当年对全院医疗设备等固定资产进行一次全面的清查，所有固定资产都引入条形码管理模式。2015 年，针对诊断试剂、高值耗材、植入物管理的盲区，在医用耗材医院综合运营平台雏形基础上运用微信验收扫描、云平台信息审核等“互联网＋”技术，完善医院耗材供应链管理平台软件建设，实现以“条形码为核心”的闭环管理，完成对医用物资耗材全程跟踪管理，确保耗材安全有效，为核算管理提供有力数据支持，覆盖医用耗材 3 800 多种类，使用产品金额 115 874 107 元。

【流程优化与其他】

2008 年，医院对 3 号楼地下室库房进行改建，包括风机和通风管道改造、墙面重新涂刷、电气线路重新排布等。改善库房医疗物资的存放环境，更新标识，提高地下室库房的利用率，并适时对库房工作人员工作流程进行调整。专人负责 JCI 相关工作，对每一类设备严格分级制度，完善全院医疗设备安全培训内容，制订每台医疗设备的预防性维护计划。当年完成全院 30 多个部门的设备清产核资、预防性维护及培训巡查工作，完成 14 万条以上相关信息录入工作。在抗震救灾、奥运保障等重大活动中保障供应，共有 3 人次赴四川参加中德红十字野战医院援建工作。2012 年，完成 JCI 复评审、北院新建、卫生部临床重点学科设备申购等重点工作。按照卫生部《医疗器械临床使用安全管理规范》，以及新版 JCI 中对设备、耗材的要求，对制度进行新一轮的增补和修订，完成固定资产设备编码及折旧功能的优化改造工作。2013 年，完成三级医院复评审、部门访谈、卫生部临床重点学科设备申购等重点工作。加强权力运行机制方案建设，对科室每个岗位进行廉政风险分析，按风险的高低对不同岗位采取不同的监控方式，对一些重点岗位进行新一轮的轮岗工作，与科室每位成员签署廉政协议。2014 年，完成部门访谈、卫生部临床重点学科设备申购、医用耗材电子化管理等重点工作。按照国务院《医疗器械监督管理条例》，三级医院评审标准与 JCI 医院管理标准中对设备、耗材的要求，对制度进行新一轮的增补、修订。2015 年，完成 JCI 复评审筹备工作、部门访谈、干保项目采购、医用耗材供应链管理等重点工作。根据 JCI 医院管理第五版最新标准中对设备、耗材的要求，对制度进行新一轮的增补、修订工作。2016 年，完成大型医院巡查工作、部门访谈、干保项目采购、医用耗材电子化管理等重点工作，并对制度进行新一轮的增补、修订工作，对流程进行全面的改进和优化工作。

第四节　基　建　工　作

一、概况

基建科主要负责医院本部及分部的基本建设工程项目。医院自建院起，便有基础建设与修缮工作。1968 年，医院将修理组从总务科内抽出，并于 1976 年成立基建科。科室主要工作内容包括办理基建项目的立项、规划、建设、消防等各项手续和证件；对医院各项新建、扩建和改造工程进行施工管理；组织工程的竣工验收、制度化、规范化和科学化的日常管理以及与医院基本建设有关的技术资料的整理、归档、立卷工作等。至 2016 年，基建科编制制定各类岗位职责 6 份、各项管理制度 10 份以及各类应急预案 5 份。

表 8－1－5　1976—2016 年基建科历任负责人情况表

任职时间	负　责　人
1976—1980	韩自立
1980—1984	徐永和
1988—1999	韩自立
1999—2011	郭　玫(副科长，主持工作)
2011—2013	郭　玫
2013—	贾光海(副科长，主持工作)

二、管理重点

1909 年，沈敦和等用救助东北日俄战灾余款，在上海徐家汇购地十余亩，绘图填土建造医院学堂。1910 年，总医院暨医学堂落成，为建筑洋房两所。医院有冷热水管、割症室、诊病室、X 光室、配药室、储药所、化学所、养病室、浴室、殡殓所；医学堂有学生讲堂、寄宿所、膳堂，设备一应俱全。其中，学堂所在建筑因故不复存在，医院所在的建筑即为现 10 号楼(红会老楼)。

20 世纪 30 年代，医院 4 号楼建成。1964 年，医院拆屋新建大楼，至 1966 年，医院 3 号楼竣工落成。1975 年，医院 8 号楼、9 号楼建成。1988 年，医院 2 号楼建成。1996 年，医院 7 号楼建成。1998 年，医院 0 号楼建成。1998—2000 年，医院实施综合楼建设项目。1999—2004 年，医院实施门急诊楼建设项目。2002 年，医院 14 号楼建成。2006 年，医院东院建成。2004—2010 年，医院实施传染病楼建设项目。此后在 2011、2012 及 2014 年，医院分三期完成综合楼大修项目。2011 年，重点实施江苏路分部制剂室改造工程、分部消防设施设备整改工程。2012 年，重点实施江苏路分部消防设施设备整改工程、门急诊楼停机坪换证工作。2013 年，完成手术室改造项目申报，以及病房综合楼改扩建工程详规调整申报工作；同年，医院北院建成。2014 年，重点实施综合楼手术室改造工程，病房综合楼楼改扩建项目获上海市人民政府《关于同意〈上海市衡山路——复兴路历史文化风貌区保护规划〉暨〈静安区静安寺社区 C050101 单元控制性详细规划〉099 街坊局部调整的批复》。2015 年，重点实施病房综合楼改扩建筹建前期项目，国家卫计委规划与信息司组织专家组对

图 8-1-17　1910 年，中国红十字会总医院暨医学堂全貌

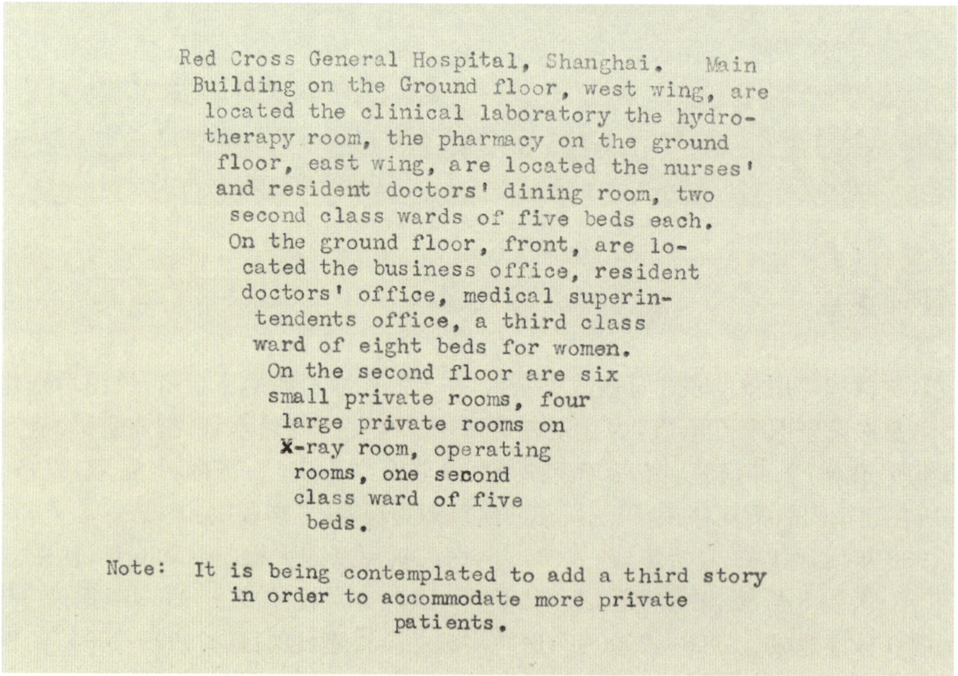

Red Cross General Hospital, Shanghai. Main Building on the Ground floor, west wing, are located the clinical laboratory the hydro-therapy room, the pharmacy on the ground floor, east wing, are located the nurses' and resident doctors' dining room, two second class wards of five beds each. On the ground floor, front, are located the business office, resident doctors' office, medical superintendents office, a third class ward of eight beds for women. On the second floor are six small private rooms, four large private rooms on X-ray room, operating rooms, one second class ward of five beds.

Note: It is being contemplated to add a third story in order to accommodate more private patients.

图 8-1-18　1922 年，中国红十字会总医院主楼各楼层分布说明

病房综合楼改扩建工程项目进行论证，医院正式上报项目建议书。同时实施门急诊 12 楼会议室改造项目，开展病理楼临时用房立项前期筹备，并配合 JCI 检查筹备工作。2016 年，病房综合楼改扩建筹建前期项目获国家卫计委关于医院病房综合楼项目建议书批复，同时实施开展临时病理办公用房建设项目、教堂体检中心改造项目、江苏路分部 1 号楼大修项目以及感染科 2 楼重症监护病房改造。

至 2016 年，医院四至边界北至华山路，东至乌鲁木齐中路，南至长乐路，西至华山医院西侧围墙。现状用地面积为 36 780 平方米。医院的西北侧为具有江南园林特色的附属绿地，东北侧为院

门急诊大楼、病房楼、医技楼，医院的辅助用房主要分布于南侧。总建筑面积为 110 752 平方米（其中医院南部 4 号楼建筑为教堂，非华山医院所有）。

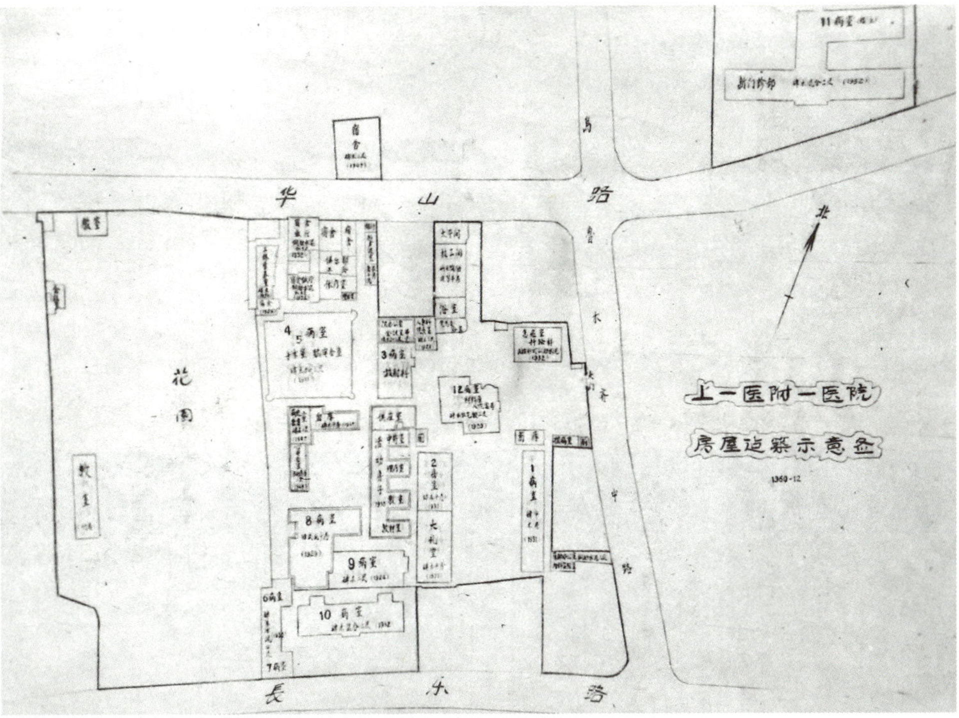

图 8－1－19　1960 年医院建筑分布图

图 8－1－20　2016 年医院建筑分布图

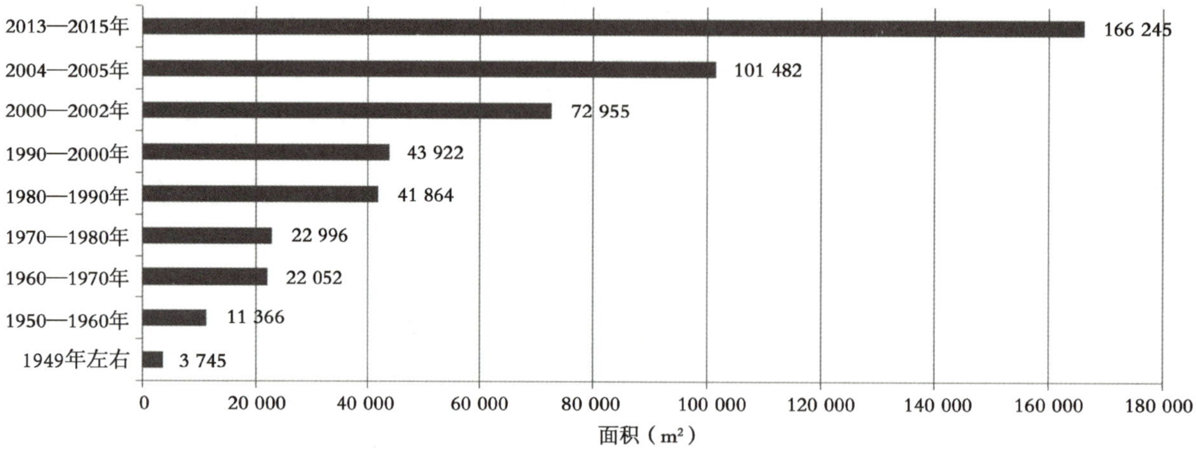

图 8-1-21 1949—2016 年医院建筑面积动态变化图

表 8-1-6 1910—2016 年医院建筑情况表

建筑名称	建成年份	层数	总建筑面积（平方米）	地上建筑面积（平方米）	地下建筑面积（平方米）
0 号楼(临时病房)	1998	5	3 178.00	3 178.00	0
1 号楼(门急诊楼)	2004	12	35 963.33	27 035.66	8 927.67
2 号楼(病房楼)	1988	20	17 284.00	16 377.00	907.00
	1988	18、19*	1 684.00	1 684.00	0
3 号楼(医技楼)	1966	8	5 902.21	5 235.14	667.07
4 号楼(教堂)	1930	4	432.00	432.00	0
5 号楼(传染病楼)	2010	5	8 977.82	5 960.62	3 017.20
6 号楼(综合楼)	2000	21	28 125.62	26 656.45	1 469.17
7 号楼(变电站)	1996	4	840.00	840.00	0
8 号楼(教学楼)	1975	7	3 399.90	3 399.90	0
9 号楼(食堂)	1975	2	1 426.67	1 426.67	0
10 号楼(红会楼)	1910	2	1 100.00	1 100.00	0
11 号楼(外科病理)	—	2	351.70	351.70	0
12 号楼(工会活动中心、碎石中心)	—	2	302.20	302.20	0
14 号楼(磁共振楼)	—	2	473.00	473.00	0
15 号楼(病史室)	—	1	310.00	310.00	0
花园大小厅及船厅	—	1	415.70	415.70	0
液氧站	—	1	20.56	20.56	0
DSA 楼	—	3	565.77	565.77	0

说明：* 为房产证上的写法。

第五节　动 力 工 作

一、概况

医院动力管理由动力维修科负责。1950 年前后，负责医院维修工作的是总务科下设的技工组，涵盖铜匠、锁匠、木匠、泥匠、电工等各类工种。1990 年 7 月，医院把总机、锅炉、修理单独从总务科划分出成立动力维修科。动力维修科为后勤保障部的下属科室，下设大修组、配电组、冷冻组、锅炉组、锅炉组、电梯维修组、总机维修组、库房组。

科室主要工作内容包括负责全院范围内配电、制冷、锅炉、电梯、总机等设施设备，院内基础设施的日常运行维护以及维修保养；负责全院的公用设施设备的正常使用及运行，使设施设备工况处于良好状态；负责设施设备日常巡检巡修，及时解决水、电、暖设备出现的问题，保证医教研工作的正常运转。完善和制定明确的岗位职责，贯彻安全操作规程及技术标准，负责职工调配、技术培训和考核工作，检查监督各班组日常工作，检查监督服务、维修、设备保养等制度执行情况。配合医院成本核算，做好全院水、电、气、设备等能源审核、登记、统计工作，降低成本，为医院节约资金。承担全院动力设备与设施选型、安装、运行、维护保养，全院输配电设施运行管理及维修，全院中央空调设备运行管理及维保，全院电梯设备运行管理及电梯维保，全院蒸汽供应及采暖设备维保，全院动力设备安全生产和节能降耗等相关工作。评价和选择外委单位，确保采购物资质量和建安工程项目质量符合规范与规定。动力科还做好各类应急预案演练工作以及领导交办的其他各项工作。至 2016 年，动力科编制制定各类岗位职责 22 份，各项管理制度 13 份，各项工作规程 10 份以及各类应急预案 12 份。

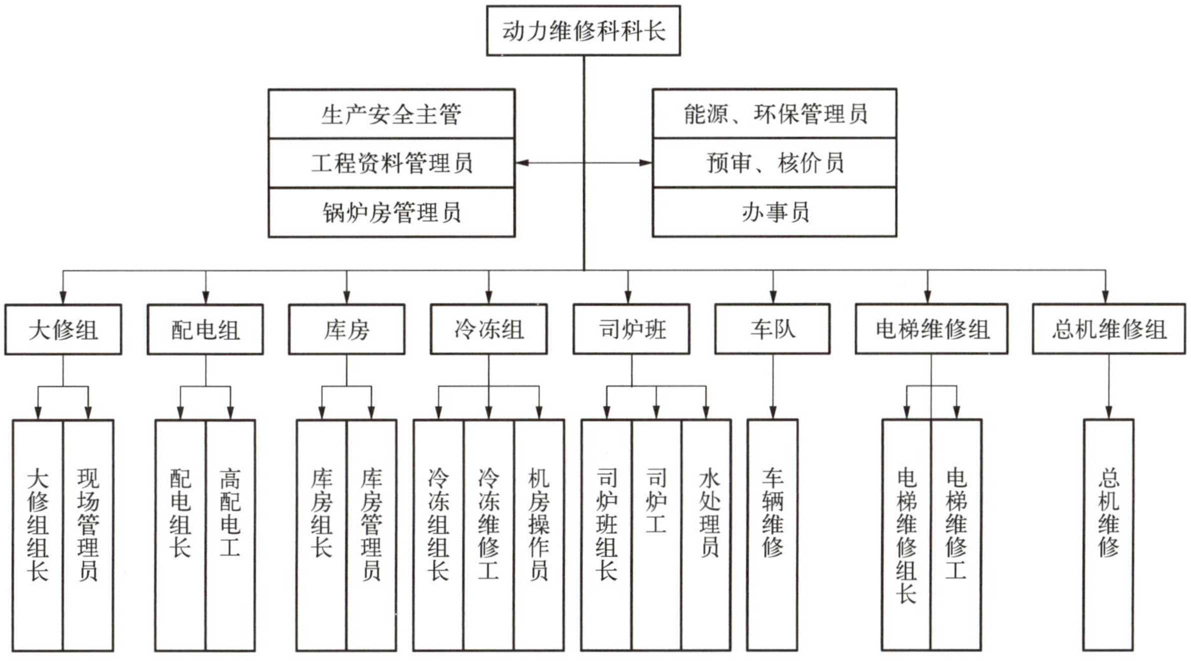

图 8-1-22　2016 年动力维修科组织架构图

表 8-1-7　1990—2016 年动力科历任负责人情况表

任职时间	负责人
1990—2000	蔡瑞生
2000—2003	方　强
2003—2004	叶贞义(代)
2011—2013	陈正松
2013—	侯占伟

二、管理重点

1990 年起，医院动力维修科承担院内日常公用设施设备的维修保养及安全运行、水电气冷热的正常供应、公用设施设备耗材采购、零星及急抢修等保障工作，并负责能源使用与管理、对外委服务方的监管与考核、员工的业务培训与文化建设，不断提升服务意识和服务水平。2014 年，启动医院能耗监管系统建设，该项目为卫生部专项项目，全年实现安全运营零事故。2015 年，科室协助医院创建节约型公共机构示范单位，致力于 2 号楼、6 号楼配电柜更新改造项目，完成用电扩容，提升用电等级，从源头降低医院天然气使用价格，全年实现安全运营零事故。2016 年，科室推进能耗监管平台工作，完善能耗数据监控与医院节能考核方案，完成物业工程部招投标工作，健全各项物业监管方案、流程等，完成科室工作手册修订、完善工作，建立 JCI 常态化管理模式，建立“问题库”常态管理模式，签订及实施“两步制”电价。

第二章　安全保卫

第一节　武装工作

一、组织机构

2007年6月，依据《中华人民共和国国防法》和《民兵工作条例》等有关“企事业单位设立人民武装部和配备专职武装干部”的精神，任命冯晓源为医院人民武装部第一部长，丁强为医院人民武装部部长，张佳文为医院人民武装部副部长，蒋正飞为医院人民武装部干事。

二、人民武装部

【基本情况】

2007年，由保卫处处长张佳文担任人武部副部长，人武工作由医院党委书记冯晓源分管。医院党委每年都拨出专项经费，确保拥军优属工作和预备役民兵医疗卫勤保障分队建设工作的顺利进行。在医院党委的直接领导下，每年开展大量工作，组织全院复转退军人们开展国防教育活动，参加警备区组织的医疗救援分队民兵整组活动，组织医疗专家团队赴部队开展义诊和健康讲座等。医院国防教育工作、基础建设工作、拥军优属工作每年都得到上海市警备区和静安人武部的表彰。人民武装工作的本质和核心是三句话：一是平时服务；二是及时应急；三是战时应战。按照上级基层武装部建设的标准，按照关于上级组建民兵分队的要求，把人武部建设好，把民兵分队建设好，特别是要加强思想建设、作风建设、组织建设、基本设施建设。通过上下齐心，共同努力把人武部、民兵队伍建设好，真正地成为标杆武装部，把民兵分队建设成为标杆民兵分队。

【主要任务】

依据《中华人民共和国兵役法》《民兵工作条例》《总参谋部、总政治部关于加强民兵基层建设的意见》《总参谋部、总政治部关于加强预备役部队基层建设的意见》和上级有关法规政策、指示要求，把武装工作与医院建设有机结合，促进共同发展。同时坚持党管武装的原则，按照上海市警备区、静安区人民武装部的要求，组建医院预备役民兵医疗卫勤保障分队，坚决完成武装部交办的整组任务。每年春节、“八一”期间做好拥军优属慰问工作；在院内开展国防教育，提高全员职工的国防意识；锻炼坚韧的思想作风，增强凝聚力，传承华山人不怕苦、不怕累、连续作战的精神，充分发挥打头阵、当先锋的作用，为更美好的华山明天而努力奋斗。

第二节 安 全 工 作

一、保卫管理

【概况】

医院安全保卫武装工作主要由保卫处负责。1949 年上海解放后，医院划归华东军政委员会卫生部领导，由其派驻卫警协助医院治安工作。1950 年后，医院建立人事科，保卫业务属人事科管辖范畴。1979 年，医院改人事科为人保科。1984 年，医院改革试点，将人事和保卫工作分开，分别建立人事科和保卫科。1987 年，医院建制由处级单位升格为副局级。1988 年，医院将人事科和保卫科合并建立为人事保卫处。1992 年，根据上级评审要求，医院将人事保卫处分为人事处和保卫处，同年在保卫处设综合治理办公室。保卫处在分管院长领导下，以医院各部门及全体员工、患者及家属、公安部门、司法部门及其他单位有关部门为工作联系对象，落实各项安全防范措施，维护医院正常工作秩序，做好本部门员工管理教育工作。

保卫处科室目标包括：依据《企业事业单位内部治安保卫条例》制定各项工作计划和规章制度，并检查督促各科室贯彻实施；依据《中华人民共和国消防法》《机关、团体、企业、事业单位消防安全管理规定》全面贯彻落实医院消防安全管理工作，根据“谁主管、谁负责”的原则，与各部门签订防火治安责任制，做到层层落实；依据《中华人民共和国兵役法》《民兵工作条例》《总参谋部、总政治部关于加强民兵基层建设的意见》等承担医院武装部的职责，完成上级武装部布置的任务；做好全员职工及外委服务人员的消防、治安安全培训工作；确保部门机关测评满意度高于机关平均满意度，消防安全零事故；推进医院安全管理工作的科学化、制度化和信息化进程；与医院其他部门及其员工建立并协调良好的工作关系；创新工作思路，改进工作方法，提高工作效率，为医院医、教、研各项工作开展给予安全方面的支撑和保障。

保卫处工作范围与重点包括做好医院内部治安安全、消防安全、医疗纠纷应急处置、户籍管理、双拥慰问、预备役、民兵武装、国防教育等工作，为医院医、教、研各项工作的顺利开展给予安全方面的支撑和保障。以预防为主，以严格监督执行各项治安、消防安全保卫措施为工作方针，认真开展调查研究，关口前移，深入一线仔细排摸院内治安、消防安全隐患，保卫重点、要害部位的安全，做好纠纷维稳工作以及反恐、防爆、消防培训演练工作。肩负各项国际赛事、国外元首、国家领导人等院内贵宾安全保障工作。协助相关部门做好医患矛盾的化解和处置工作，维护好医院的诊疗秩序。配合公安机关处理各类治安、刑事案件及消防、治安灾害事故，做好医院的安全管理工作。同时对保安、“三位一体”治安、消防、应急小分队进行业务指导和监管，完成上级领导交办的各项任务。

表 8-2-1 2008—2016 年保卫处获得荣誉情况表

年 份	荣 誉 名 称
2008	上海市治安保卫先进集体
2009	上海市治安保卫先进集体
2010	上海市世博安保工作先进集体
2011	上海市治安保卫先进集体

（续表）

年 份	荣 誉 名 称
2011	静安区社会治安综合治理责任制考核优秀等级
2012	静安区治安保卫先进集体
2012	静安区社会治安综合治理责任制考核优秀等级
2013	上海市治安保卫先进集体
2013	静安区社会治安综合治理责任制考核优秀等级
2014	静安区治安保卫先进集体
2014	静安区社会治安综合治理责任制考核优秀等级
2014	静安区 119 消防奖先进集体
2015	静安区治安保卫先进集体
2015	静安区社会治安综合治理责任制考核优秀等级
2015	静安区 119 消防奖先进集体
2016	静安区 119 消防奖先进集体

【工作重点】

1979 年前，医院保卫工作主要涉及治安案件处理、政治任务（社会改造）、接待警戒等。1980 年，为加强安保工作，医院组成治安保卫委员会。同时，医院成立治安联防组织，协助维护治安秩序。20 世纪八九十年代，医院贯彻预防为主方针，不断完善规章制度，制定《华山医院安全管理规则》等。1992 年，建立以院长为队长的禁赌宣传队，开展赌博危害的宣传教育和查处工作。1993 年，华山街道组织区单位去大场、马桥、警备区四连签约双拥共建。2000 年，经院务会讨论决定，调整院双拥工作领导小组和处置突发事件工作领导小组。2005 年，举行院内病房大楼消防疏散演习，创医院高楼病房演习之先河，共出动各类消防车 9 辆，市消防局局长、政委到场观摩。2006 年，经院务会讨论决定，成立华山医院平安建设领导小组。2008 年，抽调一人赴四川汶山地震灾区参加中德野战医院第一批入川筹建工作。同年，完成国家反恐、卫生、公安、消防及市、复旦、区等多方面约 40 次的反恐、消防安全检查，制定反恐防爆、疏散灭火、接运伤员等突发事件预案，并多次演练完成奥运安保工作。2009 年，美国总统奥巴马访华来沪，医院作为上海之行的医疗保障定点单位，完成来自市公安局、警卫局及白宫特勤局、美领事馆等多面多次的反恐、消防、安全检查，制定警卫预案，获警卫局等有关方面的好评。

2010 年，世博会安保工作中，成绩显著，受到上海市保健委员会办公室、上海市干部保健局、世博会 VIP 随队医疗保障部、中共上海市教育卫生工作委员会、上海市公安局治安总队等多方嘉奖。2013 年，为降低或减少因火灾给院职工、来院就诊患者及家属带来危害，或对医院财产造成损失，避免由于火灾突发事件或治安问题造成混乱或由于职责不清造成指挥失灵、事态失控，结合医院实际情况，组建“三位一体”治安、消防、应急小分队。2014 年，院内完成重点工作门急诊紧急报警系统，安装 194 个报警点位。2015 年，对照 JCI 标准，更新、修复消防、技防设施设备，制定工作计划，完成迎接评审的各项工作。同年 11 月，医院武装部组织院内民兵医疗卫勤保障分队代表静安区圆满完成由上海市警备区组织的“沪动- 2015”实兵科目演练任务，受到警备区和静安人武部高度赞扬。2016 年，完成对门急诊、住院部、外围、后花园各区域 737 个视频监控点位的全网段整合，完善医院安全管理云端数据库，打造智能监控工作模式，构建“监、防、控”相结合的立体式治安防范体系。

二、消防管理

医院是消防重点单位之一，院领导把消防安全工作作为一项重要工作常抓不懈。医院不定期召开消防安全工作会议，研究和部署有关工作，加强消防安全工作管理，设专人负责，做到工作有计划、有布置、有总结。

【消防责任落实】

至 2016 年，医院积极改建消防通道，并健全管理组织，加强管理，督促检查，强化消防安全工作的激励机制，奖惩结合。按照“谁主管、谁负责”的原则，建立“分级管理、分级负责”的安全责任制，对治安消防工作实行各科(室)主任、护士长及库房管理员逐级负责制。医院不断完善工作制度，有效发挥防火安全委员会的组织、协调、督促、指导作用。

【消防安全宣传】

至 2016 年，为做好消防安全工作，医院始终坚持对职工进行系统性的思想政治教育，加强各科室对消防安全的教育宣传，认真贯彻《机关、团体、企业、事业单位消防安全管理的规定》，关口前移，划分安全防火重点区域等级，深入一线，逐步落实单位消防安全日查夜查、火灾隐患排查、法律责任，促进单位消防安全法制的落实。

【消防安全检查】

至 2016 年，医院保卫处坚持以防为主的原则，层层落实责任，加强宣传教育，关口前移。消防安全检查小组每月定期进行一次全院范围的科室治安消防安全大检查，及时发现问题与隐患，并采取得力措施进行整改。安排部署下一阶段的工作任务，特别对火灾重点部位进行巡查，加强管理。

三、治安管理

【治安安全】

至 2016 年，每年保卫处在门急诊及重要部门开展治安安全防范培训演练，每季组织一次安全教育活动，不断通过演练活动，进一步完善应急预案流程，提高医护人员在实际工作中应对突发事件的处置能力。医院采用横幅、黑板报、宣传窗、信息网络等手段开展宣传教育活动，采用治安安全、消防安全知识竞赛等措施开展学习讨论，发现不安全因素及时排除，发现不安全事件及时报告与整改。保卫处与各科室、病区签订《治安、消防安全责任书》，明确科主任、护士长为第一责任人。

【治安联防】

医院安全工作是一项重要工作，关系到患者及其家属，以及广大医护人员。至 2016 年，医院加强与辖区派出所协作，建立治安联防机制，警民共建、医警联动，齐抓共管医院治安安全，解决突出问题，搞好各项治安整治，严厉打击院内违法犯罪活动。医院加强对院内的值班、巡逻，挑选精干安保队员对医院经常失窃的区域进行蹲点守候伏击，成效明显。医院有力打击“医托”“黄牛”。对每次重要的国际赛事，保卫处都积极配合参与保障。

四、综合治理

至 2016 年，在医院党委的大力支持下，综合治理办公室开展大量工作，打击“小广告、小商贩、黑救护车”，常抓不懈；全面开展社会稳定风险评估工作，健全社会稳定风险评估机制、应急处置机制，坚持定期排查化解不稳定因素、定期分析和及时解决医院和家属间的不稳定突出问题，并按照上级文件落实相关台账。健全医院稳定风险评估机制、应急处置机制，矛盾纠纷得到及时化解，上报信息准确、及时。对于综合治理工作的开展，医院保卫处高度重视，深化落实。

【安全队伍建设】

只有进一步加强安保队伍建设，才能使各项目标任务真正落到实处。至 2016 年，保卫处加强配备专职保卫人员，落实综合治理专项经费，提高保卫人员的整体素质，打造一流职工队伍。保卫处加大对保卫人员整体素质的提高，打造一流职工队伍；加大对保卫人员思想建设、职业道德、业务技能的培训力度，使保卫人员对突发事件的处置能力得到提高。

【监督检查机制】

2013 年，保卫处制定面向全院的消防治安巡查打分检查考核制度，将消防安全、治安保卫工作纳入到对全院科室的考核体系中，每月考核结果与绩效工资挂钩。制定安全整改通知书，对于违反各项安全规定的行为进行通报批评，并监督相关科室整改到位，有效杜绝安全隐患的发生。严格落实人防、物防、技防等各项安全防范措施，加大投入。至 2016 年，保卫处有专职保卫人员 7 人，配备基本的防护器材，监控系统基本覆盖整个医院的可视面积。医院以综治委的名义组织相关部门制定各类应急工作预案，建立与完善应急工作机制。

【警医联动机制】

医院加强警务室建设，建立警察医联动机制。按照 2004 年《企事业单位内部治安保卫条例》和 2008 年“平安医院创建活动”的要求，不断推进警卫室建设。与静安寺派出所建立医警联动机制，对扰乱医疗秩序的人员和情况及时上报，按照公安机关对医院内部治安保卫的要求，扎实开展安全保卫工作。至 2016 年，静安寺派出所的领导和民警多次到院检查指导工作，协助医院做好安全保卫工作，提高保卫人员对突发状况的应急处置能力。

【周边环境整治】

维护医院周边治安秩序，社区网格化管理与医院管理相结合。随着医院家属区社区网格化建立，保卫处综合治理办公室加强与所属社区的联系，定期排查化解不稳定因素，降低或消除隐患和突发事件的发生。至 2016 年，保卫处认真贯彻落实医院要求，对在院从事外委服务的人员进行身份核查，做好临时工作证发放登记。与外委服务方签订《治安、消防、安全生产协议书》，确保安全工作有抓手、有落实。

【平安医院创建】

2008 年，以“平安医院”创建活动为抓手，广泛开展宣传教育活动。医院开展安全与法制宣传，提高院内职工的安全与法制意识。至 2016 年，医院分别与静安区公安部门、消防部门、交警部门开展法制讲座和各类培训演练，积极开展并落实创建安全文明医院、和谐平安医院工作。

第九篇 社会服务

概　述

医院一直致力于为社会各界提供志愿服务，主要开展红十字救援与捐献、国际与国内医疗支援、社会志愿服务等工作。

医院自建院起始终秉承红十字精神，为社会各方提供医疗救助。1991 年，经中国红十字会总会批准，医院被命名为中国红十字会华山医院，成立红十字会理事会，下设红十字会办公室，开展红十字志愿服务主要为(但不限于)红十字"三救"(救灾、救护、救助)与"三献"(献血、造血干细胞捐献、器官捐献)工作。2005—2016 年，5 名华山医务人员成功捐献造血干细胞；2006 年 8 月，医院成为骨髓库造血干细胞采集、移植中心，至 2016 年共有 150 余名医务人员志愿加入中华骨髓库。2007 年 1 月，中国红十字会华山医院紧急救援队正式成立；2008—2015 年先后奔赴四川、菲律宾、尼泊尔开展医疗救援工作。2013 年 1 月，医院成立器官获取组织(OPO)工作小组，全面开展人体器官自愿捐献工作，2014—2016 年累计完成 21 例器官捐献。

医院多次派遣医务人员与医疗队奔赴国内外开展医疗支援服务。自 20 世纪 50 年代初期开始，医院陆续前往各地支援各个医学院的建设，相继支援大连医学院、重庆医学院、新疆医学院等。1965 年 6 月，医院向索马里派出首名援外医疗队队员。1965—2016 年，医院共派出 38 名医务人员，远赴索马里、阿尔及利亚、多哥、摩洛哥以及老挝等 5 个国家支援。"文化大革命"期间，在医院医疗生产遭到破坏时期，仍旧派出医疗队下乡支援。90 年代起，医院相继派遣医务人员前往西藏、新疆、云南等地开展医疗服务，支持当地医疗卫生事业的发展。

医院始终秉持"奉献、友爱、互助、进步"的志愿者精神，开展各项志愿者工作。医院志愿者团队主要涵盖党员志愿服务、青年志愿服务、社工志愿服务三方面服务项目，分别开展结对服务、区域化联建、定向义诊、定向献血、为医患服务等工作。

第一章　红十字志愿服务

第一节　概　　况

一、沿革

医院创设于 1907 年，1910 年建成，1911 年开业，称为中国红十字会总医院暨医学堂。1913—1921 年曾先后与哈佛医学校、安息日会合办，于 1921 年收入中国人自办。1928 年，国立中央大学医学院与中国红十字会商定合作关系后，1932 年更名为“中国红十字会第一医院”。然而由于历史原因，医院一度脱离红十字会关系。1985 年，医院为便于国际交往，进一步发展医疗事业，曾申请恢复“中国红十字会医院”名称。1991 年 2 月，医院再次提出恢复冠名申请，6 月，经中国红十字会总会批复同意，医院恢复第二冠名为“中国红十字会华山医院”，同时保持人事隶属关系不变，并于 7 月 2 日召开命名大会。

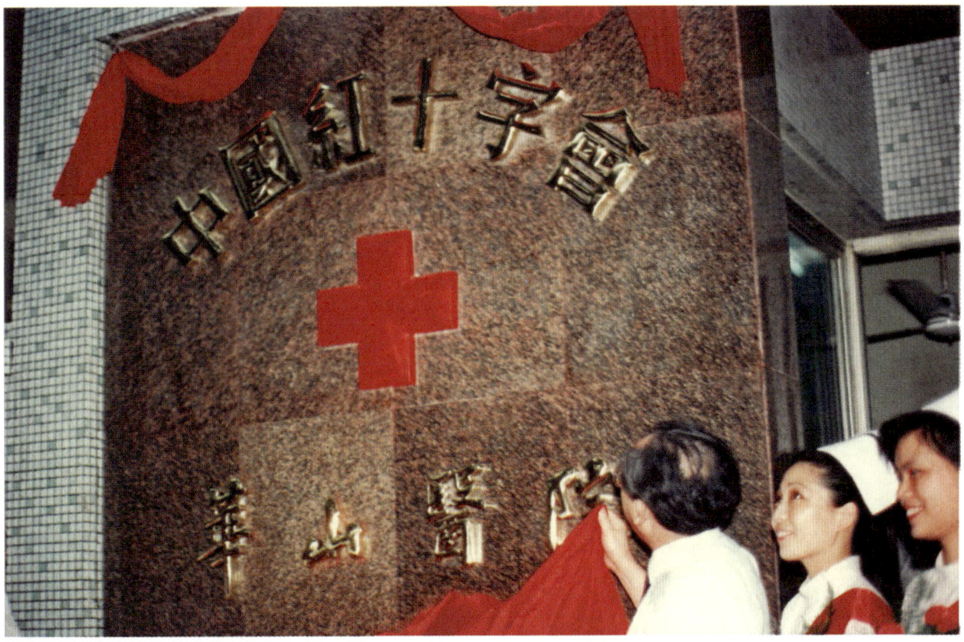

图 9-1-1　1991 年，医院重新被中国红十字总会冠名为“中国红十字会华山医院”

二、机构设置

1991 年，医院恢复冠名后，成立红十字会理事会，设会长、理事、秘书长；理事会下设院红十字会办公室，办公机构设置在医院院办。院红十字会办公室在医院红十字会理事会领导下开展工作，响应上级红会号召，组织开展各类红十字工作，宣传红十字运动基本知识；以医院为阵地，广泛发动

图 9-1-2　2011 年，医院荣获 2006—2010 年市红十字工作先进集体称号和“人道博爱”奖

开展“三救”(救灾、救护、救助)、“三献”(献血、造血干细胞捐献、器官捐献)工作；深入推进红十字救助项目，救助贫困患者，彰显医院公益性质；以红十字志愿者队伍为依托，在院内外开展各类志愿服务；做好各类社会公益募捐的组织协调和善款交付；以红十字救援队建设为依托，广泛开展备灾救灾工作；做好其他上级红会及院红十字会理事会交办的事宜。

表 9-1-1　1992—2015 年医院获得红十字相关奖项情况表

年　份	奖　项　名　称	颁　发　单　位
1992	中国红十字总会先进集体	中国红十字会总会
1992	1990—1992 年上海市红十字会先进集体	上海市红十字会
1996	1996—1998 年上海市红十字会先进集体	上海市红十字会
2007	上海市红十字会先进集体	上海市人事局、上海市红十字会
2008	全国抗震救灾英雄集体	中共中央、国务院、中央军委
2008	抗震救灾医药卫生先进集体	卫生部等四部委
2008	优秀冠名红十字(会)医疗机构	中国红十字会总会
2008	红十字系统抗震救灾英雄集体	中国红十字会总会、人力资源和社会保障部
2008	中国红十字会抗震救灾先进集体	中国红十字会总会
2008	抗震救灾重建家园工人先锋号	上海市总工会
2008	抗震救灾先进基层党组织	上海市科教党委
2008	卫生系统抗震救灾先进集体	上海市卫生局
2008	汶川地震抗震救灾先进集体	上海市红十字会
2009	上海市红十字会志愿服务先进集体	上海市红十字会

（续表）

年 份	奖 项 名 称	颁 发 单 位
2009	优秀冠名红十字(会)医疗机构	中国红十字会总会
2010	世博特别支持奖	上海市红十字会
2010	世博工作先进集体	中国红十字会总会
2010	迎世博优质服务贡献奖	上海市红十字会
2011	优秀组织奖	上海市红十字会
2011	2006—2010 年上海市红字会先进集体	上海市红十字会
2011	造血干细胞特别贡献奖	上海市红十字会
2013	应急救护大赛三甲医院第一名	上海市红十字会
2015	造血干细胞捐献工作特别支持奖	上海市红十字会

第二节　红十字服务项目

医院作为中国红十字会唯一冠名的医疗机构，已形成每年开展红十字志愿服务的惯例，医院红十字志愿服务主要为(但不限于)红十字“三救”(救灾、救护、救助)、“三献”(献血、造血干细胞捐献、器官捐献)工作。

一、红十字救援保障工作

医院始终秉承“人道、博爱、奉献”的红十字精神，坚持备灾救灾、卫生救护、卫生关怀、人道救助，在灾难面前挺身而出，组织医疗队奔赴灾区。自 1910 年起，医院就多次参与国内外的救援行动。1923 年，日本关东大地震，医疗救护队赴东京参加救护，是中国第一支赴海外救援的医疗队。1937 年，抗日战争全面爆发。时值国难当头，医院在及其艰难困苦的环境下，组织救护队，分赴南京、无锡等地参加救援工作。1951 年，医院派遣医护人员参与抗美援朝医疗救护。1976 年参与唐山大地震救援；1991 年赴安徽参与抗洪救灾；1998 年受中国红十字会总会委派组织上海第一支赴江西九江抗洪救灾医疗队，同时组织第二支队伍赴湖南开展抗洪救灾工作。

2007 年 1 月 10 日，中国红十字会华山医院紧急救援队正式成立，是中国红十字会总会直属医院中唯一一支紧急救援队，旨在完善中国红十字会的人道救援和灾害应急反应体系，提高参与国内外重大灾害等突发公共事件的救助能力。紧急救援队最初由医院的 38 名医护人员组成，由院长担任救援队的领队。

该支紧急救援队成立后已先后在国内外重大灾害期间开展人道主义救援工作。2008 年 5—8 月，救援队受中国红十字会总会委派赴汶川地震灾区抗震救灾。2013 年 11—12 月，作为全国三支红十字救援队之一，医院红十字救援队受中国红十字会总会的委派赴菲律宾“海燕”台风重灾区开展救援。2015 年 4 月，受中国红十字会总会委派，医院红十字紧急救援队先后派出 2 批共 11 人，赴尼泊尔地震灾区开展救援。2016 年 6 月 24—27 日，医院接中国红十字会总会通知，派出 4 名医务人员组成中国红十字(华山)医疗救援队奔赴江苏盐城龙卷风灾区。

图 9-1-3　2007 年，中国红十字会华山医院紧急救援队成立仪式在医院花园大厅举行

二、红十字志愿捐献工作

【造血干细胞采集、捐献】

医院开展时间最长的红十字项目为造血干细胞采集、捐献工作。截至 2016 年，医院保持着造血干细胞采集数量、开展手术数量、爱心主题活动数量的全国纪录，是中国大陆最早开展外周血造血干细胞移植手术、最早开展造血干细胞异地移植、最早向港台地区及国外捐赠造血干细胞的医院之一。

造血干细胞采集　2005 年 6 月，上海市红十字会首例向境外（香港）捐献造血干细胞仪式在医院举行；2006 年，全国第 400 例造血干细胞由医院采集；2007 年，上海市第 100 例造血干细胞由医院采集；2008 年，上海首例向国外（韩国）捐献的造血干细胞由医院采集；2009 年，上海市首例向台湾地区捐献的造血干细胞由医院采集。

2006 年 8 月 17 日，医院成为中华骨髓库造血干细胞采集、移植中心，200 多名医务人员志愿加入中华骨髓库；2006—2015 年，医院多次举行造血干细胞捐献者血样采集活动，已有 379 名医务人员的血样集体加入中国造血干细胞捐献者资料库；2016 年 9 月 2 日，医院作为上海首批应用口腔黏膜拭子采集代替抽血采样方式的单位，106 份医务人员的口腔拭子标本成功入库。

造血干细胞捐献　1996 年 8 月，中国大陆首例非血缘外周血造血干细胞移植术在医院取得成功；2005 年 2 月，年仅 18 岁的复旦大学上海医学院学生陈莉（2012 年入职医院超声医学科）在医院完成造血干细胞捐献，成为骨髓库建库以来最小的捐献者；2008 年 3 月，医院药剂科药师郭燕萍成功捐献造血干细胞；2011 年 12 月，医院 PET 中心黄喆慜成为医院成功捐献造血干细胞；2015 年 3 月，医院基地学员袁杰献出 2 袋造血干细胞；2016 年 8 月，医院抗生素研究所陈铁坚在医院顺利完

图 9－1－4　2016 年，医院医务人员进行口腔拭子采集

图 9－1－5　1996 年，医院成功实施国内首例非血缘外周造血干细胞移植术。图为血液科谢毅与患者

成外周血造血干细胞采集。截至 2016 年，医院共有 5 人成功捐献造血干细胞。2015 年，医院被中国造血干细胞捐献者资料库上海市分库授予上海市“造血干细胞捐献工作特别支持奖”。

【人体器官捐献】

2013 年 1 月，医院举行人体器官捐献启动仪式，并成立 OPO 工作小组，全面开展人体器官自愿捐献工作。2013 年底，患者管莹脑胶质瘤复发，病情恶化，通过母亲向医院表明愿意捐献器官。

图 9-1-6　2014 年，医院首例器官捐献者管莹荣获第四届“感动上海”年度人物特别奖

经过器官捐献协调员的协调与安排，2014 年 1 月，医院完成首例器官捐献工作，管莹也成为医院首例器官捐献者，并于同年荣获第四届感动上海年度人物特别奖。2014 年，医院共完成 7 例器官捐献，位列上海市区域 OPO 组织第二名。2015 年完成 9 例器官捐献，2016 年完成 5 例器官捐献。2014—2016 年累计完成 21 例器官捐献。

2015 年起，医院开始筹划设计器官捐献标志、公益海报等。2016 年，发挥红十字宣传和 VI 设计优势，设计制作器官捐献宣传册页；开设华山器官捐献微信公众号并负责日常运营；组织器官捐献微电影演员海选和微电影剧本撰写工作。医院设计的器官捐献公益海报参加上海市公益广告大赛，经过《青年报》等媒体的专题报道，在社会上引起一定反响。

图 9-1-7　2016 年，医院设计的 OPO 徽标(logo)

图 9-1-8　2016 年,医院 OPO 新推器官捐献系列公益海报(一)

图 9-1-9　2016 年,医院 OPO 新推器官捐献系列公益海报(二)

三、其他相关工作

医院自 1991 年恢复中国红十字会华山医院名称后,始终把弘扬“人道主义,为社会做奉献”作

图 9-1-10　1998 年,医院开展“5・8”红十字日相关活动

为办院指针，积极参与社会帮困扶贫和公益活动。1992年7月2日，医院将这一天确定为医院红十字日。同时，为纪念“5·8”国际红十字日，医院定期组织系列爱心活动，以此进一步推动医院的红十字会工作。

【红十字基金】

1991年，医院成立以院方及职工捐赠为主的“帮困基金”，在了解核实的基础上，为特困患者减免医疗费用等。为规范操作流程，于2011年出台《华山医院使用医院红十字基金资助贫困患者的规定》。

【募捐善款】

1996年初，云南丽江发生地震，医院向全院职工发出“为灾区人民送一片温暖，献一片爱心”的倡议，短时间内募得善款破万元，不仅有捐款还有捐物。此外医院还对街道、福利院孤老、孤儿等进行助医、助款、助医疗器械等，体现红十字的人道主义精神。

【红十字救援队建设】

为保障医院红十字救援队建设，2008年，举行“红十字与奥运同行救护演练”活动。2010年，编制《中国红十字紧急救援队工作手册》以加强救援队的管理。2012年，组织红十字运动基本知识培训，9月赴北京完成红十字应急救援队救护演练，接受中国红十字会总会领导的检阅。2013年10月11日，接受中国红十字救援队授旗，成为全国3支国家级红十字医疗队救援队之一，并于10月20日开始承办中国红十字医疗救援队培训及演练工作。2014年，将重点放在做好救援队内部建设，理顺相关机制，着力推进训练实战化，加强救援队的常态化管理，加大对救援设备物资的综合保障，全面提升医院应急救援的能力和水平。与医院国家紧急医学救援队完成联合演练，打通相互的队员库和物资库，取长补短，发挥各自优势，建设更加强大的华山救援队。2014年底，抽调6名队员参加中国红十字会总会于北京组织的紧急救援演练。2015年，参与编写《紧急医疗救援队帐篷医院管理技术指南》。2016年，承办中国红十字医疗救援队培训及演练，2013—2016年医院承办中国红十字会的全国级救援队培训班共计3次。

第二章　援外援边

第一节　援外医疗

一、沿革

1963年1月，中国宣布派首支援外医疗队赴阿尔及利亚，由此开创中华人民共和国援外医疗队的历史。1965年6月，医院向索马里派出首名援外医疗队队员。

1965—2016年，医院共派出38名医务人员，远赴索马里、阿尔及利亚、多哥、摩洛哥以及老挝等5个国家支援。秉承国际人道主义救援宗旨，在非常艰苦的条件下，以高度的使命感和责任感，勇挑重担、精益求精，为提高受援国家公立医院医疗水平、增进中非人民友谊，做出卓有成效的贡献，赢得受援国人民的尊重，为中国和上海人民赢得荣誉。

二、援外医疗队工作情况

【索马里】

索马里的医疗卫生保健条件在非洲属较为落后，缺医少药极为严重，新生儿、儿童和产妇死亡率世界最高。1964年，周恩来总理特批，由卫生部指派上海市卫生局组建首批援助索马里医疗队。

自1965年起，医院先后有4名医生参与赴索马里医疗队。当地医疗环境差、药品短缺，医疗队队员作为当地的主要医疗力量，克服困难，努力为索马里当地群众提供各项医疗服务。英国BBC电台在标题为“中国上海医疗队在索马里”的报道中说：“中国上海有一支年轻专家医疗队活跃在索马里，医疗技术高超，抢救了无数危重患者，十分值得赞扬。”

表9-2-1　1965—1972年医院援索马里医疗队队员情况表

起止时间	姓　名	性　别	派出科室
1965年6月—1967年11月	潘银英	女	麻醉科
1967年10月—1970年2月	张志玉	男	骨科
1969年1月—1971年10月	迟家敏	男	内科
1971年2月—1972年6月	刘裕昆	男	抗生素研究所

【阿尔及利亚】

1962年底，刚刚赢得民族解放和民主独立战争胜利的阿尔及利亚面临缺医少药的困境，阿尔及利亚向世界求助，中国政府在国际上第一个响应。1963年1月，中国宣布派医疗队赴阿尔及利亚。1972年4月，医院刘承煌、吴树强、林善锬3名医生跟随上海医疗队奔赴阿尔及利亚，开展为期两年半的医疗支援活动。在此期间,3 名医生攻克医院条件简陋的难关,挽救多位危重患者的生命,得到阿尔及利亚政府和人民的赞扬与尊重,增进中非人民的友好情谊。

表 9-2-2 1972—1974 年医院援阿尔及利亚医疗队队员情况表

起止时间	姓名	性别	派出科室
1972 年 4 月—1974 年 8 月	吴树强	男	外科
	刘承煌	男	皮肤科
	林善锬	男	内科

【多哥】

自 1974 年 11 月起,上海向多哥的洛美和拉马卡拉市共派出 6 批医疗队,为当地群众提供人道主义医疗救援。1974—1983 年,医院共有 18 名医生前往非洲,克服重重困难,用精湛的医术、高尚的医德,竭诚为多哥人民服务。为维护当地的人民健康、增进我国与非洲的友谊做出了积极贡献,赢得“民间大使”和“白衣外交官”的美誉。

表 9-2-3 1974—1983 年医院援多哥医疗队队员情况表

起止时间	姓名	性别	派出科室
1974 年 10 月—1977 年 3 月	汪守中	男	放射科
1974 年 11 月—1977 年 3 月	陈炳龙	男	外科
1976 年 2 月—1978 年 3 月	孙　涛	女	内科
1977 年 1 月—1979 年 5 月	孙仰龙	男	内科
	黄瑞熙	男	外科
	包国庆	男	针灸科
1977 年 1—10 月	陈惠良	男	药剂科
1978 年 3—11 月	陈星荣(副队长)	男	放射科
1978 年 3 月—1979 年 11 月	高均宜	男	骨科
1978 年 3 月—1981 年 4 月	贺凤凤	女	内科
1979 年 4 月—1981 年 4 月	周建国	男	内科
	李明华	男	放射科
	洪长润	男	营养室
1981 年 3 月—1983 年 4 月	糜振珏	男	内科、职业病科
	徐行化	女	外科
	许志英	女	麻醉科
	周　琦	女	传染科
	施蔚棠	女	药剂师

【摩洛哥】

摩洛哥是上海派遣医疗队规模最大、历史最长的国家。1975—2016 年，医院接受上海市支援摩洛哥的任务，先后选拔 12 人次前往摩洛哥。

2016 年 10 月，受国家卫生和计划生育委员会委托，由上海市政府组建的“光明行”7 人专家组前往位于摩洛哥中部，对当地民众开展慈善医疗。医院眼科副教授张宇燕作为中国援非“光明行”医疗队成员，在塔扎省中心医院(IBN BAJA)实施多项高难度白内障手术，将医院高水准医疗服务带到摩洛哥，并做主题学术报告，在当地展现华山医者、中国医者的风采，也为中摩两国加深情谊做出一份贡献。

表 9-2-4　1983—2016 年医院援摩洛哥医疗队队员情况表

起止时间	姓　名	性　别	派出科室
1983 年 5 月—1985 年 5 月	张得伟	男	针灸科
1983 年 11 月—1985 年 5 月	吴敏明	女	手外科
2000 年 10 月—2002 年 10 月	朱　军	男	心内科
2006 年 10 月—2008 年 10 月	鲍根喜	男	骨科
2008 年 10 月—2010 年 10 月	何　勍	男	外科
	肖位保	男	眼科
2009 年 2 月—2011 年 2 月	张　璞	男	药剂科
2011 年 10 月—2013 年 10 月	张　璞	男	药剂科(队长)
	章　晔	男	骨科(队长)
	潘俊杰	男	心内科
2015 年 10 月—	周　坚	男	普外科
	成　新	男	后勤保障部
2016 年 10 月	张宇燕	女	眼科

【老挝】

2003 年 1 月，共青团中央、商务部和中国青年志愿者协会联合启动“中国青年志愿者海外服务计划老挝项目”，这是中国向海外派遣青年志愿者的首个项目。2006 年，经过严格选拔，医院普外科殷保兵医生代表中国青年医生，成为第六批中国青年志愿者赴老挝服务队队员并担任副队长。在殷医生看来：“成为优秀的外科医生，不仅要有高超的技术，还需要多方面的锻炼和提高。比如对疾病的诊断能力、对患者的奉献精神。”

2016 年 11 月 20 日，正在老挝进行国事访问的总书记胡锦涛亲切看望第六批中国上海青年志愿者赴老挝服务队队员，对志愿者工作给予充分肯定并提出殷切的希望。

表 9-2-5　2006—2007 年医院援老挝医疗队队员情况表

起止时间	姓　名	性　别	派出科室
2006 年 9 月—2007 年 2 月	殷保兵	男	外科(副队长)

第二节　对 口 支 援

一、"文化大革命"期间医疗队

"文化大革命"开始后，医院的医疗、科研、教学工作虽受影响，但依旧组织医疗队分赴江西、浙江、安徽、云南、西藏等地开展医疗教学工作。

【巡回医疗队】

1965 年起，上海第一医学院贯彻卫生部召开的全国医学教育会议和中央卫生部、上海市委的指示精神，组织多个巡回医疗队深入沪郊金山、青浦两县，浙江嘉兴和江西宜春等地区的广大农村，进行防治疾病和卫生建设工作。医院组织医务人员分别前往江西、浙江、安徽、西藏等地开展医疗支援，除看门诊、设立简易病房收治住院患者，还举办基层医务人员、赤脚医生培训等，对城乡卫生工作起到一定促进作用。

表 9-2-6　1965—1979 年医院赴各省支援医疗队队员情况表

支援地区	起止时间	姓　名	性　别	派出科室
江西宜春	1965 年 9—12 月	王嘉瑞	男	感染科
		何美玉	女	护理部
浙江嘉兴	1965 年 10 月—1966 年 4 月	张福林	男	病理科
		王侠生	男	皮肤科
		盛　骏	男	胸外科
		周建国	男	血液科
		袁　曼	女	感染科
		周安芬	女	护理部
		王曼云	女	护理部
		张凯文	女	护理部
		倪梅桂	女	护理部
		王友娣	女	护理部
		汪燕萍	女	检验科
		潘桂珍	女	检验科
安徽(第一批)	1967 年 6 月—1968 年 5 月	俞茂华	女	内分泌科
		刘古霁	男	普外科
		黄瑞熙	男	普外科
		庄清萍	男	普外科
		林果为	男	血液科
		许美玲	女	内科

（续表）

支援地区	起止时间	姓　名	性　别	派出科室
安徽(第一批)	1967年6月—1968年5月	黄有常	男	皮肤科
		陈健民	男	中西医结合科
		蒋雨平	男	神经外科
		沈丽英	女	护理部
		朱惠娥	女	护理部
		姚琴妹	女	护理部
		王佩珍	女	护理部
		余霞珍	女	护理部
		李继峰	女	护理部
		龚志铭	男	药剂科
安徽(第二批)	1972年3月—1973年3月	李长恒	男	皮肤科
		陈泽霖	男	中西医结合科
		何维新	女	内科
		张家庆	男	内科
		罗绍霏	女	护理部
		顾学仁	女	放射科
		潘焕玉	女	检验科
江西宜春	1973年6月—1974年5月	王者宛	男	内科
		何冬凤	女	外科
		印美韻	女	神经内科
		刘福英	女	内科
		王杏玲	女	护理部
		范菊渊	女	护理部
		张幼雯	女	护理部
		姜桂英	女	护理部
		陈秀娟	女	护理部
		戴爱娣	女	护理部
		徐明光	男	检验科
		范立伟	男	运动医学
浙江嘉善(第一批)	1974年6月—1975年7月	董煜麟	男	运动医学科
		陆费汉清	女	神经内科
		李学祥	男	口腔科
		糜振珏	男	职业病科

（续表）

支援地区	起止时间	姓　名	性　别	派出科室
浙江嘉善（第一批）	1974年6月—1975年7月	诸君龙	男	呼吸科
		潘咸芒	男	普外科
		王贞榆	男	普外科
		胡蕊珍	女	护理部
		范瑞芳	女	护理部
		陈德萍	女	护理部
		王宗德	男	护理部
		赵福英	女	护理部
		吴琴芳	女	护理部
		周　乐	女	抗生素研究所
		郑　梅	女	检验科
		徐秀娣	女	药剂科
		黄忠贤	男	放射科
		张家振	男	药剂科
浙江嘉善（第二批）	1975年8月—1976年7月	高　淦	女	内科
		周南桥	男	普外科
		王嘉瑞	男	感染科
		陈汉白	男	神经内科
		康克非	男	皮肤科
		张孟股	男	口腔科
		郝中顺	男	神经内科
		王铁平	男	外科
		蔡海娣	女	内科
		张静静	女	耳鼻喉科
		胡彩仙	女	中西医结合科
		夏馥梅	女	护理部
		姚琴妹	女	护理部
		韩慧华	女	护理部
		张孝芳	女	护理部
		侯耀珍	女	护理部
		周志娟	女	护理部
		汪秀云	女	护理部

（续表）

支援地区	起止时间	姓　名	性　别	派出科室
浙江嘉善（第二批）	1975 年 8 月—1976 年 7 月	黄　勤	女	中心实验室
		诸葛怀堂	男	药剂科
		杜品珠	女	药剂科
		张朱法	男	放射科
		吴恩惠	女	中心实验室
浙江嘉善（第三批）	1976 年 6 月—1977 年 5 月	乐竹琴	女	普外科
		汪　复	女	抗生素研究所
		姜兴慧	女	中西医结合科
		徐丽英	女	皮肤科
		王显邦	男	普外科
		徐肇玥	女	感染科
		费秀华	女	护理部
		孙香云	女	护理部
		奚荷英	女	护理部
		徐爱娣	女	护理部
		周安莉	女	护理部
		蔡美丽	女	护理部
		戴超男	女	护理部
		周俊琪	女	检验科
		邵玲珍	女	药剂科
		冯惠平	女	药剂科
		袁宏祥	女	检验科
		杨汉兴	男	检验科
		陆东平	男	放射科
西藏（第一批）	1975 年 6 月—1977 年 6 月	廖康煌	男	皮肤科
西藏（第二批）	1977 年 6 月—1979 年 4 月	姚　诠	男	内科
		陶敏荣	男	放射科
		高福琴	女	检验科

【“六二六”医疗队】

1968 年，遵照毛主席关于“把医疗卫生工作的重点放到农村去”的指导思想，医院组织医疗队分 8 批分别前往云南怒江、丽江、迪庆、大理、楚雄、德宏等地开展巡回医疗，被当地居民称为“毛主席派来的医生”。

表 9-2-7　1968—1977 年医院赴云南医疗队队员情况表

支援地区	起止时间	姓　名	性　别	派出科室
第一批 怒江傈僳族自治州	1968 年 7 月—1969 年 9 月	俞茂华	女	内分泌科
		林果为	男	血液科
		刘古霁	男	普外科
		黄瑞熙	男	普外科
		蒋雨平	男	神经外科
		陈健民	男	中医科
		沈培嘉	男	神经外科
		周良辅	男	神经外科
		石尧中	男	感染科
		刘承煌	男	皮肤科
第一批 丽江宁蒗彝族自治县	1968 年 7 月—1969 年 9 月	王玉美	女	护理部
		何婉婷	女	护理部
		茅惠琴	女	护理部
		王佩珍	女	护理部
		徐梅龄	女	护理部
		喻娥云	女	护理部
		宣克昌	男	放射科
		龚志铭	男	药剂科
		徐丽安	女	检验科
第一批 迪庆藏族自治州	1968 年 7 月—1969 年 9 月	朱惠如	男	呼吸科
		秦　震	男	神经内科
		魏承生	男	中医科
		朱伯卿	男	心内科
		王嘉瑞	男	感染科
		龙善曾	男	普外科
		王贞榆	男	普外科
		张孟殷	男	口腔科
		许志英	女	麻醉科
		王振霄	女	神经外科
		沈天真	女	放射科
		康克非	男	皮肤科
		蒋咏红	女	护理部
		郑亿柳	女	护理部

（续表）

支援地区	起止时间	姓名	性别	派出科室
第一批 迪庆藏族自治州	1968年7月—1969年9月	李　翎	女	护理部
		张瑞珍	女	护理部
		张伊斐	女	护理部
		张敬德	男	抗菌素室
		王宏图	男	药剂科
		唐祖英	女	药剂科
		唐根荣	男	后勤
第二批 怒江傈僳族自治州	1969年11月—1970年12月	高　淦	女	内科
		刘世杰	男	骨科
		黄正吉	男	皮肤科
		吴敏明	女	手外科
		潘永辉	男	超声医学
		吴树强	男	普外科
		俞丽云	女	神经内科
		戴瑞鸿	男	心内科
		胡妹娟	女	护理部
		贾琪珠	女	护理部
		杜巧玉	女	护理部
		孟宝娣	女	护理部
		张福生	男	检验科
		陈惠良	男	药剂科
		胡兆祥	男	行政
		朱上环	女	行政
第三批 大理巍山彝族回族自治县	1970年11月—1971年11月	陈公白	男	神经外科
		汪守中	男	放射科
		赵伟鹏	男	泌尿外科
		李树莱	男	皮肤科
		高均宜	男	骨科
		翁心华	男	传染病科
		邬祥惠	男	传染病科
		林庚金	男	内科
		戴宝珍	女	护理部

（续表）

支援地区	起止时间	姓名	性别	派出科室
第三批 大理巍山彝族回族自治县	1970 年 11 月—1971 年 11 月	王春仙	女	护理部
		洪光颐	女	护理部
		凌佩仙	女	护理部
		章金娣	女	护理部
		邵志英	女	检验科
		王宝兴	男	业务组
第四批 楚雄彝族自治州	1972 年 3 月—1973 年 1 月	朱锡琪	男	普外科
		贺凤凤	女	感染科
		孙　涛	女	感染科
		庄清萍	男	普外科
		蒋大介	男	神经外科
		周雅芳	女	护理部
		徐慈雄	女	护理部
		刘富贵	女	护理部
		顾亚明	女	抗生素
		谢志安	女	检验科
		陈军庞	男	皮肤科
第五批 德宏傣族景颇族自治州	1973 年 6 月—1974 年 5 月	蒋知节	男	骨科
		丁训杰	男	血液科
		郑安琪	男	神经外科
		徐振邦	男	麻醉科
		李祖熙	女	皮肤科
		黄煌渊	男	骨科
		李丽华	女	护理部
		胡宗谋	女	护理部
		张妙林	男	护理部
		张素娥	女	护理部
		王梅芳	女	护理部
		郁兰芳	女	护理部
		何德华	女	内科
		陆龙生	男	药剂科
		张凯莉	女	同位素室

（续表）

支援地区	起止时间	姓　名	性　别	派出科室
第六批 德宏傣族景颇族自治州陇川县	1974 年 6 月—1975 年 5 月	沙松林	男	内科
		刘　俊	男	泌尿外科
		凌龙生	男	普外科
		杨德泰	男	神经外科
		奚绍英	女	内科
		李汝松	男	泌尿外科
		林祥通	男	核医学科
		王书真	女	护理部
		陈惠君	女	护理部
		陈素珍	女	护理部
		潘小华	女	护理部
		张美娥	女	护理部
		程联芳	女	护理部
		沈惠珍	女	护理部
		施美丽	女	护理部
		徐雅萍	女	护理部
		徐国琴	女	护理部
		张伊斐	女	护理部
		陈玉辉	女	护理部
		戴玲玲	女	护理部
		刘文廉	女	内科
		高福琴	女	检验科
		张振方	男	药剂科
第七批 德宏傣族景颇族自治州盈江县	1975 年 6 月—1976 年 5 月	俞茂华	女	内分泌科
		丁　钺	男	职业病科
		程梅芬	女	内科
		王德昭	男	外科
		潘银英	女	麻醉科
		徐伟民	男	神经外科
		陈菊芳	女	护理部
		郑忆柳	女	护理部
		张解台	女	护理部
		沈红宝	女	护理部

（续表）

支援地区	起止时间	姓名	性别	派出科室
第七批 德宏傣族景颇族自治州盈江县	1975 年 6 月—1976 年 5 月	蒋咏红	女	护理部
		董玉兰	女	护理部
		周文英	女	护理部
		张丽珍	女	护理部
		秦剑兰	女	护理部
		顾玉英	女	护理部
		唐观甜	男	检验科
		魏　榝	女	中医科
		许小凤	女	检验科
		陈剑华	男	药剂科
		陈正威	男	放射科
		杨相明	男	工宣队
第八批 德宏傣族景颇族自治州盈江县	1976 年 6 月—1977 年 5 月	俞永林	男	骨科
		薛光华	男	外科
		朱伯卿	男	内科
		陈响中	男	中医科
		徐伟民	男	神经外科
		龚　琴	女	护理部
		张奋珍	女	护理部
		施桂珍	女	护理部
		李月华	女	护理部
		朱建国	男	护理部
		陈勤芳	女	护理部
		周杏芳	女	护理部
		赵月芳	女	护理部
		缪艳华	女	护理部
		贾建华	女	护理部
		顾玉英	女	护理部
		张敬德	男	抗菌素室
		钱建国	男	放射科
		沈宝珍	女	检验科
		吴云生	男	药剂科

【祖国医药探索队】

1967 年 12 月 10 日，上海第一医学院“祖国医药探索队”成立。1969 年 7 月 14 日，医院派出 3 名医务人员前往四川涪陵，根据成立时的宣言，要面向工农兵，走中西医结合的道路，到农村去、到山区去，为工农兵服务。

表 9-2-8 1969—1970 年医院赴四川涪陵地区医疗队队员情况表

支援地区	起止时间	姓 名	性 别	派出科室
四川涪陵地区	1969 年 7 月—1970 年 8 月	王德昭	男	普外科
		沈自尹	男	中医科
		蒋见复	女	针刺麻醉

【抗灾医疗队】

在“文化大革命”期间，还有两支特殊的医疗队分别前往河南与云南两地进行抗灾支援。

表 9-2-9 1964—1970 年医院抗灾医疗队队员情况表

支援地区	起止时间	姓 名	性 别	派出科室
河南商丘市	1964 年 3—6 月	袁 曼	女	传染病科
		魏芳子	女	护理部
		徐爱娣	女	护理部
		沈自尹	男	中医科
		蒋见复	女	针刺麻醉
云南	1970 年 1—3 月	朱锡琪	男	普外科
		王贞榆	男	普外科
		蒋知节	男	骨科
		潘银英	女	麻醉科
		刘裕昆	男	抗菌素室
		蔡广道	男	内科
		史玉泉	男	神经外科
		茅惠琴	女	护理部
		古 琛	女	护理部
		杨林松	男	工宣队

二、上海青年志愿者赴滇服务接力计划

始于 1998 年的“上海青年志愿者赴滇服务接力计划”，是团市委与市文明办根据市委、市政府对口云南帮扶工作的总体部署，以社会招募、组织选定、对口支援、定期轮换的方式开展的一项志愿

服务项目。医院团委积极参与该项目，1998年内分泌科李益明作为首批志愿者前往云南文山州广南县中医院支援。1998—2016年，医院先后选派15名来自华山各个重点科室的优秀青年志愿者赴文山、红河、普洱(原思茅)、迪庆、蒙自等对口州市开展志愿服务接力工作。青年志愿者们在服务期间动真情、办实事、求实效，把先进的理念、丰富的知识、良好的技能传递给当地群众，受到当地群众的一致认同和好评，为增进沪滇两地友谊与合作发展做出积极贡献。

表9-2-10　1998—2015年医院援滇青年医务人员情况表

支援单位	起止时间	姓名	性别	派出科室
文山州广南县中医院	1998年8月—1999年2月	李益明	男	内分泌科
文山州马关县人民医院	1999年9月—2000年3月	汤超亮	男	骨科
红河州绿春县人民医院	2000年(半年)	马保金	男	普外科
普洱市孟连县人民医院	2001年9月—2002年3月	孙　鹏	男	普外科
文山州泸西县人民医院	2002年8月—2003年2月	马　昕	男	骨科
红河州弥勒县人民医院	2004年8月—2005年2月	山　缨	女	心内科
香格里拉人民医院	2007年8月—2008年2月	曹晓运	男	神经外科
香格里拉人民医院	2009年8月—2010年1月	庄冬晓	男	神经外科
香格里拉人民医院	2010年9月—2011年3月	李振新	男	神经内科
蒙自市人民医院	2009年8月—2010年1月	何　敏	女	内分泌科
蒙自市人民医院	2012年8月—2013年2月	徐　铭	男	神经外科
文山市人民医院	2013年8月—2014年1月	朱　磊	男	普外科
蒙自市人民医院	2013年8月—2014年1月	张海石	男	神经外科
蒙自市人民医院	2013年8月—2014年1月	刘晓东	男	神经外科
香格里拉人民医院	2014年8月—2015年2月	赵言玮	女	北院急诊

三、对口支援云南省县级医院项目

自上海市医院对口支援云南省县级医院项目正式启动以来，医院响应市卫计委号召，严格执行市卫生局等下发的《上海市医院对口支援云南省县级医院工作管理办法》，2010—2016年，先后与云南省嵩明县人民医院、腾冲县人民医院签署对口帮扶协议并在当地开展医疗支援服务。医院对口支援云南省县级医院医疗队获“2012—2013年度上海市对口支援与合作交流工作先进集体”称号。

此外，2016年5月20日，根据中央扶贫开发会议精神和健康扶贫要求，华山北院在市卫生计生委的统一领导下，与云南省文山州丘北县人民医院签订为期5年的对口帮扶协议。

【对口支援云南省嵩明县人民医院】

2010年4月—2013年4月，医院共向云南省嵩明县人民医院派出6批医疗队，每批服务期6个月。截至3年服务期满，共计派出17个临床医技科室的32名专家前往当地开展医疗支援服务。

医疗队在当地累计接诊门诊患者 11 000 余人次，接诊急诊患者近 3 000 人次，开展手术近 700 例，会诊及疑难病例讨论 1 000 多次，义诊服务近 5 000 余人次。开展业务培训 2 500 人次，教学查房 700 多次，手术示范教学 200 次，建立特色专科 8 个。捐赠图书 200 多套。

在医疗队的带动下，嵩明县人民医院 2012 年较 2010 门诊总人次增长 64%，住院人次增长 20%，手术台数增长 29%。2012 年业务收入较前年增长 3 000 万。

表 9-2-11　2010—2013 年医院对口支援云南省嵩明县人民医院医疗队队员情况表

起止时间	姓　名	性　别	派出科室
2010 年 4—10 月	孙华平	男	放射科
	丁兴华	男	神经外科
	赵晓龙	男	内分泌科
	李延林	男	心内科
	王世龙	男	骨科
	张俊海	男	放射科
2010 年 10 月—2011 年 4 月	黄　莺	女	护理部
	朱　敏	女	皮肤科
	朱　骏	男	神经内科
	杨柳松	男	神经外科
	石　伟	男	外科
	陈　坚	男	消化科
2011 年 4—10 月	何　剑	男	呼吸科
2011 年 4—10 月	杨永生	男	皮肤科
	陈　亮	男	神经外科
	李　谦	女	感染科
	沈鸣吉	女	检验科
2011 年 10 月—2012 年 4 月	杨剑云	男	手外科
	蒋永剑	男	外科
	徐宏治	男	神经外科
	刘　杨	男	抗生素研究所
	刘少军	男	肾病科
2012 年 4—10 月	丁天凌	男	血液科
	谢　嵘	男	神经外科
	狄　扬	男	胰腺外科
	唐宇平	男	神经内科
	童仕俊	男	泌尿外科

（续表）

起止时间	姓　名	性　别	派出科室
2012年10月—2013年4月	史伟浩	男	外科
	陈忠清	男	病理科
	高　鹏	男	泌尿外科
	梁　俊	男	皮肤科
	赵桂宪	女	神经内科

【对口支援云南省腾冲县人民医院】

2013年4月—2016年4月，医院共向云南省腾冲县人民医院派出6批医疗队，每批服务期6个月。截至3年服务期满，共计派出15个临床医技科室的32名专家前往当地开展医疗支援服务。

医疗队在当地累计接诊门诊患者17 634人次，接诊急诊患者1 053人次，开展各类手术1 381例，进行疑难病例会诊1 572次，义诊服务977人次。开展新技术新业务77种，进行学术讲座263场，开展业务培训4 689人次，组织教学查房683次，组织手术示教167次，建立特色专科6个。

表9-2-12　2013—2016年医院对口支援云南省腾冲县人民医院医疗队队员情况表

起止时间	姓　名	性　别	派出科室
2013年4—10月	花　荣	男	外科
	姜从玉	男	康复科
	姜晓斐	女	心内科
	丁宏岩	女	神经内科
	严淑贤	女	皮肤科
2013年10月—2014年4月	黄钢勇	男	骨科
	王新宇	男	感染科
	刘骏峰	男	肾脏科
	吴双杰	男	外科
	陆新民	男	放射科
	张　军	男	放射科
2014年4—10月	谢　清	男	神经外科
	唐　慧	女	皮肤科
	蒋晓芸	女	消化科
	王乾伟	男	外科
	尹　波	男	放射科
2014年10月—2015年4月	刘　俊	男	泌尿外科
	刘　强	男	康复科

（续表）

起止时间	姓　名	性　别	派出科室
2014年10月—2015年4月	肖以钦	女	眼科
	韩　晞	男	神经外科
	薛　愉	女	风湿职业病科
2015年4—10月	黄剑平	男	消化科
	马天文	男	骨科
	陈　功	男	神经外科
	朱小华	男	皮肤科
	张津津	男	心内科
2015年10月—2016年4月	顾士欣	男	神经外科
	熊祖泉	男	泌尿外科
	陈　琦	男	感染科
	全　超	女	神经内科
	马　英	女	皮肤科
	樊　洁	女	病理科

【对口支援云南省丘北县人民医院】

2016年5月20日，根据中央扶贫开发会议精神和健康扶贫要求，华山医院北院在市卫生计生委的统一领导下，与云南省文山州丘北县人民医院签订为期5年的对口帮扶协议。2016年6月，华山医院北院派出首批援滇医疗队前往云南省文山州丘北县人民医院，正式开始首轮沪滇医疗对口帮扶工作。截至2016年底，共派出4名队员赴滇支援，为丘北县人民医院带去新的诊疗技术和规范的工作流程，大幅提升丘北县的整体医疗水平。此外，北院分团委自2016年发起医务青年援滇行动“彩云计划”系列活动，筹款资助贫困学生、山区义诊服务患者、学校讲演分享经验等。华山医院北院的援滇工作，带去的不仅仅是医学技术，更将华山人的真情和正能量传递到云南丘北。

表9-2-13　2016年北院对口支援云南省丘北县人民医院医疗队队员情况表

起止时间	姓　名	性　别	派出科室
2016年6—12月	伍　宁	男	心胸外科
	许　耀	男	骨科
	刘朝旭	男	普外科
	秦艳丽	女	感染科

四、对口支援西藏县级医院项目

2016年，医院按照党中央“四个全面”战略布局，落实党中央、国务院关于全面实施精准扶贫、精准脱贫方略和健康扶贫要求，在国家卫计委和上海市卫计委的组织和指导下开展对口支援西部贫困县县级医院项目，与西藏自治区昌都市洛隆县人民医院签署医疗对口帮扶协议。截至 2016 年底，已派出 2 批援藏医疗队，共 11 名医务人员，前往洛隆县人民医院开展医疗支援服务。

表 9-2-14　2016 年医院对口支援西藏自治区洛隆县人民医院医疗队队员情况表

起止时间	姓　名	性　别	派出科室
2016 年 7 月—	茅善华	男	泌尿外科
	胡　尧	男	检验科
	王　晔	男	护理部
	张　鼎	男	呼吸科
	罗猛强	男	麻醉科

五、援疆、援藏干部工作

【援疆干部工作】

20 世纪 90 年代起，上海援疆干部相继前往新疆阿克苏地区参与援建。1998、1999、2005 年，医院先后派出谢彦辉、张义、周仲文 3 人参加为期三年的对口支援工作。

新一轮对口支援新疆工作启动以来，上海派出卫生人才组团援疆。2008 年起，医院先后派出数十名专家前往新疆维吾尔自治区人民医院、喀什地区第二人民医院、新疆医科大学附属中医医院、克拉玛依市中心医院等对口支援，在较短时间内成功助推喀什二院创建三级甲等医院。夏志洁荣获第六批中央和国家机关、中央企业优秀援疆干部，夏志洁、沈隽、汪伟、赵峰、田彦龙先后荣获优秀援疆干部称号。

表 9-2-15　1998—2016 年医院援疆医务人员情况表

支援单位	起止时间	姓　名	性　别	派出科室
新疆阿克苏地区第二人民医院	1998 年 3 月—2001 年 3 月	谢彦晖	男	血液科
	1999 年 6 月—2002 年 6 月	张　义	男	神经外科
	2005 年 8 月—2008 年 8 月	周仲文	男	病理科
新疆维吾尔自治区人民医院	2008 年 8 月—2010 年 1 月	夏志洁	女	危重病科
	2010 年 3 月—2010 年 8 月	沈　隽	女	危重病科
	2010 年 9 月—2011 年 2 月	汪　伟	男	危重病科
	2011 年 3—8 月	赵　锋	男	危重病科
新疆喀什地区第二人民医院	2012 年 7 月—2013 年 12 月	田彦龙	男	神经外科
	2012 年 7 月—2013 年 1 月	俞　海	男	神经内科
	2013 年 3—8 月	周林江	男	放射科
	2014 年 2 月—2015 年 7 月	张　祥	男	神经内科
	2014 年 2 月—2015 年 7 月	钟　山	男	泌尿外科
	2015 年 8 月—	周　翔	男	神经外科

（续表）

支援单位	起止时间	姓　名	性　别	派出科室
新疆医科大学附属中医医院	2014 年 10 月—2015 年 10 月	刘骏峰	男	肾病科
	2015 年 11 月—2016 年 10 月	匡鼎伟	男	肾病科
	2016 年 11 月—	李铭新	男	肾病科
新疆克拉玛依市中心医院	2015 年 8 月—	孙　韬	男	心内科

【援藏干部工作】

20 世纪 90 年代起，医院派出医务人员前往西藏，开展短期医疗支援。2015 年起，医院先后派出王昕海、吴惺 2 人作为上海市“组团式”援藏医疗人才，支援日喀则市人民医院医疗卫生事业。他们克服缺医少药、水土不服等重重困难，推动当地医疗卫生事业的跨越式发展。

表 9-2-16　2015—2016 年医院援藏医务人员情况表

支援单位	起止时间	姓　名	性　别	派出科室
西藏日喀则市人民医院	2015 年 8 月—2016 年 8 月	王昕海	男	普外科
	2016 年 6 月—	吴　惺	男	神经外科

六、大型义诊、巡回医疗等公益性活动

【大型义诊服务】

医院多次组织专家开展大型义诊活动。1995 年 5 月，医院在本市卫生系统率先开展“双休

图 9-2-1　2007 年，医院组织百余名专家在上海外滩开展义诊活动

日专家免费门诊”，均由副高以上专家教授每周日上午坐镇疑难杂症诊疗中心为市民义诊，收到许多下岗职工与老弱病残患者的欢迎。1999 年 6 月，医院与东方电视台联合开展“三下乡”活动，组织各科科主任赴江西兴国县进行大型义诊、讲课等活动，为老区人民服务。2001 年，组织医务人员赴云南、江西、上海市金山中心医院、上海市金山石化医院、上海浦东、江苏常熟、浙江温州、江苏丹阳、浙江台州市立医院及社区街道等参加“送医三下乡”活动。2004 年 9 月，组织“服务百姓健康行动大型义诊活动”。2006 年，落实卫生部“万名医师下乡工程”，与金山区亭林医院建立对口支援关系，组织医务人员赴金山开展义诊，送医下乡。2007 年，为纪念医院建院 100 周，组织 100 余名专家在上海外滩开展义诊活动；同年，组织送医下乡万名医师大会诊活动。2010 年 10 月，组织“健康与世博同行”上海公安民警健康咨询活动。2013 年 11 月，在常州新区公园举行义诊。2015 年 5 月，国家紧急医学救援队赴安徽颍上演练及义诊。2016 年 6 月，为纪念红军长征胜利 80 周年，举办上海华山-江西兴国友谊医院义诊，为当地居民带去优质的医疗资源。

【巡回医疗任务】

国家巡回医疗队是国家卫计委根据中央扶贫开发工作会议和健康扶贫有关要求和精神，落实对西部地区、革命老区扶贫工作，组织全国部分三甲医院赴相关地区开展巡回医疗工作的医疗队。2015 年起，为贯彻落实国家卫计委《关于进一步深化城乡医院对口支援工作的意见》和组织国家医疗队赴相关地区开展巡回医疗工作的要求，医院组织医疗队负责贫困边远地区的巡回医疗工作。2015 年 7—8 月，医院组织 10 名专家组成医疗队负责云南迪庆(藏区)地区的巡回医疗工作，在 1 个月时间里，先后前往迪庆香格里拉人民医院、维西县人民医院和德钦县人民医院，开展巡回医疗、技术支援和管理指导以及人员培训等工作，诊疗患者约 2 000 例次，举办大型义诊 2 次。2016 年 10—11 月，医院组织 8 名专家组成国家巡回医疗队赴江西赣州，先后前往兴国县人民医院与赣州市立医院，接诊门诊 2 500 余人次，疑难影像读片 300 余例，教学查房 120 余次，指导疑难、危重病例的诊治、抢救 90 例，开展和示范多学科联合诊疗 20 余次，示范手术 40 余例，开展学术讲座 38 次，举行乡镇大型义诊 4 次、1 100 余人次受惠。

七、其他医疗支援项目

【支援大连医学院】

中华人民共和国成立前夕，医疗卫生事业百废待兴，卫生资源极度匮乏，卫生技术人才奇缺，卫生技术水平也极端落后。1947 年，原新四军卫生部部长、中央军委卫生第一部长沈其震从香港秘密来到大连，经过考察之后向周恩来总理提出在解放区创办一所医学院的建议，这个建议得到中央的批准。

1948 年 7 月，沈其震通过党的地下组织的有关人士，如皮肤科杨国亮等，秘密招聘一批向往共产党、愿意到解放区工作的优秀人才；当时医院分出部分医务人员前往解放区支援大连医学院的建设。大连医学院也是中华人民共和国成立前党在解放区办的第一所正规的医学院。

【支援重庆医学院】

20 世纪 50 年代初，中央为发展中国西部医学教育，曾计划将上海第一医学院整体迁往重庆。

1955 年 10 月 10 日，上海第一医学院党委根据当时实际情况，经中央同意，在《关于抽调上海第一医学院部分力量在重庆医学院的方案(草案)》中指出："抽调上海第一医学院部分力量在重庆建院更为合理，则上海第一医学院保留，重庆又增加一个医学院，可为国家更多地培养卫生干部。"于是，上海第一医学院留在上海，同时医学院也主动承担起筹资金、筹设备在重庆独立援建一所医学院的使命。

1955 年 10 月 27 日，医学院成立以颜福庆为主任委员的重庆医学院筹备委员会，开始重庆医学院的筹建工作。1955—1960 年，上海医学院共向重庆医学院调出 400 多名院系领导及教职工，包括教师、医师 260 人。1958 年 9 月，重庆医学院筹备事宜大体完成，钱悳全家迁渝，担任重庆医学院副院长，主持业务工作。随后医院又抽调出刘约翰等数十名专家和医技骨干(占医院当时医务人员总数的 1/3)赴渝，支援重庆医学院建设。

图 9-2-2　20 世纪 50 年代，钱悳(前排左二)为重庆医学院的创建做出突出贡献

【支援新疆医学院】

1950 年初，新疆维吾尔自治区人民政府副主席赛福鼎同志向中央提出，需要在新疆建立一所医学院，从而更好地为自治区人民服务，促进少数民族地区的团结。该建议报告得到毛主席和周总理的批准，于是，党中央、国务院调遣全国力量支援新疆医学院建设。上海第一医学院承担支援新疆医学院的任务。

1955 年 6 月，医院汪无级医师作为首批赴新疆支援的医务人员，受命赴新疆筹建新疆医学院，在当地开展临床医学工作，一手创办新疆医学院神经精神病学教研室及神经科，并与外科和放射科合作，开展新疆的神经放射诊疗工作，填补这些领域在新疆地区的空白。

图 9-2-3　20 世纪 50 年代，汪无级(左二)为新疆医学院的创建做出突出贡献

【短期医疗支援项目】

除上述援边项目之外，1997—2010 年，医院医务人员还参与各类短期的医疗支援工作，足迹遍及新疆、四川、西藏、云南、广西、贵州、甘肃等省和自治区。支援单位多位于中西部地区，地理位置相对边远，交通、医疗条件发展滞后。来自医院近 20 个临床、医技和行政职能科室的医务工作者通过巡回义诊、学术讲座、手术示教、教学查房、远程会诊等多样化的形式和手段，持续改善受援地医疗水平，造福当地群众。部分医务人员在对口支援关系结束后，仍与受援地医疗机构保持联系，定期提供技术指导。

表 9-2-17　1997—2010 年医院支援其他单位医务人员情况表

支援地区	起止时间	姓　名	性　别	派出科室
新疆	1999 年 8—10 月	吴文育	男	皮肤科
		杜荣昌	男	皮肤科
四川	1999 年 7—9 月	姚琪远	男	普外科
		陈懿平	女	护理部
西藏	1997 年 7—9 月	陈一平	女	财务资产管理部
		田　箐	女	肾病科
	1999 年 6—9 月	卢洪洲	男	感染科
		徐金华	男	皮肤科
	2000 年 7—9 月	陈连军	男	皮肤科
		陆龙生	男	药剂科
	2008 年 3—4 月	罗心平	男	心内科
		秦茜淼	女	超声医学科
	2010 年 8—10 月	王晋扬	男	神经内科

（续表）

支援地区	起止时间	姓　名	性　别	派出科室
云南	2004 年 7—8 月	向　阳	男	普外科
		方　杰	男	泌尿外科
		徐　健	男	神经外科
		邬剑军	男	神经内科
	2005 年 11—12 月	王家俊	男	皮肤科
		蒋卫民	男	感染科
	2006 年 11 月—2007 年 1 月	蒋蔚茹	女	消化科
	2008 年 10—12 月	蒋晓飞	男	检验科
	2009 年 10—12 月	王一飞	男	普外科
	2010 年 10—12 月	马勤运	男	胸心外科
广西	2005 年 9—10 月	倪唤春	男	心内科
贵州	2005 年 9—10 月	王镛斐	男	神经外科
		徐　荣	男	神经外科
	2006 年 7—9 月	杨叶虹	女	内分泌科
		邬剑军	男	神经内科
		车薛华	男	麻醉科
		吴　刚	男	神经外科
		韩　翔	男	神经内科
	2009 年 8—10 月	王立勋	男	骨科
		邱冬妮	女	消化科
		沈鸣吉	男	检验科
甘肃	2007 年 7—9 月	黄　琼	女	皮肤科
		赖雁妮	女	内分泌科
		吴　忠	男	泌尿外科
	2008 年 7—9 月	陈为民	女	超声医学科
		陈　宇	男	血液科
		黄　雯	女	皮肤科
	2010 年 8—9 月	史朗峰	男	神经内科
		陈飞雁	男	骨科
		杨永明	男	超声医学科
		宋　宁	男	普外科

第三章　志 愿 者 工 作

第一节　党员志愿服务

一、概况

院党委立足服务患者，号召1 000多名在职党员带头参加志愿服务，弘扬职业精神，增强社会责任感，履行公立医院公益性。由院党委牵头，门诊部、医务处、护理部等多部门配合，组织开展一系列党员志愿服务与党建共建活动，党员志愿者积极参与其中，起到模范带头作用，为全院形成良好的志愿服务氛围打下基础。2008年，医院党委被评为上海市教卫党委系统“世博先锋行动”先进基层党组织；2012年被评为全国医药卫生系统创先争优先进集体；2016年被评为静安区区域化党建共建先进党组织。

二、志愿服务项目

【静安“同心家园”区域化党建】

医院党委自2007年起加入静安区“同心家园”区域化党建共建理事会，党员志愿者认领“同心家园”的独居老人，为其修缮水电、送医上门，为周边居民解决就餐难题等惠民项目。在党委牵头下，内科一党支部、后勤党支部、机关一党支部等多个党支部与静安寺街道党支部结对共建，为社区居民提供便捷的医疗服务，为社区内的名人提供一对一的结对服务。2015年起，党员志愿者投身社区的“医养结合”工程建设，每年组织党员志愿者前往静安社区养老院和乐龄养老中心，为高龄老人提供健康服务。

【金山区城乡党建联建】

2010年，医院党委与金山区张堰镇党委签订城乡党组织结对帮扶共建协议，2012年进一步与金山医院党委签约共建，每年4次组织党员和团员青年志愿者前往张堰镇开展专场义诊；每年2～3次组织党员志愿者前往金山医院开展医疗咨询服务，为金山区居民送去优质医疗资源。

【服务国家战略】

2014年，医院与航空工业西安飞机工业（集团）有限责任公司（简称“西飞”）签约共建，党委多次组织专家和党员干部前往陕西阎良，以实际行动服务建设祖国航空事业的西飞职工。在几年的共建活动中，党员专家前往阎良开展大型义诊活动，在西飞医院开展业务指导，医院接收当地医务人员和管理人员来院进修学习，双方开辟一个崭新的服务国家、服务社会、服务民众的领域。

【服务“一带一路”】

2014年，医院与甘肃省人民医院签约共建，开展医疗帮扶工作。党委每年组织专家和党员干部前往甘肃省人民医院开展义诊、手术示范、病例讨论、专题讲课等，并接收多批当地医务人员前来进修学习、开展远程会诊工作等，为提升当地医疗服务水平做出贡献。

【“洒向人间都是爱”大型义诊】

2013年起，医院与上海市医院协会、静安区政协等单位联手，在每年世界红十字日前后，组织“洒向人间都是爱”红十字大型义诊，邀请全市各大医院的专家和党员志愿者参与，为百姓开展医疗咨询、健康宣教等服务。至2016年，受益百姓累计超过15 000人次，成为静安区的公益品牌项目，被写入静安区政府工作报告。

【“班前一小时”党员志愿服务】

2009年起，院党委组织党员志愿者主动参与医院和静安寺街道联合开展的“班前一小时”志愿服务项目，号召党员每天提早一小时到医院，在门诊总服务台、各楼层窗口、自助设备旁等人流密集的位置，为就诊患者提供帮助。尤其在每年“战高温”期间，党员志愿者带头参与“班前一小时”志愿服务，与门急诊的医护人员携手共同应对夏季就诊高峰。

第二节　青年志愿服务

一、概况

医院的医务青年敢于担当、乐于奉献，至2016年，医院有35周岁以下的青年职工1 600余人。在院团委的组织带领下，共成立三支志愿者服务队，分别为医务青年志愿者服务队、无偿献血志愿者服务队及青年志愿者援滇服务接力队，由院团委组织管理。

二、志愿服务项目

【医务青年志愿者服务队】

青年志愿者服务队正式成立于2005年7月，由医院青年医护人员组成，至2016年共有队员200多名。以“提高全民健康意识，扶助弱势群体，展示华山青年奉献精神”为宗旨，在院团委的牵头下，医务青年们将志愿者服务常态化。1993年起，连续24年派出专家参加“上海市医苑新星大型义诊活动”；1999年起，连续18年携手海博出租，开展“3·5学雷锋日”免费送出院患者回家服务；2010年起，连续7年每个季度前往金山张堰，为当地百姓答疑解惑，其中“山山相连，心心相印——华山青年服务金山张堰公益行”项目获2016年度上海市卫生计生行业十大青年公益项目；2013年起，连续4年参与卫计委为行业内老同志举行医疗咨询专场；2016年起，参与“爱心三月里，健康守护你——复旦大学附属医院南码头专场”义诊活动。

【无偿献血志愿者服务队】

2011年3月，华山医院无偿献血志愿者服务队成立，这是上海市血液中心无偿献血志愿者服务总队的第21支分队。该队伍以“推广传播无偿献血理念，为无偿献血者提供优质真诚的服务，促进社会无偿献血良好氛围的形成”为主要服务内容。队员每季度相约前往上海市血液中心参与成分

图 9-3-1　2011 年，华山医院无偿献血志愿者服务队成立

献血，截至 2016 年，捐献单采血小板近 120 份。队员中有医生护士，也有医技管理；有首次参与成分献血的"新手"，也有 30 年来从不间断"老兵"。无偿献血志愿者服务队于 2012—2013 年度获上海市志愿服务先进集体。

【青年志愿者援滇服务接力队】

1998 年，团市委与市文明办根据市委、市政府对口云南帮扶工作的总体部署，开展"上海青年志愿者赴滇服务接力计划"，以社会招募、组织选定、对口支援、定期轮换的方式组织青年志愿者参与志愿服务的项目。同年，内分泌科李益明作为首批志愿者前往云南文山州广南县中医院开展支援。截至 2016 年，医院先后选派 15 名来自各个重点科室的优秀青年志愿者赴文山、红河、普洱(原思茅)、迪庆、蒙自等对口州市开展志愿服务接力工作，将医院精湛的医术和优质的服务带给当地，也将华山青年的风貌和华山公益的文化遍及华夏。

第三节　社工志愿服务

一、概况

响应国家医改号召，促进医社联动，用人文关怀改善医疗环境，医院积极打造建设华馨家园志愿服务基地，于 2011 年 3 月挂牌成立，并建设医务社工志愿者服务队致力于志愿者服务领域的创新与开拓，以导医服务、心理关爱、生活互助、文明倡导等为主要服务内容。该队伍的成立旨在将医院以往的医务志愿活动集中化、规范化和长效化，并通过医务社工志愿者的形式，为营造温馨的就医环境、构建和谐的医患关系而努力，始终秉持"奉献、友爱、互助、进步"的志愿者精神。

社工志愿者服务队为门诊和病房的患者们提供指导就医、情绪疏导、医患沟通等服务。随着志愿效应的扩大，华馨家园吸引静安楼宇的白领、周边社区的居民、附近高校的学生们纷纷加入，其中更不乏具有艺术特长和专业技能的志愿者，有的能歌善舞，有的能写会画，有护理专业的学生，有二级心理咨询师，也有退休的美术老师……多元化的人员构成让志愿队伍更丰满，服务效能不断提升。

华馨家园志愿服务基地由医院的医务社工部主要管理，负责与市文明办、市志愿者协会对口联系，计划、总结上报，招募志愿者通知挂到上海志愿者网，以及志愿者基地工作总协调。另外还有宣传科、团委、护理部、门诊部、学生总支等积极配合。

志愿服务队成立以来取得不少成果，曾荣获 2011—2012 年度上海市志愿服务先进集体；医院于 2013 年成为上海市首批医务社会工作示范单位；华馨家园志愿服务基地于 2016 年荣获上海市志愿服务先进集体。

二、志愿服务品牌项目

【“喜乐之家”：血透室康乐服务】

“喜乐之家”小组是一个针对部分血透患者家属开展的延续性团体活动，由医务社工和血透室护理团队共同开展，是项目化综合服务的初次尝试。2013 年 5 月起，医务社工设计《血透患者需求评估问卷》，发现血透室的病友们需求各不相同。此后，医务社工将需求分门别类，设计包含专业的社工服务和普惠的志愿服务。通过患者互助小组为青年患者建立一个相互交流和自我探索的平台。如血透患者的营养需求较高，就在小组活动中，安排经验丰富的护士为大家讲解血透患者营养不良的严重后果、膳食搭配的基本要点以及如何合理食用水果；通过家属支持小组提升透析患者家属的照顾能力，预防患者营养不良的情况，改善饮食习惯，提升健康状况。而形式多样的志愿服务安排志愿者进行常规探访，每月初会举行“病友生日送祝福”活动，为当月过生日的病友送上礼物和卡片；在家属休息室安排健康宣教或手工活动，让陪同透析的家属也有所收获。2014 年，“喜乐之家”血透室康乐服务荣获上海市优秀志愿服务品牌。

【“馨语相伴”：手术室陪伴志愿服务】

医务社工部于 2013 年 8 月起组织志愿者们开始“馨语相伴”手术室陪伴服务。该陪护项目是一项常规志愿者服务项目，主要面向医院手术室内等候手术的患者。在等待手术的过程中，有时患者会产生焦虑情绪，需要志愿者进行适当的疏导，志愿者可以与患者聊天、做一些呼吸练习、为其按摩等来调节患者的术前焦虑情绪。直到 2014 年 5 月，手术准备室落成，并安排麻醉师看护患者，“馨语相伴”圆满结业。手术陪伴服务虽然告一段落，但服务的影响广泛。

【“耆乐园”：老年科探访志愿服务】

2013 年 10 月起，医务社工部开展老年科“耆乐园”探访服务，招募组织学生志愿者与老年患者进行交流沟通。志愿者们在和老年患者的交流中，常常能学习老人的阅历。每次服务结束后，志愿者们会相聚进行案例分享，而社工则作为督导给予及时回应，让志愿者们在付出的同时有所收获。

【“清心一夏”：职工子女暑期综合服务】

2014 年起，由医务社工部主办的“清心一夏”暑期职工子女志愿服务项目正式启动。该项目招募医院在职职工子女，多为学生志愿者，利用暑期放假的时间参与医院相关的志愿服务活动。该项目自开展以来招募到近百名职工子女，至2016年已举办3年。学生志愿者们在盛夏坚持做门诊的导诊志愿者，减轻门诊的压力；通过体验家长岗位获得对医院和医护人员全新的认识；组成服务团队，为各病区设计特色的主题活动和宣教内容。这些志愿者们年纪虽小，但潜力无限，有不少在经历“清心一夏”后萌生从医的志向。

【“乐动身心”：卒中患者音乐康复计划】

“乐动身心——卒中患者音乐康复计划”是一项针对医院神经内科患者的创新志愿服务。部分神经内科患者由于发病影响脑部功能而出现偏瘫、失语以及身体功能受损的情况，虽然通过康复训练可以逐步恢复，但过程通常比较缓慢，同时这些症状也会给患者带来焦虑、抑郁、自卑的负面情绪，从而影响康复的进度。2015年底，医务社工部向上海市志愿服务公益基金会申请的“乐动身心”项目获得资助，并先后在神经内科的两个病房开展一对一的音乐康复、音乐沙龙和主题活动。医务社工邀请音乐老师培训志愿者，联合康复科探索乐器的运用方法。2016年7—8月，组织两场“盛夏小型交响乐会”，大家纷纷选取自己喜爱的乐器，在“玩”中忘记自己的疾病，在“动”中放松自己的身体，在“唱”中抒发压抑的情绪。

【“馨之桥”：普外科医患沟通服务】

2016年初，在医务社工部的召集和组织下，复旦护理学院志愿者团队在普外科持续开展“馨之桥”医患沟通服务，及时了解患者的住院体验，并通过在线反馈的形式，提升病区管理；在服务中发挥医患沟通的第三方视角，给予医患双方积极的反馈。

第十篇 人物

概　述

医院建院 110 年以来，在医学、教育、科研、管理及其他各项工作中，涌现出一批有重要贡献、重大影响的代表性人物。本篇收编这些人物的生平事迹，以彰显其业绩，传之于后世。

本篇共分为两章，第一章为“人物传”，第二章为“人物简介”，上述两章共收录 98 人。“人物传”和“人物简介”的收录对象为：1984 年以前教育部和上海市认定的一级、二级教授；中国科学院院士、中国工程院院士；华山医院终身教授；中国共产党全国代表大会代表、全国人民代表大会代表、中国人民政治协商会议全国委员会委员；2008—2016 年专业技术二级岗位专家；医院创办人和历任党政一把手；院史提及的重大事件的知名专家、教授。

根据“生不立传”的原则，上述对象中，已故人物列入“人物传”（已故人物截至 2021 年 9 月），按卒年年月先后排序；健在人物列入“人物简介”，按生年年月先后排序。生卒不详者排在最后。

第一章　人物传

沈敦和(1866—1920),字仲礼。浙江宁波人。知名社会活动家和慈善家。1910—1913年任中国红十字会总医院院长。

早年留学英国剑桥大学,专攻政法。回国后曾任金陵同文馆教习、江南水师学堂提调、吴淞自强军营机处总办、上海四明公所董事、上海总商会理事等职,署记名海关道。1904年3月,发起成立中、英、美、德、法五国合办的上海万国红十字会(现中国红十字会),被推举为中方办事总董,为中国红十字会的缔造者,曾任中国红十字会副会长,常驻上海。1907年开始着手策划"中国红十字会医院暨学堂"(华山医院前身)。1909年利用红十字会余款在上海徐家汇路(现华山路)花银1.64万两,购得七号土地14亩(9 333平方米),建造医院和医学堂楼房(现华山医院)。1910年农历三月竣工落成。先后创办中国红十字会时疫医院、天津路分医院、中国公立医院等,并兼任上述各院院长。1911—1918年,多次出任闸北巡警卫生处总办、万国防疫会议防疫董事。

日俄战争期间,领导上海万国红十字会组建医疗队,派往辽沈一带救护伤兵难胞,救出险者数十万人;继又散放急赈,活者甚众。1910年,公共租界发生鼠疫,工部局在源昌路、阿拉巴斯脱路(现曲阜路)、北山西路等地挨户检查鼠疫,其后又公布检疫章程,引起居民强烈抗议,酿成"检疫风潮"。其去疫地调查,筹款抚恤,联合各帮各业与工部局交涉修改检疫章程,并由中国商董在闸北创办中国公立医院,收治染疫华人,保障民命,维护防疫主权。上海光复前后,讨袁军与北洋军在沪南、吴淞、江湾等地激战,其组织救护。1915年夏,台风肆虐,沪南、闸北棚户区大批茅屋被毁,捐巨金以为首倡,又集合医疗队治疗伤者,办理善后。同时创办沪南、北市防疫医院。在武昌起义及宁沪、京津、直皖、直奉诸战役,以及南北各省旱涝、风火、疫疠等灾变中,竭力进行救护。因其精神和卓越贡献,为沪上中外人士所敬重,民国建立后,政府特授予三等文虎章。

牛惠霖(1889—1937),上海市人。1921—1927年任中国红十字会总医院院长。

1912年9月30日,中国红十字会在上海召开全国第一次会员大会,制定会章并组织常委会,被选举为常议员。1919年回国,任仁济医院副院长兼外科主任。1920年中国红十字会总医院与安息日会合同期满,医院收回自办,被推举进行整顿筹备工作。1921—1927年担任中国红十字会总医院院长。曾担任红十字会时疫医院、西藏路时疫医院院长,上海圣约翰大学教授,中华医学会第五届会长,并在重要医疗卫生行政机构担任要职及医事顾问,被誉为"中国医界之柱石"。

1907年从上海圣约翰大学医学部毕业后,赴英国剑桥大学深造,获医学博士、外科硕士、内科学士等学位。为英国皇家外科学会会员,并领有皇家内科学会开业证书,任伦敦医院主任医师。第一次世界大战期间参加救伤工作,任伦敦叶普斯惠区医院、密它瑟斯医院重伤外科手术主任医师,同时任教于圣约翰大学。

1920年,在祁齐路(今岳阳路)开设霖生医院,后又在南京路、延安中路开设利济药房及诊所。

1923年，日本关东地震，与中国红十字会派理事长庄得之一起组织救护队东渡救助，获“日本赤十字会纪念勋章”。1927年、1932年，与胞弟骨科专家牛惠生一起治愈腿部负重伤两次秘密来沪就医的红军将领陈赓。1932年“一·二八”淞沪抗战期间，与牛惠生、宋庆龄、何香凝等组织战地救护工作，在上海、苏州两地设立伤兵医院，出任上海地方协会救护伤兵第一医院院长、上海公共租界万国商团华队军医长，以其在欧战中的救伤经验，组织指挥并参与救治大批伤病员。

刁信德(1878—1958)，曾用名刁庆湘，字信德。广东兴宁人。1927—1928年任中国红十字会总医院院长。

曾任上海同仁医院内科主任，圣约翰大学医学院教授、教务长、院长，大上海疗养院院长，同仁医院、宏仁医院主席董事等职。参与创建中华医学会，被推选为第四届会长。曾任中华医学会上海分会会长，上海圣约翰大学同学会、中华健康协会和中华麻风救济会会长。

1904年，应同学颜福庆之邀赴南非约翰内斯堡多本金矿当华工医师，一年后回国并继续上学。1909年毕业于上海圣约翰大学医学院，获医学博士学位。1911年留学美国，获宾夕法尼亚大学卫生学博士和热带病学博士学位。之后在上海开业行医，在圣约翰大学医学部执教30余年，沪上不少名医皆出其门下。1915年在上海同仁医院创立麻风科，并采取一套救治和预防措施，包括用大枫子治疗，收效明显。后又发起组织中华麻风救济会，设立中华麻风疗养院。1916年报告国内首例孢子丝菌病。

1915年，与颜福庆、伍连德等人联名发起宣布成立中华医学会，曾任中华医学会第一、二届会计，第三届副会长，第四届会长。1924年任《中华医学杂志》总编辑。1926年设立虹口皮肤病诊所，1927年升为虹口皮肤病医院。1942年任上海圣约翰大学医学院院长，1946年任代理校长及实验小学校长。

对麻风颇有研究，作为中国西医皮肤病学奠基人之一，曾协助同仁医院创办《麻风季刊》(中、英文)和全球首次由患者自办的《晨光季刊》，向全球发行。

伍哲英(1884—1960)，女，福建长乐人。中国红十字会总医院护士学校创办者。

早年就读于福州南台保福山女子书院，后考入江西九江但福德医院护士学校半工半读。1915年赴美国约翰斯·霍普金斯大学医学院附属护士学校攻读护理，又在纽约市雷恩医院进修产科。1919年回国，在北京协和医院任护士长。1920年来沪，任中国红十字会总医院总护士长。1921年偕同仁创建中国红十字会总医院护士学校，并在护校授课。1925年，出席“万国护士大会”，是4名代表中唯一的中国护士，其余3名系外籍人士。1926年，被选为中华护士学会会长，为国人担任会长之第一人。1930—1937年，任上海伯特利医院护校校长兼总护士长。抗日战争爆发后，护校被迫停办，带领护生到伤兵医院参加救护工作，并护理重伤病员。此后，又创办上海济民医院及南洋医院高级护士学校，任校长兼两院的总护士长。1937年，任中华护士学会上海分会首届理事长。1948年，任万国护士会副会长。先后出席芬兰、加拿大国际护士会议和日本红十字会会议。上海解放后，历任上海市第二护士学校校长、上海市卫生局护理顾问。伍氏终身未婚，毕生致力于创建护理专业和教育事业，被誉为“中国护士之母”。

任廷桂(1894—1968)，江苏南京人。国家一级教授。20 世纪 30 年代，与李鸿儒创建医院骨科。

曾任中国红十字会第一医院骨科主任，中华医学会上海分会外科学会理事长，上海市第二至五届人大代表。

1921 年，毕业于湖南湘雅医学专门学校，获医学博士学位。1927 年，应邀来沪筹建第四中山大学医学院(上海医学院前身)，历任讲师、副教授、教授。1930 年，赴英国利物浦大学医学院进修矫形外科(骨科)，次年回国继续执教。

20 世纪 30 年代，在国内率先开展骶髂关节、髋关节结核冷脓肿的病灶清除手术。1937 年，中华医学会成立首届骨科学组，成为学组 6 名成员之一。1949 年起，受聘于上海市卫生局，担任上海第一人民医院外科主任。1956 年，被评为国家一级教授。

沈孟先(1906—1970)，江苏镇江人。中共党员。1945—1948 年任华山医院党支部(职工支部)书记。

1920 年进入英商华洋德律风公司工作。1921 年加入中国社会主义青年团，后因参加罢工被公司开革。1924 年考入上海邮局为拣信生，同年加入中国共产党。1925 年参与五卅运动，组织邮工大罢工。罢工胜利后，成立邮务工会，当选为执行委员。1926—1927 年，任邮工行动委员会主席团主席，发动邮局职工参加上海工人三次武装起义。1928 年，任中共地下闸北区委常委。1929 年任邮务工会常委，在上海赤色工联的领导下参加反抗斗争，后被迫离局，同年进入中国红十字会第一医院工作。“一·二八”事变期间，参加救伤工作，推动伤兵委员会活动。1936—1937 年从事《救国时报》在上海的收发工作。1938 年调回中国红十字会第一医院。

1945 年，根据上级党医护工作委员会指示，与市一、市四、市五、广慈等 11 家医院地下党组织和非党积极分子取得联系，组织成立“上海市医药界同人联谊会”。后又成立“红会同人联谊会”，并以其为职工代表成立“医院调解委员会”。通过这些组织团结多数职工，使职工在政治上、生活上得到应有的保障。另外，结合医药界知识分子比较集中的特点，举办时事讲座，传阅《文萃》《群众》等进步刊物，不断扩大党的外围组织和保障医务职工应有利益。

1946 年在上海地下党市委领导下，带领院内 40 多名进步职工及医药界联谊会，与全市人民一起参加“六·二三”大游行。1948 年被国民党政府逮捕，获释后撤往皖西四分区工作。1949 年随军渡江回到上海，在劳动局任劳保科科长、第二处副处长。上海解放后，任上海市工会联合会宣传部副部长兼工人文化宫主任，第四人民医院院长，五十八中学副校长等。

颜福庆(1882—1970)，字克卿。上海市人。九三学社社员。国家一级教授。1928—1938 年任国立中央大学医学院第一实习医院院长。

为国立上海医学院首任院长，国立上海医学院的主要创始人，中华医学会主要创建人，中国预防医学和公共卫生学的奠基人之一。曾任全国人民代表大会第一至三届代表和全国政协委员、九三学社中央委员会委员兼上海分社副主任委员、中华医学会名誉副会长等职。

1904 年毕业于上海圣约翰大学医学院。后应召赴南非任华工矿医，又赴拉丁美洲参加钩虫病防治工作。1909 年获美国耶鲁大学医学院医学博士学位，是该院首位亚洲医学博士。同年赴英国利物浦热带病学院学习。1910 年，学成回国，在湖南长沙雅礼医院行医。1914 年，再赴美国哈佛大学公共卫生学院，获公共卫生学证书(CPH)。同年回国，任湘雅医科专门学校(湖南医科大学前身)第一任校长。1915 年，与伍连德等人共同发起组建中华医学会，任第一届会长。同年 11 月，创刊《中华医学杂志》。

1926 年，任协和医院副院长。后在上海联合创办国立第四中山大学医学院(现复旦大学上海医学院)并任首任院长。该医学院于 1927 年 9 月正式开学，成为中国人自己创办的第一所医学院。1928 年，与中国红十字会合作，将中国红十字会总医院(现华山医院)归中央大学医学院接办，作为医学院第一实习医院，并兼任院长。

1931 年，筹划建设中山医院。1932 年，任国立上海医学院第一任院长。1937 年，中山医院落成开业，成为医学院附属医院；又建肺科病疗养院(现上海市肺科医院)作为医学院教学医院之一。

1937 年，动员医学院师生和医务人员组成抗日救护队，并任上海市救护委员会主任委员。1938 年，任国民政府卫生署署长。1939 年，辞去卫生署署长职务。抗战胜利后，回国立上海医学院公共卫生学校任教。

1951 年，全国高校院系调整，任调整后的上海第一医学院副院长。1962 年，由卫生部授予奖状。

著有《我国卫生事业的发展》《中国医学教学的现在和过去》等。

邢　明(1901—1972)，原名邢京东，曾用名邢惠卿、马迁。山东潍坊人。中共党员。1951 年 7—10 月任中国红十字会第一医院党支部书记。

1930 年加入中国共产党。1938 年入伍。曾任山东省人民抗日救国军三军(八路军胶东部队前身)军法处处长、胶东后方医院院长、胶东三军军医卫生部部长、潍县县委书记、胶东医院院长、胶东行署卫生局局长兼军区卫生部部长。中华人民共和国成立后任胶东行署卫生局局长、青岛军管会接管卫生部副部长、皖北行署卫生处第二处长、华东治淮委员会卫生处处长、中国红十字会第一医院支部书记及副院长、上海保健医院院长、华东军政委员会卫生部妇幼保健处处长、华东监察委员会高级专员等职。

胡恒德(Henry S. Houghton)(1880—1975)，美国人。1913—1918 年任中国红十字会总医院院长。

1901 年，毕业于美国俄亥俄州立大学，获哲学学士学位。后考入约翰斯 · 霍普金斯医学院，1905 年毕业，获医学博士学位。1905—1906 年，在洛克菲勒医学研究所任助理研究员。1907 年，受美国传教会聘请来华行医，任芜湖教会医院医生，并兼任芜湖海关外科医师。1913 年，美国在华哈佛医学校与中国红十字会总医院签署合作办学协议，为期 5 年，任院长和热带病学教授。1916 年，哈佛医学校因故停办，医院各项事务由博医会临时代管，仍为院长。1918 年，受聘为北京协和医学院代理校长。1921 年，正式接任北京协和医学院校长。

崔之义(1908—1975)，曾用名崔怡之。安徽太平人。中共党员。国家二级教授。1949—1952 年任中国红十字会第一医院代理院长。

曾任中国红十字会第一医院外科主任，华东医院院长，中山医院院长，上海第一医学院副院长、党委委员、常委。

1926 年，考入北京燕京大学医预科，后在北京协和医学院学习。1930 年转入国立中央大学医学院，1935 年毕业后留校任教，并在中国红十字会第一医院任外科医师。1947 年在美国哈佛大学医学院、麻省总医院外科进修，1948 年回国。1949 年 2 月 26 日—1952 年 12 月担任医院代理院长职务，全权负责处理医院各项事务。

20 世纪 40 年代，打破急性阑尾炎传统的保守疗法，积极采用外科根治手术；对急性胆囊炎则在急性期内就施行手术，取得满意疗效；对胃大量出血，大胆采用胃大部切除的紧急手术治疗。50 年代，采用胰管空腔吻合的方法，使壶腹周围恶性肿瘤术后胰瘘发生率显著下降，并施行结肠手术开放性吻合法，降低手术操作难度；科学地制定甲状腺功能亢进术前准备常规，减少术后并发症。主持研制中国独特的真丝人造血管并应用于临床，是无缝真丝人造血管的创始人之一，在第二十届国际外科学会的大会上，宣读有关真丝人造血管的动物实验和临床应用的论著。参与外科专家沈克非主编的《外科学》的编写工作，并修订《辞海》的医学条目。

乐文照(1896—1979)，浙江镇海人。国家一级教授。1938—1945 年任中国红十字会第一医院代理院长。

1927 年，发起并参与筹建第四中山大学医学院(现复旦大学上海医学院)，曾任代理院长，兼任中国红十字会第一医院副院长、内科主任。抗日战争胜利后，任上海中美医院内科主任、医务主任。上海解放后，任上海市卫生局内科顾问、市第一人民医院内科主任、中华医学会上海分会理事、内科学会理事长。曾任上海市第二至五届政协委员。

早年曾研修地质学，1914 年进入上海哈佛医学校转而学医，两年后由校方选送美国哈佛大学医学院深造，1920 年毕业获医学博士学位，在圣路易彭氏医院任外科实习医师。1921 年回国，受聘于北京协和医院。1922 年，在上海设诊行医。1923 年执教于上海圣约翰大学医学院，历任生理学、组织学讲师、副教授。1956 年被评为上海市劳动模范。

精通内科学，对心血管、消化道、内分泌代谢、肾脏病等积有丰富的临床经验。1924 年发表《胰岛素治疗糖尿病的近代学说》，1938 年发表《近世传染病学的进展》，在学术上均有指导意义。中华人民共和国成立初期，结合临床开展口服药代替胰岛素治疗糖尿病、免疫制剂治疗肾病综合征、败血症休克的诊断与治疗、溃疡病的病因、血吸虫病、高血压、脑血管意外、风湿性心脏病等多方面的研究，并发表论著。其中《肝脏活体组织穿刺术对于晚期日本血吸虫病诊断上之价值》在国内首先提出肝穿刺活检诊断血吸虫性肝硬化，《高血压病 713 例死亡原因分析》较早提出脑溢血是国内高血压患者的主要死因。20 世纪 30 年代即致力于水电解质平衡研究，并于 50 年代中期自编讲义举办讲座，引起内、外科学者的重视。晚年集其一生之研究心得，结合大量临床经验和文献，编著出版《水电解质平衡与临床》一书。

吴绍青(1895—1980)，安徽巢县人。中国结核病防治事业创始人之一。国家一级教授。

曾任江西南昌医院肺科主任、代理院长、院长，重庆中央医院副院长、院长，澄衷肺病疗养院(现上海市肺科医院)院长，中华医学会防痨委员会主任委员，中国防痨协会总干事等。1921 年毕业于湖南长沙湘雅医学院，获医学博士学位。1930 年，赴美国哈佛大学医学院深造，研究血液病，后改攻肺科。1932 年回国。1939 年，受聘于国立上海医学院，任肺科教授。同年参加学校内迁。1944 年，再次赴美，在哥伦比亚大学医学院任研究员，从事结核病防治研究。1946 年回国，继续供职于国立上海医学院，任肺科教授，并担任华山医院肺科主任，在医院建立上海肺病中心诊所。

中华人民共和国成立后，主要从事肺病学的教学和科研工作。1952 年，与军事医学科学院协作，研制成功国产"异烟肼"。该项研究成果发表于 1953 年《中华医学杂志》，受到国内外同行们的重视，是中国结核病治疗的首选药物。提出"有病必查、查出必治、治必彻底"的原则，成为当时国家控制结核病的基本指导思想。1961 年，出版国内第一部肺功能测试专著《肺功能测试在临床上的应用》。20 世纪 70 年代，提出吸烟、大气污染和各种过敏原的长期作用，会助长慢性支气管炎、肺气肿和肺癌的患病率上升；提倡戒烟。

发表论文 80 多篇，出版近 10 部专业教科书和参考书。

张沅昌(1913—1980)，上海市人。九三学社社员。中国神经病学和神经病理学奠基人之一。

曾任华山医院神经内科主任、上海医科大学神经精神病学科和神经病学教研室主任、神经病学研究所所长，并担任联合国世界卫生组织专家咨询团成员、中华医学会神经精神科学会副主任委员、中华医学会上海分会神经精神科学会副主任委员。《中华神经精神科杂志》副总编辑、《中国神经精神疾病杂志》总编辑、《医学百科全书·神经病学分册》主编、《上海医学》编委等。

1939 年毕业于上海国立医学院，任中国红十字会总院医师。1945 年抗日战争胜利后考取公费留学，于 1947 年赴伦敦大学皇后广场神经病院和莫兹里(Maudsley)精神病院深造。1950 年回沪，任华山医院神经精神科主任，兼顾华山医院与中山医院两个创业伊始的神经科。1980 年筹建上海第一医学院神经病学研究所。

其关于神经病理学、脑寄生虫病学肝豆状核变性脑血管疾病的研究成果对神经内科、神经病理学、神经放射学、临床电生理学、神经眼科和耳科等专业的发展有积极影响。主编《神经病学》《实用神经病学》《脑血管疾病》《神经病学进展》等著作。

杨东岳(1929—1981)，山东历城人。中共党员。显微外科学家。

曾任华山医院骨科副主任，骨科教研室及显微外科研究室副主任，卫生部医学科学委员会显微外科专题委员会委员，中华医学会理事及骨科学会常务委员，上海第五届政协委员等职。

1948年考入华东白求恩医学院。1952年被选送至上海第一医学院高师班学习。1953年回山东医学院任外科住院医师。1954年调任上海第一医学院组织胚胎教研室助教。1955年调至华山医院外科任住院医师。1960年晋升为主治医师,并承担国内第一个手外科筹建及科研任务。

致力于显微外科、手外科的临床、教学和研究工作。1966年首创游离足趾移植再造拇指术。1973年与美国丹尼尔(Daniel)同期先后进行腹股沟皮瓣移植手术。1977年进行世界首例带神经血管的异体关节移植术,并对臂丛损伤开展手术检查。1979年开展复合组织移植,实施世界首例血管神经、肌腱、骨、皮肤一次移植和带血管的骨皮瓣、骨膜一次移植手术成功。合编《显微外科学》《骨科手术学》《外科手术》等8部专著。发表学术论文30余篇。

荣获上海市教育战线先进工作者、上海市先进科技工作者、全国医药卫生科学大会先进个人等称号。"足趾移植手术"获1978年全国科学大会重大贡献奖,"游离胸大肌皮瓣移植"获1980年卫生部乙级科学技术成果奖,"足趾移植术中的血管变异及其处理"与"臂丛神经根性撕脱伤的诊治"分获1987、1990年国家科技进步奖二等奖。

黄家驷(1906—1984),江西上饶人。中共党员。国家一级教授。

曾任苏联和印度医学科学院院士和委员,中国科学院主席团成员、学部委员(院士),国家科委医学组副组长、生物医学工程组组长,国务院学位委员会委员,国家发明评选委员会副主任,卫生部医学科学委员会副主任,中国科协副主席,中华医学会副会长,中华外科学会会长,中华医学教育学会副理事长及中国生物医学工程学会理事长。曾任全国第一至四届人大代表,全国第五、六届政协委员。美国胸外科委员会创始人之一,苏联医学科学院院士。

1933年毕业于北京协和医院,获医学博士学位。1935年执教于国立上海医学院(现复旦大学上海医学院),并在中国红十字会第一医院(现华山医院)从事胸外科的创建工作,开展肺结核、肺化脓性感染、食管肿瘤和先天性心脏血管畸形等胸外科手术。1951年,任上海市首批抗美援朝支援医疗队总队长赴东北治疗志愿军伤员。

发表学术论文十余篇。主编《外科学》,1984年该书更名为《黄家驷外科学》。

朱恒璧(1890—1987),江苏阜宁人。九三学社社员。药理学家,国家二级教授。1946—1949年任中国红十字会第一医院院长。

曾任国立上海医学院院长兼任护士学校校长,浙江省政协委员、浙江省科技局顾问、浙江省九三学社常委,中国药学会浙江分会名誉理事长,中国生理科学会浙江分会名誉理事长。

1916年毕业于上海哈佛医学院,同年进入中国红十字会总医院工作。1918年赴美国哈佛大学医学院进修病理学,次年回国,在长沙湘雅医学院(湖南医科大学前身)病理学系任科员。1923年在美国西奈大学进修专攻药理学。1925年回国到湘雅医学院任药理学副教授,成为国内最早开设药理学课程的学者之一。1927年到北京协和医学院工作，任药理系代理主任，与林可胜共同发起创办国内第一本《中国生理学杂志》。1928年起任第四中央大学医学院（现复旦大学上海医学院）教务主任兼药理学教授。1934年6月，医学院院务委员会通过由其提出的"正谊明道"为上医校训。1938年2月，代理学校校务，做出学校内迁的决定，带领学校师生于1939年6月抵达昆明。在昆明市郊区白龙潭建院，并与国立中正医学院合作办校。1939年编写的《药理学》出版，为国内第一部由中国人自己编写的药理学教科书。

1940年夏，中国西南地区流行霍乱，组织学生前往疫区，为疫区民众注射防疫针、消毒水源，帮助建立卫生院，宣传卫生知识，疫情很快得到控制。同年，战火蔓延，学校被迫迁往重庆歌乐山。经其再三努力，求得美国援华会大笔资金，用于建设学校校舍，使学校得以绝处逢生。1941年，受命出任国立上海医学院院长。1943年，协调将重庆中央医院划为上海医学院的附属教学医院，其后中央护士学校也划给上海医学院，使学校规模得以迅速扩大。1946年8月，师生全部返回上海，与其他领导一起着手回沪后的复校工作。1948年当选为中国红十字会上海市分会副会长、常务理事。1949年上海解放，仍留在上海医学院从事教学科研工作。1953年，调任浙江省卫生厅任技正（总工程师）。1955年，调任浙江大学任药理学、药学系主任。

一生发表论文（中、英文）数十篇，编辑学术专著多部。

应元岳（1896—1991），浙江宁波人。国家一级教授。中共党员。

曾任中国红十字会第一医院副院长，中山医院院长，第二军医大学副校长，中国人民解放军总后勤部卫生部专家组成员及医学科学委员会副主任委员、名誉主任委员，全国血吸虫病防治委员会委员，中华医学会理事、名誉顾问，中华医学会上海分会副会长。《中华医学杂志》《中华内科杂志》编委，《解放军医学杂志》编委会主任委员。全国第三届政协委员和人大代表，上海市第一至四届人大代表及第五届政协委员。

1921年，毕业于湖南湘雅医学专门学校，获医学博士学位。先后赴北京协和医学院、美国约翰斯·霍普金斯大学医学院、英国伦敦热带医学和卫生学学院、印度加尔各答英国皇家热带病研究院进修学习。1928年起，任中央大学医学院（现复旦大学上海医学院）教授、中国红十字会第一医院教授。

发表论文40余篇，主编参考丛书《传染病学》《内科学》《内科手册》，专著《热带病学》。

林兆耆（1907—1992），上海市人。国家一级教授。

曾任上海第一医学院附属内科学院副院长、中山医院院长，《中华医学杂志》常务编委、《中华内科杂志》编委、《中华消化杂志》顾问、《国外医学·消化系统疾病分册》顾问，中华医学会常务理事，全国人大第三届代表等。

1931年，毕业于中央大学医学院（现复旦大学上海医学院），获医学博士学位，留校在教学实习医院中国红十字会总医院工作。1933年，成为庚子赔款奖学金的第一批公费赴英留学生，研修热带病学、消化病学。1936年归国，被聘为国立上海医学院内科学讲师，1937年擢升为副教授。

主编《实用内科学》《内科学》《症状鉴别诊断学》；参与全国大型辞书《辞海》内科学部分，《中华人民共和国药典》《内科临床手册》《医学卫生普及全书》《疾病防治学》等编写工作。发表论文30余篇。1958年，因主持血吸虫病防治工作，成绩突出，上海市人民政府授予其奖励证书，记大功一次。

姜春华(1908—1992)，字秋实。江苏南通人。中共党员。中医学家、中医脏象及治则现代科学奠基人。

曾任国家科委中医专业组成员，卫生部医学委员会委员，中国科学院上海分院特约研究员，上海市高级职称评审委员会委员，全国发明奖特邀评审员，上海医科大学教授、博士研究生导师，《中国医学百科全书》编委、《辞海·中医分册》主编。被推选为中华全国中医学会常务理事、上海分会名誉理事长，先后被全国中西医结合研究会、上海市中医学院、上海中医药研究院、上海市中医文献馆聘为顾问。曾任全国第五届人大代表、上海市第七届人大委员会常委等。

自幼随父习医，18岁到沪悬壶，后师从陆渊雷，曾执教于上海中医专科学校、上海复兴中医专科学校、新中国医学院等，受聘为《华西医药》《北京中医杂志》《广东医药旬刊》《国医砥柱》等杂志特约编辑。1954年进入上海第一医学院任中医教研室主任、脏象研究室主任，相继兼任内科学院(今华山医院)、中山医院中医科主任。

其学术特点为"撷采百家，融贯古今，拓展新路，重在实效"，主张"古为今用，西为中用""活用成规，创立新规"。在临床医疗实践中，提出"截断扭转学说"，在认识疾病上主张"辨病与辨证结合"。早年著有《中医基础学》《中医病理学总论》《中医诊断学》，中华人民共和国成立后著有《中医治疗法则概论》《伤寒识义》《姜春华论医集》《历代中医学家评说》等十余部著作。共发表论文200多篇。

1955年被评为上海市先进工作者。1959年与沈自尹共同荣获卫生部颁发的"继承发扬祖国医学遗产"金质奖章及奖状。1977年被评为上海市卫生战线先进工作者。1990年被中央人事部、卫生部、国家中医药管理局确定为必须继承的全国老中医药专家之一。1991年被国务院认定为有杰出贡献的科学家，享受特殊津贴待遇。

李鸿儒(1906—1997)，河北唐山人。国家二级教授，华山医院终身教授，博士研究生导师。1956—1984年任上海第一医学院附属第一医院院长。

曾任上海市第五、六届政协委员。曾先后担任《实用外科学》主编，《骨科手术常见错误及处理》主编，《辞海》外科部分主编，黄家驷《外科学》编委，《军队外科学·矫形外科学分册》主译等。

1934年毕业于北京协和医学院，获医学博士学位，毕业后留任北京协和医院外科。1935年初就聘于中国红十字会第一医院(现华山医院)任外科医师。1945年任骨科主任。1946—1947年由美国医药援华委员会资助赴美国各著名骨科中心访问，回国后继任华山医院骨科主任，全面负责骨科的医教研工作。曾任上海第一医学院医疗系副主任，华山医院专家委员会委员兼云南省昆明上海医学院骨科主任，华山医院骨科教研室主任、显微外科研究室主任。1956年被卫生部评为二级教授，中国首批国务院特殊津贴的享受者。1995年由华山医院任命为终身教授。

国内骨科界的创始人之一，骨科专家和教育家。在其主持下，1960年支持杨东岳和顾玉东创建华山医院手外科及显微外科。1958年带领周公南、刘世杰等相继开展脊柱结核病灶清除术、椎间盘造影术等脊柱疾病的诊治。1967 年在国内首次开展人工颈椎置换术获得卫生部重大科技成果奖。20 世纪 70 年代开展颈椎前路手术和脊柱骨折前路减压术，80 年代开展脊柱侧弯矫形术。1982 年支持蒋知节创建足病外科，同年支持黄煌渊开展关节镜技术，开始对膝关节腔内病变进行微创诊治，使华山医院成为国内最早开展关节镜技术的医院之一。

早年致力于研究骨髓炎的防治及伤肢残端的整复，中华人民共和国成立后又注重研究先天性马蹄内翻足的治疗。在从医 60 多年中为全国各地培养和输送一大批高级骨科专业人才，其中不少成为骨科专家，如顾玉东、杨东岳、吴祖尧、乔若愚、周公南、蒋知节、刘世杰、张志玉等。

丁训杰(1925—2000)，浙江镇海人。中共党员。华山医院终身教授，博士研究生导师。

曾任中华医学会上海分会血液学会副主任、主任委员，中华医学会第二十、二十一届理事，中华医学会上海分会理事，中华医学会上海分会内科学会委员，中华医学会血液学会委员，中华医学会上海分会科普工作委员会委员，世界卫生组织职业卫生合作中心学术顾问，上海市卫生局卫生系统高级专业技术职务任职资格评审委员会内科学科组副组长。《中华血液学杂志》编委，《上海医科大学学报》编委会常务委员，《新药与临床》编委，《肿瘤》《中级医刊》编委，《临床血液学杂志》顾问。

1950 年 7 月本科毕业于国立上海医学院后，留中国红十字会第一医院从事内科的医、教、研工作，1954 年任院长办公室医务干事 2 年，1956 年起参加血液病及职业病专业组工作。1978 年 3 月起担任医疗二系、内科教研组副主任。1980 年 4 月担任职业病科主任。1980 年 10 月晋升副教授。1984 年 12 月担任大内科主任和内科教研组主任。1986 年晋升为博士研究生导师。1988 年赴加州大学旧金山分校、斯坦福大学和宾夕法尼亚大学参观和学术交流。1990—1994 年兼任上海医科大学附属金山医院院长。1995 年由华山医院任命为终身教授。

始终致力于血液和职业中毒及癌基因转移的研究，是国内研究骨髓移植的先驱者之一。先后获得上海市重大科学技术奖、上海市科研成果一等奖、上海医科大学科研成果奖、卫生部科研成果奖、卫生部科技进步奖三等奖等奖项十余项。撰写学术论文 140 余篇，编写专著 50 部，其中担任主编 12 部、副主编 5 部。

先后被评为上海市劳动模范、上海医科大学优秀教育工作者、石化地区政治思想优秀组织工作者、国家教委从事高校科技工作 40 年成绩显著表彰。1992 年 10 月起享受国务院特殊津贴。

徐在贵(1912—2001)，曾用名徐贵生。浙江宁波人。中共党员。1948—1949 年任中国红十字会第一医院职工支部负责人。

曾任华山医院总务科科长、上海第一医学院总务处副处长。

1937 年进入中山医院工作。一年后转入华山医院工作，从办事员升任为总务科科长。1960 年调往上海第一医学院总务处，担任副处长，于 1974 年退休，1982 年由退休改为离职休养。1945 年 10 月由华山医院职工党支部书记沈孟先介绍加入中国共产党(地下)。其间，积极参加中国共产党外围组织“同仁联谊会”“益友社”的工作，任干事和总干事等职。1948 年 7 月沈孟先被捕，徐在贵与党组织失去联系。在脱党期间，仍积极组织群众进行革命活动,表现良好。1949 年 12 月,经沈孟先、吴桂明等同志证明,由市委组织部审查,恢复其党籍。

邱传禄(1919—2002),江苏昆山人。华山医院终身教授,博士研究生导师。

曾任第一届中华医学会肾病学会副主任委员,第二届中华医学会肾病学会主任委员,上海市肾病学会主任委员,中华医学会第十九届、二十届理事,中华医学会上海分会第三十一届理事,中华医学会内科学会委员,国务院学位委员会第一届和第二届学科评议组成员、第二届临床医学Ⅰ组召集人;《中华肾脏病杂志》第一至三届编委、常务编委、副主编等。

1939 年在上海医学院生化科工作,1941 年就读于上海医学院,1947 年大学毕业后在中山医院内科担任住院医师,1948 年后一直在华山医院内科工作。曾担任住院医师、总住院医师、主治医师、副主任医师、内科主任,首批博士研究生导师,曾任华山医院副院长、内科教研室主任等职。1995 年由华山医院任命为终身教授。

从 20 世纪 60 年代开始率先在国内开展肾脏病的医教工作,是国内肾脏病学三大奠基人之一。1962 年在其带领下于国内首先开展肾穿刺活检术,为肾脏病的临床诊断提供最直接的病理依据。同年 10 月在其领导下最先开展腹膜透析的肾脏替代治疗。华山医院是较早开展肾移植单位之一,1975 年与泌尿科合作进行肾移植,并取得成功,首例患者存活至今,成为迄今国内存活最长的肾移植患者之一。除在内分泌代谢及肾脏病领域特别擅长,还具有非常扎实的基础知识,包括生理、生化等。在临床工作中,还能具体指导临床检验、同位素等工作。

著有多项论文杰作。其与李仕梅、董德长合编的《肾脏病学》一书,是国内肾脏病领域第一部重要的大型参考书。作为中国肾脏病学界公认的创始人,在其数十年的从医执教生涯中,培养大批的杰出人才,如林善锬等。自 1982 年起担任内科肾脏病专业博士研究生导师,带教成才的研究生、本科生、进修生有近百人。

杨国亮(1899—2005),四川邛崃人。中共党员。皮肤病学家,国家一级教授,华山医院终身教授,博士研究生导师。

曾任上海第一医学院皮肤病研究所(现复旦大学皮肤病研究所)所长,华山医院皮肤科主任。曾为上海市第七届人大代表、上海市政协委员。曾任卫生部医学科学委员会委员、中华医学会皮肤性病学分会副主任委员、上海皮肤科学会主任委员、美国皮肤病研究学会荣誉会员等。

1932 年毕业于国立上海医学院后,进入华山医院皮肤科工作。1944 年晋升为教授。1945 年留学美国,先后在哥伦比亚大学医学院、宾夕法尼亚大学、纽约大学医学中心进修深造。回国后担任华山医院皮肤科主任。1978 年恢复教授头衔。

1935—1940 年,发表"用链杆菌抗原治疗软下钳及横痃"一文,是国际上最早利用免疫学原理治疗该病的报道,在国际上首次阐明丹毒、象皮腿和足癣的关系。1949 年中华人民共和国成立后,致力于学科建设,先后开设梅毒、麻风、湿疹、银屑病、真菌病、职业性皮肤病等专病门诊;建立专科病房；建立真菌室、皮肤病理室、皮肤生理室、皮肤免疫室及皮肤生化室等。在国内首次发现并报道隐球菌病、孢子丝菌病和短程锑剂药疹，创新使用对白癜风、冻疮、浅部真菌病、红斑狼疮及瘢痕疙瘩等疾病的治疗方法。对核黄素缺乏症的病因和临床方面有独特见解，对药物性皮炎的临床表现及防治研究也卓有成效，首先发现并报道“大疱表皮松解萎缩性药疹”。1969 年，参加上海赴赣、滇、黔知识青年皮炎防治队，提出诊断和防治措施，并用英文在国际上报道，荣获 1978 年全国科技大会奖。1995 年由华山医院任命为终身教授。

先后在美国、德国、瑞典等国外及国内刊物上发表多篇论文，并多次应邀参加各种国际会议。主编著作多部，如全国高等医学院校统编教材《皮肤病性学》等。1953 年首次在上海医科大学开办皮肤科专修班。自 1952 年起，受卫生部委托，医院皮肤科在其指导下，每年接收进修医师，为全国各省市培训大批皮肤科专业人才。

钱　悳(1906—2006)，江苏江阴人。中共党员。传染病学家，国家一级教授。1953—1957 年任上海医学院内科医院院长。

1952 年起任上海医学院内科学院副院长、院长。1956 年任上海第一医学院副院长。1958 年，举家迁渝，先后担任重庆医学院副院长、院长，重庆医科大学名誉校长。曾任中央血吸虫病研究委员会副主任兼临床组组长、四川省血吸虫病研究委员会主任、中华医学会理事、中华内科学会副主任委员、中华医学会四川分会副会长、重庆医学会会长、国家科委医学组成员、卫生部医学科学委员会委员、四川省科协顾问、四川省科协副主席。曾任第四至第六届全国人民代表大会代表、四川省政协委员、上海市人大代表等。曾任高等医学院校《传染病学》(教材及参考书)、《中国医学百科全书》、《中华医学杂志》等医学专著和杂志编委，《中国医学百科全书・传染病分册》《中华内科杂志》副主编。

1932 年，毕业于国立上海医学院，获医学博士学位。毕业后相继在南京、长沙、贵阳、重庆中央医院任内科住院医师、代理内科主任。1939 年，在重庆中央医院主持内科工作。1944 年赴美国波士顿大学附属医院进修。1951 年，参加抗美援朝志愿医疗队，任副大队长。1956 年参加在印度举行的亚洲和平年会。

长期从事临床医疗、教学和医学教育管理工作。1950 年参加解放军驻上海市郊部队血吸虫病的诊疗工作，对严重危害中国人民健康的血吸虫病进行大量防治实践与临床研究，被第三野战军九兵团授予“理论与实践结合的为人民服务的模范教授”的称号，立二等功，并被评为全国劳模，代表华东地区出席全国劳动模范代表大会，受到毛泽东、朱德、周恩来等国家领导人的亲切接见。此后，长期担任华东和中央血吸虫病防治研究委员会临床组组长的工作，并主编国内第一本血吸虫病治疗须知和防治手册。

主编《临床症状鉴别诊断学》《实用血吸虫病学》等书，参编《实用内科学》。发表有关内科和传染病的论文 30 余篇。

骆德三(1918—2006)，江西上犹人。中共党员。1951 年 10—12 月任中国红十字会第一实习医院党支部书记。

曾任华山医院党支部书记，广慈医院(现瑞金医院)院长、分党委书记，瑞金医院党委书记，上海

市伤科研究所所长，上海第二医学院（现上海交通大学医学院）副院长、党委副书记，华东卫生保健医院副院长，上海市精神病防治总院党委书记，福建省卫生厅科长等。

1932 年，参加中国工农红军，为一军团一师二团战士、卫生员。1934 年 10 月，随红一方面军参加长征。1936 年，入党并到延安卫生学校学习一年。1940 年进入太行军区卫生部保健科工作。在革命战争年代，曾经在多个岗位上担任领导工作，在历次大小战斗中积极接收转运病员，为抢救革命同志生命做出贡献，多次受到上级部门的表彰和奖励。抗日战争期间，任八路军 129 师卫生部五所所长、冀南军区卫生部一所所长、太行军区一军区卫生处医务主任。解放战争时期，任太行军区四军分区卫生处副处长、太行军区卫生部和平医院副院长、野战医院院长、四军分区卫生处长、太行军区卫生部副部长、南下纵队卫生处长。

胡田成（1921—2006），安徽桐城人。中共党员。1952—1956 年任上海医学院内科学院党支部书记。

1939—1949 年先后在新四军江北指挥部军区医院、新四军卫生部医保科、鲁中南野战医院三所、华东卫生部保健科、山东国际和平医院、徐州市军管会卫生部、徐州市卫生局等工作，先后担任部长、院长等职。

1949—1951 年任山东省卫生厅保健处副处长。1952—1956 年任上海第一医学院附属第一医院副院长、支部书记。1958—1975 年任上海医学院附属中山医院党总支书记、副院长，上海市第一医学院医疗系总支书记，上海中医学院副院长，上海市卫生局援外办公室负责人。1975 年调中华医学院上海分会任常务副会长、党支部书记。1985 年 12 月离休。

1939 年参加革命，1941 年 3 月加入中国共产党。在长期的革命战争年代，以党员与医务工作者的使命救治无数伤病员，不顾个人安危，深入敌后完成军部下达的任务，多次荣获新四军卫生部模范工作者光荣称号及华东卫生部授予的立功嘉奖。

注重提高自己的素质修养与管理水平，注重调查研究、著书立传，多次发表在《大众日报》《文汇报》。1980 年选任中华医学会（全国）医院管理学会常务委员，1981 年被聘为《医院管理》杂志编委。

戴自英（1914—2009），浙江宁波人。中共党员。华山医院终身教授，博士研究生导师。

曾任华山医院副院长，上海医科大学内科教授、传染病学教研室主任、抗生素临床研究室主任、抗生素研究所名誉所长。曾任国家科委抗生素组及医疗器械组成员、卫生部医学科学委员会委员、中华医学会传染病学会副主任委员、上海市医学会内科学会及传染病学会主任委员、上海市高等学校内科学教授职称评审组组员。任《中华内科杂志》、《中华医学杂志》（中、英文版）、《中华传染病杂志》等十余种医学杂志主编、副主编、编委或顾问，《中国医学百科全书》编委会副秘书长兼办公室主任。

1938 年毕业于国立上海医学院。1949 年获英国牛津大学博士学位。

1950年回国从事传染病的医、教、研工作。1953年任上海医科大学内科教授，1955年任传染病学教授、教研室主任。1995年由华山医院任命为终身教授。

首次提出以小剂量氯霉素治疗伤寒方案。1955年建立传染病科和传染病学教研室，主导病毒性肝炎、出血热的诊治和基础研究，败血症和感染性休克的发病机制和治疗，以及吡喹酮治疗血吸虫病和蛲虫病的研究。将临床医学、临床微生物学和临床药理学融为一体，奠定中国临床抗生素学的基础，开创抗菌药临床药理学研究的先例。1963年在国内首先建立抗生素临床研究室并兼任室主任，完成全国抗生素70余个品种的临床药理和临床应用研究工作。在抗生素室基础上建立抗生素研究所。1986年在国内首次创立跨学科的中华医学会上海分会感染与化疗专科分会。

获得国家级、省部级科技成果奖20余项。国产苯唑青霉素（苯唑西林）临床应用研究获国家科委科研成果奖；卡那霉素、球红霉素等临床研究获全国科技大会奖状；头孢硫脒的实验和临床研究获卫生部科技成果甲等奖；获得上海市科技成果三等奖及上海市中西医结合科研成果奖。共撰写论文200余篇，编写教材和参考书近20部，主编《实用内科学》（第七至九版）、《临床抗菌素学》、《实用抗菌药物学》等8部专著。

林　平（1913—2012），浙江平阳人。中共党员。1957—1958年任上海第一医学院附属第一医院党支部书记（主持工作）；1958—1959年、1966年任医院党总支书记；1977—1980年任医院党委书记。

1931年起在中央大学医学院（现复旦大学上海医学院）解剖室任技术员，1942年起在盐阜区阜宁县任保安处内勤，北沙区副区长，县委敌工科干事、组长，盐东敌工部内勤、副部长等。1945年起任华中军区政治部联络处材料副科长、情报材料科副科长、军官团材料科科长等。1948年任济南市公安局第五分局副局长。1953年到上海市公安局公安医院协助工作。1956年在上海第一医科大学人事处工作。1957年任医院党支部副书记（主持工作）、副院长。1958年任医院党总支书记。1961年任医院党总支副书记。1966年任医院党总支书记。1973年在上海医科大学图书馆负责工作，兼任医院机关总支部书记。1977年任医院党委副书记（主持工作）。1978年任医院党委书记。1980年任医院顾问。1985年离休。

1936年参加上海地下党组织，同年加入中国共产党。在抗日战争和解放战争期间，在地下党组织情报部门工作，转战多处。在医院工作期间，开展党的政治思想工作，在医院组织"学习毛泽东思想"，贯彻党的卫生方针和政策。"文化大革命"结束后，重新组建中共华山医院委员会，带领医院医、教、研各项工作逐步恢复正常，各项规章制度逐步恢复、重订和完善，振奋全院职工精神。

胡永善（1948—2014），浙江绍兴人。中共党员。教授，博士研究生导师。

1994—1996年任华山医院康复医学科副主任。1997—2010年任华山医院康复医学科主任。2002年任复旦大学医学院康复与运动医学系主任。2005年任复旦大学神经康复中心主任。2010年10月被聘为资深教授。2010年任华山医院康复医学住院医师规培基地主任。曾担任中国康复医学会常务理事，全国运动疗法分会主任委员和教学专业常务委员，中国医师协会康复医师分会常委，上海市康复医学会常务理事兼副秘书长和运动疗法专委会主任委员，上海康复工程常务理事、副理事长等社会职务。

1982年7月于上海医科大学临床医学系毕业。1984年华山医院康复医学科工作。1988年获上海医科大学硕士学位。1993年和1997年先后被破格晋升为副教授和教授，并获硕导和博导资格。1995年和2000年分别在香港中文大学与美国华盛顿大学任访问学者。

从事康复医学的医教研工作，主持和完成课题14项，包括国家“九五”攻关课题、国家自然科学基金、卫生部科研基金、上海市卫生局重点课题和香港中文大学合作课题等。1998年主持“发展复旦大学康复医学中心”项目，获美国中华医学基金(CMB)75万美金资助；2000年主持上海市卫生局重点课题子课题“中风后早期康复的研究”；2001—2005年主持国家“十五”攻关课题“急性脑血管病后三级康复方案的研究”和国家“十五”攻关后续课题项目，为医院脑损伤康复的临床和基础研究奠定基础。其成果获教育部科技进步奖二等奖、上海市科技进步奖二等奖、上海医学科技奖二等奖、上海康复医学科技奖三等奖、上海医科大学科技进步奖和上海市残疾人康复服务技术成果优秀奖等。

主编专业医学教材8部。主持的“康复医学”本科生课程获复旦大学“精品课程”。在国内外重要学术刊物上发表论文120余篇(SCI十余篇)，授权专利23项。培养硕士20人，博士11人，博士后1人，住院医师20余人。主持2项国家级继续教育项目。

邬祥惠(1933—2015)，浙江宁波人。华山医院终身教授，博士研究生导师。

曾任上海医科大学中西医结合研究所肝病研究室主任、华山医院肝病中心主任、复旦大学病毒性肝炎研究中心副主任。曾任全国中华医学会传染病与寄生虫病学会副主任委员、上海市肝病研究中心专家委员会主任委员、上海慢性肝炎防治研究中心主任、上海市药物不良反应监察中心专家委员会主任委员、国际学术交流中心委员、上海市药物评审委员会成员、上海市科学委员会肝炎研究组成员。曾任《中华传染病杂志》总编辑，《中华内科杂志》、《中华实用内科杂志》、《肝脏》、《实用中西医结合临床》、《临床肝胆病杂志》等编委。

1957年毕业于南京医科大学医学系(本科)。1989年晋升为教授。从事传染病、肝病学的临床、医疗、教学、科研工作近50年，对传染病、各型病毒性肝炎、慢性肝病、脂肪肝、肝硬化等早期诊断、免疫检测、中西医治疗有独特经验和进展性成果。在医疗工作中大力开展中西医结合治疗方法，为慢性乙型肝炎患者清除其体内乙肝病毒(HBV)找到较好药物，有效率接近国际水平。曾担任国家“六五”“七五”及“八五”攻关课题中有关慢性肝炎、重型肝炎治疗的主要负责人。取得科研成果奖5项，其中1项为卫生部乙等科技进步奖，1项为上海市卫生局一等奖，另3项为上海市科技进步奖二等奖；优秀论文奖1项。1992年荣获国务院颁发的科学技术突出贡献证书并享受国务院特殊津贴。1995年由华山医院任命为终身教授。担任上海市静安区第十届人大代表，曾被评为全国工会积极分子，受到邓小平、江泽民等领导同志接见。

发表论文和著作60余篇，参与编写《实用内科学》《虫媒传染病学》《现代传染病学》《内科疾病诊断标准》《内科学新理论与新技术》《病毒性肝炎研究进展》《传染病学》《临床肝胆系病学》及《现代肝胆疾病》等多部专著。

王　彤(1920—2016),女,江苏常熟人。中共党员。1959—1966年任上海第一医学院华山医院党总支书记。

1941年3月参加新四军医务工作。1942年3月加入中国共产党。1952年进入上海第一医学院工作,任党委副书记。后调往上海第一医学院五官科医院与中山医院任副院长。1959年进入华山医院工作,曾任党总支书记、总支副书记、统战委员等,负责总支的全面领导工作。期间曾调离华山医院,1968年回到华山医院工作。1968年7月华山医院成立革命委员会,1969年9月增补为革委会委员,1973年11月任医院党总支副书记、革委会副主任。1975年7月任医院党委副书记。后调往上海市卫生局党组任党组副书记。

施守义(1926—2017),江苏无锡人。华山医院终身教授,博士研究生导师。

曾任上海第一医学院皮肤病研究所(现复旦大学皮肤病研究所)副所长、皮肤病学教研室副主任。曾任卫生部医学科学委员会皮肤病和麻风病专题学术委员会委员,中华医学会全国皮肤病学会委员、常委,上海市高级科学技术专业干部技术职称评定委员会皮肤科专业评审委员会委员,皮肤病学研究所学术委员会副主任委员,中华医学会风湿病学委员会委员,中华医学会上海分会皮肤病学术委员会委员,中华医学会上海风湿病学术委员会副主任委员,意大利皮肤病学会委员会委员。

1950年毕业于上海第一医学院医学系。1986年晋升为教授。1983—1990年,多次应邀赴日本、英国、美国、新加坡、澳大利亚参加国际学术会议并做论文报告交流。主要从事皮肤病和风湿病学的研究(如红斑狼疮、皮肌炎、嗜酸性筋膜炎、混合结缔组织病、结缔组织病的雷诺氏现象和银屑病关节炎等)。1995年由华山医院任命为终身教授。

曾参加《皮肤病学》、《辞海》、《医学卫生普及全书》、《皮肤病临床手册》、《药物反应》、《皮肤变应性学》、《劳动卫生与职业病学》、《皮肤病学进修医生讲座汇编》、《实用药理学》(第三版)、《中华人民共和国药典临床用药须知》(二部)和《风湿病学》等著作的编写。共发表中外文论文90余篇。培养硕士研究生4人、博士研究生5人。

吴桂明(1921—2018),上海市人。中共党员。1956—1957年任上海第一医学院附属第一医院党支部书记(主持支部工作)。

1938年到中国红十字会第一医院工作。1946年任办事员。1949年任医院党支部副书记、工会副主席。1954年任医院团总支书记,组织人事科副科长、科长。1956—1957年主持医院党支部工作。1958年任医院党总支副书记。1965年任医院副院长。1966年在“文化大革命”中被停职。1976年任医院党委委员。1978年任医院副院长,分管后勤工作。1979年任医院工会主席。1985年离休。1986年任医院离退休党支部书记。

自1947年加入中国共产党,长期从事党的宣传和组织工作。1948年根据中共地下党的指示,创办“连桥农村托儿所”并担任总干事,免费收托幼儿，免费为当地农民医治疟疾等常见病，并向当地农民宣传党的路线、方针、政策。担任医院党支部和党总支副书记期间，参与医院接管、创办重庆医学院、“四清”工作队等工作。担任副院长期间，负责后勤和职工分房工作，解决职工住房问题。1980年在国家卫生部召开的全国医疗改革经验交流会上做“在整顿改革中努力搞好后勤工作，试行岗位责任制”的交流发言。离休后继续参与医院离退休管理事务，创办华山医院《老年园地》，服务离退休职工。1956年获上海市先进卫生工作者，2004年获复旦大学老干部先进个人，2005年获上海市卫生系统退休职工社会公益活动积极分子称号。

沈自尹（1928—2019），浙江镇海人。中共党员。中国科学院院士，教授，博士研究生导师。

曾任华山医院脏象研究室主任、中医科主任、中医教研室主任，上海医科大学学位委员会委员，复旦大学中西医结合研究所所长及名誉所长，复旦大学中西医结合博士后流动站站长，上海市中西医结合学会会长及名誉会长，上海市中医学会副会长，上海市科协委员，上海市中药审评委员会主任委员，上海市中医药专业委员会副主任委员，中国中西医结合会副会长，全国中西医结合虚症与老年病专业委员会主任委员，卫生部中药审评委员会主任委员，国务院学位委员会医学评议委员，国家自然科学基金评审委员，全国名中医等。1997年当选为中国科学院院士。

1952年毕业于上海第一医学院。1955年师从姜春华学习中医。1959年与姜春华共获卫生部颁发的“发扬祖国医学遗产”金质奖。

主要从事中西医结合思路和方法的开拓、肾本质的研究和传统老年医学研究。率先对中医的肾阳进行研究。1979年起，采用同病异证组进行下丘脑-垂体-靶腺轴功能对比观察，推论肾阳虚主要发病环节在下丘脑，首次用现代科学方法在国际上证实肾阳虚症有特定的物质基础。进一步采用分子水平的检测方法证明，唯有补肾药才能作用并提高下丘脑的双氢睾酮受体亲和力以及促肾上腺皮质激素释放因子（CRF）信使核糖核酸的表达水平，对肾阳虚证的发生原理以及调节枢纽提出更有利的证据，既从临床上证明中医的“证”是科学的客观存在，又用科学语言阐明“肾阳虚”的本质。沈自尹及其团队将肾本质理论研究的成果成功应用于临床实践，指导与发育、生殖、衰老相关的疾病治疗，提高临床疗效。

在实践中总结出“辨病与辨证相结合”“宏观辨证与微观辨证相结合”等中西医结合的原则，将传统辨证方法和现代实验手段有机结合。肾本质研究的成果和中西医结合原则的提出，确立其作为中西医结合学科开创者之一的学术地位。

以第一作者发表论文100余篇，主编《肾的研究》等6部学术专著。自1978年以来，多次获得省部级以上各类科技成果奖及上海市科技进步奖，包括广州仲景中医药杰出成果奖、立夫中医药奖等。培养多名中西医结合高级人才，其中一些已成为中西医结合学科的带头人或学术骨干。

俞茂华（1942—2019），女，江苏吴县人。中共党员。教授，主任医师，博士研究生导师。1970—1977任华山医院党委书记。

曾任华山医院糖尿病研究室副主任、内分泌科主任、内科教研室副主任、诊断学教研室主任、老年科主任；上海市糖尿病学会秘书及上海市内分泌学会委员，中国老年保健医学会理事等。

1964 年毕业于南京医学院。同年分配至上海医科大学华山医院内科工作。1978 年起从事内分泌专业。1988 年晋升为内科学副教授。1991 年起担任硕士研究生导师。1993 年晋升为内科主任医师。1996 年起担任博士研究生导师。2003 年晋升为内科学教授。

长期从事内分泌临床工作，对糖尿病及自身免疫性甲状腺疾病有一定的研究。曾担任国家卫生部、上海市科委、上海市卫生局科研基金的课题组负责人，主要从事糖尿病及其慢性并发症的防治、自身免疫性甲状腺疾病发病机制的研究工作。曾获上海市中西医结合科技奖一等奖、上海市卫生局科技成果三等奖、上海医学科技成果三等奖及上海医科大学科技成果奖等。曾被评为上海医科大学优秀教育工作者、复旦大学三八红旗手。2001 年获上海市育才奖。

发表相关论文 70 余篇。主要著作有《新编诊断学基础》《糖尿病防治》《糖尿病饮食治疗和运动疗法》，参与编写的参考书有《实用内科学》《中华内科学》《现代糖尿病学》《糖尿病现代治疗学》《内科学新理论新技术》等 20 部医学专著，并担任《实用内科学》(第十一至十四版)编委。

范维琥(1944—2020)，浙江慈溪人。华山医院终身教授，博士研究生导师。

曾任华山医院心内科主任，中华医学会临床流行病学分会常委、上海市医学会临床流行病分会副主任委员、中国中西医结合学会心血管病专业委员会主任委员、上海市中西医结合学会心血管病分会主任委员。《中华心血管病杂志》、《中国中西医结合杂志》编委，《中西医结合心脑血管病杂志》副主编。

1969 年毕业于上海第一医学院。1971 年被分配到浙江省海盐县西塘地区医院任内科医师。1978 考入华山医院攻读心内科硕士研究生，师从戴瑞鸿。1981 年毕业后留华山医院心血管内科工作。1983—1984 年赴澳大利亚纽卡斯尔大学亚太地区临床流行病中心学习临床流行病学。

从事心血管病医疗、教学和科研工作 30 年。临床流行病学方面：参与国内最早的临床流行病学中心的建设、师资培养和教材建设，承担医学生和临床研究生“临床流行病学”课程教学 20 余年，《临床流行病学的课程建设和实践》获 2005 年上海市教学成果一等奖。心血管病治疗和临床药理方面：与导师戴瑞鸿一起开展心血管病中西医结合治疗的研究，从活血化瘀、气血相关、内皮保护和血管新生四方面探索提高冠心病、心力衰竭和心律失常疗效的途径，承担课题国家“十五”攻关课题以及科技部重大创新药等研究课题，得到国内同行的认可。其中“麝香保心丸对心血管保护作用的系列研究”获 2005 年中国中西医结合学会科学技术奖二等奖。研究课题“二十年来上海地区的急性心肌梗死”曾获卫生部科技进步奖三等奖，“上海地区人群血脂水平和住院心脏病病种构成的长期趋势”课题获 2004 年上海市科技进步奖三等奖。1988 年被国家人事部授予“国家级有突出贡献的中青年专家”证书。2006 年由华山医院授予资深教授称号，2010 年 3 月由华山医院任命为终身教授。

共发表论文 130 余篇，参加编写书籍包括《实用内科学》《实用心脏病学》《心肌梗塞》《内科疾病诊断标准》《急诊抢救手册》等多种。担任研究生导师以来，共培养博士研究生 13 人。国务院政府特殊津贴享受者。

徐肇玥(1922—2020),女,浙江海盐人。中共党员。华山医院终身教授,博士研究生导师。

曾任华山医院传染病寄生虫病教研室副主任,中华医学会传染病与寄生虫病学会副主任委员,上海市医学会传染病与寄生虫病学会主任委员、感染与化疗学会主任委员、内科学会副主任委员、寄生虫学会理事。《中华传染病杂志》总编,《中华内科学杂志》、《中国寄生虫学与寄生虫病杂志》、《上海医学》、《上海预防杂志》、《中华医学杂志》(外文版)等编委。

1945年,毕业于上海第一医学院医学本科,进入华山医院工作。1955年,传染病教研室成立后,转任传染科主治医师。1980年,晋升为教授,为国务院批准的第一批博士研究生导师。

长期从事传染病学专业的医疗、教学、科研和师资培养工作。在国内首先临床应用吡喹酮治疗血吸虫病,疗效卓著,为控制血吸虫病做出重要贡献。1980年获血吸虫病新药治疗卫生部科技成果乙级奖、上海市科技成果二等奖,1986年获国家科技成果进步奖二等奖、上海市消灭血吸虫病纪念奖。1988年上海市甲肝暴发流行综合研究(临床部分)获卫生部科技成果一等奖。1977年被评为上海市先进科技工作者。1979年被评为上海市三八红旗手。1979年与1981年均获得上海市劳动模范称号。1983年获得全国卫生先进工作者称号。1985年获得全国防治血吸虫病先进工作者称号。1995年,由华山医院任命为终身教授。

1980—1996年间多次参加国内外学术交流并担任大会执行主席,聚焦国际临床流行病学、寄生虫病、肝炎肝癌、血吸虫病、传染病学等学术领域。培养数名博士及硕士研究生。曾撰写(或指导撰写)有关论文百余篇,专著、教材等近20部,内容涉及病毒性肝炎、血吸虫病、流行性出血热、伤寒、感染性腹泻、脑膜炎、厌氧菌感染、绿脓杆菌感染、感染性休克、抗菌药物应用等。

范振华(1929—2020),浙江镇海人。教授,硕士研究生导师。

曾任上海市第一医学院医学体育教研室副主任,华山医院运动医学教研室副主任及主任、骨科副主任、运动医学研究室主任、运动医学与康复医学科主任。曾任中国体育科学学会理事、名誉理事,中国运动医学会常务委员,中国残疾人康复协会理事,上海医学会理事及运动医学会主任委员,中国康复医学会常务理事及运动疗法学会副主任委员、学术委员会委员及教育委员会委员,上海康复医学会副会长、康复技术专业委员会主任委员。被聘为《中国运动医学杂志》《中国康复医学杂志》《中国理疗杂志》《国外医学·物理医学与康复分册》《上海医学》《中国康复理论与实践》《疗养与康复》及《颈腰痛杂志》编委。

1954年毕业于上海第一医学院医学系,1955—1956年在北京医学院运动医学高级师资进修班学习1年。1960年调入华山医院。是上海医科大学及华山医院运动医学和康复医学两门学科的主要创始人及专业队伍建设的主要负责人。

专长为运动疗法即医疗体育,主要对肢体运动功能的康复进行系统研究,所设计的肢体功能锻炼器械及功能检查器械通过学校鉴定并投产。

以第一作者发表专业科研论文23篇,在国外发表2篇。培养硕士研究生6人。主编专业书籍有《简明医疗体育手册》《实用康复医学》《骨科康复医学》等。1962年所编《运动医学》讲义被卫生部指定为全国医学院校通用教材。1991 年再次主编出版《运动医学》全国性教材。1992 年起获国务院颁发的政府特殊津贴。

陈公白(1933—2021),浙江宁波人。中共党员。教授,博士研究生导师。1984—1987 年任华山医院院长。

曾任华山医院院长、副院长,医疗系主任、副主任,神经病学教研室副主任,临床神经生理研究室主任;复旦大学神经病学研究所所长、副所长,第一届上海市人大代表,上海县科技顾问,上海神经精神科学会理事,上海医院管理学会理事,中华医学会全国神经外科学会常务理事,中央卫生部学术委员会委员,全国神经外科针麻研究协作组组长,世界卫生组织神经病学专家顾问组成员,世界卫生组织神经病学研究与培训中心主任,苏联神经外科学会会员,国际外科学会会员,国际激光医学会会员,美国针刺及中医协会名誉顾问等。

1955 年本科毕业被苏联医学科学院录取为神经外科研究生,先后在苏联医学科学院所属莫斯科和列宁格勒神经外科研究所学习和工作,1959 年取得博士学位。1971 年率华山医院第三批赴滇医疗队在云南省大理白族自治州巡回医疗一年,曾举办颅脑外伤学习班与神经外科培训班。在任华山医院院长期间规划并推动 20 层病房楼(现医院总部 2 号楼)建设;1987 年赴香港致力于保健组织和卫生宣教工作,创建香港保健协会并创办《保健》杂志(任总编辑)。1995 年起兼任沪港合作上海逸仙医院副董事长。1995 年被选为中华医学会香港会员联合会首届会长(现为永远会长),同年当选中国高等院校香港校友会联合会监事长。1989 年起担任环球性病、艾滋病基金会特邀理事。2001 年起担任吴阶平医学基金会常务理事和中华医学会-礼来网站董事会董事。2002 年组建成立蓝十字医院管理投资有限公司,任董事局主席。现任上海蓝十字脑科医院名誉院长。

主要从事神经外科学的医疗、教学和科研工作,专长于对各种颅内肿瘤、颅脑损伤、癫痫和恶痛的诊断与治疗,长期研究超声、激光、微电极、CT 等技术在神经外科中的应用。首创在颅脑手术时使用针刺麻醉并对针刺镇痛原理进行临床神经生理学的研究。各项研究成果分别获得全国科技重大成果奖 1 次、卫生部科技成果奖 2 次、上海市科技成果奖 2 次。多次出席各种国际性学术会议宣读学术论文或主持专题会议,并应邀赴世界各地讲学和学术交流。

在国内外杂志发表学术论著 98 篇,在各报章发表论述 42 篇。出版书籍 15 部,主编专业参考书 6 部。

王霖生(右图)(1907—?),浙江余姚人。1947—1949 年任中国红十字会第一医院代理院长,1949—1950 年任中国红十字会第一医院院长。

毕业于国立上海医学院,任公共卫生学教授。曾任中山医院副院长,1952 年 9 月调往华东军政委员会卫生部,1953 年调往国家卫生部。

1949 年 2 月 26 日起担任中国红十字会第一医院院长,后由于身体欠佳,生病期间,由崔之义代理院长职务,全权负责处理医院各项事务。

刘崇恩 生卒年不详。浙江宁波人。1936—1938 年任中国红十字会第一医院代理院长。

1926 年毕业于湘雅医学院，获医学博士学位。1926—1927 年任湘雅医院内科助理住院医生。1927 年前往北京协和医学院任助理住院医生。1928 年进入中国红十字会第一医院工作，任外科住院医生。1929 年前往苏州医院外科工作。1931 年回到上海第一医学院，晋升为外科副教授。协助颜福庆开展中国红十字会第一医院及中山医院的管理工作。1931 年起任中国红十字会第一医院副院长。1936—1938 年任代理院长。

兰迪司(C. C. Landis) 生卒年不详。美国人。1918—1921 年任中国红十字会总医院院长。

1917 年，携妻来华布道施医，驻上海。1918 年医院与哈佛合同到期后，又与安息日会签约合办三年，出任院长。1921 年，与安息日会合同期满，递交辞呈。

第二章　人 物 简 介

史玉泉(1919—　)，浙江余姚人。中共党员。华山医院终身教授，博士研究生导师。

任复旦大学神经病学研究所名誉所长。曾任华山医院临床外科副主任、神经外科主任，复旦大学神经病学研究所所长，中华医学会上海分会神经外科学会主委，中华医学会神经外科第一届、第二届副主委等；《中国神经精神疾病杂志》主编，《中华神经精神科杂志》副主编，《中国外科年鉴》等十余部杂志编委、顾问；中华医学会资深会员，IBRO(国际脑研究组织)会员，世卫组织神经科学组专家咨询组成员等。

1944 年毕业于国立上海医学院医本科。1946 年，进入华山医院工作。1947 年调入今中山医院大外科。1952 年创建华山医院神经外科，成为中国南方最早的神经外科。1956 年提升为副教授，1978 年晋升为教授，被指定为博士研究生导师。

成功研制外科手术中应用的止血剂——淀粉海绵及明胶海绵。曾参加抗美援朝志愿军医疗队，为百余例慢性头部火器损伤患者进行后期清创术；为冻伤性截肢后残端进行腰交感神经封闭切断术治疗；为大量脑肺吸虫病例进行神经外科治疗与研究，确立该病发病机制病损情况。率先在国内开展大脑半球切除术治疗婴儿脑瘫；颞叶癫痫的前颞叶切除术治疗；脑动脉瘤的开颅直接手术；脑动静脉畸形的显微外科切除术，将切除的脑动静脉病变制成注塑模型。制定脑动静脉畸形的分级标准，供临床医师选择手术病例、手术方式、判断预后、估计手术难度。在国内首先研究颅内压持续测量、记录的方法，填补国内颅内压监护技术的空白。1956 年被评为上海市先进卫生工作者。1991 年受国务院表彰有突出贡献者，荣获政府特殊津贴和证书。1995 年由华山医院任命为终身教授。

自 1954 年起举办神经外科医师进修班 33 届次及颅脑损伤学习班 20 余届次，所培养的医师、学员遍及全国。帮助浙江医学院二院、常州第一人民医院建立神经外科。退休后受聘为华东医院的医学顾问。

在国内外杂志发表论文 120 余篇。获得国家级、部级、市级科研成果奖十余项。主要著作有《中国医学百科全书・神经外科》，《神经外科诊疗常规》第一、二、三版，《实用神经病学》第一、二、三版，《神经病学新理论与新技术》等。参与编写多部高级参考书。因其对神经外科的贡献，被英国剑桥中心列入 1993、1994 年《世界名人录》。

李存仁(1922—　)，江苏扬州人。1949—1951 年任中国红十字会第一医院党支部书记。中共党员。

曾任团代理卫生队队长，军部卫生部直属所所长，第十一军医院副院长，华东卫生部直属手术队队长，华东医院副院长、党委书记，上海市卫生局副局长等。

1931 年在扬州念书，1938 年在扬州向私人医师学医。1939 年参加新四军挺进纵队四团，同年加入中国共产党。1945 年在新四军卫生部干部医训班学习。曾参加山东莱芜战役、孟良崮战役、

济南战役、淮海战役等各种战役。在大扫荡期间，先后为刘少奇、陈毅治病，多次承担将大批药材就地埋藏坚持守护的任务，完整地保护大批宝贵的药材。1947 年蒋介石进攻山东解放区期间，承担抢救收治伤员工作。在担任手术队长期间，做到全队行动到达快、全套手术室布置快、为伤员做手术快，抢救成功率高，因此荣立过两次三等功。1949 年护送邓小平、刘伯承、饶漱石、张云逸等中央委员赴西北坡出席中央七届二中全会，并受到毛泽东接见。1951 年，负责组建华东医院，遍访上海市知名医学专家并邀请参加工作，同时全方位协调和培养专业骨干及各种人才。1987 年获中央保健委员会荣誉证书和奖状。在上海市卫生局任职期间，推动率先实行公费劳保和自费两种收费制度的工作，使全市医疗质量得到提高，医院条件得到改善，防疫和各项卫生事业也得到不同程度的发展。

张延龄(1927—　)，浙江慈溪人。中共党员。华山医院终身教授，博士研究生导师。

曾任上海医科大学医学系副主任、主任，华山医院外科研究室副主任、主任，华山医院胰腺癌诊治中心总顾问，上海医科大学教务处副处长及附属金山医院院长等职。《国外医学・创伤和外科基本问题分册》《国外医学・消化系疾病分册》编委，《外科理论与实践》副主编，以及各外科杂志等常务编委和编委。

1950 年毕业于上海第一医学院医学系(六年制)本科，毕业后进入华山医院外科工作。1986 年晋升为教授。1982—1983 年赴世界卫生组织亚太地区教师培训中心和澳大利亚新南威尔士大学医学教育学院进修。一直参加临床医疗工作，擅长外科学基础理论研究，对胆胰系疾病有深入的研究。“高铁止血剂的研制及其实验和临床研究”获 1982 年卫生部重大科技成果乙等奖，“利胆冲剂防治胆石症的实验研究和临床应用”获 1982 年上海市重大科技成果三等奖，“激光和微波治疗内痔的实验和临床研究”获 1992 年化工部重大科技成果二等奖，“胰腺癌的分子生物学和基因研究”获 1996 年贵州省重大科技成果三等奖，“重点进行胆石成因的实验研究”获 2000 年上海市科技进步奖二等奖。1990 年获国家教委颁发的“高校科技工作 40 年成绩显著”奖状。1995 年由华山医院任命为终身教授。

曾主持国家自然科学基金和上海市科委基金支持的胆石成因科研项目，共发表论文 60 余篇、综述 80 余篇，参加编写大型专著 14 部，出版《现代外科学》(上册主编)、《临床外科学》(副主编)、《实用外科学》(副主编)、《腹部外科学》(编审)、《胆道外科学》(编审)、《乳房外科学》(主审)、《彩色外科手术图解》(第三册主编)、《急诊抢救手册》(副主编)、《外科多选题考试题解》(主编)和《家庭医学百科》(主编)等书。

先后培养数名博士与硕士研究生。研究生的论文获卫生部、上海市和贵州省重大科技奖各 1 篇，青年优秀论文奖 4 篇。

戴瑞鸿(1930—　)，浙江温州人。中共党员。华山医院终身教授，博士研究生导师。

曾任华山医院副院长、心血管内科主任、内科教研室主任，上海医科大学专家委员会委员，中华医学会上海分会心血管病学会理事，中国中西医结合学会心血管专业委员会主任委员及名誉主任

委员，国家中药制药工程技术研究中心生化与临床研究室主任，圣约翰大学校友会副会长等。1992 年被美国心脏学院选为院士。1996 年由华山医院任命为终身教授。享受国务院特殊津贴。

1955 年毕业于上海第二医学院医学系，主要开展心血管领域的中西医结合临床治疗和药理研究工作，是麝香保心丸主要研发人。

临床研究方面，1976 年首先在国内报告冠心病的血液流变学指标异常和急性心肌梗死的动态变化，阐明“血瘀”的本质，于 1978 年获国家科技大会二等奖。同年担任组长，成立上海地区心肌梗塞科研协作组，主持的“上海地区 20 年来急性心肌梗死的临床研究”获卫生部科技进步奖。完成“气血相关理论及其冠心病治疗中的作用”，首次从中西医结合角度阐明气血相关理论的实质，该课题获国家中医药管理局科技进步奖二等奖。

临床药理方面，观察到丹参治疗后冠心病患者血液流变学指标明显改善。在丹参治疗基础上，合并应用黄芪注射液，阐明黄芪丹参合并兼有正性肌力及扩血管作用，于 1988 年获国家中医药管理局科技进步奖二等奖。1981 年开发麝香保心丸，并带领团队进行临床和药物机制研究，发表“麝香保心丸对兔动脉壁一氧化氮代谢的影响”等数十篇研究论文，阐明麝香保心丸具有扩张冠状动脉、保护血管内皮、减少心梗面积、抑制心室重构、改善心功能、促进治疗性血管新生等作用。其成果获得 1989 年国家中医药管理局科技进步奖二等奖、2002 年国际现代中医药发展论坛大会“创新医学科技成果”一等奖、2005 年中国中西医结合学会科学技术奖等众多奖项。

在国内外发表论文 80 余篇，主编或参编《心肌梗塞》《内科疾病诊断标准》《实用内科学》等多部专著。1985 年担任美国加州大学旧金山医学院客座教授，并多次赴美国、苏联、捷克等地讲学交流，被英国剑桥传记中心及美国传记中心载入《世界名人录》。

朱禧星（1930—　），浙江平湖人。华山医院终身教授，博士研究生导师。

2003 年任复旦大学内分泌糖尿病研究所名誉所长。曾任华山医院内分泌科主任、糖尿病研究室主任，第一、二届上海医学会糖尿病分会主任委员和上海医学会内分泌分会副主任委员，第一届中华糖尿病学会副主任委员，第二届中华医学会糖尿病分会主任委员等。

1955 年毕业于上海第二医学院医疗系后在华山医院工作，1986—1995 年在华山医院担任内分泌科和糖尿病研究室主任，1988—1989 年担任诺贝尔奖获得者贝尔松和耶洛（Berson and Yalow）研究室访问研究学者。1995 年由华山医院任命为终身教授。

主要从事糖尿病及其慢性并发症、垂体病、甲状腺和甲状旁腺病等内分泌代谢病等的研究，多次主持及参加国内外糖尿病或内分泌学术交流会。1998 年主持第八次中华糖尿病学会全国学术会议；2001 年主持上海医学会糖尿病分会组织的 β 细胞功能紊乱和胰岛素抵抗的国际学术交流会。1991 年赴悉尼大学糖尿病中心访问和讲学；1992—1996 年多次赴日本东京、冈山、神户和京都等地进行学术交流和讲学；出席第十五届国际糖尿病联盟（IDF）学术会，并代表中国出席 IDF 例行工作会。1998—2001 年先后赴美国芝加哥、澳大利亚悉尼以及意大利、英国等国家参加国际糖尿病联盟学术会议和美国糖尿病年会。

1985 年“国产树脂柱层析测定糖化血红蛋白”项目获上海市卫生局科技成果奖。1985 年“长效口服避孕药对糖和脂肪的远期影响”项目获国家计划生育委员会“六五”攻关项目奖。1991 年“糖尿病 BB 鼠慢性心肾和胰岛病变电镜研究”项目获国家教委科技进步奖三等奖。

发表糖尿病、甲状腺、甲状旁腺、垂体病以及甾体避孕药对糖和脂肪代谢影响的论文 70 余篇。主编和参编《现代糖尿病学》、《实用内科学》、《临床糖尿病学》、《中国医学百科全书·内分泌代谢》、*Diabetes in the New Millennium* 等专著六部。

自 1978 年以来培养硕士研究生 12 人，博士研究生 9 人。

袁美英(1931—)，女，江苏启东人。中共党员。卫生事业管理副研究员。1980—1993 年任华山医院党委书记。

曾任政治思想研究会会长，中国红十字会华山医院副理事长，中共上海中医学院党委委员及统战部副部长，上海第一医学院医学系党总支书记，上海医科大学政治思想研究会常务理事，中国红十字会上海老年服务中心副主任，上海科学研究所企业领导若干问题研究课题组组员，上海市卫生系统政治思想工作研究会常务理事及理论研究组副组长，卫生部国家中医药管理局所属医院政治思想工作研究会理事等。

1950 年 1 月毕业于上海市高级助产学校，7 月参加中国人民解放军二十军防治血吸虫病工作。1951 年 6 月参加抗美援朝志愿医疗队。1953 年 2 月在上海市卫生局局长室兼任党组机要秘书。1956 年就读于北京中医学院。1962 年毕业于上海中医学院，同年留校工作。1965 年起担任中共上海中医学院党委委员、统战部副部长。1972 年 6 月起担任中共上海第一医学院医学系党总支副书记。1977 年 5 月—1979 年 10 月，任上海第一医学院附属妇产科医院党总支书记。1980—1993 年，担任中共上海医科大学附属华山医院党委书记。

长期以来以工作实践为基础，撰写有关中国共产党建设、知识分子问题、领导班子建设、政工队伍建设、医院改革开放等方面论文十余篇。其中“从华山医院看医院改革”被《领导科学杂志》评为优秀论文；“加强政工队伍建设的几个问题”被评为华东地区医院管理优秀论文；“增强凝聚力要处理好几个关系”获卫生部全国卫生系统“奇星杯”奖；“医院改革开放中的几个关键问题”曾在全国卫生系统思想研究会上交流。先后被评为上海医科大学校三八红旗手、上海医科大学优秀政治思想工作者、上海市高等学校优秀政治思想工作者、上海市卫生系统优秀政治思想工作者、卫生部全国卫生系统优秀思想工作者。1992 年获国务院特殊津贴。2000、2011 年获复旦大学荣誉证书。

秦　震(1931—)，上海市人。中共党员。华山医院终身教授，博士研究生导师。

曾任华山医院神经病学研究所副所长，上海医科大学国家级医学神经生物学重点实验室副主任，上海市神经科学会主任委员及名誉主任委员，上海市卫生局脑血管病/心脑血管病防治研究办公室主任，中华神经科学会副主任委员，卫生部全国脑血管病防治研究领导组副组长，中国神经科学学会常务理事，美国神经科学院名誉院士，美国心脏协会-卒中协会-国际卒中联络委员会委员，世界卒中联盟筹组理事会理事等。《中华神经科杂志》总编及名誉总编。获美国神经病学研究院医学博士学位以及荣誉研究员称号。

1954年毕业于上海第一医学院，进入华山医院工作。1955年参加高等医学院校针灸师资训练班。1960年参加全国神经系统电生理高级培训班。1982年任副教授、硕士研究生导师。1986年任教授。1990年任博士研究生导师。1996年由华山医院任命为终身教授。

主要从事神经系统疾病的诊治，临床神经生理学、针灸和导引。指导完成的"重症肌无力抗突触前膜抗体研究"获广西壮族自治区1988—1989年科技优秀论文二等奖、上海市科技进步奖三等奖、全国中青年医学优秀论文二等奖。1988年开展对经CT等证实脑梗死、脑出血、蛛网膜下腔出血患者的自然史研究。1991年创建上海市脑血管病防治研究办公室，于1994年进行扩建，在全市开展社区心脑血管病防治工作。1994年发表脑梗死治疗的相关研究。1996年应邀担任英国牛津约翰·拉德克利夫(John Radcliffe)医院临床试验中心组织的中国急性卒中试验顾问。发起和参与组织全国多中心随机、双盲、对照的降栓酶治疗急性脑梗死研究。"急性脑缺血模型发病机理及新药治疗"获1992年卫生部科技进步奖三等奖；"急性脑缺血卒中并发脑水肿发病机理及防治"获科技攻关重大科技成果奖；"大鼠实验性局灶脑梗死体积测定及抗脑缺血药筛选"获1992年上海市科技进步奖二等奖。负责国家自然科学基金资助项目"硫脂在神经鞘膜损害中的致病作用"，首次证明硫脂致敏能造成实验性脱髓鞘性多发神经炎，获2003年上海医学科技奖二等奖。

发表论文150余篇、会议报告与论文摘要180余篇，参与医学著作编(译)写25部。多次应邀担任国内外大学神经科或相关科室客座教授及访问研究员，被美国传记公司列入国际杰出领导者人名录。

汪　复(1931—　)，女，江苏吴县人。中共党员。教授，博士研究生导师。

曾任华山医院传染病教研室主任、传染病学重点学科负责人、抗生素研究所所长及名誉所长，中华医学会上海分会感染与化疗学会主任及顾问，卫生部抗生素临床药理重点实验室主任，国家抗感染药临床试验研究中心主任，国家药典委员会委员，国家食品药品监督管理局药品评审委员，国际传染病学会委员等。1997—2015年为卫生部中央干部保健局第一至四届专家委员会委员。

1953年毕业于上海第一医学院。1980年作为访问学者在美国约翰斯·霍普金斯医院和哈佛大学医学院附属布列根和妇女医院参观学习6个月。

长期从事感染性疾病疑难病例及重危病例的诊断与治疗，抗菌药物的临床药理研究及临床应用，以及细菌耐药性研究。1995年作为中国药物临床试验质量管理规范(GCP)起草小组成员参与起草中国GCP，组建医院伦理委员会。在世界卫生组织(WHO)的支持和协助下建立中国细菌耐药性监测网，举办GCP培训班和抗菌药物合理应用等学习班，并选送研究所工作人员出国进修等。研究所先后与美、英、德、法、日等国的学者和学术机构进行科研项目协作和人员交流培训等。在担任抗生素研究所所长期间领导完成国家科技部"六五""七五""八五""九五"攻关项目，多项国家自然科学基金项目和卫生部临床学科重点项目。共获国家级、部、局级科技成果奖20余项。1992年获国务院颁发"为发展我国医疗卫生事业做出突出贡献者"证书及特殊津贴。

培养硕士研究生12人、博士研究生6人。主持多个继续教育项目，编写教材，举办多种培训班。作为主编或副主编出版专著或参考书8种，包括《实用抗感染治疗学》《抗菌药物临床应用指南》等。作为编委参加撰写的专著或参考书 14 种，包括《实用内科学》《临床药理学》《中国药典临床用药须知书》等书中的部分章节。曾任《中国抗感染化疗杂志》主编。

陈星荣(1931—　)，重庆市人。中共党员。华山医院终身教授，博士研究生导师。1984—1988 年任华山医院副院长。1988—1995 年任华山医院院长。

任上海复旦大学附属华山医院陈星荣医学影像会诊中心主持人，北美放射学会会员，医疗健康信息集成协会名誉理事长，《介入放射学杂志》名誉主编，《中国医学计算机成像杂志》名誉主编，上海国际精准医疗研究院名誉院长，上海福利慈善基金会陈星荣专项福利基金负责人。曾任华山临床医学院院长、华山医院放射科主任，中华医学会放射学会副主任和名誉主任委员，中华医学会上海放射学会主任委员、顾问，医学影像信息集成协会理事长，上海生物医学工程学会常务理事，上海生物医学工程学会放射工程专业委员会主任，《中国医学计算机成像杂志》主编，《介入放射学杂志》主编，《中华放射学杂志》副主编，《医学影像学杂志》副主编，《实用放射学杂志》编委，《临床放射学杂志》顾问。

1956 年上海第一医学院医学系毕业，获医学学士学位。1966 年获医学博士学位。1980 年晋升为副教授。1980 年 2 月至 1981 年 4 月任美国纽约州立大学下州医学院放射科客座教授。1986 年晋升为教授。1997 年由华山医院任命为终身教授。

在任华山医院院长期间推动 20 层病房楼(现医院总部 2 号楼)建设。主要业绩：研究腹部放射学、神经放射学和介入放射学，在国内首先开展 CT、MRI、DR 和 DSA 等先进设备和技术的临床应用。1978 年担任硕士生导师，1988 年担任博士生导师，共培养毕业博士研究生 54 人和硕士研究生 34 人。自 1978 年以来共发表论文 400 余篇，出版专著和教科书 20 部，其中主编 9 本；《介入放射学》获 1990 年华东地区首届优秀图书一等奖、1992 年国家教委优秀学术专著优秀奖，《全身 CT 和 MRI》获 1995 年上海市优秀图书一等奖、1996 年卫生部优秀图书三等奖。共完成科研成果 14 项，其中荣获 1978 年全国科学大会奖 1 项，1992 年国家科委发明三等奖 1 项，1985 年卫生部科技进步奖二等奖 1 项、1992 年三等奖 3 项，1992 年上海市科技进步奖二等奖 1 项、三等奖 3 项，1990 年上海市优秀发明选拔赛一等奖 1 项等。1988 年荣获全国卫生文明建设先进工作者称号。1993 年获上海市优秀院长称号。享受国务院政府特殊津贴。

林善锬(1935—　)，福建福州人。中共党员。华山医院终身教授，博士研究生导师。

曾任华山医院内科教研室主任、肾脏病科主任，国家“211”工程华山医院肾脏病学科负责人，复旦大学肾脏病研究所长，上海医学会常务理事，上海市肾脏病分会主任委员，中华医学会理事，中华肾脏病学会常务委员，中华肾脏病学会主任委员及名誉主任委员，中华肾脏病学会高血压和水电解质学组组长，国家医药管理局新药评审组员，卫生部学位委员会委员，卫生部最高成果终审评审委员会委员，中国驻阿尔及利亚医疗队赫利赞医院内科主任，国际肾脏病学会理事，国际肾脏病学会全球发展委员会理事，国际肾脏病学会教育委员会理事，国际肾脏学会临床实践指南委员会理事，纽约中华医学基金会上医大肾脏研究中心负责人等。

1959 年上海第一医学院毕业后进入华山医院内科工作。1988 年建科后被任命为肾脏科主任。1980—1988 年在美国加州大学旧金山分校心血管研究所任访问教授。2001 年由华山医院任命为终身教授。

协助邱传禄创建中国肾脏病专业，并在国内首先开展肾穿刺。20 世纪 80 年代在美国进修期间，对下丘脑弓状核对体液平衡调节研究有重要成果，被美国心脏学会授予优秀外国学者研究奖。回国后，将现代肾脏生理学的最新进展与临床实践相结合，推动现代肾脏病学发展。90 年代中期开始，着重从肾素-血管紧张素系统对心、脑、肾、糖尿病等发生机制进行深入研究，同时在全国及国际多种会议上被邀做专题讲演，从而使肾脏病与心、内分泌病的治疗概念大大提高。1985 年获美国外籍教授优秀科研奖。1989 年获国家教委科研成果二等奖。1991 年获国家特殊贡献人员奖。1992 年获上海市优秀教师奖。1993 年获卫生部科研成果三等奖。1998 年获优秀博士生导师奖。2001 年获上海市科技进步奖二等奖、中华医学科技奖二等奖、中华医学会中华级杂志优秀总编辑奖。2003 年获美国国家肾脏基金会国际杰出贡献奖。2016 年获国际肾脏委员会东亚地区肾病发展进步奖。享受国务院政府特殊津贴。

发表论文 450 余篇，主编《当代肾脏病学》等十余部著作。曾任《中华肾脏病杂志》总编。

林果为(1936—　)，浙江杭州人。中共党员。华山医院终身教授，博士研究生导师。

曾任华山医院内科教研室副主任、诊断学教研室主任，复旦大学医学院临床流行病学培训中心主任，上海市血液学专科委员会副主任委员，上海市首届临床流行病学专科委员会主任委员，中华医学会第二届全国临床流行病学分会主任委员，中华医学会全国血液学分会常委及贫血学组委员等。

1959 年于上海第一医学院毕业，进入华山医院内科教研室工作。1982—1983 年赴美国宾夕法尼亚大学附属医院进修临床流行病学，获硕士学位。2001 年由华山医院任命为终身教授。

主攻临床血液学，特别是再生障碍性贫血、白血病和铁缺乏症的研究。20 世纪 80 年代中期开始从事临床流行病学的建立和开创工作以及造血系统疾病的临床流行病学研究，将临床流行病学原理和方法应用到临床血液学研究中，获得重要研究成果。在上海医科大学建立临床流行病学中心，成为国内最早开设临床流行病学新课程、编写新教材的单位之一，在国内最早建立临床流行病学硕士研究生培训项目、国家级继续教育项目及住院医师规范化培训临床流行病学项目。1989 年与华西医科大学联合发起建立中国临床流行病学网络组织(中华医学会临床流行病学分会前身)。在国内首次应用临床流行病学方法对铁缺乏症的危险因素及各项铁参数诊断价值进行评价，应用病例对照研究证实氯乙烯及乙双吗啉与白血病的发病关系，对获得性红细胞酶病和急性白血病预后进行系统研究。获 6 项科技成果奖，包括中国医学科学院科技进步奖一等奖、卫生部科技进步奖二等奖、上海市科技进步奖三等奖、中华医学会施思明基金三等奖、上海市卫生局科技进步奖三等奖及上海市科技成果。享受国务院政府特殊津贴。

主编专著 10 部，包括《实用内科学》等；参编 15 部；发表论文近 200 篇，其中 16 篇在国际学术会议上报告。“临床医师继续教育新模式”获 1993 年上海市普通高校优秀教学成果三等奖；《现代临床流行病学》获 2003 年度上海市普通高校优秀教材三等奖；“临床流行病学的课程建设和实践”

获 2005 年度上海市教学成果一等奖。连续两年被评为宝钢和普康优秀教师奖。1991 年被英国和美国传记中心录入《世界名人录》。

林祥通(1936—),福建闽清人。中共党员。华山医院终身教授,博士研究生导师。

曾任上海第一医学院副院长,上海市核医学质量控制中心主任,复旦大学学术委员会委员,华山医院核医学科主任,中华医学会核医学会第三届主任委员,中国核学会第三届常务理事,国家药典委员会第七、八届委员,国务院学位委员会第三届学科评议组成员,IAEA 技术合作国内顾问组成员,国际原子能机构(IAEA)亚大区域协作(RCA)人类健康项目国家协调员,亚洲和大洋洲核医学与生物学联盟(AOFNMB)第八届顾问委员会委员,卫生部药品审评委员会委员,核工业部放射医学与核医学教材委员会委员等。

1962 年于上海第一医学院医疗系毕业后进入华山医院内科。1964 年转入核医学科(同位素室)。1984—2000 年任核医学科主任。1987 年晋升为教授。2004 年由华山医院任命为终身教授。

1976 年起与多单位合作建立血清三碘甲状腺原氨酸(T3)、甲状腺素(T4)以及促甲状腺激素(TSH)放射免疫分析法及临床应用研究。其中 T3、T4 放射免疫测定及临床应用获 1980 年卫生部甲级成果奖。同时建立国内人工合成的促甲状腺激素释放激素(TRH)进行 TRH 兴奋试验的临床研究,获上海市科技进步奖三等奖。"血清生长激素(GH)放射性受体分析法及临床应用研究"获上海市科技进步奖三等奖;"PET 及 PET/CT 在肿瘤诊断与临床治疗决策中的应用研究"获 2005 年第六届上海市临床医疗成果奖三等奖。享受国务院政府特殊津贴。先后获中华医学会核医学会杰出贡献奖、中华医学会优秀总编辑奖、中国医师协会核医学分会核医学医师终身成就奖(第一届),上海医科大学优秀博士生导师称号,并获卫生部甲级科技成果奖 1 项(与中科院细胞所合作)。

培养多名博士、硕士研究生。曾主持并参与多项卫生部、国家自然科学基金课题,以及多期国家级继续教育项目"PET/CT 医师培训班"。发表论文 200 余篇,合著书籍《甲状腺核医学》,参加编写《实用内科学》《现代肿瘤学》《中华影像学》《实用神经病学》等十余种图书。《中华核医学杂志》总编辑。

顾玉东(1937—),山东章丘人。中共党员。中国工程院院士,教授,博士研究生导师。

任华山医院手外科主任,上海市手外科研究所所长,国家老年医学中心主任,中华手外科学会名誉主任委员,《中华手外科杂志》总编辑。曾任国务院学位委员会委员,中华医学会副会长。

1961 年毕业于上海医科大学医疗系,同年进入华山医院手外科工作。1987 年晋升为教授。1994 年当选为中国工程院院士、中国共产党第十五次代表大会代表。

擅长手外伤修复与再造,手麻、肌肉萎缩的诊治,周围神经损伤的诊治,臂丛神经损伤的诊治。1970 年,首创膈神经移位治疗臂丛根性撕脱伤。1980 年,发明静脉蒂动脉化游离腓肠神经移植治疗长段神经缺损,"静脉蒂动脉化腓肠神经移植"获国家发明三等奖。1981 年,设计足趾移植第二套供血系统解决血管变异问题,提高移植成活率,“足趾移植术中血管变异及处理”获国家科技进步奖二等奖。1986年,首创健侧颈7移位治疗难治性臂丛损伤,“臂丛神经损伤诊治”获国家科技进步奖二等奖,“健侧颈7神经移位治疗臂丛根性撕脱”获国家发明二等奖。1983—1990年,设计小腿外侧皮瓣、静脉干动脉化皮瓣、小鱼际肌皮瓣等修复肢体创面,“肢体创面的皮瓣修复”获国家科技进步奖二等奖。1985年起开展组织移植系列基础研究,提出新理论、新技术,提高组织移植成活率与功能,“组织移植的基础与临床研究”获国家科技进步奖二等奖。1996年起设计进胸切取长段膈神经及同侧颈7神经全根移位治疗臂丛损伤,扩大手术指标,缩短疗程,提高疗效,“长段膈神经及同侧颈7神经移位”获国家科技进步奖二等奖。2002年设计肌皮神经肱肌肌支移位,为治疗臂丛下干根性撕脱伤提供新方法。

曾获白求恩奖章、全国劳动模范、全国五一劳动奖章、十大科技精英等,两次被评为全国先进工作者。还获何梁何利科技成果奖、光华科技成果奖、全国道德模范提名奖、全国国医大师、上海市卫生系统高尚医德奖、上海市十大标兵、上海市优秀教师等荣誉。

出版专著3部,分别为《臂丛神经损伤与疾病诊治》《手的修复与再造》《四肢的显微外科修复》;主编《手外科手术学》《手外科学》《临床显微外科学》《显微外科基本理论与操作》等著作。

吕传真(1938—　),浙江天台人。中共党员。华山医院终身教授,博士研究生导师。

曾任华山医院神经内科副主任、主任,复旦大学神经病学研究所副所长、所长,复旦大学上海医学院神经病学系主任、学科负责人,世界卫生组织神经科学科研与培训合作中心主任,国家医学神经生物学重点实验室副主任,中华医学会神经病学学会主任委员,上海医学会神经病学学会主任委员。

1961年毕业于上海第一医学院后进入华山医院工作。1986年5月晋升为副教授。1989年破格晋升为教授。1992年任博士生导师。2004年由华山医院任命为终身教授。

长期从事脑血管病和神经系统免疫病的诊疗和研究工作,尤其擅长重症肌无力的研究。1985年12月作为世卫组织进修生赴瑞典进修神经免疫,1990年2—10月再次作为客座教授赴瑞典工作,1991—1992年在美国芝加哥大学参加多发性硬化和重症肌无力的免疫机制研究。1998年后合作Willis动脉环的脑血流动力学研究,获上海市创新发明一等奖;“重症肌无力突触前机制研究”获教育部科技进步奖二等奖。先后两次获得上海市科技进步奖三等奖、卫生部科技进步奖二等奖等奖项。国际上率先提出重症肌无力不仅是神经肌肉接头突触后膜的受体病,而且是突触前膜亦受累及的自身免疫病;首次在基因库中注册“P9”基因。重症肌无力系列研究获得教育部科技提名一等奖。1996年起为上海市医学领先学科首席科学家,成立脑卒中病区。

1990—2013年多次参与国际神经科学学术交流活动,并对“重症肌无力突触前膜损害证据”“抗体阴性重症肌无力”等作专题报告,牵头多项国际多中心缺血性中风治疗在中国的研究等。

发表论文200余篇,其中SCI论文30余篇,最高影响因子53。主编《骨骼肌肉疾病》、《神经系统感染疾病》、《神经病学》(第二至四版)、《实用神经病学》、《神经疾病基础与临床》、《临床神经免疫学》等;分主编《实用内科学》、《脑循环与临床》、《中华内科学》等著作。曾任《中华神经科杂志》总编辑,《中国神经精神疾病杂志》、《临床神经病学杂志》副总编,以及多本杂志的编委或特邀编委,WFN提名委员会委员等。共培养博士后2人,博士研究生30余人,硕士研究生十余人。

翁心华(1938—　),浙江乐清人。中共党员。华山医院终身教授,博士研究生导师。

曾任华山医院传染病科主任,中华医学会内科学会副主任委员,中华医学会感染病分会主任委员,中华医学会感染病分会名誉主任委员,上海医学会传染病学会主任委员,上海医学会内科学会及热带病与寄生虫病学会副主任委员。

1962年毕业于上海第一医学院,同年进入华山医院传染病教研室工作至今。1986年于莫斯科苏联中央热带病研究所进修,1991年晋升教授。2004年由华山医院任命为终身教授。

长期从事传染病医疗、教学、科研工作,对长期不明发热的病因诊断、脑囊虫病治疗,以及各种感染病的诊断与治疗有专长;对中枢神经系统感染的诊断与治疗及抗生素的临床应用有丰富的经验。尤其是对发热待查患者的病因诊断以及中枢神经系统感染的诊断与治疗,在国内享有盛誉。在国内首先提出吡喹酮治疗脑囊虫,获卫生部乙级科技成果奖。作为"缓症链球菌中毒休克综合征"项目负责人获上海市科技进步奖二等奖。同时负责承担国家自然科学基金、国家"十五"攻关、上海市传染病重点学科等多项课题,并组织华山医院与国内外联名成功申请国家"973"课题。1996年被剑桥传记中心收入《世界名人录》。在"非典"流行期间,担任上海市"非典"(SARS)防治专家组组长,并获上海市劳动模范荣誉称号。获2005年度复旦大学校长奖。

发表论文百余篇,内容涉及长期不明发热的临床、军团菌感染、脑囊虫的诊断与治疗、败血症、血吸虫病、结核病、真菌病、医院内感染等方面。参加《实用内科学》、《传染病学》、《感染性疾病的诊断与治疗》、《感染性疾病的治疗学》、《中国医学百科全书》(临床综合本)等30余部参考书的编写。任《实用内科学》(第十至十二版)副主编,《内科疾病诊断标准》副主编,《现代感染病学》及《传染病学》(教材)主编。培养博士研究生十余人,其中1名研究生的论文被评为上海市优秀博士论文(2000年)。曾任《中华传染病杂志》主编,《中华内科杂志》副总编,《中华新药与临床杂志》、《微生物与感染杂志》、《内科理论与实践杂志》、《国际流行病学传染病学杂志》副主编等。

张婴元(1939—　),女,山东定陶人。华山医院终身教授,博士生导师。

现任《中国感染与化疗杂志》主编。曾任中华医学会上海分会感染化疗专科分会主任委员、名誉主任委员,上海市医学会理事,中国药理学会化疗药理专业委员会副主任委员等。

1962年毕业于上海第一医学院医疗系本科。毕业后分配至华山医院任传染病科住院医师及助教,1972年进入抗生素临床应用室从事医疗、教学和科研工作至今。1986年晋升为副教授,1989年晋升为教授,1993年被批准为博士生导师。1984年4月—1985年1月获世界卫生组织奖学金赴加拿大进修临床药理。1985年任上海医科大学抗生素研究所副所长,1998—2015年任所长。曾任卫生部重点开放实验室——抗生素临床药理实验室主任。1989—2006年任内科(传染病学)重点学科负责人之一。2015年由华山医院任命为终身教授。

主要从事感染性疾病医疗工作、抗菌药临床评价及临床药理学研究、细菌耐药性防治等研究,擅长细菌性感染等感染性疾病诊治,包括疑难重危感染者的诊断和救治。承担干部保健对象的医疗救治工作，多次受到中央及上海市有关部门表彰。1980年以来，开展并完成一系列抗菌新药的临床药理学和临床研究，对国内外80余种抗菌新药进行系统评价并获准生产。研究所建立的创新药临床评价体系经GCP建设，在药政部门主导下制定多项符合国际规范化的技术指导原则并在国内实施，对中国新药临床评价水平与国际接轨起到推动作用。承担并完成重大科研项目十余项，包括国家科技攻关、国家自然科学基金、卫生部临床学科重点项目等，获上海市科技进步奖二等奖3项、卫生部科技进步奖三等奖1项。曾获上海市劳动模范等荣誉称号。

重视学科建设和人才培养，作为学科负责人之一，在1989、1996、2001、2007年多次与传染病科共同申请国家教育部重点学科，均获成功。在国内外期刊发表论文90余篇。培养博士研究生11人，硕士研究生13人。作为主编或编委编写《实用抗感染治疗学》、《抗菌药物临床应用指南》、《传染病学》(教材)、《药典临床用药须知》、《实用内科学》等十余本专著。

张元芳(1940—)，上海市人。中共党员。教授，博士研究生导师。1995—2003年任华山医院院长。

曾任上海医科大学外科系主任、泌尿外科研究所所长等；中华医学会泌尿外科分会委员、副主任委员，中华医学会男科学分会委员、常务委员，中华医院管理学会理事，中华医学会器官移植学分科学会委员，中国医师协会理事、泌尿外科分会副会长，国际泌尿外科学会会员兼中国国家代表，中国光学学会激光医学分会常务委员、副主任委员，上海市激光学会副理事长兼医学与工程专业委员会主任委员，上海市医学会泌尿外科分会主任委员和男科学分会主任委员，国家科学技术奖励评审专家。《中华外科杂志》编委、《中华医学杂志》常务编委、《中华泌尿外科杂志》副总编辑等。

1963年毕业于上海第一医学院医疗系后进入中山医院外科工作。1974年担任上海第一医学院赴江西医疗队大队长参加宜春地区的巡回医疗，为期两年。1980—1982年在南斯拉夫进修学习。1985—1988年任中山医院医务科长，其间1986年晋升副主任医师。1988年任中山医院副院长，1989年晋升教授，1990年被聘为博士研究生导师。1992—1994年在美国访问学习。1995年调至华山医院任院长。其间对学科梯队、职工素质及医院整体改造等三方面进行重点建设，推动医院买下华山花园产权，规划并推动病房综合大楼(现医院总部6号楼)、门急诊大楼(现医院总部1号楼)建设。建立终身教授制度，提高教育部重点学科比例，医院十个学科跻身教育部重点学科；合理规范患者的就诊流程，提升医院的总体实力和竞争能力，医院连年获得市文明单位称号。

承担国家自然科学基金研究项目、卫生部临床重点建设项目等项目与课题15项。“体外冲击波粉碎肾结石的研究和临床应用”获国家科技进步奖一等奖；“膀胱癌早期诊断和治疗”获2003年教育部科技进步奖二等奖；“同位素^{131}I标记血卟啉衍生物对诊断恶性肿瘤的研究”获山东省医学科学院科技成果一等奖和山东省医学科技创新成果三等奖。

发表论文250多篇，主编《实用泌尿外科和男科学》等学术著作12部，参与编写《实用外科学》《外科学——前沿与争论》等著作14部。培养硕士研究生19人、博士研究生30人、博士后2人。1990年被卫生部授予有突出贡献中青年专家。1991年起，享受国务院政府特殊津贴。2002年被评为中华医院管理学会全国优秀院长和上海市十佳校(院、所)长。

周良辅(1941—　),福建古田人。中国工程院院士,教授,博士研究生导师。

任华山医院神经外科主任,上海市神经外科临床医学中心主任,上海市神经外科急救中心主任,复旦大学神经外科研究所所长,中华神经外科学会、上海中华神经外科学会荣誉主任委员,复旦大学学术委员会委员,世界神经外科学院院士,世卫组织神经研究和培训中心副主任,中央保健局专家组成员,国际神经外科联合会委员,亚太神经外科协会执行委员,亚太颅底外科协会执行委员和理事。担任美国 *Neurosurgery*、欧洲 *Neurosurgical Review*、日本 *Neurologia Medico-Chirurgica* 杂志国际编委,《中国临床神经科学》等多种专业杂志副主编或编委。

1965 年毕业于上海第一医学院,之后在华山医院从事普外科、手外科和神经外科工作,师从史玉泉、蒋大介。1985 年曾作为访问学者赴美国明尼苏达大学医学院、梅奥医学中心、加州大学洛杉矶分校神经外科进行考察学习。1989 年晋升为教授、博士研究生导师。2009 年当选为中国工程院院士。2011 年当选为世界神经外科学院院士。

作为中国神经外科的领军人物之一,擅长中枢神经系统肿瘤、血管性疾病、颅脑创伤和先天性疾病的诊断和治疗,同时也是微侵袭神经外科、显微神经外科、神经导航外科、放射外科和神经介入等技术的倡导者和应用者。由于其开创性成绩,先后获卫生部科技进步奖二等奖(1987 年)、国家科技进步奖三等奖(1990、1995 年)、上海市科技进步奖二等奖(1998 年)、国家教委科技进步奖二等奖(2000 年)、上海市科技进步奖一等奖(2004、2007 年)、教育部科技进步奖一等奖(2008 年)、中华医学科技奖一等奖(2009 年)、国家科技进步奖二等奖(2009 年)。担任第九至十一届全国政协委员。1986 年获卫生部和中国医学论坛报首届"杰出外科医生奖",1996 年获全国五一劳动奖章,1997 年获上海市医学荣誉奖,1998 年获得光华医学奖,2008 年获中国医师奖,2010 年获全国先进工作者,2011 年评为上海市科技功臣,2013 年获何梁何利基金科技进步奖,2015 年获世界神经外科联盟荣誉奖章和奖状等。

担任科室主任期间,神经外科先后成为首批教育部国家重点学科、"211"工程建设学科、卫生部临床重点学科、国家级继续医学教育基地,建立上海华山神经外科(集团)医院、首批上海市临床医学中心和复旦大学神经外科研究所。科室是全球临床规模最大的神经外科中心之一。学科兼具国际化特征,已主办 8 届国际神经外科大会,95%科室成员有国外交流学习经历,接纳国外青年医生学习培训(平均 10 人/年)。2008 年,接受专科影响因子最高的神经外科杂志 *Neurosurgery* 约稿,并以 7 个页面的篇幅详细介绍该学科的建设成就。华山医院神经外科的发展入选改革开放 30 周年"健康上海"十大卫生成果之一。发表 SCI 论文 130 余篇,中文论文 450 余篇,在国际神经外科排名前三位的杂志 *Neurosurgery*、*J Neurosurgery*、*Surgical Neurology* 以及基础研究领域的国际权威杂志 *Stroke*、*Neuro-oncology*、*J Trauma* 上均有收录。主编专著 7 部,其中《现代神经外科学》获第十一届全国优秀科技图书一等奖。已培养博士研究生和博士后 30 余人,硕士研究生 20 余人,同时培养大批神经外科进修生。1998 年起,在国内举办颅底外科学习班、内镜学习班以及脑血管学习班等,已培训来自全国各地的颅底外科高级人才千余人。

张永信(1943—　),江苏如皋人。中共党员。教授,博士研究生导师。1992—2004 年任华山医院党委书记。

1984—2008年任抗生素研究所副所长。2002—2006年任传染病科副主任、主任。曾任中国药学会抗生素专委会委员，上海药学会第九届常务理事、抗生素分会副主任与名誉主任委员、药物治疗委员会主任，华山医院医学教育研究中心主任，第八届上海市科协委员，卫生部合理应用抗菌药监测中心专家顾问，卫生部医政司基层医院抗菌药物临床合理应用培训国家级师资，中国医院协会药事管理专委会顾问，上海市医学会医疗事故技术鉴定专家，上海市住院医师规范化培训专家委员会委员。《上海医药》杂志主编，《世界临床药物》副主编、顾问。主编《感染病学》《临床感染疾病治疗学》《难治性感染性疾病》《临床药物使用手册》《重要感染性疾病的防治》《合理应用抗菌药物手册》等专著。获上海市及省部级重大科技成果奖2项。

1966年毕业于上海第一医学院医疗系。1968年2月组织医疗队赴贵州省黔东南苗族侗族自治州剑河县南哨乡安家落户、送医送药11年。1979年考入上海第一医学院攻读传染病学研究生，1982年获医学硕士学位留华山医院传染病科抗生素研究所工作。1988—1989年及1991—1992年先后赴美国纽约哥伦比亚大学内科外科学院传染病科、日本第一制药开发研究中心微生物科进修。1984年9月—1988年7月任华山医院党委副书记。1992年晋升为教授。1992年11月—2004年11月任华山医院党委书记。曾获全国卫生系统优秀思想政治工作者、上海市卫生系统精神文明优秀组织者等称号。1993年被国务院授予“为发展我国医疗卫生事业做出突出贡献”证书，享受国务院政府特殊津贴。1994年获东方奖教金。2004年获上海市优秀科普志愿者称号。2005年获《中华医学杂志》金笔奖。2009年获上海市教育系统关心教育下一代荣誉奖。2010年评为复旦大学离退休教职工“金秋风采人物”。2014—2015年先后被评为上海市离退休先进个人和教育部关心下一代工作先进个人。

谢　毅(1943—　)，江苏江阴人。中共党员。教授，博士研究生导师。

曾任华山医院副院长和血液科主任，全国医学专业学位教育指导委员会委员，中华医学会血液学会上海分会副主任委员和名誉主任委员、输血学会上海分会副主任委员和顾问，上海市红十字会造血干细胞捐赠工作委员会副主任，中国抗癌协会临床肿瘤协作中心(CSCO)委员等。担任《中国实验血液病学杂志》等多家杂志编委。担任上海市劳动力鉴定委员会、医疗事故鉴定委员会、脐血库专家委员会和血液质量管理委员会的专家。

1967年毕业于上海第一医学院卫生系。1968—1978年任云南省怒江傈僳族自治州全科医生，云南省人民代表。1978—1981年从上海第一医学院血液病专业研究生毕业，获硕士学位，师从导师丁训杰。1993年晋升为教授，1998年担任博士研究生导师。1984—2002年，任华山医院科教副院长，1991—2006年任华山医院血液科主任，1995—2005年任华山医院(浦东)筹建处主任。

擅长血液病、血液肿瘤的诊治，外周造血干细胞移植和过继免疫治疗白血病、淋巴瘤。1990年在上海地区首先开展治疗性血液成分单采。1994年开展上海第一例大剂量化疗自体外周血造血干细胞支持治疗淋巴瘤。1995年开展上海第一例自体外周造血干细胞移植治疗白血病。1996年开展全国第一例非血缘供者外周造血干细胞移植治疗白血病，患者已无病生存22年。1997年开展全国第一例单份脐血移植治疗成人白血病。“外周造血干细胞移植”获1996年上海医科大学医疗成果二等奖，“非血缘异基因外周造血干细胞移植治疗白血病”获1998年上海市科技进步奖三等奖，“造血干细胞移植治疗血液系统恶性疾病”获1998年上海市卫生局临床医疗成果三等奖，“治疗性血液成分单采”获1999年上海医科大学医疗成果三等奖。

培养硕士研究生14人，博士研究生11人，博士后1人。发明专利1项。发表论文20余篇。主编、主译和副主编医学院校教材和学术专著6部。

黄煌渊(1943—　)，福建南安人。中共党员。教授，博士研究生导师。

曾任华山医院副院长、骨科主任。复旦大学脊柱外科中心主任，复旦大学华山医院骨科教研室副主任，中华医学会上海分会运动医学专科委员会第四、五届主任委员，中华医学会骨科分会脊柱外科学组委员，国家食品药品监督管理局药品评审专家。兼任上海市医学会第三十三届理事会理事，上海市医疗事故技术鉴定专家。中华医学会上海分会骨科专科委员会副主任委员，中华医学会上海分会第三十二届医院管理学会委员。《国外医学·骨科学分册》副主编，《中华现代临床医学杂志》、《中华现代中西医杂志》编委。

1969年毕业于上海第一医学院。1987—2001年任华山医院副院长。1999年11月—2006年3月任华山医院骨科主任。现任复旦大学附属金山医院骨科学术主任，兼任上海市医学会骨科专科委员会顾问。

1982年，引进关节镜设备及技术，是国内最早开展关节镜微创技术的少数几位专家之一。1992年，与华东理工大学合作开展“舒康贴膏的研制与应用”研究，获上海市优秀发明选拔赛职务发明二等奖，并获1993年北京国际发明博览会银牌奖。2002年“髌骨软骨软化的病因、发生机理及临床研究”获山东省教委科技进步奖三等奖。任骨科主任期间，在国内较早引进先进的骨科导航设备；骨科首次并连续三年获得3项国家自然科学基金及多项市科委、市卫生局科研基金。

发表论著60多篇，任《实用外科学》(第二、三版)骨科部分主编，《脊柱应用解剖图谱》主编，《骨科与手外科》骨科部分副主编，《关节镜手术学》主要编写人；参与《现代肿瘤学》《现代骨科学》《骨科临床诊治失误的处理与预防》《神经导航外科学》《脊髓脊柱外科学》《手术室护理工作手册》等专著的编写。培养博士及硕士研究生20余人。享受国务院政府特殊津贴。

陈衍城(1943—　)，浙江余姚人。中共党员。教授，博士研究生导师。

曾任上海华山医院神经外科副主任，上海市神经外科临床医学中心副主任；中华医学会上海市神经外科专业委员会委员；《中国临床神经科学》《中国临床神经外科杂志》《中华神经外科疾病研究杂志》等五本核心期刊常务编委或编委。

1968年毕业于上海第一医学院医学系。1982年于上海第一医学院获医学硕士学位，毕业后留华山医院神经外科工作。

长期从事神经外科临床医疗、科研和教学工作，擅长显微神经外科、脑血管疾病、脑肿瘤和颅脑外伤的手术治疗和急诊抢救，特别在脑动静脉畸形、高血压脑出血的外科治疗和基础研究方面取得突出成绩。1984 年获上海第一医学院先进工作者。1996 年获上海市高尚医德奖。2000 年被评为上海市劳动模范。2002 年起享受国务院政府特殊津贴。2004 年获上海市十佳医师、上海市卫生系统先进工作者、华山医院突出贡献奖。2007 年获华山医院优秀党员。

主持和参加国家"七五""八五""九五""十五"重点科技攻关项目，卫生部、上海市领先学科和重点学科课题项目。获国家科技进步奖二等奖 1 项、卫生部科技成果奖甲级奖 1 项、卫生部科技进步奖三等奖 2 项、教育部科技进步奖二等奖 1 项、教育部提名国家科技进步奖二等奖 1 项、上海市科技进步奖三等奖 3 项、北京市科技进步奖二等奖 2 项、宁夏回族自治区科技进步奖三等奖 1 项和上海市临床医疗成果三等奖 1 项等。发表科研论文 180 多篇，任副主编出版专著 5 部、参加编写专著 12 部；培养博士研究生 15 人，硕士研究生 19 人。

张高孟(1944—　)，山东蓬莱人。中共党员。教授，博士研究生导师。

曾任华山医院手外科副主任。卫生部手功能重建重点实验室副主任，上海市手外科研究所副所长，上海医科大学科研处处长，复旦大学国际文化交流学院副院长，中华医学会上海市手外科学会委员，中华医学会上海市显微外科学会委员，中华医学会上海市医学科研管理学会副主任委员，上海市高等学校科研管理学会常务理事，上海市医学会资深会员等。《中华手外科杂志》常务编委，《中国上肢外科杂志》副主编，《中华实用医学》编委。国务院政府特殊津贴享受者。2006 年华山医院授予资深教授荣誉称号。

1966 年毕业于大连医学院医疗系，1981 年获上海医科大学硕士学位。1992 年赴美国路易斯维尔大学克拉纳特手外科、显微外科研究所进修 3 年。

曾获华山医院先进工作者及优秀党员称号。先后多次承担国家自然科学基金、教育部博士点基金、卫生部科研基金、上海市科委基金及上海市卫生局重点课题等科研项目。并先后获国家科技进步奖二等奖 2 项，中华医学科技奖一等奖 1 项，上海医学科技奖一等奖 1 项，上海市科技进步奖一等奖 1 项、二等奖 1 项、三等奖 1 项，教育部科技进步奖一等奖 1 项，卫生部科技进步奖二等奖 2 项、三等奖 1 项。并先后在国内外发表论文 100 余篇。参与国内专业工具书编写十余部，并应邀参与国际手外科著作 *Growing Hand* 的编写。先后培养硕士及博士研究生十余人。

徐启武(1944—　)，上海市人。中共党员。教授，博士研究生导师。

曾任上海华山医院神经外科副主任、复旦大学神经病学研究所副所长和脊柱外科中心副主任、上海市华山神经外科(集团)研究所副所长、上海市神经外科临床医学中心副主任；中华医学会神经外科学会委员会委员、上海医学会神经外科学会委员会委员、中华医学会神经外科学会脊髓脊柱专业组组长、中国医师协会神经外科学会中国脊髓脊柱专家委员会主任委员、国家医学考试中心专家委员会成员、上海市高级人民法院法医鉴定中心顾问、中国研究型医院学会脊髓脊柱专业委员会顾问。《中国临床神经科学》《中国微侵袭神经外科杂志》《中国临床神经外科杂志》《中国神经肿瘤杂志》《中华临床医学》等杂志的常务编委或编委。

1967 年毕业于上海第二医科大学医疗系，1981 年获上海第一医科大学神经外科硕士学位。曾赴法国朗戈医学院和美国密歇根大学医院进修。

长期从事脑、脊髓肿瘤和各种脊髓疾病的诊疗与临床研究，以及神经外科教学，积累丰富的临床经验，成功救治过众多危重患者。尤其在脊髓髓内肿瘤、脑干肿瘤和颅底肿瘤方面，填补国内相关手术治疗的技术空白，达到国际先进水平，获国内外学术界关注与好评。

曾荣获上海市"十佳"中青年医师、上海市劳动模范、上海市教育系统优秀党员、上海第一医科大学优秀教师与先进生产工作者等荣誉称号。享受国务院政府特殊津贴。先后获部、市级科技进步奖，教育成果奖和优秀图书奖 8 项；发表论文 220 余篇，编著与主编图书 4 部，参编教科书和参考书 20 余部；培养博士后 1 人，博士研究生 21 人，硕士研究生 9 人。

蔡　端(1945—　)，上海市人。中共党员。教授，博士研究生导师。

曾任华山医院外科教研室副主任，复旦大学上海医学院外科学系主任，复旦大学器官移植研究所顾问；上海市公共卫生临床中心顾问，上海中西医结合学会外科专委会主任委员，上海医学会普外科学会副主任委员；中国中西医结合学会外科专委委员，中国医师协会外科分会委员和中国医师协会毕业后医学教育委员会委员；国家自然科学基金评审专家组成员，国家食品药品监督管理局药审专家组成员，国家医学教育发展中心全国临床医学教育发展建设督导专家委员会常务委员；上海市卫生系统成人继续教育委员会外科委员，上海市住院医师规范化培训专家委员会外科学组组长兼事务中心特聘专家，上海市专科医师规范化培训专家委员会特聘专家。曾任《肝胆胰外科杂志》副主编，《上海医学》常务编委，《上海医药》副总编，《中国实用外科杂志》《中西医结合学报》等多本杂志编委。

1969 年毕业于上海第二医学院医学系，1981 年毕业于上海医科大学研究生院，1997 年在美国匹兹堡大学医学中心 Starzl 移植外科进修。2004 年起任复旦大学上海医学院外科学系主任。

主要从事胆石症防治，急性重症胰腺炎发病机制及临床诊治，肿瘤外科，肝脏移植基础及临床研究等方面工作。主编《外科程序诊断学》《外科学——考研精要》《外科实验动物手术学》《特殊感染外科学》《特殊感染外科学新理论新技术》5 部专著，并担任《实用外科学》《胆胰十二指肠区域外科学》副主编。

培养博士研究生及硕士研究生 60 余人。曾获上海市优秀教师育才奖、上海市继续教育工作先进个人奖、复旦大学优秀教师华藏奖、复旦大学优秀教师普康奖、复旦大学优秀研究生导师、复旦大学名师奖、复旦大学上海医学院院长奖及上海医学院教学先进工作者等荣誉称号。

王文健(1947—　)，江苏无锡人。教授，研究员，博士研究生导师。

曾任华山医院中西医结合科主任、复旦大学中西医结合研究所所长、复旦大学上海医学院中西医结合系主任、教育部重点学科中西医结合临床学科带头人、中国中西医结合学会副会长、上海市中西医结合学会会长、中国中西医结合学会虚证与老年病专业委员会主任委员、中国中医药学会络病分会副主任、上海市科协委员。《中西医结合学报》副总编，《上海中医药杂志》《中成药》《中华内分泌代谢杂志》《中国骨质疏松杂志》《疑难病杂志》编委。

1970 年毕业于上海第二医学院，1978 年起在上海医科大学先后师从沈自尹和姜春华攻读中西

医结合专业研究生。在阐明肾阳虚证的神经内分泌免疫网络功能改变中做出重要贡献，并带领团队开展中医脾虚与代谢综合征的联系理论和临床研究，提出“脾虚不运”和“脾虚不化”为脾虚的两种不同证候，代谢综合征更多表现为“化”的障碍而不是“运”的不足。并提出“同病类证”和“同病类治”的理论；精准医学时代的中西医结合应该是精准的靶向治疗和以中医药为主的表观基因调节性治疗的有机结合。2002 年带领复旦中西医结合临床学科成为教育部重点学科。2004 年被授予“上海市名中医”称号，2010 年获全国优秀科技工作者称号，2016 年获市委社工部“优秀党建之友”称号。2001—2017 年连续三届任中国中西医结合学会副会长，上海市中西医结合学会会长。共发表论文 100 余篇，SCI 收录 13 篇（通讯作者 4 篇）。获国家科技进步奖二等奖 1 项（排名第二），省部级科技进步奖 9 项（其中一等奖 2 项）。

在复旦教学工作期间带领团队开设中医和中西医结合课程 5 门。主编本科生教材《中医药学》，研究生教材《中西医结合临床》《中西医结合临床进展》等。1997 年《中医学》获市教委优秀教材三等奖，2007 年《中医药学》获复旦教学成果三等奖，2008 年《中西医结合临床》获复旦研究生教材三等奖。共带教博士后 1 人，博士研究生 14 人，硕士研究生 20 余人。被评为复旦大学上海医学院优秀教师。享受国务院政府特殊津贴。

胡仁明（1949—　），上海市人。中共党员。教授，主任医师，博士研究生导师。

任复旦大学内分泌糖尿病研究所所长。曾任华山医院内分泌科主任，国家自然科学基金会二审专家及中华医学会糖尿病学常委兼微血管并发症学组组长，中国非公立医疗机构协会常务理事兼任内分泌糖尿病专业委员会会长，亚洲糖尿病微血管并发症研究学会主席，上海市医师协会理事，中国医师协会整合医学分会理事兼整合内分泌糖尿病专业委员会主席，上海市垂体中心顾问；《中华内分泌代谢杂志》《中华糖尿病杂志》编委，《中国糖尿病杂志》副主编，《实用内科学》（第十五版）副主编。

1972—1987 年在上海瑞金医院内科、内分泌科工作。1987—1996 年在美国芝加哥大学和加州大学尔湾分校工作学习。回国后任瑞金医院内分泌科副主任，上海市内分泌研究所副所长。2002 年 9 月起任华山医院内分泌科主任。

曾自编自导全国首个糖尿病知识科普教育剧《抗糖路上爱相伴》，获中华医学科普奖、上海市科技进步奖二等奖。发起和组织全国 15 家医院启动“整合糖尿病并发症和伴发症调查及干预”项目。2007—2016 年，申请到科技部“863”课题 1 项，“973”子课题及“863”子课题各 1 项，国家自然科学基金重点课题 2 项，国家自然科学基金面上项目 5 项，上海市科委、卫生部课题各 1 项。多次参加国内外重要学术会议，曾应邀在第十二届世界内分泌大会及美国第七十三届糖尿病年会作专题报告。曾获得上海市科技进步奖二等奖（第一完成人 2 项），上海市科技进步奖二等奖（第七完成人），上海市卫生局科技进步奖三等奖（第一完成人），教育部科技进步奖二等奖（第三完成人），教育部科技进步奖一等奖（第四完成人）。在国内外杂志共发表论文 174 篇，SCI 收录的论文 87 篇，其中第一作者或通讯作者论文 72 篇，包括在国内完成的以第一作者发表在《美国科学院院报》上的论文"Gene expression in human tissues of hypothalamus-pituitary-adrenal axis by expressed sequence tags(ESTs) and full-length cDNA"，被评为2000年度中国基础研究十大新闻之一。2016年提出"代谢性炎症综合征"(metabolic inflammatory syndrome，MIS)的诊断和治疗的新概念。

主编《内分泌代谢病新技术新理论》《内分泌代谢病诊治策略》；参编《实用内科学》(第十二至十五版)，编写内分泌代谢病总论、糖尿病等章节。

洪　震(1952—　)，浙江慈溪人。中共党员。教授，主任医师，博士研究生导师。

任复旦大学神经病学研究所所长、中国抗癫痫协会会长、《中国临床神经科学》主编、国家医药监督管理局新药评审中心专家库成员、美国神经病学会通讯会员和欧洲神经病学会会员等职务。曾任华山医院副院长、神经内科主任，复旦大学上海医学院神经病学系主任，复旦大学"重中之重"建设学科临床神经病学负责人、神经流行病室和神经心理测验室主任，复旦大学癫痫诊疗中心主任，上海市医学重点学科负责人，中华医学会神经病学会常委、脑电图与癫痫学组组长，中国医师协会神经病学分会副主任委员；《中国临床神经科学》编辑部主任，《中华神经科杂志》副主编，十多本杂志的编委和特约编委。

1980年毕业于上海医科大学，毕业后留华山医院神经内科工作，2001年受聘为博士研究生导师。

1991年创建医院神经心理测验室，2004年创建复旦大学癫痫诊疗中心，加强其国内的领先地位。2003—2006年，担任上海市科委重大课题"脑卒中的预防与诊治"项目首席科学家。获卫生部科技进步奖1项，教育部科技进步奖1项，中华医学科技奖3项，上海市科技进步奖2项，上海市医学科技奖2项。2006年获"吴阶平-保罗·杨森医学研究奖"。

已培养博士研究生30人、硕士研究生37人，带教博士研究生2人。

叶　纹(1953—　)，女，江苏徐州人。中国致公党党员。主任医师，博士研究生导师。

曾任华山医院眼科主任；上海医学会眼科学会委员、白内障学组副组长。

1977年毕业于上海第二医科大学。1985—1988年在上海第二医科大学攻读研究生，师从全国眼科专家陆道炎，进行青光眼基础和临床研究。1990年在日本藤田大学学习超声乳化白内障手术。1993—1996年在美国波士顿大学眼科病理实验室作访问学者。1988年任瑞金医院眼科副主任，2000年任瑞金医院眼科主任。2003—2015年担任华山医院眼科主任。

在白内障、青光眼和准分子激光治疗近视眼的临床和基础研究方面做大量工作。完成多项市级科研项目，包括市科委的重点项目，获上海市科技进步奖三等奖2项。发表论文30余篇，其中SCI收录的论著24篇，分别发表于*Exp Eye Res*、*IOVS*等国外眼科著名杂志上。完成著作2部，主持《西氏内科学》(第二十三版)中"视觉系统疾病"和"神经眼科学"的编译。共培养博士研究生 13 人,硕士研究生 15 人。

朱剑虹(1955—),江苏南京人。中共党员。长江学者特聘教授,博士研究生导师。

任复旦大学医学神经生物学国家重点实验室副主任、复旦大学神经外科研究所副所长、中国细胞生物学学会细胞治疗分会副会长、中国抗癌协会神经肿瘤专业委员会副主委、中华医学会组织修复和再生分会常委;亚洲神经肿瘤联合会(ASNO)理事、亚洲-澳洲神经外科协会(AASNS)执行理事和司库(Treasurer)等。

1982 年毕业于南通大学医学院本科,1986 年获南京医科大学硕士学位,1989 年获苏州大学神经外科医学博士学位,1997 年获德国柏林洪堡大学生物学博士学位。先后在日本东京医科大学、德国柏林自由大学、德国 Max-Dellbrock 国家分子医学研究中心、美国哈佛大学医学院布列根和妇女医院神经外科从事临床和科研工作。2000 年回国,任复旦大学特聘教授和教育部特聘教授长江学者。

主要从事神经外科临床和研究工作,尤其在神经再生医学、脑外伤、神经肿瘤和线粒体疾病方面作深入研究,在国际上第一次用纳米粒子标记实现移植人脑神经干细胞的临床示踪观察,为临床研究移植后干细胞的迁徙和功能开辟新方法。临床研究成果在《新英格兰医学杂志》发表,获得国家科技进步奖二等奖。创新性地将极体基因组移植技术应用于防治线粒体疾病研究,成果论文在 *Cell* 杂志发表,研究成果被评选为 2014 年度"中国科学十大进展"。受聘为"国家重大科学研究计划"干细胞研究专家组专家、国家"973"计划项目首席科学家,被世界神经外科联合会(WFNS)评选获得"世界青年神经外科医师奖"。享受国务院特殊津贴。曾担任英国杂志 *Regenerative Medicine* 和《中华实验外科杂志》《中华神经医学杂志》《微侵袭神经外科杂志》等杂志编委,《中国神经肿瘤杂志》副主编。

冯晓源(1956—),浙江宁波人。中共党员。华山医院终身教授,博士研究生导师。2004—2008 年任华山医院党委书记。

曾任复旦大学副校长,复旦大学上海医学院院长,复旦大学上海医学院影像医学系主任,华山医院党委书记、副院长、放射科主任;中华放射学会主任委员,国际放射学会执行委员、国际放射学战略研究学会主席,美国伦琴放射学会终身荣誉会员,上海生物医学工程常务理事及常务副理事长,上海医学会常务理事,卫生部大型医学影像装备专家组成员等。

1982 年上海第一医学院医学系本科毕业,进入华山医院放射科工作。1984 年考取上海医科大学研究生,1989 年获得医学博士学位。先后在美国旧金山医学中心、瑞典隆德大学医院、比利时布鲁塞尔自由大学医学院做访问学者。2017 年由华山医院任命为终身教授。

主要研究方向为神经系统影像诊断,长期从事脑血管疾病和脑肿瘤的影像学研究,研究课题"超急性脑梗死的 MR 研究"获 2003 年上海市科技进步奖三等奖;研究课题"脑动脉瘤及其相关血管 MRA 成像和介入治疗关键技术的临床应用"获 2011 年教育部科技进步奖一等奖(排名第二);

研究课题“胶质瘤的影像学研究和创新”获 2014 年教育部科技进步奖一等奖。多项研究课题获得国家自然科学基金和上海市科委重点项目、卫生部部属医院临床重点项目资助，曾获国家教委和国务院学位委员会颁发的“做出突出贡献的中国博士学位获得者”、卫生部有突出贡献的中青年专家等光荣称号。享受国务院特殊津贴。

发表学术论文 250 余篇，参加编写学术著作 8 部，主编出版学术著作 5 部。担任《中华放射学杂志》《中国医学计算机成像杂志》等杂志主编。培养硕士研究生 12 人，博士研究生 50 余人，博士后 4 人。

潘　力（1957—　），四川成都人。中共党员。教授，博士研究生导师。

任华山医院神经外科副主任、射波刀中心主任，上海伽玛医院副院长兼总经理，中国医师协会放射神经外科专家委员会主任委员，中国临床肿瘤学会脑转移癌专家委员会副主任委员，中华医学会神经外科分会第七届功能神经外科学组委员，中国生物医学工程学会肿瘤靶向治疗技术分会神经与精神疾病靶向治疗委员会副主任委员，中国医师协会神经调控分会委员，世界疼痛协会中国分会常委。

1982 年本科毕业于四川泸州医学院，获医学学士学位，同年留校从事神经外科临床工作。1985 年考入华山医院神经外科研究生，1990 年以优异成绩破格获得医学博士学位并留在华山医院神经外科工作。先后赴奥地利、美国和瑞典等国学习、进修和培训后，成为国内首批从事伽马刀治疗和研究的人员。

主要从事现代立体定向技术和定向仪研究，在国内先后自行设计制造出可用于 CT、MRI 和普通 X 线定位的定向仪，并率先在国内开展 CT、MRI 立体定向手术，已开展伽马刀治疗 20 000 余例。课题“磁共振、CT 立体定向手术方法与定向仪研究”获卫生部科技成果三等奖，课题“伽马刀放射生物学研究及其临床意义”获上海市科技成果三等奖，课题“脑组织修复重建和细胞示踪技术及转化应用”获 2014 年度国家科技进步奖二等奖。论文曾获得中国 Leksell 伽马刀协会年会优秀论文一、二、三等奖，论文“通用多功能立体定向仪”获世界卫生组织（WHO）青年优秀论文一等奖。1992 年获上海市卫生系统第四届“银蛇奖”一等奖。1994 年被授予首届上海市“十大杰出青年”。

发表科研论文 80 余篇，参加《黄家驷外科学》《实用外科学》《实用神经外科手术学》《肿瘤学新理论新技术》《神经病学新理论新技术》《神经外科手术图解》《现代神经外科学》《临床诊疗手册》等多本专业参考书的编写工作。

陈世益（1958—　），浙江临海人。九三学社社员。教授，博士研究生导师。

任复旦大学运动医学中心主任、华山医院运动医学科主任，创建并领导华山运动医学与关节镜学科的发展，使该学科成为中国运动医学领头单位、国家临床重点专科。任中华医学会运动医疗分会候任主委、中国骨科医师协会运动医学专委会主委、亚太膝关节-关节镜-运动医学会（APKASS）主席等国内外 16 个学术团体的主委与执委。2004 年，创建国际骨科运动医学与关节镜外科论坛。为上海首批百人计划和浦江人才成员，国家“863”人工韧带首席专家，国家科技部创新团队运动医学与创伤修复核心成员。

1982年毕业于浙江大学医学院。1986年考入上海医科大学攻读硕士学位，毕业后留华山医院工作，期间师从顾玉东院士攻读博士学位。

在国际上首创膝前交叉韧带类等长重建技术；提出复旦肩关节评分系统；在学界最早倡导“运动医学功能至上、早期康复、重返运动”治疗理念；首创关节镜下肱二头肌长头腱增强修补巨大肩袖撕裂术式(Chinese way)。先后被授予国际运动医学关节镜领域最高荣誉 Takagi-Watanabe 奖、第九届吴介平-保罗・杨森医药奖、国际内镜杰出领袖奖、华山医院首届杰出贡献奖、华山最高人才奖——华峰奖、2014 亚太-美国运动医学院旅行院士(Travelling Fellow)及教父(Godfather)等奖项和称号。

作为中国人工韧带发明人，拥有发明专利27项。获“973”、国家自然科学基金等十余项国家基金资助。发表学术论文285篇(SCI 86篇)，主编(译)、副主编专著20部；担任全球骨科杂志排名第一的《美国运动医学杂志》(*AJSM*)唯一中国编委，*AJSM* 和《关节镜杂志》(中文版)主编，《中国运动医学杂志》等3本中文核心期刊副主编等。

担任F1赛车中国首席医务官15年。创建中国赛车医疗救援体系，制定国家赛车运动医疗保障规则与标准。担任中国汽摩联合会医学委员会主席。2015年获“F1中国赛车杰出贡献奖”。担任伦敦奥运会中国奥委会首席医官。多年担任上海市体育总会和体育科学学会副理事长，是刘翔、邹市明、徐莉佳、毛剑卿等众多体坛名将的主治医生。

吕　元(1959—　)，山东烟台人。民革党员。教授，研究员，博士研究生导师。

任华山医院检验科主任、中国医师协会检验医师分会副会长、中华医学会检验医学分会顾问、上海市卫生系统高级职称评审委员会临床检验学科组组长，受聘为美国病理家学会国际质量大使和特派检查官(CAP International Quality Ambassador 和 International Inspector)。民革中央委员、市政协常委。曾任华山医院副院长，中华医学会检验医学分会副主委，上海市临床检验中心主任，上海医学会检验医学分会主委、名誉主委。

1982年上海第一医学院药学系本科毕业，1985年上海医科大学临床检验诊断学专业研究生毕业。1990年美国得克萨斯大学医学院生物化学与分子生物学系访问学者，获博士后研究证书。1991年和1994年先后被上海医科大学破格晋升为副研究员和研究员，2005年被复旦大学聘为教授。

1995年带领学科成为市第一个教育部“临床检验诊断学”博士点，并任博士生导师。2005年带领检验科成为市卫生局迄今唯一的“临床检验重点建设学科”(上海市医学重点学科)；2006年，成为中国大陆第一个通过美国病理学院认可(CAP - LAP)的医院检验科；2010年成为首批国家临床重点专科；2012年学科通过 CNAS ISO 15189 认可。

曾获CAP授予“卓越贡献奖”、复旦大学教学成果一等奖、复旦大学优秀博士生导师、上海市高校优秀青年教师、上海市卫生系统“银蛇奖”二等奖、上海市新长征突击手、上海市卫生局先进工作者、上海市医务青年管理十杰提名奖、中科院“明治乳业生命科学奖”杰出奖、上海市医学科技进步奖二等奖和三等奖、教育部高等学校科学研究优秀成果奖自然科学一等奖等，首批入选市卫生系统“百人计划”。

共申请到"十一五""863"和科技攻关项目，国家自然科学基金，教育部、卫生部、市科委、市卫生局"百人计划"，CMB等十余项课题及上海市卫生局重点建设学科项目。以第一作者和通讯作者发表于*PNAS*、*Nature Medicine*等国外SCI收录杂志文章50多篇。培养硕士研究生11人，博士研究生12人，博士后3人。任《中华检验医学杂志》副总编，主编中国卫生行业标准《免疫沉淀分析标准有关应用材料的评价》和《便携式血糖仪血液葡萄糖测定指南》，参与主译德国临床化学家洛萨·托马斯(Lothar Thomas)的*Clinical Laboratory Diagnostics*，参编十多部教材和专著。

顾小萍(1959—)，女，上海市人。中共党员。教授、主任医师。2008年起任医院党委书记。

任中国卫生计生思想政治工作促进会医院分会副会长、委属委管医院分会副会长，中国医院协会文化专委会常委，上海市卫生系统党建研究会市级医院专委会主任委员，中国医师协会医学人文专委会副主任委员，兼任静安区妇联副主席。曾任上海市人大代表、市青联委员，同济大学附属第十人民医院院长兼党委书记，同济大学医学院医疗一系主任；上海市卫生系统新世纪青年管理论坛副理事长，上海市卫生系统青年人才奖励基金会理事，中华医院管理学会医院维权工作委员会顾问，中国医院协会第一届理事，上海市医院协会秘书长，上海市医学伦理学会副会长。

1983年毕业于南京铁道医学院医学系，在上海铁道医学院附属铁路中心医院长期从事妇产科临床工作，1991年担任妇产科副主任，1995年兼任医务科副科长，1996年担任副院长，1998年担任院长兼党委副书记。2004年任同济大学附属第十人民医院院长兼党委书记。2008年任华山医院党委书记。2004年获得中欧国际工商管理学院EMBA管理文凭。

担任华山医院党委书记期间，在党建工作、干部队伍建设、医院文化建设和精神文明建设等方面做出探索与实践。医院获得中共中央颁发的"全国抗震救灾英雄集体"最高荣誉，首次获得全国文明单位、全国五一劳动奖状、全国精神文明建设先进单位、全国医药卫生系统创先争优先进基层党组织，多次获得全国医院文化建设先进单位等荣誉称号。个人曾获得全国巾帼建功立业模范院长、铁道部火车头奖章、上海市第二届医务青年管理十杰、上海市三八红旗手、上海市精神文明优秀组织者等荣誉，2008年被评为全国优秀院长，2012年获得全国科教文卫体系统"模范职工之友"。

领衔多项上海市教卫党委党建重点课题，获得上海市教卫系统党建研究优秀成果二等奖1项、三等奖1项，上海市卫生计生系统党建研究课题优秀成果二等奖2项。

施慎逊(1959—)，上海市人。中共党员。教授，博士研究生导师。

任华山医院精神医学科主任；中华医学会精神医学分会第七届委员会主任委员、第八届委员会前任主任委员，中国神经科学学会精神病学基础与临床分会常委，上海市医学会理事会理事，上海市医学会精神医学专业委员会顾问，上海市医学会行为医学专业委员会第七届委员会名誉主任委员，上海市医师协会精神科医师分会第一、二届副会长，上海市精神卫生临床质量控制中心专家委员会委员，上海市精神疾病预防控制中心专家委员会委员；《中华精神科杂志》副主编，《中华医学杂志》《山东精神医学》《中国临床神经科学杂志》《上海精神医学杂志》《临床精神医学杂志》编委。曾任中华医学会行为医学委员会委员，上海市医学会精神医学专业委员会主任委员，上海市医学会行为医学专业委员会第五、六届主任委员，上海市心理卫生协会理事。

1982 年毕业于上海第一医学院医学系，留校工作。1989 年毕业于上海医科大学研究生院，获医学硕士学位。1993 年转入华山医院工作，曾赴美国、英国、澳大利亚进修。

主要从事抑郁症伴焦虑障碍多中心协作研究，抑郁症与焦虑障碍共病的继续教育和孕产妇抑郁/焦虑障碍研究。参与项目获山东省科技进步奖二等奖（第五位），“上海市孕产妇焦虑、抑郁症状发生率及相关危险因素”获《中国心理卫生杂志》2007—2008 年度优秀论文杨森奖三等奖，“标准化病人在精神病学教学中的应用”获复旦大学教学成果奖一等奖，“抑郁症共病焦虑障碍一年随访研究”获《中华精神科杂志》2013 年度优秀论文奖一等奖。2017 年被上海市医学会评选为上海市医学会专科委员会优秀主任委员，获中华医学会优秀学会工作者称号。

培养研究生 25 人。发表论文 147 篇，综述 58 篇。主编和副主编《女性精神障碍》、《中国精神分裂症防治指南》（第二版）、《临床路径释义·精神科分册》等专著 17 部，参编《实用内科学》《精神医学》等教材和专著 22 部。

郝传明（1959—　），山东泰安人。中共党员。教授，博士研究生导师。

任华山医院肾病科主任，中华医学会肾脏病学分会常委，中国医师协会肾脏分会常委、副干事长，中国生理学会肾脏生理专业委员会主委，国家卫生计生委能力建设和继续教育肾病学专家委员会副主任委员，上海医学会内科分会副主委，美国 *American Journal of Physiology-Renal Physiology* 编委等。曾任美国肾脏学会（ASN）理事提名委员会委员，亚太肾病学会最佳临床实践委员会委员。

1982 年毕业于南通医学院，1990 年获得上海医科大学博士学位，1994 至 2009 年在美国范德堡大学肾脏和高血压科做博士后、助理研究教授、助理教授（tenure track）。2009 年起任复旦大学特聘教授，2011 获上海特聘专家称号。

致力于推动全面覆盖、凸显专科特色的学科建设，在推动加强对肾脏病根本认识的研究、加强转化研究、探索个体化诊治方面做了大量工作。曾先后承担美国 NIHR01、NIHR21、国家自然科学基金重点项目、国家自然科学基金国际合作重点项目、国家重点基础研究发展计划（“973”计划）子课题、卫生部行业科研专项等重点项目的工作。

董竞成（1959—　），上海市人。无党派人士。教授，博士研究生导师。

复旦大学中西医结合学科带头人，复旦大学中西医结合系（临床）主任，复旦大学中西医结合研究院院长，华山医院中西医结合科主任、博士后流动站站长，世界卫生组织复旦大学传统医学合作中心主任，国家“973”项目首席科学家，卫生部国家临床重点专科负责人，教育部高等学校中西医结合类教学指导委员会副主任委员，国家中医药领军人才岐黄学者，国家中医药管理局重点学科建设负责人，中国中西医结合学会理事兼呼吸病专业委员会主任委员，世界华人医师协会理事、世界华人中医师协会副会长兼秘书长，中国医促会中医分会副会长，世界中医药学会联合会维吾尔医药专

业委员会副会长，世界中医药学会联合会藏医药专业委员会常务理事，中华中医药学会综合医院中医药工作委员会常务理事兼副秘书长，世界中医药学会联合会综合医院中医药工作委员会副会长。

1983年本科毕业于上海中医学院，1990年获上海医科大学博士学位。1996在法国巴黎第七大学分子药理实验室做客座教授，2004在美国哈佛医学院做访问学者。先后入选上海市卫生系统“百人计划”、上海市优秀学科带头人计划、上海市医学领军人才等。

师从沈自尹院士，长期从事中西医结合内科医教研工作，有中医、西医二套诊治疾病的能力，善于把中西医有机结合起来，是国内首批认识到哮喘发病的“炎症理论”和把抗气道过敏炎症作为该病治疗主要措施的学者之一。提出“大中医”“三分法”“五要素”“致炎/抑炎平衡调控机制”“发时治肺兼顾肾、平时治肾兼顾肺”“以肺治肾”“以肾治肺”等理论。

担任 *Traditional Medicine and Modern Medicine* 主编，《中华医学杂志》(英文版)、《中国中西医结合杂志》、《世界华人医师杂志》等编委。承担“973”和国家自然科学基金等科研项目30余项，发表论文250余篇(SCI论文80篇)。获省部级奖项5项，专利多项。已培养博士后、博士研究生、硕士研究生数十名。

陈　亮(1960—　)，上海市人。中共党员。教授，博士研究生导师。

任华山医院手外科副主任，中组部联系的高级专家，受聘为第十四届国家自然科学基金委员会终审组专家、复旦大学生物医学研究院双聘PI、英国伦敦大学学院(UCL)教授评定委员会外籍评委。

曾留学英国，专门从事分娩性臂丛神经损伤(产瘫)的研究，1995年回国后开展一系列治疗产瘫的新手术及基础研究。作为第一申请人的8个课题获得国家自然科学基金面上项目的资助，以第一或通讯作者发表22篇SCI论文。所取得的研究成果已经被4部国际专著引用，即 *The Growing Hand* (生长手)，*Surgical Disorders of the Peripheral Nerve* (1st edition)(《周围神经的外科疾病》，第一版)，*Surgical Disorders of the Peripheral Nerve* (2nd edition)(《周围神经的外科疾病，第二版》)，*Brachial Plexus Injuries*(《臂丛损伤》)。在最新出版的美国原版教科书 *Youmans and Winn Neurological Surgery* (7th edition)中，作为首次被邀请的中国学者，担任分册主编之一，参与“周围神经”章节的编撰，并作为通讯作者编写两个章节：Techniques in Nerve Reconstruction and Repair(神经的修复重建技术)和Nerve Transfers(神经移位)。

梁伟民(1961—　)，广东顺德人。中国农工民主党党员。教授，博士研究生导师。

曾任华山医院麻醉科主任、麻醉学教研室主任。

1984年毕业于上海第一医学院医疗系，获医学学士学位。1990年获医学博士学位后至华山医院麻醉科工作。1997年7月晋升为教授，2006年评为博士研究生导师。1997年8月，赴美国匹兹堡大学医疗中心(UPMC)移植外科进修移植外科麻醉。1998年7月，获美国宾州医疗执照，以客座教授身份在UPMC附属长老会(Presbytarian)医院从事临床麻醉工作。

长期从事临床麻醉、重症监测治疗、疼痛治疗和药物滥用治疗等方面的工作。擅长疑难重危患者的麻醉处理，对移植外科、肝脏外科、血管外科、神经外科和心胸外科麻醉具有丰富的临床经验。

先后培养多名博士后、博士、硕士研究生。以第一作者及通讯作者在国家级杂志上发表论文几十篇，SCI 论文多篇（单篇 IF 6.3），多篇论文在国际和全国会议上做交流。主编、参编多部专著，获国家自然科学基金、卫生部资助课题等。

顾　勇（1961—　），上海市人。中共党员。教授，博士研究生导师。

任上海市医学会内科学分会委员、上海市青年医学专家联谊会理事、上海医学会肾脏病学分会副主委及青年学组组长等。曾任华山医院副院长、第五人民医院院长、华山医院肾脏科主任与内科主任；中华医学会肾脏病学会常委，中国医师协会肾脏病分会常委，上海医学会肾脏病学会副主委等。

1986 年毕业于上海医科大学，1991 年获医学博士学位，师从林善锬。曾赴日本东京齿科大学肾脏中心接受博士后训练，回国后转入华山医院工作。

先后承担国家自然科学基金、国家“九五”攻关、国家教委“211”工程肾病学科建设等项目主要负责人，也是上海市“百人计划”、学科带头人计划和曙光计划的培养对象。担任《实用内科学》《现代肾脏生理与临床》副主编，参与编写《当代肾脏病学》《肾脏病学》等多部专著。曾获上海医学科技奖三等奖，上海市优秀青年医师、上海市卫生局先进工作者、上海市医务管理青年十杰等荣誉称号。

吴　毅（1961—　），江苏江阴人。中共党员。教授，博士研究生导师。

任复旦大学上海医学院康复与运动医学系主任、华山医院康复医学科主任，中国康复医学会常务理事，中国康复医学会脑血管病专委会和技术转化与产业促进专委会副主任委员，上海市医师协会康复医师分会会长，上海市康复医学工程研究会副理事长；《中华物理医学与康复杂志》副总编，《中国康复医学杂志》副主编，《中国运动医学杂志》等多种医学期刊编委。曾任中华医学会第十届物理医学与康复学分会副主任委员兼秘书长，上海市医学会物理医学与康复学专科分会主任委员。

1983 年本科毕业于武汉医学院，1990 年获上海医科大学运动医学硕士学位，2007 年获复旦大学上海医学院康复医学与理疗学博士学位。1990 年至今在华山医院康复医学科工作，1993 和 1997 年先后被晋升为副教授和教授；先后在香港中文大学威尔士亲王医院和美国华盛顿大学康复医学中心进修访学各半年。1996 年被聘为硕士研究生导师，2006 年被聘为博士研究生导师。

发表学术论文 200 余篇，SCI 收录论文 50 余篇，授权实用新型和发明专利 10 项。曾获国家科技进步奖二等奖（第八完成人）、中华医学科技奖二等奖、教育部科技进步奖二等奖、中国康复医学会科技进步奖一等奖和教学成果奖二等奖等；获得上海市五一劳动奖章、国家卫生计生委脑卒中防治委员会“突出贡献专家奖”等荣誉称号。主持 7 项国家自然科学基金项目，国家科技部“863”计划项目、国家重点研发项目子课题、世界健康基金会（HOPE 基金会）项目各 1 项，以及上海市科委临床重点科研项目 4 项。主编全国规划教材《内外科疾病康复学》，参编《新编康复医学》《康复治疗处方手册》《脑卒中康复路上指南针》等专业书籍和科普书籍十余部；培养博士后 3 人，博士研究生十余人，硕士研究生 20 余人，住院医师 40 人，专科医师 10 人。

徐建光（1962— ），江苏海门人。中共党员。教授，博士研究生导师。2003—2008 年任华山医院院长。

任华山医院手外科副主任，上海市手外科研究所常务副所长，上海中医药大学校长，上海中医药研究院院长，国家中医药改革和发展专家决策咨询委员会委员，中华医学会副会长，上海市医学会会长，上海市医师协会会长，中国医师协会手外科学分会会长。担任《中华手外科学杂志》《中华显微外科杂志》副主编，*Journal of Biomedical Research* 编委等。享受国务院特殊津贴。曾任上海市卫生局党委书记、局长，上海市食品与药品监督管理局局长，上海市卫生与计划生育委员会主任，中华医学会手外科学分会主任委员，上海市医学会手外科专业委员会主任委员，中华医学会显微外科学分会副主任委员，上海市医学会外科学分会副主任委员等。

1985 年毕业于上海医科大学医学系。先后任华山医院手外科住院医师、主治医师、副教授、教授，期间获硕士学位及博士学位。曾赴哈佛医学院学习医院管理，获得首批中欧工商管理学院医院管理文凭。

师从顾玉东院士，主要从事周围神经及臂丛神经损伤的诊治、手外伤后的功能重建、游离组织移植及其成活率提高的基础研究与临床应用。在顾玉东领导下主持开展同侧颈 7 移位术与健侧颈 7 移位术的改进、全长膈神经移位术、脑功能重塑和延缓骨骼肌失神经萎缩的基础研究等工作。研究成果曾获国家科技进步奖二等奖、中华医学科技奖一等奖、上海市科技进步奖一等奖等。曾获国家教委跨世纪优秀人才、全国医学科技之星、全国十大杰出青年岗位能手、上海市劳动模范、上海市“银蛇奖”、卫生部突出贡献的中青年专家等荣誉称号。共发表论文 225 篇，其中以第一作者或通讯作者发表 SCI 论文 55 篇，主编或参编专著十余部。培养硕士、博士研究生 50 余人。

担任华山医院院长期间，提出“坚持以人为本，打造国际化精品医院”的战略目标；在内涵建设上，挖掘医院文化底蕴，将百年红十字老楼“修旧如旧”，设置终身教授荣誉工作室；组织专人考证医院历史，编纂出版 27 万字的《光荣与梦想》。在学科人才方面，将医院的特色学科与国际接轨，与美国麻省总医院、梅奥医学中心等形成长期友好合作关系。在医疗质量方面，主导对标 JCI 认证评审标准，使华山成为全国首家通过 JCI 认证的大型公立医院。在品牌拓展方面，建设华山东院，并将其打造成具有鲜明高端服务特色的国际医院。

担任上海市卫生系统主要负责人期间，启动实施新一轮医药卫生体制改革，成功应对人感染 H7N9 禽流感疫情，完成世博会、奥运会、特奥会等医疗卫生保障，组织汶川地震应急救援、对口支援四川都江堰震后重建等重大任务。带领上海医改团队领跑全国卫生系统，提出“五项基础性工作”，其中即包括建立住院医师规范化培训制度。

劳 杰（1963— ），浙江余姚人。中共党员。教授，主任医师，博士研究生导师。

任华山医院手外科副主任；中国医师协会手外科医师分会常务副会长、上海医师协会骨科分会副会长，《中华手外科杂志》编辑部主任。曾任中华医学会手外科分会主任委员、上海医学会手外科

分会主任委员。

1987年毕业于上海医科大学医学系获医学学士学位，师从顾玉东教授。毕业后在上海市手外科研究所工作。1993年晋升为主治医师（讲师），1995年破格晋升为副教授；2000年，晋升为主任医师和教授，获硕士生导师资格；2002年获博士生导师资格，并博士后出站。1995—1999年，公派香港中文大学医学院矫形与创伤系（骨科）就读并获外科博士学位，期间获海外学者访问奖学金赴美国斯坦福大学手外科、美国芝加哥洛约拉（Loyal）大学手外科、美国路易斯维尔大学手外科中心等地访问、学习、交流。

长期从事手外科的临床及科研工作，对手外科专科常见病、多发病以及疑难杂症有丰富诊治经验。长期从事周围神经再生理论的基础研究工作。分管骨关节亚学科，是亚太地区第一位手国际内固定研究学会（AO）讲师。

曾获国家教委优秀青年教师基金、上海市曙光计划奖、上海市卫生局“银蛇奖”、国家留学归国人才基金、中国博士后基金、国家教委优秀青年教师基金。至今在国内外已发表第一作者及通讯作者论文60余篇。承担国家“973”项目子课题2项及国家自然科学基金面上项目4项。获国家科技进步奖二等奖1项、国家教委科技进步奖三等奖1项、省部级奖4项。曾作为会议主席参加在土耳其举办的第八届国际手外科联会年会，主持会议并作大会发言。受邀参加2013年在印度举办的第十二届国际手外科联会（IFSSH），担任大会分会主席并做专题发言。

丁　强（1963—　），江西九江人。中共党员。教授，博士研究生导师。2008年起任华山医院院长。

任华山医院院长，上海市医学会副会长，上海市医院协会副会长，中华医学会泌尿外科学会常委、肿瘤学组副组长，上海医学会泌尿外科分会前任主任委员，复旦大学泌尿外科研究所顾问，复旦大学器官移植研究所副所长等，并担任《中华泌尿外科杂志》《中华外科杂志》《中华实验外科杂志》《临床泌尿外科杂志》等编委。享受国务院政府特殊津贴。

1995年毕业于上海医科大学临床医学系，获博士学位。1996年破格晋升为副教授，担任华山医院泌尿外科副主任；1997年被认定为硕士研究生导师，1999年破格晋升为教授，2002年起任泌尿外科主任。2003年起担任华山医院副院长，2008年起担任华山医院院长。

作为复旦大学泌尿外科学科带头人，在国内较早开展前列腺根治性手术、可控性全膀胱手术以及泌尿外科腹腔镜手术等，同时大量开展肾上腺手术、肾癌根治术以及肾移植等手术。在泌尿系肿瘤、前列腺疾病及泌尿系结石等疾病的诊治方面享有较高声誉；带领学术团队对肾癌的血清标记物研究及其发展与转移的机制，男性不育的分子机制与男性功能障碍，前列腺穿刺效能与前列腺癌生长、转移的机制等诸多方面进行研究。先后承担国家科技部“973”子课题、重大科技专项，国家自然科学基金等重大科研项目；发表论文90余篇，培养硕士、博士研究生20余人。副主编《泌尿外科巡查手册》《外科袖珍手册》《简明药物手册》《泌尿外科分子生物学》等专著，参编《现代外科学》《实用外科学》《当代泌尿外科学》等著作。曾获卫生部优秀青年人才、首批上海市卫生局“百人计划”、上海市科技启明星、团中央全国青年岗位能手、上海市领军人才、吴阶平泌尿外科奖、全球华人泌尿外科成就奖等荣誉。

担任华山医院院长期间，提出“打造中国最具影响力的国际化优质医院”建设目标。注重内涵建设与外延拓展双轮驱动推动医院发展。内涵建设上，推动医院学科与人才建设，培养优秀杰出人才；带领医院投身医药卫生体制改革，完善现代医院管理制度，建立全员、全程覆盖的综合绩效考核体系，推动一系列医改举措落地；大力推动医院公益性建设，医院参与汶川地震、菲律宾台风、尼泊尔地震等紧急医疗救援，并主持援建巴基斯坦瓜达尔港的“中巴博爱医疗急救中心”；组织专人考证、记录医院历史，自2008年起主持编纂《华山医院年鉴》并于建院110周年之际完成《华山医院志》初稿编纂。在外延拓展方面，建成华山医院北院（上海市政府民生实事项目——郊区三级综合性医院建设“5+3+1”工程项目之一）、华山医院西院（立足于“大专科，小综合”定位，打造国家神经科学中心、长三角区域医疗中心及大虹桥创伤医学中心），并形成华山医院各个院区各有侧重、分工协同、环绕上海的办医格局。曾获中国医院协会优秀院长称号。

邹 强（1963— ），江西南昌人。教授，主任医师，博士研究生导师。

任华山医院普外科副主任、甲乳外科主任，华山东方乳房专科医院院长，华山医院江苏路分部主任，复旦大学乳腺癌研究所副所长及甲状腺肿瘤诊治中心副主任；中国抗癌协会乳腺癌专业委员会委员及上海分会副主任委员，上海抗癌协会甲状腺癌专业委员会副主委，上海中西医结合委员会乳腺学会副主委，中华医学会外科学分会乳腺外科学组委员，中国医师协会乳腺外科委员，中国研究型学会甲状旁腺委员及甲状腺委员会神经检测学组委员。

1984年毕业于上海第一医学院医学系医学专业。1989—1993年在职攻读外科博士研究生。

主要从事乳房、甲状腺外科的临床及科研工作；擅长各种乳房疾病的诊治，尤其是乳房肿瘤的早期诊断和微创治疗；开展乳房整形与重建术，甲状腺与甲状旁腺疾病的外科诊治。

曾参加《乳房外科学》《袖珍外科手册》《现代外科学》《实用外科学》《外科手术图谱》《乳腺肿瘤学》等专著的编写。完成论文十余篇。

朱宁文（1963— ），山东济宁人。无党派人士。教授，博士研究生导师。

1992年获得英国皇家外科科学院院士；2011年入选国家“QR计划”。2014年任国家“863”计划生物治疗新型前沿技术与细胞治疗新型产品研发领域首席项目负责人；任国家科技部评审专家、外国专家局评审专家和国家QR计划评审专家。2016年起，任国家教育部学位中心博士研究生评审专家。

1984年毕业于山东医科大学。1992年通过英国皇家外科医师学院院士资格考试及训练(BAPS Fellow)，2000年获得英国布里斯托大学博士学位。1993—1995年任英国辅仁切国家皮肤组织库与细胞库项目主任。1996—2011年担任英国布里斯托大学临床研究员、整形外科教授，谢菲尔德大学材料工程系资深研究员。2012年起任复旦大学特聘教授、复旦大学皮肤研究所副所长，华山医院主任医师、博士研究生导师。

在英国从事整形美容、烧烫伤、修复与再造外科、再生医学组织工程皮肤库和干细胞及医用修复材料领域的临床研究与工作近30年，率先组建英国人类皮肤库、英国皮肤黑痣治疗中心与黑色素瘤细胞组织库、英国人类脂肪干细胞库和人类皮肤干细胞库，是世界上最早利用干细胞技术进行创面修复和微创美容整形治疗的专家之一。1997年获英国皇家整形外科最高奖Bodenham奖，研制的组织工程皮肤被评为“英国2006年度十大医药科技成果”之一。回国后，成功研制出亚洲第一个可常温保存、用于大面积创面覆盖和组织修复的皮肤新产品，获得国家药监局Ⅲ类医疗器械产品注册证书和多项核心技术专利，并利用有关核心技术与产品，在昆山爆炸等国内和国际重大事故救援工作中，成功抢救上万例危重大面积烧伤患者。

在欧洲率先研发成功含纳米微球的注射充填材料——Evolution，该产品分别获得欧盟CE认证和中国药监局CFDA证书。从20世纪90年代初开始多次应邀回国讲学并开办学习班，率先将国外最新美容注射和微创整形美容新技术引进国内。培养博士研究生数十人，承担国家“863”计划，获多项专利成果。

施海明(1964—)，上海市人。中共党员。教授，主任医师，博士研究生导师。

2005年起任华山医院大内科主任，2006年任华山医院心血管科主任。中国医师协会心血管内科医师分会委员，上海医师协会心血管内科医师分会副会长，中国中西医结合学会心血管病专业委员会副主任委员，上海市中西医结合学会心血管病专业委员会主任委员，中华中医药学会心脏介入分会副主任委员，上海医学会心血管病专业委员会委员，上海市心血管病介入治疗质量控制中心专家委员会委员；美国心脏病学院专家会员(FACC)，欧洲心脏病学会会员(FESC)；《国际心血管病杂志》《世界临床药物》《中国循环研究杂志》《实用内科学》编委。

1987年毕业于上海医科大学医学系医学专业；1987年，攻读上海医科大学临床医学研究生学位，师从戴瑞鸿，1992年获医学博士学位。毕业后在华山医院心内科从事医教研工作至今。

自1993年起致力于心导管术治疗，创建华山医院心导管室，先后开展多种生理型起搏器的置入、心律失常射频导管消融术、二尖瓣气囊扩张术、经皮冠状动脉腔内成行术(PTCA)、冠状动脉内支架植入术、先天性心脏病封堵术等多种心脏介入手术。主持多项国家自然科学基金及上海自然科学基金项目，获得国家科技进步奖二等奖、上海市科技进步奖一等奖、中国中西医结合学会科学技术奖二等奖、上海中西医结合科学技术二等奖多项。发表学术论文180余篇，多篇被SCI收录。

邹和建(1964—)，湖北公安人。中共党员。教授，主任医师，博士研究生导师。曾任华山医院副院长，复旦大学上海医学院副院长。

任华山医院党委副书记、纪委书记，华山医院北院常务副书记，华山医院伦理委员会(HIRB)主席，复旦大学风湿、免疫、过敏性疾病研究中心主任，复旦大学附属华山医院分子与转化医学研究所所长。国际硬皮病临床与研究协作网(InSCAR)副主席。任国家生物样本标准化技术委员会委员，国家卫生标准委员会委员，教育部临床医学专业认证工作委员会委员，中国人类遗传资源管理专家组成员，中国医药生物技术协会组织生物样本库分会常委，上海医学会风湿病学分会前任主任委员，上海医师协会风湿免疫科医师分会副会长，海峡两岸医药卫生交流协会风湿免疫病分会痛风学组主委，《药物不良反应杂志》副总编辑。曾任中华医学会风湿病学分会第七、八届委员会副主任委员，中国医师协会风湿免疫科医师分会第一、二届委员会副会长。

1987年，毕业于上海医科大学医学系医学专业六年制本科。1992年，毕业于上海医科大学研究生院，获内科学临床医学博士学位。1994年，被选拔为上海医科大学学科梯队接班人，同年晋升为副教授；1999年晋升为主任医师(2003年转教授)。1987至1996年，主要从事职业病的临床及科研工作。2014年，获复旦大学管理学院高级管理人员工商管理硕士学位(EMBA)。

1996年起从事风湿病医教研工作，主导建立风湿病科和风湿病实验室。主要从事痛风发病机制及遗传学研究、系统性硬化(硬皮病)发病机制研究，以及调节性T细胞对RA发病的机制研究。承担多项国家自然科学基金，"211"学科新增长点基金，上海市科委重大、重点项目，卫生部科研项目，"973"项目子课题，上海市优秀学术带头人计划课题；发表第一作者、通讯作者SCI论文50余篇，主编、副主编学术专著9部。获得上海市教学成果一等奖、上海市医学科技成果奖。*HLA-B*5801* 基因检测技术获国家专利发明授权。2011年入选上海市领军人才、上海市优秀学术带头人；2012年，获宝钢优秀教师奖。

卢洪洲(1966—)，安徽淮北人。中共党员。教授，主任医师，博士研究生导师。

任上海市公共卫生临床中心党委书记，中华医学会热带病与寄生虫分会主任委员兼艾滋病学组组长，世界卫生组织新发传染病临床诊治培训与研究合作中心主任，中国性病艾滋病防治协会副会长兼结核病学组组长，中华医学会感染病学分会艾滋病专业学组副组长等。*AIDS*(中文版)主编，《中国真菌学杂志》副主编，《世界感染杂志》副总编辑，《中华传染病杂志》《临床内科杂志》《中华临床感染病杂志》等十余本杂志编委；兼任 *The Lancet*、*Journal of Clinical Microbiology*、*Mycoses* 等期刊审稿人。曾任华山医院感染科副主任及党支部书记，上海市公共卫生临床中心副主任。

1988年毕业于蚌埠医学院医疗系，获学士学位。1994年获得主治医师职称，同年考入上海医科大学研究生院，师从翁心华。1999年获得内科学博士学位并分配在华山医院感染科工作。1999年在西藏自治区第二人民医院参加援藏工作。2001—2002年在美国范德堡大学从事分子流行病学博士后研究。

主要致力于感染性疾病的诊治与发病机制研究。先后承担国家科技重大专项(5项)；"863"、"973"(子课题)，国家自然科学基金，美国盖茨基金，国家临床重点专科等30余项科研课题，累计科研经费9 000余万元。已获国家科技进步奖特等奖、上海科技进步奖二等奖、上海医学科技一等奖等十数项国家级、省部级科技成果奖项；获专利4项。并荣获有突出贡献中青年专家、全国道德模范与身边好人(中国好医生)、科学中国人年度人物(2016年)、"最美援外医生"、"影响中国"科技人物(2014年)、"人道博爱奖"、五一劳动奖章等荣誉称号。

以第一作者或通讯作者在国内外发表各类论文400余篇，其中在SCI包括 *New England Journal of Medicine*、*Clinical Infectious Diseases*、*AIDS* 等发表论著100余篇。已主编专业参考书11部，主译1部。作为项目负责人，承担国家疾病预防与控制中心艾滋病师资培训班及4项国家级继续教育项目；承担复旦大学上海医学院"新发传染病""艾滋病临床与基础"课程，指导培养多名硕士、博士研究生。

刘　杰(1966—　)，安徽阜南人。中共党员。长江学者特聘教授，主任医师，博士研究生导师。

任复旦大学消化疾病研究所所长，华山医院消化科主任；国家科技部国际合作重点项目评议专家组成员，长江学者评审专家，中华医学科技奖评审专家，国家自然科学基金委同行评议专家组成员，中国药理学会分析药理委员会副主任委员，中国医师协会临床精准医疗专业委员会常委，中国医学装备协会消化病学分会常委，上海医学会消化分会副主任委员；*GUT* 杂志国际编委，*British Journal of Pharmacology* 杂志编委，《肝脏》杂志共同主编，《世界核心医学期刊文摘·胃肠病学》杂志编委等职。

主要从事消化肿瘤的精准治疗。研究方向为炎症、代谢与肿瘤。建立基于大数据的疑难病及胶囊内镜人工智能诊断系统；开展基于PDX模型的肿瘤精准治疗方案选择及晚期肿瘤的综合免疫治疗，取得较佳疗效；创立基于表观基因修饰的肿瘤无创诊断(液体活检)新方法；构建第四代针对实体瘤的分泌型CART，使实体瘤的CART免疫治疗获得突破；开展基于人工智能的肿瘤个体化新抗原疫苗研究。在 *Nature* 发表的临床病例研究被推举为美国临床医师继续医学教育教材(CME)。获教育部“长江学者”奖励计划特聘教授、国家杰出青年科学基金获得者、“新世纪百千万人才工程”国家级人选、赛克勒中国医师年度奖获得者、上海市优秀学科带头人及上海市领军人才。享受国务院政府特殊津贴。

发表SCI论文120余篇，包括在 *Cell*，*Cancer cell*，*Nature* 子刊，*The Lancet* 等杂志上。

钦伦秀(1966—　)，江苏睢宁人。中共党员。长江学者特聘教授，主任医师，博士研究生导师。

任华山医院普外科主任、复旦大学肿瘤转移研究所所长。中华医学会外科分会委员、肝脏外科学组委员，国际肝癌学会创始会员，中国抗癌协会肿瘤精准治疗委员会主任委员，中国抗癌协会肿瘤转移委员会前任主任委员，中国临床肿瘤学会(CSCO)理事、胆道肿瘤专委会副主任委员，中国研究型医院协会消化外科分会副会长，中国老年医学会肿瘤分会副会长，中国医师协会外科分会机器人专委会常委，中国医师协会外科分会胆道外科学组和MDT学组委员，国家卫生健康委MDT专家组成员；上海医师协会普外科分会副会长，上海肿瘤靶分子专科委员会前任主任委员，上海市抗癌协会肿瘤精准治疗专委会主任委员。*Clin Exp Metastasis*，*Neoplasia* 等杂志编委。

1987年临床医学系本科毕业，1990年获硕士学位(肝胆外科)。1993—1996年师从肝癌外科专家汤钊猷，获博士学位。1999—2000年先后在美国国立卫生院(NIH)及香港大学进修并进行合作研究，2001年破格晋升正高级职称并晋升为博士研究生导师。

主要从事肝胆肿瘤外科临床和转移复发研究。承担国家科技重大专项肝癌项目，国家“973”“863”及国家自然基金国际合作重大项目等多项课题。为国家杰出青年基金获得者，教育部长江学者特聘教授和创新团队带头人，“973”首席科学家。获国家自然科学奖二等奖、上海市科技精英、上海市自然科学牡丹奖、上海市自然科学奖一等奖、教育部高等学校科学研究优秀成果奖自然科学奖一等奖等多项奖励。2015 年作为医药卫生领域的唯一学者，获第八届谈家桢生命科学奖，成为首位获此殊荣的华山人。2016 年获上海市五一劳动奖章。

主编专著 2 部，副主编专著 2 部，主译专著 1 部。发表 SCI 论文 130 余篇，包括在 *Cancer Cell*，*Cell Metabolism*，*Hepatology*，*Gut*，*Cancer Res*，*Oncogene*，*New Engl J Med*，*Science*，*Nat Med* 等杂志。获发明专利 10 项。

毛　颖(1967—　)，江苏海门人。中共党员。长江学者特聘教授，主任医师，博士研究生导师。

任华山医院副院长、华山医院神经外科常务副主任，上海市神经外科质控中心主任。任中华医学会神经外科分会候任主任委员、中国医师协会神经外科分会副会长、上海市医学会神经外科分会名誉主任委员、上海医师协会神经外科分会首任会长、上海市神经科学学会副理事长、上海市抗癌协会副理事长等职务。美国 *Neurosurgery* 杂志编委，《中华神经外科杂志》副总编辑。

1992 年毕业于上海医科大学医学专业，进入华山医院神经外科工作，师从周良辅院士。1997—1998 年赴美国密歇根大学神经外科进行脑缺血病理生理机制研究。1998 年下半年在日本大阪市立大学医学院神经外科学习颅底外科。2005 年赴美国哈佛大学麻省总医院神经外科学习。

长期从事神经外科临床和研究工作，在神经外科疾病的各领域都有建树，特别在脑血管病(脑动脉瘤、血管畸形、海绵状血管瘤、烟雾病等)和脑肿瘤(胶质瘤、脑膜瘤、神经鞘瘤等)工作中取得突出成绩。获吴阶平医学创新奖、上海市十大科技精英、上海医学发展杰出贡献奖、上海市“银蛇奖”、曙光学者、卫生部有突出贡献中青年专家、上海市领军人才和医学领军人才以及全国优秀科技工作者等荣誉；入选国家“百千万人才工程”和国家“万人计划”。2011 年获国家杰出青年基金资助，并 A 类结题。以第一、第二和第三完成人获国家科技进步奖二等奖多项。

吴志英(1967—　)，女，福建福安人。中共党员。教授，主任医师，博士研究生导师。

任浙江大学医学院附属第二医院副院长、神经病学研究中心主任、神经内科主任医师；中华医学会神经病学分会神经遗传学组副组长，中国卒中学会遗传学分会副主任委员，中国医师协会神经内科分会神经遗传专委会副主任委员，中国神经科学学会常务理事，中国神经科学学会神经病学基础与临床分会主任委员等。

1990 年毕业于福建医科大学医学系。1995 年，福建医科大学神经病学专业硕士毕业。1999 年，同济医科大学神经病学专业博士毕业。1990—2007 年在福建医科大学附属第一医院神经内科先后担任住院医师、主治医师、副主任医师和主任医师。2001—2003 年，在美国哥伦比亚大学内外科学院完成博士后培训。2007 年 9 月—2015 年 7 月就职于华山医院神经内科，曾任复旦大学神经病学研究所所长及神经内科副主任。2015 年 8 月以浙江大学求是特聘教授身份被引进到浙江大学医学院附属第二医院。2016 年任加拿大多伦多大学双聘教授。

长期从事神经内科的临床、教学和科研工作，擅长神经遗传病、运动障碍病和神经变性病的诊治，并采用遗传和分子技术寻找疾病的致病基因，研究其发病机制并优化治疗方案。在国际上首次报道发作性运动诱发性运动障碍的致病基因 *PRRT2*，使之成为诊断该病的金标准，并首次报道小剂量卡马西平可以完全控制该病的发作。

为国家杰出青年基金获得者，新世纪"百千万人才工程"国家级人选。先后获得第十届中国青年科技奖、第九届中国青年女科学家奖、第三届中国女医师协会五洲女子科技奖、首届中国杰出神经内科医师学术成就奖及第七届全国优秀科技工作者等荣誉称号。

先后承担国家杰出青年基金项目、重点项目、中加国际合作项目、面上项目等 8 项国家自然科学基金项目。以通讯作者在 *Nature Genetics*、*Neurology*、*Archive of Neurology*、*Theranostics* 等杂志发表 SCI 论文 70 多篇。获得省级科技进步奖一等奖 1 项(第一完成人)和二等奖 3 项。享受国务院政府特殊津贴。

徐文东(1970—)，江苏武进人。中共党员。教授，主任医师，博士研究生导师。

任华山医院副院长，静安分院院长；上海市静安区人大常委、全国青联常委、上海市青联常委、上海市"银蛇奖"联合会主任委员、上海市医院协会常务理事，中华医学会手外科学分会主任委员、国家自然科学基金终审专家、医学神经生物学国家重点实验室及复旦大学生物医学研究院课题组负责人(PI)；亚太腕关节协会(APWA)副主席，国际显微重建外科协会(WSRM)、美国周围神经学会(ASPN)、欧洲腕关节镜协会(EWAS)国际会员等；《中华手外科杂志》副主编。

1993 年毕业于上海医科大学临床医学专业，获学士学位。2000 年获医学博士学位，2004 年于复旦大学神经生物学博士后流动站出站。2006 年被破格晋升为教授、主任医师、博士生导师。

长期从事手外科、显微外科的医疗工作。在国际上首次提出通过改变外周神经诱导脑重塑促使一侧半球同时支配双侧上肢，以恢复脑卒中、脑外伤、脑瘫等中枢损伤后肢体功能的新概念。开展胸腔镜下全长膈神经移位术、内窥镜下全长尺神经移植术、健侧颈 7 神经移位治疗中枢损伤后上肢偏瘫等多项国际创新性手术。在国内率先开展国际先进的腕关节镜手术，每年开展约 200 台。

主持国家"863"计划，作为第一负责人主持国家自然科学基金面上及青年项目 4 项、教育部和上海市人才项目 5 项。发表 SCI 论文 30 余篇，参与 2 部国际专著编写，授权 2 项发明专利、2 项实用新型专利。多次代表中国在国际手外科、显微外科、神经科学年会上做主题发言或专题主持人。获得国家科技进步奖二等奖，教育部科技进步奖一、二等奖，中华医学科技一等奖，上海市科技进步奖一、二等奖，上海市医学科技一等奖等。获得国家杰出青年科学基金、科技部中青年科技创新领军人才、科技部和比尔·盖茨基金会联合颁发的"大挑战·青年科学家奖"、上海市青年科技杰出贡献奖、上海市领军人才、上海市优秀学术带头人、上海十大杰出青年、上海市曙光学者、上海市卫生系统第十届"银蛇奖"、教育部新世纪人才、上海市"新百人计划"等 20 多项荣誉。享受国务院政府特殊津贴。

专记

华山医院的红十字救援记

一、红会肇始浦江畔，华山开局遇契机

1862年11月，由红十字运动之父亨利·杜南(Henry Dunant，1828—1910)撰写的《索尔弗利诺回忆录》在日内瓦出版后，引起轰动，以人道之光驱散战争阴霾、减轻战争的恐怖成为世界上众多国家的共识，国际红十字运动由此萌芽、蔚为壮观。

19世纪末20世纪初，中国积贫积弱、时局战火纷飞，生灵涂炭，战火伤难者日众，不少国内有识之士开始红十字思潮的启蒙宣传。上海因独特的地缘因素，开风气之先，成为红十字进入中国的“窗口”。上海发达的传媒业为红十字的“登陆”提供可能性和必要的土壤，一批接受新思潮的上海绅商将传统善会与红十字会相嫁接，积极开展实践活动。

中国红十字会的诞生得自日俄战争的催生。日俄战争爆发后，面对伤兵满地、饿殍遍野的景象，以沈敦和(字仲礼，1866年生于浙江宁波，任上海记名海关道)为代表的慈善家动议在中国设立红十字会(由中、英、法、德、美五国代表合办红会)并筹集资金，组织救援。1904年3月10日，上海万国红十字支会(后更名为上海万国红十字会)成立，标志着中国红十字会的诞生。

图专-1-1 中国红十字会创始人之一沈敦和

图专-1-2 吕海寰(左)与盛宣怀(右)

1907年7月21日，工部尚书吕海寰、工部左侍郎盛宣怀代表上海万国红十字会中方组织者上奏清廷，在这份名为《沥陈创办红十字会情形并请立案奖叙折》的奏折中提及：“在上海购地，采取各国医院学堂医船医车之式样，筹措经费，次第仿办。另选聪颖华童，一面在沪附设医学堂，一面出洋学习会医，考求会医与军医之如何区别，本国看护人之如何储备招致，务期悉臻详备，以结万国红十字会之全局，即以巩中国红十字会之初基。”朝廷准奏。此处所述的“在上海购地，采取各国医院学

出洋學習會醫考求會醫與軍醫之如何區别本國看
護人之如何儲備招致務期悉臻詳備以結萬國紅十
字會之全局卽以鞏中國紅十字會之初基計自開辦
迄今閲時三年各員紳出入兵火九死一生艱苦情形
難以盡述實在救護至四十六萬七千餘人之多兼及
戰國傷病兵士藉以昭示睦誼核其勞績似合軍營前
敵中外交涉兼而有之迥非尋常偏災辦振可比飭據
該總董將始終在事尤爲出力員紳查取職名會商西
董分别繕列清單以憑奏請奬敘並以上辦理各情經
各總董具稟前來臣等詳加覆核查中國紅十字會事
亦願得中國紅十字會佩章以永紀念等語臣等因飭
總董仿照各國紅十字會佩章式樣酌擬中國紅十字
會佩章派員測繪各地設會辦事情形擬具圖說俟石
印成冊咨送外務部核議呈
進並分送京外中西助捐之官紳士商表明此次辦法
卽爲中國紅十字會商訂專章之據一面參考日本初
創赤十字社情由與西董訂明先就中國自籌之款酌
撥以爲基礎兼仿瑞士總會頁奈瓦地方之意在上海
購地採取各國醫院學堂醫船醫車之式樣籌措經費
次第仿辦另選聰穎華童一面在滬附設醫學堂一面

图专-1-3　1907年7月21日，吕海寰等奏折节选

堂医船医车之式样，筹措经费，次第仿办”即今日华山医院之缘起。由此奏折可见，建立医学堂等举措是中国红十字会从上海万国红十字会中“脱胎”、走上自我发展之路的基础，是中国红十字事业具有里程碑意义的事件。

1908年8月29日至9月，中国红十字会连续在《申报》刊登广告，面向社会招收医学生。广告称：“中国红十字会先以培植医员为入手基础，因医院、校舍尚未造竣，暂付科学完备、程度最高之同济德文医学堂授课。”并于9月30日公示考取医学生名单。由此可见，此时中国红十字总医院暨医学堂的建制已基本完备。

1909年，由沈敦和经手，在上海徐家汇路购地十余亩，设计“建造高大洋房一所”，作为中国红十字会总医院。次年春医院落成，“其间冷热水管、解剖房（病理室）、割症房（手术室）、蒸洗器械房（消毒室）、爱克司电光房、配药房（制剂室）、储药房、发药房、化学房（化验室）、汽锅房（锅炉房）、浴室、病房、议事厅（会议室）、病殓所（太平间）”，设备之“精美，为沪之冠”。

二、博爱无疆行万里，无界救援遍足迹

红十字，是医院最鲜明的胎记。弘扬“人道、博爱、奉献”的红十字精神是医院自始至终的坚守。1923年，医院赴日本进行关东大地震救援，这是中国历史上第一次国际救援。此后医院在岁月嬗递中先后开展1932年“一·二八”淞沪抗战救护、1950年抗美援朝战场国际救护、1976年唐山特大地震救援、1998年江西特大洪水救援、2008年汶川特大地震救援、2013年雅安地震救援、2013年菲律宾台风灾后国际救援、2015年尼泊尔大地震国际救援、2015年塞拉利昂国际医疗援助、2016年江苏盐城特大龙卷风灾区救援等。

【日本关东地震救援】

1923年9月1日，日本关东地区发生8.2级强烈地震，地震引发火灾、海啸和泥石流等次生灾害。东京、神奈川、千叶、埼玉、静冈、山梨、茨城等1府6县成为地震灾区，灾情严重。其中14.3万人死亡，20万人受伤，50万人无家可归，这是日本历史上罕见的浩劫。关东地震，引起中国红十字

会的关切，“救灾恤邻，本为天职，何况侨胞学子，殃受池鱼?”遂决议派出救护队，驰赴救援。中国红十字会总医院院长牛惠霖担任救护医队医务长，“亲自赴救，此外自告奋勇前往者甚多”。救护队共 26 人，携带现款 20 000 元（当时货币）、药品器具 90 余箱，于 9 月 8 日乘坐“亚细亚皇后”号轮扬帆东渡，经过 4 天颠簸，于 9 月 12 日抵达神户。

牛惠霖带领救护医队在东京麻布区高树町设立临时医院，为日本灾民提供医疗服务，同时“日赴华侨收容所，为华侨诊治病症，并分遣队员至横滨从事救护难民”。救护医队在东京从事医疗救护 3 个星期，“所担任医治者，计有病榻四十号”。由于“在日服务，中日双方感情极洽，故当救护队动身时，赤十字院（社）医院均冒雨到站欢送”。临行前，救护医队将“所有未经用去之药料，约值五千元，均赠日本赤十字会（社），此外并四千元支票一纸，俾该会（社）得以于日后留治其他病人”。10 月 11 日，牛惠霖一行抵达上海，赴日救护使命圆满完成。

【抗美援朝国际救护】

1950 年朝鲜战争爆发后，上海人民响应国家号召，积极支援前线，掀起抗美援朝、保家卫国的爱国热潮。在各级党政组织的领导下，上海医务工作者工会动员全市医务工作者，积极参加抗美援朝志愿医疗服务。1950 年 12 月 12 日，医院召开全体主治医生和护士会议，座谈抗美援朝的重大意义，全院医师、护士纷纷报名参加医疗队。1951 年 1 月 25 日，医院数十名医护人员作为上海市第一批抗美援朝志愿医疗手术队的成员，出发奔赴前线。7 月 27 日，医院派出第二批医务人员赴朝鲜参加志愿军的医疗工作。1952 年 3 月 17 日，医院派遣第三批手术医疗队参加抗美援朝。1953 年 4 月 5 日，医院派遣第五批医疗队赴朝鲜支援医疗工作。

表专-1-1　1951—1953 年医院参与抗美援朝医务人员情况表

批　次	起止时间	医　生	护士及其他	驻　地
上海市第一批（二大队）	1951 年 1 月 25 日—8 月 13 日	黄家驷（大队长）　钱　悳（大队副）　林春业（大队副）　金为翘　邱传禄　吴绍熙　刘裕昆　刘慕贞　浦寿月　汪无级　吴学愚　盛志勇　王新德　宣卿华　张振芳（药剂）	韩定昌　陈曼丽　林杏芳　沈佩瑶　黄文燕　蒋洁芝　朱琰华　姚丽芳　施艾珩　秦爱龄　袁莲渠　汤慈美　李素君　袁永甫　成志清	齐齐哈尔、中朝边境的二道江
上海市第一批（三大队）		史玮瑾	—	
上海市第二批（七大队）	1951 年 7 月 27 日—1952 年 3 月 10 日	袁昌炽　陈化东　陶寿淇　陈灏珠　吴祖尧　李宗明　陈汉白	姚秉珊　胡慧云　钱惠芳　张志洁　张文娟	通化、长春、齐齐哈尔
上海市第二批（十大队）		陈慕贞	—	
上海市第三批（十一大队）	1952 年 3 月 17 日—9 月 27 日	郑伟如（大队长）　朱祯卿　徐葆元	程殿琴　周安芳	通化、长春、齐齐哈尔
上海市第五批（十四大队）	1953 年 4 月 5 日—10 月 30 日	崔祥瑸（大队副）　陈化东（技术顾问团）　史玉泉　蒋大介（国际医防服务队第十八队）	沈珍林	通化、长春、齐齐哈尔

【唐山大地震救援】

1976年7月28日，河北唐山、丰南一带发生7.8级强烈地震。当天下午，医院即派出数十名医护人员，组成抗震救灾医疗队奔赴灾区，积极投入抢救工作。随后医院又先后派出3批累计人数达60多名医生与护士的医疗队，参加抗震救灾，时间跨度长达2年之久。

表专-1-2 1976—1979年医院赴唐山地震救援医疗队情况表

支援地区	起止时间	支援人员(部分)
河北唐山丰南抗震救灾医疗队	1976年7—9月	朱锡琪(队长) 李树莱(指导员) 吴树强 杨涵铭 徐丽花 贾淑芳 刘福英 徐兆麟 张 适 葛建元 董彩云 方 勇 陈惠良
河北唐山玉田临时医院医疗队(第一批)	1976年9月—1977年6月	杨一峰 周建国 刘世杰 宋建达 李明华 徐兆麟 杨涵铭 章婉琴 胡玉华 刘富贵 吕海燕 龚美玲 张 适 石国星 苏亚平 梁荣娣 陆 欣 季美鑫 何婉婷 王翠娥 徐宪芳 陆瑞英 王亚平 方 勇 钮心任 沈顺标 王亚平
河北唐山玉田临时医院医疗队(第二批)	1977年6月—1978年3月	唐镇生 朱惠如 盛长发 许德盛 戴瑞鸿 刘永昌 周茂恒 李志文 贾翠娣 张恩惠 王梅晴 董雅琴 郑阿宝 陈 怀 曹啸宝 张法俭 吕定月 梁慧燕 罗雅娟 孙晓春 张根娣 缪燕明 祝绿川 茅惠琴 张瑞华 钱元菁 吴月珍 宣克昌 王林根 唐伟为 王智娟 陈 康 陈伟华 钟国康 严惠昌 江文秀 倪赞明 王宝娣
河北唐山玉田临时医院医疗队(第三批)	1978年5月—1979年4月	庄清萍 王受益 朱禧星 谈康英 李长恒 蒋雨平 周良辅 薛玲娣 孙玉娣 葛建元 孙建萍 孟宝娣 陈美云 王晓明 沈江渊 邱杏菊 王梦海 沈天真

【九江抗洪救援】

1998年入夏以后，长江全流域普降大雨，长江形成自1954年以来最大的洪水，给流域内的人民生命和财产造成严重损失。医院500多名职工主动报名参加抗洪抢险医疗队。经中国红十字会批准，医院12名副教授以上专家组成抗洪救灾医疗队，于8月16日晚出发前往九江抗洪抢险一线。医疗队在江西九江抗洪抢险一线虽只有短短数天，足迹却遍布九江抗洪抢险的各个角落，共在16个点为解放军和灾民进行诊病送药，为1 700多名部队官兵和1 300多名灾民进行诊疗，每天工作近12小时。

表专-1-3 1998年医院赴九江抗洪救灾医疗队情况表

姓名	职务	性别	科室
吴波水	医生(队长)	男	神经内科
孙寅宛	行政(副队长)	女	院办
倪泉兴	医生	男	外科
陈宗祐	医生	男	外科
林庚金	医生	男	内科
范维琥	医生	男	内科
钱立平	医生	男	消化科

（续表）

姓　名	职　务	性　别	科　室
尹有宽	医生	男	传染病科
翁孟武	医生	男	皮肤科
方　栩	医生	女	皮肤科
黄桂琴	医生	女	皮肤科
吕海燕	护士	女	护理部

1998年9月，医院派出外科马保金、传染病科施光峰、抗生素研究所王明贵、皮肤科阎春林、眼科王庆平、内科李铭新等6名年轻医师组成第二支医疗队，奔赴湖南安乡县开展抗洪救灾工作。该支援湘医疗队获上海市卫生系统救灾防病工作先进集体三等功荣誉证书。

【汶川特大地震救援】

2008年5月12日，四川汶川发生8级的强烈地震，数万人受难。医院医务人员继承发扬“敢为人先，甘于奉献”的光荣传统，实现一次可歌可泣的生命拯救。① 反应快：5月13日下午，第一批开赴灾区的红十字紧急救援队人员到位、物资到位，只需党和政府一声令下，即可开拔。② 人员多：汶川救援期间，医院累计派出数十批165名队员。其中包括2批红十字紧急救援队、5批中德红十字野战医院的医疗队，以及受红十字总会委托，参加紧急救援小组(ERU)饮用水应急项目的救援人员等。③ 任务重：5月22日晚，医院接到红十字总会命令，要求迅速与德国红十字会合作，组建位于重灾区都江堰市的中德红十字会野战医院。由于都江堰市原有的医疗机构已悉数陷入瘫痪，中德红十字会野战医院成为当地群众最主要的“生命保护神”。前线队员用52个小时就在灾区的废墟中建起了一家帐篷医院(在德国，建立同样规模的野战医院需要5天时间)。这家医院成为震后都江堰的第一家野战医院，救治伤病员8万余人。中德红十字会野战医院也于2008年荣获中共中央、国务院、中央军委颁发的抗震救灾英雄集体荣誉称号。④ 分布广：医院各路医疗队冲锋在前，不惧牺牲，进映秀、闯北川，深入四川灾区的各个地方，救治范围涵盖成都、绵阳、德阳、北川、安县、绵竹、都江堰等7个市县。

表专-1-4　2008年医院赴汶川地震救援医疗队情况表

支援队伍	起止时间	支援人员
中国红十字会华山医院紧急救援队	5月14—23日	汪志明　吕飞舟　金　毅　黄钢勇　李　骥　张　军　楼浩明　夏敬文　朱炎逢　许　耿
	5月22—31日	卢　清　向　阳　孙　安　张秉文　徐振东　李　剑　王新宇　杜荣昌　袁辉宗　谢博元　唐　弘
上海青年医疗卫生志愿者抗震救灾服务队	5月16—26日	赖雁妮
赴华西医院支援医疗队	5月18日—6月6日	陶艳菊　陆育华
中德红十字会野战医院	5月23日—6月6日	史留斌　廖蜀宜　李妍斐　沈　杰　王慧霖　王思群　薛　骏　刘红梅　杨笑宇　徐　栋　陈佳俊　钟明康　李　放　王　兵　赖　兰　李根娣　施　华　黄春华　杨　珺　金启燕　钱倩文　姚莉娜　周与瑾　茅惟倩　谢　莉　俞雯霞　王吉皓　邹慧祯　孙　怡　张　雷　何龙章　李晨琪　蒋正飞　张福林

（续表）

支援队伍	起止时间	支援人员
中德红十字会野战医院	5月26—30日	刘孝峯　郎三龙
	5月27日—6月6日	林东昉　徐　峰　罗心平　刘　华
	6月6—27日	邹和建　章祖成　励强毅　陈勤奋　苏家春　马　可　金　波　何　剑　陈连军　陈　浩　车薛华　施　俊　蒋　雍　张　璞　曹艳佩　张　蕾　刘华晔　王文瑜　仝　婕　曾大允　王　庆　杨延林　朱学好
	6月27日—7月18日	李趣翎　孙小丰　傅　镁　张蓓蓓　倪唤春　金嘉琳　钱　辉　周　坚　张　权　刘立伟　陈　健　罗文杰　高　波　顾妙娟　唐舒舒　万　亿　周　怡　李　超　沈　斌　柳永丰
	7月18日—8月9日	王佩敏　朱会耕　柯颖达　朱　军　张　静　梁　俊　蒿汉坤　王世龙　胡尧男　黄　逸　伍卫权　陈　炯　张代红　王蓓丽　董　安　花　飚　钱根发　张志明
	8月7—26日	叶贞义　孙红英　赵晓龙　陈　坚　甘　军　张成锋　黄加张　林　洁　王晓静　赵毅峰　崔继波　刘孝峯
ERU治水队	6月9日—7月15日	徐一鸣
	6月13日—7月15日	翁建国　沈全斌
	6月10日—7月15日	李中东
	6月14日—7月15日	梁海涛
卫生部专家组	6月14—19日	虞　聪
	7月11—14日	胡永善

图专-1-4　2008年10月，中德红十字会野战医院被评为全国抗震救灾英雄集体

此后，医院在2013年四川“4·20”芦山地震、2014年云南“8·3”鲁甸地震中先后派出医疗专家前去支援。

表专-1-5　2013—2014 年医院赴地震灾区救援医疗队情况表

支援队伍	起止时间	姓 名	性 别	职 务	科 室
2013 年“4・20”芦山地震国家卫计委专家组	4 月 21—28 日	胡 锦	男	医生	神经外科
		陈 澍	男	医生	感染科
	4 月 28 日—5 月 6 日	杨 帆	男	医生	抗生素研究所
2014 年“8・3”鲁甸地震国家卫计委专家组	8 月 7—23 日	胡 锦	男	医生	神经外科

【菲律宾“海燕”台风救援】

2013 年 11 月 22 日，作为全国三支红十字救援队之一，医院红十字救援队受中国红十字总会的委派赴菲律宾“海燕”台风重灾区开展救援。医院派出 7 名医务人员加入首批 10 人规模的中国红十字国际救援队，这是中华人民共和国建立以来中国红十字系统首次开展海外救援。半个月的时间，这支 7 名医务人员组成的小分队克服当地饮食短缺、住宿困难以及空气环境恶劣、治安形势差等困难，连续 11 天奋战在重灾区塔克洛班市及其周边乡村，服务半径 100 千米，建立医疗点 6 个，服务灾民 952 人次，转运重症患者至“和平方舟”医院船 4 人，捐赠药物 95 盒，移交药物 3 700 盒，获得当地灾民的感激与尊重。

图专-1-5　2013 年，医院红十字医疗救援队赴菲律宾台风灾区开展救援

表专-1-6　2013 年 11 月 22 日—12 月 6 日医院赴菲律宾救援医疗队情况表

姓 名	性 别	职 务	科 室
唐 弘	男	行政(队长)	院办
陈 浩	男	医生	普外科
陈 坚	男	医生	消化科
方 勇	男	医生	危重医学科

（续表）

姓　名	性　别	职　务	科　室
王　莺	女	护士	护理部
陈裕春	男	护士	护理部
朱炎逢	男	护士	护理部

【尼泊尔地震救援】

2015 年 4 月，受中国红十字会委派，医院先后派出 2 批共 11 人赴尼泊尔地震灾区开展救援。4

图专-1-6　2015 年 4 月，医院第一批红十字医疗队赴尼泊尔前出征大会

图专-1-7　2015 年 5 月，医院欢送第二批红十字医疗队赴尼泊尔

月30日—5月14日，首批5人组成的医务人员率先抵达尼泊尔，并在受灾最严重区域的中间地带考察建立中国红十字会国际救援队Salyantar野战医院。在帐篷诊室每天接诊约150人次，同时深入尚无任何一支医疗队到达过的受灾乡村巡诊送医，经受余震、高温、雷电、暴雨的考验。5月12日，医院派出第二批红十字国际医疗救援队6名队员赴尼泊尔地震灾区，接替第一批队员继续为灾民提供基本医疗服务，直至5月30日返沪。

表专-1-7　2015年医院赴尼泊尔地震救援医疗队情况表

批　次	姓　名	性　别	职　务	科　室
第一批(4月30日—5月16日)	刘　杨	男	队长	抗生素研究所
	王桂芳	女	医生	呼吸科
	许　耀	男	医生	骨科
	刘华晔	女	护士	护理部
	陈裕春	男	护士	护理部
第二批(5月12—30日)	朱　磊	男	队长	普外科
	蔡叶华	男	医生	超声医学科
	徐思远	男	医生	急诊科
	季　玮	女	护士	护理部
	曹瑞勤	女	医生	北院妇产科
	贡海蓉	女	医生	北院儿科

【江苏盐城龙卷风灾区救援】

2016年6月24—27日，医院接中国红十字总会通知，派出4名医务人员组成中国红十字(华

图专-1-8　2016年6月27日，医院援盐城医疗队凯旋

山）医疗救援队奔赴江苏盐城龙卷风灾区。4名专家组成多学科小分队，巡查分布在盐城市第一人民医院、城南医院、第三人民医院南院和北院，以及盐城中医院的从灾区转运上来的300多名危重伤员，联合会诊并提出诊疗建议。中国红十字总会副会长王海京接见长时间加班工作的华山专家们，感谢他们为灾区人民做出的贡献。

表专-1-8　2016年6月24—27日医院赴江苏盐城支援医疗队情况表

姓　名	性　别	职　务	科　室
殷保兵	男	医生	普外科
张　权	男	医生	骨科
曹晓运	男	医生	神经外科
金嘉琳	女	医生	感染科

纵观医院的历史，“一心一意为公益，全心全意为百姓”是始终不变的主旋律。每当国家遭遇天灾人祸，每当人民需要救死扶伤，医院总会发出红十字的强音。“中国红十字总医院暨医学堂”是医院的前身，“红十字”是医院前进中的旗帜。

华山医院的特色学科

在上海、全国乃至海外的医疗界，广为流传着一句话：华山医院“头大、皮厚、手长、抗感染力强”。这种形象的比喻不仅是对医院在专业领域所取得的成就的褒赞，更是华山人多年来引以为傲的缘由。

一、神经外科——年手术量世界第一

史玉泉作为医院神经外科的开山鼻祖，是中国神经外科开拓者之一，其成就奠定医院神经外科在中国医疗学界的地位。早在1950年，他就参与由中山医院外科专家沈克非主刀的中华人民共和国成立后首例开颅脑肿瘤切除术。1952年，在沈克非的支持下，史玉泉同朱祯卿创建神经外科，成为中国南方最早的神经外科。创业之初正逢西方国家对刚刚诞生的中华人民共和国实行封锁，各种条件异常艰难。史玉泉克服重重困难，研制成功国际上公认的脑内有效止血剂——明胶海绵，保障神经外科手术顺利进行，并一直沿用至今。史玉泉的贡献不仅于此：1956年施行大脑半球切除及脑血管畸形切除手术；1957年在国内首次开展颅内动脉瘤切除手术，设计丝线套结法；又应用显微外科方法开展脑血管畸形切除术，并制成切除标本注塑模型，以及应用颅内压监护技术等。他在国内率先建立起一支相当庞大的、素质优良的神经外科队伍，成为医院的首块金字招牌。

在20世纪80年代，神经外科主任的接力棒传递给周良辅(2009年被评为中国工程院院士)。周良辅行医执教50余载，手术逾万例，始终致力于神经外科三大疾病——脑血管病、脑肿瘤和脑创伤的开创性研究。采用“动脉瘤直接切除＋载瘤动脉端端吻合”(国际率先，1979年)和“载瘤动脉孤立＋颅内外血管搭桥”(国内率先，1981年)两项血管重建新技术，治疗不规则形及巨大动脉瘤获得成功。1999年起牵头制定国内脑动脉瘤诊治新规范，术后死亡率明显下降。该新规范已在全国数十家三甲医院推广。周良辅还独辟蹊径，在国际上率先采用扩大经颅底硬脑膜外手术“入路”，有效避免颅底血管神经损伤，提高手术疗效。独创“三明治”法，即“自体脂肪填塞＋筋膜覆盖＋带蒂骨膜”颅底缺损修复术，可不必植骨，便能防止脑脊液漏和颅内感染。迄今采用这两项新技术治疗的颅底肿瘤数为国内外最大病例数。周良辅还牵头组建国家级颅脑创伤综合救治体系，开展中国迄今规模最大、多中心、前瞻性颅脑创伤流行病学研究，并组建华东地区颅脑外伤救治网络和数据库，国际创伤权威杂志评价这是“当代中国具有重要意义的颅脑创伤流行病学研究”。在周良辅的带领下，神经外科已成为世界上最大的神经外科中心之一。2015年，周良辅荣获世界神经外科学会联盟荣誉奖章。2016年，由周良辅发起的“上海周良辅医学发展基金会”宣布成立，基金会的宗旨是弘扬“大医精诚，厚德载物”的精神，资助贫困人群就医；资助医学创新科研项目和优秀医学人才队伍的建设，为神经外科的人才梯队建设奠定坚实基础。

中国第一例脑动脉瘤夹闭术、第一例脑干内生型血管母细胞瘤切除术、第一例自体干细胞脑内移植治疗开放性颅脑外伤……拥有无数个第一的神经外科已经发展为全方位开展微侵袭神经外科、脑脊髓肿瘤、血管性疾病、颅脑创伤、小儿神经外科、脊柱脊髓外科、功能神经外科、立体定向放射外科和细胞分子神经外科等的临床治疗研究，并实现手术、放疗、化疗和功能康复的综合治疗学科，在神经学界与北京的天坛医院并称为“北天坛，南华山”。截至 2016 年，医院神经外科临床治疗总量始终保持全球最大规模的地位，共施行逾 10 万例脑外科手术，使得神经外科在临床医疗、科研和教学等方面始终处于国内外领先地位。

二、神经内科——引领学科发展新方向

医院神经内科由神经病学家张沅昌创立于 1950 年，是中国南方最早成立的独立科室。作为中国神经病学和神经病理学的奠基人之一，张沅昌积极倡导开展脑瘤诊治等神经外科工作，为创建神经外科奠定基础。曾撰写过许多有价值的著作和论文，特别对脑寄生虫病学、肝豆状核变性、脑炎、脑瘤、脑血管病、脱髓鞘疾病等的病理都有着精湛的研究和见解。尤其对脑血吸虫病的病理和虫卵栓塞发病机制有独到的见解，为中国血吸虫病的防治做出杰出的理论贡献。

20 世纪 90 年代初，神经内科教授吕传真领衔学科建设，敢于打破传统思维模式，开辟和探索新思路，不断为临床实践注入新理念。吕传真是神经病学家，医院终身教授。早在 1985 年，就作为世界卫生组织进修医生赴瑞典医院进修神经免疫学，成为自改革开放以来该科第一位中国医学访问学者。1990 年，在国际著名医学杂志 *Lancet* 上发表文章，为结核性脑膜炎的免疫学诊断提出革新方法，至今仍具有深远影响。此后，一直从事重症肌无力发病机制、诊断和治疗的系列研究，在国际上率先提出重症肌无力不仅仅局限于神经肌肉接头突触后膜病变，同时也有突触前膜的参与，为重症肌无力的发病机制做出重要补充。吕传真从医执教 50 年以来，一直致力于神经病学的临床和基础研究，在脑血管病和神经免疫病领域取得瞩目的成就，最终形成脑血管病、神经免疫疾病、运动障碍及退行性疾病、癫痫与睡眠障碍的四大专业方向。在其引领下，神经内科和神经病学研究所各方面的工作都取得长足的进步，保持在全国神经病学领域的领先地位。

神经科学可谓是“内外兼修”，在与兄弟科室神经外科的相辅相成作用下，神经内科进一步细化为 7 个亚专业研究领域：脑血管病、癫痫与睡眠障碍、运动障碍、神经退行性疾病、神经肌肉疾病、周围神经病和神经系统免疫性疾病。“十二五”期间各亚专科均在各自领域取得一定的成绩，总体临床实力在国内均保持领先。经过六十余载的薪火传承，神经内科的学科实力得到业内认可。2010 年起，连续 6 年在“中国医院最佳专科声誉排行榜”中位居全国前三（2 次第一，4 次第二）。2016 年在“中国科技影响力排行榜”位居神经病学专科全国第三。

三、手外科——国际国内领先地位

1960 年，由医院骨科教研组主任李鸿儒倡导，并委派杨东岳负责创建手外科专业。1961 年，顾玉东被分配至医院骨科担任杨东岳的主要助手。1979 年，成立卫生部显微外科实验室，李鸿儒任主任，杨东岳任副主任。1979 年经卫生部批准建立显微外科实验室，同年 9 月杨东岳应邀出席美国旧金山第二十八届国际外科学术会议，做“游离足趾移植再造拇指和手指 100 例”学术报告。世界著名显微外科专家伯恩克当场宣布：游离足趾移植再造拇指和手指的手术是中国首创，杨东岳教授的这项工作，是世界上做得最早、最多，成功率最高的。”不仅如此，杨东岳进行的世界第三例、国内首例游离皮瓣移植、游离异体膝关节移植，国内首例游离胸大肌皮瓣移植，世界首例血管神经、肌腱、骨、皮肤一次移植等，均为中国手外科在国际上的地位奠定坚实的基础。

1984 年，医院正式将手外科专业从骨科中分离形成独立手外科，任命顾玉东（1994 年被评为中

国工程院院士)为主任兼任卫生部显微外科实验室主任。顾玉东秉承前任主任杨东岳的精髓理念,相继开展世界首例健侧颈7移位术,设计两套供血系统提高足趾移植成功率及设计新的皮瓣,其"臂丛损伤诊治和基础研究"处国际领先水平,周围神经显微外科居国内领先、国际先进地位,进一步加固手外科的学科地位。在其带领下,手外科的临床首创不胜枚举:1970年膈神经移位治疗臂丛根性撕脱伤;1980年静脉蒂动脉化游离腓肠神经移植治疗长段神经缺损;1986年健侧颈7神经移位治疗难治性臂丛根性撕脱伤;2003年肱肌肌支移位、旋后肌支移位修复臂丛下干损伤;2013年健侧颈7治疗脑瘫及其他新方法重建手功能等……举不胜举的贡献已使手外科的学术地位达到国际新水平,得到国际同行的高度赞誉和认可。

手外科在顾玉东院士的带领下,在臂丛神经损伤、周围神经损伤及卡压、上肢骨与关节损伤与疾病、组织修复及功能重建、上肢畸形及肿瘤、中枢瘫肢体功能重建以及下肢神经损伤等多个领域为广大患者服务,不断地挑战世界性难题,继续引领学科向高精尖发展。

四、皮肤科——精准诊断、自制制剂给患者带来福祉

皮肤科创立于1929年,匈牙利犹太籍医师弗雷德里克·罗爱思(Frederick Reiss)任首位皮肤科主任。1947年,杨国亮就任皮肤科主任。杨国亮是中国皮肤病学奠基人之一,国家一级教授。在国内首次发现并报道隐球菌病、孢子丝菌病、锑剂皮炎。创新使用对白癜疯、冻疮、浅表真菌病、系统性红斑狼疮、瘢痕疙瘩等疾病的治疗方法;为中国防治梅毒、麻风、雅司、疥疮等慢性传染性皮肤病做了大量工作。对核黄素缺乏症有独特见解,曾为解放军治疗此病,并彻底解决临床问题。对药物性皮炎的临床表现及防治研究也卓有成效,积累丰富的经验。首先提出"大疱性表皮松解萎缩型药疹"的命名,使医学界对此危重疾病有了认识。杨国亮发起和领导上海地区稻农皮炎和桑毛虫皮炎的防治工作。1980年主编《药物反应》,颇受好评。曾协助考古研究机构,对马王堆汉墓古尸皮肤进行研究,弄清古尸皮肤结构成分的变化性质、发生时间及其原理,发表中英文对照版的文献报告,为保护女尸完整皮肤提供重要参考价值,使得古墓发掘工作顺利开展。

经过九十余年的发展,医院皮肤科专业分类更加细化,皮肤病理、皮肤真菌、皮肤外科、皮肤激光美容、皮肤性病、皮肤免疫、皮肤变态反应等,满足不同患者需求。门诊连续多年高居专科第一,其病例数之多、病种之广在国内首屈一指,在国际上亦属罕见。同时,皮肤科几代名医通过大量的临床实践,不断创新探索,先后配制许多治疗各种常见皮肤病的中成药,研制并不断改进各种治疗皮肤病的外用制剂。这些自制药疗效显著且药价便宜,给患者带来实实在在的福祉,深受全国各地患者的欢迎。

皮肤科致力于建设集临床优质医疗服务、临床先进诊疗技术和符合国际标准的临床医疗质量管理于一体的国家级临床重点专科,努力将科室打造成为中国皮肤科专业的疑难病诊疗中心。截至2016年底,皮肤科已连续7年在"中国医院最佳专科声誉排行榜"排名第一。

五、感染科——临床成果丰硕得到公认

医院感染科的创始人为传染病学家戴自英。戴自英是中国传染病学、抗生素学创始人与奠基人。1947年赴英国牛津大学留学,其导师弗洛里(H. W. Florey)是青霉素的发明者之一。1950年学成回国,当时的中国抗生素事业还是一片空白,而抗生素已经是治疗许多感染性疾病的强有力武

器。为此他积极撰文，介绍各类国外的研究成果，1952年编著的《实用抗生素学》出版，被公认为是国内临床抗生素领域早期较完整的专著。1956年，戴教授创建医院传染病科，并在1963年建立国内首个抗生素临床研究室。他完成全国抗生素70个品种的临床药理和临床应用研究工作，这些研究成果对中国抗生素工业生产方向及保障人民健康均具有指导意义。1957年，钢铁工人邱财康被钢水大面积灼伤，戴自英不但参与治疗方案的制定和研究，而且亲自守候观察病情变化。当时患者感染难以控制，多数医生倾向于截肢以保全生命，戴自英提出既不截肢又能保全生命的方案，最后在综合措施和噬菌体的应用下，创造生命的奇迹。1971年参加燃化部、商业部和卫生部联合组织的抗生素、磺胺调查团，在调查中了解到很多基层卫生组织的用药情况。他还曾多次到上海郊区青浦、金山等流行病区参加血吸虫病的防治工作，以及到流行性出血热的流行区进行防治工作等。长期以来，戴自英致力于感染性疾病和抗菌药物的临床研究，获得丰硕的成果，也奠定传染病学科和抗生素研究所的历史地位。

在医院感染科发展的历史长河中，涌现出一大批在国内外学术界具重要影响的学界泰斗，同时中青年力量实力雄厚，亚学科齐全，拥有一批感染病学和肝病学的学科带头人。1984年，出任科室主任的翁心华教授始终秉承戴自英提出的厘清"传染"和"感染"的概念，以"正本清源"的信念，一直带领学科向"大感染"的方向努力。2002年10月，翁心华当选为第七届中华医学会传染病学分会主任委员。与此同时，经过3年的不懈努力，终于正式将传染病学分会改名为感染病学分会。从传染到感染，意味着整个学科研究范围的扩大，以及与国际潮流的接轨。翁心华说："这一字之差的改动，本质上是学科走向的一种变革，从而掀开了中国感染学科的新篇章。"在2003年的"非典"突然来袭之际，翁新华临危受命，担任上海防治专家咨询组组长。他坚持"流行病学接触史"，帮助上海实现仅8人感染的伟大奇迹。翁心华在感染和发热性疾病的诊疗方面独树一帜，2003年荣获代表全国卫生系统模范个人最高行政奖励的"白求恩奖章"。

经过60年的学科发展，感染科以精准诊疗、精通专业、精心服务、精细管理为核心，逐渐形成"华山"特色的现代化感染病管理模式，并以传染病学为基础，融合临床微生物学、临床药理学、分子生物学等领域，建立多个亚学科，包括疑难感染病与发热待查、细菌耐药性防治研究、病毒性肝炎与慢性肝病、肝衰竭与人工肝、真菌与结核感染、中枢神经系统感染、免疫缺陷相关感染、重症感染、HIV与新发传染病旅行医学等，在国内处于领先地位。科室收治的典型传染病以及其他各类感染的患者之多、病种之丰富在全国综合医院的感染病科首屈一指。感染科和抗生素研究所已成为中国最强大的感染病诊疗中心之一，为上海的公共卫生事业提供强有力的保障。

六、中西医结合科——在传承和发展中不断前进

华山医院是上海市综合性医院中最早设立中医科的医院之一。中医科成立于1954年，由姜春华任中医科主任，开设中医门诊。姜春华不但撷取中西医之长，而且善于吸取中医历代各家学说精华，方药联系实际，看病读书结合，是中国当代中医界的翘楚，中医脏象及治则现代科学奠基人，为现代中医和中西医结合事业做出卓越的贡献。

作为薪火相传的科室掌门人，沈自尹于1984年起担任教研室主任、中医科主任，并于1997年当选为中国科学院院士。沈自尹从事中医药工作近60年，西医出身并不能阻碍他在1955年拜姜春华为师，脱产3年学习中医。1958年将姜春华应用巴漆丸治疗肝硬化腹水97例的临床经验整理成文，引起全国性轰动。1959年，姜春华、沈自尹师生共同荣获卫生部颁发的"继承发扬祖国医学

遗产”金质奖章，成为中西医结合传承史上的一段佳话。沈自尹传承发扬祖国医学精髓，探索中西医结合之路，采用现代科学方法研究“肾”与“证”的本质及中医治病原理，不拘一格，勇于创新。

作为国内率先开展中西医结合诊疗哮喘及进行中医“肾”本质理论研究的单位之一，中西医结合科业已建成以主攻呼吸系统疾病、肿瘤、代谢性疾病、心脑血管疾病、老年病和皮肤疾病等为特色的学科体系。2008年，中西医结合科创建针对肿瘤患者心理干预和康复指导为主要内涵的“慢病相对时空”公益项目，依托医院多学科综合实力，从专业角度给患者医学和心理支持，赢得患者的认可和尊敬。中西医结合科在呼吸病、老年病和肿瘤等领域学术影响力和专科实力逐年递增，促进中西医结合和中医药特色发展，为增强中国传统医学的发展做出重要贡献。

七、多学科齐头并进

建院之初，医院特别重视学科和人才队伍建设，凭借严谨的治学态度、深厚的文化底蕴和创新的管理机制，培养和吸引一大批国内外优秀的医学家、医学教育家、医学研究专家，拥有众多的重点学科。110年以来，医院的学科建设百花齐放，新的强势学科或方向已然崛起。截至2016年，有10个教育部国家重点学科：神经外科、手外科、神经内科、心内科、传染病科、肾病科、泌尿外科、普外科、中西医结合科、影像与核医学科；20个卫生部国家临床重点专科：骨科、护理专科、检验科、重点实验室（手外科）、重点实验室（抗生素）、内分泌科、神经外科、手外科、神经内科、中医专业（肺病）、皮肤科、泌尿外科、肾病科、外科、消化科、肿瘤科、感染科、康复医学科、运动医学科、医学影像科；1个国家临床医学研究中心：国家老年疾病临床医学研究中心。

担大任，行大道。体现医院能级的核心是学科与人才，这也是医院长盛不衰、跻身首选的秘诀。依托复旦的百年之力，传承上医的90年精髓，一代又一代的华山人穿越历史的风云，传承着文化底蕴，铸就学科声望的盛世恢宏。展望未来，人才的链条环环相扣，学科的梯队步步攀升。华山一定会涌现出更多的医学杰出精英，孕育出更多的优势特色学科。

华山医院的医疗创举

医院110年历史中，无数名医前辈创造的经典“医学首例”，犹如院之重器，奠定医院发展的基础。建院之初至今，医院的医疗创举百余项。中华人民共和国成立之前，医院艰苦创业，护理学家伍哲英因国民医疗发展之需，在医院创建上海第一所国人自办的护士学校，培育大量医疗护理人才；中华人民共和国成立之后，百废待兴，医院乘势进入快速发展时期，神经外科、手外科等科室在该时期创办兴盛，《实用内科学》《实用抗生素学》等著作在该时期问世出版。即便在“文化大革命”时期，医院依旧激流勇进，创造国内首台手术显微镜和相关显微外科器械等；改革开放新时期，医院乘风而上，创造多项医疗之最，涌现出沈自尹、顾玉东、周良辅等一批医学泰斗。

一、中华人民共和国成立之前，医院艰苦创业

1921年，医院总护士长、中国护士之母伍哲英创办上海第一所国人自办的护士学校——中国红十字会总医院护士学校，并担任校长兼护理主任。1925年，伍哲英代表中华护士学会出席在芬兰召开的国际护士会议，这是中国护士首次参加国际会议。

1946年，薛邦祺引进国外输液处方，由药剂室生产，医院遂成为全国较早自创输液的医院之一。

图专-3-1　1921年的伍哲英总护士长

二、中华人民共和国成立之后，医院高速发展

中华人民共和国成立之后，医院百花齐放，顺国家医疗发展之需，诸如神经外科、感染科、手外科等全国知名科室在该时期创立，并在高起点上高速发展。与科室发展同步的是人才培养与传承，在史玉泉、戴自英、杨东岳等医学大家的培育下，沈自尹、顾玉东、周良辅等优秀青年人才得以培养，这为科室、医院后续发展提供强大的动力。

1950年12月20日，神经外科医生史玉泉参加由中山医院外科主任沈克非主刀的脑瘤手术，此为中华人民共和国首例开颅脑肿瘤切除术。术后史玉泉始终惦念外科手术中的出血问题，并于1951年，研制成功国际上公认的脑内有效止血剂明胶海绵。这种止血剂在手术中被广泛采用，根据临床使用的结果，用这种止血剂，一两分钟后就能止血。这种止血剂最适用于肝、肾、脾和脑部等处。另外，静脉管、动脉管的大出血在不能单独用机械止血法（如血管结扎、缝合、电烙、银夹等）止血的时候，可以配合应用明胶海绵止血。明胶海绵敷在出血的地方，大约经过1个月就会被人体组织吸收。

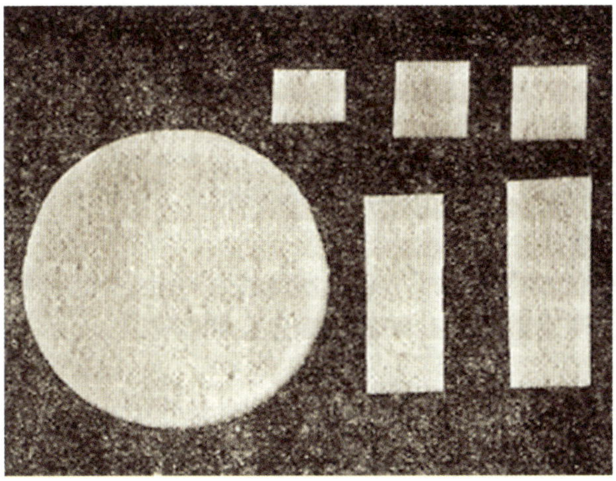

图专-3-2　1951年，自制明胶海绵片

图专-3-3　20世纪50年代，史玉泉查阅书籍

1952年，戴自英主持创建上海第一个血库。同年，由林兆耆主编的《实用内科学》和由戴自英编著的《实用抗生素学》出版，这是国内内科领域和临床抗生素领域具有深远影响的权威巨著。经过多年的不断充实修改，至今仍多次再版。也是在这一年，医院神经外科建立。

1955年，史玉泉首次提出肺吸虫成虫能在宿主体内移行的理论，推翻虫卵沉积学说，并在国内率先开展脑肺吸虫病手术治疗。同年，史玉泉率先在国内开展大脑半球切除术治疗婴儿脑性癫痫，同时率先在国内开展运用丝线套结法进行颅内动脉瘤的开颅直接手术。

1956年，呼吸科汪敏刚率先在国内建立防治支气管哮喘的临床机构。同年，医院建立中华人民共和国成立后国内第一个脑电图室，并在1965年与上海第一医学院生理学教研室共同成立脑研究室，均由神经内科张沅昌负责。

1959年，中医科姜春华与沈自尹共同开创“肾本质”研究，并被卫生部授予“发扬祖国医学遗产”金质奖章和奖状。师生二人共同前往领奖，在上海市府大礼堂开会时，沈自尹为老师姜春华佩戴奖章。

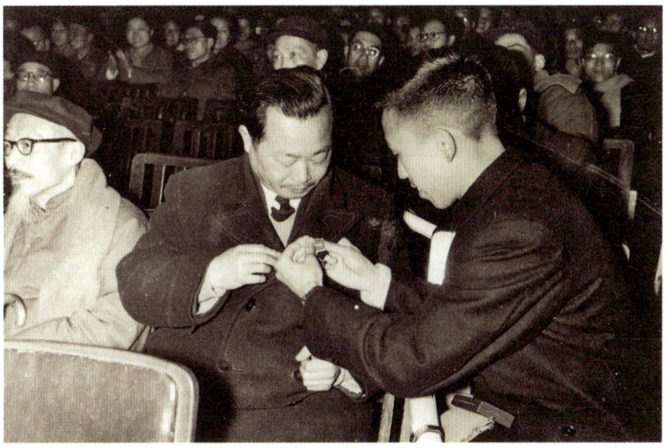

图专-3-4　1959年，沈自尹(右)为老师姜春华(左)佩戴奖章

同年，潘永辉、邬祥惠在国内率先创建超声诊断科，随后在国内最先使用术中A型超声引导颅脑手术，参与国内超声仪器的研制。

1960年，杨东岳创建上海第一个手外科专业。同年，皮肤科刘承煌建立国内第一个皮肤生理室；神经外科史玉泉率先在国内开展三叉神经痛的手术治疗。

1961年4月，神经外科陈公白等改进超声波仪器，在国内首次应用超声波直接探测颅内，切除大脑深部畸胎瘤，并取得成功。同年，中医科沈自尹首次发现西医不同疾病符合中医肾阳虚证诊断。1965年，沈自尹首次发现肾阳虚证患者肾上腺皮质功能低下源于下丘脑功能失调。

1962年，放射科邹仲完成国内第一部X线技术专著《X线检查技术学》，多年来，该书被许多省市和院校指定为放射技术人员的必修教材。同年，手外科杨东岳完成国内首例前臂大部离断的再植术。1962 年，肾病科邱传禄在国内最先开展腹膜透析同时创建肾脏病专业组，并指导林善锬在全国肾脏病领域首先开展肾穿刺，为肾脏病的临床诊治工作提供最直接的病理依据。

1963 年 10 月，戴自英率先在国内建立抗菌素临床研究室，并兼任室主任；同月，超声医学科发表中国最早的术中超声文献——《颅内肿瘤的超声探测》。1963 年，药剂科对注射液的配伍变化进行研究后，在全国首先发表 24 种注射液的配伍变化表。

1964 年，卫生部批准成立国内最早的中西医结合科研基地——脏象研究室。同年，神经外科蒋大介研制出国内第一台立体定向仪，该仪器一直使用近 20 年，才被精确定位的立体定向仪 CT 和 MRI 所取代。

1965 年，抗菌素研究室率先在国内完成“国产苯甲异噁唑青霉素(苯唑西林)的临床药理研究和临床试验”研究。同年，神经外科陈公白、唐镇生等完成国内首例针刺麻醉下颅脑手术。同年，神经外科蒋大介、陈公白主编完成国内早期最具代表性和权威的神经外科手术学专著——《神经外科手术学》。

1966 年 2 月 13 日，手外科杨东岳与中山医院合作完成世界首例第二足趾游离移植再造拇指术，开创手外科领域应用显微外科技术进行肢体再造与功能重建的先河。

1967 年，骨科周公南、刘世杰在国内首次开展人工颈椎置换术。

1970 年 8 月 6 日，手外科顾玉东完成世界首例膈神经移位治疗臂丛神经根性撕脱伤，该项成果获 1990 年国家科技进步奖二等奖。

1973 年，手外科杨东岳、顾玉东与口腔科张孟殷、黄爱玉合作，完成国内第一例血管化游离组织瓣移植，为一位面颊部肿瘤患者进行游离腹股沟皮瓣转移修复面颊部手术后缺损，与国外同期首创下腹部皮瓣游离移植修复。

“文化大革命”时期，医院逆序有为，成功研制国内首台手术显微镜和相关显微外科器械、阐明“血瘀”本质。1978 年，医院以 18 项全国科学大会奖成果奖迎接改革新时代。

1976 年，神经外科史玉泉成功研制国内首台手术显微镜和相关显微外科器械，并成立显微神经外科实验室。同年，心血管内科戴瑞鸿首先在国内报告“冠心病的血液流变学异常和急性心肌梗死的动态变化”，阐明“血瘀”本质。

1977 年，外科杨东岳、蔡知节、黄煌渊完成国内外首例带血管神经的异体全膝关节移植术治疗，英国《泰晤士报》及《亚洲周刊》均在头条及封面给予报道。

1977 年，神经外科周良辅首次提出扩大前颅底硬膜外新手术入路治疗颅底肿瘤，并且改良传统的翼点开颅术。同年 9 月 26 日，在肾内科邱传禄、林善锬等的配合下，泌尿外科沈家立、陈炳龙成功实施肾移植术，创造国内同期肾移植手术患者存活时间最长纪录。

1978 年，手外科杨东岳成功实施国内首例游离胸大肌皮瓣移植术。

三、改革开放，医院乘风而上

上海作为改革开放的排头兵，医院顺改革之势、立上海改革大局，积极面向国际，开办上海市第一家沪港合作外宾病房、成立中美合作上海伽玛医院。同时，积极拓展医院技术内涵，在国际上率先采用脑血管重建技术，开展世界首例静脉蒂动脉化游离腓肠神经移植治疗长段神经损伤等技术。

1979 年，在医院副院长陈公白的主持下引进国内第一台头颅 CT 机，使神经外科疾病的诊断和治疗有了重大突破。

1979 年，检验医学科与上海医用分析仪器厂合作，试制成功国产 SF－6 型自动分析仪，并率先开展生化检验工作。同年，中西医结合科沈自尹首次在国际上证实肾阳虚证有特定物质基础，这一成果获全国医学卫生科学大会重大科技成果奖。1982 年，首次发现肾阳虚证患者在下丘脑-垂体-性腺轴和甲状腺轴也存在不同程度的功能失调。1997 年，中西医结合科沈自尹首次将中医肾阳虚证功能失调定位于下丘脑。

1979 年 10 月，医院成立国内第一个神经病学研究所。1982 年，该研究所被世界卫生组织确定为“世界卫生组织神经科学研究与培训合作中心”。

1980 年，内分泌科牵头实施全国第一次糖尿病流行病调查，填补国内空白，也为中国糖尿病流行病学防治提供重要的数据。同年，神经外科史玉泉研制成功国内首台颅压监护仪。血液科率先在国内开展自身骨髓移植治疗急性白血病及晚期淋巴瘤。

1980 年，手外科顾玉东实施世界首例静脉蒂动脉化游离腓肠神经移植治疗长段神经损伤。1983 年，首创用多组神经移位（膈神经、副神经、肋间神经、颈丛运动支同时移位）治疗臂丛根性撕脱伤，优良率达 84.6%。1983 年，手外科顾玉东首创小腿外侧皮瓣，并于 1985 年设计静脉干动脉化皮瓣，1987 年设计小鱼际皮瓣，为四肢软组织缺损的治疗不断寻找新供区。1986 年，顾玉东首创健侧颈 7 移位治疗难治性臂丛损伤，开辟治疗全臂丛根性撕脱伤的新途径。此项成果获 1993 年国家发明二等奖。2005 年，顾玉东首创应用内窥镜切取长段膈神经修复臂丛神经及颈 7 神经移位。

1981 年，医院授予全国第一个神经外科博士点，史玉泉是全国第一个神经外科博士生导师，培养中国第一个神经外科博士孙国华。同年，心血管内科戴瑞鸿成功研制出麝香保心丸，成为心脏急救药品中首备药物之一。

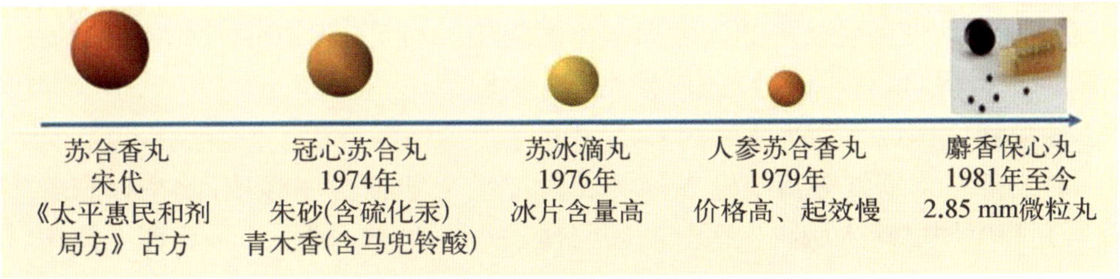

图专－3－5　1981 年，麝香保心丸研制成功

1984 年，医院成立国内综合医院中第一批建立的康复医学专科，也是国内最早招收康复医学与理疗学研究生的硕士点和博士点之一。9 月，抗生素临床药理实验室被卫生部批准为国内第一批抗感染药临床药理基地和抗感染药临床药理重点实验室。

1987 年，手外科张高孟首先在国内开展尺动脉腕上皮支皮瓣及鼻烟窝皮支皮瓣的临床应用。

1988 年 1 月 8 日，上海市第一家沪港合作外宾病房成立，陈星荣任董事长，袁曼任总经理。同年，医院引进 MRI 设备，成为国内最早引进此设备的单位之一。

1989 年，神经外科周良辅首次提出重度脑外伤应用类固醇激素弊多利少的新观点。同年，放射科陈星荣主编出版国内第一本《介入放射学》专著。

1990 年，医院率先在国内引进数字摄影 X 线机。同年，神经外科周良辅在国际上率先采用脑血管重建技术，使难治性脑动脉瘤由“不治”变为“可治”。4 月 9 日，神经外科率先在国内采用立体定向激光手术去除丘脑等深部肿瘤，获得成功，此项技术达国际先进水平。

1992 年，血液科完成国内首例非血缘脐带血移植。同年，整形外科江华首次在国内外创立吻合血管神经的足展肌游离移植一期治疗晚期面瘫的方法。

1993 年 11 月 20 日，医院引进上海首台伽马刀，成立中美合作上海伽玛医院，至 2016 年已治疗病例数近 25 000 例，单机治疗数量居全球第一。

1996 年，成立上海医科大学糖尿病防治研究中心，由朱禧星担任中心主任，这是国内第一个以多学科合作为基础的糖尿病防治研究中心，开展糖尿病的综合防治工作。同年，心内科施海明完成国内首例无保护左主干内支架植入。1996 年 10 月 7 日，血液科谢毅完成全国首例非血缘外周造血干细胞移植术，它大大拓宽了骨髓提供者的来源，从而为白血病患者提供更多的治愈希望。

1997 年，神经外科引进国内第一台神经导航。

1999 年，手外科成功实施世界首例锁骨前全长膈神经移位术（左侧）。同年，上海首台正电子发射计算机断层显像仪（PET）投入使用。2003 年 10 月 27 日，引进亚太地区首台 Biograph Sensation 16 PET/CT，并创造单月 PET/CT 检查 549 例全球单机最高纪录。

20 世纪 90 年代，神经外科周良辅首次采用扩大中颅底硬膜外新入路和颅底神经血管定位技术，对位于中颅底、海绵窦或骑跨中后颅底的肿瘤进行积极的手术治疗，获 1998 年上海市科技进步奖二等奖。同时针对颅底肿瘤术后脑脊液漏这一难题，首次提出前颅底重建的新观点，并经生物力学实验和长期临床随访得以证实，获 2000 年国家教委科技进步奖二等奖。

四、21 世纪，再创新天地

21 世纪，医院继往开来，传承学科，开创如国内首个抗感染药 GCP 中心等多项医疗之最；吸收外来，以中国最具影响力的国际化优质医院为愿景，创立世界首例成人神经干细胞自体移植、中国大陆第一家通过美国病理学院认可的国际标准化医院检验科等国际项目。21 世纪的华山，立足上海、放眼全国、对标世界，以百十磅礴之力、著一流医学创举。

2000 年，医院建立国内首个抗感染药 GCP 中心。

2001 年，神经外科朱剑虹等实施世界首例成人神经干细胞自体移植，此举标志着中国神经干细胞的基础研究和应用已跨入脑再生医学的新门槛。7 月 20 日，神经外科获评上海市首批临床医学中心。

2001 年，泌尿外科王翔与加拿大和美国学者合作，完成世界上首次成功实现大鼠卵巢输卵管及部分子宫冷冻保存与移植。

2002 年，在检验医学科基础上成立上海第一个医院“检验医学中心”；2006 年，成为中国大陆第一家通过美国病理学院认可的国际标准化医院检验科。

2003 年，肾病科林善锬荣获美国国家肾脏基金会（NFC）国际杰出贡献奖，这是第一位获得此奖的中国医师。2016 年，林善锬又获国际肾脏委员会东亚地区肾病发展进步奖。

2003 年，医院消化科完成上海首例双气囊电子小肠镜。

2004 年，医院普外科姚琪远完成国内首个腹腔镜下造口旁疝补片修补术。

2005 年，医院引进国内第一台低场强术中 MRI 手术系统。

2007 年，医院引进上海第一台射波刀，并成立上海第一家射波刀治疗中心。12 月 12 日，医院药物临床试验机构通过国家食品和药品监督管理局的资格认证，医院伦理审查委员会通过世界卫生组织伦理审查委员会能力发展启动战略（WHO/SIDCER）认证，成为世卫组织在中国设立的第一家“WHO/TDRGCP& 研究伦理培训中心”。

2008 年，神经外科周良辅牵头制定中国第一个脑胶质瘤诊断和治疗指南。

2013 年，医院感染科发表世界首例 H7N9。7 月 15 日，医院普外科完成国内首例 3D 腹腔镜减重手术。7 月 24 日，神经内科完成首例急性脑梗血管内取核手术。

2015 年，复旦大学肿瘤转移研究所组建成立，是国内第一个专门从事肿瘤转移复发的临床与基础研究机构。

2016 年，泌尿外科完成上海市首例可视穿刺经皮肾镜碎石术。同时期，完成上海市首例全腹腔镜下活体肝移植供肝切取和儿童肝脏移植手术，与儿科医院共同完成全国首例“儿童胰十二指肠切除手术后肝移植手术”。

至此，医疗创造源远流长，每一项新技术、新发现、新举措为千万患者带去福音，为医院发展划分出一个个清晰的年代。创新是社会发展的动力，也是医学发展的灵魂。华山的几代人筚路蓝缕、艰苦奋斗，激励着一代代华山人辛勤耕耘、再续辉煌。

华山人的共产主义基因

一、党组织发展历程

1921 年 7 月 23 日，中国共产党第一次全国代表大会在上海市望志路 106、108 号举行。上海由此成为中国共产党的诞生地。同年，离望志路 3 400 米的中国红十字会总医院，变化也在悄然发生。1928 年，中国红十字会决定结束与美国哈佛医学校、安息日会等长达 8 年的合作，将医院收回自办。

当时，由于国内外形势严峻，中国共产党尚处于发展阶段，无法与敌人进行正面对抗，中共党员们只能以“地下党”的方式秘密进行革命活动，以保证最后的胜利。

【上海解放前党的秘密工作】

1936 年，医院院史上首次出现记录中国共产党的条目。就在那一年，医院收发处接受中共地下党委托，秘密收转在法国巴黎出版的党报《救国时报》。《救国时报》是中共中央驻共产国际代表团的机关报，它在莫斯科编辑，在法国巴黎出版。这份中国共产党海外宣传的媒介，对抗日民族统一战线的形成、对中共早期的海外宣传做出非常大的贡献。

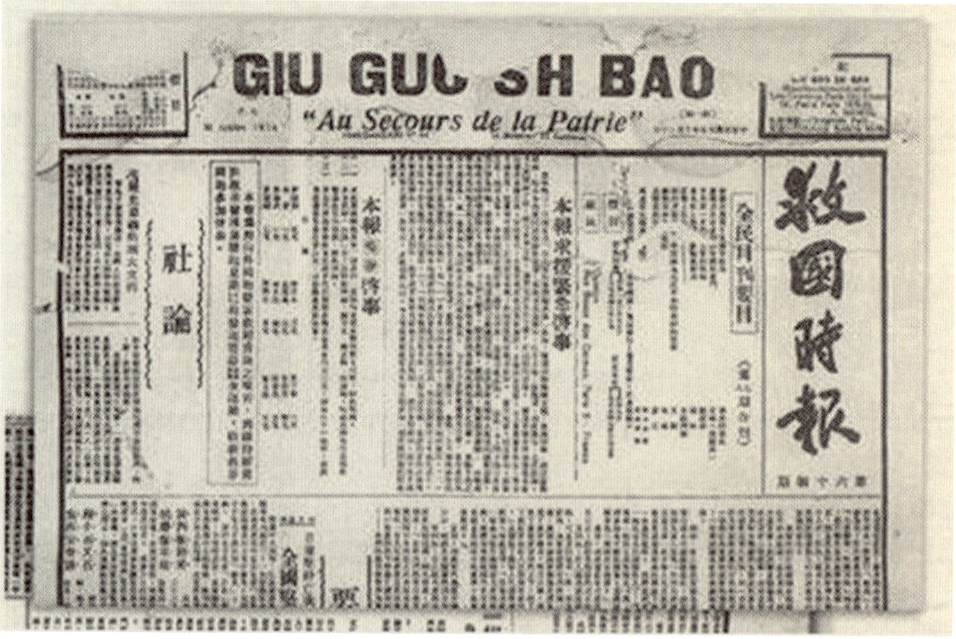
GIU GU… …H BAO
“Au Secours de la Patrie”
救國時報
社論

图专-4-1　1936 年 10 月的《救国时报》

1945 年 5 月，随着上海的中共地下组织不断发展壮大，医院成立职工和医护 2 个党支部：职工支部先后有党员沈孟先、徐在贵六、吴桂明、沈承和、乔炳立、傅鸣皋、谭镜清、封玉伟、罗忾；医护支部先后有党员朱凤腾（即朱克文）、钱玉君、袁莲渠、朱忍秋、沈莹珠、周竹青、朱传熙、董丽荷、黄霞轩、张富锦（即张民）、袁耀萼、王赞舜、蒋兴权。彼时沈孟先任职工党支部书记，朱凤腾任医护党支部书记。但是，因为当时上海还没有解放，医院的党支部依然以“地下党”的形式开展活动。职工中的中共党员们通过特有的“心电感应”彼此相认，成立支部，并不断吸收新生力量的加入。

华山人的共产主义革命舞台与队伍不断扩大。1946 年 6 月，中共地下党员内科医师聂崇铭（改名方春望）、皮肤科医师王士良（改名黄志尚），以及外科医师胡鸿慈（改名陶煦），受组织秘密委托，转移到山东解放区支援创建华东白求恩医学院。该学院最早为新四军军医学校，随中国人民解放军转战安徽、江苏和山东，1948 年 11 月进驻济南，合并原国民政府山东省立医学院。1950 年 10 月更名为山东医学院。1952 年 9 月与齐鲁大学医学院合并组建新山东医学院，今为山东大学齐鲁医学部。

1947 年，由沈孟先发起成立“职工同仁联谊会”，将全院 100 多名职工（占全院 1/3）吸收入会，团结在党的周围。支部根据不同对象，采取不同形式进行宣传，提高群众的对敌斗争觉悟。在 3～4 年间，支部发动群众与国民党当局展开多次有组织的政治、经济斗争，并同院外许多单位配合行动。党组织还派徐在贵护送陈文等医护人员赴解放区参加新四军，并动员本院 40 多名积极分子加入党的外围组织“益友社”。

1948 年 4 月，医院共产党员吴桂明在市郊创建“连桥农村托儿所”，并当选为总干事。“托儿所”白天收托幼儿，晚上向当地农民开展宣传活动，补习文化、医治疟疾。同年 7 月，沈孟先在与国民党政府斗争中被捕，11 月被营救出狱后赴解放区。徐在贵担任医院职工党支部负责人。在此期间，党支部发动群众声援申新九厂、交大、上医等工人、学生的反对国民党政府的斗争，援助、保护被国民党军队打伤住院治疗的工人。

【上海解放后党的扩大发展】

1949 年 5 月，上海解放。医院的党员们终于结束旷日持久的“地下工作”，大规模浮出水面，高举旗帜跟党走。同年 7 月，医院将两个党支部合二为一，正式成立中共华山医院支部委员会。此后，医院的中共党员人数不断增加，党组织的力量不断增强。至 1951 年，李存仁、邢明、骆德三先后任支部书记。当时党员约 10 人。

1952 年 10 月 27 日，明确医院党支部由医学院党委直接领导，胡田成担任支部书记。1956 年下半年，胡田成脱产学习，由吴桂明负责支部工作，共产党员人数达到 20 余人。

1958 年 2 月，医院党员数超过 50 名，成立中共华山医院总支委员会，下设医护、行政、后勤 3 个党支部。林平、王彤先后任党总支书记，吴桂明、潘自浦任总支副书记。

1959 年，王彤任党总支书记，吴桂明、潘自浦为副书记。1964 年，王彤奉调搞“四清”工作。林平、吴桂明任副书记，下设 8 个支部。

1965—1966 年“文化大革命”初，由林平负责总支工作。同时，医院党组织已按党员所在科室编支部。一个科室党员较少，则几个科室的党员合编成一个支部，共设 8 个支部。

1967—1969 年“文化大革命”期间，党组织瘫痪。1969 年 12 月，医院党员陆续恢复组织生活。

1970 年 8 月，建立中共华山医院总支委员会，俞茂华为书记，苏德和（军宣队）为副书记。医院共有 7 个党支部，包括皮肤科党支部、门技系统党支部、后勤系统党支部、神放党支部、内科党支部、外科党支部、医科大学试点班党支部。1973 年 1 月，选举产生医院党总支委员会，俞茂华为书记，倪斯美、于留生（工宣队）为副书记。

1975 年 7 月，医院成立党委，委员共 14 人，俞茂华任党委书记，王彤、陈根生（工宣队）任副书记。1977 年，工宣队撤离，林平主持院党委工作。1978 年，医院恢复院长制，并重新组建中共华山医院委员会，林平任党委书记，高敏、彭玉德任副书记。1979 年 9 月，医院召开全体党员大会，党支部 15 个。共有正式党员 156 人。

1980 年，医院领导班子调整，袁美英任党委书记，林平任顾问，陈公白任副院长，参加党委工作。1984 年，医院调整领导机构，袁美英、张永信、陈公白、张本初等 4 人组成党委会，袁美英任党委书记，张永信任副书记。1988 年 10 月，医院升格为副局级单位后第一次召开党员大会，选举产生陈星荣、袁美英、黄爱玉、孙涛、张本初、黄煌渊、戴宝珍等 7 人组成第一届党委会。同时医院有党支部 15 个，共有中共党员 260 人，其中预备党员 9 人、正式党员 251 人。

1993 年 10 月，医院召开党员大会，选举产生谢毅、张永信、陈星荣、黄爱玉、黄煌渊、戴宝珍、洪震等 7 人组成第二届党委会，张永信任党委书记，洪震任副书记。医院共有党员 347 人，其中正式党员 334 人、预备党员 13 人。

2001 年 3 月，医院召开党员大会，选举产生王佩敏、冯晓源、朱新、李趣翎、张元芳、张永信、顾勇、顾玉东、徐建光等 9 人组成第三届党委会，张永信任党委书记，王佩敏任副书记。2004 年 11 月，中共上海市委任命冯晓源为党委书记。2008 年 5 月，中共上海市委任命顾小萍为党委书记。

2011 年 6 月，医院召开中共复旦大学附属华山医院第一次代表大会，选举产生丁强、马昕、邹和建、汪志明、邵建华、耿道颖、顾小萍、顾玉东、钱飚等 9 人组成第四届党委会，顾小萍任党委书记，耿道颖、钱飚任副书记。医院有党总支 1 个、党支部 35 个。共有中共党员（含离退休）1 049 人，其中在职党员 631 人、离退休党员 214 人、学生党员 204 人。

2012 年 12 月，医院党政领导班子调整，顾小萍任党委书记，邹和建、耿道颖任副书记。

截至 2016 年 12 月，中共复旦大学附属华山医院委员会拥有 1 个分党委、2 个党总支、46 个党支部、1 235 名党员。

紧跟中国共产党的步伐，伴随着医院党组织的不断健全和完善，医院的发展方向越来越清晰。从建院初期一栋 2 层的红会老楼出发，医院逐渐长成如今的模样：1 个主院区、3 个分院区，是全国一流的大型综合性三级甲等医院。医院自 1985 年起 15 次蝉联上海市文明单位称号，2011 年被评为全国文明单位，2014 年再次蝉联。医院先后荣获全国先进基层党组织、全国五一劳动奖状、全国精神文明建设先进集体、全国卫生文化建设先进单位、全国医药卫生系统创先争优活动先进集体、全国厂务公开民主管理示范单位、全国医院人文管理荣誉奖、全国人文爱心医院、全国优秀红十字医疗机构、全国抗震救灾英雄集体、全国大型公立医院巡查病人满意度第一名等诸多荣誉。

二、华山党员先锋

优秀党员是一面旗帜。每一年，医院的党员们前赴后继，践行社会公益，奔赴世界各地进行义诊、救援与帮扶工作。截至 2016 年，医院职工中的党员人数为 1 351 人，占比 40.85%，其中教授、副教授中党员占 50%以上。这些高学历、高智商、高情商的党员专家们，为医院的学科建设、医疗发展做出巨大贡献，是国家医疗卫生事业的排头兵、先行者。在他们身上，体现着党员的先锋模范带头作用。

【医院第一位地下党组织负责人——沈孟先】

1945 年 5 月，医院成立职工和医护 2 个党支部，沈孟先同志任职工党支部书记。

作为医院首位党组织负责人，沈孟先 1922 年参加社会主义青年团，1924 年在上海市内电话局入党，曾是中共上海邮局地下党支部首任支部委员。1927年大革命失败之后，一度中断与党的关系。当时情况复杂，在一片白色恐怖的环境下，沈孟先不得不离开原单位，改名为沈复生，于1929年7月进入医院当职员（初进时当电话接线员，后任病史室主任）。一时失去党组织关系的沈复生，仍以一名地下党员的革命精神，长期在医院坚持秘密活动。1942年，上级党组织对沈孟先进行审查，于1945年审查后重新入党，进一步展开各种活动，向思想进步的员工宣传党的革命思想，在斗争中培养积极分子，扩大党的力量。

1946年，在上海地下党市委领导下，在各民主党派和全市人民支持下，沈孟先同志带领院内40多名进步职工和医药界联谊会，与全市人民一起，参加声势浩大的反内战“六二三”大游行。“六二三”显示出上海人民与国民党政府斗争的坚强决心和强大威力，对瓦解敌人、迎接解放起到重大作用。

在国民党政府穷途末路之际，1948年7月，国民党政府突然逮捕沈孟先。由于同志们都能严守党的秘密，尤其是久经锻炼的沈孟先，在逮捕后的4个月中，无论在敌人的审讯桌上，还是在严刑逼供面前，始终坚贞不屈，敌人在他身上一无所得，在医院职工的大力营救下，终于在1948年11月被释放出狱。

【对党始终忠诚如一——吴桂明】

吴桂明于1956年担任医院党支部副书记（主持工作），先后任工会主席、后勤副院长。

吴桂明1921年出生于上海南汇县坦直乡连南村一个佃农家庭。父母供他上完初小四年级就送他去邻镇的百货商店当学徒。1938年，因日军侵华，商店关门，不满17岁的吴桂明经人介绍，来到华山医院，一直到2001年80岁时离开医院回家乡颐养天年，在医院整整工作63年。

当年，只有初小四年级文化的吴桂明，在每天工作12小时之余，先后上4所夜校，从一名打扫卫生、烧送开水的勤杂工，到病史室办事员，1947年成为地下党员。上海解放后先后担任医院党支部副书记、团总支书记、人事科长、工会副主席、工会主席、后勤副院长，1985年11月离休。

此后，吴桂明继续发挥余热，在华山成立上海建制最完善、规模最大、建立最早之一的医院退管会。在退管会工作16年，2001年10月，院领导考虑到吴桂明年事已高，应该安度晚年。吴桂明在上海市红十字会办妥遗体捐献手续后，住进家乡坦直敬老院。

在敬老院，吴桂明依然秉持“入了党，一生就是为了党工作”的理念，发挥先锋模范作用，尽己所能为敬老院做了许多工作。吴桂明帮着接电话、做会议记录、整理材料、为老年人摄影。一块杂草丛生的荒地，经吴桂明辛勤开垦，自掏腰包数百元购来花草树木，变成敬老院的绿化景观区，内有吴桂明设计命名的“华山风情”等多处景点；捐款5 000元建造纳凉“寿星亭”、捐款1 000元为家乡中学改造危房、捐款1 000元为家乡筹措教学基金；敬老院有6个房间没有电视机，吴桂明就买回6台21寸彩电；家乡修路，吴桂明慷慨解囊，连“一日捐”，吴桂明都没有拉下；敬老院扩建，吴桂明又捐款为每个房间添上彩电。与党同龄的吴桂明说：我的一切都是党给我的，所以现在我要把一切都奉献给党。

【为党的事业奉献终身——钱悳】

1950年1月，上海开展血吸虫病防治工作。医院党支部发动党员及全院医护人员配合医院行政，参加上海市政府组织的血防工作队伍，钱悳任上海市血吸虫病防治大队医疗顾问。4月，因其事迹突出，荣立二等功，并被评为全国劳模。钱悳于1953—1957年任医院院长。1956年，在其担任医院院长期间，光荣加入中国共产党。

1955年10月27日，上海第一医学院成立以颜福庆为主任委员的重庆医学院筹备委员会，开始重庆医学院的筹建工作。刚解放的重庆，医疗状况十分落后，创业者们白手起家，十分艰难，种种困难考验着创业者的意志。1957年，卫生部提出由医学院选派一名熟悉业务的院领导到重庆医学院担任副院长，时年52岁的钱悳毫不含糊，一口答应。在钱悳的动员和带领下，一批有实力、有影响力的正副教授和讲师响应号召，奔赴重庆，为重庆医疗的发展集聚师资力量。1958年9月，重庆医学院筹备事宜大体完成，钱悳全家迁渝，担任重庆医学院副院长，主持业务工作。1978年任重庆医学院院长，1985年任重庆医科大学名誉校长。

【从地下党员到创科济世——杨国亮】

医院皮肤科创始人杨国亮曾是一名中共地下党员，原准备去东北解放区，临行前得知上海很快要解放而未成行。

1924年，杨国亮考入长沙湘雅医学院预科，修学三年。1927年10月考入中央大学国立上海医学院。1932年毕业后留校，在中国红十字会第一实习医院皮肤科工作。1933年，杨国亮开始皮肤科教学工作，当时没有教材，就结合实践，边教边学。1934年，协助地下党将党的文件安全转移。1939年为新四军募捐，在重庆期间多次拒绝加入国民党。1940年，杨国亮随学校迁移重庆。1945年9月赴美留学，着重考察美国皮肤科是如何建设的，努力学习西方先进技术，于1947年回国。上海解放前夕，曾在自己家中掩护地下党员。

在党和政府的大力支持下，杨国亮在皮肤科的研究领域开辟广阔的天地，在学科建设和培养骨干队伍上开展卓有成效的工作。1955年，杨国亮在医院创建中国第一个有53张病床的皮肤科病房，从此，全国各地的疑难杂症患者及危重患者有了被收治的地方，得以获得最新的治疗。

【听党的话，学白求恩，做好医生——顾玉东】

中国工程院院士、医院手外科主任顾玉东有三句话12个字的至理名言：听党的话，学白求恩，做好医生。

听党的话是顾玉东始终不渝的坚守。1961年，顾玉东从上海第一医学院毕业后，准备在心血管内科领域大显身手，却被分配到医院的手外科，而那时的手外科只有杨东岳和他的秘书2个人，7张床位。当时的党委书记用一句话说服了他：作为一名共青团员，应该服从组织的安排。就这样，他服从组织的安排，进入手外科领域。在手外科的团队建设中，顾玉东对于党建与精神文明十分重视，强调发挥党支部战斗堡垒作用、发挥党员先锋模范作用，鼓励所有人积极参加组织生活，做合格党员。

正是有着党性的引领，听党的话，学白求恩，做好医生，从医50多年来，从当初服从安排，到后来做一行爱一行，顾玉东及其团队取得辉煌的成就。他本人自1987年"静脉蒂动脉化游离腓肠神经移植"获国家发明三等奖，到2016年的约三十年间，带领手外科团队，先后有7项创新成果，获得国家发明奖、国家科技进步奖7项。

【秉承传统、奉献社会——神经外科党支部】

华山神经外科是中国历史最悠久的神经外科之一，汇聚一大批神经外科领域的顶尖专家，是国家级重点学科。在这个优秀群体中，党支部和49名党员发挥着骨干的作用，他们凭借坚定的理想信仰、高尚的医德医术、优良的医教研业绩、良好的协作精神，在学科带头人——神经外科专家、中国工程院院士周良辅的带领下，从当初仅有50张床位、10名医生、年手术量200台，发展成为如今拥有床位600张、医生130名、年门诊量77 039余人次(其中80%的患者来自全国各地，10%来自海外)，年手术治疗量14 000台左右，成为全中国乃至全球最大的神经外科诊疗中心，挽救数万计患者的生命，其美名享誉海内外。2007—2016年间，神经外科共派出19名中青年专家奔赴新疆、西藏、云南等地开展为期一年左右的医疗援助，将华山神外的一流技术带到祖国各地。该科曾荣获全国先进基层党组织、全国工人先锋号、全国青年文明号等多项国家级集体荣誉，获得国家级科技进步奖7项、部委级奖19项、市级奖40余项。

图专-4-2　2011年7月，神经外科党支部荣获“全国先进基层党组织”称号

【党员先上——感染科党支部】

感染病学科是国内重要的感染性疾病临床诊疗中心，由感染科和抗生素研究所组成，并建有多个感染性疾病亚学科。感染科始建于1955年，创始人是临床医学家、中国临床微生物学奠基人戴自英教授。中华人民共和国成立以后，中国医学界学习苏联模式，建立以治疗肝病为主的传染病科。但业内有识之士已认识到，中国的感染病学应该与国际接轨，与抗生素、公共卫生事业等结合，向“大感染”学科回归。这正是感染科的发展之路。感染科党支部始终将“为中国抗感染领域谋发展”作为重要使命之一。

感染科党支部以党建聚队伍，在2003年“非典”、2014—2015年埃博拉病毒等重大传染病疫情发生时，始终带领学科团队冲在最前线，曾获上海市优秀党支部称号。党支部所在的感染病学科是中国重要的感染病临床医疗中心之一，也是中国首批国家重点学科、首批博士点之一。2010—2016年，连续7年在复旦大学医院管理研究所发布的“中国最佳专科声誉排行榜”位列传染科全国第一名。

华山医院的改革发展之路

20 世纪 80 年代开始，医院作为上海市卫生系统改革试点单位之一，根据卫生事业的自身特点和实际情况，努力适应社会主义市场经济的需要，特别是 1992 年确立市场经济国策后，医院更被国家卫生部确定为全国卫生改革试点单位，医院几乎被彻底推向市场。1979—2016 年，医院在医疗改革的浪潮中已走过三十多个年头，医院通过多次严峻的"生存大考"，在医疗服务、医疗价格体系、内部分配制度等方面，闯出一条符合自身发展特色的"华山之路"。

一、"借鸡生蛋、下蛋还钱"，探索自力更生、自我完善的华山之路

医院的改革创举起源于进口国内第一台头颅 CT 扫描机。20 世纪 70 年代起，国际上 CT 扫描机逐步应用于临床，到 70 年代末，欧美大医院几乎已经普遍使用。但对于当时的中国来说，外汇资金紧张，CT 扫描机价格又很贵，全身机型至少一二百万美元，质量高的更要三四百万美元，在这样的时代背景下，医院购买一台 CT 扫描机面临着重重的困难和阻碍。医院能够进口国内第一台头颅 CT 扫描机得益于一个特殊的机遇。1978 年，一位远洋轮船长不慎将头撞到机器上引起脑出血，被紧急送至医院治疗。国家交通部领导来沪探望船长时，询问医院的医生如何能诊断出患者脑出血。医生详细介绍判断方法，并提到时下最先进的诊断方法是使用 CT 扫描，不过当时国内医院没有这样的设备。于是，在交通部的牵线搭桥与多方努力及支持下，副院长陈公白率团赴日本，终于在 1979 年订购引进国内第一台头颅 CT 扫描机，并成功安装。

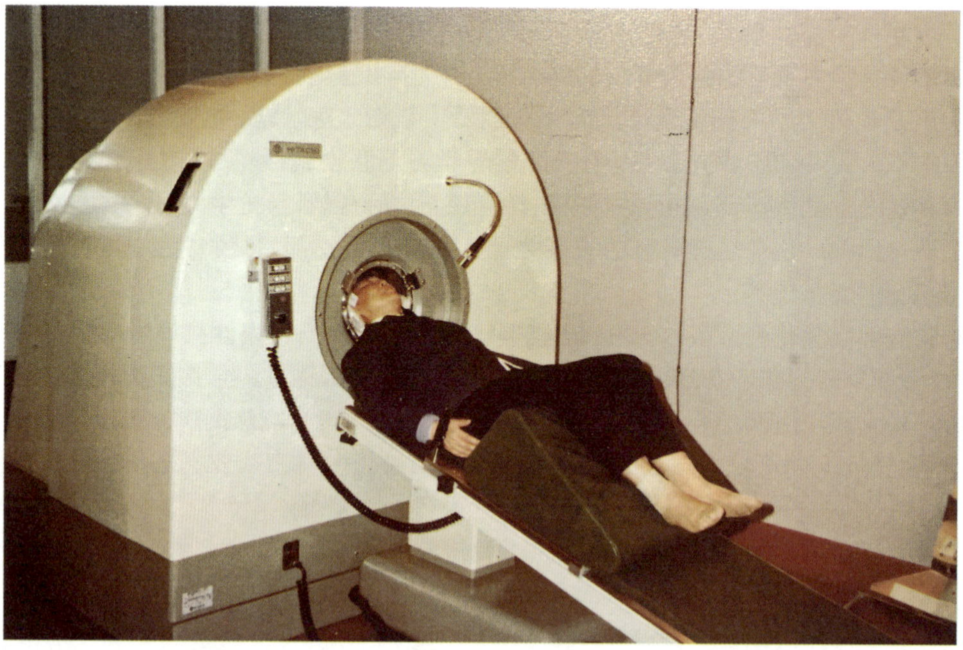

图专-5-1　1979 年，医院引进国内第一台头颅 CT 扫描机

头颅 CT 扫描机的引入为医院带来技术优势和人才优势。尝到高、精、尖设备甜头的医院，更加注重国际医院市场信息的掌握，医院领导也培养起强烈的市场竞争意识，提出要有“人无我有，人有我优，人有我精”的发展理念，打造成为设备先进、服务一流的医院。1984 年，医院被指定为市教卫系统和上海第一医学院的改革试点单位，医院的改革步伐开始加快。恰好在当时，卫生部推出“医院可有偿占用大型精密仪器设备”的规定，允许医院对一些应用新仪器、新设备和新开展的医疗诊治服务项目，可以按照成本制订收费标准，而且开始提倡国家、集体、个人和各社会团体多方筹资办医疗卫生事业。院长陈星荣抓住这一点，采用“借鸡生蛋、下蛋还钱”的方法，医院贷款 160 多万美元，于 1988 年在上海率先引进大型检查设备——核磁共振（MRI）设备。核磁共振新设备的引入，不仅促进医院诊疗水平的提高，也推动了服务意识的改变。

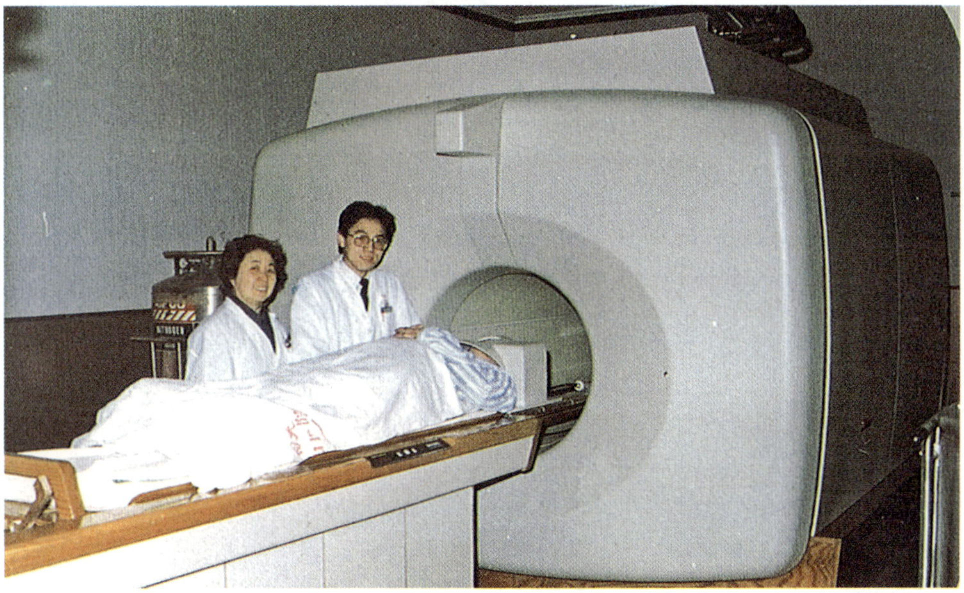

图专-5-2　1988 年，医院引进上海第一台核磁共振(MRI)设备

为充分发挥引进设备的效益，使设备尽早“下蛋还钱”，医院从方便患者出发，让机器 24 小时运转。以“多劳多得、超劳提成”的办法调动技术人员的积极性。这样，在满足患者早诊断、早治疗的要求的同时，贷款本息也在之后 3 年内全部还清，并且能够不断添置和更新医院其他仪器设备。在陈星荣、张元芳两任院长任职期间，医院继续坚持“新设备、新收费”，陆续购买 PET、伽马刀、数字摄影 X 线机、ECT、激光手术刀、彩色心脏多普勒、颅内多普勒等一系列国外新设备。其中特别是上海首台引进的价值 400 万美元的正电子发射计算机断层显像仪（PET），该设备对早期癌症有非常精确的诊断辨析功能，是该领域国际最先进的设备。医院通过“借鸡生蛋、下蛋还钱”的方法，为医院发展带来生机和活力，从而更好地为患者服务，实现了医院发展的良性循环，这在当时的中国医疗市场实属难得。

在拥有高、精、尖的设备，大大提高诊疗水平的同时，创造一个良好的就医环境也是医院在改革发展中思考的问题。医院原先的很多医疗用房都已破旧，要拆老房造新楼，资金紧缺是最大的问题。医院同样借助市场办医的模式，通过集资、贷款等多种方式，争取到 2 000 多万元，1989 年 20 层的病房大楼（现 2 号楼）正式落成。该病房楼总建筑面积为 18 000 平方米，总床位 600 张，是当时国内最高层医院大楼。病房里面还设有卫生间和空调，是上海旧医院改造更新的一次开拓、探索。病房大楼的建成引起全国卫生界的关注，卫生部副部长何界生、上海市副市长谢丽娟等领导都出席

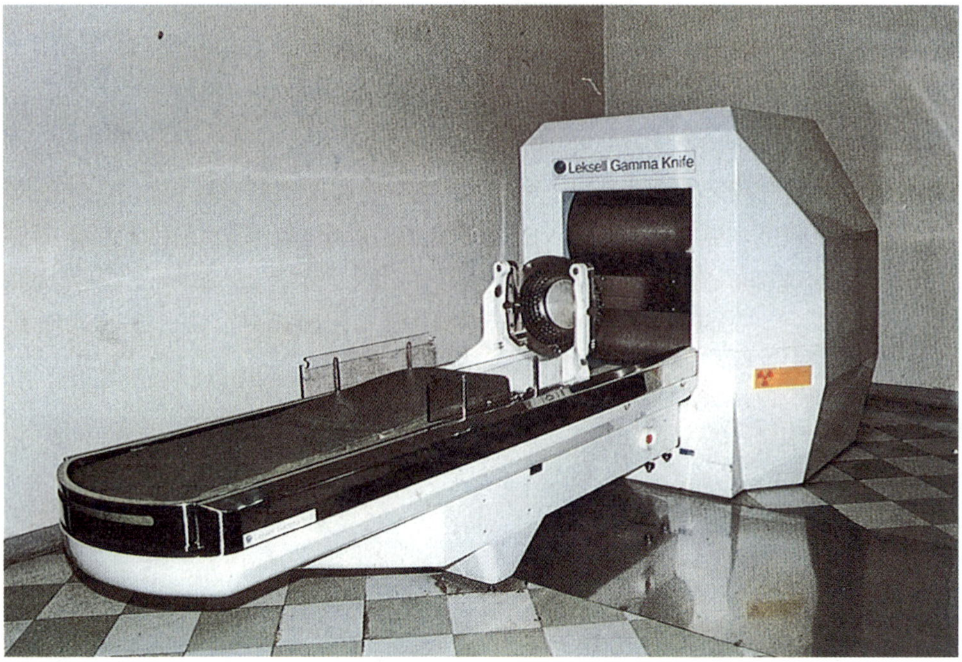

图专-5-3　1993 年，医院引进全国第一台伽马刀

落成典礼。该病房大楼的新建，大大缓解医院本部“住院难”的供需矛盾，改善患者住院条件。由于医院业务得到发展，也提高了偿还贷款的能力。

21 世纪初，医院继续通过多种渠道筹融资，开始医院总体改扩建工程。2001 年，医院病房综合楼(6 号楼)正式启用；2004 年，新门急诊大楼正式投入使用。除卫生部、上海市的财政拨款，医院仍然借助市场办医的模式，为医院硬件发展提供关键性的财政支持。

1994 年，在《上海市改革开放风云录》一书中，将医院改革发展历程总结为“华山之路”。当年，它被当作中国医学界敢为人先、自力更生、自我完善的典型，多次被新闻媒体报道，《健康报》《文汇报》在头版头条刊登长篇纪实文章，《解放日报》《光明日报》《劳动报》《大众卫生报》等也多次介绍医院在改革中取得的成绩。

二、适应医疗市场需求，开展分层次医疗服务的管理之路

随着上海改革开放的不断扩大和深入，人民对于医疗卫生的需求已不满足于基本医疗服务，而对就医环境、医疗条件、医疗质量都有了较高的要求。医院深刻意识到对走进上海这座都市的全世界公民，都有责任为他们提供良好的医疗服务。1985 年，文件《国务院批转〈卫生部关于卫生工作改革若干政策问题的报告〉的通知》从政策上鼓励基本医疗服务以外的服务形式的发展。1992 年卫生部《关于深化卫生改革的几点意见》中明确提出，“为满足社会不同层次的医疗保健需求，在确保提供基本服务的前提下开展特殊服务”。国家开始允许公立医院病房分等级，门诊分等级，“实行不同的收费标准”“允许多种办医模式”。医院的改革者们敏锐抓住政策松动的信号。1989 年，20 层的病房大楼落成，医院引进港资成立“华山环宇医疗保健中心”，在全市率先开设外宾病房，装修出 2 层共 18 间标准病房，病房环境清洁幽雅。开设以后，床位使用率保持在 93%以上。很多驻沪领事馆的官员们，因为外宾病房的开设，而改变取道回国看病的习惯。上海市领导也曾称赞华山医

院的外宾病房为改善上海的投资环境做出了贡献。

1995年随着全国医院特需医疗服务蓬勃发展，医院在继续吸引国外资本的同时，也将美国医院管理理念引入医院。以服装为例，部分病区医务人员从白色换成粉色，一改过去传统的白色医院观念，营造温馨亲切的病区环境。2006年，医院浦东院区（上海国际医院）开业，分院坐落于当时浦东新区国际碧云小区周边，通过引进国际医疗保险、与民营医疗集团合作办医等方式，提升扩充高端服务的质量和内涵，做大、做强医院的国际化高端服务。2007年，医院现代化的新门诊大楼正式启用，门诊七楼开设特需专家门诊，特需服务成为医院门诊服务中一个重要的组成部分。

灵活的收费标准、良好的医疗环境满足市场对于特需医疗、高端医疗的消费心理，让医院从市场化的浪潮中实现了崛起。高层次的就医条件和优良的医疗质量，使医院在国际上的声誉不断提高。

三、“早选拔、早压担、早培养”，走好内涵提升、稳健突破的发展之路

医院在改革开放中要取得发展，除外部的硬件环境，人才培养、学科建设等这几个关键性的问题要解决好，医院在“华山之路”的内涵建设上也不断探索前行。

1984年以来，医院根据卫生部下达的卫生改革若干政策等一系列文件精神，实行“三定一创”（定编、定量、定质，创文明），在奖金分配中实行大胆而细致的改革探索工作。贯彻“分配与工作的质与量挂钩”“分配与文明医院建设挂钩”的原则。1984年底开始推行超额劳务提成，由每个科室或部门在一定人员编制的情况下，完成一定工作量，经过质与量的考核后，超额部分按卫生局规定提取一定金额作为奖励金。在施行过程中，医院将超额劳务费实行转流，把医技部门的超额劳务提成百分比适当降低，提取部分金额补贴门急诊和其他科室，并通过职代会得到广大职工理解，强调“允许少数部门先富一点”的同时，也要兼顾公平。为满足病患获得高水平的医疗服务需求，医院鼓励高级职称人员参加专家门诊；为保证急诊质量，组织有条件的正、副教授（主任医师）参加急诊值班，提高奖金额度；设立教学基金，奖励教学人员；奖励论著者和科技成果获得者；不断扩大科技咨询服务及科技成果转让等。一系列灵活的奖金分配机制，大大调动了职工积极性，为医院的医、教、研发展提供重要的动力。

尊重知识和人才的观念在医院蔚然成风。1995年，医院在沪首创终身教授制度，聘任为医院学科建设做出杰出贡献的专家为终身教授。医院大力鼓舞青年医务人员立足岗位成才，采取“早选拔、早压担、早培养”的方式，为青年医师的成长创造条件。同时，通过“以老带青”促进科室人才的培养，使一批德才兼备的年轻人脱颖而出。“扬优、支重、改老、扶新”的原则充分发挥“领头羊”学科的带动作用，创出自身的特色。

医院在学科发展上做出突破性的有益探索。医院神经外科医疗质量、学术水平均跻身国内一流，但受制于床位、人员编制等体量因素，需要谋求更多的发展资源。在上海市卫生局的领导下，医院以特色学科为品牌，于2000年3月31日牵头组建华山医院神经外科（集团）医院。以母体医院的学科和专业优势为纽带，联合多家分院，实行医疗资源的重组，将医院的管理模式、医疗技术和人才培养，不断输入分院，带动分院乃至整个区域的整体医疗水平获得提升。神经外科（集团）医院的组建，大大缓解原先患者住院难、手术难的矛盾，使总床位从原来的200张扩张到485张，医生与分管床位的比例也更趋合理。例如原本要等上3个月的患者，缩短为只需10天就能住院开刀，盘活各所在医院的医疗资源存量，优化卫生资源配置。神经外科（集团）医院将当时医院神经外科的手

术量从 2 000 例提高到 10 000 例，大大提升学科的体量和底蕴实力，使得神经外科跻身国际一流学科，上海也因此诞生全球最大神经外科诊疗中心。2008 年，神经外科（集团）医院入选上海市卫生系统纪念改革开放 30 周年的“健康上海”十大成果。

医院特色学科领先，也带动一批新兴学科崛起。2002 年，由教育部评选的国家重点学科中，医院 10 个学科获选，位居全国医院之首；2011 年，有 20 个临床专科成为卫生部国家临床重点专科建设项目。一大批省部级研究中心和重点实验室入驻华山医院，雄厚的临床、科研实力，为医学科学的发展奠定坚实的基础。

四、“建设国际化优质医院”战略指引的科学发展道路

21 世纪，面对改革开放进入新的阶段，医院将发展方向定位于“建设与上海国际化大城市相匹配的国际化优质医院”，坚持优质化建设，才能吸引并服务好更多的患者，把医院建成与上海国际化方向合拍、与百年复旦发展战略相匹配的国际化优质医院。

2002 年 1 月 24 日，医院与哈佛医学国际签署合作协议，共同成立“华山-哈佛医学国际发展基金”。医院也与哈佛医学国际正式达成教育与培训合作协议，建立“请进来，送出去”的人才培养交流机制，并商定将华山医院建设成为哈佛医学国际联合医院，成为世界上 15 家哈佛医学国际联合医院之一。2004 年 7 月 8 日，医院与哈佛大学医学院附属医院——美国麻省总医院正式签署协议，缔结为姊妹医院。此后，“华山-麻省总医院高峰论坛”“华山-哈佛医学日”等主题活动相继开展，医院领导、专家、教授的交流互访频繁展开。之后医院又通过与日本北里大学、英国剑桥大学等著名学府开展深入交流与合作，医院实现与国际全面接轨的目标，医院的环境设计布局、医疗技术选择、医疗流程、人才培养、学科建设、管理理念等都迅速跃上一个新的台阶。

为实现“打造中国最具影响力的国际化优质医院”的华山梦，医院自我加压，引入国际标准推进医院管理工作。2007 年，医院在建院 100 周年之际正式启动美国医疗机构评审联合委员会国际部（Joint Commission International，JCI）评审计划，宣布申请 JCI 认证。经过 3 年的筹备，医院于 2010 年 4 月 2 日顺利通过 JCI 正式评审，成为中国首家获得授牌的大型综合性公立医院。在随后的 2013 年、2016 年，医院顺利通过 JCI 评审，JCI 标准的创建不断推进医院管理的科学、精细，曾经走出医院改革“华山之路”的华山人又开辟一条走向更广阔国际舞台的“华山之路”。

医院进一步提高服务辐射能力，拓展品牌形象，并着力突破长久制约华山进一步发展的空间瓶颈，通过医疗集团内的布局调整与合理规划，建设面貌一新的国际化优质化医院集群。2006 年，华山医院浦东院区东院（上海国际医院）开业。2012 年 12 月 18 日，作为上海市政府“5＋3＋1”实事工程，华山医院北院在宝山顾村开始运营，是一家集医、教、研于一体的三级综合性医院。华山北院作为上海市 4 家郊区新建三级公立医院改革试点之一，进行多项有益探索：医院实行理事会领导下的院长负责制、总会计师委派制，在全市三级医院中率先推行“药品零加成”；医护管理与总院同质化，临床每天同步视频交班；创新急诊- ICU 一体化模式，其分级分诊软件全国领先等等，为提升上海市城郊医疗服务、完善卫生资源分布做出了卓越的探索和贡献。2009 年，总院与闵行区人民政府签署项目建设合作协议书，明确临床医学中心（华山医院西院）的选址、土地面积、性质、功能定位以及合作方式等。2014 年 6 月桩基工程开工，2015 年 4 月主体工程开始施工，2016 年 6 月完成门急诊医技及病房楼结构封顶。作为国家卫健委和上海市“委市共建”的重大项目，定位“大专科、小综合”的公益性医院，依托国际医学园区，对接国家“脑计划”，打造国家临床神经科学中心、长三角

创伤医学中心及大虹桥区域医疗中心。自此，医院以总部为中心，打造完成以浦东院区、北院、虹桥院区环绕上海的全新医疗格局。

医院作为全国的医疗卫生改革试点单位，率先进行医疗改革，30 余年间，在仅有 30 多亩的狭小土地上取得可喜的社会效益和经济效益。改革新风给这所历史悠久的医院带来勃勃生机和活力，锐意进取的勇气使得医院诊疗设备始终保持领先地位，为医院医疗、科研和教学奠定坚实的基础，闯出一条波澜壮阔的华山之路。

华山医院的楼宇变迁

一、总院建筑概览

【中国红十字缘起——红十字会老楼(10号楼)】

1907年,清政府批准"上海万国红十字会"(中国红十字会前身)吕海寰等人在上海创办国人自己的医院和医学堂的奏折。1909年,上海万国红十字会中方总董沈敦和等,用救助东北日俄战灾余款15万(当时货币),在上海的徐家汇路(后改名海格路,现今的华山路)7号亨白花园对门动工建造。1910年5月,由两栋洋房建筑组成的"中国红十字会总医院暨医学堂"竣工落成,红十字会办事处也设于此。下图左边较大建筑为医院(现10号楼,又称"红十字会老楼"),右边较小建筑为医学堂。医院主要分设内、外两科,另外,病理、放射、药剂、检验等医技科室也一应俱全。有床位50张,手术室1间,此外还有实验室、会议室、办公室、学生宿舍、食堂、公共浴室、锅炉房、网球场等。

中国红十字会总医院配置的硬件设备远优于上海其他教会医院和医学校,被誉为当时的"沪上之冠"。这样的条件和办学理念,引起同行的关注。1913年,美国哈佛大学与其签订为期五年的合作办学协议,所有课程与美国哈佛学生完全相同。1914年,按照双方协议,红十字会新建学生宿舍,上下20余室;哈佛方改善医院设施,增添床位至56张。

如今的红十字会老楼已成为上海优秀历史建筑。经过一百多年的发展变革,其原址建筑也从两幢古典主义砖木结构、坐北朝南的外廊式红砖楼房,变为一个以红十字会老楼为中心,辐射四方、影响深远的大型公立医院。2002年,医院与哈佛大学医学院签署合作协议,双方正式恢复由来已久的合作关系。2004年,医院与哈佛医学院附属医院——美国麻省总医院(全美综合医疗实力排

图专-6-1　2004年,翻修一新的红十字会老楼

名前三)正式签署协议,缔结为姐妹医院。10 月,华山-哈佛医学国际联合医院正式揭牌,医院成为哈佛医学院在国际上的第 15 家联合医院。

同年,医院对红十字会老楼进行全面修缮。外立面翻修融入哈佛元素,突出这所国际顶尖学府“红砖、白窗、绿顶”的建筑风格。楼内,吊顶墙面、灯饰家具的设计也别具匠心,古朴的气息与装饰细节完美融合。入门大厅及一、二楼的时光廊墙上,悬挂院士、历任院长和终身教授的油画像;每层楼都设有不同风格的接待会议室;扶梯而上至阁楼,则为终身教授设置的独立的荣誉办公室。2007

图专-6-2　2007 年,红十字会老楼二楼院史陈列室

图专-6-3　2016 年,红十字会老楼内廊

年，适逢医院纪念建院 100 周年，医院在楼内新建院史陈列室。为迎接 2017 年医院建院 110 周年，院史陈列室重建竣工，位置也从二楼西侧搬到一楼东侧。由此，这座历经百余年洗礼的红楼也从原来的临床用地，转变为兼有接待与展示功能的历史保护建筑，让华山的年轻人感受领路人和医学大家们的风采，感悟医院最重要的历史承载与精神殿堂。

【沪上之冠的熙攘——门急诊楼(1 号楼)】

1910 年，中国红十字会总医院暨医学堂竣工落成，医院大楼遂作门诊与病房之用。1952 年 10 月 20 日，位于华山路 430 号的门诊部新楼落成。1954 年 8 月，医院在门诊部楼上扩建 50 张病床的皮肤科病房，医院大门改由乌鲁木齐中路 12 号出入。完成门诊部扩建工程，院容、院貌焕然一新。

20 世纪 90 年代末，医院门急诊部承担每年 100 多万人次的就诊。根据当时出台的医疗保险制度，静安区约有三分之二的离退休职工 10 万余人的指定医疗保险单位是华山医院，局促的空间已不能满足当时人流的需求。当时医院的总建筑面积为 5.54 万平方米，其中有 2.23 万平方米属于旧房危屋，急需扩建改造。门急诊地块又划归给上海宾馆，业务用房严重不足，妨碍医疗工作的运行发展，矛盾日益突出。因此医院拟在乌鲁木齐路、华山路口建一栋集现代化、智能化、人性化为一体的新门急诊大楼。

新门急诊大楼于 2002 年 7 月动工兴建，2004 年 10 月正式落成启用。总建筑面积约为 3.5 万平方米，高约 70 米。建筑沿华山路一侧，切割成弧形，最大限度留出门诊、急诊广场，改善沿街城市景观，缓减建筑物对道路的视觉压力。弧面上通透的中庭、内凹的平台，突破长条形窗的单调，透出室内的舒适环境。南面斜向玻璃面，淡化新建筑对保护建筑的压抑感，映衬出其红砖、绿顶的古典风韵。门急诊楼设置 4 个主要入口，东北侧为门诊主入口，北侧为急诊入口，南侧为医院办公入口，西南侧设置红十字会老楼入口。

新大楼由急诊区、门诊区、办公会议区及利用保护建筑改建而成的休息陈列区组成。地上 12

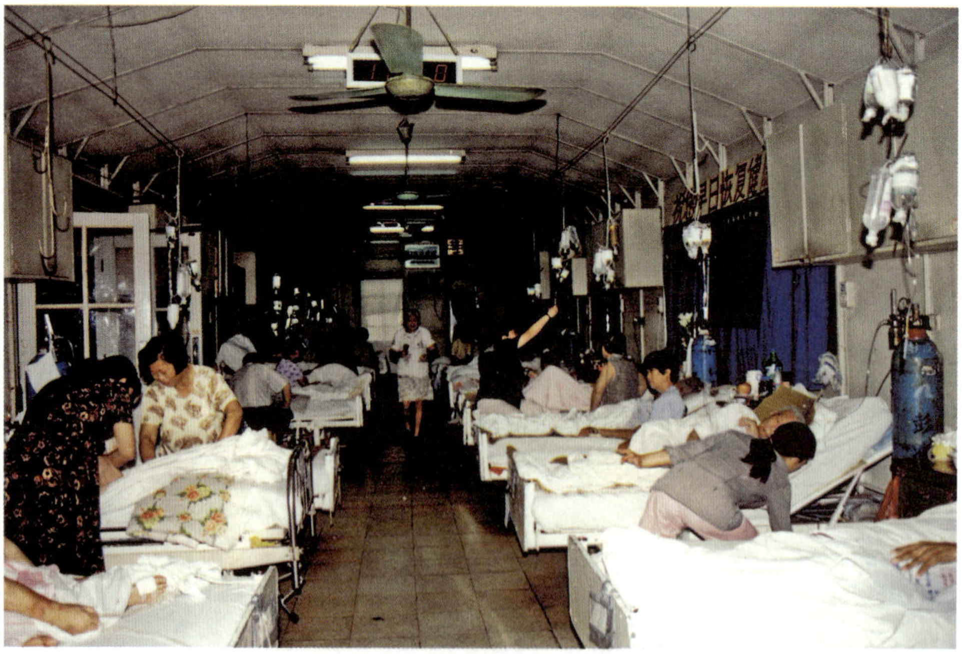

图专-6-4　20 世纪 90 年代末，医院急诊室内景

图专-6-5 2004年,新门急诊大楼内景(一)

图专-6-6 2004年,新门急诊大楼内景(二)

层,地下2层。门急诊大楼地下1～2层主要为停车库、药库、锅炉房等。急诊区域位于建筑物西侧,由急诊大厅、抢救室、诊室、输液室、化验医技等部门组成,其中输液区与门诊兼用;2层为急诊监护区、门诊手术室。门诊1层为大厅、挂号、导医台;2层由收费大厅及配药大厅组成;3～8层为诊疗区;9～12层为办公会议区。

门诊的流程设计,改变以往在入口附近集中设置挂号、收费功能的方式,将其分散布置在各门诊单元,使人流能够在短时间内分散到各个楼层;将取药、收费移至二层。门诊大厅原有的功能简化，为方便患者，增加了住院登记或预约、ATM机、介绍展示等新功能，体现人性化的设计思想。

门诊科室采用单人诊室，医生患者“一对一”进行诊疗，保护患者隐私。还为医护人员设置内部走道，实现医患流线分离，为其诊前准备、疗中会诊及诊后休息提供空间，引领当时门诊楼设计的风潮。

引进电子病历、预约就诊系统、图像信息管理系统、电子叫号、收费一卡通等现代信息技术，缩短患者等候时间，减少储存空间。进一步扩大休息区、等候区，增设医护交流区、宣传展览区，方便患者和员工，提高医疗效率，形成轻松、舒适、愉悦的人性化医疗环境。

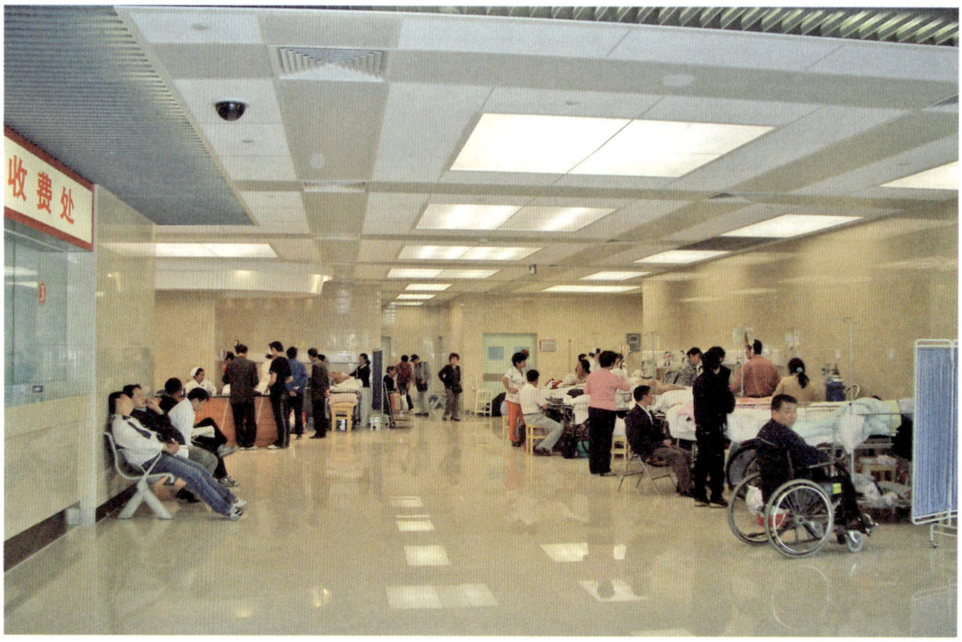

图专-6-7　2004年，新门急诊大楼看病区域

图专-6-8　2004年，新门急诊大楼挂号收费区域

建立现代急救全方位立体化的服务要求体系，将急诊划分为诊疗和抢救两大功能，既分又合。底层设置专用绿色抢救入口，救护车直达。屋顶设急救直升机停机坪，实现空中抢救无障碍通道，并通过专用电梯，空中连廊与手术中心相连，力求争分夺秒抢救患者。这也是当时国内首家拥有航道与医疗救护直升机坪的医院，为医院之后成为历年 F1 大赛、奥运会上海赛区、各国元首访沪、进博会等国际赛事及重要活动医疗卫生保障的定点医院奠定重要基础。

借鉴中国园林中“借景”和“造景”的手法，设计中将公共空间、休息空间、门诊等候区这些人员较多、停留时间较长的空间布置在相应的方位，并另外打造 3 个两层高的中庭、2 个室外平台、1 个斜向中庭、1 个屋顶庭院。

新门急诊大楼荣获上海市建设工程“白玉兰”奖、上海市建设工程优质结构奖、上海市建设工程优质结构安装工程、上海市“申安杯”安装工程优质奖、民防优质结构杯等荣誉。

【中国第一高的病房——病房大楼(2 号楼)】

20 世纪 70 年代末，医院设有内科、传染病科、外科、神经内外科、五官科、皮肤科、口腔科、中医科等，共有普通床位 635 张。其中内科(96 张)、普外科(89 张)的床位，远不能适应需要。各专科的床位则更少，烧伤科仅有 2 张床位，胸外科也只有 4 张；且神经科、皮肤科等的病房条件很差，有些房屋为 70 多年前医院开办初期的房屋。当时的干部病房床位也只有 20 张，且处于危险房屋中。上海解放后，除 1964 年建造一栋外科楼外，其余大部分病房都是利用旧砖木结构房屋改造而成，走道狭窄没有电梯，患者出入、药物器械及生活用品等搬运都很不方便。有些病房上面还是集体宿舍，难以保持病房安静。有些房屋光线不足、室内潮湿，加之厕所少、污水道年久不通，常常造成患者交叉感染和并发症的发生。

为解决医院房屋条件差、面积少，给医教研工作带来困难，与发展和提高不相适应等问题，医院于 1985 年 9 月开始建设新病房大楼，并于 1989 年 10 月竣工。新病房大楼总建筑面积为 18 000 平

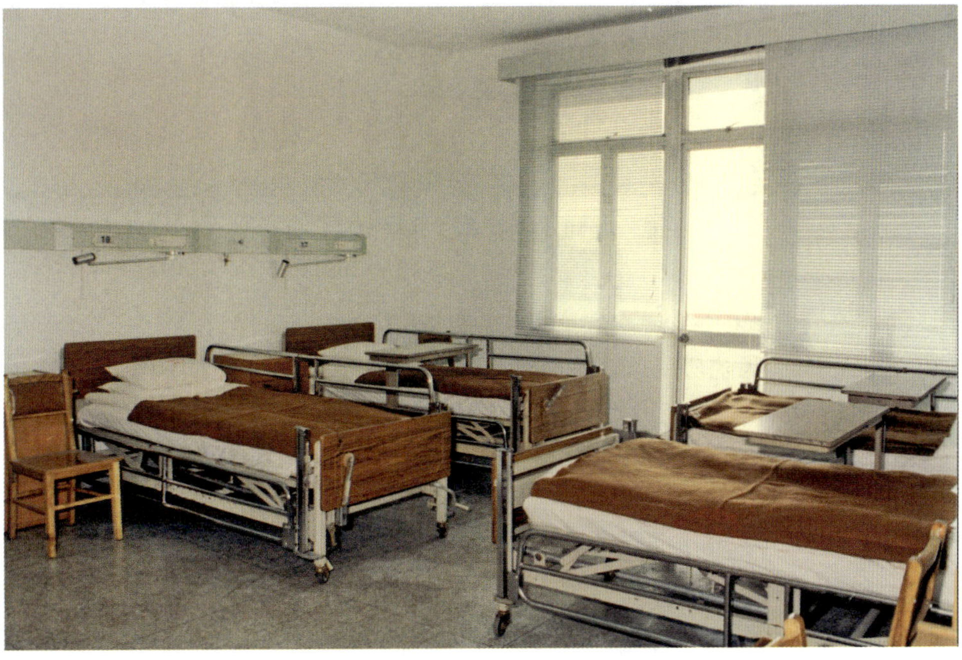

图专-6-9 1989 年，2 号楼内景(一)

方米，为当年国内最高的医院大楼，共 20 层，包括内科、外科、神经、皮肤、泌尿、五官、中西结合等科室的病房，另有两层外宾病房、四层干部病房，总床位 600 张。同时还设有放射科、手术室、营养室等，是一幢功能设备较齐全的综合病房楼。

根据上海医院病床短缺、住院难的现状，选择普通病房设 43 床为一护理单元，并以三、七床相间，干部病房以二、四床相间，外宾病房以单、双、三床分别布置。在空间分布方面，做到医护内通道与患者治疗外通道严格分开；清洁与污染的不同流线严格分开；消防、报警、疏散的防范与应急严格分开。此外，护士台也一改往日封闭式为开敞型，方便与患者及家属交流。病区配备先进的抢救设备，集自动呼叫、床位标志、信号、床头灯、集中供氧、吸引装置于一条水平线上，并采用新一代病床。每个病房还设置独立的空调和卫生间，减少患者在走廊中的走动，为其提供便捷，开创中国医疗界的先河。同时，在病房的南面建开阔的大阳台，既有安静独立的空间分割，又有流动交往的空间组合。

图专-6-10　1989 年，2 号楼内景(二)

【跨世纪的综合楼工程——病房综合楼(6 号楼)】

20 世纪 90 年代中期，医院房屋总建筑面积不到 5 万平方米。除 20 层病房大楼有较好的条件外，其余病房、手术室、实验室、研究所等条件简陋，空间受限，阻碍医院的运行与发展。1998 年 10 月，经多年筹划与多方推动，一项跨世纪工程——病房综合楼建设工程正式启动。该工程于 2001 年竣工并正式启用。

新大楼位于长乐路北侧，建筑面积 2.83 万平方米，共 21 层。其中，地下一层为空调、设备机房层；1 层为大厅；2 至 4 层为各研究所等科研区；5 至 8 层为手术中心；9 层为中心监护室；10 至 16 层为病房；17 至 21 层为高干病房。医院规划以保留的原有医疗建筑为依据，根据现代医院的功能分区结构进行合理布局，由南侧 80 年代建造的 20 层病房大楼和 21 层新病房综合楼共同组成医院的住院区，中间有一双层空中连廊将之连为一个整体。住院区在长乐路一侧有独立的出入口，住院、探视可由此方便出入。

建造国内一流的手术中心是病房综合楼工程的重点。楼内的手术中心总建筑面积为5 200平方米，由23间大小不等、净化要求各异的手术室，医务人员更衣、淋浴休息室，服务于手术中心的次中心供应区等组成。8楼手术室还有两间百级洁净要求的手术室。重症监护中心在9楼，建筑面积1 100平方米，有监护病床27张，分别为多人、双人及单人监护室，并配备抢救室、中心护士台等。手术完成后，重症患者可直接送达此处。

病房区10～21层采用双走道护理单元形式，医护人员活动区域主要集中于内部走廊两侧，而患者的医疗活动则有专门的外部走廊，两者相对独立、互不干扰，方便使用。每个护理单元拥有38张床，每间病房以2～3张床为主，并带有卫生设施。病房区共计病床数近500张。整幢大楼配有9台电梯。医护、患者、家属、运送等各功能流线均相对独立、互不干扰，洁污明确分流，快捷便利。

【医院最后的宝藏——病房综合楼改扩建工程项目】

由于医院本部地处上海最为繁华热闹的地段之一，因此其发展在一定程度上受到用地条件的限制。床均用地面积仅为35.4平方米/床，床均建筑面积约为70平方米/床（扣除科研、教学、地下车库、大型医技设备等），皆低于《综合医院建设标准》。

为进一步完善功能布局，降低安全隐患，改善就医环境，同时有利于不同学科均衡发展，增强医院的可持续能力，一栋集病房、医技、教学及相关配套用房于一体的病房综合楼改扩建工程于2013年3月启动。2016年7月，国家卫生计生委同意病房综合楼改扩建工程立项。该项目位于医院本部内西南角，南临长乐路，北侧临近华山江南古典花园，西侧临近两幢居民楼，东侧为医院6号病房综合楼。规划拟拆除用地范围内的原有8号教学楼、9号食堂及11号病理楼。在满足退居民楼24米间距基础上贴临6号楼建设，对老楼外立面及接口处功能局部做微小合理改造，做到垂直功能分布和层高尽量相同，使新旧功能融合共享。本项目本次新建部分总建筑面积31 209平方米，其中地上19层（设备层不计入层数），地上建筑面积25 043平方米；地下共3层，建筑面积6 166平方米。总建筑高度88.1米，容积率为3.13。

鉴于项目场地比较局促，为最大限度满足医疗和生活功能需求，地下不设置人防功能。具体功能布局如下：

地下3楼：主要为机械式地下停车库、污水处理池及设备机房等。

地下2楼：为职工餐厅（高职餐厅）、厨房、生活水泵房等设备用房。

地下1楼：设有职工餐厅、厨房、变配电等设备用房。

1楼：主要为住院部大厅，西北侧设有机动车升降机井道，一进一出；东南侧设有MRI一台，原6号楼首层西南角改为CT区，形成独立的放射科区域；扩建部分南侧亦有独立的出入口。

2楼：教学、办公、小型会议等用房。

3楼：内窥镜中心（胃肠镜）。

4楼：内镜中心（胃肠镜、纤支镜等）、输血科。

5楼：DSA诊疗中心，设有5台DSA医技设备。

6～8楼：手术中心，每层5间手术室，共计15间，其中百级净化手术室4间，万级净化手术室11间。

M层：设备层，设有手术净化空调设备等。

9楼：病理中心。

10楼：ICU护理单元。扩建部分新增ICU床位37床，与老楼ICU相连通。

11～19楼：主要功能为病房标准护理单元，每个护理单元有38张床(其中19层每单元为36张床)，共计床位340张床。部分新建病房层与老楼病房相连通，使得医护资源配置最优化。

病房综合楼改扩建工程是医院110年发展史上的又一重大里程碑。综合楼的落成，也使华山医院在打造"中国最具影响力的国际化优质医院"的建设征程中如虎添翼。

【最强专科的新平台——感染病大楼(5号楼)】

2010年7月28日，坐落于医院东南面的新建感染病大楼启用，收治肝炎患者以及其他感染患者。新楼外立面比例和转角处理均借鉴红十字会老楼的特点，采用横向三段比例划分基部、主体、顶部。在长乐路、乌鲁木齐中路交叉口采用圆形形体，突出建筑的视觉焦点。这幢2008年动工兴建的大楼总面积约9 010平方米，集科研、医疗、教学为一体，并具有疑难重症诊治水平和应急救治能力，是列入上海市"加强公共卫生体系建设3年行动计划"的一个重要项目。

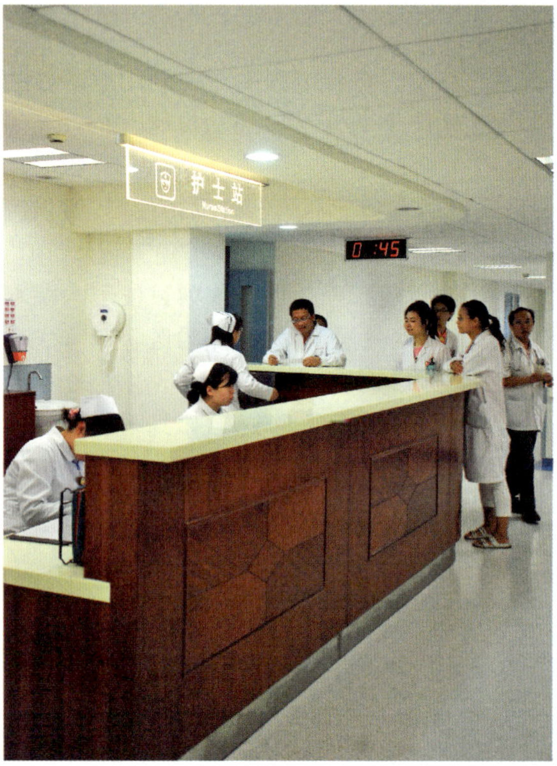

图专-6-11　2010年，新建感染病大楼内景

新建感染病大楼共有地下2层和地上5层。3个病区68张感染科床位，位于2～4楼，配有先进的管理和舒适的病房设施。4楼主要收治发热性疾病和疑难感染性疾病，作为国家重点学科和上海市重点建设的传染病学科，这一领域一贯是医院感染科的特色专长；3楼主要收治肝炎患者，个体化优化治疗肝病是华山医院感染科的又一特长；2楼一部分收治肝炎患者，同时设有负压隔离病房(压差大于5 Pa)，以应对呼吸道传播疾病、突发公共卫生事件的应急处理。各病区都设有重症监护正压病房，配备监护仪、吸引装置、抢救设备，其洁净等级更是达到十万级，为重危免疫缺陷患者提供了一个有利的治疗和康复环境。

病区设计按照感染病房隔离要求，有单独的患者通道和医务人员通道；污染区、半污染区及清洁区划分明确，医务人员从半污染区经过更衣间淋浴后到清洁区；在每间病房外还设有缓冲区，是医务人员进出病房的通道，配备洗手设施。缓冲区与病房之间的墙体开有传递窗，两扇窗不能同时打开，控制病房内外空气交叉，隔离病原微生物传播。普通病房每间2～4人，配备独立的卫生淋浴设施；另有贵宾病房，每间1～2人，配有冰箱、电话、电视等。

肝炎和肠道门诊设在1楼，有4间肝炎诊室，开设3个专家门诊和1个普通门诊，于2010年8月9日起接诊患者。5楼是感染病实验室，有细胞培养室、标本制备和处理间、扩增产物配置、扩增和分析区，试剂储存间洁净等级均达十万级。还具有相应的正压、负压，可以开展更高实验室生物安全管理要求的研究，促进感染病学科发展。地下二层分别为设备用房和停车库。

此外，新建感染病大楼还设有全新的Ⅰ期临床试验区，位于2楼，面积400余平方米，共有6间病房24张床位，完全按照医院病房要求配制相应医疗设备，同时又兼顾临床研究的特殊性，增设了按照急诊抢救标准配置的抢救室。另外设有受试者接待室、活动室及休息场所，抽血室、样本处理室、留尿室、治疗室、医师及护士值班室、资料柜、药品柜及储藏室等。同时配有中心监测系统、呼叫系统、温度实时控制系统以及数据传输网络系统等。该试验区的建成为使华山医院创新药物研究符合国际标准提供了硬件措施，保证 Ⅰ 期试验高标准和高要求，使新药临床试验水平达到国际化水平。

图专-6-12　2016 年，感染病大楼

【保障健康的护航船——健康管理(体检)中心(4 号楼)】

全新的健康管理中心前身是一座建于 1937 年的教堂，该建筑具有浓厚的欧洲风格与丰富的历史内涵。为充分利用院内资源，提升患者的体检服务感受，医院于 2016 年 4 月开始对该建筑进行改造。经过翻修，外立面采用红色釉面瓷砖，局部采用现代建筑材料——玻璃和金属等，在兼顾传统的同时，充分体现建筑的现代性，与新感染病大楼的沿街立面统一。为突出教堂的形象，在设计中修复原来教堂的尖塔，成为这一组建筑的最高点。通过突出檐口、基座线脚、窗框形式、花窗、色彩等细节元素设计和以小见大的设计手法，总体维持教堂风貌，凸显其悠久历史和文化底蕴。

改造后，该建筑内部能够满足所有医疗体检功能需求，外观又体现出教堂的独有风格，成为一个兼具医疗功能和历史气息的地标性建筑。健康管

图专-6-13　2016 年，改造前的 4 号楼

理中心于2017年5月正式入驻。新的体检中心环境舒适、布局合理、空间宽敞、服务快捷，为打造一流体检中心迈出坚实的一步。

【充满传奇色彩的后院——华山花园】

医院西邻二十余亩(13 332平方米)的花园，园内亭榭错落，花木扶疏。假山占地约2亩(1 333平方米)，水面和草坪各占2.9亩(1 933平方米)，园林建筑面积415平方米，有二个大厅、二个亭子、一个半亭、一个石舫和若干平房。池水蜿蜒曲折，假山错落有致，石桥临流倒影，老树绿荫蔽天，一派鸟语花香。

该花园曾经被称作"周家花园"。民国初年，上海房地产资本家周纯卿为女儿所建，又名"纯庐"。据说，周家小姐患有当时的"不治之症"——肺结核。周纯卿遍访名医，依旧无济于事，便花巨资买下这座闹中取静的花园给女儿养病。周家小姐病逝后，睹物思人的父亲于1945年将其转卖给虞洽卿，"周家花园"从此便成为"虞家花园"。

1956年，百废待兴，医院员工的工作环境很差，住院患者也没有良好的休养环境。上海医科大学创始人、医院院长颜福庆多方奔走呼吁，终于获得有关部门同意，将临近的花园划给医院使用，每月租金950元(当时货币)。患者在此散步、锻炼，医院员工还在此用膳、午休。其花园大厅还是学术会议的重要场所。1958年，医院在园内修建病史图书室，作为医院的医疗教学科研的资料中心。医院曾与虞洽卿之子虞顺慰协商，欲出资购下这座花园，当买卖即将成功时，卫生部和华东军政委员会下发文件：为节约国家资金，不能随意花钱。谈好的协议瞬间束之高阁，成为一纸空文。

"文化大革命"后，国家按政策将周家花园产权还给虞家，医院继续租赁。1978年，在获得业主

图专-6-14　2004年，华山花园内景

图专-6-15　2004 年，花园石桥

图专-6-16　2014 年，修葺过后的船舫

与有关部门同意的前提下，医院经国家投资按基建程序建造教学大楼，包括240间本科生宿舍、11间教室、1个动物实验室及厨房和食堂。期间，虞家后代依法取得花园的房产证和土地使用证等法律文书，并要求医院归还花园使用权。经过长达二十多年的谈判，2000年，虞家后代同意以9 500万元人民币将花园的产权正式转让给医院。从此，医院真正成为花园的主人，改名为“华山花园”。

华山花园的建筑群绝大部分是木质的，是将一部分户外空间融入建筑范围内，适应患者对于阳光、空气、花木的自然需求。亭榭重檐坡斜舒展，所成印象与国内其他花园都不同。花园中还有石舫一座，是上海中心城区花园唯有两座石舫中的一座（另一座在豫园）。2014年9月，医院对石舫启动修缮改造工程，在确保整片园林风格协调统一的前提下，对其内部功能做出调整，将其打造成医院接待中外贵宾品茗休憩的最佳场所。

整个花园分为三区，南部为假山区；西部为中式住宅区，有楼、阁、厅、堂、轩；东部为大草地，有西式音乐台。如今的华山花园已成为华山医院不可或缺的一处风景，它不仅是患者休养康复之地、科室举办学术会议的场地、医院接待国内外重要来宾的场地，也是举办各类大型活动的场地，成为百年华山一道别致的风景线。

图专-6-17　2016年，花园大厅内景

【国家级临床医学研究中心——华山路512号】

2016年，科技部等四部委批准医院成为国家老年疾病临床医学研究中心的依托单位。为完善医院医学科技创新体系建设，更好地致力于医学科技创新，吸引、培养高端人才，打造适合新时期社会发展需要的临床医学研究中心，遂将华山路512号楼（原宿舍楼）改造为国家老年疾病临床医学研究中心。项目于2017年8月开始施工，年底完工。改造后，建筑面积约1 500平方米，共6层，主要功能为科研实验室、研究室、会议室等。

图专-6-18 2016年,改造前的华山路512号建筑

二、分部分院建筑群像

【最近的邻居——江苏路分部】

为顺应国家卫生体制改革,进行医疗机构配合重组的新探索,有利于医疗资源优化配置、盘活

图专-6-19 2016年,江苏路分部1号楼

医疗资源存量，有利于医院学科建设与发展，2001 年 6 月，上海市房屋土地管理局职工医院（简称“上房医院”）并入华山医院。7 月 10 日，正式挂牌江苏路分部。

江苏路分部地处上海市长宁区江苏路 796 号，至 2016 年楼宇共计 8 幢。1 号楼为办公楼（2016 年 12 月起大修），2 号楼为住院病房，3 号楼为实验室及辅助科室，4 号楼和 5 号楼为药剂科制剂室，6 号楼为营养室，7 号楼为病史室，8 号楼为第三门诊部、分部门卫室、综合办（临时）、分部财务科、药剂科办公室。

江苏路分部 1 号楼的建筑风格为老式洋房，2005 年被评为上海市优秀历史建筑。建成于 1910 年，距今已一百多年的历史。历经百年风雨，几度时代变迁，老楼作为历史的记录者与见证者，不可避免地身缠破损与老化两大问题，亟待修缮改造。为提升建筑本体风貌，延长建筑使用寿命，增加建筑使用功能，医院计划于 2017 年 4 月对其进行修缮性改造，在保留原有年代建筑结构和风貌的基础上进行加固与修缮。

【上海国际医院——华山医院东院】

浦东金桥出口加工区正在逐步形成国际化社区和商务中心，这不仅要有先进完善的商业商务设施和城市配置，还须有与之相称的设施先进、特色鲜明的医疗机构。华山医院浦东院区应运而生。1994 年 12 月，医院与浦东社会发展局、金桥出口加工区签订协议，在金桥 G3 地块建立分院区。1995 年 12 月举行奠基仪式，2006 年 4 月正式开业。为满足群众多层次的医疗需求，东院定位于特色中高端综合医疗服务，为广大患者提供高品质的医疗服务。

华山医院东院（第二冠名：上海国际医院）地址为红枫路 525 号，坐落在上海浦东金桥地区，毗邻碧云国际社区，距浦东国际机场 25 千米，周边交通发达，多座浦江大桥和数条越江隧道直通中心城区。

院区占地 30 049 平方米，建筑面积为 51 498 平方米，采用欧洲的 Art Deco 建筑风格。外立面为古典与现代风格相结合，采用红色面砖与浅色仿石涂料以及局部幕墙体系，用对称的几何图形与

图专-6-20　2016 年，华山医院东院外景

图专-6-21 2016年,华山医院东院内景——名医工作室

明亮的对比色彩体现医院沉稳、简洁、大气内涵的同时,又不失温馨与关怀的外延。

医院建筑高度21.5米,地下1层,地上4层。地下1层为会议中心、射波刀治疗中心、康复治疗区域和其他辅助设备用房。1层是门诊、医技、健康管理中心与餐厅。2层是行政区域与手术中心。3层、4层是病房。

东院是一所按照国际标准建造的现代化医院,环境优美,设施完善,除拥有射波刀(Cyberknife)等国际先进的医疗设备外,DSA、MRI、CT、彩色多普勒等医疗设施也一应俱全。有住院床位200余张、重症监护病床40张,拥有高等级手术室11间。

东院是伴随着浦东开发开放而建立的高标准医院,秉承华山百十年历史文化精神,在提供基本医疗的同时,专注于以特色医疗与服务品质为宗旨,向患者提供特需与高端医疗服务,搭建多层次医疗服务平台,满足不同患者的需要。传承华山品质、突显医院特色,以高尚的医德、精湛的医术、优质的服务、先进的设施、科学的管理,探索与国外医疗机构、国际医疗保险的合作机制,为建设国际化精品医院添砖加瓦,为服务上海国际化大都市的建设贡献力量。

【上海市实事工程——华山医院北院】

作为上海市政府"5+3+1"医疗服务实事工程,复旦大学附属华山医院北院,北至沙浦河,西临陆翔路,南至镜泊湖路,东至高陆工业园区,西南角拥有7号线、15号线两条地铁线路。医疗半径覆盖顾村、大场、杨行等十多个居住区的100多万居民,并辐射普陀、闸北、宝山三区,是集医、教、研于一体的三级综合性医院。2009年11月在宝山区顾村镇开工,2012年12月18日开业试运营,是上海北部城郊居民的区域性医疗中心。在整体建筑风格上,因南邻城市"绿肺"的顾村公园,周边建筑多为新古典主义风格,因此建筑立面采用古典建筑的元素。楼宇传承华山百年红会老楼特色,整体色彩采用同色系暖红砖色,既有同宗一脉之境,也与周边环境有机融合。

华山北院总规划用地98 490平方米,总建筑面积7.2万平方米,容积率0.65,核定床位600张。建筑群体以功能为主导形成品字形布局。主入口是由门诊医技楼、住院楼依次排开组成的主建筑群，之间通过结构连廊相接，加强建筑物间的连贯性，院内人流、物流不用通过外部区域就可快速抵达各医疗区域。后方两侧分别独立设置感染楼、综合楼。各建筑功能区域模块化，相对独立，自成体系，分而不散。

住院楼 地上 10 层，地下 1 层，高度 46.7 米，建筑面积 31 069 平方米。

1～10 层：住院病房、重症监护室、产科手术室、静配中心、职工食堂。

地下 1 层：药房库房、厨房、水泵房、变配电站（A 站、B 站）、空调机房及库房。

门诊医技楼 地上 4 层，地下 1 层，高度 23.8 米，建筑面积 25 767.1 平方米。

门诊楼区域：1～3 层为门诊诊室、急诊诊室、急救抢救室、药房、便民服务中心。

医技楼区域：1 层设放射科、核医学科；2 层设检验医学科，康复医学科，脑电图、心电图、肌电图等检查科室；3 层设内镜中心、病理科、石膏间、PICC、肺功能等检查科室，手术准备区及消毒准备区；4 层设手术区域。

地下一层：库房。

图专-6-22 2016 年，华山医院北院外景

综合楼 地上 5 层，高度 23.6 米，建筑面积 6 852 平方米。

1 层：报告厅、行政职能办公室。

2 层：行政职能办公室。

3 层：中心实验室。

4 层：会议室、信息机房、电话总机机房、行政职能办公室。

5 层：行政职能办公室、会议室。

感染楼 地上 2 层，高度 15.1 米，建筑面积 2 831 平方米。

感染楼为独栋建筑，位于院内西北角，与普通门急诊及住院部相隔离，相对独立的同时不影响主医疗区的正常运作。医院门口和主要楼宇外设立发热门诊标识，避免发热患者与其他患者相交叉。楼内设有独立的医护人员专用进出通道。一层分为肠道门诊、肝炎病房、发热门诊三个区域，整个区域内分为污染、半污染、洁净区三个部分，各部分之间都有缓冲区隔断，有效地控制了院内感染的可能。二层为病房区，布置为三通道式，有效减少患者间的交叉感染。不断改造提升发热门诊的硬件设施，解决目前发热门诊因负压风量不足导致负压效果不佳及无污物通道等问题，积极应对重大突发公共事件。

华山医院北院秉承公益立院理念，以总院传统优势学科为依托，培育北院特色学科，打造自身优质医疗服务品牌，为提升城郊医疗服务，完善市、区卫生资源分布做出更大贡献。

图专-6-23 2016年，华山医院北院内景——门诊大厅

【大虹桥医疗中心——华山医院西院】

华山医院西院（临床医学中心）坐落于上海市闵行区华漕镇，紧邻虹桥国际交通枢纽，出入上海的民航、铁路、轨交、客运均汇聚于此，是连接长三角15座中心城市、55座中等城市和一千多个小城镇的交通要冲。

西院是国家卫生健康委和上海市“委市共建”的重大医疗资源布局调整项目。院区位于上海新虹桥国际医学中心西南角，占地100亩（66 667平方米），总建筑面积为128 920平方米，容积率为1.4，核定床位800张。南靠北青公路，北至季乐路，西邻金光路，东临金辉路。华山医院虹桥院区于2014年6月25日正式开工，2016年6月2日结构封顶。

院区主要包括门急诊医技及病房楼（主体建筑）、后勤办公楼两栋建筑。主体建筑造型现代生动、高低错落，与医学中心的建筑风格整体统一。外立面融入医院红十字会老楼外墙“哈佛红”的元素，体现与医院文化的一脉相承。建筑遵循整体化、现代化的原则设计，集门急诊、医技、住院、科研、行政等功能于一体，各功能区域分工明确、相对独立又互相连接。H形的建筑结构，将门急诊部与住院部利用连廊相接，通过内部道路即可快速抵达，同时实现院区的资源共享、合理调配。

主体建筑地上11层，建筑面积为89 695平方米；地下1层，建筑面积为31 708平方米。总建筑高度53.2米。具体功能布局如下。

地下1层：放射科、高压氧舱、中心药房、战时中心医院、地下车库、食堂、厨房、物业办公等。

1层：门诊、急诊急救、发热门诊、肝炎门诊、肠道门诊、药房、中国国际进口博览会医疗保障指挥中心等。

2层：门诊、特需门诊、医技检验、科研教学等。

3层：病理科、输血科、住院药房、手术辅助、中心供应、神经外科研究所、信息机房等。

4层：ICU病房、手术中心、远程会诊中心等。

5层：病房、教学培训等。

6层：病房、行政办公、报告厅等。

7～11层：病房、一期临床研究中心等。

后勤办公楼建筑面积6 549平方米，地上6层。按照"以人为本"的理念设计，设有办公区、休息区、超市等，为员工创造舒适、温暖的工作环境。

西院将充分利用华山医院的学科优势及大虹桥的地理优势，彰显委属医院国家队的辐射作用，致力于打造国家神经科学临床医学中心、长三角创伤医学中心及大虹桥区域医疗中心。

三、110年医院建筑掠影

1917年，红十字会总医院设护士培训部。1921年，护理学家伍哲英创办中国红十字会总医院护士学校，此为第一所由国人自办的护士学校。1922年，护士学校竣工启用。1933年1月，中国红十字会拨款翻修护士学校及宿舍，将其扩大为四层楼房；4月，新校舍落成启用。

1932年，志成学会及广东同乡会分别捐建第七、八病房，共计658平方米；租赁融合坊部分房屋与宿舍为门诊部。

1949年，全院职工343人，病床380张，占地14亩(9 333平方米)，建筑面积2.387万平方米，年门诊量近10万人次。

1951年，为改善医院院舍狭小的局面，扩充东邻的"融圃"(原1号楼及12号楼)及其南边东西二排平房(汪伪时期的税务学校)作为病房、行政办公及礼堂，后又租赁乌鲁木齐中路38号楼作为医技用房，使得医院面积有所扩大。1954年，院舍进行全面调整修理，增加示教室，扩充检验科，成立中心供应室，修建营养室。

1964年，医院开工兴建7层病房大楼(现3号楼)，并于1966年7月竣工落成。

1976年，医院新建教学大楼(现8号楼)，1979年正式落成，建筑面积3 775.7平方米。医院规模进一步扩大，就诊患者人数节节攀升。1982年，全年门急诊量约73万人次，病床扩至700张。

1993年，医院引进上海首台伽马刀，选址吴中东路518号，成立中美合作上海伽玛医院。

1996年，医院完成门诊部西侧2 000平方米皮肤科用房的扩建与装修，顺利实现皮肤科门诊搬迁回院，同时也改善干部门诊及急救病房的条件。

1999年3月，上海首台具有国际先进水平的正电子发射计算机断层显像仪(PET)在医院投入试运行。11月，PET中心在吴中东路518号正式成立。

每一个时代的医院建筑总是映射出当时的发展与文化的情形，楼宇变迁在医院发展中只是小小的“配角”,但是一直努力在“无形中”把医教研这个“主角”更好地衬托出来。楼宇的变迁与改造是医院 110 年来不断蜕变与发展的缩影,是几代人努力与奋斗的结果,是对医院发展的崇高致敬。其间,无论医院如何发展,所有的楼宇都以符号般的姿态驻守在那里,成为华山精神的根基,成为“人道、博爱、奉献”的红十字精神的见证。

从 1910 年医院正式落成之初仅有两幢小楼,到后来华山建成十余幢新楼鳞次栉比,再到如今以总部为中心,东、西、北三大院区环绕的全新医疗格局,所有的时光都在这些楼宇间汇聚成光荣与梦想,见证着华山的百拾风华,铭刻下所有的峥嵘岁月。学科人才的厚度与领先,建筑蓝图的描绘和筑造,一代代院长的呕心沥血和拼搏奋进,为华山昨天、今天和明天的辉煌奠定坚实的基础。

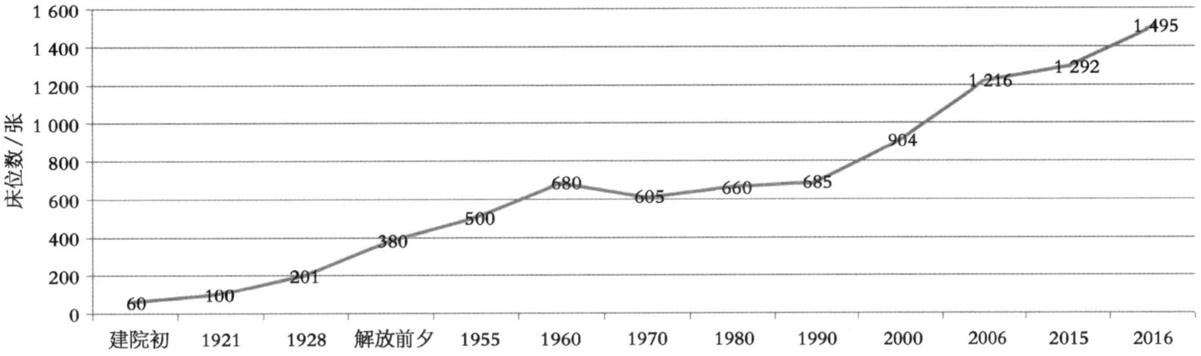

图专-6-24 建院初—2016 年床位数变化图

未来,华山医院本部结构将得到进一步优化:2 号楼主要为内科病房;5 号楼为独立的感染科门急诊和病房,避免交叉感染;6 号楼及改扩建项目将主要为外科病房,缩短手术患者运送距离,优化医疗流程,并承担部分科研和教学功能;3 号楼全部调整为医技科室;1 号楼仍然承担门急诊和行政办公功能。通过功能的调整,将完善国家卫计委临床重点专科的床位配备,增强可持续发展能力;健全学科配置,适应公立医院改革中对妇儿、康复学科的功能强化的要求;理顺外科关联科室的分布,有利于促进学科合作,联合解决重大疑难病例;保证科研、教学所需的空间,有利于促进医疗、科研、教学的同步发展。

华山医院的国际合作交流

医院的国际合作历史由来已久，其渊源可以追溯到1910年建院之初，医院与哈佛医学院的合作办校。改革开放以后，随着中国与国际接轨步伐的加快，加强国际合作交流在医院的建设和发展中发挥着越来越重要的作用，医院也由此迎来国际化发展的新的历史机遇。新的时代，医院始终以“打造中国最具影响力的国际化优质医院”为愿景，紧跟国家发展战略，对接国际标准，打造国际平台，培养国际人才。至2016年，医院已经与全球各地40余个国家和地区的医疗机构建立广泛、深入的联系，定期开展学术交流和项目合作。

一、与哈佛结缘，成立哈佛医学院中国分校(Harvard Medical School of China)

1904年，日俄交战，辽东地区死伤无数，民不聊生。上海记名海关道、民间慈善家沈敦和求助自己的朋友、英国传教士李提摩太，请其帮忙说动在华的英、法、德、美代表，共同成立“上海万国红十字会”。3月10日，在沈敦和与李提摩太的共同努力下，“上海万国红十字会”在英租界工部局宣告成立。这个与中国传统慈善机构完全不同的组织，“设局之意，首在筹款。唯所筹之款，并非交付俄人日人支用。且将来拯救难民，不分中外。”它的权力机构是董事会，董事由中外各界人士担任，其中就包括发起人之一的沈敦和。

1909年，沈敦和利用“上海万国红十字会”在日俄战争时期所募资金的余款，购置徐家汇路(后改名海格路，现名华山路)7号上地共14亩(9 333平方米)作为院址，动工建造中国红十字会总医院暨医学堂。医院与医学堂创立之初，沈敦和坚持总医院和医学堂全盘西化的风格，洋楼、洋教习、洋设备、洋人运营，计划学生毕业后再遣送英美各国习练；医院配置的硬件设备优于市区教会医院和医学校。1910年2月10日，中国红十字会曾就医学生教育、医院外科手术和医院营运等工作事宜与外籍医生柯师(Stafford M. Cox)、亨司德(Hans Thue)、峨利生(Brigir Olesen)签订协定，以其医学专业为资本成为医院和医学堂的合伙人。建院之初，医院是中方管理、外籍医生主持的国内外合作的医疗和教育机构。

1911年5月，哈佛医学院准备在中国建医学校(Harvard Medical School of China)，旨在招收中国学生传播西医科学，培训中国教师传授医学，开展疾病研究。1912年下半年，双方进行谈判，1913年5月1日双方签署合作协议，签约5年，医院建筑成为“红十字总会医院”，教学与住宿的建筑称为哈佛医学校。医院由哈佛医学校掌管。由热带病学教授胡恒德(Henry S. Hougton)任院长，沈敦和保留副院长职位。1914年共有10名外籍医生、1名护士，其中5名医生为全职教师，分别为细菌学、病理学、组织学、解剖学和外科学教授。1915年医学校课程通过博医会课程委员会的审核，有解剖学、生物学、物理、化学、卫生学、病理学、寄生生物学、外科学、内科学、门诊、隔离门诊、门诊手术、热带病学，全部采用欧美学校教科书。五年制，英文教学，一年医院实习。

双方合作近3年，培养一批学生，1916年6月30日学校关闭，尚未满期的学生由罗氏基金社出资分遣留学，并送优等生留学美国哈佛大学，另送部分学生赴北京协和医学院、福州医学院和圣约翰大学继续就读。医院由罗氏医社继续资助并管理，胡恒德仍为院长直至1918年合约结束。1918

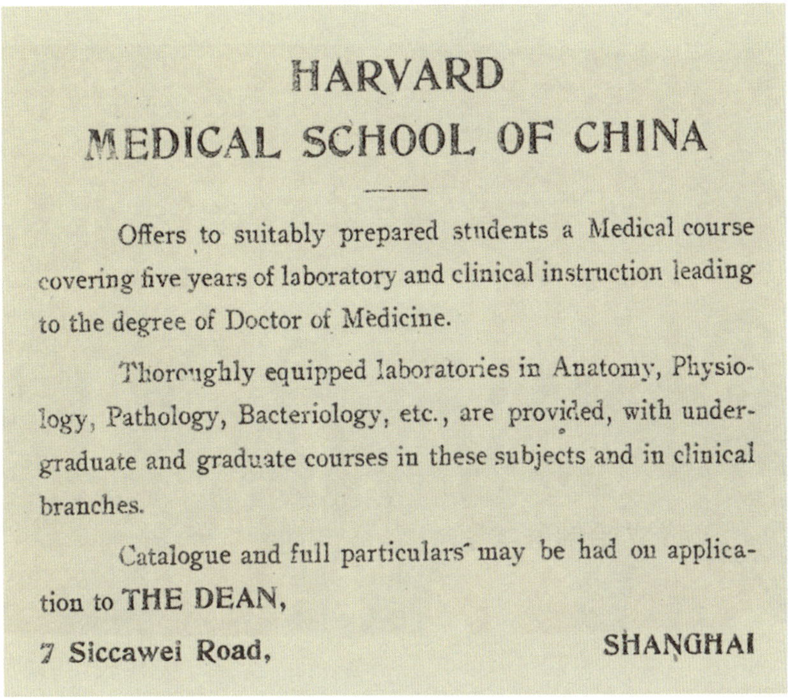

HARVARD
MEDICAL SCHOOL OF CHINA

Offers to suitably prepared students a Medical course covering five years of laboratory and clinical instruction leading to the degree of Doctor of Medicine.

Thoroughly equipped laboratories in Anatomy, Physiology, Pathology, Bacteriology, etc., are provided, with undergraduate and graduate courses in these subjects and in clinical branches.

Catalogue and full particulars may be had on application to THE DEAN,

7 Siccawei Road, SHANGHAI

图专-7-1　1915年，上海哈佛医学校招生简章

年1月24日，中国红十字会创始人之一沈敦和在《申报》刊文谨述“中国红十字会总医院与哈佛合办缘起”：“本总医院为造就医学人才起见，于宣统元年(1909)开办。初由敦和自认院长，延英、丹、那威各国内外科医生为教员，兼充医院医士。民国元年，美国哈佛大学拟设分校于中国，因见本会院宇器械并解剖室等一切设备适合医学堂制度，请与合办，以成一完备之大医校，由哈佛每年补助银九万以作经费。敦和得常议会之许可，与订立合同七年。当经哈佛派胡医士为院长，驻院管理校务医务，敦和以副会长节制之。民国五年，本会与哈佛学生先后毕业，遂将学堂停办，转办医院，每岁除收入医费三万七千元外，尚缺经费四万七千余元，议由美国煤油大王在慈善基本金内如数拨助。此本总医院先与美国哈佛合作办医校，继经美国慈善家补助经费之大略情形也。”

与哈佛的缘分再续是90年后的2001年，医院与哈佛医学国际(Harvard Medical International，为哈佛医学院对外合作的非营利性分支机构)在上海达成合作意向，约定开展为期5年的战略合作，“贯穿始终的宗旨是支持华山医院的持续发展，使之成为中国在临床医学和医疗培训方面的一个有卓越表现的中心”。2002年1月24日，医院与哈佛医学国际签署合作协议，共同成立“华山-哈佛医学国际发展基金”，近100年前的缘分重新接续，双方的合作关系进入一个新的纪元。医院也与哈佛医学国际正式达成教育与培训合作协议，建立“请进来，送出去”的人才培养交流机制，并商定将医院建设成为哈佛医学国际联合医院。2003年11月8—15日哈佛医学心胸外科专家斯坦利·谭(Stanley Tam)教授一行来医院进行规范化的心胸外科手术示范。2004年受医院邀请，《新英格兰医学杂志》主编、哈佛医学院内科教授杰弗里·德拉赞(Jeffrey M. Drazen)为医院广大医务人员作题为“如何在《新英格兰医学杂志》发表文章”的专题演讲。2004年10月28日，华山-哈佛医学院国际联合医院同时揭牌，医院由此成为哈佛医学院在国际上的第15家联合医院。2005年10月17日，医院聘任美国哈佛大学医学院管理专家米切尔·拉布金(Mitchell T. Rabkin)教授为“医院改革发展咨询委员会”外方主任。在人才培养国际合作方面，医院先后选拔不同临床科室

图专-7-2　2004年10月，华山-哈佛医学国际联合医院正式揭牌

图专-7-3　2012年2月14日，哈佛大学医学院6名专家来院参观访问

图专-7-4　2013 年 10 月 14 日，哈佛大学医学院副院长兼首席信息官约翰·海莱姆卡(John Halamka)访问医院

的学科骨干，参加由哈佛医学院举办的“哈佛医学院临床学者科研培训项目”(GCSRT)，旨在使华山医院临床科研与转化医学研究能力全面接轨国际的同时，培养一批可与国际学者交流对话的科研精英与学科领袖。截至 2016 年，医院共向哈佛医学院派遣医护及管理人员近 150 人，哈佛公共卫生学院 50 余人。医院在培养国际人才方面，秉承大手笔、高层次、多维度的选送与投入，也充分展现医院与哈佛医学院的深厚友谊以及人才培养的高度。

二、与哈佛医学院附属医院麻省总医院(MGH)的合作

2004 年 7 月 8 日，医院邀请哈佛麻省总医院院长彼得·斯莱文(Peter Slavin)访华，医院与哈佛医学院附属医院——美国麻省总医院(全美综合医疗实力排名前三)签署协议，缔结为姐妹医院；该协议旨在确认华山医院与麻省总医院双方有共同寻求发展合作的意愿，并为将来建立正式的长期战略合作伙伴关系确定框架性基础。同年 10 月 28 日，麻省总医院的斯坦利·谭、谢丽尔·费勒尼(Cheryl Felony)教授等人来沪参加华山-哈佛医学国际联合医院揭牌暨新门急诊大楼正式启用仪式及其他有关活动。2005 年 6 月，徐建光院长率领华山医院代表团访问哈佛医学院附属麻省总医院，并签署华山医院与麻省总医院建立战略合作关系的协议。此后，“华山-麻省总医院高峰论坛”“华山-哈佛医学日”等主题活动相继开展，渐入佳境；医院领导、专家、教授的交流互访频繁展开。2007 年 5 月 18 日，医院邀请并接待哈佛医学院附属麻省总医院院长彼得·斯莱文出席医院建院 100 周年的庆典活动。2008 年 5 月 6—17 日，医院邀请麻省总医院 4 名临床大科主任，包括大外科主任安德鲁·沃肖(Andy Warshaw)，颌面外科、肿瘤放疗和负责临床科研的主任来医院开展对口学术交流，希望能够推动在科室层面的合作交流。

图专-7-5　2008年10月2日,医院领导访问美国麻省总医院(MGH)

图专-7-6　2009年10月26日,哈佛大学麻省总医院医生组织主席兼首席执行官大卫·托奇亚纳(David Torchiana)和高级副院长兼护理部主任珍妮特·埃里克森(Jeanette Erickson)一行来访

2008 年,医院领导一行到麻省总医院交流访问,院长彼得·斯莱文组织 CEO 大卫·托奇亚纳(David Torchiana)、科主任理事会主席杰拉尔德·奥斯汀(Gerald Austen)、护理副院长珍妮特·埃里克森(Jeanette Erickson)和大外科主任安德鲁·沃肖等医院主要负责人出席双方的会谈。双方达成共识,进一步扩大相互间的学术交流,包括继续接受华山医院遴选中青年骨干赴 MGH 进修,开展临床研究项目。2009 年 10 月 19—27 日,医院邀请麻省总医院负责医生组织和护理专业的两位领导大卫·托奇亚纳和珍妮特·埃里克森来医院开展交流,期望能在护理专业领域推动更深层次的交流合作,从而启动与 MGH 护理方面一对一的合作交流。此后连续 8 年召开护理国际论坛,并派遣 36 名护理骨干赴 MGH 进行为期 12 周的进修学习。2011 年 9 月,院长丁强及副院长邵建华、副校长冯晓源组成的医院代表团与卫生局局长徐建光率领的上海市卫生局代表团专程到波士顿参加 MGH 建院 200 周年庆,并签署新一轮为期 5 年的合作协议。2012 年 10 月底,麻省总医院院长彼得·斯莱文、外科名誉主任安德鲁·沃肖及其夫人、副院长兼护理部主任珍妮特及其先生来沪访问,出席华山- MGH 高峰论坛,分享麻省总医院如何成为全美排名第一医院的经验。2013 年 10 月底,麻省总医院负责医疗质量的副院长利兹·莫特(Liz Mort)来华山参观交流,商谈两家医院在 JCI 认证等方面的合作交流。2016 年医院与麻省总医院顺利进入第三轮战略合作伙伴周期(2016—2020),继续稳固坚守华山医院在与哈佛医学院及麻省总医院的合作交流中的桥头堡地位。每年可以派送 4 名临床及管理专业人员赴 MGH 进行为期 3 个月的临床研修学习。在与 MGH 护理方面的合作交流中,根据华山医院发展的实际需求,2016 年邀请由 MGH 护理部副主任凯文(Kevin)率领的临床护理代表团来华山交流,召开第七届国际护理论坛。截至 2016 年,医院共向麻省总医院派遣医护及管理人员近 150 人,邀请哈佛系统来院专业交流约 200 人次,其中来自 MGH 的有近百人次。

图专-7-7 2012 年 10 月,MGH 高层领导来华访问并举行华山-麻省总医院高峰论坛

三、与美国凯特琳医学中心的合作

1985 年 3 月,美国凯特琳医学中心韦勒院长偕夫人应邀来访,与医院结为友好医院。从此两院交流不断,友谊常青。1986 年 1 月 10 日,院领导袁美英、张永信、刘俊、谢毅、徐伟民首次赴美凯特琳医学中心考察医院管理。1987 年,凯特琳基金会成员及凯特琳医学中心护士相继访问华山。

2007 年,医院与凯特琳医疗集团举办交流会暨合作备忘录。2008 年,凯特琳医疗中心医疗副院长格雷戈里・怀斯(Gregory Wise)及夫人、质量管理副院长莉兹・怀斯(Liz Wise)访问医院并作 JCI 工作培训报告。2012 年,医院领导赴美对凯特琳医疗集团进行友好访问,签署新的 5 年合作备忘录。2014 年 6 月与 9 月,美国凯特琳医疗集团弗雷德・曼彻尔(Fred Manchur)总裁、凯特琳医疗中心院长罗伊・周(Roy Chow)及负责医疗的史密斯(Smith)副院长专程来沪访问,进一步加强与华山医院的战略合作,并在第六届高端医疗国际研讨会上分享他们的发展经验。2014 年 11 月,医院代表团在院领导率领下,专程赴美参加凯特琳医疗中心 50 周年庆典,并就住院医生来医院轮转培训(International Elective)、医院管理人才赴凯特琳进修学习开展合作制订具体合作方案。2015 年,美国凯特琳医疗集团首席执行官一行访问华山。一年后,凯特琳医疗集团首席执行官偕夫人及其他代表再次到访,参加医院国际医疗中心与美国凯特琳医疗中心缔结友好关系 25 周年揭牌仪式。在两院长期合作框架下,医院每年选派 10 名临床医务人员及管理人员前往凯特琳医学中心进修。

图专-7-8 1987 年 3 月 11 日,凯特琳基金会成员在华山花园留影

图专-7-9　1987年，凯特琳医学中心护士与华山人在花园合影

图专-7-10　2007年，医院与凯特琳医疗集团签署合作备忘录

四、与梅奥医学中心(Mayo Clinic)的合作

2010年9月，美国梅奥医学中心(Mayo Clinic)副院长、继续医学教育学院院长罗伯特·伯格(Robert Berger)应邀访问华山医院，探索双方建立长期战略合作的意向。此后，医院开始每年选送8名临床医师赴梅奥进行为期3个月的临床研修。2011年，医院领导赴梅奥医学中心访问，加强对其医、教、研结合模式及其专科特色的了解。同年，华山-梅奥合作系列课程——“肩、肘关节损伤培训班”顺利进行，成为第一个获得美国ACCME学分认可的国际化继续教育项目。2012年4月，医院皮肤科与梅奥医学中心皮肤科团队进行接触，邀请玛戈特·彼得斯(Margot S. Peters)等2人来华出席皮肤免疫国际论坛，洽谈筹划加强两家医院皮肤专业合作与交流的战略计划。同年，医院神经外科也与梅奥的神经外科团队商定轮流举办“华山-梅奥神经外科论坛”。同年9月，医院举办神经外科60周年庆及上海国际神经外科论坛，双方神经外科领导基本达成设想，上海神经外科论坛将冠名“华山-梅奥神经外科论坛”，在华山或梅奥轮流主办相关学术活动。2013年，医院骨科与梅奥医学中心共同主办“华山-梅奥国际脊柱论坛”。同年10月，梅奥医学中心负责医疗质量的副院长斯蒂芬·斯文森(Stephen Swensen)来沪访问。2015年，梅奥新任神经外科主任斯宾纳(Spinner)教授及夫人，梅奥医学院副院长、血液科副教授沃兰斯基(Wolanskyj)应邀来华山访问，并探讨华山与梅奥建立战略合作项目。2016年，第一届“华山-梅奥神经外科论坛暨华山医院ISTI国际课程”举办，来自亚洲十多个国家和地区近180名学员参加。2016年7月，医院邀请梅奥骨科各亚专业的13名教授来沪参加东方骨科大会，进一步加强合作。2016年11月，梅奥医学中心领导班子核心成员、MCCN总监大卫·海斯耶(David L. Hayes)，MCCN副总监克里斯托弗·本森(Christopher K. Benson)，以及MCCN行政专员Smail Ait Ali等一行来院进行交流，双方基本形成共识，梅奥与华山将继续推动良好的合作交流关系，相互促进，优势互补。

图专-7-11　2011年，医院领导赴梅奥医学中心访问

图专-7-12　2016年11月，美国梅奥医学中心代表团到医院访问交流

五、与日本北里大学病院结为友好医院

1985年，医院与日本北里大学病院结为友好医院。1986年1月，首次派遣1名医师、2名护士赴日本北里大学学习急诊医学。1987年，日本北里大学病院教授来访。1990年5月11—19日，日

图专-7-13　1987年，日本北里大学病院教授来访

本北里大学、顺天堂大学病院代表团访问医院。1995 年 10 月 28 日，日本北里大学病院大和田隆院长一行 6 人来访，并与医院签订学术交流协议书及实施细则，派员互访学习。1990—1991，医院派 2 名急诊科医生到日本北里大学病院急救中心学习。1996 年 10 月 28 日，北里大学病院副院长木市田樟来医院交流。2001 年与日本北里病院续签合作协议之后，医院每年派医生、护士去日本进修学习，北里大学也每年派人来医院交流、讲学。

图专-7-14　1990 年 5 月，日本北里大学、顺天堂大学病院代表团来院访问

图专-7-15　1995 年 10 月，日本北里大学病院大和田隆院长一行来访

图专-7-16 1996年10月，北里大学病院副院长木市田樟来医院交流

2005年11月1日，北里大学东病院副院长、整形外科教授二见俊郎先生，看护部主任明神哲也先生，事务部职员课、教育研修系长早坂右史来医院进行学术交流。11月1日下午，二见俊郎先生和明神哲也先生在医院分别作题为“网球肘的手术治疗”和“ICU护士阶梯式培养”的专题学术讲座。2006年10月27日，日本北里大学病院代表团一行来医院进行学术交流，北里大学病院副院长

图专-7-17 2005年11月，北里大学病院二见俊郎和明神哲也来院开办学术讲座

内沼荣树和科护士长花井惠子分别作精彩的学术讲座。内沼荣树讲座的题目是“东亚人眼睑老化变形的回复手术”，而花井惠子则重点给大家介绍北里大学病院医疗安全的措施和现状。2008年10月16日，院长丁强代表医院与日本北里大学病院藤井清孝院长续签双方合作协议，北里大学病院外科教授田夏也等出席签约仪式。2009年11月16—20日，日本北里大学病院代表团一行应邀来院交流访问。其间，来访的院长助理、消化科教授涉谷明隆作题为“肝癌的内科治疗”的

图专-7-18　2006年10月，北里大学病院副院长内沼荣树做学术讲座

图专-7-19　2008年10月，医院与北里大学病院院长藤井清孝续签双方合作协议

学术讲座；副院长、护理部主任别府千惠出席上海国际护理大会并做报告。2010 年医院选派营养师到日本北里大学进行营养学术交流。2013 年，医院派 1 名感染科医生到日本北里大学病院学习。

六、与其他国际医学院校、机构的合作

除上述几个重点合作的医疗机构外，医院积极与美国、英国、法国、德国、日本、加拿大、瑞典、奥地利、丹麦、芬兰、澳大利亚等各国医学院校开展合作，结为友好医院，签署合作协议，互派学习。

1986 年 5 月 24 日，医院与法国图卢兹朗戈医学院签订建立友好医院协议，并就建立中法友好医学中心签订意向书。1986 年 11 月 12 日，法国国会议员、图卢兹朗戈医学院院长塞盖拉教授等人访问医院。

1992 年，医院与日本爱媛县大学医学院附属病院建立友好医院关系。

1996 年 11 月 7 日，瑞典首相佩尔松夫人率瑞典卫生代表团来访。

2002 年 6—9 月，院领导在哈佛医学国际及贝斯以色列女执事医学中心(BID)进行为期 3 个月的培训。2007 年 5 月 18 日，医院邀请并接待哈佛医学院附属贝斯以色列医院前院长米切尔 · 拉布金出席建院百年各庆典活动。2008 年 10 月，院领导赴哈佛医学院附属贝斯以色列女执事医学中心交流访问并拜会老院长米切尔 · 拉布金等教授。2012 年 9 月，邀请哈佛医学院附属贝斯以色列女执事医学中心(BIDMC)心内科新主任彼得 · 齐米巴姆(Peter Zimebaum)与前主任山姆 · 格雷琴(Sam Gretchen)来华山考察评估心内科专业发展模式。

2005 年 9 月 13 日，芬兰国家科技局专家代表团来院交流访问。2016 年 10 月 18 日，芬兰卫生部来院交流访问。

图专-7-20　1986 年 11 月，法国国会议员、图卢兹朗戈医学院院长塞盖拉教授等人来访

图专-7-21　2016年10月，芬兰卫生部到院交流访问

2005年9月19日，医院与奥地利维也纳医科大学签署友好合作备忘录。双方签订在大学、医院、科室及研究所四个层面上，就教育培训与科研合作开展全方位合作交流。2010年10月，维也纳医科大学校长沃尔夫冈・舒茨(Wolfgang Schutz)与2位副校长来访，续签双方战略合作备忘录。

2006年5月，美国塔夫茨大学口腔医学院代表团来院参观交流并签署合作交流备忘录。同年10月，医院口腔科3名医生赴塔夫茨大学进修。2007年，医院派遣1名医生在该学院进修工作一年。

2007年5月，英国剑桥大学医院基金会主席玛丽・阿彻(Mary Archer)出席建院百年庆典活动。

2009年10月16日，医院举行国际医疗中心成立20周年庆典活动。美、德等国驻沪总领事，沪上各涉外医疗机构负责人等领导出席。

2010年7月22日，泰国公主玛哈扎克里・诗琳通及其代表团成员一行40余人来院交流访问。

2010年12月，英国剑桥大学医院登布鲁克医院执行董事雅格・阿卢瓦利亚(Jag Ahluwalia)访沪，探索与医院建立战略合作。2011年9月，医院领导访英时与英国剑桥大学医院签订合作备忘录，并通过院长盖瑞斯・古蒂尔(Gareth Goodier)的11月份回访，达成在管理人员培训与信息化发展方面的合作意向。

2011年6月，英国伯明翰大学副校长兼医学院院长劳伦斯・扬(Lawrence S. Young)来华访问，与医院正式签署战略合作协议。合作重点在于建立全科医师师资培训基地与转化医学研究，在神经外科、抗生素耐药及肿瘤研究等领域开展专题合作。对方邀请医院神经外科赴英国洽谈具体合作项目。

图专-7-22　2010年7月,泰国公主玛哈扎克里·诗琳通及其代表团成员来访

图专-7-23　2011年9月,医院与剑桥大学医学院签署合作备忘录

2013 年 7 月，澳大利亚皇家墨尔本医院院长盖瑞斯・古蒂尔专程来华，与医院正式签署战略合作协议。合作重点在于神经内科方面的合作研究及人才培养，同时也希望扩展到更广范围的生物医学研究、规范化住院医生及专科医生培养。

2014 年 8 月 29 日，阿根廷卫生部部长一行 10 人来访。

图专-7-24　2014 年 8 月，阿根廷卫生部部长一行来院交流

2014 年 11 月，副院长邵建华率领医院代表团赴美国西雅图访问，并与华盛顿大学医学院及康复系签订合作交流备忘录。

图专-7-25　2014 年 11 月，医院与华盛顿大学医学院签订双方新一轮合作协议

2016 年 11 月 22 日，厚生劳动省副大臣古屋范子率日本代表团来院访问交流。

图专-7-26　2016 年 11 月，与古屋范子率领的日本代表团合影

七、对标国际标准

在与美国哈佛、耶鲁，英国牛津、剑桥，日本北里等著名学府多年的合作交流过程中，医院不断积蓄能量，寻求突破。为实现“打造中国最具影响力的国际化优质医院”的华山梦，医院自我加压，引入国际标准推进医院管理工作：2007 年，医院在建院 100 周年之际正式启动美国医疗机构评审联合委员会国际部（Joint Commission International，JCI）评审计划，宣布申请 JCI 认证。医院成立专职部门，组织前往美国芝加哥 JCI 总部学习参观，跟随美国 JCI 评审专家学习医院 JCI 检查方法并进行模拟检查的培训。随后，医院接受 JCI 的基线调查，来自管理、医疗、护理领域的 3 位评审专家对照 JCI 国际医院标准，对医院的整体状况进行考核评价。

2010 年 1 月，5 名 JCI 检查官对医院进行为期 1 周的正式评审，医院以 98.18 分的高分通过 JCI 国际医院评审标准的认证，成为中国第一家通过该体系认证的大型公立医院，国际一流的医院管理标准在医院落地。随后，2013 年、2016 年，医院相继通过 JCI 复评审，始终保持国际一流的医院管理水平。

索引

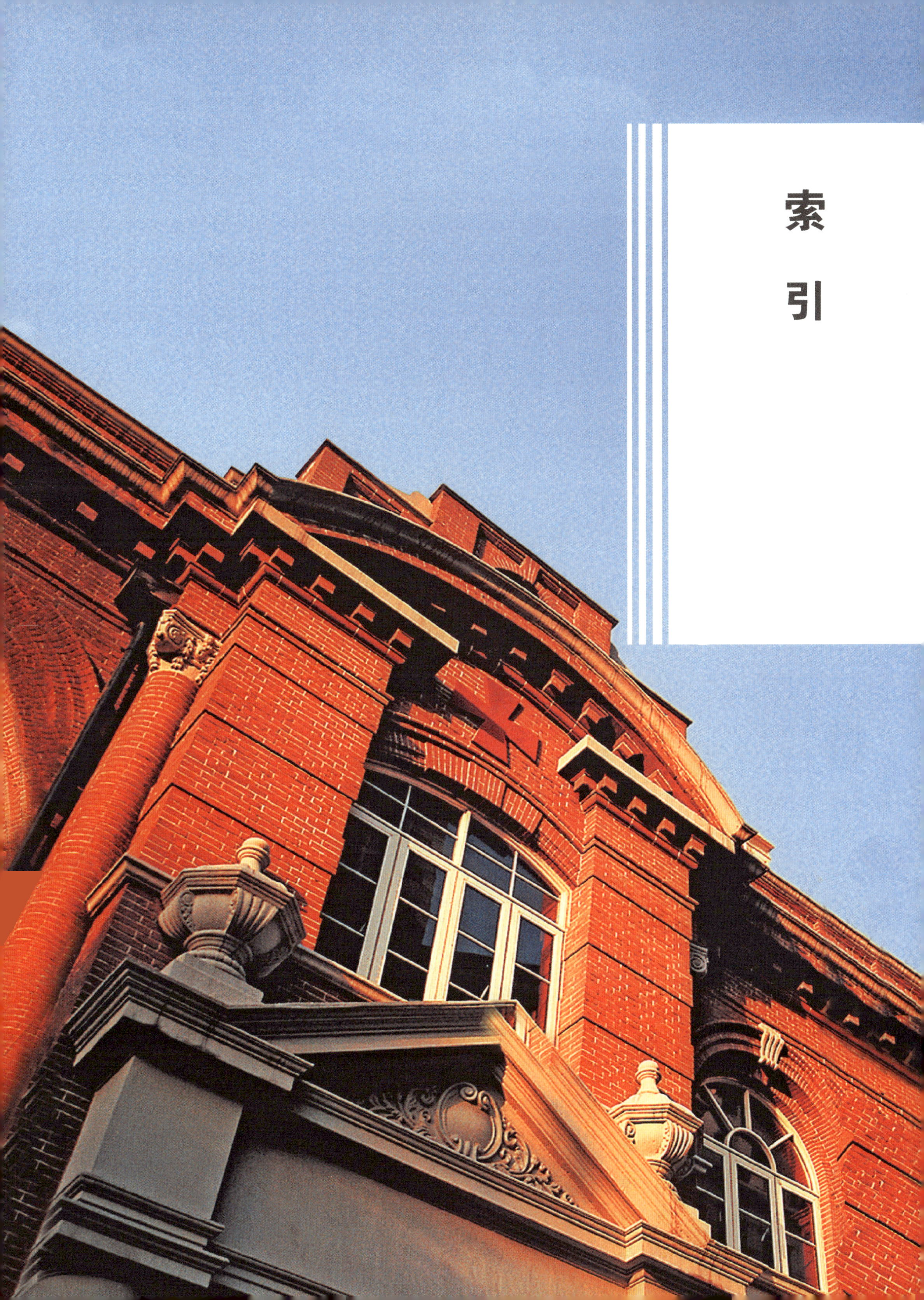

表格索引

图片索引

编　后　记

根据上海市人民政府办公厅下发的《上海市第二轮新编地方志书编纂规划》要求，《上海市级专志・华山医院志》(简称《华山医院志》)被列入上海市级专志编纂规划。2010 年 9 月，经院务会讨论决定，成立《上海市级专志・华山医院志》编纂委员会，正式启动院志编纂工作。院长丁强、院党委书记顾小萍任编纂委员会主任，副院长邵建华任编纂委员会副主任，各行政职能部门负责人任委员。同时下设编纂委员会办公室，由院办主任任主任，抽调各职能部门专职人员组成编纂队伍。

《华山医院志》的编纂工作自 2010 年 9 月启动以来，大致经历了如下四个阶段。

1. 资料收集和系统培训阶段

修志工作部署之后，编纂办公室发动全院志书联络员内查外调，通过查阅医院内部文书与人事档案，以及借助图书馆、档案馆、新闻媒体、报纸期刊、人物口述及回忆录等社会资源，收集整理了大量参考资料，在掌握翔实史实资料的基础上准备资料长编。该工作于 2015 年 11 月基本完成，为填补历史空白、梳理发展轨迹打下坚实基础。在此期间，医院先后派出三批人员前往浦东干部学院及其昆山分院学习，并制定每两月一次例会制度，开展院志工作协调会，为院志联络员培训修志规范、明确编纂要求，通报最新进度。

2. 初稿分纂和总纂阶段

在收集资料与组织培训的基础上，2016 年 1 月，医院发动院志联络员撰写志书初稿，根据编纂委员会通过的篇目大纲，采取先易后难、由点及面、分工负责的办法，于 2016 年底由编纂办公室集中汇总，形成约 120 万字的《华山医院志》初稿。2017 年，院志编纂办公室制定分纂、总纂工作计划，确定修改标准，规整格式，统一文风，适当调整框架结构，剔除重复部分，平衡各篇篇幅，扩大覆盖范围，完善相关内容。

3. 内部评审和送审阶段

2017 年 5 至 11 月，院志编纂办公室全面开展内审工作。内审人员包括退休科室主任和医院院级领导、现职临床与行政部门负责人等约 130 人，共提出 200 多条修改意见和补充资料。同年 9 月，院志编纂办公室根据内审意见集中讨论、统一思想、分类梳理，然后分工修改、交叉审稿、分篇审核，进一步规范体例、充实内容、突出重点、理顺篇目、润色文字、订正谬误、删繁补缺。2017 年 11 月，最终形成 85 万字《华山医院志》送审稿，经由编委会主任审阅后，拟发送编委会全体委员审核通过。

4. 上报评审和修改阶段

2018 年 8 月 9 日，《华山医院志》初稿上报上海市地方志办公室，市志办领导与专家在 8 月 31 日反馈修改意见，并于 9 月 12 日来院调研。医院根据反馈意见拟定修订方案，新增人物篇，精简部分内容，补充相关列表，进一步规范行文，对志稿进行再次删改，以加强整体性和逻辑性，形成《华山医院志》(评议稿),于2019年6月上报市志办,并于2019年9月5日通过市级评议,2020年5月26日通过市级审定。根据各方面意见,又着手对志稿内容进行补充、修改和调整。

《华山医院志》内容包括图照、序言、凡例、目录、总述、大事记、正编、编后记。正编共十篇,即组织机构、临床医技科室、医护管理、医学科研、医学教育、综合管理、党群建设、后勤与治安、社会服务、人物。全书采用述、记、图、表等方法,完整客观地记述医院自1907年建院至2016的发展历史及重大事件。

编纂《华山医院志》是一项系统复杂的文化工程,在本志编纂、审定、出版的过程中,得到上海市地方志办公室主任洪民荣,副主任王依群、生键红,处长黄晓明、过文瀚,专志处肖春燕、赵明明等人的帮助与指导;各兄弟单位,社会友人,院历届领导、专家及职工积极参与,提供丰富的历史资料;医院各部门、科室通力协作,给予热情的配合与帮助;老领导、老同志们对稿件作了大量的修改,提出许多宝贵的意见和建议;全体编纂人员查阅大量资料并数易其稿,无私奉献、勤苦耕耘、精益求精、矢志不渝。在此谨向所有参与修志人员致以崇高的敬意和由衷的感谢。

十年春秋,众手修志。《华山医院志》是集体智慧的结晶和硕果,是一部尊重史实的志书。但由于编纂工程浩繁,涉及面广,加之时间跨度久远,部分早期档案佚失不存,且编纂人员经验水平有限,在叙述上难免存在错误和缺漏,恳请各位专家、学者、同仁不吝赐正。但无论如何,这部志书拂去岁月的尘埃,还原历史的面目,填补院史的空白,是迄今为止医院最为详尽的历史回顾和资料总集,对今人存史及后人研究都具有非比寻常的意义。

《上海市级专志·华山医院志》编纂办公室

2021年9月

图书在版编目（CIP）数据

上海市级专志．华山医院志 / 上海市地方志编纂委员会编．
—上海：上海科学技术文献出版社，2021
ISBN 978-7-5439-8403-5

Ⅰ．①上…　Ⅱ．①上…　Ⅲ．①上海—地方志②医院—
概况—上海　Ⅳ．①K295.1 ②R199.2

中国版本图书馆 CIP 数据核字（2021）第 161628 号

华山医院志

编　　者：上海市地方志编纂委员会
责任编辑：徐　静
封面设计：严克勤
出版发行：上海科学技术文献出版社
上海市长乐路 746 号　邮编 200040
http://www.sstlp.com
排　　版：南京展望文化发展有限公司
印　　刷：上海中华商务联合印刷有限公司
开　　本：889mm × 1194mm　1/16
印　　张：56.125
插　　页：52
字　　数：1 470 000
版　　次：2021 年 11 月第 1 版　2021 年 11 月第 1 次印刷
书　　号：ISBN 978-7-5439-8403-5
定　　价：800.00 元